Methodik – Ordnung – Umwelt

Festschrift für Hans-Joachim Koch
aus Anlass seines siebzigsten Geburtstags

Schriften zum Öffentlichen Recht

Band 1279

Methodik – Ordnung – Umwelt

Festschrift für Hans-Joachim Koch aus Anlass seines siebzigsten Geburtstags

Herausgegeben von

Wolfgang Ewer
Ulrich Ramsauer
Moritz Reese
Rüdiger Rubel

Duncker & Humblot · Berlin

Bibliografische Information der Deutschen Nationalbibliothek

Die Deutsche Nationalbibliothek verzeichnet diese Publikation in der Deutschen Nationalbibliografie; detaillierte bibliografische Daten sind im Internet über http://dnb.d-nb.de abrufbar.

Fremddatenübernahme: Konrad Triltsch GmbH, Ochsenfurt
Druck: AZ Druck und Datentechnik, Berlin
Printed in Germany

ISSN 0582-0200
ISBN 978-3-428-14039-8 (Print)
ISBN 978-3-428-54039-6 (E-Book)
ISBN 978-3-428-84039-7 (Print & E-Book)

Gedruckt auf alterungsbeständigem (säurefreiem) Papier
entsprechend ISO 9706 ♾

Internet: http://www.duncker-humblot.de

Vorwort

Am 11. Oktober 2014 feiert Hans-Joachim Koch seinen 70. Geburtstag. Zu diesem Anlass widmen ihm Freunde, Kollegen, Wegbegleiter und Schüler diese Festschrift. Die insgesamt 40 Beiträge spiegeln die vielfältigen Aspekte seines wissenschaftlichen Schaffens als Hochschullehrer an den Universitäten Frankfurt und Hamburg über fast 40 Jahre sowie seiner langjährigen Tätigkeit als Richter am Hamburgischen Oberverwaltungsgericht und als Vorsitzender des Sachverständigenrates für Umweltfragen sowie der Gesellschaft für Umweltrecht wider.

Hans-Joachim Koch begann seine juristische Laufbahn an der Universität Frankfurt/M. nach dem ersten juristischen Staatsexamen als wissenschaftlicher Assistent am Lehrstuhl von Erhard Denninger. Nach seiner Promotion 1971 arbeitete er dort 6 Jahre lang als Dozent für öffentliches Recht und Rechtsphilosophie. In dieser Zeit lag der Schwerpunkt seiner Arbeit in den damals rechtspolitisch äußerst brisanten Bereichen der Rechtstheorie und der Methodenlehre. Hier entwickelte er nicht nur die Theorie der Tatbestandsergänzung in seiner Habilitationsarbeit über Ermessen und unbestimmte Rechtsbegriffe im Verwaltungsrecht, er legte auch zusammen mit Helmut Rüßmann die Grundlagen für sein 1982 erschienenes und auch heute noch wichtiges Werk zur Juristischen Begründungslehre. In diesem leider nicht weitergeführten Werk verteidigte er einerseits das deduktive Begründungsmodell als maßgebliche Methode juristischer Argumentation gegen Tendenzen zur Lockerung der Gesetzesbindung, setzte sich andererseits aber auch kritisch mit den überkommenen Methoden juristischer Interpretation auseinander.

Nach seiner Habilitation 1978 erhielt er einen Ruf an die Universität Hamburg, und zwar an den seinerzeit neu eingerichteten Reformfachbereich für das Hamburger Modell einer einstufigen Juristenausbildung. Mit seiner Frau Edith und seinen beiden Töchtern Katja und Silke bezog er ein Einfamilienhaus in Niendorf, in dem später viele Treffen mit Kollegen und Studierenden stattfanden. In der Einstufenausbildung konnte er nicht nur seine große didaktische und rhetorische Begabung einsetzen, auch sein Methodenverständnis und sein kämpferisches Naturell waren gefordert, um sozialwissenschaftliche Erkenntnisse ohne Abstriche am verfassungsrechtlichen Postulat der Gesetzesbindung angemessen zu verarbeiten. Seine scharfe Zunge war von vielen gefürchtet. Zweimal war er Dekan des Fachbereichs; das zweite Mal in der wichtigen Phase der Zusammenlegung der beiden juristischen Fachbereiche der Universität zur heutigen Fakultät für Rechtswissenschaft.

Im Jahr 1981 wurde Hans-Joachim Koch neben seiner Tätigkeit als Professor an der Universität Richter am Hamburgischen Oberverwaltungsgericht in dem für das öffentliche Baurecht zuständigen zweiten Senat. Zwar hatte er als Richter im Nebenamt ein vergleichsweise kleines Dezernat; die richterliche Tätigkeit, die bis zum Jahre 1997 andauerte, hat ihn aber gleichwohl erheblich geprägt. Sie hat nicht nur sein Interesse am Baurecht wesentlich gefördert, sondern auch seinen Sinn für die Erfordernisse der Praxis und sein Interesse an praktischen Lösungen. Hier konnte er Wissenschaft und Praxis zum Wohl beider Seiten verbinden. Das durch die praktische Arbeit wesentlich mitbestimmte, zusammen mit Reinhard Hendler inzwischen in fünfter Auflage vorgelegte Lehrbuch zum Baurecht, Raumordnungs- und Landesplanungsrecht ist zu einem der Standard-Lehrbücher im Baurecht geworden.

Im Jahr 1988 gründete Hans-Joachim Koch zusammen mit Edmund Brandt, Wolfgang Hoffmann-Riem und Ulrich Ramsauer die Forschungsstelle Umweltrecht und wurde deren geschäftsführender Direktor. Dieses Ereignis markiert eine Art Wendepunkt in seinem wissenschaftlichen Schaffen. Obwohl ihn das Interesse an Rechtstheorie und Methodenlehre nie losgelassen hat, wandte er sich fortan in erster Linie dem seinerzeit rechtspolitisch stark umkämpften Umweltrecht zu. Seinem großen Engagement ist es zu verdanken, dass die Forschungsstelle Umweltrecht in wenigen Jahrzehnten zu einer der wichtigsten Einrichtungen in Deutschland auf diesem Gebiet geworden ist. Die Wahlschwerpunktausbildung im Umwelt- und Planungsrecht haben unzählige Studierende erfolgreich durchlaufen; bei vielen Juristinnen und Juristen, die heute in den unterschiedlichsten Funktionen in den Bereichen des Umweltrechts tätig sind, hat Hans-Joachim Koch das Interesse und teilweise auch die Leidenschaft dafür geweckt. Hiervon zeugt nicht zuletzt das von Hans-Joachim Koch herausgegebene Lehr- und Praxisbuch zum Umweltrecht, an dem mehrere Absolventen der Ausbildung mitwirken und das inzwischen in der vierten Auflage vorliegt. Eine große Zahl umweltrechtlicher Dissertationen ist von den Direktoren der Forschungsstelle betreut worden; die grüne Schriftenreihe umfasst inzwischen mehr als 60 Titel. Ausgestattet mit einem überaus schmalen Budget konnten gleichwohl Jahr für Jahr regelmäßig mindestens ein großes Symposium und mehrere kleinere Kolloquien zu nahezu allen brisanten Themen des Umweltrechts veranstaltet werden. Inzwischen ist die Leitung der Forschungsstelle auf Ivo Appel, seinen Nachfolger im Lehrstuhl, übergegangen.

Seine erfolgreiche Arbeit in der Forschungsstelle und die große Reputation, die sich Hans-Joachim Koch dabei erworben hatte, machten ihn zu einem idealen Kandidaten für die Leitung des Sachverständigenrates für Umweltfragen der Bundesregierung. Als Gertrude Lübbe-Wolff 2002 zur Richterin des Bundesverfassungsgerichts gewählt worden war, übernahm er das Amt des Vorsitzenden. Bis zu seinem Ausscheiden aus dem Amt im Jahre 2008 hat er in dieser Funktion wichtige Impulse gegeben und grundlegende Arbeiten zu brisanten Fragen des Umweltrechts gefördert. Seit 2005 ist Hans-Joachim Koch zugleich Vorsitzender der Gesellschaft für Umweltrecht. Dieses Amt hat er bis heute inne.

Die Herausgeber dieser Festschrift haben mit Hans-Joachim Koch in den unterschiedlichsten Funktionen zusammengearbeitet und freuen sich, dass sich so viele Freunde, Kollegen, Weggefährten und Schüler zusammengefunden haben, um ihn mit Beiträgen aus ihrem eigenen Schaffen zu würdigen. Mit seinen Ideen und seinem unermüdlichen Einsatz in Forschung, Lehre und Praxis hat er nicht nur Methodenlehre und Umweltrecht bereichert und über Jahrzehnte mitgeprägt, sondern das gesamte öffentliche Recht.

Wir danken den Autoren herzlich für ihre bereichernden Beiträge und für die angenehme, zuverlässige Kooperation. Unser Dank gilt auch: dem Verlag Duncker & Humblot für die Aufnahme der Festschrift in die „Schriften zum Öffentlichen Recht", Frau Heike Frank für die souveräne und überaus kooperative verlagsseitige Betreuung und Frau Ass. iur. Laura von Vittorelli für ihre hilfreiche Mitarbeit bei der redaktionellen Bearbeitung des Werkes. Besonders zu danken ist schließlich der Gesellschaft für Umweltrecht, die dieses Werk großzügig gefördert hat.

Im Juni 2014

Wolfgang Ewer
Ulrich Ramsauer
Moritz Reese
Rüdiger Rubel

Inhaltsverzeichnis

Rechtstheorie und Methoden

Staat, Verwaltung, Europa

Verwaltungsverfahren und Rechtsschutz

Umweltrecht

Baurecht

Rechtstheorie und Methoden

Ein nichtpositivistischer Begriff der Grundrechte

Von *Robert Alexy*

I. Untermoralisierung und Übermoralisierung

Einer der zahlreichen Einwände, die gegen die Prinzipientheorie erhoben worden sind, lautet, dass die Prinzipientheorie das Verhältnis von Grundrechten und Moral oder von juristischer und moralischer Argumentation falsch bestimmt. Dieser Einwand der falschen Verhältnisbestimmung taucht in zwei extrem unterschiedlichen Varianten auf. Die erste Variante macht geltend, dass die Prinzipientheorie zu wenig Moral enthält, die zweite, dass sie zu viel Moral einschließt. Die erste Variante kann man als „Einwand der Untermoralisierung", die zweite als „Einwand der Übermoralisierung" bezeichnen.

Ein Vertreter des Einwandes der Untermoralisierung ist Kai Möller.[1] Möller argumentiert „that, rather than balancing the two competing principles, we must make a moral argument as to which one takes priority".[2] Diese Notwendigkeit der moralischen Argumentation soll „a blow to Alexy's approach" sein, „which focuses on balancing straightaway".[3] In seinem Buch „The Global Model of Constitutional Rights" kennzeichnet er seine Theorie als einen *„substantive moral approach"*, der als solcher „can be contrasted with a formal theory such as Robert Alexy's […] theory of rights as principles or optimization requirements".[4] Kurzum, die Prinzipientheorie soll bloß formal sein, weil sie keinen substantiellen moralischen Gehalt hat. Der Einwand der Übermoralisierung behauptet das genaue Gegenteil. Eine Vertreterin dieses Einwandes ist Birgit Reese. In ihrem 2013 erschienenen Buch „Die Verfassung des Grundgesetzes" stellt sie treffend fest, „dass die Prinzipientheorie eingebettet ist in eine prozedurale Moralphilosophie und einen nichtpositivistischen Rechtsbegriff, dass sie also hinausläuft auf eine Verbindung zwischen Recht und Moral".[5] Dies

---

[1] Vgl. ferner *Tsakyrakis*, Proportionality: An assault on human rights?, International Journal of Constitutional Law, 2009, 468, 474: „totally extraneous to any moral reasoning".

[2] *Möller*, Balancing and the structure of constitutional rights, International Journal of Constitutional Law, 2007, 453, 460.

[3] Ebenda.

[4] *Möller*, The Global Model of Constitutional Rights, 2012, S. 1 f.

[5] *Reese*, Die Verfassung des Grundgesetzes, 2013, S. 115.

aber führe zu unerträglichen Gefährdungen der „Normativität der Verfassung",[6] der „Rationalität von Entscheidungen"[7] und der Demokratie.[8]

Oft ist es so, dass von zwei entgegengesetzten Thesen eine richtig und eine falsch ist. Hier aber hat es darum zu gehen, ob sowohl die These der Untermoralisierung als auch die der Übermoralisierung falsch ist. Dies ist der Fall, wenn es der Prinzipientheorie gelingt, Grundrechte und Moral in ein richtiges Verhältnis zu setzen. Diese These, die als „These der adäquaten Moralisierung" bezeichnet werden kann und eine nichtpositivistische Konzeption der Grundrechte zum Ausdruck bringt, soll hier vertreten werden. Auf dem Weg zu ihrer Begründung sollen zunächst einige Grundelemente der Prinzipientheorie vorgestellt werden. In einem zweiten Schritt wird die Natur der Grundrechte in den Blick genommen. Dem folgt als dritter und letzter Schritt eine Analyse der grundrechtlichen Argumentation.

II. Grundelemente der Prinzipientheorie

1. Regeln und Prinzipien

Die Basis der Prinzipientheorie ist die normtheoretische Unterscheidung von Regeln und Prinzipien.[9] Regeln sind Normen, die definitiv etwas verlangen. Sie sind *definitive Gebote.* Die Form ihrer Anwendung ist die Subsumtion. Prinzipien sind demgegenüber *Optimierungsgebote.* Als solche verlangen sie, „dass etwas in einem relativ auf die rechtlichen und tatsächlichen Möglichkeiten möglichst hohen Maße realisiert wird".[10] Die rechtlichen Möglichkeiten werden, sieht man von Regeln ab, wesentlich durch gegenläufige Prinzipien bestimmt. Aus diesem Grund enthalten Prinzipien, jeweils für sich genommen, stets nur ein Prima-facie-Gebot. Die Bestimmung des gebotenen Maßes der Erfüllung des einen Prinzips relativ auf die Anforderungen anderer Prinzipien erfordert eine Abwägung. Die Abwägung ist deshalb die spezifische Anwendungsform von Prinzipien.

2. Verhältnismäßigkeit

Der Charakter der Prinzipien als Optimierungsgebote führt unmittelbar zu einer notwendigen Verbindung von Prinzip und Verhältnismäßigkeit. Der Verhältnismäßigkeitsgrundsatz, der in den letzten Jahrzehnten immer mehr internationale Anerkennung in der Praxis und der Theorie der Verfassungsgerichtsbarkeit gefunden

---

[6] Ebenda, S. 15.

[7] Ebenda, S. 138.

[8] Ebenda, 250.

[9] *Alexy,* Theorie der Grundrechte, 6. Aufl., 2011, S. 75 ff.

[10] Ebenda, S. 75.

hat,[11] besteht aus drei Untergrundsätzen: den Grundsätzen der Geeignetheit, der Erforderlichkeit und der Verhältnismäßigkeit im engeren Sinne. Alle drei Untergrundsätze sind Ausdruck der Idee der Optimierung. Der Prinzipiencharakter impliziert deshalb den Verhältnismäßigkeitsgrundsatz und dieser jenen.

a) Geeignetheit

Die Grundsätze der Geeignetheit und der Erforderlichkeit beziehen sich auf die Optimierung relativ auf die faktischen oder tatsächlichen Möglichkeiten. Wenn ein Mittel M, das eingesetzt wird, um das Prinzip P_1 zu fördern, hierfür ungeeignet ist, aber die Realisierung des Prinzips P_2 einschränkt, dann besteht die faktische oder tatsächliche Möglichkeit, auf M zu verzichten, ohne dass Kosten für P_1 oder P_2 entstehen. Die Optimierung von P_1 und P_2 *zusammengenommen* verbietet deshalb den Einsatz von M.

b) Erforderlichkeit

Ähnlich, wenn auch komplizierter, liegen die Dinge beim Grundsatz der Erforderlichkeit. Wenn es neben dem Mittel M_1 noch ein Mittel M_2 gibt, das P_1 in etwa gleich gut fördert, in P_2 aber weniger intensiv eingreift, dann verbietet die Optimierung von P_1 und P_2 *zusammengenommen* den Einsatz des intensiver in P_2 eingreifenden, für P_1 aber nicht erforderlichen Mittels M_1. Sowohl bei der Geeignetheit als auch bei der Erforderlichkeit geht es darum, dass eine Position verbessert werden kann, ohne dass dadurch Nachteile für eine andere entstehen, sich also Kosten vermeiden lassen, ohne dass an anderer Stelle neue entstehen. Beide Grundsätze sind deshalb Ausdruck der Idee der Pareto-Optimalität.

c) Verhältnismäßigkeit im engeren Sinne

Bei der Optimierung relativ auf die tatsächlichen Möglichkeiten geht es um vermeidbare Kosten. Kosten sind jedoch unvermeidbar, wenn Prinzipien kollidieren. Dann wird eine Abwägung notwendig. Die Abwägung ist der Gegenstand des dritten Untergrundsatzes des Verhältnismäßigkeitsgrundsatzes, des Grundsatzes der Verhältnismäßigkeit im engeren Sinne. Dieser Grundsatz bringt zum Ausdruck, was Optimierung relativ auf die rechtlichen Möglichkeiten bedeutet. Er ist mit einer Regel identisch, die als „Abwägungsgesetz" bezeichnet werden kann.[12] Sie lautet:

> Je höher der Grad der Nichterfüllung oder Beeinträchtigung des einen Prinzips ist, desto größer muss die Wichtigkeit der Erfüllung des anderen sein.

---

[11] Vgl. etwa *Beatty*, The Ultimate Rule of Law, 2004; *Stone Sweet/Mathews*, Proportionality Balancing and Global Constitutionalism, Columbia Journal of Transnational Law, 2008, 72 ff.; *Barak*, Proportionality, 2012.

[12] *Alexy*, Grundrechte (Fn. 9), S. 146.

Das Abwägungsgesetz schließt, unter anderem, einen intensiven Eingriff in das Prinzip P_1, der nur durch eine geringe Wichtigkeit der Erfüllung des kollidierenden Prinzips P_2 gerechtfertigt wird, aus. Unter diesen Umständen einen Eingriff zuzulassen, würde keine Optimierung von P_1 *zusammen mit* P_2 sein.

3. Gewichtsformel

Das Abwägungsgesetz findet sich, in unterschiedlichen Formulierungen, nahezu überall in der Verfassungsrechtsprechung. Es drückt die Essenz der Abwägung aus und ist von großer praktischer Bedeutung. Wenn man eine präzise und vollständige Analyse der Struktur der Abwägung erhalten will, muss das Abwägungsgesetz freilich weiter ausgearbeitet werden. Das Ergebnis einer solchen weiteren Abwägung ist die Gewichtsformel.[13] Sie lautet wie folgt:

$$G_{i,j} = \frac{I_i \cdot G_i \cdot S_i}{I_j \cdot G_j \cdot S_j}$$

„$G_{i,j}$“ steht für das konkrete Gewicht des Prinzips P_i relativ auf das kollidierende Prinzip P_j. Die Gewichtsformel definiert dieses konkrete Gewicht als den Quotienten von drei Faktoren auf jeder Seite der Abwägung. Von besonderer Bedeutung sind I_i und I_j. „I_i“ steht für die Intensität des Eingriffs in P_i. „I_j“ repräsentiert die Wichtigkeit der Erfüllung des gegenläufigen Prinzips. Auch I_j lässt sich als Eingriffsintensität verstehen, und zwar als die Intensität des Eingriffs in P_j durch Nichteingriff in P_i. „G_i“ und „G_j“ stehen für die abstrakten Gewichte der kollidierenden Prinzipien P_i und P_j. Wenn die abstrakten Gewichte gleich sind, was bei Grundrechtskollisionen oft der Fall ist, können G_i und G_j weggekürzt werden. „S_i“ und „S_j“ stehen für zwei Faktoren, die in der jüngeren Grundrechtsdiskussion eine immer größere Bedeutung bekommen haben. Sie beziehen sich auf die Sicherheit der empirischen und normativen Annahmen darüber, wie intensiv der Eingriff in P_i ist und wie intensiv in P_j eingegriffen werden würde, wenn der Eingriff in P_i unterbliebe. Hierbei handelt es sich nicht um einen auf die Sache bezogenen, also nicht um einen ontischen Faktor, sondern um eine auf die Erkenntnis bezogene, also um eine epistemische Größe. Darüber hinaus kann die Sicherheit der normativen Annahmen auch auf die Einstufung der abstrakten Gewichte, also auch auf G_i und G_j, bezogen werden.

Eine Formel wie die Gewichtsformel, die einen Quotienten von zwei Produkten zum Ausdruck bringt, ist nur dann sinnvoll, wenn alle Faktoren durch Zahlen repräsentiert werden können. Das ist das Problem der Graduierung oder Skalierung. Ich habe an anderer Stelle[14] eine diskrete, also nichtkontinuierliche, triadische Skala vorgeschlagen, die mit geometrischen Folgen arbeitet. Diese Skala ordnet der Eingriffsintensität und dem abstrakten Gewicht die Werte „leicht“, „mittel“ und „schwer“ zu

[13] *Alexy*, Die Gewichtsformel, in: Jickeli/Kreutz/Reuter (Hrsg.), GS Sonnenschein, S. 771, 790.

[14] Ebenda, S. 771, 783 ff.

und drückt diese durch die Zahlen 2^0, 2^1 und 2^2, also durch 1, 2 und 4, aus. Was die epistemische Seite, also S_i und S_j betrifft, so lässt sich mit den Stufen „sicher", „plausibel" und „nicht evident falsch" arbeiten, denen die Zahlen 2^0, 2^{-1} und 2^{-2}, also 1, $\frac{1}{2}$ und $\frac{1}{4}$, zuzuordnen sind.[15] Mit diesen Triaden lassen sich die meisten verfassungsgerichtlichen Entscheidungen erfassen. Wenn sie nicht ausreichen, also feiner skaliert werden muss, können sie zu doppeltriadischen Skalen erweitert werden.[16]

Jestaedt hat gegen die Gewichtsformel eingewandt, dass sie „ein Maß an Anwendungsgenauigkeit und Anwendungssicherheit verspricht, welches sie bei weitem nicht einzulösen imstande ist".[17] Ihre „behauptete oder doch zumindest insinuierte Exaktheit" entpuppe sich bei näherem Hinsehen „als bloße Schein-Exaktheit, als methodologische Chimäre".[18] Tsakyrakis spricht von „the myth of mathematical precision". Dieser Mythos müsse, wenn es um „judicial reasoning" gehe, verworfen werden.[19] Und Somek, um noch eine dritte Stimme anzuführen, wendet ein, dass das Abwägungsmodell der Prinzipientheorie „über eine analytisch behutsame *Formalisierung des moralischen Intuitionismus* nicht" hinausgehe.[20] Diese Einwände laufen darauf hinaus, dass die Gewichtsformel Ansprüche erhebe, die sie nicht erfüllen könne. Um zu prüfen, ob dies zutrifft und was die Gewichtsformel für das Verhältnis von Grundrechten und Moral bedeutet, ist zunächst zu fragen, was Grundrechte sind.

III. Die Doppelnatur der Grundrechte

1. Positivistische und nichtpositivistische Grundrechtskonzeptionen

Es gibt zwei fundamental verschiedene Auffassungen über die Natur der Grundrechte: eine positivistische und eine nichtpositivistische. Nach beiden sind die Grundrechte positives Recht. Der Unterschied besteht darin, dass die Grundrechte nach der positivistischen Auffassung nur positives Recht sind, während nach der nichtpositivistischen Auffassung die Positivität nur die eine Seite der Grundrechte ist, nämlich ihre reale oder faktische Seite. Darüber hinaus besitzen die Grundrechte nach der nichtpositivistischen Konzeption auch eine ideale oder kritische Dimension. Der Grund dafür ist, dass Grundrechte, wie das Recht ganz allgemein,[21] notwendig einen Anspruch auf Richtigkeit erheben. Dieser Anspruch auf Richtigkeit führt zu

---

[15] Ebenda, S. 771, 789 f.

[16] Ebenda, S. 771, 786 f.

[17] *Jestaedt*, Die Abwägungslehre – ihre Stärken und ihre Schwächen, in: Depenheuer et al. (Hrsg.), FS Isensee, S. 253, 265.

[18] Ebenda, S. 253, 267.

[19] *Tsakyrakis* (Fn. 1), 472.

[20] *Somek*, Rechtliches Wissen, 2006, S. 135.

[21] *Alexy*, Begriff und Geltung des Rechts, 5. Aufl., 2011, S. 64 ff.

einer notwendigen Verbindung von Grund- und Menschenrechten, und in genau dieser Verbindung besteht die Doppelnatur der Grundrechte.[22]

2. *Menschenrechte als moralische Rechte*

Menschenrechte sind durch fünf Merkmale definiert. Sie sind, erstens, moralische, zweitens, universelle, drittens, fundamentale und, viertens, abstrakte Rechte, die, fünftens, was die moralische Geltung betrifft, Vorrang vor allen anderen Normen haben. Hier ist nur die erste dieser fünf Eigenschaften von Interesse: der moralische Charakter der Menschenrechte.

Der moralische Charakter der Menschenrechte besteht darin, dass den Menschenrechten als moralischen Rechten nur moralische Geltung zukommt. Ein Recht gilt moralisch, wenn es begründbar ist. Rechte existieren, wenn sie gelten. Die Existenz der Menschenrechte hängt daher von ihrer Begründbarkeit ab und von sonst nichts.[23] Was begründbar ist, ist richtig. Das bedeutet, dass sich der Anspruch der positivrechtlichen Grundrechtskataloge auf Richtigkeit notwendig auf Menschenrechte als richtiges Recht bezieht. Damit ist die reale Dimension der Grundrechte notwendig mit einer idealen Dimension verbunden.

Natürlich kann zur moralischen Geltung der Menschenrechte eine positiv-rechtliche hinzutreten. Beispiele dafür bieten nicht nur Grundrechtskataloge in Verfassungen, sondern auch internationale und supranationale Menschenrechtspakte und -konventionen. Doch solche Positivierungen sind niemals endgültige Antworten. Sie stellen Versuche dar, dem, was allein wegen seiner Richtigkeit gilt, eine durch positives Recht gesicherte Gestalt zu geben.

3. *Drei Einwände gegen die Doppelnaturthese*

a) Anspruch auf Richtigkeit

Gegen die These von der Doppelnatur der Grundrechte lassen sich drei Einwände erheben. Der erste bestreitet, dass das Recht notwendig einen Anspruch auf Richtigkeit erhebt. Ich habe versucht, diesen Einwand mit dem Argument auszuräumen, dass das explizite Verneinen dieses Anspruchs zu einem Widerspruch führt.[24] Doch das kann hier nicht erörtert werden.[25]

---

[22] Eine zweite Argumentationslinie ist, dass Grundrechte Rechte sind, die in der Absicht oder mit der Intention in die Verfassung aufgenommen worden sind, Menschenrechte in positives Recht zu transformieren. Vgl. hierzu *Alexy*, Grundrechte und Verhältnismäßigkeit, in: Schliesky/Ernst/Schulz (Hrsg.), FS Schmidt-Jortzig, S. 12 f.

[23] *Alexy*, Menschenrechte ohne Metaphysik?, Deutsche Zeitschrift für Philosophie 2004, 15, 16.

[24] *Alexy*, Begriff (Fn. 21), S. 65 ff.

[25] Vgl. hierzu *Bulygin*, Alexy und das Richtigkeitsargument, in: Aarnio et al. (Hrsg.), FS Krawietz, S. 19; *Alexy*, Bulygins Kritik des Richtigkeitsarguments, in: Valdés et al. (Hrsg.), FS

b) Die Existenz der Menschenrechte

Der zweite Einwand bestreitet die Existenz der Menschenrechte. Es sei nicht möglich, die Menschenrechte zu begründen. Man könne zwar an sie glauben und sich zu ihnen bekennen, und das führe, wenn viele dies tun, in der Tat zu einer gewissen sozialen Geltung, aber eine solche soziale Geltung sei keine Begründung, auch wenn sie mit sozialem Druck verbunden ist. Die bloße Tatsache, dass auch Ideologien, Illusionen und Irrtümer soziale Geltung erlangen können, zeige, dass soziale Geltung nicht mit Begründung oder Richtigkeit gleichzusetzen ist.

Dem Einwand der Nichtexistenz wegen Nichtbegründbarkeit kann nur mit einer Begründung der Menschenrechte entgegengetreten werden. Die vielfältigen Ansätze zur Begründung der Menschenrechte lassen sich in acht Gruppen einteilen: in religiöse, biologische, intuitionistische, konsensuelle, instrumentelle, kulturelle, explikative und existenzielle Begründungen.[26] Hier will ich mich auf die These beschränken, dass eine explikativ-existentielle Begründung möglich ist. Der explikative Teil dieser Begründung besteht in einer Analyse der diskursiven Praxis, die eine Praxis des Behauptens, des Fragens und des Anführens von Gründen ist. Diese Praxis setzt notwendig Regeln und Prinzipien voraus, die die Ideen der Freiheit und Gleichheit der Diskursteilnehmer zum Ausdruck bringen.[27] Das explikative Argument führt freilich nur zur Freiheit und Gleichheit als Fähigkeit oder Möglichkeit. Es bedarf deshalb der Ergänzung durch ein Interesse, von dieser Fähigkeit Gebrauch zu machen. Dies Interesse ist das Interesse an Richtigkeit. An dieser Stelle kommt das existenzielle Argument ins Spiel. Es geht bei ihm nicht um irgendeine Entscheidung, sondern um die Bestätigung einer dem Menschen notwendig zukommenden Fähigkeit, die seine ideale Dimension definiert, und als solche, wie Kant es formuliert, unsere „höchste Bestimmung"[28] ist. Diese Begründung wirft ohne Zweifel viele Fragen auf. Hier muss diese knappe Skizze ausreichen.[29]

Alchourrón und Bulygin, S. 235; *Bulygin*, Alexy's Thesis of the Necessary Connection between Law and Morality, Ratio Juris 2000, 133; *Alexy*, On the Thesis of a Necessary Connection between Law and Morality: Bulygin's Critique, Ratio Juris 2000, 138; *Bulygin*, Alexy Between Positivism and Non-positivism; *Ferrer Beltrán/Moreso/Papayannis* (Hrsg.), Neutrality and Theory of Law, Dordrecht 2013, S. 49; *Alexy*, Between Positivism and Non-positivism? A Third Reply to Eugenio Bulygin, in: Ferrer Beltrán/Moreso/Papayannis (Hrsg.), Neutrality and Theory of Law, 2013, S. 225.

[26] *Alexy*, The Existence of Human Rights, Archiv für Rechts- und Sozialphilosophie, Beiheft 136, 2013, 9, 13 ff.

[27] *Alexy*, Menschenrechte ohne Metaphysik (Fn. 23), 20.

[28] *Kant*, Kritik der praktischen Vernunft, Kant's gesammelte Schriften, Bd. V, hg. v. d. Königlich Preußischen Akademie der Wissenschaften, 1913, S. 87.

[29] Eingehender *Alexy*, The Existence of Human Rights (Fn. 26), 9, 15 ff.

c) Die Positivität der Grundrechte

Hier soll der dritte Einwand im Vordergrund stehen. Er macht geltend, dass die Hinzufügung einer idealen Dimension zur realen Dimension der Grundrechte deren Positivität zerstöre. Die Positivität der Grundrechte aber sei notwendige Bedingung der Institutionalisierung und damit der Realisierung der Menschenrechte und sei deshalb ein mit den Menschenrechten verbundenes Postulat. Die Verknüpfung von Grund- und Menschenrechten widerspräche insofern wesentlichen Forderungen der Menschenrechte.

Dieser Einwand ist ein zentraler Punkt der These von der Übermoralisierung. Er träfe zu, wenn die Verknüpfung von Grund- und Menschenrechten tatsächlich die Positivität der Grundrechte zerstören würde. Das ist jedoch nicht der Fall. Die Doppelnaturthese beschränkt sich nicht auf die Forderung, dass in der grundrechtlichen Argumentation sowohl die reale als auch die ideale Dimension ernst genommen wird, Sie verlangt darüber hinaus, dass der positiven oder autoritativen Dimension der Grundrechte prima facie der Vorrang eingeräumt wird.[30] Vom Standpunkt der Übermoralisierungsthese ist hiergegen der Einwand erhoben worden, dass ein Prima-facie-Vorrang nicht ausschließt, „dass sich die Prinzipienebene stets gegenüber den Regeln des einfachen Rechts und auch des Verfassungsrechts durchsetzt".[31]

Dem ist entgegenzuhalten, dass ein Prima-facie-Vorrang ein echter Vorrang ist, der ausschließt, dass das Ideale sich „stets"[32] gegen das Reale durchsetzt. Ein Prima-facie-Vorrang des Realen oder Positivierten bedeutet eine Argumentationslast für jede Abweichung von dem, was positivrechtlich festgesetzt wurde. Es reicht nicht aus, materielle oder substantielle Gründe anzuführen, die schwerer wiegen als die Gründe, die für die positivrechtliche Festsetzung sprechen. Es muss darüber hinaus auch das formelle Prinzip der Autorität der Verfassung zurückgedrängt werden. Es gibt zahlreiche Fälle, in denen dies nicht möglich ist. Beispiele sind die Abschaffung der Todesstrafe in Art. 102 GG und das Folterverbot des Art. 104 Abs. 1 Satz 2 GG. Auf der anderen Seite gibt es durchaus Fälle, in denen die Richtigkeit der grundrechtlichen Entscheidung von einem Verfassungsgericht fordern kann, dass es über den Wortlaut der Verfassung hinausgeht oder sogar gegen ihn entscheidet. Ein Beispiel für ersteres bietet die Entscheidung des Bundesverfassungsgerichts aus dem Jahre 2009 zugunsten eines Rechts auf das Existenzminimum,[33] ein Beispiel für letzteres die Entscheidung aus dem Jahre 1958 über die Einschränkbarkeit der dem Wortlaut des Art. 12 Abs. 1 Satz 1 GG nach nicht einschränkbaren Freiheit der Berufswahl.[34]

---

[30] *Alexy*, Grundrechte (Fn. 9), S. 121 f.; vgl. ferner *Alexy*, Theorie der juristischen Argumentation, 7. Aufl. 2012, S. 305.

[31] *Reese* (Fn. 5), S. 252; vgl. ferner S. 108.

[32] Ebenda.

[33] BVerfGE 125, 175.

[34] BVerfGE 7, 377; vgl. hierzu *Alexy*, Grundrechte (Fn. 9), S. 122.

Es ist freilich einzuräumen, dass ein rationaler Gebrauch von Prima-facie-Vorrängen rationale Argumentation voraussetzt. Wer irgendwelchen von ihm als moralisch angesehenen Rechten, Werten oder Gütern ins Unendliche gehende Gewichte zumisst, kann gegenläufige Rechte, Werte oder Güter ebenso wie das formelle Prinzip der Autorität der Verfassung schnell zurückdrängen. Das führt zu der Frage, ob rationale von nichtrationalen Abwägungen unterschieden werden können. Mit dieser Frage kommt die Gewichtsformel erneut in den Blick.

IV. Gewichtsformel und Argumentation

Wenn die Grundrechte notwendig mit Moral in Gestalt von Menschenrechten verbunden sind, dann muss diese Verbindung auch bei der Abwägung von Bedeutung sein. Diese Bedeutung ergibt sich daraus, dass erstens die Gewichtsformel eine Form der grundrechtlichen und damit ganz allgemein der juristischen Argumentation ist und zweitens die juristische Argumentation einen Sonderfall[35] der allgemeinen praktischen und damit auch der moralischen Argumentation darstellt.

1. Kalkulation und Argumentation

Wenn man die Gewichtsformel isoliert betrachtet, dann kann in der Tat leicht der Eindruck entstehen, dass mit ihr Argumentation durch Kalkulation ersetzt werden solle. Wenn die Eingriffsintensitäten erst einmal als leicht, mittel oder schwer identifiziert sind, können in die Formal die entsprechenden Zahlen eingesetzt werden, und wenn derartiges auch bei den abstrakten Gewichten und der epistemischen Sicherheit erfolgt ist, ist alles weitere in der Tat nur noch eine Sache einer zudem recht einfachen Rechnung. Wenn diese Sichtweise richtig wäre, träfe der Einwand der Untermoralisierung zu.

Diese Sichtweise ist jedoch falsch, weil sie unvollständig ist. Die in die Variablen der Gewichtsformel einzusetzenden Zahlen stehen für Einstufungen, die einer Begründung bedürftig sind, die die Gewichtsformel selbst nicht leisten kann. Man nehme etwa einen Eingriff in die Meinungsäußerungsfreiheit (P_i), der dem Schutz des Persönlichkeitsrechts (P_j) dient. Wenn der Eingriff in die Meinungsäußerungsfreiheit als schwer eingeschätzt wird, I_i also den Wert 4 erhält, dann steht die Zahl 4 für nichts anderes als für den Satz: „Der Eingriff in die Meinungsäußerungsfreiheit ist schwer.“ Entsprechendes gilt, wenn das Gewicht des Eingriffs in das Persönlichkeitsrecht als leicht eingestuft wird. Die Zahl 1 steht dann für den Satz: „Der Eingriff in das Persönlichkeitsrecht durch Nichtgewährung von Schutz wäre leicht.“ Der entscheidende Punkt ist nun, dass derartige Sätze, wie Sätze oder Behauptungen ganz allgemein, einer Begründung bedürftig sind. Die Frage lautet, ob sie der Begründung fähig sind.

---

[35] Vgl. hierzu *Alexy*, Juristische Argumentation (Fn. 30), S. 261 ff.

2. Die Argumentationsthese

Poscher ist, wie Somek,[36] der Auffassung, dass die Prinzipienabwägung „auf nicht weiter aufklärbaren Intuitionen über das relative Gewicht der abzuwägenden Prinzipien“[37] beruhe. Dem ist die These entgegenzusetzen, dass die Einstufungen auf rationale Argumente gestützt werden können. Dem Intuitionismusargument ist damit – ebenso wie dem Schlinkschen Dezisionismus-[38] und dem Habermasschen Willkürargument[39] – die Argumentationsthese entgegenzustellen.

Die Argumentationsthese macht geltend, dass sich Sätze über Eingriffsintensitäten und Wichtigkeitsgrade rational begründen lassen. Ein Beispiel bietet der Beschluss des Bundesverfassungsgerichts aus dem Jahre 1997 über die Pflicht der Produzenten von Tabakwaren, auf ihren Erzeugnissen Hinweise auf die Gefahren des Rauchens für die Gesundheit anzubringen.[40] Das ist ein leichter Eingriff in die Berufsfreiheit. Ein vollständiges Verbot aller Tabakwaren wäre demgegenüber als schwerer Eingriff einzustufen. Zwischen derartigen leichten und schweren Fällen lassen sich Fälle von mittlerer Eingriffsintensität einordnen. Ein Beispiel dafür wäre das Verbot von Zigarettenautomaten zusammen mit der Beschränkung des Verkaufs von Tabakwaren auf bestimmte Geschäfte. Wenn es wahr wäre, dass die Abwägung, wie Poscher behauptet, „auf nicht weiter aufklärbaren Intuitionen“[41] beruht, dann stünde es jedem Verfassungsinterpreten unter Berufung auf seine Intuitionen frei zu sagen, dass die Warnhinweispflicht ein schwerer und das vollständige Tabakverbot ein leichter Eingriff in die Berufsfreiheit der Produzenten von Tabakwaren ist. Man hätte schon Mühe, dies überhaupt ernst zu nehmen. Auf jeden Fall aber wären für die Falschheit dieser Einstufungen leicht schlagende Argumente anzuführen. Steht aber erst einmal fest, dass, wie im Tabakfall, die Eingriffsintensität leicht und die Wichtigkeit des Schutzes der Bevölkerung vor Gesundheitsgefahren hoch ist,[42] so ist das Ergebnis leicht zu erkennen. Der schwer wiegende Eingriffsgrund rechtfertigt den leichten Eingriff.

Dem könnte entgegengehalten werden, dass das Beispiel nicht viel sage. Auf der einen Seite gehe es um wirtschaftliche Aktivitäten. Hier seien Einstufungen leicht möglich, weil ihnen letztlich Kostenüberlegungen zugrundelägen. Auf der anderen Seite gehe es um Leben und Tod. Wenn sich durch empirische Untersuchungen belegen lasse, dass die Gefahr hier einigermaßen groß ist, könne sich eine Einstufung im oberen Bereich der Wichtigkeit auf quantifizierbare Tatsachen stützen. Das lasse

---

[36] *Somek* (Fn. 20), S. 135.

[37] *Poscher*, Einsichten, Irrtümer und Selbstmissverständnis der Prinzipientheorie, in: Sieckmann (Hrsg.), Die Prinzipientheorie der Grundrechte, 2007, S. 59, 76.

[38] *Schlink*, Freiheit durch Eingriffsabwehr – Rekonstruktion der klassischen Grundrechtsfunktion, EuGRZ 1984, 457, 462.

[39] *Habermas*, Faktizität und Geltung, 4. Aufl. 1994, S. 315 f.

[40] BVerfGE 95, 173.

[41] *Poscher* (Fn. 37), S. 76.

[42] BVerfGE 95, 173, 183 ff.

sich nicht auf Fälle übertragen, in den quantifizierbare Faktoren wie Kosten und Wahrscheinlichkeiten keine oder keine erhebliche Rolle spielen.

Um diesen Einwand zu entkräften sei ein Fall betrachtet, in dem es um die klassische Kollision zwischen der Meinungsfreiheit und dem Persönlichkeitsrecht geht. Das verbreitete Satiremagazin TITANIC hatte einen querschnittsgelähmten Reserveoffizier, der erfolgreich seine Einberufung zu einer Wehrübung betrieben hatte, erst als „geb. Mörder" und in einer späteren Ausgabe dann als „Krüppel" bezeichnet. Ein Zivilgericht hat die TITANIC auf Klage des Reserveoffiziers hin zu einem Schmerzensgeld von 12.000 DM verurteilt. Die TITANIC erhob hiergegen Verfassungsbeschwerde. Das Bundesverfassungsgericht nimmt eine „fallbezogene[n] Abwägung"[43] zwischen der Meinungsfreiheit der TITANIC und dem Persönlichkeitsrecht des Reserveoffiziers vor. Die Verurteilung zu dem Schmerzensgeld wird als „nachhaltige[r]",[44] also schwerer Eingriff in die Meinungsfreiheit eingestuft. Diese Einstufung wird nicht bloß behauptet, sondern auch begründet. Die Begründung besteht vor allem darin, dass das Schmerzensgeld „in künftigen Fällen die Bereitschaft mindern könne[n], von dem betroffenen Grundrecht Gebrauch zu machen".[45] Das ist ein Argument und damit alles andere als ein bloßer Ausdruck einer Intuition oder Dezision. Die Bezeichnung „geb. Mörder" wird sodann in den Kontext der von der TITANIC publizierten Satire gestellt. Dieser sei durch „Wortwitze bis hin zu Albernheiten"[46] gekennzeichnet. Deshalb sei der Beeinträchtigung des Persönlichkeitsrechts allenfalls eine mittlere, vielleicht nur eine geringe Intensität zuzumessen. Anders sollen die Dinge bei der Bezeichnung des Reserveoffiziers als „Krüppel" liegen. Die Beeinträchtigung wird hier als „schwer"[47] eingestuft. Die Bezeichnung eines Behinderten als „Krüppel" sei eine „Demütigung", die den Behinderten zu einem „minderwertigen Menschen"[48] herabstufe und „dessen Missachtung zum Ausdruck"[49] bringe. Auch diese beiden Einstufungen beruhen auf Argumenten.

Von besonderer Bedeutung ist dabei, dass die Argumente, vor allem die für die Einstufung der Bezeichnung als „Krüppel", einen moralischen Charakter haben. Das zeigt, dass die Untermoralisierungsthese falsch ist. Die Anwendung der Gewichtsformel setzt im TITANIC-Fall moralische Argumente voraus. Zugleich wird deutlich, dass auch die Übermoralisierungsthese nicht zutrifft. Die Argumente im TITANIC-Fall können als rational eingestuft werden. Die Verwendung rationaler moralischer Argumente aber bedeutet keine Minderung, sondern eine Steigerung der Rationalität des Rechts. Der Einwand, dass in Abwägungen immer alles möglich ist,

[43] BVerfGE 86, 1, 11.

[44] BVerfGE 86, 1, 10.

[45] Ebenda.

[46] BVerfGE 86, 1, 11.

[47] BVerfGE 86, 1, 13.

[48] Ebenda.

[49] Ebenda.

kann somit durch die Einbettung der Gewichtsformel in eine Theorie der rationalen Argumentation ausgeräumt werden.

3. Vernünftige Nichtübereinstimmung

Ein Abwägungsskeptiker könnte einräumen, dass es zwar möglich sei, in den beiden betrachteten Fällen Einstufungen der Eingriffsintensität zu begründen, aber doch darauf bestehen, dass es Fälle gebe, in denen unterschiedliche Einstufungen gleich gut begründet werden können, was bedeute, dass keine von ihnen begründbar sei. Als Beispiel könnte der Skeptiker die Entscheidung des Bundesverfassungsgerichts zur Rasterfahndung aus dem Jahre 2006 anführen. In dieser Entscheidung ging es um die Verfassungsbeschwerde eines marokkanischen Staatsangehörigen, der in Deutschland studierte, gegen die Anordnung einer Rasterfahndung. Diese Anordnung verpflichtete Einwohnermeldeämter, das Ausländerzentralregister und Universitäten, Daten von männlichen Personen zwischen 18 und 40 Jahren, unter anderem über deren Glauben, deren Geburtsland und deren Studienfach, an die Polizei zu übermitteln. Diese Daten wurden zu dem Zweck, potentielle islamistische Terroristen zu identifizieren, elektronisch verarbeitet. Die Mehrheit der Mitglieder des Ersten Senats des Bundesverfassungsgerichts nahm einen Eingriff „von erheblichem Gewicht",[50] also einen schweren Eingriff in das Grundrecht auf informationelle Selbstbestimmung an. Zu dessen Rechtfertigung würde zwar eine konkrete Gefahr ausreichen, nicht aber eine „allgemeine Bedrohungslage", also eine generelle oder abstrakte Gefahr, „wie sie spätestens seit dem 11. September 2001" bestehe.[51] Eine konkrete Gefahr aber konnte nicht dargelegt werden. Die Verfassungsbeschwerde hatte deshalb Erfolg. Ganz anders ist die Einstufung in der abweichenden Meinung der Richterin Haas. Nach ihr geht es um einen Eingriff „von geringem Gewicht", der „im Interesse der Allgemeinheit [...] hinzunehmen" ist.[52] Die Verfassungsbeschwerde wäre danach nicht begründet gewesen.

Hier sind nur zwei Punkte von Interesse. Der erste ist, dass beide Seiten ihre Einstufungen mit zahlreichen Argumenten begründen. Die Argumentation der Mehrheit für die Einstufung des Eingriffs als schwer umfasst elf Seiten,[53] die der Richterin Haas für deren Einstufung als leicht geht über vier Seiten.[54] Das zeigt, dass Abwägung nicht eine Angelegenheit bloßer Einstufung ist, sondern wesentlich eine Sache der Argumentation. Wenn rationale juristische Argumentation möglich ist, ist deshalb auch rationales Abwägen möglich.

Der zweite Punkt ist, dass der Rasterfahndungsfall selbst dann, wenn beide Seiten sich auf Gründe stützen können, von denen schwer gesagt werden kann, welche bes-

[50] BVerfGE 115, 320, 347.

[51] BVerfGE 115, 320, 364.

[52] BVerfGE 115, 320, 379.

[53] BVerfGE 115, 320, 347 ff.

[54] BVerfGE 115, 320, 371 f.

ser sind, keinen Einwand gegen die Abwägung begründet. Hierfür gibt es zwei Gründe. Der erste ist, dass es viele Fälle gibt, in denen nur ein Ergebnis der Abwägung argumentativ oder diskursiv möglich ist. Das Ergebnis ist in diesem Fall argumentativ oder diskursiv notwendig. Der abstrakten diskursiven Notwendigkeit,[55] die etwa den Menschenrechten als abstrakten Rechten und dem Demokratieprinzip zukommt, ist deshalb eine konkrete diskursive Notwendigkeit an die Seite zu stellen, die etwa dann vorliegt, wenn ein Eingriff nur als schwer und die ihn rechtfertigenden Gründe nur als leicht eingestuft werden können.[56] Es gibt also auch im Bereich der Abwägung Gewissheiten.

Der zweite Grund ist, dass es überall im Recht die Möglichkeit der vernünftigen Nichtübereinstimmung[57] gibt. Im Feld der Abwägung liegt vernünftige Nichtübereinstimmung vor, wenn unterschiedliche Einstufungen sich mit rationalen Argumenten rechtfertigen lassen, also diskursiv möglich sind. Entscheidend ist dabei, dass der Anspruch auf Richtigkeit mit der Anerkennung der Vernünftigkeit der Nichtübereinstimmung nicht aufgegeben wird. Die Richtigkeit als regulative Idee führt dazu, dass die faktisch bestehende und, wie in der Rasterfahndungsentscheidung, durch die Mehrheitsregel institutionell gelöste Nichtübereinstimmung für zukünftige Argumentationen offen bleibt. Das ist die ideale Dimension der juristischen Argumentation.

---

[55] Zu den Begriffen der diskursiven Notwendigkeit, Unmöglichkeit und Möglichkeit vgl. *Alexy*, Juristische Argumentation (Fn. 30), S. 256.

[56] Vgl. hierzu *Alfonso da Silva*, Comparing the Incommensurable: Constitutional Principles, Balancing and Rational Decision, Oxford Journal of Legal Studies 2011, 273, 291.

[57] Vgl. hierzu *Rawls*, Political Liberalism, 1993, S. 55: „reasonable disagreement".

Tatsachenfeststellungen und Prognosen im verfassungsgerichtlichen Verfahren

Von *Hans Peter Bull*

I. Einleitung

Jurisprudenz wird gemeinhin als die Kunst des richtigen Umgangs mit Rechtsnormen verstanden. Dass und wie der Rechtsanwender auch die Tatsachen feststellen muss, auf die das rechtliche Urteil sich bezieht, wird in der rechtswissenschaftlichen Literatur und in der Juristenausbildung sehr viel seltener besprochen. In den systematischen Darstellungen des geltenden Rechts kommen die Probleme der Sachverhaltsfeststellung kaum vor; sie tauchen allenfalls mittelbar im Rahmen des Prozessrechts auf – und zwar wiederum als Rechtsfragen. Die Studierenden lernen das Fach anhand von Fallaufgaben, in denen die Sachverhalte fast immer als feststehend vorausgesetzt werden. „Die Arbeit am Sachverhalt wird ebenso vernachlässigt wie die Wirklichkeitsanalyse zur Aufbereitung des Normbereichs oder im Zusammenhang von Folgeerwägungen."[1] Erst im Referendariat sind die jungen Juristen plötzlich – unvorbereitet! – mit Problemen der Tatsachenfeststellung konfrontiert. Die Versuche, durch frühzeitige Verknüpfung theoretischer und praktischer Ausbildung[2] auch diese Fähigkeit zu vermitteln, sind ohne nachhaltigen Erfolg geblieben.

Die Feststellung der Tatsachen, auf die der Richter sein Urteil gründet, hat aber mindestens ebenso große Bedeutung wie die „Rechtsfindung" im engeren Sinne. Der gedankliche Schritt der Konkretisierung und Auslegung der Rechtssätze, unter die ein Sachverhalt subsumiert werden soll, ist zwar logisch vorrangig,[3] aber wenn die Lebenssachverhalte, die damit rechtlich beurteilt werden sollen, nicht richtig erkannt sind, gehen selbst noch so scharfsinnige juristische Überlegungen ins Leere; die Aufgabe, konkret Recht zu schaffen, wird verfehlt.

Die Verfassungsgerichtsbarkeit ist zwar in besonders hohem Maße auf die Arbeit mit Rechtsnormen fixiert, aber selbstverständlich spielt auch hier die Tatsachenfest-

---

[1] *Rinken*, Einführung in das juristische Studium: Juristenausbildung und Juristenpraxis im Verfassungsstaat, 3. Aufl. 1996, S. 280. Aus der älteren Lit. vgl. etwa *Peters*, Diskussionsbeitrag, VVDStRL 9, 117.

[2] Vgl. dazu verschiedene Beiträge in *Giehring et al.* (Hrsg.), Juristenausbildung – erneut überdacht. Erfahrungen aus der einstufigen Juristenausbildung als Grundlage für eine weiterhin anstehende Reform, 1990, insbes.: *Moritz*, Erfahrungen mit der Integration von Theorie und Praxis in der Zivilrechtsausbildung, S. 109 ff.

[3] Näheres bei *Larenz*, Methodenlehre der Rechtswissenschaft, 4. Aufl. 1979, S. 262, 268 ff.; *Esser*, Vorverständnis und Methodenwahl in der Rechtswissenschaft, 1970, S. 27.

stellung eine wesentliche, in der Praxis offenbar bisweilen unterschätzte Rolle. Die Ansicht, im Verfassungsprozess seien „nur ausnahmsweise Tatsachen umstritten oder in den Augen des Gerichts trotz Unbestrittenheit unter den Beteiligten eines Beweises bedürftig", die Kontroversen beträfen nur „entweder die Einschätzung und die Bedeutung der Tatsachen oder die Auslegung und Anwendung des Rechts",[4] mag für die Mehrzahl der Verfahren zutreffen, aber sie wird zumindest einem relevanten Teil der Streitfälle nicht gerecht. Zu pauschal ist auch die Behauptung, dem BVerfG sei „die Ermittlung von Tatsachen nicht aufgegeben"[5] – dass die Sachverhaltsermittlung nicht die wesentliche Aufgabe des Gerichts ist, lässt sich nicht bestreiten, aber überall da, wo die Sachverhalte bei genauer Betrachtung nicht feststehen, muss das Gericht sich um die Aufklärung bemühen. § 26 BVerfGG ist eindeutig: „Das Bundesverfassungsgericht erhebt den zur Erforschung der Wahrheit erforderlichen Beweis."

Die Verfassungsgerichte sind vielfach nicht bloß zur Feststellung vergangener Sachverhalte, sondern – insbesondere bei der Normenkontrolle – zu *prognostischen* Überlegungen und *Folgenanalysen* genötigt. Mit Hans-Joachim Koch und Helmut Rüßmann können daher „vergangenheits-, gegenwarts- und zukunftsbezogene Sachverhaltsannahmen" zusammengefasst werden.[6] Auch Prognosen müssen „einleuchtend begründet" sein.[7] Fällt eine Prognose „unrealistisch" aus, so ist das Urteil ähnlich fragwürdig wie die Verurteilung eines Unschuldigen oder die Unterstellung einer Äußerung, die nicht getan worden ist.

Zu unterscheiden ist zwischen *Einzeltatsachen* und *generellen Tatsachen*. Soweit das Verfassungsgericht einzelne Rechtsakte überprüft, also im Rahmen der Urteilsverfassungsbeschwerde, aber auch in Organstreitverfahren und Wahlprüfungssachen, bemüht es sich um die Feststellung von Einzeltatsachen, während bei der Kontrolle von Rechtssätzen „generelle Tatsachen" („legislative facts") aufzuklären sind.[8] Die Einzeltatsachen beziehen sich auf einzelne Menschen oder Sachen, die generellen hingegen auf Handlungen, Entwicklungen oder Zustände, die größeren Einheiten, letztlich der Gesellschaft im Ganzen oder dem Staat zuzurechnen sind.

Eine besonders bedeutsame Aufgabe der Verfassungsgerichtsbarkeit besteht darin, auch diejenigen Elemente der sozialen Wirklichkeit genau zu erfassen, die von der jeweiligen Rechtnorm betroffen sind, also den „Normbereich" zu klären. Alfred Rinken hat diese oft übersehene Teilfunktion jeder Rechtsprechung treffend so formuliert: „Nicht nur die Verifizierung des ‚Untersatzes', sondern auch die Konkre-

---

[4] *Geiger*, Einige Besonderheiten im verfassungsgerichtlichen Prozess, 1981, S. 21.

[5] BVerfGE 17, 135, 139; 18, 85, 92 f.; 18, 186, 192.

[6] *Koch/Rüßmann*, Juristische Begründungslehre, 1982, S. 271.

[7] *Benda/Klein/Klein*, Verfassungsprozessrecht, 3. Aufl. 2012, Rn. 310 ff. Aus der Rspr.: BVerfGE 50, 290, 332 f.; 76, 143, 167 f.; 83, 216, 230 ff.; 106, 62, 150 f.; 111, 226, 255.

[8] S. statt vieler schon *Philippi*, Tatsachenfeststellungen des Bundesverfassungsgerichts. Ein Beitrag zur rational-empirischen Fundierung verfassungsgerichtlicher Entscheidungen, 1971, S. 6 f.

tisierung des (Norm-)‚Obersatzes' hat es mit der korrekten Aufbereitung von sozialer Wirklichkeit zu tun."[9] Was im Zivilrecht insbesondere auf die Normen zutrifft, die auf außerrechtliche Verhaltensmuster verweisen (z.B. §§ 138, 157, 242 BGB, § 346 HGB), gilt im Verfassungsrecht vor allem für die Grundrechte: Ihr Gehalt kann nur angemessen erfasst werden, wenn die jeweils angesprochenen „Wirklichkeitsausschnitte" – z.B. „Presse", „Wissenschaft", „Kunst" usw. – „empirisch erforscht und beschrieben werden".[10]

Im Folgenden soll untersucht werden, mit welchen Methoden das Bundesverfassungsgericht typischerweise Sachverhaltsannahmen erarbeitet. Dabei kann u.a. an Untersuchungen von Klaus Jürgen Philippi,[11] Fritz Ossenbühl,[12] Wilfried Kluth,[13] Brun-Otto Bryde[14] und Stefan Brink[15] angeknüpft werden. Die Landesverfassungsgerichte orientieren sich weitgehend an der Praxis des BVerfG.[16]

II. Reichweite und Intensität der Pflicht zur Sachverhaltsfeststellung

1. Das Erkenntnisproblem

Vor der Pilatus-Frage: Was ist Wahrheit? schrecken viele zurück. In der juristischen Praxis begnügen wir uns vielfach damit, dass die zur Entscheidung Berufenen sich ernsthaft um die Aufklärung bemühen – im Zivil- und Strafprozess mittels einer ihrerseits rechtlich strukturierten Beweisaufnahme, nach den Regeln der Kunst, wie sie in Lehrbüchern der Beweiswürdigung zusammengetragen sind, und mit möglichst viel Erfahrung und Einfühlungsvermögen. Das Ergebnis dieser Bemühungen soll Teil der juristischen Begründung werden: Auch die Sachverhaltsannahmen sollen begründet werden, und das heißt „im Idealfall", dass der Entscheider „nachweist,

---

[9] *Rinken* (Fn. 1), S. 274 f.

[10] *Rinken* (Fn. 1), S. 275.

[11] S. *Philippi* (Fn. 8), S. 6 f.

[12] *Ossenbühl*, Die Kontrolle von Tatsachenfeststellungen und Prognoseentscheidungen durch das Bundesverfassungsgericht, in: *Starck* (Hrsg.), FS 25 Jahre Bundesverfassungsgericht, Band 1, 1976, S. 458.

[13] *Kluth*, Beweiserhebung und Beweiswürdigung durch das Bundesverfassungsgericht, NJW 1999, 3513 ff.

[14] *Bryde*, Tatsachenfeststellungen und soziale Wirklichkeit in der Rechtsprechung des Bundesverfassungsgerichts, in: Badura/Dreier (Hrsg.), FS 50 Jahre Bundesverfassungsgericht, Band I, S. 533.

[15] *Brink*, Tatsachengrundlagen verfassungsgerichtlicher Judikate, in: Rensen/Brink, Linien der Rechtsprechung des Bundesverfassungsgerichts, 2009, S. 4 ff.

[16] Dazu *Ossenbühl* (Fn. 12), S. 469, 481, 498 m. w. N. Originell (und nicht überzeugend) jedoch das erste Urteil des LVerfG MV in Sachen Kreisreform: Urt. v. 26.7.2007, NordÖR 2007, 353; anders wieder das Urteil in dem zweiten Kreisreform-Prozess: LVerfG MV, Urt. v. 18.8.2011, NordÖR 2011, 537.

dass seine Sachverhaltsannahmen mit der Wirklichkeit übereinstimmen".[17] Es folgt sogleich die allzu berechtigte Skepsis: Der Jurist darf sich „des Idealfalls nur selten sicher sein" und muss „praktisch anstreben, unter Ausnutzung der ihm zur Verfügung stehenden Informationen mit Sachverhaltsannahmen zu arbeiten, die der Wirklichkeit wenigstens nahekommen".[18]

2. *Strategien zur Reduktion des Beweisbedarfs*

Auch für die Erarbeitung von Sachverhaltsannahmen sind Rechtsregeln entwickelt worden. Dadurch wird u. a. ein Teil der Erkenntnisprobleme unerheblich. Zu diesen Regeln, die der „Prozessökonomie" dienen (und die in manchen Zusammenhängen unentbehrlich sind), gehören gesetzliche Fiktionen, im Strafprozess die Rechtsfigur der Wahlfeststellung,[19] im Zivilprozess die Regeln, die sich aus der Parteimaxime ergeben, also z. B. dass eine Rechtsfolge nur aus vorgetragenen Tatsachenbehauptungen begründet werden darf.

a) Ansatzpunkte im Verfassungsprozessrecht

Dem BVerfG lässt das Gesetz die Wahl zwischen höchst intensiver und eher summarischer Prüfung der tatsächlichen Grundlagen: § 28 Abs. 2 Satz 2 BVerfGG gibt dem Gericht sogar die Befugnis, sich – freilich nur mit Zwei-Drittel-Mehrheit – darüber hinwegzusetzen, dass eine Behörde einem Zeugen oder Sachverständigen wegen Gefährdung des Wohls des Bundes oder eines Landes die Aussagegenehmigung verweigert hat. Soll die Beiziehung von Urkunden um der Staatssicherheit willen unterbleiben, so bedarf es ebenfalls einer Zwei-Drittel-Mehrheit der Richter (§ 26 Abs. 2 BVerfGG). Andererseits ist es dem Gericht durch § 33 Abs. 2 BVerfGG erlaubt, sich auf die tatsächlichen Feststellungen eines rechtskräftigen Urteils zu verlassen, „das in einem Verfahren ergangen ist, in dem die Wahrheit von Amts wegen zu erforschen ist", also in straf- und verwaltungsgerichtlichen Prozessen. Nicht erlaubt ist jedoch „die durch eigene Ermittlungen nicht nachgeprüfte Übernahme von Angaben einer Prozesspartei".[20]

Das BVerfG selbst hat über die Jahrzehnte hin eine Reihe von Strategien zur Vermeidung von Beweisaufnahmen entwickelt. Es will sich auf seine Rolle als „Hüter der Verfassung" konzentrieren, also als dasjenige Organ, das speziell über die Einhaltung des Verfassungsrechts wacht. Deshalb erklärt es:

> „Die Gestaltung des Verfahrens, die Feststellung und Würdigung des Tatbestandes, die Auslegung des einfachen Rechts und seine Anwendung auf den einzelnen Fall sind allein Sache

---

[17] *Koch/Rüßmann* (Fn. 6).

[18] Ebenda S. 271 f.

[19] Vgl. dazu *Eser*, in: Schönke/Schröder, StGB, 28. Aufl. 2010, § 1 Rn. 58.

[20] BVerfGE 17, 135, 138.

der dafür allgemein zuständigen Gerichte und der Nachprüfung durch das Bundesverfassungsgericht entzogen."[21]

Von Beteiligten und von vorlegenden Gerichten (Art. 100 GG) verlangt das BVerfG daher eine sorgfältige Substantiierung der Tatsachenbehauptungen, die ihm zur Beurteilung vorgetragen werden.[22] Was nicht vorgetragen wird, ist für das Gericht trotz des Amtsermittlungsgrundsatzes nicht ohne Weiteres Anlass zur Nachprüfung.[23]

Diese Grundsätze, die einen Teilverzicht auf die Sachverhaltsfeststellung bedeuten, werden vom BVerfG allerdings – richtigerweise – nicht immer durchgehalten.[24] Für die Prozessbeteiligten ist schwer erkennbar, unter welchen Umständen das Gericht zu einer intensiven Sachverhaltsaufklärung bereit ist; sie tun daher gut daran, diese Frage rechtzeitig aufzuwerfen.[25]

b) Relativierung der Beweisanforderungen

Zur Überbrückung von Beweisschwierigkeiten reduziert das BVerfG die Anforderungen an die Tatsachenfeststellung, um besonders hochrangige Werte zuverlässig zu schützen. Das zeigt z. B. eine Passage im Nichtraucherschutz-Urteil vom 30. Juli 2008:

> „Schon die Schwere der drohenden gesundheitlichen Gefahren und das hohe Gewicht, das dem Schutz des menschlichen Lebens und der menschlichen Gesundheit in der Werteordnung des Grundgesetzes zukommt (vgl. BVerfGE 110, 141, 163), sprechen dafür, selbst bei nicht völlig übereinstimmenden Positionen innerhalb der Wissenschaft eine ausreichende tatsächliche Grundlage für den Schutz vor Gesundheitsgefährdungen durch Passivrauchen als Gemeinwohlbelang anzuerkennen".[26]

---

[21] BVerfGE 18, 85, 92; 30, 173,196 f.; s. a. E 67, 213, 223; 68, 361, 372; 122, 63, 80 f.

[22] Vgl. BVerfGE 18, 186, 189 ff.; 122, 304, 308 ff. m. w. N. Vgl. a. *Koch*, Bundesverfassungsgericht und Fachgerichte, in: Erbguth (Hrsg.), GS Jeand'Heur, 1999, S. 135. Zu der Praxis, Vorlagen mangels Sachverhaltsaufklärung für unzulässig zu erklären, finden sich besonders kritische Anmerkungen bei *Wacke*, Zur Funktionsfähigkeit unseres Rechtsprechungsstaates, DVBl. 1968, 537 („ein juristisches Trauerspiel"; S. 542: Verstoß gegen § 26 BVerfGG). Dieser Praxis liegt eine Verwechselung des Ausgangssachverhalts mit dem Sachverhaltskomplex zugrunde, „auf den die vom vorlegenden Gericht für verfassungswidrig gehaltene Norm aufbaut" (Formulierung von *Weber-Grellet*, Beweis- und Argumentationslast im Verfassungsrecht unter besonderer Berücksichtigung der Rechtsprechung des Bundesverfassungsgerichts, 1979, S. 24).

[23] BVerfGE 121, 317, 350.

[24] So *Schlaich/Korioth*, Das Bundesverfassungsgericht: Stellung, Verfahren, Entscheidungen, 9. Aufl. 2012, Rn. 287. Schon die Entscheidung BVerfGE 18, 85, 93 enthält einen Vorbehalt „richterlichen Ermessens".

[25] So auch die Empfehlung von *Brink* (Fn. 15), S. 30 f.

[26] BVerfGE 121, 317, 352f.

Es ist gut nachvollziehbar, dass bei besonders hochrangigen Rechtsgütern die Schwelle, von der an eine Gefährdung angenommen wird, nicht allzu hoch sein darf, so dass Unsicherheiten der Einschätzung zu Lasten der potentiellen Störer gehen.[27] Dass ein – wenn auch hochrangiges – Verfassungsgut geschützt werden soll, begründet aber, für sich genommen, nicht die Prognose, dieses Gut sei tatsächlich bedroht. Problematisch wird diese Folgerungsweise[28] jedenfalls dann, wenn über die Einordnung des bedrohten Gutes auf der verfassungsrechtlichen Werteskala Uneinigkeit besteht. So ist es beim „Recht auf informationelle Selbstbestimmung".[29] Deshalb sind einige Entscheidungen des BVerfG zum Datenschutz umstritten.[30]

3. „Verfahrensautonomie" des BVerfG und Formlosigkeit der Beweisaufnahme

Peter Häberle hat für die „Offenheit des Prozessrechts"[31] geworben; sie erscheint ihm als Spezifikum des Verfassungsprozessrechts in einer „offenen Gesellschaft". Das Verfassungsprozessrecht habe sich vom sonstigen Prozessrecht „emanzipiert"; gefordert sei eine „speziell verfassungsrechtliche Auslegung des BVerfGG".[32] Das Verfassungsprozessrecht müsse insgesamt als „sachlich verselbständigt, ganzheitlich und materiell" verstanden werden; die Verfassungsgerichtsbarkeit bilde „ein

---

[27] Im konkreten Fall wäre allerdings eine weitere Prüfung möglich und wünschenswert gewesen, wie Brink zutreffend ausführt: Die Zahl von 3300 Menschen, die angeblich jedes Jahr durch Passivrauchen sterben und auf die sich die Befürworter eines strengen Nichtraucherschutzes zu berufen pflegen, lässt angeblich nach den Maßstäben der Epidemiologie mangels Signifikanz keineswegs den sicheren Schluss zu, der regelmäßig gezogen wird; sie ist möglicherweise nur eine „wissenschaftlich nicht belegbare theoretische Rechenoperation", *Brink* (Fn. 15), S. 25.

[28] Sie korrespondiert mit der Lehre von der Grundrechtsgefährdung als Grundrechtseingriff, vgl. etwa BVerfGE 49, 89, 141; 51, 324 346 f.; 66, 39, 58; 77, 170, 220. Dazu *Sachs*, in: ders., Grundgesetz, Kommentar, 6. Aufl. 2011, Vor Art. 1 Rn. 95 m. w. N.

[29] Dazu *Bull*, Informationelle Selbstbestimmung – Vision oder Illusion, 2. Aufl. 2011, S. 22 ff.; *ders.*, Netzpolitik: Freiheit und Rechtsschutz im Internet, 2013, S. 21 ff.

[30] Vgl. *Bull*, Grundsatzentscheidungen zum Datenschutz in den Sicherheitsbehörden, in: Möllers/van Ooyen (Hrsg.), Bundesverfassungsgericht und Öffentliche Sicherheit, 2012, S. 65 ff.

[31] *Häberle*, Die Verfassungsbeschwerde in der deutschen Verfassungsgerichtsbarkeit, JöR 1997, 89, 103 mit Hinweisen auf frühere eigene Veröffentlichungen.

[32] A.a.O. Als Beispiel für das „Ringen" um „das Spezifische im Verfassungsprozessrecht" nennt Häberle, dass das BVerfG die Anträge der F.D.P.-Fraktion des Deutschen Bundestages im Organstreitverfahren wegen des Bundeswehreinsatzes im Jugoslawien-Krieg 1992/93 zugelassen hat, obwohl die F.D.P. an der Bundesregierung beteiligt war und ihre Fraktion sich im Bundestag nicht durch einen Beschlussantrag gegen den Beschluss der Bundesregierung gewandt hatte; die F.D.P.-Fraktion könne nicht „auf den Weg eines politischen Konflikts mit der von ihr mitgetragenen Regierung und mit dem Koalitionspartner innerhalb des Parlaments verwiesen" werden (BVerfGE 90, 286, 338 f.). Diese Betonung des Rechtsschutzaspekts bedeutet m. E. keineswegs eine „Emanzipation" vom sonstigen Prozessrecht, sondern gerade den Verzicht auf eine politische Bewertung, die das Verfahrensrecht relativiert hätte.

Stück materielles Verfassungsrecht".[33] Das ist jedoch eine höchst problematische Betrachtungsweise. Denn damit wird die Forderung nach *inhaltlichem* Pluralismus mit der ganz anderen Frage vermengt, wie diese Vielfalt im *Prozess* zur Geltung kommen kann. Gewiss ist es angemessen, die Aufklärung komplexer Sachverhalte nicht an den engen Grenzen bestimmter sozialwissenschaftlicher Theorien auszurichten, aber darum geht es gar nicht. Grundsätzlich ist vielmehr zu betonen, dass die genaue Erarbeitung der Sachverhaltsannahmen gerade durch eine „präzise Verfahrensordnung" gefördert wird, dass es also der „geordnete Rechtsgang" ist, der den Entscheidungen eines Gerichts ihre „Rationalität und damit Akzeptanz zu erhalten bzw. zu verschaffen vermag".[34]

Dem BVerfG ist vereinzelt sogar eine „Verfahrensautonomie" zugestanden worden, die das Verfahren weiter erleichtern soll.[35] Dass diese Annahme in die Irre führt, ist inzwischen aber wohl herrschende Meinung.[36] Unbestritten ist, dass das Beweisverfahren vor dem BVerfG nicht gesetzlich vorstrukturiert ist, so dass es z. B. keines Beweisbeschlusses bedarf, um eine Beweisaufnahme durchzuführen,[37] und dass die Beweismittel nicht festgelegt sind.[38] Besonders bemerkenswert ist die Befugnis des Gerichts nach § 22 Abs. 5 seiner Geschäftsordnung,[39] „Persönlichkeiten, die auf einem Gebiet über besondere Kenntnisse verfügen", um gutachtliche Äußerung „zu einer für die Entscheidung erheblichen Frage" zu ersuchen. Davon wird vielfach Gebrauch gemacht; die Kriterien für die Auswahl dieser Persönlichkeiten sind teilweise unklar.

Der Richter Geiger hat die „Souveränität" des Gerichts so dargestellt: In Anbetracht der Schwierigkeiten bei der Auswahl der Auskunftspersonen sei es gut,

> „dass das Gericht in den Verfassungsstreitigkeiten im engeren Sinn, in den Normenkontroll- und Normenqualifizierungsverfahren sowie in den Verfassungsbeschwerde-Verfahren völlig Herr aller Entschließungen ist, die die Beweiserhebung und ihre Grenzen betreffen. Es selbst und allein bestimmt, was es sich im Wege der Beweisaufnahme beschaffen will. [...] Für das Gericht ist ein ‚Beweisantrag' nicht mehr als Anstoß zur Erwägung, ob eine Beweiserhebung erforderlich ist; es genügt ja schon zur Entbehrlichkeit einer Beweisaufnahme,

---

[33] *Häberle*, Die Eigenständigkeit des Verfassungsprozessrechts, JZ 1973, 451. Dort ging es darum, ob ein Richter des BVerfG wegen öffentlicher Äußerungen zu einem verfassungsrechtlichen Thema als befangen anzusehen sei – dies war gewiss eine Frage, die nicht nach zivilprozessualen Regeln entschieden werden konnte.

[34] *Schlaich/Korioth* (Fn. 24), Rn. 57; s. a. *Benda/Klein/Klein* (Fn. 7), Rn. 191.

[35] *Zembsch*, Verfahrensautonomie des Bundesverfassungsgerichts, 1971; krit. schon *Bull*, AöR 98, 1973, 151.

[36] Vgl. *Schlaich/Korioth* (Fn. 24), Rn. 57.

[37] BVerfGE 81, 387, 391; 96, 217, 220; *Zöbeley/Dollinger*, in: Umbach/Clemens/Dollinger, BVerfGG, Mitarbeiterkommentar und Handbuch, 2. Aufl. 2005, § 26 Rn. 5.

[38] *Zöbeley/Dollinger* (Fn. 37) Rn. 13; *Benda/Klein/Klein* (Fn. 7), Rn. 323 f. – Zu den Fragen der (objektiven) Beweislast s. *Weber-Grellet* (Fn. 20).

[39] GO des BVerfG v. 15.12.1986 i.d.F.v. 7.2.2002, BGBl. I S. 1171, auch in: *Umbach/Clemens/Dollinger* (Fn. 37), S. 1369.

dass die das Gericht interessierenden Tatsachen und Umstände gerichtsbekannt sind; und das ist eine ganze Menge! Beweiserhebung im Sinne eines förmlichen Verfahrens [...] wird zusätzlich entbehrlich, soweit das Gericht im Wege der Einholung einer amtlichen Auskunft bei irgendeiner Behörde, bei einem Ministerium, beim Parlament in den Besitz des Wissens gelangt, das für seine Entscheidung nötig ist."[40]

Geigers Leitlinie dürfte auf seine Kollegen und Nachfolger großen Eindruck gemacht haben. Die später in das Gesetz eingefügte Bestimmung, die dem BVerfG pauschal erlaubt, „sachkundigen Dritten Gelegenheit zur Stellungnahme" zu geben (§ 27a BVerfGG), liest sich wie eine Bestätigung der Geiger'schen Ausführungen.[41] Die Formlosigkeit, die er propagiert, hat aber neben der Erleichterung für das Gericht auch erhebliche Nachteile zur Folge. Dass eine Beweisaufnahme nur nach Maßgabe eines Beweisbeschlusses durchgeführt werden soll, ist im Grunde zwingend; denn nur dadurch wird das Beweisthema hinreichend genau festgelegt, eine Aufklärung „ins Blaue hinein" verhindert und das Fragerecht der Beteiligten (§ 29 BVerfGG) gesichert.[42] Ein „Erörterungstermin"[43] oder eine nicht durch einen förmlichen Beschluss eingegrenzte Befragung von Zeugen, Sachverständigen oder „Auskunftspersonen"[44] kann zwar „Zufallsfunde", illustrierende Details und scheinbar oder wirklich redundante Ergänzungen hervorbringen, ja im günstigsten Fall sogar auf neue, bisher nicht erkannte Fährten führen. Diese Verhandlungsform kann vielleicht auch angemessenere Deutungen des relevanten Geschehens provozieren. Aber im Sinne einer genauen Feststellung des als erheblich erkannten Tatsachenmaterials ist es vorrangig, die zu klärenden Fragen zuvor – soweit es eben möglich ist – in strukturierter Form zu fixieren. Bei der Beweisaufnahme dann doch darüber hinauszugehen, kann

---

[40] *Geiger* (Fn. 4), S. 22 f. Der letzte Satz steht in einem gewissen Widerspruch zu Geigers vorangehender (S. 22) Kritik an der Praxis des Gerichts, „Leute" als „sachverständige Zeugen" zu befragen, „die den agierenden Vertretern einer Partei beamtenrechtlich nachgeordnet sind und die Details besser kennen als die leitenden Beamten, Leute, die ihre Rolle vor Gericht darin erblicken, das aus unmittelbarer Anschauung genauer darzustellen und zu exemplifizieren, was ihre hohen Herren im Prozess allgemein und in ihrer politischen Sicht vorgetragen haben". Wieso die formlose Einholung amtlicher Auskünfte – die im Zweifel von eben diesen Personen formuliert sein wird – zuverlässiger sein soll als ihre förmliche Vernehmung, ist rätselhaft.

[41] „Das allgemeine Beweiserhebungsrecht des § 26 Abs. 1 S. 1 BVerfGG deckte die Praxis nur behelfsmäßig" (*Bethge*, in: Maunz et al., BVerfGG, Kommentar, § 27a Rn. 1. Ausführliche Kommentierung: *Dollinger*, in: Umbach/Clemens/Dollinger (Fn. 37), § 27 a, insbes. Rn. 8 ff. Die Stellungnahmen gelten nicht als Form einer Beweisaufnahme und nicht als Amtshilfe; vgl. *Schlaich/Korioth* (Fn. 24), Rn. 60; anders aber *Kluth* (Fn. 13, S. 3514): „Beweisaufnahme im weiteren Sinne".

[42] *Benda/Klein/Klein* (Fn. 7) Rn. 302, 324.

[43] Beispiel: BVerfGE 107, 339, 349, 352; dazu *Zöbeley*, in: Umbach/Clemens/Dollinger (Fn.37), § 25 Rn. 4 sowie *Zöbeley/Dollinger* ebd. § 26 Rn. 17. Der Erörterungstermin dient der Vorbereitung der mündlichen Verhandlung und soll Rechtsfragen betreffen, aber keine Beweisaufnahme ersetzen.

[44] „Auskunftspersonen" sind nicht zu Äußerungen verpflichtet. Der Begriff „droht die Grenzen zu verwischen" (*Dollinger* (Fn. 32) § 27a Rn. 18).

unter Umständen angebracht oder sogar geboten sein; es ist dann durch die Amtsermittlungspflicht des Gerichts gerechtfertigt.

4. Bereiche eigener Tatsachenfeststellungen des BVerfG

Wenn dem verfassungsgerichtlichen Verfahren ein Verfahren vor einem Fachgericht vorangegangen ist, in dem eine Beweisaufnahme stattgefunden hat, oder wenn die Sache sogar in mehreren Instanzen aufgeklärt worden ist, verlässt sich das BVerfG zu Recht auf die tatsächlichen Annahmen der Fachgerichte, macht also von § 33 Abs. 2 BVerfGG Gebrauch.

In bestimmten Konstellationen weicht das BVerfG jedoch von dieser Regel ab und bemüht sich selbst um die Tatsachenfeststellung. Das gilt zum einen – überzeugend – für Fälle, in denen die Sachverhaltsannahmen der Vorinstanz *willkürlich* erscheinen.[45] Ferner hat das BVerfG – offenbar aus einem Unbehagen an der verwaltungsgerichtlichen Rechtsprechung heraus und um der moralischen Verpflichtung gegenüber den Not leidenden Flüchtlingen zu genügen – in *Asylsachen* eine besonders intensive Nachprüfung zur Regel gemacht. Es hat hier die Tatsachenermittlung mit der Normauslegung eng verwoben und sich selbst in die Pflicht genommen, indem es entschied, bei dem Tatbestandsmerkmal „politisch Verfolgter" habe es „sowohl hinsichtlich der Ermittlung des Sachverhalts selbst als auch seiner rechtlichen Bewertung zu prüfen, ob die tatsächliche oder rechtliche Wertung der Gerichte sowie Art und Umfang ihrer Ermittlungen der Asylgewährleistung gerecht werden".[46]

Darüber hinaus hat das Gericht seine Kompetenz zum Schutz der *Meinungsfreiheit* und der *Kunstfreiheit* insofern extensiv genutzt, als es bei besonders „intensiver" Gefährdung dieser Rechtsgüter u. a. selbst die Feststellung übernimmt, ob eine Äußerung so gefallen ist, wie die Vorinstanz sie verstanden hat, und wie die Äußerung zu deuten sei.[47] Diese „Intensitäts"-Rechtsprechung ist auf Kritik gestoßen, weil sie jedenfalls fragwürdig begründet ist: Es ist nicht zwingend, dass gerade in diesem Grundrechtsbereich und nicht auch in anderen Zusammenhängen die Nachprüfung durch die fachlich zuständigen Gerichte zwar regelmäßig ausreichen soll, aber

---

[45] BVerfGE 63, 45, 71. *Benda/Klein/Klein* (Fn. 7) Rn. 308 fordern dies schon, wenn „wesentliche Zweifel an der grundrechtsrelevanten tatsächlichen Grundlage der Entscheidung begründet sind". So auch *Ossenbühl* (Fn. 12), S. 495.

[46] BVerfGE 76, 143, 162, 167 ff.; 83, 216, 230 ff. sowie Kammerentscheidung v. 27.4. 2004, NVwZ-RR 2004, 613, 614; vgl. a. *Benda/Klein/Klein* (Fn. 7), Rn. 308, und *Starck*, Verfassungsgerichtsbarkeit und Fachgerichte, JZ 1996, 1033, 1037 f. mit Kritik an der Unklarheit der Abgrenzungsformeln und der schrittweise Erweiterung des Prüfungsbereichs bis hin zu voller Nachprüfung „wie ein Tatgericht oder ein Revisionsgericht". Starck plädiert für die Beschränkung auf Willkürkontrolle (S. 1039).

[47] Vgl. BVerfGE 43, 130, 136; 82, 272, 280 f. – „Zwangsdemokrat"; E 83, 130, 145 f. – Josephine Mutzenbacher; E 85, 1, 14; etwas anders zumindest im Ergebnis noch E 42, 143, 147 ff. – „rechtsradikales Hetzblatt".

nicht dann, wenn die mögliche Grundrechtsverletzung besonders schwer wiegt.[48] Für die weitergehende Prüfung spricht freilich, dass das BVerfG mit der differenzierteren Erforschung der *Bedeutung* von Äußerungen eine Dimension der Kontrolle eingeführt hat, die mit der Feststellung des Wortlauts noch nicht erfasst war.

Die Beschränkung auf eine rein rechtliche Überprüfung von Sachverhaltsfeststellungen kommt überall da nicht in Betracht, wo vor dem Verfassungsgericht kein anderes Gericht mit dem Streitfall befasst war. Wenn das BVerfG oder ein LVerfG als „erste Instanz" angerufen wird, muss es selbstverständlich zunächst den zu beurteilenden Sachverhalt feststellen. Das betrifft insbesondere die „Verfassungsschutzverfahren"[49] nach Art. 18, 21 Abs. 2, 61 und 98 Abs. 2 GG. Das BVerfGG ordnet hierfür die Anwendung der Strafprozessordnung an.[50] Zu einer Präsidentenanklage ist es bisher nicht gekommen und wird es voraussichtlich niemals kommen (weil der Anzuklagende im Zweifel den Weg des Rücktritts wählen wird), und die Möglichkeit der Richteranklage dürfte ebenfalls ungenutzt bleiben. Die Aufklärungspflicht gilt uneingeschränkt auch in den „kontradiktorischen" Verfahren (Organstreitigkeiten, Bund-Länder-Streitigkeiten) sowie bei der Wahlprüfung.[51]

Wesentlich bedeutsamer ist die – auf den ersten Blick vielleicht nicht erkennbare – Notwendigkeit der Sachverhaltsfeststellung in *Normenkontrollverfahren* und bei *Verfassungsbeschwerden*, die ausnahmsweise unmittelbar *gegen ein Gesetz* erhoben werden. Die Erforschung von Tatsachen und Prognosen, die der *Rechtsetzung* zugrunde gelegen haben und die deshalb für die verfassungsrechtliche Normenkontrolle i. w. S. von Bedeutung sind, wirft einige besonders schwierige Fragen auf.[52] Hier geht es nicht oder nicht in erster Linie um die Klärung eines speziellen Geschehens oder innerer Tatsachen, sondern um Aussagen über generelle soziale Tatsachen, „die der Gesetzgeber der Norm zugrunde gelegt hat",[53] um Erfahrungssätze (insbesondere Ursache/Wirkungs-Zusammenhänge[54] und Zweck/Mittel-Relationen bei der Konkretisierung des Verhältnismäßigkeitsprinzips[55]) und um deren sozialwissenschaftli-

[48] *Koch* (Fn. 22), S. 158 ff., 164; *Kluth* (Fn. 13), 3519.

[49] Begriff von *Benda/Klein/Klein* (Fn. 7) (Überschrift zu S. 466 ff.).

[50] §§ 38 Abs. 1, 47, 49 ff., 58 Abs. 1 BVerfGG.

[51] Einzelheiten bei *Ossenbühl* (Fn. 12), S. 475 ff.

[52] Dazu insbesondere *Philippi* (Fn. 8) und *Bryde* (Fn. 14). In BVerfGE 7, 377, 412, 415 ff. demonstriert das BVerfG, warum es bei der Normenkontrolle einen „möglichst umfassenden Einblick in die durch das Gesetz zu ordnenden Lebensverhältnisse" braucht. Näheres unten zu III. 2.–4. und IV.

[53] Formulierung von *Weber-Grellet* (Fn. 20), S. 25. Dass solche Tatsachen nicht immer feststellbar sind, liegt auf der Hand; das BVerfG muss aber bei der Normenkontrolle versuchen, die Annahmen des Gesetzgebers aufzuklären, um z. B. die Verhältnismäßigkeit einer Regelung prüfen zu können.

[54] Vgl. dazu *Herberger/Simon,* Wissenschaftstheorie für Juristen, 1980, S. 341 ff.

[55] *Koch* spricht von der „durch den Verhältnismäßigkeitsgrundsatz geforderten intensiven Beschäftigung mit der sozialen Wirklichkeit", s. Die Begründung von Grundrechtsinterpretationen, in: Alexy et al., Elemente einer juristischen Begründungslehre, 2003, S. 179, 180.

che Fundierung, eben „legislative Fakten“ im weitesten Sinne. Da die Prozessordnungen auf Einzeltatsachen zugeschnitten sind,[56] hat das Verfassungsgericht bei den legislativen Tatsachen einen erheblichen Spielraum, auf welchem Wege und wie intensiv es die Aufklärung betreiben will. Es respektiert aber grundsätzlich die Primärzuständigkeit des Gesetzgebers zur Einschätzung relevanter Sachverhalte und vor allem zur Prognose künftiger Entwicklungen, indem es ihm einen Beurteilungsspielraum konzediert.[57]

Künftige Entwicklungen sind zwar „der Beweisführung unzugänglich“,[58] aber die entsprechenden Annahmen des Gesetzgebers können mehr oder weniger überzeugend begründet sein. Das BVerfG muss diese Annahmen überprüfen.[59] Dazu finden sich in vielen Fällen Ansatzpunkte in Gestalt amtlicher Vorhersagen, Statistiken, Wahrscheinlichkeitsrechnungen und Plausibilitätsüberlegungen. Die Überprüfung ist denn auch vielfach gelungen (s. unten III. 3.).

5. Die methodischen Anforderungen bei der Klärung „legislativer Fakten“

Das BVerfG hat seine Befugnis, die tatsächlichen Annahmen des Gesetzgebers zu überprüfen, energisch verteidigt. Das zeigt der Streit über den Vorschlag des Abgeordneten Dichgans, eine Vorschrift in das BVerfGG einzufügen, nach der eben diese Befugnis beschränkt werden sollte.[60]

In wegweisenden Urteilen hat das Gericht eine Konzeption der Überprüfung normativer Tatsachen und Prognosen entwickelt, die sich vielfach bewährt,[61] in einigen Fällen aber auch Zweifel hervorgerufen hat. Grundsätzlich fordert es die sorgfältige Nutzung aller Erkenntnisquellen.

a) Tatsachenfeststellung

Mit Recht konzediert das BVerfG dem Gesetzgeber ein gewisses Maß an Verallgemeinerung, Pauschalierung und Typisierung. „Besonderheiten, die im Tatsächlichen durchaus bekannt sind“, können „generalisierend vernachlässigt“ werden, sofern der Gesetzgeber nur „realitätsgerecht den typischen Fall als Maßstab“ zugrunde

---

[56] *Philippi* (Fn. 8), S. 9.

[57] Vgl. u.a. BVerfGE 77, 84, 106; 110, 141, 157; 117, 163, 183. Zu „Maß und Umfang einer Tatsachenfeststellungskontrolle“ bei der Normprüfung durch das BVerfG vgl. *Ossenbühl* (Fn. 12), S. 482 ff. Weiteres sogleich zu II. 5.

[58] *Benda/Klein/Klein* (Fn. 7), Rn. 310.

[59] Ausdrücklich nimmt das BVerfG die Überprüfung „hypothetischer Kausalverläufe“ „auf ihre größere oder geringere Wahrscheinlichkeit“ in Anspruch (BVerfGE 7, 377, 412).

[60] Der Bundestagsabgeordnete Dichgans hatte einen entsprechenden § 26 a BVerfGG vorgeschlagen. Dazu *Geck* bei Philippi (Fn. 7), Vorwort S. V–VII; *Ossenbühl* (Fn. 12), S. 462 und 467 ff. m. w. N.; *Zöbeley/Dollinger* (Fn. 37) Rn. 2; *Kluth* (Fn. 13), 3515.

[61] So auch die Einschätzung von *Benda/Klein/Klein* (Fn. 7), Rn. 310.

legt.[62] Darüber hinaus hat es in bestimmten Zusammenhängen sogar einen Spielraum des Gesetzgebers bei der Tatsachenfeststellung eingeräumt. In einem der grundlegenden Urteile zur Asylrechtsänderung von 1993 heißt es:

> „Dem Gesetzgeber steht bei der Bestimmung von Staaten zu sicheren Drittstaaten für die Gewinnung der Tatsachengrundlage ein Spielraum bei der Auswahl seiner Erkenntnismittel zu. Die Beurteilung des Gesetzgebers muss sich als vertretbar erweisen."[63]

Damit ist das Gericht in dem Respekt vor der Kompetenz des Gesetzgebers sehr weit gegangen – weiter als in manchen anderen Fällen und vermutlich aus der Erkenntnis heraus, dass gerade die tatsächlichen Grundlagen der Feststellung von Verfolgungssicherheit sehr schwer zu identifizieren sind. Es geht ja darum, aus einer unbekannten Vielzahl oft schwer beweisbarer *Einzelsachverhalte* (staatliche Maßnahmen gegen politische Dissidenten, Prozessverläufe, Fälle von Bedrohung und Missbrauch des Strafrechts usw.) eine Aussage über das übliche oder überwiegende Verhalten einer ganzen staatlichen Organisation, also ein *allgemeines* Bild zu gewinnen. Bei dieser Suche nach Indizien für ein generelles Urteil sind so viele Varianten denkbar, dass es gerechtfertigt erscheint, dem Gesetzgeber nur eine „vertretbare" Beurteilung abzuverlangen. Doch ist auf diese Problematik sogleich im Zusammenhang mit den Prognosen zurückzukommen (unten zu b)).

Nicht selten und häufig ohne es auszuweisen stützt sich das BVerfG auf die „Offenkundigkeit" oder „Gerichtskundigkeit" bestimmter Tatsachen.[64] Dass dies kein sicherer Ausgangspunkt für Sachverhaltsanalysen ist, haben Koch/Rüßmann erläutert; sie halten dafür, „nur das zum Ausgangspunkt zu nehmen, was durch eigene Beobachtung des Entscheiders bestätigt werden kann".[65] Mit dieser „relativ sicheren Ausgangslage" wollen sie „sich bescheiden", „um von hier aus eine ausdifferenzierte Systematik der Bestätigung von Sachverhaltsannahmen allgemein zu entwickeln". Auf diese Systematik kann hier schon deshalb nicht eingegangen werden, weil die juristische Praxis auf die Theorie der Erfahrungssätze und auf die weiteren Systematisierungen nicht eingeht; die Explikation der verschiedenen Formen von Wahrscheinlichkeitsoperationen und die Überlegungen zur Überprüfung der verschiedenen Formen von Erfahrungssätzen erreichen die Praxis gar nicht. Die Verfassungsgerichte täten freilich gut daran, auch das vermeintlich Offenkundige zumindest insoweit zu begründen und ggf. zu belegen, wie Prozessbeteiligte daran zweifeln könnten.

---

[62] BVerfGE 122, 210, 232 f. – Pendlerpauschale.

[63] BVerfGE 94, 49 (LS 4 b und S. 93); ebenso E 94, 115 (LS 4 b und S. 143).

[64] Vgl. nochmals *Geiger* (Fn. 4), S. 23 (Zitat oben bei Fn. 40: „und das ist eine ganze Menge!").

[65] *Koch/Rüßmann* (Fn. 6), S. 272 f. Dort auch die folgenden Zitate.

b) Prognosen

Für die Überprüfung von Prognosen sei als Leitentscheidung das *Mitbestimmungsurteil*[66] genannt, in dem es wesentlich auf die Voraussage des wahrscheinlichen Verhaltens der Aufsichtsratsmitglieder ankam. Das Gericht ist sich der Unsicherheitsfaktoren bewusst, die mit jeder Prognose über die Auswirkungen eines Gesetzes in einer ungewissen Zukunft verbunden ist. Die Ungewissheit könne aber „nicht schon als solche ausreichen, einen verfassungsgerichtlicher Kontrolle nicht zugänglichen Prognosespielraum des Gesetzgebers zu begründen“:

> „Prognosen enthalten stets ein Wahrscheinlichkeitsurteil, dessen Grundlagen ausgewiesen werden können und müssen; diese sind einer Beurteilung nicht entzogen. Im Einzelnen hängt die Einschätzungsprärogative des Gesetzgebers von Faktoren verschiedener Art ab, im Besonderen von der Eigenart des in Rede stehenden Sachbereichs, den Möglichkeiten, sich ein hinreichend sicheres Urteil zu bilden, und der Bedeutung der auf dem Spiele stehenden Rechtsgüter.“[67]

Prognosen spielen auch bei der *Asylgesetzgebung* eine wichtige Rolle. Dort hat das BVerfG einen „Einschätzungs- und Wertungsspielraum“ des Gesetzgebers zu der Frage festgestellt, ob in einem bestimmten Staat künftig politische Verfolgung drohe – dies jedoch gegen starken Widerspruch aus dem Senat selbst. Die Richterin Limbach betont gegenüber der Mehrheit, dass der Gesetzgeber „grundsätzlich alle ihm zur Verfügung stehenden Erkenntnisquellen zu nutzen hat“ und „sich ein rational nachvollziehbares, sicheres Urteil über die Verfolgungsfreiheit in dem betreffenden Staat bilden“ muss.[68] Die Vertretbarkeitskontrolle greife zu kurz. Bei der Bestimmung der „sicheren Drittstaaten“ nach Art. 16 a Abs. 3 Satz 1 GG habe der Gesetzgeber „im wesentlichen eine Subsumtionsleistung zu erbringen“. Diese könne „nicht den Aktivitäten des Gesetzgebers im Bereich eigenständiger sozialer Gestaltung gleichgesetzt werden, auf die sich die Rechtsprechung zur eingeschränkten Prognosekontrolle bezieht“.[69] Am Beispiel Ghanas zeigen die Abweichenden Voten auf, dass der Gesetzgeber sich bei der Aufnahme dieses Landes in die Liste der verfolgungsfreien Staaten kein sicheres Urteil bilden konnte.[70]

Die Maßstäbe, wie sie im Mitbestimmungs-Urteil schon als ständige Rechtsprechung referiert werden, reichen von der bloßen Evidenzkontrolle[71] über eine Vertret-

---

[66] BVerfGE 50, 290.

[67] BVerfGE 50, 290, 332 f.

[68] BVerfGE 94, 115, 157, 158. Gegen die „weitere Relativierung“ der Vertretbarkeit als Prüfungsmaßstab auch die Richter Böckenförde und Sommer in weiteren Abweichenden Voten (S. 163 und 164).

[69] BVerfGE 94, 115, 157, 160.

[70] BVerfGE 94, 115, 157, 161.

[71] Dazu werden vom BVerfG als Beispiele genannt: BVerfGE 36, 1, 17 – Grundvertrag; 37, 1, 20 – Stabilisierungsfonds; 40, 196, 223 – Güterkraftverkehrsgesetz, E 50, 290, 333.

barkeitskontrolle[72] bis zu einer intensivierten inhaltlichen Kontrolle.[73] In einer späteren Entscheidung hat das Gericht zu der Einschätzungsprärogative des Gesetzgebers bemerkt:

„Dieser Entscheidungsraum des Gesetzgebers, der sachbereichsbezogen im Wege einer Gesamtbetrachtung zu ermitteln ist, kann jedoch verfassungsgerichtlich auf seine methodischen Grundlagen und seine Schlüssigkeit hin überprüft werden. Der Prognose müssen Sachverhaltsannahmen zugrunde liegen, die sorgfältig ermittelt sind oder sich jedenfalls im Rahmen der gerichtlichen Prüfung bestätigen lassen. Die Prognose muss sich methodisch auf ein angemessenes Prognoseverfahren stützen lassen, und dieses muss konsequent im Sinne der ‚Verlässlichkeit' der Prognose verfolgt worden sein. Das Prognoseergebnis ist daraufhin zu kontrollieren, ob die die prognostische Einschätzung tragenden Gesichtspunkte mit hinreichender Deutlichkeit offen gelegt worden sind oder ihre Offenlegung jedenfalls im Normenkontrollverfahren möglich ist und ob in die Prognose keine sachfremden Erwägungen eingeflossen sind."[74]

III. Erfahrungen mit der verfassungsgerichtlichen Sachverhaltsfeststellung

1. Scheu vor Beweisaufnahmen

Tatsächlich gilt das BVerfG allgemein als „nicht besonders beweiserhebungsfreundlich".[75] Das wird auch von manchen Richtern selbst so empfunden.[76] Nur selten hat das BVerfG förmlich Beweis erhoben,[77] und dementsprechend selten hat es

[72] Hierzu: BVerfGE 25, 1, 12 f., 17 – Mühlengesetz; 30, 250, 263 – Absicherungsgesetz; 39, 210, 225 f. – Mühlenstrukturgesetz.

[73] BVerfGE 50, 290, 333, *Benda/Klein/Klein* (Fn. 7), Rn. 312.

[74] BVerfGE 111, 226, 255 – Hochschulstrukturreform. Zuvor schon E 106, 62, 150 ff. – Altenpflegegesetz – mit der Klarstellung, dass zu überprüfen ist, „ob der Gesetzgeber seine Entscheidung auf möglichst vollständige Ermittlungen gestützt oder ob er relevante Tatsachen übersehen hat", sowie: „Soweit hingegen Unsicherheiten der Prognose durch gesicherte empirische Daten und verlässliche Erfahrungssätze ausgeräumt werden können, scheidet ein Prognosespielraum aus" (a.a.O. S. 151).

[75] *Benda/Klein/Klein* (Fn. 7), Rn. 307; *Zöbeley/Dollinger* (Fn. 37), § 26 Rn. 10; *Brink* (Fn. 15), S. 33 (er spricht von „Berührungsängsten" und „Vermeidungsstrategien"). Auch *Schlaich/Korioth* (Fn. 24) bemerken, dass „die Möglichkeiten des § 26 BVerfGG" „in aller Regel unbenutzt" bleiben (Rn. 60). – Vgl. a. die Ausführungen von *Philippi* (Fn. 8) S. 42 zum „empirischen Quotienten", d. h. zur relativen Häufigkeit empirischer Tatsachenfeststellungen im Vergleich mit der Zahl aller Tatsachenfeststellungen. *Redeker* hat im Jahre 1976 festgestellt: „Das BVerfG hat sich von mündlicher Verhandlung und Beweisaufnahme in einem Umfange dispensiert, der notwendig unzutreffende Sachverhaltsannahmen zur Folge haben muss" (25 Jahre Bundesverfassungsgericht, NJW 1976, 2111, 2113).

[76] So erklärt der Richter Steinberger in einer Abweichenden Meinung: „Der Senat scheut hier vor den erforderlichen tatsächlichen Feststellungen zurück" (BVerfGE 70, 35, 59, 69). Bereits vor seiner Berufung zum Richter des BVerfG hat auch *Bryde* diese Kritik (ohne subjektiven Vorwurf) in der FS 50 Jahre BVerfG geäußert (Fn. 14), S. 535 f.

[77] *Zöbeley/Dollinger,* in: Umbach/Clemens/Dollinger (Fn. 37); § 26 Rn. 10; *Bryde* (Fn. 14), S. 534. Im „Spiegel"-Prozess wurden immerhin sieben Zeugen vernommen (ein

sich zu Fragen des Beweisrechts geäußert. Es beschränkte sich schon in einer seiner ersten Entscheidungen auf die Aussage, seine Überzeugungsbildung geschehe „aufgrund freier Würdigung des gesamten Vorbringens der Beteiligten und aller bekannten Umstände"[78] – womit aber die Frage der Beweisbedürftigkeit gar nicht angesprochen ist. Dass ein Senat etwa einen zu hohen Aufwand für die Beweisaufnahme befürchtet und deshalb darauf verzichtet, ist nicht auszuschließen, wird jedoch in den Entscheidungen nicht erkennbar. Offensichtlich ist aber, dass das Gericht sich – wenn auch von Fall zu Fall in unterschiedlichem Ausmaß – weitestgehend auf Äußerungen von Sachverständigen und Amtspersonen sowie ergänzend auf sein eigenes Wissen verlässt.

Angesichts der großen Zurückhaltung des Gerichts gegenüber der Möglichkeit, Beweisaufnahmen durchzuführen, ist die Frage nicht zu vermeiden, ob diese Praxis auf einer allzu großen Scheu vor einem solchen förmlichen Verfahren oder gar auf dem durch mangelnde Übung entstandenen Unvermögen des Gerichts beruht, diese Methode der Tatsachenermittlung zu nutzen. In der Tat wird, wie schon erwähnt, diese Kritik geäußert.[79] Eine Kontrolluntersuchung, ob etwa manche Entscheidungen bei intensiverer Sachverhaltsaufklärung anders ausgefallen wären, ist zwar unmöglich. Immerhin ließe sich aber in Einzelfällen vermutlich herausarbeiten, dass bei einer streng nach den Regeln der StPO durchgeführten Zeugenvernehmung ein anderer Sachverhalt herausgekommen wäre als tatsächlich – ohne Einhaltung dieser Regeln – geschehen ist. So weist Brink darauf hin, dass das Gericht in dem Organstreitverfahren zur Entsendung von Tornado-Aufklärungsflugzeugen nach Afghanistan den Generalinspekteur der Bundeswehr, General Schneiderhan, als Auskunftsperson angehört hat und seine Angaben zur Entscheidungsgrundlage gemacht hat, obwohl er als Parteivertreter hätte angesehen werden müssen.[80] Eine ähnliche Konstellation bestand in dem Verfahren über die Restitution des von der sowjetischen Besatzung nach dem Krieg beschlagnahmten Vermögens: Auch hier wurden Personen, die für die Regierung gehandelt hatten, als Auskunftspersonen angehört, und das Gericht legte ihren „Bericht" seinem Urteil zugrunde.[81]

Auch in den wenigen Verfahren auf Grundrechtsverwirkung und in den Parteiverbotsverfahren konnten kaum Erfahrungen mit einer Beweisaufnahme gesammelt werden. Denn nur ganz ausnahmsweise hat eine förmliche Beweisaufnahme stattgefunden, so jedenfalls in dem KPD-Verfahren die Vernehmung eines Zeugen und die

---

Staatssekretär, mehrere Beamte, ein Richter, drei Staatsanwälte), vgl. BVerfGE 20, 162, 171, 214.

[78] BVerfGE 1, 299, 316 f.

[79] *Zöbeley/Dollinger* (Fn. 37) Rn. 10. *Brink* (Fn. 15) S. 31 spricht von der „Ungeübtheit des Gerichts in Fragen der Beweiserhebung".

[80] *Brink* (Fn. 15) S. 23 zu BVerfGE 118, 244, 273 ff.

[81] BVerfGE 84, 90, 112, 127 f.; dazu *Bryde* (Fn. 14), S. 535 und *Brink* (Fn. 15) S. 23. Es handelte sich um die an den Verhandlungen mit der Sowjetunion beteiligten Minister Kinkel, Ministerpräsident de Maizière und Staatssekretär Kastrup.

Verlesung zahlreicher Urkunden (Literaturstellen).[82] Im Parteiverbotsverfahren gegen die NPD wäre sie notwendig gewesen, wie auch die wegen der Abstimmungsregel des § 15 Abs. 4 S. 1 BVerfGG „unterlegenen" vier Richter mit Nachdruck betont haben.[83] Die ausschlaggebende Feststellung der drei Richter, die (wegen der Verbindung des Verfassungsschutzes mit einer großen Zahl von „V-Personen") ein unüberwindbares Verfahrenshindernis annahmen, beruht auf der nicht durch eine Beweisaufnahme begründeten Behauptung, der Staat habe durch eigene Agenten das Bild der NPD in der Öffentlichkeit geprägt. Die drei Richter haben – unter heftigem Protest ihrer vier Kollegen – aus dem Verlauf des Erörterungstermins und dem schriftlichen Vortrag der Beteiligten den Eindruck gewonnen, die Anwesenheit der Informanten des Verfassungsschutzes in Vorständen der NPD „verfälsche" „unausweichlich" die „freie und selbstbestimmte Selbstdarstellung der Partei im verfassungsgerichtlichen Prozess".[84] Diese wesentliche Frage hätte (zumindest an ausgewählten Beispielen) in einer förmlichen Zeugenbefragung geklärt werden müssen.[85] Klärungsbedürftig war auch die Frage, ob die Informanten vom Verfassungsschutz „entsandt", „eingeschleust" oder sogar mit Instruktionen zu bestimmten Äußerungen versehen worden waren, die der Partei zugerechnet werden sollten. Dass derartige Unterstellungen abwegig waren,[86] ist zwar in dem Erörterungstermin von den Präsidenten der Verfassungsschutzämter ausgeführt worden, aber man hat ihnen offenbar keinen Glauben geschenkt. Von einer Vereidigung dieser sachverständigen Zeugen – die aber eben nicht als solche geladen waren – war keine Rede, und das Gericht hat auch keine Anstalten gemacht, den Konflikt zwischen dem von den Verfassungsschützern reklamierten „Quellenschutz" und dem Aufklärungsbedürfnis durch Nutzung seiner besonderen Befugnisse (§ 28 Abs. 2 BVerfGG!) zu lösen.

2. *Vernachlässigung des formalen Beweisrechts*

Das BVerfG fühlt sich an manche formalen Vorschriften des Prozessrechts nicht in gleichem Maße gebunden wie andere Gerichte. So nutzt es offensichtlich seine Befugnis, Beweise ohne jede Förmlichkeit zu erheben, und erlässt kaum noch Beweisbeschlüsse, lädt Zeugen und Sachverständige nicht als solche, sondern als „Auskunftspersonen" und fordert mehr oder weniger informell – manchmal durch

---

[82] Vgl. BVerfGE 5, 85, 107 f.

[83] BVerfGE 107, 339, 388. Dazu s. a. *Bull*, Verfehltes Verfahren, Niederlage der abwehrbereiten Demokratie oder Sieg der Toleranz?, in: Möllers/van Ooyen (Hrsg.), Jahrbuch Öffentliche Sicherheit 2002/2003, 2003, S. 197 ff.

[84] BVerfGE 107, 339, 368; dazu die Gegenmeinung S. 382.

[85] Es war eine „aus fachgerichtlicher, insbesondere strafprozessualer Sicht sicherlich nicht ungewöhnliche Aufgabenstellung, die Glaubwürdigkeit von Aussagen potentieller V-Leute zu würdigen" (*Brink* [Fn. 15], S. 11 f.). Die drei Richter, die für die Einstellung des Verfahrens gestimmt haben, sahen den Senat dazu nicht in der Lage.

[86] Eine „Einschleusung" ist nicht einmal behauptet worden. Gleichwohl spricht selbst ein so sorgfältiger Kommentator wie Eckart Klein von in den Vorstand der Partei „eingeschleusten" V-Leuten, vgl. *Benda/Klein/Klein* (Fn. 7), Rn. 1155.

seine wissenschaftlichen Mitarbeiter[87] – „Stellungnahmen“ von Ministerien, Behörden oder sonstigen Stellen an. Die Auswahl von Auskunftspersonen und Sachverständigen wird kaum einmal begründet und erscheint zumindest demjenigen, der die Hintergründe nicht kennt, oft recht zufällig. Das Bemühen um Ausgewogenheit ist unverkennbar, aber nicht immer wird klar, dass Anhörpersonen einer beteiligten Gruppe oder Organisation nahestehen.[88]

Im NPD-Prozess hatte das Gericht nach dem Beschluss gemäß § 45 BVerfGG, die Verhandlung gegen die NPD durchzuführen,[89] u. a. vierzehn „Auskunftspersonen“ bzw. „Anhörungspersonen“ geladen, die ausdrücklich nicht als Zeugen oder Sachverständige angesehen wurden, aber Auslagenersatz nach dem Gesetz über die Entschädigung von Zeugen und Sachverständigen erhalten sollten. Offenbar wurden sie als „sachkundige Dritte“ im Sinne von § 27 a BVerfGG angesehen.[90] Was diese Personen – darunter Mitglieder der zu verbietenden Partei und, wie sich später erwies, zumindest eine frühere V-Person des Verfassungsschutzes – dem Gericht berichten sollten, war mangels eines Beweisbeschlusses unklar. Eine solche Ladung dürfte bei jedem, der sie erhält, Unbehagen auslösen. Wer sich vorbereiten will, weiß nicht worauf er sich einrichten soll, welche Unterlagen er etwa mitnehmen muss oder ob er sich – wegen etwaiger eigener Beteiligung an vorwerfbaren Handlungen – eines Rechtsbeistands vergewissern muss. Der erwähnte V-Mann des Verfassungsschutzes nahm die Ladung zum Anlass, seinen früheren V-Mann-Führer bei der Verfassungsschutzbehörde eines Landes zu kontaktieren; diese erteilte ihm eine Aussagegenehmigung. Bevor er die Genehmigung dem Gericht vorlegen konnte – was zu großer Irritation der Richter und aller anderen Beteiligten und der Öffentlichkeit geführt hätte –, wurde die frühere Verpflichtung gegenüber dem Verfassungsschutzamt auf andere Weise publik.

Auch bei diesem „Zwischenspiel“, das schon entscheidend zum Scheitern des Verbotsverfahrens beitrug, sind (von einem Vertreter der Antragsteller und m. E. auch vom Gericht) formale Regeln missachtet worden. Etwa drei Wochen vor der für Anfang Februar 2002 vorgesehenen mündlichen Verhandlung informierte ein Abteilungsleiter des Bundesinnenministeriums (BMI) „privatdienstlich“ den ihm persönlich bekannten Berichterstatter des BVerfG darüber, dass die Auskunftsperson eine Aussagegenehmigung eines Verfassungsschutzamtes vorlegen werde.[91] Diese Eigenmächtigkeit hatte Folgen: Der Berichterstatter informierte pflichtgemäß den Senat über die Mitteilung und ließ seinen wissenschaftlichen Mitarbeiter beim BMI nachfragen, ob sie zutreffe; dieses antwortete nicht. Das Gericht formulierte

---

[87] *Brink* (Fn. 15), S. 17, urteilt, dass die Beweiserhebung durch Mitarbeiter „selbst die Grenzen des Freibeweisverfahrens“ „sprengt“. Kritisch auch *Redeker*, NJW 1976, 2111, 2112.

[88] S. die Bemerkungen von *Brink* (Fn. 15), der sich schon auf Geiger berufen kann.

[89] BVerfGE 104, 63.

[90] Distanz und Objektivität werden von sachkundigen Dritten nicht gefordert (*Dollinger* [Fn. 41], Rn. 20 f.).

[91] BVerfGE 104, 370.

später so: „Nachdem aus dem Bundesministerium des Innern kurzfristig keine schriftliche Bestätigung oder Erläuterung dieses Vorgangs zu erhalten war, hat der Senat die anberaumten Termine mit Beschluss vom 22. Januar 2002 aufgehoben."[92] Nach § 22 Abs. 3 BVerfGG sind alle „Mitteilungen" des Gerichts an die Bevollmächtigten zu richten. Hätte der Senat die Rückfrage beim BMI als eine solche „Mitteilung" angesehen und sich an die Prozessbevollmächtigten gewandt, statt sich informell beim Ministerium zu erkundigen, so hätten die Bevollmächtigten dafür gesorgt, dass die (auch ihnen bis dahin unbekannten) Zusammenhänge offengelegt und erläutert wurden. Möglicherweise hätte die offensichtliche Verärgerung der Richter dadurch verhindert werden können; die Aufklärung wäre dann im Rahmen der Verhandlung erfolgt.

Ein weiteres Beispiel für die Problematik des Verzichts auf Förmlichkeit stammt ebenfalls aus dem NPD-Parteiverbotsverfahren: Im Verlauf dieses Prozesses hat das BVerfG einen umfassenden „Hinweis" an die Antragsteller gegeben,[93] der einem Beweisbeschluss darin ähnelt, dass er eine Reihe von Feststellungen als für den Erfolg des Verbotsantrages bedeutsam bezeichnet und von den Antragstellern Informationen dazu anfordert. Sowohl das „Beweisthema" wie die dazu erbetenen Angaben und Beweisangebote („Erkenntnisquellen") sind jedoch derart umfassend und unspezifisch bezeichnet, dass es von vornherein unmöglich war, diese Anforderungen zu erfüllen. Ob „die Partei nach dem charakteristischen Gesamtbild ihrer Ziele und des Verhaltens ihrer Anhänger Ausdruck eines offenen gesellschaftlichen Prozesses ist", stellt keinen geeigneten Gegenstand einer Beweisaufnahme dar, sondern erst den Obersatz einer Skala wesentlich speziellerer Sachverhaltsannahmen, die in ihrer Gesamtheit einen Schluss auf das Gesamtbild ermöglichen. Das Informationsbedürfnis des Senats ging schon mangels entsprechender auswertbarer Dokumentationen weit über die Möglichkeiten der Antragsteller und ihrer Bevollmächtigten hinaus, so wenn gewünscht wurde darzulegen, „ob und gegebenenfalls welche Personen aus dem derzeitigen oder einem früheren Vorstand der Antragsgegnerin und aus derzeitigen oder früheren Vorständen ihrer Landesverbände jeweils seit 1996 mit staatlichen Stellen kooperiert haben oder noch kooperieren".[94]

3. Zur Praxis der Aufklärung „legislativer Fakten"

a) Benutzte Instrumente

Von der Chance, die Überprüfung umstrittener Gesetze auf eine breite empirische Basis zu stützen, hat das BVerfG häufig Gebrauch gemacht.[95] Es hat Fachliteratur

---

[92] So BVerfGE 107, 339, 346.

[93] Der Text ist in dem Urteil vom 18. März 2003 wiedergegeben: BVerfGE 107, 339, 349 f.

[94] BVerfGE 107, 339, 349 f.

[95] Beispiele u. a. bei *Bryde* (Fn. 14), S. 536.

ausgewertet, Statistiken herangezogen, Urkundenbeweis erhoben,[96] Sachverständige aller Art angehört, Interessenverbände, Gewerkschaften und Non-Profit- und Non-Government-Organisationen zu Stellungnahmen aufgefordert und in einzelnen Fällen sogar eigene Gutachten in Auftrag gegeben.[97] Von der Berufung einzelner Persönlichkeiten als Gutachter nach § 22 Abs. 5 GO-BVerfG war schon die Rede.[98] Gelegentlich sind die mündlichen Verhandlungen zu öffentlichen Hearings geworden, in denen Vertreter aller großen gesellschaftlichen Organisationen sich wie in einem Parlamentsausschuss zu allen Aspekten des Themas äußern; an solchen „öffentlichen Gesprächen“[99] sind dann auch die Gewerkschaften und Arbeitgeberverbände und die Kirchen nach Prinzipien der Parität beteiligt – selbst wenn es auf die konfessionellen Unterschiede gar nicht ankommt.[100] Inwieweit sich solche Anhörungen auf die Entscheidungen auswirken, ist unklar. So meinte Bryde (vor seiner Berufung zum Verfassungsrichter):

> „Soziale Daten werden in der Sachverhaltsdarstellung und bei der Wiedergabe des Vortrags von Parteien und Beteiligten zwar breit referiert, aber nicht auch in den eigentlichen Entscheidungsgründen aufgegriffen und gewürdigt.“[101]

Im Gegensatz dazu werden die „Wirklichkeitsvorstellungen und -bilder“[102] in den Abweichenden Meinungen erkennbar ausführlicher ausgewertet.[103]

b) Beispielhafte Entscheidungen

Eines der frühesten Verfahren, in denen es auf eine genaue Erforschung der legislativen Grundlagen ankam, war das zur Überprüfung des Straftatbestandes der männlichen Homosexualität (§ 175 f. a.F. StGB). Das BVerfG erließ in dieser Sache einen Beweisbeschluss mit drei Fragen, die sodann von insgesamt acht Sachverständigen

---

[96] BVerfGE 36, 1, 12 f. – Grundlagenvertrag.

[97] Dies wird aber auch für Verfassungsbeschwerdeverfahren berichtet. So hat das BVerfG zur Vorbereitung seiner Anhörung in dem Verfahren über Verfassungsbeschwerden gegen strafprozessuale Absprachen („Deals“) eine anonymisierte Umfrage unter 330 Richtern in NRW bestellt, vgl. Bericht in der Süddeutschen Zeitung vom 8.11.2012, S. 13. Ein Beispiel für ausgewiesene Verwertung der Fachliteratur: BVerfGE 90, 145, 178 ff. – Cannabis – . In dem zweiten Verfahren zu § 218 StGB hat das BVerfG sogar zwei *Rechts*gutachten – zu den Auswirkungen bestimmter Normierungen – in Auftrag gegeben, was wegen der besonderen Fragestellung trotz des Grundsatzes „iura novit curia“ angemessen war (BVerfGE 88, 203, 250).

[98] S. oben bei Fn. 39.

[99] *Struck*, Fallstudien zur politischen Methode der Rechtsprechung, in: Schmidt/Weyers (Hrsg.), FS Esser, S. 186.

[100] Ein Beispiel bei *Struck* (Fn. 99), S. 187 ff.

[101] *Bryde* (Fn. 14), S. 538. Ihm folgend *Dollinger* (Fn. 41), § 27a Rn. 13.

[102] *Bryde* (Fn. 14), S. 539.

[103] Beispiele nennt *Bryde* (Fn. 14), S. 539: BVerfGE 56, 249, 283; 68, 1, 122 ff.; 69, 1, 57 ff.; 91, 1, 53 f.; 93, 248, 258 ff.; 94, 115, 157 ff.

schriftlich und teilweise auch in der mündlichen Verhandlung beantwortet wurden.[104] Diese Antworten werden in dem Urteil ausführlich wiedergegeben und vom Gericht verwertet.[105] Trotz dieses sorgfältigen Vorgehens wird das Ergebnis, männliche und weibliche Sexualität unterschieden sich hinreichend stark voneinander und könnten daher vom Strafgesetzgeber unterschiedlich bewertet werden, aus heutiger Sicht kritisch beurteilt.[106]

Einige große Urteile sind jedoch empirisch und prognostisch besonders gut abgesichert, so insbesondere die zur Apothekenfreiheit,[107] zum Kassenarztrecht[108] und zum Mitbestimmungsgesetz.[109] So hat sich die Prognose zur Entwicklung des Apothekenwesens, die in dem berühmten Urteil von 1961 zur weitgehenden Freigabe der Apothekengründung geführt hat, bestätigt: Entgegen der Annahme des Gesetzgebers ist keine ruinöse Welle von Neugründungen eingetreten. Dasselbe gilt für das Kassenarztrecht, das freilich aus anderen Gründen später geändert wurde.

In dem Verfahren über das Mitbestimmungsgesetz wurden dem BVerfG zwei kontroverse Gutachten vorgelegt (das Kölner und das Frankfurter Gutachten), zwei Professoren erstatteten weitere Gutachten (rechtswissenschaftlich: Zweigert; wirtschaftswissenschaftlich: Kappler), und in der mündlichen Verhandlung äußerten sich zahlreiche Verbands- und Gewerkschaftsvertreter, Wissenschaftler, Politiker, Justitiare und Rechtsanwälte.[110] Es hat sich aus dieser Vielzahl von Äußerungen ein eigenes Bild von der Materie, den involvierten Interessen und den wahrscheinlichen Abläufen gemacht, wobei es die intensive Diskussion im parlamentarischen Verfahren und in der Fachliteratur hervorgehoben hat, und ist zu dem Schluss gekommen, dass die Prognose des Gesetzgebers „vertretbar" war.[111] Die weitere Entwicklung hat bestätigt: Die von den Beschwerdeführern befürchteten nachteiligen Auswirkungen des Gesetzes sind nicht eingetreten.

Aus der neueren Rechtsprechung ist bemerkenswert die Methode, mit der in sozial- und steuerrechtlichen Kontroversen durch intensive Nutzung von Statistiken und eigene Vergleichsrechnungen die Einkommenslage bestimmter Gruppen erkundet worden ist, woraus dann Forderungen nach angemessener Erhöhung staatlicher Leistungen oder Einschränkung von Steuerpflichten hergeleitet werden konnten.[112]

---

[104] BVerfGE 6, 389, 398 f.

[105] BVerfGE 6, 389, 400 ff., 422 ff., s. a. *Philippi* (Fn. 8) S. 20 f., 48 f.

[106] Vgl. die scharfe Kritik von *Brink* (Fn. 15), S. 28 mit Anm. 143 („eminente Fehleinschätzung", „aus heutiger Sicht völlig abwegige Ausführungen").

[107] BVerfGE 7, 377, 415 ff.

[108] BVerfGE 11, 30, 45 ff.

[109] BVerfGE 50, 290, 333 f.

[110] BVerfGE 50, 290, 310, 317 f.

[111] BVerfGE 50, 290, 333 ff.

[112] Vgl. die Entscheidungen zu den Leistungen für Kinder nach SGB II (BVerfGE 125, 175) und zum Asylbewerberleistungsgesetz (Beschl. v. 18.7.2012, DÖV 2012, 689), zuvor zu Sozialleistungen: BVerfGE 71, 364, 386 ff.; 89, 15, 22; 91, 93, 108 ff.; zu Steuervergünsti-

In dem Normenkontrollverfahren gegen das Altenpflegegesetz hat das Gericht die Darlegungen der Beteiligten und die Äußerungen von Sachverständigen sorgfältig ausgewertet und dabei verschiedene Mängel der Datenlage festgestellt; im Ergebnis stützt es sich dann wesentlich auf die Berichte einer Sachverständigenkommission der Bundesregierung und weiterer Expertengremien.[113] Auffällig ist die große Zurückhaltung der Senatsmehrheit bei der Überprüfung der Haushaltspolitik. So ließ sich das Gericht in dem Verfahren über den Bundeshaushaltsplan 2004 nicht dazu bewegen, die fiskalpolitischen Grundsatzentscheidungen der Bundestagsmehrheit auf den Prüfstand zu stellen, obwohl die Antragsteller mit erheblichem Aufwand an Sachverstand eben dafür plädiert hatten.[114]

c) Kritische Bereiche

In anderen Fällen vermisst der kritische Leser – auch wenn die Entscheidung im Ergebnis überzeugen mag – Ausführungen zur Tatsachenfeststellung oder zur Begründung der zugrunde gelegten Prognose. Unzutreffende Tatsachenfeststellungen und daraus resultierende „massive Fehldeutungen" werden dem BVerfG z. B. in Bezug auf seine Äußerungen zu den Funktionsvergütungen für Parlamentsmitglieder vorgeworfen.[115] Diese Kritik ist freilich recht pauschal und bedarf weiterer Konkretisierung. Auch die Urteile zur Fünf-Prozent-Sperrklausel werden als empirisch unzureichend gerügt – freilich sowohl von den Befürwortern wie von den Gegnern.[116]

Die umstrittenen Passagen der Rechtsprechung dürften zumindest teilweise darauf zurückzuführen sein, dass die Richter und Mitarbeiter des BVerfG – wie die meisten Juristen – davon überzeugt sind, dass ihnen die Handlungsweisen und Motive von Rechtsanwendern in Behörden, Regierungen und Parlamenten aufgrund ihrer juristischen Ausbildung hinreichend vertraut seien, so dass kein weiterer Aufklärungsbedarf empfunden wird. Ministerialbeamte, Kommunalverwalter und erst recht Parlamentarier unterscheiden sich aber in ihrer Bewusstseinslage und ihren Handlungs-

---

gungen und zu beamtenrechtlichen Zuschlägen für Kinderreiche, BVerfGE 93, 121, 134 f.; 99, 216, 235; 99, 300, 320 ff.

[113] BVerfGE 106, 62, 159 ff.

[114] BVerfGE 119, 96; dazu die Abw. Meinung der Richter Di Fabio und Mellinghoff S. 155 ff.

[115] *Austermann*, Das Abgeordnetenbild des Bundesverfassungsgerichts, ZParl 2012, S. 719 ff., 726, zu BVerfGE 102, 224, 243 ff.; 118, 277, 329 ff.; 119, 302, 309.

[116] So meint z.B. Meyer, dass zur Rechtfertigung der Sperrklauseln eine gründlichere Realanalyse notwendig gewesen wäre (*Meyer,* Wahlgrundsätze, Wahlverfahren, Wahlprüfung, in: Isensee/Kirchhof (Hrsg.), Handbuch des Staatsrechts, Bd. III, 3. Aufl. 2005, § 46 Rn. 39), während etwa Wendt gegen die (zweite) Europawahlrechts-Entscheidung des BVerfG (BVerfGE 129, 300: Verfassungswidrigkeit der Fünf-Prozent-Klausel für die Wahl der deutschen Abgeordneten) einwendet, dort werde die tatsächliche politische Entwicklung und die stärker werdende Rolle des Europäischen Parlaments verkannt (*Wendt*, Sperrklauseln im Wahlrecht?, in: Ruffert (Hrsg.), FS Meinhard Schröder, S. 431, 447 f.).

routinen von Richtern, Rechtsanwälten und Staatsanwälten erheblich; sie folgen oft (notwendigerweise) anderen Handlungslogiken.

So kann es geschehen, dass auch Urteile, die in der Öffentlichkeit ein großes positives Echo gefunden haben, von Kennern der jeweiligen administrativen Szene kritisiert werden, weil sie auf unsicheren tatsächlichen Annahmen beruhten. Das gilt z. B. für einige der berühmten Entscheidungen zu den Befugnissen der Sicherheitsbehörden. Sie gründen sich wesentlich auf Darstellungen der enormen neuen *Möglichkeiten* der Datensammlung und -nutzung, die durch die Informations- und Kommunikationstechnik eröffnet worden sind, nicht aber auf Aussagen über die tatsächliche soziale Einhegung der Technik. Kombiniert mit Schlüssen auf ein künftiges Verhalten der Nutzer, die ihrerseits nicht wissenschaftlich fundiert sind, sondern aus dem Erfahrungshintergrund der Richter stammen, entsteht aus diesen Bestandteilen ein empirisch nicht ausreichend begründetes Bild einer schweren Bedrohung von Grundrechten. Die *Wahrscheinlichkeit* der Entwicklung hin zu übermäßiger Überwachung der Menschen wird nicht begründet.

Diese Linie der Rechtsprechung beginnt schon mit dem Volkszählungsurteil von 1983. An dessen entscheidender Stelle nimmt das BVerfG Bezug auf die „modernen Bedingungen der Datenverarbeitung“,[117] die zuvor nur in einem einzigen Absatz des Urteils pauschal beschrieben worden sind,[118] und beschränkt sich damit auf die technischen Möglichkeiten. Suggeriert wird aber auch, dass zu den „Bedingungen“ auch die Wahrscheinlichkeit des Fehlgebrauchs gehöre, also der übermäßigen (gesetzwidrigen oder zwar rechtmäßigen, aber unangemessenen) Verwendung der Daten. Das Gericht geht damit auf die Überlegungen der Beschwerdeführer ein, ohne darüber Beweis zu erheben. Angehört wurden damals außer den Beschwerdeführern und den Vertretern der Bundes- und der Landesregierungen sowie acht Datenschutzbeauftragten als nicht Beteiligte nur der Präsident des Statistischen Bundesamtes und ein Professor, dessen Fach nicht angegeben ist.[119]

In neueren Urteilen ist diese Methode beibehalten worden. Bezeichnend sind etwa die Urteile zur automatisierten Kfz-Kennzeichenerfassung[120] und zur Vorratsdatenspeicherung.[121] Bei der Erörterung, welches „Gewicht“ der zu prüfende „Eingriff in das Recht auf informationelle Selbstbestimmung“ hat, stellt das BVerfG u. a. auf

---

[117] BVerfGE 65, 1, 43. Später werden daraus die „Bedingungen der modernen Datenverarbeitung“, vgl. etwa BVerfGE 120, 397 bzw. die „Bedingungen der elektronischen Datenverarbeitung“, ebd. S. 399.

[118] BVerfGE 65, 1, 42: Den Kern dieser Beschreibung bildet die Aussage, dass „mit Hilfe der automatischen Datenverarbeitung Einzelangaben über persönliche oder sachliche Verhältnisse einer bestimmten Person [...] *technisch gesehen* unbegrenzt speicherbar und jederzeit ohne Rücksicht auf Entfernungen in Sekundenschnelle abrufbar sind“; diese Einzelangaben könnten „zu einem teilweise oder weitgehend vollständigen Persönlichkeitsbild zusammengefügt werden“ (Hervorhebung nicht im Original).

[119] BVerfGE 65, 1, 35.

[120] BVerfGE 120, 378.

[121] BVerfGE 125, 260.

„Anlass und Umstände der Datenerhebung“, den betroffenen Personenkreis und „die Art der möglichen Verarbeitung der Daten“ ab. Zu „Anlass“ und „Personenkreis“ heißt es in dem erstgenannten Urteil: „Werden Personen, die keinen Erhebungsanlass gegeben haben, in großer Zahl in den Anwendungsbereich einer Maßnahme einbezogen, können von ihr auch allgemeine Einschüchterungseffekte ausgehen“; bei großer „Streubreite“ von Ermittlungsmaßnahmen würden „Risiken des Missbrauchs und ein Gefühl des Überwachtwerdens“ entstehen. Das aber sei „gerade bei der seriellen Erfassung von Informationen in großer Zahl der Fall“.[122] Zu der „möglichen“ Verarbeitung der Daten wird ausgeführt: „Die Schwere des Eingriffs nimmt mit der Möglichkeit der Nutzung der Daten für Folgeeingriffe in Grundrechte der Betroffenen zu sowie mit der Möglichkeit der Verknüpfung mit anderen Daten, die wiederum andere Folgemaßnahmen auslösen könnten.“[123] Beide Ansätze sind weit entfernt von einer empirisch fundierten Feststellung gegenwärtiger oder künftiger Tatsachen (d. h. polizeilicher Praxis der Datennutzung und der Reaktionen darauf).[124] Dass die Argumentation so kompliziert ausfällt, liegt freilich schon an der Konstruktion des „Rechts auf informationelle Selbstbestimmung“, das keinen klar abgrenzbaren Schutzbereich hat und in das deshalb auch nicht wirklich „eingegriffen“ werden kann.[125] Unabhängig davon sind die Aussagen über die Gefühle der Menschen, insbesondere die angeblich zu befürchtende Einschüchterung nicht belegt. Es könnte genauso gut sein, dass Personen, die sich durch die Kontrollen belästigt fühlen, verärgert, abwehrend und widerspenstig reagieren – oder aber sich damit abfinden, dass die Polizei zur Erledigung ihrer Aufgaben auch Personen kontrollieren muss, die keinen Anlass dazu gegeben haben (so wie ja auch allgemeine Geschwindigkeitskontrollen letztlich akzeptiert werden). Indem das BVerfG zusätzlich darauf abstellt, dass die Behörden möglicherweise „Folgeeingriffe“ vornehmen, behandelt es gar nicht mehr den eigentlichen Gegenstand der Beschwerde, sondern spekuliert weiter über Eventualitäten. Eine Beweisaufnahme über die tatsächlichen und wahrscheinlichen Abläufe – etwa durch Vernehmung von Zeugen oder Sachverständigen aus dem Bereich der Polizei und der Datenverarbeitungsorganisation – hat auch in diesem Verfahren nicht stattgefunden; vielmehr sind nur die Beschwerdeführer, die beteiligten Landtage und Landesregierungen sowie die zuständigen Datenschutzbehörden angehört worden.[126]

---

[122] BVerfGE 120, 378, 402. Vgl. a. BVerfGE 125, 260, 332, 335.

[123] BVerfGE 120, 378, 403.

[124] Das Fehlen „jeder objektivierbaren Grundlage für die Annahme eines eingriffsintensivierenden Einschüchterungseffekts“ stellt auch der Richter Schluckebier in seinem Abweichenden Votum zu dem Urteil in Sachen Vorratsdatenspeicherung fest (BVerfGE 125, 260, 364 ff., 366).

[125] Zur Kritik vgl. die Hinweise in Fn. 29.

[126] BVerfGE 120, 378, 394. In dem Verfahren über die Vorratsdatenspeicherung wurden hingegen mehr Auskunftspersonen und auch solche aus unterschiedlichen „Lagern“ angehört, so auch Vertreter der Internetwirtschaft. Ihre Äußerungen werden vom BVerfG jedoch nur pauschal erwähnt und nicht im Einzelnen referiert (BVerfGE 125, 260, 303 f.).

4. Feststellung sozialer Gesetzmäßigkeiten: „Erfahrungswissen" oder sozialwissenschaftliche Einsichten?

Normenkontrollverfahren sind, so sollte man meinen, schon wegen ihrer besonders weit reichenden Ausstrahlung ein geradezu idealer Rahmen für eine sozialwissenschaftlich angeleitete Wahrnehmung der sozialen Verhältnisse. „Sozialwissenschaftliche Information und Kontrolle"[127] können wesentlich dazu beitragen, dass die Folgen einer Norm in der sozialen Wirklichkeit auf einer zuverlässigen Grundlage bewertet werden können, und die „sozialwissenschaftliche Perspektive" kann „der eingefahrenen Weltsicht ihre Selbstverständlichkeit" nehmen.[128] Aber die Heranziehung sozialwissenschaftlicher Einsichten oder Methoden ist bisher nicht zur Selbstverständlichkeit geworden.

Das BVerfG folgt zwar – wie auch andere Gerichte und Behörden – gewissen generellen Annahmen, mit denen die Komplexität der realen Verhältnisse reduziert wird. Man sucht bei der Prüfung, welche Wirkungen ein Gesetz voraussichtlich haben wird, nach sozialen Gesetzmäßigkeiten und regelmäßigen Abläufen. Aber nur selten werden hier Ergebnisse empirischer Sozialforschung eingebracht – und das hat einfache Gründe: Es gibt zu wenig derartige Forschungen, und die Ausarbeitung spezieller Gutachten im Auftrag des Gerichts wäre meist sehr aufwendig und zeitraubend. Die Lücke wird, wie schon das Beispiel der „Einschüchterungs"-Rechtsprechung zeigt (s. oben III. 3.), durch eigenes Erfahrungswissen der Richter überbrückt – eine Methode, die kaum als solide Empirie gelten kann.[129] Dieses eigene Wissen der Richter spielt offensichtlich eine erhebliche Rolle. Wie es im Einzelnen eingebracht wird und welche Erkenntnisquellen benutzt werden, ist kaum erkennbar und variiert offensichtlich von Fall zu Fall. Diese Intransparenz wird von den Beteiligten anscheinend weitestgehend akzeptiert.

Besonders wirksam sind in der Rechtspraxis bestimmte allgemeine Erfahrungen und nicht hinterfragte *Alltagstheorien*, die nicht mehr als Tatsachen oder Prognosen angesehen werden können, weil sie zu sehr mit normativen Aussagen verschmolzen sind. „Erfahrungen mit vergleichbaren Regelungen" sind nach einer Bemerkung des BVerfG die sichersten Faktoren der Erkenntnisgewinnung.[130] Aber auch und manchmal gerade sie müssen überprüft werden. Transdisziplinäre Reflektion wäre hilfreich:

> „Mit dem sozialwissenschaftlich bewirkten Verlust seiner Unschuld, ober besser mit dem Verlust seiner ‚selbstverschuldeten Unmündigkeit' (Kant), gewinnt der Jurist die Fähigkeit, über die juristische Wirklichkeit des dogmatischen Rechts hinaus die soziale und politische Wirklichkeit seines Berufshandelns zu bedenken: dessen gesellschaftliche Bedingtheit und

---

[127] *Rinken* (Fn. 1), S. 275.

[128] *Rinken* (Fn. 1), S. 277.

[129] *Philippi* (Fn. 8), S. 51, hat bemerkt, dass das BVerfG bei der Feststellung „typischer Sachverhalte" regelmäßig nichtempirische Verfahren benutzt.

[130] BVerfGE 50, 290, 334 unter Hinweis auf E 35, 79, 142 – Hochschulurteil.

dessen gesellschaftliche Folgen. Sozialwissenschaftliche Aufklärung über die Wirklichkeit des Rechts eröffnet die Dimension der Kritik des Rechts.“[131]

Vielleicht ist es zu viel verlangt, wenn man vom Verfassungsgericht derartige Erwägungen erwartet, vielleicht bleiben sie auch nur unausgesprochener Hintergrund mancher Urteilselemente. Jedenfalls wird eine solche Grundsatzkritik selten erkennbar. Immer wieder werden tradierte Rechtssätze (bzw. Prinzipien) ohne irgendwelche Zweifel in den Entscheidungsprozess eingeführt, ohne dass eine Kritik der in ihnen enthaltenen tatsächlichen oder prognostischen Annahmen ersichtlich wäre. Man denke an die Aktivierung der „hergebrachten Grundsätze des Berufsbeamtentums“ zur Verhinderung von Neuerungen wie der Vergabe von Führungspositionen auf Zeit: Ob die Übertragung von Ämtern auf Lebenszeit wirklich einen höheren Grad an Unabhängigkeit und „Widerstandsgeist“ der Beamten gegen die politische Führung garantiert, wird nicht untersucht – wie auch umgekehrt nicht gefragt wird, ob Beamte auf Zeit regelmäßig höhere Leistungen erbringen als Lebenszeitbeamte.[132]

Das LVerfG Mecklenburg-Vorpommern hat in seinem ersten Kreisreform-Urteil vom 26. 7. 2007[133] Behauptungen über den Zusammenhang von Kreisgröße und kommunalpolitischem Engagement regionaler Volksvertreter aufgestellt, die bei genauer Betrachtung unhaltbar waren. Die für die Ablehnung der Kreisreform wesentliche Überlegung, die Ausdehnung der neuen Kreise werde die Ausübung der kommunalen Ehrenämter unerträglich erschweren oder gar unmöglich machen, ist durch sozialwissenschaftliche Untersuchungen falsifiziert worden – freilich erst im Nachhinein, als die Erfahrungen aus Mecklenburg-Vorpommern in Schleswig-Holstein ausgewertet wurden.[134]

5. Vorverständnisse und sozialwissenschaftliche Großtheorien in der juristischen Praxis

In den Auseinandersetzungen um die Bedeutung der Sozialwissenschaften für die Juristenausbildung, die schon vor Jahrzehnten geführt wurden, ist deutlich geworden, wie stark die Rechtswissenschaft und ihr folgend die Rechtspraxis sich von denjenigen Wissenschaftszweigen abgekoppelt hatte, die sich mit der Aufklärung tatsächlicher sozialer, ökonomischer und politischer Verhältnisse beschäftigen. Der durch-

---

[131] *Rinken* (Fn. 1), S. 278 m. w. N.

[132] BVerfGE 121, 205, 219, 221, 226.

[133] Vgl. oben Fn. 16. Zur Kritik: *Mehde*, Das Ende der Regionalkreise?, NordÖR 2007, 331 ff.; *Meyer*, Liegt die Zukunft Mecklenburg-Vorpommerns im 19. Jahrhundert?, NVwZ 2008, 24 ff.; *Bull*, Kommunale Selbstverwaltung heute – Idee, Ideologie und Wirklichkeit, DVBl 2008, 1, sowie die Beiträge in: *Büchner/Franzke/Nierhaus* (Hrsg), Verfassungsrechtliche Anforderungen an Kreisgebietsreformen, 2008.

[134] Vgl. insbesondere die Untersuchung von *Seitz*, Fiskalische und ökonomische Aspekte der Verwaltungsreform in Schleswig-Holstein, in: Landesregierung Schleswig-Holstein (Hrsg.), Gutachten zur Verwaltungsstruktur- und Funktionalreform in Schleswig-Holstein, 2008, S. 585 ff., 749 ff. In dem zweiten Urteil des LVerfG MV zur (leicht modifizierten) Kreisreform (s. o. Fn. 16) wird dem Gesetzgeber ein Beurteilungsspielraum eingeräumt und festgestellt, dass dessen Grenzen nicht überschritten worden sind.

gehende Konservatismus von Juristen war und ist freilich auch durch die Aufgabe bedingt, bestehende Macht- und Rechtsverhältnisse zu schützen – eine Aufgabe, die durch die Bindung an Recht und Gesetz vorgegeben ist, deren Wahrnehmung aber auch durch die subjektive Einstellung der Handelnden geprägt wird.[135] Die Wahrnehmung der Wirklichkeit ist durch diese interne Agenda beeinflusst. Das BVerfG versucht seit je, einen Standpunkt oberhalb der jeweiligen Präferenzen und Vorurteile seiner Richter einzunehmen, indem es sich weit öffnet für Stellungnahmen und Sichtweisen, die in der Gesellschaft vertreten werden, und einer Vielzahl von Stimmen zuhört – sei es in förmlichen Verfahren der Sachverständigenanhörung, sei es informell durch Rezeption von Literatur aller Art und durch (meist passive, manchmal aber auch aktive) Teilnahme an öffentlichen Debatten. Aber wir dürfen sicher sein, dass dem Gericht auch seine politische Rolle bewusst ist.

Allerdings sind auch diejenigen Rechtswissenschaftler und -praktiker, die sich vom konservativen Mainstream abgesetzt und den sozialen Fortschritt statt der Bewahrung des Status quo zu ihrer Sache gemacht haben, in der Beobachtung der realen Verhältnisse nicht immer so unbefangen, wie es zu wünschen wäre. Das Bild der Wirklichkeit wird Bewahrern wie Reformern vielfach durch Theorien eines hohen Abstraktionsgrades vermittelt. Abgesehen davon, dass deren Zuverlässigkeit und Bedeutsamkeit überprüft werden müssen, genügen manche dieser Einsichten schon deshalb nicht den Anforderungen an überzeugende Beweismittel, weil sie zu weitgehende Verallgemeinerungen enthalten. Gesellschaftliche Großtheorien müssen „kleingearbeitet" werden, wenn sie für konkrete verfassungsrechtliche Prüfungen genutzt werden sollen.

IV. Schlussbemerkung

Die Bemerkung von Philippi, dass das BVerfG sich „typischerweise mit einem empirischen Minimum begnügt",[136] bezog sich auf historische Darlegungen. Scharfe Kritik hat Philippi darüber hinaus allgemein an dem „Stichprobenverfahren" des BVerfG geübt, wie es in den ersten fünfundzwanzig Bänden der Entscheidungssammlung dokumentiert ist.[137] Andererseits hat er dem BVerfG attestiert, dass sein Prognoseverfahren dem des Gesetzgebers in einer Reihe von Fällen überlegen gewesen sei.[138] Inwieweit diese Feststellungen – die kritischen wie die bestätigenden – auch auf die späteren Entscheidungen des BVerfG zutreffen, bedürfte genauerer Untersuchung, etwa in Form einer Dissertation, die methodisch wie die von Philippi angelegt wäre.

---

[135] *Struck* stellt deshalb in manchen Entscheidungen des BVerfG die Anwendung einer „politischen Methode" fest, über die man sich Klarheit verschaffen müsse; „gute" und „schlechte politische Methode" müssten erörtert werden (Fn. 99), S. 176 ff., 190. Er knüpft insofern an die Methodenlehre von *Esser* an (s. o. Fn. 3).

[136] *Philippi* (Fn. 8), S. 120.

[137] Ebenda, S. 123.

[138] Ebenda, S. 183.

Die Kritik am BVerfG ist seit Philippis Pionierarbeit fortgesetzt worden; sie ist teilweise sehr moderat geblieben, teilweise aber schärfer geworden.[139] Rechtswissenschaft wie politische Öffentlichkeit haben Defizite der Sachverhaltsaufklärung festgestellt, die bisweilen – wie beim NPD-Parteiverbotsverfahren – die Verfahrensergebnisse beeinflusst haben. Es ist unwahrscheinlich, dass derartige Defizite sich in der Zukunft vermeiden lassen. Entscheidungsdruck, Komplexität der Materie und der Mangel an schnell verfügbaren sozialwissenschaftlichen Expertisen werden immer wieder dazu führen, dass verfassungsgerichtliche Annahmen über soziale Folgen neuer Rechtsnormen umstritten bleiben.[140]

In ausgewählten Fällen entfaltet das Gericht große Aktivität, um Streitfragen so genau wie nur möglich aufzuklären. Wann das geschieht oder wann statt dessen auf detaillierte Nachprüfung verzichtet wird, folgt offenbar keiner Regel, sondern ist durch das Interesse der Richter an der jeweiligen Thematik und gewiss auch durch die politische Aktualität und Relevanz eines Problems begründet.

Bei aller rationalen Strukturierung und rechtlichen Durchformung der Streitstoffe bleibt am Ende das Vertrauen oder die Hoffnung auf die Lebens- und Menschenkenntnis und die Erfahrungen der Richter aus verschiedenen Lebensbereichen und ihr dadurch geschultes Judiz – ganz im Sinne von Gustav Radbruchs Sentenz, „dass auf ein Lot Jurisprudenz ein Zentner Menschen- und Lebenskenntnis kommen müsse“.[141]

---

[139] Vgl. als Beispiele einerseits etwa *Ossenbühl* (Fn. 12), andererseits *Brink* (Fn. 15).

[140] Zur Herstellung besserer Entscheidungsgrundlagen wird jedenfalls für das Verwaltungsverfahren die „Data Mediation“ vorgeschlagen (*Ramsauer*, Data Mediation: Ein Weg zu Transparenz und Akzeptanz im Verwaltungsverfahren, in: Mehde/Ramsauer/ Seckelmann (Hrsg.), FS Bull, S. 1029). Auch für verwaltungs- und verfassungsgerichtliche Verfahren ist ein solches Vorverfahren (mit dem Berichterstatter als Mediator?) vorstellbar, für die Praxis aber wohl wegen der engen Verbindung materieller Rechtsfragen mit Verfahrensfragen schwer vermittelbar.

[141] *Radbruch*, Einführung in die Rechtswissenschaft, 7./8. Aufl. 1929, S. 118 f.; auch *ders.*, in: Kaufmann (Hrsg.), Aphorismen zur Rechtsweisheit, 1963, S. 118.

Maßstabsergänzungen bei der Rechtsanwendung – eine Herausforderung für eine juristische Entscheidungslehre

Von *Wolfgang Hoffmann-Riem*

Einige Zeit nachdem es gelungen war, *Hans-Joachim Koch* die Annahme des Rufs an den Fachbereich Rechtswissenschaft II der Universität Hamburg schmackhaft zu machen, dedizierte er mir als seinerzeitigem Dekan („Sprecher") seine Habilitationsschrift[1] mit dem handschriftlichen Vermerk: „Mit gewissem Dank für die Nötigung zum raschen Abschluss der Arbeit". In der Tat hatte ich ihn sehr bedrängt, seine Untersuchung zu unbestimmten Rechtsbegriffen und Ermessensermächtigungen trotz vorheriger Rufannahme auch wirklich und zügig abzuschließen. In knapper Diktion – die Arbeit „reißt" nicht einmal die 200-Seiten-Latte – hat *Hans-Joachim Koch* die Auffassungen über die Art der Unterschiedlichkeit der beiden im Titel genannten Rechtsfiguren und die zu ihrer Unterscheidung in der Rechtswissenschaft entwickelten Vorstellungen mit der ihm eigenen Klarheit „seziert". Dabei hat er den üblichen Umgang mit Ermessensermächtigungen in Frage gestellt und manche andere angebliche Selbstverständlichkeit ebenso. Inhaltlich ging es ihm insbesondere darum, normstrukturelle Fragen sprachanalytisch geschult zu beantworten.[2]

I. Kochs Überlegungen zu Tatbestandsergänzungen

Im Zuge der Begründung seiner These, die durch Ermessensermächtigungen eingeräumten Befugnisse seien nicht auf der Rechtsfolgenseite, sondern auf der Tatbestandsebene der Norm zu konkretisieren, nutzt er die Figur der Tatbestandsergänzung.[3] Raum für eine dysjunktive Ergänzung des Tatbestandes bestehe allerdings

[1] *Koch*, Unbestimmte Rechtsbegriffe und Ermessensermächtigungen im Verwaltungsrecht, 1979.

[2] Darum hat er sich auch in vielen weiteren Publikationen bemüht. Genannt seien auswahlsweise *Koch/Herberger*, Zur Einführung: Juristische Methodenlehre und Sprachphilosophie, JuS 1978, 810 ff.; *Koch*, Die Begründung von Grundrechtsinterpretationen EuGRZ 1986, 345 ff.; *Koch/Rüßmann*, Juristische Methodenlehre und analytische Philosophie, in: Alexy et al. (Hrsg.), Rechts- und Sozialphilosophie in Deutschland heute, 1991, S. 186 ff.; *Koch*, Die gerichtliche Kontrolle technischer Regelwerke im Umweltrecht, ZUR 1993, 103 ff. Die Beiträge von *Koch* sowie weitere sind auch enthalten in: Alexy/Koch/Kuhlen/Rüßmann, Elemente einer juristischen Begründungslehre, 2003.

[3] Zuvor dazu *W. Schmidt*, Gesetzesvollziehung durch Rechtsetzung, 1969, S. 100 ff.

schon bei der Präzisierung im Vagheitsbereich[4] unbestimmter Rechtsbegriffe. Eine konjunktive Ergänzung des Tatbestandes um weitere Kriterien der Alternativenwahl könne erfolgen, soweit dies mit den Zwecken der Ermächtigungsnorm im Einklang stehe bzw. ihr nicht zuwiderlaufe. Am Beispiel der Koppelungsvorschriften zeigt *Hans-Joachim Koch* ferner, dass auch eine Koppelung einer dysjunktiven mit einer konjunktiven Tatbestandsergänzung möglich und geboten sein könne.

Unter Rückgriff auf *Robert Alexy*[5] hat er herausgearbeitet, dass Optimierungsgebote (Prinzipien) – also normative Vorgaben, die etwas gebieten, das mehr oder minder stark erfüllt werden kann – auch in unbestimmten Rechtsbegriffen angelegt sein können.[6] Tatbestandsergänzungen seien daher vielfach unabweisbar. Immer wieder hat er auf Abwägungserfordernisse verwiesen, nicht nur, aber auch bei der Auslegung unbestimmter Rechtsbegriffe.[7] Seine Thesen hat *Hans-Joachim Koch* später – auch in dem Lehrbuch zum Allgemeinen Verwaltungsrecht[8] – gegenständlich auf andere Bereiche optionenorientierten Rechts erweitert, so auf das Planungsermessen bzw. die planerische Gestaltungsfreiheit bezogen.[9]

Seine Folgehypothese für entsprechende Ermächtigungen lautet: Sei im Zuge der Auslegung und Anwendung der Norm eine Tatbestandsergänzung erfolgt, gebe es keine Wahlfreiheit hinsichtlich der Rechtsfolge mehr.[10]

II. Rechtserzeugung als Bestandteil der Rechtsanwendung

Mit der Figur der Tatbestandsergänzung und damit zugleich der Anerkennung der partiellen (gleichwohl notwendig an den Zwecken der Norm orientierten) Selbstprogrammierung der Verwaltung verweist *Hans-Joachim Koch* auf ein über sein Habilitationsthema hinausreichendes Phänomen. *Otto Mayer* hatte es – seinerzeit ohne dogmatische Präzisierung zur Normstruktur – im Hinblick auf Ermessensermächtigungen in der Aufgabe der Verwaltung verortet, dass sie das Gesetz schöpferisch „ergänze, um nicht zu sagen, was es selbst hier gewollt hat, sondern was sie, die Behörde, für richtig hält".[11] Soweit würde *Hans-Joachim Koch* in der Freistellung der Verwaltung allerdings nicht gehen. Er zielt gerade auf Präzisionen bei der Lokalisierung

[4] Zum Vagheitsbegriff siehe *Koch/Rüßmann*, Juristische Begründungslehre, 1982, S. 194 ff.

[5] *Alexy*, Theorie der Grundrechte, 1985, S. 71 ff.

[6] *Koch*, Die normtheoretische Basis der Abwägung, in: Erbguth et al. (Hrsg.), Abwägung im Recht, 1995, S. 16 ff.

[7] *Koch* (Fn. 6), S. 19.

[8] *Koch/Rubel/Heselhaus*, Allgemeines Verwaltungsrecht, 3. Aufl. 2003.

[9] *Koch/Rubel/Heselhaus* (Fn. 8), S. 221 ff., 223.

[10] *Koch*, Unbestimmte Rechtsbegriffe (Fn. 1), S. 172 ff.

[11] *Mayer*, Deutsches Verwaltungsrecht, 3. Aufl. 1924, S. 99.

der Prüfung in Anwendung eines deduktiven Begründungsmodells und auf diesem Wege auf die Sicherung der Gesetzesgebundenheit der Verwaltung.[12]

Die Anerkennung von Entscheidungsspielräumen und Optimierungsgeboten und damit im Zusammenhang der Rechtsmacht zur Tatbestandsergänzung gehört in den größeren Kontext der heute vielfach vertretenen Meinung, dass Rechtswissenschaft (auch) als „rechtsetzungsorientierte Handlungs- und Entscheidungswissenschaft" zu verstehen ist[13] oder dass jedenfalls die Unhintergehbarkeit von Rechtserzeugung (als Selbstprogrammierung der Rechtsanwender) anzuerkennen ist.[14] Diese Feststellung ist im Übrigen nicht auf das öffentliche Recht beschränkt.[15]

III. Zur Differenz zwischen dem Entstehungs- und dem Rechtfertigungszusammenhang von Rechtsanwendungsentscheidungen

Hans-Joachim Kochs normstrukturelle Überlegungen stehen im Kontext seines Bemühens um die rechtlich geleitete Begründung oder jedenfalls Begründbarkeit von Entscheidungen (deren Rechtfertigung) und – soweit erforderlich – um die sprachliche Wiedergabe der Gründe in der Darstellung der Rechtfertigung der Entscheidung.[16] Ihm ist selbstverständlich bewusst, dass der Abfassung der Rechtfertigung ein häufig komplexer Entscheidungsprozess vorangeht.[17]

Der Prozess der Entstehung juristischer Entscheidungen ist nicht Gegenstand seiner normstrukturellen Analysen und interessiert *Hans-Joachim Koch* daher nur begrenzt in seiner Begründungslehre. Inhaltlich geht er davon aus, dass die Frage nach „wirklichen Ursachen einer Entscheidung" bzw. nach guten oder schlechten Motiven nichts damit zu habe, was eine juristisch akzeptable Interpretation sei und wie sie gefunden werden könne.[18] Sein Bemühen zielt auf die Identifikation guter/akzeptabler Gründe für eine getroffene Entscheidung: „Sinnvolle Kritik an einer Interpretationslehre kann nicht sein, dass sie uns nichts über die wirklichen Ursachen juristischer Entscheidungen sagt, sondern nur, dass sie uns keine überzeugenden Kriterien

[12] Die Beantwortung vieler darauf bezogener Einzelfragen lässt *Koch* in seiner Habilitationsschrift allerdings ausdrücklich offen.

[13] So die Formulierung bei *Voßkuhle*, Neue Verwaltungsrechtswissenschaft, in: Hoffmann-Riem/Schmidt-Aßmann/Voßkuhle (Hrsg.), Grundlagen des Verwaltungsrechts, Bd. I (GVwR I) 2. Aufl. 2012, § 1 Rn. 8 f.

[14] So die Formulierung bei *Jestaedt*, Maßstäbe des Verwaltungshandelns, in: Erichsen/Ehlers (Hrsg.), Allgemeines Verwaltungsrecht, 14. Aufl. 2010, § 11, Rn. 8 f.

[15] Zum Zivilrecht siehe – statt vieler – *Röthel*, Normkonkretisierung im Privatrecht, 2004, S. 21 f.

[16] Zu den begrifflichen Differenzierungen s. *Koch*, EuGRZ 1986, 355.

[17] Dabei unterscheidet er die Entstehung als Frage nach den wirklichen Ursachen einer Entscheidung von deren Herstellung, Rechtfertigung und Darstellung (EuGRZ 1986, 355); ähnlich auch *Koch/Rüßmann*, Methodenlehre (Fn. 4), S. 1.

[18] *Koch*, EuGRZ 1986, 355.

dafür nennt, wann eine Entscheidungsbegründung als vernünftige Rechtfertigung der getroffenen Entscheidung angesehen werden sollte."[19]

Die Darstellung der Gründe als Rechtfertigung soll selbstverständlich auch in der Herstellungsphase Hilfe bieten.[20] Sie ist ein Mittel zur Kontrolle der Entscheidung auf Rechtsfehlerfreiheit. Dies dient zum einen der Eigenkontrolle, aber auch und vielfach in erster Linie der Sicherung der Unangreifbarkeit bei möglicher Fremdkontrolle.

Meine folgenden Ausführungen gelten nicht einer Begründungslehre, sondern der Suche nach Orientierungen, die auf den Entstehungsprozess der Entscheidung einwirken und einwirken dürfen. Mich interessiert insbesondere, wieweit außerjuridisches Wissen und außerjuridische Wertungen für den Prozess der Rechtsanwendung Bedeutung gewinnen und gewinnen dürfen. An welchen Stellen des Entscheidungsprozesses gibt es Andockstellen für die Heranziehung von empirischen oder außerjuridischen präskriptiven Annahmen, die für die Rechtsanwendung folgenreich werden können und dürfen, und zwar auch in Fällen, in denen die Rechtsordnung dies nicht ausdrücklich vorsieht, aber auch nicht ausschließt? Um die Abweichung meiner Fragerichtung von der von *Koch* auch terminologisch zu signalisieren, wähle ich nicht den Begriff der Tatbestandsergänzung, sondern den der Maßstabsergänzung.

In meinen Ausführungen steht nicht die Kontrollperspektive im Vordergrund (insbesondere nicht die richterliche). Mich interessieren hier die Rechtsnormen in erster Linie in ihrer Funktion als Handlungsprogramme[21] für die Bewältigung sozialer Probleme, etwa von Konflikten oder der Lösung von Gestaltungsaufgaben. Normen sollen eine bestimmte Qualität der Problemlösung gewährleisten.[22] Dazu gehört es selbstverständlich, dass die Rechtsanwender die Normvorgaben rechtsfehlerfrei umsetzen und dies begründen. Die Rechtmäßigkeit allein ist eine notwendige, aber nicht hinreichende Bedingung der angestrebten Problembewältigung. Zu berücksichtigen sind auch weitere Faktoren, etwa das Angewiesensein auf die Bereitschaft der Normadressaten zum Aufgreifen der durch Normen geschaffenen Handlungsanreize oder allgemeiner zur selbstregulativen Mitwirkung an der Umsetzung der vom Gesetzgeber verfolgten Ziele.

Wird die Beachtung rechtlicher Vorgaben in der Entscheidung von dritter Seite – etwa durch Gerichte – überprüft, werden die Normen demgegenüber in ihrer besonderen Funktion als Kontrollnormen maßgeblich. Die Weite und Dichte dieser Kontrolle muss sich nicht notwendig auf alles erstrecken, was im Entscheidungsprogramm als wichtig zur Bewältigung des betroffenen sozialen Problems behandelt worden ist. Normprogramme sind in der Funktion als Handlungsprogramme einer-

[19] Ebenda.

[20] Ebenda.

[21] Zur Unterscheidung von Handlungs- und Kontrollnormen siehe statt vieler *Franzius*, Modalitäten und Wirkungsfaktoren der Steuerung durch Recht, in: GVwRI (Fn. 13), Rn. 2 ff.

[22] Dazu vgl. *Hoffmann-Riem*, Gesetz und Gesetzesvorbehalt im Umbruch – zur Qualitäts-Gewährleistung durch Normen, AöR 2005, 5 ff.

seits und in der als Kontrollprogramme andererseits nicht zwingend deckungsgleich. Rechtswissenschaft als Rechtsanwendungswissenschaft muss sich allerdings mit beiden Funktionen von Normen befassen.

IV. Entmaterialisierung von Normprogrammen – Ermächtigungen zur Optionenwahl

Die Probleme der Maßstabsergänzung sind in jüngerer Zeit verstärkt in den Blick geraten, weil die Gesetzgeber, die in ihren Normen nicht alles detailliert regeln können, wollen oder sollen, den Rechtsanwendern vermehrt Ermächtigungen zur Optionenwahl und dabei Raum für Maßstabsergänzungen belassen. Die gewachsene Komplexität der Lebensverhältnisse, die begrenzte Verfügbarkeit von Wissen, aber auch die Einbettung nationalen Rechts in trans- und internationale Mehrebenenverbünde mit einer Vielzahl unterschiedlicher Zielsetzungen und Akteure sowie Wertvorgaben bedingen, dass einerseits gegenwärtige gesetzliche Normierungstechniken immer ausgefeilter und differenzierter und andererseits die Optionenräume beim Handeln der Rechtsanwender vielfältiger und vielschichtiger geworden sind. Insbesondere bei der Bewältigung von Problemlagen unter Kooperation Mehrerer wird Raum für Aushandeln und Kompromisse auch bei der Zuordnung unterschiedlicher (zum Teil konfligierender) Zielsetzungen im Zuge der Optionenwahl belassen.

Optionen sind insbesondere verfügbar, wenn der Gesetzgeber mit (bloßen) Finalprogrammen arbeitet, also der Gesetzgeber nur oder weitgehend nur Ziele vorgibt – eventuell auch mehrere nicht zwingend aufeinander abgestimmte oder sogar konfligierende Ziele kombiniert.[23] Die etwa in EU-rechtlichen Normierungen typischen breiten Zielkataloge, besonders ausgeprägt in Präambeln, „delegieren" die Zuordnung dieser Ziele zueinander und gegebenenfalls die Auswahl unter ihnen an die Akteure der Rechtsanwendung. Dies können, so im Bereich der Mehrebenenverwaltung der EU, unterschiedliche nationale und/oder supranationale, hoheitlich handelnde und private Akteure sein, häufig mit je unterschiedlichen Interessen, Sichtweisen und Werthaltungen.

Die Art der Zielverwirklichung wird vom Gesetzgeber zunehmend nicht konditional mit bestimmten Maßnahmen oder Instrumenten verknüpft.[24] An eindeutigen Verknüpfungen fehlt es auch, wenn in den Gesetzesprogrammen zusätzlich zu Zielvorgaben eine Palette verschiedener möglicher Maßnahmen der Zielverwirklichung aufgeführt ist. Dann handelt es sich um die Bereitstellung eines Maßnahmenpools, verbunden mit einer Ermächtigung zur Optionenwahl, die ihrerseits Konkretisierungen im Umgang mit den vorgesehenen Zielen und zur Maßstabsergänzung erfordert. Bei Vagheit der für die Zielsetzung benutzten Begriffe wird schon insoweit eine Maßstabsergänzung notwendig. Gleiches gilt, wenn die konkret zu ergreifenden Maßnahmen einer weiteren Konkretisierung bedürfen und/oder zwischen mehreren gesetz-

---

[23] Beispiele für eine Vielzahl von Zielvorgaben wären § 2 TKG, § 1 Abs. 5–7 BauGB.

[24] Vgl. *Jestaedt*, Maßstäbe (Fn. 14), § 11 Rn. 6.

lich zulässigen zu wählen ist (etwa bei Nutzung einer Ermessensermächtigung), insbesondere wenn unterschiedliche, zum Teil konfligierende Ziele herangezogen werden dürfen.

In der Literatur wird die vielfach in der Rechtsordnung verankerte Rechtsmacht zur Optionenwahl als „Entmaterialisierung" der Normprogramme bezeichnet[25] und zum Teil kritisiert.[26] Betroffen von dem Befund der „Entmaterialisierung" sind insbesondere gesellschaftliche Problembereiche, die typischerweise durch miteinander konfligierende Ziele und/oder Ungewissheit bei der Erfassung der (häufig komplexen) Ausgangslage oder der Prognose zukünftiger Entwicklungen – etwa Unsicherheiten über die Zieltauglichkeit möglicher Maßnahmen – gekennzeichnet sind. Gibt der Gesetzgeber in solchen Lagen nur Ziele vor bzw. beschreibt er nur eine Aufgabe, belässt aber einen weiten Optionenraum für die Zielkonkretisierung und die Art der Aufgabenerfüllung, räumt er den Rechtsanwendern Flexibilität – etwa bei der Reaktion auf neue oder neu wahrgenommene (Risiko-)Lagen – ein und reagiert damit etwa auf den schnellen sozialen Wandel und auf Unvorhersehbarkeiten von Nutzen und Risiken.[27] Zugleich entlastet er sich selbst von der Verantwortung für die Wirkungstauglichkeit der zu ergreifenden Maßnahmen. Soweit er sich bei der Normsetzung von Vorgaben für die Konkretisierung der Maßstäbe der Einzelentscheidung freigestellt hat, bedeutet dies den Verzicht darauf, die Voraussetzungen des Gelingens einer (insbesondere einer deduktiven) Entscheidungsbegründung selbst zu bestimmen.

Der Befund von Optionenräumen betrifft nicht nur Finalprogramme. Er ist auch damit verbunden, dass Rechtsnormen vielfach in einen Komplex von Regelungsstrukturen eingebunden sind[28], die mehr Steuerungsfaktoren umfassen als in traditionellen Rechtsnormen thematisiert zu werden pflegen. Der Begriff der Regelungsstrukturen signalisiert, dass für rechtsgeprägte Entscheidungen nicht nur die speziell

---

[25] S. statt vieler *Wollenschläger*, Wissensgenerierung im Verfahren, 2009, S. 176 ff. Als ein Beispiel dafür: *Lüdemann*, Öffentliches Wirtschaftsrecht und ökonomisches Wissen, in: Augsberg, Extrajuridisches Wissen im Verwaltungsrecht, 2013, S. 121, 138 ff. (zum Telekommunikationsrecht).

[26] So etwa *Gärditz*, Europäisches Regulierungsverwaltungsrecht auf Abwegen, AöR 135 (2010), 251, 259 f. Siehe zur Problematik auch *Breuer*, Konditionale und finale Rechtsetzung, AöR 127 (2002), 523 ff.

[27] Vgl. hierzu *Appel*, Aufgaben und Verfahren der Innovationsfolgenabschätzung, in: Eifert/Hoffmann-Riem (Hrsg.), Innovationsverantwortung, 2009, S. 147, 176; *Scherzberg*, Wissen, Nichtwissen und Ungewissheit im Recht, in: Engel/Halfmann/Schulte (Hrsg.), Wissen – Nichtwissen – Unsicheres Wissen, 2002, S. 113, 124 ff.; *Wollenschläger*, Wissensgenerierung im Verfahren, 2009, S. 176 ff.; *Kremer*, Ungewissheit im Sicherheitsverwaltungsrecht, in: Augsberg (Fn. 25), S. 195, 200.

[28] Zum Begriff der Regelungsstrukturen siehe statt vieler *Trute*, Verantwortungsteilung als Schlüsselbegriff eines sich verändernden Verhältnisses von öffentlichem und privatem Sektor, in: Schuppert (Hrsg.), Jenseits von Privatisierung und schlankem Staat, 1999, S. 13, 22 f.; *Schuppert*, Verwaltungsorganisation und Verwaltungsorganisationsrecht als Steuerungsfaktoren, in: GVwR I (Fn. 13), § 16, Rn. 24 ff.; *Hoffmann-Riem*, Eigenständigkeit der Verwaltung, in: GVwR I (Fn. 13), § 10, Rn. 5.

für die Problemlösung verfügbaren Rechtssätze des materiellen und prozeduralen Rechts erheblich sind, sondern auch weitere verhaltenssteuernde Faktoren, die etwa vermittelt über die Steuerungsmedien Organisation, Personal, Verfahren und Ressourcen Eingang in den Entscheidungsprozess erhalten (und erhalten müssen). Maßgebend für die Entscheidung können in der Folge insbesondere Faktoren werden, die es erlauben, auf spezifische Orientierungen, Erfahrungen und besonderes Fachwissen der nach der Kompetenzordnung zur Entscheidung befugten Organisation zuzugreifen, vermittelt über die in ihr handelnden Personen: Genutzt werden deren spezifische Wissensbestände, deren Heuristiken und deren spezifische präskriptive Orientierungen (etwa spezifische Verwaltungskulturen oder Handlungsrationalitäten). Bedeutsam können auch die Interaktionsbeziehungen mit Betroffenen und Dritten werden, die ihrerseits (meist unterschiedliche) Interessen, Wissensbestände und präskriptive Orientierungen in den Entscheidungsprozess einbringen. Die Intensität der Wirkungskraft solcher Faktoren wird auch durch die für die Problemlösung jeweils eingesetzten Governancemodi (wie Hierarchie, Verhandlung, Vertragsschluss oder Netzwerk) beeinflusst.[29]

Die Nutzung der verschiedenen in den jeweiligen Regelungsstrukturen verankerten Steuerungsfaktoren bedarf als solche selbstverständlich rechtlicher Legitimation. Diese fließt häufig nicht oder nicht nur aus den jeweils für die Problembewältigung spezifischen Rechtsnormen, sondern ist auch in der allgemeinen Rechtsordnung verankert (etwa dem allgemeinen Organisations-, Haushalts- und Personalrecht). Durch diesen Verweis auf eine rechtliche Fundierung allein aber sind die über solche Steuerungsmedien mittelbar aktivierbaren und jeweils konkret verfügbaren Entscheidungsorientierungen und die konkreten Determinanten der Maßstabskonkretisierung/-ergänzung noch nicht benannt. Noch nicht identifiziert ist auch die Wirkungskraft außerjuridischer Steuerungsfaktoren unter Einschluss außerjuridischer Regel- und Wissensbestände, die über solche Steuerungsfaktoren aktiviert werden können.

V. Konstruktionen normativer und empirischer Wirklichkeiten auf den verschiedenen Ebenen der Rechtsanwendung

Die Erfassung und Konkretisierung der rechtlichen Vorgaben sowie der maßgebenden Tatsachen und die Prüfung möglicher Folgen sind Kernaufgaben der Rechtspraxis. Das Objekt des Bemühens um die Konkretisierung des Rechts und der Fakten im Prozess der Rechtsauslegung und -anwendung kann allerdings nicht eine „reale objektive Wirklichkeit", etwas schon abschließend Vorhandenes sein, was es nur zu

---

[29] Zu solchen Koordinationsmodi als Gegenstand der Governance-Forschung siehe die Beiträge in *Schuppert* (Hrsg.), Governance-Forschung. Vergewisserung über Stand und Entwicklungslinien, 2005; *Botzem* et al. (Hrsg.), Governance als Prozess. Koordinationsformen im Wandel, 2009.

erkennen gelte.[30] Es ist nur scheinbar eine Ausnahme, wenn es im Hinblick auf die Lösung konkreter Probleme schon Konsense oder Sedimentierungen in der Rechtsdogmatik oder entsprechende Präjudizien gibt, deren Nutzung im konkreten Fall praktisch keine Spielräume belässt.[31] Auch hier wird keine „objektive Wirklichkeit“ erfasst, sondern es wird im Prozess der sozialen Konstruktion normativer Wirklichkeit auf früher konsentierte Lösungen zurückgegriffen, die eine (relative) Selbstbindung im Rechtssystem bewirkt haben[32]. Es bleibt auch hier bei der Aufgabe, dass in dem rechtsgeprägten Prozess jeweils das konkretisiert bzw. „sozial konstruiert“ werden muss, was im konkreten Kontext als maßgebend (als Norminhalt, als relevante Tatsache, als prognostizierte Wirkung) gilt und was deshalb im konkreten Akt der Rechtsanwendung zugrunde gelegt werden soll. Das Produkt einer solchen Konstruktion von Wirklichkeit hat allerdings (nur) relative Geltung. Es ist kontingent[33] und kann gegebenenfalls – so auf der Kontrollebene (etwa beim gerichtlichen Rechtsschutz) oder in anderen Kontexten in der Zukunft – auch wieder korrigiert werden.

Eine solche konstruktivistische Sicht[34] auf die Rechtsanwendung betrifft nicht nur den Umgang mit dem Normprogramm und mit den in ihm benutzten Begriffen. Sie betrifft auch die Generierung weiterer entscheidungserheblicher Elemente, darunter auch die Feststellung des für die Rechtsanwendung maßgebenden Sachverhalts. Welche Tatsachen den Sachverhalt ausmachen, bedarf der Klärung (der sozialen Konstruktion) im jeweiligen Fall. Dabei ist allerdings zu beachten, dass der normative Problemlösungsauftrag nur einen spezifischen Ausschnitt der den konkreten Konflikt auslösenden Tatsachen in Bezug nimmt, und zwar (nur) insoweit, als die Tatsa-

---

[30] Vgl. dazu etwa *Müller/Christensen*, Juristische Methodik, Bd. I, Grundlegung für die Arbeitsmethoden der Rechtspraxis, 11. Aufl. 2013, S. 279 ff. Siehe ferner die Hinweise zum Konstruktivismus in Fn. 34.

[31] Aber auch Rechtsdogmatik ist kontingent. Zur Diskussion um Rechtsdogmatik siehe statt vieler *Kirchhof* et al. (Hrsg.), Was weiß Dogmatik? 2012; *Schmidt-Aßmann*, Verwaltungsrechtliche Dogmatik, 2013.

[32] Vgl. *Vesting*, Rechtstheorie, 2007, S. 126.

[33] Zur Kontingenzproblematik im Recht vgl. *Luhmann*, Kontingenz und Recht, 2013.

[34] Allgemein zum Konstruktivismus *Watzlawick*, Die erfundene Wirklichkeit, 2. Aufl. 2007; *Berger/Luckmann*, Die gesellschaftliche Konstruktion der Wirklichkeit. Eine Theorie der Wissenssoziologie, 1969; *Schmidt*, Kognition und Gesellschaft, 1992; *Pörksen*, Abschied vom Absoluten. Gespräche zum Konstruktivismus, 2001; *Halfmann*, Wissenschaft, Methode und Technik. Die Geltungsprüfung von wissenschaftlichem Wissen durch Technik, in: Engel/Halfmann/Schulte (Hrsg.), Wissen – Nichtwissen – Unsicheres Wissen, 2002, S. 227 ff. Speziell zu konstruktivistischen Vorgehensweisen in der rechtswissenschaftlichen (hier methodisch bzw. rechtstheoretisch orientierten) Literatur vgl. *Müller/Christensen*, Methodik (Fn. 30); *Vesting* (Fn. 32), Rn. 228 ff.; *Voßkuhle*, Expertise und Verwaltung, in: Trute et al., Allgemeines Verwaltungsrecht – zur Tragfähigkeit eines Konzepts, 2008, S. 637, 648 ff.; *Augsberg*, Multi-, inter-, transdisziplinär? Zum Erfordernis binnenjuristischer Metaregeln für den Umgang mit extrajuridischem Wissen im Verwaltungsrecht, in: Augsberg (Fn. 25), S. 3 ff.; *Mastronardi/Windisch*, Vernünftig wissenschaftlich entscheiden. Zur Verfassung des interrationalen wissenschaftlichen Diskurses, 2013.

chen aus der Perspektive der anzuwendenden Norm als „Sachverhalt" entscheidungserheblich sind. Was entscheidungserheblich ist, bedarf aber seinerseits der Konstruktion von normativer Wirklichkeit. Neben der Entscheidung über die Erheblichkeit von Tatsachen ist auch deren Zuordnung als „Sachverhalt" ein Akt sozialer Konstruktion, der mit Optionenwahlen verbunden sein kann.

Handlungsoptionen, die zur Notwendigkeit weiterer Konkretisierung führen, können ferner bei der Generierung von Wissen über den Realbereich der Norm gegeben sein.[35] Mit dem Begriff Realbereich ist der spezifische Ausschnitt sozialer, ökonomischer, kultureller, technologischer, naturwissenschaftlicher, ökologischer, politischer u. a. Wirklichkeit gemeint, der in seinen Grundstrukturen allgemein Bezugspunkt der normativen Vorgaben des Gesetzes ist. Er ist konstitutiver Normbestandteil. Im Zuge der Rechtsanwendung ist dieser Ausschnitt empirischer Realität zu ermitteln. Gegebenenfalls ist auch zu klären, auf welchen gesellschaftspolitischen u. ä. Grundannahmen die Norm beruht, ohne deren Berücksichtigung sie nicht verständig ausgelegt und angewandt werden kann.

Handlungsoptionen bestehen auch bei der Generierung von sonstigem Wissen oder beim Umgang mit Nichtwissen. Dies betrifft beispielsweise Prognoseentscheidungen, etwa bei der Klärung der empirischen Ausgangsbedingungen einer geforderten Prognose, ebenso bei der Generierung und Anwendung von Erfahrungssätzen zwecks Folgenerfassung, aber auch bei der Bestimmung des maßgebenden Wahrscheinlichkeitsgrades des Folgeneintritts und bei der Klärung, welcher Grad an Wahrscheinlichkeit angesichts von Ungewissheit über Nutzen und Risiken normativ maßgebend sein soll.

Dabei muss zunächst entschieden werden, welcher Art die möglichen Folgen sind bzw. welche berücksichtigt werden dürfen/sollen – ein in der Rechtswissenschaft immer noch nicht konsenshaft bewältigtes Problem.[36] Geht es nur um die Wirkungen einer Maßnahme für ihre Adressaten oder mittelbar Betroffene (Impact) oder sind auch die darüber hinausreichenden, längerfristigen Wirkungen in dem betroffenen gesellschaftlichen Bereich oder in der Gesellschaft insgesamt zu berücksichtigen (Outcome)?[37] Derartige Klärungen – die von Norm zu Norm unterschiedlich ausfallen können – setzen Vorentscheidungen über Zielvorgaben und Verständigungen über deren Konkretisierung und Zuordnung bei der Lösung von Zielkonflikten voraus.

---

[35] Zum Begriff des Realbereichs (auch zu seiner Nähe zu dem Begriff Normbereich, den *Müller/Christensen* (Fn. 30), Rn. 235 ff., vorziehen) vgl. *Hoffmann-Riem*, Methoden einer anwendungsorientierten Verwaltungsrechtswissenschaft, in: Schmidt-Aßmann/Hoffmann-Riem (Hrsg.), Methoden der Verwaltungsrechtswissenschaft, 2004, S. 36 ff.

[36] Zur Folgenberücksichtigung im Recht siehe etwa *Deckert*, Folgenorientierung in der Rechtsanwendung, 1995; *Coles*, Folgenorientierung im richterlichen Entscheidungsprozess, 1991; *Teubner*, Entscheidungsfolgen als Rechtsgründe, 1995; *Hermes*, in: Schmidt-Aßmann/Hoffmann-Riem (Hrsg.), Methoden der Verwaltungsrechtswissenschaft, 2004, S. 359 ff.

[37] Zu diesen Begriffen siehe statt vieler *Franzius* (Fn. 21), § 4, Rn. 70 ff.

Handlungsspielräume bestehen regelmäßig ferner bei der Gestaltung des Entscheidungsverfahrens[38], und zwar schon bei der Anwendung vorgegebener Verfahrensvorschriften, aber vor allem bei der Nutzung ergänzender informeller Verfahrensweisen. Diese können den konkreten Entscheidungsablauf betreffen, etwa die Art der Interaktion Beteiligter, die Einbeziehung von Sachverständigen und anderes mehr. Auch die Wahl einer spezifischen Verfahrensoption – etwa die Entscheidung für ein schritt- /stufenweises oder für ein konzentriertes Vorgehen – kann Einfluss auf das Entscheidungsergebnis haben. Auch diese Wahl ist ein Akt sozialer Konstruktion.

Damit sind eine Reihe von Ebenen[39] berührt, auf denen nicht nur über die Rechtmäßigkeit und Rechtfertigung, sondern auch über die „Richtigkeit" des Verfahrens und des Entscheidungsergebnisses in einem weiten Sinne, nämlich auch hinsichtlich der Erfolgsaussichten bei der Bewältigung des sozialen Ausgangsproblems, entschieden wird. Der Begriff der Richtigkeit wird hier als Ergänzung zu dem der Rechtmäßigkeit genutzt. Rechtmäßigkeit bedeutet die Beachtung rechtlicher Vorgaben oder auch nur die Vermeidung von Fehlern bei der Auslegung und Anwendung von Recht sowie die Beachtung normativer Orientierungen der Tatbestands- bzw. Maßstabsergänzung. Richtigkeit kennzeichnet demgegenüber die Qualität der Entscheidung als Ermöglichung oder Sicherung einer angemessenen Problemlösung im Rahmen des Rechts, aber nicht notwendig als eine allein oder gar rein deduktiv aus dem Recht abgeleitete Folge. Für die Richtigkeit der Problembewältigung ist die Rechtmäßigkeit eine notwendige, aber nicht stets hinreichende Voraussetzung.

Soweit Normen nicht bestimmte Maßnahmen vorschreiben, sondern nur Möglichkeitsräume eröffnen – etwa (nur) Anreize zur Problembewältigung setzen –, wollen sie ergänzend „weiche" Faktoren der Problembewältigung aktivieren[40]. Sind beispielsweise zur Problembewältigung kreative oder gar innovative Lösungen gefragt, muss für Raum dazu, darunter auch für Innovationsoffenheit[41] gesorgt werden. Soweit die Normbefolgung (etwa die Beachtung einer Auflage) als solche zur Problembewältigung nicht reicht, sondern eigene Mitwirkungsakte der Adressaten gefordert sind, muss auf konstruktive Mitwirkung hin gearbeitet werden; diese wird durch die Akzeptanz der Entscheidung und Anreize für ihre Implementation gefördert. Gege-

---

[38] Vgl. etwa *Wollenschläger* (Fn. 25) sowie zu einem Spezialgebiet *Hartmann*, Konsultationen. Eine Untersuchung zu Prozessen kooperativer Maßstabskonkretisierung in der Energieregulierung, 2010.

[39] Zu den verschiedenen Ebenen entscheidungserheblicher Faktoren der Rechtsanwendung vgl. *Hoffmann-Riem* (Fn. 35), S. 31 ff.

[40] Zu solchen Faktoren siehe *Hoffmann-Riem*, Methoden (Fn. 35), S. 47 ff.; *Jestaedt*, Maßstäbe des Verwaltungshandelns, in: Erichsen/Ehlers (Hrsg.), Allgemeines Verwaltungsrecht, 14. Aufl. 2010, § 11, etwa Rn. 1; *Pitschas*, Maßstäbe des Verwaltungshandelns, in: Hoffmann-Riem/Schmidt-Aßmann/Voßkuhle (Hrsg.), Grundlagen des Verwaltungsrechts, Bd. II (GVwR II), 2. Aufl. 2012, § 42.

[41] Zu diesem Begriff siehe *Hoffmann-Riem*, Innovationsoffenheit und Innovationsverantwortung durch Recht, AöR 131, (2006) 255 ff.

benenfalls muss auch auf der Zeitschiene für die laufende Implementierbarkeit und für durch Flexibilitätsvorkehrungen ermöglichte Zukunftstauglichkeit gesorgt sein. Die Mitwirkungsbereitschaft wird regelmäßig gefördert, wenn die Adressaten von der Interessengerechtigkeit der Entscheidung überzeugt sind, gegebenenfalls auch im Hinblick auf Interessen, die vom Normprogramm gar nicht in Bezug genommen worden, den Betroffenen aber wichtig sind. Die Rücksichtnahme auf solche „weichen“ Faktoren der Rechtsanwendung kann die Praxistauglichkeit rechtsgeprägter Entscheidungen erleichtern und den angestrebten Erfolg im Zusammenwirken mit Betroffenen oder Dritten ermöglichen.

Nehmen die Rechtsanwender bei der Maßstabsergänzung (auch im Hinblick auf die gewählten Verfahren) auf solche Aspekte Rücksicht, darf das selbstverständlich nur im Rahmen der maßgebenden, häufig nur verdünnt vorhandenen (im Entscheidungsprozess zu konkretisierenden), rechtlichen Vorgaben geschehen. Die Normierungen schließen es häufig nicht aus, weitere Gesichtspunkte in die Maßstabsbestimmung (und Abwägung) einzubauen, sofern dadurch die Maßgeblichkeit rechtsnormativer Vorgaben nicht vereitelt wird. Insoweit ist auch die Nutzung außerjuridischer Regel- und Wissensbestände und damit verknüpfter Wertungen grundsätzlich nicht rechtsnormativ ausgeschlossen. In den Optionenräumen darf insofern unter Berücksichtigung einer Vielzahl von Faktoren nach einer Lösung gesucht werden, die als „richtig“ eingeschätzt wird, ohne dass diese konkrete (spezifische) Richtigkeit allein rechtsnormativ vorprogrammiert ist.

Kommt es später zur gerichtlichen Kontrolle von Entscheidungen, werden also die Normen (nur) in ihrer Funktion als Kontrollnormen genutzt, erfolgt eine Einengung der Prüfung auf den fehlerfreien Umgang mit den rechtsnormativen Vorgaben. Insofern dürfen Begründungen (bzw. die Begründbarkeit) von Maßstabsergänzungen nur daraufhin überprüft werden, ob die Entscheidung rechtliche Vorgaben beachtet, auch solche, die die Grenzen eines Korridors markieren, in dem zwischen den verschiedenen möglichen Maßnahmen unter Rückgriff auch auf außerjuridische Orientierungen gewählt werden darf. Wie weit die von den Rechtsanwendern zuvor gewählten Konkretisierungen der Entscheidungselemente (also deren Akte sozialer Konstruktion) auf der Kontrollebene hinzunehmen oder für Korrekturen und dabei gegebenenfalls eigene Maßstabsergänzungen offen sind, richtet sich nach der Verteilung von Letztentscheidungsmacht im Hinblick auf Beurteilungsspielräume und Prognose- sowie Gestaltungsermächtigungen.[42]

VI. Die Nutzung von unterschiedlichen Arten von Wissen bei der Maßstabsergänzung

Damit ist die Frage nach der Reichhaltigkeit der Orientierungen gestellt, die für Maßstabsergänzungen genutzt werden dürfen. Die Darstellung bezieht sich wieder auf die primäre Problemlösung unter Nutzung der Normen als Handlungsnormen.

---

[42] Dazu s. etwa *Hoffmann-Riem* (Fn. 28), Rn. 70 ff.

Maßstabsergänzungen benötigen unterschiedliches Wissen, darunter Faktenwissen und Wertungswissen, Nutzenwissen sowie Risikowissen. Quellen möglichen Wissens gibt es viele. Der Begriff Wissen wird allerdings häufig auf verschiedene Weise genutzt. Für das Folgende ist es hilfreich, die unterschiedliche Verwendung der Begriffe Wissen, Information und Alltagswissen einzukalkulieren.[43] Zunächst sei auf die Begriffsverwendung im Bereich der Wissenschaft eingegangen.

Der Begriff der Information wird in wissenschaftlichen Diskussionen – aber meist auch im allgemeinen Sprachgebrauch – gewöhnlich so verwandt, dass er Mitteilungen jeglicher Art meint, die den Bestand von Kenntnissen betreffen. Dabei wird Informationshandeln als Akt sozialer Konstruktion, als ein Vorgang mit Selektionen und Festlegungen, verstanden.

Eine besondere Qualität als Wissen – im Folgenden als Wissen i. e. S. bezeichnet – gewinnt eine Information, wenn ihr bestimmte ergänzende Merkmale zugeschrieben werden: Gemeint ist ein Bestand von Erkenntnissen, die in dem jeweiligen Kontext der Wissensgenerierung und -verwendung aufgrund der dort angewandten Deutungsmuster und Verwendungserfahrungen als bekannt und hinreichend bewährt vorausgesetzt werden können. Erfasst sind etwa Aussagen über möglichst gleichbleibende Strukturen und Muster, die in den maßgebenden Kontexten wiederholt benutzt werden können. Der Rückgriff darauf erleichtert Verhaltenssicherheit. Beim Wissen in diesem engen Sinne handelt es sich gewissermaßen um durch Anerkennung „veredelte" Informationen.[44]

In der Praxis besonders wichtig ist die in der Rechtswissenschaft meist vernachlässigte, aber weit verbreitete Verwendung von Alltagswissen (und Alltagstheorien) sowie Heuristiken.[45] Als Alltagswissen wird der Bestand von Annahmen über Realzusammenhänge verstanden, auf dessen Grundlage die Wirklichkeit erfahren wird und der in den Interaktionen zur handlungsleitenden Orientierung verwendet wird. Es dient der Definition von Situationen und der Entwicklung von situationsspezifischen Interaktionsstrategien. Die im Alltagswissen gespeicherten Annahmen sind (regelmäßig) nicht wissenschaftlich überprüft. Alltagswissen speichert anderweitig gewonnene Erfahrungen, darunter auch explizites und implizites Wissen, aber auch Wertorientierungen und kann auch auf bloßen Vermutungen/Ahnungen beruhen.[46]

---

[43] Zu den Begriffen siehe etwa *Vesting*, Die Bedeutung von Information und Kommunikation für die verwaltungsrechtliche Systembildung, in: GVwR II (Fn. 40), § 20, Rn. 18 ff.; *Albers*, Umgang mit personenbezogenen Informationen und Daten, in: GVwR II (Fn. 40), § 22, Rn. 14 ff. sowie *Hoffmann-Riem*, Wissen als Risiko – Unwissen als Chance, in: Augsberg (Hrsg.), Ungewissheit als Chance, 2009, S. 17, 20 ff.

[44] Vgl. *Kaiser*, Kommunikation der Verwaltung, 2009, S. 218, 220.

[45] Zu Alltagstheorien s. insbesondere *Arbeitsgruppe Bielefelder Soziologen*, Alltagswissen, Interaktion und gesellschaftliche Wirklichkeit, 1981, S. 11 ff., 17 f. Zu Heuristiken s. *Betsch/Funke/Plessner*, Denken – Urteilen, Entscheiden, Problemlösen, 2011, S. 18, 38 f., 186.

[46] S. *Wehling*, Die Vielfalt und Ambivalenz des Nichtwissens, in: Peter/Funke, Wissen an der Grenze, 2013, S. 43, 55.

Alltagswissen wird nicht nur im alltäglichen Privathandeln genutzt, sondern auch im beruflichen Leben (etwa als Verwaltungsbeamter, Richter oder Unternehmer). Der Bereich wissenschaftlich gesicherten Wissens ist nämlich relativ klein und auch für Rechtsanwender nur begrenzt zugänglich.[47] Diese aber stehen regelmäßig unter Entscheidungszwang und zeitlichem Entscheidungsdruck. Deshalb bleibt ihnen in der Praxis häufig nur der Rückgriff auf mehr oder minder plausible Annahmen, also auch auf solche, die sie unter Rückgriff auf alltagsweltliche Erfahrungen und Orientierungen gewonnen haben.

In der Rechtswissenschaft wird der Begriff Wissen häufig nicht begrenzt auf das Wissen i. e. S. verwendet. Er wird vielfach in einem weiten Sinne so eingesetzt, dass er auch bloße Informationen erfasst. Aber auch Alltagswissen wird häufig einbezogen. Im allgemeinen Sprachgebrauch werden die Begriffe Information und Wissen ebenfalls austauschbar eingesetzt.

Im Folgenden soll ein solcher weiter (unspezifischer) Begriff des Wissens (also eines Wissens i. w. S.) genutzt werden, soweit nicht von Wissen i. e. S. als (relativ) konsolidiertem, möglichst wissenschaftlich überprüftem, Wissen gesprochen wird.

VII. Zugriff auf Wissen

Der Zugriff auf Wissen unterschiedlicher Qualität ist im Zuge der Rechtsanwendung und Rechtsgestaltung unvermeidbar. Dieser Befund führt in die Kontroverse um die Berechtigung und Notwendigkeit des (soweit erforderlich) auch multi- und interdisziplinären Zugriffs auf Wissen und des Einsatzes damit verknüpfter Wertungen.

Dass auch in der juristischen Arbeit Beistand bei anderen Wissenschaften gesucht werden darf und muss, ist heute in der Rechtswissenschaft und -praxis grundsätzlich anerkannt[48], im Einzelfall aber häufig schwierig.[49] Zu beachten ist eine Reihe von

---

[47] Insoweit sei auf die reichhaltige, insbesondere rechtswissenschaftliche, Literatur zum Wissensproblem verwiesen, siehe statt vieler *Engel/Halfmann/Schulte* (Hrsg.), Wissen – Nichtwissen – Unsicheres Wissen, 2002; *Schuppert/Voßkuhle* (Hrsg.), Governance von und durch Wissen, 2008; *Spiecker gen. Döhmann/Collin*, Generierung und Transfer staatlichen Wissens im System des Verwaltungsrechts, 2008; *Wollenschläger*, Wissensgenerierung im Verfahren, 2009; *Reinhardt*, Wissen und Wissenszurechnung im öffentlichen Recht, 2010; *Augsberg*, Informationsverwaltungsrecht 2014.

[48] Das wird weniger in den ausdrücklichen Methodenlehren als in vielen neueren Monographien, etwa Habilitationsschriften, Promotionen oder auch Sammelbänden deutlich.

[49] Eine der Schwierigkeiten besteht darin, dass in den rechtswissenschaftlichen Methodenlehren keine näheren Anleitungen für den Zugriff auf derartiges Wissen gegeben werden. Diese Aussage betrifft auch Methodenlehren, die für solche Weiterungen theoretisch offen sind, wie etwa die von *Müller/Christensen*, Methoden (Fn. 30). In der Begründungslehre von *Koch/Rüßmann* (Fn. 2) geht es insbesondere in den von *Rüßmann* formulierten Teilen um methodische Hilfen (siehe etwa die Aussagen zur Sachverhaltsfeststellung, S. 271 ff.), die m. E. aus heutiger Sicht in Teilen erkenntnistheoretisch angreifbar und nur begrenzt praxistauglich sind.

rechtsnormativen Vorsichtsregeln. So darf die Maßgeblichkeit normativer Vorgaben für den Prozess der Rechtsanwendung nicht in Frage gestellt werden. Insoweit gibt es einen Primat des Rechtsnormativen.[50] Da aber das rechtsnormativ Maßgebliche seinerseits im Prozess der Rechtsauslegung und -anwendung als Prozess sozialer Wirklichkeitskonstruktion zu konkretisieren ist und dieser Prozess vom jeweiligen Kontext abhängt und in ihm gegebenenfalls extrajuridisches Wissen und damit verknüpfte Wertungen eingehen können, handelt es sich um ein relationales Primat.

Die Arbeit am konkreten Fall ist regelhaft auf besonderes Faktenwissen und ergänzende Wertungen angewiesen. So liegt es etwa, wenn eine Gefahrenlage oder die Eignung einer Maßnahme zur Zielerreichung zu beurteilen sind, wenn nach dem „mildesten Mittel" gesucht wird oder wenn unterschiedliche Interessen berührt sind und ein schonender Ausgleich zwischen ihnen erreicht werden soll. Derartige Klärungen benötigen häufig empirisches und prognostisches Wissen und zu deren Verarbeitung entsprechende Wertungen.

Informationen und Wissen i. e. S. können im konkreten Entscheidungsprozess jedenfalls im Hinblick auf den Sachverhalt – gegebenenfalls auch auf die bei bestimmten Maßnahmen zu erwartenden Wirkungen (den Folgenbereich) – nach den Regeln des Verfahrensrechts (VwVfG, VwGO) erhoben werden. So kennt die Rechtsordnung Regeln über die Beweiserhebung, die Verteilung der Beweislast und die Beweiswürdigung. Wichtig kann dabei auch die Hinzuziehung des in anderen wissenschaftlichen Disziplinen erarbeiteten Wissens werden, etwa natur-, ingenieur-, wirtschafts- oder sozialwissenschaftlicher Art. Hier muss – soweit es von den Entscheidern nicht selbst über Literatur erschlossen werden kann – gegebenenfalls die Expertise von Sachverständigen hinzugezogen und verarbeitet werden.[51]

Offen ist, ob die Verfahrensregeln über die Erfassung des Sachverhalts und möglicher Wirkungen bestimmter Maßnahmen hinaus auch für die Konkretisierung des Realbereichs einer Norm gelten bzw. dort analog angewandt werden können.[52] Dies ist nicht selbstverständlich, wenn anerkannt wird, dass der Realbereich konstituierender Bestandteil der Norm ist, die Konkretisierung des Normgehalts aber grundsätzlich eine Aufgabe der Rechtsanwendungsinstanz ist. Die Verantwortung für und die Verfahrensherrschaft über die Generierung von Realbereichswissen liegen grundsätzlich bei den hoheitlichen Entscheidern. Dass sie dabei auch auf Wissen der am Verfahren Beteiligten zugreifen dürfen, ist selbstverständlich. Ob diese

[50] Dieser gilt allerdings nicht auf der wissenschaftlichen Ebene im Verhältnis der verschiedenen Wissenschaftsdisziplinen zueinander.

[51] Zu Problemen der Hinzuziehung von Expertise s. *Voßkuhle*, Expertise (Fn. 34), S. 646 ff. In der Praxis scheitert die Nutzung von Expertise aber häufig am Fehlen der dafür erforderlichen Ressourcen; vielfach haben die einschlägigen Wissenschaften für die jeweilige Problemlage ein wissenschaftlich erhobenes oder konsentiertes Wissen auch gar nicht verfügbar. Als „Ausfallbürge" wird dann häufig Alltagswissen eingesetzt.

[52] Die Vernachlässigung solcher Fragen betont etwa *Wollenschläger*, Wissensgenerierung (Fn. 27), S. 8, Fn. 3. Zur Problematik siehe auch *Bryde*, Tatsachenfeststellungen und soziale Wirklichkeit, in: Festschrift 50 Jahre Bundesverfassungsgericht, Bd. 1, 2001, S. 531, 583.

aber – wie bei der Sachverhaltsermittlung – gegebenenfalls auf der Grundlage einer Obliegenheit oder gar Verpflichtung zur Beibringung von Wissen herangezogen oder ihnen Folgen unzureichenden Wissens angelastet werden dürfen, ist damit noch nicht entschieden und auch in der Literatur nicht grundsätzlich geklärt.

Die Rechtsordnung kennt gewisse Rechtsfiguren, die Wissen, auch Realbereichswissen, standardisiert sedimentieren und dabei zugleich mit normativen Wertungen kombinieren. Beispiele sind in der Rechtsordnung als maßgebend anerkannte technische Standards, DIN-Normen, anerkannte Regeln der Wissenschaft oder Inhalte von Verwaltungsvorschriften, soweit sie als „antizipierte Sachverständigengutachten" behandelt werden dürfen.[53] Gibt es insoweit Erkenntnisfortschritte oder werden die zugrunde gelegten Tatsachenannahmen als fehlerhaft erschüttert oder liegen atypische Sachverhalte vor, können solche Vorgaben allerdings unbeachtlich sein bzw. Gegenstand einer neuen Wirklichkeitskonstruktion werden.

Die Nutzung außerjuridischen Wissens setzt in vielerlei Hinsicht Wertungen voraus, deren Konkretisierung im jeweiligen Fall durch rechtsnormative Vorgaben angeleitet sein kann, aber häufig der Nutzung weiterer wertender Maßstäbe bedarf, darunter auch außerrechtlicher Wertungen. Die Verwendung solcher Wertungen ist der Rechtsordnung nicht grundsätzlich fremd. Unstreitig darf sie erfolgen, wenn rechtliche Begriffe Sozialnormen in Bezug nehmen, wie etwa mit dem Begriff der öffentlichen Ordnung. Die Inbezugnahme des „Standes von Wissenschaft und Forschung oder Technik" verweist ebenfalls auf einen außerrechtlichen Maßstab. Dieser ist regelmäßig nicht ohne eigenständige Wertungen der Akteure zustande gekommen. Zum Teil werden in den Gesetzen außerrechtliche Werte – etwa ethische Werte – ausdrücklich für maßgebend erklärt.[54] Durch solche ausdrücklichen Regeln ist aber noch nicht geklärt, wie diese Werte zu konkretisieren sind und es ist nicht ausgeschlossen, dass auch weitere Werte in die Maßstabsergänzung einfließen (dürfen).

VIII. Normative Filterung extrajuridischen Wissens

Bei der Nutzung extrajuridischen Wissens im juristischen Entscheidungsprozess ist relativierend zu berücksichtigen, dass die Generierung dieses Wissens in der jeweiligen Disziplin ihrerseits nach bestimmten Erkenntnisinteressen und mit dem Blick auf spezifische Verwendungszusammenhänge – also kontextabhängig – erfolgt ist. Insofern bedarf es bei der Nutzung spezifischer Wissensgehalte der Klärung, ob die Orientierungen, die in jenen Kontexten prägend geworden sind oder sein können, mit den als maßgebend herausgearbeiteten rechtsnormativen Vorgaben harmonieren. Die Erkenntnisinteressen und die jeweiligen Verwendungszusammenhänge nichtjuristischer Forschung sind bekanntlich nicht zwingend mit denen identisch, die den rechtlichen Kontext des Zugriffs auf empirisches oder prognostisches Wissen prägen (sollen). Aufgrund des spezifischen juristischen Verwendungszusammenhangs be-

---

[53] Sehr kritisch dazu etwa *Koch*, ZUR 1993, 104.

[54] So etwa § 1 Nr. 1 GenTG. S. auch die Hinweise in Fn. 64.

darf es jeweils der Prüfung, ob extrajuridisches Wissen und die bei seiner Generierung eingesetzten Wertungen auch für diesen Kontext taugen. Um dies zu klären, muss extrajuridisches Wissen gegebenenfalls dekontextualisiert und anschließend in den spezifischen juristischen Entscheidungskontext integriert werden.

Die Verwendungsforschung[55] hat gezeigt, dass beim Transfer wissenschaftlicher Erkenntnisse, die in spezifischen Kontexten gewonnen sind, in andere Verwendungskontexte häufig inhaltliche Transformationen erfolgen. Eine Filterung und gegebenenfalls Neuinterpretation der Befunde kann bei der Nutzung extrajuridischen Wissens in Rechtsanwendungskontexten wegen der dort als maßgebend erarbeiteten normativen Orientierungen geboten sein. Zu vermeiden ist aber eine Verfälschung, erst recht eine absichtliche, etwa mit dem Ziel, ein erwünschtes Ergebnis so besser durch Berufung auf Bestände angeblichen externen Wissens „legitimieren" zu können.

Der Zugriff auf außerjuridisches Wissen ist nicht professionellen Rechtsanwendern vorbehalten. Soweit die Normen es ermöglichen oder fordern, dass auch andere Akteure als Vertreter bestimmter Interessen, Erfahrungswelten und Sichtweisen in den Entscheidungsprozess eingeschaltet werden, bedingt dies Einbruchsstellen für die Nutzung des bei ihnen verfügbaren extrajuridischen Wissens und gegebenenfalls damit verbundener extrajuridischer Wertungen. Dies ist in Entscheidungsprozessen unter Beteiligung Betroffener oder bei einer Partizipation interessierter Dritter auch beabsichtigt, denn anderenfalls wäre nicht zu rechtfertigen, warum die Problemlösung nicht allein den juristischen Experten überlassen wird. Soll die Ausweitung des Spektrums beteiligter Akteure und betroffener Interessen sowie eingesetzter Verfahren nicht als bloßes Placebo wirken[56] – das aber dürfte in der Regel nicht anzunehmen sein –, dann muss mit dieser Ausweitung die Einschätzung verknüpft werden, dass das zu findende Ergebnis von Optionenwahlen von ihr beeinflusst werden darf/soll. Die unterschiedlichen Akteure dürfen und sollen ja ihre je unterschiedlichen Interessen, Erfahrungen sowie Wissensbestände und die damit verbundenen Wertungen in den Entscheidungsprozess einbringen, und zwar auch, wenn dies Folgen für den Prozess der Maßstabsbildung haben kann.

IX. Transwissenschaftliche Offenheit

Mit Klärungen über die Nutzung extrajuridischen Wissens ist das Feld der Maßstabsergänzung im Entscheidungsprozess noch nicht abgesteckt. Eine multi- oder interdisziplinäre Offenheit der Rechtswissenschaft reicht bei vielen Problemlagen für sich allein nicht. Denn Wissenschaft ist kaum in der Lage, gesellschaftlich relevante Probleme in allen wichtigen Facetten zu erkennen und die maßgebenden Fragen al-

[55] Zu ihr siehe etwa *Beck/Bonß*, Weder Sozialtechnologie noch Aufklärung? Analysen zur Verwendung sozialwissenschaftlichen Wissens, 1989, *Lau/Beck*, Definitionsmacht und Grenzen angewandter Sozialwissenschaft, 1989.

[56] Vgl. *Frenzel*, Schnittstellen für extrajuridisches Wissen im Regulierungsverwaltungsrecht – Status quo und Perspektive, in: Augsberg (Fn. 25), 2013, S. 177, 193.

leine in wissenschaftsinternen Diskursen zu verarbeiten. Auch sind die Problemwahrnehmung und -bewältigung vielfach auf die Mitwirkung einer Vielzahl von Akteuren – Professionals wie Laien – angewiesen. Zur Kennzeichnung des Überschreitens der Grenzen wissenschaftlicher Systeme und der Berücksichtigung praktischen Wissens außerhalb der Wissenschaft[57] wird in einem Teil der Literatur der Begriff Transdisziplinarität verwendet.[58] Andere[59] verwenden ihn (nur) für die Überschreitung der Grenzen der eigenen Disziplin hin zu anderen Fachdisziplinen. Um Orientierungsschwierigkeiten zu vermeiden, verwende ich im Folgenden statt dieses Begriffs die Begriffe transwissenschaftlich bzw. transfachlich, wenn der Zugriff auf nichtdisziplinäres und nicht wissenschaftlich abgesichertes Wissen, etwa lebensweltliches Erfahrungswissen, oder auch auf lebensweltliche Wertannahmen gekennzeichnet werden soll.

Umfasst davon ist auch der Zugriff auf Alltagswissen und Heuristiken. Deren Verwendung ist in allen gesellschaftlichen Bereichen beobachtbar. Auch Wissenschaftler nutzen in ihrem Wissenschaftsbetrieb „alltagsweltliche Erwartungstypen, Adhoc-Strategien des In-Rechnung-Stellens, Situationsdefinitionen und reinterpretierende Deutungspraktiken".[60] Denn auch sie können nicht überall auf wissenschaftlich gesicherte Befunde zurückgreifen. Auch viele wissenschaftliche Theorien verarbeiten (häufig unvermeidlich) alltagsweltliche Erfahrungen und „Daumenregeln".

Die Verwendung von Alltagswissen und Heuristiken gilt aber auch als prekär. Deswegen wird häufig z. B. gefordert, Alltagstheorien müssten (soweit möglich) durch wissenschaftlich überprüfte Theorien und Alltagswissen müsste durch wissenschaftlich gesichertes empirisches Wissen abgelöst werden. Auch für die Rechtswissenschaft wird diese Forderung erhoben,[61] in der Praxis aber nur sehr begrenzt eingelöst.

Für die Bevorzugung wissenschaftlich erarbeiteten Wissens spricht in der Tat, dass Alltagswissen nicht systematisch unter Anwendung wissenschaftlich anerkannter Methoden gewonnen wird bzw. überprüft worden ist. Es kann durch Vorurteile, politische Präferenzen oder Selektivitäten der Beobachtung und Verarbeitung so „infiziert" sein, dass es aus normativer Sicht in der Rechtsanwendung nicht verwertbar ist. Dieses Risiko besteht allerdings nicht nur bei Alltagswissen, ist dort aber möglicherweise höher als bei Wissen, das unter Anwendung wissenschaftlicher (aller-

---

[57] Dazu vgl. *etwa Maasen*, Transdisziplinarität revisited – Dekonstruktion eines Programms zur Demokratisierung der Wissenschaft, in: Bogner/Kastenhofer/Törgensen (Hrsg.), Inter-, und Transdisziplinarität im Wandel? 2010, S. 247 ff.

[58] So etwa in dem Sammelband *Bogner/Kastenhofer/Törgensen* (Fn. 57).

[59] So etwa *I. Augsberg*, Multi-, inter-, transdisziplinär?, in: Augsberg (Fn. 25), 2013, S. 15 ff.

[60] *Arbeitsgruppe Bielefelder Soziologen*, Alltagswissen, Interaktion und gesellschaftliche Wirklichkeit, 1981, S. 49.

[61] Siehe etwa *Opp*, Soziologie im Recht, 1973, S. 55 ff.; *Opp/Peukert*, Ideologie und Fakten in der Rechtsprechung, 1971, S. 21; *Lüdemann*, Ökonomisches Wissen (Fn. 25), S. 129.

dings häufig auch umstrittener) Methoden erarbeitet wird und gegebenenfalls kritischer wissenschaftlicher Überprüfung ausgesetzt ist.

Wissenschaftlich erhobenes und aufbereitetes, für die Rechtspraxis nutzbares Wissen gibt es allerdings keineswegs als Regelfall. Die Wissensforschung lehrt darüber hinaus, dass neues Wissen vielfach neues Unwissen offenlegt[62], aber auch dass es Bereiche unspezifischen Nichtwissens gibt, also Situationen, in denen man nicht einmal weiß, was man nicht weiß. Muss auch angesichts des Fehlens hinreichenden Wissens i. e. S. – also „dennoch" – entschieden werden, bleibt den Rechtsanwendern keine Alternative als die, die ihnen verfügbaren Informationen zu nutzen und verfügbares Alltagswissen einzusetzen. Dies sollte aber mit der Forderung verbunden werden, sich der Qualität als Alltagswissen bzw. Alltagstheorien bewusst zu sein und die von den Akteuren zugrunde gelegten Annahmen – gegebenenfalls auch anhand gegenläufigen Alltagswissens – auf Plausibilität zu überprüfen.

Das Problem transwissenschaftlicher Vorgehensweisen ist allerdings nicht auf den Einsatz von Alltagswissen durch juristische Experten begrenzt. In mehreren Feldern der Rechtsanwendung, etwa des Risikorechts oder partizipativ ausgestalteter Gebiete (wie des Bau- und Planungsrechts), kennt die Rechtsordnung – wie erwähnt – Möglichkeiten für die Verfahrensbeteiligung einer Vielfalt von Akteuren, insbesondere von „Betroffenen", aber auch von Dritten. Es gibt (auch) bei ihrem Verhalten keinerlei Gewähr dafür, dass diese sich (nur) von wissenschaftlichen Erkenntnissen leiten lassen. Ihre Einbeziehung in Entscheidungsverfahren erlaubt es ihnen, dass sie sich auch von persönlichen Sorgen und Ängsten leiten lassen und auf die Berücksichtigung ihrer persönlichen moralischen oder ethischen Anschauungen drängen oder sich auch für Interessen einsetzen, die in dem jeweiligen Rechtsprogramm nicht als maßgebend für die Problembewältigung aufgeführt sind. Soweit sie nur an der Vorbereitung der Entscheidung beteiligt sind, nicht aber oder jedenfalls nicht allein an ihrem Treffen selbst, kennt die Rechtsordnung Verfahren und Akteure der Filterung und damit der Überprüfung der „Verwendungstauglichkeit" im Rahmen des Rechts.

Wird im Verfahren der Rechtsanwendung Raum für die Berücksichtigung der von solchen Akteuren vorgetragenen Anliegen geöffnet – dies war etwa im Verfahren zur Bewältigung des Konflikts um das Projekt „Stuttgart 21" der Fall[63] –, kann dies verschiedenen Zielen dienen. Es kann Einblicke in bisher nicht berücksichtigte Anliegen oder Erfahrungen öffnen, Widerstandspotentiale ausleuchten helfen oder eine verbesserte Akzeptanz der zu treffenden Entscheidung ermöglichen. Werden die bei Betroffenen oder Dritten bestehenden Hoffnungen, Befürchtungen sowie (sonstige) Wertorientierungen nicht nur wahrgenommen, sondern auch ernst genommen

---

[62] Dazu s. *Wehling*, Die Vielfalt und Ambivalenz des Nicht-Gewussten, in: Peter/Funke (Hrsg.), Wissen an der Grenze, 2013, S. 43, 51 f.; *Luhmann,* Die Gesellschaft der Gesellschaft, Bd. 2, 1998, S. 1106; *Voßkuhle*, Expertise (Fn. 34), S. 652.

[63] Zu diesem Konflikt siehe *Brettschneider/Schuster* (Hrsg.), Stuttgart 21 – ein Großprojekt zwischen Protest und Akzeptanz, 2013.

und in Wertungs- und Abwägungsprozesse einbezogen, besteht eine Chance, dass dies produktive Wirkungen für die Problembewältigung auslöst. Bei sehr konflikthaften Vorhaben ist die Auseinandersetzung damit selbst dann meist politisch sinnvoll und Voraussetzung für Problemlösungen, wenn letztlich nicht alles Vorgebrachte zum Tragen kommen kann.

Eine Ausweitung von Kontroversen in transfachliche Bereiche hinein und rechtliche Vorkehrungen zur Berücksichtigung transwissenschaftlicher/-fachlicher Anliegen finden sich insbesondere in Feldern des Risikorechts, vor allem in solchen Bereichen, die durch hohe Emotionalisierung, etwa eine „Ethisierung" von Kontroversen, geprägt sind.[64] Die ausdrückliche Berücksichtigung ethischer Standards im Bereich des Gentechnik- und Medizinrechts, der Einbau besonderer Akteure in den Entscheidungsprozess (wie Ethikkommissionen) u. ä. zeigen, dass die Rechtsordnung auf entsprechende außerjuridische Wissens- und Wertsysteme auch transfachlicher Art Rücksicht zu nehmen sucht. Damit ist es zugleich grundsätzlich legitimiert, dass entsprechende Annahmen und Orientierungen für die Ausfüllung des Optionenraums mitbestimmend werden, also auch in den Prozess der Maßstabsergänzung einfließen können.

Die Nutzung multi- und interdisziplinären Beistands, aber auch die Berücksichtigung alltagsweltlicher Erfahrungen und Werte sowie transfachlicher Belange sind der Rechtsordnung nach allem nicht fremd. Gleichwohl stellen sie die Rechtswissenschaft und -praxis vor komplizierte Aufgaben. Für den Umgang damit gibt es keineswegs ausreichend diskutierte oder gar schon bewährte Lösungen. Die Problematik wird in der Rechtswissenschaft weitgehend durch Schweigen übergangen. Der Umgang mit extrajuridischem Wissen und damit verbundenen Wertungen, auch mit Alltagswissen und transfachlichen Annahmen muss vermehrt Thema auch der Rechtswissenschaft werden, insbesondere wenn sie angemessene Aussagen zur Funktion von Recht in komplexen Problemlagen treffen und methodische Hilfen zur Problembewältigung geben will. Im Rahmen des Rechts aufgegebene Problemlösungen müssen Richtigkeitsanforderungen in dem beschriebenen weiten Sinne genügen, darunter häufig auch solchen, die über die in der traditionellen Überprüfung von Rechtmäßigkeit herangezogenen Faktoren hinausgehen.

X. Desiderata

Die Ausweitung des Spektrums der „inputs" für Maßstabsergänzungen und deren kontextabhängiger Einsatz in Entscheidungsprozessen unterschiedlicher Art können auch als Reaktion darauf verstanden werden, dass die Möglichkeit allgemeingültiger und von allen einsehbar begründeter Annahmen als Grundlage „vernünftiger" Ent-

---

[64] Vgl. dazu etwa die Beiträge in *Bogner* (Hrsg.), Ethisierung der Technik – Technisierung der Ethik. Der Ethik-Boom im Lichte der Wissenschafts- und Technikforschung, 2013; *ders.*, Ethisierung der Technik, 2013.

scheidungen zunehmend in Frage gestellt wird.[65] Die Pluralität sowie Heterogenität der Beobachtung, die Kontextabhängigkeit der Wahrnehmung, die Relativität und Reversibilität des Erkannten, aber auch die Vielfalt möglicher Verknüpfungen müssen gesehen werden. Auch muss auf Erschütterungen der Objektivitätsvorstellungen der traditionellen juristischen Hermeneutik[66] sowie allgemein des Rationalitätskonzepts reagiert werden.

In der Folge bedarf es einer Neubestimmung des Maßstabs der Vernünftigkeit von rechtsgeprägten Entscheidungen, der auch die bisher beschriebenen Weiterungen der Steuerungsfaktoren berücksichtigt. Hier empfiehlt sich m. E. die Einbeziehung des Konzepts der „Klugheit" einer Entscheidung.[67] Klugheit wird dabei als ein Konstrukt der Entscheidungsorientierung verstanden, das neben den kognitiven (disziplinären und interdisziplinären sowie alltagsweltlichen) auch volitive und emotionale Elemente[68] der Situationslösung und der Entscheidungsbildung erfasst und besondere Entscheidungsressourcen lokalisiert, die praktisch aktiviert werden können und in Optionenräumen grundsätzlich aktiviert werden dürfen.

Hier – und zwar zunächst auf der Herstellungsebene von Entscheidungen – ist der Klärungsbedarf für einen auch methodisch verantwortungsvollen Umgang mit der Vielfalt von Entscheidungsfaktoren besonders groß. Die Rechtswissenschaft pflegt sich dem Herstellungsprozess nur fragmentarisch zu widmen, verzichtet insbesondere darauf, eine in der Praxis für Problemlösungen taugliche Entscheidungslehre zu erarbeiten.[69]

Die Frage nach der Art der geforderten Vernünftigkeit stellt sich zusätzlich bei der Darstellung der Begründung von Rechtsanwendungsentscheidungen. Die Vorgabe, Ziel einer Entscheidungsbegründung müsse eine „vernünftige Rechtfertigung" sein,[70] kann nicht ohne eine Abstimmung der Anforderungen auf die Ausweitung der rechtlich legitimierten Steuerungsfaktoren auf der Herstellungsebene und auf

---

[65] S. dazu den Überblick bei *Voßkuhle*, Expertise (Fn. 34), S. 646 m. w. Hinw. S. ferner *Matronardi/Windisch* (Fn. 34), S. 22 f. etwa die Rekonstruktion der in verschiedenen Sozialwissenschaften zugrunde gelegten, zum Teil unterschiedlichen „Vernunftdimensionen Wahrheit, Wert und Gerechtigkeit". Aufschlussreich sind auch – bezogen auf Natur- und Technikwissenschaft – die Studien zur „Konstruktion" naturwissenschaftlicher Tatsachen, s. etwa *Latour*, Science in Action, 1987.

[66] So *Vesting* (Fn. 33), Rn. 219, 228 ff.

[67] Dazu siehe *Scherzberg* et al.; Kluges Entscheiden, 2006; *dies.*, Klugheit: Begriff – Konzepte – Anwendungen, 2008. Zum Klugheitsziel grundlegend *Luckner*, Klugheit, 2005, sowie die Beiträge in Kersting (Hrsg.), Klugheit, 2005.

[68] Über die Wirkkraft von Intuition und Emotion siehe etwa *Funke/Holt*, Zur Rationalität von Emotionen beim Problemlösen: Eine psychologische Perspektive, in: Scherzberg et al. (Hrsg.), Kluges Entscheiden, 2006, S. 77 ff.; *Plessner*, Die Klugheit der Intuition und ihre Grenzen, in: Scherzberg (Hrsg.), Kluges Entscheiden, 2006, S. 109 ff.

[69] Diese Feststellung betrifft auch die sog. Gesetzgebungs- bzw. Rechtssetzungslehren, etwa *Müller*, Elemente einer Rechtssetzungslehre, 2. Aufl. 2006. Weiterführend *Smeddinck*, Integrierte Gesetzesproduktion 2006 sowie *Schuppert*, Governance und Rechtsetzung, 2011.

[70] So *Koch*, EuGRZ 1986, 335.

neue Arten rechtlicher Programmierung eingelöst werden. Zu beachten sind auch neue Governacestrukturen, so beispielsweise die Rahmenbedingungen rechtlichen Handelns in komplexen Regelungsstrukturen und in trans- und internationalen Mehrebenenverbünden mit einer großen Akteursvielfalt und die Nutzung solch komplexer Koordinationsmodi wie Netzwerk und Verhandlung.

Ob die geschilderten Weiterungen bei der Berücksichtigung von Wissen und Werten im Zuge von Optionenentscheidungen mit der Figur der Tatbestandsergänzung im Sinne *Hans-Joachim Kochs* voll eingefangen werden können, erscheint zweifelhaft. Neue Fragen stellen sich insbesondere, wenn die Begründungsarbeit auf heutige Einsichten über die Kontextabhängigkeit der Konstruktion von Recht und die dabei sowie bei der Lösung des Einzelfalls maßgebende Vielfalt von Entscheidungsfaktoren eingestellt werden soll. Ist dafür ein allein deduktives Begründungsmodell komplex genug?

Viele neuartige Fragen sind zu beantworten, wenn die für die Bedeutung des Rechts im individuellen Leben und in gesellschaftlichen Zusammenhängen besonders wichtige Ebene der Herstellung von Rechtsanwendungsentscheidungen in den Fokus von Methodenlehren rückt. Hierfür Lösungen zu finden ist Aufgabe einer zwar mit der Begründungslehre verzahnten, aber mit ihr nicht deckungsgleichen Entscheidungslehre.

Mit dem Hinweis auf solche Herausforderungen ende ich, weil ja noch Aufgaben für einen Emeritus verbleiben müssen, dessen Taten- und Erkenntnisdrang allem Anschein nach ungebrochen ist.

Contra-legem-Entscheidungen in der Zivilgerichtsbarkeit

Von *Helmut Rüßmann*

Der Jubilar und ich sind seit gemeinsamer Assistentenzeit an der Goethe Universität in Frankfurt am Main verbunden. Es waren unruhige Zeiten Ende der sechziger und Anfang der siebziger Jahre des vergangenen Jahrhunderts. Die Fakultät zeigte sich gespalten in ein konservativ-bewahrendes und ein revolutionär-umstürzlerisches Lager. Wir fühlten uns keinem der Lager so recht zugetan. Uns interessierte die Begründungsmöglichkeit von Annahmen und Entscheidungen, mit denen das eine wie das andere Lager in traditioneller Dogmatik oder recht freizügiger Normschöpfung hantierte. Wir wandten uns dem kritischen Rationalismus, der Wissenschaftstheorie und der analytischen Philosophie zu, studierten im Selbststudium die Bedeutung von Bedeutung, Logik und Wahrscheinlichkeitstheorie und sezierten in endlosen Sitzungen die vorgetragenen Auffassungen auf Gehalt und Begründbarkeit nach dem für Juristen fremden Instrumentarium. Das schuf nicht nur Freude. Winfried Hassemer erlebte es so:[1] „Handfester war die Frankfurter rechtstheoretische Scholastik. Statt Neugierde und Aufbruch fand ich Gewissheit und Standpunkte: die analytische Rechtstheorie, ausgerechnet. Das war ein hoch differenziertes Denkgebäude, voll möbliert und alle Sachen genau am richtigen Platz, und zwar endgültig. Am Eingang wohnten Koch und Rüßmann, im Hintergrund wiegte Simon sein schweres Haupt, ließ den juristischen Blick hin und her wandern und hielt ein Bündel leiser Weisheit in einem Fuder lauter Frechheit versteckt. Sie traten auf in schimmernder Rüstung, an der alle Pfeile abprallten, wussten auf alles eine Antwort, und zwar eine sowohl präzise als auch eindeutige, und das, worauf sie ausnahmsweise einmal keine Antwort hatten, war eben keine wissenschaftliche Frage." Koch und Rüßmann dürfen sich noch heute gründlich missverstanden fühlen.

Die Frucht der gemeinsamen Tätigkeit war ein Buch: Juristische Begründungslehre. Eine Einführung in Grundprobleme der Rechtswissenschaft, 1982. Es wurde in der JuS-Schriftenreihe veröffentlicht, als wir beide schon nicht mehr in Frankfurt waren. Mich hatte es nach Bremen und Hans-Joachim Koch hatte es nach Hamburg verschlagen, beide an sog. einstufige Ausbildungsgänge. Die hätten wir wegen unserer Neigung und Verbundenheit zur juristischen Praxis[2] auch gern weitergeführt. Doch die Politik wollte das anders.

---

[1] *Hassemer,* Frankfurter Profile, KJ 2005, 7, 8.

[2] Von mir gelebt als Richter am Hanseatischen Oberlandesgericht in Bremen (1977 bis 1987) und am Saarländischen Oberlandesgericht in Saarbrücken (1989 bis 1999).

I. Contra-legem-Entscheidungen

Schon in der Begründungslehre wird das Problem der Contra-legem-Entscheidungen behandelt.[3] Die Contra-legem-Entscheidung wird dort als eine Entscheidung definiert, die sowohl gegen das vom Gesetzgeber Gesagte als auch gegen das vom Gesetzgeber Gewollte verstößt.[4] Sie ist dem Richter wegen der Bindung an Gesetz und Recht verfassungsrechtlich verwehrt und markiert eine Grenze der Rechtsanwendung, die eine Begründungslehre als solche nicht ziehen kann. Die Zivilgerichtsbarkeit hat sich nicht immer an diese Grenze gehalten. In der Begründungslehre wird als Grenzüberschreitung die Entscheidung des Bundesgerichtshofs bezeichnet, die eine Geldentschädigung (ein Schmerzensgeld) für Persönlichkeitsverletzungen ausweist.[5] Ein anderes Beispiel bildet die Annahme der aktiven Parteifähigkeit der als nichtrechtfähiger Verein organisierten Gewerkschaft im Zivilprozess.[6] Beide Entwicklungen dürfen heute als vom Gesetzgeber legitimiert gelten. Für die Parteifähigkeit ist das durch Änderung des § 50 Abs. 2 ZPO ausdrücklich geschehen. Für das Schmerzensgeld gibt es keine Klarstellung im Gesetz. Mit der Neuregelung des § 253 BGB hat der Gesetzgeber aber in den Beratungen zu erkennen gegeben, dass er die Rechtsprechung zum Schmerzensgeld für Persönlichkeitsverletzungen billige und keinen Anlass zur Änderung oder Klarstellung sehe. Die Welt des die Gesetzesbindung betonenden Rechtsanwenders scheint im Lot. Doch tun sich neue Bedrohungen auf. Sie kommen im Gewande der europarechtskonformen Rechtsanwendung daher. Drei spektakuläre Fallentwicklungen erheischen unsere Aufmerksamkeit. Sie hängen alle mit (nach Einschätzung des Europäischen Gerichtshofs) fehlerhaften Umsetzungen von Richtlinien durch den deutschen Gesetzgeber zusammen.

II. Fallgestaltungen

In der ersten Fallgestaltung ging es um den Widerruf eines grundpfandrechtlich gesicherten Verbraucherdarlehnsvertrages nach den Regeln über Haustürgeschäfte. In der zweiten Fallgestaltung stand die Nutzungsentschädigung für die Nutzung einer mangelhaften, später im Zuge der Nacherfüllung durch eine mangelfreie ersetzten Kaufsache in Frage. In der dritten Fallgestaltung ging es gleich um zwei Problemkomplexe im Zusammenhang mit der kaufrechtlichen Nacherfüllung nach Einbau der mangelhaften Kaufsache, um die Pflicht des Verkäufers, die Kosten des Ausbaus und des Einbaus zu tragen, und um die Begrenzung dieser Verpflichtung bei nicht nur relativer, sondern auch absoluter Unverhältnismäßigkeit der Kostenbelastung. In

---

[3] *Koch/Rüßmann,* Juristische Begründungslehre, 1982, § 22 (2), S. 255 f.

[4] Eine vergleichbare Bestimmung findet man bei *Bydlinski*, Juristische Methodenlehre und Rechtsbegriff, 2. Aufl. 1991, S. 467 ff. Allgemein zu Contra-legem-Entscheidungen *Neuner*, Die Rechtsfindung contra legem, 2. Aufl. 2005.

[5] Der Hüter der Grenze, das Bundesverfassungsgericht, hat die Grenzüberschreitung allerdings in seiner Soraya-Entscheidung passieren lassen; BVerfGE 34, 269.

[6] BGHZ 42, 210.

allen drei (vier) Fallgestaltungen hat der Bundesgerichtshof sich am Ende zu einer Contra-legem-Entscheidung im gerade explizierten Sinne verstanden, dies allerdings nicht so bezeichnet, sondern im Gegenteil zu zeigen versucht, dass er in Einklang mit dem (europarechtlich aufgeklärten) Gesetzgeber handele.

1. Widerruf grundpfandrechtlich gesicherter Darlehensverträge

Der Widerruf eines grundpfandrechtlich gesicherten Kredites wurde im Zusammenhang mit den sog. Schrottimmobilien schon vor der Schuldrechtsmodernisierung zum Problem. Der Darlehnsnehmer hatte den Darlehensvertrag nicht in den Räumen der Bank, sondern im privaten Heim unterschrieben. Das zu üblichen Bedingungen ausgelegte Darlehen war durch ein Grundpfandrecht gesichert. Eine Belehrung über ein Widerrufsrecht hatte es nicht gegeben. Nach der Gesetzeslage zur Zeit des Geschäftsabschlusses gab es auch kein Widerrufsrecht. Das Widerrufsrecht nach dem Verbraucherkreditgesetz war ausgeschlossen, weil „der Kredit von der Sicherung durch ein Grundpfandrecht abhängig gemacht und zu für grundpfandrechtlich abgesicherte Kredite und deren Zwischenfinanzierung üblichen Bedingungen gewährt" (§ 3 Abs. 2 Nr. 2 Verbraucherkreditgesetz) wurde.[7] Der Widerruf nach dem Recht der Haustürgeschäfte war ausgeschlossen, weil das Haustürwiderrufsgesetz sich insgesamt für unabwendbar erklärte, wenn auf das Geschäft das Verbraucherkreditgesetz Anwendung fand (§ 5 Abs. 2 Haustürwiderrufsgesetz).[8] Die Regelung hatte der Gesetzgeber nicht nur so erlassen, sondern auch gewollt. Das kann man am eindrücklichsten in der Vorlage des Bundesgerichtshofs an den Europäischen Gerichtshof nachlesen.[9] Der Bundesgerichtshof gibt dem Europäischen Gerichtshof auch zu verstehen, dass er die Entscheidung des deutschen Gesetzgebers für interessengerecht und europarechtskonform hält.

Der Europäische Gerichtshof sieht das anders.[10] Er hält den Ausschluss des Widerrufsrechts nach dem Recht der Haustürgeschäfte bei Kreditverträgen für europarechtswidrig (nicht in Einklang mit der Richtlinie 85/577/EWG des Rates betreffend den Verbraucherschutz im Falle von außerhalb von Geschäftsräumen geschlossenen Verträgen vom 20. Dezember 1985) und bringt damit den Bundesgerichtshof in eine schwierige Situation, die dieser letztendlich mit einer Contra-legem-Entscheidung bewältigt, indem er das Widerrufsrecht entgegen dem vom Gesetzgeber Gesagten und Gewollten gewährt. Die Schwierigkeit der Situation hängt mit der Rechtsnatur und den Wirkungen von Richtlinien zusammen. Ihnen fehlt die horizontale Wirkung,

---

[7] Diese Privilegierung der grundpfandrechtlich abgesicherten Kredite kennt das heutige Verbraucherkreditrecht nicht mehr.

[8] Das trifft auf den heutigen § 312 a BGB nicht mehr zu. Danach tritt die Regelung über die Haustürgeschäfte nur noch dann zurück, wenn eine andere Regelung, beispielsweise die nach dem Verbraucherkreditrecht, ein Widerrufsrecht gewährt.

[9] BGH, Beschl. v. 30. 11. 1999, XI ZR 91/99, juris Rn. 15 f.

[10] EuGH, Urt. v. 13. 12. 2001, C-481/99.

die das in der Haustürrichtlinie vorgesehene Widerrufsrecht unmittelbar zwischen den Bürgern, dem Kreditnehmer und dem Kreditgeber, zum Entstehen brächte. Den Richtlinien kommt nur vertikale Wirkung zu. Sie verpflichten die Mitgliedstaaten, durch Rechtsetzungsinstrumente des nationalen Rechts das nationale Recht so zu gestalten, dass es mit den Vorgaben der Richtlinie in Einklang steht. Das war dem deutschen Gesetzgeber mit Blick auf die Haustürrichtlinie nicht gelungen. Er hat das später nachgeholt. Doch entfalten die Gesetzesänderungen keine rückwirkende Kraft. Die früheren Fälle müssen nach altem Recht entschieden werden. Sollten sie nach altem Recht korrekt jedoch mit einem Ergebnis entschieden werden, das den Bürgern Rechte nimmt, die sie nach den Richtlinien haben müssten, mögen die Bürger sich mit Schadenersatzansprüchen aus Amtshaftung gegen die Bundesrepublik Deutschland erholen.

Indessen ist vor einer solchen Konsequenz ein letztes Instrument zu erproben: die europarechtskonforme Rechtsanwendung. Deren grundlegende Idee mit Blick auf Richtlinien ist die folgende: Die Umsetzung einer Richtlinie in das nationale Recht muss europarechtlich nicht zwingend durch den Gesetzgeber eines Mitgliedstaats erfolgen. Auch Gerichte eines Mitgliedstaats können die Umsetzung bewerkstelligen. Sie müssen es sogar, wenn ihnen das dazu erforderliche Rechtsetzungsinstrumentarium nach nationalem Recht zur Verfügung steht. In der letzten Bedingung liegt die Krux, denn nach deutschen verfassungsrechtlichen Vorstellungen ist dem Richter keine Möglichkeit gegeben, eine Entscheidung zu treffen, die gegen das vom Gesetzgeber Gesagte und von ihm Gewollte verstößt. Die Entscheidung contra legem ist verfassungswidrig. Das Dilemma des Bundesgerichtshofs mag man als Wahl zwischen Pest und Cholera bezeichnen. Lehnte er das Widerrufsrecht dem deutschen Gesetzgeber folgend ab, so ordnete er eine Beteiligung der Bundesrepublik Deutschland an der Abwicklung der Schrottimmobilienfälle an; nahm er das Widerrufsrecht entgegen der Gesetzeslage in Deutschland an, machte er sich unter Umständen eines Verfassungsverstoßes schuldig. Er nahm das Widerrufsrecht an. Mit den Gründen und der Legitimität seiner Entscheidung wollen wir uns später befassen.

2. Nutzungsentschädigung für den Gebrauch einer mangelhaften Kaufsache

Der Ausgangsfall für die Frage der Nutzungsentschädigung für den Gebrauch einer mangelhaften und später im Wege der Nachlieferung ausgetauschten Kaufsache betraf den folgenden Sachverhalt: Im Sommer 2002 bestellte die Käuferin für ihren privaten Gebrauch bei einem Versandhandel ein sogenanntes „Herd-Set“ zum Preis von 524,90 €. Die Ware wurde im August 2002 geliefert. Im Januar 2004 stellte die Käuferin fest, dass sich an der Innenseite des zu dem „Herd-Set“ gehörenden Backofens die Emailschicht abgelöst hatte. Da eine Reparatur des Gerätes nicht möglich war, tauschte die Verkäuferin den Backofen vereinbarungsgemäß noch im Januar 2004 aus. Das ursprünglich gelieferte Gerät gab die Käuferin an die Verkäuferin zurück. Für dessen Nutzung verlangte die Verkäuferin von der Käuferin eine

Vergütung. Der Bundesgerichtshof legte in seinem Vorlagebeschluss an den Europäischen Gerichtshof dar, dass nach deutschem Recht die Vergütung geschuldet war, weil das dem vom Gesetzgeber Gesagten und Gewollten entsprach.[11] Er ließ aber deutliche Zweifel an der rechtspolitischen Vernünftigkeit der Regelung erkennen und erteilte zugleich der von Teilen des Schrifttums verlangten Korrektur der Regelung mit einem Bekenntnis zur Gesetzesbindung eine Absage:[12] „Eine einschränkende Auslegung des § 439 Abs. 4 BGB dahin, dass die Verweisung auf die Rücktrittsvorschriften nicht auch einen Anspruch des Verkäufers auf Nutzungsvergütung begründet, widerspräche somit dem Wortlaut und dem eindeutig erklärten Willen des Gesetzgebers. Eine solche Auslegung ist unter Berücksichtigung der Bindung der Rechtsprechung an Recht und Gesetz (Art. 20 Abs. 3 GG) nicht zulässig (BVerfGE 71, 81, 105; 95, 64, 93). Die Möglichkeit der Auslegung endet dort, wo sie mit dem Wortlaut und dem klar erkennbaren Willen des Gesetzgebers in Widerspruch treten würde (BVerfGE 18, 97, 111; 98, 17, 45; 101, 312, 319)." Genau zu dieser Korrektur aber verstand er sich,[13] nachdem der Europäische Gerichtshof (diesmal wohl wunschgemäß) feststellte, dass die deutsche Regelung nicht richtlinienkonform gestaltet worden war.[14] Sollte es einen Unterschied machen, ob man mit dem deutschen Verfassungsgebot vor oder nach der Entscheidung des Europäischen Gerichtshofs konfrontiert war? Wir werden uns mit den vom Bundesgerichtshof gegebenen Gründen und der Legitimität dieser Entscheidung später auseinandersetzen. Zuvor wollen wir noch die dritte (und vierte) Fallkonstellation beschreiben.

3. Ausbau und Einbau bei der Nachlieferung

Auch hier geht es um eine Nacherfüllungssituation. Wir bewegen uns abermals im Rahmen des § 439 BGB. Nur will jetzt nicht der Verkäufer einen Anspruch auf Nutzungsersatz durchsetzen, sondern der Käufer verlangt mit der Nachlieferung zusätzlich den Ausbau oder die Kosten des Ausbaus der von ihm eingebauten mangelhaften Kaufsache sowie den Einbau oder die Kosten des Einbaus der nachgelieferten Sache und der Verkäufer sucht eine Möglichkeit, sollte es die Ansprüche des Käufers überhaupt geben, sich bei absoluter Unverhältnismäßigkeit der Belastung von den Ansprüchen zu lösen. Der typische Sachverhalt sieht so aus, dass ein Heimwerker im Baumarkt Materialien ersteht, die er selbst verbaut, Fliesen etwa. Nach dem Einbau werden Mängel an den Fliesen festgestellt, die durch Nachbesserung nicht behoben werden können. So bleibt die Nachlieferung mangelfreier Fliesen. Die mangelhaften Fliesen müssen entfernt, die mangelfreien Fliesen verbaut werden. Die Aus- und Einbaukosten betragen ein Vielfaches des Kaufpreises. Der mit Blick auf den Mangel schuldlose Verkäufer ist zur Nachlieferung bereit, nicht aber zum Ausbau und Einbau oder zur Übernahme der entsprechenden Kosten. Nach der vom deutschen Gesetz-

[11] BGH, Beschl. v. 16.08.2006, VIII ZR 200/05, juris Rn. 9–14.

[12] BGH, Beschl. v. 16.08.2006, VIII ZR 200/05, juris Rn. 15.

[13] BGH, Urt. v. 26.11.2008, VIII ZR 200/05.

[14] EuGH, Urt. v. 17.04.2008, C-404/06.

geber in § 439 BGB getroffenen Regelung hat er Recht. Nachlieferung ist Lieferung und nicht Ausbau und Einbau. Und auch die Kostentragungsregelung in § 439 Abs. 2 BGB bezieht sich auf die Kosten der Lieferung. Wollte man das anders sehen und den Ausbau und Einbau zum Pflichtenprogramm der Nachlieferung zählen, schützt den Verkäufer auch die Unverhältnismäßigkeitsgrenze, die nicht nur relativ den Vergleich zwischen den beiden Arten der Nacherfüllung trifft, sondern nach den Vorstellungen des deutschen Gesetzgebers auch eine absolute Unverhältnismäßigkeitsprüfung erlaubt. Das alles dürfen wir der korrekten Analyse des nationalen Rechts in der Vorlageentscheidung des Bundesgerichtshofs entnehmen.[15] Allerdings lässt der Bundesgerichtshof auch in dieser Vorlage Zweifel erkennen, ob die Regelung des nationalen Gesetzgebers den europarechtlichen Vorgaben in der Verbrauchsgüterkaufrichtlinie entspricht.[16]

Die Antwort des Europäischen Gerichtshofs ist eindeutig und stellt dem deutschen Gesetzgeber kein gutes Zeugnis aus.[17] Nach der Richtlinie schuldet der Verkäufer einer mangelhaften Sache im Falle der Ersatzlieferung auch den Ausbau der mangelhaften Sache und den Einbau der mangelfreien Sache (Leitsatz 1). Der Ausschluss des Anspruchs durch Zulassung der absoluten Unverhältnismäßigkeitsprüfung ist europarechtswidrig. Europarechtskonform könnte eine Begrenzung unverhältnismäßiger Aus- und Einbaukosten sein (Leitsatz 2). Der Bundesgerichtshof hielt sich an die Vorgaben,[18] bejahte die im nationalen Recht nicht vorgesehene Pflicht des Verkäufers zum Ausbau der mangelhaften Kaufsache (Leitsatz 1) und (in einer anderen Entscheidung) zum Einbau der mangelfreien Kaufsache durch Auslegung, gab das Leistungsverweigerungsrecht im Falle der absolut betrachteten Unverhältnismäßigkeit durch teleologische Reduktion auf (Leitsatz 2) und schuf eine Begrenzungsmöglichkeit der Kosten für Ausbau und Einbau (Leitsatz 3). Keines dieser Ergebnisse steht in Einklang mit dem vom Gesetzgeber des Schuldrechtsmodernisierungsgesetzes Gesagten und Gewollten. Es ist deshalb an der Zeit, die gegebenen Begründungen zu analysieren und die Legitimation der Entwicklungen auf den Prüfstand zu heben.

III. Die Begründungen des Bundesgerichtshofs

Alle Begründungen des Bundesgerichtshofs sind von dem Bemühen getragen, die Contra-legem-Entscheidung zu leugnen. Dazu stehen zwei Wege offen. Man kann erstens zeigen, dass das vom Gesetzgeber Gesagte die Entscheidung nicht ausschließe, und zweitens geltend machen, dass die Entscheidung in Einklang mit dem vom Gesetzgeber Gewollten stehe.

---

[15] BGH, Urt. v. 14.01.2009, VIII ZR 70/08, juris Rn. 11, 12, 19–24 und zu den Ausbaukosten sowie juris Rn. 13 ff. zur Unverhältnismäßigkeitsgrenze.

[16] BGH, Urt. v. 14.01.2009, VIII ZR 70/08, juris Rn. 17, 22.

[17] EuGH, Urt. v. 16.06.2011, C-65/09 und C-87/09.

[18] BGH, Urt. v. 21.12.2011, VIII ZR 70/08.

1. Widerrufsrecht nach dem Recht der Haustürgeschäfte

Bei der Begründung eines Widerrufsrechts für Verbraucherdarlehensverträge nach dem Recht der Haustürgeschäfte geht der Bundesgerichtshof beide Wege. Er zeigt zunächst auf, dass § 5 Abs. 2 des Haustürwiderrufsgesetzes eine Auslegung nicht ausschließe, die das Haustürwiderrufsgesetz bei Verbraucherkrediten nur dann zurücktreten lasse, wenn das Verbraucherkreditgesetz einen Widerruf gewähre.[19] Diese Möglichkeit ist aber im Text der Bestimmung nicht einmal andeutungsweise vorhanden und entspricht reinem Wunschdenken des Bundesgerichtshofs und der Literatur, der der Bundesgerichtshof im Gegensatz zu seiner Vorlageentscheidung jetzt folgen will. Wie eine Vorschrift gefasst sein muss, wenn sie das vom Bundesgerichtshof gewünschte Ergebnis hergeben soll, zeigt heute § 312 a BGB: „Steht dem Verbraucher zugleich nach Maßgabe anderer Vorschriften ein Widerrufs- oder Rückgaberecht … zu, ist das Widerrufs- oder Rückgaberecht nach § 312 ausgeschlossen." § 5 Abs. 2 des Haustürwiderrufsgesetzes dagegen lautete: „Erfüllt ein Geschäft im Sinne des § 1 Abs. 1 zugleich die Voraussetzungen eines Geschäfts nach dem Verbraucherkreditgesetz …, so sind nur die Vorschriften dieser Gesetze anzuwenden." Das schließt einen Rückgriff auf ein Widerrufsrecht nach dem im Recht der Hautürgeschäfte Gesagten aus.

Die Rückversicherung in dem vom Gesetzgeber Gewollten erweist sich am Ende ebenfalls als untauglicher Versuch. Der Bundesgerichtshof muss selbst einräumen, dass der Gesetzgeber das Widerrufsrecht nach dem Recht der Haustürgeschäfte für grundpfandrechtlich gesicherte Kredite ausschließen wollte.[20] Er meint aber, dass man dem Gesetzgeber nicht unterstellen könne, sehenden Auges eine europarechtswidrige Rechtslage schaffen zu wollen. Im Gegenteil habe die Übereinstimmung von nationalem Recht und Europarecht seinem Willen entsprochen. Und um diesem Willen Rechnung zu tragen, bedürfe es der einschränkenden Auslegung (methodisch korrekt sollte man von einer Reduktion sprechen) des § 5 Abs. 2 des Haustürwiderrufsgesetzes. Hier wird der präzise Anordnungswille des Gesetzgebers durch einen vagen Konkordanzwillen des Gesetzgebers ausgetauscht und dem Konkordanzwillen Priorität verliehen. Das öffnet das Tor zu unbegrenzter Auslegung, wie ein strukturell vergleichbares Argument schlagend vor Augen führt. Was immer auch der Gesetzgeber konkret will, sicher will er am Ende eine gerechte Regelung treffen. Verfehlt das konkret Gewollte die Gerechtigkeit, schert sich die Rechtsprechung nicht mehr um das konkret Gewollte und verhilft der abstrakt gewollten Gerechtigkeit zum Sieg.

Die Annahme eines Widerrufsrechts nach dem Recht der Haustürgeschäfte für grundpfandrechtlich gesicherte Verbraucherdarlehen ist und bleibt eine Entscheidung contra legem und damit verfassungsrechtlich problematisch.

---

[19] BGH, Urt. v. 09.04.2002, XI ZR 91/99, juris Rn. 20–25.

[20] BGH, Urt. v. 09.04.2002, XI ZR 91/99, juris Rn. 26.

2. *Ausschluss des Anspruchs auf Nutzungsentgelt*

Beim Ausschluss des Anspruchs auf Nutzungsentgelt für die Nutzung der mangelhaften Kaufsache vor Lieferung einer mangelfreien Kaufsache greift der Bundesgerichtshof[21] zum methodisch korrekten Instrument, der teleologischen Reduktion.[22] Er führt aus, dass eine europarechtskonforme Rechtsanwendung auch die Instrumente der Rechtsfortbildung erfasst.[23] Das trifft zu. Indessen finden auch Rechtsfortbildungen ihre Grenze im Verbot der Contra-legem-Entscheidung, einer Entscheidung, die gegen das vom Gesetzgeber Gesagte und Gewollte verstößt. Jede teleologische Reduktion verletzt das vom Gesetzgeber Gesagte. Sie kann nur mit dem vom Gesetzgeber Gewollten legitimiert werden. Der Bundesgerichtshof sieht das auch so. Er argumentiert im traditionellen Bild der Lückenschließung, bindet die Lückenfindung an die planwidrige Unvollständigkeit des Gesetzes und sieht diese in der Verfehlung der Europarechtskonformität.[24]

„[...] (Es) ergibt sich, dass die Absicht des Gesetzgebers einerseits dahin ging, dem Verkäufer für den Fall der Ersatzlieferung einen Anspruch auf Herausgabe der vom Käufer gezogenen Nutzungen zuzubilligen. Andererseits sollte aber – was die weiteren Ausführungen in der Gesetzesbegründung belegen – auch eine Regelung geschaffen werden, die mit der Richtlinie vereinbar ist. Die explizit vertretene Auffassung, dass die Regelung über den Nutzungsersatz den Anforderungen der Richtlinie genüge, ist jedoch fehlerhaft, wie der Gerichtshof der Europäischen Gemeinschaften nunmehr mit Bindungswirkung festgestellt hat.

Damit erweist sich das Gesetz als planwidrig unvollständig. Es liegt eine verdeckte Regelungslücke (vgl. Larenz, aaO, S. 377 vor, weil die Verweisung in § 439 Abs. 4 BGB keine Einschränkung für den Anwendungsbereich der Richtlinie enthält und deshalb mit dieser nicht im Einklang steht. Dass diese Unvollständigkeit des Gesetzes planwidrig ist, ergibt sich daraus, dass der Gesetzgeber in der Gesetzesbegründung ausdrücklich seine Absicht bekundet hat, auch und gerade hinsichtlich des Nutzungsersatzes eine richtlinienkonforme Regelung zu schaffen. Somit steht die konkrete Regelungsabsicht hinsichtlich des Nutzungsersatzes nicht lediglich im Widerspruch zu einem generellen, allgemein formulierten Umsetzungswillen (so aber Schmidt, ZGS 2006, 408, 410). Vielmehr besteht ein Widerspruch zur konkret geäußerten, von der Annahme der Richtlinienkonformität getragenen Umsetzungsabsicht des Gesetzgebers. Deshalb ist auszuschließen, dass der Gesetzgeber § 439 Abs. 4 BGB in gleicher Weise erlassen hätte, wenn ihm bekannt gewesen wäre, dass die Vorschrift nicht im Einklang mit der Richtlinie steht. Diese Annahme wird dadurch bestätigt, dass der Gesetzgeber nunmehr eine Gesetzesänderung in die Wege geleitet hat, die der im Streitfall ergangenen Entscheidung des Gerichtshofs der Europäischen Gemeinschaften Rechnung tragen und eine richtlinienkonforme Umsetzung der Richtlinie gewährleisten soll (Beschlussempfehlung und Bericht des Rechtsausschusses vom 15. Oktober 2008, BT-Drs. 16/10607, S 4, 5 f.). Danach soll § 474 Abs. 2 BGB dahingehend neu gefasst werden, dass § 439 Abs. 4 BGB auf einen Verbrauchsgüterkauf mit der Maßgabe anzuwenden ist, dass Nutzungen nicht herauszugeben oder durch ihren Wert zu ersetzen sind."

[21] BGH, Urt. v. 26.11.2008, VIII ZR 200/05.

[22] BGH, Urt. v. 26.11.2008, VIII ZR 200/05, juris Rn. 20.

[23] BGH, Urt, v. 26.11.2008, VIII ZR 200/05, juris Rn. 21.

[24] BGH, Urt. v. 26.11.2008, VIII ZR 200/05, juris Rn. 22–25.

Das alles klingt verführerisch einleuchtend und ist doch nicht geeignet, eine Contra-legem-Entscheidung auszuräumen. Dem konkreten Gestaltungswillen des Gesetzgebers wird die zwar konkret zum Ausdruck gebrachte, im Verhältnis zum konkreten Gestaltungswillen aber doch abstrakte Absicht, eine europarechtskonforme Regelung zu schaffen, entgegengesetzt. Dem konkret fehlenden Gesetzgeber wird ein europarechtlich idealer Gesetzgeber gegenübergestellt. Die planwidrige Unvollständigkeit muss man aber an den konkreten Regelungsabsichten messen. Auch die Versagung der Nutzungsentschädigung für die Zeit vor der Gesetzesänderung bleibt eine Entscheidung contra legem.

3. Ausbau und Einbau bei der Nachlieferung

In der letzten Entscheidung zu den Ausbau- und Abtransportpflichten präsentiert der Bundesgerichtshof[25] ein breites Spektrum der Methoden der Rechtsanwendung von der Auslegung über die Rechtsfortbildung durch teleologische Reduktion bis hin zur freien Rechtsschöpfung. Es wird den Leser nicht mehr wundern, wenn keines der Ergebnisse der Qualifizierung als Contra-legem-Entscheidung entgeht.

Die Auslegung wird zur Annahme der Ausbau- und Abtransportpflicht bemüht (Leitsatz 1), die teleologische Reduktion für den Ausschluss der Unverhältnismäßigkeitseinrede bei Verbrauchsgüterkäufen (Leitsatz 2). Eine freie Rechtsschöpfung ist das Recht des Verkäufers, den Käufer bezüglich des Ausbaus der mangelhaften Kaufsache und des Einbaus der als Ersatz gelieferten Kaufsache auf die Kostenerstattung in Höhe eines angemessenen Betrags zu verweisen (Leitsatz 3).

Die Annahme einer Ausbau- und Transportpflicht des Verkäufers durch Auslegung des § 439 Abs. 1 BGB setzt voraus, dass diese sprachlich durch „Lieferung einer mangelfreien Sache“ gedeckt ist. Mein Sprachvermögen reicht dazu nicht aus. Der Bundesgerichtshof und von ihm zitierte Autoren, deren man deutsche Sprachkompetenz nicht absprechen mag, sehen das anders. Der geneigte Leser möge entscheiden, ob dem nicht eher ein Wunschdenken zugrunde liegt, wenn der Bundesgerichtshof ausführt:[26] „Nach allgemeinem Sprachgebrauch wird „liefern“ zwar verstanden als „bringen“ oder „übergeben“ einer (bestellten) Sache (vgl. Grimm, Deutsches Wörterbuch, 6. Band, 1885, S. 996 f.; Brockhaus/Wahrig, Deutsches Wörterbuch, 4. Band, 1982, S. 484). Auch im nationalen Kaufrecht ist unter „Lieferung“ grundsätzlich nur die Handlung zu verstehen, die der Verkäufer vorzunehmen hat, um seine Übergabe- und Übereignungspflicht aus § 433 Abs. 1 BGB zu erfüllen (vgl. Senatsurteil vom 15. Juli 2008 – VIII ZR 211/07, NJW 2008, 2837 Rn. 18; Erman/Grunewald, BGB, 13. Aufl., § 439 Rn. 4; Palandt/Weidenkaff, BGB, 71. Aufl., § 434 Rn. 53 c). Dies schließt es jedoch nicht aus, den in § 439 Abs. 1 Alt. 2 BGB verwendeten Begriff der Lieferung einer mangelfreien Sache weiter zu fassen. Denn dieser Begriff ist ausfüllungsfähig und eröffnet einen gewissen

[25] BGH, Urt. v. 21.12.2011, VIII ZR 70/08.

[26] BGH, Urt. v. 21.12.2011, VIII ZR 70/08, juris Rn. 26.

Wertungsspielraum .... Der Gesetzgeber hat die Bestimmung des § 439 Abs. 1 Alt. 2 BGB zur Umsetzung des Art. 3 Abs. 2 Satz 1 der Richtlinie geschaffen (vgl. BT-Drucks. 14/6040, S. 230). Dabei hat er nicht nur in der Gesetzesbegründung mehrfach den Begriff der Lieferung einer mangelfreien Sache mit der in der deutschen Fassung der Richtlinie verwendeten Wortwahl „Ersatzlieferung" gleichgesetzt (BT-Drucks. 14/6040, S. 232), die – wie vom Gerichtshof ausgeführt (EuGH, aaO Rn. 54) – auch die Deutung zulässt, dass das vertragswidrige Verbrauchsgut durch die als Ersatz gelieferte Sache auszutauschen ist. Vielmehr hat der Gesetzgeber durch den in § 439 Abs. 4 BGB enthaltenen Verweis auf § 346 Abs. 1 Alt. 1 BGB, wonach der Verkäufer seinerseits die Rückgewähr der mangelhaften Sache verlangen kann, zum Ausdruck gebracht, dass dem Begriff der „Lieferung einer mangelfreien Sache" in § 439 Abs. 1 BGB ein gewisses (Aus-)Tauschelement innewohnt (vgl. Lorenz, NJW 2009, 1633, 1634 f.)." Ich halte es eher mit Grimm, und der deutsche Gesetzgeber hat nicht im Traum daran gedacht, dem Verkäufer mit der Pflicht zur Nachlieferung eine Ausbaupflicht aufzuerlegen.

Das Leistungsverweigerungsrecht des Verkäufers bei Unverhältnismäßigkeit der Kosten konnte der Bundesgerichtshof nur durch teleologische Reduktion des § 439 Abs. 3 BGB auf Kaufgeschäfte, die nicht Verbrauchsgüterkäufe sind, ausräumen.[27] Die Voraussetzungen für die teleologische Reduktion werden mit dem bekannten Argument angenommen, dass der Gesetzgeber eine richtlinienkonforme Regelung gewollt, dabei aber übersehen habe, dass die Richtlinie die absolute Unverhältnismäßigkeitsanalyse nicht erlaube. Dadurch sei eine Lücke entstanden, die der Rechtsanwender ausfüllen dürfe. Es gibt indessen keine planwidrige Unvollständigkeit, weil der Gesetzgeber genau das anordnen wollte, was er tatsächlich angeordnet hat.

Das trifft auch die letzte Annahme eines Rechts des Verkäufers, statt die Nacherfüllung in Gestalt der Ersatzlieferung wegen unverhältnismäßiger Kosten zu verweigern, den Käufer bezüglich des Ausbaus der mangelhaften Kaufsache und des Einbaus der als Ersatz gelieferten Kaufsache auf die Kostenerstattung in Höhe eines angemessenen Betrags zu verweisen. Auch insoweit will der Bundesgerichtshof mit einer teleologischen Reduktion arbeiten, die er nun mit dem abstrakten Willen des Gesetzgebers zur europarechtskonformen Rechtsgestaltung zu begründen versucht.[28] In Wirklichkeit greift er zu einer freien Rechtsschöpfung, für die es kein Vorbild gibt und mit der er die von ihm selbst durch Aufgabe der Einrede der Unverhältnismäßigkeit geschaffene Gerechtigkeitslücke durch Einführung einer Kostenbeteiligung zu schließen sucht. Das hat der reale Gesetzgeber nicht angeordnet und nicht gewollt.

IV. Grenzen der Rechtsanwendung neu definiert

Folgt man der Qualifizierung der vom Bundesgerichtshof getroffenen Entscheidungen als Contra-legem-Entscheidungen, so scheint der Stab über die Entscheidun-

[27] BGH, Urt. v. 21.12.2011, VIII ZR 70/08, juris Rn. 28–34.

[28] BGH, Urt. v. 21.12.2011, VIII ZR 70/08, juris Rn. 35 f.

gen und den Bundesgerichtshof gebrochen. Doch bevor man das tut, sollte man überlegen, ob die Grenzen der Rechtsfortbildung nicht falsch gezogen sind. Vielleicht lassen sich ja Gründe finden, die in besonderen Situationen Entscheidungen contra legem legitimieren. Nicht ohne Grund betont der Bundesgerichtshof immer wieder, dass der Europäische Gerichtshof die Europarechtswidrigkeit einer Regelung mit Verbindlichkeit feststelle. Die Verbindlichkeit gilt nicht nur für die nationalen Gerichte. Sie gilt auch für den nationalen Gesetzgeber. Sollte es für den nationalen Gesetzgeber überhaupt nur eine Möglichkeit geben, die Europarechtskonformität des nationalen Rechts herzustellen, dann greift die Rechtsprechung nicht in die Gesetzgebungskompetenz ein, wenn sie an der Stelle des Gesetzgebers die einzige Regelungsmöglichkeit ausspricht und festsetzt. Die Bindung an Gesetz und Recht, die das Verbot der Entscheidung contra legem trägt, sichert eine Kompetenzordnung der Normgebung, die die Regelungsprärogative beim Gesetzgeber ansiedelt. Diese Prärogative wird nicht verletzt oder in Frage gestellt, wenn eine von dritter Seite getroffene, die Gesetzgebung und die Rechtsprechung gleichermaßen bindende Entscheidung zur Auslegung des europäischen Rechts den Entscheidungsspielraum des Gesetzgebers auf Null reduziert und alsdann die Rechtsprechung anstelle des Gesetzgebers die Entscheidung trifft. Die Rechtsprechung füllt dabei keine Lücken. Sie ordnet nur an, was auch der Gesetzgeber anordnen müsste. Der Gesetzgeber hätte zwar theoretisch immer noch die Wahl, europarechtswidrig nichts zu tun und die einzig gebotene Regelung zu unterlassen. Es ist indessen kein Gebot der nationalen Verfassung, ihm diese Wahl zu belassen.

Der Bundesgerichtshof ist zu Entscheidungen contra legem befugt, wenn es nach der verbindlichen Entscheidung des Europäischen Gerichtshofs nur eine Möglichkeit gibt, eine europarechtskonforme Regelung für das deutsche Recht zu treffen. Da spielt es verfassungsrechtlich keine Rolle mehr, ob die Regelung vom Gesetzgeber oder von der Rechtsprechung getroffen wird. Deshalb war die Annahme des Widerrufsrechts für grundpfandrechtlich gesicherte Verbraucherdarlehensverträge nach dem Recht der Haustürgeschäfte ebenso wenig zu beanstanden wie der Ausschluss der Nutzungsentschädigung für die Nutzung der mangelhaften und später gegen eine mangelfreie ausgetauschte Kaufsache. Auch die Einführung von Ausbau- und Einbaupflichten des Verkäufers hält der kritischen Analyse stand. Es gab nach der Entscheidung des Europäischen Gerichtshofs nur diese eine Möglichkeit. Probleme bereitet insoweit allerdings der Komplex der unverhältnismäßigen Belastung des Verkäufers durch die Ausbau- und Einbaupflichten. Für diesen Komplex gab es auch nach der Entscheidung des Europäischen Gerichtshofs nicht nur eine Gestaltungsmöglichkeit für den Gesetzgeber. Der Bundesgerichtshof führt selbst unterschiedliche Modelle und Vorschläge für die Lösung an.[29] Dass er dann eine Lösung als verbindlich anordnet (wenn auch nur für die Übergangszeit bis zur Entscheidung durch den Gesetzgeber), greift in unzulässiger Weise in die Entscheidungsprärogative des Gesetzgebers ein.

---

[29] BGH, Urt. v. 21.12.2011, VIII ZR 70/08, juris Rn. 37–43.

Compliance – eine alternative Methode des Rechts?

Von *Rolf Stober*

Hans-Joachim Koch ist zwar der juristischen Fachwelt gegenwärtig insbesondere bekannt als ausgewiesener Experte des Umweltrechts, das er in sämtlichen Facetten bearbeitet hat. Bei seinen Publikationen, Vorträgen, Gutachten und Leitungsfunktionen konnte er aber jeweils auf einem zentralen rechtswissenschaftlichen Fundus aufbauen, den er in seinem frühen Oeuvre gelegt hat: die juristische Methodenlehre. Erinnert sei nur an die u. a. von ihm verfasste „Juristische Begründungslehre" sowie an die Herausgabe der Werke „Juristische Methodenlehre und analytische Philosophie" sowie „Die juristische Methode im Staatsrecht". Angesichts dieses Erkenntnisinteresses des Jubilars liegt es nahe, Hans-Joachim Koch einen Beitrag zu widmen, der sich mit einer methodischen Fragestellung auseinandersetzt.

I. Compliance als Thema der juristischen Methodenlehre? Eine Befunderhebung

Dabei steht im Mittelpunkt das bislang wenig beachtete Problem, ob und inwieweit die Einführung von Compliance zugleich Aspekte der juristischen Methodenlehre betrifft oder ob Compliance sogar eine alternative Methode zur umfassenden Erforschung des Rechts darstellt. Ausgangspunkt der Überlegungen ist ein Satz von *Rainer Hamm*, der in einem Aufsatz zum Thema „Compliance vor Recht" unter anderem folgende Aussage getroffen hat: „Alle reden von Compliance. Und zwar so, als ob sie nicht Teil des Rechts, sondern ein neues Ordnungsinstitut neben dem Recht wäre."[1] Die in dieser Feststellung zum Ausdruck kommende Unsicherheit bei der Beurteilung der Rolle von Compliance im Rechtssystem schimmert auch bei *Michael G. Silverman* durch, der im Zusammenhang mit der Erörterung von Compliance-Fragen schreibt: „A popular motif is the never ending quest to „go beyond compliance".[2]

Diese und ähnliche Meinungsäußerungen haben grundsätzlich die zivil-, wirtschafts- und arbeitsrechtliche Seite von Compliance im Blick, bei der es primär um die Erfüllung der bekannten präventionsgetriebenen Formel „comply or explain"

---

[1] *Hamm*, NJW 2010, 1332.

[2] *Silverman*, Compliance Management for Public, Private or Nonprofit Organizations, 2008, New York, S. 289.

geht. Darüber hinaus befasst sich das Schrifttum nur sporadisch mit grundlegenden Fragen oder mit dem Zweck und den Zielen von Compliance. Stattdessen dominieren Beiträge und Handreichungen, die sich auf die Rechtsanwendung in der unternehmerischen Praxis unter dem Leitgedanken der „Vermeidung von Haftung“[3] konzentrieren. Auf übergreifender theoretischer Abstraktionsebene wird allenfalls noch über die Klassifizierung von Compliance als Modethema oder Pflichtprogramm nachgedacht[4]. Auch aus der interdisziplinären Perspektive sind kaum Anstöße ersichtlich, die sich jenseits der „klassischen“ Compliance-Themen bewegen[5]. Die einschlägigen Arbeiten nehmen abgesehen von der Einbeziehung ethischer und betriebswirtschaftlicher Darlegungen[6] nur rudimentär zu der möglichen methodischen Leistungsfähigkeit des Compliance-Konzepts im Wissenschaftsverbund Stellung. Ähnlich verhält es sich mit der globalen Compliance-Betrachtung, die zwar gelegentlich angeschnitten, aber aus dem Blickwinkel der möglichen methodischen Relevanz für das Recht nicht vertieft wird[7].

II. Befundkritik und Gang der Untersuchung

Insgesamt zeigt sich damit ein Befund, der sich weitgehend darin erschöpft, Compliance auf die Funktion als Management- und Organisationsmodell für Unternehmen zu reduzieren und Compliance als Antwort auf das Versagen von Organisationen und Personen zu begreifen[8]. Angesichts dieses beschränkten Denkansatzes verwundert es nicht, dass die hier interessierende Frage nach dem methodischen Potential von Compliance zur Analyse und Lösung von Rechtsproblemen übersehen wird. Eine nähere und umfassendere Untersuchung eines möglichen weiteren Anwendungsbereiches bietet sich schon deshalb an, weil sich Compliance in jüngerer Zeit durch unterschiedliche Einflüsse zu einem ausgefeilten Konzept und System entwickelt hat, das mindestens auf den ersten Blick Überschneidungen und Gemeinsamkeiten mit den Elementen der juristischen Methodenlehre aufweist. Man denke nur an die beide Bereiche tangierenden Aspekte der Rechtsgewinnung, der Rechtsanwendung und der Verbesserung von Recht.

Aus dieser Perspektive betritt diese Abhandlung juristisches und methodisches Neuland, ohne sich auf den engen rechtswissenschaftlichen Fokus zu beschränken, der weder dem Charakter der Methodenlehre noch dem Anliegen von Compliance als typische Querschnittsmaterie entspräche. Vor diesem Hintergrund nähern sich die weiteren Ausführungen dem hier zu untersuchenden Problem wie folgt: Zunächst

---

[3] S. den Untertitel bei *Hauschka* (Hrsg.), Corporate Compliance, 2. Aufl. 2010 sowie S. 12.

[4] *Moosmayer*, NJW 2012, 3013 ff.

[5] *Holzhauser/Sutter* (Hrsg.), Interdisziplinäre Aspekte von Compliance, 2011.

[6] *Moosmayer*, NJW 2012, 3013.

[7] S. dazu *Wieland/Steinmeyer/Grüninger* (Hrsg.), Handbuch Compliance Management, 2010, 699 ff.

[8] S. dazu auch *Stober*, DVBl. 2012, 391 ff.

wird auf Begriff, Anwendungsbereich und das Managementsystem Compliance eingegangen, dem unterschiedliche rechtsmethodische Ansätze gegenübergestellt werden. Damit ist die Basis gelegt für die Beantwortung der hier interessierenden Frage, ob und inwieweit Compliance in der Lage ist, als ergänzende oder alternative Methode des Rechts zu fungieren. Oder mit anderen Worten: Welchen Nutzen und welchen Mehrwert kann das Compliance-System für die Ordnung des Rechts bringen?

III. Das Compliance-Konzept

1. Zum Compliance-Begriff

Im bisherigen Verlauf der Analyse wurde zwar die Bezeichnung Compliance mehrfach erwähnt und teilweise konkretisiert. Es fehlt aber noch an einer Definition, die Voraussetzung für eine nähere Auseinandersetzung mit dem Verhältnis von Compliance und juristischer Methodenlehre, ist. In der Literatur besteht keine Einigkeit über eine bestimmte Umschreibung von Compliance. Vielmehr existieren aufbauend auf existierende Regelungen unterschiedliche Begriffserläuterungen. Sie vermitteln zusammengenommen ein ziemlich klares Bild und liefern als Arbeitsdefinitionen eine solide Basis für die weiteren Überlegungen. In diesem Sinne wird Compliance hauptsächlich verstanden als:

- Organisation von Legalität (§ 25 a und c KWG)
- Rechtstreues Unternehmen (s. § 97 IV GWB)
- Verantwortungsvolle Unternehmensführung (§ 161 AktG)[9].

2. Compliance-Standards

Zur Bewältigung der damit verbundenen Herausforderungen hat sich ein Compliance-Management-System etabliert, dessen Ausgestaltung unbeschadet geringer Abweichungen im Kern und im Ergebnis weitgehend übereinstimmt. Eine Pionierleistung ist der vom Institut für Wirtschaftsprüfer veröffentlichte Prüfungsstandard 980 „Grundsätze ordnungsgemäßer Prüfung von Compliance-Management-Systemen“ PS 980. Diese seit dem 30.09.2011 geltende Empfehlung beruht auf sieben Elementen, in deren Zentrum die Compliance-Kultur steht, die von sechs Bausteinen umgeben wird, wie die nachfolgende Grafik auf S. 94 verdeutlicht[10].

---

[9] Ebenda.

[10] S. *Wendt*, in: Stefan Behringer (Hrsg.), Compliance für KMU, 2012, S. 203, 209.

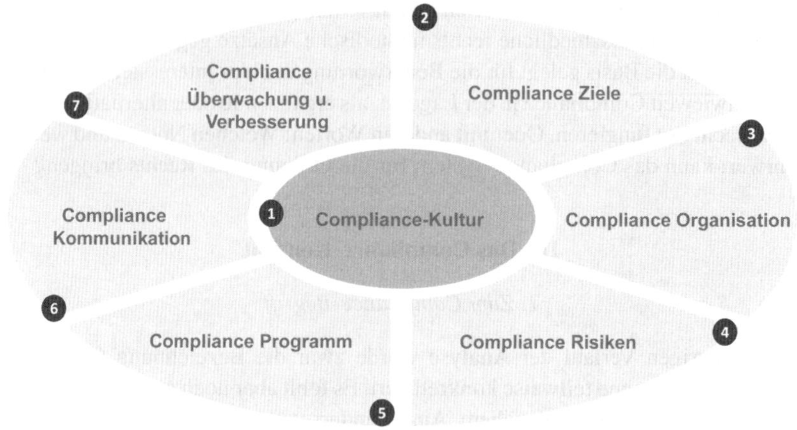

Grafik 1

Quelle: Stefan Behringer, Compliance für KMU, 1. Aufl., S. 209, mit freundlicher Genehmigung © Erich Schmidt Verlag GmbH & Co. KG, Berlin 2012, mehr zum Buch unter www.ESV.info/9783503138968.

Ähnlich funktioniert das von KPMG entwickelte sog. 7x7-Modell[11].

3. Die 4-Schritt-Methode

a) Elemente der 4-Schritt-Methode

Die 7-Elemente-Methode ist zwar eine nützliche Grundlage zur Erfassung von Compliance-Tatbeständen und Prüfrastern. Sie wirkt aber hinsichtlich der Reihenfolge der einzelnen Stationen unstrukturiert und wiederholend. Vor allem hat sie den Nachteil, dass sie – abgesehen von der kulturellen Komponente – kaum interdisziplinär ausgerichtet ist und sich bei der Anwendung auf die Wirtschaftsprüfungspraxis beschränkt. Deshalb wird hier auf die inhaltlich identische aber fächerübergreifend und international seit Längerem insbesondere im Technik- und Sicherheitsmanagement anerkannte 4-Schritt-Methode zurückgegriffen[12], die bereits Eingang in die Gesetzgebung gefunden hat (§ 25 a KWG, § 33 I WpHG, Mindestanforderungen Compliance BT 1.2) und zudem wegen der Konzentration auf vier Elemente eine einfachere Vorgehensweise ohne Substanzverlust gestattet. Den endgültigen Siegeszug hat die 4-Schritt-Methode begonnen, seit sie Grundlage eines Entwurfes der *ISO/DIS 19600* ist, die auf eine australische Initiative zu-

[11] Compliance-Management-System, KPMG, 2008, S. 19; s. zum Einsatz bei der Unternehmenssicherheit *Gundel/Mülli*, Unternehmenssicherheit, 2009, S. 11; s. zu den 7 Elementen eines effektiven Compliance-Programms ferner das von PriceWaterhouseCoopers entwickelte Prüfraster in der Abhandlung von *Hauschka*, Anwaltsblatt 2010, 629, 632.

[12] DIN ISO/ IEC 27001; Bekanntmachung der Grundlagen für Sicherheits-Management-Systeme in Kernkraftwerken v. 29.06.2004 BAnZ Nr. 138; *BMI* (Hrsg.); Umsetzungsplan KRITIS des nationalen Plans zum Schutz der Infrastruktursicherheit S. 12.

rückgeht und auch von der DIN akzeptiert wird. Die Norm soll ausweislich Punkt 1 und 3.01 auf alle Erscheinungsformen von Organisationen anwendbar sein, unabhängig davon, ob sie privatrechtlich oder öffentlich-rechtlich sind. Denn im Vordergrund steht die Realisierung des Prinzips der *Good Governance.* Deshalb wird nachfolgend das Modell auch aus dieser Perspektive veranschaulicht, auf dessen Details in der Verwaltungspraxis im Einzelfall zurückgegriffen werden kann.

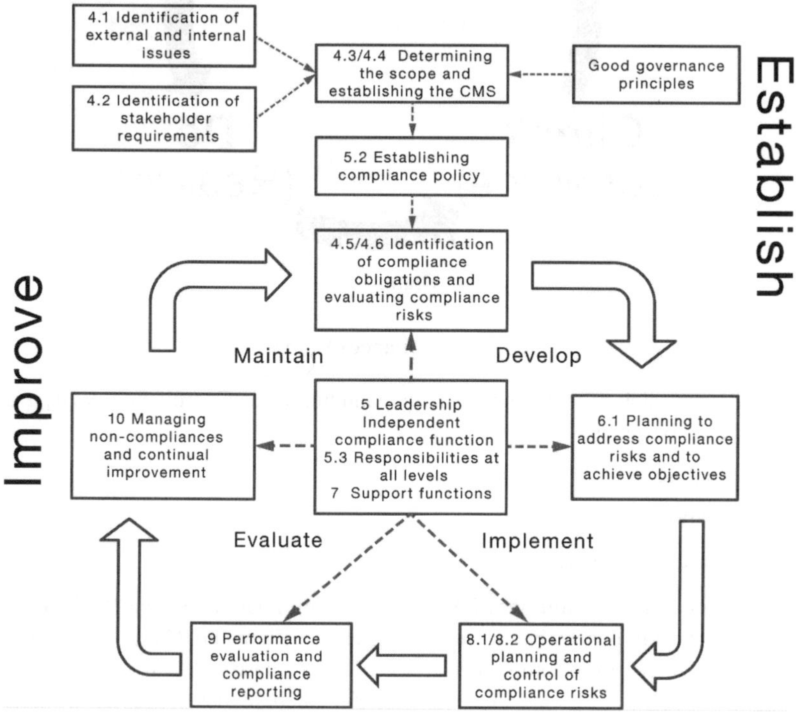

Grafik 2

Ausgangspunkt ist eine Definition des Compliance-Managements, das als gezielte Planung, Entscheidung, Realisierung und Kontrolle aller Maßnahmen verstanden wird, welche die Erfüllung der für das Unternehmen relevanten Gesetze und Regelungen sicherstellen und koordinieren soll. Dementsprechend stehen hier vier Strukturelemente im Vordergrund, die sich nachvollziehbar an einem vereinfachten Schaubild (Grafik 3 auf S. 96) skizzieren lassen.

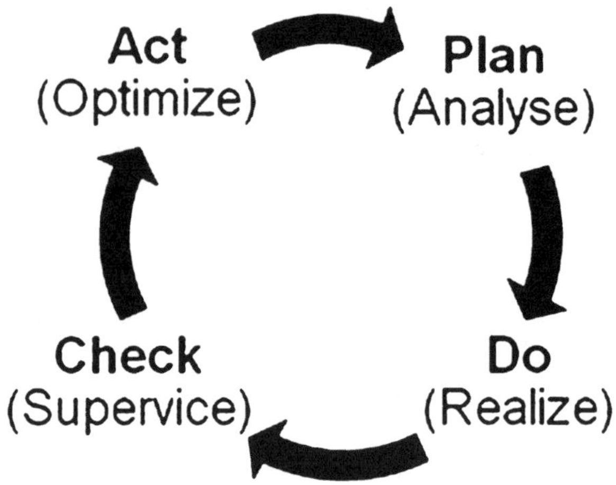

Grafik 3

b) Zur Compliance-Analyse

Wendet man sich dem ersten Schritt zu, dann muss eine Compliance-Analyse aus drei Faktoren bestehen:

- Werteanalyse
- Normanalyse
- Schwachstellenanalyse.

Bei einem Vergleich mit dem 7-Punkte-Programm der erwähnten Prüfstandards PS 980 lässt sich unschwer feststellen, dass die Elemente Compliance-Kultur, Compliance-Ziele und Compliance-Risiken unter diese erste Kategorie fallen, weil diese Aspekte Ausgangspunkt einer Befunderhebung des konkreten Unternehmens sein müssen. An der Spitze steht stets die Überlegung, welche Werte den Kern des Unternehmens ausmachen, d.h. welche Kultur, welche Philosophie und welche Maßstäbe dem Management-System zugrundeliegen sollen. Beispielhaft sei auf das Leitbild des „Ehrbaren Kaufmanns" verwiesen, dessen Handeln sich durch Fairness, Anständigkeit, Ehrlichkeit, Verlässlichkeit und Verantwortlichkeit auszeichnet. Dabei handelt es sich um klassische Werte, die in der ISO- 26000 unter der Überschrift „Corporate Social Responsibility" in jüngerer Zeit eine Renaissance erfahren.

Diese Werteanalyse bedarf einer Ergänzung durch eine Normanalyse, mit der festgestellt wird, welche Regeln für das jeweilige Unternehmen gelten. Insofern ist zwischen konstruktiver und deklaratorischer Compliance zu unterscheiden, wobei die erste Unterteilung Auskunft über verpflichtende Compliance-Gesetze und Compliance-Behörden gibt (z.B. KWG und Bundesanstalt für Finanzdienstleistungsaufsicht nach dem FinDAG). Schließlich ist im Rahmen der Compliance-Analyse nach den potentiellen Schwachstellen zu suchen, die das Unternehmen treffen können. Welche

Aktivitäten das sein können, hängt von der Betriebsform und dem Geschäftsgegenstand ab. Als Hilfsmittel zur systematischen Ermittlung der Schwachstellen empfiehlt es sich, auf die betriebswirtschaftlich anerkannte Wertschöpfungskette im Sinne einer „Supply-chain-compliance“ zurückzugreifen, bei der Primär- und Unterstützungsaktivitäten zusammengefasst werden (Beispiel für Risiken: IT-Organisation, Beschaffung und Vertrieb).

c) Zur Compliance-Umsetzung

Nach Abschluss der Compliance-Analyse bedarf es einer Implementierung in das Management-System, die in zwei Richtungen zu erfolgen hat. Zum einen geht es um eine Entscheidung über den Aufbau einer Compliance-Organisation und zum anderen um Maßnahmen, mit denen Compliance erzeugt und gelebt werden soll. Im Mittelpunkt der Organisations-Compliance steht die Frage nach einer unternehmensinternen oder externen (Outsourcing) Ausgestaltung insgesamt oder in Teilbereichen sowie die Lösung der Problematik, ob Compliance eine selbständiges Ressort bilden der in eine bestehenden Abteilung integriert werden soll (Rechtsabteilung, Revision usw.).

Die Existenz einer Compliance-Organisation ist die Voraussetzung für die Einführung von Compliance- Maßnahmen, mit denen die Compliance-Ziele realisiert werden sollen. An erster Stelle ist die Schaffung und Etablierung von internen Regeln (code of conduct) zu nennen, die zusätzlich zu eventuell existierenden verbindlichen Compliance-Gesetzen oder Organisationspflichten aufgestellt werden. Sie können in einem Handbuch zusammengefasst werden und sollten Gegenstand vertraglicher Abmachungen mit Beschäftigten und Lieferanten sein, die diese Vorgaben einhalten müssen. Zu diesem Zweck sind Schulungen anzubieten, die der Bewusstseinsschärfung und der Bewusstseinsänderung im Hinblick auf die zu erreichenden Ziele dienen, um insgesamt saubere Geschäfte zu ermöglichen, ein sicheres Verhalten zu erzeugen und eine positive Grundstimmung zu vermitteln. Es bestehen keine Zweifel, dass die in dieser Phase eingesetzten fachlichen und kommunikativen Instrumente in Form eines Reportings an die zuständigen Stellen gespiegelt werden müssen. Aus dieser Perspektive erfasst die Compliance-Umsetzung aus der 4-Schritt-Management Perspektive die bei der PS 980 Methode getrennten Elemente Compliance-Programm, Compliance-Kommunikation und Compliance-Organisation.

d) Zur Compliance-Überwachung

Bei der Compliance-Kontrolle geht es primär um die Frage, wie man mit Compliance-Verstößen umgeht. Hier steht dem sogenannten Nulltoleranzprinzip das Duldungsprinzip gegenüber, das aber erfahrungsgemäß zur weitgehenden Unwirksamkeit des Compliance-Managements führt. Die Palette der Sanktionen erstreckt sich auf das Zivil- und Arbeitsrecht, das Straf- und Ordnungswidrigkeitenrecht, sowie das Öffentliche Recht. Dieser dritte Schritt muss im Gegensatz zum Vorgehen nach dem PS 980 losgelöst von der Verbesserung behandelt werden, weil hier die Rechtsfolgen eines „non-compliant“ Verhaltens im Vordergrund stehen.

e) Zur Compliance-Optimierung

Am Ende des Compliance-Kreislaufs steht als vierter Schritt die Evaluierung der erfolgten Compliance-maßnahmen auf ihre Erfolgstauglichkeit sowie die Überlegung, inwieweit das Compliance-System verbessert werden kann. Hier rücken die Ziele in den Mittelpunkt, die mit der Vorhaltung eines Compliance-Systems verwirklicht werden sollen. Im Einzelnen handelt es sich um folgende Aspekte, die rudimentär auch im Corporate Governance Kodex sowie in der ISO 26000 angesprochen werden und Ausdruck eines „Change- und Informations-Managements" sind:

- Verdeutlichung der Rechts- und Wertregeln (Bewusstseinsschärfung und Bewusstseinsänderung)
- Formalisierung und Standardisierung (Erlangung von Rechtssicherheit)
- Konzeptionierung (Schaffung eines geschlossenen Managementsystems)
- Transparenz (Nachvollziehbarkeit der Maßnahmen)
- Prävention (Risikominimierung und Haftungsvermeidung)
- Stabilisierung (Nachhaltiger Betriebsfrieden)
- Präqualifikation (Voraussetzung zur Erschließung neuer Märkte)
- Optimierung (Qualitätssicherung durch „good oder best practice"-Normen)[13].

IV. Ansätze juristischer Methodenlehre

1. Zur Uneinigkeit des Schrifttums

Wer Compliance rechtsmethodisch bewerten will, der muss zunächst den aktuellen Diskussionsstand der juristischen Methodenlehre entfalten. Zutreffend wird hierzu im Schrifttum nüchtern konstatiert, dass es sich bei der juristischen Methode nicht um einen klar abgrenzbaren Begriff, sondern um eine wissenschaftliche Grundhaltung handle, die regelmäßig auf einem Methodenkanon beruhe[14]. Deshalb besteht in der Rechtswissenschaft auch keine Einigkeit darüber, welche Elemente zum Kernbestand einer Methodenlehre gehören und wie weit der Anwendungsbereich zu ziehen ist[15]. Vielmehr lässt sich eine weitgehende Übereinstimmung nur dahin ausmachen, die juristische Methode als komplexes und dynamisches Gebilde zu begreifen, das neuen Denkansätzen gegenüber offen ist[16]. Typisches Beispiel hierfür ist die Be-

---

[13] S. näher *Stober* (Fn. 8), 397 m.w.N.

[14] S. *Appel*, Das Verwaltungsrecht zwischen klassischen dogmatischen Verständnis und steuerungswissenschaftlichem Anspruch, in: VVDStRL 67 (2008), 226, 235 m. w. N.

[15] S. zur historischen Entwicklung der Methodenlehre *Schröder*, Recht als Wissenschaft, 2. Aufl. 2012.

[16] Ähnlich *Appel* (Fn. 14), 228.

reicherung der Methodendebatte um steuerungswissenschaftliche Aspekte[17]. Letztlich hängt der Inhalt einer modernen und zukunftsfähigen Methodenlehre von den an sie gestellten Anforderungen ab. Das sind die Ziele, die mit der Methodenlehre verfolgt werden. Was soll also eine juristische Methodenlehre leisten?

2. Was soll die juristische Methodenlehre leisten?

Im Kern geht es um die Ordnung des Rechts und um die Suche nach einem Leitbild für eine funktionierende Rechtsordnung[18]. Dieser Aufgabe hat sich zunächst die klassische juristische Methode angenommen. Ihr gebührt das Verdienst, dass sie über die Gesetzesinterpretation hinaus einer Systematisierung, einer Herausbildung von Rechtsinstituten und einer Verrechtlichung den Boden bereitet hat[19]. Allerdings führte der Siegeszug der juristischen Methode gleichzeitig zu einer Verarmung der Rechtswissenschaft, die wegen der Konzentration auf das materielle Recht von wichtigen Erkenntnisquellen abgeschnitten wurde[20]. Aus heutiger Sicht ist das Anwendungsfeld der Methodenlehre weit zu ziehen, um nicht von vornherein bestimmte Ansätze und Entwicklungen auszuklammern. Sie hat sich unter sämtlichen denkbaren Gesichtspunkten mit der Erfassung, Untersuchung, Verarbeitung und Lösung von Fragen, Bezügen, Erscheinungsformen und Konzeptionen des Rechts zu befassen. Insbesondere darf sich die Durchdringung der Rechtswissenschaft nicht auf juristische Themen beschränken. Vielmehr besteht aus der Sicht der Forschung ein hohes Maß an meta-juristischer Verantwortung, die sich in der Einbeziehung intra-, inter-, multi- und transdisziplinärer sowie internationaler Erkenntnisse niederschlägt, um von anderen Wissenschaften, anderen Rechtskreisen und anderen Methodenansätzen zu profitieren[21]. Diese sogenannte Integrationsmethode[22] überwindet die historisch vollzogene künstliche Trennung der Wissenschaften[23], berücksichtigt die Rolle des Rechts als Realwissenschaft[24] sowie als rechtsetzungsorientierte Handlungs- und Entscheidungswissenschaft[25], befasst sich u. a. mit der Effizienz, der Zweckmäßigkeit sowie der Wirkung von Recht, die durch Evaluierungen ermittelt wird und

---

[17] S. näher *Voßkuhle*, in: Hoffmann-Riem/Schmidt-Aßmann/Voßkuhle (Hrsg.), Grundlagen des Verwaltungsrechts I, 2. Auflage, § 1 Rn. 18 ff.

[18] *Stober*, in: Wolff/Bachof/Stober/Kluth, Verwaltungsrecht I, 13. Auflage 2014, § 2 VI.

[19] S. aus der Perspektive des Verwaltungsrechts *Stober* (Fn. 18) § 2 II 2 und § 2 V 3 m.w.N.

[20] *Appel* (Fn. 14), 240.

[21] S. *Hoffmann-Riem*, JZ 2007, 645 ff.; *Voßkuhle,* in: Hoffmann-Riem/Schmidt-Aßmann/Voßkuhle (Hrsg.),§ 1 Rn. 37 ff.; *Stober* (Fn. 18), § 2 II 3, § 2 V 4 und § 2 VI 3 und 7; s. auch die Forderungen des Wissenschaftsrates gegenüber der Rechtswissenschaft in FAZ v. 10. 11. 2012, Nr. 263, S. 4; sowie in NJW-aktuell, Heft 49/2012, S. 10.

[22] Ähnlich *Trute/Pilniok,* in: Mehde/Ramsauer/Seckelmann (Hrsg.) FS Bull, 2012, 849.

[23] *Möllers*, in: Hoffmann-Riem/Schmidt-Aßmann/Voßkuhle (Hrsg.), Grundlagen des Verwaltungsrechts, Band I, 2. Auflage, § 3 IV.

[24] *Appel* (Fn. 14), 228; *Voßkuhle* (Fn. 17), Rn. 32.

[25] *Voßkuhle*, (Fn. 17), Rn. 15 und Rn. 29 ff.

Basis für Reformen mit dem Ziel einer Optimierung des Rechtssystems im Sinne eines Benchmarking ist. Dazu bedient sie sich der Methoden der Betriebswirtschaftslehre einschließlich der dort anerkannten Management- und Organisationskonzepte, die in ein steuerungswissenschaftliches Modell in Gestalt einer Good Governance und einer Corporate Governance münden[26], das letztlich auf einer ökonomischen und sozialwissenschaftlichen Analyse des Rechts und einer ethisch fundierten Wertordnung beruht, ohne die jede juristische Methode ins Leere läuft[27]. Dabei wird dem Governance-Ansatz deshalb eine große Zukunft prognostiziert, weil er nach Regelungsstrukturen fragt und international anschlussfähig ist[28]. In diesem weiten Kontext muss ein offen angelegtes rechtswissenschaftliches Leitbild folgende Zwecke erfüllen:

- Ordnungszweck
- Rationalisierungszweck
- Standardisierungszweck
- Vereinheitlichungszweck
- Entwicklungszweck
- Distanzierungszweck[29].

V. Compliance als alternatives Methodenmodell?

1. Compliance als Ergänzungs- und Alternativmethode?

Welche Folgerungen lassen sich aus der Schilderung des Compliance-Umfeldes und der Methodenansätze für die mögliche Rolle von Compliance-Konzepten als ergänzende oder alternative Methode des Rechts ziehen? Bislang wurde das Compliance- Management und Organisationssystem vornehmlich als zusätzlicher Prüf- und Kontrollaspekt in die bestehende juristische Ordnung eingefügt. Compliance diente insofern als weitere, die Methodenlehre punktuell ergänzende und bereichernde Erkenntnisquelle (Ergänzungsfunktion). Gleichzeitig profitierte Compliance vom Rückgriff auf einzelne juristische Methoden etwa im Bereich der Interpretationslehre. Unabhängig von dieser Wechselbezüglichkeit soll aber nachfolgend der umgekehrten Frage nachgegangen werden, ob Compliance als alternatives Modell zur Steuerung der Rechtsordnung fungieren kann und möglicherweise in der Lage ist, die methodische Führungsrolle in der Jurisprudenz zu übernehmen. Ob dies denkbar ist, beurteilt sich nach der Kompatibilität und Parallelität der jeweiligen Zielsetzungen, zu denen weitere Vorteile hinzutreten müssen.

---

[26] *Trute/Pilniok* (Fn. 22), S. 849; Appel (Fn.14), 241 ff.; *Eifert*, VVDStRL 67 (2008), 286, 293 ff.; *Stober,* (Fn. 18), § 2 V 5 d.

[27] *Stober* (Fn. 18), § 2 III 2 und § 2 V 6, *Voßkuhle* (Fn.17), Rn. 28.

[28] *Appel* (Fn. 14), 245.

[29] S. *Stober* (Fn. 18), § 2 VI.

2. *Zur Leistungsfähigkeit der Compliance-Methode*

a) Compliance als steuerungswissenschaftliches Konzept

Gegenüber den beschriebenen Rechtsmethoden weist Compliance den Vorteil auf, dass es keinen nachhaltigen Schulenstreit in der Wissenschaft gibt, welcher Ansatz zu präferieren ist. Das ist auch nicht weiter verwunderlich, weil Compliance im Gegensatz zu den herkömmlichen und modernen Methodenlehren klare, einheitliche Strukturen aufweist und jenseits der kaum entscheidungserheblichen Frage, ob man Compliance in sieben Elemente aufteilt oder – wie hier vertreten – in vier Schritten prüft, ein geschlossenes System darstellt, das sich mit sämtlichen Facetten und Zwecken von Rechtsordnungen auseinandersetzt. Es sei nur daran erinnert, dass dem Compliancemodell ein ganzheitlicher Ansatz zugrundeliegt, der sich allen Aspekten widmet, die typischerweise Gegenstand der juristischen Methodenlehren und des steuerungswissenschaftlichen Anspruchs sind. Denn auch bei Compliance geht es von der Analyse und Erschließung des Rechts über die Umsetzung und Anwendung von Regeln bis hin zur Rechtsdurchsetzung und die Evaluierung[30] sowie Weiterentwicklung des Rechts und damit insgesamt um die Lösung grundlegender Rechtsordnungsfragen. Im Vergleich zu den überkommenen Lehren besitzt Compliance den Vorzug, dass es die Rechtsordnung als Prozess und Kreislauf begreift, wobei man zur näheren Erforschung des sich ständig erneuerndes Zyklus auf einen umfassenden Werkzeugkasten und Instrumentenkoffer zurückgreifen kann. Insofern liegt die methodische Leistungsfähigkeit des Ordnungsinstitutes Compliance in der Bereitstellung eines juristischen Konzeptes, das auf einer neuen systematischen Vorgehensweise zur Problemanalyse und -lösung beruht.

b) Compliance als Verhaltens-Konzept

Als nachteilig scheint sich auf den ersten Blick der Umstand zu erweisen, dass Compliance entwicklungsbedingt auf Unternehmen zugeschnitten ist. Bei näherer Betrachtung zeigt sich jedoch, dass dieses Modell durchaus verallgemeinerungsfähig und deshalb auch methodentauglich ist. Denn das damit verbundene Konzept wird nicht nur auf den Staat, seine Erscheinungsformen und Untergliederungen[31], sondern auch auf den sogenannten Dritten Sektor angewendet[32]. Bedenkt man ferner, dass Compliance gute Unternehmensführung und Good Governance bezweckt, dann leuchtet ein, dass die Errungenschaften von Compliance wegen des dargelegten ganzheitlichen Zugriffs auf allgemein methodische Anwendungsfelder übertragbar sind. Hinzu kommt der privat-gesellschaftliche Aspekt, der das Compliance-System

---

[30] *Silverman* (Fn. 2), S 267 f.

[31] *Stober* (Fn. 8), 391 ff.; s. demnächst *Stober/Ohrtmann* (Hrsg.), Compliance, Handbuch für die öffentliche Verwaltung, Stuttgart, 2014.

[32] *Stober*, in: Schmidt-Trenz/Stober (Hrsg.), Jahrbuch Recht und Ökonomik des Dritten Sektors 2011/2012, Compliance im Dritten Sektor, S. 9 ff.; s. auch den Buchtitel von. Silverman (Fn. 2).

in besonderem Maße auszeichnet. Compliance richtet sich nicht nur an die Unternehmer selbst oder die Geschäftsleitung, sondern an alle Beschäftigten, Lieferanten und Kunden, mit denen Rechtsbeziehungen bestehen. Das Compliance-Konzept erfasst damit einen breiten Adressatenkreis, der weitgehend in die einzelnen Phasen des Compliance-Systems eingebunden wird. Hier steht die Aufgabe im Mittelpunkt, das Bewusstsein zu schärfen und das Verhalten gegebenenfalls zu ändern, um saubere und sichere Geschäfte zu ermöglichen und Sanktionen zu vermeiden. Abstrahiert man diesen Auftrag auf das methodische Kernanliegen der Rechtsordnung, dann geht es letztlich ebenfalls darum, sauberes und Rechtssicherheit verbreitendes Recht zu schaffen, Rechtsfrieden herzustellen, den Rechtsverkehr zu fördern und die Rechtsordnung zu optimieren.

c) Compliance als universales methodisches Konzept

Ein weiterer Vorteil des Compliance-Modells gegenüber den verschiedenen Ausprägungen der juristischen Methodenlehre ist seine weitverbreitete Akzeptanz, die auf mehreren Säulen ruht. Zum Einen hat sich das Compliance-System innerhalb kurzer Zeit zu einem universal anerkannten Konzept entwickelt, dessen Relevanz exemplarisch in dem Buchtitel von *Martin T. Biegelmann* „Building A World-Class Compliance Programm“ zum Ausdruck kommt. Das ist eine besondere Leistung, wenn man sich vergegenwärtigt, dass sich Compliance vom US-amerikanischen Rechtsraum ausgehend in Europa verbreitet hat und nunmehr auch in Asien Geltung beansprucht[33]. Eine Vorreiterrolle spielen hier international aufgestellte Unternehmen, die Compliance-Standards im Rahmen ihrer Unternehmenskultur und Wertephilosophie als „universal code of conduct“ global eingeführt haben[34], die nunmehr Gegenstand der erwähnten ISO/DIS 19600 sind. Damit steht fest, dass es der Compliance-Methode gelungen ist, unterschiedlich motivierte Rechtskreise zu überwinden und damit einen wegbereitenden Beitrag zur Analyse von Rechtsordnungen und zur juristischen Problemlösung beizusteuern.

d) Compliance als interdisziplinär methodisches Konzept

Zum Anderen ist das Compliance-System nicht nur in der Rechtswissenschaft angesiedelt. Vielmehr handelt es sich um ein Konzept, das von breiter Interdisziplinarität geprägt ist. Das gilt insbesondere für das Kernelement des Management-Modells, die beschriebene Vier-Schritt-Methode, die rasch zu einem gemeinsamen Standard von Technikwissenschaft und Betriebswirtschaft avanciert ist[35]. Diese Überein-

---

[33] *Urbach*, Compliance bei unternehmerischem Engagement in der Volksrepublik China, 2012.

[34] *Wieland/Steinmeyer/Grüninger* (Fn. 7), S. 699 ff. und detailliert S. 617 ff.

[35] DIN ISO/IEC 27001; Bekanntmachung der Grundlagen für Sicherheit-Management-Systeme in Kernkraftwerken v. 29.6.2004 BAnZ Nr. 138; *BMI* (Hrsg.), Umsetzungsplan KRITIS des nationalen Plans zum Schutz der Infrastruktursicherheit S. 12.

stimmung hat ihren Niederschlag etwa in DIN-ISO-Normen gefunden, die unbeschadet ihres Empfehlungscharakters[36] wegen der Beteiligung aller Interessierten an der Normsetzung und Weiterentwicklung hohes Ansehen genießen. Es bedarf keiner näheren Erläuterung, dass die fachübergreifende Ausrichtung zum besseren Verständnis der Disziplinen beiträgt und deshalb methodisch geeignet ist, verallgemeinert zu werden. Nicht zu vergessen in diesem Zusammenhang ist die ethische Komponente des Compliance-Modells, die mindestens partiell bei der Compliance-Diskussion etwa in Gestalt der Rechtsfigur des „Ehrbaren Kaufmanns" (s. auch § 1 I IHKG) eine Rolle spielt. Die Einbeziehung von Werten in das Compliancekonzept ist eine wichtige interdisziplinäre und methodische Bereicherung, die sowohl bei der klassischen juristischen Methode als auch bei der steuerungswissenschaftlichen Lehre eher zurückhaltend angesprochen wird. Eine ähnliche Aussage kann man hinsichtlich der Wirkung von Recht treffen, die bei Compliance fester Bestandteil der dritten und vierten Phase ist, weil die Folgen von Rechtsregeln automatisch untersucht, auditiert und evaluiert werden, um daraus Rückschlüsse für eine Verbesserung der Normenlandschaft und der damit verbundenen Begleitmaßnahmen zu ziehen. Diese Bespiele ließen sich beliebig vermehren. Sie zeigen eindrucksvoll, dass die breit angelegte Herangehensweise des Compliance-Systems methodisch den bisher diskutierten Methoden überlegen ist.

e) Compliance als praxisgeleitetes methodisches Konzept

Schließlich kann Compliance mit einem Pfund wuchern, das der juristischen Methodenlehren bislang verwehrt ist. Das Compliance-Modell ist inzwischen eine zentrale Kategorie in der Wirtschaftspraxis geworden, während sich etwa der steuerungswissenschaftliche Methodenansatz in der Verwaltungspraxis noch nicht durchgesetzt hat. Die Compliance-Rezeption ist einerseits sicherlich auch auf Druck der Aktionäre, der Gerichte und der Überwachungsbehörden zurückzuführen. Andererseits ist aber zu bedenken, dass das Compliance-System auf gut gegliederten und brauchbaren Prinzipien beruht, die sich unschwer in die betrieblichen Prozesse integrieren lassen. Die Unternehmen sind auf diese Alltagstauglichkeit angewiesen, um ohne große bürokratische Hürden Rechtstreue und gute Unternehmensführung zu gewährleisten. Aus dieser gelebten Unternehmenspraxis erwachsen zahlreiche Erfahrungen, Maßnahmen und Abläufe, die nicht nur von praktischem Interesse sind, sondern auch Anschauungsmaterial für die Theorie der Methodenlehre liefern können. Es sei nur erinnert an die Funktion von Unternehmen als Rechtsschöpfer interner code of conducts, als Organisator und Kommunikator von Recht, als Überwachungs- und Sanktionsorgan oder als Optimierer und Innovator der Unternehmens-Rechtsordnung. Diese und andere Exempel bilden ein rechtstatsächliches Umfeld, das methodisch als Realwissenschaft in eine umfassende Compliance-Methodenlehre einfließen kann.

---

[36] BGHZ 139, 16.

VI. Fazit

Compliance ist kein methodisches Wundermittel. Aber es ist ein durchstrukturiertes, nachvollziehbares und leicht verständliches Konzept, das in der Lage ist, das Recht und seine Funktionen gut zu erklären, für mehr Verständnis zu sorgen, für die Anliegen der Rechtsordnung und mehr Akzeptanz zu werben sowie zu ermöglichen, dass grundlegende Fragestellungen systematisch angesprochen, analysiert, umgesetzt und optimiert werden. Insofern bietet das Compliance-Management-System unter dem methodischen Blickwinkel die Chance, die Erkenntnisinteressen und Lösungsperspektiven insbesondere der neuerdings vertretenen steuerungswissenschaftlich begründeten Methodenlehre zu integrieren und bei Bedarf durch die Einfügung weiterer Gesichtspunkte innerhalb der 4-Schritt-Methode zu verfeinern. Insbesondere der durch Interdisziplinarität, Globalität und Praxisdialog gespeiste evolutionäre Gehalt des Compliance-Konzepts ist durchaus in der Lage, die bisher vertretenen Methodenansätze unter Einbeziehung bewährter Aspekte wie etwa des Auslegungskanons zu evolutionieren, wenn nicht sogar zu revolutionieren.

Dispositionelle Gefahren und Gefahrenverdacht

Der Versuch, eine schwierige Aufgabe des Bundesverfassungsgerichts mit den Methoden Hans-Joachim Kochs zu lösen

Von *Thomas Darnstädt*

I. Die Aufgabe

Das Vorfeld der Polizei-Gefahren ist unübersichtliches Gelände. Seit Jahren versuchen Gesetzgeber in Bund und Ländern, unterhalb der im Polizeirecht etablierten Schwelle konkreter Gefahren klare Tatbestandsvoraussetzungen für präventive Eingriffe insbesondere zur Vorsorge gegen terroristische Bedrohungen zu schaffen.[1] Wiederholt hat das Bundesverfassungsgericht solche Ermächtigungen mit der Rüge mangelnder Bestimmtheit aufgehoben bzw. kritisiert.[2] Eine neue einschlägige Entscheidung steht bevor.[3]

Das Problem, jenseits einer konkreten Gefahr hinreichend bestimmte Präventiv-Tatbestände zu formulieren, hat das Bundesverfassungsgericht in seiner Entscheidung über das Niedersächsische SOG[4] umrissen: „Die Norm muss handlungsbegrenzende Tatbestandsmerkmale enthalten, die einen Standard an Vorhersehbarkeit und Kontrollierbarkeit vergleichbar dem schaffen, der für die überkommenen Aufgaben der Gefahrenabwehr und der Strafverfolgung rechtsstaatlich geboten ist."[5] Auch für die polizeiliche Handlungsfähigkeit im Bereich diffuser Risiken, auch wenn es um die Risiken einer Bedrohung durch den internationalen Terrorismus geht, gibt es kei-

---

[1] Vgl. dazu im einzelnen *BMI/BMJ* (Hrsg.): Bericht der Regierungskommission zur Überprüfung der Sicherheitsgesetzgebung in Deutschland vom 28. August 2013.

[2] Zur begrenzenden Rechtsprechung d. BVerfG im Vorfeld vgl. *Darnstädt*, Karlsruher Gefahr – Eine kritische Rekonstruktion der polizeirechtlichen Ausführungen des Bundesverfassungsgerichts im Vorratsdaten-Urteil und im Online-Urteil, DVBl. 2011, 263; *Denninger*, Prävention und Freiheit, in: Huster/Rudolph (Hrsg.), Vom Rechtsstaat zum Präventionsstaat 2008, S. 85, 100; *Möstl*, Das Bundesverfassungsgericht und das Polizeirecht, DVBl. 2010, 808; speziell zu Bestimmtheit: BVerfGE 110, 33; E 113, 348; E 120,274; E 125, 260; zuletzt BVerfG Urt. v. 24.04.2013, DVBl. 2013, 1499.

[3] Die Entscheidung über die Verfassungsbeschwerde gegen einzelne Bestimmungen des BKA-Gesetzes AZ 1 BvR 966/09 wurde für 2014 erwartet, lag jedoch bei Fertigstellung dieser Abhandlung noch nicht vor.

[4] BVerfGE 113, 348.

[5] BVerfGE 113, 348, 378.

nen rechtsstaatlichen Rabatt. Gleichwohl macht das Gericht deutlich, dass es Eingriffe im Vorfeld von Gefahren für prinzipiell rechtsstaatlich regelbar hält.

Die Aufgabe erweckt zumindest den Eindruck der Widersprüchlichkeit: Eingriffsvoraussetzungen festzusetzen, die ähnlich konkret wie die für eine Gefahrenlage sind, dies aber für polizeiliches Reagieren in einer Situation, die gerade noch nicht das Stadium einer „konkreten Gefahr" erreicht hat. Bislang gibt es keine befriedigende Lösung.[6] Mittlerweile mehren sich vielmehr Stimmen in der Rechtswissenschaft mit Erwägungen, ob die Anforderung des Gerichts an die Bestimmtheit von Ermächtigungen für Grundrechtseingriffe im Vorfeld von Gefahren nicht zu streng, ja, ob sie überhaupt erfüllbar ist. *Denninger*[7] hat das Gericht schon dafür kritisiert, es vermöge „der heiklen Aufgabe auszuweichen, in positiver Weise die geforderten Tatbestandsmerkmale zu beschreiben", die im Graubereich unterhalb der Gefahrenschwelle einen verfassungskonformen Bestimmtheits-Standard garantieren. Zweifel an der Möglichkeit, solche Gesetze zu erlassen, wiederholt in der Literatur geäußert[8], werden auch dadurch genährt, dass der Berichterstatter für die kritische Entscheidung des Karlsruher Gerichts, Hoffmann-Riem, die Erwartungen an den Gesetzgeber in einem späteren Kommentar[9] insoweit als „anspruchsvoll" bezeichnet hat.

Die Aufgabe ist eine Herausforderung nicht nur für Gesetzgeber und Polizeirechtswissenschaft. Sie berührt Grundlagen des Rechts, deren Erschließung und Präzisierung in erster Linie dem Jubilar zu verdanken ist. Er hat die Wissenschaft des Umgangs mit Sprache als Instrument zur Herstellung von rechtlicher Bestimmtheit vorangetrieben und gelehrt. Auf diesen Grundlagen baut auch ein Versuch auf, polizeiliche Ermächtigungen der Gefahrenabwehr und der Gefahrenvorsorge zu präzisieren, den der Autor, vom Jubilar als Doktorvater betreut, 1983 als Dissertation vorgelegt hat.[10] Damals schon lenkte der Jubilar den Blick des Autors auf die jungen Gefahrenabwehr- und Vorsorge-Vorschriften des AtomG und des BImSchG, deren Konstruktion interessante und fruchtbare Vergleiche mit dem klassischen Polizeirecht nahelegten. Dreißig Jahre später ist der vergleichende Blick auf Polizeirecht und Umweltrecht abermals fruchtbar: Regelungsmodelle, die in Risikosituationen des Umweltrechts entstanden sind, bieten sich, wie zu zeigen sein wird, als Vorbild für Eingriffsnormen im Vorsorge-Bereich des Polizeirechts an. Eine Lösung der Aufgabe, die das Bundesverfassungsgericht gestellt hat, deutet sich auf diesem Wege immerhin an.

---

[6] Zu diesem Ergebnis kommt auch *Möstl* (Fn. 2), 808; vgl. auch *Denninger*, in: Lisken/Denninger, Handbuch des Polizeirechts, 5. Aufl. 2012, B60.

[7] *Denninger* (Fn. 6).

[8] *Möstl* (Fn. 2), 808; *Lepsius*, Jura 2006, 929, 936.

[9] *Hoffmann-Riem*, KJ-Beiheft 01.2009, 54 ff., 58.

[10] *Darnstädt*, Gefahrenabwehr und Gefahrenvorsorge,1983.

II. Auf der Suche nach einem neuen Prognose-Typ

1. Die Anforderungen des BVerfG

Um die gesetzliche Regelungsaufgabe zu präzisieren, ist es nützlich, zunächst die Mängel an rechtsstaatlicher Bestimmtheit zu betrachten, die das Bundesverfassungsgericht zum Anlass seiner Ausführungen[11] genommen hat. „Die Polizei kann personenbezogene Daten durch Überwachung und Aufzeichnung der Telekommunikation erheben über Personen, bei denen Tatsachen die Annahme rechtfertigen, dass sie Straftaten von erheblicher Bedeutung begehen werden." Diese Vorschrift in § 33a Abs. 1 des Niedersächsischen SOG[12] genügte den Bestimmtheitsanforderungen nicht, die das Gericht aus dem Grundgesetz jedenfalls für Grundrechtseingriffe im Schutzbereich des Artikel 10 ableitet. Die Rüge bezog sich – u. a. – darauf, dass für einen Überwachungseingriff „die auf Tatsachen begründete nicht näher konkretisierte Möglichkeit" genüge, „dass jemand irgendwann in Zukunft Straftaten von erheblicher Bedeutung begehen wird".[13] Zwar sei „der Begriff ‚Tatsache' hinreichend bestimmt", nicht aber die „Anknüpfung" an die Erwartung künftiger schwerer Straftaten, vielmehr seien „vielfältige Anknüpfungen denkbar, die nach hypothetischem Kausalverlauf in der Straftatenbegehung eines potentiellen Täters enden könnten".[14]

Die gedankliche Verknüpfung von Informationen über Tatsachen mit Erwartungen über künftige Ereignisse wird – auch im Polizeirecht – „Prognose" genannt. Auch der Annahme einer „Gefahr" im Sinne des Polizeirechts liegt eine Prognose zugrunde. Ausdrücklich stellt das Gericht aber fest, dass es im Vorfeld gerade nicht um eine konkrete Gefahr gehe.[15] „Bei der Vorsorge für die Verfolgung künftiger Straftaten oder bei ihrer Verhütung kann nicht an dieselben Kriterien angeknüpft werden, die für die Gefahrenabwehr oder die Verfolgung begangener Straftaten entwickelt worden sind." Die Bestimmtheitsanforderungen seien vielmehr „spezifisch an dieser Vorfeldsituation" auszurichten.

Die Abgrenzung eines „harmlosen" von einem „in eine Straftat mündenden" Verhalten müsse „durch einschränkende Tatbestandsmerkmale bewältigt" werden. Die Anforderungen an Tatsachen, die auf die künftige Begehung hindeuten, seien so bestimmt zu umschreiben, dass das im Bereich der Vorfeldermittlung besonders hohe Risiko einer Fehlprognose verfassungsrechtlich noch hinnehmbar ist. Zusammenfassend lässt sich festhalten, dass das Gericht gesetzliche Tatbestandsvoraussetzungen fordert, die an das Vorliegen von Tatsachen knüpfen, welche eine andere Art des

[11] Vgl. Fn. 5.

[12] NdsSOG idF. von Art. 1 d. Gesetzes zur Änderung des Niedersächsischen Gefahrenabwehrgesetzes vom 11.12.2003 – Nds. GVO-Bl.S. 414 und i. d. F. d. Bekanntmachung v. 19.01.2005 Nds.GVO-Bl S. 9.

[13] BVerfGE 113, 348, 378.

[14] BVerfGE 113, 348, 379.

[15] BVerfGE 113, 348, 377.

Schließens auf künftige Straftaten oder Schadensereignisse ermöglichen, als sie bei der herkömmlichen gefahrenabwehrrechtlichen Prognose gefordert ist.[16]

Eine Konkretisierung der Bedingungen, die das Bundesverfassungsgericht an die Tatsachengrundlage für Prognosen unterhalb der herkömmlichen Schwelle konkreter Gefahren knüpft, dürfte sich aus zwei jüngeren Entscheidungen ergeben, welche die „Kette"[17] jener Urteile fortsetzen, mit denen der Erste Senat immer wieder die Bemühungen des Gesetzgebers um neue und erweiterte Eingriffsgrundlagen zum Schutz vor Terror-Angriffen begrenzt hat.[18] Sowohl in seinem Urteil zur verdeckten Online-Durchsuchung von Computer-Festplatten[19] wie auch in der Entscheidung zur Herausgabe von Telekommunikationsdaten, die der Vorratsdatenspeicherung unterliegen[20], hat das Gericht Erwägungen über die vom Grundgesetz geforderte „Normenklarheit" und „Bestimmtheit" von Eingriffsermächtigungen im Bereich des Kommunikations-Geheimnisses bzw. der IT-Vertraulichkeit angestellt.

Nahezu wortgleich führt das Gericht in beiden Entscheidungen aus, Informationseingriffe der fraglichen Art könnten „schon dann gerechtfertigt sein, wenn sich noch nicht mit hinreichender Wahrscheinlichkeit feststellen lässt, dass die Gefahr schon in näherer Zukunft eintritt, sofern bestimmte Tatsachen auf eine im Einzelfall drohende Gefahr hinweisen".[21] An welche Tatsachengrundlage – die „bestimmten Tatsachen" – das Gesetz zulässig Eingriffsermächtigungen knüpfen dürfe wird näher ausgeführt: „Die Tatsachen müssen zum einen den Schluss auf ein wenigstens seiner Art nach konkretisiertes und zeitlich absehbares Geschehen zulassen, zum anderen darauf, dass bestimmte Personen beteiligt sein werden, über deren Identität zumindest so viel bekannt ist, dass die Überwachungsmaßnahme gezielt gegen sie eingesetzt werden kann".[22]

Offenbar rekurriert das Gericht hier auf eine andere Art von Prognosen als die „klassischen" Gefahrenprognosen. Aber beschreibt es damit auch Anknüpfungspunkte für rechtsstaatlich korrekte, weil genügend bestimmte, Tatbestandsmerkmale im Vorfeld der Gefahrenabwehr? Gegen eine solche Deutung spricht, dass der Senat zugleich nahelegt, es handele sich bei den zitierten Aussagen über Schlüsse von Tatsachen auf drohende Ereignisse um Aussagen über Schlüsse im Bereich konkreter Gefahren – also gerade nicht im Vorfeld („Es müssen bestimmte Tatsachen festgestellt sein, die eine Gefahrenprognose tragen"[23]). So verstanden können diese Entscheidungen nicht als Konkretisierungen der Bestimmtheitsanforderungen an Ein-

[16] Zur Prognose bei der Gefahrenabwehr: *Darnstädt*, Gefahrenabwehr (Fn. 10), S. 22 ff.; *Koch/Rüßmann*, Juristische Begründungslehre 1982, S. 206 f.

[17] Zur „Entscheidungskette" vgl. *Denninger* (Fn 2).

[18] Vgl. die in Fn. 2 genannten Urteile.

[19] BVerfGE 120, 274.

[20] BVerfGE 125, 260.

[21] BVerfGE 120, 274, 328 f. bzw. E 125, 260, 330 f.

[22] BVerfGE 120, 274, 329 bzw. E 125, 260, 330 f.

[23] BVerfGE 120, 274, 328, sinngemäß auch E 125, 260, 330.

griffsermächtigungen im Vorfeld von Gefahren verstanden werden. Es erhebt sich dann allerdings die Frage, wie die Erläuterungen des Gerichts dann zu bewerten sind. Als Erweiterung des klassischen Gefahrenbegriffs auf Situationen, die bisher nicht davon umfasst waren? Dies würde in der Feld-Begrifflichkeit des Polizeirechts bedeuten, dass die Grenze zwischen dem Bereich der Gefahr und dem Vorfeld verschoben worden ist – und zwar ins Vorfeld hinein.[24]

Die Verwirrung, die beide genannten Urteile in der polizeirechtlichen Literatur angerichtet haben[25], ist freilich zu beheben, wenn man sich verdeutlicht, dass das Bundesverfassungsgericht für seine Aufgabe einer verfassungsrechtlichen Prüfung keine Veranlassung gesehen haben mag, sich an die Denkmuster der herkömmlichen polizeirechtlichen Dogmatik zu halten. Ob die vom Ersten Senat ins Auge gefassten Anknüpfungspunkte für eine Prognose diesseits oder jenseits der „Felder-Grenze“ liegen, ob die in Bezug genommene Prognose als Auslegung des gesetzlichen Begriffs der „Gefahr“ zu verstehen ist – oder eine neue Begrifflichkeit nahelegt, ist im Zusammenhang des Verfassungsrechts ohne erhebliche Bedeutung, kommt es doch allein auf die Frage an, ob eine Norm, die Anknüpfungspunkte für eine Besorgnis in der vom Gericht beschriebenen Weise nennt, als verfassungskonform, insbesondere als hinreichend bestimmt zu gelten hätte.

Deshalb spricht nichts dagegen, für die hier zu untersuchende Frage, welche Tatbestands-Konstruktionen außerhalb der klassischen Gefahren-Konstruktion die Besorgnis von Verbrechen oder anderen Schadensereignissen rechtsstaatlich hinreichend bestimmt sein könnten, die Erörterungen des Ersten Senats in den beiden genannten Urteilen heranzuziehen – auch wenn hier, der Übersichtlichkeit halber, die herkömmliche Begrifflichkeit des Polizeirechts weiterhin gepflegt werden soll.

So lässt sich schließen: Eine Eingriffsnorm ist – zumindest im Bereich von Artikel 10 und vergleichbar strenger Grundrechtsgarantien – jedenfalls dann als hinreichend bestimmt anzusehen, wenn sie Tatsachen als Voraussetzung nennt, die einen Schluss (a) auf ein wenigstens seiner Art nach konkretisiertes und zeitlich absehbares Geschehen und (b) auf eine bestimmte Person als Beteiligten des Geschehens zulassen.[26]

Der augenfällige Unterschied zu aus dem Gefahrenrecht bekannten Prognoseschlüssen von einem Tatsachen-Bündel auf ein Schadensereignis[27] liegt hier in der Bedingung (b), der Einbeziehung einer am befürchteten Ereignis beteiligten Person. Während das befürchtete Ereignis raumzeitlich nicht individualisiert, sondern nur „seiner Art nach“ prognostizierbar sein muss, wird die Prognostizierbarkeit der Beteiligung einer konkreten, namentlich bekannten Person verlangt. Das so vom Bundesverfassungsgericht zugrunde gelegte Prognose-Modell passt auf die hier proble-

---

[24] *Möstl* (Fn. 2), 808, 809.

[25] Ebenda.

[26] Dazu die ausführliche Rekonstruktion bei *Darnstädt*, Karlsruher Gefahr (Fn. 2), 263 ff.

[27] Im Einzelnen *Darnstädt*, Gefahrenabwehr (Fn. 10), S. 35 ff.

matischen polizeilichen Eingriffe, die sich ja regelmäßig als personengezielte Informationseingriffe darstellen. Solche Eingriffe sind sinnvoll gar nicht vorstellbar, ohne dass eine „Zielperson“ von vornherein im Zentrum der eingriffsauslösenden Besorgnis steht. Zudem beschreibt die in zu diesem Modell gehörende Tatsachen-Grundlage recht gut die typische Eingriffssituation, die mittlerweile als Standardlage der polizeilichen präventiven Terror-Bekämpfung gelten kann. In dieser Lage verfügt die Polizei über Informationen, wonach schwere Verbrechen geplant sind, ohne dass sich bereits sagen lässt, was genau wann und wo geschehen wird. Ein konkretes Ereignis also lässt sich nicht im Sinne einer Gefahrenprognose ermitteln, wohl aber eine konkrete Person, die als „Gefährder“[28] im polizeilichen Visier an den Ereignissen beteiligt ist.[29]

2. Die Brauchbarkeit des Karlsruher Prognose-Modells

Aber kann das Prognose-Modell, welches das Bundesverfassungsgericht in seinen Entscheidungen zur Online-Durchsuchung und zur Vorratsdatenspeicherung für Eingriffsermächtigungen außerhalb der klassischen Gefahrenabwehr empfiehlt, den Bedingungen gerecht werden, die das Gericht selbst zuvor in seinem Urteil zur Telefonüberwachung nach dem Niedersächsischen SOG aufgestellt hat? Enthält eine solche Prognose-Norm genug „handlungsbegrenzende Tatbestandsmerkmale“, um „einen Standard an Vorhersehbarkeit und Kontrollierbarkeit“[30] zu erfüllen, der dem „für die überkommenden Aufgaben der Gefahrenabwehr und der Strafverfolgung“ vergleichbar ist?

Die Frage ist nicht nur von akademischer Bedeutung. Die eine korrekte Prognose betreffenden Formulierungen des Bundesverfassungsgerichts aus dem Online-Urteil haben nahezu[31] wörtlich Aufnahme in die entsprechende Eingriffsermächtigung im BKA-Gesetz gefunden.[32] Diese ungewöhnliche Form der Gesetzgebungstechnik hat nicht verhindern können, dass diese und andere Bestimmungen des Gesetzes erneut dem Einwand mangelnder Bestimmtheit in einem Verfassungsbeschwerdeverfahren ausgesetzt sind.[33] Die Diskussion um die rechtsstaatliche Schlüssigkeit der Erwägungen des Gerichts in den genannten Urteilen ist also noch nicht zu Ende.

Das hat seinen guten Grund. Denn die Konkretisierungs-Bemühungen des Bundesverfassungsgerichts über Prognosen im Vorfeld sind ihrerseits nicht bestimmt

[28] Der Begriff des „Gefährders“ für Personen, deren Beteiligung an Gewalttaten zu befürchten ist, ist in der Polizeipraxis fest etabliert – vgl. Nachweise bei *Darnstädt*, Karlsruher Gefahr (Fn. 2), 263 ff., 269.

[29] Beispiele aus den Ermittlungen gegen die sogenannte „Sauerland-Gruppe“ bei *Darnstädt*, a.a.O. 263, 264, ähnlich Bericht der Regierungskommission (Fn. 1), S. 186 ff.

[30] So das BVerfG im Urteil zum NdsSOG vgl. Fn. 4.

[31] Zu einem mutmaßlichen Verbesserungsversuch des Gesetzgebers vgl. *Darnstädt*, Karlsruher Gefahr (Fn. 2), 263, 265.

[32] Vgl. § 20 k BKA-Gesetz i. d. F d. Gesetzes v. 6. 6. 2009 BGBl. I S. 1226.

[33] Vgl. die Verfassungsbeschwerde AZ 1 BvR 966/09. Die Beschwerdeschrift wurde dem Autor vom Bf. zur Verfügung gestellt.

genug.[34] Es wird nämlich aus den Ausführungen des Gerichts nicht hinreichend deutlich, *in welcher Weise* die von einer Eingriffsermächtigung genannten Tatsachen mit dem nur nach seiner Art konkretisierten Ereignis einerseits und der Beteiligung einer konkreten Person andererseits verknüpft sein müssen. Dass es nicht reicht, wenn die Tatsachen auf einen „möglichen" Ereignisablauf unter Beteiligung der betreffenden Person verweisen, war bereits im Abhör-Urteil des Bundesverfassungsgerichts deutlich geworden.[35] Dass die Tatsachen andererseits die Wahrscheinlichkeit eines konkreten Ereignisses, also eine herkömmliche Gefahren-Prognose, begründen, ist ja gerade für nicht erforderlich erklärt worden. Der Annahme, dass hier eine Wahrscheinlichkeits-Aussage im Sinne einer Gefahrenprognose zugrunde liegen könnte, steht zudem zwingend die Bedingung (b) des Verfassungsgerichts entgegen. Der Aussage über die Wahrscheinlichkeit eines Ereignisses liegt ein induktiver Schluss zugrunde,[36] der seine Gültigkeit aus einer vollständigen Information über die Tatsachengrundlage ableitet: dem „Gesamtdatum" zum Zeitpunkt der Prognose. In das Gesamtdatum gehören genau jene Informationen, die als Faktoren den Wahrscheinlichkeitswert der Prognose beeinflussen können. Ob einer der Faktoren die Beteiligung einer Person X ist, hängt von den Umständen des Einzelfalls in der Situation der Prognose ab und lässt sich nicht als Bedingung für die Zuverlässigkeit oder gar Gültigkeit der Wahrscheinlichkeitsaussage einbringen.[37]

In der Bezugnahme der eingriffsbegründenden Besorgnis auf eine konkrete Person aber liegt gerade die Besonderheit des Prognosemodells, wie es vom Bundesverfassungsgericht empfohlen wurde. Eine konkrete Person im Zentrum der polizeilichen Erwägungen ist ja regelmäßig auch Anlass und Ziel eines Informationseingriffs der hier interessierenden Art. „Personen, bei denen Tatsachen die Annahme rechtfertigen, dass sie …": Das war denn auch die sprachlich hilflose Formulierung im Niedersächsischen SOG[38], die Stein des Anstoßes für die erste Entscheidung des Bundesverfassungsgerichts war.

3. Von der Mündung zur Quelle

Was im Polizeirecht als Besonderheit erscheint, ist in anderen Teilen des im weitesten Sinne mit staatlicher Gefahrenabwehr und Vorbeugung befassten Rechts ein mittlerweile etabliertes Regelungsmodell: die Reaktion auf Besorgnisse, die wesentlich von dem Verhalten eines Individuums ausgelöst werden. Wählen wir statt eines

[34] Ausführlich dazu *Darnstädt*, Karlsruher Gefahr (Fn. 2), 263.

[35] BVerfGE 113, 348.

[36] Über induktive Schlüsse: *Darnstädt*, Gefahrenabwehr (Fn. 10), S. 43 ff.; *Koch/Rüßmann* (Fn. 16), S. 289 ff.; *Carnap/Stegmüller*, Induktive Logik und Wahrscheinlichkeit, 1953; *Stegmüller*, Probleme und Resultate der Wissenschaftstheorie und Analytischen Philosophie, Bd. I, S. 642 ff.

[37] Details bei *Darnstädt*, Gefahrenabwehr (Fn. 10), S. 131 ff. an Beispielen aus dem Immissionsschutzrecht.

[38] Vgl. Fn. 12.

menschlichen Individuums eine technische Anlage, so befinden wir uns erneut in einem Bereich, dessen rechtliche Grundlagen maßgeblich vom Jubilar präzisiert worden sind:[39] im Umweltrecht. Schon in seiner vom Jubilar angeregten Dissertation[40] hat der Autor gezeigt, dass die Schutz- und Vorsorgeregelungen in § 5 BimSchG und § 7 AtomG sich als Regelungsmodelle zur Prävention im Vorfeld von Gefahren deuten lassen. Mittlerweile hat sich die Polizeirechtsordnung ihrem Enkel, dem Umweltrecht, in vieler Hinsicht anverwandelt. Das vom Jubilar schon in den Jahren der gemeinsamen Diskussion über das damals junge Umweltrecht immer wieder hervorgehobene neue Prinzip, zu befürchtende (Umwelt)Schäden bereits an der Quelle zu verhindern statt an der Mündung der Ereignisse in einen Schaden einzugreifen, ist in den letzten Jahren ins Polizeirecht eingedrungen.[41] Aus der Einsicht, dass im Zeitalter des internationalen Terrorismus Gefahrenabwehr als Abwehr eines konkret bevorstehenden Schadens oft zu spät kommt, hat sich die Polizeigesetzgebung und ein weiter Teil der Literatur den Quellen zugewandt: den Verursachern katastrophaler Schäden in den Arm zu fallen, bevor sich ihr Handeln zur Gefahr konkretisiert hat. Auch im Polizeirecht werden heute, wie schon stets etwa im Umweltrecht, Risiken bekämpft statt Gefahren.[42] Nur dass die polizeilichen Risiken oft von Menschen ausgehen, nicht von Anlagen.

III. Dispositionelle Gefahren

1. „Gefährlichkeit" im Umweltrecht

Die Genehmigungsnorm des § 5 Abs. 1 BImschG verlangt – unter anderem – Anlagen so zu errichten und zu betreiben, dass (Nr. 1) schädliche Umwelteinwirkungen nicht hervorgerufen werden können und (Nr. 2) Vorsorge gegen schädliche Umwelteinwirkungen getroffen ist. In beiden Fällen ist also eine Prognose der für die Genehmigung verantwortlichen Behörden darüber erforderlich, ob nachteilige Situationen zu befürchten sind, zu denen die Anlage, wenn sie gebaut wird, zumindest einen Bei-

---

[39] Z. B. in *Koch/Scheuing/Pache* (Hrsg.): GK BImSchG Loseblatt 2012; *Koch* (Hrsg.), Umweltrecht 4. Aufl. 2014, insbes. S. 201 ff.; *Koch/Lechelt*, Zwanzig Jahre BImSchG, 1994; *Koch*, „Schädliche Umwelteinwirkungen" – ein mehrdeutiger Begriff?, in: Jahrbuch f. Umwelt- und Technikrecht Bd. 9 1989, S. 205; *Koch*, TA Luft unzureichend, WvR 1991, 350; *Koch/Caspar* (Hrsg.), Klimaschutz im Recht; *Koch*, Immissionsschutz in der Bauleitplanung, FS Hoppe 2000, S. 549; *Koch*, Neue Entwicklungen im Immissionsschutzrecht, NVwZ 2002, 666; *Koch*, Aktuelle Entwicklungen im Immissionsschutzrecht, NVwZ 2006, 1006.

[40] Vgl. Fn. 10.

[41] Zum Risiko-Begriff im öffentlichen Recht generell *Brenner/Nehrig*, Das Risiko im öffentlichen Recht, DÖV 2003, 1024; zum Verhältnis von „Gefahr" und „Risiko" grundlegend *Jaeckel*, Gefahrenabwehrrecht und Risikodogmatik, 2010, insbesondere S. 284 ff.; *Poscher*, Eingriffsschwellen im Recht der inneren Sicherheit; Die Verwaltung 41 (2008), 345 ff., 370.

[42] *Poscher*, a.a.O.

trag leisten wird.[43] Sowohl im Fall Nr. 1 – dem sogenannten Schutzgrundsatz[44] – wie im Fall Nr. 2 – dem sogenannten Vorsorgegebot[45] – werden vom Gesetz also Erwägungen verlangt, die vergleichbar denen sind, welche zuvor im Polizeirecht untersucht wurden. Es geht um die Befürchtung von Ereignissen, die sich gerade an das ursächliche Verhalten bzw. den Beitrag eines jeweils zur Diskussion stehenden Kandidaten knüpfen. Die Mitwirkung eines polizeilich bekannten „Gefährders" in einem terroristischen Komplott könnte so in gleicher Weise prognostische Bedeutung erlangen wie der Immissionsbeitrag durch die Emission einer zur Genehmigung stehenden Industrieanlage.

Das in § 5 Abs. 1 zugrunde gelegte Prognose-Modell findet sich ähnlich in anderen Vorschriften, die der Vorbeugung gegen Schäden dienen, etwa in §§ 6, 7 AtomG[46]. Allen diesen Vorschriften ist gemein, dass sie Erwägungen darüber verlangen, welche schädlichen Auswirkungen die Reaktionen eines Objektes unter bestimmten Voraussetzungen haben können. Sie stellen damit ab auf die Disposition des Objektes, Schäden auszulösen, auf seine „Gefährlichkeit".[47] „Gefährlich" nennen wir nach dem in der Wissenschaftstheorie entwickelten Modell für Dispositions-Aussagen[48] etwa eine Anlage, die die Fähigkeit oder inhärente Neigung hat, schadenstiftende Reaktionen zu zeitigen. Zu Vollständigkeit einer Dispositionsaussage gehören auch Angaben darüber, unter welchen Voraussetzungen (V) der Kandidat seine gefährliche Neigung manifestiert, also zum Beispiel schadenstiftende Reaktionen der Art (R) zeitigt. Das Recht sieht die Zuschreibung von Dispositionen nicht nur an Anlagen, sondern im Guten wie im Schlechten auch an Menschen vor. Die Diagnose „Schädlicher Neigungen" eines Straftäters wird zum Beispiel als Voraussetzung für die Verhängung einer Jugendstrafe verlangt,[49] die „Befähigung zum Richteramt" ist eine Disposition, die manche nach langer juristischer Ausbildung zuerkannt bekommen.[50]

---

[43] Zu Nr. 1: BVerwGE 55, 250, 265; grundlegend E 119, 329, 332; zum Ganzen: *Roßnagel*, in: Koch/Pache/Scheuing (Fn. 39), § 5 Abs. 1, Rn. 142, 155 ff.; *Jarass*, BImSchG, 10. Aufl. 2013, § 5 Rn. 6 ff., 11, 12; *Koch*, Umweltrecht (Fn. 39), § 4 Rn. 69 ff.

[44] *Koch*, Umweltrecht (Fn. 39), § 4 Rn. 69.

[45] *Koch*, a.a.O. Rn. 116.

[46] Ausführlich schon *Darnstädt*, Gefahrenabwehr (Fn. 10), S. 189 ff. Ein aktueller Anwendungsfall des Prognosemodells von Schutz und Vorsorge im AtomG findet sich in OVG Schleswig, Urt. v. 19.6.2013, ZUR 2013, 687, zum Zwischenlager Brunsbüttel.

[47] *Darnstädt*, a.a.O. S. 123 ff.; grundlegend zu entsprechenden Dispositionsprädikaten: *Koch/Rüßmann* (Fn. 16), S. 280 ff.; zu dispositionellen Erklärungen generell *Stegmüller*, Wissenschaftstheorie Bd. I (Fn. 36), S. 120 ff.

[48] *Koch/Rüßmann* (Fn. 16); *Koch*, Unbestimmte Rechtsbegriffe und Ermessensermächtigungen 1979, S. 19 mit einem Beispiel aus dem Jugendschutzrecht; *Stegmüller*, Probleme und Resultate der Wissenschaftstheorie und analytischen Philosophie Bd. II, 1. Teilbd. S. 228; fürs Strafrecht neuerdings bei *Merkel*, Schuld, Charakter und normative Ansprechbarkeit, in Heinrich/Jäger/Schünemann (Hrsg.), FS Roxin, S. 737 ff.

[49] § 17 Abs. 2 JGG.

[50] Vgl. § 5 DRiG.

Jede Aussage über eine Disposition impliziert eine auf ein Individuum begrenzte Gesetzmäßigkeit: Unter den geeigneten Voraussetzungen der Art V wird der Kandidat mit gewisser Wahrscheinlichkeit mit Ereignissen der Art R reagieren (was wir jedenfalls im Polizeirecht und im Umweltrecht nicht wünschen und darum in geeigneter Weise vorsorglich verhindern müssen). Die Zuerkennung eines Dispositionsprädikats an einen Kandidaten K wird in der Wissenschaftstheorie[51] auch als „Schlussfahrschein“ bezeichnet, von V über K auf R zu schließen. Anders als bei einer allgemeinen Gesetzmäßigkeit, die demnach als Schluss-Dauerkarte von Voraussetzungen auf Konsequenzen gelten kann, handelt es sich hier, weil individuell begrenzt, um einen kandidatengebundenen Einzelfahrschein.

Diese sehr griffige Umschreibung des Umgangs mit Dispositionsprädikaten kommt uns gerade recht. Sie verdeutlicht, wie der Fall einer personenbezogenen Schadensprognose präzise beschrieben werden kann: als Schluss von V über K auf R. Das Wissen um die Disposition eines Kandidaten erlaubt es, aus dem Auftreten gewisser Randbedingungen V wegen des damit verbundenen R auf den Eintritt gewisser Schadensereignisse zu schließen. Für die Konstruktion einer hinreichend bestimmten Eingriffsgrundlage als Legitimation für ein konkretes Einschreiten in einer konkreten Situation reicht es jedoch nicht, allein ein abstraktes Schlussmodell zur Verfügung zu stellen. Es bedarf zusätzlicher Festlegungen über die konkrete Situation, die Anlass für das Einschreiten gibt. Müssen denn Randbedingungen der Art V tatsächlich vorliegen? Müssen sie wenigstens wahrscheinlich sein? Oder reicht es, wenn sie nur theoretisch möglich sind? Je nach Verwirklichungsstadium von V ist die Erwartung an die Verwirklichung eines Schadens und damit die Dringlichkeit von Gegenmaßnahmen abzustufen.

2. Abstufungen der dispositionellen Gefahr in § 5 BImSchG

Die Rechtsprechung zu § 5 Abs. 1 BImSchG liefert auf diese Fragen eine Reihe von Antworten, die sich aus der Auslegung der § 5 Abs. 1 Nr. 1 und Nr. 2 ergeben. Eine genauere Analyse insbesondere neuerer Entscheidungen des Bundesverwaltungsgerichts erweist sich als fruchtbar auch für die Aufgabe der Präzisierung von Eingriffsvoraussetzungen im Vorfeld von Gefahren. Dabei zeigt sich sehr deutlich eine Übertragbarkeit der Grundsätze, die aus der Auslegung des § 5 Abs. 1 Nr. 1 entwickelt wurden, auf das vom Bundesverfassungsgericht zugrunde gelegte Prognosemodell für personenbezogene Gefahrenaussagen. Außerordentlich problematisch hingegen ist die Übertragung der Vorsorge-Grundsätze des § 5 Abs. 1 Nr. 2 auf das Polizeirecht.

---

[51] Bei *Ryle*, Begriff des Geistes, 1969, S. 160.

a) Dispositionelle Prognosen des Wahrscheinlichen

Präzisere Bedingungen für die Erwartung des Vorliegens der Voraussetzungen V, unter denen sich die gefährliche Disposition einer Anlage manifestieren soll, werden im Schutzgrundsatz des § 5 Abs. 1 Nr. 1 BimSchG aufgestellt. Die drittschützende Pflicht des Anlagenbetreibers bezieht sich auf Besorgnisse, seine Anlage werde durch ihren Beitrag *wahrscheinlich* die unerwünschte Folge auslösen, was sich bei dispositioneller Deutung rekonstruieren lässt als Schluss von V bei K auf R unter wahrscheinlichem V.[52] Tatbestandsmäßige Voraussetzung für Eingriffe der Polizei wäre also die Annahme, dass V bei K in R mündet und dass V in gewissem Grad wahrscheinlich ist.

Nicht umsonst wird darum § 5 Abs. 1 Nr. 1 als Norm der Gefahrenabwehr bezeichnet. Einer Prognose schädlicher Umwelteinwirkungen liegt nach diesem Modell tatsächlich eine Wahrscheinlichkeitsaussage zugrunde, die es erlaubt, das Vorgehen mit dem Schlussfahrschein als einen Vorgang zu bezeichnen, der dem der Gefahrenprognose gleichgestellt ist. Was § 5 Abs. 1 Nr. 1 vom Rechtsanwender verlangt, entspricht dem, was das Bundesverfassungsgericht in seinem Online-Urteil und ebenso im Vorratsdaten-Urteil verlangt.[53] Dies Prognose-Vorbild bietet sich also als Konstruktionsmodell für Gefahrenabwehr-Tatbestände an, die sich gerade an der Disposition eines Verdächtigen orientieren – und deshalb Anlass für das Bedürfnis sein können, mittels Informations-Eingriff mehr über diesen personenbezogenen Verdacht in Erfahrung zu bringen. Der Ausdruck „Gefahrenverdacht“, der in diesem Zusammenhang gelegentlich verwendet wird[54], scheint darum nicht völlig unangemessen.

Der gedanklichen Vollständigkeit halber sei bei dieser Konstruktion noch auf die Situation eingegangen, dass eine dispositionell orientierte Prognose von V-Bedingungen ausgeht, die tatsächlich vorliegen. Diese Situation ist prinzipiell nicht verschieden von der in § 5 Abs. 1 Nr. 1 in Bezug genommenen Stufe. Eine Prognose aufgrund von bereits realisierten Tatsachen hat keine andere Struktur als eine Prognose aufgrund von wahrscheinlich vorliegenden Tatsachen. Denn eine Aussage über das wahrscheinliche Vorliegen von Tatsachen ist ihrerseits aufgrund einer Prognose gewonnen, deren Basis eine Aussage über bereits realisierte Tatsachen ist. So gesehen ist das Stadium der (gewiss) vorliegenden Tatsachen nur ein Grenzfall der wahrscheinlich vorliegenden Tatsachen, dessen Wahrscheinlichkeits-Grad in der Ausdrucksweise des Wahrscheinlichkeits-Kalküls statt mit einer Bruchzahl kleiner als 1 mit der ganzen Zahl 1 bezeichnet wird.

---

[52] *Darnstädt*, Gefahrenabwehr (Fn. 10), S. 171 f.; in diesem Sinn das BVerwG in ständiger Rechtsprechung, grundlegend BVerwGE 119, 329 ff.

[53] BVerfGE 120, 274 und BVerfGE 125, 260; dazu auch *Darnstädt*, Karlsruher Gefahr (Fn. 2).

[54] *Möstl* (Fn. 2), 808 – „konkreter personenbezogener Gefahrverdacht“; *Darnstädt*, Karlsruher Gefahr (Fn. 2).

b) Dispositionelle Prognosen des Möglichen

Lässt sich auch die in § 5 Abs. 1 Nr. 2 zugrunde gelegte Prognose für Vorsorge-Pflichten zur Präzisierung bestimmter Besorgnis-Situationen im Gefahrenvorfeld verwenden? Dies wird zumindest in der Rechtsprechung des Bundesverwaltungsgerichts nahegelegt. Diskussionsbedürftig ist hier eine Parallele, die das Gericht zwischen dem Vorsorge-Gebot § 5 Abs.1 Nr. 2 und der polizeirechtlichen Figur des Gefahrenverdachts gezogen hat.[55] In dem Urteil geht es um die Besorgnis des Nachbarn einer Anlage, die sogenannten Nanostaub emittiert. Für Nanostaub gibt es keine Grenzwert-Festsetzungen in der TA Luft, zum Zeitpunkt des Urteils waren die gesundheitlichen Folgen einer Immission von Nano-Partikeln unbekannt, gleichwohl nicht auszuschließen. Das Gericht entschied, hier sei Vorsorge durch den Anlagenbetreiber geboten, denn eine gesundheitsschädliche Umwelteinwirkung sei immerhin möglich: „Vorsorge gegen schädliche Umwelteinwirkungen erfasst mögliche Schäden, die sich deshalb nicht ausschließen lassen, weil nach dem derzeitigen Wissensstand bestimmte Ursachenzusammenhänge weder bejaht noch verneint werden können, weshalb noch keine Gefahr, sondern nur ein Gefahrverdacht [...] besteht."[56]

Das Gericht (und in seiner Folge auch die Rechtsprechung einiger Oberverwaltungsgerichte[57]) nimmt hier Bezug auf einen Ausdruck des Polizeirechts, der sich in keiner gesetzlichen Norm findet, sondern ein Produkt der Polizeirechtsdogmatik seit den Zeiten des Preußischen Oberverwaltungsgerichts ist.[58] Seine genaue Bedeutung ist in der Literatur außerordentlich umstritten.[59] Zum Teil wird er jedoch verwendet, um eine Erkenntnissituation unterhalb der Schwelle einer konkreten Gefahr zu kennzeichnen, also als Ausdruck für eine Besorgnis-Situation im Gefahrenvorfeld. Dass „Gefahrenverdacht" jedenfalls eine Besorgnissituation minderen Wissens bezeichnet, folgt auch daraus, dass die h. M.[60] in derartigen Situationen „nur"[61] sogenannte „Gefahrenerforschungseingriffe" zulässt. Die zur Begründung anstelle einer Rechtsgrundlage für solche Eingriffe regelmäßig zugrunde gelegte Annahme, es handele sich bei „Gefahrenerforschungseingriffen" gegenüber Gefahrenabwehreingriffen um Eingriffe minderen Gewichts,[62] ist jedenfalls seit den Entscheidungen des Bundesverfassungsgerichts zu Informationseingriffen, die auch Ausgangspunkt

[55] BVerwGE 119, 329 ff.

[56] BVerwGE 119, 329, 332 f.

[57] Z. B. VGH Kassel v. 7.5.2009, 6 C 1142/07 T, Juris-Abdruck Rn. 196, OVG Lüneburg v. 13.3.2012, 12 ME 270/11, Juris-Abdruck Rn. 14.

[58] PrOVGE 77, 331, 333.

[59] Vgl. dazu im Einzelnen schon *Darnstädt*, Gefahrenabwehr (Fn. 10), S. 94 f.; *Darnstädt*, Karlsruher Gefahr (Fn. 2) m. w. N.

[60] Statt vieler vgl. *Voßkuhle*, JuS 2007, 908, 909.

[61] Vgl. *Pieroth/Schlink/Kniesel*, Polizei und Ordnungsrecht, 2010, 7. Aufl. § 4 Rn. 59 unter Bezugnahme auf PrOVGE 77, 331,333.

[62] Z. B. *Voßkuhle* (Fn. 50), unter Bezugnahme auf das Übermaßverbot; *Schenke*, Polizei- und Ordnungsrecht, 7. Aufl. 2011 Rn. 87 unter Bezugnahme auf den „Grundsatz des geringsten Eingriffs".

der vorliegenden Untersuchung sind, nicht mehr aufrecht zu erhalten. Dabei sind die hier zur Diskussion stehenden schwerwiegenden Eingriffe in die Kommunikationsfreiheit allesamt nach Begrifflichkeit der Polizeirechtsdogmatik als „Gefahrerforschungseingriffe" zu bezeichnen, da sie regelmäßig nur indirekt der Beseitigung von Gefahren, in erster Linie aber der weiteren Aufklärung von (mutmaßlichen) Gefahrensituationen dienen. Es ist sicher keine unzulässige Verallgemeinerung, den überwiegenden Teil des Vorgehens der Polizei im Vorfeld von Gefahren als Gefahrenerforschungshandeln zu qualifizieren.

In Hinblick darauf, dass das Bundesverwaltungsgericht die höchste Instanz nicht nur der Umweltrechtsdogmatik sondern ebenso der Polizeirechtsdogmatik ist, spricht nichts dagegen, die Äußerungen im Nanostaub-Urteil zugleich als Beitrag zur Konkretisierung des dogmatisch noch immer unscharfen Begriffes des „Gefahrenverdachts" zu deuten. Auf diese Weise könnte es tatsächlich gelingen, die dogmatisch differenzierteren Argumentationsstrukturen des Immissionsschutzrechts für das Polizeirecht nutzbar zu machen und so dessen Eingriffsgrundlagen im Sinne der vom Bundesverfassungsgericht geforderten Bestimmtheit zu präzisieren.

aa) Eine Definition von „Gefahrenverdacht" im Sinne der vom Bundesverwaltungsgericht zugrunde gelegten Bedeutung des § 5 Abs. 1 Nr. 2 BImSchG könnte lauten: „Eine Situation, die unter Umständen, die jedenfalls nicht auszuschließen sind, zu einem schadenstiftenden Verhalten eines Kandidaten K führen wird." Kurz: Gefahrenverdacht meint einen Schluss von V über K auf R bei möglichem V. Eine solche dispositionelle Deutung von „Gefahrenverdacht" orientiert sich jedenfalls an der Bedeutung, die das Bundesverwaltungsgericht dem Begriff im Nanostaub-Urteil zugrunde legt.

Dieser Vorschlag eignet sich zwar wegen der personenbezogenen Komponente (K) auch für die Konstruktion von Eingriffsermächtigungen im Vorfeld, da es auch dort um auf bestimmte „Gefährder" bezogene Eingriffe anlässlich der von diesen ausgelösten Besorgnis geht. Bedenken bestehen aber, ob die Arbeit mit einem derart gedeuteten Prognose-Begriff die Anforderungen des Bundesverfassungsgerichts erfüllen könnte. Die Bedenken gründen sich darauf, dass sich die Prognose hier mit der Möglichkeit des Vorliegens von tatsächlichen Umständen als Randbedingungen des Schlusses begnügt, statt – wie bei der oben (a) genannten stärkeren Alternative – auf das tatsächliche oder jedenfalls wahrscheinliche Vorliegen solcher tatsächlichen Umstände zu bestehen. Eine solche Anknüpfung an nur mögliche Schadensereignisse verzichtet auf das Erfordernis einer vollständigen Tatsachen-Erhebung, wie sie für ein Wahrscheinlichkeitsurteil nötig ist, sondern begnügt sich mit der Feststellung, dass jedenfalls einer Besorgnis entgegenstehende Tatsachen nicht bekannt sind. So ein Regelungs-Defizit begründet eine entsprechend weite Handlungsermächtigung und ist zumindest rechtfertigungsbedürftig.

Der Verzicht auf das Erfordernis einer Aussage über die Wahrscheinlichkeit eines Schadens wird im Nanostaub-Urteil damit gerechtfertigt, dass kein hinreichender

„Erkenntnisstand über den Wahrscheinlichkeitsgrad"[63] eines Schadens vorliege, so dass eine hinreichende Wahrscheinlichkeit weder bejaht noch verneint werden könne. Die hier in Bezug genommene Situation ist aufklärungsbedürftig, weil sich grundsätzlich Wahrscheinlichkeitsaussagen von jeder Tatsachengrundlage mittels geeigneter Erfahrungssätze über jedes beliebige Ereignis treffen lassen – zumindest, wenn man wie der überwiegende Teil der Polizeirechtslehre[64] vom subjektiven Wahrscheinlichkeitsbegriff[65] ausgeht: Da sich jede Wahrscheinlichkeitsaussage stets auf die zum Zeitpunkt der Prognose dem Beurteiler zur Verfügung stehenden Informationen bezieht, ist die Situation definitionsgemäß ausgeschlossen, dass ein Prognostizierender für eine Aussage „nicht genügend" Informationen hat. In dem Fall, der dem Nanostaub-Urteil zugrunde liegt, bestand das Wissensdefizit in dem Mangel an Erfahrungssätzen über die Konzentrations-Grenze, von der an Nanostaub-Immissionen Gesundheitsschäden beim Menschen auslösen. Dass ein Prognose-Urteil mangels geeigneten Erfahrungssatzes nicht sinnvoll möglich ist, scheint allerdings ebenfalls ausgeschlossen: Die Regeln über das induktive Vorgehen bei einem Wahrscheinlichkeits-Urteil verlangen die Zugrundelegung eines Gesamtdatums an Tatsacheninformationen, das aus der prinzipiell unendlichen Menge von zur Verfügung stehenden Informationen genau die Menge umfasst, die aus für die jeweilig vorzunehmende Prognose *relevanten* Informationen über den Tatsachen-Bestand besteht.[66] Relevant aber ist eine Information nur dann, wenn sie Antecedens eines einschlägigen Erfahrungssatzes sein kann. Der Fall, dass quasi heimatlose Informationen ohne den passenden Erfahrungssatz vorkommen, kann also bei korrekter Prognose nicht auftreten.

Tatsächlich bezieht sich der vom Gericht im Nanostaub-Urteil diagnostizierte Mangel auch nicht auf die Frage, ob im Fall der fraglichen Anlage von den Bedingungen für schädliche Umwelteinwirkungen auszugehen ist, sondern auf die Frage, ob die – wahrscheinlich oder möglicherweise – auftretenden Immissionen im Fall ihres Auftretens „schädlich" sind. Die Besonderheit der Regelung in § 5 Abs. 1 BImSchG besteht darin, dass die Imission abermals dispositionell beschrieben ist, die Subsumtion also eine Doppel-Prognose erfordert: 1. Eine Prognose der Imission der Anlage; 2. Eine Prognose der Schadens-Auswirkungen der Imission, die wir nur „R" nennen, wenn sie wirklich „schädlich" ist.[67] Die Information, die dem Gericht fehlt, ist also kein Erfahrungssatz, wie er für ein Wahrscheinlichkeitsurteil über

---

[63] BVerwGE 119, 329, 332 f.

[64] BVerwG in ständiger Rechtsprechung schon E 45, 51, 58; *Denninger*, Handbuch des Polizeirechts, 5. A., D 46 ff.; vermittelnd *Gusy*, Polizei- und Ordnungsrecht 7. A., Rn. 114, 122; *Schenke* (Fn. 62), Rn. 80 ff. Gegenmeinung ausführlich bei *Pieroth/Schlink/Kniesel* (Fn. 61), Rn. 31 ff.

[65] Ausführlich zur „subjektiven Wahrscheinlichkeit" *Darnstädt*, Gefahrenabwehr (Fn. 10), S. 35 ff.

[66] *Darnstädt*, a.a.O. S. 53 ff.

[67] Ausführlich zur entsprechenden Rekonstruktion des § 5 BImSchG *Darnstädt*, a.a.O. S. 156 f.

auftretende Schäden notwendig ist, sondern eine Einschätzungsgrundlage über die Disposition der Anlage, einen dispositionell gefährlichen Stoff auszustoßen. Ob diese Disposition vorliegt, wissen wir nicht, weil wir die Schädlichkeit des emittierten Stoffes noch nicht hinreichend erforscht haben. Es fehlt, in der Sprache Ryles, kein Dauerfahrschein, sondern ein Einzelfahrschein.

Allerdings gibt es keinen Grund, das Fehlen dieses Einzelfahrscheins anders zu behandeln als einen Mangel im Wissen über das Vorliegen von Voraussetzungen für einen Schadenseintritt im Übrigen: Die Besonderheit der zwei miteinander verknüpften Dispositionen im § 5 Abs. 1 hindert nicht, das Vorliegen der 2. Disposition (die „Schädlichkeit" von Umwelteinwirkungen) als Voraussetzung für die Annahme des Auftretens von R der 1. Disposition (die „Gefährlichkeit" einer Anlage) zu betrachten. Eine dispositionelle Prognose über das Auftreten von Schäden durch die Anlage beschränkt sich auch in diesem Falle auf die Möglichkeit des Vorliegens von Bedingungen, die ich gern konkreter auf ihre Wahrscheinlichkeit untersuchen würde.

Eine Rechtfertigung, dass es bei der reinen Möglichkeit eines Schadens als Prognose-Grundlage sein Bewenden hat, könnte sich im Nanostaub-Fall allerdings daraus ergeben, dass den beurteilenden Instanzen tatsächlich notwendige Informationen fehlen, die sie andererseits für unverzichtbar halten, um ein Wahrscheinlichkeitsurteil zu treffen. Oben hatten wir bereits festgehalten, dass diese Situation logisch nicht darstellbar ist: Selbstverständlich ist es prinzipiell möglich, unter den jeweils als bekannt vorauszusetzenden Bedingungen ein Wahrscheinlichkeitsurteil darüber abzugeben, ob es in der Umgebung des emittierenden Schornsteins zu Schäden an der menschlichen Gesundheit kommen wird. Tatsächlich gibt es ja auch in der Situation, die dem Nanostaub-Urteil zugrunde liegt, Anhaltspunkte für ein „Besorgnispotential"[68], die in gewisser Weise konkretere Aussagen zulassen als nur solche über das Mögliche. Poscher[69] deutet – in vergleichbaren Situationen – diese Besorgnis über die Annahme der Möglichkeit hinaus denn auch als eine Wahrscheinlichkeitsaussage „mit höherem Abstraktionsgrad"[70]. Gemeint ist damit offenbar, dass allgemeinere Erfahrungssätze herangezogen werden, deren Bezugsklasse die Klasse der zu beurteilenden Sachverhalte als Teilklasse enthält.

Wenn das Bundesverwaltungsgericht bemängelt, es „gebe keinen hinreichenden Erkenntnisstand über den Wahrscheinlichkeitsgrad", so ist das zumindest missverständlich. Gemeint könnte allenfalls sein: Es lässt sich von der gegenwärtigen Warte des Wissens keine Wahrscheinlichkeitsaussage mit einem Wahrscheinlichkeitsgrad treffen, der stark genug wäre, eine Gegenmaßnahme als verhältnismäßig erscheinen zu lassen. Es ist bezeichnend, dass das Bundesverwaltungsgericht den Ausdruck „Gefahrenverdacht" für diese Situation verwendet, weil sie tatsächlich der-

---

[68] BVerwGE 119, 329, 323.

[69] *Poscher*, (Fn. 41), 345 ff., 370 f. speziell zu BVerwGE 116, 347, 352, 356 über unspezifisch gefährliche Hunde.

[70] *Poscher*, a.a.O., 345, 371.

jenigen gleicht, mit der sich die Dogmatik des Polizeirechts müht. Die Situation besteht darin, dass der Prognostizierende sich an einem Wahrscheinlichkeits-Urteil gehindert sieht, weil er ein Wissens-Defizit feststellt, das jedenfalls für eine Wahrscheinlichkeits-Prognose in Wahrheit kein Wissens-Defizit ist – und sich darum einer präzisen Definition auch entzieht.[71]

Die Situation ist gleichwohl im Rahmen des § 5 Abs. 1 Nr. 2 kein Problem. Dass es dort – im Unterschied zu § 5 Abs. 1 Nr. 1 – nicht auf eine Wahrscheinlichkeitsprognose, sondern nur auf die Möglichkeit des Auftretens schädlicher Umwelteinwirkungen ankommen soll, ist eine Entscheidung des Gesetzgebers und als solche einer Situation angemessen, in der es um langfristige, vom Vorliegen konkreter Randbedingungen unabhängige Prognose-Einschätzungen geht[72]. Zugleich steht aber zumindest in Zweifel, ob die Bestimmtheit einer so gedeuteten Prognose-Ermächtigung fürs Polizeirecht hinreichend wäre. Zumindest kann die vorgenommene Rekonstruktion den Bestimmtheitsstandard des Bundesverfassungsgerichts nicht erfüllen, der sowohl im Abhörurteil zum niedersächsischen SOG wie auch in den Entscheidungen zu Online-Durchsuchung und Vorratsdatenspeicherung gefordert wird. Heißt es im Urteil zum niedersächsischen SOG, der zu erreichende Bestimmtheitsstandard müsse dem „für die überkommenen Aufgaben der Gefahrenabwehr und der Strafverfolgung“ vergleichbar sein[73], so wird in den beiden folgenden Urteilen verlangt, dass „bestimmte Tatsachen auf eine im Einzelfall drohende Gefahr hinweisen“ bzw. dass sie „eine Gefahrenprognose tragen“. Diese Tatsachen, so heißt es weiter, „müssen zum einen den Schluss auf ein wenigstens seiner Art nach konkretisiertes und zeitlich absehbares Geschehen zulassen, zum anderen darauf, dass bestimmte Personen beteiligt sein werden, über deren Identität zumindest so viel bekannt ist, dass die Überwachungsmaßnahme gezielt gegen sie eingesetzt werden kann“.[74] Diese Bedingungen sind bei einem Vorgehen der Behörden nach § 5 Abs. 1 Nr. 2 BImSchG regelmäßig nicht erfüllt. In Vorsorge-Situationen ist ja gerade keine Prognose geboten, die vergleichbar einer Gefahrenprognose ist, es geht nicht um die Wahrscheinlichkeit eines Schadensereignisses, sondern lediglich um seine Möglichkeit.

„Gefahrenverdacht“ im Sinne einer derart strukturierten Eingriffsermächtigung würde also eine Situation bezeichnen, die so weit unterhalb der Gefahrenschwelle liegt, dass sie jedenfalls für Eingriffe, wie sie den Urteilen des Bundesverfassungsgerichts zugrunde lagen, nicht in Betracht kommt.

---

[71] Vgl. die ausführliche Rekonstruktion der Situation des „Gefahrenverdacht“ bei *Darnstädt*, Gefahrenabwehr (Fn. 10) S. 94 ff. – in diesem Sinne für das Immissionsschutzrecht auch *Roßnagel*, in: Koch/Pache/Scheuing (Fn. 39), § 5 Rn. 158.

[72] Ausführlich dazu *Darnstädt*, Gefahrenabwehr (Fn. 10) S. 141 ff., *Koch*, Umweltrecht (Fn. 39), § 4 Rn. 116 ff.

[73] BVerfGE 113, 348, 378.

[74] BVerfGE 120, 274, 329; E 125, 260, 331.

bb) Das bedeutet natürlich nicht, dass das Abstellen auf gefährliche Dispositionen bei möglichem Schadenseintritt nicht Ausgangspunkt für Prognose-Ermächtigungen minder schweren Gewichts auch im Polizeirecht sein kann. Dabei ist in besonderem Maße das Problem zu beachten, das sich generell stellt, wenn wir Beurteilungsmodelle aus dem Recht der Technik und des Umweltschutzes auf die Entscheidung über Menschen anwenden. Die Übertragung dispositioneller Betrachtungen von technischen Anlagen auf Menschen begegnet rechtlichen wie ethischen Bedenken, die ebenso im Rahmen der Diskussion des Prognosemodells nach § 5 Abs. 1 Nr. 1 eine Rolle spielen, dort aber zu relativieren sind, weil die Entscheidung immerhin auf konkreten Umständen des Einzelfalls beruht. Rechtliche Konsequenzen allein aus der Zuschreibung des Prädikats „gefährlich" an einen Menschen zu ziehen, kollidiert mit dem Menschenwürdesatz des Grundgesetzes, der Vergleich mit einer Maschine stellt im Übrigen seine Eigenverantwortlichkeit und Willensfreiheit in Abrede. Aus dieser Einsicht heraus hat auch der Autor wiederholt Bedenken gegen eine leichtfertige Übertragung von Regelungen aus dem Bereich der Technik in die Be- oder Verurteilung von Menschen formuliert.[75] Gleichwohl stellt sich in der Rechtsordnung die Aufgabe der Beurteilung von Menschen und der Reaktion auf menschliches Verhalten an zahllosen Stellen, nicht zuletzt im Polizeirecht. Ein Rückgriff auf Normen, die sich im komplexen Regelungsbereich technischer Risiken bewährt haben, kann hier zu einer Präzisierung und damit zu einem rationaleren Umgang mit Eingriffsnormen beitragen. Dies wirkt sich letztlich schützend auf Grundrechte und Menschenrechte aus. Die genannten Bedenken sollen uns darum nicht hindern, gerade die Regelungen im Anlagen-Recht des BImSchG zur Präzisierung von Prognose-Modellen im Polizeirecht zu nutzen.

Anders als bei technischen und medizinischen Vorgängen, die sich in den Worten des Bundesverwaltungsgerichts als „Kausalzusammenhang" darstellen und wissenschaftlich untersuchen lassen, sind Vorgänge und Gesetzmäßigkeiten im Inneren eines Menschen selten und unter Zeitdruck fast nie einer polizeilichen Gefahrenbeurteilung abseits von Vorurteilen zuverlässig zugänglich. Aussagen über Dispositionen von Menschen setzen dort, wo sie getroffen werden, ausführliche Untersuchungen oder Tests (z. B. das Zweite juristische Staatsexamen) voraus. Ein Großteil der Datenerhebung durch die Sicherheitsbehörden – Geheimdienste ebenso wie Polizei – dient gleichwohl dem Bedürfnis, das Verhalten einzelner Personen „unter bestimmten Umständen" vorauszusagen, also ihre Disposition festzustellen. Die gerade in jüngerer Zeit öffentlich politisch wie rechtlich diskutierte dramatisch zunehmende Praxis von Sicherheitsbehörden, umfassende Dateien über Menschen anzulegen,[76] ist ein Versuch, an Wissen über Dispositionen einzelner Personen zu gelangen, die als „Gefährder" in Betracht kommen. Dies beleuchtet, wie bedeutend das aus dem Nanostaub-Urteil im Umweltweltrecht herausdestillierte Wissensdefizit an diesem Punkt im Polizeirecht ist.

---

[75] *Darnstädt*, Karlsruher Gefahr (Fn. 2); journalistisch zugespitzt in *ders.*, Der globale Polizeistaat, 2009, S. 159 ff.

[76] Vgl. dazu das kritische Urteil des BVerfG zum ATDG vom 24. 4. 2013, NJW 2013, 1499.

cc) Tatsächlich gibt es im Polizeirecht zahlreiche Ermächtigungen für polizeiliche personenbezogene Datenerhebung, die auf Dispositionen von Verdächtigen abstellen und im Vorfeld deutlich unterhalb der vom Bundesverfassungsgericht gezogenen Bestimmtheitsgrenze anzusiedeln sind. Als Beispiel möge hier § 20 i BKA-Gesetz gelten.[77] Danach ist eine Ausschreibung zur polizeilichen Beobachtung möglich, wenn „die Gesamtwürdigung der Person und ihre bisher begangenen Straftaten erwarten lassen, dass sie künftig (schwere) Straftaten begehen wird". Dies ist eine Prognose-Ermächtigung nach dem Modell des § 5 Abs. 1 Nr. 2 BImSchG: Maßgeblich für die Erwartung von Straftaten ist die Disposition einer Person. Die Reaktion R des Kandidaten wird aber nicht aufgrund wahrscheinlich oder tatsächlich vorliegender Voraussetzungen erschlossen, sondern lediglich aufgrund von Anknüpfungstatsachen, die Reaktionen der Art R in der Vergangenheit beschreiben. Das sind Indizien für die Neigung zu Reaktionen der Art R, also Indizien für das Vorliegen der fraglichen Disposition. Auch hier geht es also nicht um eine Wahrscheinlichkeitsaussage über eine zu erwartende Straftat, sondern um Spekulation über das, was der Kandidat unter möglichen Umständen wohl tun würde. Es ist eine bislang nicht abschließend entschiedene Frage, wann eine sich nur auf mögliche Verbrechen beziehende Eingriffsnorm für Datenerhebung außerhalb des Schutzbereichs von Artikel 10 und vergleichbarer Grundrechtspositionen rechtsstaatlich bestimmt genug ist.[78] Die Ausführungen des Bundesverfassungsgerichts im Antiterrordateigesetz-Urteil,[79] die sich auf Datenweitergabe aus dem Fundus der Geheimdienste an die Polizei beziehen, weisen allerdings auf erhebliche Bestimmtheitsvoraussetzungen jedenfalls im Bereich von Informationseingriffen, die – wie etwa verdeckte Fahndung – für den Betroffenen nicht erkennbar und damit (praktisch) gerichtlich nicht überprüfbar sind.[80] Für diese Eingriffe verlangt das Urteil, dass der Betroffene aufgrund seines Verhaltens mit solchen Eingriffen rechnen können müsse, sie also vorhersehbar seien.[81] Ein Gesetz, das an die pure Möglichkeit anknüpft, dass jemand Straftaten, wie schwer auch immer, begeht, wäre sicher in diesem Sinne nicht bestimmt genug, es würde in der Praxis eine Umkehr der Argumentationslast zu Lasten der Betroffenen bedeuten, die Gründe dafür angeben müssten, warum ihre Täterschaft ausscheidet. Wenn sich jedoch ein „Besorgnispotential"[82] in einer Person im Sinne einer Disposition verkörpert, lassen sich regelmäßig auch Anknüpfungspunkte in deren manifestem Verhalten finden, die als Indizien für eine solche Disposition

---

[77] Ähnlich aber auch die landesrechtlichen Polizeivorschriften, vgl. etwa § 9 Abs. 1 Hamburgisches Gesetz über die polizeiliche Datenverarbeitung; § 25 Abs. 2 Ziff. 1 Berliner ASOG; § 36 Abs. 1 Bayerisches PAG.

[78] Diese Frage steht zur Entscheidung des Bundesverfassungsgerichts im Verfahren 1 BvR 966/09 gegen entsprechende Vorschriften im BKA-Gesetz.

[79] BVerfG v. 24.04.2013, NJW 2013, 149.

[80] A.a.O., Rn. 128, 140.

[81] A.a.O., Rn. 149.

[82] BVerwGE 119, 329, 332 f.

gelten können. Im Fall des beispielhaft gewählten §20 i BKA-Gesetz ist dies der Umstand, dass diese Person schon mehrfach Straftaten begangen hat.

Wann kann das Verhalten einer Person als Indiz für das Vorliegen einer Disposition eines Kandidaten gelten? In welcher Weise Aussagen über Dispositionen an das Vorliegen von Indizien geknüpft werden, zeigt sich bei der Praxis der Definition von Dispositionsprädikaten, wie sie außerhalb der Rechtssprache üblich ist.[83] Dispositionen werden durch die Formulierung von V-R-Paaren definiert: K kann die Disposition D zugeschrieben werden, wenn K unter der Voraussetzung V mit R reagiert. Hier erweist es sich als nützlich, dass die gängige Technik der Zuschreibung von Dispositionsprädikaten in der Festlegung unterschiedlicher V-R-Paare liegt, die alternativ zur Bejahung der Disposition führen können. Eine derartige Mehrfach-Definition eines Dispositionsprädikates gilt zwar in der Definitionslehre als Todsünde,[84] hat sich in der wissenschaftlichen Anwendung solcher Zuschreibungen gleichwohl bewährt.[85] Gerade im Umweltrecht dient die Festlegung alternativer Möglichkeiten, in denen sich eine Disposition manifestieren kann, der Durchführung von Testreihen unter „harmlosen" Laborbedingungen. Ob Nanostaub-Partikel, vom Menschen aufgenommen, gesundheitliche Schäden zeitigen, würde beispielsweise in Versuchen mit nicht-menschlichen Organismen untersucht. Tatsächlich zog ja auch das Nano-Urteil Erfahrungen mit Substanzen heran, die in gleicher Weise wie Nanostaub die menschliche Gesundheit gefährden können, Rußpartikel zum Beispiel. Auf polizeiliche Lagen übertragen bietet sich so die Möglichkeit an, gewisse Verhaltensweisen quasi als Ersatz- oder Indiz-Reaktionen R' auszuzeichnen, die unter den jeweils dazu passenden Bedingungen V' auftreten müssen, um den Kandidaten zumindest eine Disposition zuzuweisen. Die Folgerung von einer festgestellten „Ersatz-Gesetzlichkeit" auf die gesuchte Gesetzlichkeit im Innern einer Person eröffnet den Ermittlern die Möglichkeit, auf ein R' abzustellen, über dessen Vorliegen sich beim Kandidaten entscheiden lässt, ohne auch dafür wieder einen Informations-Eingriff vornehmen zu müssen, der dann seinerseits rechtfertigungsbedürftig wäre.

Diese auf den ersten Blick exotisch anmutende Vorgehensweise bei der Gefahrenvorsorge ist mutatis mutandis dem Polizeirecht nicht einmal fremd. So sieht beispielsweise § 13 Hamburgisches SOG die Ingewahrsamnahme einer Person vor, von der zu befürchten steht, dass sie sich an einer Straftat beteiligen wird. Diese Befürchtung hält das Gesetz u. a. dann für berechtigt, wenn die Person „früher mehrfach in vergleichbarer Lage [...] als Störer in Erscheinung getreten ist". Hier werden ohne weiteren Eingriff feststellbare Indiz-Informationen über die Reaktionen des Kandidaten unter gewissen Voraussetzungen als Grundlage und Legitimation für eine Pro-

[83] *Koch/Rüßmann*, (Fn. 16), S. 280 f.; *Stegmüller*, Wissenschaftstheorie Bd. II (Fn. 48), S. 213 ff.; *Darnstädt*, Gefahrenabwehr (Fn. 10), S.141 ff.

[84] *Darnstädt*, Gefahrenabwehr (Fn. 10), S. 145 m. w. N.

[85] A.a.O.

gnose auf sein künftiges Störer-Verhalten genommen: Die Feststellung über eine dem Betreffenden innewohnende Neigung.[86]

Eine Vorfeldnorm, die in sinnvoller Weise die Voraussetzungen für polizeiliche Informationseingriffe zur Aufklärung der gefährlichen Disposition einer Person regelt, würde also an Umstände knüpfen, die als Indizien für das Vorliegen einer gefährlichen Disposition gelten können. Im Falle des §20 i sind dies (zumindest auch) vorangegangene Straftaten. Denkbar sind aber auch Indizien, die mit der für möglich gehaltenen Reaktion R äußerlich gar nichts zu tun haben, also beispielsweise die aktive Unterstützung einer islamistischen Organisation. Als Indizien können alle Verhaltensweisen der Person gelten, deren Vorliegen die Zuschreibung der fraglichen Disposition an die Person erlauben.

Es gibt also durchaus eine sinnvolle, der Vorsorge-Norm des § 5 Abs. 1 Nr. 2 vergleichbare Formulierungs-Technik für Eingriffsermächtigungen zur Datenerhebung, die im Vorfeld einer Gefahren-Situation liegen, ohne jedoch gänzlich unbestimmt zu sein. Gleichwohl scheint es im Ergebnis nicht angemessen, die hier präzisierte Prognose-Möglichkeit als „Gefahrenverdacht“ zu bezeichnen. Denn weder ist diese Situation mit der konkreten Gefahr eines Ereignisses vergleichbar noch besteht auch nur der Verdacht, als könne eine konkrete Gefahr vorliegen. In Verdacht steht vielmehr eine konkrete Person, und der Verdacht bezieht sich nicht auf ein Ereignis, sondern auf die Neigung dieser Person, an Ereignissen der zu vermeidenden Art teilzunehmen oder sie gar auszulösen.

dd) Der hier unternommene, von einer Bemerkung des Bundesverwaltungsgerichts veranlasste Vergleich der Vorfeldsituation in § 5 Abs. 1 Nr. 2 BImSchG mit dem polizeilichen Vorfeld führt so zu einer Konkretisierung unterhalb der vom Bundesverfassungsgericht geforderten Bestimmtheitsschwelle. Gleichwohl kann er zur Präzisierung von Eingriffsermächtigungen im Vorfeld von Nutzen sein. Denn ein Eingriffstatbestand, der einen Schluss von Indiztatsachen auf eine aufklärungsbedürftige gefährliche Disposition beschreibt, wäre jedenfalls bestimmter als die vom Bundesverfassungsgericht gerügten Voraussetzungen in § 33 a Nds. SOG[87]. Danach durfte die Polizei personenbezogene Daten über Personen erheben, „bei denen Tatsachen die Annahme rechtfertigen, dass sie Straftaten von erheblicher Bedeutung begehen werden“. „Handlungsbegrenzende Tatbestandsmerkmale“, die den „Standard an Vorhersehbarkeit und Kontrollierbarkeit“[88] verbessern, liegen nach unserer Konkretisierung in der Festlegung, dass es sich bei den „Tatsachen“ um Indiztatsachen für das Vorliegen einer Disposition handeln muss.

---

[86] Geradezu exzessiv ausführlich: Bay PAG § 17.

[87] In der Fassung der Neubekanntmachung v. 19. 1. 2005, Nds. GVBl. S. 9.

[88] BVerfGE 113, 348, 378.

IV. Fazit

Das Vorfeld polizeilicher Gefahren wird mit Hilfe eines Rückgriffs auf die Prognose-Normen des § 5 BImSchG immerhin ein wenig übersichtlicher. Die Grenze zwischen Gefahren-Vorfeld und Gefahr lässt sich für den immer wichtiger werdenden Bereich der Informationseingriffe durch einen Wechsel der Prognose-Perspektive erkennen: Geht eine Prognose im Bereich der Polizeiarbeit, die durch Gefahrenabwehr-Eingriffe bestimmt ist, von der Wahrscheinlichkeit eines Schadensereignisses aufgrund eines Gesamtdatums über alle – und nur die – Umstände aus, die zum Zeitpunkt der Prognose erkennbar vorliegen, orientieren sich Gefahrenprognosen im Bereich sogenannter Gefahrenerforschungseingriffe an der gefährlichen Disposition eines Verdächtigen. Ist aufgrund zumindest wahrscheinlicher Umstände eine schadenstiftende Handlung bzw. ein Verbrechen der Person zu erwarten, liegt eine der „Gefahr“ vergleichbar konkret zu prognostizierende Besorgnis-Situation vor, die auch entsprechend schwerwiegende Grundrechtseingriffe z. B. im Bereich des Telekommunikationsgeheimnisses erlaubt. Diese Gefahren-Situationen lassen sich sinnvoll als „dispositionelle Gefahren“ bezeichnen und sind strukturell vergleichbar mit der in §5 Abs. 1 Nr. 1 BImSchG beschriebenen Situation.

Die Grenze zum Vorfeld einer Gefahr ist bei dispositioneller Betrachtung der Situation überschritten, wenn es auf die Wahrscheinlichkeit der Manifestation der gefährlichen Disposition eines Verdächtigen nicht ankommen soll. Solche Prognosen stützen sich allein auf die Zugrundelegung der gefährlichen Disposition. Diese Situation entspricht strukturell der in § 5 Abs. 1 Nr. 2 BImSchG. Eine Gleichsetzung solcher Prognose-Situationen mit denen, die als „Gefahrenverdacht“ bezeichnet werden, ist nicht angemessen, da eine Aussage über das Vorliegen einer Disposition sich in keiner Weise auf ein konkret zu erwartendes Ereignis bezieht. Damit eine auf eine Disposition gestützte Eingriffsermächtigung eine fürs Polizeirecht mindestens erforderliche Bestimmtheit erlangt, ist die gesetzliche Angabe von tatsächlich vorliegenden Voraussetzungen erforderlich, die als Indizien für das Vorliegen einer Disposition gelten können. Diese Voraussetzungen müssen im Verhalten der betroffenen Person oder in von ihr gesetzten Umständen liegen.

V. Ausblick

Eine Präzisierung tatbestandlicher Voraussetzungen von Eingriffsnormen mit den Methoden, die Wissenschaftstheorie und Sprachphilosophie bereitstellen,[89] ist nicht Selbstzweck, sondern dient der rechtsstaatlich geforderten Bestimmtheit solcher Gesetze. Präzisierende Untersuchungen, wie sie hier an Rechtsbeispielen vorgenommen wurden, die dem Jubilar besonders vertraut sein müssen, können als Grundlage für

[89] Erstmals für die juristische Ausbildung zugänglich wurden diese Instrumente durch das Werk von *Koch/Rüßmann* (Fn. 16). Wie diese Instrumente zur Präzisierung unbestimmter Rechtsbegriffe einzusetzen sind, hat *Koch* in seiner grundlegenden Schrift über „Unbestimmte Rechtsbegriffe und Ermessensermächtigungen im Verwaltungsrecht“ 1979 vorgeführt.

eine Modernisierung der Polizeirechtsordnung dienen, deren Dringlichkeit immer deutlicher wird. Das Jahr 2014, in dem der Jubilar seinen 70. Geburtstag feiert, ist geprägt von Berichten über umfassende Versuche deutscher und ausländischer Hoheitsträger, sich in bislang nie gekanntem Ausmaß Informationen über gefährlich erscheinende Bürger zu beschaffen.[90] Zugleich häufen sich Berichte über Methoden der digitalen Gefahrenerforschung, die es wahrscheinlich erscheinen lassen, dass sich die Sicherheitsbehörden auch in Deutschland schon bald in der Lage sehen, Verbrechen und sogar das verbrecherische Verhalten einzelner Personen allein mit Hilfe zufällig gewonnener großer Daten-Mengen vorherzusagen.[91] Das Big-Data-Zeitalter[92] erlaubt Informations-Eingriffe, die minimalinvasiv und so mit den herkömmlichen Mitteln rechtlicher Steuerung und Kontrolle kaum zu erfassen sind. So entsteht eine neue Art von Polizeiarbeit, die mit dem Begriff der „Gefahrenerforschungseingriffe" ebenso wenig angemessen zu umschreiben ist, wie ihre rechtlichen Voraussetzungen mit Begriffen wie „Gefahrenverdacht" zu fassen sind. Schwierigkeiten, um im Lichte der grenzenlosen Möglichkeiten der Datenverarbeitung für die Gefahrenabwehr zu angemessenen Formulierungen für deren rechtliche Voraussetzungen zu gelangen, lassen selbst hochrangige Sicherheits-Experten und erfahrene Polizeijuristen erkennen. Als Beispiel seien hier die an Hilflosigkeit grenzenden Ausführungen der Enquete-Kommission für eine Evaluierung der Anti-Terror-Gesetze[93] zu der Frage genannt, wo der Unterschied liege, wenn das BKA-Gesetz einerseits von einer Besorgnis „aufgrund von Tatsachen", andererseits von einer Besorgnis „aufgrund tatsächlicher Hinweise" spreche[94].

Die Möglichkeiten, zu einer präziseren Abstufung und Differenzierung der Voraussetzungen für Eingriffe durch Datenverarbeitung zu gelangen, zuletzt wieder im Urteil des Bundesverfassungsgerichts zur Anti-Terror-Datei[95] angemahnt, zeigen sich zum Beispiel in der oben skizzierten Methode des Umgangs mit Dispositionen. Die in der Wissenschaftstheorie entwickelten Definitions-Modelle und dazugehörigen Verifizierungsmöglichkeiten sind in ihrer Fruchtbarkeit fürs Polizeirecht bei weitem nicht ausgeschöpft. Welche Möglichkeiten der Formulierung rechtlicher Prämissen für die Zuschreibung von Dispositionen an Individuen im Einzelnen bestehen, lässt abermals ein Blick ins Umweltrecht ahnen. Die Regelungstechnik der TA Luft lässt zahlreiche Ansätze erkennen, wie sich Grundrechtseingriffe aufgrund

---

[90] Vgl. zur „NSA-Affäre" statt vieler Berichte nur SPIEGEL 27/2013, S. 72 ff.; 28/2013, S. 14 ff.; 30/2013, S. 16 ff.

[91] Vgl. *Hofstetter*, FAZ v. 18.07.2013, S. 25; New York Times – Int. Ausgabe v. 28.3. 2013, S. 1; zu den Folgen für die Rechtsordnung und zur Verantwortung des Gesetzgebers schon *Roßnagel*, NJW 2010, S. 1238.

[92] Für die Praxis der Sicherheitsbehörden unter diesem Stichwort vgl. SZ v. 13./14.7. 2013, S. 16.

[93] *BMI/BMJ* (Hrsg.), Bericht der Regierungskommission zur Überprüfung der Sicherheitsgesetzgebung in Deutschland v. 28.8.2013 S.65 ff.,126 ff.

[94] Lesenswert a.a.O. S. 132 ff.

[95] BVerfG v. 24.4.2013, NJW 2013, 1499 Rn. 134 ff.

der Zuerkennung von Dispositionen rational begründen lassen.[96] Beispiele, wo solche Ansätze fruchtbar werden könnten, bieten sich in der Debatte um die Voraussetzungen von Eingriffen in den Telekommunikationsverkehr an. So lässt sich die Frage, nach welchen Schlagwörtern eine systematische Suche im Datenstrom jeweils zu programmieren ist, als Suche nach Indizien für Gesprächsteilnehmer mit einschlägiger Disposition deuten. Die Festlegung, der Gebrauch welcher Vokabeln als Indizien für beispielsweise Terror-Bereitschaft gelten kann, ist ein Akt der rechtlichen Konkretisierung, der viel Expertise erfordert und in gewissem Maße[97] auch Transparenz. Eine „TA Daten", die der in der TA Luft vergleichbar ist, wäre zumindest diskutabel.[98] Um ein höheres Maß an Bestimmtheit und Legitimation entsprechender Regelungen zu erlangen, wäre bei gewichtigeren Eingriffen eine vergleichbare Konkretisierungsaufgabe auch dem Gesetzgeber zuzuordnen.

Es gibt noch viel zu klären im Vorfeld polizeilicher Gefahren: eine große Herausforderung auch für die Koch-Schule.

---

[96] Vgl. dazu im Einzelnen die Ausführungen bei *Darnstädt*, Gefahrenabwehr (Fn. 10), S. 159 ff., 186 f.

[97] Zum Gebot der Transparenz auch bei notwendig verdeckten Informationseingriffen zuletzt BVerfG v. 24.4.2013, NJW 2013, 1499 Rn. 204 ff.

[98] Der Autor verdankt diese Idee seinem Freund Rüdiger Rubel, Frankfurt.

Staat, Verwaltung, Europa

Das Regulierungsermessen in der Rechtsprechung des Bundesverwaltungsgerichts

Von *Thomas Mayen*

I. Einleitung

Als vergleichsweise neue Kategorie eines behördlichen Gestaltungsspielraums ist in Teilen des Schrifttums für das Regulierungsverwaltungsrecht das sog. Regulierungsermessen entwickelt worden. Ungeachtet der Wortähnlichkeit steht es nicht als Synonym für das klassische behördliche Ermessen im Bereich des Regulierungsverwaltungsrechts, also die bei Vorliegen hinreichend bestimmter gesetzlicher Tatbestandsvoraussetzungen eröffnete Wahlfreiheit der Verwaltung auf der Rechtsfolgenseite der Norm[1]. Mit dem Begriff „Regulierungsermessen" soll vielmehr die im deutschen Verwaltungsrecht bestehende Unterscheidung von Tatbestand und Ermessen aufgegeben werden zugunsten eines einheitlichen, tatbestandlich nicht weiter eingegrenzten behördlichen Gestaltungsauftrags. So hat Johannes Masing in seinem Gutachten zum 66. Deutschen Juristentag 2006 in Stuttgart ausgeführt: „Von diesem Grundverständnis her muss ein Netzregulierungsgesetz die traditionelle Dichotomie von Tatbestand und Ermessen als Parameter rationaler Entscheidung und gerichtlicher Kontrolle aufgeben. Stattdessen ist ein übergreifendes Regulierungsermessen anzuerkennen, das der Behörde bei der Konkretisierung der nicht nur ausfüllungsbedürftigen, sondern gestaltungsbedürftigen Gesetzesnormen zu Gebote steht. [...] der Sache nach geht es um die Anerkennung einer gestalterischen Konkretisierungsbefugnis, die schlichter als einheitliches ‚Regulierungsermessen' zu bezeichnen wäre."[2]

Diese Konzeption hat in der rechtswissenschaftlichen Diskussion keineswegs nur Gefolgschaft, sondern auch entschiedene Kritik gefunden.[3] Das BVerwG hat nun erstmals[4] in einem Urteil aus dem Jahr 2007 für die Entscheidung über die Auferlegung von Zugangspflichten im Rahmen einer Regulierungsverfügung nach §§ 10,

---

[1] Zum Begriff etwa BVerwGE 16, 116, 129; 72, 38, 53.

[2] *Masing*, Gutachten zum 66. Deutschen Juristentag Stuttgart 2001, Bd. I, D156 f.

[3] Vgl. etwa von *Danwitz*, DVBl. 2003, 1405, 1414 ff.; *ders.*, DÖV 2004, 977, 981; *Badura*, DVBl. 2004, 977, 981; *Burgi*, DVBl. 2006, 269, 275; *Mayen*, Referat zum 66. Deutschen Juristentag, Bd. II, II/1, O 45, O 62 ff.; *ders.*, in: Scheurle/Mayen, Telekommunikationsgesetz, 2. Aufl. 2008, § 137 TKG Rn. 38.

[4] In BVerwGE 120, 263, 263, 275 wurde diese Frage noch offen gelassen.

11, 13 und 21 TKG den Begriff des „Regulierungsermessens" verwendet.[5] Hieran hat das Gericht in seiner späteren Rechtsprechung wiederholt angeknüpft.[6]

II. Reichweite und Bedeutung des vom BVerwG anerkannten Regulierungsermessens

Wie ordnet nun das BVerwG das „Regulierungsermessen" ein? In Anbetracht der intensiven wissenschaftlichen Diskussion über das „Regulierungsermessen" als einer besonderen rechtsdogmatischen Kategorie wird man zunächst erwarten, dass es einen solchen Begriff nicht ohne Bedacht verwendet. Umso mehr überrascht, wie wenig sich das Gericht bisher um Abgrenzung von den klassischen, bislang auch die Rechtsprechung aller Senate des höchsten deutschen Verwaltungsgerichts prägenden Rechtsinstituten bemüht hat und wie sehr die dogmatischen Strukturen verschwimmen.

1. Hintergrund

Das deutsche Verwaltungsrecht unterscheidet verschiedene Typen behördlicher Gestaltungsspielräume. Traditionell ist die Unterscheidung von Beurteilungsspielraum und Ermessen, die an die Unterscheidung von Tatbestand und Rechtsfolge bei der Rechtsnorm anknüpft: Während als Ermessen die Wahlfreiheit der Verwaltung auf der Rechtsfolgenseite der Norm bezeichnet wird, die nur bei Vorliegen der – die behördliche Gestaltungsfreiheit zugleich eingrenzenden und disziplinierenden – Voraussetzungen im Tatbestand der Norm eröffnet ist,[7] markiert der Beurteilungsspielraum einen Gestaltungs- und Entscheidungsfreiraum der Behörde bei der Subsumption unter die tatbestandlichen Voraussetzungen einer Rechtsnorm.[8] Beiden Rechtsinstituten gemeinsam ist die Befugnis der Behörde zur letztverbindlichen Entscheidung und damit einhergehend eine entsprechende Rückführung der gerichtlichen Kontrolle des Behördenhandelns auf die Einhaltung primär formaler und verfahrensrechtlicher Anforderungen. Von diesen beiden Rechtsinstituten wird landläufig noch[9] das sog. Planungsermessen unterschieden. Es erhält sein Gepräge dadurch, dass die zugrunde liegenden Vorschriften nicht konditional, sondern final programmiert sind und im Unterschied zum gewöhnlichen Ermessen, das als Teil der geset-

---

[5] BVerwGE 130, 39 Rn. 29.

[6] BVerwGE 131, 41 Rn. 47; NVwZ 2012, 1047 Rn. 38.

[7] St. Rspr. des BVerwG; vgl. etwa BVerwGE 16, 116, 129; 72, 38, 53; NJW 1999, 2056; a. A. hingegen *Koch*, Unbestimmte Rechtsbegriffe und Ermessensermächtigungen im Verwaltungsrecht, 1979, S. 102 ff.

[8] Vgl. etwa BVerwGE 72, 38, 53.

[9] Zur fehlenden Eignung des Prognosecharakters einer Entscheidung zur Rechtfertigung von Entscheidungsspielräumen vgl. hingegen BVerfGE 88, 40, 60; ferner die Nachweise bei *Eyermann-Rennert*, VwGO, § 114 Rn. 63 ff.

zesakzessorischen Verwaltung tatbestandlich eingegrenzt ist, nur eine relative Bindung der Verwaltung erzeugen können.[10]

2. *Unterscheidung von Beurteilungsspielraum und Ermessen im Ausgangspunkt*

An diese Unterscheidung knüpft das BVerwG jedenfalls im Ausgangspunkt sehr wohl an. Schon im Urteil vom 02.04.2008 unterscheidet es zwischen den Begriffen „Beurteilungsspielraum" und „Regulierungsermessen" zur Bezeichnung unterschiedlicher Arten von Gestaltungsspielräumen der Bundesnetzagentur (BNetzA) beim Erlass der sog. Regulierungsverfügung, einem als Verwaltungsakt (§ 13 Abs. 5 TKG) ergehenden individuell-abstrakten Rechtsakt[11], mit dem die BNetzA auf der Grundlage einer Marktdefinition (§ 10 TKG) und einer darauf aufbauenden Marktanalyse (§ 11 TKG) über die Maßstäbe für ihren eigenen späteren individuell-konkreten Verwaltungsvollzug entscheidet. Die Rechtsfolge dieser Entscheidungsnorm besteht in der Befugnis der BNetzA festzulegen, (1) ob überhaupt auf einem Markt der Telekommunikation eine besondere Regulierung stattfindet, (2) wenn ja: welche besonderen Pflichten dem regulierten Unternehmen abstrakt auferlegt werden[12] und (3) in welchem Umfang und unter welchen Voraussetzungen diese Pflichten bestehen sollen. Tatbestandliche Voraussetzung hierfür ist, (1) dass ein Markt nach dem sog. Drei-Kriterien-Test des § 10 TKG für eine Regulierung in Betracht kommt und (2) dass auf diesem Markt kein wirksamer Wettbewerb besteht, was wiederum dann der Fall ist, wenn mindesten ein Unternehmen auf diesem Markt über beträchtliche Marktmacht verfügt (§ 11 TKG). Das BVerwG siedelt nun das Regulierungsermessen auf der Rechtsfolgenseite dieser Norm an. Konkret verwendet wurde der Begriff für die Entscheidungsbefugnis der BNetzA, eine bestimmte Zugangsverpflichtung (§ 21 TKG)[13] sowie eine Entgeltregulierungsverpflichtung (§ 30 TKG) aufzuerlegen oder nicht.[14] Diesem Regulierungsermessen stellt es für die auf der Tatbestandsseite der Norm zu prüfenden Voraussetzungen der §§ 10 und 11 TKG einen Beurteilungsspielraum der BNetzA gegenüber[15], der den klassischen dogmatischen Grundlinien des deutschen Verwaltungsrechts folgt.

An dieser Unterscheidung hält das BVerwG auch in seiner späteren Rechtsprechung fest. Im Urteil vom 23.11.2011 bezieht es sich ausdrücklich auf die Grund-

---

[10] Vgl. etwa BVerfGE 80, 137, 162; 95, 1, 16; BVerwGE 62, 86, 92; zum Ganzen auch etwa *Eyermann-Rennert*, VwGO, § 40 Rn. 33.

[11] Vgl. dazu *Mayen*, in: Scheurle/Mayen, TKG, 2. Aufl. 2008, § 13 Rn. 20.

[12] In Betracht kommen gemäß § 13 Abs. 5 TKG die in den §§ 19, 20, 21, 23, 24, 30, 39 oder 42 Abs. 4 Satz 3 TKG aufgeführten Pflichten; hierzu zählen z.B. die Pflicht zur Gewährung eines Netzzugangs oder die Genehmigungspflicht für die betreffenden Zugangsentgelte.

[13] So ausdrücklich in BVerwGE 130, 39 Rn. 29; 131, 41 Rn. 47.

[14] BVerwGE 131, 41 Rn. 66.

[15] So ausdrücklich BVerwG, NVwZ 2012, 1047 Rn. 38; ebenso BVerfG, NVwZ 2012, 694 Rn. 42.

sätze, die das BVerwG hierfür zum deutschen Verwaltungsrecht entwickelt hat.[16] Damit stellt es sich bewusst in die Tradition der deutschen Verwaltungsrechtsdogmatik; „Regulierungsermessen“ wird also nicht in dem von Masing geprägten Sinne als ein die Unterscheidung von Tatbestand und Rechtsfolgenseite der Norm zugleich überwindendes und übergreifendes einheitliches regulierungsbehördliches Gestaltungsermessen verstanden, sondern allein auf der Rechtsfolgenseite der Norm angesiedelt und von dem auf der Tatbestandsseite der Norm verorteten Beurteilungsspielraum unterschieden.

3. Regulierungsermessen als Sonderfall des Planungsermessens

Das Regulierungsermessen ordnet das BVerwG hierbei nicht als Teil des gesetzesakzessorischen Ermessens ein, sondern als Sonderfall des Planungsermessens im Rahmen des Fachplanungsrechts.[17] Maßstab für die gerichtliche Kontrolle ist danach nicht § 114 VwGO, sondern die sog. Abwägungsfehlerlehre des BVerwG. Die Ausübung des Regulierungsermessens wird vom Gericht darauf überprüft, ob eine Abwägung überhaupt stattgefunden hat (Abwägungsausfall), ob in die Abwägung an Belangen eingestellt worden ist, was nach Lage der Dinge in sie eingestellt werden musste (Abwägungsdefizit), ob die Bedeutung der betroffenen Belange verkannt worden ist (Abwägungsfehleinschätzung) und ob der Ausgleich zwischen ihnen zur objektiven Gewichtigkeit einzelner Belange außer Verhältnis steht (Abwägungsdisproportionalität).[18]

Für die Vorschrift des § 21 TKG, für welche diese Rechtsprechung zum Regulierungsermessen zunächst begründet wurde, ist dies nach dem Normenmaterial nachvollziehbar. Namentlich fordert § 21 Abs. 1 Satz 2 TKG eine Abwägung anhand der Regulierungsziele des § 2 TKG, die ihrerseits teilweise gegenläufig sind. Der Sache nach handelt es sich um den klassischen Fall einer final, nicht konditional programmierten Entscheidungsnorm, die eine planungsähnliche Abwägungsentscheidung der BNetzA erfordert, was auch in der Sache der gesetzesvertretenden Funktion der Regulierungsverfügung entspricht[19].

Demgegenüber erstaunt es, wenn das BVerwG dieses Muster auch auf den Entgeltmaßstab der „Kosten effizienter Leistungsbereitstellung“ in § 24 Abs. 1 TKG 1996 (heute § 32 Abs. 1 TKG 2012) anwendet und davon spricht, der dort anzusetzende Beurteilungsspielraum weise eine „besondere Nähe zum Regulierungsermessen“[20] auf. Der Maßstab der Kosten effizienter Leistungsbereitstellung ist der klas-

---

[16] BVerwG, NVwZ 2012, 1047 Rn. 38.

[17] So ausdrücklich erstmals BVerwGE 131, 41 Rn. 47; in der Sache ähnlich schon BVerwGE 130, 39 Rn. 28 f., das sich allerdings zusätzlich noch auf andere Gesichtspunkte stützte Rn. 30.

[18] BVerwGE 130, 39 Rn. 29; 131, 41 Rn. 47.

[19] Zum Ganzen bereits *Mayen*, CR 2005, 21, 23; *ders.*, in: 66. DJT, BD. II/1, O 45, O 64 f.

[20] BVerwG, NVwZ 2012, 1047 Rn. 38.

sische Fall einer tatbestandlichen Genehmigungsvoraussetzung in Form eines unbestimmten Rechtsbegriffes. Hier mag man darüber streiten, ob der Behörde damit ein Beurteilungsspielraum eingeräumt ist; keinesfalls hat sie hiernach aber eine Planungsentscheidung zu treffen, für die wesenstypisch ist, dass sie in aller Regel einen Ausgleich bzw. Kompromiss zwischen verschiedenen miteinander in Konflikt stehenden Belangen erfordert, wobei der eine Belang durch planerische Abwägung zu Gunsten des anderen überwunden werden kann.[21]

4. Relativierung der unterschiedlichen Kontrollmaßstäbe

Ebenfalls im Einklang mit der Tradition des deutschen Verwaltungsrechts ordnet das BVerwG dem Beurteilungsspielraum andere gerichtliche Kontrollmaßstäbe zu als dem Regulierungsermessen. Während für das Regulierungsermessen die Grundsätze der Abwägungsfehlerlehre gelten (oben 3), wird die Ausübung des Beurteilungsspielraums darauf überprüft, ob die Behörde die gültigen Verfahrensbestimmungen eingehalten hat, ob sie von einem richtigen Verständnis des anzuwendenden Gesetzesbegriffs ausgegangen ist, den erheblichen Sachverhalt vollständig und zutreffend ermittelt hat und ob sie sich bei der eigentlichen Beurteilung an allgemeingültige Wertungsmaßstäbe gehalten, insbesondere das Willkürverbot nicht verletzt hat.[22]

Allerdings klingt auch hierfür im Urteil vom 23. 11. 2011 eine unverkennbare Relativierung an. Die gerichtlichen Kontrollmaßstäbe unterschieden sich, so heißt es dort weiter „jedenfalls verbal, weniger in der Sache" danach, ob es sich um die Kontrolle eines Beurteilungsspielraums auf der Tatbestandsseite der Norm oder um die Kontrolle von (Regulierungs-)Ermessen auf der Rechtsfolgenseite handelt.[23] Bemerkenswert ist, dass daraus rechtlich relevante Folgerungen abgeleitet werden: Da die Genehmigungsentscheidung an dieser Stelle eine „besondere Nähe zum Regulierungsermessen" aufweise, sei die Entscheidung der Behörde – über die eigentlichen klassischen Kriterien des Beurteilungsspielraums hinaus – auch darauf zu prüfen, ob die Behörde „plausibel und erschöpfend argumentiert" habe[24]. Vor einer solchen Schlussfolgerung, aus der strukturellen Ähnlichkeit von Ermessen, Planungsermessen und Beurteilungsspielraum auch normative Konsequenzen hinsichtlich des Kontrollmaßstabs zu ziehen, ist demgegenüber von anderer Seite stets gewarnt worden.[25] Das VG Köln hat dies inzwischen im Sinne einer klaren Verschärfung seiner Anforderungen an Genehmigungsentscheidungen der BNetzA nachvollzogen.[26]

---

[21] Grundlegend BVerwGE 34, 301, 309; näher dazu zuletzt *Berkemann*, DVBl. 2013, 1280.

[22] BVerwGE 131, 41 Rn. 14, 21.

[23] A.a.O.

[24] BVerwG, NVwZ 2012, 1047 Rn. 38.

[25] Vgl. namentlich *Eyermann-Rennert*, § 40 VwGO Rn. 5, 33.

[26] VG Köln, Urteil vom 22.01.2014–21 K 1807/09, Rn. 64 (justiz.nrw.de); Urteil vom 22.01.2014–21 K 2745/09, Rn. 30 ff. (justiz.nrw.de).

5. Ungewohnte Reichweite behördlicher Gestaltungsspielräume

Nach bisherigen Maßstäben ungewohnt ist schließlich die überaus große Reichweite des Gestaltungsspielraums der Regulierungsbehörde. Für das gewöhnliche Ermessen als Teil der gesetzesakzessorischen Verwaltung wird aus dem Rechtsstaatsgebot die Unzulässigkeit eines freien behördlichen Ermessens und vice versa die Notwendigkeit rechtsstaatlicher Disziplinierung des Ermessens durch hinreichend bestimmte, gerichtlich voll überprüfbare Tatbestandsvoraussetzungen abgeleitet.[27] Bei dem Planungsermessen gilt dies zwar nicht in Bezug auf die eigentliche Abwägungsentscheidung, wohl aber für das Gebot der Planrechtfertigung, das gerichtlich voll überprüfbar ist[28]; hierdurch wird sichergestellt, dass auch planerische Gestaltungsfreiheit im Rechtsstaat nicht unbegrenzt ist.[29]

Bei der Regulierungsverfügung ist auch dies anders. Das BVerwG befürwortet eine Verkoppelung von Regulierungsermessen bei der Entscheidung über Ob, Inhalt und Voraussetzungen der Regulierungspflichten mit Beurteilungsspielräumen bei der Entscheidung über das Vorliegen der Voraussetzungen der §§ 10 und 11 TKG. Anders als etwa im Fachplanungsrecht wird nicht einmal die Entscheidung über die Planrechtfertigung, also die Notwendigkeit einer Planungsentscheidung, gerichtlich vollumfänglich überprüft. Damit steht der BNetzA auch bei dem funktionalen Pendant zur Planrechtfertigung, nämlich der Voraussetzungen für die Regulierungsbedürftigkeit eines Marktes, ein Beurteilungsspielraum zu. Dies ist umso bemerkenswerter, als die Entscheidung über das Ob der Marktregulierung mit den Teilelementen der Marktabgrenzung und der Feststellung über das Bestehen beträchtlicher Marktmacht strukturell Elemente enthält, die der Entscheidung über die Marktabgrenzung und das Bestehen einer marktbeherrschenden Stellung bei § 19 GWB vergleichbar sind, dort indessen von den Kartellgerichten vollumfänglich gerichtlich überprüft werden[30], so dass ein Beurteilungsspielraum unter dem Aspekt einer Überschreitung der Funktionsgrenzen der Verwaltung demnach ausscheidet[31].

Im Ergebnis entsteht somit – wenn man die These ernst nimmt, dass sich die Kontrollmaßstäbe in der Sache nicht unterscheiden – eine Koppelungsvorschrift i. e.S., bei dem eine Trennung zwischen unbestimmtem Rechtsbegriff und Ermessen nicht mehr möglich ist[32], die namentlich hinsichtlich ihrer Eingriffstiefe in der deutschen Verwaltungsrechtsordnung bisher ohne Vorbild ist. Auf diese Weise gelangt man doch zu einem einheitlichen, Tatbestand und Rechtsfolge überwindenden umfassenden Gestaltungsspielraum der BNetzA, der inhaltlich durch das Gesetz nicht

[27] Besonders ausgeprägt bei BVerfGE 6, 32, 42 f.; 80, 137, 162.

[28] BVerwGE, 72, 282, 284; 84, 123, 131.

[29] *Eyermann-Rennert*, § 40 VwGO Rn. 36.

[30] Vgl. dazu etwa BGHZ 49, 307, 312; 142, 239, 247. Aus dem Schrifttum etwa: *Schmidt*, in: Immenga/Mestmäcker, § 63 GWB Rn. 21.

[31] So auch BVerfG, NVwZ 2012, 694 Rn. 26.

[32] Vgl. zum Begriff: GSOBG, BVerwGE 39, 355, 366; BVerwGE 107, 164, 167 f.

vorgesteuert ist und damit einem freien Gestaltungsermessen der Behörde zumindest sehr nahe kommt.

III. Hinreichende Effektivität der gerichtlichen Kontrolle?

Dies leitet nahezu zwangsläufig über zu der Frage nach der hinreichenden Effektivität der verwaltungsgerichtlichen Kontrolle der regulierungsbehördlichen Entscheidungsspielräume. Was verbleibt hier tatsächlich vom verfassungsrechtlichen Postulat effektiver, tatsächlich wirksamer gerichtlicher Kontrolle von Regulierungsentscheidungen?

1. Verfassungsrechtliche Maßstäbe

Art. 19 Abs. 4 Satz 1 GG garantiert jedem den Rechtsweg, der geltend macht, durch die öffentliche Gewalt in eigenen Rechten verletzt zu sein. Damit wird sowohl der Zugang zu den Gerichten als auch die Wirksamkeit des Rechtsschutzes gewährleistet. Der Bürger hat einen Anspruch auf eine möglichst wirksame gerichtliche Kontrolle in allen ihm von der Prozessordnung zur Verfügung gestellten Instanzen.[33] Aus der Garantie effektiven Rechtsschutzes folgt grundsätzlich die Pflicht der Gerichte, die angefochtenen Verwaltungsakte in rechtlicher und tatsächlicher Hinsicht vollständig nachzuprüfen. Das schließt eine Bindung der rechtsprechenden Gewalt an tatsächliche oder rechtliche Feststellungen und Wertungen seitens anderer Gewalten hinsichtlich dessen, was im Einzelfall rechtens ist, im Grundsatz aus.[34]

Das Gebot effektiven Rechtsschutzes schließt es zwar nicht aus, dass durch den Gesetzgeber eröffnete Gestaltungs-, Ermessens- und Beurteilungsspielräume die Durchführung der Rechtskontrolle durch die Gerichte einschränken.[35] Gerichtliche Kontrolle endet dort, wo das materielle Recht in verfassungsrechtlich unbedenklicher Weise das Entscheidungsverhalten nicht vollständig determiniert und der Verwaltung einen Einschätzungs- und Auswahlspielraum belässt.[36] Das BVerfG hat die verfassungsrechtlichen Maßstäbe für die Zulässigkeit solcher behördlicher Beurteilungs- und Ermessensspielräume jüngst aber noch einmal geschärft: Solche Gestaltungsspielräume der Verwaltung müssen sich nicht nur aus dem Gesetz ergeben (sog. normative Ermächtigung). Auch der Gesetzgeber ist nicht völlig frei in der Einräumung behördlicher Letztentscheidungsbefugnisse. Zum einen bedarf die Freistellung der Rechtsanwendung von gerichtlicher Kontrolle stets eines hinreichend gewichtigen, am Grundsatz eines wirksamen Rechtsschutzes ausgerichteten Sach-

[33] BVerfGE 40, 272, 275; 113, 273, 310.

[34] BVerfGE 15, 275, 282; 61, 82, 110f.; 84, 34, 49; 84, 59, 77; 101, 106, 123; 103, 142, 156.

[35] BVerfGE 15, 275, 282; 61, 82, 111; 84, 34, 50ff.; 88, 40, 56; 103, 142, 157; 113, 273, 310.

[36] BVerfGE 88, 40, 61; 103, 142, 156f.; 116, 1, 18.

grunds.[37] Zum anderen darf der Gesetzgeber die Effektivität gerichtlicher Kontrolle – und dies kann nur bedeuten: der Kontrolle des Inhalts der Entscheidung – nicht durch zu zahlreiche oder weitgreifende Beurteilungsspielräume für ganze Sachbereiche oder gar Rechtsgebiete aushebeln.[38]

2. Bedeutung für das Regulierungsermessen

Das BVerfG hatte in seinem Beschluss vom 08.12.2011[39] Gelegenheit, die Bedeutung dieser Maßstäbe für den Bereich des Regulierungsermessens und des Telekommunikationsrechts zu klären. Erstaunlicherweise hat er eine Verletzung der von ihm nur wenige Monate vorher aufgestellten Maßstäbe nicht erkennen können. Dies lässt, wie Wolfgang Durner zutreffend angemerkt hat, „manche Fragen offen".[40] Entweder hat das BVerfG seine eigenen Maßstäbe nicht ernst genommen oder aber es hat die Reichweite der behördlichen Gestaltungsspielräume, die der BNetzA jedenfalls nach der Rechtsprechung des BVerwG im Bereich des Telekommunikationsrechts eingeräumt werden, nicht hinreichend erfasst.

Schon bei der telekommunikationsrechtlichen Regulierungsverfügung kommt die vorstehend beschriebene Verkoppelung von Beurteilungsspielraum auf der Tatbestandsseite und Ermessen auf der Rechtsfolgenseite – der unmittelbare Streitgegenstand der Entscheidung des BVerfG – der verfassungsrechtlichen Schwelle erstaunlich nahe.[41] Denn die Regulierungsverfügung ist das zentrale Instrument, mit dem die BNetzA darüber befindet, ob und wenn ja in welchem Umfang und unter welchen Voraussetzungen eine sektorspezifische, in ihrer Eingriffstiefe über die allgemeine kartellrechtliche Missbrauchsaufsicht deutlich hinausgehende[42] Regulierung stattfindet. Eine inhaltliche Kontrolle dieser Entscheidung findet nach den Maßstäben des BVerwG nicht mehr statt. Während die tatbestandlichen Voraussetzungen von Marktdefinition und Marktanalyse – anders als die inhaltlich nahezu vollständig identischen Voraussetzungen des § 19 Abs. 2 GWB – nahezu vollständig dem Beurteilungsspielraum der BNetzA unterliegen, eröffnet die Rechtsprechung die Rechtsfolgenseite dem Regulierungsermessen der Behörde. Vom verfassungsrechtlichen Regelfall umfassender gerichtlicher Kontrolle verbleibt für diesen gesamten Sachbereich nichts. Im Unterschied zu einem Planfeststellungsbeschluss, für den jedenfalls die Planrechtfertigung vollumfänglicher gerichtlicher Nachprüfung unterliegt, fällt für die Regulierungsverfügung jegliche tatbestandliche Konturierung weg.

---

[37] BVerfG, NVwZ 2011, 1062 Rn. 75.

[38] BVerfG, NVwZ 2011, 1062 Rn. 75; zusammenfassend BVerfG, NVwZ 2012, 694 Rn. 23 ff.

[39] NVwZ 2012, 694.

[40] So *Durner*, DVBl. 2012, 299, 302.

[41] *Durner*, DVBl. 2012, 294, 302.

[42] Vgl. § 10 Abs. 1 TKG.

Insoweit mag man allenfalls noch darüber streiten, ob die Regulierungsverfügung schon die hinreichende Regelungsbreite für die Einordnung als „Sachbereich“[43] hat. Doch selbst wenn man dies verneinen wollte, muss beachtet werden, dass die Gestaltungsspielräume der BNetzA im Telekommunikationsrecht nicht auf die Regulierungsverfügung beschränkt sind. Auch auf der Ebene des individuell-konkreten Verwaltungsvollzugs – bei der Durchsetzung der von ihr selbst gesetzten Maßstäbe – sind ihr weitere zahlreiche Beurteilungs- und Ermessensspielräume eingeräumt.[44] So wurde für die Zugangsanordnung sehr früh bereits ein Anordnungsermessen anerkannt, das gesetzlich durch § 25 TKG kaum vorstrukturiert ist und dem Ermessen des Richters bei der ergänzenden Vertragsauslegung nach §§ 315, 316 BGB nahekommt.[45] Darüber hinaus hat das BVerwG für die Entgeltgenehmigung angenommen, der Regulierungsbehörde komme hinsichtlich des Merkmals der Kostenorientierung gemäß Art. 3 Abs. 3 TAL-Verordnung ebenso wie hinsichtlich des zentralen Maßstabs der Kosten effizienter Leistungsbereitstellung (§ 24 Abs. 1 Satz 1 TKG 1996; heute § 32 Abs. 1 TKG 2012) ein Beurteilungsspielraum zu, der eine „besondere Nähe zum Regulierungsermessen“ aufweisen soll.[46] Schließlich ist der BNetzA auch bei der Missbrauchsverfügung nach § 42 TKG eine besonders weitreichende Gestaltungsmacht eröffnet, die sich dort aus der Verkoppelung eines Beurteilungsspielraums hinsichtlich der Tatbestandsvoraussetzung des Vorliegens beträchtlicher Marktmacht[47] mit einem Auswahlermessen in Bezug auf den Inhalt der Verfügung nach § 42 Abs. 4 Satz 2 TKG ergibt, die zur Abstellung des Missbrauchs dieser Marktmacht erforderlich ist. Weitere Beispiele ließen sich ergänzen, so der weitreichende Ermessensspielraum der BNetzA bei der Festlegung eines sog. Standardangebots für solche Zugangsleistungen, für die eine allgemeine Nachfrage besteht,[48] oder das weitreichende Regulierungsermessen bei der Festlegung der Vergabebedingungen bei der Zuteilung von Mobilfunkfrequenzen[49], auf die sich das BVerwG im Zusammenhang mit der Entscheidung zum Maßstab der Kosten effizienter Leistungsbereitstellung ausdrücklich bezieht.[50]

Was – so muss man sich fragen – in diesem Sachbereich unterliegt damit noch einer vollumfänglichen gerichtlichen Kontrolle? Wenn es einen ganzen Sach- und Rechtsbereich gibt, in dem die Effektivität gerichtlicher Kontrolle durch zahlreiche Beurteilungs- und Ermessensspielräume ausgehebelt wird, dann ist es das Telekom-

[43] Ein wegen seiner Unschärfe kaum subsumtionstaugliches Kriterium.

[44] Darin unterscheidet sich das Regulierungsermessen etwa von dem Planungsermessen im Bereich der Krankenhausfinanzierung (dazu BVerwGE 62, 86, 101 ff.).

[45] Zu diesem Zusammenhang *Mayen*, Referat auf dem 66. Deutschen Juristentag in Stuttgart, Bd. II/1, 2006, 052 (064).

[46] BVerwG, N&R 2012, 30 Rn. 36. Gegen eine Ableitung solcher Beurteilungsspielräume aus der Arcor-Entscheidung des EuGH *Gärditz*, NVwZ 2009, 1005, 1008, 1009 f.

[47] Dazu BVerwGE 131, 41 (Rn. 16); MMR 2009, 786 (Rn. 28).

[48] Vgl. dazu BVerwG, MMR 2009, 786 (Rn. 42 f.).

[49] BVerwGE 139, 226 Rn. 38.

[50] BVerwG, NVwZ 2012, 1047 Rn. 38.

munikationsrecht. Schmidt-Aßmann hat es nicht umsonst auch in dieser Hinsicht als Referenzgebiet bezeichnet.[51] Nahezu der gesamte Bereich dieses Gebiets wird von Beurteilungs- und Ermessensspielräumen beherrscht. In Anbetracht dieses Umfangs von Beurteilungs- und Ermessensspielräumen bleibt von dem durch Art. 19 Abs. 4 GG genährten Anspruch auf effektive gerichtliche Kontrolle wenig Substanzielles übrig. Möglicherweise deshalb verschärft das BVerwG mit den Anforderungen an die plausible und erschöpfende Argumentation der Behörde die Kontrollmaßstäbe. Effektiven Rechtsschutz wird dies freilich kaum verstärken, sondern allenfalls die Zahl von Neubescheidungen und die „Textmasse" der Begründung von Entscheidungen der BNetzA.

3. Vorrang des Unionsrechts gegenüber dem nationalen Verfassungsrecht?

Es bleibt die Frage, ob das BVerfG in der Sache überhaupt die Wahl gehabt hätte, den Umfang der Beurteilungs- und Ermessensspielräume der BNetzA im Bereich des Telekommunikationsrechts verfassungsrechtlich zu beanstanden. Dem könnte der Vorrang des Unionsrechts entgegenstehen, auf den sich immerhin das BVerwG in seiner Entscheidung vom 02.04.2008 berufen hatte.[52]. Das BVerfG musste bei der verfassungsrechtlichen Überprüfung dieses Urteils diese Frage – ebenso wie die Notwendigkeit einer Vorlageentscheidung an den Gerichtshof der Europäischen Union – (nur) deshalb nicht klären, weil es den Beurteilungsspielraum der BNetzA schon für mit nationalem Verfassungsrecht vereinbar angesehen hat.[53] Damit hat es freilich zugleich die Gelegenheit verpasst, dem EuGH diejenigen guten Gründe zu erläutern, die nach deutschem Verfassungsrecht gegen die Zulässigkeit derart weiträumiger behördlicher Gestaltungsspielräume bestehen, wie sie jedenfalls nach Auffassung der Kommission das europäische Telekommunikationsrecht den nationalen Regulierungsbehörden einräumt.

Die Kommission ist der Auffassung, die europäische Rahmenrichtlinie sowie die Zugangsrichtlinie schrieben es den Mitgliedstaaten zwingend vor, dass die Entscheidung im Rahmen der Marktdefinition, der Marktanalyse und der Auferlegung von Abhilfemaßnahmen den nationalen Regulierungsbehörden obliegt und nicht dem nationalen Gesetzgeber. Dies versteht die Kommission nicht nur im Sinne einer Kompetenzzuweisung, sondern in dem Sinne, dass den Regulierungsbehörden bei ihrer Entscheidung ein freies Ermessen eingeräumt ist, welches durch nationale Gesetzesvorschriften nicht eingeschränkt werden darf[54]. Damit wären nicht nur Maßnahmen des nationalen Gesetzgebers unionsrechtlich unzulässig, mit denen er bestimmte

---

[51] Verwaltungsrecht als Ordnungsidee, 2. Aufl. 2006, Kapitel 3 Rn. 49 ff.

[52] BVerwGE 131, 41 Rn. 17 ff.

[53] BVerfG, NVwZ 2012, 697 Rn. 15 bis 17.

[54] Kommission, Stellungnahme vom 12.04.2005 – C (2005) 1196; dem folgend BVerwGE 131, 41 Rn. 63; BVerwG, NVwZ 2009, 653 Rn. 59. Kritisch hierzu *Gärditz*, JZ 2010, 198, 200 f.; *ders.*, AöR Bd. 135 (2010), 251, 281 f.; zu den danach verbleibenden Spielräumen des Gesetzgebers zur Steuerung des behördlichen Ermessens *ders.*, N&R Beilage 2/2011, 1 ff.

Märkte für eine bestimmte Zeit von der Regulierung freistellt (wie etwa der frühere § 9 a TKG[55]), sondern ebenso auch generell-abstrakte Voraussetzungen des nationalen Gesetzgebers, von deren Vorliegen die Festlegungsbefugnis der BNetzA abhängig gemacht wird.[56]

Der EuGH hat diese Auffassung der Kommission entgegen verbreiteter Einschätzung noch nicht bestätigt, auch nicht in dem Urteil zu § 9 a TKG[57]. In diesem Urteil hat der Gerichtshof nur entschieden, dass der in § 9 a TKG vorgegebene Grundsatz der Nichtregulierung bestimmter Märkte das Ermessen der NRB unzulässig einschränkt. Er hat aber nichts dazu gesagt, dass es dem Gesetzgeber verwehrt sei, tatbestandliche Voraussetzungen für die Ermessensausübung aufzustellen. Eine solche völlige tatbestandliche Entgrenzung wäre nicht zuletzt mit Blick auf die Unabhängigkeit der nationalen Regulierungsbehörden problematisch, die ihnen nunmehr nach dem neuen Art. 3 Abs. 3 a Rahmenrichtlinie (RRL)[58] zukommt. Die „völlige Unabhängigkeit" nationaler Verwaltungsbehörden wird vom EuGH zwar im Urteil für die Datenschutzkontrollstellen anerkannt, dies allerdings mit dem Hinweis, dass diese Stellen „dabei an das Gesetz gebunden und der Kontrolle durch die zuständigen Gerichte unterworfen" bleiben.[59] Von einer solchen Gesetzesbindung bleibt im Falle eines völlig freien, tatbestandlich nicht weiter eingegrenzten Ermessens indessen nichts übrig.

IV. Offene Fragen

Auch jenseits der Frage der Verfassungsmäßigkeit eines (weit verstandenen) Regulierungsermessens bietet das Regulierungsermessen eine Reihe weiterer offener Fragen.

1. § 46 VwVfG

Für die Kontrolle von Verfahrensfehlern hat das BVerwG im Urteil für die Regulierungsverfügung Markt 1 bis 6 bereits einen Verfahrensfehler für unbeachtlich erklärt, weil der nach § 46 VwVfG erforderliche Kausalzusammenhang die konkrete Möglichkeit voraussetze, dass die angegriffene behördliche Entscheidung ohne den Verfahrensfehler anders, d. h. für die Betroffenen günstiger, ausgefallen wäre; weil

[55] In der Fassung des Gesetzes zur Änderung telekommunikationsrechtlicher Vorschriften vom 17.02.2007 (BGBl I S. 5).

[56] So für die Entgeltgenehmigungspflicht nach § 30 Abs. 1 Satz 1 TKG 2004: BVerwGE 131, 41 Rn. 63; BVerwG, NVwZ 2009, 653 Rn. 59 für § 39 Abs. 1 TKG.

[57] So EuGH, Rs. C-424/07 – *Kommission/Deutschland*, Slg. 2009, I-11431 Rn. 108.

[58] Richtlinie 2009/140/EG zur Änderung der Richtlinie 2002/21/EG über einen gemeinsamen Rechtsrahmen für elektronische Kommunikationsnetze und -dienste, der Richtlinie 2002/19/EG über den Zugang zu elektronischen Kommunikationsnetzen und zugehörigen Einrichtungen sowie deren Zusammenschaltung und der Richtlinie 2002/20/EG über die Genehmigung elektronischer Kommunikationsnetze und -dienste vom 25.11.2009 (ABl. L 337/37).

[59] EuGH, Rs. C-518/07 – *Kommission/Deutschland*, Slg. 2010, I-1885 Rn. 42.

dies die Klägerin im dortigen Fall nicht nachweisen konnte, blieb die Rüge des Verfahrensfehlers im Ergebnis ohne Erfolg.[60]

Hier tun sich allerdings unionsrechtlich neue Entwicklungen auf. In der Rechtssache Altrip hat der EuGH für das Umweltrecht entschieden, dass Art. 10 a Buchst. b der Richtlinie 85/337/EWG des Rates über die Umweltverträglichkeitsprüfung bei bestimmten öffentlichen und privaten Projekten (ABl. EWG L 175, S. 40) einer nationalen Rechtsprechung nicht entgegensteht, nach der keine Rechtsverletzung im Sinne dieses Artikels vorliegt, wenn nach den Umständen des konkreten Falls nachweislich die Möglichkeit besteht, dass die angegriffene Entscheidung ohne den vom Rechtsbehelfsführer geltend gemachten Verfahrensfehler nicht anders ausgefallen wäre; dies ist jedoch nur dann unionsrechtlich zulässig, wenn das mit dem Rechtsbehelf befasste Gericht oder die mit ihm befasste Stelle dem Rechtsbehelfsführer insoweit in keiner Form die Beweislast aufbürdet und gegebenenfalls anhand der vom Bauherrn oder von den zuständigen Behörden vorgelegten Beweise und allgemeiner der gesamten dem Gericht oder der Stelle vorliegenden Akte entscheidet.[61]

Es ist abzusehen, dass diese Aussagen des EuGH nicht auf das Umweltrecht beschränkt bleiben werden. Dies gilt namentlich für das Telekommunikationsrecht. Auch hier misst das Unionsrecht dem Verwaltungsverfahren eine besondere Bedeutung zu, wie Art. 6 und 7 RRL sowie der dafür einschlägige Erwägungsgrund 15 belegen. Insofern ist abzusehen, dass die bisherige Rechtsprechung des BVerwG in Bezug auf die Relevanz des Verfahrensfehlers für das Entscheidungsergebnis modifiziert werden muss. Insoweit obliegt es künftig der Behörde darzutun, dass eine solche Relevanz nicht besteht, nicht umgekehrt dem Kläger, einen solchen Ursachenzusammenhang positiv aufzuzeigen.

2. Relevanz von Fehlern im Abwägungsvorgang

Eine bisher noch nicht geklärte Frage ist, ob hinsichtlich der Relevanz von Mängeln im Abwägungsvorgang für das Ergebnis auf die Grundsätze der Planerhaltung zurückzugreifen ist. So sind etwa nach § 75 Abs. 1 a Satz 1 VwVfG Abwägungsmängel nur erheblich, wenn sie offensichtlich und auf das Abwägungsergebnis von Einfluss gewesen sind. Gefordert wird die anhand der Planungsunterlagen oder sonst erkennbarer Umstände bestehende konkrete Möglichkeit, dass der Mangel in der Abwägung von Einfluss auf das Abwägungsergebnis gewesen kann;[62] die bloß abstrakte Möglichkeit genügt nicht.[63] Hierbei handelt es sich um einen „für das Fachplanungsrecht allgemein geltenden Grundsatz, dessen Anwendung nicht von einer ausdrücklichen gesetzlichen Normierung“ abhängt.[64] Da sich das BVerwG für das

---

[60] BVerwG, NVwZ 2009, 653 Rn. 42.

[61] EuGH, Urteil vom 07.11.2013, C-72/12 Rn. 57.

[62] BVerwGE 107, 350, 356.

[63] BVerwGE 64, 33, 39.

[64] So BVerwG, NVwZ 2002, 1235, 1237.

Regulierungsermessen bisher stets an den zum Planungsermessen entwickelten Grundsätzen orientiert hat,[65] spricht vieles dafür, dass es hierfür auch ohne gesetzliche Normierung auf die Grundsätze der Planerhaltung zurückgreift.

V. Schlussbemerkung

Das Regulierungsermessen im Kontext des TKG kann und darf nicht isoliert betrachtet werden. Es ist Teil eines Regelwerks, das der Regulierungsbehörde eine Gestaltungsmacht einräumt, die ohne Vorbild ist. Die Exekutive wird nicht nur von den Bindungen an materielle gesetzliche Vorgaben befreit. Die Rechtsprechung flankiert dies gleichzeitig mit einer Rücknahme der gerichtlichen Kontrolle. Nimmt man schließlich hinzu, dass nunmehr durch Art. 3 Abs. 3 a RRL die Weisungsfreiheit der BNetzA gefordert wird, dann kommt es zu einer nachhaltigen Verschiebung im gewaltenteiligen Gefüge. Die Regulierungsbehörde agiert unabhängig von Weisungen im ministerialfreien Raum, setzt sich ihre rechtlichen Maßstäbe selbst (statt durch gesetzgeberische Vorgaben gebunden zu sein) und unterliegt auch bei der Anwendung dieser Maßstäbe nur noch eingeschränkter gerichtlicher Kontrolle. Damit vereinigt die Regulierungsbehörde gewaltenübergreifend Exekutive, Legislative und Judikative in sich[66]. Ein solches Konzept mag derzeit zwar (noch) auf den Bereich des Regulierungsverwaltungsrechts beschränkt sein. In Anbetracht der Tatsache, dass nicht nur das deutsche Schrifttum, sondern nunmehr auch die Europäische Kommission dem Regulierungsrecht die Funktion eines Referenzgebiets zuweist, das gleichsam als Vorbild für die weitere Herausbildung eines europäischen Verwaltungsrechts im Mehrebenensystem zwischen Union und Mitgliedstaaten dienen soll,[67] sollten sie auch außerhalb des Regulierungsrechts früh genug mit Aufmerksamkeit betrachtet werden.

---

[65] Vgl. BVerwGE 130, 39 Rn. 29; 131, 41 Rn. 47.

[66] So *Bullinger*, DVBl. 2003, 1355, 1357, 1359 f.

[67] Vgl. das Programm der Assises de Justice 2013 der Europäischen Kommission vom 21./22.11.2013.

Wohin treibt das subjektive öffentliche Recht?

Von *Ulrich Ramsauer*

I. Einführung

Über viele Jahre hinweg war der Jubilar am Hamburgischen Oberverwaltungsgericht als Richter in dem für Bausachen zuständigen zweiten Senat tätig. In dieser Funktion konnte er Vor- und Nachteile der „strengen" Rechtsschutzkonzeption des deutschen Verwaltungsprozessrechts hautnah erleben. Die Beschränkung richterlicher Kontrolle auf subjektive Rechtsverletzungen erleichtert zwar die Arbeit des Richters, verringert aber die Akzeptanz von Entscheidungen wesentlich, wenn beispielsweise leicht erkennbare Verstöße gegen das objektive Recht unberücksichtigt bleiben, weil sie nicht zu einer Verletzung subjektiver öffentlicher Rechte führen, obwohl sie mit – u. U. sogar erheblichen – faktischen Nachteilen für die Rechtsschutz Suchenden verbunden sind. Für die Anerkennung von subjektiven öffentlichen Rechten ist in Deutschland nach wie vor die sog. Schutznormlehre maßgeblich. Diese verlangt bekanntlich, dass die verletzte Norm nach ihrer Zielsetzung bzw. Schutzrichtung jedenfalls auch die Interessen des jeweiligen Klägers zu schützen bestimmt ist. Abgesehen davon, dass die Schutzrichtung einer Norm in vielen Fällen nur schwer feststellbar ist, schränkt diese Lehre die gerichtliche Kontrolle insbesondere von Normen des Bau-, Umwelt-und Planungsrechts stark ein. In der Praxis zwingt sie die Gerichte nicht selten, ersichtlich rechtswidrige Entscheidungen mangels subjektiver Rechtsverletzung „durchzuwinken" und die gegen sie gerichteten Klagen abzuweisen. Da die Akzeptanz für diese Praxis nicht zuletzt vor dem Hintergrund veränderter grundrechtlicher Schutzbereiche immer weiter abgenommen hat, verwundert es nicht, dass die Schutznormlehre erheblicher rechtspolitischer Kritik ausgesetzt ist. Die Rechtsprechung hat gleichwohl bis heute an ihr festgehalten, aber auch nach Auswegen gesucht, um den sich ändernden Rechtsvorstellungen Rechnung zu tragen. Dabei hat sie im Bereich des Bau-, Umwelt- und Planungsrechts zu einer „pragmatischen Linie" gefunden, in der die Schutznormlehre zwar aufrecht erhalten wird, der Schutzzweck der Norm aber weitgehend unabhängig von der Norm selbst und ihrem Entstehungszusammenhang entwickelt wird. Der Preis für diese pragmatische Rechtsprechung sind konzeptionelle Defizite und Dissonanzen. Das subjektive öffentliche Recht hat sich richterrechtlich verselbständigt.

Neben den beschriebenen Erosionserscheinungen im nationalen Kontext lassen sich erhebliche Einwirkungen beobachten, die sich aus der Europäisierung von weiten Teilen des öffentlichen Rechts, insbesondere des Umweltrechts ergeben. Das Umweltrecht der Europäischen Union verlangt in einer ganzen Reihe von Richtlinien von den Mitgliedstaaten die Einräumung klagefähiger Rechtspositionen in deutlich weitergehendem Umfang, als dies nach deutschem Recht auf der Grundlage der bisherigen Rechtsprechung zu den subjektiven öffentlichen Rechten der Fall war. Der Grund hierfür liegt nicht nur in einer stärker an Interessen als an Rechten orientierten Konzeption des Zugangs zu den Gerichten, sondern auch in dem Bestreben, den einzelnen Bürger zur Einhaltung und Durchsetzung des europäischen Umweltrechts zu mobilisieren.[1] Die europarechtlich erzwungene Einführung der Verbandsklage im Umweltrecht führt außerdem zu einer erheblichen Ausweitung der gerichtlichen Kontrolle von administrativen Entscheidungen im Umweltrecht, weil mit der Verbandsklage nach heutigem Recht (vgl. die neue Fassung des § 1 Abs. 1 Nr. 1 UmwRG) nicht nur die Kontrolle drittschützender Normen erreicht werden kann, sondern sämtlicher Normen, die dem Umweltschutz dienen. Dies wird nicht ohne Rückwirkungen auch auf die Entwicklung der Dogmatik des subjektiven öffentlichen Rechts bleiben. Für die Gerichte geht nämlich der Entlastungseffekt verloren, wenn im Hinblick auf ein bestimmtes Vorhaben aufgrund von Verbandsklagen ohnehin eine wesentlich umfangreichere Kontrolle angefochtener Verwaltungsentscheidungen als aufgrund von Individualklagen erforderlich wird. Außerdem wird der unterschiedliche Kontrollumfang von Individualklagen auf der einen und Verbandsklagen auf der anderen Seite in der Praxis zu wenig sachgerechten Verlagerungen von Individualklagen auf Verbandsklagen führen.

Wieder einmal scheint die Dogmatik des subjektiven öffentlichen Rechts an einem kritischen Punkt angelangt zu sein. Der folgende Beitrag bietet einen kurzen Abriss der Entwicklung der Lehre von den subjektiven öffentlichen Rechten, die von Anfang an mit erheblichen dogmatischen Schwächen behaftet war. Im Mittelpunkt stehen die Bemühungen um die Bewältigung des Verhältnisses zu den Grundrechten und zu den Normen des Unionsrechts. Ein kritischer Blick auf einzelne Referenzbereiche soll die Problematik der Gesamtkonzeption der geltenden Schutznormlehre deutlich machen.

II. Von den Anfängen der Dogmatik des subjektiven öffentlichen Rechts

Nachdem sich die süddeutschen Länder in der zweiten Hälfte des 19. Jahrhunderts im Streit um die Konzeption der Verwaltungsgerichtsbarkeit mit der vor allem von *Robert v. Mohl* vertretenen subjektiven Rechtsschutzkonzeption gegen die eher objektiv-rechtlich geprägte preußische Kontrollkonzeption *Rudolf v. Gneist's* durchgesetzt hatten,[2] musste eine Dogmatik der subjektiven öffentlichen Rechte entwickelt werden. Als Ausgangspunkt der Entwicklung des Systems der subjektiven öffentlichen Rechte kann die sog. Statuslehre *Georg Jellineks* angesehen werden. Für den Verwaltungsrechtsschutz zentral war zunächst der sog. Status negativus, der die

---

[1] *Masing*, Die Mobilisierung des Bürgers für die Durchsetzung des Rechts, 1997, passim.

[2] S. hierzu *Stolleis*, Hundertundfünfzig Jahre Verwaltungsgerichtsbarkeit, DVBl 2013, 1274.

„Freiheit von ungesetzlichem Zwang" zum Inhalt hatte.[3] Da als Rechtfertigung aller Beschränkungen durch Hoheitsgewalt nur das (demokratisch beschlossene) Gesetz angesehen werden sollte, musste ein Hoheitsakt, der sich nicht auf ein solches Gesetz stützen konnte, als rechtswidriger Eingriff in den Rechtsstatus abgewehrt werden können. Mit der Formulierung „Freiheit von ungesetzlichem Zwang" verband sich die Vorstellung eines geschützten Freiheitsraums, der neben der persönlichen Freiheit auch die körperliche Integrität und das Eigentum umfasste. Da ein Grundrechtskatalog, wie er bereits in der Paulskirchenverfassung vorgesehen war, in die Reichsverfassung von 1871 nicht aufgenommen wurde, blieb nur die Möglichkeit des Rekurses auf einen allgemeinen Rechtsstatus der Freiheit, wie er ähnlich bereits lange vorher mit dem Begriff der wohlerworbenen Rechte (jura quaesita)[4] verbunden war. Mit dem Begriff des „Zwangs" knüpfte *Jellinek* an die klassische Eingriffsvorstellung an, wonach ein Eingriff eine verbindliche hoheitliche Verfügung voraussetzte, also ein hoheitliches Ge- oder Verbot. Mittelbare, faktische bzw. tatsächliche Beeinträchtigungen waren davon nicht umfasst, weil sie nicht als hoheitlicher Eingriff angesehen wurden. Gegen solche Beeinträchtigungen gab es mithin keinen Verwaltungsrechtsschutz.

Dieser „ganzheitliche" Ansatz wurde von *Ottmar Bühler* in seiner Untersuchung aus dem Jahre 1914 zur sog. Schutznormlehre weiterentwickelt. In *Bühler's* Lehre stand nicht der Status negativus, sondern das einfache Gesetzesrecht im Vordergrund, das Behörden zum Tätigwerden auf den Gebieten des öffentlichen Rechts ermächtigt und ggfs. auch verpflichtet. Subjektives öffentliches Recht, so heißt es dort, ist

> „diejenige rechtliche Stellung des Untertanen zum Staat, in der er aufgrund eines Rechtsgeschäftes oder eines zwingenden, zum Schutz seiner Individualinteressen erlassenen Rechtssatzes, auf den er sich der Verwaltung gegenüber soll berufen können, vom Staat etwas verlangen kann oder ihm gegenüber etwas tun darf."[5]

Hierin lag indes keine fundamentale Abkehr von der Statuslehre *Georg Jellineks*, wie das vielfach angenommen wurde. *Bühler* hat seine Schutznormlehre vielmehr (nur) als Weiterentwicklung der Statuslehre angesehen. Das Recht auf „Freiheit von ungesetzlichem Zwang" sollte (und konnte) nicht infrage gestellt werden. Das wäre nämlich schon aus systematischen Gründen kaum möglich gewesen. Zum Schutz des Einzelnen gegen ungesetzlichen Zwang ist es nämlich nicht ausreichend, bestehende Ermächtigungsgrundlagen für hoheitliches Handeln mit subjektiven öffentlichen Rechten auszustatten. Stets ist darüber hinaus eine Rechtsnorm notwendig, die sicherstellt, dass Eingriffe nur erfolgen (dürfen), wenn die Voraussetzungen der Ermächtigung erfüllt sind. Für die klassischen Eingriffe in Freiheit und Eigentum nahm *Bühler* deshalb konsequenterweise an, dass sich das erforderliche subjektive öffentliche Abwehrrecht aus dem Prinzip der Gesetzmäßigkeit der Verwaltung erge-

---

[3] *Georg Jellinek*, System der subjektiven öffentlichen Rechte, 1892, S. 103.

[4] *Otto Mayer*, Deutsches Verwaltungsrecht, Bd. I, 1895, S. 30.

[5] *Ottmar Bühler*, System des subjektiven öffentlichen Rechts, 1914, S. 224.

be.[6] Die Herleitung eines subjektiven öffentlichen Abwehrrechts aus dem Prinzip der Gesetzmäßigkeit der Verwaltung setzt allerdings konstruktiv den Status negativus voraus, wie er von *Jellinek* entwickelt worden war. Ohne die Annahme eines solchen Status, in den nicht eingegriffen werden darf, ist die Annahme einer subjektiven Schutzrichtung von Eingriffsermächtigungen, die ja zunächst einmal nur zu Eingriffen ermächtigen, schwierig. Ein eigenständiger Anwendungsbereich ergibt sich für die Schutznormlehre deshalb an sich nur bei solchen Maßnahmen, die gerade keine unmittelbare Eingriffswirkung haben, also nicht den Status negativus berühren.

Gerade für diese Fallkonstellationen, in denen nach klassischer Vorstellung kein Eingriff vorlag, erlaubte die Schutznormlehre aber nur selten eindeutige Aussagen über die Schutzrichtung. Das galt in erster Linie für die Probleme des Drittschutzes, in zweiter Linie aber auch für die Formen faktischen hoheitlichen Handelns ohne rechtlich verbindliche Regelungen, sowie für Folgewirkungen hoheitlicher Regelungen.[7] Für diese ließ das einfache Gesetzesrecht nur selten erkennen, ob eine Regelung allein im öffentlichen Interesse oder auch im Individualinteresse eines bestimmten Personenkreises erlassen werden sollte.[8] Da ein auf die Schutzrichtung gerichteter Wille des Gesetzgebers zumeist nicht, jedenfalls nicht eindeutig feststellbar war, ging man zunächst davon aus, dass insoweit auch kein subjektives öffentliches Recht vermittelt werden sollte.

III. Das subjektive öffentliche Recht nach Inkrafttreten des Grundgesetzes

Rechtsprechung und Lehre haben nach dem Inkrafttreten des Grundgesetzes im Prinzip an die überkommenen Strukturen zum subjektiven öffentlichen Recht angeknüpft. Es fanden zwar auch einige wichtige Weiterentwicklungen statt, vor allem durch *Otto Bachof*.[9] Aufgrund seiner Arbeiten setzte sich rasch die Erkenntnis durch, dass sich das Problem der Rechtsmacht in der Dogmatik des subjektiven öffentlichen Rechts erledigt hat, weil unter der Herrschaft des Grundgesetzes stets von der erforderlichen Rechtsmacht zur Durchsetzung von Vorschriften, die im Interesse Einzelner erlassen worden sind, auszugehen ist. Seit dem Verzicht auf die Prüfung des Merkmals der Rechtsmacht kommt es für die Anerkennung subjektiver öffentlicher Rechte nur noch auf die erforderliche Schutzrichtung der Norm an. Diese war nicht mehr an einem eher amorphen Status negativus zu messen, sondern am Grundrechtskatalog des Grundgesetzes.

---

[6] *Ottmar Bühler* (Fn. 5), S. 87.

[7] *Ramsauer*, Die faktischen Beeinträchtigungen des Eigentums, 1980, S. 25 m. w. N.

[8] So auch *Koch/Hendler*, Baurecht, Raumordnungs- und Landesplanungsrecht, 5. Aufl. 2009; *Sellmann*, Entwicklung und Problematik der öffentlich-rechtlichen Nachbarklagen im Baurecht, DVBl. 1963, 273, 278 f.

[9] *Bachof*, Die verwaltungsrechtliche Klage auf Vornahme einer Amtshandlung, 1951, S. 91 ff.

1. Die Grundrechte im System der subjektiven öffentlichen Rechte

Das Grundgesetz hat den Grundrechtskatalog in den Art. 1 ff. GG in bewusster Abkehr von Vorgängerverfassungen nicht nur an eine prominente Stelle gerückt, sondern auch mit einer besonderen Geltungskraft ausgestattet. Anders als bei den Grundrechten der Weimarer Reichsverfassung konnte von Anfang an kein Zweifel daran bestehen, dass die einzelnen Grundrechte des Grundrechtskatalogs jedenfalls in ihrer Abwehrfunktion selbst als subjektive öffentliche Rechte im Sinne der Schutznormlehre angesehen werden mussten. Dies wird in Art. 1 Abs. 3 GG unmissverständlich klargestellt, in dem es heißt: „Die nachfolgenden Grundrechte binden Gesetzgebung, vollziehende Gewalt und Rechtsprechung als unmittelbar geltendes Recht." Damit ergab sich das Problem, die aus den Grundrechten folgenden subjektiven öffentlichen Rechte mit den einfachgesetzlich vermittelten subjektiven öffentlichen Rechten bzw. deren Verweigerung in den Vorschriften des einfachen Rechts in Einklang zu bringen.

a) Die Elfes-Entscheidung und ihre Folgen

Wichtige Konsequenzen für die Dogmatik des subjektiven öffentlichen Rechts zog das Bundesverfassungsgericht schon sehr früh in seiner Elfes-Entscheidung.[10] Darin heißt es in Leitsatz 4:

> „Jedermann kann im Wege der Verfassungsbeschwerde geltend machen, eine seiner Handlungsfreiheit beschränkende Rechtsnorm gehöre nicht zur verfassungsmäßigen Ordnung."

Obwohl sich diese Aussage lediglich auf Rechtsnormen und nicht deren Anwendung bezieht, bedeutet sie in der Konsequenz, dass auch die Anwendung von Rechtsnormen gerügt werden kann, sofern sie zu einer Beschränkung der Handlungsfreiheit führt. Letztlich lag darin die Übertragung des Grundgedankens der Statuslehre auf das neue System grundrechtlicher Gewährleistungen. Aus dem Schutz der Freiheit vor ungesetzlichem Zwang war der Schutz vor Beschränkungen der grundrechtlich geschützten Handlungsfreiheiten geworden. Die grundrechtlich durch Art. 2 Abs. 1 GG geschützte Handlungsfreiheit steht hier stellvertretend für alle sonstigen grundrechtlich geschützten Positionen. Was *Bühler* noch aus dem Prinzip der Gesetzmäßigkeit der Verwaltung hergeleitet hatte, war nun im Kanon der Grundrechte konkretisiert. Als rügefähig anerkannt war jetzt die Verletzung aller Rechtsnormen, die beachtet werden müssen, damit sich ein Eingriff in Grundrechtspositionen rechtfertigen lässt. Soweit die Schutznormlehre darauf abstellt, ob eine Rechtsnorm (jedenfalls auch) dem Individualschutz dient, wird diese Voraussetzung konsequenterweise von allen Vorschriften erfüllt, die bei einem Eingriff in die Handlungsfähigkeit beachtet werden müssen. Das hat nicht nur für Vorschriften des materiellen Rechts zu gelten, sondern auch für solche des Verfahrensrechts. Dessen „dienende Funktion"

---

[10] BVerfG, Urt. v. 16. 1. 1957, E 6, 32 – *Elfes.*

wurde bestätigt: Verfahrensverstöße können danach (nur) gerügt werden, soweit die verletzte Vorschrift jedenfalls auch dem Schutz einer materiellen grundrechtlichen Position dient.[11]

b) Die Erweiterung des Eingriffsbegriffs

Mit der Elfes-Entscheidung war die überkommene Schutznormlehre gewissermaßen in das Normengefüge des Grundgesetzes übersetzt worden, ohne dass sie aber zunächst wesentlich verändert worden wäre. Solange sich der Schutzbereich der Grundrechte des Grundgesetzes in ihrer Abwehrfunktion am klassischen Eingriffsbegriff orientierte, hielten sich die praktischen Auswirkungen der Entscheidung in Grenzen. Dies änderte sich aber, als in den siebziger Jahren des letzten Jahrhunderts eine Änderung der Grundrechtsdogmatik einsetzte. Der klassische Eingriffsbegriff wurde für diverse grundrechtliche Schutzbereiche als zu eng empfunden. Auch mittelbare, tatsächliche, sog. „faktische Beeinträchtigungen"[12] wurden nunmehr aus dem Schutzbereich der Grundrechte nicht mehr ausgeklammert. Der neue Eingriffsbegriff orientiert sich stärker an der Intensität der Eingriffswirkungen und an der Funktionalität der Maßnahme in Bezug auf die Eingriffswirkungen.[13] Eine klare Linie bei der Bestimmung der relevanten Eingriffswirkungen und der Abgrenzung von den rechtlich irrelevanten Auswirkungen staatlichen Handelns ist zwar bis heute noch nicht gefunden; unabhängig davon kann man aber feststellen, dass die Eingriffsdogmatik den klassischen Eingriffsbegriff hinter sich gelassen hat.

Diese neue Entwicklung in der Grundrechtsdogmatik stellte die Schutznormlehre im Bereich des Drittschutzes vor ernste Schwierigkeiten. Solange ein Grundrechtsschutz für Drittbetroffene nicht greift, steht es dem Gesetzgeber frei, Drittbetroffenen subjektive öffentliche Rechte einzuräumen oder auch nicht. Lässt sich dem einfachen Recht eine entsprechende Schutzrichtung nicht entnehmen, dann fehlt es eben an einem subjektiven öffentlichen Recht; der Dritte bleibt gegen Rechtsverstöße schutzlos, auch wenn sie ihn faktisch beeinträchtigen. Können sich die Drittbetroffenen aber auf Grundrechte berufen, besteht die Gefahr, dass das einfache Recht die subjektiven öffentlichen Rechte nicht bietet, die nach den Grundrechten aber an sich geboten sind. Es besteht die Gefahr einer Divergenz: Das einfache Recht vermittelt mangels entsprechender Schutzrichtung kein subjektives öffentliches Recht, das beeinträchtigte Grundrecht verlangt dagegen Drittschutz oder vermittelt ihn sogar selbst. Eine solche Divergenz darf es eigentlich nicht geben. Vielmehr muss der grundrechtlich gebotene Drittschutz auch im einfachen Gesetzesrecht seine Entsprechung finden. Anderenfalls würde das bedeuten, dass das einfache Gesetzesrecht dem betroffenen Dritten einen Rechtsschutz vorenthielte, der von Verfassungs

---

[11] *Fehling*, Eigenwert des Verfahrens im Verwaltungsrecht, VVDStRL 70 (2011), 278, 300 m. w. N.

[12] *Gallwas*, Die faktischen Beeinträchtigungen, 1970, passim; *Ramsauer* (Fn. 7), S. 30 f.

[13] *Ramsauer* (Fn. 7), S. 82 ff. und S. 100; später auch *Roth*, Faktische Eingriffe in Freiheit und Eigentum, 1994.

wegen geboten ist.[14] Wäre das einfache Gesetzesrecht im Hinblick auf den Drittschutz abschließend, verstieße es gegen höherrangiges Recht. Wäre es im Hinblick auf den Drittschutz grundrechtsakzessorisch, wie es wohl der *Bühler*'schen Lehre entspricht, ergäbe sich nachträglich eine Schutzrichtung, die zuvor nicht angenommen, vielleicht nicht erkannt worden wäre.

c) Lösungsmöglichkeiten für das Divergenzproblem

Um eine Divergenz von einfachgesetzlichen subjektiven öffentlichen Rechten auf der einen und grundrechtsbasierten subjektiven öffentlichen Rechten auf der anderen Seite zu vermeiden, wurde in den siebziger Jahren des vorigen Jahrhunderts die Frage diskutiert, ob auf die Herleitung subjektiver öffentlicher Rechte aus dem einfachen Gesetzesrecht überhaupt verzichtet werden sollte, weil sich die subjektiven öffentlichen Rechte bereits aus den grundrechtlichen Gewährleistungen in der Abwehrfunktion ergäben. Namhafte Vertreter der öffentlich-rechtlichen Literatur sprachen sich seinerzeit für einen Verzicht auf die klassische Schutznormlehre zu Gunsten allein grundrechtsbasierter subjektiver öffentlicher Rechte aus.[15] Sie konnten sich indes nicht durchsetzen. Vor allem die Rechtsprechung hielt an der Schutznormlehre jedenfalls im Prinzip fest.

Die h.M. ging zur Vermeidung einer Divergenz einen anderen Weg. Soweit die faktischen Beeinträchtigungen Dritter auf die Errichtung privater Vorhaben und den Betrieb privater Anlagen zurückzuführen sind, die zwar öffentlich-rechtlich genehmigt wurden, aber sich eben doch in der Regie von Privaten befinden, wurde gegen diese Beeinträchtigungen nicht die grundrechtliche Abwehrfunktion in Stellung gebracht, sondern die neu entwickelte grundrechtliche Schutzfunktion. Gerade im Bereich des Drittschutzes gegen die Zulassung privater Aktivitäten stellt sich die Frage, ob die von Privaten im Rahmen hoheitlich zugelassener, aber privat durchgeführter Vorhaben ausgelösten faktischen Beeinträchtigungen Dritter dem genehmigenden Hoheitsträger zugerechnet werden müssen (Abwehrfunktion), oder ob der Staat gegen diese Beeinträchtigungen einen (nur begrenzten) Schutz bieten müsse (Schutzfunktion)[16]. Während sich die Reichweite der Abwehrfunktion nach dem Schutzbereich des jeweiligen Grundrechts zu richten hat, geht die h.M. bei der Schutzfunktion davon aus, dass es Aufgabe der Legislative und u. U. auch der Exekutive sei, Inhalt und Grenzen der Schutzpflicht zu bestimmen.

Während nach den oben dargelegten Überlegungen ein Primat der Grundrechte anzunehmen ist, entwickelte sich für die faktischen Beeinträchtigungen die Lehre

---

[14] *Ramsauer*, Die Rolle der Grundrechte im System der subjektiven öffentlichen Rechte, AöR 111 (1986), 501.

[15] *Henke*, Das subjektive öffentliche Recht, 1968; *Bartlsperger*, Subjektiv-öffentliches Recht und störungspräventive Nachbarklage, DVBl. 1971, 723; *Zuleeg*, Hat das subjektive öffentliche Recht noch eine Daseinsberechtigung? DVBl. 1976, 509.

[16] Zu dieser Frage EGMR, Urt. v. 13.12.2012, NVwZ 2014, 429. S. auch *Lübbe-Wolf*, Grundrechte als Eingriffsabwehrrechte, 1988.

vom Primat des einfachen Gesetzesrechts.[17] Danach ist (zunächst) zu prüfen, ob und in welchem Umfang das einfache Gesetzesrecht subjektive öffentliche Rechte vermittelt, bevor dieses Ergebnis am Maßstab der Grundrechte zu messen und erforderlichenfalls die Frage zu prüfen ist, ob ein weitergehender Drittschutz unmittelbar aus den Grundrechten folgt. Gerade im Bereich sog. Drittbeeinträchtigungen sei es im Grundsatz Sache des Gesetzgebers, über die Grenzen des verwaltungsgerichtlichen Drittschutzes zu entscheiden und dabei die verfassungsrechtlichen Gewährleistungen zu konkretisieren.[18] Anknüpfungspunkt bildet das konkrete Fachrecht. Da dem Gesetzgeber bei der Konkretisierung ein weiter Gestaltungsspielraum zuerkannt wird, kommt es nur selten zu einer Korrektur aus Gründen des Verfassungsrechts.[19] Wegen dieses Primats des einfachen Gesetzesrechts verläuft die Anerkennung von Drittschutz auf nationaler Ebene bereichsspezifisch sehr unterschiedlich. In einigen Bereichen hat sich kaum etwas bewegt, in anderen hat sich der Drittschutz dagegen beträchtlich weiterentwickelt. Ein Blick auf die Nachbarklagen im Baurecht und im Umweltrecht sowie auf die Konkurrentenklagen im Wirtschaftsverwaltungsrecht mag das verdeutlichen.

2. *Subjektive öffentliche Rechte im öffentlichen Baurecht*

Im öffentlichen Baurecht zeigten sich die Defizite des durch die Schutznormlehre begrenzten Drittschutzes bereits frühzeitig und besonders augenfällig. Im Nachbarschaftsverhältnis wirken sich bauliche Maßnahmen aufgrund der räumlichen Nähe nicht selten gravierend auf die jeweilige Grundstückssituation der Nachbargrundstücke aus. Dabei geht es nicht nur um Fragen der ausreichenden Belichtung und Belüftung der Grundstücke, sondern um die prägende Wirkung der gesamten Umgebungsbebauung. Davon hängen nicht nur Qualität und Wert der Grundstücke ab, auch Nutzungsmöglichkeiten und – bei Wohnbebauung – auch Lebensqualität der Bewohner werden massiv beeinflusst. Da Grundstückseigentümer auf die Bebauung der Nachbargrundstücke grundsätzlich keinen Einfluss nehmen können, bietet allein das Planungsrecht einigermaßen verlässliche Anhaltspunkte dafür, wie sich Bebauung und Nutzung der Umgebung künftig entwickeln werden. Die hierauf gestützten Erwartungen werden enttäuscht, wenn bauliche Anlagen in der Umgebung abweichend von den Bauplanungs- und bauordnungsrechtlichen Vorschriften genehmigt werden. Können die Eigentümer mangels subjektiver öffentlicher Rechte die Einhaltung dieser Vorschriften nicht verlangen, führt dies zu Defiziten nicht nur bei der Akzeptanz administrativer Entscheidungen, sondern auch zu ökonomischen Defiziten im Hinblick auf die Allokationseffizienz.

---

[17] *Wahl/Schütz*, Kommentierung zu § 42 Abs. 2, Rn. 58 ff., in: Schoch/Schneider/Bier, VwGO, Loseblatt, Stand: 10/2013; *Ramsauer*, Die Grundrechte im System der subjektiven öffentlichen Rechte, AöR 111 (1986), 501.

[18] Vgl. BVerwG, Urt. v. 26.9.1991, E 89, 69 – Hmb. Zweiwohnungsklausel.

[19] Bsp. Fluglärmschutzgesetzgebung: BVerfG, Beschl. v. 14.1.1981, E 56, 54; vgl. auch BVerfG, Beschluss v. 4.5.2011, NVwZ 2011, 991.

Es ist aufschlussreich, die Entwicklung der Rechtsprechung zu den subjektiven öffentlichen Nachbarrechten zu betrachten. Während Nachbarn anfänglich keinerlei Möglichkeiten eingeräumt wurden, sich gegen eine rechtswidrige Bebauung auf den Nachbargrundstücken zur Wehr zu setzen, begann die Rechtsprechung in den sechziger Jahren, jedenfalls in Fällen besonders schwerer Missgriffe eine klagefähige Rechtsposition anzuerkennen. Die im Wesentlichen auf *Felix Weyreuther*[20] zurückgehende Rechtsprechung des Bundesverwaltungsgerichts erkannte den Nachbarn eine Klagebefugnis zu, wenn rechtswidrige Baugenehmigungen „die vorgegebene Grundstückssituation nachhaltig verändern und dadurch den Nachbarn schwer und unerträglich treffen".[21] Diese Formulierung, die in der Praxis erhebliche Schwierigkeiten verursachte, knüpfte ersichtlich an die Dogmatik der Eigentumsgarantie an, für die das Bundesverwaltungsgericht die Grenze der Sozialbindung nach Art. 14 Abs. 2 GG nach Kriterien der Schwere und Zumutbarkeit des Eingriffs zog. Mit dem Nachbarschutz bei „schweren und unerträglichen" Nachteilen erkannte das Bundesverwaltungsgericht praktisch an, dass das verfassungsrechtlich geschützte Grundeigentum auch durch Vorgänge außerhalb der Grundstücksgrenzen jedenfalls dann beeinträchtigt werden kann, wenn die Grenzen der Sozialbindung überschritten werden. Hierin kann man erste Anzeichen für den erweiterten Eingriffsbegriff sehen.

Ursprünglich ebenfalls verfassungsrechtlich begründet, folgte in den siebziger Jahren des vorigen Jahrhunderts die Entdeckung und Entwicklung des planungsrechtlichen Gebots der Rücksichtnahme. Wieder war *Felix Weyreuther* einer der Geburtshelfer[22]. Das Bundesverwaltungsgericht löste sich allerdings schnell von der ursprünglich verfassungsrechtlichen Grundlegung und entwickelte das Gebot stattdessen aus den einfachgesetzlichen Vorschriften des Bauplanungsrechts.[23] Diesen wurde zunächst objektivrechtlich ein Gebot der Rücksichtnahme auf schützenswerte Belange der Nachbarschaft entnommen, auf das sich dann diejenigen Grundeigentümer sollten berufen können, die „in handgreiflicher und individualisierbarer Weise in ihren schützenswerten Positionen betroffen sind, sofern diese Betroffenheit das Maß des im jeweiligen Baugebiet Zumutbaren überschreitet".[24] Die Rechtsprechung zum subjektivrechtlichen Gebot der Rücksichtnahme löste die Rechtsprechung zur schweren und unerträglichen Beeinträchtigung ab[25] und gilt bis heute fort. Trotz seiner einfachrechtlichen Fundierung hat das Gebot der Rücksichtnahme wegen seines Rückgriffs auf den Aspekt der Zumutbarkeit seine verfassungsrechtlichen Bezüge nicht verloren.[26]

---

[20] Vgl. *Weyreuther*, Bauen im Außenbereich, 1979, S. 44; zur Entwicklung *Kraft*, Entwicklungslinien im baurechtlichen Nachbarschutz, VerwArch 1998, 264.

[21] BVerwG, Urt. v. 13.6.1969, E 32, 173 (seinerzeit st. Rspr.).

[22] *Weyreuther*, Das bebauungsrechtliche Gebot der Rücksichtnahme und seine Bedeutung für den Nachbarschutz, BauR 1975, 1.

[23] Vgl. BVerwG, Urt. v. 25.2.1977, E 52, 122 – *Schweinemästerei-Fall.*

[24] Nachw. bei *Koch/Hendler* (Fn. 8), § 27 Rnr. 18.

[25] BVerwG, Urt. v. 26.9.1991, E 89, 69 – *Hmb. Zweiwohnungsklausel.*

[26] *Ramsauer* (Fn. 17), AöR 1986, 501.

Die dritte Stufe der Entwicklung subjektiver öffentlicher Rechte im Bauplanungsrecht verbindet sich mit dem Begriff des Gebietsgewährleistungsanspruchs. Dieses vom Bundesverwaltungsgericht in den neunziger Jahren des vorigen Jahrhunderts entwickelte subjektive öffentliche Recht ist erstmalig allein einfachgesetzlich fundiert und weist keine unmittelbaren Bezüge zur Eigentumsgarantie auf. Der Gebietsgewährleistungsanspruch wurde vielmehr aus dem nachbarlichen Gemeinschafts- und Austauschverhältnis entwickelt mit der Erwägung, dass jeder Eigentümer eines Grundstücks in einem hinsichtlich der Art der baulichen Nutzung einheitlich ausgewiesenen Baugebiet verlangen kann, dass die Bestimmungen über die Art der baulichen Nutzung auch von den Nachbarn eingehalten werden[27]. Die „Erfindung" des Gebietserhaltungsanspruchs ist eine richterrechtliche Leistung. Sie zeigt zugleich, dass eine Rückführung dieses subjektiven öffentlichen Rechts auf einen – wie auch immer ermittelten – Willen des Gesetzgebers, das einfache Recht insoweit mit einem Drittschutz auszustatten, doch eher Fiktion ist. Zwar kommt sicher auch die Annahme in Betracht, der wegen des nachbarlichen Gemeinschaftsverhältnisses drittschützende Charakter der maßgeblichen Vorschriften sei an sich schon immer gegeben gewesen und von der Rechtsprechung erst später erkannt worden. Dann fragt man sich allerdings, weshalb eben dieses nachbarliche Gemeinschafts-und Austauschverhältnis allein für Festsetzungen über die Art der baulichen Nutzung Drittschutz entfalten soll und nicht auch für andere Festsetzungen, bei denen eine vergleichbare Austauschlage besteht.

Der Gebietserhaltungsanspruch wird unabhängig von einer tatsächlichen Beeinträchtigung des Grundstücks durch die Nachbarbebauung eingeräumt. Maßgeblich ist allein, dass das betroffene Grundstück zusammen mit dem Baugrundstück in einem planungsrechtlich einheitlich ausgewiesenen Gebiet liegt.[28] Vor allem wegen seiner Übertragung auf die Fälle des § 34 Abs. 2 BauGB hat diese Rechtsprechung große Bedeutung erlangt.[29] Die Weiterentwicklung dieser Rechtsfigur vom allgemeinen zu einem besonderen Gebietserhaltungsanspruch[30] lässt vermuten, dass die Entdeckung weiterer subjektiver öffentlicher Rechte im Bauplanungsrecht noch nicht abgeschlossen sein dürfte. Insgesamt zeigt dieser kurze Abriss, dass das Bauplanungsrecht durch die Rechtsprechung allmählich immer stärker mit Drittschutz ausgestattet wurde, ohne dass dieser Entwicklung gesetzgeberische Entscheidungen zu Grunde gelegen hätten.

---

[27] BVerwG, Beschl. v. 11.4.1996, NVwZ-RR 1997, 463.

[28] BVerwG, Beschl. v. 18.12.2007, NVwZ 2008, 427; vgl. auch schon BVerwG, Urt. v. 16.9.1993, E 94, 151.

[29] BVerwG, BauR 2012, 634, 635.

[30] Siehe dazu *Möller/Knickmeier*, Die erweiterte Schutzwirkung des allgemeinen und besonderen Gebietserhaltungsanspruchs, NordÖR 2010, 138.

3. Drittschutz im nationalen Umweltrecht

Die Rechtsprechung der deutschen Gerichte zum Drittschutz im Umweltrecht ist in der Vergangenheit sehr zurückhaltend gewesen. Vorschriften des Umweltrechts dienen danach in erster Linie der Allgemeinheit, nicht dem Einzelnen. Mit der Anerkennung auch einer Individualschutzrichtung rein nationaler Umweltbestimmungen tun sich die Gerichte schwer. Eine solche Individualschutzrichtung wird im Bereich des Immissionsschutzes bekanntlich angenommen, wenn und soweit Vorschriften als Ausdruck des Schutzprinzips angesehen werden, während Vorschriften, die „nur" der Vorsorge dienen, typischerweise nicht als drittschützend angesehen werden.[31] Konsequenz dieser problematischen Unterscheidung ist, dass rechtswidrige Zulassungen trotz der von ihnen ausgehenden Beeinträchtigungen solange nicht angefochten werden können, wie bestehende Grenzwerte zur Bestimmung zumutbarer Belastungen[32] noch nicht überschritten werden. Abgesehen davon, dass sich die Festlegung von Grenzwerten, die sich zumeist in untergesetzlichen Regelwerken finden, gerichtlich nur schwer überprüfen lassen, geht die Unterscheidung von der Möglichkeit einer Grenzziehung aus, die naturwissenschaftlich schwer begründbar ist. Besonders deutlich zeigt sich bei der Belastung der Bevölkerung durch Lärm, dass die Auswirkungen auf den menschlichen Organismus nicht erst bei Überschreitung eines bestimmten Grenzwerts beginnen, sondern sich – vor allem bei langfristiger Exposition – auch unterhalb von Schwellenwerten manifestieren und allmählich steigern. Hinzu kommt, dass das Schutzprinzip nicht auf individuelle Empfindlichkeiten Rücksicht nimmt, sondern von durchschnittlich belastungsfähigen Menschen ausgeht.[33] Dass Regelungen zum Vorsorgeprinzip grundsätzlich nicht dem Individualschutz dienen, ist deshalb keinesfalls eine selbstverständliche oder gar zwingende Annahme. Das zeigt sich im Übrigen auch an den von der Rechtsprechung insoweit selbst anerkannten Ausnahmen.[34] Erst unter dem Einfluss des europäischen Rechts ist in diese Rechtsprechung Bewegung gekommen (siehe unten).

Konzeptionell wenig überzeugend ist auch die Begrenzung des Drittschutzes im Bereich umweltrelevanter Planungen. Hier hat sich die Rechtsprechung schon früh darauf festgelegt, dass der einzelne Drittbetroffene, sofern er nicht von einer enteignungsrechtlichen Vorwirkung betroffen ist,[35] sich auf Abwägungsfehler bei Planungsentscheidungen nur insoweit berufen könne, als es um die fehlerfreie Abwägung gerade seiner eigenen individuellen Interessen gehe.[36] Dass eine Abwägungs-

---

[31] Grundlegend BVerwG, Urt. v. 18.5.1982, E 65, 313 – *Dampfkraftwerk Marbach III.*

[32] Ausf. zum Begriff der Zumutbarkeit *Koch*, in: Koch/Schening/Pache, Gemeinschaftskommentar zum BImSchG, Stand 10/2010, § 3 Rn. 67 ff.

[33] Krit. hierzu *Koch*, § 4 Immissionsschutzrecht, Rn. 212 m. w. N., in: Koch (Hrsg.), Umweltrecht, 4. Aufl. 2014.

[34] BVerwG, Urt. v. 11.12.2003, E 119, 329, 333 – *Nanopulver.*

[35] BVerwG, Urt. v. 18.3.1983, E 67, 74; zur enteignungsrechtlichen Verwirkung *Kopp/Ramsauer*, VwUfG, 14. Aufl. 2013, § 75 Rn. 19.

[36] BVerwG, Urt. v. 14.2.1975, E 48, 56 – B 42.

entscheidung, die nach der allgemein anerkannten Abwägungsdogmatik darin besteht, die von einer Planung betroffenen Belange unter- und gegeneinander abzuwägen, eine derart segmenthafte Prüfung nicht zulässt, sondern de facto auf die Prüfung der Zumutbarkeit beschränkt,[37] hat die Rechtsprechung nicht gehindert, hieran jedenfalls im Grundsatz bis heute festzuhalten. Erst in jüngster Zeit zeigen sich leichte Erosionserscheinungen. So finden sich in einigen neueren Entscheidungen des Bundesverwaltungsgerichts erste Hinweise auf die Bereitschaft, im Rahmen des subjektiven Rechts auf gerechte Abwägung der eigenen Interessen auch die gegenläufigen Interessen und ihre Bewertung in den Blick zu nehmen.[38] Bewegung hat es auch gegeben bei der Frage, ob Drittbetroffene berechtigt sind, eine fehlende Planrechtfertigung zu rügen.[39] Nach wie vor erhebliche Fragen gibt es bei der Bestimmung des Kreises von Betroffenen: Können sich Personen gegen ein Vorhaben mit der Begründung zur Wehr setzen, das Vorhaben beeinträchtige oder vernichte ein Naherholungsgebiet, verschlechtere eine bisher bestehende Verkehrsanbindung, erschwere dadurch die Berufsausübung? Beispielhaft sei an das Problem des Schutzes der Fischer gegen die Genehmigung von Windparks in der AWZ erinnert. Insgesamt kann man in der Rechtsprechung zwar keine klare Linie bei der Bestimmung der Schutzrichtung der Vorschriften des Umweltrechts erkennen, wohl aber eine pragmatische Haltung, die vor allem in jüngerer Zeit auch Konzessionen an ein gesteigertes Schutzbedürfnis und eine abnehmende Toleranz gegenüber rechtswidrigen Entscheidungen der Verwaltung erkennen lässt.

4. Drittschutz im Wirtschaftsverwaltungsrecht

Im deutschen Wirtschaftsverwaltungsrecht war und ist ein Drittschutz nur schwach ausgeprägt. Anders als im öffentlichen Bau- und Umweltrecht hat sich hier die restriktive Linie gehalten, wenn man von den verschiedenen unionsrechtlichen Einflüssen einmal absieht, auf die später noch eingegangen wird. Der Grundgedanke war und ist, dass sich Unternehmer als Marktteilnehmer der Kontingenz des Marktes aussetzen und insoweit gegen Veränderungen, Turbulenzen und Verwerfungen des Marktgeschehens rechtlich nicht geschützt sind. Das gilt nach deutschen Grundvorstellungen im Prinzip auch für geregelte Märkte und für die Marktteilnahme der öffentlichen Hand. Die Rechtsprechung geht hier davon aus, dass Reglementierungen des Marktes, insbesondere Marktzugangsregelungen, regelmäßig im ausschließlich öffentlichen Interesse erlassen werden und den Konkurrenten keine subjektiven öffentlichen Rechte auf Einhaltung dieser Vorschriften einräumen. Beispielhaft sei insoweit auf die Rechtsprechung zur Vergabe von Taxenkonzessionen verwiesen: Nach § 13 Abs. 4 S. 1 PBefG ist beim Verkehr mit Taxen die Genehmigung

---

[37] *Ramsauer*, Abwägungskontrolle und subjektiver Rechtsschutz im Planfeststellungsverfahren, DÖV 1981, 37.

[38] BVerwG, Urt. v. 13.10.2011, E 141,1 Rn. 200; Urt. v. 4.4.2012, E 142, 234 Rn. 372 – *Flughafen Schönefeld.*

[39] BVerwG, Urt. v. 9.11.2006, E 127, 95 – *Flughafen Halle-Leipzig.*

zu versagen, wenn die öffentlichen Verkehrsinteressen dadurch beeinträchtigt werden, dass durch die Zulassung weiterer Taxen das örtliche Taxengewerbe in seiner Funktionsfähigkeit bedroht wird. Diese Vorschrift dient nach einhelliger Rechtsprechung[40] allein dem Schutz des örtlichen Taxengewerbes, nicht aber dem Schutz einzelner bereits zugelassener Konzessionsinhaber, selbst wenn diesen bei weiteren Zulassungen ein ruinöser Wettbewerb droht. Ähnliches gilt für andere Marktzugangsregelungen,[41] grundsätzlich aber auch für sonstige Auswirkungen hoheitlicher Entscheidungen auf die Marktsituation, sofern sie nicht unmittelbar auf Benachteiligungen in der Konkurrenz abzielen. Dies soll etwa auch für die Zulassung sog. verkaufsoffener Sonntage gelten: insoweit geht die Rechtsprechung davon aus, dass der Sonn- und Feiertagsschutz zwar die Ausübung der Religionsfreiheit (Art. 4 GG) und die effektive Wahrnehmung der Vereinigungsfreiheit (Art. 9 GG) schützt,[42] nicht aber dem Schutz der konkurrierenden Marktteilnehmer dient, die aufgrund der örtlichen Begrenzung der Ausnahmen vom Sonn- und Feiertagsschutz nicht davon profitieren können und infolge eines Kaufkraftabflusses an verkaufsoffenen Sonntagen Umsatzeinbußen befürchten müssen.[43] Eine Sonderstellung nimmt insoweit die Marktbeeinflussung der öffentlichen Hand durch Subventionen (Beihilfen) ein. In diesem Bereich werden zwar subjektive öffentliche Rechte partiell anerkannt,[44] allerdings greifen sie nur bei „erheblichen" Wettbewerbsverzerrungen.[45]

Auch Grundrechte helfen den Unternehmern in diesen Fallkonstellationen grundsätzlich nicht weiter. Obwohl die Wettbewerbsfreiheit grundrechtlichen Schutz genießt, wird der einzelne Wettbewerber regelmäßig nicht vor Auswirkungen geschützt, die sich – vermittelt über die Marktmechanismen – zu ihrem Nachteil ergeben können. Nach ständiger Rechtsprechung gilt: Weder Art. 12 Abs. 1 GG, noch Art. 2 Abs. 1 GG schützen Marktteilnehmer gegen rechtswidrig zugelassene Konkurrenz. Trotz der u. U. massiven faktischen Auswirkungen auf die Marktteilnehmer gibt es weder einfachrechtlich und noch grundrechtlich für sie einen Schutz gegen Entscheidungen zu Gunsten konkurrierender Unternehmen.

Anderes gilt für den Zugang zu einer zulassungspflichtigen Tätigkeit: Hier muss grundsätzlich jede Person, die die subjektiven Zulassungsvoraussetzungen erfüllt, zugelassen werden. Die entsprechenden Zulassungsbestimmungen sind nach allgemeiner Meinung drittschützend und vermitteln damit den Bewerbern ein subjektives öffentliches Recht auf Zulassung.[46] Eines Rückgriffs auf die Grundrechte bedarf es

---

[40] BVerwG, Urt. v. 7. 9. 1989, E 82, 295 (st. Rspr.).

[41] Vgl. nur die Aufzählung bei *Sodan/Ziekow*, VwGO, 3. Aufl. 2010, § 42 Rn. 446.

[42] St. Rspr., vgl. VGH München, Urt. v. 6. 12. 2013, 22 N 13.788, juris; OVG Koblenz, GewArch 2014, 131; Beschl. v. 8. 2. 1993, NVwZ 1993, 699.

[43] OVG Bautzen, Beschl. v. 17. 3. 2011, 3 B 62/11, juris; OVG Lüneburg, Beschl. v. 26. 4. 2001, NVwZ-RR 2001, 584; VGH München, Urt. v. 30. 8. 1984, NVwZ NJW 1985, 1180.

[44] BVerwG, Urt. v. 30. 8. 1968, E 30, 191 – *Winzergenossenschaft*.

[45] BVerwG, Urt. v. 6. 4. 2000, NVwZ 2001, 322; VGH Mannheim, Urt. v. 11. 6. 1992, NVwZ 1993, 445.

[46] Insoweit wird allerdings auch zumeist Art. 12 Abs. 1 GG genannt.

insoweit nicht. Bei beschränkter Zulassungsmöglichkeit besteht ein subjektives öffentliches Recht auf sachgerechte Auswahl aus den Bewerbern, wie es prototypisch in § 70 Abs. 1, 3 GewO für die Zulassung zu Messen und Märkten vermittelt wird,[47] aber auch unabhängig vom Anwendungsbereich des § 70 GewO gilt. Hier besteht nach allgemeiner Auffassung in Deutschland ein Anspruch der Bewerber, nach sachgerechten Auswahlkriterien berücksichtigt zu werden.[48] Hierzu gibt es eine Fülle von Entscheidungen, die sich mit den maßgeblichen Auswahlkriterien befassen, etwa bei der Zulassung von Schaustellern zu Jahrmärkten[49] oder bei der Zulassung von neuen Taxenunternehmern.

Nach wie vor umstritten ist im deutschen Verwaltungsrecht neben dem Bereich der Auftragsvergabe außerhalb des unionsrechtlich geprägten Vergaberechts, auf das weiter unten noch einzugehen sein wird, der Rechtsschutz der privaten Marktteilnehmer gegen Konkurrenz aus dem Bereich der öffentlichen Hand. Auch hier hat die Rechtsprechung sich frühzeitig auf den Standpunkt gestellt, dass diejenigen Vorschriften des öffentlichen Rechts, die eine wirtschaftliche Betätigung der Kommunen begrenzen, nicht den Interessen konkurrierender Marktteilnehmer zu dienen bestimmt seien.[50] Auch die grundrechtlich garantierte Wettbewerbsfreiheit nützt den Marktteilnehmern insoweit nicht. Die Betroffenen haben versucht, unter Rückgriff auf § 1 GWB vor den Zivilgerichten den Rechtsschutz zu erhalten, der ihnen von den Verwaltungsgerichten vorenthalten wurde. Damit hatten sie vorübergehend auch tatsächlich Erfolg. Inzwischen hat der Bundesgerichtshof dieser Möglichkeit aber wieder einen Riegel vorgeschoben.[51]

IV. Das subjektive öffentliche Recht im Zeitalter der Europäisierung

Die deutsche Schutznormlehre ist der Ebene des Unionsrechts und in den übrigen Mitgliedstaaten der Union bekanntlich auf wenig Gegenliebe gestoßen. In Europa dominiert das französische System einer Orientierung der gerichtlichen Kontrolle an der tatsächlichen Betroffenheit des Rechtsschutzsuchenden, die zur Begründung der Klagebefugnis regelmäßig ausreicht,[52] dem im 19. Jahrhundert jedenfalls ansatzweise das eingangs erwähnte preußische System entsprach. Ob der Verzicht auf das

---

[47] VGH München, Beschl. v. 9.1.2003, GewArch 2003, 120.

[48] BVerfG, Beschl. v. 14.1.2004, NVwZ 2004, 718; BVerwG, Urt. v. 26.1.2011, NVwZ 2011, 613 m. w. N.

[49] Vgl. OVG Lüneburg, Beschl. v.17.11.2009, GewArch 2010, 245.

[50] Vgl. OVG Magdeburg, Urt. v. 29.10.2008, NVwZ-RR 2009, 347 m. w. N.; näher *Pieroth/Hartmann*, Grundrechtsschutz gegen wirtschaftliche Betätigung der öffentlichen Hand, DBl 2002, 421 m. w. N.; krit. z.B. *Ehlers*, Rechtsprobleme der Kommunalwirtschaft, DVBl 1998, 497.

[51] BGH, Urt. v. 25.4.2002, BGHZ 150, 343 – *Elektroarbeiten.*

[52] Vgl. *Epiney,* Verwaltungsgerichtlicher Rechtsschutz im Umweltrecht im Rechtsvergleich, NVwZ 2014, 465, 467.

„Nadelöhr" der Klagebefugnis deutschen Zuschnitts tatsächlich zu einer wesentlich stärkeren Belastung der Verwaltungsgerichte in den anderen Mitgliedstaaten der Union führt, erscheint fraglich. Die Frage lässt sich nicht sinnvoll beantworten, weil sich die unterschiedlichen Rechtsschutzsysteme der Mitgliedstaaten unter dem Aspekt der Belastung der Justiz nur begrenzt miteinander vergleichen lassen. Eher könnte die Frage aufgeworfen werden, ob ein Verzicht auf die schutznormbasierte Klagebefugnis in Deutschland zu einer Mehrbelastung führen würde, wie das vielerorts befürchtet wird. Die Antwort müsste je nach Rechtsgebiet wohl unterschiedlich ausfallen. Dies zeigt ein Blick auf das Wirtschaftsverwaltungsrecht einerseits und das Umweltrecht andererseits, also auf zwei Rechtsgebiete, in denen der Einfluss des europäischen Rechts im Hinblick auf subjektiv-rechtliche Begrenzungen des Rechtsschutzes besonders spürbar geworden ist.

1. Ansprüche der Konkurrenten auf gerechte Auftragsvergabe: Das Vergaberecht

Zu den wirtschaftspolitischen Grundlagen der Europäischen Union gehört die Überzeugung, dass die Union einen gemeinsamen Markt bildet, in dem die Unternehmer aus allen Mitgliedstaaten miteinander zum Wohle aller konkurrieren sollen. Da in allen Mitgliedstaaten die öffentliche Hand zu den wesentlichen Marktteilnehmern bei der Nachfrage nach Gütern und Dienstleistungen gehört, kann ein gemeinsamer Markt nur funktionieren, wenn die Anbieter aus allen Staaten der Union annähernd gleiche Chancen haben, auch mit der öffentlichen Hand ins Geschäft zu kommen. Dieses Ziel ist nur erreichbar, wenn den Anbietern auch subjektive öffentliche Rechte auf Chancengleichheit bei der Vergabe von Aufträgen für Güter und Dienstleistungen eingeräumt werden. Dies war, wie oben bereits dargelegt, in Deutschland (wie auch in den anderen Mitgliedstaaten) grundsätzlich nicht der Fall. Hier mussten auf Unionsebene Regelungen getroffen werden, sollte das Prinzip des gemeinsamen Marktes nicht jede Glaubwürdigkeit verlieren.

In den neunziger Jahren des letzten Jahrhunderts wurde eine ganze Reihe von Richtlinien über die Vergabe öffentlicher Aufträge erlassen.[53] Sie betreffen allerdings sämtlich nur Aufträge, die von ihrem finanziellen Volumen her über bestimmten Schwellenwerten liegen. In Deutschland wurden diese Richtlinien in §§ 97 ff. GWB umgesetzt. Danach ändert sich am privatrechtlichen Charakter von Beschaffungsgeschäften der öffentlichen Hand nichts. Allerdings können Mitbewerber, die bei der Vergabe nicht zum Zuge gekommen sind, eine Überprüfung der Vergabeentscheidung durch eine sog. Vergabekammer und – in der zweiten Instanz – durch die Vergabesenate bei den Oberlandesgerichten verlangen. Bei den Verfahren vor der Vergabekammer handelt es sich um ein besonderes Verwaltungsverfahren,

[53] Übersicht bei *Bultmann*, Beihilfenrecht und Vergaberecht, 2004, § 3 (S. 60 f.); neuere Entwicklungen bei *Kopp/Ramsauer* (Fn. 35), Einf. I Rn. 2a.

bei dem die Vorschriften des VwVfG anwendbar sind.[54] Das Vergaberecht hat sich nach der Umsetzung der auf Unionsebene geschaffenen Regelungen zu einem wesentlichen Rechtsgebiet entwickelt, mit dem Rechtsanwälte und Gerichte, allerdings nicht die Verwaltungsgerichte, in erheblichem Umfang beschäftigt sind. Eine beträchtliche Mehrbelastung hat sich hier also ohne Zweifel ergeben.

Für die Vergabe von Aufträgen unterhalb der Schwellenwerte entspann sich in Deutschland ein Streit um die Frage, ob auch insoweit subjektive öffentliche Rechte auf Kontrolle von Vergabeentscheidungen anzuerkennen seien. Dies wurde von einer Mehrheit der Stimmen in der verwaltungsrechtlichen Literatur verlangt.[55] Es hätte eines öffentlich-rechtlichen Zwischenverfahrens bedurft, bei dem vor der privatrechtlichen Auftragsvergabe eine öffentlich-rechtliche Entscheidung über die Auswahl aus den Bewerbern hätte erfolgen müssen, die dann Gegenstand eines gerichtlichen Verfahrens zur Durchsetzung eines subjektiven öffentlichen Rechts auf fehlerfreie Auswahl eines Anbieters hätte werden können. Auf einfach-gesetzlicher Ebene fand sich ein solches subjektives öffentliches Recht nicht: Die maßgeblichen haushaltsrechtlichen Vorschriften entfalten nach der Rechtsprechung keinen Drittschutz.[56] Aber auch auf der grundrechtlichen Ebene verneinte die Rechtsprechung ein subjektives öffentliches Recht auf fehlerfreie Auswahl eines Anbieters vor der Vergabe eines Auftrags. Das Bundesverfassungsgericht nahm an, dass der Gesetzgeber nicht verpflichtet sei, aus Gründen der Wettbewerbsfreiheit oder der Chancengleichheit eine öffentlich-rechtliche Auswahlentscheidung nach dem Muster des Vergabeverfahrens der §§ 97 ff. GWB vorzusehen.[57] Der Rechtsschutz vor den Zivilgerichten gegen diskriminierende Auswahlentscheidungen reiche aus.

So nachvollziehbar die Entscheidungen unter dem Aspekt der Praktikabilität für die Verwaltung auch sein mögen: Eine sachliche Rechtfertigung für die verfahrensmäßige Unterscheidung von Vergabeverfahren unterhalb und oberhalb der Schwellenwerte ist nicht so recht erkennbar.[58] Weshalb die Prinzipen der Gleichbehandlung und der Wettbewerbsfreiheit unterhalb der Schwellenwerte nicht auch zu einem subjektiven öffentlichen Recht auf nationaler Ebene führen sollen, bleibt unerfindlich, zumal der zivilrechtliche Rechtsschutz der Bieter, die nicht zum Zuge kommen, im sog. Unterschwellenbereich trotz mancher Fortschritte, nicht zuletzt aufgrund von verfahrensrechtlichen Schutzregelungen in landesrechtlichen Vergabegesetzen, nach wie vor unbefriedigend ist.[59]

---

[54] *Kopp/Ramsauer* (Fn. 35), Einf. I, Rn. 52 b m. w. N.

[55] Nachweise bei *Kopp/Ramsauer* (Fn. 35), Einf. I Rn. 53 f.

[56] BVerwG, Beschl. v. 2.5.2007, E 129, 9.

[57] BVerfG, Beschl. v. 13.6.2006, E 116, 135; ebenso BVerwG, Beschl. v. 2.5.2007, E 129, 9.

[58] Nachw. bei *Kopp/Ramsauer* (Fn. 35), Einf. I, Rn. 53 a.

[59] Informativ OLG Düsseldorf Urt. v. 13.1.2010, NZBau 2010, 328.

2. *Erweiterung des Individualschutzes im europäischen Umweltrecht*

a) Mediale Umweltschutzregelungen in der Europäischen Union

Der Europäische Gerichtshof hat verschiedenen Richtlinien im Bereich des medialen Umweltrechts die Verpflichtung der Mitgliedstaaten entnommen, zur Durchsetzung des nationalen Umsetzungsrechts Individualrechte, im deutschen System also subjektive öffentliche Rechte, vorzusehen. Dies gilt etwa für die Richtlinien über die Qualität von Luft[60] und Wasser,[61] für die der Europäische Gerichtshof aus dem engen Bezug zur menschlichen Gesundheit eine Individualschutzrichtung hergeleitet hat.[62] Während diese Entscheidungen noch ein Verständnis zulassen, das mit den Anforderungen der Schutznormlehre vereinbar ist, gehen andere Formulierungen des Gerichtshofs darüber hinaus und deuten an, dass es bei der gerichtlichen Kontrolle nicht immer um Individualschutz gehen muss. Dies ist etwa im Zusammenhang mit der Aarhus-Konvention in der Edwards-Entscheidung[63] der Fall, in der auch auf Art. 47 der Grundrechte-Charta der Europäischen Union verwiesen wird.

b) Die Altrip-Entscheidung des EuGH

Noch nicht vollständig absehbare Umwälzungen drohen der schutznormbasierten Dogmatik der subjektiven öffentlichen Rechte in der Folge der Altrip-Entscheidung des Europäischen Gerichtshofes.[64] Die Gemeinde Altrip am Rhein wendet sich mit der Anfechtungsklage gegen einen wasserrechtlichen Planfeststellungsbeschluss, mit dem auf dem Gemeindegebiet umfangreiche Überschwemmungsgebiete ausgewiesen worden waren. Die Umsetzung dieses Plans hätte zur Folge, dass die Gemeinde bei Hochwasser von den überschwemmten Flächen praktisch eingeschlossen werden könnte. Die Gemeinde wandte gegen den Planfeststellungsbeschluss unter anderem ein, die Umweltverträglichkeitsprüfung leide unter (nicht näher bezeichneten) Verfahrensfehlern. Nachdem die Klage in den Vorinstanzen ohne Erfolg geblieben war, legte das Bundesverwaltungsgericht die Sache in der Revisionsinstanz dem Eu-

---

[60] Richtlinie 80/779/EWG des Rates v. 15.7.1980 über Grenzwerte und Leitwerte der Luftqualität für Schwefeldioxyd und Schwebstaub (Abl. Nr. L 2209, S. 30 und die Richtlinie 2008/50/EG des Europäischen Parlaments und des Rates v. 21.5.2008 über Luftqualität und saubere Luft in Europa, Abl. Nr. L 152, S. 1).

[61] Richtlinie 75/440/EWG des Rates v. 16.6.1975 über Qualitätsanforderungen an Oberflächenwasser für die Trinkwassergewinnung in den Mitgliedstaaten (Abl. Nr. L 194, S. 26).

[62] Zur Luftverschmutzung EuGH, Urt. v. 30.5.1991, Slg. 1991, I-2567; zuletzt EuGH, Urt. v. 25.7.2008, Slg. 2008, I-6221 – *Janecek*, zum Trinkwasser EuGH, Urt. v. 12.12.1996, Slg. 1996, I-6764.

[63] EuGH, Urt. v. 11.4.2013, NVwZ 2013, 855 – *Edwards*.

[64] EuGH, Urt. v. 7.11.2013, NVwZ 2014, 49 – *Altrip*.

ropäischen Gerichtshof zur Klärung von Anforderungen der UVP-Richtlinie vor. Von den Antworten auf die Vorlagefragen sind hier die letzten beiden von Bedeutung.

aa) Rügefähigkeit von Fehlern der UVP

Auf die Frage, ob nicht nur das gänzliche Fehlen einer UVP oder einer UVP-Vorprüfung gerügt werden können muss, sondern auch einzelne Fehler einer UVP, antwortete der Europäische Gerichtshof mit einem klaren Ja. Die Regelung in § 4 UmwRG in seiner derzeit geltenden Fassung greift damit zu kurz und wird geändert werden müssen. Gleichwohl bleiben aber Fragen. Zunächst ist zu fragen, ob es allein schon zu einer Klagebefugnis verhilft, wenn sich Jemand auf einen Fehler einer UVP beruft. Diese Frage wird mit dem Bundesverwaltungsgericht[65] verneint werden müssen. Auf Fehler einer UVP wird sich nur jemand berufen können, der mindestens zur betroffenen Öffentlichkeit gehört. Das wiederum wird nur dann der Fall sein, wenn ein schützenswertes Interesse betroffen ist. Der Kreis dieser Interessen dürfte in Planfeststellungsverfahren dem Kreis derjenigen entsprechen, die in der planerischen Abwägung berücksichtigt werden müssen. Insoweit ergeben sich gegenüber der bisherigen schutznormbasierten Begründung der Klagebefugnis noch keine Änderungen. Aber wie soll in den praktisch vermutlich wichtigeren Anlagengenehmigungsverfahren verfahren werden, in denen es keine Abwägung gibt? Hier wird die Rechtsprechung die Rügebefugnis auf diejenigen beschränken wollen, die ihre Klagebefugnis bereits aus anderen Vorschriften begründet haben. Ob das mit dem von der Richtlinie verfolgten Ziel einer Rügebefugnis für die betroffene Öffentlichkeit vereinbar ist?

bb) Beachtlichkeit von Fehlern der UVP

Weniger klar beantwortet der Europäische Gerichtshof die Frage nach den rechtlichen Folgen von Fehlern in der UVP. Von der Antwort hängt nicht nur der Bestand eines ganz wesentlichen Teils der Dogmatik zum subjektiven öffentlichen Recht ab, sondern auch die Zukunft der Lehre von der „dienenden Funktion" des Verwaltungsverfahrensrechts, die in § 46 VwVfG eine positivrechtliche Ausprägung erhalten hat und die auch der Rechtsprechung des Bundesverwaltungsgerichts zur Abwägungsrelevanz von Fehlern im Abwägungsvorgang zugrunde liegt.[66] Der Europäische Gerichtshof knüpft zunächst an seine bereits geläufige Unterscheidung von wesentlichen und nicht wesentlichen Verfahrensfehlern an und weist darauf hin, dass nicht sämtliche Verfahrensfehler in diesem Sinn wesentlich seien. Sodann werden zwei Fallkonstellationen unterschieden: Die Ergebnisrelevanz und die Partizipationsrelevanz: Wesentlich sei ein Fehler der UVP zunächst einmal dann, wenn er sich auf das Entscheidungsergebnis auswirkt bzw. ausgewirkt haben kann. Da dies von einem Betroffenen nicht ohne weiteres beurteilt werden kann, wird die Darlegungs- und Be-

[65] BVerwG, Urt. v. 20.12.2011, NVwZ 2012, 573.

[66] Seit BVerwG, Urt. v. 5.12.1986, E 75, 214 wird in st. Rspr. die „konkrete Möglichkeit" einer Auswirkung des Fehlers auf das Ergebnis verlangt.

weislast insoweit der Behörde auferlegt. Sie muss also darlegen, dass sich der Fehler in der UVP nicht auf das Ergebnis ausgewirkt hat. Dies entspricht im Wesentlichen der geltenden Regelung in § 46 VwVfG, wonach es „offensichtlich" sein muss, dass sich der Fehler nicht auf das Ergebnis ausgewirkt hat. Die zweite Möglichkeit, die Wesentlichkeit eines Fehlers in der UVP zu begründen, ist demgegenüber ganz anderer Natur und bietet für die Schutznormlehre jedenfalls auf den ersten Blick keinen Ansatzpunkt. Danach sollen solche Fehler der UVP Relevanz haben, die für die Beteiligung der betroffenen Öffentlichkeit essentiell sind. Hier scheint der Gedanke der „Legitimation durch Verfahren", durch Partizipation, durch, der die Fehlerrelevanz ergebnisunabhängig werden lassen kann. Schwere Fehler bei der Öffentlichkeitsbeteiligung müssen danach zur Aufhebung der Entscheidung in UVP-pflichtigen Verfahren auch dann führen, wenn die Behörde darlegen kann, dass sie für das Ergebnis keine Rolle gespielt haben. Damit steigen Fehler dieser Art gewissermaßen in die Kategorie absoluter Verfahrensfehler auf. Wer aber kann sie geltend machen? Nur derjenige, der ohnehin schon klagebefugt ist? Oder auch derjenige, der zur betroffenen Öffentlichkeit zählt?

3. Die Aarhus-Konvention und Entwicklung der Verbandsklage

Für die gerichtliche Kontrolle von Zulassungsentscheidungen umweltrelevanter Vorhaben hat die Arhus-Konvention[67] jedenfalls im Ergebnis wichtige Veränderungen mit sich gebracht. Ziel dieser Konvention ist es, im Hinblick auf ihre drei Säulen, den Zugang zu Umweltinformationen, die Öffentlichkeitsbeteiligung und den Zugang zu den Gerichten, einheitliche Standards in Europa zu schaffen.[68] Im hier behandelten Zusammenhang geht es um die dritte Säule, den Zugang zu den Gerichten in Umweltangelegenheiten. Die maßgeblichen Bestimmungen hierzu finden sich in Art. 9 der Konvention. Der deutschen Verhandlungsdelegation gelangt es zwar, in Art. 9 Abs. 2 Satz 1 der Konvention eine Berücksichtigung der nationalen Dogmatik zu den subjektiven öffentlichen Rechten zu erreichen.[69] Sie konnte aber nicht verhindern, dass in Art. 9 Abs. 2 Satz 2 die Forderung nach einem „weiten Zugang zu den Gerichten" erhoben und dass in Satz 3 eine Privilegierung von nichtstaatlichen Umweltschutz-Organisationen vorgeschrieben wurde. Deutschland hat die Arhus-Konvention ratifiziert und in innerstaatliches Recht übernommen.[70] Damit ist sie nach zutreffender, allerdings nicht unbestrittener, Auffassung in Deutschland unmittelbar

---

[67] Übereinkommen über den Zugang zu Informationen, die Öffentlichkeitsbeteiligung an Entscheidungsverfahren und den Zugang zu Gerichten in Umweltangelegenheiten (BGBl. II 2006, 1252).

[68] Allgemein zur Arhus-Konvention *Schwerdtfeger*, Der deutsche Verwaltungsrechtsschutz unter dem Einfluss der Aarhus-Konvention, 2010.

[69] So wird in Art. 9 Abs. 2 Satz 1 lit. b) ausdrücklich auf das deutsche Verwaltungsprozessrecht Rücksicht genommen, das eine Rechtsverletzung erfordert.

[70] Zustimmungsgesetz v. 3. 8. 1985 (BGBl II, S. 926).

anwendbar.[71] Die Rechtsprechung[72] hat es allerdings bisher abgelehnt, im Anwendungsbereich der Arhus-Konvention subjektive öffentliche Individualrechte unmittelbar aus der Konvention herzuleiten, wie dies in der Literatur teilweise gefordert wurde.[73] Keinen Erfolg hatte hingegen der Versuch, auch im Rahmen der in der Aarhus-Konvention vorgesehenen Verbandsklage eine Beschränkung der Rügebefugnis auf drittschützende Normen durchzusetzen.

a) Die Entscheidung zum slowakischen Braunbär

In der viel diskutierten Entscheidung zum slowakischen Braunbären[74] hat sich der Europäische Gerichtshof auf den Standpunkt gestellt, dass Art. 9 Abs. 3 der Aarhus-Konvention zwar im Unionsrecht keine unmittelbare Wirkung entfalte. Weiter heißt es aber im Leitsatz 3:

> „Das vorlegende Gericht hat jedoch das Verfahrensrecht in Bezug auf die Voraussetzungen, die für die Einleitung eines verwaltungsbehördlichen oder gerichtlichen Verfahrens vorliegen müssen, so weit wie möglich im Einklang sowohl mit den Zielen von Art. 9 Abs. 3 dieses Übereinkommens als auch mit dem Ziel eines effektiven gerichtlichen Rechtsschutzes für die durch das Unionsrecht verliehenen Rechte auszulegen, um es einer Umweltschutzvereinigung zu ermöglichen, eine Entscheidung, die am Ende eines Verwaltungsverfahrens ergangen ist, das möglicherweise im Widerspruch zum Umweltrecht der Union steht, vor einem Gericht anzufechten. Mangels einer einschlägigen Regelung der Union ist es Sache der innerstaatlichen Rechtsordnung der einzelnen Mitgliedstaaten, die Verfahrensmodalitäten für Klagen zu regeln, die den Schutz der dem Einzelnen aus dem Unionsrecht erwachsenden Rechte gewährleisten sollen, wobei die Mitgliedstaaten für den wirksamen Schutz dieser Rechte in jedem Einzelfall verantwortlich sind."

Wie dieser Leitsatz in Bezug auf Individualklagen zu verstehen ist, wird nicht ganz deutlich. Eindeutig ist in dieser Entscheidung indessen schon die Verbandsklage verankert, für die spätere Trianel-Entscheidung richtungsweisend wurde.[75]

b) Die Trianel-Entscheidung des EuGH

Die Regelungen in Art. 9 Abs. 2 Aarhus-Konvention fanden Eingang in Art. 10a (später Art. 11) der UVP-Richtlinie, die von der Europäischen Union in Umsetzung der Arhus-Konvention erlassen wurde. Auch im Vorfeld des Zustandekommens von Art. 10a der UVP-Richtlinie versuchten die Vertreter Deutschlands, eine Regelung

---

[71] OVG Münster, Urt. v. 12.6.2012, NWVBl 2013, 25; dem folgend OVG Hamburg, Urt. v. 18.1.2013, NordÖR 2013, 322.

[72] Vgl. nur OVG Koblenz, Beschl. v. 27.2.2013, NVwZ 2013, 881 m. w. N.

[73] Ausführlich *Schwerdtfeger*, Der deutsche Verwaltungsrechtsschutz unter dem Einfluss der Aarhus-Konvention, 2010, 320 (Fazit).

[74] EuGH, Urt. v. 8.3.2011, Slg. 2011, I-1255.

[75] Ausführlich hierzu *Berkemann*, Die unionsrechtliche Verbandsklage des EuGH, DVBl 2011, 1253.

durchzusetzen, die mit der deutschen schutznormbasierten Dogmatik des subjektiven öffentlichen Rechts leichter hätte in Einklang gebracht werden können. Anfänglich sah es noch so aus, als würde dies gelingen. In dem zur Umsetzung der Richtlinie erlassenen § 2 Abs. 1 Nr. 1 UmwRG a.F. war vorgesehen, dass im Rahmen einer Verbandsklage nach § 1 UmwRG nur Vorschriften mit doppelter Schutzrichtung sollten gerügt werden können, also nur solche, die nicht nur dem Umweltschutz dienen, sondern zugleich auch dem Individualschutz. Schon im Vorfeld wurde diese Beschränkung kritisch diskutiert, nach ihrem Erlass in der Literatur nahezu einhellig als nicht europarechtskonform abgelehnt. Der Europäische Gerichtshof stellte auf Vorlage des OVG Münster in seiner Trianel-Entscheidung[76] fest, dass die Beschränkung der Rügemöglichkeiten auf drittschützende Normen des Umweltrechts in § 2 Abs. 1 Nr. 1 UmwRG aF jedenfalls für die Verbände mit der unionsrechtlichen Verpflichtung zur Schaffung eines weiten Zugangs zu den Gerichten in Umweltangelegenheiten (Art. 10a bzw. 11 der UVP-Richtlinie) nicht vereinbar sei. Der deutsche Gesetzgeber wurde aufgefordert, das Gesetz nachzubessern und die Beschränkung der Rügemöglichkeiten auf Normen des Umweltrechts mit Individualschutzrichtung in § 2 Abs. 1 Nr. 1 UmwRG aF zu streichen. Mit der Änderung des UmwRG im Januar 2013 kam Deutschland dieser Verpflichtung nach.[77] Erstaunlicherweise beschränkte sich die Neuregelung nicht auf den Anwendungsbereich der UVP-Richtlinie, sondern räumte in § 2 Abs. 1 Nr. 1 UmwRG den Umweltschutzverbänden die Möglichkeit ein, Verstöße gegen sämtliche dem Umweltschutz dienende Vorschriften unabhängig davon zu rügen, ob sie in Umsetzung von EU-Recht erlassen worden waren oder nicht. Dies führt zu einer erheblichen Erweiterung des Kontrollumfangs bei Klagen anerkannter Umwelt-und Naturschutzverbände gegen Anlagengenehmigungen und Planfeststellungsbeschlüsse. Zwar betrifft die Regelung nur die Verbandsklagen, für die auch sonst das Erfordernis einer Verletzung subjektiver öffentlicher Rechte nicht gilt. Rückwirkungen der Entscheidung auf Individualklagen und damit auf die Zukunft des schutznormbasierten subjektiven öffentlichen Rechts werden aber nicht ausbleiben. Zunächst ist in verstärktem Umfang mit Verlagerungseffekten zu rechnen: Betroffene werden sich stärker als schon bisher an anerkannte Verbände wenden, um diese – ggfs. durch die Zusage einer finanziellen Unterstützung – dazu zu bewegen, eine gerichtliche Kontrolle von Anlagengenehmigungen und Planfeststellungsbeschlüssen zu veranlassen. Sodann könnte es bei der Behandlung von parallelen Individualklagen zu einem „Sowieso-Effekt" kommen: Wenn sich die Begrenzung der Rechtskontrolle wegen der Verbandsklagen ohnehin nicht wirksam einschränken lässt, bringt eine Begrenzung im Bereich der Individualklagen den Gerichten keinen Entlastungseffekt mehr.

---

[76] EuGH, Urt. v. 12.5.2011, Slg. 2011, I-3673 – *Trianel.*

[77] Gesetz zur Änderung des UmwRG und anderer umweltrechtlicher Vorschriften v. 21.1. 2013 (BGBl I, S. 95).

V. Fazit

Die erstaunliche Überlebenskraft der schutznormbasierten Lehre von den subjektiven öffentlichen Rechten, die mehrere große Umbrüche der Rechtsordnungen überstanden hat, zeigt, dass deren Grundgedanken durchaus eine gewisse Plausibilität und Überzeugungskraft für sich in Anspruch nehmen können. Dabei gilt es nicht nur, Popularklagen zu vermeiden. Dies wäre auch mit einer reinen Interessentenklage möglich. Vielmehr gilt es, die Schutzbedürftigkeit der geltend gemachten Interessen normativ zu bewerten. Hierbei ist in der deutschen Rechtsprechung zu restriktiv verfahren worden. Insbesondere die grundrechtliche Dimension der Schutznormlehre hat eine zu geringe Beachtung erfahren, obwohl diese mit der Formel „Freiheit von ungesetzlichem Zwang" an sich von Anfang an eine wichtige Rolle hätte spielen müssen. Das gilt unabhängig davon, ob es um die gewandelte Eingriffsvorstellung oder um die Schutzdimension der Grundrechte geht.

Als besonders problematisch erscheint die sachliche Begrenzung der gerichtlichen Kontrolle, wenn der Zugang zu den Gerichten bereits eröffnet ist. Hier finden sich Einschränkungen, die sich rechtsdogmatisch nur schwer rechtfertigen lassen. Die Europäisierung insbesondere des Umweltrechts bewirkt hier Korrekturen. Für Individualklagen nimmt die Zahl der rügefähigen Vorschriften zu. Die Verbandsklage wird an Bedeutung weiter gewinnen. Da sie zu einer nicht auf drittschützende Vorschriften beschränkten gerichtlichen Kontrolle führt, büßt die Schutznormlehre jedenfalls für parallele Individualklagen ihren Entlastungseffekt ein. Dies könnte die Tendenz zu einer großzügigeren Anerkennung subjektiver Individualrechte weiter befördern. Für einen Abgesang auf das schutznormbasierte subjektive öffentliche Recht ist es gleichwohl zu früh. Totgesagte leben länger.

Zur Ableitbarkeit von Individualrechten aus EU-Richtlinien zum Umweltschutz

Von *Ulrich Storost*

I. Einleitung: Individualrechtsschutz in Deutschland

Der Verwaltungsrechtsschutz in Deutschland ist – anders als in anderen Mitgliedstaaten der Europäischen Union, insbesondere in Frankreich – in erster Linie auf den Individualrechtsschutz ausgerichtet. Nach der deutschen Verwaltungsgerichtsordnung ist eine Klage auf Aufhebung oder Erlass eines Verwaltungsakts grundsätzlich nur zulässig, wenn der Kläger geltend macht, in seinen eigenen Rechten verletzt zu sein.[1] Dementsprechend ist eine solche Klage nur begründet, soweit der Kläger durch den Verwaltungsakt bzw. seine Ablehnung oder Unterlassung in seinen eigenen Rechten verletzt ist.[2] Hierzu hat die deutsche Rechtsprechung die sogenannte *Schutznormtheorie* entwickelt: Klagebefugt ist nur derjenige, der die Verletzung einer Vorschrift rügt, die nicht nur im Allgemeininteresse besteht, sondern zumindest auch den Schutz seiner Individualinteressen bezweckt und deshalb „drittschützend" ist. Damit ist eine hohe Hürde für den Zugang zu den Verwaltungsgerichten errichtet. Diese schließt nicht nur Popularklagen, sondern grundsätzlich auch bloße Interessenten-, Betroffenen- und Verbandsklagen aus.

Nach ständiger Rechtsprechung des Bundesverwaltungsgerichts verleihen die zum Habitatschutz und Artenschutz erlassenen Vorschriften einem Einzelnen kein Recht, Verstöße gegen diese Vorschriften zu rügen, sind also nicht drittschützend. Aus dem Urteil des Gerichtshofs der Europäischen Gemeinschaften vom 25. Juli 2008[3] zum drittschützenden Charakter der Luftqualitätsrichtlinie für die „betroffenen Personen" folgt für diese Rechtsprechung nichts anderes, da von der Schutzwirkung der Vogelschutzrichtlinie oder der Habitatrichtlinie allenfalls einzelne Tiere und Pflanzen, nicht aber einzelne Personen betroffen sein können. Gleichwohl können Fragen des Habitat- und Artenschutzes in Deutschland Gegenstand von Klagen einzelner Privatpersonen gegen die staatliche Zulassung umweltrelevanter Vorhaben sein, wenn diese Zulassung durch eine Planfeststellung erfolgt. Durch diesen für wichtige Vorhaben der Infrastrukturplanung vorgeschriebenen Verwaltungsakt werden alle öffentlich-rechtlichen Beziehungen zwischen dem Träger des Vorhabens

[1] § 42 Abs. 2 der Verwaltungsgerichtsordnung (VwGO).

[2] § 113 Abs. 1 und 5 VwGO.

[3] C-237/07 – *Janecek*, Slg. 2008, I-6221 Rn. 37.

und den durch den Plan Betroffenen rechtsgestaltend geregelt.[4] Nach der Rechtsprechung des Bundesverwaltungsgerichts haben Privatpersonen, deren durch Art. 14 Abs. 1 GG geschütztes Eigentum für ein planfestgestelltes Vorhaben in Anspruch genommen werden soll, ein Recht darauf, von einer Entziehung ihres Eigentums verschont zu bleiben, die nicht dem Wohl der Allgemeinheit dient, insbesondere nicht gesetzmäßig ist (Art. 14 Abs. 3 Satz 1 GG), und auf eine entsprechend umfassende gerichtliche Überprüfung des Planfeststellungsbeschlusses.[5] Enteignungsrechtliche Vorwirkung entfaltet der Planfeststellungsbeschluss nicht nur für betroffene Grundeigentümer, sondern in gleicher Weise für Personen, denen ein dingliches oder obligatorisches Recht mit Eigentumsqualität an einem Grundstück zusteht, auf das sich der Planungsträger den Zugriff sichert.[6] Dazu gehören nicht nur schuldrechtliche Ansprüche aus Miete und Pacht, die zum Besitz und zur Nutzung von Grundstücken berechtigen, sondern auch der durch eine Auflassungsvormerkung gesicherte Anspruch auf Verschaffung des Eigentums an einem Grundstück. In diesem Rahmen kann auch die Übereinstimmung des Vorhabens mit dem Habitat- und Artenschutz als Teil der objektiven Rechtsordnung Gegenstand eines Klageverfahrens sein, ohne dass es einer zusätzlichen Berufung auf Individualrechte bedarf.[7]

Wird für ein Vorhaben kein privates Grundeigentum enteignend in Anspruch genommen, besteht diese Möglichkeit bei Klagen einzelner Privatpersonen allerdings nicht. Denn der Schutz der Tiere und Pflanzen dient – ebenso wie viele andere Vorschriften des Umweltrechts – keinem konkreten potentiellen Kläger. Auf dieses Dilemma hat das deutsche Umweltrecht mit der Entwicklung der *Verbandsklage* reagiert.[8] Seit 2002 erlaubt es das Bundesnaturschutzgesetz[9] anerkannten Naturschutzvereinigungen, bei bestimmten, im Gesetz aufgeführten Entscheidungen die Beachtung naturschutzrechtlicher Vorschriften auch unabhängig von individueller Betroffenheit gerichtlich durchzusetzen. Im Jahre 2006 wurden die Verbandsklagerechte durch das Umwelt-Rechtsbehelfsgesetz in Umsetzung der Richtlinie 2003/35/EG[10] erweitert. Seitdem steht anerkannten Umweltvereinigungen das Recht zu, die wichtigsten umweltrechtlich relevanten Zulassungsentscheidungen anzufechten, ohne eine Verletzung in eigenen Rechten geltend machen zu müssen. Sie müssen nur

[4] § 75 Abs. 1 Satz 2 des Verwaltungsverfahrensgesetzes (VwVfG).

[5] Vgl. BVerwG, Urt. v. 18.3.1983–4 C 80.79, E 67, 74, 76 f.; Urt. v. 21.3.1986–4 C 48.82, E 74, 109, 110 f.

[6] Vgl. BVerwG, Urt. v. 1.9.1997–4 A 36.96, E 105, 178,180 f.; Urt. v. 12.8.2009–9 A 64.07, E 134, 308 Rn. 23; Urt. v. 14.11.2012 – 9 C 14.11, E 145, 96 Rn. 10.

[7] Vgl. BVerwG, Urt. v. 19.5.1998 – 4 C 11.96, Buchholz 407.4 § 17 FStrG Nr. 138 S. 252 f.

[8] Ausführlich und rechtsvergleichend dazu *H.-J. Koch*, NVwZ 2007, 369 ff.

[9] Jetzt § 64 des Bundesnaturschutzgesetzes i.d.F. vom 29.7.2009 (BGBl. I S. 2542).

[10] Richtlinie des Europäischen Parlaments und des Rates vom 26.5.2003 über die Beteiligung der Öffentlichkeit bei der Ausarbeitung bestimmter umweltbezogener Pläne und Programme und zur Änderung der Richtlinien 85/337/EWG und 96/61/EG des Rates in Bezug auf die Öffentlichkeitsbeteiligung und den Zugang zu Gerichten (ABl. Nr. L 156 S. 17).

geltend machen, dass die Entscheidung Rechtsvorschriften widerspricht, die zumindest auch dem Umweltschutz dienen.[11] Hierzu zählen nicht nur die Vorschriften zum Schutz von Natur und Landschaft, sondern auch alle Vorschriften, die dem Schutz von Menschen vor schädlichen Immissionen zu dienen bestimmt sind, aber auch das planungsrechtliche Abwägungsgebot, soweit es die Berücksichtigung von Belangen des Umweltschutzes gebietet.[12]

Die im Umwelt-Rechtsbehelfsgesetz ursprünglich enthaltene zusätzliche Einschränkung, die potentiell verletzten Vorschriften müssten zumindest abstrakt auch Individualrechte begründen, also drittschützend sein, stand mit Art. 11 der UVP-Richtlinie[13] nicht in Einklang.[14] Deshalb konnten bis zur inzwischen erfolgten Anpassung des Gesetzes[15] anerkannte Umweltschutzvereinigungen Verstöße gegen Umweltvorschriften, die aus Unionsrecht hervorgegangen sind, unmittelbar auf der Grundlage dieser Richtlinienvorschrift rügen[16]. Darüber hinaus räumt Art. 9 Abs. 2 Unterabs. 2 Sätze 2 und 3 der Aarhus-Konvention[17] solchen Vereinigungen das Recht ein, bei Entscheidungen, für die Art. 6 dieser Konvention gilt, Verstöße gegen nicht drittschützende umweltrechtliche Normen zu rügen, unabhängig davon, ob diese Normen dem Unionsrecht oder nur dem innerstaatlichen Recht entstammen.[18] Auch dem trägt das Umwelt-Rechtsbehelfsgesetz nunmehr Rechnung. Nach der Rechtsprechung des Gerichtshofs der Europäischen Union ist im Übrigen das nationale Verfahrensrecht „so weit wie möglich" dahin auszulegen, dass eine anerkannte Umweltschutzvereinigung berechtigt ist, jede verwaltungsbehördliche Entscheidung vor Gericht anzufechten, die möglicherweise in Widerspruch zum europäischen Umweltrecht steht.[19] Das Bundesverwaltungsgericht hat für die Vorgaben des zur Umsetzung einer unionsrechtlichen Richtlinie[20] erlassenen Rechts der Luftreinhaltepla-

[11] § 2 Abs. 1 Nr. 1 des Umwelt-Rechtsbehelfsgesetzes (UmwRG).

[12] Vgl. BVerwG, Urt. v. 10.10.2012 – 9 A 18.11, E 144, 243 Rn. 12.

[13] Richtlinie 2011/92/EU des Europäischen Parlaments und des Rates vom 13.12.2011 über die Umweltverträglichkeitsprüfung bei bestimmten öffentlichen und privaten Projekten (ABl. 2012 Nr. L 26, S. 1).

[14] EuGH, Urt. v. 12.5.2011, C-115/09 – *Bund für Umwelt und Naturschutz Deutschland*, Slg. 2011, I-3673 ff.

[15] Gesetz zur Änderung des Umwelt-Rechtsbehelfsgesetzes und anderer umweltrechtlicher Vorschriften vom 21.1.2013 (BGBl. I S. 95).

[16] Vgl. BVerwG, Urt. v. 29.9.2011 – 7 C 21.09, Buchholz 406.254 URG Nr. 4.

[17] Übereinkommen vom 26.6.1998 über den Zugang zu Informationen, die Öffentlichkeitsbeteiligung an Entscheidungsverfahren und den Zugang zu Gerichten in Umweltangelegenheiten (BGBl. II 2006, S. 1251).

[18] OVG Nordrhein-Westfalen, Urt. v. 12.6.2012 – 8 D 38/08.AK, NuR 2012, 722, 728 f.

[19] Vgl. EuGH, Urt. v. 8.3.2011, C-240/09 – *Lesoochranárske zoskupenie*, Slg. 2011, I-1255 Rn. 50 f. Kritisch dazu insbesondere *Berkemann*, DVBl 2011, 1253, 1256 f.; *Schink*, DÖV 2012, 622, 624 ff.

[20] Richtlinie 2008/50/EG des Europäischen Parlaments und des Rates über Luftqualität und saubere Luft in Europa vom 21.5.2008 (ABl. Nr. L 152, S. 1).

nung[21] entschieden, dass es in den Grenzen der innerstaatlich zulässigen Rechtsfindung möglich ist, das deutsche Recht in dieser den Anwendungsbereich des Umwelt-Rechtsbehelfsgesetzes überschreitenden Weise auszulegen.[22]

Ob nicht nur anerkannte Umweltschutzvereinigungen und von der enteignungsrechtlichen Vorwirkung einer Planfeststellung Betroffene, sondern auch *nur mittelbar* – z. B. durch Immissionen eines Vorhabens – Betroffene als Mitglieder der betroffenen Öffentlichkeit kraft Unionsrechts rügen können, dass das Vorhaben gegen aus Unionsrecht hervorgegangene Vorschriften des Naturschutzrechts verstößt, dürfte noch nicht abschließend geklärt sein. Das Bundesverwaltungsgericht hat diese Frage zunächst offengelassen,[23] zuletzt aber unter Berufung auf nationales Prozessrecht mit dürren Worten verneint.[24] Mit dem unionsrechtlichen Grundsatz der Effektivität des Richtlinienrechts erscheint dies nur schwer vereinbar.[25] Unabhängig davon können mittelbar Betroffene gemäß § 4 Abs. 3 UmwRG i.V.m. § 61 Nr. 1 VwGO jedenfalls eine zu Unrecht unterbliebene Umweltverträglichkeitsprüfung oder eine zu Unrecht unterbliebene Vorprüfung des Einzelfalls über die UVP-Pflichtigkeit rügen, ohne dass es darauf ankommt, ob sich der Fehler auf ihre Rechtsposition ausgewirkt haben kann.[26] Das ändert jedoch nichts daran, dass sich nach der Rechtsprechung des Bundesverwaltungsgerichts ein Einzelner auf einen solchen Verfahrensfehler nicht unabhängig von der Betroffenheit in eigenen Rechten berufen kann. Aus § 4 Abs. 3 i.V.m. Abs. 1 UmwRG folgt nach Auffassung des Bundesverwaltungsgerichts nichts Abweichendes, da diese Regelung nur die Sachprüfung im Rahmen eines zulässigen Rechtsbehelfsverfahrens betreffe, aber keine Bedeutung für die Klagebefugnis habe.[27]

Fehler bei einer durchgeführten Umweltverträglichkeitsprüfung begründen dagegen nach Auffassung des Bundesverwaltungsgerichts keinen absoluten Verfahrensmangel im Sinne des § 4 Abs. 1 UmwRG. Insoweit gelte vielmehr § 46 VwVfG, in dem das Erfordernis der Kausalität zwischen Verfahrensfehler und Inhalt der ange-

---

[21] § 47 Abs. 1 BImSchG i.V.m. der Verordnung über Luftqualitätsstandards und Emissionshöchstmengen.

[22] Urt. v. 5.9.2013 – 7 C 21.12, Buchholz 310 § 42 Abs. 2 VwGO Nr. 40. Kritisch dazu *Frenz*, UPR 2014, 1 ff.; *Gassner*, DVBl 2014, 551 ff.

[23] BVerwG, Urt. v. 26.4.2007 – 4 C 12.05, E 128, 358 Rn. 32; Urt. v. 24.11.2011 – 9 A 24.10, Buchholz 407.4 § 17 FStrG Nr. 220 Rn. 36, 48; Beschl. v. 4.8.2011 – 9 B 33.11, Rn. 4.

[24] BVerwG, Urt. v. 4.4.2012 – 4 C 8.09 u.a.,E 142, 234 Rn. 577.

[25] Vgl. EuGH, Urt. v. 7.3.1996, C-118/94 – *World Wildlife Fund*, Slg. 1996, I-1223 Rn. 19 und v. 19.9.2000, C-287/98 – *Linster*, Slg. 2000, I-6917 Rn. 32; Nr. 141 der Schlussanträge der Generalanwältin v. 29.1.2004 in der Rechtssache C-127/02 – *Waddenvereniging und Vogelbeschermingsvereniging*, Slg. 2004, I-7405.

[26] BVerwG, Urt. v. 24.11.2011 – 9 A 24.10, Buchholz 407.4 § 17 FStrG Nr. 220.

[27] BVerwG, Urt. v. 20.12.2011 – 9 A 30.10, Buchholz 310 § 42 Abs. 2 VwGO Nr. 33 Rn. 20; Urt. v. 2.10.2013, – 9 A 23.12, Rn. 21 f. Kritisch dazu *Kahl*, JZ 2012, 667, 673; *Seibert*, NVwZ 2013, 1040, 1045.

griffenen Entscheidung seine Stütze finde.[28] Danach führt ein Verfahrensfehler nicht zur Aufhebung des Verwaltungsaktes, wenn offensichtlich ist, dass er die Entscheidung in der Sache nicht beeinflusst hat. Der Gerichtshof der Europäischen Union hat dies im Ergebnis gebilligt: Eine Rechtsverletzung i. S. von Art. 11 Abs. 1 Buchst. b der UVP-Richtlinie könne nur dann verneint werden, wenn das Gericht in Bezug auf das Kausalitätskriterium – ohne dem Rechtsbehelfsführer insoweit in irgendeiner Form die Beweislast aufzubürden, aber ggf. anhand der vom Bauherrn oder von den zuständigen Behörden und allgemeiner der gesamten dem Gericht vorliegenden Akte – zu der Feststellung in der Lage ist, dass die angegriffene Entscheidung ohne den vom Rechtsbehelfsführer geltend gemachten Verfahrensfehler nicht anders ausgefallen wäre.[29] Für Fehler bei der Vorprüfung des Einzelfalls über die UVP-Pflichtigkeit trifft § 3 a Satz 4 UVPG eine Sonderregelung: Wenn eine durchgeführte Vorprüfung des Einzelfalls über die UVP-Pflichtigkeit nicht dem in dieser Vorschrift normierten Maßstab genügt, hätte eine Umweltverträglichkeitsprüfung durchgeführt werden müssen, so dass der in § 4 Abs. 1 Satz 1 Nr. 1 UmwRG genannte absolute Verfahrensfehler vorliegt[30]. § 4 Abs. 1 Satz 2 UmwRG stellt das nunmehr ausdrücklich klar.

II. Ableitbarkeit von Individualrechten aus EU-Richtlinien zum Umweltschutz

Für Personen, die weder anerkannte Umweltschutzvereinigungen noch von der enteignungsrechtlichen Vorwirkung einer Planfeststellung betroffen sind, bleibt nach dem deutschen Konzept des Individualrechtsschutzes die Frage bedeutsam, ob sie als Schlüssel zur Klagebefugnis gegen eine umweltrelevante Entscheidung einklagbare Individualrechte aus EU-Richtlinien zum Umweltschutz herleiten können.

Ausgangspunkt für die Beantwortung dieser Frage ist die ständige Rechtsprechung des Gerichtshofs der Europäischen Union zur unmittelbaren Wirkung von Richtlinien. Obwohl gemäß Art. 288 Abs. 3 AEUV die Richtlinie nur eine Verpflichtung des Staates normiert, an den sie sich richtet, kann sich der Einzelne nach dieser Rechtsprechung in allen Fällen, in denen die Bestimmungen einer Richtlinie inhaltlich unbedingt und hinreichend genau sind, vor den nationalen Gerichten gegenüber dem Staat auf diese Bestimmungen berufen, wenn der Staat die Richtlinie nicht fristgemäß oder nur unzulänglich in das nationale Recht umgesetzt hat.[31] Denn es soll dem Staat nach dem Grundsatz von Treu und Glauben verwehrt sein, sich zu Lasten des Einzelnen auf seine Pflichtverletzung zu berufen. Die zuständigen nationalen Be-

[28] BVerwG, Urt. v. 24.11.2011–9 A 23.10, E 141, 171 Rn. 17; Beschl. v. 11.7.2013–7 A 20.11, DVBl 2013, 1453 Rn. 16.

[29] EuGH, Urt. v. 7.11.2013, C-72/12 – *Altrip*, NVwZ 2014, 49 Rn. 53.

[30] BVerwG, Urt. v. 20.12.2011–9 A 31.10, E 141, 282 Rn. 33.

[31] Grundlegend EuGH, Urt. v. 4.12.1974, Rs. 41/74 – *van Duyn*, Slg. 1974, 1337 Rn. 12; Urt. v. 19.1.1982, Rs. 8/81 – *Becker*, Slg. 1982, 53 Rn. 25; Urt. v. 19.11.1991, C-6/90 – *Francovich*, Slg. 1991, I-5357 Rn. 11.

hörden und Gerichte haben die Bestimmungen des nationalen Rechts wegen des Anwendungsvorrangs des Unionsrechts möglichst so auszulegen, dass sie mit dem Ziel der entsprechenden Richtlinie im Einklang stehen (richtlinienkonforme Auslegung).[32] Sofern eine solche Auslegung nicht möglich ist, weil der Staat die Richtlinie nicht fristgemäß oder nur unzulänglich in nationales Recht umgesetzt hat, haben die nationalen Behörden und Gerichte die Bestimmungen der Richtlinie unmittelbar anzuwenden und dürfen die Vorschriften des nationalen Rechts, die damit unvereinbar sind, nicht anwenden.[33] Dies gilt auch dann, wenn damit negative Auswirkungen auf die Rechte Dritter verbunden sind.[34]

Die Anerkennung unmittelbarer Wirkung einer Richtlinie ist zwar eine notwendige, aber noch keine hinreichende Voraussetzung dafür, einklagbare Individualrechte aus ihr abzuleiten.[35] Vielmehr muss sich auch aus dem Inhalt der Richtlinie selbst einschließlich ihrer Begründungserwägungen ergeben, dass sie solche Individualrechte verleiht. Dieser Inhalt ist wie bei jeder anderen Rechtsnorm durch Auslegung zu ermitteln. Eine konsistente Theorie und eine klare Dogmatik hierzu sind der Rechtsprechung des Gerichtshofs der Europäischen Union leider nicht zu entnehmen.[36] In mehreren Fällen hat er durch teleologische Auslegung die Ableitbarkeit einklagbarer Individualrechte aus gemeinschaftsrechtlichen Richtlinien zum Umweltschutz sowohl im materiellen Recht als auch im Verfahrensrecht anerkannt. Dabei ist die Tendenz erkennbar, die Einklagbarkeit bestimmter Rechtspositionen mit dem Ziel zu gewähren, die größtmögliche Wirksamkeit des Gemeinschaftsrechts zu erreichen („*effet utile*“)[37] und so den Einzelnen als Instrument zur Durchsetzung dieser als supranational verstandenen Rechtsordnung und ihrer einheitlichen Anwendung zu mobilisieren[38]. Normativer Anknüpfungspunkt hierfür ist die aus Art. 19 Abs. 1 Unterabs. 2 EUV folgende Pflicht der Mitgliedstaaten, die erforderlichen Rechtsbehelfe zu schaffen, damit ein wirksamer Rechtsschutz in den vom Unionsrecht erfassten Bereichen gewährleistet ist. Der damit in Bezug genommene Grundsatz der Effektivität verbietet es, durch das mitgliedstaatliche Verfahrensrecht die Ausübung durch das Unionsrecht verliehener Rechte praktisch unmöglich zu ma-

---

[32] Vgl. EuGH, Urt. v. 10.4.1984, Rs. 14/83 – *von Colson*, Slg. 1984, 1891; Urt. v. 13.11. 1990, C-106/89 – *Marleasing*, Slg. 1990, I-4135.

[33] Vgl. EuGH, Urt. v. 22.6.1989, Rs. 103/88 – *Fratelli Costanzo*, Slg. 1989, 1839 Rn. 29 ff.; Urt. v. 30.4.1996, C-194/94 – *CIA Security International*, Slg. 1996, I-2201 Rn. 42 ff.; Urt. v. 25.7.2008, Rs. 237/07 – *Janecek*, Slg. 2008, I-6221 Rn. 36; Urt. v. 18.4. 2013, C-463/11, NVwZ-RR 2013, 777 Rn. 44.

[34] Vgl. EuGH, Urt. v. 7.1.2004, C-201/02 – *Wells*, Slg. 2004, I-723 Rn. 57.

[35] Vgl. EuGH, Urt. v. 19.1.1982, Rs. 8/81 – *Becker*, Slg. 1982, 53 Rn. 25; Nr. 138 ff. der Schlussanträge der Generalanwältin vom 29.1.2004 in der Rechtssache C-127/02 – *Waddenvereniging und Vogelbeschermingsvereniging*, Slg. 2004, I-7405 ff.

[36] Vgl. *Schoch*, NVwZ 1999, 457, 460.

[37] Vgl. EuGH, Urt. v. 4.12.1974, Rs. 41/74 – *van Duyn*, Slg. 1974, 1337 Rn. 12.

[38] Grundlegend dazu: *Masing*, Die Mobilisierung des Bürgers für die Durchsetzung des Rechts, Berlin 1996, 35 ff.

chen oder übermäßig zu erschweren.[39] In diesem Zusammenhang geht der Gerichtshof davon aus, dass Art. 47 der Charta der Grundrechte der Europäischen Union ein Recht auf einen wirksamen Rechtsbehelf in Umweltangelegenheiten verleiht.[40] Dass die genannte Vorschrift nicht von Umweltangelegenheiten spricht, sondern ein solches Recht ausdrücklich nur Personen zuerkennt, deren durch das Recht der Union garantierte Rechte oder Freiheiten verletzt worden sind, bleibt dabei unerwähnt.

Aus der in Richtlinien über die Qualität der Luft[41] enthaltenen Verpflichtung der Mitgliedstaaten, Grenzwerte vorzuschreiben, die unter bestimmten Bedingungen nicht überschritten werden dürfen, und im Fall der Gefahr einer Überschreitung der Grenzwerte Aktionspläne zu erstellen, hat der Gerichtshof *materiell-rechtlich* Individualrechte abgeleitet, weil diese Verpflichtung „insbesondere zum Schutz der menschlichen Gesundheit" bzw. deshalb geschaffen worden sei, „um speziell einen Beitrag zum Schutz des Menschen vor den Auswirkungen der Bleiverschmutzung der Umwelt zu leisten". Entsprechende Individualrechte hat er auch der durch Richtlinien über die Qualität des Oberflächenwassers für die Trinkwassergewinnung[42] und über die Qualität von Fisch- und Muschelgewässern[43] vorgegebenen Verpflichtung zu Überwachungsmaßnahmen sowie der in einer Richtlinie über Emissionshöchstmengen für Luftschadstoffe enthaltenen Verpflichtung zur Erstellung von Programmen für die fortschreitende Verminderung der nationalen Emissionen und zur Veröffentlichung dieser Programme[44] entnommen, weil diese Richtlinien den „Schutz der Volksgesundheit", der „Gesundheit von Menschen" bzw. der „Gesundheit der Bevölkerung" bezweckten. Deshalb müssten die Betroffenen immer dann, wenn die Nichtbeachtung der in solchen Richtlinien „zum Zweck des Schutzes

---

[39] Vgl. zuletzt EuGH, Urt. v. 8.3.2011, C-240/09 – *Lesoochranárske zoskupenie*, Slg. 2011, I-1255 Rn. 48.

[40] EuGH, Urt. v. 11.4.2013, C-260/11 – *Edwards u. a.*, NVwZ 2013, 855 Rn. 33.

[41] Richtlinie 80/779/EWG des Rates vom 15.7.1980 über Grenzwerte und Leitwerte der Luftqualität für Schwefeldioxid und Schwebestaub (ABl. Nr. L 229, S. 30); Richtlinie 82/884/EWG des Rates vom 3.12.1982 betreffend einen Grenzwert für den Bleigehalt in der Luft (ABl. Nr. L 378, S. 15); Richtlinie 96/62/EG des Rates vom 27.9.1996 über die Beurteilung und die Kontrolle der Luftqualität (ABl. Nr. L 296, S. 55). Jetzt vgl. Richtlinie 2008/50/EG des Europäischen Parlaments und des Rates vom 21.5.2008 über Luftqualität und saubere Luft in Europa (ABl. Nr. L 152, S. 1).

[42] Richtlinie 75/440/EWG des Rates vom 16.6.1975 über die Qualitätsanforderungen an Oberflächenwasser für die Trinkwassergewinnung in den Mitgliedstaaten (ABl. Nr. L 194, S. 26); Richtlinie 79/869/EWG des Rates vom 9.10.1979 über die Meßmethoden sowie über die Häufigkeit der Probenahmen und der Analysen des Oberflächenwassers für die Trinkwassergewinnung in den Mitgliedstaaten (ABl. Nr. L 271, S. 44).

[43] Richtlinie 78/659/EWG des Rates vom 18.7.1978 über die Qualität von Süßwasser, das schutz- oder verbesserungsbedürftig ist, um das Leben von Fischen zu erhalten (ABl. Nr. L 222, S. 1); Richtlinie 79/923/EWG des Rates vom 30.10.1979 über die Qualitätsanforderungen an Muschelgewässer (ABl. Nr. L 281, S. 47).

[44] Art. 6 der Richtlinie 2001/81/EG des Europäischen Parlaments und des Rates über nationale Emissionshöchstmengen für bestimmte Luftschadstoffe vom 23.10.2001 (ABl. Nr. L 309, S. 22).

der öffentlichen Gesundheit" vorgeschriebenen Maßnahmen die Gesundheit von Menschen gefährden könnte, in der Lage sein, sich auf zwingende Vorschriften zu berufen, um ihre Rechte geltend machen zu können.[45]

Wer in diesem Sinne *Betroffener* und damit Träger eines solchen Individualrechts ist, muss ebenfalls anhand des Inhalts der jeweiligen Richtlinie festgestellt werden. Im Falle der Luftqualitätsrichtlinie hat der Gerichtshof „natürliche oder juristische Personen, die unmittelbar von der Gefahr einer Überschreitung der Grenzwerte ... betroffen sind", als Träger des Rechts auf Erstellung eines Aktionsplans angesehen.[46] Im Falle der Richtlinie über Emissionshöchstmengen müsse es „unmittelbar betroffenen natürlichen und juristischen Personen" möglich sein, ggf. unter Anrufung der innerstaatlichen Gerichte bei den zuständigen Behörden die Einhaltung und Umsetzung der entsprechenden Verpflichtungsnorm zu erwirken.[47] Individuell berechtigt ist also nur, wer infolge der Missachtung der einschlägigen Rechtsnorm tatsächliche Nachteile in seinen geschützten Individualinteressen erleidet oder zu befürchten hat.[48] Dementsprechend dürften im Falle der Trinkwasserrichtlinien nur diejenigen Personen Anspruch auf Einhaltung der Grenzwerte haben, die mit Wasser aus dem fraglichen Gewässer versorgt werden.[49]

Entscheidend für die Ableitung von Individualrechten aus Richtlinien zum Umweltschutz ist in materiell-rechtlicher Hinsicht hiernach in erster Linie die Verknüpfung des Schutzziels der Richtlinie mit einer Gefährdung der menschlichen Gesundheit.[50] Die Richtlinien zum Vogel- und Habitatschutz begründen zwar für staatliche Behörden unmittelbare Verpflichtungen. Sie haben jedoch – anders als Richtlinien über die Qualität der Luft und des Wassers – keinen besonderen oder spezifischen Zusammenhang mit der menschlichen Gesundheit. Sie dienen keinem Individualinteresse, sondern nur dem allgemeinen öffentlichen Interesse am Schutz der Umwelt

---

[45] EuGH, Urt. v. 30.5.1991, C-361/88 – *Kommission/Deutschland*, Slg. 1991, I-2567 Rn. 16; Urt. v. 30.5.1991, C-59/89 – *Kommission/Deutschland*, Slg. 1991, I-2607 Rn. 19; Urt. v. 17.10.1991, C-58/89 – *Kommission/Deutschland*, Slg. 1991, I-4983 Rn. 14; Urt. v. 12.12. 1996, C-289/95 – *Kommission/Deutschland*, Slg. 1996, I-6747 Rn. 16; Urt. v. 25.7.2008, C-237/07 – *Janecek*, Slg. 2008, I-6221 Rn. 38.

[46] EuGH, Urt. v. 25.7.2008, C-237/07 – *Janecek*, Slg. 2008, I-6221 Rn. 39.

[47] EuGH, Urt. v. 26.5.2011, C-165/09 bis 167/09 – *Stichting Natuur en Milieu u.a.*, Slg. 2011, I-4599 Rn. 100.

[48] Vgl. *Schoch*, NVwZ 1999, 457, 464; *Calliess*, NJW 2002, 3577, 3579; *Epiney*, EurUP 2006, 242, 250; *Schwerdtfeger*, Der deutsche Verwaltungsrechtsschutz unter dem Einfluss der Aarhus-Konvention, Tübingen 2010, S. 159 ff.

[49] Vgl. *Winter*, NVwZ 1999, 467, 470.

[50] Vgl. *Schoch*, NVwZ 1999, 457, 464; *Calliess*, NJW 2002, 3577 ff.; *Epiney*, EurUP 2006, 242, 249 f.; *Schwerdtfeger*, Der deutsche Verwaltungsrechtsschutz unter dem Einfluss der Aarhus-Konvention S. 154 ff. And. Ans. Nr. 39 der Schlussanträge der Generalanwältin vom 16.12.2010 in der Rechtssache C-115/09 – *Bund für Umwelt und Naturschutz Deutschland*, Slg. 2011, I-3673 ff.

und begründen daher keine Rechte Einzelner.[51] Betroffen von der Nichtbeachtung der entsprechenden materiell-rechtlichen Bestimmungen, die nur den Schutz der Umwelt bezwecken, sind neben der Allgemeinheit allenfalls einzelne Tiere und Pflanzen, nicht aber einzelne Personen. Gleichwohl hat der Gerichtshof in einem Urteil vom 8. März 2011[52] im Zusammenhang mit der Frage, ob „Einzelne und insbesondere Umweltschutzvereinigungen"[53] aus dem Unionsrecht eine Aktivlegitimation ableiten können, wenn sie eine Entscheidung anfechten möchten, mit der von einer in der Habitatrichtlinie[54] zugunsten einer in ihrem Anhang IV verzeichneten Art (hier des Braunbären) getroffenen Regelung abgewichen wird, ohne weitere Erläuterung davon gesprochen, es gehe um *„den Schutz der dem Einzelnen aus dem Unionsrecht, hier der Habitatrichtlinie, erwachsenden Rechte*", und hierauf den Grundsatz der Effektivität angewandt.[55] Wenn man dies beim Wort nehmen darf, verfolgt der Gerichtshof damit das Ziel effektiven Schutzes des Umweltrechts der Union ohne erkennbare methodische Rückbindung im Ergebnis durch Anerkennung einer *actio popularis* kraft gerichtlicher Ermächtigung statt gesetzgeberischen Tätigwerdens.[56] Da die Europäische Union keine Kompetenz zur Statuierung von Klagerechten hat, wäre dies eine in freier Rechtsschöpfung getroffene rechtspolitische Grundentscheidung, die weit über den Einzelfall hinausreicht.[57] Die strukturellen Folgen einer solchen Kompetenzüberschreitung für das deutsche Rechtsschutzsystem wären so schwerwiegend, dass sie die Verbindlichkeit dieser Auslegung des Unionsrechts ernsthaft in Frage stellen.[58] Ob es möglich ist, dem Urteil vom 8. März 2011 eine Lesart zu unterlegen, nach der diese nicht offensichtlich als *Ultra-vires-Akt* zu beurteilen wäre,[59] erscheint zweifelhaft[60] und wird deshalb nicht ohne erneute Befassung des Gerichtshofs angenommen werden können.

---

[51] So ausdrücklich BVerwG, Urt. v. 26.4.2007 – 4 C 12.05, E 128, 358 Rn. 33 ff.; Nr. 143 der Schlussanträge der Generalanwältin vom 29.1.2004 in der Rechtssache C-127/02 – *Waddenvereniging und Vogelbeschermingsvereniging*, Slg. 2004, I-7405 ff. Zweifelnd jetzt *Kokott/Sobotta*, DVBl 2014, 132, 136.

[52] C-240/09 – *Lesoochranárske zoskupenie*, Slg. 2011, I-1255 ff.

[53] A.a.O., Rn. 28.

[54] Richtlinie 92/43/EWG des Rates vom 21.5.1992 zur Erhaltung der natürlichen Lebensräume sowie der wildlebenden Tiere und Pflanzen (ABl. Nr. L 206, S. 7).

[55] EuGH, Urt. v. 8.3.2011, C-240/09 – *Lesoochranárske zoskupenie*, Slg. 2011, I-1255 ff., Rn. 47 ff.

[56] Ablehnend dazu noch Nr. 89 der Schlussanträge der Generalanwältin vom 15.7.2010 in der Rechtssache C-240/09 – *Lesoochranárske zoskupenie*, Slg. 2011, I-1255 ff.

[57] Vgl. *Wegener*, ZUR 2011, 363, 366; *Berkemann*, DVBl 2011, 1253, 1256 f.; *Schink*, DÖV 2012, 622, 626 f.

[58] Vgl. dazu BVerfG, Beschl. v. 6.7.2010 – 2 BvR 2661/06, E 126, 286, 303 ff.

[59] Zu diesem aus dem kooperativen Miteinander zwischen dem Bundesverfassungsgericht und dem Gerichtshof der Europäischen Union herzuleitenden Gebot verfassungskonformer Auslegung und Anwendung von Entscheidungen des Gerichtshofs vgl. BVerfG, Urt. v. 24.4.2013 – 1 BvR 1215/07, DVBl 2013, 783 ff., Rn. 91.

[60] *Gellermann* (DVBl 2013, 1341, 1342) hält das Urteil insoweit für „unmissverständlich". *Schlacke* (ZUR 2011, 312, 315), *Berkemann* (DVBl 2013, 1137, 1147 f.) und *Gärditz* (NVwZ

Nach der Rechtsprechung des Gerichtshofs kommt auch der Einhaltung von *Verfahrensvorschriften* besondere Bedeutung für einen effektiven Umweltschutz und die Anwendung und Durchsetzung des Gemeinschaftsrechts zu. Aus dem Zweck einer Grundwasserrichtlinie,[61] wirksamen Schutz des Grundwassers zu gewährleisten, indem sie die Mitgliedstaaten durch genaue und detaillierte Verfahrensvorschriften verpflichtete, zur Verhinderung oder Begrenzung der Ableitungen bestimmter Stoffe eine zusammenhängende Regelung von Verboten, Genehmigungen und Überwachungsverfahren zu erlassen, hat der Gerichtshof ohne weitere Begründung gefolgert, diese Vorschriften sollten Rechte und Pflichten des Einzelnen begründen.[62] Zu einer unmittelbaren Stärkung der Rechte des Einzelnen führte die Umwelt-Informationsrichtlinie,[63] deren Art. 3 jeder natürlichen oder juristischen Person sogar ein vom Nachweis eines Interesses unabhängiges und nicht an ein laufendes Verwaltungsverfahren gebundenes Recht auf freien Zugang zu den bei den Behörden vorhandenen Umweltinformationen einräumt. Schließlich hat der Gerichtshof entschieden, dass sich der Einzelne im Rahmen einer Nachbarklage auf behördliches Einschreiten gegen einen ohne Umweltverträglichkeitsprüfung genehmigten Anlagenbetrieb auf die unionsrechtliche Pflicht berufen kann, eine Umweltverträglichkeitsprüfung nach Art. 2 Abs. 1 i.V.m. Art. 1 Abs. 2 und Art. 4 der UVP-Richtlinie[64] durchzuführen.[65]

Aus der zuletzt genannten Entscheidung folgt nicht nur, dass der Gerichtshof die unmittelbare Wirkung dieser Bestimmungen bejaht. Vielmehr entnimmt er der UVP-

---

2014, 1, 5) meinen, das Urteil beziehe sich nur auf Umweltschutzvereinigungen. So im Ergebnis auch BVerwG, Urt. v. 5.9.2013 – 7 C 21.12, Buchholz 310 § 42 Abs. 2 VwGO Nr. 40 Rn. 48. Dagegen spricht die Verwendung des Begriffs des „Einzelnen", der in erster Linie auf eine natürliche Person abzielt und jedenfalls nicht nur Umweltschutzvereinigungen umfasst. Vielleicht handelt es sich aber wieder um einen bloßen Übersetzungsfehler, der Verwirrung stiftet (dazu vgl. bereits BVerwG, Urt. v. 14.4.2010 – 9 A 5.08, E 136, 291 Rn. 141 f.). Nach der gemäß Art. 41 der Verfahrensordnung des Gerichtshofs verbindlichen Fassung des Urteils in der Verfahrenssprache, hier der slowakischen Sprache, geht es um den Schutz der Rechte, die sich für „der gerichtlichen Zuständigkeit unterworfene Personen" *(osobám podliehajúcim súdnej právomoci)* aus dem Unionsrecht ergeben. Wie daraus „dem Einzelnen" *(jednotlivci)* aus dem Unionsrecht erwachsende Rechte geworden sind, bleibt das Geheimnis des Übersetzungsdienstes.

[61] Richtlinie 80/68/EWG des Rates vom 17.12.1979 über den Schutz des Grundwassers gegen Verschmutzung durch bestimmte gefährliche Stoffe (ABl. 1980 Nr. L 20, S. 43).

[62] Vgl. EuGH, Urt. v. 28.2.1991, C-131/88 – *Kommission/ Deutschland*, Slg. 1991, I-825 Rn. 7, 61.

[63] Richtlinie 2003/4/EG des Europäischen Parlaments und des Rates vom 28.1.2003 über den Zugang der Öffentlichkeit zu Umweltinformationen und zur Aufhebung der Richtlinie 90/313/EWG des Rates (ABl. Nr. L 41, S. 26).

[64] Richtlinie 85/337/EWG des Rates vom 27.6.1985 über die Umweltverträglichkeitsprüfung bei bestimmten öffentlichen und privaten Projekten i.d.F. der Richtlinie 2003/35/EG. Jetzt Richtlinie 2011/92/EU des Europäischen Parlaments und des Rates vom 13.12.2011 über die Umweltverträglichkeitsprüfung bei bestimmten öffentlichen und privaten Projekten (ABl. 2012 Nr. L 26, S. 1).

[65] Vgl. EuGH, Urt. v. 7.1.2004, C-201/02 – *Wells*, Slg. 2004, I-723 Rn. 61.

Richtlinie ein Recht der *„betroffenen Einzelnen"* darauf, dass die zuständigen Stellen die Umweltauswirkungen des fraglichen Projekts bewerten und sie dazu anhören[66]. Wird dieses Recht von den zuständigen Stellen eines Mitgliedstaats verletzt, kann der betroffene Einzelne von diesem Staat sogar den Ersatz eines Vermögensschadens verlangen, soweit dieser Schaden unmittelbare Folge von Umweltauswirkungen des Projekts ist und ein unmittelbarer Kausalzusammenhang zwischen der Rechtsverletzung und dem Schaden besteht.[67] Das Unionsrecht und insbesondere der Gerichtshof neigen offenbar einem Verständnis von Regelungen über das Verwaltungsverfahren zu, wonach das Verfahrensrecht „subjektiviert" und deshalb auch isoliert durchsetzbar ist. Dies führt im Vergleich zur herkömmlichen deutschen Rechtsdogmatik tendenziell zu einer Vermehrung einklagbarer Individualrechte unter entsprechender Erweiterung der Klagebefugnis und des Drittschutzes.[68]

Die Mitglieder der *„betroffenen Öffentlichkeit"* müssen somit im Interesse effektiven Schutzes des Menschen und der Umwelt jedenfalls das Recht haben, das in einschlägigen Bestimmungen des Unionsrechts – z. B. in Art. 6 Abs. 2–4 der UVP-Richtlinie oder in Art. 24 Abs. 1 der Industrieemissions-Richtlinie[69] – detailliert vorgeschriebene Verfahren der Öffentlichkeitsbeteiligung isoliert gerichtlich durchzusetzen. Dafür spricht auch der 14. Erwägungsgrund der UVP-Richtlinie, wonach der Schutz der menschlichen Gesundheit ein maßgebendes Ziel der Umweltverträglichkeitsprüfung ist. Daraus folgt bei UVP-pflichtigen Vorhaben ein von der Verletzung materieller Rechte unabhängiges Individualrecht aller Mitglieder der „betroffenen Öffentlichkeit", die gerichtliche Aufhebung einer ohne die erforderliche, ihre Beteiligung einschließende Umweltverträglichkeitsprüfung getroffenen Entscheidung über die Zulassung eines Vorhabens zu verlangen, wie es jetzt unter Umsetzung von Art. 11 der UVP-Richtlinie in § 4 UmwRG normiert ist. Im Ergebnis ist dies nichts anderes als ein Individualrecht auf Durchführung einer erforderlichen Umweltverträglichkeitsprüfung.[70] Zur „betroffenen Öffentlichkeit" gehören gemäß Art. 1 Abs. 2 der UVP-Richtlinie bzw. Art. 3 der Industrieemissions-Richtlinie die natürlichen oder juristischen Personen und – in Übereinstimmung mit den innerstaatlichen Rechtsvorschriften oder der innerstaatlichen Praxis – deren Vereinigungen, Organisationen oder Gruppen, wenn sie von dem entsprechenden Entscheidungsverfahren betroffen oder wahrscheinlich betroffen werden oder ein Interesse daran haben; im Sinne dieser Begriffsbestimmung haben Nichtregierungsorganisationen,

---

[66] EuGH, Urt. v. 14. 3. 2013, C-420/11 – *Leth*, NVwZ 2013, 565 Rn. 32.

[67] Vgl. EuGH, Urt. v. 14. 3. 2013, C-420/11 – *Leth*, NVwZ 2013, 565 Rn. 36, 48; *Heß*, NuR 2013, 264 ff.

[68] Vgl. *Niesler*, Individualrechtsschutz im Verwaltungsprozess, Berlin 2012, S. 189.

[69] Richtlinie 2010/75/EU des Europäischen Parlaments und des Rates über Industrieemissionen (integrierte Vermeidung und Verminderung der Umweltverschmutzung) vom 24. 11. 2010 (ABl. Nr. L 334, S. 17).

[70] Vgl. NdsOVG, Urt. v. 8. 5. 2012, 12 KS 5/10, NVwZ-RR 2012, 836, 838; *Ziekow*, NVwZ 2007, 259, 261, 264; *Kment*, NVwZ 2007, 274, 279; *Schmidt/Kremer*, ZUR 2007, 57, 59; *Schwertner*, EurUP 2007, 124, 128. And. Ans. *Spieth/Appel*, NuR 2009, 312, 315 f.

die sich für den Umweltschutz einsetzen und alle nach innerstaatlichem Recht geltenden Voraussetzungen erfüllen, ein Interesse. Welche Anforderungen in diesem Zusammenhang an die Betroffenheit bzw. das Interesse und deren Darlegung im gerichtlichen Verfahren zu stellen sind, ist allerdings noch ungeklärt.[71] Diese Anforderungen müssen es jedenfalls ermöglichen, von einem bestimmbaren Personenkreis zu sprechen, zu dessen Gunsten die Beteiligungsrechte gegenüber dem Staat bestehen. Nur dann kann von einem Individualrecht der Mitglieder dieses Personenkreises die Rede sein.

Auch Art. 6 Abs. 3 Satz 2 der Habitatrichtlinie enthält eine Verfahrensregelung, wonach die einzelstaatlichen Behörden einem einer FFH-Verträglichkeitsprüfung zu unterziehenden Plan oder Projekt erst zustimmen dürfen, „nachdem sie gegebenenfalls die Öffentlichkeit angehört haben". Das Wort *„gegebenenfalls" (le cas échéant, if appropriate, se del caso, in voorkomend geval, si procede, se necessario, ενδεχομένως)* deutet jedoch nicht auf eine unbedingte Verpflichtung hin, die Voraussetzung dafür wäre, dass sich der einzelne vor einem nationalen Gericht gegenüber dem Staat unmittelbar hierauf berufen könnte. Ein von der Verletzung materieller Rechte unabhängiges Individualrecht aller Mitglieder der „betroffenen Öffentlichkeit" auf Durchführung einer erforderlichen FFH-Verträglichkeitsprüfung[72] lässt sich daraus deshalb kaum herleiten. Dass die nationalen Gerichte bei der Untersuchung der Rechtmäßigkeit eines Plans oder Projekts im Sinne von Art. 6 Abs. 3 der Habitatrichtlinie unabhängig von der Umsetzung dieser Richtlinie in das nationale Recht prüfen können, ob die durch diese Bestimmung gezogenen sonstigen Grenzen des Entscheidungsspielraums der zuständigen einzelstaatlichen Behörden eingehalten worden sind,[73] setzt zwar insoweit die unmittelbare Wirkung der Richtlinie voraus, reicht aber nicht aus, um daraus einklagbare Individualrechte abzuleiten.[74]

Das Bundesverwaltungsgericht steht der Ableitung einer selbständig durchsetzbaren Verfahrensposition aus EU-Richtlinien bisher zurückhaltend gegenüber. Ob und inwieweit die Vorschriften über die Umweltverträglichkeitsprüfung drittschützend sind, hat es ausdrücklich offengelassen[75] und allenfalls insoweit in Betracht gezogen, als nach der UVP-Richtlinie der „betroffenen Öffentlichkeit" Gelegenheit gegeben werden muss, sich vor Durchführung des Projekts dazu zu äußern.[76] Unabhän-

---

[71] *Stüer* (DVBl 2013, 1601, 1605) schlägt vor, neben enteignend betroffenen Grundstückseigentümern alle Personen als betroffen anzusehen, die sich auf Belange berufen können, die zum Entscheidungsmaterial gehören. Diese Formel verschiebt jedoch nur den Klärungsbedarf. *Hendler/Wu* (DVBl 2014, 78, 80) verlangen ein objektivierbares, d. h. aus konkreten Umständen hergeleitetes Interesse, das nicht rechtlich verwerflich sein darf.

[72] So wohl *Wegener*, in: Jahrbuch des Umwelt- und Technikrechts 98 (2008), S. 319, 328.

[73] Vgl. EuGH, Urt. v. 7.9.2004, C-127/02 – *Waddenvereniging und Vogelbeschermingsvereniging*, Slg. 2004, I-7405 Rn. 65 ff.

[74] Vgl. Nr. 143 der Schlussanträge der Generalanwältin vom 29. 1. 2004 in der Rechtssache C-127/02 – *Waddenvereniging und Vogelbeschermingsvereniging,* Slg. 2004, I-7405 ff.

[75] Vgl. zuletzt BVerwG, Urt. v. 20. 8. 2008 – 4 C 11.07, E 131, 352 Rn. 16.

[76] Vgl. BVerwG, Urt. v. 25. 1. 1996 – 4 C 5.95, E 100, 238, 252.

gig davon hat es Verstöße gegen solche Vorschriften grundsätzlich nur dann als im gerichtlichen Verfahren entscheidungserheblich angesehen, wenn die konkrete Möglichkeit besteht, dass ohne den Verfahrensfehler die Entscheidung anders, und zwar materiell-rechtliche Rechtspositionen des jeweiligen Klägers begünstigend ausgefallen wäre.[77] Erstmals in einem Urteil vom 20. August 2008[78] hat es diese Rechtsprechung im Anschluss an die neuere Judikatur des Gerichtshofs der Europäischen Union dahin revidiert, dass eine ohne erforderliche Umweltverträglichkeitsprüfung erteilte Genehmigung für ein Bauvorhaben auf die Klage eines durch Immissionen betroffenen Nachbarn hin „grundsätzlich" aufgehoben oder jedenfalls ihre Nichtvollziehbarkeit festgestellt werden müsse und dass die Umweltverträglichkeitsprüfung „in der Regel" im gerichtlichen Verfahren nicht nachgeholt werden könne. Konsequenterweise müsste dasselbe gelten, wenn eine durchgeführte Umweltverträglichkeitsprüfung nicht den Anforderungen der UVP-Richtlinie an die dazu gehörende Öffentlichkeitsbeteiligung entspricht.[79]

III. Ausblick

Die nationalen Gerichte müssen unter ständiger Überprüfung ihrer eigenen Rechtsprechungstraditionen das durch den Gerichtshof der Europäischen Union bestimmte Ausmaß der Europäisierung des Umweltrechts erkennen und verarbeiten. Dabei muss dem europäischen Richterrecht keineswegs unkritisch begegnet werden. Vielmehr sind die Gerichte gehalten, auch den Kompetenzgrenzen der Union gegenüber der Autonomie der Mitgliedstaaten im Verwaltungs- und Prozessrecht Geltung zu verschaffen. Hier liegt ein beständiges Konfliktfeld zwischen dem Gerichtshof einerseits und den nationalen Gerichten andererseits, das nur durch wechselseitige Respektierung der jeweiligen Zuständigkeiten unter strikter Beachtung der für die Union geltenden Grundsätze der begrenzten Einzelermächtigung, der Subsidiarität und der Verhältnismäßigkeit (Art. 5 EUV) zu einem dauerhaften und effektiven Kooperationsverhältnis entwickelt werden kann. Die deutschen Verwaltungsgerichte werden es nicht vermeiden können, dem Gerichtshof der Europäischen Union auf dem Weg zur selbständigen Einklagbarkeit von Verfahrensbeteiligungsrechten aus Richtlinien zum Umweltschutz zu folgen. Sie können jedoch nicht verpflichtet sein, das in Art. 19 Abs. 4 Satz 1 GG angelegte deutsche System des Individual-

---

[77] Vgl. BVerwG, Urt. v. 8.6.1995–4 C 4.94, E 98, 339, 361 f.; Urt. v. 25.1.1996–4 C 5.95, E 100, 238, 251 ff.; Urt. v. 13.12.2007–4 C 9.06, E 130, 83 Rn. 38 ff.

[78] BVerwG 4 C 11.07, E 131, 352 Rn. 26 ff. Das Umwelt-Rechtsbehelfsgesetz galt für das zugrunde liegende Verfahren noch nicht.

[79] Vgl. HessVGH, Beschl. v. 14.5.2012–9 B 1918/11, NuR 2012, 493, 495; *Murswiek*, Die Verwaltung 38 (2005), 243, 266. So auch die Europäische Kommission in ihrer mit Gründen versehenen Stellungnahme vom 25.4.2013 im Vertragsverletzungsverfahren Nr. 2007/4267, S. 13 und der Generalanwalt des Gerichtshofs der Europäischen Union in seinen Schlussanträgen vom 20.6.2013 in der Rechtssache C-72/12 – *Altrip*, NuR 2013, 470 Nrn. 62 ff., 92 ff.

rechtsschutzes zugunsten einer generellen Zulässigkeit von Popularklagen in Umweltrechtssachen faktisch vollständig aufzugeben.

Zu Deutung und Dogmatik des europäischen Subsidiaritätsprinzips

Von *Moritz Reese*

Durch den Grundsatz der Subsidiarität konstituiert sich die Europäische Union als eine funktionale Integrationsgemeinschaft, die die Autonomie ihrer Mitglieder achtet und Einheit nur insoweit anstrebt, wie dies für gemeinschaftliche Zielsetzungen von besonderem Nutzen ist. Dass dieses Bekenntnis zur autonomieschonenden, funktionalen Integration auch wirklich beachtet wird, dürfte fundamentale Erfolgs- und Akzeptanzbedingung für eine Union sein, deren kulturelle und politische Diversität erweiterungsbedingt kontinuierlich zugenommen hat. Zu Recht ist immer wieder angemahnt worden, dass die Subsidiarität ernst zu nehmen sei, und es sind verschiedenste Anläufe unternommen worden, diesem „Architekturprinzip" der Union besser zur Geltung zu verhelfen, nicht zuletzt durch die Einführung der „Subsidiaritätsklage" mit dem Vertrag von Lissabon. Die Praxis der Union zeigt sich allerdings von alledem wenig beeindruckt.[1] Weiterhin ist vor allem die Kommissionspolitik von der „popitz'schen" Dynamik und von der Tendenz geprägt, die von ihr aufgegriffenen Sachbereiche „durchzuregulieren". Überdies ist immer wieder zu beobachten, wie politische Vorhaben auf die europäische Ebene hochgeleitet werden, um nationale Widerstände zu umgehen, und wie es andersherum auch geschieht, dass erforderliche europäische Lösungsbeiträge blockiert und Probleme sachwidrig auf die nationale Ebene verlagert werden. Zu alledem trägt sicherlich auch bei, dass in der Deutung des Subsidiaritätsprinzips bis heute Vieles vage und unklar geblieben ist und dass eine differenzierte Subsidiaritäts-Rechtsprechung weitgehend fehlt.[2]

Das Werk des Jubilars ist durchweg von einem unbestechlichen Einsatz für die gemeinwohlorientierte Auslegung und Gestaltung des öffentlichen Rechts geprägt. Deshalb überrascht es nicht, dass sich *Hans-Joachim Koch* auch dem Spannungsfeld von – funktionalem – Anspruch und – oft interessengeleiteter – Praxis der Europäischen Kompetenzausübung gewidmet und sehr Erhellendes zur Deutung des Subsidiaritätsprinzips beigetragen hat. Die Rede ist vor allem von seiner 2004 erschienenen und auf einer „Münchner Rede zur Europäischen Integration" beruhenden Schrift mit dem Titel „Das Subsidiaritätsprinzip im europäischen Umweltrecht". In dieser Schrift (im Folgenden kurz als „Münchner Schrift" bezeichnet) ging es

[1] Zur „Wirklichkeit des Subsidiaritätsprinzips" siehe nur *Albin*, Das Subsidiaritätsprinzip in der EU – Anspruch und Rechtswirklichkeit, NVwZ 2006, 629; ferner *v. Danwitz*, JZ 2006, 1, 4; *Koenig/Lorz*, JZ 2003, 167, 168; *Lorz*, DVBl. 2006, 1061, 1124.

[2] S. die EuGH-Rechtsprechungsanalyse bei *Albin* (Fn 1) mit weiteren Nachw.

Hans-Joachim Koch vor allem um die Anwendung des Subsidiaritätsprinzips im Umweltschutz, weil er in der zweckmäßigen Verteilung der Umweltschutzkompetenzen zwischen Union und Mitgliedstaaten eine zentrale Erfolgsbedingung für die Lösung der Umweltprobleme unserer Zeit erkannt hat.[3] Die Schrift geht allerdings auch grundlegender auf Geschichte, Deutung und Dogmatik des europäischen Subsidiaritätsprinzips ein und trägt auch dazu Klärendes bei. Parallel dazu hat sich *Hans-Joachim Koch* um die zweckdienliche und effiziente Gestaltung des bundesdeutschen Kompetenzgefüges bemüht – namentlich v. a. im Zusammenhang mit der sog. „Föderalismusreform I" von 2006 – und dabei ebenfalls überzeugend auf den Subsidiaritätsmaßstab rekurriert.[4]

Im Folgenden unternimmt es Verfasser, einige ihm besonders beachtlich erscheinende Aspekte der o.g. Schrift zu würdigen und auch eigene Überlegungen zur Deutung des Subsidiaritätsprinzips einzubringen. Diese Überlegungen setzen namentlich bei der doppelten Ordnungsfunktion des Subsidiaritätsprinzips an, das sowohl der Bewehrung dezentraler Autonomie als auch der funktionalen Abgrenzung von zentralen und dezentralen Verantwortungssphären dient (I.). Davon ausgehend wird den Fragen nachgegangen, in welchem Verhältnis das Subsidiaritätsprinzip zu – scheinbar – gegenläufigen Prinzipien wie insb. dem Solidaritätsprinzip steht und wie es sich insgesamt zu den Integrationszielen der Union verhält (II.), wie es zum Verhältnismäßigkeitsgrundsatz abzugrenzen ist (III.) und wie der legitimierende „Mehrwert" unionalen Handelns zu begründen ist (IV.). Auch soll konkreter betrachtet werden, wie das Subsidiaritätsprinzip im Bereich des Umweltschutzes anzuwenden ist (V.) und insbesondere, welche „marktvermittelte" Regelungsverantwortung der subsidiären Union auf dem Felde des Umweltschutzes zukommt (VI.).

I. Das Subsidiaritätsprinzip als Maxime der autonomieschonenden, funktionalen Integration

Das Subsidiaritätsprinzip der Europäischen Union lautet gemäß Artikel 5 Abs. 3 EUV wie folgt:

> „Nach dem Subsidiaritätsprinzip wird die Union in den Bereichen, die nicht in ihre ausschließliche Zuständigkeit fallen, nur tätig, sofern und soweit die Ziele der in Betracht gezogenen Maßnahmen von den Mitgliedstaaten weder auf zentraler noch auf regionaler oder lokaler Ebene ausreichend verwirklicht werden können, sondern vielmehr wegen ihres Umfangs oder ihrer Wirkungen besser auf Unionsebene erreicht werden können."

---

[3] Erschienen im Boorberg Verlag in der Reihe „Münchner Reden zur Europäischen Integration", Band 1, 2004.

[4] *Koch/Krohn*, Umwelt in Schlechter Verfassung? NuR 2006, 673 ff.; s. auch die von *Hans-Joachim Koch* mitverantwortete Stellungnahme des Sachverständigenrates für Umweltfragen, Der Umweltschutz in der Föderalismusreform, Stellungnahme Nr. 10, 2006 – abrufbar im Internet unter www.umweltrat.de.

Aus dem Wortlaut ergibt sich klar, dass das Subsidiaritätsprinzip in erster Linie als eine *Beschränkung* der Verbandskompetenzen und als Schutz der dezentralen Autonomien konzipiert ist.[5] Dies entspricht nicht nur den theologisch-sozialphilosophischen[6], staatstheoretischen[7] und volkswirtschaftlichen[8] Konzeptionen von Subsidiarität, sondern vor allem auch dem vorrangigen Zweck, mit dem das Subsidiaritätsprinzip in das Primärrecht eingeführt wurde, nämlich i.S. eines Gegengewichts zu immer weiteren und immer breiteren Gemeinschaftskompetenzen. Dies galt bereits für die zunächst nur sektorale Einführung der Subsidiarität mit der Umweltkompetenz durch die Einheitliche Europäische Akte von 1989.[9] Bereits hier war das Subsidiaritätsprinzip eine Bedingung der Vertragsparteien für die Erweiterung der Verbandskompetenzen, und erst recht gilt dies für den Maastricht-Vertrag, mit dem das Subsidiaritätsprinzip zur allgemeinen Kompetenzausübungsschranke erhoben wurde.[10]

Zweifellos ist also das Subsidiaritätsprinzip primär auf die Sicherung dezentraler Handlungsspielräume gerichtet. Wie sein theologisches Vorbild[11] proklamiert auch das europäische Subsidiaritätsprinzip ein Primat der dezentralen Autonomie und erklärt infolgedessen jeden „Eingriff" der Verbandsebene für rechtfertigungsbedürftig. Zugleich bringt allerdings das Subsidiaritätsprinzip – ebenso klar – zum Ausdruck, dass und weshalb ein Autonomie beschränkendes Handeln der Verbandsebene ge-

---

[5] *Calliess*, in: ders./Ruffert (Hrsg.), EUV/AEUV – Kommentar, 4 Aufl. 2011, Art. 5, Rn. 21 m.w.N.

[6] Siehe die Grundlegungen in den Sozialenzyklika von *Papst Pius XI:* Quadrogesimo Anno, Papst Pius XI., 1931, Ziffer 79; vgl. auch die erläuternden Ausführungen des Entwurfsverfassers dieser Enzyklika, *Oswald Nell-Breuning:* Subsidiaritätsprinzip, in: Görres-Gesellschaft (Hrsg.) Staatslexikon Recht – Wirtschaft – Gesellschaft, 6. Aufl., 7 Bd. 1962, Sp. 826 ff.; *Baumgartner*, Jede Gesellschaft ist ihrem Wesen nach subsidiär – Zur anthropologischen und theologischen Begründung der Subsidiarität, in: Nörr/Oppermann, Subsidiarität – Idee und Wirklichkeit, 1997, S. 13 ff.

[7] Vgl. *Isensee*, Subsidiaritätsprinzip und Verfassungsrecht, 1969; *Lecheler*, Das Subsidiaritätsprinzip 1993, S. 42; *Herzog*, Allgemeine Staatslehre, 1971, S. 147 ff.; zur demokratietheoretischen Fundierung *Ronge*, Legitimität durch Subsidiarität, 1998 und auf die EG gewendet *Winter*, Kompetenzverteilung und Legitimation in der Europäischen Mehrebenenverwaltung, EuR 2005, 255, 267 ff.

[8] Dazu insb. *Picot*, Subsidiaritätsprinzip und ökonomische Theorie der Organisation, in: Faller/Witt (Hrsg.): Dienstprinzip und Erwerbsprinzip, 1992, S. 102 ff.; *Hohmann/Kirchner*, Das Subsidiaritätsprinzip in der katholischen Soziallehre und in der Ökonomik, in: Gerken (Hrsg.), Europa zwischen Ordnungswettbewerb und Harmonisierung – Europäische Ordnungspolitik im Zeichen der Subsidiarität, 1995, S. 45 ff.; *Van den Bergh*, The Subsidiarity Principle in European Community Law: Some Insights from Law and Economics, Maastricht Journal of European and Comparative Law, 1994, S. 337 ff.; *Blankart*, Öffentliche Finanzen in der Demokratie, 6. Aufl. 2005, S. 546 f.

[9] Siehe dazu instruktiv *Wils*, Subsidiarity and EC Environmental Policy: Taking People's Concerns Seriously, Journal of Environmental Law 1994, 85.

[10] Vgl. *Cass*, The Word that Saves Maastricht: The Principle of Subsidiarity and the Division of Powers within the European Community, CMLRev. 29 (1992), 1107 ff.

[11] Siehe oben Fn. 6.

rechtfertigt sein kann, nämlich durch den „Mehrwert", der nur durch verbundenes Handeln für die gemeinsamen Ziele zu erreichen ist. Der Normzweck des Subsidiaritätsprinzips erschöpft sich demnach nicht darin, der dezentralen Autonomie (abzuwägendes) Gewicht zu verleihen. Er geht vielmehr dahin, den Autonomieanspruch der Mitglieder und die Kooperationsversprechen, mit denen sie sich gegenseitig verbunden haben, zum *Ausgleich* zu bringen, und zwar funktional dahingehend, dass der Verband insoweit befugt sein soll, wie er – kraft seiner grenzüberschreitenden Autorität – besser in der Lage ist, die materiellen Integrationszwecke zu verfolgen. Insoweit legitimiert das Subsidiaritätsprinzip das Handeln des Verbands und begrenzt zugleich die Autonomieansprüche der Mitglieder.

Das Subsidiaritätsprinzip bezweckt also die „funktionale" Abgrenzung von Autonomie und Gemeinschaft nach Maßgabe des größeren Gemeinnutzens. Darin liegt das Subsidiaritätsprinzip offenkundig „parallel" zum Verhältnismäßigkeitsgrundsatz, der seinerseits ausgleichend auf die Eingrenzung und Legitimierung von Eingriffen der Rechtsgemeinschaft in die Freiheiten ihrer Mitglieder gerichtet ist. In der Parallele, aber auch in der Abgrenzung zum Verhältnismäßigkeitsgrundsatz liegt zugleich erhebliches dogmatisches Klärungspotential, auf das im Folgenden verschiedentlich zurückzukommen ist.

II. Das Verhältnis des Subsidiaritätsprinzips zum Solidaritätsprinzip und zu den sonstigen Sachzielen der Integration

Dass es sich bei dem Subsidiaritätsprinzip normstrukturell um eine Ausgleichsregelung handelt, die den optimierenden Abgleich zweier konkurrierender Kompetenzsphären anordnet, hat *Hans-Joachim Koch* in seiner o.g. Schrift bereits in großer Klarheit dargelegt und daraus auch den zutreffenden Schluss gezogen, dass es sich beim Subsidiaritätsprinzip gerade nicht um ein „Prinzip" im normstrukturellen Sinne handelt, das als finale Norm noch der Abwägung gegen andere, gegenläufige Prinzipien unterliegt. Damit wendet er sich überzeugend gegen die v.a. bei *Christian Calliess*[12] und *Roland Bieber*[13] anklingende Deutung, wonach dem Subsidiaritätsprinzip das *Solidaritätsprinzip* „mit Blick auf den Schutz von Gemeinwohlgütern und unter Gerechtigkeits- und Kohäsionsaspekten"[14] gleichsam konfligierend und korrigierend gegenüberstehe. Soweit damit gesagt werden soll, dass das Subsidiaritätsprinzip durch das Solidaritätsprinzip abwägend zu relativieren sei, ist dies mit

---

[12] *Calliess* (Fn. 5), Rn. 23; *ders.*, Subidiaritätsprinzip und Solidaritätsprinzip als rechtliches Regulativ der Globalisierung von Staat und Gesellschaft, in: Blickle u.a. (Hrsg.), Subsidiarität als politisches Ordnungsprinzip in Kirche, Staat und Gesellschaft, 2002, S. 371, 372 f.

[13] *Bieber*, Subsidiarität im Sinne des Vertrags über die Europäische Union, in: Nörr/Oppermann (Fn. 6), S. 105 ff., 165 ff., 168.

[14] *Calliess*, Subsidiaritätsprinzip und Solidaritätsprinzip in der Europäischen Union, 2. Aufl. 1999, S. 196.

dem oben erläuterten Regelungsgehalt nicht vereinbar. Mit *Hans-Joachim Koch* ist demgegenüber festzuhalten, dass „das Subsidiaritätsprinzip im Sinne des EG-Vertrages – ebenso wie die staatstheoretische Idee der Subsidiarität – bereits seine Relativierung in sich (trägt)“[15]. Die Gegenüberstellung des Solidaritätsprinzips verkennt, dass das Subsidiaritätsprinzip selbst auf eine Optimierung des Gemeinwohls abzielt, indem es den Verband genau insoweit legitimiert, wie dieser zu einer effektiveren oder effizienteren Verwirklichung der Gemeinwohlziele beitragen kann. Als Maxime einer effizienten Aufgabenverteilung ist das Subsidiaritätsprinzip nicht gegen das Gemeinwohl gerichtet, sondern einzig auf dessen autonomieschonende Verwirklichung.[16]

Die Integrationsziele sind demnach maßgeblicher Bezugspunkt, aber nicht Gegenstand des Subsidiaritätsprinzips. Die Verbandszwecke zu bestimmen muss – wie *Calliess* zutreffend festgestellt – dem politischen Ermessen der Integrationsgemeinschaft überantwortet bleiben.[17] Dieses Ermessen kann und soll durchaus auch von Solidaritätsbekenntnissen geleitet sein, wie an verschiedenen Stellen der Unionsverträge klar zum Ausdruck kommt. Auch einer solidarischen Interessenberücksichtigung und Hilfeleistung steht der funktionale Subsidiaritätsgedanke nicht im Ansatz entgegen.

Allerdings ist nicht zu verkennen, dass das Subsidiaritätsprinzip doch eine substanzielle Implikation auch für die Ebene der Zweckbestimmung mit sich bringt: dass nämlich die *Einheit nicht als Selbstzweck* verfolgt werden darf.[18] Unter Verdacht der „Subsidiaritätswidrigkeit“ können daher Verbandszwecke geraten, die maßgeblich auf die Gleichheit der tatsächlichen oder rechtlichen Gegebenheiten abheben, wie solche der solidarischen Umverteilung, der „Kohäsion“ und – allgemeiner noch – das in Art. 72 Abs. 2 GG niedergelegte Ziel der „gleichwertigen Lebensverhältnisse“, der „Einheit des Rechts“ oder auch das Ziel der Rechtsangleichung.[19] Soweit den oben erwähnten Standpunkten die Besorgnis zugrunde liegt, dass das Subsidiaritätsprinzip zu diesen „distributiven“ Solidarzielen in Konflikt trete, ist dazu Folgendes zu sagen:

---

[15] *H.-J. Koch* (Fn. 3), S. 28.

[16] Dies kommt bereits in den theologischen Grundlegungen klar zum Ausdruck. Das *„bonum commune“* soll stets oberster Bezugspunkt für die Beurteilung des Subsidiaritätsprinzips sein: *Oswald von Nell-Breuning*, Subsidiaritätsprinzip, in: Görres-Gesellschaft (Hrsg.), Staatslexikon Recht – Wirtschaft – Gesellschaft, 6. Aufl., 7. Bd., Freiburg, 1962, Sp. 826 ff.

[17] Nach Auffassung *Calliess* (Fn. 14), S 193, manifestiert sich das Solidaritätsprinzip als „Werte-Alltag“ durch die täglichen politischen Verhandlungsprozesse, in denen die Gemeinschaft zu ihren vielfältigen Gemeinwohlzielen gelangt.

[18] So zutreffend *von Bogdandy/Nettesheim*, in Grabitz/Hilf (Hrsg.) EGV/EUV, Altband, 7. EL (1994), Art. 3b EGV Rn. 33, sowie *Lambers*, Subsidiarität in Europa – Allheilmittel oder juristische Leerformel? EuR 1993, 229, 236, ihm folgend ferner *Calliess* (Fn. 14), S. 111.

[19] *Höffe*, Subsidiarität als staatsphilosophisches Prinzip, in: Nörr/Oppermann (Fn. 6), S. 49 ff., 63.

Der im Subsidiaritätsprinzip inbegriffene Primat von Autonomie und Vielfalt ist grundsätzlich mit verteilungspolitischen Zielsetzungen vereinbar, die nicht auf absolute Gleichheit im Tatsächlichen und Rechtlichen abstellen, sondern auf eine gegenseitige, helfende Gewährleistung sozialer, wirtschaftlicher und infrastruktureller *Mindeststandards.*[20] Solche solidarischen Gewährleistungen entsprechen durchaus dem im Subsidiaritätsprinzip gleichermaßen verankerten Grundgedanken, dass der Verband die Entfaltungsmöglichkeiten seiner Mitglieder fördern soll, sofern nicht sie selbst über die nötigen Mittel dazu verfügen. Auf welchem Niveau diese Gewährleistung angesiedelt wird, ist indes eine Frage politischer Gewichtung, die dem funktionalen Subsidiaritätsprinzip vorausliegt und in der das Subsidiaritätsprinzip auch nicht gegen die Solidarität streitet.[21]

Demgegenüber ist eine Angleichung, die die Einheitlichkeit der Verhältnisse als einen Wert an sich anstrebt, mit dem Primat von Autonomie und Vielfalt unvereinbar. Ein darauf ausgerichteter „Nivellierungsverband" richtet sich kategorisch gegen die föderale Idee,[22] und auch die Einheit des Rechts kann als solche kein legitimes Ziel eines föderalen Integrationsverbands sein. Wo die Rechtseinheit zum Selbstzweck gerät, wäre jeder Gedanke der Subsidiarität, der ja gerade auf eine Schonung dezentraler Rechtssetzungskompetenzen abzielt, obsolet. Die Gleichheit des Rechts ist das Wesensmerkmal des Rechtsverbands, der nach dem Ordnungsgrundsatz der Subsidiarität jedoch niemals Selbstzweck sein darf, sondern einer gemeinsamen Sache zu dienen hat.

Aus dem funktionalen Ordnungsanspruch des Subsidiaritätsprinzips folgt auch, dass die Rechtfertigung der Verbandszuständigkeit auf das jeweilige abstrakte Gemeinschaftsziel – den jeweiligen Optimierungszweck – zurückgeführt werden muss und nicht bereits in einem konkreten, die Mitglieder bindenden Handlungsziel liegen kann. Denn wenn die Union unter Abwägung konkurrierender Zielsetzungen und dezentraler Belange konkrete, verbindliche Handlungsziele festlegt, liegt darin bereits ein Eingriff in die Autonomie der Mitgliedstaaten. Konkrete Zielbestimmungen wie z. B. diejenige, dass von allen Mitgliedstaaten ein bestimmter Schadstoff-

---

[20] In diesem Sinne zur Auslegung des Verfassungsziels der „gleichwertigen Lebensverhältnisse" gem. Art. 72 Abs. 2 GG: *Depenheuer*, in: Isensee/Kirchhof (Hrsg.), Handbuch des Staatsrechts, Band IX, 1997, § 204, Rn 34; *Donner*, ZRP 1985, 327, 330; *Ossenbühl*, Verfassungsrechtliche Grundfragen des Länderfinanzausgleichs gemäß Art. 107 Abs. 2 GG, 1984, S. 25 ff.; *Oeter*, Integration und Subsidiarität im Bundesstaat, 1998, S. 540 ff.

[21] *H.-J. Koch* (Fn. 3, S. 44) ist daher beizupflichten, wenn er sich gegen die von *von Bogdandy* und *Nettesheim* (Fn. 18, Rn. 19) vertretene Position stellt, dass schon die Ziele gemeinschaftlicher Maßnahmen im Lichte des Subsidiaritätsprinzips bestimmt werden müssten. Allerdings ist zu differenzieren zwischen originären Gemeinschaftszielen, die als Optimierungsgebote dem Gemeinschaftshandeln voranstehen, und Umsetzungszielen, die bereits auf einer Zielabwägung beruhen und insoweit auch autonomiebeschränkende Verbandsentscheidungen beinhalten. Letztere bedürfen ihrerseits der Rechtfertigung unter dem Subsidiaritätsprinzip.

[22] Vgl. insbesondere auch die gründliche Analyse der Rezeptionsgeschichte des „Topos der Einheitlichkeit der Lebensverhältnisse" bei *Oeter* (Fn. 20), S. 532 ff.

Immissionsgrenzwert flächendeckend einzuhalten ist oder eine bestimmte Neuverschuldungsgrenze nicht überschritten werden darf, beinhalten bereits verbindliche Gemeinschaftsentscheidungen, die ihrerseits der Rechtfertigung bedürfen, namentlich durch das ihnen zugrunde liegende „originäre" Gemeinschaftsziel. Zu dessen (besserer) Verwirklichung muss es erforderlich sein, dass der Verband ein allseits verbindliches Handlungsziel festlegt.[23]

Der allgemeine Ordnungsanspruch des Subsidiaritätsgedankens geht – wie bereits wiederholt dargelegt wurde – dahin, zum Schutze von Freiheit und Eigenverantwortung der Mitgliedseinheiten jeder Autonomiebeschränkung eine zweckrationale Rechtfertigung durch einen besonderen Gemeinnutzen des Rechtsverbunds vorauszusetzen. Dem entspricht es, *jeden* Autonomieverlust als Anknüpfungspunkt für die Subsidiaritätsfrage zu begreifen und der Subsidiaritätsbedingung *jede* Verbandsnorm zu unterstellen, die die Mitglieder effektiv zu einem bestimmten Tun oder Unterlassen verpflichten soll. Maßstab und nicht selbst Gegenstand der funktionalen Aufgabenteilung sind dementsprechend nur solche „originären" Zielvorgaben, die gemeinschaftlich zu optimierende Zustände beschreiben, ohne bereits verpflichtende Festlegungen darüber zu enthalten, wie und durch wen diese Zustände anzustreben sind. Die meisten der im EUV und AEUV aufgeführten Zielbestimmungen entsprechen in der Tat dieser Voraussetzung. Es handelt es sich durchweg um „Prinzipien" im normstrukturellen Sinne, die einen zu optimierenden Idealzustand angeben und keine konkreten Verhaltenspflichten normieren. Was konkret zum Zwecke ihrer Realisierung zu unternehmen ist, muss erst unter Abwägung gegenläufiger Ziele noch entschieden werden. Mit der Entscheidung über die konkreten Handlungsziele und Umsetzungsmittel stellt sich zugleich die Frage nach der geeignetsten Handlungsebene, und hier greift die Subsidiaritätsbedingung ein.

In der Zielumsetzung beansprucht die Subsidiaritätsbedingung sodann umfassende Beachtung für jeden Eingriff in die dezentrale Autonomie. Wie schon der Wortlaut von Artikel 5 Abs. 3 EUV („sofern und soweit") zum Ausdruck bringt, muss sich nach dem Subsidiaritätsgebot für jede Verbandsregelung über die gesamte Zweck-Mittel-Kaskade hinweg darlegen lassen, dass sie erforderlich ist, um das zugrundeliegende Verbandsziel besser zu erreichen, als dies insoweit auf der Mitgliedsebene möglich wäre. Demnach bestimmt sich nach dem Subsidiaritätsprinzip auch die Regelungsintensität, mit der ein gemeinschaftliches Ziel verbandsrechtlich anzustreben ist. Wiederum ist damit die Abgrenzung von Subsidiarität und Verhältnismäßigkeit angesprochen.

---

[23] Insoweit ist *von Bogdandy/Nettesheim* (Fn. 18) darin Recht zu geben, dass bereits die Ziele gemeinschaftlicher Maßnahmen im Lichte des Subsidiaritätsprinzips bestimmt werden müssen. Für die allgemeinen Sachziele der Integration gilt allerdings nur, dass sie nicht die Einheit als solche anstreben dürfen und irgendeinen erkennbaren transnationalen Bezug aufweisen müssen.

III. Das Verhältnis des Subsidiaritätsprinzips zum Verhältnismäßigkeitsprinzip – Subsidiarität als Maßstab der Regelungsintensität

Maßstab für die Regelungsintensität ist nach herrschender Auffassung nicht das Subsidiaritätsprinzip, sondern der Verhältnismäßigkeitsgrundsatz. Literatur und Praxis berufen sich zur Abgrenzung von Subsidiarität und Verhältnismäßigkeit zumeist auf die Formel, dass sich das Subsidiaritätsprinzip auf die Frage des „Ob" und das Verhältnismäßigkeitsprinzip auf das „Wie" eines Tätigwerdens der Union beziehe.[24] Wenn nach dem Subsidiaritätsprinzip allgemein feststehe, dass in einer Angelegenheit ein Handeln des Verbands gerechtfertigt sei, verpflichte der Verhältnismäßigkeitsgrundsatz den Verband hinsichtlich „Art, Umfang und Intensität" der Maßnahme zur Wahl des mildesten Mittels. Dazu gehört nach überwiegender Literaturauffassung, der auch *Hans-Joachim Koch* sich angeschlossen hat,[25] dass der Verband sich einer möglichst flexiblen Handlungsform und eines möglichst autonomieschonenden Regelungskonzepts zu bedienen habe. Ein Gebot der Verhältnismäßigkeit sei daher, nach Möglichkeit auf die Handlungsform der Richtlinie zurückzugreifen, da diese nur hinsichtlich der Ziele verbindlich sei und die Wahl der Mittel den Mitgliedstaaten überlasse. Auch für die materielle Ausgestaltung sei der Verhältnismäßigkeitsgrundsatz dahingehend zu beachten, dass den Mitgliedstaaten möglichst weite Spielräume in der Umsetzung der gemeinschaftlichen Zielvorgaben einzuräumen seien.[26]

Diese Deutung dürfte auch deshalb vorherrschend sein, weil sie durch das Protokoll Nr. 30 zum Vertrag von Amsterdam[27] zwischenzeitlich zur authentischen Interpretation erhoben worden war. Zur Anwendung des seinerzeit in Art. 5 Abs. 3 EUV a.F. niedergelegten Verhältnismäßigkeitsgrundsatzes hatten die Vertragsparteien in Nr. 6 dieses Protokolls ausgeführt: „(...) Die Rechtssetzungstätigkeit der Gemeinschaft sollte über das erforderliche Maß nicht hinausgehen. Dementsprechend sind unter sonst gleichen Gegebenheiten eine Richtlinie einer Verordnung und eine Rahmenrichtlinie einer detaillierten Maßnahme vorzuziehen." Ferner heißt es in Nr. 7: „Den Mitgliedstaaten sollten in den Gemeinschaftsmaßnahmen Alternativen zur Erreichung der Ziele der Maßnahmen angeboten werden, sofern dies für

---

[24] *Calliess* (Fn. 5), Art. 5 Rn. 44; *ders.* (Fn. 14), S. 391; *Emilou*, ELRev. 1992, 383, 401 f.; *Pieper*, DVBl. 1993, 705, 709; *Stein*, in: Merten (Hrsg.), Die Subsidiarität Europas, S. 29; *Jarass*, Grundfragen der innerstaatlichen Bedeutung des EG-Rechts, S. 29; *Lecheler*, Das Subsidiaritätsprinzip – Strukturprinzip in der EU, 1994, S. 15; *von Borries*, EuR 1994, 263, 269 f.; *Lenaerts/von Ypersele*, C.D.E. 1994, Nr. 58 ff.; *Magiera*, in: Schneider/Wessels (Hrsg.), Föderale Union – Europas Zukunft?, 1994, S. 71, 96; *Steiner*, in: O'Keefe/Twomey (Hrsg.), Legal Issues of the Maastricht Treaty, S. 49, 58 ff.; *von Bogdandy/Nettesheim* (Fn. 18), Rn. 42 ff.; *Moersch*, Leistungsfähigkeit und Grenzen des Subsidiaritätsprinzips, S. 350 ff.

[25] Fn. 3, S. 55.

[26] *Calliess* (Fn. 5), Rn. 57; *Lienbacher*, in: Schwarze, EU-Kommentar, 3. Aufl. 2012, Art. 5 EUV, Rn. 37 f.

[27] Abl. EG C 340 v. 10.11.1997, S. 105.

eine ordnungsgemäße Durchführung der Maßnahmen angemessen und erforderlich ist."

Diese Passagen sind allerdings in das heute gültige Subsidiaritätsprotokoll zum Vertrag von Lissabon nicht übernommen worden. Das neue „Protokoll über die Anwendung der Grundsätze der Subsidiarität und der Verhältnismäßigkeit" regelt demgegenüber ausschließlich die Verfahren – einschließlich der sog. Subsidiaritätsrüge –, durch die den Grundsätzen zur Geltung verholfen werden soll.[28] Dies wird z. T. bedauernd als „Entmaterialisierung" des Subsidiaritätsprinzips gewürdigt,[29] schafft allerdings auch Raum dafür, die im Amsterdamer Protokoll proklamierte Unterscheidung von Subsidiarität und Verhältnismäßigkeit zu hinterfragen.[30]

Ob das Subsidiaritätsprinzip nur einen groben, nur nach Aufgabenbereichen differenzierenden Maßstab bildet, oder detailscharf auch die Regelungsintensität reguliert, und wie ggf. die „Tiefenschärfe" gegenüber dem Verhältnismäßigkeitsgrundsatz abzugrenzen ist, ist nicht bloß eine theoretische Frage. Zwar gebietet auch der Verhältnismäßigkeitsgrundsatz gem. Art. 5 Abs. 4 EUV, dass die Union autonomieschonend vorgehen soll und nicht mehr regeln darf, als das zur Zielverfolgung Erforderliche. Eine materielle Intensitätsschranke besteht also durchaus auch im Verhältnismäßigkeitsgrundsatz. Allerdings nimmt die Verhältnismäßigkeitsschranke nicht auf die restriktiven Erforderlichkeitskriterien des Art. 5 Abs. 3 EUV Bezug, sie hat keine entsprechende kompetenzbezogene Präzisierung erfahren. Formell ergibt sich darüber hinaus ein wesentlicher Unterschied dadurch, dass sich das Durchsetzungsinstrument der Subsidiaritätsrüge gem. Artikel 6 des „Protokolls über die Anwendung der Grundsätze der Subsidiarität und der Verhältnismäßigkeit" nicht auf den Verhältnismäßigkeitsgrundsatz erstreckt. Wäre die Regelungsintensität lediglich am Verhältnismäßigkeitsgrundsatz zu messen, hätte dies daher zur Folge, dass das Gebot der autonomieschonenden Steuerung von dem besonderen Rügeverfahren weitgehend ausgeschlossen wäre.

Jenseits dieser primärrechtlich bewehrten negatorischen Seite des Subsidiaritätsprinzips ist außerdem zu bedenken, dass dem Subsidiaritätsprinzip programmatisch auch eine positive, „verbandsaktivierende" Seite eignet[31] und dass es als Maxime der funktionalen Verantwortungsteilung jedenfalls politisch zu der Prüfung veranlassen sollte, ob die Union ihre subsidiäre Verantwortung auch wahrnimmt und nicht Probleme bei den Mitgliedstaaten liegen lässt, die dort gar nicht adäquat gelöst werden

---

[28] *Calliess* (Fn. 5), Rn. 33, der insoweit von einer „Entmaterialisierung" des Subsidiaritätsprinzips spricht.

[29] Vgl. *Weber*, DÖV 2011, 497, 501.

[30] Dahingehend *Bast*, in: Grabitz/Hilf/Nettesheim, Das Rech der Europäischen Union, Loseblatt, Art. 5 EUV (51. EL Sep.2013), Rn. 55; *Schütze*, Cambridge L.J. 68 (2009), 525, 533; *GA Fenelly*, Schlussanträge in C-376/89 und C-74/99, Slg. 2000, I-8419, Nr. 145 ff.; *Skouris*, Die Rolle des Subsidiaritätsprinzips in der Rechtsprechung des EuGH, in Bundeskanzleramt von Österreich (Hrsg.), Europa fängt zu Hause an, 2006, S. 114 ff.

[31] Aus staatstheoretischer Sicht dazu instruktiv *Isensee*, Subsidiaritätsprinzip und Verfassungsrecht, 1968, S. 88 ff., 94; *Lerche*, Übermaß und Verfassungsrecht, 1961, 201 f.

können.[32] Ganz in diesem Sinne hat *Hans-Joachim Koch* vor allem die große Verantwortung der Europäischen Union herausgestellt, die ihr nach dem Subsidiaritätsprinzip im Bereich des Umweltschutzes zukommt.[33] Die im Subsidiaritätsprinzip angelegte Verantwortungszuweisung an die Verbandsebene wird indes zu großen Teilen ausgeblendet, wenn alle Fragen der Regelungsintensität ausschließlich im Lichte des abwehrrechtlich geeichten Verhältnismäßigkeitsprinzips beurteilt werden. Die konstruktive Frage, ob bestimmte Umsetzungsmaßnahmen im Verband getroffen werden *müssen*, damit das Gemeinschaftsziel effektiv erreicht wird, findet in der eindimensionalen abwehrrechtlichen Perspektive des Verhältnismäßigkeitsprinzips keinen Platz.

Vor diesem Hintergrund ist noch einmal zu unterstreichen, dass sowohl der Wortlaut des Art. 5 Abs. 3 EUV also auch der föderale Ordnungszweck des Subsidiaritätsprinzips klar dafür sprechen, es auch in Detailschärfe gelten zu lassen. In diesem Sinne hat zuletzt *Jürgen Bast* in seiner Kommentierung zu Artikel 5 EUV überzeugend argumentiert, dass die Subsidiaritätsbedingung nicht nur auf die „Ausübung einer Kompetenz als solches, sondern auch auf die einzelnen Regelungselemente des Rechtsaktes"[34] zu beziehen sei und ferner ausgeführt: „Die Faustformel, wonach das Subsidiaritätsprinzip allein das ‚Ob' eines Tätigwerdens der Union betrifft, das Verhältnismäßigkeitsprinzip dagegen das ‚Wie', ist aus diesem Grunde zumindest sehr missverständlich und mit dem Wortlaut von Art. 5 Abs. 3 S. 1 EUV (‚soweit') nur schwer zu vereinbaren. Überlappungen mit Gesichtspunkten, die auch für die Prüfung der Verhältnismäßigkeit relevant sind, sind unvermeidlich und Ausdruck der inhaltlichen Verwandtschaft beider Prinzipien." Diese Analyse ist zutreffend. Der föderale Ordnungsanspruch des Subsidiaritätsprinzips erstreckt sich – wie schon gesagt – ohne weiteres auf die Fragen der Regelungsintensität und kann nicht sachgerecht auf eine vorgeordnete Ebene des „Ob" beschränkt werden.

Die Frage der funktionalen Erforderlichkeit einer Verbandsregelung – des „Ob" also – stellt sich auch hinsichtlich der Wahl und Gestaltung von Umsetzungsmitteln. Auch insoweit kann und muss gefragt werden, „ob" eine verbindliche (Mittel-)Vorgabe des Verbands überhaupt erforderlich ist, um das Regelungsziel wirksamer oder effizienter zu erreichen, als dies bei dezentraler Mittelwahl zu erwarten wäre.

Wer demgegenüber die Subsidiaritätsbedingung nur „grob" dafür heranziehen will, ob die Union „im Großen und Ganzen" oder für größere „Teile einer Aufgabe"[35] berufen sei, beschneidet die Reichweite des funktionalen Ordnungsanspruchs durch eine willkürliche Abgrenzung von „Ob und Wie" oder „größeren und kleineren" Aufgabenteilen. An die Stelle der Subsidiaritätsbedingung tritt dann ausschließlich das

[32] Vgl. dahingehend *Herzog*, Allgemeine Staatslehre, 1971, S 147 ff.; *Schüller*, Subsidiartät im Spannungsfeld zwischen Wettbewerb und Harmonisierung – Interpretationsversuche aus ordnungspolitischer Sicht, in: Nörr/Oppermann (Fn. 6), S. 69 ff.

[33] Siehe Fn. 1, S. 68 f.

[34] *Bast* (Fn. 28).

[35] So *H. J. Koch* (Fn. 3), S. 55.

allgemeine Verhältnismäßigkeitserfordernis mit den o.g. Konsequenzen. Mangels kompetenzbezogener Zuspitzung führt der Verhältnismäßigkeitsgrundsatz zu einer diffusen Vermischung von funktionalen Erforderlichkeits- und wertenden Angemessenheitserwägungen. Beispielsweise wird vertreten, dass der Verhältnismäßigkeitsgrundsatz eine „Mittelhierarchie nach Intensität und Schwere" begründe, oder als „Prinzip des schonendsten Ausgleichs zwischen den Bedürfnissen der Wirtschafts- und Politikintegration einerseits und den Erfordernissen der Wahrung ‚nationaler Identität' gem. Art. 4 Abs. 2 Satz 1 EUV anderseits" zu begreifen sei.[36] Mitunter ist allerdings auch angemerkt worden, dass in der föderalen Verhältnismäßigkeitsbedingung andere Maßstäbe als bei der grundrechtlichen Prüfung anzulegen seien und dass es sich um – noch zu entwickelnde – „kompetenzielle" Maßstäbe handeln müsse.[37]

Diese Maßstäbe sind indes im Subsidiaritätsprinzip zu suchen, denn nochmals: Der kompetenzbezogene Ordnungsanspruch des Subsidiaritätsprinzips greift nicht nur in den oberen, zielgebenden Ebenen, sondern auch auf der Umsetzungsebene der Zweck-Mittel-Kaskade ein. Bereits aus dem Subsidiaritätsprinzip folgt daher, dass die Union einen finalen Steuerungsansatz verfolgen soll, der im Rahmen unionsrechtlicher Zielvorgaben (und Durchsetzungsinstrumente) die Wahl der Umsetzungswege möglichst weitgehend den Mitgliedstaaten überlässt. Auch auf der Umsetzungsebene stellt sich mithin entscheidend die Frage, unter welchen näheren Rechtfertigungsbedingungen angenommen werden kann, dass die gemeinschaftlichen Ziele „weder auf zentraler noch auf regionaler oder lokaler Ebene ausreichend verwirklicht werden können, sondern vielmehr wegen ihres Umfangs oder ihrer Wirkungen besser auf Unionsebene erreicht werden können".

IV. Das Subsidiaritätsprinzip als Maxime der funktionalen Integration – Die Rechtfertigung des Rechtsverbunds durch seine transnationale Problemlösungskapazität

Nach diesem Wortlaut von Art. 5 Abs. 3 EUV ist Kompetenzausübung durch zwei Voraussetzungen beschränkt, die u.a als „Negativ- und Positivkriterium" [38], „Effizienz- und Erforderlichkeitskriterium"[39], „Eignungstest und Vergleichstest"[40] oder

[36] *Bruha*, in: Batliner/Riklin (Hrsg.), Subsidiarität, S. 373, 404; *Calliess* (Fn. 5), Rn. 54; *Schwarze*, JZ 1993, 585, 591; *Pieper*, DVBl. 1993, 705, 709; *Emmerich-Fritsche*, Der Grundsatz der Verhältnismäßigkeit, S. 303 ff.; in dem prekären Kriterium der „nationalen Identität" erkennt auch das BVerfG (Urt. v. 18.7.2005, E 113, 273 – *Europäischer Haftbefehl*) ein zentrales Schutzgut der Subsidiarität; dazu kritisch *Lübbe-Wolff*, ZAR 2007, 121 ff.

[37] *Calliess* (Fn. 32).

[38] *Calliess* (Fn. 5), Rn. 31; *ders.* (Fn. 14), S. 92 ff.

[39] *Lienbacher* (Fn. 25), Rn. 24 f.; von *Bogdandy/Nettesheim* (Fn. 18), Rn. 19.

[40] *H.-J. Koch* (Fn. 3), S. 20.

„Erforderlichkeitsprüfung I und II“[41] bezeichnet werden[42] und nach h.A. eine zweistufige Prüfung erfordern.[43] Beide Voraussetzungen sind sowohl hinsichtlich ihres Inhalts als auch hinsichtlich ihres Verhältnisses zueinander denkbar vage.

Mit dem Negativkriterium stellt sich die Frage, unter welchen Voraussetzungen eine Angelegenheit „nicht ausreichend auf Ebene der Mitgliedstaaten“ geregelt werden kann. Im Amsterdamer Subsidiaritätsprotokoll[44] war dazu ausgeführt worden, dass es hier darauf ankomme, ob die angestrebte Maßnahme „transnationale“ Aspekte hat, die durch die Mitgliedstaaten nicht ausreichend geregelt werden können.[45] Abzustellen sei darauf, ob Maßnahmen der Mitgliedstaaten allein oder das Fehlen gemeinschaftlicher Maßnahmen im Widerspruch zum Vertrag stehen, weil dadurch beispielsweise Wettbewerbsverzerrungen hervorgerufen würden, oder die Interessen der Mitgliedstaaten erheblich beeinträchtigen. In diesem Sinne wird das Negativ-Kriterium weiterhin so gedeutet, dass eine „Überforderung“ der Mitgliedstaaten aufgrund des transnationalen Problemzusammenhanges vorliegen müsse.[46]

Das Positivkriterium, nach dem die Gemeinschaft ein Ziel wegen seines Umfangs oder seiner Wirkung „besser“ erreichen können muss, soll nach überwiegender Auffassung jedenfalls einen Effizienzvorteil derart voraussetzen, dass in einer abwägenden Bilanzierung von Nutzen und Kosten des dezentralen Handelns einerseits und des gemeinschaftlichen Handelns andererseits für Letzteres erkennbare Vorteile sprechen.[47] Mitunter ist allerdings bestritten worden, dass es auf qualitative Vorteile gemeinschaftlichen Handelns ankomme. Entscheidend sei, dass aufgrund eines transnationalen Problemzusammenhangs strukturell nur gemeinschaftlich verbundenes Handeln zum Erfolg führen könne.[48] Auch *Hans-Joachim Koch* hat dazu – wie folgt – Stellung genommen:

> „Im Zentrum des Vergleichs muss der Gesichtspunkt effektiver Aufgabenerfüllung stehen, nicht jedoch die Frage der Effizienz (…). Das ergibt im Grunde schon der Wortlaut von Art. 5 Abs. 2 EG, der das Erreichen der Ziele einer Maßnahme in das Zentrum der Subsidiaritätsprüfung stellt. Mithin geht es also darum, ob ein ‚transnationales‘ Problem, das auf

[41] EU-Kommission, Bessere Rechtssetzung 2003, Bericht vom 12. 12. 2003, KOM (2003) 770 endg.

[42] Kritisch zur Begriffswahl *H.-J. Koch* (Fn. 3), S. 19.

[43] Siehe nur *Calliess* (Fn. 5), Rn. 31; *ders.* (Fn. 14), S. 92 ff.; *von Bogdandy/Nettesheim* (Fn. 18), Art. 3b Rn. 19 ff. – jeweils mit weiteren Nachweisen.

[44] Protokoll Nr. 30 zum Vertrag von Amsterdam, weitgehend beruhend auf den Schlussfolgerungen des Europäischen Rates von Edinburgh am 11. Und 12. 12. 1992 über die Anwendung des Subsidiaritätsprinzips.

[45] Dahingehend auch der Bericht der Kommission „Bessere Rechtssetzung 2003“ vom 12. 12. 2003 KOM (2003) 770 endg., S. 19.

[46] *Calliess* (Fn. 5) Rn. 38: Diese liege vor, wenn nach einer hypothetischen Abschätzung der Fähigkeiten und Möglichkeiten das objektive Leistungspotential mit Blick auf das Ziel der in Betracht gezogenen Maßnahme tatsächlich unzureichend ist.

[47] *Liesenbacher* (Fn. 25), Rn. 25; *Schmidthuber*, DVBl. 1993, 417, 418 f.

[48] *Pipkorn*, EuZW 1992 697, 699; ähnlich *Lambers*, EuR 1993, 229, 237.

mitgliedstaatlicher Ebene nicht ausreichend gelöst werden kann, auf Gemeinschaftsebene besser gelöst werden kann. Diese Frage stellen, heißt sie in der Regel auch zu bejahen. Das wird auch in der Literatur vielfach betont. Denn die unzulängliche mitgliedstaatliche Aufgabenerfüllung folgt in der Regel aus den ‚kleinteiligen' Lösungen, während ein Handeln auf Gemeinschaftsebene gerade nicht diese Kleinräumigkeit von Problemlösungen aufweist. (...) Generalisierend gesagt enthalten die Gründe, die gegen eine Regelung auf nationaler Ebene sprechen, zugleich die Rechtfertigung dafür, dass auf Unionsebene eine bessere Regelung gelingt."[49]

Bei aller Diversität der Stellungnahmen wird doch insgesamt – gerade auch in der zitierten Passage – deutlich, dass dem national nicht lösbaren *transnationalen Problemzusammenhang* eine zentrale Bedeutung jedenfalls auf der ersten „negativ"-Stufe der Subsidiaritätsbedingung zuzumessen ist.[50] Die Frage, ob und inwieweit dieser Problemzusammenhang ggf. auch auf die zweite „positiv"-Stufe durchschlägt und überdies einen Effizienzvergleich erübrigt, sei daher einstweilen zurückgestellt, um zunächst näher nachzusehen, worin denn eigentlich – abstrakt betrachtet – die subsidiaritätsbegründenden transnationalen Problemzusammenhänge liegen können. Mit dem Blick auf die „Metagründe" der Integration soll sich nämlich erschließen, inwieweit es für die Subsidiaritätsfrage auf einen Effizienzvergleich oder sonst auf Gewichtungen zwischen Vor- und Nachteilen einer Verbandslösung ankommen kann.

In der Frage nach dem Wesen des transnationalen Problemzusammenhangs ist mit *Hans-Joachim Koch* zunächst festzustellen, dass „insgesamt die vorliegenden Beiträge zum Begriff der Transnationalität wenig vertiefend" sind. Die einschlägigen EU-Dokumente sehen oft in der „Wettbewerbsverzerrung im Binnenmarkt", die von divergierenden nationalen Regelungen ausgehen könne, ein zentrales transnationales Problem, das europäische Vereinheitlichung rechtfertige.[51] Dieser so häufig angerufene *Topos der Wettbewerbsverzerrung* bleibt allerdings diffus und grundlegend überprüfungsbedürftig (dazu später VI.). Erheblich einfacher und überzeugender lässt sich demgegenüber ein transnationaler Problemzusammenhang für grenzüberschreitende Umwelteffekte begründen – etwa in Form von Luft- oder Gewässerverunreinigungen (s. noch unten V.). Allerdings ist auch dies nur ein bloßes Beispiel

---

[49] *H.-J. Koch* (Fn. 3), S. 54, Bezug nehmend auf *von Bogdandy/Nettesheim* (Fn. 18), Rn. 38; *Kenntner*, NJW, 1998, 2871, 2873.

[50] Der Rechtsprechung des EuGH sind hierzu keine weiterführenden Aussagen zu entnehmen. Der EuGH hat in den wenigen einschlägigen Judikaten, in denen er sich dem Subsidiaritätsprinzip zuzuwenden hatte, keine klare Abgrenzung zwischen dem Negativ- und dem Positivkriterium vorgenommen und die Erforderlichkeit des Gemeinschaftshandels regelmäßig apodiktisch und pauschal aus der Rechtsgrundlage oder der mangelnden Kohärenz der mitgliedstaatlichen Rechtsordnungen abgeleitet. Siehe dazu die Rechtsprechungsanalysen bei *Calliess* (Fn. 5), Rn. 68 f., sowie *Albin* (Fn. 1).

[51] Siehe insbes. Nr. 5 2. Anstrich des Protokolls zu Anwendung der Grundsätze der Subsidiarität und Verhältnismäßigkeit zum Vertrag von Amsterdam (Fn. 26); ferner *Calliess* (Fn. 5), Rn. 79.

transnationaler Probleme und erfasst die Legitimation des Integrationsverbands noch nicht in ihrem Kern.

Dazu kann möglicherweise aber ein abstrahierender Blick auf die freiheitstheoretische Fundierung des Subsidiaritätsprinzips beitragen, wie sie insbesondere *Isensee* in seiner Dissertation zu „Subsidiaritätsprinzip und Verfassungsrecht" entfaltet hat.[52] Das Europäische Subsidiaritätsprinzip entspringt – wie eingangs schon erwähnt – dem liberalen Staatsverständnis der europäischen Demokratien und legitimiert die Verbandsmacht dementsprechend funktional aus der negativen und positiven sozialen Bedingtheit der freien Entfaltung[53]: durch das *freiheitsbegrenzende Konfliktpotenzial* zum einen (1) und das *freiheitserweiternde Synergiepotenzial* zum anderen (2).

(1) Die Entfaltungspotenziale sind in der Gemeinschaft zum einen dadurch restringiert, dass sie vielfältig konfligieren können und insofern im Rechtsverbund friedvoll abzugrenzen sind. Es ist dieser simple Sachzwang freiheitlich-gleichheitlicher Koexistenz, der bekanntlich den vertragstheoretischen Legitimationsgrund für das Recht darstellt und für die Hoheitsmacht, die es erlässt.[54] Wie für die Koexistenz von Bürgern im Staat gilt dies im Ansatz nach dem Subsidiaritätsprinzip grundsätzlich auch für die Gemeinschaft von Staaten.[55] Die friedvolle *Konfliktbewältigung* ist zentraler Metazweck auch der föderalen Integration.[56] Das auf Freiheits- und Frie-

[52] *Isensee*, Subsidiaritäts und Verfassungsrecht, 196, S. 44 ff.; ferner *Lechler*, Das Subsidiaritätsprinzip, 1993, S. 33; *Schliesky*, Der Beitrag des Subsidiaritätsprinzips gemäß Art. 5 Abs. 2 EGV zur Legitimation supranationaler Herrschaftsgewalt, in: ders./Schürmann, Rechtsprobleme der Verzahnung von Herrschaftsgewalt im Mehrebenensystem, 2001, S. 36 ff., 47.

[53] Zum Zusammenhang von Subsidiarität und Freiheitsidee *Höffe*, Subsidiarität als staatsphilosophisches Prinzip, in: Nörr/Oppermann (Fn. 6); *Koslowski*, Subsidiarität als Prinzip der Koordination der Gesellschaft, in: Nörr/Oppermann (Fn. 6), S. 39 f.; *K. P. E. Lasok/D. Lasok*, Law and Institutions of the European Union, Chapter 2, S. 52 f.; *Ronge*, Legitimation durch Subsidiarität, Baden-Baden 1998, S. 15 ff.; in Bezug auf Art. 28 Abs. 2 GG: *Schmidt-Jorzig*, Kommunale Organisationshoheit, 1979, S. 97 ff.

[54] Siehe nur *v. Arnim*, Staatslehre, 1984, V II 2 und 3.

[55] Vertiefend dazu z. B. *Habermas*, Die Krise der Europäischen Union im Lichte einer Konstitutionalisierung des Völkerrechts, in: Franzius/Meyer/Neyer, Grenzen der Europäischen Integration, 2014, S. 61 m.w.N.

[56] Die freiheitstheoretische Verbandslegitimierung durch das Konfliktpotenzial der dezentralen Entfaltung bildet den zentralen Begründungsansatz der funktionalistischen Integrationstheorie (grundlegend *Mitrany*, A Working Peace-System, 1943) und deckt sich mit der volkswirtschaftlichen Figur des *„Spillovers"*, die in der politökonomischen Theorie des Föderalismus (*fiscal federalism*) zur funktionale Kompetenzabgrenzung herangezogen wird (grundlegend: *Musgrave*, The Theory of public finance, 1959, ferner die instruktive Darstellung bei *Teuteman*, Rationale Kompetenzverteilung im Rahmen der europäischen Integration, 1992 und *Vaubel*, The Public Choice Analysis of European Integration, European Journal of Political Economy, 1994, S. 227 ff.). Die neofunktionalistische Integrationstheorie beschreibt demgegenüber als *Spillover* das Übergreifen der Integrationsdynamik auf weitere Politikfelder (grundlegend *Haas*, The Uniting of Europe, 1968, u. a. S. 16 f.; ferner der instruktive Überblick bei *Welz/Engel*, Traditionsbestände politikwissenschaftlicher Integrationstheorien: Die

denssicherung gerichtete internationale Recht stellt im *kantschen* Sinne ebenso wie das nationale, unmittelbar an die Bürger gerichtete Recht den „Inbegriff der Bedingungen (dar), unter denen die Willkür des einen (Staates) mit der Willkür des anderen nach einem allgemeinen Gesetze der Freiheit zusammen vereinigt werden".[57]

Eine Vereinigung nach allgemeinem Gesetz ist überall dort erforderlich, wo die (potentiellen) Entfaltungsansprüche der Einzelstaaten signifikant konfligieren. Der elementarste zwischenstaatliche Konflikt ist zweifelsohne der Grenz- bzw. Herrschaftskonflikt, und die grundlegendste Bedingung der freiheitlichen Völkergemeinschaft das Verbot des Angriffskrieges. Selbstverständlich sind es aber nicht nur die territorialen Herrschaftsansprüche, die zueinander in Konflikt treten können. Zwischenstaatliches Konfliktpotential besteht regelmäßig auch hinsichtlich der Inanspruchnahme grenzüberschreitend zugänglicher Ressourcen (sog. globaler Güter) wie der Fischbestände auf hoher See, der Nutzung eines grenzüberschreitenden Flusses, aber auch der Schädigung globaler Umweltgüter. Zur Friedens- und Freiheitssicherung ist es daher auch geboten, konfligierende Nutzungs- und Verschmutzungsansprüche durch einen internationalen „Gesellschaftsvertrag" gegeneinander abzugrenzen. Eine föderale Verbandsmacht, die diese potentiellen Konflikte reguliert und die erforderlichen Nutzungsrestriktionen und Erhaltungsbeiträge verbindlich festsetzt, stellt keinen freiheitswidrigen Angriff auf die dezentralen Autonomien dar. Sie ist im Gegenteil ein unabdingbares Instrument zur Sicherung allseitiger, gleicher Teilhabe an den begrenzten Entfaltungsmöglichkeiten.

Eine Vielfalt weiterer – und teils noch vertiefend aufzugreifender (s. unten VI.) – Konfliktpotentiale ergibt sich ferner durch den grenzüberschreitenden Wirtschaftsverkehr. Jedenfalls insoweit, wie eine Staatengemeinschaft den Wirtschaftsverkehr als synergetische Kooperation zulässt und die Extension der individuellen Wirtschaftsfreiheiten in den zwischenstaatlichen Bereich fördert, steht diese Gemeinschaft – vertragstheoretisch betrachtet – auch in der Verantwortung, die hierdurch allererst entstehenden Freiheitskonflikte zu regulieren.[58] Die „Marktregulierungsverantwortung" beinhaltet zunächst die Verantwortung des Verbandes, die Marktzugangsbedingungen einheitlich zu regeln, und sie erstreckt sich grundsätzlich auf alle Ordnungselemente, die die ordoliberale Marktkonzeption als Funktionsbedingungen eines fairen, stabilen und sozialverträglichen Marktes ausweist. Von der Marktge-

europäische Gemeinschaft im Spannungsfeld von Integration und Kooperation, in: v. Bogdandy (Hrsg.), Die Europäische Option, 1993, S. 129, 137 ff.).

[57] Metaphysik der Sitten, Akademieausgabe, Bd. 6, S. 230.

[58] *v. Arnim*, Volkswirtschaftspolitik, S. 101; ff., 82; *Kincaid*, The Competetive Challenge to Cooperative Federalism: A Theory of Federal Democray, in: Keynon/Kincaid (Hrsg.), Competition among States and Local Governmens – Efficiency and Equity in American Federalism, 1991, S. 87, 108 f.; *Möstl*, Grenzen der Rechtsangleichung im europäischen Binnenmarkt, EuR 2002, 318, 325; *Scharpf*, Economic integration, democracy and the welfare state, Journal of European Public Policy, March 1997, 18–36, S. 18 f.; *ders.*, Zur Logik einer Europäischen Mehrebenenpolitik, in: ders., Optionen des Föderalismus, 1994, Kap. 6, S. 148. *Schüller*, Subsidiarität im Spannungsfeld zwischen Wettbewerb und Harmonisierung – Interpretationsversuche aus ordnungspolitischer Sicht, in: Nörr/Oppermann (Fn. 6), S. 69.

meinschaft zu gewährleisten sind insbesondere: effektive Eigentums- und Vermögensrechte und zuverlässiger Rechtsverkehr, die Sicherung funktionierenden Wettbewerbs und einer hinreichenden Geldwertstabilität und ferner: die Gesundheits- und Umweltverträglichkeit von Handelsgütern und die Vermeidung eines gemeinwohlschädlichen Standortwettbewerbs zulasten von Umwelt-[59] und Sozialstandards.[60] Alles in allem entstehen durch die Austauschbeziehungen vielfältige Konfliktpotentiale und ein entsprechend umfangreicher Regulierungsbedarf. Für alle diese „marktinduzierten" Konfliktpotenziale gilt, dass sich ohne weiteres eine Regelungsverantwortung der Marktgemeinschaft begründen lässt.

Die Legitimierung des Verbands aus dem transnationalen Konflikt erstreckt sich grundsätzlich auf alle Regelungen, die unerlässlich sind, um den Konflikt wirksam zu lösen. Dazu zählen – wie unten (V.) am Beispiel des Umweltschutzes noch zu erläutern ist – auch die nötigen Rechtsdurchsetzungsinstrumente. Nicht kategorisch legitimiert sind indes Vorgaben zur Umsetzungsweise, die zur Konfliktbewältigung nicht unverzichtbar sind, sondern lediglich den Wirkungsgrad der verbandsrechtlichen Konfliktlösung graduell erhöhen. Da ein gradueller, ggf. auch nur marginaler Effektivitätsgewinn nicht ohne weiteres den daraus resultierenden Verlust von dezentraler Autonomie und Effizienz rechtfertigen kann, ist hinsichtlich solcher Umsetzungsregelungen ein Effektivitäts-Effizienz-Dilemma zu konstatieren,[61] sodass über die Legitimität mittels eines abwägenden Effektivitäts-Effizienz-Vergleichs unter dem Positiv-Kriterium des Art. 5 Abs. 3 EUV zu entscheiden ist.

(2) Die Rechtsgemeinschaft kann ihre Rechtfertigung nicht nur in der Notwendigkeit finden, konfligierende Freiheitsansprüche abzugrenzen, sondern auch dadurch, dass sie den Wirkungsgrad der individuellen Freiheiten durch Kooperation relevant vergrößert. Auch ein solches Verbandsrecht, das die hierfür erforderlichen Kooperationsregelungen festlegt, dient grundsätzlich der Freiheitsentfaltung und kann daraus seine Legitimation beziehen.[62] Synergien können insbesondere durch Arbeitsteilung, Spezialisierung und Größenvorteile erzielt werden.[63] Die bedeutendste synergetische Kooperation ist zweifellos die der Marktgemeinschaft, die ganz erhebliche Effizienzvorteile mit sich bringt, aber auch – wie oben dargelegt – eine Vielfalt von transnationalen Folgekonflikten. Weitere Synergiepotenziale liegen beispielsweise in

- der Harmonisierung von Produktnormen und Transferbedingungen zur Vermeidung von Transaktionskosten, die durch die Anpassung an divergierende dezentrale Standards verursacht werden,

---

[59] *H.-J. Koch* (Fn. 3), S. 52 f.; ferner *Kahl*, AöR 1993, 414, 424.

[60] Vgl. *Bieback*, EuR 1992, 151, 157 ff.

[61] Dazu u. a. *Britz*, EuR 2006, 2008, 47 f.

[62] Die kooperative Synergie durch Spezialisierung und Tausch (Marktgemeinschaft), durch Größenvorteile sowie durch Absenkung von Transferkosten im Markt stellt in der politökonomischen Föderalismustheorie – neben den Spillovers – die zweite Begründungssäule für Verbandskompetenzen dar; s. *Picot* (Fn. 8, S. 105 ff.).

[63] Dazu z. B. *Thöni*, Politökonomische Theorie des Föderalismus, 1986, S. 42.

- der technischen und organisatorischen Koordinierung von Infrastrukturen zur Erleichterung des grenzüberschreitenden Personen-, Produkt-, Kapital- und Datenverkehrs,
- der grenzüberschreitenden Ausnutzung von Standort- und Größenvorteilen bei der Bereit- und Sicherstellung öffentlicher Grundversorgungsfunktionen insbesondere in den Bereichen Energie, Wasser und Entsorgung,
- der justiziellen Kooperation bei der Durchsetzung von Regelungen, denen ihre Adressaten sich über die Hoheitsgrenzen hinweg leicht entziehen können,
- der koordinierten Interessenvertretung nach außen,
- dem Austausch von Informationen und Erfahrungen über die Lösung gleichartiger regional-örtlicher Probleme auf der Basis einheitlicher Sprach- und Maßstabsregelungen.

Anders als die transnationale Konfliktbewältigung ist die Kooperation zur Erzeugung von Synergien niemals *per se* unerlässlich, sondern lediglich – mehr oder weniger – nützlich. Die Kooperation zur Realisierung von Synergien erfolgt gewissermaßen freiwillig, weil sich alle Kooperationspartner davon einen Mehrwert versprechen. Zu einem Gesamtnutzen führt die Synergie allerdings nur dann, wenn ihr Nutzen die Nachteile überwiegt, die dezentral aus dem erforderlichen Verzicht auf Vielfalt, Selbstbestimmung und föderalen Wettbewerb resultieren. So bringt z. B. die Angleichung von Produktnormen einen synergetischen Nutzen dadurch ein, dass sie den betroffenen Herstellern eine Anpassung an verschiedene dezentrale Normen erspart. Gleichzeitig verschließt aber die Verbandsnorm den dezentralen Normgebern die Möglichkeit, den besonderen dezentralen Prioritäten – z. B. bezüglich der Produktsicherheit – Rechnung zu tragen oder alternative und ggf. bessere Lösungen zu entwickeln und am Markt anzubieten. Im Hinblick auf das übergeordnete Wohlfahrtsziel kann es daher u. U. sinnvoller sein, auf Synergie zu verzichten und Transaktionskosten bewusst in Kauf zu nehmen, um den höheren Wohlfahrtspotenzialen dezentraler Steuerung Raum zu geben. Die Rechtfertigung der synergetischen Kooperation erfordert daher, anders als die Konfliktregulierung, stets eine Abwägung zwischen Nutzen- und Nachteilen der Integrationslösung. Insoweit setzt das „Besser"-Kriterium des Art. 5 Abs. 3 EUV in der Tat einen Effizienzvergleich voraus.[64]

Was die Anforderungen an diesen Effizienzvergleich betrifft, so ist der Union mit der ganz h.A. ein großer Prognose- und Ermessensspielraum zuzugestehen.[65] Ob im

---

[64] Siehe dazu *Winter*, EuR 2005, 252, 255, der bezweifelt, dass reine Effizienzeffekte ausreichen können, um den Legitimationsverlust zu rechtfertigen, der mit der Zentralisierung von Rechtsentscheidungen einhergeht.

[65] Vgl. EuGH, C-84/94, Slg. 1996, I5755, Rn. 74 ff.; C-233/94, Slg. 1997, I-2405, Rn. 22 ff.; *Blanke*, ZfG; *Liesenbacher* (Fn. 25), Rn. 30; 1991, 133, 141, *Ter Steeg*, EuZW 2003, 325, 328; *Zuleeg*, Justiziabilität des Subsidiaritätsrinzips, in: Nörr/Oppermann (Fn. 6), S. 185, 193; Die Effizienz der dezentralen Steuerung lässt sich kaum treffsicher prognostizieren. Der Ökonomie zufolge liegt ja der Wert der Freiheit gerade darin, dass sie unvorhersehbaren Präferenzentscheidungen der Bürger Raum gibt. Demnach liegt es im Wesen der

Einzelfall die Synergieeffekte höher einzuschätzen sind als die dezentralen „Opportunitätskosten“ der Rechtsvereinheitlichung, ist eine Prognose- und Gewichtungsfrage, die in weitem Maße der politischen Ziel- und Prioritätensetzung zuzurechnen ist. Die rationalisierende und autonomieschonende Funktion des Subsidiaritätsprinzips und des Verhältnismäßigkeitsgrundsatzes ist allerdings gegenüber dieser Ermessenskompetenz des Verbands im Rahmen der Verfahrens- und Begründungspflichten u. a. gem. Art. 296 Abs. 2 AEUV und Art. 5 Subsidiaritätsprotokoll zur Geltung zu bringen.[66]

V. Das Subsidiaritätsprinzip im Umweltschutz

Ein wesentliches Verdienst der hier gewürdigten Arbeit *Hans-Joachim Kochs* liegt darin, sehr deutlich die transnationalen Bezüge des Umweltschutzes herausgearbeitet und insgesamt auch dargelegt zu haben, in welch hohem Grade danach der Umweltschutz in der Gemeinschaftsverantwortung zu verorten ist. Ganz im Einklang mit den vorstehenden grundsätzlicheren Überlegungen hat der Jubilar zunächst herausgestellt, dass eine subsidiäre Gemeinschaftsverantwortung jedenfalls – und ohne dass es dafür auf Effizienzerwägungen ankommt – gegenüber all jenen Umwelteinwirkungen besteht, die sich grenzüberschreitend auswirken, wie insbesondere durch Ferntransport von Luftschadstoffen,[67] auf grenzüberschreitende Gewässer, das globale Klima, auf wandernde Arten[68] und schließlich auch solche Naturbestandteile, die zwar keine Landesgrenzen überschreiten, die aber aufgrund ihrer Einmaligkeit als globales Naturerbe gelten müssen. Es ist unbestreitbar, dass jeder „Übergriff“ auf solche benachbarten oder grenzüberschreitenden Umweltgüter im Konflikt mit den Schutzinteressen der betroffenen Nachbarstaaten steht und dass es zur fairen Regulierung dieses Konfliktes in jedem Fall einer gemeinschaftlichen (Verbands-)Lösung bedarf. Und es ist daher folgerichtig, dass alle genannten Umweltgüter bereits Gegenstand sowohl völkerrechtlicher[69] als auch gemeinschaftsrechtlicher Bewirtschaftungsregime sind.[70] Auf Effizienzerwägungen kann es insoweit für die Frage, *ob* unionale Konfliktlösungen erforderlich sind – wie oben bekräftigt – nicht ankommen.

Freiheit, dass sie nicht *ex ante* ökonomisch präzise bewertet werden kann. Allerdings lässt sich in der Regel aber grob abschätzen, ob von der jeweiligen Gemeinschaftszielsetzung unterschiedliche dezentrale Präferenzen betroffen sind und inwieweit sich Möglichkeiten für individuelle und innovative Lösungsmöglichkeiten bieten.

[66] Vgl. *Calliess* (Fn. 5), Rn. 75 f.; *Schwarze*, DVBl. 1995, 1265 1267; *Zuleeg* (Fn. 69), S. 185, 194; *Jarass*, EuGRZ 1994, 212 f.; zur Notwendigkeit der Prozeduralisierung der Subsidiaritätsprinzips: *Papier*, Auf dem Weg zu einer Verfassung für Europa, in: Bröhmer et al. (Hrsg.), Festschrift für Georg Ress, 2005, S. 699, 707.

[67] Fn. 3, S. 46.

[68] Fn. 3, S. 33 f.

[69] Vgl. *Buck/Verheyen*, Umweltvölkerrecht, in: Koch (Hrsg.) Umweltrecht, 4. Aufl., 2013, S. XX ff.

[70] Für einen instruktiven Überblick siehe *H.-J. Koch*, Das Subsidiaritätsprinzip im europäischen Umweltrecht, S. 31 ff.

Weniger eindeutig als bei diesen unmittelbaren externen Umwelteffekten liegt die Konfliktlage bei den „marktvermittelten“ Konflikten, die sich einerseits produktbezogen daraus ergeben, dass dezentrale Schutz- und Marktzutrittsansprüche in Konflikt treten können, und andererseits standortbezogen daraus, dass dezentrale Umweltanforderungen im grenzüberschreitenden Markt als Wettbewerbsfaktoren in Konkurrenz treten können. Darauf wird noch zurückzukommen sein. Zunächst ist allgemeiner noch auf die Frage des „Wie“ der verbandsrechtlichen Konfliktregulierung einzugehen, d.h. welche *Art und Intensität* unionaler Steuerung denn zur Bewältigung der o.g. Umweltkonflikte erforderlich ist.

In dieser Frage kommt es zunächst entscheidend darauf an, dass der Verband den betreffenden Konflikt, der einen erfolgreichen dezentralen Schutz der globalen Güter verhindert, möglichst wirksam und vollständig löst. Gegenstand des Konfliktes ist zweierlei. Zum einen werden in der Regel unterschiedliche Ansichten darüber bestehen, welches Schutzniveau anzustreben ist. Dazu muss im Verband eine verbindliche Zielvereinbarung getroffen werden. Zum anderen wird Konfliktfrage sein, welche Beiträge die einzelnen Mitglieder zur Realisierung des gemeinsamen Schutzniveaus zu leisten haben. Andernfalls würde jede Einheit weiterhin zu konfliktträchtigem, eigennützigem Handeln neigen, weil im Sinne des „Gefangenen-Dilemmas“ mit gemeinnützigem Handeln der jeweils anderen Parteien nicht sicher gerechnet werden kann. Der Verband muss daher immer auch dafür sorgen, dass die jeweiligen dezentralen „Pflichtbeiträge“ zum gemeinschaftlichen Schutzziel klar definiert und wirksam geleistet werden.

Schutzniveau und dezentrale Pflichtbeiträge müssen durch den Verband auch möglichst abschließend und konkret festgelegt werden. Andernfalls bleibt der transnationale Konflikt partiell ungelöst und der Verband hinter seinen Problemlösungspotentialen zurück. Es kann beispielsweise dem Anspruch funktionaler Ordnung nicht genügen, wenn die Gemeinschaft zur Frage der Reinhaltung grenzüberschreitender Gewässer lediglich die unbestimmte Zielsetzung eines „guten Gewässerzustands“ normiert und die Konkretisierung dieser Vorgabe wesentlich in das Ermessen der Mitgliedstaaten stellt. Besteht ein transnationaler, das Gemeinschaftshandeln erfordernder Konflikt, so ist die Gemeinschaft durch das Subsidiaritätsprinzip aufgerufen und legitimiert, diesen Konflikt auch möglichst abschließend zu lösen. Besteht kein solcher Konflikt – wie dies für Gewässer ohne grenzüberschreitende Wirkungsbezüge der Fall sein kann – so dürfte die Gemeinschaft dagegen nach dem Subsidiaritätsprinzip gar nicht, auch nicht durch abstrakte Zielvorgaben, tätig werden.

Dem allgemeinen Schutzzweck entspricht es ferner, dass die hierzu ergehenden Verbandsvorgaben stets als *Mindest*schutzbestimmungen zu verstehen sind, welche zusätzliche Schutzmaßnahmen auf dezentraler Ebene nicht ausschließen. Der transnationale Konflikt besteht ja ausschließlich dadurch, dass die dezentralen Akteure ohne gegenseitige Bindungen dazu tendieren, auf Kosten der Umwelt (ihrer Nachbarn) *zu wenig* für den Umwelt- und Ressourcenschutz zu tun. Die verbandsrechtlichen Schutzpflichten müssen und dürfen sich daher *a priori* nicht gegen zusätzliche

Schutzmaßnahmen richten; solche Maßnahmen entsprechen im Gegenteil dem abstrakten Schutzzweck der Gemeinschaft. In dieser Hinsicht ist das EU-Recht gewissermaßen von „verfassungswegen" subsidiaritätskonform, soweit es in Art. 193 AEUV den Mitgliedstaaten das Schutzverstärkungsrecht primärrechtlich vorbehält. Demgegenüber liegt die bundesdeutsche Kompetenzordnung vom Subsidiaritätsmaßstab ersichtlich entfernt, da sie den Ländern keine Schutzverstärkungskompetenz einräumt. Die Föderalismusreform von 2006 hat den Abstand zur funktionalen Kompetenzverteilung sogar noch erweitert, indem sie die Länder durch die partiellen Abweichungsrechte dazu ermächtigt hat, das bundesrechtlich vorgegebene Schutzniveau zu unterschreiten.[71]

Unter dem Aspekt der Regelungsintensität gebietet es das Subsidiaritätsprinzip weitergehend, das erforderliche Mindestschutzniveau durch möglichst autonomieschonende Instrumente zu gewährleisten, d. h. die Wahl der Umsetzungsmittel möglichst weitgehend bei den Mitgliedstaaten zu belassen. Das gleiche Gebot zur autonomieschonenden Steuerung leitet die h.A. – wie oben (III.) dargelegt – aus dem Verhältnismäßigkeitsgrundsatz ab. Diesem Gebot entspricht idealiter ein *finaler* Steuerungsansatz, der das gemeinschaftliche Schutzniveau durch Umweltqualitätsziele fixiert und es im Übrigen den Mitgliedstaaten überlässt, mit welchen Mitteln sie diese Ziel erreichen. Offenkundig bedarf es im Bereich der grenzüberschreitenden, durch eine Quellenvielzahl verursachten Umwelteffekte auch einer konkreten Festlegung der Schutzbeiträge, die von den Mitgliedern zu erbringen sind, weil andernfalls eben darüber der transnationale Konflikt fortbesteht. Hierzu hat *Hans-Joachim Koch* dargelegt, dass es in grenzüberschreitenden multiplen Verursachungszusammenhängen regelmäßig nicht möglich ist, die dezentralen Schutzbeiträge durch Qualitätsziele zu bestimmen, und dass es daher zur Lösung des transnationalen Umweltkonfliktes auch erforderlich sein kann, abgeleitete dezentrale Schutzbeiträge festzulegen wie namentlich Emissionsstandards. Dem ist prinzipiell beizupflichten, wobei allerdings immer auch zu prüfen ist, inwieweit der dezentrale Beitrag quellenscharf bestimmt werden muss oder ausreichend bereits durch aggregierte Emissions(mengen)standards fixiert werden kann, die dem Mitgliedstaat gewisse Spielräume bei der individuellen Zuteilung offen lassen.[72] Beispiel für ein Regelungsfeld, in dem die transnationalen Umweltkonflikte nicht durch generelle Qualitätsziele gelöst werden können, ist das Abfallrecht. Das gemeinschaftliche Mindestschutzniveau, das erforderlich ist, um einen gemeinwohlverträglichen grenzüberschreitenden Wettbewerb von Entsorgungsleistungen zu gewährleisten und ein marktvermitteltes „race to the bottom" bei Entsorgungsstandards zu verhindern, kann hier wirksam nur über zentrale Anforderungen an die Entsorgungsverfahren gesichert werden.

Wie allgemein unter IV. dargelegt wurde, gehört zur Konfliktverantwortung des Verbands auch – und auch darauf weist *Hans-Joachim Koch* in seiner Münchner

[71] Vgl. dazu die Kritik des Sachverständigenrates für Umweltfragen (Fn. 4), Tz. 24 ff.

[72] Siehe das Beispiel der NEC-Richtlinie 2001/81 EG über nationale Emissionshöchstmengen für bestimmte Luftschadstoffe.

Schrift nachdrücklich hin –, die Neigungen der Umsetzungsverpflichteten zur Nichterfüllung zu berücksichtigen und die erforderlichen Regelungen zur effektiven Durchsetzung der Gemeinschaftsziele zu treffen. Auch die wirksame Durchsetzung ist ein Erfordernis der transnationalen Konfliktbewältigung, und die Union muss sich insoweit nicht auf das Vertragsverletzungsverfahren verweisen lassen. Vor dem Hintergrund jahrzehntelanger Erfahrungen mit massiven Umsetzungswiderständen und -defiziten müssen grundsätzlich auch „präventive" Mittel der Effektivitätssicherung als subsidiär erforderlich gelten.[73] Dabei ist zwischen Vorgaben zur *Um*setzung und Mitteln der *Durch*setzung der unionalen Zielvorgaben zu unterscheiden. Gegen Verbandsinstrumente zur besseren Rechtsdurchsetzung ist aus dem Gesichtspunkt der Subsidiarität im Prinzip nichts zu erinnern, sofern sie nicht auch in die Umsetzungswege hineinregieren. Unproblematisch dürften unter dem Gesichtspunkt der Rechtsdurchsetzung jedenfalls diejenigen Instrumente zu rechtfertigen sein, die unmittelbar das Durchsetzungsverhältnis zwischen der Union und den Mitgliedstaaten betreffen. Insbesondere sind dies die im Unionsrecht inzwischen weit verbreiteten

- Planungspflichten, mit denen den Mitgliedstaaten aufgetragen wird, schlüssig und praktisch erfolgversprechend darzulegen, wie sie ein bestimmtes Gemeinschaftsziel (z. B. eine bestimmte Umweltqualität oder Emissionsmengengrenze) in einem gesetzten Zeitrahmen erreichen wollen. Eine solche Implementationsplanung gehört prinzipiell zu den unerlässlichen Flankierungen einer subsidiaritäts-gerichteten Steuerung, die sich namentlich darauf zurückzieht, konkrete Schutzziele vorzugeben, und die Wahl der Mittel weitest möglich den Mitgliedstaaten überlässt.[74] Eine solchermaßen autonomieschonende Steuerung verspricht allerdings – nach allem was die Erfahrung lehrt – nur dann Erfolg, wenn sich die Union durch eine flankierende Pflicht zur Implementationsplanung die Möglichkeit sichert, Ernsthaftigkeit und Geeignetheit der dezentralen Umsetzung präventiv zu kontrollieren.
- Monitoring-, Informations- und Berichtspflichten sowie Kontrollverfahren, die unerlässlich sind, um sicherzustellen, dass die Mitgliedstaaten im Rahmen der Ihnen überlassenen Umsetzungsspielräume auf Zielerreichungskurs sind.

Weniger eindeutig liegt die Beurteilung derjenigen Instrumente, mit denen die Union auf das mitgliedstaatliche Verfahrens- und Rechtschutzsystem zugreift, um durch Umweltprüfungs-, Informations-, Beteiligungs- und Klagerechte die nationalen Verwaltungen, Betroffenen, Bürger und Verbände zur besseren Durchsetzung des

[73] Siehe *Krämer*, Defizite im Vollzug des EG-Umweltrechtsund ihre Ursachen, in: Lübbe-Wolff (Hrsg.), Der Vollzug des europäischen Umweltrechts, 1996, S. 7 ff.; im selben Band, S. 209 ff., auch *Knill/Heritier*, Neue Instrumente in der europäischen Umweltpolitik, Strategien für eine effektivere Implementation.

[74] *Reese*, Qualitätsorientierung im Umweltrecht, in: Oldiges (Hrsg), Umweltqualität durch Planung, 2003, S. 23 ff., 41; *Köck*, Pläne, in: Hoffmann-Riem/Schmidt-Aßmann/Voßkuhle (Hrsg.), Grundlagen des Verwaltungsrechts Band II, 2008, § 37 Rn. 7.

Unionsrechts gleichsam verfahrensrechtlich zu ertüchtigen.[75] Diese Vorgehensweise ist z. T. grundsätzlich kritisiert und es ist ihr u. a. eine angebliche „Verfahrensautonomie“ der Mitgliedstaaten entgegengehalten worden.[76] Demgegenüber hat *Hans-Joachim Koch* in seiner „Münchner Schrift“ überzeugend dargelegt, dass die Verbandsaufgabe der transnationalen Umweltkonfliktlösung auf der Grundlage einer absoluten Verfahrensautonomie der Mitgliedstaaten gar nicht wirksam erfüllt werden könnte. Dass das Umweltverfahrensrecht ganz wesentlich über den Wirkungsgrad des materiellen Umweltrechts entscheidet, kann vor dem heutigen Erfahrungshintergrund niemand ernstlich bezweifeln. Eine absolute Verfahrensautonomie wäre daher bereits mit dem Subsidiaritäts-Auftrag der effektiven Umweltkonfliktlösung unvereinbar. Vielmehr muss der subsidiären Union auch die Befugnis zustehen, die verfahrensmäßigen Voraussetzungen der wirksamen Durchsetzung auf einem Mindestniveau verbandsrechtlich einzufordern.

Einer Verfahrensautonomie steht aber auch das Gebot zur autonomieschonenden Steuerung selbst entgegen, weil die verbandsrechtlichen Verfahrenssicherungen oftmals erst die Voraussetzung dafür schaffen, dass den Mitgliedstaaten in materieller Hinsicht relevante Wahlfreiheiten eingeräumt werden können.[77] Gleichwohl ist der empfindlichen Haltung gegenüber dem europäischen Umweltverfahrensrecht zuzugeben – und so dürften die Hinweise zur Verfahrensautonomie auch zu verstehen sein – dass im Verfahrensbereich wegen des nur mittelbaren Bezugs zum eigentlichen Integrationszweck und ggf. auch wegen der Nähe zu tragenden nationalen Verwaltungsrechtsstrukturen eine besondere Sensibilität der Verbandsgesetzgebung gefordert ist. Entscheidend ist, dass nicht – wie es aber praktisch durchaus den Anschein hat – ohne weiteres davon ausgegangen wird, dass sich jede nur irgend *nützliche* Verfahrensvorkehrung unter dem Subsidiaritätsprinzip rechtfertigen lässt. Vielmehr ist nach dem Subsidiaritätsprinzip eine überzeugende Begründung dafür zu verlangen, dass ohne die zentrale Verfahrensvorgabe die wirksame Lösung des betreffenden Umweltkonflikts nicht hinreichend gewährleistet ist. Für Verfahrensvorkehrungen, die nicht als unverzichtbare Durchsetzungsvoraussetzungen gelten müssen – wie z. B. ein Kontrollvorbehalt für stark umweltrelevante Aktivitäten –, sondern lediglich

---

[75] Die Rede ist insoweit von der Richtlinie 85/337/EWG über die Umweltverträglichkeitsprüfung bei bestimmten öffentlichen und privaten Projekten vom 27. 6. 1985, die Richtlinie 2001/42/EG über die Prüfung der Umweltauswirkungen bestimmter Pläne und Programme vom 27. 6. 2001, der Richtlinie 2003/35/EG vom 26. Mai 2003 über die Beteiligung der Öffentlichkeit bei der Ausarbeitung bestimmter umweltbezogener Pläne und Programme und zur Änderung der Richtlinien 85/337/EWG und 96/61/EG des Rates in Bezug auf die Öffentlichkeitsbeteiligung und den Zugang zu Gerichten, aber auch die Richtlinie 2004/35/EG vom 21. April 2004 über Umwelthaftung zur Vermeidung und Sanierung von Umweltschäden.

[76] Vgl. *Pache*, EG-rechtliche Möglichkeiten und Grenzen einer Harmonisierung nationaler Vollzugssysteme, in: Lübbe-Wolff (Hrsg.), Der Vollzug des Europäischen Umweltrechts, 1996, S. 177, 181 m.w.N.

[77] So weist *Pache* (Fn. 79), S. 178, zutreffend darauf hin, dass ein großer Teil der Vollzugsdefizite darauf zurückzuführen ist, dass die Mitgliedstaaten kein wirksames Vollzugssystem zur Verfügung stellen.

graduelle Verstärkungen des Wirkungsgrades versprechen, ist zudem der Mehrwert-Test zu erbringen (s. oben IV.). Auch ist die Intensitätsdimension des Subsidiaritätsprinzips ernst zu nehmen und zu prüfen, welcher Detailierungsgrad erforderlich ist und inwieweit die Ausgestaltungsfragen den dezentralen Ebenen überlassen bleiben können.

Was schließlich die *Umsetzungsmittel* betrifft, so gilt entsprechend, dass *unerlässliche* Umsetzungsmittel ohne besonderen Mehrwerttest unmittelbar aus dem Konfliktlösungsauftrag legitimiert werden können, während „nützliche" Vorgaben, die nur eine graduelle Effektivitätssteigerung bezwecken, im Hinblick auf den dezentralen Autonomie- und Effizienzverlust zu rechtfertigen sind. Auch unionsrechtliche Emissionsgrenzwerte können mitunter als unerlässliches Umsetzungsinstrument vor dem Subsidiaritätsprinzip gerechtfertigt werden.[78] Freilich bleibt zu beachten, dass für die ubiquitäre Unerlässlichkeit des Umsetzungsinstruments überzeugende Gründe angeführt werden müssen, und insoweit können an dem einen oder anderen „Nebeninstrument" des europäischen Umweltrechts durchaus Zweifel angemeldet werden.

VI. Subsidiarität und Umweltschutz in der Marktgemeinschaft – wettbewerbsvermittelte Integrationserfordernisse

Im grenzüberschreitenden Markt liegen zweifellos große Synergiepotenziale, und das Bekenntnis dazu zählt zum Fundament der europäischen Integration. Allseitiges Wachstum dürfen sich die Staaten vom grenzüberschreitenden Wirtschaftsverkehr jedoch nur unter der Voraussetzung versprechen, dass der Marktzutritt gegenseitig auch dort gewährt wird, wo die inländischen Anbieter den Auswärtigen unterlegen sind. Zur Preisgabe seiner Märkte wird jeder einzelne Staat aber nur dann bereit sein, wenn der gegenseitige Markzugang durch eine gemeinsame Marktordnung rechtlich gewährleistet ist.[79] Die Integration der Märkte ist deshalb eine originäre Verbandsaufgabe. Der Verband muss im Konflikt der Wettbewerbsegosimen dafür sorgen, dass das gegenseitige Marktzugangsversprechen durch die Prinzipien der Meistbegünstigung und Inländergleichbehandlung allseits beachtet wird und einseitige Handelsbeschränkungen jeder Art unterbleiben. Insoweit kommt dem Verband eine *Marktgewährleistungsverantwortung* zu.[80]

Mit dem Umweltschutz berührt sich diese Marktgewährleistungsverantwortung im Bereich der *produkt*bezogenen Umweltstandards dadurch, dass bei divergierenden nationalen Schutzstandards zwischen berechtigten höheren Schutzansprüchen

---

[78] *H.-J. Koch* (Fn. 3), S. 59.

[79] Constitutionally Constrained and Safeguarded Competition in Markets and Politics, 1993, S. 10 f.

[80] Zur spieltheoretischen Begründung dieser Marktgewährleistungsverantwortung s. u. a. *Vanberg*, Constitutionally Constrained and Safeguarded Competition in Markets and Politics, 1993, S. 10 ff.

und unzulässigen Protektionismen abzugrenzen ist. Den Konflikt der unterschiedlichen Schutz- bzw. Vorsorgeansprüche muss der Verband dadurch lösen, dass er den höchsten zulässigen Anforderungsmaßstab definiert.[81] Erforderlich sind insoweit nur *Höchstvorgaben*, aber keine Vollharmonisierung. Eine Unterschreitung der Verbandsvorgabe ist aus dem Gesichtspunkt der Marktgewährleistung irrelevant.

Aus der gegenseitigen Verpflichtung zur Marktintegration folgt für die Integrationsgemeinschaft auch eine *Verantwortung zur Ordnung der Märkte*, weil wesentlichen Erfordernissen der Marktordnung in den grenzüberschreitenden Wirtschaftsbeziehungen nicht mehr alleine auf dezentraler Ebene Rechnung getragen werden kann.[82] Im Bereich des Umweltschutzes geht diese Marktordnungsverantwortung v.a. dahin zu verhindern, dass der grenzüberschreitende Standortwettbewerb zu einem Deregulierungswettbewerb hinsichtlich produktionsbezogener Umweltstandards gerät. *Hans-Joachim Koch* hat dies in seiner Münchner Schrift so formuliert:

> „In einer Freihandelszone sind die Mitgliedstaaten dem Druck ihrer Unternehmen ausgesetzt, möglichst günstige Standortbedingungen für den Wettbewerb auf dem Binnenmarkt zu bieten. Es droht daher in jeder Freihandelszone ein Wettbewerb um die Externalisierung von Umwelt- und Sozialkosten. Dem lässt sich nur auf der gleichen politischen Ebene begegnen, auf der die Freihandelspolitik gestaltet wird."[83]

Überzeugend sieht *Hans-Joachim Koch* es daher in der Verantwortung der Marktgemeinschaft, eine ökologische und soziale Geschäftsgrundlage (das sog. level playing field) für den produktions- und standortbezogenen Umweltschutz zu definieren und durch entsprechende Mindeststandards zu schützen. Vor allem wegen dieses marktakzessorischen Verantwortungszusammenhangs kommt *Hans-Joachim Koch* in seiner Münchner Schrift zu folgendem Fazit:

> „Im Bereich der Umweltpolitik spricht eine Vermutung dagegen, dass die der Gemeinschaft aufgegebene Umweltpolitik mit hohem Schutzniveau und Integration in alle Politikfelder ausreichend auf mitgliedstaatlicher Ebene bewältigt werden kann."

Dieses Resümee verdient m. E. grundsätzliche Zustimmung, erscheint jedoch in der Reichweite präzisierungsbedürftig. Die Annahme vom „Externalisierungswettbewerb" liegt in der basalen Logik des Marktes begründet und findet ihre praktische Bestätigung in den massiven Deregulierungsforderungen, die mit dem Argument der Wettbewerbsfähigkeit an das standortbezogene Umweltrecht gestellt worden sind. Offenkundig herrscht auch bei den betroffenen Wirtschaftskreisen und Entscheidungsträgern die Vorstellung, dass den Unternehmen durch vergleichsweise höhere Schutzauflagen und „gründlichere" Zulassungsverfahren beträchtliche, möglichst zu vermeidende Wettbewerbsnachteile entstünden. Dass diese Sichtweise in der Politik

---

[81] Siehe dazu *Scherzberg*, Risikomanagement vor der WTO, ZUR 2005, 1, 7.

[82] *v. Arnim* (Fn. 61); *Schüller* (Fn. 61); *Möstl* (Fn. 61).

[83] *H.-J. Koch* (Fn. 3), S. 68; s. auch schon *Scharpf*, Economic integration, democracy and the welfare state, Journal of European Public Policy, March 1997, 18–36, S. 18 ff., 19; *ders.*, Zur Logik einer Europäischen Mehrebenenpolitik, in: ders., Optionen des Föderalismus, 1994, Kap. 6, S. 148.

verfängt, kommt nicht zuletzt in dem Paradigma der 1:1-Umsetzung gemeinschaftlicher Vorgaben zum Ausdruck, das einer nationalen Schutzverstärkung eine prinzipielle – standortpolitische – Absage erteilt.[84]

Andererseits ist längst auch belegt, dass die schematische Annahme vom ökologischen Standortwettbewerb praktisch erheblich zu relativieren ist, weil in vielen Fällen mit den betreffenden Umweltstandards gar keine wirklich wettbewerbsrelevanten Kosten verbunden sind. So ist in ökonomischen Studien nachgewiesen worden, dass die Kosten im Vergleich zu den sonstigen Faktorkosten meist so gering sind, dass sie gar keine signifikanten Wettbewerbsnachteile vermitteln können.[85] Auch ist gezeigt worden, dass von dezentralen Schutzstandards und einer höheren Standort- und Produktumweltqualität oftmals auch erhebliche positive Wettbewerbseffekte ausgehen, die die zumeist marginalen negativen Effekte deutlich überwiegen.[86]

In Anbetracht dieser Erkenntnisse kann es dem autonomieschonenden Ordnungsgehalt des Subsidiaritätsprinzips nicht genügen, die Ausübung der Umweltkompetenz in Angelegenheiten des lokalen Umweltschutzes schematisch durch die Figur des Externalisierungswettbewerbs zu rechtfertigen. Unerlässlich erscheint stattdessen, im Einzelfall zu prüfen und abzuwägen, ob die Wettbewerbsrelevanz des europäischen Schutzniveaugefälles konkret als so gravierend einzustufen ist, dass verbandsrechtliche Mindestvorgaben zum (hohen) Schutzniveau wirklich notwendig erscheinen. Dabei wird man insbesondere die tatsächliche Kostenmehrbelastung genauer in den Blick zu nehmen und zu prüfen haben, ob darin tatsächlich eine wettbewerbsrelevante Mehrbelastung liegen kann.

Zurückhaltung gegenüber einer allzu schematischen Legitimierung verbandrechtlicher Schutzbestimmungen erscheint überdies auch im Hinblick auf den übergeordneten Zweck des gemeinsamen Marktes angezeigt, der ja darin liegt, die Wohlstandspotenziale zu realisieren, die im Austausch divergierender Standortvorteile und Präferenzen liegen.[87] Divergierende Ansprüche an die örtliche Umweltqualität können insoweit durchaus zu den „Terms of Trade“ gerechnet werden, deren Materialisierung im grenzüberschreitenden Markt zur Mehrung der Gesamtwohlfahrt beiträgt. Dieser Zusammenhang spricht jedenfalls dafür, dass die Union hinsichtlich rein örtlicher Umweltwirkungen zurückhaltend regulieren und den Mitgliedstaaten

---

[84] Vgl. dazu aktuell und umfassend *Squintani*, Goldplating of European Environmental Law, 2013.

[85] Grundlegend *Porter*, The Competitive Advantage of the Nations, New York 1990, S. 585 ff.; *Porter/van der Linde*, Towards a New Conception of the Environment-Competitiveness Relationship, J.Econ.Persp. 1995, 97 ff.; *Vogel*, Trading Up: Consumer and Environmental Regulation in the Global Economy, Cambridge 1995, Kap. 8.

[86] Mitunter wird darin auch die Erklärung für das sog. *Harrington Paradox* gesehen, die Beobachtung, dass Umweltstandards häufig von den Unternehmen übererfüllt werden. Siehe *Nyborg/Telle*, A dissolving paradox: Firm's compliance to environmental regulation, 2004.

[87] Aufschlussreich und instruktiv dazu *Binswanger/Welper*, Umweltschutz und Subsidiaritätsprinzip, Weiterentwicklung der Entscheidungsprozesse in der Europäischen Union, in: Riklin/Batliner (Hrsg.): Subsidiarität.1994, S. 411, 413 ff., 422 ff.

und Regionen bei der Bestimmung des „hohen Schutzniveaus" mehr Spielraum einräumen sollte als in Bezug auf unmittelbar grenzüberschreitende Umweltwirkungen.

Im Lichte der vorgenannten Vorbehalte (gegenüber der Rechtfertigungsfigur des Externalisierungswettbewerb) sind gegenüber dem einen oder anderen gutgemeinten Regelungsvorstoß der Union doch Zweifel anzumelden. Dies gilt nach Ansicht des Verfassers z.B gegenüber der Umgebungslärmrichtlinie, die die Mitgliedstaaten flächendeckend zu Maßnahmen der Lärmermittlung und Minderung in vieler Hinsicht auch dort anhält, wo sich eine wettbewerbsvermittelte Notwendigkeit ersichtlich nicht mehr begründen lässt. Für den Bereich des Fluglärms mag – worauf *Hans-Joachim Koch* hingewiesen hat – eine solche Standortwettbewerbsrelevanz durchaus noch gegeben sein. Für den Straßenverkehrslärm ist dies allerdings kaum ersichtlich. Im Übrigen könnte, wenn überhaupt eine Notwendigkeit zur unionsrechtlichen Abwehr wettbewerbsbedingter Lärmschutznachlässe bestünde, dieser zwingend nur durch Mindest-Schutzstandards genügt werden, die die Richtlinie aber gerade nicht festlegt. Dafür, die Mitgliedstaaten zur Festlegung irgendeines Schutzniveaus zu verpflichten, kann allerdings unter dem Subsidiaritätsprinzip keinerlei Rechtfertigung gefunden werden, und ohne die erforderliche verbandsrechtliche Zielkonkretisierung kann auch die Rechtfertigung der weitergehenden Instrumentenvorgaben in der „Zweck-Mittel-Kaskade" (s. o. IV.) – hier insb. der Lärmminderungsplanung – nicht gelingen.

Als Zwischenfazit ist zu der Figur des „Externalisierungswettbewerbs" festzuhalten, dass darin grundsätzlich eine belastbare Rechtfertigung für unionales Handeln liegen kann, dass allerdings

- die Wettbewerbsrelevanz der betreffende Schutzfragen nicht schematisch vorausgesetzt werden kann, sondern konkret darzulegen ist,
- ggf. die Verbandsverantwortung zur Vermeidung des Externalisierungswettbewerbs durch die Festlegung konkreter Standards zum einzuhaltenden Schutzniveaus zu erfüllen ist,
- diese Vorgaben zum Schutzniveau dem Regelungszweck entsprechend nur Mindestvorgaben sein und dezentrale Schutzverstärkungen nicht ausschließen dürfen,
- die Vorgaben zum Schutzniveau zurückhaltend so festgelegt werden sollen, dass den dezentralen Ebenen ein „marktangemessener" Rahmen zur Artikulierung ihrer unterschiedlichen Präferenzen hinsichtlich der örtlichen Umweltqualität verbleibt,
- weitere Vorgaben zu etwaigen Handlungszielen und Instrumenten nur insoweit getroffen werden dürfen, als sie nach dem Subsidiaritätsmaßstab zur Umsetzung der Schutzziele erforderlich sind.

Abschließend sei noch angemerkt, dass diese Kautelen des Subsidiaritätsprinzips auch nicht auf „wettbewerbspolitischem" Wege dadurch unterlaufen werden dürfen, dass divergierende Umweltstandards undifferenziert als „Wettbewerbsverzerrungen" eingestuft und gar der Binnenmarktharmonisierung nach Art. 114 AEUV überstellt werden. Gegenüber dieser durchaus verbreiteten Argumentationsweise[88] ist noch einmal auf das oben schon erläuterte, gerade auf den *divergierenden* Standortbedingungen beruhenden Wohlfahrtspotenzial des grenzüberschreitenden Leistungsverkehrs zu verweisen, das zugleich das Kernziel der Europäischen Marktintegration darstellt. Dem widerspricht es fundamental, unterschiedliche Umweltpräferenzen der Mitgliedstaaten und Regionen als „Wettbewerbsverzerrungen" zu inkriminieren und verbandsrechtlich aus Wettbewerbsgründen einzuebnen, ggf. sogar nach Art. 114 AEUV unter Ausschluss des Schutzverstärkungsrechts. Eine Angleichung kann demgegenüber ausschließlich aus umweltpolitischen Gründen veranlasst sein, namentlich den oben dargelegten, und kann insoweit subsidiaritätskonform auch nur auf die Rechtsgrundlagen des 192 AEUV gestützt werden.[89]

VII. Schlussbetrachtung – Grundzüge einer funktionalen Deutung des Subsidiaritätsprinzips

Obgleich die politische und rechtliche Bedeutung des europäischen Subsidiaritätsprinzips weiter zunimmt und trotz vielfältiger Bemühungen der Politik und Wissenschaft stehen doch noch etliche Deutungsfragen im Raum. Eine Dogmatik der Subsidiaritätsprüfung ist nur in Grundzügen erkennbar und auch insoweit sind noch erhebliche Unsicherheiten und Zweifelsfragen anzumelden. Dies gilt etwa für das Verhältnis der Subsidiarität zur Verhältnismäßigkeit und Regelungsintensität oder dem Gehalt und Verhältnis des „Negativ-" und des „Positivkriteriums". Vor diesem Hintergrund sollte hier zunächst noch einmal untermauert werden, dass das europäische Subsidiaritätsprinzip als Maxime der autonomieschonenden, *funktionalen* Integration zu verstehen ist. Das Subsidiaritätsprinzip kennzeichnet und legitimiert die Rechtsunion als ein Mittel zum Zweck – als Mittel zur besseren Erreichung der Sachziele der Union. Demgemäß wird verlangt, dass jeder unionsrechtliche Eingriff in die Autonomie der Mitgliedstaaten durch einen Beitrag zur Zielerreichung gerechtfertigt wird, der durch unverbundenes Handeln der Mitgliedstaaten nicht zu erreichen wäre. Zur konkreten (Be-)Deutung und dogmatischen Operationalisierung dieser grundlegenden Legitimationsbedingung sind hier eine Reihe von Überlegungen angestellt worden, die sich zu folgenden Thesen verdichten lassen:

(1) Die funktionale Subsidiarität steht *nicht im Spanungsverhältnis zu den Solidaritätsbekenntnissen* der Union. Sie legitimiert und proklamiert vielmehr ein solidarisches Vorgehen in genau dem Maße, in dem dies zur Verfolgung der gemeinsa-

---

[88] Grundlegend EuGH C-300/89, Slg 2001, I-9731, Rn. 23; ferner *Möstl* (Fn. 61), 339 f.; *Everling*, Probleme der Rechtsangleichung zur Verwirklichung des europäischen Binnenmarktes, in: FS-Steindorff, 1990, S. 1155, 1168; *Henke*, EuGH und Umweltschutz, 1992, S. 84.

[89] Die Abgrenzung der Kompetenzgrundlagen im Lichte des Subsidiaritätsprinzips führt zu facettenreichen Fragestellungen und Folgerungen, die hier nicht weiter verfolgt werden können.

men Ziele, einschließlich verteilungspolitischer Ziele, erforderlich ist. Mit der freiheitlich-föderalen Basis des Subsidiaritätsprinzips unvereinbar sind allerdings unitarische Verbandsziele, die die Einheit des Rechts als Selbstzweck oder die absolute Angeleichung der Lebensverhältnisse proklamieren.

(2) Die Rechtfertigung des Unionsrechts vor dem Subsidiaritätsprinzip muss von den abstrakten Integrationszielen des Primärrechts hergeleitet werden und auf der grenzüberschreitenden Wirkungsmacht beruhen. Die Notwendigkeit grenzüberschreitender Rechtsbindung kann abstrakt entweder durch *transnationale Interessenkonflikte* oder durch *transnationale Synergien* begründet sein.

(3) In den Fällen eines transnationalen Konflikts ist ein bindender Ausgleich regelmäßig erforderlich, und bessere dezentrale Lösungen sind nicht denkbar. Auf einen *Effizienzvergleich*, ob dezentrales Handeln doch vorteilhafter sei, kann es insoweit nicht ankommen. Synergie bezweckende Bindungen können demgegenüber nur dann gerechtfertigt werden kann, wenn dargelegt werden kann, dass der synergetische Nutzen die Nachteile überwiegt, die die Rechtseinheit ggf. durch den Verlust dezentraler Autonomie, Prioritätensetzung und Effizienz mit sich bringt.

(4) Zu der subsidiären Verantwortung für die transnationale Konfliktbewältigung gehört, dass die *Konflikte möglichst vollständig bewältigt* werden müssen, namentlich durch konkrete Bestimmung der zu erreichenden Ziele und der national zu leistenden Beiträge. Verbandsregelungen, die der Konkretisierung der transnationalen Kompromisslinie dienen, wie z. B. konkrete Umweltqualitätsstandards einschließlich der Messbedingungen, sind per se subsidiaritätskonform. Vage und unbestimmte Regelungen sind insofern kein Ausdruck subsidiaritätskonformer Zurückhaltung, sondern das Gegenteil von subsidiärer Verbandspraxis.

(5) Hinsichtlich der *Umsetzung* verpflichtet das Subsidiaritätsprinzip zugleich dazu, den Mitgliedstaaten und Regionen möglichst weitgehende Entscheidungsspielräume zu erhalten. Der funktionale Ordnungsanspruch des Subsidiaritätsprinzips beschränkt sich – im Verhältnis zum Verhältnismäßigkeitsgrundsatz – nicht auf eine grobe Zuordnung nach Regelungsbereichen oder Handlungsfeldern und lässt sich auch nicht rational durch eine Unterscheidung von „Ob“ und „Wie“ des Verbandshandelns beschränken. Vielmehr gilt die Subsidiaritätsbedingung mit *voller „Tiefenschärfe“* für jede Einschränkung dezentraler Entscheidungsräume und steuert mithin gerade auch die *Intensität* der unionsrechtlichen Regulierung. Diese ist nach den funktionalen Erforderlichkeitskriterien des Art. 5 Abs. 3 EUV zu begrenzen und kann Gegenstand einer Subsidiaritätsrüge sein.

(6) Unionsrechtliche *Vorgaben zur Umsetzung* sind nach dem Subsidiaritätsprinzip ohne weiteres dann gerechtfertigt, wenn sie auf Maßnahmen gerichtet sind, die zur wirksamen Bewältigung des transnationalen Konflikts zwingend erforderlich sind und hinsichtlich derer daher keine Wahlfreiheit bestehen kann. Umsetzungsregelungen, die nicht zwingend sind, sondern lediglich eine graduelle Steigerung der Effektivität erwarten lassen, sind demgegenüber nur zu rechtfertigen, wenn in einer

Effektivitäts-Effizienz-Abwägung dargelegt werden kann, dass der Effektivitätsgewinn die dezentralen Autonomie- und Effizienzverluste überwiegt.

(7) Unionsrechtliche Vorgaben zur *Durchsetzung* entsprechen ohne weiteres der Subsidiaritätsbedingung, sofern sie dazu beitragen, die Durchsetzung gegenüber den Mitgliedstaaten zu sichern (z. B. Monitoring-, Berichts- und Maßnahmenplanungspflichten). Für Vorgaben zur nationalen Durchsetzung gegenüber den Bürgern gilt das oben unter (6) für die Umsetzung Gesagte analog.

(8) Grenzüberschreitende Umweltbelastungen und die Inanspruchnahme globaler Umweltgüter gehen regelmäßig mit transnationalen Konflikten einher, deren Regulierung in der Verantwortung der EU bzw. Völkergemeinschaft liegt. Die Verantwortung geht dahin, ein kollektives Mindestschutzniveau zu bestimmen, und zwar möglichst autonomieschonend so, dass über Umsetzungsalternativen dezentral entschieden werden kann.

(9) Die Marktintegration ist die bedeutendste synergetische Kooperation der EU; sie zielt auf allgemeine Wohlstandmehrung durch den Austausch der unterschiedlichen standörtlichen Präferenz- und Spezialisierungsprofile. Folge der Marktintegration sind allerdings auch vielfältige akzessorische Interessenkonflikte, die durch die Marktgemeinschaft bewältigt werden müssen. Marktvermittelte Umweltkonflikte ergeben sich insbesondere im Spannungsfeld von produktbezogenem Umweltschutz und grenzüberschreitender Warenverkehrsfreiheit und von standortbezogenem Umweltschutz und grenzüberschreitendem Standortwettbewerb. In beider Hinsicht erscheint prima facie eine verbandsrechtliche Harmonisierung zur grenzüberschreitenden Abgrenzung von Markt- und Umweltschutzinteressen im Sinne einer *umwelt- und wettbewerbspolitischen Geschäftsgrundlage* erforderlich. In beider Hinsicht ist allerdings auch zu bedenken, dass die unterschiedlichen Umweltqualitäts- und Sicherheitsansprüche zu den standörtlichen Präferenz- und Spezialisierungsmerkmalen gerechnet werden können, die im internationalen Leistungsverkehr wohlfahrtsmehrend zum Austausch gebracht werden sollen. Dem übergeordneten Wohlfahrtsziel der Marktintegration entspricht es daher, den dezentralen Umwelt- und Risikopräferenzen einen relevanten Raum zu geben.

Das Schaubild am Ende des Beitrags stellt den Versuch dar, diese Zusammenhänge in Grundzügen graphisch abzubilden.

Abschließend sei noch angemerkt, dass das *funktionale* Subsidiaritätskonzept nicht als Ausdruck eines betont restriktiven oder gar euroskeptischen Integrationskonzepts missverstanden werden darf. Mit dem funktionalen Ansatz geht es vielmehr darum, die Integrationsziele so effektiv und effizient wie möglich zu fördern und die mitgliedstaatliche Autonomie nicht unnötig und sachwidrig zu beschränken. Sofern der unionalen Kompetenzausübung danach Grenzen gesetzt sind, erscheint dies schon der Sache nach, aber vor allem auch integrationspolitisch zwingend. Es ist längst offenkundig, dass der weitere Erfolg des europäischen Integrationsprojekts ganz wesentlich davon abhängen wird, dass der europäischen Rechtssetzung ein schonender Ausgleich von Einheit und Vielfalt gelingt, der der Mehrheit der Europäer einleuchtend und akzeptabel erscheint. Zu der legitimierenden Kraft der funktionalen, auf den Mehrwert der Gemeinschaft abstellenden Subsidiarität besteht insofern keine Alternative. Im Übrigen reicht die Regelungsverantwortung, die der Union aus der funktionalen Verantwortungsteilung zukommt, in vielen Kompetenzfeldern sehr viel weiter, als dies *prima facie* angenommen wird, und unter dem funktionale Integrationsauftrag ist daher in vieler Hinsicht nicht weniger, sondern mehr Europa zu fordern. Für den Umweltschutz hat *Hans-Joachim Koch* dies überzeugend dargelegt.

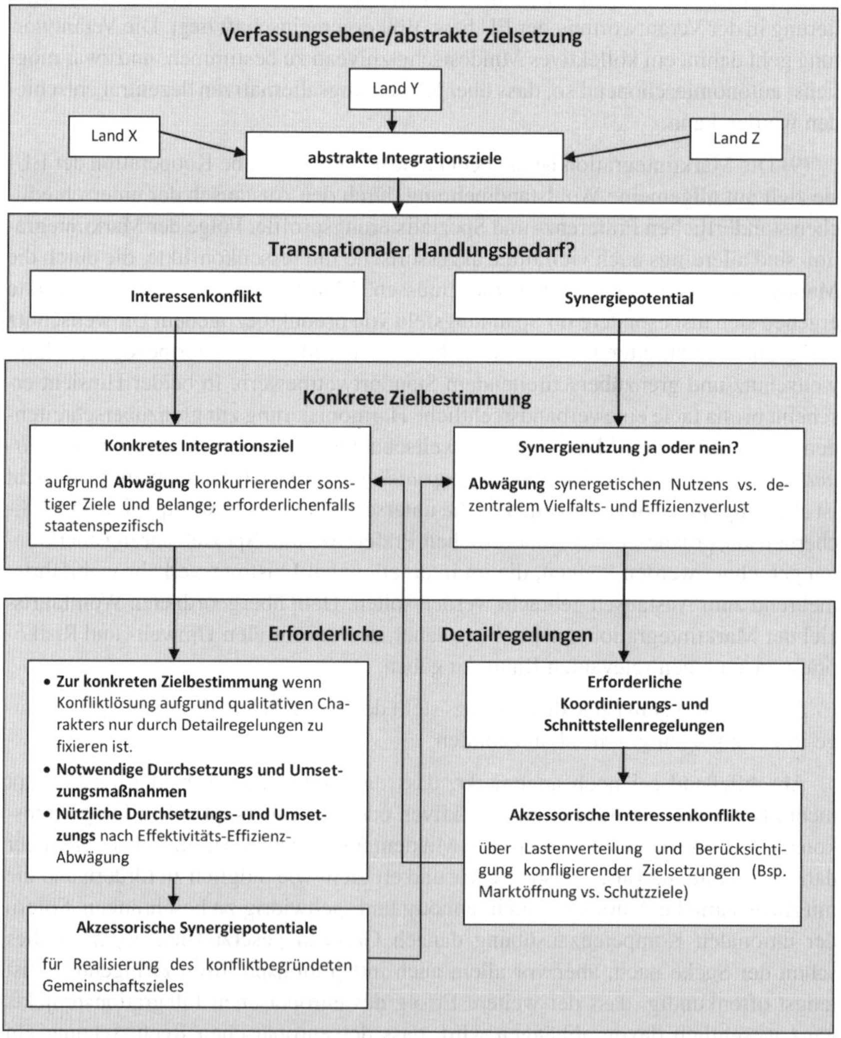

Abb.: Legitimationsgründe und -strukturen der funktionalen Integration

Das Verwaltungsverfahren unter dem Einfluss des Europarechts: Ist ganz Gallien von den Römern besetzt?

Von *Ekkehard Hofmann*

I. Problemstellung[1]

Schon seit geraumer Zeit ist zu beobachten, dass das deutsche Verwaltungsverfahrensrecht in einen europäisch bestimmten und in einen rein mitgliedstaatlich-nationalen Teil zerfällt. Während die Öffentlichkeitsbeteiligung und andere Verfahrensschritte wie die Umweltverträglichkeitsprüfung nur unter strengen Voraussetzungen nachgeholt werden dürfen, wenn und soweit es sich um die Anwendung des Europarechts geht, sehen die Heilungs- und Unbeachtlichkeitsvorschriften im VwVfG,[2] im BauGB[3] und in den Fachplanungsgesetzen bei der Anwendung originär deutschen Rechts nach wie vor die weitgehende Immunisierung gegen das Durchgreifen von Verfahrensfehlern in der gerichtlichen Kontrolle vor. Dieses Auseinanderdriften hat mit dem Vertrag von Lissabon eine primärrechtliche Pointe erfahren, enthält doch Art. 41 EuGRCh ein Grundrecht auf eine gute Verwaltung,[4] dessen Durchsetzung schon wegen des europarechtlichen Grundsatzes praktischer Wirksamkeit in einer gewissen Spannung zur deutschen Tradition verfahrensrechtlicher Ergebnisorientierung stehen dürfte, was die genannte Zweiteilung weiter vertiefen könnte.[5]

Die vorliegenden Überlegungen nehmen dieses neu geschaffene Recht zum Anlass, der Frage nachzugehen, wie sich das Verhältnis von europäischem Verwaltungsverfahrensrecht und seinen mitgliedstaatlichen Geschwistern entwickeln könnte. Dies setzt eine Bestandsaufnahme voraus, die mit der Untersuchung beginnen müsste, ob es nicht vielleicht einen europäischen „*Common Core*" des Verwaltungsver-

---

[1] S. a. *Burgi*, Die Zukunft des Verwaltungsverfahrensrechts, in: Burgi/Schönenbroicher (Hrsg.), Die Zukunft des Verwaltungsverfahrensrechts. Zukunftswerkstatt Verwaltungsverfahren: Staat und Wirtschaft, Wissenschaft und Praxis im Dialog, 2010, 231 ff.

[2] Zur Nachholung einer UVP EuGH v. 7. 1. 2004, C-201/02 – *Delena Wells*, Slg. I -723; v. 3. 7. 2008, C-215/06 – *Kommission/Irland.*

[3] Zur Europarechtswidrigkeit von § 214 Absatz II a Nr. 1 BauGB EuGH, Urt. v. 18. 4. 2013, C-463/11, NVwZ-RR 2013, 503.

[4] Einzelheiten zu der Norm in der Kommentierung von *Galetta/Grzeszick*, in: Tettinger/Stern, EGRC, 2006, Art. 41.

[5] Kritisch daher *Hufen/Siegel*, Fehler im Verwaltungsverfahren, 5. Aufl. 2013, S. 368, Rn. 961.

fahrensrechts der Mitgliedstaaten gibt. Schon seit geraumer Zeit wird in diesem Zusammenhang diskutiert, inwieweit sich die europäische Gesetzgebung auf die Unterstützung durch kompatible Regelungen in den Mitgliedstaaten bei der Umsetzung und Einpassung unionsrechtlicher Vorgaben verlassen kann.[6] Die Bemühungen im Zivilrecht, einen solchen *„Common Core"* zu identifizieren, sind jedenfalls ermutigend.[7]

Gegen übergroße Erwartungen im verwaltungsrechtlichen Bereich spricht allerdings, dass erhebliche Unterschiede zwischen den Verwaltungsrechtsordnungen der Mitgliedstaaten existieren, die Hindernisse für die weitere europäische Integration darstellen. Daher erschien manchem Beobachter die Idee der Schaffung eines europäischen Verwaltungsrechts in der Vergangenheit als wenig aussichtsreich.[8] Neuere Entwicklungen könnten hier Bewegung in die bislang eher erstarrte Lage zwischen den Fronten gebracht haben.

Der nachstehenden Analyse ist im Ausgangspunkt wesentlich, dass es sich bei den einzelnen Elementen des Verwaltungsverfahrensrechts und der gerichtlichen Kontrolle der Verwaltung um Ausprägungen eines verbindenden europäischen Prinzips handelt, des Rechtsstaatsprinzips (I. 1.). Trotz dieser Gemeinsamkeit bestehen jedoch auch im grundsätzlichen Ansatz Unterschiede (I. 2.), die nicht folgenlos bleiben, sondern sich besonders in der unterschiedlichen Konzeptionierung der Verfahrensfehlerfolgen zeigen (II.). An der Rechtsprechung des EuGH (III.) und des Bundesverwaltungsgerichts (IV.) zu Fehlern bei der Durchführung eines Verfahrenselements, der Umweltverträglichkeitsprüfung, lässt sich erkennen, dass daraus Spannungen resultieren, die für weitere Diskussionen sorgen werden (V.).

1. Gemeinsame Grundsätze und Elemente des Verwaltungsverfahrens

a) Europäisches Unionsrecht

Wie eingangs erwähnt, ist das Europäische Unionsrecht durch die grundlegende Anerkennung des Rechtsstaatsprinzips in der Europäischen Union geprägt.[9] Es galt

---

[6] Skeptisch noch *H. P Ipsen* nach *K. Iliopoulos*, Diskussionsbericht, in: Schwarze (Hrsg.), Europäisches Verwaltungsrecht im Werden, 1992, 123. Auf die Bedeutung der Konvergenz zwischen den Rechtsordnungen der Mitgliedstaaten für die Entwicklung gemeineuropäischer Prinzipien weist der Generalanwalt *Léger* am 17.9.2002 hin, C-87/01 P – *Kommission/ Council of European Municipalities and Regions (CEMR)*, Rn. 43.

[7] Vgl. etwa die so genannten „Common-Core-Projekte", http://www.common-core.org, und das von der Kommission unterstützten Projekt eines Draft Common Frame of Reference, (DCFR).

[8] S. den Nachweis in vorstehender Fn. 6; positiver gestimmt bereits *Schwarze*, EuGRZ 1996, 377, 382, dem *Grzeszick*, EuR 2006, 161, 162, Fn. 9, beipflichtet.

[9] St. Rspr. des EuGH, vgl. nur EuGH v. 11.7.2002, C-210/00 Rn. 27, 35; v. 7.6.1988, Rs. 63/87; v. 13.2.1978, Rs. 101/78; h. M.: *Geiger*, in: Geiger/Khan/Kotzur, EUV/AEUV, 5. Aufl. 2010, Art. 6 EUV Rn. 35 ff.; *Calliess*, in: Calliess/Ruffert, EUV/AEUV, 4. Aufl.

bereits vor dem Vertrag von Lissabon für alle Maßnahmen der Union, natürlich vor allem die Gerichtsverfahren, aber auch für Verwaltungsentscheidungen. Darüber hinaus wurden die Grundrechte der EMRK über Art. 6 EUV geachtet und damit auch das Grundrecht auf ein faires Verfahren.[10] Mit dem Inkrafttreten des Vertrags von Lissabon, durch die die EU-Grundrechtecharta (EGRC) ein Teil der Verträge geworden ist, gelten deren spezifische Anforderungen an das Verwaltungsverfahren. Zuvor war sie von Parlament und Kommission am 7. Dezember 2000 in Nizza unterzeichnet und proklamiert worden.[11]

Das Grundrecht auf ein faires Verwaltungsverfahren baut auf dem Gebot effektiven Rechtsschutzes nach Art. 47 EGRC[12] auf, das sich auf das Gerichtsverfahren bezieht.[13] Art. 41 EGRC umreißt das Bild eines idealtypischen Verwaltungsverfahrens,[14] das folgende Elemente umfasst:[15]

- die Verpflichtungen auf unparteiisches, gerechtes und zeitnahes Handeln,
- das Recht auf Anhörung und auf
- Aktenzugang sowie die
- Pflicht zur Begründung von Entscheidungen.

Es ist umstritten, ob Art. 41 EGRC auch dann für die Mitgliedstaaten gilt, wenn sie (transformiertes) Unionsrecht anwenden.[16] Nach Art. 51 EGRC gilt die Charta für die Durchführung des Rechts der Union auch für die Mitgliedstaaten, woraus teilweise geschlossen wird, dass die Mitgliedstaaten Adressaten der EGRC seien, wenn sie „als verlängerter Arm" der EU Unionsrecht vollziehen.[17] Dem wird entgegengehalten, dass sich Art. 41 EGRC ausdrücklich auf Organe und Einrichtungen bezieht, während andere Rechte der EGRC keine derartige Beschränkung vorsehen.[18] Das

2011, Art. 2 EUV Rn. 25 f.; *Wilms*, in: Hailbronner/Wilms, Stand Jan. 2010, Art. 6 EUV Rn. 10; *Bieber et al.*, Die Europäische Union. Europarecht und Politik, 10. Aufl. 2013, § 3 Rn. 17.

[10] *Geiger*, EUV/AEUV, 5. Aufl. 2010, Art. 6 EUV Rn. 3 ff.

[11] *Jarass*, EU-Grundrechte, 2005, § 1 Rn. 23.

[12] „Right to an effective remedy and to a fair trial".

[13] *Alber*, in: Tettinger/Stern, EGRC, 2006, Art. 47 Rn. 12 ff.; *Galetta*, Recht auf eine gute Verwaltung und Fehlerfolgenlehre nach dem Inkrafttreten des Lissabonner Vertrages: der Fall Deutschlands und Italiens, in: Sachs et al. (Hrsg.), FS Stern, 2012, 1051 ff.

[14] *Eser*, in: Meyer, EGRC, 2. Aufl. 2006, Art. 47 Rn. 1 ff.; *Grzeszick*, EuR 2006, 161 ff.

[15] Näheres bei *Magiera*, in: Meyer, EGRC, 3. Aufl. 2010, Art. 41 Rn. 1 ff.; *Klappstein*, Das Recht auf eine gute Verwaltung, 2006, 13 ff.; sowie *Grzeszick*, EuR 2006, 161, 163 ff.

[16] Vgl. einerseits EuGH v. 27.6.2006, C-540/03, andererseits BVerfG v. 13.3.2007, 1 BvF 1/05 sowie v. 14.5.2007, 1 BvR 2036/05 – *Emissionshandel I und II*; *Frenz*, Handbuch Europarecht: Band 4: Europäische Grundrechte, 2009, Rn. 250 f.

[17] *Bauer*, Das Recht auf eine gute Verwaltung im Europäischen Gemeinschaftsrecht, 2002, 142; *Galetta*, EuR 2007, 57, 79 f.

[18] *Frenz*, Handbuch Europarecht: Band 4: Europäische Grundrechte, 2009, Rn. 4535 m. w. N.

habe seinen Sinn darin, dass die Grundrechtecharta an der Zuständigkeit der Mitgliedstaaten für das Verwaltungsverfahren nichts ändern wollte.[19] Der Streit um die Reichweite der EGRC kann aber für die Frage, welche Elemente zu einem Modell eines europäischen Verwaltungsverfahrens zählen, zunächst auf sich beruhen.

Eine bekräftigende Ergänzung des Grundrechts eine gute Verwaltung liegt des Weiteren in dem Kodex für eine gute Verwaltungspraxis der Europäischen Kommission, durch den die Beziehungen der Bediensteten der Europäischen Kommission zur Öffentlichkeit mit Billigung durch das Europäische Parlament geregelt werden.[20] Der Kodex enthält für alle Organe der Union ganz ähnliche Verpflichtungen wie Art. 41 EGRC, nämlich die Verpflichtung auf

- Rechtmäßigkeit (Art. 4),
- Verhältnismäßigkeit (Art. 6),
- Nichtdiskriminierung (Art. 5),
- Anhörung der Betroffenen (Art. 16),
- die Beachtung einer angemessenen Frist bei der Behandlung von Angelegenheiten (Art. 17), sowie eine
- Begründungspflicht (Art. 18).

Die eben aufgezählten Elemente wirken auf deutsche Kenner der Materie in Wortwahl und Substanz alles andere als ungewöhnlich, enthalten sie doch grundlegende rechtsstaatliche Anforderungen, die auch im deutschen Recht vorzufinden sind.

b) Deutschland

So hat auch in Deutschland das Verwaltungsverfahrensrecht eine – allerdings nur mittelbare, abgeleitete – verfassungsrechtliche Bedeutung.[21] Das Verfassungsrecht schützt nicht nur (*negativ*) vor ungerechtfertigten Belastungen, sondern auch (*positiv*) das Recht auf ein faires Verfahren; beides wird gewährleistet durch die Anerkennung des Grundrechtsschutzes durch Verfahren[22] und durch das Gebot effektiven Rechtsschutzes.[23] Beides betrifft in erster Linie die Gerichtsverfahren, erstreckt sich aber auch wegen der Vorwirkungen des Verwaltungsverfahrens auf Rechts-

---

[19] *Frenz*, Handbuch Europarecht: Band 4: Europäische Grundrechte, 2009, Rn. 4535.

[20] ABl.EG Nr. L 267 vom 20.10.2000, S. 63 ff.; http://ec.europa.eu/civil_society/code/index_de.htm (19.10.2013).

[21] Das hat das Bundesverfassungsgericht schon früh betont, s. etwa BVerfG v. 18.12.1968, E 24, 367, 401; v. 16.7.1969, E 27, 1, 6; *Held*, Der Grundrechtsbezug des Verwaltungsverfahrens, 1984, S. 130 ff.

[22] *Held*, Der Grundrechtsbezug des Verwaltungsverfahrens, 1984, S. 177; NJW 1977, 865, 866.

[23] *Held*, Der Grundrechtsbezug des Verwaltungsverfahrens, 1984, S. 176 ff.; BVerfGE 24, 367.

schutzmöglichkeiten auf das Verwaltungsverfahren – man denke nur an die *Möglichkeit der Präklusion von Einwendungen.*

Die eben im Zusammenhang mit dem Europarecht genannten einzelnen Elemente der Steuerung des Verwaltungsverfahrens findet man ganz überwiegend auch im deutschen Recht. Sie sind den eben angesprochenen europäischen recht ähnlich, sie umfassen

- Sachverhaltsermittlung als Aufgabe der Verwaltung nach § 24 Abs. 1 VwVfG,[24]
- Beteiligungs- und Anhörungsvorschriften,[25]
- das Recht auf Akteneinsicht,[26]
- eine Begründungspflichten (§ 39 VwVfG).

Diese einzelnen Instrumente dienen dem in § 10 S. 2 VwVfG festgehaltenen Grundsatz, das Verwaltungsverfahren solle einfach, zweckmäßig und zügig durchgeführt werden. Sie machen deutlich, dass das VwVfG zumindest drei übergeordneten Zwecken dienen soll:[27]

- Sachgerechtigkeit (= Richtigkeit der getroffenen Entscheidung),
- Partizipation (= dient der *Sachgerechtigkeit* und der *Akzeptanz* von Verwaltungsentscheidungen) sowie der
- Rechtsstaatlichkeit (Chancen der Verteidigung gegen belastende Entscheidungen müssen fair sein).

Die genannten Ziele des Verwaltungsverfahrens stehen zum Teil in Spannung zueinander: Insbesondere wird die Zügigkeit regelmäßig in Konflikt geraten mit den Anforderungen an die Partizipation der Beteiligten. Diese Problematik steht aber nicht im Vordergrund der Überlegungen. Vielmehr soll es im Wesentlichen darum gehen, inwieweit die Zwecke des Gesetzgebers – Sachgerechtigkeit, Partizipation, Rechtsstaatlichkeit – angesichts einer in Deutschland stark reduzierten gerichtlichen Kontrolle des Verwaltungsverfahrens tatsächlich erreicht werden können, und wie sich das mit europarechtlichen Vorgaben verträgt.

c) Andere europäische Rechtsordnungen im Überblick

Die im europäischen und im deutschen Recht festzustellenden Elemente eines „guten" Verwaltungsverfahrens lassen sich auch in den übrigen Mitgliedstaaten der EU finden. Im Folgenden soll das beispielhaft an Frankreich, Österreich, England und Spanien gezeigt werden (s. insb. Abschnitt II. 1.).

---

[24] *Ramsauer*, in: Kopp/Ramsauer, VwVfG, 14. Aufl. 2013, § 24 Rn. 6 ff.; *Stelkens*, Verwaltungsverfahren, 1991, D Rn. 221 ff.

[25] *Stelkens*, Verwaltungsverfahren, 1991, D Rn. 258.

[26] *Stelkens*, Verwaltungsverfahren, 1991, D Rn. 271 ff.

[27] *Ramsauer*, in: Kopp/Ramsauer, VwVfG, 14. Aufl. 2013, Einführung Rn. 18.

So gibt es in Frankreich zwar keine allgemeine Begründungspflicht für Hoheitsakte.[28] Mit dem Gesetz vom 11. Juli 1979 ist jedoch eine Pflicht, belastende Entscheidungen den Betroffenen gegenüber zu begründen, für eine Reihe wichtiger Verwaltungshandlungen eingeführt worden.[29] In der Folge hat der *Conseil d'Etat*, obgleich er die Aufzählung in dem genannten Gesetz für abschließend hält, eine Vielzahl von Entscheidungen gefällt, die in der Summe fast alle Arten des Verwaltungshandelns abdecken.[30] Auch ein Anhörungsrecht ist anerkannt, das ursprünglich auf die rechtsschutzbezogene Funktion der Verteidigung der Betroffenen bezogen war; der *Conseil d'Etat* formulierte bereits 1944, es dürfe keine Sanktion verhängt werden, ohne dass der Betroffene sich verteidigen könne.[31] Mittlerweile gilt das Anhörungsrecht jedoch ähnlich allgemein wie in Deutschland,[32] so dass von einer systembildenden Funktion des Anhörungsrechts auch für Frankreich gesprochen werden kann.[33] Allerdings bezieht sich Pflicht zur Anhörung in Frankreich nur auf die Adressaten der belastenden Entscheidung, nicht auf Dritte.[34] Schließlich gilt in Frankreich der Grundsatz der Unparteilichkeit. Das *principe de l'impartialité* geht im Grundsatz auf den Conseil d'Etat zurück.[35] Seine einschlägige Rechtsprechung wurde zunächst für Mitglieder von Gemeinderäten entwickelt, sodann hinsichtlich von Konsultativgremien und in jüngerer Zeit für die Person des *commissaire enquêteur.*[36] Die Rechtsprechung lässt erkennen, dass es dem Gericht im Wesentlichen darum geht, der Besorgnis der Befangenheit entgegenzuwirken.[37]

2. *Unterschiede im Grundsätzlichen*

Trotz der aufgezeigten Überschneidungen im Detail und der großen Konvergenz im rechtsstaatsprinzipiellen Ansatz wird die Funktion das Verwaltungsverfahrensrechts in verschiedenen Rechtsordnungen unterschiedlich beurteilt. Dieser Umstand war bis vor noch nicht allzu langer Zeit eher von theoretischem, rechtsvergleichendem Interesse. Mit der zunehmenden europäischen Integration steigt aber auch die praktische Bedeutung der Konsequenzen, die die unterschiedlichen Traditionen ins-

---

[28] Instruktiv die Darstellung von *von Danwitz*, Europäisches Verwaltungsrecht, 2008, S. 54 ff.

[29] Loi n 79–587 du 11 juillet 1979 relative à la motivation des actes administratifs et à l'amélioration des relations entre l'administration et le public.

[30] S. die Übersicht von *Chapus*, Droit administratif général[15], 2001, Tome 1, Rn. 1323.

[31] Conseil d'Etat v. 5.5.1944, Rec. S. 133, in der Sache *Dame veuve Trompier-Gravier.*

[32] So zuletzt der Conseil d'Etat v. 5.7.2000 – *Mermet* (s. http://bifp.fonction-publique.gouv.fr//technique.cfm).

[33] *von Danwitz*, Europäisches Verwaltungsrecht, 2008, S. 56.

[34] *Fromont*, Droit administratif des États européens, 2006, S. 216 f.

[35] St. Rspr., s. nur Conseil d'Etat v. 27.10.1999 – *Fédération française de football.*

[36] S. *Ladenburger*, Verfahrensfehlerfolgen im französischen und im deutschen Verwaltungsrecht, 1999, S. 54.

[37] *von Danwitz*, Europäisches Verwaltungsrecht, 2008, S. 58.

besondere an Fehlerfolgen knüpfen. Die nachfolgenden Überlegungen beschäftigen sich angesichts dieser Ausgangslage mit der Frage, worin genau die europäischen Gemeinsamkeiten im Sinne eines *„common core"* des Verwaltungsverfahrensrechts bestehen, welche Differenzen auszumachen sind, und, falls und soweit erforderlich, beseitigt werden können.

In der deutschen Tradition kommt es im Verwaltungsrecht, genauer: in der gerichtlichen Kontrolle der Verwaltung, vor allem darauf an, ob das Ergebnis überzeugt. Das Verfahrensrecht hat nach diesem Verständnis vor allem dienende Funktion[38]: Das Verfahren ist danach ein Mittel zur Entdeckung der richtigen Lösung. Hat die Behörde nach Ansicht des Gerichts eine richtige – oder nach dem Maßstab des § 114 S. 1 VwGO zumindest vertretbare – Lösung gefunden, so kann es für die Konsequenzen aus Verfahrensfehlern nicht mehr entscheidend darauf ankommen, ob das Verfahren einwandfrei war.[39] Nach der deutschen Tradition sind deshalb „absolute Verfahrensrechte" die große Ausnahme.[40] Mit „absoluten Verfahrensrechten" sollen nachstehend solche auf das Verfahren bezogene subjektiv-öffentlichen Rechte bezeichnet werden[41], die unabhängig von der Richtigkeit des Ergebnisses und ohne Möglichkeit einer nachträglichen Heilung im gerichtlichen Verfahren zur Beseitigung der Verwaltungsentscheidung führen, entweder durch Feststellung der Nichtigkeit[42] oder durch Aufhebung im Zuge einer Anfechtungsklage (Kassation).[43]

[38] *Wolff et al.*, Verwaltungsrecht I, 12. Aufl. 2007, § 58 Rn. 13; *K. A. Bettermann*, Die Anfechtung von Verwaltungsakten wegen Verfahrensfehlern, in: Stödter/Thieme (Hrsg.), Hamburg Deutschland Europa. Beiträge zum deutschen und europäischen Verfassungs-, Verwaltungs- und Wirtschaftsrecht. Festschrift für Hans Peter Ipsen zum siebzigsten Geburtstag, 1977, 271 ff.; *Lerche*, Kernkraft und rechtlicher Wandel, 1981, S. 25 f.; *Drews* et al., Gefahrenabwehr. Allgemeines Polizeirecht (Ordnungsrecht) des Bundes und der Länder, 9. Aufl. 1986, S. 377; dagegen *Hill*, Das fehlerhafte Verfahren, 1986, S. 420; zuletzt instruktiv *Burgi*, DVBl 2011, 1317, 1319 ff.

[39] Die Frage, ob *eine* richtige Entscheidung getroffen wurde, darf nicht verwechselt werden mit der Bestimmung *der* (einzigen) richtigen Lösung, wie sie etwa von *Dworkin* als Leitidee postuliert worden ist, s. *Dworkin*, Taking Rights Seriously, 1977, S. 81; *Dworkin*, Law's empire, 1986, S. 37 ff.; Näheres bei *Hofmann*, Abwägung im Recht, 2007, C.I.2. a.

[40] BVerwG v. 27.5.1981, NJW 1982, 120; OVG Lüneburg v. 11.11.1980, DVBl. 1981, 641; *Ramsauer*, in: Kopp/Ramsauer, VwVfG, 11. Aufl. 2010, § 46 Rn. 18; *Ossenbühl*, NJW 1981, 375, 377 f.; noch im Jahre 1999 meinte Engelhardt, absolute Verfahrensrechte seien überhaupt nicht ersichtlich, *Engelhardt*, in: Obermayer/Fritz, VwVfG, 1999, § 24 Rn. 282: a. A. *Hüsch*, Verwertungsverbote im Verwaltungsverfahren, 1991, S. 279; *Hufen/Siegel*, Fehler im Verwaltungsverfahren, 5. Aufl. 2013, 309 ff.

[41] *Wolff et al.*, Verwaltungsrecht I, 12. Aufl. 2007, § 43 Rn. 1 ff.

[42] Die Nichtigkeit ist bekanntlich nach § 44 VwVfG die zwingende Folge besonders schwerwiegender Fehler eines Verwaltungsaktes und damit in der praktischen Anwendung die Ausnahme. Sie kann nach § 44 Abs. 5 VwVfG von der Behörde von Amts wegen jederzeit festgestellt werden; es besteht ein Anspruch auf Feststellung der Nichtigkeit bei berechtigtem Interesse des Antragsstellers; die zu erhebende Klage ist eine Feststellungsklage nach § 43 Abs. 1 VwGO. Vgl. *Meyer*, in: Knack/Henneke, VwVfG, 9. Aufl. 2009, § 44 Rn. 56 ff.; *Ramsauer*, in: Kopp/Ramsauer, VwVfG, 14. Aufl. 2013, § 44 Rn. 64 ff.

In der Tradition anderer Länder, denen der EuGH zu folgen scheint, hängt die Beurteilung der Richtigkeit eines Ergebnisses auch davon ab, ob das Verfahren die Annahme trägt, die von der Verwaltung gewählte Lösung sei richtig; in dieser Sichtweise impliziert ein ordnungsgemäßes Verfahren eine hohe Wahrscheinlichkeit, dass auch das Ergebnis überzeugt. Das gilt auch andersherum: wenn das Verfahren nicht fehlerfrei durchgeführt worden ist, wird die widerlegliche Vermutung begründet, dass das Ergebnis nicht richtig sein kann. Kurz gesagt, dem Ergebnis wird die Legitimität entzogen.

Beide Ansätze sind nicht ohne weiteres miteinander vereinbar, was sich verschiedentlich auch schon in der Rechtsprechung niedergeschlagen hat.[44] Eine Hauptfrage der nachstehenden Überlegungen ist daher, ob nicht Möglichkeiten der *Annäherung* bestehen. Die dürfte es in der Tat geben, denn in vielen einzelnen Instrumenten, Grundsätzen und Zielen unterscheiden sich deutscher und „europäischer" Ansatz nicht fundamental, deshalb besteht Grund zu Optimismus. Die Ähnlichkeiten überwiegen bei weitem.

II. Die (begrenzte) Steuerungswirkung des Verwaltungsverfahrensrechts

1. Die einzelnen Regelungen

a) Deutschland

Offenbar geht der Gesetzgeber des VwVfG davon aus, dass bei Beachtung der Vorgaben des VwVfG die *Chancen auf richtige, die Betroffenen als Bürger einbeziehende und rechtsstaatlich unbedenkliche Entscheidungen* hoch sind, jedenfalls höher als bei bloß zufälligem Handeln. Er (der Gesetzgeber) scheint also von einer Steuerungswirkung der Vorschriften auszugehen.[45] Damit tritt er der Auffassung bei, dass prozedurale Anforderungen die Chancen auf richtige Entscheidungen erhöhen.[46]

Diese Steuerungswirkung bezieht sich zunächst auf den Einzelfall, und darüber hinaus auch für den nächsten und den übernächsten Fall und so weiter. Das lässt sich als generelle, präventive Steuerungswirkung verstehen.

Die Steuerungswirkung beruht auf der Setzung von Anreizen für ein ordentliches Verfahren durch Antizipation der Konsequenzen bei abweichendem Verhalten. Ge-

---

[43] *Kienemund*, in: Brandt/Sachs (Hrsg.), Handbuch Verwaltungsverfahren und Verwaltungsprozess, 3. Aufl. 2009, M 67.

[44] S. etwa die nachstehende Betrachtung der Rechtsprechung zur Umweltverträglichkeitsprüfung.

[45] Zur Steuerungswirkung von Maßnahmen der Verwaltung ausführlich *Sacksofsky*, § 40 Anreize, in: Hoffmann-Riem et al. (Hrsg.), Grundlagen des Verwaltungsrechts, Bd. 2, 2008, S. 1459, 1517.

[46] So bereits das berühmte Diktum von *L. L. Fuller*, 71 Harvard Law Review 1958, S. 630, 643: „In so far as possible, substantive aims should be achieved procedurally, on the principle that if men are compelled to act in the right way, they will generally do the right things".

rade an der Steuerungswirkung hapert es jedoch, weil kaum ein Fehler im Verwaltungsverfahren zur gerichtlichen Aufhebung eines verfahrensfehlerhaft zustande gekommenen Verwaltungsakts führt. Dies liegt im Einzelnen an folgenden Vorschriften:

Zum ersten können alle wesentlichen Verfahrenshandlungen durch Nachholung – und zwar bis zum Abschluss der letzten Tatsacheninstanz eines verwaltungsgerichtlichen Verfahrens[47] – geheilt werden (§ 45 Abs. 1, 2 VwVfG). Das entwertet das vielfältige Gebot, *zeitlich vor* dem Erlass der Verwaltungsentscheidung bestimmte Anforderungen an das Verfahren zu erfüllen. Dessen Grund und Rechtfertigung liegt im Wesentlichen darin, dass die Korrektur einer einmal getroffenen und nachträglich als falsch erkannten Entscheidung erfahrungsgemäß auf Widerstände seitens der Verwaltung trifft.[48]

Zum zweiten können Fehler, die nicht durch Nachholung geheilt worden sind, in verschiedenen Planungsgesetzen durch eine Ergänzung der Verwaltungsentscheidung repariert werden (Nachbesserung – § 214 Abs. 4 BauGB, § 75 Abs. 1 a VwVfG, § 17e Abs. 6 S. 2 FStrG). Selbst wenn das nicht gelingt, führt ein derartiger Fehler – zum dritten – nur dann zur Aufhebung des Verwaltungsaktes, wenn der Verfahrensfehler kausal war für einen Fehler des Ergebnisses (§ 46 VwVfG, § 214 Abs. 1 Nr. 1 BauGB, § 75 Abs. 1 a VwVfG, § 10 Abs. 8 LuftVG). Eine weitere Immunisierung der Verwaltungsakte liegt – zum vierten – in den Fristen, die die Möglichkeit zur Rüge der Verfahrensfehler beschränken (§ 215 Abs. 1 BauGB, § 73 Abs. 4 VwVfG). Und schließlich können Verfahrensfehler nicht separat gerügt werden, sondern immer nur zusammen mit dem Angriff auf die Sachentscheidung (§ 44 a VwVfG).

b) Österreich

Als das wohl in Europa am stärksten formalisierte Verfahrensrecht kann das österreichische gelten. Das österreichische Verwaltungsgerichtshofgesetz (VwGG) sieht ausdrücklich einen Aufhebungsgrund der Verletzung von Verfahrensvorschriften vor (§ 42 Abs. 2 Ziff. 3 VwGG). Er unterfällt wiederum in drei Tatbestände, die aktenwidrige Sachverhaltsannahme, die Ergänzungsbedürftigkeit des Sachverhalts und die Außerachtlassung von Verfahrensvorschriften im Übrigen. Zwar stehen alle Aufhebungsgründe unter dem Vorbehalt, dass es sich um einen erheblichen Mangel handeln muss.[49] Als erheblich werden Defizite betrachtet, wenn die Behörde bei Einhaltung der in Rede stehenden Verfahrensvorschrift zu einem anderen Bescheid hätte kommen können. In der Rechtsprechung des Verwaltungsgerichtshofs steht das einer Aufhebung selten entgegen, da auch der Verstoß gegen Verfahrensvorschriften den Bescheid mit inhaltlicher Rechtswidrigkeit belastet und die Aufhebung als ein-

[47] *Ramsauer*, in: Kopp/Ramsauer (Fn. 42), § 45 Rn. 5.

[48] Eine „nicht mehr unvoreingenommene Beurteilung“ befürchtet in derartigen Fällen auch der EuGH v. 10. 7. 2001, C-315/99 P, Slg. 2001, I-5281 Rn. 31.

[49] *Thienel*, Verwaltungsverfahrensrecht, 5. Aufl. 2009, S. 242 ff.

zige Konsequenz vorgesehen ist. Dabei hat es dem Gericht schon genügt, wenn nicht ausreichend geprüft wurde, ob etwa eine UVP-Pflicht bestand oder weil die Begründung hinsichtlich eines Verfahrensschrittes nicht hinreichend informativ war.

c) Spanien

Das spanische Verwaltungsverfahrensrecht ist trotz erheblicher französischer Einflüsse insbesondere im Bereich der Verwaltungsorganisation stark vom deutschen Ansatz geprägt, was sich vor allem darin zeigt, dass die Grundsätze des Nichtförmlichen und der Ergebnisorientierung herrschen.[50] In einem derartigen Konzept können Verfahrensfehler nur ausnahmsweise zur Aufhebung einer Sachentscheidung führen, nämlich dann, wenn der Fehler so gravierend ist, dass er ohne weiteres zur Aufhebung führen muss oder sich aber im Ergebnis, also dann mit dem Verfahrensfehler und zugleich einem inhaltlichen Fehler als belastet darstellt.

In manchen anderen europäischen Rechtsordnungen wird das tendenziell anders gesehen.

d) Frankreich

Das trifft zum Beispiel auf Frankreich zu, das für das im AEUV verwirklichte Modell Pate gestanden hat.[51] Zwar stellt das französische Verwaltungsrecht geringere prozedurale Anforderungen an das Verwaltungshandeln als das deutsche – so fehlt etwa ein formalisiertes Widerspruchsverfahren –, jedoch führt deren Nichteinhaltung jedenfalls dann zur Aufhebung der Verwaltungsentscheidung, wenn sich der Fehler als *vice de procedure* darstellt.[52] Von besonderer Bedeutung ist die Unterscheidung von bloßen Ordnungsvorschriften und solchen, die als Ausdruck tragender rechtsstaatlicher Säulen angesehen werden. Aber auch dann, wenn es sich um besonders elementare Vorschriften handelt, werden die im Falle eines Verfahrensfehlers konfligierenden Ziele nicht durch die Heranziehung abstrakter Wertungskriterien beurteilt.[53] Vielmehr werden von den Gerichten pragmatische Lösungen angestrebt.[54]

e) England

In England wird dem Verwaltungsverfahren ebenfalls eine größere Rolle als in Deutschland beigemessen. Wird eine Anhörung versäumt, so führt das regelmäßig

---

[50] Zur geschichtlichen Entwicklung *Diez Sastre/Weyand*, Spanien, in: Schneider (Hrsg.) Verwaltungsrecht in Europa, 2007, Bd. 1, 181, 182 ff.

[51] *von Danwitz*, DÖV 1996, S. 481 ff.; sowie *ders.*, Europäisches Verwaltungsrecht, 2008, S. 519.

[52] *Fromont*, Droit administratif des États européens, 1. Aufl. 2006, S. 230; *Lombard/Dumont*, Droit administratif, 7. Aufl. 2007, S. 484 f. Rn. 865 f.

[53] *Ladenburger*, Verfahrensfehlerfolgen im französischen und im deutschen Verwaltungsrecht, 1999, S. 290.

[54] *Chapus*, Droit administratif général, 15. Aufl. 2001, Tome 1, Rn. 1222.

zur Aufhebung der Entscheidung.[55] Allerdings ist umstritten, ob mit einem Verfahrensfehler belastete Entscheidungen kategorisch unwirksam (*void*) sein sollen oder lediglich anfechtbar (*voidable*). Nach Ansicht von *Lord Evershed* soll die Kassation in bestimmten Fällen nur dann vorgenommen werden, wenn sich die Behördenentscheidung als echtes und substantielles Fehlurteil darstelle, und selbst dann solle die Verfügung nur anfechtbar (annullierbar) sein und nicht automatisch unwirksam.[56] Dem ist entgegengehalten worden, dass die von *Lord Evershed* angeführten Differenzierungsmerkmale nicht überzeugend seien. Außerdem folge aus der Beschränkung auf „echte Fehlurteile" keineswegs die weitere Konsequenz der bloßen Annullierbarkeit. In nachfolgenden Entscheidungen kehrte die englische Rechtsprechung wieder zu der Ansicht zurück, die Versäumung einer Anhörung stelle einen Verstoß gegen die Regeln der *„natural justice"* dar und führe zur Unwirksamkeit der Behördenentscheidung.[57]

2. *Zwischenergebnis*

Fasst man diese Rechtslage zusammen, so ergibt sich folgendes Bild: Es existieren mannigfaltige Regelungen, die ein gutes Verwaltungsverfahren bezwecken, die also dazu führen sollen, dass sachgerechte und für die Betroffenen akzeptable Ergebnisse erreicht werden.

Obgleich es auch Rechtsordnungen gibt, die der deutschen ähneln – etwa die spanische – geht die überwiegende Tendenz in Europa wohl dahin, Verfahrensfehler stärker gerichtlich zu ahnen. Der beabsichtigten Steuerungswirkung sind jedoch erhebliche Grenzen gesetzt, was im Planungsrecht auch damit zu tun hat, dass Verwaltungsakte zur Erhöhung der Investitionssicherheit gegen eine gerichtliche Aufhebung immunisiert werden sollen („Beschleunigungsgesetzgebung").[58] Die Ratio der Fehlerregelungen des deutschen Verwaltungsverfahrens liegt, etwas überspitzt formuliert, in: Der Zweck heiligt die Mittel.

III. Die Rechtsprechung des EuGH

Nicht nur die mitgliedstaatlichen Verwaltungsverfahrensrechtsordnungen haben zum Teil eine andere Tendenz, auch die Rechtsprechung des EuGH ist eher geneigt, Fehlern im Verwaltungsverfahren eine kassatorische Bedeutung zuzuschreiben. Das

---

[55] St. Rspr., s. nur *Fisher v. Keane* (1878) 11 Ch.D. 353; *Lapointe v. L'Association de Bienfaisance et de Retraite de la Police de Montréal* [1906] A.C. 535. *R. v North Ex p. Oakey* [1927] 1. K. B. 491; *R. v Huntingdon Confirming Authority Ex p. George and Stanford Hotels Ltd* [1929] 1 K.B. 698; *Firman v Ellis* [1978] Q.B. 886; weitere Nachweise bei *P. Craig*, Administrative law[6. ed.], 2008, S. 777 (23–025).

[56] *Ridge v Baldwin* [1964] A.C. 40, n. 33, 87–92.

[57] *O'Reilly v Mackman* [1983] 2 A.C. 237; *R. v Doking JJ Ex p. Harrington* [1983] Q. B. 1076, 1082; *P. Craig*, Administrative law[6. ed.], 2008, S. 778 (23–025).

[58] *Püttner/Guckelberger*, JuS 2001, S. 218 ff.; *Hermanns/Hönig*, DVBl. 1998, 827 ff.

wird besonders deutlich an einem Verfahrenselement des Umweltrechts, dem der Umweltverträglichkeitsprüfung:

1. Die Grundsätze des EuGH im Verfahrensrecht, erläutert am Fall Delena Wells (Rs. C-201/02)

Während der EuGH keine Einwände gegen eine Heilung von Verfahrensfehlern vor Abschluss des Verwaltungsverfahrens hat, steht er einer Korrektur solcher Fehler durch Nachholung im gerichtlichen Verfahren ablehnend gegenüber. Daran lässt sich ein grundsätzlich anderer Stellenwert des Verwaltungsverfahrensrechts ablesen, wie an der Entscheidung des EuGH vom 7. Januar 2004 gezeigt werden kann[59]: Anlass des Judikats war eine Vorlageentscheidung über eine von einer Nachbarin angegriffenen Bergbaugenehmigung im Vereinigten Königreich. Einerseits stellte der EuGH in der Entscheidung den Grundsatz auf, dass nach der UVP-Richtlinie keine Genehmigung für UVP-Vorhaben ohne Durchführung einer UVP erteilt werden darf. Als Reaktionsmöglichkeiten im Falle der Nichtdurchführung einer UVP nannte der EuGH die Rücknahme oder die Aussetzung einer erteilten Genehmigung. Andererseits erkannte der EuGH die Verfahrensautonomie der Mitgliedstaaten an.[60] Damit konnte man aus deutscher Sicht noch die Nachholbarkeit der UVP annehmen – man musste ja nur das Verfahren aussetzen und die UVP nachholen.

Dass das vom EuGH so nicht gemeint gewesen war, stellte der Gerichtshof dann in einer nachfolgenden Entscheidung fest:

2. Kommission/Irland (Rs. C-215/06)

Die Entscheidung des EuGH vom 3. Juli 2008[61] betraf ein Vertragsverletzungsverfahren gegen Irland. Im irischen Recht gab es eine Vorschrift, die die nachträgliche Legalisierung von Vorhaben erlaubte, die ohne UVP genehmigt worden waren. Das gab dem EuGH die Gelegenheit, klarzustellen, dass eine nachgeholte UVP nicht den Anforderungen der UVP-Richtlinie und damit dem Unionsrecht entspricht, da der Zweck der UVP – „frühzeitige und umfassende Ermittlung der Umweltauswirkungen eines Vorhabens“ nach Erteilung einer Genehmigung nicht mehr erreicht werden könne.

Auch generell hat der EuGH Vorbehalte gegen die Heilung im Gerichtsverfahren: es sei nicht Aufgabe des Gerichts, derartige Verfahrenshandlungen nachzuholen.[62] Darüber hinaus schwäche es die Position des klagenden Bürgers, wenn seinem Angriff nachträglich die Grundlage entzogen würde, die Akzeptanz der Entscheidungen sei geringer und schließlich leide die Aufgabe des Verwaltungsverfahrens, ein mög-

---

[59] EuGH v. 7.1.2004, C-201/02, S. I -00723.

[60] Näheres bei *Huber*, Recht der europäischen Integration, 2. Aufl., 2002, § 22 Rn. 1 ff.

[61] EuGH v. 3.7.2008, C-215/06.

[62] EuGH, C-315/99, Slg. 2001, I-2001, 5281, Rn. 31; C-329/93, Slg. 1996, I-5151, Rn. 48.

lichst ausgewogenes und bestmögliches Ergebnis zu garantieren.[63] Dieser Linie ist der EuGH seitdem treu geblieben.[64]

IV. Die Rechtsprechung des Bundesverwaltungsgerichts

1. Die (frühere?) ständige Rechtsprechung

Wie schwer sich deutsche Gerichte mit einer derartigen Konsequenz tun, kann am Beispiel einer bis vor kurzem typischen Bundesverwaltungsgerichtsentscheidung verdeutlicht werden.[65] Noch im Dezember 2007 – also drei Jahre nach Delena Wells – entschied das Gericht bezüglich einer nicht durchgeführten UVP, dass der Verfahrensmangel alleine noch kein Grund sei, die Entscheidung aufzuheben. Das Gericht befand folgendes:

> „Unterbleibt eine rechtlich gebotene Umweltverträglichkeitsprüfung, folgt allein aus diesem Umstand nicht, dass der Zweck der gesetzlichen Regelung nicht erreicht wird und die Abwägungsentscheidung rechtswidrig ist. Der Mangel ist nur unter der Voraussetzung erheblich, dass er auf das Abwägungsergebnis von Einfluss gewesen ist. Dies ist nur anzunehmen, wenn die konkrete Möglichkeit besteht, dass die Planungsbehörde ohne den Fehler anders entschieden hätte."[66]

Das BVerwG wendet hier § 46 VwVfG auf die UVP an (und behandelt die UVP als Verfahrenselement[67]). Dass das europarechtlich nicht zu halten war, schwante dem Senat vielleicht schon damals. Jedenfalls erging 9 Monate später eine Entscheidung, die die zwanzigjährige Praxis der deutschen Verwaltungsgerichte beendet.

2. Die Wende?

a) Die neue Rechtsprechung des BVerwG (4 C 11.07)[68]

In der Entscheidung ging es um eine Baugenehmigung für einen Putenmaststall, die gänzlich ohne UVP ergangen war. Das Gericht führte aus, dass zwar die Vorprüfung, also die Prüfung, ob überhaupt eine UVP erforderlich ist, nachholbar sei; wenn keine UVP geboten ist (wie in dem vom BVerwG entschiedenen Fall), ist der Reparaturvorgang mit der Nachholung der Vorprüfung abgeschlossen. Aber wenn die (nachgeholte) Vorprüfung zu dem Ergebnis komme, es sei eine UVP erforderlich,

---

[63] Nachweise bei *Kment*, Nationale Unbeachtlichkeits-, Heilungs- und Präklusionsvorschriften und europäisches Recht, 2005, S. 94 f.

[64] Siehe zuletzt EuGH v. 15.1.2013, C-416/10, Rn. 89 ff.; sowie EuGH, Urt. v. 18.4.2013, C-463/11, NVwZ-RR 2013, 503.

[65] BVerwG v. 13.12.2007, E 130, 83.

[66] BVerwG v. 13.12.2007, E 130, 95, Rn. 38.

[67] BVerwG v. 30.5.1984, E 69, 256, 278; v. 5.12.1986, E 75, 214, 262; v. 8.6.1995, E 98, 339, 367; insbesondere v. 25.1.1996, E 100, 250, Rn. 33; v. 18.11.2004, E 122, 207, 219.

[68] BVerwG v. 20.8.2008, E 131, 352, 369.

dann könne die UVP nicht mehr nachgeholt werden und die Genehmigung müsse aufgehoben werden (oder zumindest für nichtvollziehbar erklärt werden). Damit ist die bisherige (deutsche) Praxis der Nachholung der UVP nicht mehr haltbar.

So ganz sicher scheint sich das Bundesverwaltungsgericht in seiner Auffassung nicht zu sein, denn zwei Monate danach entschied derselbe 4. Senat, dass es weiterhin darauf ankommen soll, ob die konkrete Möglichkeit besteht, dass die Behörde nach Durchführung einer Umweltverträglichkeitsprüfung anders entschieden hätte.[69] Bei näherer Analyse des Urteils zeigt sich, dass die Niederrhein-Entscheidung kein Nachholungsfall war und die Bemerkung über die hypothetische Umweltverträglichkeitsprüfung keine zentrale Rolle spielte. Nimmt man deshalb die Putenmaststall-Entscheidung als Anzeichen für eine mögliche Umkehr des Gerichts, dann stellt sich die Frage, wie sich ein derartiges Ergebnis in die Dogmatik der Fehlerfolgen nach dem VwVfG einfügt. Drei grundsätzlich bestehende Möglichkeiten sind ersichtlich.

b) Dogmatische Einordnung

Eine Lesart – jedenfalls theoretisch – könnte dahin gehen, in diesem Verfahrensfehler einen „besonders schwerwiegenden" Fehler zu sehen, der zur Nichtigkeit nach § 44 VwVfG führt. Das dürfte aber nicht überzeugen, da es ja sein kann, dass der das Verfahren beschließende Verwaltungsakt gar nicht gerichtlich angegriffen wird. Angesichts dessen erschiene die Nichtigkeit als Sanktion zu radikal. Die deutsche Rechtsprechung ordnet eine fehlende UVP daher bislang als Verfahrensfehler nach § 45 VwVfG ein. Anzeichen für einen derartig radikalen Schwenk, wie er in der Klassifizierung als „besonders schwerwiegender Fehler" gemäß § 44 VwVfG läge, sind nicht ersichtlich.

In der deutschen Rechtsprechungstradition läge hingegen die Interpretation solcher Fehler als heilbare Verfahrensfehler. Nach der jetzigen Rechtsprechung des Bundesverwaltungsgerichts scheidet diese Möglichkeit anders als früher aus, da das Gericht nunmehr der Auffassung ist, grundsätzlich müsse die Genehmigung in einem derartigen Fall aufgehoben werden.[70]

Schließlich könnte der Fehler nach § 46 VwVfG unbeachtlich sein, solange er keine Auswirkungen auf das Ergebnis hatte. Das wäre wohl mit der Rechtsprechung des EuGH unvereinbar, da der EuGH die UVP vor Erteilung der Genehmigung verlangt und schon ein solches Versäumnis die Rechtsfolge der Aufhebung der Genehmigung nach sich zieht – unabhängig von der möglichen Beeinflussung der Entscheidung in der Sache. Damit liegt also in der Durchführung der UVP ein absolutes Verfahrensrecht in dem Sinne, dass ein subjektiv-öffentliches Recht auf Durchführung

[69] BVerwG v. 16.10.2008, E 132, 134, Rn. 35.

[70] BVerwG v. 20.8.2008, E 131, 352, 369.

einer UVP besteht, dessen Verletzung nicht durch Nachholung nachträglich geheilt werden kann.[71]

V. Mögliche Konsequenzen

1. Übertragung auf weitere Verfahrenselemente?

Führt man diesen Gedanken weiter, ist die Frage aufgeworfen, ob das nur für die UVP gilt, oder ob in Zukunft weitere Verfahrenselemente zu absoluten Verfahrensrechten erstarken werden – oder sie das tun sollten.

In Deutschland ist es üblich, derartige Änderungen nur dann vorzunehmen, wenn es unionsrechtlich gefordert ist. Das könnte als ein „Konzept der Verurteilungsvermeidung" bezeichnet werden – die Akteure in Gesetzgebung und Verwaltung unternehmen nichts, solange nicht eine weitere Verurteilung durch den EuGH erfolgt oder zumindest droht. Für ein solches Abwarten spräche, dass der EuGH bislang nur im Umweltrecht derartig weit gegangen ist. Allerdings gibt es weitere Maßnahmen des europäischen Gesetzgebers und Entscheidungen des EuGH, die die Vermutung begründen, dass das Europarecht keinesfalls von einer „Politik der Nichteinmischung" gegenüber dem nationalen Verwaltungsverfahrensrecht im weiteren Sinn gekennzeichnet ist. Eine nähere Analyse der entsprechenden Rechtsvorschriften und Judikate würde ergeben, dass weder die Behördenorganisation noch die Formulierung von Grundsätzen des Verwaltungshandelns noch die Frage der Erhebung von Verwaltungsgebühren zu den – in der Diktion des Bundesverfassungsgerichts – integrationsfesten Vorbehaltsbereichen zählen.

Auf drei Entwicklungen sei zur Erläuterung hingewiesen: Mit der Dienstleistungsrichtlinie und der durch sie gebotenen Schaffung eines „einheitlichen Ansprechpartners" hat der europäische Gesetzgeber in die Organisation der mitgliedstaatlichen Behörden eingegriffen, wenn auch nicht in kompetenzverändernder Weise, so doch nicht ohne Folgen für die Schnittstellen zwischen Behörden und Bürgern.[72] Erst nach längerem Zögern ist das VwVfG an diese Anforderungen angepasst worden.[73] Die Rechtsprechung des EuGH zur Rücknahme unionsrechtswidriger Beihilfeentscheidungen hat zu einer Aufspaltung zwischen europäischem und originär deutschem Beihilferecht geführt.[74] Und schließlich sehen verschiedene EU-Richtli-

[71] Mit der Trianel-Entscheidung des EuGH dürften solche Fehler auch in der Regel von anerkannten Umweltverbänden gerügt werden, EuGH v. 12. 5. 2011, C-115/09 – *Trianel*; s. die Anmerkungen von *Durner/Paus*, DVBl. 2011, 759 ff.; *Schlacke*, NVwZ 2011, 801.

[72] Art. 6 Abs. 1 der Richtlinie 2006/123/EG des Europäischen Parlaments und des Rates vom 12. Dezember 2006 über Dienstleistungen im Binnenmarkt, ABl. EG Nr. L 376, 36.

[73] Vgl. die neuen Regelungen der §§ 8 a ff., 42 a, 71 a ff. VwVfG; kritisch *Kahl*, NVwZ 2011, 449, 454.

[74] EuGH, C-24/95, Slg. 1997, I-1591 – *Alcan*; zuvor schon BVerwG, NJW 1993, 318 ff.; *Pache*, NVwZ 1994, 318 ff.; *Suerbaum*, VerwArch (91) 2000, 169 ff.

nien und -Verordnungen Verwaltungsgebühren vor, was aus deutscher Sicht seit langem kritisch betrachtet wird.[75]

Nimmt man diese Beobachtungen zusammen, so lässt sich eine gewisse Rücksichtslosigkeit des Europarechts gegenüber mitgliedstaatlichen Gegebenheiten im Bereich des Verwaltungsverfahrens feststellen, die zum Widerstand gegen die Römer aufrufen könnte. Bei allem Verständnis für gewachsene Strukturen wäre es angesichts der erheblich fortgeschrittenen europäischen Integration geradezu realitätsfremd, sich nicht um eine friedliche Koexistenz zwischen der EU und den nationalen Verwaltungsrechtsordnungen zu bemühen. Eine Neukonzeptionierung der gerichtlichen Kontrolle von Verfahrensfehlern ist daher auf mittlere Sicht unausweichlich, will man nicht Sonderbereiche schaffen und unterhalten, die nur mit erheblichem Aufwand und der Zuhilfenahme von Zaubertränken verteidigt werden können.

2. *Elemente einer Neukonzeptionierung*

Jede vernünftige Neukonzeptionierung muss von dem gegenwärtigen System ausgehen. Bislang galt ein Dualismus, der sich auf alle wesentlichen Verfahrenshandlungen erstreckte, da § 45 VwVfG ja alle wesentlichen Elemente betrifft): einerseits Nichtigkeit bei besonders schwerwiegenden Verfahrensfehlern nach § 44 VwVfG, andererseits – für alle anderen Fehler – die Möglichkeit der Irrelevanz (Unbeachtlichkeit) und der Nachholung.[76]

Zukünftig wäre aber zu überlegen, welche Verfahrenshandlungen nicht heilbar sein sollen. Dabei muss es maßgeblich auf den Zweck des jeweiligen Elements ankommen: kann der auch nach Erlass des Verwaltungsaktes erreicht werden, oder nicht? Dass dies zu Unterschieden führen kann, mag mit dem Erfordernis eines Antrags nach § 45 Abs. 1 Nr. 1 VwVfG einerseits und der Anhörung nach § 45 Abs. 1 Nr. 3 VwVfG verdeutlicht werden:

Das Antragserfordernis bewahrt die Behörden vor überflüssiger, weil nicht erforderlicher Arbeit und die Antragsteller vor der Erteilung einer Erlaubnis, die sie gar nicht oder so nicht gewünscht hatten. Das hat auch das Bundesverwaltungsgericht festgestellt, indem es formulierte, dem Bürger dürfe kein (mitwirkungsbedürftiger) Verwaltungsakt[77] *aufgedrängt* werden.[78] Das Antragserfordernis dient mithin der

---

[75] Verwaltungsgebühren waren der Anlass für das BVerfG, sich zum Verhältnis des Grundgesetzes zum Europarecht im Grundsätzlichen zu äußern, s. nur BVerfGE 37, 271 – Solange I; europarechtsfreundlicher dann BVerfGE 73, 339 – Solange II; einen vorläufigen Abschluss der Entwicklung bilden das Lissabon-Urteil, BVerfGE 123, 267, und der Mangold-Beschluss, Beschluss des BVerfG v. 6.7.2010, 2 BvR 2661/06.

[76] *Hofmann/Gerke*, Allgemeines Verwaltungsrecht, 10. Aufl. 2010, Rn. 467 ff., Rn. 477 ff.

[77] *Wolff et al.*, Verwaltungsrecht I, 12. Aufl. 2007 § 46 Rn. 27.

[78] BVerwG BauR 1977, 405, 407 = NJW 1978, 340; in diesem Sinne auch OVG Koblenz NVwZ 1986, 576 f.

Dispositionsfreiheit[79] der Bürger sowie der Klarstellung der erbetenen Amtshandlung. Ist es nun in einem Fall versäumt worden, einen Antrag in der erforderlichen Form zu stellen, und dennoch eine Erlaubnis erteilt worden, so kann eine Nachholung der Antragstellung[80] durchaus diesen Fehler heilen, ohne mit den genannten Zwecken in Konflikt zu geraten. Entspricht nämlich die erteilte Erlaubnis dem Willen des Betroffenen, so „rettet" die nachträgliche Antragstellung die Arbeit der Behörde und führt einen Rechtszustand herbei, der mit dem unverlangt durchgeführten Verfahren erstrebt worden ist.

Anders liegt es bei der Anhörung. Die Anhörung im Verwaltungsverfahren hat wie das Recht auf rechtliches Gehör in anderen Verfahren insbesondere den aus dem verfassungsrechtlichen Rechtsstaatsprinzip folgenden Zweck, die Bürger im Verfahren als Rechtssubjekte zu behandeln, nicht bloß als hoheitsunterworfene Objekte staatlicher Entscheidungen.[81] Darüber hinaus dient die Anhörung der Informationsgewinnung durch die Behörden.[82] Eine Nachholung nach bereits getroffener Entscheidung einer Verwaltungsbehörde hat grundsätzlich nicht den Stellenwert, der ihr mit Blick auf die genannten Funktionen zukommen soll, und sollte daher nicht dem Fehlerfolgenregime der §§ 45, 46 VwVfG mit der Folge unterworfen werden, dass eine unterbliebene Anhörung in aller Regel für die Behörde folgenlos bleibt.[83]

Tritt man derartigen Änderungen näher, so ist weiter zu prüfen, ob sie Änderungen in der gerichtlichen Kontrolldichte an anderer Stelle nach sich ziehen oder ziehen sollten. Die darauf bezogene Diskussion wird in den kommenden Jahren dringend geführt werden müssen.[84]

VI. Fazit

Insgesamt lässt sich damit festhalten, dass sich der Unterschied zwischen der deutschen und europäischen Tradition hinsichtlich des Verfahrensrechts weniger in den Zielen und Instrumenten eines guten Verwaltungsverfahrens zeigt, sondern in der Behandlung von Verfahrensfehlern in der gerichtlichen Kontrolle. Angesichts des Bedeutungszuwachses des Europarechts auch für das Verwaltungsverfahren ste-

---

[79] *Ramsauer*, in: Kopp/Ramsauer, VwVfG, 14. Aufl. 2013, § 22 Rn. 5; *Schenke*, in: Kopp/Schenke, VwGO, 19. Aufl. 2013, § 86 Rn. 2.

[80] *Sachs*, in: Stelkens/Bonk/Sachs, VwVfG, 8. Aufl. 2014, § 45 Rn. 28.

[81] *Bonk/Kallerhoff*, in: Stelkens/Bonk/Sachs, VwVfG, 8. Aufl. 2014, § 28 Rn. 1.

[82] *Grünewald*, in: Obermayer/Funke-Kaiser, VwVfG, 4. Aufl. 2014, § 28 Rn. 1 f.; *Ramsauer*, in: Kopp/Ramsauer, VwVfG, 14. Aufl. 2013, § 28 Rn. 1.

[83] Der Linie des EuGH überwiegend beipflichtend *Kokott*, DV 31, 1998, DV (31) 1998, 335, 367 f.; *Classen*, DV 31 (1998), 307, 324; differenziert *Schoch*, in: Schmidt-Aßmann/Hoffmann-Riem (Hrsg.), Strukturen des Europäischen Verwaltungsrechts, 1999, Bd. 6, S. 296 ff.

[84] Beachtliche Ansätze dazu bei *Schwarze*, Die Rechtsprechung des EuGH zur Relevanz von Fehlern im Verwaltungsverfahren, in: Schenke/Sydow/Heckmann (Hrsg.), Verfassungsstaatlichkeit im Wandel, 2013, S. 1203 ff.

hen die Mitgliedstaaten vor der Wahl, bei Inkompatibilitäten die eigenen Traditionen gegen Übergriffe zu verteidigen und gleichzeitig in Kauf zu nehmen, dass das eigene Verwaltungsverfahrensrecht eine manchmal schwer zu erkennende und meistens noch schwerer sachlich zu rechtfertigende Zweiteilung erleidet, oder aber auf die Entwicklung durch die Reform des nationalen Verfahrensrechts zu reagieren. Letzteres schließt freilich nicht aus, dass sich auch das Europarecht hier und da ein wenig rücksichtsvoller gegenüber nationalen Traditionen zeigen könnte. Jedenfalls wäre allen Beteiligten ein glückliches Ende der Auseinandersetzung zwischen gallischen oder germanischen Traditionen auf der einen Seite und den Römern aus Brüssel auf der anderen zu wünschen. Ein gemeinsames Festmahl nach dem Abenteuer wäre nicht nur für gezeichnete Geschichten ein würdiger Abschluss.

Vom Wesen Europäischer Agenturen

Von *Martin Führ**

I. Einleitung

Wer das Umweltrecht,[1] aber auch das Recht der Raumordnung und der Landesplanung[2] des Bundes und der Länder verstehen und einordnen will, kommt nicht umhin, den Blick auf das Europäische Recht zu werfen. Dies gilt sowohl für das materielle Recht (vom Anlagenrecht über das Luftqualitäts-, Wasser-, Natur- und Klimaschutzrecht bis hin zum Lärmschutz, aber auch im Stoff-, Produkt und Gentechnikrecht) wie für die prozedurale Seite: Die bereits im Jahr 1985, also vor Inkrafttreten der Einheitlichen Europäischen Akte mit der darin verankerten primärrechtlichen Umweltkompetenz, verabschiedete Richtlinie über Umweltverträglichkeitsprüfung ist hier ebenso zu nennen wir die – mittlerweile in Umsetzung der Aarhus-Konvention – weiter verstärkten, Informations-, Beteiligungs- und (neuerdings auch) Klagerechte.[3] Die Stellungnahmen und Gutachten des Rates der Sachverständigen für Umweltfragen (SRU) behandeln daher seit gut 20 Jahren zu einem erheblichen Teil die Umsetzung europäischer Vorgaben.[4]

Neben der Frage der Aufteilung der Gesetzgebungskompetenz und der Rechtsprechungshoheit zwischen den Organen der EG bzw. der EU und den Mitgliedstaaten tritt in den letzten Jahren mehr und mehr ein weiteres Schnittstellenproblem im europäischen Mehrebenen-System in den Vordergrund: Vom Nationalstaat auf die europäische Ebene verlagert haben sich nicht nur legislative und judikative Elemente, sondern vermehrt auch Funktionen der Exekutive. Letztere waren – ähnlich dem Verhältnis zwischen Bund und Ländern (Art. 30, 83 ff. GG) – zunächst weitgehend bei

---

* Der Autor ist (von der Europäischen Kommission ernanntes) Mitglied im Verwaltungsrat der Europäischen Chemikalienagentur; der Beitrag gibt ausschließlich seine persönliche Auffassung wieder.

[1] Siehe die Darstellung der einzelnen Teilgebiete in: *Koch* (Hrsg.), Umweltrecht (3. Aufl.), 2010.

[2] Siehe *Koch/Hendler*, Baurecht, Raumordnungs- und Landesplanungsrecht, 2009 (5. Aufl.), 2009.

[3] Zu recht kritisch zur deutschen Umsetzung *Koch*, Die Verbandsklage im Umweltrecht, NVwZ 2007, S. 369 ff. Für eine empirische Evaluation des UmwRG siehe *Führ/Schenten/Schreiber/Schulze/Schütte*, Evaluation von Gebrauch und Wirkung der Verbandsklagemöglichkeiten nach dem Umwelt–Rechtsbehelfsgesetz (UmwRG), UBA-Bericht 14/2014.

[4] Siehe etwa die 2003 und 2005 unter dem Vorsitz von *Hans-Joachim Koch* veröffentlichten Stellungahmen des SRU zu den Entwürfen der Kommission für die Chemikalienregulierung REACH (www.umweltrat.de).

den Mitgliedstaaten angesiedelt. In den letzten Jahren haben auf europäischer Ebene jedoch eine ganze Reihe von „Agenturen“ ihre Tätigkeit aufgenommen. Ihre Rechtfertigung lag und liegt zum Einen darin, dass man so Spezialaufgaben von der – in vielerlei Hinsicht überforderten – Europäischen Kommission ausgelagern kann, zum Anderen darin, dass die Agenturen in der Lage sind, den für den jeweiligen Aufgabenbereich erforderlichen Sachverstand zu bündeln. Damit wird – im Sinne eines „level-playing-field“ – ein europaweit einheitlicher Vollzug gewährleistet, der sowohl für den Binnenmarkt, aber etwa auch für die Aufgabe, ein „hohes Maß an Umweltschutz“ sowie eine „Verbesserung der Umweltqualität“ hinzuwirken (so die Zieldefinition in Art. 3 Abs. 3 EUV) von Vorteil sein dürfte, wirkt er doch einem „Wettbewerb“ zwischen den Mitgliedstaaten entgegen, die versucht sein könnten, im Wege einer „exekutivischen Beihilfe“ den in ihrem Staatsgebiet ansässigen Unternehmen Wettbewerbsvorteile zu verschaffen, indem sie europäische Vorgaben nicht oder nur unvollständig umsetzen („race to the bottom“).[5] Damit einher geht aber, zumindest auf den ersten Blick, eine weitere „Entmachtung“ der Mitgliedstaaten, deren Eigenständigkeit damit auch noch im Bereich der Exekutive als der letzten verbliebenen Domäne nationalstaatlicher Souveränität unterminiert wird. Diese tritt hinzu zu der aus der Perspektive parlamentarisch verfasster Demokratie ebenfalls kritisch wahrgenommenen starken Stellung der Exekutive im Rahmen europäischer („gubernativ“ geprägter) Rechtssetzungsprozesses;[6] ganz zu schweigen zu der oftmals geäußerten Kritik an den „Übergriffen“ des Europäischen Gerichtshofs.[7]

Vor diesem Hintergrund ist es nicht verwunderlich, dass Gründung und Ausgestaltung der zahlreichen, mittlerweile auf über 40 Einrichtungen angewachsenen Agenturen[8] in der juristischen Diskussion kritisch begleitet wurde.[9] Denn zweifellos handelt es sich um eine „föderale Grundsatzfrage (…) mit verfassungsrechtlicher Qualität“.[10] Jedenfalls vor dem Vertrag von Lissabon war auch ein „dogmatisch ungeklär-

---

[5] Siehe zu diesem – mit dem in Art. 5 EUV verankerten Subsidiaritätsgedanken konfligierenden – Phänomen *Koch*, Das Subsidiaritätsprinzip im europäischen Umweltrecht, 2005.

[6] *v. Bogdandy*, Gubernative Rechtssetzung, 2000.

[7] Statt vieler: *Herzog/Gerken*, Stoppt den Europäischen Gerichtshof, FAZ vom 8.9.2008, S. 8

[8] Für eine Auflistung der bestehenden Agenturen (in der Reihenfolge ihrer Gründung und teils unter abweichender Bezeichnung) siehe *Augsberg*, in: Terhechte, Verwaltungsrecht der EU, § 6 Rn. 40 m.w.N. sowie unter http://europa.eu/about-eu/agencies/index_en.htm mit den dort gegebenen Suchfunktionen.

[9] Siehe – neben den im Folgenden genannten Beiträgen – etwa *M. H. Koch*, Mittelbare Gemeinschaftsverwaltung in der Praxis, EuZW 2005, 455 ff.; *Groß*, Die Kooperation zwischen europäischen Agenturen und nationalen Behörden, EuR 2005, 54; *Frenz*, Verwaltungskooperation mit der Union im Lichte von Art. 197 AEUV und des Lissabon-Urteils, DÖV 2010, 66 sowie die – breiter angelegten – Beiträge von *Pache* und *Groß* zur „Verantwortung und Effizienz in der Mehrebenenverwaltung“, VVDStRL 66 2007), 106 ff.

[10] *Hermes*, Legitimationsprobleme unabhängiger Behörden, in: Bauer/Huber/Sommermann, Demokratie in Europa, Tübingen 2005, S. 457/487.

ter Status der administrativen Kompetenzen innerhalb der Gemeinschaft“[11] zu konstatieren. Von „europäischen Satelliten“, die offenbar losgelöst von institutionellen Beschränkungen den Orbit durchkreisen, und einem „Agentur(un)wesen“ ist die Rede, dessen Vereinbarkeit mit dem Gemeinschaftsrecht immer wieder in Zweifel gestellt wird.[12]

Den damit zusammenhängenden Fragen ist im Folgenden nachzugehen am Beispiel der Regulierungsagentur für das europäische Chemikalienrecht. Die REACH-Verordnung mit den in ihr angelegten mehrstufigen Entscheidungsfindungsprozessen[13] wird als der Musterfall eines europäischen Entscheidungsverbundes bezeichnet.[14] Das europäische Stoffrecht ist in den letzten Jahren ein hoch innovatives Rechtsgebiet, welchem in vielerlei Hinsicht der Charakter eines „regulatorischen Laboratiums“ zukommt: Dies gilt sowohl für die Entwicklung hin zum europäischen Verwaltungsverbund[15] als auch dafür, wie der Staat in Kooperation mit den wirtschaftlichen Akteuren den Grundsatz der Vorsorge operationalisiert.[16] Die Europäische Chemikalienagentur (ECHA) stellt damit einen Prototyp für eine Regelungsagentur des Gemeinschaftsrechts dar; ihr Aufbau und ihre Rechtsstellung sowie ihre auf Inklusion sowohl der Mitgliedstaaten sowie gesellschaftlicher Gruppen ausgerichtete Arbeitsweise dient daher der exemplarischen Veranschaulichung.

II. Die Agenturen als primärrechtliches Un-Wesen?

Vorab ist jedoch darauf hinzuweisen, dass die oftmals als Argument gegen die Auslagerung von Exekutivfunktionen auf Agenturen herangezogene *Meroni*-Rechtsprechung[17] durch den Vertrag von Lissabon, der Agenturen nunmehr explizit erwähnt, weitgehend obsolet geworden ist. Denn mit dem AEUV ist die Existenz von Agenturen primärrechtlich anerkannt. Blickt man allein auf die deutsche Fassung, findet man Agenturen dort allerdings – von wenigen Sonderfällen abgese-

---

[11] *Möllers*, Durchführung des Gemeinschaftsrechts, EuR 2002, 483/498.

[12] *Kühling*, Die Zukunft des Europäischen Agentur(un)wesens – oder: Wer hat Angst vor Meroni, in: EuZW 2008, S. 129 sowie *Wittinger*, „Europäische Satelliten“: Anmerkungen zum Europäischen Agentur(un)wesen und zur Vereinbarkeit mit dem Gemeinschaftsrecht, EuR 2008, 609 ff. m.w.N. Siehe auch *Selzer*, Die Rechtsstellung Europäischer Agenturen, Darmstadt 2010.

[13] Die Verordnung war auch Gegenstand der von *Hans-Joachim Koch* betreuten Dissertation von *Ingerowski*, Die REACh-Verordnung: Weg zu einem verbesserten Schutz von Umwelt und Gesundheit vor chemischen Risiken?, Baden-Baden 2010.

[14] *Siegel*, Entscheidungsfindung im Verwaltungsverbund, 2008, 349 ff.

[15] *Ruffert*, Von der Europäisierung des Verwaltungsrechts zum europäischen Verwaltungsverbund, DÖV 2007, 761.

[16] *Di Fabio*, Risikoentscheidungen im Rechtsstaat, Tübingen 1994, S. 137 ff.

[17] EuGH vom 13.6.1958 – Rs. 9/56, Slg. 1958, S. 11; siehe dazu *Kühling* und *Wittinger* (Fn. 11), S. 618 ff.

hen[18] – nicht. Agenturen verstecken sich vielmehr unter der etwas diffusen Bezeichnung „sonstige Stellen der Union“. In der englischen Fassung findet sich hier die Bezeichnung „agencies“.

Damit sind Agenturen nunmehr im Primärrecht explizit genannt, wenn auch weiterhin deren Rechtsstellung der Agenturen nur punktuell geregelt ist. Immerhin vervollständigt sich damit das bisher schon in Ansätzen erkennbare Bild zu einem zunehmend vollständigeren Mosaik: So gilt nach Art. 9 Satz 1 EUV der allgemeine Gleichheitssatz und Art. 15 Abs. 1 AEUV der Grundsatz der „weitestgehenden“ Transparenz („as openly as possible“)[19] und der des Schutzes personenbezogener Daten nach Art. 16 AEUV explizit auch für Agenturen. Nach Art. 24 Abs. 4 AEUV kann sich jeder Unionsbürger in seiner Sprache an die Agentur wenden und hat Anspruch auf eine Antwort in dieser Sprache. Nach Art. 228 Abs. 1 AEUV fällt die Tätigkeit der Agenturen in den Zuständigkeitsbereich des Europäischen Bürgerbeauftragten.

Der Gericht und Gerichtshof der Europäischen Union[20] überwachen nach dem mit dem Vertrag von Lissabon neu eingefügten Art. 263 Abs. 1 Satz 2 AEUV[21] nunmehr explizit „ebenfalls die Rechtmäßigkeit der Handlungen der Einrichtungen oder sonstigen Stellen der Union mit Rechtswirkung gegenüber Dritten“; Abs. 5 der Vorschrift erhält eine Ermächtigung, den Zugang zum Gerichtshof sekundärrechtlich auszugestalten.[22] Klargestellt ist nunmehr auch, dass die Kompetenz des Gerichtshofs im Rahmen des Vorabentscheidungsverfahrens nach Art. 267 AEUV auch Handlungen der Agenturen umfasst[23]. Die inzidente Normenkontrolle nach Art. 277 AEUV ist ebenfalls bei Rechtsakten von Agenturen möglich. Agenturen können nach Art. 40 Abs. 2 EuGH-Satzung zudem einem vor dem EuGH anhängigen Rechtstreit beitreten oder nach Art. 42 EuGH-Satzung Drittwiderspruch erheben.

Das Finanzgebaren der Agenturen prüft der Rechnungshof nach Art. 287 AUEV. Die Betrugsbekämpfung der Union erstreckt sich nach Art. 325 AEUV in gleicher Weise auf die Agenturen. Der neu geschaffene Art. 298 AEUV formuliert die Grundsätze der europäischen Verwaltung (offen, effizient und unabhängig), die – ausweis-

---

[18] So etwa in Art. 42 Abs. 3 UA 2 und 45 EUV zur „Europäischen Verteidigungsagentur“.

[19] Ergänzt wird dieser Grundsatz um Datenzugangsrechte (siehe Verordnung (EG) Nr. 1049/2001 vom 30. Mai 2001 über den Zugang der Öffentlichkeit zu Dokumenten des Europäischen Parlaments, des Rates und der Kommission, ABlEG L 145 (v. 31.5.2001), S. 43 und Vorgaben zur Transparenz der behördenintern Entscheidungsfindung („proceedings“), was durch die Geschäftsordnung sicherzustellen ist; siehe Art. 15 Abs. 2 UA 1 und 3 AEUV).

[20] Für einen Überblick zu den ersten ergangenen Entscheidungen siehe *Scheidmann*, StoffR 2013, 120.

[21] Eine ähnliche Vorschrift findet sich nunmehr für Untätigkeitsklagen in Art. 265 Abs. 1 Satz 2 AEUV.

[22] Siehe die Vorgaben in Art. 94 REACH-VO, die nicht nur den Zugang zur gerichtlichen Kontrolle eröffnen, sondern die Agentur auch verpflichten, dem Urteil Folge zu leisten.

[23] Siehe auch Art. 23 EuGH-Satzung. Nach Art. 24 EuGH-Satzung kann der Gerichthof Auskünfte von den Agenturen verlangen.

lich der englischen Fassung – explizit auch für die Agenturen bei der Ausübung ihrer Aufgaben gelten.

Festhalten lässt sich damit, dass – anders nach der früheren Vertragslage – die Agenturen mittlerweile ausdrücklich Eingang in das Primärrecht gefunden haben. Die Argumente, die unter der früheren Rechtslage in Literatur und Rechtsprechung gegen die Übertragung von Aufgaben und Befugnissen auf Agenturen vorgebracht wurden, sind damit in ihrem argumentativen Kerngehalt überholt.[24] Maßgeblich ist vielmehr allein der Text des jeweiligen Gründungsrechtsaktes[25], für die Europäische Chemikalienagentur (ECHA) also vorrangig der REACH-Verordnung, der „im Licht der Gründungsintention" auszulegen ist.[26]

III. REACH als kooperativer Verwaltungsverbund

In den letzten Jahren hat sich die Nutzung von Agenturen für die Durchführung von Schlüsselaufgaben als Teil der gängigen Praxis der Europäischen Union etabliert. Für jede Regulierungsagentur gibt es (mindestens) eine gesonderte Verordnung, die ihnen jeweils sehr unterschiedliche Aufgaben zuweist: Manche Agenturen können unmittelbar außenwirksame Einzelbeschlüsse fassen, andere verfügen über zusätzliche technische Fachkenntnisse, auf die sich die Kommission bei der Beschlussfassung stützen kann, während wieder andere sich schwerpunktmäßig mit der Vernetzung nationaler Behörden befassen.

Die Europäische Chemikalienagentur ECHA vereint alle vorgenannten Funktionen. Bei ihr liegt die Hauptlast bei der administrativen Umsetzung der REACH-Verordnung[27] (Art. 75 ff. REACH[28]). Der Agentur sind im Rahmen von REACH eine ganze Reihe von Aufgaben übertragen worden, die im Folgenden ebenso wie die Or-

---

[24] Für eine umfassende Würdigung dieser Argumente siehe *Fischer-Appelt* (Agenturen der Europäischen Gemeinschaft – Eine Studie zu Rechtsproblemen, Legitimation und Kontrolle europäischer Agenturen mit interdisziplinären und rechtsvergleichenden Bezügen, Berlin 1999), die die Errichtung von eigenständigen (Regulierungs-)Agenturen auch vor Inkrafttreten des Vertrages von Lissabon für europarechtlich, insbesondere auch im Hinblick auf die Kriterien des „institutionellen Gleichgewichts" für zulässig hält (S. 180 ff.). Fragen des „institutionellen Gleichgewichts", welches freilich durch die Neufassung der Verträge auch neu definiert werden kann, behandelt im Folgenden die Abschnitte III. 3. bis III. 5.

[25] So bereits *M. Koch*, Mittelbare Gemeinschaftsverwaltung in der Praxis, EuZW 2005, 455 (456). Kritisch, allerdings in Bezug auf die Energiebinnenmarktregulierung, *Gärditz*, Europäisches Regulierungsverwaltungsrecht auf Abwegen, AöR 135 (2010), S. 251–288.

[26] Calliess/Ruffert/*Ruffert*, EUV/AEUV, Art. 298 AEUV, Rn. 5.

[27] Die ECHA hat weitere chemikalienrechtliche Regelwerke (etwa die CLP-Verordnung) zu vollziehen, was hier aber außer Betracht bleiben soll; siehe dazu *Koch*, in: Führ, Praxishandbuch REACH, 2011, Kapitel 21.

[28] Artikel, Titel, Anhänge ohne Bezeichnung sind im Folgenden solche der REACH-Verordnung. Eine Übersicht wichtiger Internetadressen sowie der Text der EG-Verordnung (als pdf-Datei mit Lesezeichen) finden sich unter www.REACH-helpdesk.info. Sämtliche Internet-Verweise wurden zuletzt am 6. 4. 2014 geprüft.

gane der Agentur zunächst knapp zu skizzieren sind. Anschließend zu beleuchten ist das Verhältnis zwischen Agentur und Europäischer Kommission sowie die Rolle der Mitgliedstaaten im Handeln der Agentur.

1. Ziele und Instrumentarium

REACH beruht – in Umsetzung des chemikalienpolitischen „Johannesburg-Ziels" aus der Rio-Nachfolgekonferenz 2002[29] – auf dem „Grundsatz, dass Hersteller, Importeure und nachgeschaltete Anwender sicherstellen müssen, dass sie Stoffe herstellen, in Verkehr bringen und verwenden, die die menschliche Gesundheit oder die Umwelt nicht nachteilig beeinflussen" (Art. 1 Abs. 3). Dieser Grundsatz richtet sich an alle Stoffverantwortlichen in der Wertschöpfungskette – sie haben ihn eigenverantwortlich[30] auszufüllen. Man kann ihn auch als *Grundsatz der Stoffverantwortlichkeit* der REACH-Akteure bezeichnen. Das primäre Ziel der REACH-Verordnung darauf gerichtet, ein „hohes Schutzniveau für die menschliche Gesundheit und die Umwelt sicherzustellen". Daneben verfolgt die Verordnung im Rahmen des Binnenmarktprogramms noch weitere Motive; sie will Alternativen zu Tierversuchen fördern und „gleichzeitig Wettbewerbsfähigkeit und Innovation zu verbessern" (Art. 1 Abs. 1).

Das REACH-Instrumentarium ruht auf drei Säulen, die sich gegenseitig ergänzen. Wie auch nach bisherigem Recht besteht weiterhin die Möglichkeit, generelle Stoffbeschränkungen zu erlassen. Neu hinzugekommen sind das Zulassungsverfahren für „besonders besorgniserregende Stoffe" sowie die Registrierungspflicht für alle Stoffe, die vom jeweiligen Stoffverantwortlichen in einer Menge von mehr als einer Jahrestonne hergestellt oder importiert werden; ohne Registrierung, bei der u. a. Daten zur Wirkung auf Mensch und Umwelt vorzulegen sind, darf der Stoff nicht vermarktet werden (Art. 5: „no data, no market"). Damit wird eine medienübergreifende Präventivkontrolle[31] bereits vor dem Inverkehrbringen eines Stoffes angestrebt, wobei die Stoffverantwortlichen den gesamten Lebensweg eines Stoffes in den Blick zu nehmen haben. Für alle drei Säulen gilt, dass die Agentur spezifische Aufgaben

---

[29] Siehe Erwägungsgründe 4 und 6. REACH soll danach auch dazu beitragen, das „2006 in Dubai angenommene Strategische Konzept für ein internationales Chemikalienmanagement (Strategic Approach to International Chemical Management – SAICM) zu verwirklichen"; zu diesem „policy framework" unter dem Dach des UN Umweltprogramms in Genf siehe www.SAICM.org.

[30] Zu diesem Begriff siehe *Führ*, Eigen-Verantwortung im Rechtsstaat, 2003, S. 43 ff. Die dort entwickelte Kategorie der Eigen-Verantwortung beinhaltet zwingend, dass auch Mechanismen rechtlich vermittelter Folgenanlastung zum Tragen kommen; siehe dazu auch *Rehbinder*, Stoffrecht, in: Hansmann/Sellner (Hg.), Grundzüge des Umweltrechts, 2012, Kapitel 11, Rn. 19 ff.

[31] *Rehbinder* (Fn. 29), Rn. 14.

wahrzunehmen hat, wozu auch gehört, über das Internet eine umfassende Transparenz zu gewährleisten.[32]

2. *Organe der Agentur*

Die Organe der Agentur nennt Art. 76; sie besteht demnach aus:[33]

- einem *Verwaltungsrat*, zuständig für die allgemeinen Leitlinien, Programme und Berichte der Agenturarbeit (Art. 78),
- einem *Direktor*, zuständig für die rechtliche Vertretung der Agentur und ihre Verwaltung in wirtschaftlicher und organisatorischer Hinsicht (Art. 83),
- einem *Sekretariat*, zuständig für den inhaltlichen Vollzug von Registrierung und Bewertung sowie Unterstützung von Ausschüssen und dem Forum aber auch sämtlichen anderen Beteiligten (Art. 77 Abs. 2),
- einem *Ausschuss der Mitgliedstaaten*, der im Rahmen von Entscheidungen zur Dossier- oder Stoffevaluation sowie bei der Klassifizierung von Stoffen tätig wird (siehe unten 4.),
- einen *Ausschuss für Risikobeurteilung* und einen *Ausschuss für sozioökonomische Analyse* zur Ausarbeitung von Stellungnahmen im Rahmen des Zulassungsverfahrens sowie bei Beschränkungsvorschlägen (Art. 77 Abs. 3),
- einem *Forum* zur Koordinierung des Informationsaustauschs der Mitgliedstaaten zur Durchsetzung der Verordnung (Art. 77 Abs. 4) und
- einer *Widerspruchskammer* zur Entscheidung über Widersprüche gegen Entscheidungen der Agentur (Art. 89 ff.).

Dem Sekretariat sind – mit Ausnahme der organisatorisch verselbständigten Angehörigen der Widerspruchkammer – die Bediensteten der ECHA zugeordnet. Wenn man „der" ECHA spricht, ist damit meist das Sekretariat gemeint. Außerhalb dieser explizit in REACH genannten „Einheiten" wird die unter der früheren Rechtslage geübte Praxis fortgesetzt, dass die „Zuständigen Behörden" der Mitgliedstaaten gemeinsam mit der Kommission (und nun auch mit der ECHA) sich zu einem regelmäßigen Austausch zusammenfinden. Dies geschieht unter der Bezeichnung CARACAL,[34] aber auch in einer Reihe von informellen Netzwerken.[35]

---

[32] Zu Einzelheiten siehe *Ingerowski* (Fn. 12), *Rehbinder* (Fn. 29); *Führ*, Praxishandbuch REACH, 2011sowie *ders.*, Boxenstopp für die REACH-Verordnung, ZUR 2014, 270 ff.

[33] Zu den Aufgaben der einzelnen Organe im Zusammenhang mit den unterschiedlichen REACH-Mechanismen, siehe *Schmolke*, in: Führ (Hrsg.) Praxishandbuch REACH, 2011, Kapitel 27, Rn. 7 ff.

[34] CARACAL – Competent Authorities for REACH and CLP, siehe http://ec.europa.eu/enterprise/sectors/chemicals/reach/caracal/index_en.htm.

[35] So etwa zur Datensicherheit (Security Officers Network – SON) oder zur Risikokommunikation, vor allem in Verbraucherangelegenheiten (Risk Communication Network – RCN).

3. Rechtsstellung der Agentur im Verhältnis zur Europäischen Kommission

In der praktischen Arbeit der Agentur stellt sich immer wieder die Frage nach dem Verhältnis zur Kommission. Die Kommission beanspruchte zunächst auch gegenüber der Agentur – jedenfalls implizit – die Position einer „Hüterin der Verträge" mit der Folge, dass in Auslegungsfragen zunächst die Dienststellen der Kommission befragt wurden, was nicht selten zu erheblichen Verzögerungen führte.[36]

a) Vom nachgeordneten Büro zur „erwachsenen" Regelungsagentur

Vor Errichtung der Agentur war das Europäische Büro für chemische Stoffe (ECB) für den Vollzug des Stoffrechts zuständig. Das ECB gehört zur Gemeinsamen Forschungsstelle der Kommission (Ispra, Italien) und war als solches eine nachgeordnete („minderjährige") Einrichtung der Kommission.

Demgegenüber ist die Europäische Chemikalienagentur nach Art. 100 eine „Einrichtung der Gemeinschaft mit eigener Rechtspersönlichkeit". Sie wird geleitet von einem Direktor, der „seine Pflichten unabhängig im Interesse der Gemeinschaft und unabhängig von besonderen Interessen" wahrnimmt (Art. 83 Abs. 1), womit zugleich die Ausrichtung der Aufgabenwahrnehmung durch die Agentur charakterisiert ist.

Lediglich in der Anfangsphase hatte die Kommission die für den Aufbau der Agentur „notwendige Unterstützung" zu leisten (Art. 134). Diese Phase der exekutivischen Adoleszenz endete aber mit der Ernennung des Direktors (Art. 134 Abs. 2). Eine Rechtsaufsicht durch die Kommission sieht die Verordnung nicht vor. Im Gegenteil: Entscheidungen der Agentur im Rahmen des Registrierungsverfahren unterliegen der Prüfung durch die *Widerspruchskammer* (Art. 91 ff.).[37]

Die REACH-Verordnung hat die Agentur bewusst von der Kommission gelöst und damit die Form einer „erwachsenen" Regelungsagentur („mature regulatory agency") gewählt. REACH überträgt der Agentur wesentliche Aufgaben im Rahmen der Registrierung und Bewertung (Evaluation). Insoweit hat die Agentur auch eigenständige, behördenintern vor der Widerspruchskammer und danach vor den Unionsgerichten anfechtbare Entscheidungsbefugnisse.

---

[36] So etwa bei der Abgabe einer juristischen Stellungnahme zur Auslegung der 0,1 %-Klausel für Erzeugnisse in Art. 7 Abs. 2 sowie Art. 33; siehe die 2011 revidierten ECHA-Leitlinien (http://echa.europa.eu/documents/10162/13632/articles_en.pdf).

[37] Zu deren Rechtsstellung und Funktion im Lichte der primärrechtlichen Rechtsschutzanforderungen siehe *Siegel*, EuZW 2008, 141.

b) Rolle der Kommission

Im Übrigen aber – also im Hinblick auf das Zulassungsverfahren und den Erlass genereller Beschränkungen – verbleiben einzelne Verfahrensschritte durchaus in den Händen des Kollegialorgans „Europäische Kommission". So stehen der Kommission eine Reihe von Initiativrechten zu: Sie kann die Agentur nach Art. 59 Abs. 2 ersuchen, ein Dossier zur Aufnahme eines Stoffes in das Verzeichnis der zulassungspflichtigen Stoffe, Anhang XIV, zu erstellen und sie nach Art. 69 Abs. 1 auffordern, ein Dossier zur Einleitung eines Beschränkungsverfahrens anzufertigen.

Nach Art. 61 entscheidet die Kommission, ob eine Zulassung überprüft und ob nach Vorlage der entsprechenden Informationen des Zulassungsinhabers die Zulassung ausgesetzt, geändert oder widerrufen wird. Sie entscheidet nach Anhörung der Agentur außerdem, ob ein Komitologieverfahren zur Änderung des Prozentsatzes der qualitativ zu überprüfenden Dossiers oder der Auswahlkriterien nach Art. 41 Abs. 5 eingeleitet wird.

Im Rahmen des Zulassungsverfahrens (Art. 64 Abs. 8) und beim Erlass von Beschränkungen (Art. 73) hat die Kommission jeweils den Entscheidungsvorschlag zu formulieren. Die endgültige Entscheidung fällt allerdings im Komitologieverfahren. Über Verweise auf den jeweiligen Absatz von Art. 133 wird gesteuert, welches Komitologieverfahren durchzuführen ist.[38]

Neben der Mitwirkung im Komitologieverfahren hat die Kommission in begrenztem Umfang Ein- und Mitwirkungsrechte bei der Agentur. Sie benennt bis zu sechs Mitglieder des Verwaltungsrats, darunter drei Vertreter „interessierter Kreise"[39] ohne Stimmrecht. Die Rechtsstellung der von der Kommission ernannten Mitglieder unterscheidet sich ausweislich des Wortlauts der Verordnung nicht von denen der anderen Mitglieder im Verwaltungsrat.

Die Kommission erstellt die Bewerberlisten für die Stelle des Direktors und für die Besetzung der Widerspruchskammer, aus der der Verwaltungsrat den Direktor und die Mitglieder der Widerspruchskammer ernennt. Letztere kann die Kommission durch Beschluss auch ihres Amtes entheben, bei ersterem ist dafür der Verwaltungsrat zuständig.

Jenseits des eigentlichen Textes der REACH-Verordnung hat die Kommission weitere Befugnisse, die sich aus ihrer Zuständigkeit in personellen und finanziellen Angelegenheiten ergibt. So basiert der Stellenplan – und die korrespondierende Mit-

---

[38] Die Neuerungen aus dem Vertrag von Lissabon zur Komitologie blieben zunächst ohne Wirkung, da der Verordnungstext auf den vorstehend genannten Ratsbeschluss verwies; mittlerweile gilt allerdings die Verordnung (EU) Nr. 182/2011, Abl. Nr. L 55/18 vom 28.2. 2011, die in Art. 13 Übergangsbestimmungen für Bezugnahmen in bestehenden Rechtsakten enthält. Zur Stellung des Parlaments im Komitologieverfahren siehe *Roller,* Komitologie und Demokratieprinzip, KritV 2003, 249 ff.

[39] Je ein Vertreter – so die informelle Zuordnung – für Industrie und Arbeitnehmer sowie für Belange des Gesundheits-, Umwelt- und Verbraucherschutzes.

telzuweisung – auf einem Berechnungsmodell, welches die Kommission gemeinsam mit dem Vorschlag für den jeweiligen Legislativ-Akt unterbreitet. Änderungen am Wortlaut des Rechtsaktes (durch den Rat und Parlament) führen oftmals nicht zu einer Anpassung der Berechnung, was für die Agentur einschneidende Folgen haben kann, falls ihr weitere Aufgaben zufallen. Auch im laufenden Haushalts-Vollzug hat die Kommission bestimmte Überwachungsaufgaben; diese nimmt sie allerdings in ihrer Rolle als „Kommission" (mit primären Zuständigkeiten für die jeweilige „Mutter-Generaldirektion") wahr, nicht aber in der Rolle eines Mitglieds im Verwaltungsrat.[40]

Rechtspolitisch obliegt der Kommission nach Art. 138 die Überprüfung des Geltungsbereichs der Verordnung und sie kann Vorschläge für dessen Anpassung an neue Erkenntnisse unterbreiten. Auch nach Zulassung vorläufiger Maßnahmen von Mitgliedstaaten hat die Kommission nach Art. 129 Abs. 4 zu prüfen, ob die Verordnung entsprechend angepasst werden muss.

c) Fazit

Zusammenfassend lässt sich – unter Rückgriff auf die unter II. referierten Befund – festhalten, dass allein die sekundärrechtlichen Festlegungen für die Rechtsstellung der Kommission im Verhältnis zu den Regulierungsagenturen maßgeblich sind. Die allgemeine Unionsaufsicht durch die Kommission aus Art. 17 EUV (ehemals u. a. verankert in Art. 211 EGV[41]) und die im Wesentlichen aus den Befugnissen im Rahmen des Vertragsverletzungsverfahrens gegenüber den Mitgliedstaaten[42] abgeleitete Rolle als „Hüterin der Verträge" ist auf das Verhältnis gegenüber den Agenturen nicht übertragbar, denn ein solches Verfahren gegenüber anderen Organen oder Einrichtungen der Union sieht das Primärrecht nicht vor. Die Überprüfung der Rechtmäßigkeit des Handelns der Agentur erfolgt vielmehr auf Initiative der davon Betroffenen vor der Widerspruchskammer bzw. dem Gerichtshof. Eine Überlagerung dieses Instanzenzugs durch Intervention der Kommission ist nicht vorgesehen.

Die Befugnisse der Kommission gegenüber Regulierungs-Agenturen ergeben sich allein und vollständig aus dem jeweiligen Gründungsakt. Die REACH-Verordnung begrenzt die Einwirkungsmöglichkeiten der Kommission auf die dort vorgesehenen Befugnisse. Diese sind im Rahmen von Zulassung und Beschränkung sowie hinsichtlich des Finanzgebarens der Agentur durchaus von einigem Gewicht. Im Übrigen aber kommt der Charakter der eigenständigen und unabhängigen Agentur, die sich auf „bestmögliche wissenschaftliche und technische" Expertise stützt, zum Tragen. Die Anbindung an die Unionsbelange erfolgt über den an das „Interesse der Gemeinschaft" gebundenen Direktor und durch den Verwaltungsrat, der den Direktor

---

[40] Aufgrund von Personenidentität der jeweils Handelnden ist es allerdings nicht immer einfach, diese Differenzierung durchzuhalten.

[41] Siehe dazu Calliess/Ruffert/*Ruffert,* EUV/AEUV, Art. 17 EUV, Rn. 7 ff.

[42] Art. 258 AEUV; siehe dazu Calliess/Ruffert/*Cremer*, EUV/AEUV, Art. 258, Rn. 2 ff.

ernennt und die Disziplinargewalt über ihn ausübt, die „internen Regeln und Verfahren“ festsetzt und die übrigen in Art. 78 genannten Befugnisse wahrnimmt. Im Verwaltungsrat ist die Kommission mit drei stimmberechtigten Mitgliedern vertreten. Die überwiegende Mehrheit der Mitglieder stellen aber die Mitgliedstaaten. Dies zeigt, dass der Verordnungsgeber der Kommission keine dominierende Position gewähren wollte.

Die Gewichtsverteilung im Verwaltungsrat spiegelt wohl auch die Vollzugsaufgaben im Handeln der Agentur wider, die ohne Kooperation mit den Mitgliedstaaten nicht adäquat auszufüllen wären. Die Herauslösung wesentlicher Befugnisse aus dem Einwirkungsbereich der Kommission kann daher als bewusster Akt gesehen werden, der die Agentur von den langwierigen Prozessen in und zwischen den Generaldirektionen befreien und einen eigenständigen, auf die Kooperation mit dem Mitgliedstaaten ausgerichteten Verwaltungskörper schaffen wollte.

4. Rolle der Mitgliedstaaten und Organe der Agentur

Die Mitgliedstaaten sind auf vielfältige Weise in die Arbeit der Agentur eingebunden. Neben den vielfältigen, oftmals kooperativ zu erledigenden Aufgaben (siehe dazu unter 5.) sind die Mitgliedstaaten bzw. die von ihnen benannten Experten in praktisch allen Organen der Agentur vertreten.

a) Ausschuss der Mitgliedstaaten

Dies gilt natürlich zunächst für den *Ausschuss der Mitgliedstaaten*. Dieser hat koordinierende Funktion im Rahmen der Stoffbewertung für registrierte Stoffe (Art. 44 Abs. 2 UA 2, Art. 45 Abs. 3) sowie bei Entscheidungen der Agentur in der Dossierbewertung (Art. 51 Abs. 4 ff.). Er berät auch über die Aufnahme von Stoffen, die die Kriterien als „besonders besorgniserregender“ Stoff (engl.: substance of very high concern – SVHC) erfüllen, in die Liste der Kandidaten für das Zulassungsverfahren und er kann vom Direktor der Agentur um Stellungnahmen gebeten werden.

Erwägungsgrund 67 erläutert hierzu: „Eine kollektive Einigung über Entscheidungsentwürfe in dem bei der Agentur eingesetzten Ausschuss der Mitgliedstaaten ist die Grundlage für ein effizientes System, das das Subsidiaritätsprinzip wahrt und gleichzeitig den Binnenmarkt erhält.“ Das Verfahren ist jeweils so gestaltet, dass bei Einstimmigkeit im „Ausschuss der Mitgliedstaaten“ die Sache bereits entschieden ist. Fehlt es daran, geht die Angelegenheit an die Kommission sowie das von ihr initiierte Komitologie-Verfahren.[43] Nähere Angaben zum Verfahren der Bestellung der

[43] Siehe zu den unterschiedlichen Ausgestaltung der Entscheidungsverfahren zwischen den Organen der Agentur, der Europäischen Kommission sowie der Mitgliedstaaten *Schmolke*, in: Führ, Praxishandbuch REACH, Kapitel 27, mit der tabellarischen Übersicht in Rn. 33 sowie den Abbildungen zu den einzelnen Verfahrensarten in Rn. 35 ff. (allerdings noch auf der Grundlage des Komitologie-Beschlusses des Rates aus dem Jahr 1999).

im „Ausschuss der Mitgliedstaaten" handelnden Personen oder zu deren Sachkunde finden sich in der Verordnung nicht.[44] Jeder Mitgliedstaat (mit auch Island, Liechtenstein und Norwegen – allerdings ohne Stimmrecht – auch die Staaten des Europäischen Wirtschaftsraumes, in denen die REACH-Verordnung gültig) ernennt ein Mitglied des Ausschusses.[45] Diese handeln als Vertreter des jeweiligen Mitgliedstaates; gewissermaßen als in den Kontext von REACH implantierter „Rat" (in Analogie zu Art. 237 AEUV, allerdings, wie bereits erwähnt, mit Einstimmigkeitserfordernis).

b) Forum

Für das *Forum*, welches den Vollzug der Verordnung in den Mitgliedstaaten (siehe unten 6.) koordinieren soll, finden sich bereits genauere Anforderungen an der Fachkunde und Funktion der Mitglieder. Nach Art. 86 sind sie „auf der Grundlage ihrer Rolle und Erfahrung im Bereich der Durchsetzung von Rechtsvorschriften über Chemikalien" auszuwählen; „sie unterhalten entsprechende Kontakte zu den zuständigen Behörden der Mitgliedstaaten." Die Vertreter der Mitgliedstaaten im Forum sollen demnach aus dem Vollzug des Chemikalienrechts stammen („Rolle und Funktion") und nehmen zudem eine Vermittlerfunktion („Kontakte") wahr; beide Anforderungen entstammen – entsprechend der Koordinierungsfunktion des Forums – der Sphäre mitgliedsstaatlicher Kompetenzen.

c) Fachgremien

Dies ist bei den beiden „Fachgremien" (*Ausschuss für Risikobeurteilung* und *Ausschuss für sozioökonomische Analyse* mit den in Art. 77 Abs. 3 benannten Aufgaben) anders. Bewerber für diese Ausschüsse werden zwar von den Mitgliedstaaten benannt, aber vom Verwaltungsrat – auf der Grundlage einer Liste des Direktors der Agentur, die zuvor im Internet zu veröffentlichen ist – „auf der Grundlage ihrer Rolle und Erfahrung" im Hinblick auf die jeweiligen Aufgaben des Ausschusses ernannt. Bereits dieses Verfahren macht deutlich, dass es sich nicht um bloße Vertreter der Mitgliedstaaten handelt, was sich auch daran zeigt, dass ein Mitgliedstaat durchaus eine Person benennen kann, die nicht die jeweilige Staatsangehörigkeit haben und auch nicht in dem Staat tätig sind – eine Möglichkeit, von der vor allem kleinere Mitgliedstaaten bereits mehrfach Gebrauch gemacht haben. Die Mitgliedstaaten sind aber in jedem Fall gehalten, den von ihnen benannten Ausschussmitgliedern für die damit verbundene Tätigkeit entsprechende „wissenschaftliche und technische Res-

---

[44] Jedoch gelten die allgemeinen Bestimmungen – etwa zur Vermeidung von Interessenkonflikten – und die vom Verwaltungsrat verabschiedeten Verfahrensregeln (MB/14/2013); zu finden unter: http://echa.europa.eu/web/guest/about-us/who-we-are/member-state-committee.

[45] So Art. 85 Abs. 3. Der Ausschuss kann, ebenso wie die anderen Ausschüsse – im Hinblick auf das Ziel, ein „breites Spektrum an einschlägigem Fachwissen" abzudecken – zusätzlich fünf weitere Mitglieder „aufgrund ihrer spezifischen Kompetenz" kooptieren (Art. 85 Abs. 3 und 4).

sourcen" bereitzustellen (Art. 85 Abs. 6). Erwägungsgrund 102 erläutert ergänzend, dass die Agentur mit den beiden Ausschüssen die Funktionen übernimmt, die bislang von den der Kommission angegliederten wissenschaftlichen Ausschüssen[46] wahrgenommen wurden.

Weil es in den Ausschüssen um fachliche Fragen geht (und nicht um Belange oder Aufgaben, die in die Kompetenz der Mitgliedstaaten fallen) untersagt es Art. 85 Abs. 7 ausdrücklich, dass die Mitgliedstaaten den Mitgliedern der Ausschüsse „oder ihren wissenschaftlichen und technischen Beratern und Experten Weisungen zu erteilen". Damit wird deutlich, dass dieser Personen nicht als Vertreter der Mitgliedstaaten handeln; vielmehr hebt sie der Ernennungsakt aus dem mitgliedsstaatlichen Kontext heraus und ordnet sie dem jeweiligen Organ der Agentur zu. Sie handeln fortan als Angehöriger dieses Organs und nicht als Vertreter des sie benennenden Mitgliedstaates.[47]

d) Verwaltungsrat

Gleiches dürfte gelten für die Mitglieder im *Verwaltungsrat*, denn hier finden sich strukturell sehr ähnlich gelagerte Verfahrensvorgaben und Fachkundeanforderungen. Nach Art. 79 Abs. 1 UA 2 „benennt" jeder Mitgliedstaat ein Mitglied für den Verwaltungsrat; diese werden dann vom Rat „ernannt", also einem übergeordnetem, dem Unionsinteresse verpflichtete Organ. Die fachlichen Kriterien für die Ernennung durch den Rat finden sich in Abs. 2: „Die Mitglieder werden auf der Grundlage ihrer einschlägigen Erfahrung und Kenntnisse im Bereich der Sicherheit oder der Regulierung chemischer Stoffe ernannt, wobei gewährleistet wird, dass die Mitglieder des Verwaltungsrats über einschlägigen Sachverstand in allgemeinen, finanziellen und rechtlichen Fragen verfügen."[48]

---

[46] Siehe etwa den wissenschaftlichen Ausschuss „Gesundheit und Umweltrisiken der Europäischen Kommission" (Scientific Committee on Health and Environmental Risks – SCHER); dazu unter http://ec.europa.eu/health/scientific_committees/environmental_risks/index_en.htm.

[47] Soweit jedenfalls die Rechtslage nach der REACH-Verordnung. Nicht ignorieren kann man aber wohl den Umstand, dass die meisten Ausschussmitglieder „in der Heimat" einer Behörde angehören und damit in die jeweilige Hierarchie mit den entsprechenden Anreizmechanismen eingebunden sind. So stellt sich beispielsweise die Frage, in welchem Umfang Ausschussmitglieder über Dossiers beraten und abstimmen dürfen, die von der Behörde erstellt und in den Verfahrensgang eingebracht wurden, der sie angehören. In der Regel haben sie das Dossier zwar nicht persönlich erstellt; aber gleichwohl stellt sich die Frage, ob in einer derartigen Konstellation der Anschein eines Interessenkonfliktes entstehen kann. Bejaht man dies, dann hat dies zur Konsequenz, dass ein Mitgliedstaat, der den (arbeitsintensiven) Auftrag übernommen hat, ein Dossier zur Identifizierung eines Stoffes als „besonders besorgniserregend" zu erstellen, sich „bestraft" sehen kann, weil das von ihm benannte Ausschussmitglied an dem Entscheidungsverfahren nicht in vollem Umfang mitwirken kann.

[48] Die gleichen Fachkunde-Anforderungen gelten für die von der Kommission zu ernennenden Mitglieder des Verwaltungsrates, wozu auch „drei Vertreter interessierter Kreise ohne Stimmrecht, und zusätzlich zwei vom Europäischen Parlament ernannte unabhängige Personen" gehören, so Art. 79 Abs. 1 UA 1.

Auch die von den Mitgliedstaaten benannten[49] Mitglieder im Verwaltungsrat sind in dieser Rolle nicht „Vertreter" des jeweiligen Mitgliedstaates, sondern handeln in ihrer Funktion in diesem Organ der Agentur.[50]

e) Fazit

In der Zusammenschau der verschiedenen Organe der Agentur lässt sich damit Folgendes festhalten: Die Rolle der von den Mitgliedstaaten benannten Personen ergibt sich aus der Funktion des jeweiligen Organs. Zum Teil sind die Mitglieder dort explizit aufgrund ihrer Funktionen in den Mitgliedstaaten tätig (im Ausschuss der Mitgliedstaaten und im Forum) und werden auch direkt von ihnen ernannt; in anderen Organen (Fachausschüsse und Verwaltungsrat) liegt nur das Vorschlagsrecht in den Händen der Mitgliedstaaten, die Ernennung erfolgt durch ein höherrangiges Gremien. Darin – und in den besonderen fachlichen Anforderungen an die Mitglieder – spiegelt sich die Loslösung von der mitgliedsstaatlichen Perspektive: Die Mitglieder in den Ausschüssen und im Verwaltungsrat handeln in dieser Funktion als Angehörige der Agentur und sind dementsprechend den Rechtsgrundlagen der Agentur und den sich daraus ergebenden Vorgaben verpflichtet.

5. Aufgabenverteilung zwischen Agentur und Behörden der Mitgliedstaaten

Für die Entgegennahme und Prüfung der Registrierungsunterlagen ist allein die Agentur zuständig. Innerhalb der Agentur ist die Registrierung nach Art. 77 Abs. 2 lit. a Aufgabe des Sekretariats. Die Bewertung erfolgt in Zusammenarbeit der zuständigen Behörden der Mitgliedstaaten und der Agentur: Während bei der Dossierbewertung nach Art. 40 ff. der Schwerpunkt der Aktivitäten bei der Agentur liegt, erfolgt die Stoffbewertung nach Art. 44 ff. durch die Mitgliedstaaten und der Agentur kommt vor allem eine koordinierende Funktion zu. Die Agentur veröffentlicht bis zum 28. Februar jeden Jahres auf ihrer Website einen Bericht über die Fortschritte bei der Bewertung.

Die Entscheidungen darüber, ob ein Stoff zulassungspflichtig wird und gegebenenfalls über die Zulassung seiner Verwendung, trifft die Kommission im Komitologieverfahren (Art. 133). Die Agentur hat dabei eine formal untergeordnete Rolle. Nach Art. 77 Abs. 2 lit. c ist das Sekretariat zuständig, sofern keine ausdrückliche Zuständigkeitszuweisung an die Ausschüsse erfolgt. Die Stellungnahmen des Ausschusses der Mitgliedstaaten (bei der Entscheidung über die Etablierung der Zu-

---

[49] Gleiches gilt für von der Kommission benannte Mitglieder im Verwaltungsrat.

[50] Dies kommt auch in der von jedem Mitglied des Verwaltungsrates zu unterzeichnendem „Declaration of Committment" sowie in dem „Code of Conduct" zum Ausdruck, wo Art. 3 als erste Pflicht nennt: „exercise due diligence in supervising and steering the Agency against background of relevant EU legislation" (und nicht: entsprechend der Interessen des Mitgliedstaates oder der behördeninterne erhaltenen Weisungen).

lassungspflicht) bzw. der Fachausschüsse der Agentur (bei der Prüfung des Zulassungsantrags) sind jedoch die Grundlage der Kommissionsentscheidungen, so dass die Agentur wesentliche inhaltliche Aspekte zu bearbeiten hat. Die Mitgliedstaaten können über den Ausschuss der Mitgliedstaaten auf die Entscheidung über Zulassungspflicht und Zulassung einwirken. Sie können aber auch unabhängig von der Initiative der Kommission ein Verfahren zur Aufnahme eines Stoffes in die Liste der zulassungspflichtigen Stoffe einleiten.

Das Beschränkungsverfahren wird nach Art. 69 entweder von der Kommission oder von einem Mitgliedsstaat eingeleitet. Auszuarbeiten ist zunächst ein Dossier nach Anhang XV; und zwar durch die Agentur, wenn die Initiative von der Kommission ausgeht (Art. 69 Abs. 1), oder von den Mitgliedstaaten (Art. 69 Abs. 1). Dieses Dossier ist Gegenstand einer Prüfung durch die Ausschüsse für Risikobeurteilung und für sozioökonomische Analyse. Die Agentur veröffentlicht das Dossier auf ihrer Website und fordert alle interessierten Kreise zur Äußerung und zur Einreichung einer sozioökonomischen Analyse oder von Informationen auf, die für eine solche Analyse verwendbar sind (Art. 69 Abs. 6). Auf dieser Grundlage erstellt die Kommission einen Entscheidungsvorschlag (Art. 73), der wiederum im Komitologieverfahren verabschiedet wird (Art. 133 Abs. 4).

6. Verbleibende Aufgaben für die Mitgliedstaaten

Die Mitgliedstaaten haben – neben den vorstehend geschilderten Kooperationsaufgaben auf europäischer Ebene – den Vollzug durch die Stoffverantwortlichen zu überwachen und Verstöße zu sanktionieren. Sie „unterhalten ein System amtlicher Kontrollen und anderer im Einzelfall zweckdienlicher Tätigkeiten" (Art. 125). Außerdem erlassen sie Sanktionsbestimmungen für Verstöße gegen die Vorgaben der Verordnung „und treffen alle zu ihrer Anwendung erforderlichen Maßnahmen". Die Verordnung betont, dass die vorgesehenen Sanktionen „wirksam, angemessen und abschreckend" sein müssen (Art. 126).

Neben diesen „harten" negativen Anreizen in der Verantwortung der Mitgliedstaaten, haben diese aber auch die Aufgabe, die gesellschaftlichen Akteure dabei zu unterstützen, ihre Rollen unter der neuen Verordnung zu verstehen und auszufüllen. Dazu richten die Mitgliedstaaten „nationale Auskunftstellen" („Helpdesks", Art. 124 Abs. 2), deren Aufgabe darin besteht, „die Hersteller, Importeure, nachgeschalteten Anwender und sonstige interessierte Kreise" zu beraten.

IV. REACH als Laboratorium für Transparenz und Partizipation

Über die vorstehend beschriebene Kooperation zwischen Europäischer Kommission, Agentur und den Mitgliedstaaten ist auch das Europäische Parlament in gewissem Umfang involviert. Darüber hinaus eröffnet die REACH-Verordnung in ihren

Verfahren zur Generierung von Risikowissen, zur Einordnung dieser Wissensbestände und zur Beratung in den Ausschüssen sowie im Verwaltungsrat der Agentur vielfältige und zum Teil durchaus innovative Möglichkeiten der Mitwirkung für die allgemeine Öffentlichkeit und für „interessierte Kreise" sowie sonstige „Dritte".

1. Rolle des Europäischen Parlaments

Klassischerweise ist das Handeln nachgeordneter Behörden dem direkten Zugriff parlamentarischer Entscheidungsfindung entzogen. Über das Budgetrecht (nach Art. 96 Abs. 6 ff. ist das Parlament Teil der „Haushaltsbehörde" der Agentur) gibt es aber durchaus Möglichkeiten parlamentarischer Einflussnahme. Eine besondere Rolle spielt dabei das Instrument der parlamentarischen Anfrage; ein Instrument, welches dem Europäischen Parlament (EP) auch gegenüber dem Handeln von Agenturen zur Verfügung steht und von dem es durchaus auch Gebrauch macht.[51] Zu den Aufgaben des Direktors der Agentur zählt nach Art. 83 Abs. 2 Lit. k auch „die Entwicklung und Aufrechterhaltung eines regelmäßigen Dialogs mit dem Europäischen Parlament". Die Arbeitsprogramme und die Tätigkeitsberichte der Agentur sind nach Art. 83 Abs. 3 UA 3 und UA 4 auch dem Europäischen Parlaments zu übermitteln.

Das EP übt zudem eine Art von Überwachungsfunktion über die Agenturen aus.[52] Ähnlich der „Mutter-Generaldirektion" in der Kommission gibt es jeweils einen federführenden Ausschuss, der diese Funktion wahrnimmt; dieser benennt wiederum eine Kontakt-Person.[53] Im Fall der Chemikalienagentur ist es der Ausschuss für „Umweltfragen, öffentliche Gesundheit und Lebensmittelsicherheit" (ENVI). Die Direktoren der Agenturen haben sich vor ihrer Ernennung den Fragen der Abgeordneten zu stellen.[54] Und auch nachdem sie im Amt sind, stehen die Direktoren der Agenturen

[51] Im „Register der Dokumente" des Europäischen Parlaments unter der Rubrik „Parlamentarische Anfragen" (www.europarl.europa.eu) finden sich eine ganze Reihe von Anfragen aus den unterschiedlichen Fraktionen zur Anwendung der REACH-Verordnung durch die ECHA; diese reichen von Fragen zu Testmethoden und Tierschutz bis hin zur Transparenz der Zulassungsverfahren (siehe etwa Anfrage E-014372–13 vom 17.12.2013 und Anfrage P-014364–13 vom 19.12.2013, jeweils von MdEP *Hiltrud Breyer*).

[52] Die „Rahmenvereinbarung über die Beziehungen zwischen dem Europäischen Parlament und der Europäischen Kommission" (vom 20.11.2010, ABl. Nr. L 304/47) sieht in Rn. 32 im Hinblick auf die „Beziehungen zu den Regulierungsagenturen" folgendes vor: „Personen, die für die Stelle eines Exekutivdirektors von Regulierungsagenturen benannt sind, sollten zu Anhörungen der Ausschüsse des Parlaments kommen".

[53] Im Fall der ECHA ist dies MdEP *Satu Hassi* (Finnland); siehe dazu und zu den Verfahrensregeln für die Kooperation der Kontakt-Person mit der Agentur und den anderen Mitgliedern im Ausschuss: Committee on the Environment, Public Health and Food Safety des EP, Activity Report 2004–2009, S. 52 ff. und 187 ff.

[54] So auch Art. 84 Abs. 1 UA 4 REACH. Am 14.4.2014 fand beispielsweise eine „Hearing" mit dem designierten EFSA Exekutiv-Director *Bernhard Url*; dem angesichts der zahlreichen Fälle von Interessenkollisionen in der EU-Lebensmittelbehörde (siehe dazu *Robinson et al.*, J Epidemiol Community Health 2013, 1 (doi:10.1136/jech-2012–202185)) besondere Bedeutung zukommt. Zur Anhörung des designierten Direktors der ECHA, Geert Dancet, am

einmal jährlich vor einer Anhörung im Ausschuss. Hinzu kommen Besuche von Delegationen des Parlaments bei der Agentur.

Die Agenturen haben zudem für das kommende Jahr, aber auch jeweils für einen Zeitraum von drei Jahren Arbeitsprogramme aufzustellen (Art. 78 Abs. 2 Lit. b) und d)). Diese sind nicht nur Gegenstand einer Internet-Konsultation, vielmehr kann auch das Europäische Parlament sich dazu äußern. Das Programm der ECHA für die Jahre 2013–2015 war etwa Gegenstand einer fünfseitigen Stellungnahme der Koordinatoren im zuständigen Ausschuss, die der Ausschussvorsitzende, der Christdemokrat *Matthias Groote* dem Vorsitzenden des Verwaltungsrates und dem Direktor der Agentur übermittelte.[55] Das Europäische Parlament forderte die Agentur etwa auf, im Hinblick auf die Qualität der durch die Industrie eingereichten Registrierungsdossiers ambitionierter vorzugehen;[56] die diesbezügliche Übereinstimmung mit den Vorgaben der Verordnung („Compliance") sei eine zentrale Aufgabe der Agentur, der sie gegebenenfalls durch Entzug der Registrierungsnummer Nachdruck zu verleihen habe,[57] womit dann die Vermarktung des betroffenen Stoffes unzulässig wäre – eine Rechtsfolge, die eine starke Anreizwirkung in Richtung „Compliance" entfalten würde.[58] Das EP wies zudem auf den hohen Stellenwert der Transparenz der Stoffdaten hin, wobei es sich auf eine von der Kommission in Auftrag gegebene Studie im Rahmen der Überprüfung der Arbeit der Agentur nach Art. 75 Abs. 2[59] berufen konnte und forderte eine deutliche Verstärkung der Anstrengungen der ECHA in dieser Richtung;[60] eine Forderung, der die Agentur inzwischen Rechnung getragen hat.[61]

21.11.2007 siehe den Tätigkeitsbericht des ENVI-Ausschusses für die Jahre 2004–2009, S. 55.

[55] Schreiben vom Mai 2012, Az.: IPOL-COM-ENVI D (2012) 26338.

[56] „It is thus of paramount importance that ECHA as the ‚driving force' for implementation of REACH not only ‚helps' companies to comply with the requirements of REACH, but also takes all necessary action to effectively ensure compliance, in particular for the registration dossiers that were due in 2010. This is also important so as to ensure a level playing field between registrants." (Fn. 52, S. 2).

[57] „Compliance is not and cannot be voluntary: Merely ‚promoting' stakeholder understanding, ‚stimulating' the preparation of high quality dossiers, and ‚encouraging the updating of dossiers is not satisfactory. (…) In this context, coordinators fully support the intention of ECHA, in cooperation with Member States, to take appropriate measures in case of continued incompliance, including the withdrawal of the registration number" (Fn. 52, S. 3).

[58] *Führ*, UTR 96 (2008), S. 111 f. und 124 f.; dem folgend: *Holleben/Scheidmann*, Das Registrierungsdossier im Compliance Check, StoffR 2010, S. 126. Siehe nun auch ECHA 2012, Multi-Annual Work Programme 2013–2015, S. 22 („appropriate measures, including withdrawal of registration number").

[59] Titel: Review of the European Chemicals Agency; Zugang unter: http://ec.europa.eu/enterprise/sectors/chemicals/documents/REACH/review2012/echa_en.htm.

[60] „Another key element to better involve the public is the dissemination of information on registered substances pursuant to Article 77(2)(e) of REACH. As stated in the final report on the review of ECHA on March 2012 as commissioned by the European Commission, ECHA's

Das Parlament verfügt damit – über die der allgemeinen Öffentlichkeit hinausgehende – Möglichkeiten, sich über die Arbeit der Agentur zu informieren, den Dialog mit der Leitung der Agentur zu suchen und Impulse für die Arbeitsprogramme und Schwerpunktsetzungen der Agentur zu geben.

2. *Stakeholder Involvement und Inclusive Governance*

Die Beteiligung von Interessenvertretern ist an mehreren Stellen in der Verordnung selbst angelegt. Hinzu kommt die – oftmals über das Internet vermittelte – Beteiligung „interessierte Kreise" oder „Dritter". Im Zusammenspiel dieser Mechanismen lässt sich ein in dieser Form bislang einmaliges Modell der Beteiligung unterschiedlicher gesellschaftlicher Akteure („Stakeholder Involvement") an den Entscheidungsprozessen der Agentur („Inclusive Governance") ausmachen, welches darauf abzielt, die in der Gesellschaft „verstreuten" Wissensbestände möglichst umfassend zu mobilisieren und für die risikobezogenen Lernprozesse der Akteure verfügbar zu machen.[62]

Zu den von der Kommission ernannten Mitgliedern des Verwaltungsrates zählen nach Art. 79 Abs. 1 auch drei Vertreter interessierter Kreise, wenn auch ohne das – in der Praxis aber nur selten relevante – Stimmrecht. Im Übrigen handelt es ich um vollwertige Mitglieder des Verwaltungsrates mit allen Rechten und Pflichten. Sie wirken an den Beratungen des Gremiums mit; sowohl in den Plenarsitzungen als auch im schriftlichen Verfahren. Außerdem können sie in die Ausschüsse des Verwaltungsrates[63] entsandt werden.

Zu den Sitzungen der Ausschüsse der Agentur[64] und des Forums können auf Antrag von Mitgliedern dieser Organe selbst oder des Verwaltungsrates nach Art. 85 Abs. 4 bzw. Art. 86 Abs. 1 interessierte Kreise als Beobachter eingeladen werden. Dazu hat der Verwaltungsrat auf seiner Sitzung im Februar 2008 beschlossen,[65] die Beteiligung interessierter Kreise aktiv zu fördern, und dazu Verfahren und Kriterien zur Auswahl der akkreditierten Organisationen festgelegt. In den Verfahrens-

---

‚performance in the area of dissemination was poor in comparison to other work areas of the Agency'. This urgently needs to be rectified." (Fn. 52, S. 3).

[61] Der Inhalt, aber auch die Nutzerfreundlichkeit der entsprechenden Datenbank (http://echa.europa.eu/web/guest/information-on-chemicals/registered-substances) hat sich signifikant verbessert. Im Frühjahr 2014 (Stand 6.4.2014) fanden sich dort Daten zu 12.399 Stoffen aus 47.731 Registrierungsdossiers mit vielfältigen Such- und Exportmöglichkeiten.

[62] Siehe dazu ausführlich *Führ*, REACH als lernendes System – Wissensgenerierung und Perspektivenpluralismus durch Stakeholder Involvement, in: Bora/Henkel/Reinhardt (Hrsg.), Wissensregulierung und Regulierungswissen, Detmold 2014.

[63] Bezeichnet als Working Group oder Advisory Group; siehe etwa den Bericht der Advisory Group on, Dissemination, MB/42/2010 vom 22.06.2010.

[64] Also der Ausschuss für Risikobeurteilung und der Ausschuss für sozioökonomische Analyse (Art. 77 Abs. 3) sowie der Ausschuss der Mitgliedstaaten; siehe oben unter III. 3.

[65] Doc. MB/05/2008 vom 13. Februar 2008 in der Fassung vom 22. Juni 2010 – MB/05/2008.

ordnungen der einzelnen Gremien sind die Mitwirkungsbefugnisse genauer beschrieben (einschließlich der Verpflichtung zur Geheimhaltung sowie der Möglichkeit vertraulicher Beratungen).[66] Die gleichen Mitwirkungsrechte bestehen für die Arbeitsgruppen der genannten Gremien, aber auch für CARACAL,[67] einschließlich der dort angesiedelten Arbeitsgruppe zu Nanomaterialien.

Die Öffentlichkeit und mit ihr auch „interessierte Kreise" bzw. „third parties" sind zudem an den verschiedenen Stufen der Etablierung des Zulassungsverfahrens ebenso beteiligt wie bei der Vorbereitung von Beschränkungen. Dritte können aber auch zu (vor-) registrierten Stoffen die ihnen vorliegenden Informationen an die Agentur übermitteln, damit diese Informationen bei der Bewertung der Registrierungsdossiers berücksichtigt werden (Art. 41 Abs. 6).

Die Stakeholder wirken schließlich gemäß dem vom Verwaltungsrat beschlossenen Konsultationsverfahren[68] mit an der Erstellung der für die Umsetzung der Vorgaben aus REACH in hohem Maße bedeutsamen Leitlinien (Guidance Documents).[69]

Außerdem verpflichtet Art. 108 den Verwaltungsrat, im Einvernehmen mit der Kommission Kontakte mit einschlägigen Interessenverbänden zu knüpfen. Akteur innerhalb der Agentur ist dabei nach dem klaren Wortlaut der Vorschrift der Verwaltungsrat mit den dort repräsentierten „Vertretern interessierter Kreise".

Eine Besonderheit der REACH-Vorschriften liegt in der über das Internet sehr umfassend gewährleisteten Transparenz der Entscheidungsverfahren, einschließlich der Grundlagen und Ergebnisse der jeweiligen Risikobeurteilung; so etwa im Rahmen der Zulassung und der Vorbereitungen von Beschränkungen.

V. Schlussbemerkung

Agenturen sind Bestandteil des institutionellen Rahmens der Union geworden. Für den zunehmenden Rückgriff auf Agenturen gibt es verschiedene Gründe: Agenturen helfen der Kommission, sich verstärkt ihren Kernaufgaben zu widmen, indem sie operative Funktionen auf eigenständige Einrichtungen übertragen. Agenturen unterstützen außerdem die Entscheidungsfindung der Organe der Union, indem sie das auf Ebene der EU und der Mitgliedstaten vorhandene Fach- und Expertenwissen bündeln. Ihre organisatorische Verselbständigung entzieht sie den zuweilen lähmenden

[66] Doc. MB/04–06/2010 Revision of the rules of procedure of the Committees.

[67] Es handelt sich um ein im Verordnungstext nicht vorgesehenes Gremium (analog zu den Bund-Länder-Ausschüssen in Deutschland), welches in ähnlicher Form zur Begleitung vieler anderer EU-Rechtsakte besteht. CARACAL steht für „Competent Authorities for REACH and CLP". CARACAL gehören an Vertreter der zuständigen Behörden für REACH und CLP der Mitgliedstaaten und der EEA-EFTA Ländern sowie Beobachter aus Nicht-EU-Staaten, internationalen Organisationen und Interessengruppen.

[68] Doc. MB/30/2007 vom 29. 2. 2008: Consultation Procedure on Guidance.

[69] *Führ*, Praxishandbuch REACH, Kapitel 8 Rn. 215 ff.

Antagonismen der verschiedenen Generaldirektionen der Kommission; sie verschafft ihnen zugleich eine eigenständige, auf Verknüpfung und Vermittlung angelegte Position gegenüber den Mitgliedstaaten und den Akteuren der Zivilgesellschaft.

Stellt man die Arbeitsweise der Regulierungsagenturen der – europarechtlich von niemandem in Frage gestellten – Möglichkeit gegenüber, die entsprechenden Vollzugsaufgaben unmittelbar bei den Dienststellen der Kommission anzusiedeln, so wird deutlich, dass der Verlust an nationaler Souveränität bei der Aufgabenübertragung an eine „moderne Regulierungsagentur", die dem Grundmuster der REACH-Verordnung folgt, deutlich geringer ausfällt. Über die Mitwirkungsrechte der von dem Mitgliedstaaten benannten Vertreter im Verwaltungsrat und in den sonstigen Organen der Agentur unterscheidet sich ihre Stellung deutlich von der gegenüber der Europäischen Kommission. Viel eher lässt sich hier sprechen von einem gemeinsamen Vollzug in Form einer „Vollzugsteilung und Vollzugsverflechtung"[70]. Das „institutionelle Gleichgewicht",[71] welches ohnehin – wie auch in der Ökologie – als dynamisch zu verstehen ist, wurde jedenfalls nicht zu Lasten der Mitgliedstaaten verschoben; allenfalls zu Lasten der Europäischen Kommission. Im konkreten Fall der REACH-Verordnung verbleiben ihr allerdings weiterhin zentrale Entscheidungsbefugnisse, so dass die Entlastungswirkung klar im Vordergrund steht.

Indem die von den Mitgliedstaaten benannten Vertreter bereits in die Entscheidungsfindung mit einbezogen sind, ist deren Rolle bereits zu einem frühen, durch wissenschaftlich-fachliche Beiträge geprägten Stadium gewährleistet. Auch das Europäische Parlament hat über die Mechanismen interinstitutionelle Kooperation sowie durch die beiden von ihm ernannten Mitglieder im Verwaltungsrat einen besonderen Zugang zu den Entscheidungsprozessen der Agentur.

Hervorzuheben ist zudem, dass – jedenfalls bei der hier beispielhaft untersuchten – Europäischen Chemikalienagentur auch durchaus begrüßenswerte Ansätze zur Integration gesellschaftlicher Gruppen in die Organe der Agentur, aber auch in die Entscheidungsprozesse für verbindliche Vorgaben zu einzelnen Stoffen zu verzeichnen sind. Angesichts des traditionell weitgehend transparenz- und partizipationsabstinenten Stoff- und Produktrechts[72] handelt es sich um durchaus substantielle Fortschritte.

Aus der Perspektive des Individualrechtsschutzes bleibt festzuhalten, dass es umfangreiche Möglichkeiten gibt, gegen Entscheidungen der Agentur Rechtsbehelfe zu ergreifen, wenngleich diese wenig übersichtlich und auch nur bedingt strukturiert er-

---

[70] Siehe – für den Bereich der Netzzugangsregulierung – *Britz*, Vom Europäischen Verwaltungsverbund zum Regulierungsverbund, EuR 2006, 46/48.

[71] Dazu *Fischer-Appelt* (Fn. 23), 169 ff. m.w.N.

[72] Weitergehende Vorschläge, diesem Zustand abzuhelfen, finden sich in *Führ*, Mehr Transparenz und Partizipation im Umweltrecht, in: Schmidt (Hrsg.), Das Umweltrecht der Zukunft – Kritik und Anregungen für ein Umweltgesetzbuch, Berlin 1996, 105/125 ff.

scheinen.[73] Jedenfalls aber besteht die Möglichkeit, die Anforderungen und Grenzen des neuen Regelwerkes auszuloten und so auch weitere regulative Lernprozesse anzustoßen.[74]

Blickt man auf das weite und heterogene Feld „dezentraler Agenturen" besteht durchaus Neuordnungsbedarf, wie auch die Organe der EU erkannt haben.[75] In der praktischen Tätigkeit der Agenturen macht sich das Fehlen eines kodifizierten Verwaltungsverfahrensrechts[76] auf europäischer Ebene besonders schmerzlich bemerkbar. Zwar lässt sich diese Lücke durch die Rechtsprechung der Widerspruchskammer sowie des EuG und EuGH immerhin teilweise schließen. Eine wirklich befriedigende Lösung ist dies jedoch nicht. Der hohe Stellenwert von Verfahrensvorgaben,[77] den das Europarecht durchaus anerkennt und – wie einleitend bereits hervorgehoben – an vielen Stellen des Vollzugs in den Mitgliedstaaten auch gestärkt hat, sollte nunmehr auch im allgemeinen Verwaltungsverfahrensrecht für die Organe der EU sichtbar werden. Es ist daher an der Zeit, eine solche Kodifizierung auf den Weg zu bringen.

Vor diesem Hintergrund – und der Forderung auch an neue, noch im Aufbau befindliche Agenturen, ihren Personalbestand jährlich zu verringern – stehen die Europäischen Agenturen heute und in Zukunft unter „Reformdruck": Den damit ver-

---

[73] Siehe etwa *Weidemann,* REACH: Grundfragen des Vollzugs, insbesondere durch die ECHA, sowie des Rechtsschutzes, StoffR 2007, 232 ff.; *Waggershauser*, Rechtsschutzmöglichkeiten unter REACH, StoffR 2009, 112 ff. und *Pache/Pieper*, in: Führ, Praxishandbuch REACH, 2011, Kapitel 25 (mit der Tabelle der Rechtsschutzmöglichkeiten in Rn. 76).

[74] Für eine diesbezügliche Zwischenbilanz siehe auch *Führ* (Fn. 31).

[75] Gemeinsame Erklärung und Gemeinsames Konzept des Europäischen Parlaments, des Rates der EU und der Europäischen Kommission zu den dezentralen Agenturen vom 19.07. 2012 und Roadmap on the follow-up to the Common Approach on EU decentralised agencies vom 19. 12. 2012; beide abrufbar unter http://europa.eu/about-eu/agencies/overhaul/index_en.htm, wo sich auch der 2013 erschienen „Fortschrittsbericht" findet. In der 2010 geschlossenen Rahmenvereinbarung zwischen Parlament und Kommission (Fn. 52) fand sich bereits folgende Absichtserklärung „Darüber hinaus werden die Kommission und das Parlament im Rahmen der Gespräche der im März 2009 eingesetzten interinstitutionellen Arbeitsgruppe zu Agenturen einen gemeinsamen Ansatz in Bezug auf die Aufgabenstellung und die Position dezentralisierter Agenturen in der institutionellen Landschaft der Union anstreben, verbunden mit gemeinsamen Leitlinien hinsichtlich der Schaffung, der Struktur und des Betriebs dieser Agenturen und in Verbindung mit Fragen der Finanzierung, des Haushalts, der Überwachung und der Leitung."

[76] Siehe dazu *Guckelberger/Geber*, Allgemeines Europäisches Verwaltungsverfahrensrecht vor seiner unionsrechtlichen Kodifizierung?, 2013.

[77] *Denninger*, Staatliche Hilfe zur Grundrechtsausübung durch Verfahren, Organisation und Finanzierung, in: in: Isensee/Kirchhof, HStR, Band V, § 113 sowie *ders.*, Verfassungsrechtliche Anforderungen an die Normsetzung im Umwelt- und Technikrecht, Baden-Baden 1990.

bundenen Herausforderungen haben sie sich zu stellen, um Strategien und Perspektiven zu entwickeln.[78]

[78] Siehe dazu für die nationalen Umweltbehörden das unter Vorsitz von *Hans-Joachim Koch* erstattete Sondergutachten des *SRU:* Umweltverwaltungen unter Reformdruck – Herausforderungen, Strategien, Perspektiven, 2007.

Verwaltungsverfahren und Rechtsschutz

Die Bürgerbeteiligung bei Infrastrukturvorhaben

Entwicklungen – Funktionen – Grenzen

Von *Rudolf Steinberg*

I. Einleitung

Die Diskussion über die Ausgestaltung der Zulassungsverfahren von Infrastrukturvorhaben wie Eisenbahnanlagen, Straßen, Flughäfen und neuerdings Höchstspannungsleitungen hat in den letzten drei Jahren eine neue Aktualität gefunden. Den Startschuss für diese Debatte gaben die Konflikte um die Planung des Tiefbahnhofs in Stuttgart, das sog. Stuttgart 21. Die markanten Worte des Schlichters Heiner Geissler sind noch gut im Ohr, mit denen er ein Ende der Basta-Politik ausrief und das von ihm moderierte „Schlichtungsverfahren" zum Beginn direktdemokratischer Zulassungsverfahren erklärte.

Hier soll die Diskussion über Stuttgart 21 ebenso wenig wie die Forderung der Zulassung von derartigen Projekten durch Verfahren direkter Demokratie wieder aufgegriffen werden.[1] Stattdessen soll im Folgenden die Entdeckung des Verfahrens in den 60er Jahren des letzten Jahrhunderts nachgezeichnet werden. Hierbei interessiert vor allem die Ausgestaltung der Öffentlichkeitsbeteiligung. Es wird sodann beschrieben, wie diese in den folgenden Jahrzehnten schrittweise immer mehr ausgedehnt wurde. Am Ende des Abschnitts werden die ersten Reaktionen des Gesetzgebers aus den „Lehren von Stuttgart 21" nachgezeichnet, die ähnliche Zuspitzungen wie dort bei der Zulassung von als unabdingbar und dringlich zu realisierenden Projekten, vor allem jetzt bei der Planung von Höchstspannungsleitungen verhindern sollen.

Möglicherweise stellen derartige Versuche jedoch nur ein Herumdoktern an Symptomen dar, die die hinter den bei der Zulassung von Infrastrukturanlagen liegenden Probleme kaum erreicht und auch nicht erreichen kann. Zu diesen sollen einige erste Überlegungen vorgetragen werden.

---

[1] Dazu eingehend *Steinberg*, Die Repräsentation des Volkes – Menschenbild und demokratisches Regierungssystem, 2013, S. 220 ff.

II. Die Renaissance der Beteiligungsdiskussion

1. Die Entdeckung des Verfahrens

Die Beteiligung der Bürger ist nun keinesfalls eine neue Erscheinung. Sie ist auf den Plan getreten in den 70er Jahren des 20. Jahrhunderts und in den folgenden Jahrzehnten ständig ausgeweitet worden. Diese Entwicklung lässt sich deutlich verfolgen in den verschiedenen Auflagen des von *Hans-Joachim Koch* mitverfassten Lehrbuchs zum Planungsrecht.[2] Anhand der Darstellung des Verfahrens der Bauleitplanung wird der gesellschaftspolitische Hintergrund der gesteigerten Bürgerbeteiligung bei der Planung geschildert: In den späten 60er Jahren des letzten Jahrhunderts sei ein erheblicher Wandel der Einstellung vieler Bürger zu staatlichen Entscheidungen zu beobachten, der zu einem wachsenden Interesse am Mitreden und Mitentscheiden geführt habe. Dabei sei das Interesse zahlreicher Bürgerinitiativen vorrangig weder auf die parlamentarische Ebene noch auf die Inanspruchnahme gerichtlichen Rechtsschutzes, sondern auf die Beteiligung an den Entscheidungsprozessen der staatlichen und kommunalen Verwaltungen gerichtet gewesen. Dies sei insofern einleuchtend, als die spürbaren Entscheidungen über Straßenbau, Hochbau und Industrieansiedlung von der Verwaltung getroffen würden und deren Beeinflussung schneller zum Ziele führe etwa als ein langwieriges und oftmals vor vollendeten Tatsachen stehendes Gerichtsverfahren.[3]

Diese Diskussionen führen 1976 zu einer bedeutsamen Novellierung des BBauG: die Schaffung einer zweiphasigen Bürgerbeteiligung.[4] Dazu waren in einer frühzeitigen Planungsphase die Bürger „über die allgemeinen Ziele und Zwecke der Planung, sich wesentlich unterscheidende Lösungen … und die voraussichtlichen Auswirkungen der Planung öffentlich zu unterrichten". Hierbei sei ihnen Gelegenheit zur Äußerung und Erörterung zu geben. Hieran bemerkenswert ist zweierlei: Zum einen die Bürgerbeteiligung zu einem Zeitpunkt, in dem noch keine verfestigte Planung vorliegt – die ist dann in dem zweiten Verfahrensschritt vorzulegen –; zum anderen die Einbeziehung der „allgemeinen" Öffentlichkeit, nicht nur eines engeren Kreises von Betroffenen.

---

[2] Vgl. *Koch/Hendler*, Baurecht, Raumordnungs- und Landesplanungsrecht, 2. Aufl. 1995, 3. Aufl. 2001, 4. Aufl. 2004, 5. Aufl. 2009.

[3] *Dies.*, ebd., 5. Aufl., § 15, Rn. 30.

[4] Einen Vorläufer gesteigerter Bürgerbeteiligung stellte das StädtebauförderungsG 1971 dar. Hier wurde die Beteiligung aus dem „Gedanken […] einer stärkeren Demokratisierung des Sanierungsvorgangs" begründet: „Die betroffenen Bürger müssen die Gewißheit haben, daß sich die bauliche Gemeindeentwicklung … nicht über sie hinweg von Amts wegen vollzieht." Es müsse deshalb „bereits im Vorbereitungsstadium Vorsorge getroffen werden, daß ihre Vorstellungen über die Zielsetzung und Durchführung der Sanierung in die gemeindlichen Gesamtüberlegungen einfließen, daß die Bereitschaft zu ihrem persönlichen Engagement gewertet wird und daß etwa zu erwartende Spannungen im wirtschaftlichen und sozialen Bereich vermieden oder gemildert werden." So der Bericht des BT-Ausschusses für Städtebau und Wohnungswesen, BT-Drs. VI/2204, S. 5.

Mehr als 30 Jahre später hat der Gesetzgeber diese Schritte der vorzeitigen Bürgerbeteiligung auf die Planfeststellungsverfahren immer noch erst teilweise übertragen.

Die Beteiligung der Öffentlichkeit ist in den folgenden Jahrzehnten schrittweise unter starker Förderung des europäischen und internationalen Rechts ausgeweitet worden. Wichtige Etappen stellen hierbei die im UVP-Gesetz vom 12. 2. 1990 geregelte Öffentlichkeitsbeteiligung dar, die diese auch für vorbereitende Planungsphasen wie die Linienbestimmung bei bestimmten Verkehrsanlagen oder den Raumordnungsverfahren vorsah. Eine Formalisierung des bislang ausschließlich informellen Vorverfahrens der UVP brachte die Einführung des sog. Scopings, mit dem nicht nur – wie es in der Begründung des Regierungsentwurfs der Bundesregierung hieß – „das Interesse des Vorhabenträgers" gefördert werden sollte, „der Orientierungspunkte für planerische, technische und wirtschaftliche Entscheidungen erhält", sondern als Begleiteffekt auch eine höhere politisch-gesellschaftliche Akzeptanz bewirkt.[5] Eine weitere bedeutsame Erweiterung brachte die Umsetzung der SUP-Richtlinie durch die Novelle des UVPG 2005, welche die Öffentlichkeitsbeteiligung auch auf höherstufige Planungen wie die Raumplanung oder den Bundesverkehrswegeplan ausweitete.[6] Vor allem die Umsetzung der Aarhus-Konvention verstärkte die Beteiligungsrechte der Umweltschutzverbände bei Planungsvorhaben.[7]

Es lässt sich deshalb kaum der Umfang der Beteiligungsmöglichkeiten beklagen, von denen offensichtlich auch in erheblichem Maße Gebrauch gemacht wird.[8] Zu bemängeln ist jedoch die Unübersichtlichkeit der Regelungen, gerade auch für die Beteiligung der Umweltverbände[9] ebenso wie die Uneinheitlichkeit der Bestimmung der zu Beteiligenden.[10] Vor allem jedoch scheint es an einer Analyse der Bedingungen erfolgreicher Bürgerbeteiligung ebenso wie an einer realistischen Einschätzung der Wirkungen von Beteiligung zu fehlen. Stuttgart 21 hat dies in aller Schärfe deutlich gemacht.

Doch lässt sich parallel zu der Ausweitung der Beteiligung eine Einschränkung feststellen, die im Zeichen einer Beschleunigung von Planfeststellungsverfahren stattgefunden hat.[11] Hierbei kam es – um nur einige wichtige Regelungen zu nennen – zu der Einführung von Verfahrensfristen mit Präklusionswirkungen, der gene-

[5] Vgl. *Steinberg/Wickel/Müller*, Fachplanung, 4. Aufl. 2012, § 2 Rn. 40.

[6] Vgl. *dies.*, § 7 Rn. 36 ff.

[7] Dazu *Koch/Hendler*, 5. Aufl., § 15 Rn. 32.

[8] So gab es im Raumordnungsverfahren für die neue Landebahn des Frankfurter Flughafens neben 181 Stellungnahmen von Trägern öffentlicher Belange, Gemeinden und Umweltverbänden 48.000 Anregungen; im anschließenden Planfeststellungsverfahren noch einmal 130.000 Stellungnahmen und Einwendungen, die in 15 bzw. 102 Verhandlungstagen erörtert wurden; Nachw. bei *Steinberg*, ZUR 2011, 340 ff., 342, 344.

[9] Dazu *Steinberg/Wickel/Müller* (Fn. 5) § 2 Rn. 87 ff.

[10] Kritisch auch *Hufen/Siegel*, Fehler im Verwaltungsverfahren, 5. Aufl. 2013, S. 119 ff.

[11] Zu der sog. Beschleunigungsgesetzgebung ebd., S. 255 f.; *Steinberg/Wickel/Müller* (Fn. 5) § 1 Rn. 183 ff.

rellen Einführung der Plangenehmigung mit einer eingeschränkten Öffentlichkeitsbeteiligung, schließlich der deutlichen Beschränkung der Geltendmachung von Verfahrens-, Form- und Abwägungsmängeln sowie der gerichtlichen Aufhebbarkeit rechtswidriger Planfeststellungsbeschlüsse durch Vorschriften über Planergänzung und ergänzendes Verfahren.

2. Die Funktion des Verfahrens: Rechtsstaat – Demokratie – Beschleunigung

Das berühmte dissenting opinion der Richter *Simon* und *Heusner* in dem Mülheim-Kärlich-Beschluss des Bundesverfassungsgerichts aus dem Jahre 1979 hat die Bedeutung des Verfahrens durch die Hervorhebung seiner grundrechtsschützenden Funktion zu Recht hervorgehoben.[12] Ähnlich wurde von der Gestaltung des Verfahrens als „antizipiertem Rechtsschutz" gesprochen. Doch werden mit beiden Zuschreibungen nur einzelne – wenngleich bedeutsame – Aspekte des Verfahrens umschrieben.

Auch die Annahme einer demokratischen Funktion der Bürgerbeteiligung vermag Anlass zu Missverständnissen zu geben. Das liegt schon in der Vieldeutigkeit des Begriffs Demokratie. So kann die Beteiligung an Planungsentscheidungen der Verwaltung für die Zulassung von Infrastrukturvorhaben – anders als bei den unterschiedlichen Formen der Selbstverwaltung – nicht die Einbindung der Bürger in die Verwaltung bedeuten. Diese ist durch die Normierung als eigenständige staatliche Gewalt durch die Verfassung wie auch durch die Gesetze einschließlich der Haushaltsgesetze und schließlich durch die Wahlen legitimiert. Insofern bedarf es nicht der Beteiligung zur Legitimierung der Verwaltungsentscheidung.

Doch besitzt in einem recht verstandenen Sinne die Bürgerbeteiligung an Zulassungsentscheidungen sowohl eine rechtsstaatliche als auch eine demokratische Dimension: Stellt sich das Verwaltungsverfahren als „die Verwaltung in Aktion", als „Verwirklichungsmodus des Rechts"[13] dar, so verlangt gerade das offene Entscheidungsprogramm des Planungsrechts von der planenden Verwaltung die Einbeziehung der berührten rechtlich geschützten Belange Einzelner wie auch der Allgemeinheit – z. B. der Umwelt – ebenso wie die Ermittlung und Gewichtung sonstiger öffentlicher und privater Belange. Diese werden im Verfahren von Bürgern, Verbänden und den Trägern öffentlicher Belange eingebracht. Aber auch bei Zulassungsentscheidungen sind bei der Anwendung sog. zwingenden Rechts gebundene Entscheidungen zu treffen. Auch hier kann die Beteiligung bei der Sachverhaltsermittlung wie auch der häufig notwendigen Risikobewertung die Findung einer „richtigen Entscheidung" fördern. Der Ausgestaltung des Verfahrens kommt gerade bei komplexen, nur schwach gesetzlich programmierten Verwaltungsentscheidungen, wie sie

---

[12] BVerfGE 53, 30, 69 ff., 75 ff. – Dazu umfassend, die Entwicklung einschlägiger Judikate beschreibend *Hesse*, Bedeutung der Grundrechte, in: Benda/Maihofer/Vogel (Hrsg.), Handbuch des Verfassungsrechts. 2. Aufl. 1994, S. 127 ff., 146 ff.

[13] *Wahl*, VVDStRL 41 (1983), S. 151 ff., 153.

die Zulassung von Infrastrukturvorhaben darstellen, eine wichtige Rolle als Entscheidungsprämisse zu.[14]

Es wird angenommen oder jedenfalls erhofft, dass die Bürgerbeteiligung auch deren Bereitschaft erhöht, ein ungeliebtes Projekt letztendlich auch zu akzeptieren oder jedenfalls hinzunehmen. Diese Erwartung verbinden auch die Richter *Simon* und *Heusner* mit einem fairen Kommunikationsprozess: Gerade bei Fragen von Risikobewertungen, die sich schwerlich freihalten ließen von den jeweiligen grundsätzlichen Standpunkten und subjektiven Interessen, erscheine es wesentlich, die Standpunkte, Interessen und Befürchtungen aller Beteiligten rechtzeitig in das Zulassungsverfahren einzubeziehen. Eine in dem Sinne faire Ausgestaltung des Verfahrens sei im Übrigen Voraussetzung „für die unerläßliche Akzeptanz" der Verwaltungsentscheidung durch die Bevölkerung.[15] Die parlamentarisch-demokratische, rechtsstaatliche Legitimierung der Verwaltung wird ergänzt durch eine Responsivität gegenüber den Bürgern, mit der diese ihre Verantwortung wahrnimmt.[16]

3. Die Reaktion des Gesetzgebers im Planungsvereinheitlichungsgesetz und im NABEG

In dieses scheinbar so wohl geordnete System der Zulassung von Infrastrukturvorhaben mit einem ständig ausgeweiteten, nahezu umfassenden System der Öffentlichkeitsbeteiligung schlug deshalb Stuttgart 21 wie eine Bombe ein. Wie konnte ein Verfahren, bei dem die Öffentlichkeit lege artis beteiligt worden war, so schief gehen? Hier können nicht die vielfältigen Bemühungen dargestellt und gewürdigt werden, die sich für eine Fehlersuche auf den Weg gemacht haben. Wichtige Beiträge hierzu haben u. a. der Deutsche Juristentag,[17] Vereinigungen des Umweltrechts,[18] Veröffentlichungen des Bitburger Gesprächskreises[19] sowie der Staatsrechtslehrervereinigung[20] vorgelegt.

[14] Vgl. *Steinberg*, DÖV 1982, 619 ff., 620.

[15] BVerfGE 53, 30, 69 ff.; 77, 81 f.

[16] Dazu *Steinberg*, Die Repräsentation des Volkes (Fn. 1), S. 274 ff.

[17] *Ziekow*, Neue Formen der Bürgerbeteiligung? Planung und Zulassung von Projekten in der parlamentarischen Demokratie, Gutachten D zum 69. Deutschen Juristentag, 2012 mit den Referaten von *Dolde, Gabriel* und *Wegener*, 2013.

[18] *Appel*, Staat und Bürger im Umweltverwaltungsverfahren; *Renn*, Partizipation bei öffentlichen Planungen – Möglichkeiten, Grenzen, Reformbedarf, Dokumentation zur 35. Wiss. Fachtagung der Gesellschaft für Umweltrecht, 2012. – Ebenso die Tagung des Vereins für Umweltrecht mit Beiträgen von *Steinberg*, ZUR 2011, 340 ff.; *Durner*, ZUR 2011, 354 ff.; *v. Knebel*, ZUR 2011, 351 ff.

[19] *Waechter/Martin*, Großvorhaben als Herausforderung für den demokratische Rechtsstaat, VVDStRL 72 (2013), S. 499 ff.

[20] *Gesellschaft für Rechtspolitik* (Hrsg.), Bitburger Gespräche in München, Bd. 2: Planen, Erklären, Zuhören – Wie Großprojekte mit Bürgerbeteiligung möglich werden, 2012 mit Beiträgen von *Papier*, *Durner*, *Geiger*, *Hönlinger*, *Burgi* und *Ramsauer*.

An dieser Stelle soll stattdessen ein Blick auf die ersten Antworten des Gesetzgebers geworfen werden, die dieser nach dem Debakel von Stuttgart 21 gefunden hat: das Planungsvereinheitlichungsgesetz vom 31.5.2013[21] und das Netzausbaubeschleunigungsgesetz Übertragungsnetz (NABEG) vom 28.7.2011.[22]

Den Anlass für das PlVereinhG, das bereits 2010 durch einen Entwurf des Bundesinnenministeriums auf den Weg gebracht worden war, stellte nicht die Aufarbeitung der „Lehren" von Stuttgart 21 dar. Ziel war vielmehr die Maßgabevorschriften des Infrastrukturplanungbeschleunigungsgesetzes vom 17.12.2006 so weit wie möglich in das Verwaltungsverfahrensgesetz zu übertragen und damit eine Vereinheitlichung des Planfeststellungsverfahrens zu erreichen.[23] Im Zuge der Stuttgart 21-Debatten wurden dann jedoch wichtige Veränderungen vorgenommen. Die wichtigste betraf – in gewisser Weise nach dem Vorbild des § 3 BauGB – die Einführung einer „frühen Öffentlichkeitsbeteiligung" in § 25 Abs. 3 VwVfG. Begründet wird die Regelung damit, dass die bestehenden Formen der Öffentlichkeitsbeteiligung im Wesentlichen dem Schutz der Rechte der von einem Vorhaben Betroffenen dienten. Das werde vor allem als nicht mehr ausreichend empfunden bei solchen Großvorhaben, deren Einwirkungen über die unmittelbare Umgebung hinausgingen. Hier sei ein zunehmendes Interesse der Bürger an frühzeitiger Beteiligung und Mitwirkung zu einem Zeitpunkt festzustellen, in dem der Vorhabenträger seine Planung bereits weitgehend abgeschlossen hat und deshalb zu Änderungen nicht mehr bereit oder in der Lage ist.

Allerdings dürfte die Reichweite dieser Vorschrift gering sein, findet doch vielfach auch in vorgelagerten oder höherstufigen Verfahren eine Öffentlichkeitsbeteiligung statt. Der Neuregelung kommt deshalb eher eine symbolische Bedeutung, eine „Lückenfüllerfunktion"[24] zu. Die Durchschlagskraft dieser Norm dürfte auch deshalb gering sein, weil ihre Anwendung in das Belieben des Vorhabenträgers gestellt wird und auch keine verfahrensmäßigen Anforderungen formuliert werden.

Noch wertloser erscheint eine zweite Änderung gegenüber dem Ressortentwurf: War hier mit eingehender Begründung der Erörterungstermin fakultativ gestellt worden, so wird hierauf jetzt wieder ohne rechte Begründung verzichtet. Offensichtlich ist dies nicht höherer Einsicht, sondern der Sorge gegenüber dem befürchteten Vorwurf eines Abbaus von Öffentlichkeitsbeteiligung geschuldet. Dass auch diese Regelung jedenfalls für die planfeststellungspflichtigen Großverfahren ohne Wirkung bleibt, zeigt ein Blick in die durch das Infrastrukturplanungbeschleunigungsgesetz geänderten Fachplanungsgesetze: Die Fakultativstellung des Erörterungstermins wird in diesen nicht angetastet. Bleibt eine wirkliche Neuerung, die während des Ge-

[21] BGBl. I, S. 1388.

[22] BGBl. I, S. 1690.

[23] Vgl. auch zum Folgenden *Steinberg*, Gesetzliche Neuregelung der Bürgerbeteiligung bei Infrastrukturvorhaben? Gleichzeitig ein Beitrag zum Entwurf eines Planungsvereinheitlichungsgesetz, in: Franzius et al. (Hrsg.), FS Kloepfer, 2013, S. 625.

[24] *Durner* (Fn. 20), S. 21 ff., 34.

setzgebungsverfahrens im Bundestag eingefügt wurde: die Nutzung des Internets für die öffentliche Bekanntmachung (§ 27a VwVfG).

Insgesamt wird weder das Ziel einer Vereinheitlichung wesentlicher Zulassungsverfahren noch einer wirklichen Aufarbeitung der durch Stuttgart 21 sichtbar gewordenen Probleme erreicht. Beide Themen bleiben deshalb auf der Tagesordnung des 18. Deutschen Bundestages!

Eine Vereinheitlichung wurde deshalb auch nicht mit dem bereits zwei Jahre früher verabschiedeten NABEG erreicht, ja offensichtlich auch nicht angestrebt. Das Gesetz, das in einem parlamentarischen Schnellverfahren zustande gekommen ist, findet Anwendung auf die Errichtung oder Änderung von Höchstspannungsleitungen, die in einem Bundesbedarfsplangesetz nach § 12e Abs. 4, Satz 1 EnWiG als solche mit überregionaler oder europäischer Bedeutung gekennzeichnet sind.[25] Für diese schafft es neue Verfahren oder gestaltet bestehende Verfahren um mit dem Ziel eines raschen Ausbaus des Übertragungsnetzes in Deutschland, der im Zuge der sog. Energiewende für unabdingbar gehalten wird. Um die notwendige Beschleunigung zu erreichen, wird für die genannten Vorhaben das Institut einer Bundesfachplanung eingeführt sowie die anschließende Planfeststellung neu ausgestaltet. Hier sollen nicht die zahlreichen dadurch aufgeworfenen Rechtsfragen – etwa zur Verwaltungskompetenz des Bundes – aufgegriffen werden.[26] Es wird auch nicht gefragt, ob nicht viel weniger als das Verfahren die ständig verfeinerten Anforderungen des materiellen Rechts, nicht zuletzt des Umweltrechts für die Länge der Genehmigungsverfahren verantwortlich sind.[27] Es geht vielmehr um die wichtigen verfahrensrechtliche Neuerungen, die das NABEG aufweist.

---

[25] Vgl. jetzt das Bundesbedarfsplangesetz (BBPlG) v. 23.7.2013, BGBl. I, S. 2543.

[26] Es erscheint wohl als beredtes Schweigen, dass die Begründung des Gesetzentwurfs zwar eingehende Ausführungen zur eher unproblematischen Gesetzgebungskompetenz, aber kein Wort zur Verwaltungskompetenz enthält, vgl. BT-Drs. 17/6073, S. 19f. Während die Verwaltungskompetenz für die Bundesfachplanung mit unterschiedlicher Begründung überwiegend bejaht wird (a.A. *Durner*, DVBl. 2011, 853 ff., 857f.; *Erbguth*, DVBl. 2012, 325f.), wird das Vorliegen einer Bundeskompetenz für die Planfeststellung, die im Gesetzentwurf ebenfalls der Bundesnetzagentur übertragen war, und jetzt nach § 2 Abs. 2 NABEG von einer Rechtsverordnung der Bundesregierung mit Zustimmung des Bundesrates abhängig gemacht wird, mit guten Gründen bezweifelt, vgl. etwa *Durner*, DVBl. 2011, 857f.; *ders.*, NuR 2012, 369 ff., 375f.; *Moench/Ruttloff*, NVwZ 2011, 1040f.; *Erbguth*, NVwZ 2012, 326 ff., 330; *Antweiler*, NZBau 2013, 337 ff., 338f.; *Steinberg*, FAZ. v. 27.6.2011, S. 10; a.A. *Appel*, UPR 2011, 406 ff.; *ders./Eding*, NVwZ 2012, 343 ff.; *Schmitz/Jornitz*, NVwZ 2012, 332 ff., 334; *de Witt*, in: de Witt/Scheuten, NABEG, 2013, § 31 Rn. 14. – Auch der SRU hielt offensichtlich allein eine Zuständigkeit des Bundes für die Bundesfachplanung für erforderlich; vgl. Sondergutachten des SRU, BT-Drs. 17/4890 v. 18.2.2011,Tz. 574. – An der Sachkompetenz wie auch der Ortskunde der Bundesnetzagentur zweifeln *Kment*, RdE 2011, 341 ff., 346. – Die BReg. hat mit Zustimmung des Bundesrates gem. § 2 Abs. 2 NABEG durch Rechtsverordnung v. 23.7.2013 die Zuständigkeit der Bundesnetzagentur für die Planfeststellung begründet.

[27] So auch *Durner*, DVBl. 2011, 859; *Appel*, UPR 2011, 415; *Moench/Ruttloff*, NVwZ 2010, 1045.

Durch die Bundesfachplanung – durchgeführt von der Bundesnetzagentur – sollen für die fraglichen Höchstspannungsleitungen die Trassenkorridore einschließlich der Landesübergangspunkte festgelegt werden. Das Ergebnis der Raumverträglichkeits- wie der strategischen Umweltverträglichkeitsprüfung, bei der auch etwaige ernsthaft in Betracht kommende Trassenalternativen zu prüfen sind, ist für die nachfolgenden Planfeststellungsverfahren verbindlich (§ 15 Abs. 1 Satz 1 NABEG).

Der Gesetzgeber nimmt damit einen Vorschlag des Sondergutachtens des Sachverständigenrates für Umweltfragen aus dem Jahre 2011 auf, der als eine der Ursachen für die unverträglich lange Dauer der Zulassungsverfahren von Höchstspannungsleitungen das unklare Verhältnis von Raumordnung und Fachplanung bezeichnet hatte. Dies führe zu zeitraubenden Doppelprüfungen, weil die Gegenstände beider Verfahren nicht zuletzt unter dem Einfluss immer detaillierterer Umweltprüfungen im Raumordnungsverfahren immer weniger abgegrenzt werden könnten und eine Abschichtung des Prüfungsgegenstandes immer weniger gelinge.[28] Als Ausweg führt das NABEG in gewisser Weise in der Bundesfachplanung das Raumordnungsverfahren zusammen mit einer Linienbestimmung und weist der Entscheidung – anders als dem Ergebnis eines „normalen" Raumordnungsverfahren, aber wie der Trassenentscheidung nach § 16 FernStrG oder § 13 WStrG – Verbindlichkeit zu. Und die Möglichkeit der Alternativenprüfung wird dadurch erhöht, dass anders als im Raumordnungsverfahren die Bundesnetzagentur nicht an die vom Vorhabenträger eingeführten Trassenalternativen gebunden ist (§ 7 Abs. 3 Satz 2 NABEG).

Für die lange Dauer der Genehmigungsverfahren wird vom SRU aber auch die mangelnde Akzeptanz der lokalen Bevölkerung für den Ausbau von Freileitungen verantwortlich gemacht. Hierzu trage auch der Eindruck der Bevölkerung bei, dass die Trassenfindung überwiegend in informellen Verfahren mit erheblicher Bindungswirkung für die anschließenden formellen Verfahren erfolge. Dies führe dazu, „dass die formellen Verfahren in den Augen der an der informellen Trassenbestimmung nicht beteiligten Öffentlichkeit oft zu bloßen Ratifikationsverfahren mit entsprechend geringer Kapazität zur Akzeptanzgewinnung werden".[29] Dieser Mangel solle durch die Formalisierung dadurch beseitigt werden, dass auch die höherstufigen Entscheidungsverfahren anders als gegenwärtig in angemessener Weise formalisiert und auf eine frühzeitige Beteiligung verschiedener Interessenträger ausgerichtet würden. „Nur dann erweisen sie sich als problemadäquat, generieren alle relevanten Informationen und weisen eine ausreichende Kapazität zur Akzeptanzgewinnung auf."[30]

In der Ausgestaltung des Verfahrens der Bundesfachplanung wird das Ziel einer umfassenden Öffentlichkeitsbeteiligung zweifellos erreicht. Bereits bei der Festle-

---

[28] Sondergutachten des SRU, BT-Drs. 17/4890 v. 18.2.2011, Tz. 569, 572. – Zu der zunehmend diffuseren Abgrenzung von Raumordnung und Fachplanung auch *Steinberg*, DVBl. 2011, 137 ff., 141 ff.

[29] SRU, BT-Drs. 17/4890 v. 18.2.2011, Tz. 569 u. 568.

[30] A.a.O. Tz. 573.

gung des Untersuchungsrahmens sind über die Bestimmungen des § 14 f. UVPG hinaus zwingend die Umweltvereinigungen zu beteiligen. Darüber hinaus ist die Antragskonferenz öffentlich. Nach Vorlage der Unterlagen durch den Vorhabenträger führt die Bundesnetzagentur vor ihrer Entscheidung eine umfassende Öffentlichkeitsbeteiligung durch. Dabei kann sich jede Person, einschließlich Vereinigungen, zu den beabsichtigten Trassenkorridoren äußern (§ 9 Abs. 6 NABEG). Die Präklusionswirkung nicht fristgerechter Einwendungen wird eingeschränkt. Schließlich findet grundsätzlich ein Erörterungstermin statt. All dieses sind Bestimmungen, durch die die Öffentlichkeit erheblich stärker beteiligt wird als in einem normalen Raumordnungsverfahren, das durch die Bundesfachplanung ersetzt wird (§ 28 NABEG). Der Zugang zu Informationen wird durch die konsequente Nutzung des Internet erleichtert.

Auch bei der Durchführung des Planfeststellungsverfahrens für die dem NABEG unterfallende Vorhaben entspricht die Beteiligung der Öffentlichkeit der Bundesfachplanung: So sind bei der Festlegung des Untersuchungsrahmens die Umweltvereinigungen zu beteiligen, die Antragskonferenz findet öffentlich statt, und es wird grundsätzlich die Durchführung eines Erörterungstermins – anders als in zahlreichen Fachplanungsgesetzen – vorgesehen. Irritierend erscheint der unterschiedliche Wortlaut zu der Einwendungsbefugnis in der Bundesfachplanung („jede Person", § 9 Abs. 6 Sa. 1 NABEG) und in der Planfeststellung („jede Person, deren Belange durch das Vorhaben berührt werden kann", § 22 Abs. 6 Satz 1 NABEG). Praktische Konsequenzen dürfte diese Differenz jedoch kaum haben.

Sowohl für das Verfahren der Bundesfachplanung als auch der Planfeststellung sieht § 29 NABEG die Möglichkeit der Beauftragung eines Projektmanagers mit der Vorbereitung und Durchführung von Verfahrensschritten vor.

Diese Bestimmungen lassen sich durchaus, was die Öffentlichkeitsbeteiligung angeht, als vorbildlich bezeichnen. Hinzu kommt, dass eine Beteiligung der Öffentlichkeit schon früher nach den Bestimmungen der §§ 12 a ff. bei der Erarbeitung eines Scenariorahmens und des Netzentwicklungsplans durch die Betreiber von Übertragungsnetzen, der die Grundlage des Bundesbedarfsplans darstellt, vorgesehen ist.[31] Zu kritisieren bleibt allerdings, dass mit der Schaffung dieses NABEG-Verfahrens eine weitere erhebliche Zersplitterung des Verfahrensrechts zu verzeichnen ist, die

[31] *Schattke*, ZNER 2013, 126 ff., 128 zählt nach EnWG und NABEG insgesamt eine bis zu siebenfache Öffentlichkeitsbeteiligung. – Allerdings sollen zum zweiten Entwurf des Netzentwicklungsplans 2012 lediglich 3.000 Stellungnahmen eingegangen sein, so Bundeswirtschaftsminister *Rösler* am 25.4.2013 im Deutschen Bundestag. – Über die Konsultationen zu den Scenariorahmen und Netzentwicklungsplänen berichten auch *Callies/Dross*, JZ 2012, 1002, 1009 f. – Informativ zu den umfassenden Konsultationen ist auch die Internetseite der Bundesnetzagentur. Dennoch haben einer Umfrage des Forschungszentrums Jülich zufolge 90 % der Bevölkerung noch nie von einem Netzentwicklungsplan gehört, vgl. FAZ v. 12.7. 2013.

selber wiederum ein Verfahrenshemmnis darstellt.[32] Es mögen auch die unterschiedlichen Beteiligungsmöglichkeiten in den verschiedenen Regelungssystemen nicht nur zu Enttäuschungen, sondern auch zu Frustrationen führen.[33] Dies gilt insbesondere, wenn es bei der langen Verfahrenskaskade auf vorgelagerten Stufen zu Festlegungen für die nachfolgenden Stufen kommt – z. B. die für die nachfolgenden Bundesfachplanungen wie auch die Planfeststellungen verbindliche Festlegung der Erforderlichkeit der im Bundesbedarfsplangesetz enthaltenen Vorhaben nach § 12e Abs. 4 EnWG. Hier wird den erst auf den nachgelagerten Stufen Beteiligten – etwa weil sie erst jetzt ihre mögliche Betroffenheit erkennen – die Mitwirkung an den früheren Festlegungen abgeschnitten.[34] Es mag auch nicht ausgeschlossen sein, dass die Beauftragung gerade der Bundesnetzagentur mit der Durchführung der Bundesfachplanung oder auch der Planfeststellung Zweifel erweckt, ob diese an der Realisierung der Energiewende massiv engagierte Behörde die wünschenswerte Distanz zu der Projektverwirklichung aufweist, die eher bei den Raumordnungsbehörden der Länder anzunehmen wäre.[35] Aber gleichwohl dürfte, wenn dieses Verfahren erfolgreich praktiziert wird, eine unzulängliche Öffentlichkeitsbeteiligung kaum mehr als Grund für die überlangen Verfahren und fehlende Akzeptanz angeführt werden.

Nicht nachvollziehbar bleibt jedoch, warum auch im NABEG für das Verfahren Fristen gesetzt werden (z. B. § 12 Abs. 1), die schon nach den Vorgaben des Gesetzes kaum einzuhalten sind[36] und die dem Anspruch auf eine sorgfältige Ermittlung und Bewertung zuwiderlaufen. Das Streben nach Akzeptanz dürfte nicht gefördert werden, wenn der Eindruck entsteht, dass trotz der Schwierigkeiten der Trassenentscheidungen Schnelligkeit vor Qualität geht. Vollends unglaubwürdig wird jedoch die Verlängerung der Geltungsdauer der Bundesfachplanung (§ 15 Abs. 2 NABEG) ebenso wie des Planfeststellungsbeschlusses (§ 18 Abs. 3 Satz 2 NABEG i.V.m. § 43c EnWG) auf jeweils 10 Jahre mit jeweils fünfjähriger Verlängerungsmöglichkeit. Dass Entscheidungen, die wegen ihrer Eilbedürftigkeit in einem beschleunigten Sonderverfahren zustande gekommen sind, dann erst nach zehn oder mehr Jahren

---

[32] So finden sich allein im Energierecht drei Regelungskomplexe; in § 43 ff. EnWG, im EnLAG und im NABEG. Hinzu kommen anzuwendende Bestimmungen im VwVfG, vgl. *Steinberg/Wickel/Müller* (Fn. 5), § 1 Rn. 15 ff.; *Schmitz/Jornig*, NVwZ 2012, 332 ff. nennen fünf verschiedene Reglungssystem für den Energieleitungsausbau.

[33] *Schmitz/Jornig*, NVwZ 2012, 336.

[34] Zu den sich aus der Verfahrensstufung für die Betroffenen ergebenden Probleme auch *Durner*, DVBl 2011, 859 ff. und *ders.* NuR 2012, 372 f. – Auch für die Akzeptanz – ebenso wie für die Rechtmäßigkeit – der Zulassungsentscheidung erscheint das Fehlen der von der SUP-Richtlinie geforderten Alternativenprüfung beim Bundesbedarfsplan durch die Bundesnetzagentur höchst problematisch, dazu *Callies,* ZUR 2013, 76 ff. – Als wesentliches Hemmnis der Akzeptanzprobleme beschreibt *Waechter*, VVDStRL 72 (2013), S. 514 ff. „die Unausweichlichkeit der Alternativlosigkeit".

[35] So insbes. *Erbguth*, DÖV 2012, 821 ff., 826 f.

[36] Kritisch auch *de Witt*, in: de Witt/Scheuten, NABEG, § 4 Rn. 39.

umgesetzt werden sollen, erscheint wenig nachvollziehbar.[37] Dass nach so langer Zeit die durch das Verfahren angestrebte Akzeptanz noch vorhält, ist nach allen Erfahrungen – auch mit Stuttgart 21 – zu bezweifeln.

III. Ein Blick hinter die Verfahrensregelungen

Ob freilich diese „Beteiligungsoffensive" des NABEG mehr bewirken wird als „weiße Salbe",[38] bleibt abzuwarten. Offensichtlich bestehen vielfach Zweifel, ob durch die deutliche Erweiterung der Beteiligungsmöglichkeiten tatsächlich der erhoffte Akzeptanzgewinn verbunden mit einer Beschleunigungswirkung eintreten wird. Diese beruhen zum einen darauf, dass – wie angedeutet – das Zulassungsverfahren nach wie vor nicht zuletzt durch die zahlreichen Verfahrensstufen äußerst komplex und auch wegen der Vielfalt der Verfahrensregeln unübersichtlich ist.[39] Und Erfahrungen zeigen, dass Vorhaben trotz vorbildlicher Beteiligungsverfahren zu einem früheren Zeitpunkt oder auf einer vorgelagerten Ebene abgelehnt werden, wenn ihre Auswirkungen den Betroffenen in der Realisierungsphase deutlich werden. Unübersehbar sind ferner die teilweise unterschiedlichen, ja gegensätzlichen Interessen der Beteiligten, d. h. von Vorhabenträgern, Behörden, Gemeinden, Umweltvereinigungen und betroffenen Bürgern. Die Hoffnung auf Akzeptanz durch Verfahren mag jedoch nicht zuletzt deswegen täuschen, weil die Leistungsfähigkeit von Verfahren häufig überschätzt wird. Dieses Bedenken wird angedeutet, wenn nach einer Verfahrenskultur gefragt wird, die offensichtlich zu wünschen lässt.[40] Es soll deshalb nach den hinter dem Verfahren liegenden Faktoren gefragt werden, die die Akzeptanz für Infrastrukturvorhaben wie Hochspannungsleitungen, Flughäfen oder Straßen erschweren.

Derartige Vorhaben beeinträchtigen das Lebensumfeld von Menschen. Auch wenn es nicht zu einer Gefährdung für Leib und Leben kommt, bleiben Risiken für Mensch und Natur und entstehen Unannehmlichkeiten durch (Bau-)Lärm, Eingriffe in Natur und Landschaft und Veränderungen des liebgewonnenen Status quo. Diese Nachteile hinzunehmen wird den direkt oder indirekt betroffenen Bürgern angesonnen. Klar ist, dass die fraglichen Entscheidungen rechtmäßig sein müssen. Dies zu überprüfen dienen Rechtschutzmöglichkeiten des Einzelnen wie auch der Umweltvereinigungen. Allerdings sind sie ungeachtet der angeblich umfassenden Rechtsweggarantie des Art. 19 Abs. 4 GG i.V.m. der verwaltungsgerichtlichen Generalklausel heute durchaus eingeschränkt. Dies gilt zum einen für den Ausschluss des Rechtswegs gegen vorgelagerte, gleichwohl präjudizierende Entscheidungen (so

---

[37] Kritisch *Steinberg/Wickel/Müller* (Fn. 5), § 5 Rn. 28.

[38] *Grigoleit/Weisensee*, UPR 2011, 401 ff., 403, 406.

[39] So etwa *Appel*, UPR 2011, 406 ff., 414 f.; positiv demgegenüber *Mann*, VVDStRL 72 (2013), S. 575 ff., 589.

[40] Von der Notwendigkeit eines aktiven Angebots zum Dialog spricht *Schadtle*, ZNER 2013, 128; ebenso *Wagner*, DVBl. 2011, 1458; von notwendigem „Fingerspitzengefühl der einzelnen Akteure" *Moench/Rutloff*, NVwZ 2011, 1045.

auch § 15 Abs. 3 NABEG),[41] zum anderen für Präklusionsregelungen, die Verkürzung des Rechtswegs durch die Begründung der erstinstanzlichen Zuständigkeit des Bundesverwaltungsgerichts – so jetzt auch für die Vorhaben nach dem BundesbedarfsplanG[42] –, schließlich für Bestimmungen der Unbeachtlichkeit nicht nur, aber gerade auch eines Form- und Verfahrensfehlers (§§ 45 f. VwVfG). Aber auch die zentralen planerischen Elemente einer Raumplanungsentscheidung wie die Frage der Erforderlichkeit oder der Abwägung unterliegen nur eingeschränkt der gerichtlichen Kontrolle. Hier vermag die durch das NABEG geschaffene Transparenz und Öffentlichkeit der Bedarfsprüfung wie auch der Trassenentscheidung unter Einschluss einer ernsthaften Alternativenprüfung sowohl des Standortes als auch der technischen Lösungen einen gewissen Ausgleich zu schaffen. Aber insgesamt dürfte die deutliche Beschränkung der gerichtlichen Kontrolle Zweifel an der Legalität der Zulassungsentscheidung schüren und damit deren Legitimität schwächen. Auf der Positivseite hingegen steht die vor allem unter dem Einfluss des EU-Rechts erfolgte Ausweitung der Klagebefugnis der Umweltvereinigungen wegen Verletzung umweltschützender Normen etwa des UVPG.[43]

Möglicherweise schafft es eine trotz der Bedenken nach dem NABEG-Verfahren zustande gekommene Entscheidung, von den Betroffenen angenommen oder wenigstens hingenommen zu werden. Denn er wird nicht mehr mit dem obrigkeitlichen Ausspruch als solchem, „der dem Untertanen im Einzelfall bestimmt, was für ihn Rechtens sein soll" (so *Otto Mayer*), konfrontiert. Doch trotzdem wird in vielen Fällen diese Wirkung nicht oder nur eingeschränkt eintreten. Das wird vor allem dann der Fall sein, wenn über die der Projektverwirklichung zugrunde liegende Politik Dissens besteht. Hier wird dann das Verfahren zur Fortsetzung des politischen Konfliktes mit anderen Mitteln. Die Verwaltung wird dabei in einen Stellvertreterkrieg hineingezogen, den sie nicht gewinnen kann. Mit keinem noch so intensiven Beteiligungsangebot werden auch die Gruppen erreicht, für die die Ablehnung eines konkreten Projektes nur Ausdruck der Ablehnung „des Systems", der Gesellschaftsordnung oder „des Kapitalismus" darstellt und die in der Öffentlichkeitsbeteiligung lediglich „eine Strategie der Scheinbeteiligung" sehen.[44]

Aber unbeschadet der generellen Ablehnung eines bestimmten Vorhabens („kein KKW hier und anderswo") wird die Entscheidung der Behörde in anderen Fällen auch deswegen nicht akzeptiert, weil der Bürger die Ermittlungen und vor allem die Bewertungen der Behörde für unzulänglich hält. Er stellt eigene abweichende Risikobewertungen an und bevorzugt andere räumliche und technische Lösungen. Hier schlägt sich die zunehmende Pluralisierung von Wertvorstellungen ebenso nieder

---

[41] Dazu *Steinberg/Wickel/Müller* (Fn. 5), § 7 Rn. 20 ff.

[42] Gem. § 50 Abs. 1 Nr. 6 VwGO i. d. F. v. 23. 7. 2013.

[43] Vgl. *Steinberg/Wickel/Müller* (Fn. 5), § 6 Rn. 60 ff.

[44] So *Butzlaff/Hoeft/Kopp*, „Wir lassen nicht mehr alles mit uns machen". Bürgerprotest an und um öffentlichen Raum, Infrastruktur und Stadtentwicklung, in: Mark et al. (Hrsg.), Die neue Macht der Bürger. Was motiviert die Protestbewegungen?, 2013, 48 ff., 64.

wie der seit langem wachsende Individualismus des Einzelnen.[45] Dieser ist immer weniger bereit, den durch ein Vorhaben verfolgten öffentlichen Interessen z. B. an der verkehrlichen Mobilität oder einer sicheren Energieversorgung seine eigenen Interessen hintan zu stellen. Ihn als Mitglied der sog. postmateriellen Generation überzeugen die Hinweise auf angebliche Vorteile für die Gesellschaft von seiner gefestigten materiellen Position aus wenig.[46] Nach dem Verlust des Fortschrittsoptimismus überwiegt die Verteidigung des Status quo.[47] Dabei kann der eigene Einsatz durchaus mit dem Kampf um eine Verbesserung der Welt oder den Erhalt von Natur und Heimat verbunden und so überhöht werden.[48]

Ähnliche Erkenntnisse bringt auch die große Erhebung der European Values Survey, die die Entwicklung wichtiger Befindlichkeiten in einer Reihe europäischer Länder untersucht hat.[49] Der Verlust der „großen Erzählungen" – Ideologien, Religionen, Rationalismus – habe zu „individuellen Erzählungen" geführt.[50] Damit verbunden ist ein Rückgang der Verbundenheit mit Gemeinschaftswerten und Autoritäten. Die Einzelnen entscheiden selber, was gut oder schlecht ist, und verlassen sich nicht mehr auf die Meinungen von „Autoritäten".[51] Ihre postmaterialistische Haltung[52] drückt sich in einer Neigung zu individueller Selbstverwirklichung aus verbunden mit einer Bereitschaft zu politischer Partizipation, die sich durchaus in Form von Protesten äußern kann.[53]

Natürlich sind die Angaben in den verschiedenen europäischen Ländern nicht identisch. Deutschland zeichnet sich hier aus durch ein überdurchschnittlich hohes

---

[45] So hält das BVerfG die uneingeschränkte Briefwahlmöglichkeit mit der Begründung für verfassungsmäßig, damit habe der Gesetzgeber u. a. „auf eine verstärkte Hinwendung zu individueller Lebensgestaltung reagiert". B. v. 8.7.2013, Rz. 15.

[46] Das erklärt auch, warum der auf den ersten Blick einleuchtende Vorschlag der Minister *Rösler* und *Altmaier*, den Anwohnern von Stromtrassen mit der Zeichnung einer Anleihe eine „Bürgerdividende" in Höhe von 5 % zu versprechen (FAZ v. 6.7.2013, S. 11: „Einfach gut", eher ironisierend FAS v. 7.7.2013, S. 20: „Eine Dividende für brave Bürger"), auf geringe Gegenliebe bei den Begünstigten stieß, wie eine Umfrage des Forschungszentrums Jülich zeigt, vgl. FAZ v. 12.7.2013.

[47] So auch *Waechter*, VVDStRL 72 (2013), S. 535 f. – Ähnlich auch *Sloterdijk*, Der Spiegel v. 5.8.2013, S. 24, der den Deutschen eine „Lethargokratie" und „mehr Verlustangst als Zukunftsliebe" attestiert. – Gar einen „Totalitarismus der gegebenen Verhältnisse" beobachtet *Seidl*, FAZ v. 4.8.2013, S. 41.

[48] So *Butzlaff/Hoeft/Kopp* (Fn. 44), S. 85 f.

[49] Vgl. hierzu die verschiedenen Beiträge in: futuribles, Juillet-Août 2012, no. 277.

[50] Vgl. *Lambert*, Religion: l' Europe à un tournant, ebd., S. 129 ff., 158 f.

[51] Dazu dass diese Art des Individualismus nicht der Beobachtung zunehmender Fremdsteuerung widerspricht, wie sie *David Riesman* in seinem berühmten Werk The Lonely Crowd, 1950 entwickelt hat, vgl. auch *Steinberg*, Die Repräsentation des Volkes (Fn. 1), S. 55 ff., 126.

[52] *Inglehart*, Kultur und Demokratie, in: Huntington/Harrison (Hrsg.), Streit um Werte, 2004, S. 141 ff.

[53] Hierzu insbes. *Bréchon* et al., La dynamique des valeurs en Europe, in: futuribles (Fn. 49), S. 177 ff.

Maß an Individualismus[54] und ein unter dem Durchschnitt liegendes Maß an Vertrauen in Parlament und Verwaltung (mit Ausnahme der Polizei und der Justiz).[55]

An Autorität verloren haben auch – auch dies entspricht dem Bild der postmaterialistischen Bürger[56] – Sachverständige und selbst die Wissenschaft. Die Ursachen hierfür sind vielfältig. Sie liegen zum einem in dem in der Entwicklung der Wissenschaften selber angelegtem Gewissheitsverlust, der mit der zunehmend als ambivalent empfundenen technischen Entwicklung einhergeht.[57] Zudem werden die Aussagen von Experten vermehrt als interessengesteuert angesehen.[58] Es ist deshalb nicht nur die Leichtgläubigkeit des Publikums, das sich die Kritik von Außenseitern an der Expertise vorschnell zu Eigen macht.[59] Allerdings lässt sich nicht leugnen, dass Alarmmeldungen z. B. über die schädlichen Wirkungen bestimmter Stoffe bereitwillig von den Medien aufgegriffen und von manchen Gruppierungen auch in populistischer, skandalisierender Manier verbreitet werden.[60]

Ist es da verwunderlich, dass Entscheidungen der staatlichen Verwaltung kaum als verbindlich akzeptiert werden, der immer weniger Vertrauen entgegengebracht wird? Mit Hilfe der neuen Medien, des Internet und der sozialen Netze, lassen sich neuerdings blitzartig die ablehnenden Bürger mobilisieren; eine nur massenmedial vermittelte virtuelle Masse kann dann aber auch wieder zur Versammlungsmasse mutieren:[61] Der Wutbürger ist geboren.[62]

IV. Schluss

Diese Bemerkungen sollen nicht als Ausdruck der Resignation, sondern des Realismus gegenüber der Leistungsfähigkeit des Verfahrens verstanden werden. Sie sol-

---

[54] Vgl. *Galland*, Les dimensions de la confiance, in: futuribles (Fn. 49), S. 15 ff., 32.

[55] Vgl. *Bréchon*, Des valeurs politiques entre pérennité et changemant, in: futuribles (Fn. 49), S. 95 ff., 108 f.; *Inglehart* (Fn. 52), S. 147.

[56] So *Herpin*, Postmatérialisme et structure des opinions sur la famille, in: futuribles (Fn. 49), S. 41 ff., 47.

[57] Dazu *Steinberg*, Der Ökologische Verfassungsstaat, 1998, S. 12 ff., 434 ff.

[58] *Steinberg*, a.a.O. S. 256 ff.

[59] So die zentrale These des Buches von *Bronner*, La démocratie des crédules, puf, 2013.

[60] So beobachtet *Puhle*, Old and New Populisms in the 21th Century. Continuities and Change, in: Hartleb/Ostheimer (Hrsg.), Populism Within Europe and Beyond Its Borders, (im Erscheinen) bei den diffusen Protestbewegungen „grüner“ wie auch antikapitalistischer Provenienz eine „almost nostalgic longing for populist approaches and solutions: ‚Sehnsucht nach Populismus‘“, und ebd. auch zur Bedeutung der neuen elektronischen Medien für die soziale Mobilisierung, die zu einem „media populism“ und zu „politics as simulation, mise-en-scène and theater“ führe.

[61] Zu diesen Phänomenen des modernen Massenindividualismus *Sloterdijk*, Die Verachtung der Massen, 2000, S. 16 ff.

[62] Zu diesem Phänomen entgegengesetzte Einschätzungen von *Roth*, Bürgermacht. Eine Streitschrift für mehr Partizipation, 2011 einerseits; *Matzig*, Einfach nur dagegen. Wie wir unseren Kindern die Zukunft verbauen, 2011.

len auch nicht darüber hinwegtäuschen, dass sie vornehmlich eine eher kleine Zahl konfliktträchtiger Vorhaben mit großer Publikumswirksamkeit betreffen, während die überwiegende Zahl der Zulassungsverfahren nicht zuletzt dank der ausgefeilten Verfahren im Grunde unproblematisch verläuft. Sie sind aber vor allem ein Appell für eine grundlegende Überarbeitung des Verfahrensrechts. Dazu kann das NABEG wertvolle Anregungen geben. NABEG allein schafft aber – wie gezeigt – sowohl durch seine Singularität als auch die Widersprüchlichkeit seiner Regelungen neue Probleme. Der 18. Deutsche Bundestag sollte endlich das Projekt einer wirklichen Planungsvereinheitlichung in Angriff nehmen, die über Kosmetik und Symbolik hinausgeht.

Eine optimale Ausgestaltung der Verwaltungsverfahren kann dazu beitragen, dass Vorhaben wenn schon nicht akzeptiert, dann jedoch hingenommen werden. Sie mag damit auch die Mutation von Großvorhaben zu Kristallisationskernen von Protestbewegungen erschweren, mit der in der heutigen „Vetogruppendemokratie" immer zu rechnen ist.[63] Das allerdings wäre nicht wenig. Eine konsensuale Entscheidung wird heute kaum ein Verfahren von Großprojekten bewirken können. Es bleibt die Hoffnung auf Verständigung, wenn sich Autorität verflüchtigt hat und Konsens nicht mehr erwartet werden kann.[64] Dazu kann möglicherweise auch ein kontinuierliches Kommunikationsmanagement beitragen, das über die formalen Beteiligungsschritte hinaus die Bürger davon zu überzeugen vermag, dass die mit dem Vorhaben verfolgten Ziele in optimaler, die Belange der Bürger möglichst schonender Weise verwirklicht werden.[65] Zu erwägen sind auch Kompensationen, die den Bürgern im „Schadensgürtel" einer Anlage einen übergesetzlichen Ausgleich verschaffen. Am Ende bleibt aber auch hier letztendlich die Verantwortung der staatlichen Organe zur Durchsetzung von Vorhaben, deren Realisierung trotz der politischen Kosten der Ablehnung als unabdingbar im Interesse des Gemeinwohls gesehen wird. Diese Verantwortung kann ihnen kein Verfahren abnehmen.

---

[63] *Walter*, Bürgerlichkeit und Protest in der Misstrauensgesellschaft, in: Mark et al. (Hrsg.), Die neue Macht der Bürger. Was motiviert die Protestbewegungen?, 2013, S. 301 ff., 332.

[64] So *Luhmann*, Beobachtungen der Moderne, 1992, S. 139 f., 194 f.

[65] Vgl. *Steinberg*, ZUR 2011, 346.

Frühzeitige Öffentlichkeitsbeteiligung an der Standortplanung und Zulassung von Großprojekten

Von *Reinhard Hendler*

I. Einleitung

Die zum Teil heftigen Proteste der jüngeren Zeit gegen das Bahnprojekt „Stuttgart 21“ und andere Großprojekte, die von breiten Kreisen (wenn auch nicht unbedingt der Mehrheit) der lokalen bzw. regionalen Bevölkerung getragen wurden, werden gemeinhin als Ausdruck von Partizipationsdefiziten gedeutet. Dies hat zur Folge, dass Partizipationsfragen derzeit eine erhöhte Aufmerksamkeit in Politik, Gesellschaft und Wissenschaft gewidmet wird.[1] Unter Partizipation ist im hier behandelten Zusammenhang die Beteiligung der Öffentlichkeit an Entscheidungen der Exekutive zu verstehen. Der vormals in den Gesetzen verwandte Begriff der Bürgerbeteiligung ist unter dem Einfluss des europarechtlichen Sprachgebrauchs inzwischen durch den der Öffentlichkeitsbeteiligung ersetzt worden, aber gleichwohl in der Fachliteratur noch des Öfteren anzutreffen.

Wie der Jubilar darlegt, ist in der Bevölkerung bereits seit geraumer Zeit ein zunehmendes Interesse am Mitreden und Mitwirken bei Entscheidungsprozessen der staatlichen und kommunalen Verwaltungen zu beobachten.[2] Im Mittelpunkt der ak-

---

[1] Allein in den Jahren 2012 und 2013 sind unter anderem folgende Beiträge erschienen: *Wu*, Öffentlichkeitsbeteiligung an umweltrechtlichen Fachplanungen, 2013; *Dolde*, Neue Formen der Bürgerbeteiligung?, NVwZ 2013, 769; *Waechter*, Großvorhaben als Herausforderung für den demokratischen Rechtsstaat, VVDStRL 72 (2013), S. 499.; *Mann*, Großvorhaben als Herausforderung für den demokratischen Rechtsstaat, VVDStRL 72 (2013), S. 544; *Ziekow*, Neue Formen der Bürgerbeteiligung? Planung und Zulassung von Projekten in der parlamentarischen Demokratie, in: Ständige Deputation des Deutschen Juristentages (Hrsg.), Verhandlungen des 69. Deutschen Juristentages, Bd. I, Gutachten, 2012, S. D 5 ff.; *Stender-Vorwachs*, Neue Formen der Bürgerbeteiligung?, NVwZ 2012, 1061; *Burgi*, Das Bedarfserörterungsverfahren: Eine Reformoption für die Bürgerbeteiligung bei Großprojekten, NVwZ 2012, 277; *Guckelberger*, Formen von Öffentlichkeit und Öffentlichkeitsbeteiligung im Umweltverwaltungsrecht, VerwArch. 103 (2012), S. 31; *Hofmann*, Die Modernisierung des Planungsrechts: das Energierecht als neues Paradigma der Öffentlichkeitsbeteiligung in einer Planungskaskade?, JZ 2012, 701; *Knauff*, Öffentlichkeitsbeteiligung im Verwaltungsverfahren, DÖV 2012, 1.; *Erbguth*, Infrastrukturgroßprojekte: Akzeptanz durch Verfahren und Raumordnung, DÖV 2012, 821; *Kühling/Wintermeier*, Die Bauleitplanung als Gegenstand plebiszitärer Bürgerbeteiligung, DVBl. 2012, 317.

[2] *Koch*, in: Koch/Hendler, Baurecht, Raumordnungs- und Landesplanungsrecht, 5. Aufl. 2009, § 15 Rn. 30.

tuellen Partizipationsdebatte stehen vor allem Behördenentscheidungen zur Standortplanung und Zulassung infrastruktureller und industrieller Großprojekte.[3] Es handelt sich hierbei bereits um die zweite öffentliche Debatte dieser Art während der vergangenen Jahrzehnte. Die erste erstreckte sich etwa über den Zeitraum vom Ende der sechziger bis zum Beginn der achtziger Jahre des vorigen Jahrhunderts und betraf schwerpunktmäßig, aber keineswegs allein die Bauleitplanung.[4] Sie war ebenfalls durch breite öffentliche Proteste ausgelöst worden, die sich seinerzeit vor allem dagegen richteten, dass bei städtebaulichen Sanierungen die alte Bausubstanz zugunsten von Neubauten abgerissen werden sollte (sog. Flächensanierungen) anstatt sie zu erhalten und Restaurierungsmaßnahmen durchzuführen (sog. Objektsanierung). Für die Proteste war zudem bedeutsam, dass die in den sanierungsbedürftigen Stadtvierteln zu geringen Mietpreisen wohnende Bevölkerung zum großen Teil aus ihrem gewohnten Lebensraum verdrängt wurde, weil sie nicht in der Lage war, die sanierungsbedingten erhöhten Mietpreise zu tragen, die aus der aufwändigen Verbesserung des Wohnwerts resultierten. Zu den praktischen Ergebnissen der damaligen Partizipationsdebatte gehörten die Einführung der frühzeitigen bzw. vorgezogenen Bürgerbeteiligung[5] (heute: § 3 Abs. 1 BauGB) sowie die Regelung über die Sozialplanung[6] (heute: § 180 BauGB).[7] Zwar sind die Erörterungen über Partizipationsfragen nicht wieder zum Erliegen gekommen,[8] doch haben sie seit Mitte der achtziger Jahre eher ein Schattendasein geführt. Ihre kräftige Wiederbelebung in jüngster Zeit lässt den Eindruck entstehen, dass jede Generation ihre eigene Partizipationsdebatte führt, wobei sich mehr oder minder ausgedehnte Wiederholungen kaum vermeiden lassen.

Bemerkenswerterweise sind auch im Zusammenhang mit der aktuellen Partizipationsdebatte bereits gesetzgeberische Maßnahmen zur Erweiterung der Öffentlich-

---

[3] Vgl. die Nachweise oben in Fn. 1.

[4] Vgl. hierzu beispielsweise *Committee on Public Participation in Planning, People and Planning,* London 1969 (sog. Skeffington Report); *Lauritzen* (Hrsg.), Mehr Demokratie im Städtebau. Beiträge zur Beteiligung der Bürger an Planungsentscheidungen, 1972; *Schmitt Glaeser*, Partizipation an Verwaltungsentscheidungen, VVDStRL 31 (1973), S. 179; *Walter*, Partizipation an Verwaltungsentscheidungen, VVDStRL 31 (1973), S. 147.; *Battis*, Partizipation im Städtebaurecht, 1976; *Hendler*, Die bürgerschaftliche Mitwirkung an der städtebaulichen Planung, 1977; *Garbe* (Hrsg.), Bürgerbeteiligung, 1982; *Blümel* (Hrsg.), Frühzeitige Bürgerbeteiligung bei Planungen, 1982.

[5] § 2 a Abs. 2 bis 5 des Gesetzes zur Änderung des Bundesbaugesetzes vom 18.08.1976, BGBl. I S. 2221.

[6] §§ 8 Abs. 2, 4 Abs. 2 des Gesetzes über städtebauliche Sanierungs- und Entwicklungsmaßnahmen in den Gemeinden (Städtebauförderungsgesetz) vom 27.07.1971, BGBl. I S. 1125.

[7] Zur partizipatorischen Dimension der Sozialplanung vgl. *Krautzberger*, in: Ernst et al. (Hrsg.), Baugesetzbuch, Loseblattkommentar, Bd. V, Stand: Jan. 2013, § 180 Rn. 5.

[8] Vgl. z. B. *Hellmann*, Die Öffentlichkeitsbeteiligung in vertikal gestuften Zulassungsverfahren für umweltrelevante Großvorhaben, 1992; *Hett*, Öffentlichkeitsbeteiligung bei atom- und immissionsschutzrechtlichen Genehmigungsverfahren, 1994; *Fisahn*, Demokratie und Öffentlichkeitsbeteiligung, 2002.

keitsbeteiligung ergriffen worden. Die Maßnahmen betreffen das Netzausbaubeschleunigungsgesetz,[9] das Energiewirtschaftsgesetz[10] sowie das Planungsvereinheitlichungsgesetz.[11] Insbesondere auf die durch das Planungsvereinfachungsgesetz eingeführte Regelung des § 25 Abs. 3 VwVfG wird noch näher einzugehen sein. Die spontane Reaktion des Gesetzgebers erklärt sich daraus, dass öffentliche Proteste, die in der Bevölkerung auf breite Unterstützung stoßen, die Ergebnisse demokratischer Wahlen entscheidend zu beeinflussen vermögen. Dies alarmiert die Politiker, deren Aktivität sich nicht zuletzt in Normsetzungen niederschlägt. Die von „Stuttgart 21" in den politischen Raum gesandten Schockwellen sind nach wie vor wirksam.

Für die Verbesserung der Öffentlichkeitsbeteiligung an der Standortplanung und Zulassung von Großprojekten kommt einigen partizipatorischen Grundsätzen, die in der Fachliteratur derzeit erörtert werden, eine hervorgehobene Bedeutung zu. Das gilt vor allem für den Grundsatz der Frühzeitigkeit der Öffentlichkeitsbeteiligung, der in der jüngsten Gesetzgebung aufgegriffen worden ist. Doch ist auch dieser Grundsatz zumindest hinsichtlich der konkreten gesetzgeberischen Ausgestaltung keineswegs unumstritten.

II. Hintergrund des Frühzeitigkeitspostulats bei der Öffentlichkeitsbeteiligung

Der Hauptvorwurf gegenüber der herkömmlichen Öffentlichkeitsbeteiligung geht dahin, dass sie häufig zu spät kommt.[12] Die Öffentlichkeit erhält regelmäßig erst dann Gelegenheit zur Abgabe von Stellungnahmen und zur Erörterung, wenn ein verabschiedungsreifer Standortplan bzw. ein genehmigungsreifer Zulassungsantrag für ein Vorhaben vorliegt, so dass substanzielle Änderungen regelmäßig mit einem erhöhten Aufwand verbunden sind, den zu erbringen der Planungs- sowie der Vorhabenträger möglichst zu vermeiden suchen. Hierdurch wird eine wirksame bürgerschaftliche Einflussnahme auf die Standortplanung bzw. die Zulassung von Vorhaben erschwert, was sich als Quelle für Enttäuschung und Unmut erweist. Eine Ausnahme bildet die Regelung des § 3 Abs. 1 BauGB, die den Träger der Bauleitplanung verpflichtet, die Öffentlichkeit zu einem vergleichsweise frühen Zeitpunkt in die Aufstellung von Bauleitplänen einzubeziehen. Beim Raumordnungsverfahren besteht nach § 15 Abs. 3 Satz 3 ROG keine Pflicht, sondern lediglich die Befugnis zur Öffentlichkeitsbeteiligung. Wenngleich das Raumordnungsverfahren bereits im Frühstadium von raumbedeutsamen Planungen und Maßnahmen durchgeführt

[9] Netzausbaubeschleunigungsgesetz Übertragungsnetz (NABEG) vom 28.07.2011, BGBl. I S. 1690.

[10] Gesetz zur Neuregelung energiewirtschaftsrechtlicher Vorschriften vom 26.07.2011, BGBl. I S. 1554.

[11] Gesetz zur Verbesserung der Öffentlichkeitsbeteiligung und Vereinheitlichung von Planfeststellungsverfahren (PlVereinhG) vom 31.03.2013, BGBl. I S. 1388.

[12] Vgl. z.B. *Schink*, Öffentlichkeitsbeteiligung – Beschleunigung – Akzeptanz, DVBl. 2011, 1377, 1383; *Ziekow* (Fn. 1), S. D 62; *Beirat Verwaltungsverfahrensrecht beim Bundesministerium des Innern*, NVwZ 2011, 859, 860.

wird, so sind diese doch zu dem Zeitpunkt, für den nach bundesrechtlicher Regelung die fakultative Öffentlichkeitsbeteiligung vorgesehen ist, schon verhältnismäßig weit gediehen, wie sich aus dem vom Träger der Planung oder Maßnahme vorzulegenden Unterlagen ergibt (§ 15 Abs. 1 Satz 3, Abs. 2 Satz 1 ROG).

In der Fachliteratur werden bisweilen Zweifel daran geäußert, ob die Annahme zutrifft, dass die Öffentlichkeitsbeteiligung im geltenden Recht häufig zu spät erfolgt. *Dolde* macht hierzu geltend, dass infrastrukturelle und industrielle Großprojekte in der Regel in einem mehrstufigen Verfahren zugelassen werden und dass die Öffentlichkeit bereits im Rahmen früherer Planungsstufen beteiligt wird. Dies ist gewiss zutreffend, doch gilt es, die früheren Planungsstufen ihrerseits unter partizipatorischen Gesichtspunkten näher zu betrachten. Die Betrachtung zeigt beispielsweise für die Fälle, in denen ein Standort durch ein Ziel der Raumordnung festgelegt wird, dass die Öffentlichkeitsbeteiligung nach § 10 Abs. 1 ROG insoweit, als es um die Gelegenheit zur Stellungnahme geht, erst dann erfolgt, wenn der Entwurf des Raumordnungsplans mit Begründung vollständig ausgearbeitet worden ist. Sofern sich aus der Öffentlichkeits- und Behördenbeteiligung kein Änderungsbedarf ergibt, kann der Entwurf als Plan verabschiedet und in Kraft gesetzt werden. Auch auf den der behördlichen Zulassungsentscheidung vorgelagerten Planungsstufen findet demnach die Öffentlichkeitsbeteiligung – abgesehen von der Bauleitplanung (§ 3 Abs. 1 BauGB) – zu einem relativ späten Zeitpunkt statt. Im Übrigen plädiert auch *Dolde* dafür, „die Öffentlichkeit im Zulassungsverfahren [...] früher als bisher zu beteiligen“.[13]

Es spricht in der Tat vieles dafür, die Öffentlichkeitsbeteiligung generell vorzuverlegen, und zwar in der Weise, dass sie möglichst bereits vor Beginn der förmlichen Verfahren einsetzt. Eine derartige Vorverlagerung gehört im Übrigen auch zu den Anliegen der sog. Aarhus-Konvention (AK),[14] die einen völkerrechtlichen Vertrag darstellt, der sowohl von der Europäischen Union (EU) als auch von deren Mitgliedstaaten unterzeichnet und ratifiziert worden ist. Nach § 6 Abs. 5 AK sollte jede Vertragspartei, soweit angemessen, künftige Antragsteller dazu ermutigen, die betroffene Öffentlichkeit zu ermitteln, Gespräche aufzunehmen und über den Zweck ihres Antrags zu informieren, bevor der Antrag auf Genehmigung gestellt wird.

---

[13] *Dolde* (Fn. 1), 772. Ähnlich *Mann* (Fn. 1), 576.

[14] Übereinkommen über den Zugang zu Informationen, die Öffentlichkeitsbeteiligung an Entscheidungsverfahren und den Zugang zu Gerichten in Umweltangelegenheiten vom 25.06. 1998, BGBl. II 2006, S. 1252, geänd. durch Übereinkommen vom 27.05.2005, BGBl. II 2009, S. 795.

III. Aktuelle gesetzgeberische Maßnahmen im Sinne frühzeitiger Öffentlichkeitsbeteiligung

1. Energiewirtschaftsrecht

Das Anliegen des Art. 6 Abs. 5 AK ist bisher kaum beachtet worden. Namentlich das traditionell besonders partizipationsoffene EU-Recht[15] trägt ihm (noch) nicht Rechnung. In jüngerer Zeit ist der nationale Gesetzgeber allerdings durch die Ereignisse um „Stuttgart 21" veranlasst worden, sich der Vorverlagerung der Öffentlichkeitsbeteiligung besonders anzunehmen. Im Jahr 2011 hat er im Zuge der Novellierung des Energiewirtschaftsgesetzes (EnWG)[16] dafür gesorgt, dass die Öffentlichkeit bereits vor Beginn des behördlichen Verfahrens beteiligt wird. Die diesbezügliche Regelung betrifft die Netzentwicklungsplanung. Nach § 12b Abs. 1 EnWG obliegt den Betreibern von Übertragungsnetzen die Pflicht, der Regulierungsbehörde in regelmäßigen Abständen einen gemeinsamen Netzentwicklungsplan zur Bestätigung vorzulegen. Und § 12b Abs. 3 EnWG gibt den Betreibern auf, den Entwurf des Netzentwicklungsplans vor der Vorlage bei der Regulierungsbehörde auf ihren Internetseiten zu veröffentlichen und der Öffentlichkeit Gelegenheit zur Äußerung zu geben. Zu diesem Zweck sind über den Planentwurf hinaus auch alle weiteren erforderlichen Informationen im Internet zur Verfügung zu stellen. Nach Einreichung des Planentwurfs bei der Regulierungsbehörde findet sodann eine weitere Öffentlichkeitsbeteiligung statt (§ 12c Abs. 3 EnWG).

Zwar geht es bei der frühen Öffentlichkeitsbeteiligung an der Netzentwicklungsplanung nicht um einen Fall des Art. 6 Abs. 5 AK, da sich diese Vorschrift nicht auf Planungen bezieht. Für Planungen besteht vielmehr die Sonderregelung des Art. 7 AK, die indes keine frühe Öffentlichkeitsbeteiligung vorsieht und zudem lediglich behördliche Planungen betrifft. Allerdings beruhen Art. 6 Abs. 5 AK sowie § 12b Abs. 3 EnWG auf dem gleichen partizipatorischen Grundgedanken.

2. Allgemeines Verwaltungsverfahrensrecht

a) Die Regelung des § 25 Abs. 3 VwVfG im Überblick

Unlängst hat der nationale Gesetzgeber im Rahmen des Planungsvereinheitlichungsgesetzes[17] überdies die Vorschrift des § 25 Abs. 3 VwVfG zur sog. frühen Öffentlichkeitsbeteiligung geschaffen.[18] Nach dieser Vorschrift, die vom Anwendungs-

---

[15] Charakterisierung durch *Kloepfer*, Die europäische Herausforderung – Spannungslagen zwischen deutschem und europäischem Umweltrecht, NVwZ 2002, 645, 651. Näher zur supranationalen Ebene *Hendler/Wu*, Öffentlichkeitsbeteiligung im Umweltrecht der Europäischen Union, DVBl. 2014, 78.

[16] Vgl. oben Fn. 10.

[17] Vgl. oben Fn. 11.

[18] Vgl. dazu *Ziekow*, Frühe Öffentlichkeitsbeteiligung, NVwZ 2013, 754; *Schmitz/Prell*, Planungsvereinheitlichungsgesetz, NVwZ 2013, 745; *Buchsteiner*, Das Planungsvereinheitli-

bereich des Art. 6 Abs. 5 AK erfasst wird, hat die Behörde darauf hinzuwirken, dass die Träger solcher Vorhaben, die nicht nur unwesentliche Auswirkungen auf die Belange einer größeren Zahl von Dritten haben können, bei ihrer Vorhabenplanung die betroffene Öffentlichkeit frühzeitig unterrichten, und zwar „möglichst bereits vor Stellung eines Antrags“ auf die Erteilung der erforderlichen Genehmigung. Gegenstand der Unterrichtung sind die Ziele des Vorhabens, die Mittel, es zu verwirklichen, sowie die voraussichtlichen Auswirkungen des Vorhabens. Der betroffenen Öffentlichkeit soll des Weiteren Gelegenheit nicht allein zur Anhörung, sondern auch zur Erörterung gegeben werden. Ist die frühe Öffentlichkeitsbeteiligung vor der Antragstellung durchgeführt worden, so soll ihr Ergebnis der betroffenen Öffentlichkeit und der Behörde spätestens mit der Antragstellung mitgeteilt werden.

b) Fehlende Verpflichtung zur Durchführung der frühzeitigen Öffentlichkeitsbeteiligung

In der Fachliteratur ist die Regelung des § 25 Abs. 3 VwVfG Gegenstand lebhafter Kritik. Es wird unter anderem geltend gemacht, dass die Regelung unzulänglich sei, da sie keine Verpflichtung enthalte, die frühe Öffentlichkeitsbeteiligung durchzuführen.[19] Wie sich der amtlichen Begründung zu § 25 Abs. 3 VwVfG entnehmen lässt, ist von einer derartigen Verpflichtung aus zwei Gründen Abstand genommen worden. Zum ersten Grund heißt es:

> „Einem privaten Vorhabenträger steht es grundsätzlich frei, ein Vorhaben im Rahmen des materiellen Rechts nach eigenen Vorstellungen zu verwirklichen. Das Verwaltungsverfahren dient dazu, die Übereinstimmung mit dem materiellen Recht zu gewährleisten und dabei den vom jeweils maßgeblichen Gesetz bestimmten oder geforderten Ausgleich mit Gemeinwohlinteressen und den Rechten Dritter herzustellen. Insoweit trägt der Vorhabenträger auch das Planungsrisiko selbst.“[20]

Es ist nicht erkennbar, dass sich hieran etwas ändert, wenn dem Vorhabenträger die Pflicht auferlegt wird, bereits vor der Antragstellung eine Öffentlichkeitsbeteiligung durchzuführen. Seine Entscheidungsfreiheit darüber, ob und wie er das Vorhaben im Rahmen des materiellen Rechts verwirklicht, wird nicht angetastet. Auch die im vorstehend zitierten Teil der Gesetzesbegründung beschriebene Funktion des Verwaltungsverfahrens bleibt erhalten und das Planungsrisiko trägt der Vorhabenträger nach wie vor selbst. Insofern gilt für die frühe Öffentlichkeitsbeteiligung nichts an-

---

chungsgesetz, I + E 2013, 80; *Steinberg*, Neue gesetzliche Regelungen der Bürgerbeteiligung bei Infrastrukturvorhaben? Gleichzeitig zum Entwurf eines Planungsvereinheitlichungsgesetzes, in: Franzius et al. (Hrsg.), FS Kloepfer, 2013, S. 625; *Hertel/Munding*, „Frühe Öffentlichkeitsbeteiligung“ bei der Planung von Großvorhaben, NJW 2012, 2622.

[19] *Dolde* (Fn. 1), 773. Kritisch auch *Hertel/Munding* (Fn. 18), 2624. Für eine Rechtspflicht plädiert ferner *Schink*, Bürgerakzeptanz durch Öffentlichkeitsbeteiligung in der Planfeststellung, ZG 2011, 226, 243. Anders *Ziekow* (Fn. 18), 756.

[20] BT-Drs. 17/9666, S. 17.

deres als für die herkömmliche, nach Eröffnung des förmlichen Verfahrens stattfindende Öffentlichkeitsbeteiligung, wie sie etwa in § 10 BImSchG normiert ist.

Hinsichtlich des zweiten Grundes, den Vorhabenträger durch § 25 Abs. 3 VwVfG nicht zur Durchführung einer frühen Öffentlichkeitsbeteiligung zu verpflichten, wird in der amtlichen Begründung zu dieser Regelung Folgendes ausgeführt:

> „Gegen eine zwingende Verfahrensvorschrift sprechen zudem verfahrensrechtliche Überlegungen: Die frühe Öffentlichkeitsbeteiligung soll vor dem Beginn des Genehmigungsverfahrens durchgeführt werden und somit vor einem Verwaltungsverfahren, aus dem sich für den Vorhabenträger zwingende Verfahrensverpflichtungen ergeben könnten. Die Behörde hätte somit keinen Adressaten einer entsprechenden Anordnung. Zudem kann nur der Vorhabenträger selbst beurteilen, wann seine Planung einerseits soweit konkretisiert ist, dass eine Öffentlichkeitsbeteiligung sinnvoll ist, andererseits aber noch tatsächlicher Handlungsspielraum für Planungsänderungen besteht."[21]

Diese Argumentation vermag jedoch ebenfalls nicht zu überzeugen. Das angesprochene Problem dürfte sich leicht lösen lassen, indem das geltende Recht in der Weise geändert wird, dass die Unterlagen, die dem Zulassungsantrag beizufügen sind,[22] auch Angaben über die Durchführung und Ergebnisse der frühen Öffentlichkeitsbeteiligung enthalten müssen. Anderenfalls ist der Zulassungsantrag unzulässig, wobei freilich die Möglichkeit besteht, die betreffenden Angaben nachzureichen. Bei einer derartigen rechtlichen Konstruktion benötigt die Behörde den in der Gesetzesbegründung vermissten Adressaten für eine Beteiligungsanordnung nicht. Dies ergibt sich schon daraus, dass es einer entsprechenden Anordnung nicht bedarf. Die Sanktion für die Nichtdurchführung der frühen Öffentlichkeitsbeteiligung besteht in der Unzulässigkeit des Zulassungsantrags. Zudem bleibt es dem Vorhabenträger überlassen, in welchem Stadium seiner Vorbereitungsarbeiten für den Zulassungsantrag er die Öffentlichkeit einbezieht.

Für die Vorhaben, die einer Umweltverträglichkeitsprüfung unterliegen, bietet es sich des Weiteren an, die Öffentlichkeit am Scoping-Verfahren nach § 5 UVPG zu beteiligen.[23] Die Beteiligung ist im geltenden Recht nicht vorgesehen, so dass dieses einer Änderung bedürfte. Im Rahmen der Rechtsänderung wäre zusätzlich zu normieren, dass das Scoping-Verfahren zwingend vor der Einreichung des Zulassungsantrags durchzuführen ist. Bisher kann es vor oder nach der Antragstellung stattfinden. Nach geltendem Recht stellt das Scoping ohnehin kein obligatorisches Element des Zulassungsverfahrens dar. Angemerkt sei allerdings, dass Art. 5 Abs. 2 Satz 1 des Richtlinienvorschlags der EU-Kommission zur Änderung des UVP-Rechts[24] ein obligatorisches Scoping vorsieht.

---

[21] Vgl. oben Fn. 20.

[22] Vgl. z.B. § 4 der 9. BlmSchV, § 6 UVPG.

[23] Ebenso *Dolde* (Fn. 1), 773. In gleicher Richtung auch *Schink* (Fn. 19), 243.

[24] Vorschlag für eine Richtlinie des Europäischen Parlaments und des Rates zur Änderung der Richtlinie 2011/92/EU über die Umweltverträglichkeitsprüfung bei bestimmten öffentlichen und privaten Projekten, COM (2012) 628 final.

Bisweilen werden verfassungsrechtliche Bedenken dagegen vorgebracht, private Vorhabenträger gesetzlich zu verpflichten, vor Beginn des förmlichen Verwaltungsverfahrens eine Öffentlichkeitsbeteiligung durchzuführen. Dies stelle einen rechtfertigungsbedürftigen Grundrechtseingriff dar.[25] Die Entscheidung des privaten Vorhabenträgers über die Frage, ob er sein Vorhaben nach Maßgabe des materiellen Rechts verwirklichen wolle, sei Ausfluss grundrechtlicher Autonomie und finanzieller Risikobereitschaft, so dass eine Teilhabe Dritter weder aus demokratischen noch aus fiskalischen Gründen legitimiert sein könne. Bei der Regelung des § 12b EnWG zum Netzentwicklungsplan,[26] die diese Zusammenhänge nicht beachte, handle es sich um einen „Sündenfall". Als Muster für den Umgang mit anderen Großvorhaben tauge die Regelung nicht.[27]

Gegenüber der skizzierten Argumentation ist allerdings hervorzuheben, dass das Verwaltungsverfahren zwar primär dazu dient, die Übereinstimmung einer administrativen Einzelfallentscheidung mit dem materiellen Recht zu gewährleisten und dabei den vom jeweils maßgeblichen Gesetz bestimmten oder geforderten Ausgleich mit den Gemeinwohlinteressen und den Rechten Dritter herzustellen.[28] Doch ist der Gesetzgeber verfassungsrechtlich nicht daran gehindert, dem Verfahren daneben auch weitere Funktionen zuzuordnen und es so auszugestalten, dass die Transparenz des Verwaltungshandelns erhöht und die Akzeptanz des Verfahrensergebnisses gefördert wird, um die Chancen für eine Befriedung zu verbessern.[29] Zu diesem Zweck steht ihm grundsätzlich auch die Befugnis zu, den privaten Vorhabenträger zu verpflichten, vor der Einreichung des Zulassungsantrags eine Öffentlichkeitsbeteiligung durchzuführen sowie deren Verlauf und Ergebnisse in den Antragsunterlagen zu dokumentieren. Hierdurch erhält die Behörde Informationen darüber, in welchem Maße mit Widerständen welcher Stoßrichtung zu rechnen ist, so dass sie in die Lage versetzt wird, sich vorsorglich mit Maßnahmen zu befassen, die geeignet sind, einer etwaigen Eskalation entgegen zu wirken (verstärkte Aufklärungsarbeit, vermehrte Durchführung von Bürgerversammlungen, Einrichtung eines Bürgerforums etc.).

Wie sich aus alledem ergibt, lässt sich eine gesetzliche Regelung, die private Vorhabenträger zur Durchführung einer Öffentlichkeitsbeteiligung vor Beginn des förmlichen Zulassungsverfahrens verpflichtet, auf gewichtige Sachgründe stützen, die den mit einer derartigen Regelung verbundenen Grundrechtseingriff zu rechtfertigen vermögen. Es versteht sich, dass der Gesetzgeber bei der Verpflichtung der privaten Vorhabenträger die Grenzen des rechtsstaatlichen Verhältnismäßigkeitsgrundsatzes, namentlich der Zumutbarkeit, einzuhalten hat. Er darf daher die Anforderungen an

---

[25] *Schmitz*, Öffentlichkeitsbeteiligung – aber richtig!, NVwZ-Editorial, Heft 3/2013, S. III.

[26] Vgl. dazu bereits oben Gliederungsabschnitt II. 1.

[27] *Burgi* (Fn. 1), 278 f., wobei zu beachten ist, dass der Autor irrtümlich eine falsche Gesetzesbezeichnung angibt (NABEG statt EnWG).

[28] BT-Drs. 17/9666, S. 17. In gleichem Sinne *Dolde* (Fn. 1), 770 m. w. N.

[29] Sinngemäß ebenso *Dolde* (Fn. 1), 770 m. w. N.

die Durchführung und Dokumentation der frühen Öffentlichkeitsbeteiligung nicht zu hoch schrauben. Art und Größe des Vorhabens einerseits sowie der mit der frühen Öffentlichkeitsbeteiligung verbundene Aufwand für den privaten Vorhabenträger andererseits dürfen nicht außer Verhältnis geraten. In vielen Fällen wird sich der Vorhabenträger ohnehin auf den Hinweis beschränken können, dass er die Öffentlichkeit in bestimmter Weise informiert hat, aber keine Reaktion erfolgt ist. Sofern sich jedoch aufgrund seiner öffentlichen Information abzeichnen sollte, dass sein Projekt auf deutliche Ablehnung stößt, liegt es an ihm, bereits im Vorfeld der Antragstellung durch geeignete Maßnahmen, etwa eine Mediation, die Chancen für die Akzeptanz des Projekts in der Bevölkerung zu verbessern.

Eine weitere Frage besteht darin, ob und gegebenenfalls unter welchen Voraussetzungen eine Öffentlichkeitsbeteiligung am Scoping der Umweltverträglichkeitsprüfung aus verfahrensökonomischen Gründen entfallen könnte. In der Fachliteratur wird die Forderung erhoben, auch beim Raumordnungsverfahren (§ 15 ROG, § 16 UVPG) sowie beim Scoping der strategischen Umweltprüfung (§ 9 Abs. 1 Satz 2 ROG, § 14 f UVPG) durch eine Änderung des geltenden Rechts eine frühzeitige Öffentlichkeitsbeteiligung einzuführen. Erfolge die Einführung, so sei – wie des Weiteren geltend gemacht wird – die Öffentlichkeitsbeteiligung am Scoping der Umweltverträglichkeitsprüfung dann entbehrlich, wenn für das konkrete Vorhaben zuvor ein Raumordnungsverfahren durchgeführt worden sei. Gleiches gelte, wenn das Vorhaben in einem Raumordnungsplan gebietsscharf ausgewiesen worden sei, wie z. B. der Standort eines Flughafens. Denn in diesen beiden Fällen habe auf den Stufen, die dem Zulassungsverfahren vorgelagert sind, bereits eine frühzeitige projektbezogene Öffentlichkeitsbeteiligung stattgefunden. Daher könne auf eine erneute Beteiligung dieser Art verzichtet werden.[30]

Gegen einen Verzicht in dem Fall, dass der Standort eines konkreten Projekts im Raumordnungsplan festgelegt und hierbei eine Öffentlichkeitsbeteiligung am Scoping der strategischen Umweltprüfung durchgeführt wurde, ist allerdings einzuwenden, dass es im Raumordnungsplan lediglich um den Projektstandort geht. Die näheren technischen Einzelheiten des Projekts und damit auch dessen Auswirkungen auf Umwelt und (benachbarte) Bevölkerung werden erst im Zulassungsverfahren abschließend geklärt. Insofern spricht auch in dem hier angesprochenen Fall viel dafür, die Öffentlichkeit am Scoping sowohl der strategischen Umweltprüfung wie der Umweltverträglichkeitsprüfung zu beteiligen. Anders mag der Fall zu beurteilen sein, dass bei einem konkreten Projekt bereits eine frühzeitige Öffentlichkeitsbeteiligung auf der dem Zulassungsverfahren vorgelagerten Stufe des Raumordnungsverfahrens stattgefunden hat. Auf eine erneute frühzeitige Öffentlichkeit im Zulassungsverfahren sollte aber jedenfalls dann nicht verzichtet werden, wenn seit der Beteiligung im Raumordnungsverfahren geraume Zeit verstrichen ist. Sind mehr als drei Jahre vergangen, dürften die gegen einen Verzicht sprechenden Gründe ein beträchtliches Gewicht erlangen.

---

[30] *Dolde* (Fn. 1), 773.

c) Voraussetzungen der frühen Öffentlichkeitsbeteiligung

Die frühe Öffentlichkeitsbeteiligung wird in § 25 Abs. 3 VwVfG lediglich für solche Vorhaben geregelt, die nicht nur unwesentliche Auswirkungen „auf die Belange einer größeren Zahl von Dritten“ haben können. Nach einer in der Fachliteratur vertretenen Rechtsauffassung ist diese Formulierung nicht hinreichend bestimmt. Zur Begründung wird angeführt, dass sich „mit nachvollziehbaren rationalen Maßstäben ... kaum bestimmen“ lasse, wann Belange einer größeren Zahl von Dritten betroffen sein können.[31]

Ein Verstoß gegen den rechtsstaatlichen Bestimmtheitsgrundsatz liegt jedoch nur dann vor, wenn die juristische Auslegungsmethodik bei der verfassungsrechtlich gebotenen Konkretisierung des § 25 Abs. 3 VwVfG versagt. Insoweit gilt es jedoch zu beachten, dass es nach Sinn und Zweck dieser Vorschrift um infrastrukturelle und industrielle Großvorhaben[32] geht, deren Einwirkungsbereich regelmäßig über die engere Nachbarschaft hinausreicht. Gesetzlich ist mehrfach vorgesehen, dass bei Überschreitung des Schwellenwertes von 50 Personen das Massenverfahren beginnt und somit besondere Maßnahmen gerechtfertigt sind (vgl. z. B. § 73 Abs. 6 Satz 4, § 74 Abs. 5 Satz 1 VwVfG, § 3 Abs. 2 Satz 5 BauGB). Dieser Schwellenwert kann bei der Auslegung und Anwendung des § 25 Abs. 3 VwVfG als Orientierung dienen. Im Übrigen kommt es auf die konkreten Umstände des Einzelfalls an. Sind beispielsweise die Auswirkungen des Vorhabens besonders nachteilig, spricht dies dafür, dass bereits bei weniger als 50 Betroffenen die Tatbestandsvoraussetzung der „größeren Zahl von Dritten“ erfüllt ist.

Überdies darf im hier behandelten Zusammenhang nicht übersehen werden, dass § 25 Abs. 3 VwVfG keine Rechtspflicht für den Vorhabenträger enthält. Vielmehr kann der Vorhabenträger von der frühzeitigen Öffentlichkeitsbeteiligung vollständig absehen oder sie nur teilweise durchführen, ohne eine Sanktion befürchten zu müssen. Dies bedeutet, dass die Anforderungen, die der rechtsstaatliche Bestimmtheitsgrundsatz an § 25 Abs. 3 VwVfG stellt, weniger streng sind. Sollte allerdings künftig eine Rechtspflicht zur frühen Öffentlichkeitsbeteiligung normiert werden, wäre eine Präzisierung der Voraussetzungen, unter denen die Pflicht eingreift, aus rechtsstaatlichen Gründen angebracht.

d) Zum Begriff der betroffenen Öffentlichkeit

Über die Auslegung des in § 25 Abs. 3 VwVfG verwandten Begriffs der betroffenen Öffentlichkeit besteht ebenfalls keine Einigkeit. Gegenstand der Kontroverse ist vor allem die Frage, ob es sich hierbei – wie in § 73 Abs. 4 Satz 1 VwVfG – lediglich um die Personen handelt, deren Belange durch das Vorhaben berührt werden

---

[31] Vgl. den Nachweis oben in Fn. 30.

[32] Vgl. auch BT-Drs. 17/9666, S. 16.

können,[33] oder um einen erweiterten Personenkreis.[34] Bei der Klärung dieser Auslegungsfrage erweist sich die amtliche Begründung zu § 25 Abs. 3 VwVfG als aufschlussreich. Dort heißt es:

„‚Betroffene Öffentlichkeit' umfasst alle Personen, deren Belange durch das geplante Vorhaben und das anschließende Verwaltungsverfahren berührt werden können, dessen Vorbereitung und Förderung die frühe Öffentlichkeitsbeteiligung dient; hierzu gehören auch Vereinigungen, deren satzungsgemäßer Aufgabenbereich durch das Verwaltungsverfahren berührt wird."

Das in der Gesetzesbegründung zum Ausdruck gebrachte Begriffsverständnis entspricht der Begriffsbestimmung des § 2 Abs. 6 Satz 2 UVPG, die ihrerseits auf Art. 1 Abs. 2 lit. e UVP-Richtlinie sowie auf Art. 2 Nr. 5 AK beruht. Zudem ist deutlich erkennbar, dass es beim Begriffsverständnis der Gesetzesbegründung („alle Personen, deren Belange durch das geplante Vorhaben und das anschließende Verwaltungsverfahren berührt werden können") um die gleiche Betroffeneneigenschaft geht wie in § 73 Abs. 4 Satz 1 VwVfG („Jeder, dessen Belange durch das Vorhaben berührt werden"). Die Gesetzesbegründung führt lediglich noch die Vereinigungen ausdrücklich an, deren satzungsgemäßer Aufgabenbereich durch das Verwaltungsverfahren berührt wird. Dies steht in Übereinstimmung mit § 2 Abs. 6 Satz 2 UVPG, Art. 1 Abs. 2 lit. e UVP-RL sowie Art. 2 Nr. 5 AK.

Vor dem dargelegten Hintergrund ist davon auszugehen, dass sich der in § 25 Abs. 3 VwVfG enthaltene Begriff der betroffenen Öffentlichkeit auf die in ihren Belangen berührten Personen bezieht. Diese Eingrenzung des Personenkreises bei der Öffentlichkeitsbeteiligung ist in der nationalen Rechtsordnung durchaus üblich, wie die Beispiele des § 2 Abs. 6 Satz 2 UVPG sowie des § 73 Abs. 4 Satz 1 VwVfG belegen. Eine vom Üblichen sowie der Gesetzesbegründung abweichende Auslegung des § 25 Abs. 3 VwVfG wäre nur dann gerechtfertigt, wenn es hierfür gewichtige Gründe gäbe. Daran fehlt es jedoch.

Nach Auffassung von *Ziekow* ist der Begriff der betroffenen Öffentlichkeit im Sinne des § 25 Abs. 3 VwVfG mit Blick auf die durch die Auswirkungen des Vorhabens betroffenen Belange auszulegen. Zur betroffenen Öffentlichkeit gehörten daher alle diejenigen, die voraussichtlich einen zu den Auswirkungen gehörenden Gesichtspunkt geltend machen werden.[35] Eine Begründung für dieses weite Begriffsverständnis wird jedoch nicht geliefert. Vielmehr wird lediglich behauptet, dass der Begriff der betroffenen Öffentlichkeit in § 25 Abs. 3 Satz 1 VwVfG trotz der Wortgleichheit mit Vorschriften wie § 2 Abs. 6 Satz 1 UVPG nicht auf die in ihren individuellen Belangen Betroffenen beschränkt sei. Andere Autoren machen geltend, dass der Vorhabenträger nach § 25 Abs. 3 Satz 1 VwVfG nicht nur über die unmittelbaren Auswirkungen des fertiggestellten Projekts aufklären solle, sondern auch

[33] So *Hertel/Munding* (Fn. 18), 2623.

[34] So *Ziekow* (Fn. 18), 754, 757; *Schmitz/Prell* (Fn. 18), 746; *Buchsteiner* (Fn. 18), 81.

[35] *Ziekow* (Fn. 18), 757.

über die verfolgten Ziele und die Mittel, mit denen das Projekt verwirklicht werden solle. Es liege daher nahe, den Kreis der Betroffenen im Sinne dieser Vorschrift korrespondierend zu den Aspekten zu verstehen, auf die sich die Öffentlichkeitsbeteiligung erstrecken solle.[36] Dem ist jedoch entgegen zu halten, dass zwischen dem Kreis der zu beteiligenden Personen einerseits sowie Inhalt und Umfang der diesem Kreis mitzuteilenden Informationen andererseits zu differenzieren ist. Umfang und Inhalt der Informationen dienen dem Zweck, die betroffene Öffentlichkeit in die Lage zu versetzen, sich ein möglichst vollständiges Bild von dem Vorhaben zu machen. Sie sagen jedoch nichts darüber aus, wer zur betroffenen Öffentlichkeit und damit zu den Adressaten der Informationen gehört.

Teilweise wird in der Fachliteratur ausgeführt, dass die Vorschrift des § 25 Abs. 3 VwVfG zur Bestimmung der in ihren Anwendungsbereich fallenden Vorhaben „wenig konkret bei den Belangen einer größeren Zahl von Dritten verhaftet" bleibe. Dies erlaube die Einbeziehung einer Vielzahl öffentlicher Belange, von Umwelt, Klima, Verkehr bis hin zu Finanzierungsfragen.[37] Allerdings wird hierbei übersehen, dass § 25 Abs. 3 VwVfG nicht auf öffentliche Belange, sondern auf die „Belange … von Dritten", d.h. auf individuelle Belange abstellt. Öffentliche Belange, wie z. B. der Umwelt- und Klimaschutz, sind im hier behandelten Zusammenhang nur insoweit bedeutsam, als deren Wahrnehmung zum satzungsgemäßen Aufgabenbereich einer Vereinigung gehört. Es ist daher sachlich nicht gerechtfertigt, wenn unter Bezugnahme auf die Gesetzesbegründung dargelegt wird, dass der Begriff der betroffenen Öffentlichkeit „zumindest auch" alle Personen umfasse, deren Belange durch das geplante Vorhaben und das anschließende Verwaltungsverfahren berührt werden können, was auch Vereinigungen einschließe, deren satzungsmäßiger Aufgabenbereich durch das Verwaltungsverfahren berührt wird.[38] Die Worte „zumindest auch" sind in der Gesetzesbegründung nicht enthalten. Ein sachlicher Grund, sie in den Kontext dieser Begründung und damit in die Auslegung des § 25 Abs. 3 VwVfG einzuschleusen, besteht nicht.

IV. Schlussbetrachtung

In vielen Beiträgen zum Thema Öffentlichkeitsbeteiligung wird darauf hingewiesen, dass rechtliche Vorgaben zum Verwaltungsverfahren nur in begrenztem Maße dazu beitragen können, Akzeptanz für das Verfahrensergebnis zu erzielen und damit eine Befriedung herbeizuführen.[39] Dem ist uneingeschränkt zuzustimmen. Denn hohe Bedeutung kommt auch dem Umstand zu, inwieweit es über die rechtlichen Vorgaben hinaus gelingt, eine Kommunikations- und Beteiligungskultur im

---

[36] *Schmitz/Prell* (Fn. 18), 746.

[37] *Buchsteiner* (Fn. 18), 81.

[38] Vgl. den Nachweis oben in Fn. 37.

[39] *Wulfhorst*, Konsequenzen aus „Stuttgart 21": Vorschläge zur Verbesserung der Bürgerbeteiligung, DÖV 2011, 581, 587; *Stüer/Buchsteiner*, Stuttgart 21: Eine Lehre für die Planfeststellung?, UPR 2011, 335, 341; *Mann* (Fn. 1), S. 586; *Dolde* (Fn. 1), 775; *Guckelberger* (Fn. 1) S. 62; *Steinberg* (Fn. 18), S. 637.

Sinne einer gedeihlichen Kooperation zwischen Vorhabenträger, Behörde und Öffentlichkeit, insbesondere den Betroffenen, herzustellen.[40] Wenn die rechtlich vorgegebenen Beteiligungsphasen lediglich als lästige Pflichtübung „abgespult“ werden, kann sich eine derartige Kooperation nicht entwickeln. Viel hängt zudem davon ab, inwieweit die Personen, die auf Seiten des Vorhabenträgers und der Behörde mit der Öffentlichkeit kommunizieren, für diese Aufgabe geeignet sind. Hierbei kann es durchaus hilfreich sein, versierte Fachkräfte von außen hinzuzuziehen.

Ferner ist davon auszugehen, dass es selbst mit Hilfe verbesserter verfahrensrechtlicher Partizipationsmöglichkeiten sowie einer vertrauensvollen Kooperation zwischen Vorhabenträger, Behörde und (betroffener) Öffentlichkeit nicht gelingt, jeden vom Sinn und Nutzen einer Planung oder eines Vorhabens zu überzeugen. Insbesondere die Fundamentalgegner wird man nicht gewinnen („mitnehmen“) können.[41] Doch werden diese verstärkt in die Isolation gedrängt, wenn man ihnen durch Partizipationsrecht und Partizipationspraxis das die Bürger regelmäßig empörende, teilweise auch zu heftigem Widerstand anregende Argument zunehmend aus der Hand nimmt, zwischen Vorhabenträger und Behörde werde in Kungel- und Mauschelrunden unter weitgehendem Ausschluss der Öffentlichkeit ein Ergebnis ausgehandelt, das vor allem kommerziellen Interessen diene.

Bei den Bemühungen um eine höhere Akzeptanz von Großprojekten ist überdies daran zu denken, in größerem Umfang als bisher eine Kompensation auch finanzieller Art für die Nachteile zu gewähren, denen die Betroffenen nach der Projektrealisierung dauerhaft ausgesetzt sind (Wertverlust der Grundstücke, Lärm, Sichtbeschränkungen, Verschattungen etc.). Nach geltendem Recht findet eine Kompensation für derartige Nachteile nur unter strengen Voraussetzungen statt, was sich auf die Projektkosten vorteilhaft auswirkt. Doch könnte unter dem Gesichtspunkt einer verbesserten bürgerschaftlichen Projektakzeptanz in Betracht gezogen werden, die Voraussetzungen abzusenken.[42]

Unabhängig hiervon besteht stets die Möglichkeit, über die rechtlichen Anforderungen hinauszugehen.[43] Den Betroffenen könnte z. B. auch Gelegenheit gegeben werden, sich finanziell an dem Projekt zu beteiligen und von den Projekterträgen zu profitieren. Im Rahmen der Energiewende, namentlich bei der Errichtung von Höchstspannungsleitungen („Stromautobahnen“) werden derartige Konzepte unter

[40] Näher zu einer verfahrensbegleitenden Kommunikations- und Beteiligungsstrategie *Wulfhorst* (Fn. 39), 581, 587. Mit Strategien zur Verbesserung der Kommunikation im Verfahren befasst sich zudem *Durner*, Möglichkeiten der Verbesserung förmlicher Verwaltungsverfahren am Beispiel der Planfeststellung, ZUR 2011, 354, 359 f.

[41] Vgl. dazu auch *Gärditz*, Angemessene Öffentlichkeitsbeteiligung bei Infrastrukturplanungen als Herausforderung an das Verwaltungsrecht im demokratischen Rechtsstaat, Gew Arch. 2011, 273, 277; *Steinberg* (Fn. 18), S. 638.

[42] In gleichem Sinne auch *Durner* (Fn. 40), 362; sowie *Steinberg*, Die Bewältigung von Infrasturkturvorhaben durch Verwaltungsverfahren – eine Bilanz, ZUR 2011, 340, 350.

[43] Nach *Wulfhorst* (Fn. 39), 582, weist das Gebrauchmachen von dieser Möglichkeit „erfahrungsgemäß eine ausgeprägte Befriedungsfunktion“ auf.

dem Stichwort Bürgeranleihe bzw. Bürgerdividende bereits verfolgt. Allerdings kommt der konkreten Ausgestaltung eine entscheidende Bedeutung zu. Eine unter der Ägide eines Projektträgers stattfindende finanzielle Beteiligung von Betroffenen stellt nur dann eine empfehlenswerte Option dar, wenn die Bürger davor geschützt sind, das von ihnen eingesetzte Kapital zu verlieren. Denn ein vollständiger Kapitalverlust könnte die Errichtung von Großprojekten insgesamt in Misskredit bringen.

Da die in jüngerer Zeit zu beobachtenden bürgerschaftlichen Protestaktionen und Unmutsäußerungen gegenüber der Standortplanung und Zulassung von Großprojekten jeweils lediglich auf einen konkreten behördlichen Einzelfall gerichtet sind, nur von einem Teil der lokalen bzw. regionalen Bevölkerung getragen werden und überdies kein neues Phänomen darstellen, dürfte es zwar verfehlt sein, sie als aktuelle Krise der repräsentativ-parlamentarischen Demokratie zu begreifen.[44] Gleichwohl besteht aller Anlass, über Verbesserungen des Planungs- und Zulassungsrechts sowie des Verfahrensmanagements vermehrt nachzudenken und sich nicht damit zu begnügen, dass sich der geltende gesetzliche Rahmen als verfassungskonform erweist und bei der administrativen Ausfüllung dieses Rahmens allein auf die Vermeidung von Rechtsverstößen zu achten ist. Der größte Fehler bestünde wohl darin, bei den Standortplanungen und Zulassungsentscheidungen überall so vorzugehen wie bisher – und den Rest der Polizei zu überlassen.

---

[44] In gleichem Sinne *Gärditz* (Fn. 41), 276.

Planfeststellung und die „Kosten“ von Großprojekten – Warum die Lehren aus Stuttgart 21 noch zu ziehen sind

Von *Georg Hermes*

Es gehört zu den weithin konsentierten Lehren aus den Erfahrungen mit dem Projekt „Stuttgart 21“, dass die Beteiligung der Bürger bei der Planung von Großprojekten dieser Art verbessert werden sollte. Diese Forderung hat der Bundesgesetzgeber mit dem Gesetz zur Verbesserung der Öffentlichkeitsbeteiligung und Vereinheitlichung von Planfeststellungsverfahren[1] aufgegriffen und § 25 VwVfG um einen Absatz 3 ergänzt. Danach wirkt die Behörde darauf hin, dass der Träger bei der Planung von Vorhaben, die nicht nur unwesentliche Auswirkungen auf die Belange einer größeren Zahl von Dritten haben können, die betroffene Öffentlichkeit frühzeitig über die Ziele des Vorhabens, die Mittel, es zu verwirklichen, und die voraussichtlichen Auswirkungen des Vorhabens unterrichtet (frühe Öffentlichkeitsbeteiligung). Diese frühe Öffentlichkeitsbeteiligung soll möglichst bereits vor Stellung eines Antrags stattfinden, der betroffenen Öffentlichkeit soll Gelegenheit zur Äußerung und zur Erörterung gegeben werden und das Ergebnis der vor Antragstellung durchgeführten frühen Öffentlichkeitsbeteiligung soll der betroffenen Öffentlichkeit und der Behörde spätestens mit der Antragstellung mitgeteilt werden.[2]

Wer diese Neuregelung mit der nahezu einhelligen Meinung in der Literatur für unzureichend hält[3], sieht sich veranlasst, erneut über Gegenstand, Funktion und Leistungsfähigkeit der Verwaltungsverfahren im Allgemeinen und des Planfeststellungs-

---

[1] PlVereinhG vom 31.5.2013, BGBl. I, 2013, 1388.

[2] Zu Hintergründen und Einzelheiten der Neuregelung s. etwa die Darstellung von *Ziekow*, Frühe Öffentlichkeitsbeteiligung – Der Beginn einer neuen Verwaltungskultur, NVwZ 2013, 754 ff.; *Hertel/Munding*, Die frühe Öffentlichkeitsbeteiligung und andere Neuerungen durch das Planfeststellungsvereinheitlichungsgesetz, NJW 2013, 2150 ff.; *Schmitz/Prell*, Planvereinheitlichungsgesetz – Neue Regelungen im Verwaltungsverfahrensgesetz, NVwZ 2013, 745 ff.

[3] S. nur *Steinberg*, Neue gesetzliche Regelungen der Bürgerbeteiligung bei Infrastrukturvorhaben? Gleichzeitig zum Entwurf eines Planvereinheitlichungsgesetzes, in: Franzius et al. (Hrsg.), Festschrift für Michael Kloepfer, 2013, S. 625, 628 ff.; *Dolde*, Neue Formen der Bürgerbeteiligungen? – Planung und Zulassung von Projekten in der parlamentarischen Demokratie, NVwZ 2013, 769, 773 mit ausf. Nachweisen der krit. Stimmen; *Eckertz-Höfer*, Jahrespressegespräch 2012 im BVerwG, DVBl 2012, 555, 557; *Groß*, Überlegungen der Reform zur Öffentlichkeitsbeteiligung im Planfeststellungsverfahren, BauR 2012, 1340, 1342.

verfahrens im Besonderen nachzudenken. Die nachfolgenden, durchaus kursorischen und vorläufigen Überlegungen, die sich dieser Aufgabe zu stellen versuchen, erfüllen die besonderen Anforderungen des gegebenen Anlasses bereits deshalb ohne Schwierigkeiten, weil sie vor allem an die Beiträge des Jubilars zum Raumordnungs- und Fachplanungsrecht[4] anknüpfen können.

I. Funktion der Öffentlichkeitsbeteiligung bei Großprojekten

1. Erwartungen

Die nach geltendem Recht vorgeschriebene Form der Beteiligung bei der Planung kommt bei einer breiten Öffentlichkeit typischerweise in Gestalt der Offenlage und des Erörterungstermins im Planfeststellungsverfahrens an. In diesem Stadium des Verfahrens wird der Erörterungstermin aber nicht selten wahrgenommen als die Erfüllung einer mehr oder weniger lästigen Pflicht zur Abarbeitung von Einwänden gegen ein Projekt, das zwischen Behörde und Vorhabenträger längst abgestimmt ist.[5] Die Erwartung sowohl der Betroffenen als auch der interessierten Öffentlichkeit, das Für und Wider in einem offenen Prozess zu erörtern, wird offensichtlich regelmäßig enttäuscht. So schätzt es der Leiter des Erörterungstermins zum Flughafenausbau Frankfurt a.M. als typisch für Großverfahren aller Art ein, dass ca. 90 % des Gesprochenen für die Entscheidung – jedenfalls rechtlich – unerheblich gewesen sei, dass sich fast nur fundamentale Gegner zu Wort gemeldet hätten und es dementsprechend auch auf Seiten des Vorhabenträgers keine erkennbare Bereitschaft zu Kompromissen gegeben habe, die zu Einschränkungen des Vorhabens geführt hätten.[6]

---

[4] *Koch*, Das Abwägungsgebot im Planungsrecht, DVBl 1983, 1125; *ders.*, Abwägungsvorgang und Abwägungsergebnis als Gegenstände gerichtlicher Plankontrolle, DVBl. 1989, 399; *ders.*, Zur Konkurrenz zwischen Fachplanung und Bauleitplanung, in: Gaentzsch et al. (Hrsg.), FS Schlichter, 1995, S. 461; *ders.*, (Verfahrens-)Privatisierung im öffentlichen Baurecht, in: Hoffmann-Riem/Schneider (Hrsg.), Verfahrensprivatisierung im Umweltrecht, 1996, 170; *ders.*, Rechtsprinzipien im Bauplanungsrecht – Zur normtheoretischen Basis der planerischen Abwägung, in: Schilcher/Koller/Funk (Hrsg.), Regeln, Prinzipien und Elemente im System des Rechts, 2000, 245; *ders./Hendler*, Baurecht, Raumordnungs- und Landesplanungsrecht, 5. Aufl. 2009.

[5] *Groß*, Stuttgart 21: Folgerungen für Demokratie und Verwaltungsverfahren, DÖV 2011, 510, 512 m.w.N.

[6] *Steinberg*, Die Bewältigung von Infrastrukturvorhaben durch Verwaltungsverfahren – eine Bilanz, ZUR 2011, 340, 344 mit Verweis auf *Gaentzsch*, Der Erörterungstermin im Planfeststellungsverfahren – Instrument zur Sachverhaltsaufklärung oder Einladung zur Verfahrensverzögerung?, in: Dolde et al. (Hrsg.), FS Sellner, 2010, S. 219, 233 f. sowie auf ähnliche Einschätzung von *Henle*, Die Masse im Massenverfahren, BayVBl. 1981, 1, 11, wonach „selbst eine noch so großzügige Anwendung des Verfahrensrechts zugunsten der Betroffenen und noch partizipationsfreundlichere Vorschriften keine Befriedungsfunktion ausüben, im Gegenteil, sie vermindert eher die Akzeptanz der Entscheidung“.

Vor dem Hintergrund solcher und ähnlicher Erfahrungen vor allem auch mit „Stuttgart 21" schienen über das Ziel einer Weiterentwicklung der Öffentlichkeitsbeteiligung kaum Differenzen zu bestehen. Das nahezu allgemein akzeptierte politische Ziel scheint eine Bürgerbeteiligung zum frühestmöglichen Zeitpunkt bei größtmöglicher Offenheit der Entscheidungsalternativen zu sein[7]. Die Beteiligung müsse umfassend vorgenommen werden, da die Planung als Gestaltung eines Interessengeflechtes unteilbar sei. „Insbesondere kann sie nicht auf sog. drittschützende Belange beschränkt werden, sondern muss die Bearbeitung öffentlicher Interessen, insbesondere auch der Umwelt einbeziehen. Die vollständige Transparenz der Verfahren erfordert auch die Offenlage aller relevanten Gutachten, deren Fehlen immer wieder beklagt wird"[8]. Anders als es das BVerwG wiederholt betont hat[9], müsse die Beteiligung mit dem kontinuierlich angelegten Planungsprozess kongruent sein. Hierzu reiche eine punktuelle Konfrontation mit der Planung – etwa bei der Auslegung oder im Erörterungstermin – nicht aus.[10]

2. *Kosten und Nutzen des Projekts*

Wonach die interessierte Öffentlichkeit offensichtlich vergeblich sucht, ist der Ort in den vielfach gestuften Verfahren, an dem über das Projekt insgesamt entschieden wird, an dem es also um das nach „Art, Umfang, Standort und Kosten" umrissene Vorhaben, mithin um „die Entscheidung über das Ob"[11] geht. Vermisst wird die Gelegenheit zu einer frühzeitigen breiten öffentlichen Diskussion „über Kosten und Nutzen von Großprojekten"[12]. Dabei geht es um Kosten in einem umfassenden Sinne, also z. B. die Kosten für die Umwelt, für vorhandene städtebauliche Strukturen und für viele andere öffentliche und private Belange. Es geht aber auch und nicht zuletzt um die finanziellen Lasten, die vom Steuerzahler zu tragen sind. In diesem Sinne wird zutreffend hervorgehoben, dass die gegebenen Möglichkeiten der Öffentlichkeitsbeteiligung an der Entkoppelung der Planung von den Finanzierungsent-

---

[7] Nachweise dazu etwa bei *Burgi*, Das Bedarfserörterungsverfahren: Eine Reformoption für die Bürgerbeteiligung bei Großprojekten, NVwZ 2012, 277.

[8] *Steinberg*, Die Bewältigung von Infrastrukturvorhaben durch Verwaltungsverfahren – eine Bilanz, ZUR 2011, 340, 344.

[9] BVerwG, NVwZ 2004, 1486, 1488, wonach die anerkannten Naturschutzvereine nicht „die ‚allgemeinen Begleiter' des Planfeststellungsverfahrens" sind und dem ihnen durch den Gesetzgeber eingeräumten Beteiligungsrecht grundsätzlich durch eine einmalige Anhörung im Planfeststellungsrecht Rechnung getragen wird.

[10] *Steinberg*, Die Bewältigung von Infrastrukturvorhaben durch Verwaltungsverfahren – eine Bilanz, ZUR 2011, 340, 345.

[11] *Burgi*, Das Bedarfserörterungsverfahren: Eine Reformoption für dic Bürgerbeteiligung bei Großprojekten, NVwZ 2012, 277, 278.

[12] *Groß*, Stuttgart 21: Folgerungen für Demokratie und Verwaltungsverfahren, DÖV 2011, 510, 515.

scheidungen durch die Parlamente leiden.[13] Der Ruf nach mehr und besserer Öffentlichkeitsbeteiligung zielt offensichtlich auf einen Punkt des Entscheidungsprozesses, zu dem „alles auf den Tisch kommt". Das betrifft etwa belastbare Aussagen zu Alternativen einschließlich der Null-Alternative und der Kosten.[14]

Die Bedeutung der Kosten in diesem umfassenden – auch die finanzielle Belastung der öffentlichen Haushalte umfassenden – Sinne und ihr Verhältnis zu dem erwarteten Nutzen hat nicht zuletzt das Projekt Stuttgart 21 deutlich gemacht.[15] Erst nach Abschluss und rechtskräftiger gerichtlicher Bestätigung des Planfeststellungsbeschlusses war die finanzielle Beteiligung von Land, Stadt und Region wesentlicher Kristallisationspunkt der öffentlichen Auseinandersetzungen um das Projekt. Nachdem ein Bürgerbegehren, mit dem der Ausstieg der Stadt aus dem Projekt verlangt wurde, am VG Stuttgart gescheitert war[16] und der Bundesrechnungshof die zu niedrig angesetzten Projektkosten gerügt hatte, wurde im April 2009 die endgültige Finanzierungsvereinbarung unterzeichnet. Die finanzielle Beteiligung des Landes war dann Gegenstand der Volksabstimmung im Land Baden-Württemberg vom 27. 11. 2011[17], deren Ausgang zugunsten einer Mitfinanzierung des Projektes durch das Land als der Schlusspunkt der breiten öffentlichen Debatte angesehen werden kann[18].

Diese Ebene des „Ob", auf der es um das Projekt insgesamt einschließlich seiner Kosten geht, wurde erstaunlicherweise in der bisherigen Diskussion über die Verbesserung der Bürgerbeteiligung bei Großvorhaben weitgehend ausgeblendet[19].

---

[13] *Groß*, Stuttgart 21: Folgerungen für Demokratie und Verwaltungsverfahren, DÖV 2011, 510, 512.

[14] So *Steinberg*, Die Bewältigung von Infrastrukturvorhaben durch Verwaltungsverfahren – eine Bilanz, ZUR 2011, 340, 347, allerdings bezogen auf ein Dialogverfahren ohne entsprechenden Entscheidungsgehalt.

[15] Die wesentlichen Schritte des Verfahrens sind zusammengefasst m.w.N. bei *Groß*, Stuttgart 21: Folgerungen für Demokratie und Verwaltungsverfahren, DÖV 2011, 510, 510f.

[16] VG Stuttgart, VBlBW 2009, 432.

[17] Zu den Hintergründen und zur verfassungsrechtlichen Zulässigkeit s. *Hermes/Wieland*, Rechtliche Möglichkeiten des Landes Baden-Württemberg, die aus dem Finanzierungsvertrag „Stuttgart 21" folgenden Verpflichtungen durch Kündigung oder gesetzliche Aufhebung auf der Grundlage eines Volksentscheides zu beseitigen – Gutachten im Auftrag der SPD-Fraktion im Landtag Baden-Württemberg, in: Feld et al. (Hrsg.), Jahrbuch für direkte Demokratie 2010, 2011, 350 ff.

[18] Auch in der Schweiz, wo eigentlich zu Einzelprojekten keine Volksabstimmung stattfindet, wurde über die Finanzierung der Alpentransversale eine Volksabstimmung abgehalten; Nachweise dazu bei *Steinberg*, Die Bewältigung von Infrastrukturvorhaben durch Verwaltungsverfahren – eine Bilanz, ZUR 2011, 340, 348, Fn. 79.

[19] Eine Ausnahme macht *Burgi*, Das Bedarfserörterungsverfahren: Eine Reformoption für die Bürgerbeteiligung bei Großprojekten, NVwZ 2012, 277 ff., der Erstaunen darüber äußert und als Lösung das Bedarfserörterungsverfahren anbietet (dazu unten bei IV.).

3. Die gewandelte Funktion der Beteiligung

Der Grund für dieses Ausblenden einer Bürgerbeteiligung, die auf das „Ob" des Gesamtprojektes und seine möglichen Alternativen, seinen Nutzen und seine (auch finanziellen) Kosten zielt, dürfte in dem nach wie vor beschränkten Grundverständnis des Verwaltungsverfahrens liegen. Danach kommt diesem primär oder ausschließlich die Funktion zu, Rechte der Betroffenen zu wahren und die Behörde mit den erforderlichen Informationen auszustatten.[20] Wer dagegen als Bezugspunkt einer Öffentlichkeitsbeteiligung die Kosten und Nutzen eines Großprojektes insgesamt ins Auge fassen will, dem kann dies nur auf der Grundlage einer demokratischen Funktion dieser Öffentlichkeitsbeteiligung gelingen. Er muss anerkennen, dass gerade komplexe Infrastrukturplanungen durch ein hohes Maß an exekutiven Gestaltungsspielräumen gekennzeichnet sind, deren mangelhafte sachliche Legitimation (normative Programmierung) durch Öffentlichkeitsbeteiligung kompensiert werden kann, der dann ein eigenständiger demokratischer Gehalt zuzubilligen ist.[21] Die Herausforderung liegt also darin, Bürgerinnen und Bürger dann nicht mehr als Betroffene, sondern als Inhaber politischer Teilhaberechte in den Entscheidungsprozess zu integrieren[22] und Öffentlichkeitsbeteiligung nicht als erweiterte Form der Abwehr möglicher Grundrechtseingriffe zu konzipieren, sondern als Form politischer Teilhabe an politischen Entscheidungen auf Verwaltungsebene.[23] Dass Entscheidungen über Großprojekte, die eine Vielzahl von Menschen betreffen, in besonderem Maße auf Akzeptanz und Legitimation angewiesen sind, die auch und insbesondere durch eine Beteiligung der betroffenen Öffentlichkeit geleistet werden kann und muss, kann zwischenzeitlich als Gemeinplatz gelten.[24] Wenn in diesem Zusammenhang von dem Beitrag der Öffentlichkeitsbeteiligung zur richtigen Entscheidungsfindung die Rede ist[25], bleibt allerdings oft unklar, ob damit nicht doch wieder das traditionelle Verständnis der dienenden Funktion des Verwaltungsverfahrens im Sinne einer Hilfe bei dem Auffinden der – materiell „eigentlich" bereits determinierten –

---

[20] Vgl. etwa *Kopp/Ramsauer*, VwVfG, 11. Aufl. 2010, § 73 Rn. 11; *Guckelberger*, Bürokratieabbau durch Abschaffung eines Erörterungstermins?, DÖV 2006, 97, 99 f.; BVerfGE 53, 30, 65; BVerwG, NVwZ 1997, 489, 490; in der Tendenz auch *Dolde*, Neue Formen der Bürgerbeteiligungen? – Planung und Zulassung von Projekten in der parlamentarischen Demokratie, NVwZ 2013, 769, 770.

[21] *Rossen-Stadtfeld*, Beteiligung, Partizipation und Öffentlichkeit, in: Hoffmann-Riem/Schmidt-Aßmann/Voßkuhle (Hrsg.), Grundlagen des Verwaltungsrechts, Bd. II, 2008, § 29 Rn. 9 f.

[22] *Burgi*, Das Bedarfserörterungsverfahren: Eine Reformoption für die Bürgerbeteiligung bei Großprojekten, NVwZ 2012, 277, 278.

[23] *Burgi*, Das Bedarfserörterungsverfahren: Eine Reformoption für die Bürgerbeteiligung bei Großprojekten, NVwZ 2012, 277, 280 m.w.N.

[24] S. etwa *Lippert*, Die Bedeutung der Öffentlichkeitsbeteiligung bei großen Infrastrukturvorhaben, ZUR 2013, 203, 206 m.w.N.

[25] *Gurlit*, Neue Formen der Bürgerbeteiligung? – Planung und Zulassung von Projekten in der parlamentarischen Demokratie, JZ 2012, 833, 834, 838.

„richtigen" Entscheidung[26] aufscheint. Dieses Verständnis, dessen Verabschiedung der deutschen Verwaltungsrechtslehre trotz aller Bekenntnisse zur Bedeutung des Verfahrens angesichts fehlender materieller Programmierung offensichtlich schwerfällt, wäre mit der demokratischen Funktion der Öffentlichkeitsbeteiligung endgültig zu verabschieden. Die demokratische Öffentlichkeitsbeteiligung hilft nicht, ein im materiellen Recht irgendwo verborgenes „richtiges" Ergebnis zu finden, sondern ist Teil eines Entscheidungsfindungsprozesses, dessen Ergebnis allein deshalb „richtiger" als andere mögliche Ergebnisse ist, weil es eben unter ihrer Mitwirkung gewonnen wurde.

II. Die Irrelevanz von Finanzierungsfragen im Planfeststellungsverfahren

Das Planfeststellungsverfahren scheint die „Richtigkeit" eines Projektes unter dem Gesichtspunkt der Planrechtfertigung zu thematisieren und könnte im Rahmen der Abwägung insbesondere bei der Berücksichtigung von Alternativen die „Kosten und Nutzen" zum Gegenstand der Prüfung, der Erörterung und der Entscheidung machen. Wäre das Prüf- und Entscheidungsprogramm der Planfeststellung in diesem umfassenden Sinne konzipiert, so müssten Kosten- und Finanzierungsfragen wesentlicher Teil dieses planfeststellungsrechtlichen Prüfprogramms sein.

1. Planrechtfertigung, Abwägung und Finanzierung

Allerdings thematisiert das Planfeststellungsverfahren weder die Kosten des geplanten Projektes noch die Art und Weise der Finanzierung. Die Planrechtfertigung im Sinne des „vernünftigerweise Gebotenseins" wird – unabhängig von ihrer Bindung an die gesetzliche Bedarfsplanung[27] – lediglich praktiziert als Filter, der solche Planungen ausschließt, die selbst eine grobe Plausibilitätskontrolle im Hinblick auf die mit ihnen verfolgten Ziele nicht bestehen[28] oder deren Realisierung aus rechtlichen oder tatsächlichen Gründen objektiv ausgeschlossen ist. Zwar kann die Realisierung eines Vorhabens auch an dem Fehlen der erforderlichen Finanzmittel scheitern und auf diese Weise auf die Planrechtfertigung durchschlagen: Der Planung eines Vorhabens, dessen Finanzierung ausgeschlossen ist, fehlt die Planrechtfertigung, weil sie nicht „vernünftigerweise" geboten ist.[29] Dieser Grundsatz ist aller-

---

[26] Zu diesem Verständnis klar *Wahl*, Das Verhältnis von Verwaltungsverfahren und Verwaltunsgprozessrecht in europäischer Sicht, DVBl. 2003, 1285, 1287; w. Nachw. zum Thema bei *Lippert*, Die Bedeutung der Öffentlichkeitsbeteiligung bei großen Infrastrukturvorhaben, ZUR 2013, 203, 204.

[27] Dazu unten bei III.

[28] Zusammenfassend *Steinberg/Wickel/Müller* (Hrsg.), Fachplanung, 4. Aufl. 2012, § 3 Rn. 103.

[29] BVerwG NVwZ 2000, 555, 558, unter Verweis auf BVerwGE 84, 123, 128; BVerwGE 120, 1, 5; BVerwGE 120, 87, 100; BVerwGE 125, 116, 182; OVG Hamburg, NordÖR 2001,

dings weit davon entfernt, die Finanzierung und die Kosten eines Projektes in einem umfassenden Sinne ins Verhältnis zu setzen zu dem mit dem Vorhaben verfolgten Nutzen. Vielmehr gilt umgekehrt der Grundsatz, dass die Art der Finanzierung eines Fernstraßenbaus weder Bestandteil der fachplanerischen Abwägung noch Regelungsgegenstand des Planfeststellungbeschlusses sind.[30] Thematisiert wird im Rahmen der Planrechtfertigung ausnahmsweise lediglich der kleine Ausschnitt, dem aus dem Blickwinkel des individuellen Abwehrrechts einzelner Betroffener deshalb Relevanz zukommt, weil tatsächlich unmögliche – nicht finanzierbare – Vorhaben keine Rechtfertigung liefern für Eingriffe in individuelle Rechte.

Nichts anderes gilt für das Abwägungsgebot. Obwohl auf den ersten Blick die aus öffentlichen Haushalten zu bestreitenden Kosten eines Projektes zu den öffentlichen Belangen zählen könnten, die im Rahmen der Abwägung von Belang sind, gehören nach der Rechtsprechung die Finanzierungsfragen nicht zum planfeststellungsrechtlichen Abwägungsmaterial[31]. Hintergrund ist das bodenrechtliche oder „bauplanungsrechtliche“ Verständnis von der Planfeststellung als „Baugenehmigung“ für ein Vorhaben, um dessen Finanzierung sich der Bauherr/Vorhabenträger zu kümmern und dessen Kosten im Verhältnis zum erwarteten Nutzen er zu verantworten hat, während in die Abwägung nur die öffentlichen und privaten Belange eingehen, die boden- oder raumbezogene Nutzungskonflikte hervorrufen. „Von dem Vorhaben ‚berührt‘ werden vor allem die Belange, die inhaltlich einen bodenrechtlichen Bezug aufweisen.“[32]

2. *Beschränkte Funktion des Planfeststellungsverfahrens*

Auf der Grundlage eines solchen Verständnisses der Planfeststellung als funktionales Äquivalent der Baugenehmigung erweist sich die Ausklammerung der Kosten des Vorhabens als konsequent. Im Zeitpunkt der Einleitung des Planfeststellungsverfahrens muss dann bereits feststehen, dass das betreffende Großvorhaben realisiert werden soll, „d. h. die Frage des Ob ist vorab, in Kopf und Strategieplan des Vorhabenträgers, entschieden worden“[33]. Aus dieser Perspektive erweist sich die Prüfung der Planrechtfertigung durch die Planfeststellungsbehörde eigentlich als Fremdkörper, weil sie in die Verantwortung des Vorhabenträgers fällt. Lediglich der Umstand, dass er im Unterschied zu sonstigen Bauherren das Enteignungsrecht zu seinen Gunsten in Anspruch nehmen will, zwingt zu einer grobmaschigen Prüfung, ob das Vorhaben mit den gesetzlichen Zielen übereinstimmt, ob es also den gesetzlich vorge-

208, 209 f.; OVG Koblenz NuR 2006, 54; VGH Mannheim UPR 2005, 118; VGH München NuR 2006, 384, 388.

[30] BVerwG NVwZ 2000, 555, 558.

[31] BVerwGE 125, 116, 182; w. Nw. bei *Groß*, Stuttgart 21: Folgerungen für Demokratie und Verwaltungsverfahren, DÖV 2011, 510, 512.

[32] BVerwG NVwZ 2000, 555, 558.

[33] *Burgi*, Das Bedarfserörterungsverfahren: Eine Reformoption für die Bürgerbeteiligung bei Großprojekten, NVwZ 2012, 277, 277.

prägten Allgemeinwohlinteressen entspricht, die eine Enteignung rechtfertigen.[34] Nichts anderes kann dann im Grundsatz für die planerische Abwägung gelten. Auch sie muss nach dem Muster der Baugenehmigung in die primäre Zuständigkeit des Vorhabenträgers fallen, während der Planfeststellungsbehörde allenfalls eine Kontrollfunktion zukommen kann. Obwohl die Dogmatik des fachplanungsrechtlichen Abwägungsgebotes mit der Betonung der planerischen Gestaltungsfreiheit, die im Rahmen der Alternativenprüfung auch die „Null-Variante" einzubeziehen habe[35], hohe Erwartungen weckt, ist die fachplanungsrechtliche Realität wohl eher durch einen nüchterneren Blick auf die Rollenverteilung zwischen Vorhabenträger und Planfeststellungsbehörde geprägt. Danach ist davon auszugehen, dass dem „Vorhabenträger die originäre Planungskompetenz obliegt, die Planfeststellungsbehörde hingegen dessen planerische Abwägungsentscheidung lediglich nachvollziehend kontrolliert"[36]. Nach einem solchen nüchternen Blick auf die begrenzte Funktion und das daraus resultierende begrenzte Prüfprogramm der Planfeststellung nach bisherigem Verständnis überrascht es nicht, dass weder die „Planrechtfertigung" noch die Alternativenprüfung im Rahmen der Abwägung der Ort sind, an dem die Rechtfertigung des Projektes im Sinne einer umfassenden Gegenüberstellung seiner Kosten und seines Nutzens zur Diskussion und zur Entscheidung stehen.[37]

III. Gesetzliche Bedarfsplanung als Ort demokratischer Entscheidung?

Wenn sich also die Planfeststellung als letztes Element einer komplexen Stufung der Entscheidungsvorgänge über Großvorhaben der Infrastruktur nicht als geeigneter Ort zu erweisen scheint, wo die Grundsatzfrage nach der Sinnhaftigkeit des jeweiligen Projektes gestellt, öffentlich erörtert und entschieden werden kann, so richtet sich der Blick zwangsläufig auf die früheren Entscheidungsstufen. Da das Raumordnungsverfahren – insoweit nicht anders als die abschließende Planfeststellung – auf die Lösung von Raumnutzungskonflikten zielt und deshalb als geeigneter Ort für die

---

[34] Zusammenfassend und kritisch zu dieser Herleitung der Planrechtfertigung aus dem Eigentumsgrundrecht *Steinberg/Wickel/Müller* (Hrsg.), Fachplanung, 4. Aufl. 2012, § 3 Rn. 96 ff.

[35] BVerwGE 104, 236, 242 f.

[36] So anknüpfend an BVerwGE 97, 143, 148 f., *Hoppe* et al., Rechtsschutz bei der Planung von Verkehrsanlagen und anderen Infrastrukturvorhaben, 2011, Rn. 77; zustimmend *Burgi*, Das Bedarfserörterungsverfahren: Eine Reformoption für die Bürgerbeteiligung bei Großprojekten, NVwZ 2012, 277 f.

[37] S. dazu *Burgi*, Das Bedarfserörterungsverfahren: Eine Reformoption für die Bürgerbeteiligung bei Großprojekten, NVwZ 2012, 277, 278, der darauf hinweist, dass die Planrechtfertigung schon logisch eine getroffene Planungsentscheidung voraussetze und dann im Sinne des rechtsstaatlichen Verhältnismäßigkeitsgrundsatzes nach deren Erforderlichkeit im Hinblick auf die Überwindung privater Gegenrechte frage. Auch die Pflicht zur Alternativenprüfung knüpfe an Vorentscheidungen des Vorhabenträgers an und sei lediglich Maßstab für die Entscheidung über Modalitäten bzw. räumliche Varianten.

hier intendierte Erörterung des „Ob“ ebenfalls ausscheidet, bleibt nur die parlamentarische Entscheidung über den Bedarf für die hier interessierenden Vorhaben. Für Bundesfernstraßen- und Schienenprojekte der Eisenbahnen des Bundes wird diese Entscheidung auf der Grundlage exekutiver Vorbereitung in Gestalt des Bundesverkehrswegeplans durch die Bedarfspläne als Anlagen zum Fernstraßenausbaugesetz[38] und zum Bundesschienenwegeausbaugesetz[39] getroffen. Für das Höchstspannungs-Übertragungsnetz existiert zwischenzeitlich eine vergleichbare gesetzliche Bedarfsplanung – zunächst in Gestalt des Energieleitungsausbaugesetzes (EnLAG) aus dem Jahr 2009 und seit 2011 in Gestalt der Netzentwicklungsplanung[40] nach §§ 12 a ff. EnWG, die in den als Gesetz zu beschließenden Bundesbedarfsplan (§ 12 e EnWG) mündet. Alle diese gesetzlichen Bedarfsplanungen zeichnen sich dadurch aus, dass die gesetzliche Bedarfsfeststellung konkreter Projekte für die nachfolgende Planfeststellung verbindlich ist. Wenn auch rechtlich damit noch nicht entschieden ist, dass entgegenstehende Belange zwingend überwunden werden können[41], so sind mit dieser parlamentarischen Entscheidung die Würfel jedenfalls dann gefallen, wenn das Vorhaben als sog. „vordringlicher Bedarf“ (Straßen- und Schienenprojekte[42]) ausgewiesen ist.

Wer die mangelhafte Öffentlichkeitsbeteiligung als Element demokratischer Legitimation bei der Planung von Großvorhaben beklagt, sieht sich an dieser Stelle mit dem Hinweis auf die parlamentarische Legitimation zumindest eines wesentlichen Teils der hier in Rede stehenden Infrastrukturprojekte konfrontiert.[43] Die Öffentlichkeit ist hier im klassischen Sinne der Beteiligung am parlamentarischen Verfahren involviert und das neue System der Übertragungsnetzplanung nach §§ 12 a ff. EnWG kennt darüber hinaus auch eine umfangreiche Öffentlichkeitsbeteiligung im Vorfeld des Bedarfsplan-Gesetzes. Eine vergleichbare Öffentlichkeitsbeteiligung sowohl bei der Bundesverkehrswegeplanung als auch bei den Bedarfsplänen nach den Ausbaugesetzen bringt in Zukunft die in § 14 b Abs. 1 Satz 1 i. V. m. Anlage 3

---

38 In der Fassung der Bekanntmachung der Neufassung vom 20. 1. 2005 (BGBl. I S. 201).

39 In der Fassung vom 31. 10. 2006 (BGBl. I S. 2407).

40 S. dazu nur die Übersicht bei *Hermes*, Das neue System der Energienetzplanung – verfassungsrechtliche und planungsrechtliche Grundfragen und weiterer Handlungsbedarf, EnWZ 2013, 395 ff.

41 BVerwGE 128, 1 (Tz. 134).

42 Da die Netzentwicklungsplanung im Energiebereich keine steuerfinanzierten (sondern von den Stromkunden zu tragenden) Projekte betrifft und deshalb nicht wie die Fernstraßen- und Schienenwegeplanung zugleich ein Instrument der Finanzplanung darstellt, kennt sie die Abstufung nach „vordringlichem“ und „weiterem“ Bedarf nicht. Hier ist also die Aufnahme in den gesetzlichen Bedarfsplan zugleich die abschließende Entscheidung über das „Ob“ des Projekts.

43 Darauf weisen auch *Groß*, Stuttgart 21: Folgerungen für Demokratie und Verwaltungsverfahren, DÖV 2011, 510, 512 und *Burgi*, Das Bedarfserörterungsverfahren: Eine Reformoption für die Bürgerbeteiligung bei Großprojekten, NVwZ 2012, 277, 278 hin.

Nr. 1.1 UVPG normierte obligatorische strategische Umweltprüfung mit sich, weil sie mit einer Öffentlichkeitsbeteiligung nach § 14 i UVPG verbunden ist.[44]

Bei näherem Hinsehen bleiben allerdings erhebliche Zweifel, ob die parlamentarische Bedarfsfeststellung die demokratische Legitimation für einzelne Großprojekte schaffen kann, die im Anschluss an Stuttgart 21 zunehmend vermisst wird. Dies liegt zunächst darin begründet, dass der Weg zwischen der gesetzlichen Entscheidung über den Bedarf und der konkreten Projektplanung und -realisierung weit ist. Am Beispiel der Bundesfernstraßenplanung stellt sich dieser Weg in den Grundzügen wie folgt dar: Der Bundesverkehrswegeplan[45] ist auf einen Planungshorizont von 15 Jahren ausgelegt und schon deshalb kaum geeignet, die öffentliche Aufmerksamkeit auf konkrete Projekte zu lenken. Auf der nächsten Ebene angesiedelt ist die auf fünf Jahre angelegte gesetzliche Bedarfsplanung,[46] die gemäß § 2 FStrAbG den Ausbau zwar „nach Stufen, die im Bedarfsplan bezeichnet sind" programmiert, allerdings nur „nach Maßgabe der zur Verfügung stehenden Mittel". Zur „Verwirklichung des Ausbaus nach dem Bedarfsplan stellt das BMVBS Fünfjahrespläne auf" (§ 5 FStrAbG), die ihrerseits den „Rahmen" für die Aufstellung der Straßenbaupläne bilden, die gemäß Art. 3 StrFinG (Straßenbaufinanzierungsgesetz) jeweils als Anlage zum Bundeshaushaltsplan aufzustellen sind. Die Haushaltsmittel für Neubau, Ausbau und Erhaltung von Bundesfernstraßen werden sodann durch das jährliche Haushaltsgesetz bereitgestellt. Den Entwurf beschließt die Bundesregierung auf Grundlage der mittelfristigen Finanzplanung. Anschließend berät der Haushaltsausschuss des Bundestages den Haushaltsentwurf und bestätigt oder verändert den vorgeschlagenen Ansatz. Das Parlament beschließt anschließend den Haushalt als Gesetz. Der Straßenbauplan, der dem Kapitel 1210 des Bundeshaushaltsplans als Anlage beigefügt ist, enthält genauere Angaben zu den einzelnen Straßenbauvorhaben.[47] Das Haushaltsrecht schreibt in § 24 der Bundeshaushaltsordnung (BHO) vor, dass Ausgaben und Verpflichtungsermächtigungen für Baumaßnahmen erst veranschlagt werden dürfen, wenn Pläne, Kostenermittlungen und Erläuterungen vorliegen, aus denen die Art der Ausführung, die Kosten der Baumaßnahme, des Grunderwerbs und der Einrichtungen sowie die vorgesehene Finanzierung und ein Zeitplan ersichtlich sind. Dies führt dazu, dass spätestens bei Aufnahme der erforderlichen Mittel in den Straßenbauplan (Anlage zum Bundeshaushaltsplan) das jeweilige Projekt nicht nur planfestgestellt sein muss, sondern auch die konkrete Durchführungsplanung (Kosten, Finanzierung, Zeitplan etc.) bereits vollständig vorliegen muss. Als „Vorwirkung" dieser Notwendigkeit hat sich offenbar eine Praxis entwickelt, wonach die Vorentwurfsplanung der Straßenbauämter der Länder bei Projekten mit einem Volumen über 10 Mio. Euro Gesamtkosten durch einen „Gesehenvermerk"

[44] *Groß*, Stuttgart 21: Folgerungen für Demokratie und Verwaltungsverfahren, DÖV 2011, 510, 512.

[45] Bundesregierung, Beschl. v. 2.7.2003 (Bundesverkehrswegeplan 2003).

[46] Anlage Bedarfsplan zum Gesetz über den Ausbau der Bundesfernstraßen (i.d.F. v. 20.1. 2005, BGBl. 2005 I, 201), ausgegeben als Anlageband zu BGBl. 2004 I Nr. 54.

[47] Einzelheiten zum Inhalt des Straßenbauplans enthält Art. 3 StrFinG.

des BMVBS „genehmigt“ werden muss.[48] Es liegt auf der Hand, dass angesichts dieser Prozeduren die gesetzliche Bedarfsfeststellung kaum als Kristallisationspunkt einer mit Öffentlichkeitsbeteiligung versehenen Gesamtentscheidung über einzelne Projekte unter Abwägung ihrer Kosten und ihres Nutzens taugt.

Hinzu kommt, dass selbst eine negative parlamentarische Entscheidung nicht als abschließendes Votum gegen ein Projekt gewertet werden kann. Dies gilt jedenfalls bei Schienenwegen des Bundes, weil hier die Option bleibt, das Vorhaben als „eigenwirtschaftliches“ Projekt der DB zu qualifizieren, die sich ihrerseits dann um andere Finanzierungsquellen bemühen kann. Das Beispiel Stuttgart 21 ragt hier besonders heraus. Nachdem die Gerichte bei Überprüfung der Planfeststellung bereits erhebliche Zweifel geäußert hatten, ob der Knoten Stuttgart als „vordringlicher Bedarf“ einzustufen ist,[49] stellte die Bundesregierung 2010 klar: „Bei Stuttgart 21 handelt es sich nicht um ein Projekt des Bedarfsplans für die Schienenwege des Bundes, sondern um ein eigenwirtschaftliches Projekt der DB AG. Die Eisenbahninfrastrukturunternehmen sind Vorhabenträger und Bauherren.“[50]

Schließlich dürfte eine fundierte Entscheidung über einzelne Großprojekte im Wege der gesetzlichen Bedarfsplanung auch und insbesondere daran scheitern, dass es zu diesem Zeitpunkt an einer überschaubaren Kostenprognose zu diesem Zeitpunkt ebenso fehlt wie an einer Präzisierung des Nutzens. Vorbehalte „des Nachweises der Wirtschaftlichkeit“[51] sind beredter Ausdruck dieser Ungewissheitsbedingungen, unter denen die Bedarfspläne parlamentarisch entschieden werden.

Im Ergebnis ist zumindest aus der Perspektive der erforderlichen demokratischen Legitimation und der für sie unabdingbaren Öffentlichkeitsbeteiligung eine Lücke bei der Planung von öffentlich finanzierten Infrastrukturvorhaben zu konstatieren: Während im Planfeststellungsverfahren über das „Ob“ des Projektes bereits entschieden und folglich für eine Erörterung seines Nutzens und seiner Kosten kein Raum ist, erweist sich die weit im Vorfeld liegende parlamentarische Entscheidung über den Bedarf an dem Projekt als zu unpräzise, ungewiss und revisionsbedürftig, um als Bezugspunkt für Öffentlichkeitsbeteiligung und Ort zur Generierung ausreichender demokratischer Legitimation zu fungieren.

[48] Bundesbeauftragter für Wirtschaftlichkeit in der Verwaltung, Gutachten zur Neuordnung der Verwaltung im Bundesfernstraßenbau, Kommission von Bundestag und Bundesrat zur Modernisierung der bundesstaatlichen Ordnung, Kommissionsdrucksache 0082, Anlage, S. 8.

[49] VGH Mannheim, Urt. v. 6.4.2006 – 5 S 847/05, juris Rn. 42.

[50] Antwort auf eine kleine Anfrage, BT-Drs. 17/955, S. 2.

[51] Vgl. dazu im Zusammenhang mit Stuttgart 21 die Nachweise in VGH Mannheim, Urt. v. 6.4.2006 – 5 S 847/05, juris Rn. 42.

IV. Drei Optionen für eine substantielle Öffentlichkeitsbeteiligung in gestuften Verfahren

Wer sich angesichts dieses Befundes nicht resigniert mit dem Status quo abfinden will und gleichzeitig die Rationalität und Problemverarbeitungskapazität gestufter Planungs- und Entscheidungsverfahren nicht leugnet,[52] dem bieten sich wohl im Kern drei Optionen, die jeweils an drei unterschiedlichen Phasen des gestuften Prozesses ansetzen. Dass es dabei um Entscheidungsstufen gehen muss, auf denen die Beteiligung der Öffentlichkeit auf substantielle Entscheidungsgehalte bezogen ist, steht außer Frage. Die verschiedenen Optionen betreffen deshalb die Art und Weise, wie die Stufung komplexer Planungsverfahren problemadäquat so gestaltet werden kann, dass die legitimationsstiftende Wirkung der Öffentlichkeitsbeteiligung zur Geltung kommen kann.

Die erste Option findet sich nahezu modellhaft ausgestaltet im neuen Planungssystem für Übertragungsnetze der Energieversorgung nach den §§ 12a ff. EnWG und – auf dieser Grundlage – im Netzausbaubeschleunigungsgesetz Übertragungsnetz (NABEG). Es ist geprägt durch eine intensiv ausgestaltete Öffentlichkeitsbeteiligung in der Phase der Bedarfsplanung unter der administrativen Regie der Bundesnetzagentur. Zwar befinden sich die Gesetzgebungsorgane offensichtlich in einer Ratifikationslage, wenn sie dem von den Netzbetreibern entworfenen und von der Bundesnetzagentur unter Beteiligung der Öffentlichkeit mitgestalteten Netzentwicklungsplan durch Gesetz Verbindlichkeit für das nachfolgende Trassenfindungsverfahren und die abschließende Planfeststellung verschaffen. Dieses Defizit soll aber gerade durch die vorangehende Phase der Bedarfsplanvorbereitung (in der Verkehrswegeplanung entspräche dies dem Verfahren der Bundesverkehrswegeplanung) kompensiert werden. Hier wird also alles auf die Karte der frühen, gut informierten und in den weiteren Ablauf des Verfahrens fortwirkenden legitimatorischen Wirkung der Öffentlichkeitsbeteiligung gesetzt.

Die zweite Option liegt in der Zwischenschaltung eines neuen und zusätzlichen Verfahrensschrittes, in dem der Bedarf nach der gesetzlichen Bedarfsfeststellung und vor der Planfeststellung erörtert wird. Dieses von *Burgi* vorgeschlagene „Bedarfserörterungsverfahren" will eine wirklich „frühe" Bürgerbeteiligung ermöglichen, die sich auf das „Ob" des Großvorhabens bezieht. Dazu soll im jeweiligen Fachgesetz bestimmt werden, dass die „Vorstellungen des Vorhabenträgers über Art, Umfang, Standort und Kosten" des Vorhabens in einem bestimmten Punkt „gebündelt und dann explizit zum Gegenstand eines Erklärens, Zuhörens und schließlich Dokumentierens und Auseinandersetzens gemacht werden müssen"[53].

---

[52] Zusammenfassend im vorliegenden Zusammenhang dazu *Lippert*, Die Bedeutung der Öffentlichkeitsbeteiligung bei großen Infrastrukturvorhaben, ZUR 2013, 203, 210.

[53] *Burgi*, Das Bedarfserörterungsverfahren: Eine Reformoption für die Bürgerbeteiligung bei Großprojekten, NVwZ 2012, 277, 278 f.

Die dritte Option schließlich dürfte in einer Aufwertung des Prüfungs- und Entscheidungsprogramms der Planfeststellung in dem Sinne liegen, dass insbesondere im Rahmen der Planrechtfertigung und der Abwägung von Alternativen – einschließlich der „Null-Variante“ – über die Sinnhaftigkeit des Projektes erneut und abschließend zu verhandeln ist. Damit würde das Planfeststellungsverfahren den Stellenwert erhalten, den es in den Erwartungen der Öffentlichkeit offenbar bereits hat, indem auf der Grundlage konkreter Pläne (auch hinsichtlich der prognostizierbaren Kosten) auf der letzten Stufe des Verfahrens „alles auf den Tisch“ kommt und einer bis zu diesem Zeitpunkt offengehaltenen Entscheidung zugeführt wird.

Risiken und Schwierigkeiten dieser drei Optionen liegen auf der Hand. Sie lassen sich in dem Spannungsfeld der gebotenen öffentlichen Erörterung und der durch sie angestrebten demokratischen Legitimation einerseits und der erforderlichen stufenweisen Strukturierung des Planungs- und Entscheidungsprozesses andererseits verorten, die es nicht erlaubt, auf jeder nachfolgenden Stufe alle Fragen erneut zu Disposition zu stellen, die auf einer vorangehenden Stufe bereits abgearbeitet wurden. Im Sinne des Jubilars kann dies nur zu der Aufforderung führen, weiter nach angemessenen Lösungen zu suchen, anstatt der allzu einfachen vierten Option zu folgen, alles beim Alten zu lassen.

Frühe Öffentlichkeitsbeteiligung und Energiewende

Von *Sebastian Heselhaus*

I. Einleitung

In seiner Forschungstätigkeit hat sich der Jubilar insbesondere mit Fragestellungen des Umwelt- sowie des Bau- und Raumplanungsrechts auseinandergesetzt.[1] In der Schnittmenge dieser Forschungsgebiete liegt das Thema der Beteiligung der Öffentlichkeit an Verfahren zur Genehmigung von Anlagen oder zur Aufstellung von Plänen. Aktuelle Bedeutung hat dieses Thema in Deutschland in zweierlei Hinsicht gewonnen. Zum einen haben die Proteste gegen den Umbau des Stuttgarter Bahnhofs, nicht nur die Worte „Stuttgart 21" und „Wutbürger" landesweit bekannt gemacht, sondern auch das dort durchgeführte Mediationsverfahren hat Anlass gegeben, die Möglichkeiten der Beteiligung der Öffentlichkeit erneut zu überdenken. Dies bildete u. a. den Hintergrund für die Novellierung des Bundesverwaltungsverfahrensgesetzes im Hinblick auf die Möglichkeit einer (besonders) frühen Bürgerbeteiligung.[2]

Zum anderen stehen in der Europäischen Union (EU) große Infrastrukturprojekte an, deren rechtzeitige Durchführung am Widerstand in der Bevölkerung scheitern könnte. Die Förderung neuer Energien in der EU und noch stärker die in Deutschland angestrebte Energiewende, die neben der Reduktion des CO_2-Ausstoßes zusätzlich den Ausstieg aus der Kernenergie zum Ziel hat[3], erfordern insbesondere die Erneuerung und den Ausbau der Stromnetze. Leistungsfähigere und effizientere Stromkabel sind notwendig, um Strom mit möglichst geringem Energieverlust zu transportieren und zu verteilen. Deren mögliche Auswirkungen auf die Umwelt und auf die Gesundheit wecken aber in der Bevölkerung Widerstand, der in Deutschland bereits zu Protesten gegen die ersten Vorschläge für eine große Nord-Süd-Trasse, die Sued.Link, geführt haben.[4]

---

[1] *Koch*, Umweltrecht, 4. Aufl., 2014; Koch/*Hendler*, Baurecht, Raumordnungs- und Landesplanungsrecht, 5. Aufl. 2009.

[2] § 25 Abs. 3 VwVfG; näher dazu *Stüer*, Das Planvereinheitlichungsgesetz, DVBl 2013, S. 700 ff.; *Gross*, Überlegungen zur Reform der Öffentlichkeitsbeteiligung im Planfeststellungsverfahren, BauR 2012, 1340 ff.

[3] Näher dazu *Heselhaus*, Europäisches Energie- und Umweltrecht als Rahmen der Energiewende in Deutschland, EuRUP, 2013, 137 ff.

[4] Spiegelonline vom 8. Februar 2014, abrufbar unter http://www.spiegel.de/politik/deutschland/seehofer-will-kernpunkte-der-energiewende-neu-verhandeln-a-952220.html. Zum Projekt

In diesem Zusammenhang ist es bemerkenswert, dass die EU in der neuen Verordnung über die transeuropäischen Netze Energie (TEN-E-Verordnung) auf eine frühe Öffentlichkeitsbeteiligung zu einem Zeitpunkt setzt, wenn die Optionen für die Trassenbestimmung noch offen sind.[5] Im Folgenden soll untersucht werden, welche Schlüsse aus den Protesten gegen „Stuttgart 21" im Hinblick auf die Eignung einer Öffentlichkeitsbeteiligung zur Verfahrensbeschleunigung gezogen werden können (II.). Im Anschluss wird der Ansatz der EU, mithilfe der Öffentlichkeitsbeteiligung im Hinblick auf die Errichtung neuer Stromnetze zu einer Verfahrensbeschleunigung beizutragen, dargestellt (III.) und einer kritischen Würdigung unterzogen (IV.), bevor ein abschließendes Fazit gezogen wird (V.).

II. Neubewertung der Funktionen der Öffentlichkeitsbeteiligung nach „Stuttgart 21"?

1. Kehrtwende in der Bewertung?

Die Beteiligung der Öffentlichkeit im Verwaltungsverfahren ist seit ihrer Einführung in den 1970er Jahren in Lehre und Rechtsprechung umstritten gewesen. Das Spektrum der Bewertungen reicht von der Verleihung demokratischer Weihen[6] (Stichwort: partizipative Demokratie) bis zu einer betont instrumentalen Sicht allein aus Perspektive der Verwaltung (Stichwort: Informationsbeschaffung).[7] Die in der deutschen Praxis vorherrschende Sichtweise der Beteiligung der Öffentlichkeit in Abgrenzung zur Beteiligung rechtlich Betroffener ist primär der Perspektive der Verwaltung und der Antragsteller verhaftet.[8] Das hat in der Praxis zu einer Relativierung der Bedeutung der Öffentlichkeitsbeteiligung, nicht nur, aber insbesondere über die Fehlerfolgenlehre, die Verstöße gegen die einschlägigen Bestimmungen juristisch weitgehend für sanktionslos erklärt, geführt.[9] Im Vergleich dazu erscheint die aktuelle Renaissance der Öffentlichkeitsbeteiligung im Rahmen des Ausbaus der Ener-

---

s. *European Commission*, Technical Information on Projects of Common Interest, abrufbar unter http://ec.europa.eu/energy/infrastructure/pci/doc/com_2013_0711_technical_en.pdf.

[5] Art. 9 Abs. 4 Verordnung (EU) Nr. 347/2013 zu Leitlinien für die transeuropäische Energieinfrastruktur und zur Aufhebung der Entscheidung Nr. 1364/2006/EG und zur Änderung der Verordnungen (EG) Nr. 713/2009, (EG) Nr. 714/2009 und (EG) Nr. 715/2009 (TEN-E-Verordnung), ABl. 2013, L 115, 39, verlangt „mindestens eine Anhörung der Öffentlichkeit" vor der Einreichung der Antragsunterlagen. Vgl. Commission Staff Working Paper, SEC (2011) 1233, 9 ff.

[6] *Fisahn*, Demokratie und Öffentlichkeitsbeteiligung, 2002, S. 318 f.

[7] S. die Nachweise bei *Hendler*, Die bürgerschaftliche Mitwirkung an der Städtebaulichen Planung, 1977, S. 48, der selbst die Informationsbeschaffung aber nicht als wichtigste Funktion einstuft.

[8] So stellt die Reform des § 25 Abs. 3 VwVfG die Möglichkeit einer sehr frühen Bürgerbeteiligung in das Ermessen des Antragstellers.

[9] Ausführlich und kritisch dazu *Hufen*, Fehler im Verwaltungsverfahren, 4. Aufl. 2002, Rn. 156 ff., Rn. 178 ff.

gienetze mit der klaren Zielsetzung einer Verfahrensbeschleunigung wie eine dramatische Kehrtwende im Hinblick auf die Bewertung ihrer Funktionen. Das muss umso mehr überraschen als das Instrument der Öffentlichkeitsbeteiligung in der Vergangenheit sich jedenfalls als ein komplexes Unterfangen herausgestellt hat, an das keine übertriebenen Erwartungen in puncto Verfahrensbeschleunigung geknüpft werden sollten. So besteht derzeit durchaus die Gefahr einer Überschätzung und Überladung dieses Instrumentes mit der möglichen Folge einer enttäuschten Abwendung. Um dem entgegenzuwirken gilt es, die offenbar erfolgte Neubewertung der Funktionen der Öffentlichkeitsbeteiligung kritisch zu überprüfen und die neuen rechtlichen Regelungen an diesem Ergebnis zu messen.

2. Demokratische Legitimationsketten und „Stuttgart 21"

Das Bahnhofsprojekt „Stuttgart 21" firmiert in der aktuellen Diskussion über Beteiligungsrechte als Referenz für die Thesen von einer Krise des parlamentarisch-demokratischen Systems insgesamt oder zumindest der Entscheidungsverfahren für Großprojekte.[10] Aus der tradierten juristischen Sicht der Vermittlung von Legitimation unter dem Grundgesetz muss die Ausübung von Staatsgewalt in einer ununterbrochenen Kette auf das Volk zurückgeführt werden können (Art. 20 Abs. 2 S. 1 GG).[11] Entscheidend ist, dass in der Vermittlung über das Parlament letztlich das Volk ausreichend Einfluss auf das Handeln von Legislative und Exekutive hat. Diese Legitimationskette wird aus drei Strängen gewoben, die sich gegenseitig ergänzen, teilweise auch gegenseitig Mängel kompensieren können. Zum Erreichen des erforderlichen Legitimationsniveaus muss erstens die funktionell-institutionelle Legitimation gesichert sein. Danach muss sich das staatliche Handeln über die zuständige Institution oder die ausgeübte Aufgabe auf eine entsprechende rechtliche Zuweisung zurückführen lassen.[12] Zweitens erfordert die personelle Legitimation, dass der tätig werdende Amtswalter vom Volk direkt oder von dessen gewählten Organen ernannt wird.[13] Schließlich muss nach der sachlich-inhaltlichen Legitimation das Handeln in der Sache unmittelbar von der Verfassung oder vom Parlament vorgegeben werden. Zusätzlich muss die Aufsicht durch den zuständigen Minister gesichert sein.[14]

---

[10] *Wittreck*, Demokratische Legitimation von Großvorhaben, ZG 2011, 209; *Hacke*, Stuttgart 21 – Das lange Leben des technischen Staates, Bl. f. deutsche und int. Politik 2011, 97, 104 f.; *Sarcinelli*, Ein Testfall für die Demokratie, Das Parlament, 2011, 9 ff., konstatiert Legitimationszweifel und eine Kommunikationskrise.

[11] S. nur BVerfGE 93, 37, 67 f.; BVerfGE 83, 60, 70.

[12] Grundlegend *Böckenförde*, Demokratie als Verfassungsprinzip, in: ders. (Hrsg.), Staat, Verfassung, Demokratie, 1991, S. 289, 301.

[13] *Böckenförde* (Fn. 12), S. 305.

[14] *Böckenförde* (Fn. 12), S. 308.

In der Literatur ist nachgewiesen worden, dass diese Vorgaben im Fall „Stuttgart 21“ gewahrt worden waren.[15] Institutionell-funktional hatten die zuständigen Organe und Behörden im Rahmen der ihnen zugewiesen Aufgaben gehandelt. Das gilt für die Entscheidung des Europäischen Parlaments und des Europäischen Rates über die „europäische Magistrale“ von Paris nach Bratislava von 1996, deren Bestandteil die Anbindung Stuttgarts gewesen ist[16], für den von der Bundesregierung 2003 beschlossenen Bundesverkehrswegeplan[17] sowie für den vom Bundestag in Gesetzesform verabschiedeten Bedarfsplan für Straße und Schiene[18], den an zentraler Stelle stehenden Planfeststellungsbeschluss des Eisenbahn-Bundesamtes 2005[19] bis hin zum Raumordnungsverfahren inklusive Umweltverträglichkeitsprüfung von 1996/1997 durch das Regierungspräsidium Stuttgart[20] und die spätere Flächennutzungs- und Bauleitplanung der Stadt Stuttgart[21]. Die personelle Legitimation der handelnden Amtswalter ist unbestritten, insbesondere sind auch unmittelbar gewählte Parlamente tätig geworden.[22] Schließlich kann für die sachlich-inhaltliche Legitimation auf die Bindung an die einschlägigen Gesetze, die erfolgte Kontrolle seitens der Gerichte und der Ministerialverwaltung verwiesen werden.[23] Die spätere Schlichtung fügt sich in dieses Legitimationsmodell als unverbindlicher Akt ein, der dem Vorfeld der abschließenden Entscheidung zugeordnet werden kann.[24] Vergleichbar ist die Legitimation nach diesem organisatorisch-formalen Modell auch für den Finanzierungsvertrag gesichert gewesen, der sich materiell letztlich auf die Budgetverantwortung des Landtags von Baden-Württemberg abstützt.[25]

Grundsätzlich weist dieses hierarchisch-demokratische Modell unbestreitbare Vorteile auf. Insbesondere stellt es im Rahmen der repräsentativen Demokratie effiziente Entscheidungsverfahren zur Verfügung. Gesetzgeberische und administrative Entscheidungen können zeitnah getroffen werden und bedürfen nicht in jedem Fall einer aufwändigen Rückkopplung an den aktuellen Volkswillen. Doch hat sich in der Realität gezeigt, dass die dergestalt erzeugte Legitimation die wütenden Proteste in Stuttgart nicht hat verhindern können. Eine Besonderheit der Stuttgarter Proteste

---

[15] Ausführlich dazu *Wittreck* (Fn. 10),211 ff., 214 ff.

[16] Entscheidung Nr. 1692/96/EG, ABl. L 228, S. 1.

[17] BT-Drs. 15/2050.

[18] S. Anlage zu § 1 Bundesschienenwegeausbaugesetz (BSWAG), BGBl. 1993, I S. 1874, zuletzt geändert durch Art. 309 Verordnung vom 31. Oktober 2006, BGBl. 2006, I S. 2407.

[19] Näher dazu *Gross*, Stuttgart 21: Folgerungen für Demokratie und Verwaltungsverfahren, DÖV 2011, 510 ff.

[20] Nachweise bei *Schönenbroicher*, Irritationen um „Stuttgart 21“, VBlBW 2010, 466, 467.

[21] *Hacke* (Fn. 10), S. 97.

[22] *Wittreck* (Fn. 10), 214.

[23] *Wittreck* (Fn. 10), 214.

[24] *Wittreck* (Fn. 10), 215.

[25] *Wittreck* (Fn. 10), 212.

liegt darin, dass sie quer durch alle Bevölkerungsschichten artikuliert wurden[26] und nicht als Äußerungen notorischer Protestler abgewertet werden können. Vielmehr belegt die Verteilung der Proteste auf Anhänger unterschiedlichster politischer Parteien, dass tradierte soziale Legitimationsleistungen über die Zugehörigkeit zu einer das betreffende Projekt tragenden Partei faktisch keine ausreichende legitimatorische Wirkung mehr erzielen.

Ferner zeigt „Stuttgart 21" auch ohne die bedauerlichen Eskalationen beispielhaft das Versagen anderer sozialer Legitimationsleistungen in entsprechenden Konfliktsituationen auf. Die vielfältigen Auswirkungen, die in der Kritik standen, von den finanziellen Kosten über die Auswirkungen auf die Parklandschaft in der Stuttgarter Innenstadt bis zu möglichen Folgen des Projektes für den Grundwasserspiegel,[27] sind von Fachleuten höchst unterschiedlich eingeschätzt worden. Insgesamt hat die Überzeugungskraft wissenschaftlich-technischer Einschätzungen durch zahlreiche negative Erfahrungen in der Vergangenheit, wie etwa das aus politischen Gründen geschönte Gorleben-Gutachten von 1983[28], deutlich nachgelassen. Angesichts des Funktionsverlustes solcher zusätzlichen Legitimationsvermittlungen stößt das tradierte hierarchisch-demokratische Modell an seine Grenzen.

3. Demokratisch-partizipative Legitimation?

Die Beteiligung der Öffentlichkeit an Verfahren jenseits von Abstimmungen und Wahlen wird in der Literatur weit verbreitet als partizipative Demokratie bezeichnet.[29] Allerdings ist deren Legitimationsleistung nicht unbestritten. Insbesondere wird befürchtet, dass die Partizipation gegen die repräsentative Demokratie (im hierarchischen Modell) ausgespielt werden könnte. Im Beispiel „Stuttgart 21" reklamierten die Protestierenden, dass sie die aktuelle Volksmeinung repräsentierten, während sich die rechtlich zur Entscheidung berufenen Institutionen vom aktuellen Volkswillen weit entfernt hätten. Eine solche Funktionalisierung partizipativ-demokratischer Instrumente ist indes nicht überzeugend. Grundsätzlich ist festzuhalten, dass die faktische Möglichkeit der Partizipation an entsprechenden Maßnahmen nicht jedermann in gleicher Weise eröffnet ist, wie die Teilnahme an Wahlen und Abstimmungen.[30] Hinzu kommt die Unklarheit über die Bezugsgröße „Volk". Geht es um eine Entscheidung des Deutschen Volkes oder des Landesvolkes von Baden-Württem-

---

[26] *Böhm*, Bürgerbeteiligung nach Stuttgart 21: Änderungsbedarf und Perspektiven, NuR 2011, 614 ff.

[27] *Gassner/Siederer/Neusüss*, Zulassungsrechtliche Folgen des von der DB gestellten Antrags auf Verdoppelung der Grundwasserförder- und Entnahmemengen im Projekt „Stuttgart 21", abrufbar unter http://stuttgart21.wikiwam.de/images/de_stuttgart21_/9/98/Grassner_Gutachten_Grundwassermanagement_06–2001.pdf.

[28] S. Die Welt vom 9.9.2009, einsehbar unter http://www.welt.de/politik/deutschland/article4499880/Gorleben-Gutachten-ist-ein-willkommener-Skandal.html.

[29] *Kersten*, Transformationen der Demokratie, 2014, S. 12.

[30] *Kersten* (Fn. 29), S. 12.

berg, die beide im Grundgesetz erwähnt werden[31], oder soll lediglich die Bevölkerung in der kommunalen Selbstverwaltung entscheidungsbefugt sein oder – räumlich noch enger – die in ihren Rechten Betroffenen? Im Beispiel „Stuttgart 21“ könnte man für alle aufgezählten Varianten Gründe ins Feld führen: die Konzeption des neuen Stuttgarter Bahnhofs hat überregionale Auswirkungen auf die West-Ost-Verbindung von Paris bis nach Bratislava, auf die Gesamtplanung der Mobilität auf der Schiene in Baden-Württemberg und auf die Umwelt und die Anwohner vor Ort. Es bedarf besonderer Betonung, dass in „Stuttgart 21“ letzten Endes die Protestler keinen ausreichenden Rückhalt im Landesvolk gehabt hatten. Denn in der weiteren Entwicklung hat das Landesvolk mit einem positiven Votum in der Volksabstimmung über den Finanzierungsvertrag die neue Konzeption des Bahnhofs indirekt gutgeheißen.[32] So ist „Stuttgart 21“ ein Beispiel dafür, dass der von den Stimmbürgern artikulierte aktuelle Volkswille, hier im Land Baden-Württemberg nicht mit den – partizipativ demokratisch geäußerten – Ansichten der protestierenden Menschen übereinstimmte.

Trotz dieser Einschränkungen ist partizipative Demokratie nicht nur eine „gefühlte“ Demokratie.[33] Das gilt rechtlich für die EU seit dem Lissabonner Vertrag, der in seinem Art. 10 EUV verschiedene Formen der Bürgerbeteiligung dem Titel II „Bestimmungen über die demokratischen Grundsätze“ zuordnet. Wenn unter diesem Titel Art. 10 Abs. 1 EUV besagt, dass die EU auf der repräsentativen Demokratie „beruht“, dann folgt aus dem systematischen Zusammenhang, dass den partizipativ-demokratischen Elementen eine ergänzende Funktion zukommt und sie die Grundsätze der repräsentativen Demokratie nicht konterkarieren dürfen. Der gescheiterte Vertrag über eine Verfassung für Europa bezeichnete den gleichlautenden Art. I-47 als „Grundsatz der partizipativen Demokratie“.[34]

4. Energietrassen und das Partizipationsdilemma

Die Erneuerung und der Ausbau der bestehenden Stromnetze treffen in der Bevölkerung auf große Vorbehalte. Auch wenn das Ziel der Energiewende in Deutschland (noch) von einer Mehrheit in der Bevölkerung getragen wird, ist den wenigsten bewusst, welche Folgen das für den Ausbau der Stromnetze hat. Um die stärkere Hinwendung zu erneuerbaren Energien effektiv realisieren zu können, müssen Probleme wie die Verbraucherferne, die Dezentralisation und Vielfalt sowie die Volatilität der Stromproduktion gelöst werden. Dies bedarf des Einsatzes nicht nur sog. smart grids, die eine bessere Lenkung des Verbrauchs ermöglichen sollen, sondern auch von power grids, einer Hochleistungsnetzinfrastruktur. Damit wird insbesondere die

---

[31] S. nur Art. 1 Abs. 2 und Art. 29 Abs. 3 (Volksentscheid in den Ländern) GG.

[32] Grundsätzlich zu finanzrelevanten Entscheidungen und direkter Demokratie *Gross* (Fn. 19), 514.

[33] Kritisch *Wittreck* (Fn. 10), 216.

[34] *Folz*, in: Vedder/Heintschel von Heinegg (Hrsg.), Europäischer Verfassungsvertrag, Handkommentar, 2007, Art. I-47 Rn. 1–3.

Menge des transportierten Stroms größer, d.h. die elektromagnetische Strahlung nimmt zu. Ist das bereits bei herkömmlichen Überlandleitung ein Probleme für die Akzeptanz seitens der Anwohner, verstärken sich die Vorbehalte im Falle der neuen power grids. Eine erfolgreiche Umsetzung der Energiewende, aber auch der von der EU insgesamt angestrebten CO_2-armen Energiewirtschaft verlangt aber eine zügige Erneuerung der bestehenden Stromnetze. So werden die Problematik rascher bzw. erfolgreicher Verwaltungsverfahren und die Bedeutung, die dabei einer Beteiligung der Öffentlichkeit zukommt, zu wichtigen Frage für die Umsetzung der Energiepolitik in Europa in den nächsten Jahren. Ausdrücklich will die Kommission in dieser Situation auf das Instrument der Partizipation der Öffentlichkeit setzen, um auf diese Weise Widerstände in der Bevölkerung zu überwinden.[35]

Eine besonders frühzeitige Beteiligung der Öffentlichkeit kann gewährleisten, dass noch möglichst viele Optionen offen sind und die notwendige Engführung auf nur noch wenige Optionen unter Mitwirkung der Öffentlichkeit und damit auch der potenziell Betroffenen erfolgt. Damit kann ein größerer Spielraum für Verhandlungslösungen eröffnet werden. Aber eine sehr frühe Bürgerbeteiligung kann noch einen weiteren Vorteil generieren. Sofern es gelingt, in einem frühen Stadium die Akzeptanz, wenn nicht sogar die Zustimmung der Mehrheit zu erhalten, könnte eine in einem späteren Stadium geformte NIMBY-Opposition (not in my backyard) nicht erfolgreich für sich reklamieren, für den „aktuellen Volkswillen" zu sprechen. Solche Beweggründe könnten bei einer vorgezogenen Öffentlichkeitsbeteiligung marginalisiert werden, da die Gruppe der nicht unmittelbar Betroffenen jeweils größer ist. Zugleich sind die Chancen sich durchzusetzen für die verschiedenen regionalen Gruppen theoretisch gleich verteilt.

Doch führt die frühe Öffentlichkeitsbeteiligung in ein Dilemma, zuweilen wird auch vom Partizipations-Paradoxon gesprochen.[36] Partizipation erfordert von den Menschen Engagement. Zu diesem sind sie umso eher bereit, je stärker sie selbst von einer Maßnahme betroffen sind. Daraus folgt, dass die Bereitschaft zur Partizipation zunimmt, je weiter die Planungen für ein konkretes Projekt vorangeschritten sind und je eher man die eigene Betroffenheit konkret erkennen kann. Je weiter die Planungen aber vorangeschritten sind, umso geringer wird der Spielraum für Alternativen bzw. die Bereitschaft auf Seiten der Antragsteller und der involvierten Behörden, die bereits geleistete Arbeit durch grundsätzliche Alternativen wieder in Frage zu stellen. Im Folgenden soll aufgezeigt werden, wie mit diesem Dilemma in der EU im Hinblick auf die neuen Energietrassen umgegangen wird.

---

[35] TEN-E-Verordnung (EU) Nr. 347/2013 (Fn. 5); vgl. Commission Staff Working Paper, SEC (2011) 1233, 9 ff.

[36] Optionen moderner Bürgerbeteiligung bei Infrastrukturprojekten – Ableitungen für eine verbesserte Beteiligung auf Basis von Erfahrungen und Einstellungen von Bürgern, Kommunen und Unternehmen, Universität Leipzig, Kompetenzzentrum Öffentliche Wirtschaft, Infrastruktur und Daseinsvorsorge e.V., S. 60.

III. Frühe Öffentlichkeitsbeteiligung nach der TEN-E-Verordnung

1. Rechtsgrundlage und Umfang

Die TEN-E-Verordnung erfasst die Infrastrukturnetze der wichtigsten Energieträger bzw. Energien, neben Strom, Gas und Erdöl[37] aber auch die Kohlenstofftransportinfrastruktur.[38] Bei Letzterer geht es darum, mittels entsprechender Transportnetze einen effektiven Einsatz von CO_2-Abscheidungs- und Speicherungstechnologien gewährleisten zu können.[39] Die Verordnung löst die alte TEN-E-Entscheidung 1364/2006/EG ab[40] und trifft die Vorgaben insbesondere für die sog. Vorhaben von gemeinsamem Interesse (*projects of common interest*, PCIs). Sie wird um das neue Finanzierungsinstrument, die sog. *Connecting Europe Facility*, ergänzt.[41] Beide Rechtsakte werden zutreffend auf die Kompetenzen der EU für transeuropäische Netze nach Art. 172 AEUV gestützt.[42] Denn diese Vorschrift ist spezieller gegenüber der Kompetenz der EU zur Energiepolitik nach Art 194 AEUV, insbesondere enthält sie in Art. 172 Abs. 2 AEUV spezifische Vorbehalte einer Zustimmung der Mitgliedstaaten für die Festlegung von Energietrassen, die deren Hoheitsgebiet betreffen.[43]

2. Ablauf der Trassenplanung und -festlegung

Die neue TEN-E-Verordnung ist inhaltlich auf die PCIs fokussiert. Zu den vorrangigen thematischen Aspekten zählen sog. intelligente Netze und sog. Stromautobahnen. Das Ziel, der „rechtzeitige[n] Entwicklung und Interoperabilität vorrangiger transeuropäischer Energieinfrastrukturkorridore und -gebiete“[44], soll im Rahmen der im Anhang I der TEN-E-Verordnung aufgeführten Stromkorridore erreicht werden.[45] Vorhaben, die für die Realisierung der in Anhang I genannten vorrangigen Energieinfrastrukturkorridore und -gebiete „erforderlich“ sind, werden mit der Aufnahme in eine entsprechende Liste (sog. Unionsliste) zu PCIs. In Art. 4 TEN-E-Verordnung werden spezifische Kriterien vorgegeben, die „Vorhaben von gemeinsamem Interesse“ erfüllen müssen. Ausdrücklich wird festgehalten, dass die Vorhaben für

[37] Art. 1 Abs. 1 lit. a TEN-E- Verordnung (Fn. 5).

[38] Art. 1 Abs. 1 lit. a und 20. Begründungserwägung TEN-E-Verordnung (Fn. 5).

[39] S. den Vorschlag der Kommission zur TEN-E-Verordnung, KOM(2011) 658, S. 4.

[40] Entscheidung 1364/2006/EG, ABl. 2006 L 262, 1.

[41] Pressemitteilung der Europäischen Kommission, einsehbar unter http://europa.eu/rapid/press-release_IP-11-1200_de.htm (zuletzt besucht am 03.06.2013).

[42] Zum Streit um die richtige Kompetenzgrundlage s. *Nettesheim*, Energieversorgungssicherheit in der EU, in: Giegerich (Hrsg.), Herausforderungen und Perspektiven der EU, 2012, S. 77, 85 ff; *ders.*, Das Energiekapitel im Vertrag von Lissabon, JZ 2010, 19, 20.

[43] *Heselhaus*, EurUP 2013; a.A. *Calliess*, in: Calliess/Ruffert (Hrsg.), EUV/AEUV, 4. Aufl. 2011, Art. 194, Rn. 17.

[44] Art. 1 Abs. 1 TEN-E-Verordnung (Fn. 5).

[45] Daneben noch weitere Energieinfrastrukturkorridore für Gas und Erdöl.

mindestens einen bzw. eines der vorrangigen Energieinfrastrukturkorridore und -gebiete erforderlich sein müssen.[46] Der potenzielle Gesamtnutzen der PCIs muss die – auch langfristigen – Kosten übersteigen.[47] Die im Vorschlag der Kommission noch erfolgte Konkretisierung, dass die Vorhaben wirtschaftlich, sozial und ökologisch tragfähig sein müssten,[48] ist im späteren Rechtsakt entfallen. Doch dürften diese Kriterien Aspekte des potenziellen Gesamtnutzens sein. Ferner müssen die Vorhaben eine grenzüberschreitende Dimension aufweisen. Das ist gegeben, wenn sie die Grenze mindestens zweier Mitgliedstaaten oder eines Mitgliedstaates und eines Staates des EWR queren oder sich zwar im Hoheitsgebiet nur eines Mitgliedstaates befinden, aber erhebliche grenzüberschreitende Auswirkungen haben.[49] Für den Bereich der Stromnetze werden in Art. 4 TEN-E-Verordnung ferner die speziellen PCI-Kriterien Stromspeicherung, Marktintegration, Nachhaltigkeit und Versorgungssicherheit genannt.[50]

Für die Auswahl der PCIs ist ein Mehrebenen-Verfahren vorgesehen, das mit einer Entscheidung der Kommission endet. Die Vorauswahl erfolgt über zwölf regionale Gruppen.[51] Diese setzen sich im Falle von Stromvorhaben aus Vertretern der Mitgliedstaaten, der nationalen Regulierungsbehörde, der Übertragungsnetzbetreiber sowie der Kommission, der Agentur und des ENTSO-Strom zusammen.[52] Diese Gruppen beschliessen regionale Listen von Vorhaben. Auf deren Grundlage erstellt die Kommission eine Unionsliste im Wege der delegierten Rechtsetzung.[53] Die erste Unionsliste ist mit der delegierten Verordnung (EU) Nr. 1391/2013 aufgestellt worden.[54] Die Aufnahme in die Unionsliste hat zum einen rechtlich zur Folge, dass die ausgewählten PCIs feste Bestandteile der regionalen Investitionspläne[55] und der nationalen Zehnjahresentwicklungspläne[56] werden. Zum anderen ist in einer nachfolgenden Genehmigungsentscheidung materiell von der energiepolitischen Erforderlichkeit der ausgewählten PCIs auszugehen[57] und sie gelten im Hinblick auf die

[46] Art. 4 Abs. 1 lit. a TEN-E-Verordnung (Fn. 5).

[47] Art. 4 Abs. 1 lit. b TEN-E-Verordnung (Fn. 5).

[48] Kommission (Fn. 35), SEC (2011) 1233.

[49] Art. 4 Abs. 1 lit. c i)-iii) TEN-E-Verordnung (Fn. 5). Die grenzüberschreitenden Auswirkungen sind nach Anhang IV Nr. 1 TEN-E-Verordnung zu beurteilen.

[50] Art. 4 Abs. 2 TEN-E-Verordnung (Fn. 5).

[51] Art. 3 Abs. 1 TEN-E-Verordnung (Fn. 5).

[52] Anhang III Ziff. 1 TEN-E-Verordnung (Fn. 5).

[53] Art. 3 Abs. 4 TEN-E-Verordnung (Fn. 5).

[54] ABl. 2013, L 349, S. 28 ff.

[55] Art. 3 Abs. 6 TEN-E-Verordnung (Fn. 5) verweist insofern auf Art. 12 Verordnung (EG) Nr. 714/2009 und der Verordnung (EG) Nr. 715/2009.

[56] Art. 3 Abs. 6 TEN-E-Verordnung (Fn. 5) verweist insofern auf Art. 22 Richtlinien 2009/72/EG und 2009/73/EG.

[57] Art. 7 Abs. 1 TEN-E-Verordnung (Fn. 5).

FFH-Richtlinie als Vorhaben, die in energiepolitischer Hinsicht von öffentlichem Interesse sind.[58]

Die Vorhabenträger und alle betroffenen Behörden müssen eine zügige Bearbeitung sicherstellen.[59] Den PCIs muss der im nationalen Recht der höchstmögliche Status eines Vorhabens zuerkannt werden und sie müssen dementsprechend im Genehmigungsverfahren sowie in einem Raumordnungsverfahren einschliesslich der Umweltverträglichkeitsprüfung behandelt werden.[60] Genehmigungsverfahren dürfen nicht länger als drei Jahre und sechs Monate dauern.[61] Sind zwei oder mehr Mitgliedstaaten betroffen, müssen die zuständigen Behörden alle für eine effiziente und effektive Zusammenarbeit und Koordinierung untereinander erforderlichen Schritte ergreifen. Die Mitgliedstaaten müssen sich um gemeinsame Verfahren, vor allem für die Umweltverträglichkeitsprüfung bemühen.[62]

3. Die Beteiligung der Öffentlichkeit

a) Beteiligung im Genehmigungsverfahren

Die EU-Rechtsetzungsorgane teilen die Ansicht der Kommission, dass sich mögliche Widerstände in der Bevölkerung über bessere Partizipationsmöglichkeiten verringern liessen.[63] Ausdrücklich sollen in den Genehmigungsverfahren „die höchstmöglichen Standards in Bezug auf Transparenz und die Beteiligung der Öffentlichkeit" zum Einsatz kommen.[64] Aus diesem Grund wird insbesondere der erste Anhörungstermin sehr weit vorverlegt: Noch vor Einreichung der endgültigen und vollständigen Antragsunterlagen muss mindestens eine Anhörung der Öffentlichkeit durch den Vorhabenträger oder, je nach nationalen Vorgaben, durch die zuständige Behörde durchgeführt werden.[65] Davon bleiben andere, später vorgesehene Anhörungen, etwa im Rahmen der Umweltverträglichkeitsprüfung, ausdrücklich unberührt. Ziel ist es, insbesondere den am besten geeigneten Standort oder die am besten geeignete Trasse festzustellen sowie die „zu behandelnden relevanten Themen" zu identifizieren.[66]

Ferner sind spezifische Grundsätze über die Öffentlichkeitsbeteiligung in Anhang VI der TEN-E-Verordnung niedergelegt worden. Danach ist die Beteiligung sehr

---

[58] Art. 7 Abs. 8 UAbs. 1 TEN-E-Verordnung (Fn. 5).

[59] Art. 7 Abs. 2 TEN-E-Verordnung (Fn. 5).

[60] Art. 7 Abs. 3 TEN-E-Verordnung (Fn. 5).

[61] Art. 10 Abs. 2 TEN-E-Verordnung (Fn. 5).

[62] Art. 8 Abs. 5 TEN-E-Verordnung (Fn. 5).

[63] Kommission (Fn. 5), SEK (2011) 1233, S. 10 ff. Ein derart expliziter Hinweis fehlt in der TEN-E-Verordnung (Fn. 5).

[64] 30. Begründungserwägung TEN-E-Verordnung (Fn. 5).

[65] Art. 9 Abs. 3 UAbs. 1 Abs. 4 TEN-E-Verordnung (Fn. 5).

[66] Art. 9 Abs. 3 UAbs. 1 TEN-E-Verordnung (Fn. 5).

weitgehend auf nationale, regionale und lokale Behörden, Grundbesitzer und Bürger, die in der Nähe des Vorhabens leben, sowie die „Öffentlichkeit und deren Verbände, Organisationen oder Gruppen" auszurichten.[67] Diese müssen umfassend informiert werden, bevor sie frühzeitig auf „offene und transparente Weise" anzuhören sind.[68] Anhang VI enthält eine Liste von Essentialia für die Informationen, die veröffentlicht werden müssen. Dazu zählt insbesondere ein Verfahrenshandbuch, das konkret alle wichtigen Daten und Adressen enthält.[69]

Die Verfahren für die PCIs sollen nach Möglichkeit in Gruppen zusammengefasst werden.[70] Es müssen alle Themen in Anhörungen behandelt werden, pro Thema ist maximal eine Anhörung anzusetzen. Diese betreffende Anhörung kann aber durchaus geographisch verteilt an verschiedenen Orten stattfinden. Das ist bei Stromtrassen, die sich oft über ein weites Gebiet erstrecken, sinnvoll, um die Teilnahme für Einzelne zu erleichtern.

Ferner wird bestimmt, dass Kommentare und Einwände nur vom Beginn der Anhörung bis zum Ablauf der Frist zulässig sind.[71] Damit wird offensichtlich eine Präklusion im Verwaltungsverfahren vorgegeben. Eine Ausdehnung auch auf das zeitlich nachfolgende Verwaltungsprozessrecht erscheint nicht intendiert. Eine solche materielle Präklusion im Verwaltungsprozess hätte einen weitgehenden Eingriff in den Grundsatz der Verfahrensautonomie der Mitgliedstaaten bedeutet, der einer deutlicheren Formulierung bedurft hätte und kompetenzrechtlich bedenklich wäre.

Diese Vorgaben sind in Deutschland im Fall der Sued.Link durch die Antragsteller umgesetzt worden. Insbesondere der Antragsteller TenneT hat seine Pläne bereits in im Stadium vor der Antragstellung im Internet aufgeschaltet und lädt die Öffentlichkeit zur Beteiligung ein. Alle Eingaben werden an die Bundesnetzagentur weiter gereicht.[72] Ausdrücklich wird darauf hingewiesen, dass es sich um eine Planung im Vorstadium der Antragstellung handelt. Dennoch hat das nicht verhindern können, dass die Planung für die Trasse Sued.Link in den Medien ohne deutlichen Hinweis auf dieses frühe Stadium veröffentlicht worden ist und sich in den betroffenen Gemeinden bereits Widerstand formiert. Erschwerend kommt hinzu, dass der Ministerpräsident von Bayern, Horst Seehofer, schon im Vorfeld seine Unterstützung der Proteste deutlich macht. Dies wird für das Ziel der großen Koalition, die Energiewende zu schaffen, als kontraproduktiv eingeschätzt.[73]

---

[67] Anhang VI Ziff. 3 lit. a) der TEN-E-Verordnung (Fn. 5).

[68] Ziff. 3.a) Anhang VI TEN-E-Verordnung (Fn. 5).

[69] Ziff. 5 Anhang VI TEN-E-Verordnung (Fn. 5).

[70] Ziff. 3.b) Anhang VI TEN-E-Verordnung (Fn. 5).

[71] Ziff. 3.c) Anhang VI TEN-E-Verordnung (Fn. 5).

[72] S. die Homepage von TenneT, einsehbar unter http://suedlink.tennet.eu/trassenkorridore/vorschlag-trassenkorridor.html.

[73] Spiegelonline (Fn. 4).

b) Beteiligung der Öffentlichkeit bei der Aufstellung der Unionsliste

Zwar wird in der TEN-E-Verordnung größerer Wert auf die Beteiligung der Öffentlichkeit gelegt, doch fällt in der Gesamtbetrachtung des Verfahrens auf, dass sich diese Vorschriften lediglich auf die Genehmigungsverfahren und die Trassenfestlegung nach der Erstellung der Unionsliste der PCIs beziehen. Für die Frage, inwieweit für die Erstellung der Unionsliste und für die Qualifizierung eines Vorhabens als PCI eine Öffentlichkeitsbeteiligung durchzuführen ist, lässt sich die Antwort den EU-Rechtsakten nicht ebenso transparent entnehmen. Vereinzelt haben Umweltverbände gerügt, dass eine Beteiligung bei der Aufstellung der Unionsliste unterblieben sei.[74] Demgegenüber weist die Bundesregierung in Beantwortung einer Kleinen Anfrage darauf hin, dass das Verfahren zur Aufstellung der Unionsliste „in der Hand der Europäischen Kommission" liege.[75] Diese habe eine Anhörung gemäß Anhang III Ziff. 1 Nr. 5 TEN-E-Verordnung durchgeführt.[76]

In der Tat hat die Kommission 2012 eine Internet-Konsultation über einen Zeitraum von 3,5 Monaten ins Werk gesetzt. Gegenstand waren zum einen die Vorschläge für die TEN-E-Verordnung und die Verordnung über die *Connecting Europe Facility*[77] sowie zum anderen eine Liste über die PCIs.[78] Die Webseite enthielt aber keine weiteren Informationen zu den PCIs, sondern begnügte sich mit der Wiedergabe der Auflistung. In Art. 3 Abs. 4 i.V. mit Art. 16 TEN-E-Verordnung wird die Kommission ermächtigt, die Unionsliste durch eine delegierte Verordnung zu erlassen. Nach Art. 3 Abs. 5 TEN-E-Verordnung wird ihr dabei weder aufgegeben, einen Umweltbericht zu erstellen, noch die Öffentlichkeit anzuhören. Viel spricht dafür, dass es sich bei der von der Kommission vorgenommenen Konsultation um die allgemeine Konsultation nach Art. 11 EUV handelt, nicht aber um eine Öffentlichkeitsbeteiligung im Zusammenhang mit einer UVP.

Die Kommission entscheidet über die Unionsliste auf Basis der von den sog. regionalen Gruppen von Mitgliedstaaten eingereichten regionalen Listen.[79] Diese setzen sich gemäß Anhang III Ziff. 1 Abs. 1 TEN-E-Verordnung aus Vertretern der Mitgliedstaaten, der nationalen Regulierungsbehörden, der Übertragungsnetzbetreiber sowie der Kommission, der Agentur und des ENTSO-Strom zusammen. Die Gruppen sollen die „Organisationen, die die relevanten betroffenen Kreise vertreten", ins-

---

[74] Umweltdachverband Österreich vom 17. Oktober 2013, abrufbar unter http://www.umweltdachverband.at/presse/presse-detail/?tx_ttnews%5Btt_news%5D=1082&cHash=2012b19139e87273e17184e73a438785.

[75] BT-Drs. 17/14131 vom 26. Juni 2013, S. 2.

[76] BT-Drs. 17/14131 vom 26. Juni 2013, S. 3.

[77] S. Fn. 41.

[78] Die Homepage der Kommission zu den PCIs ist abrufbar unter http://ec.europa.eu/energy/infrastructure/consultations/20120620_infrastructure_plan_en.htm.

[79] Art. 3 Abs. 3 und 4 TEN-E-Verordnung (Fn. 5).

besondere die Umweltschutzorganisationen, anhören.[80] Die Öffentlichkeit wird nicht weiter erwähnt. Die Kriterien für die Aufnahme von Projekten in die Unionsliste sind allesamt energiepolitisch orientiert, Auswirkungen auf die Umwelt werden nicht genannt.[81] Damit wird deutlich, dass die TEN-E-Verordnung bei der Erstellung der Unionsliste weder eine UVP vorsieht, insbesondere keinen Umweltbericht verlangt, und auch keine entsprechende Beteiligung der Öffentlichkeit, die zu diesen Informationen Stellung nehmen soll und deren Eingaben bei der Entscheidungsfindung zu berücksichtigen wären. Entscheidend wird damit die Frage, ob die Erstellung der Unionsliste UVP-pflichtig ist.

In der Literatur ist die Problematik gestufter Verfahren unter Beteiligung der EU-Organe einerseits und mitgliedstaatlicher Behörden andererseits im Hinblick auf die UVP und die Beteiligung der Öffentlichkeit gesehen, aber für unproblematisch erachtet worden. Denn es handle sich regelmäßig um Planung im Wege der Gesetzgebung und dies mache eine separate Beteiligung der Öffentlichkeit überflüssig.[82] Demgegenüber sind jedoch Bedenken anzubringen. Zunächst dürfte eine sachgerechte Anwendung der Aarhus-Konvention bzw. der einschlägigen EU-Regelungen nicht zu dem Ergebnis kommen, dass jede parlamentarische Befassung mit einer Planung oder Genehmigung per se eine UVP und die damit zusammenhängende Beteiligung der Öffentlichkeit ersetzt. Vielmehr muss sie auch qualitativ die Vorgaben einer UVP einhalten.[83] Zum anderen besteht im Hinblick auf die Unionsliste unter der TEN-E-Verordnung die Besonderheit, dass die Festlegung der Unionsliste durch die Kommission mittels einer delegierten Verordnung erfolgt.[84] Es kommt also nicht zu einer Befassung des Parlaments, sondern zu einer rein exekutivischen Rechtsetzung. Ob diese aber ein Äquivalent für eine Beteiligung der Öffentlichkeit darstellen kann, erscheint eher fraglich.

Die Frage nach der UVP-Pflichtigkeit der Unionsliste wirft eine Reihe von Problemen auf, die hier aus Platzgründen nur skizziert werden können. Für die Annahme einer UVP-Pflicht könnte sprechen, dass der Bau von Hochspannungsfreileitungen grundsätzlich von der UVP-Richtlinie[85] bzw. der Aarhus-Konvention[86] sowie der

[80] Anhang III Ziff. 1 Abs. 5 TEN-E-Verordnung (Fn. 5).

[81] Art. 4 TEN-E-Verordnung (Fn. 5).

[82] *Rung*, Strukturen und Rechtsfragen europäischer Verbundplanungen, 2013, S. 406.

[83] EuGH, Rs. C-287/98- *Linster*, Slg. 2000, I-6917, Rn. 56 ff.

[84] S. oben III. 2.

[85] Anhang I Ziff. 20 UVP-Richtlinie 2011/92/EU, ABl. 2011, L 26, S. 10 nennt den „Bau von Hochspannungsfreileitungen für eine Stromstärke von 220 kV oder mehr und mit einer Länge von mehr als 15 km".

[86] Anhang I Ziff. 17 Übereinkommen über den Zugang zu Informationen, die Öffentlichkeitsbeteiligung an Entscheidungsverfahren und den Zugang zu Gerichten in Umweltangelegenheiten.

SUP-Richtlinie[87] bzw. dem SEA-Protokoll[88] erfasst wird. Zudem hat die Aufnahme in die Unionsliste, wie oben gezeigt, prozedurale und materielle Folgen.

Nun wird aber die Unionsliste nicht ausdrücklich als Plan oder Programm bezeichnet. Stellt man unter der SUP-Richtlinie auf ein formales Begriffsverständnis ab[89], wäre dieselbe nicht anwendbar und es wäre zu prüfen, inwieweit sie als Vorarbeit für eine spätere Vorhabengenehmigung eingestuft werden könnte, die nicht separat neben der Genehmigung UVP-pflichtig wäre. Nach den Grundsätzen der UVP-Richtlinie und der Aarhus Konvention soll aber eine frühe Bürgerbeteiligung stattfinden, wenn noch möglichst viele Optionen offen sind. Die bereits beschlossene Unionsliste unter der TEN-E-Verordnung hat aber, wie gezeigt, zu relativ engen Vorgaben für die Stromtrassen geführt. Die Auflistung im Anhang der Verordnung (EU) Nr. 1391/2013 zeigt, dass es sich zum Teil um kurze Verbindungstrassen handelt, in jedem Fall werden Start- oder Endpunkte festgelegt.[90] Damit engt sich der Spielraum für andere Optionen nicht unbeträchtlich ein.

Würde man alternativ bei einem materiellen Planverständnis die Unionsliste als Plan auffassen, weil sie eine Ordnung für die späteren Genehmigungen vorgibt, stellte sich die Frage, ob ihre materiellen Wirkungen einen „Rahmen" im Sinne der SUP-Richtlinie[91] für die nachfolgenden Genehmigungsentscheidungen bilden. Dafür sprechen die materiellen Folgen der Aufnahme eines Projekts in die Unionsliste. Allerdings sind diese materiellen Wirkungen auf die energiepolitische Bewertung beschränkt und betreffen nicht mögliche Umweltauswirkungen. Diese Problematik steht im Zusammenhang mit der Frage, ob die Beteiligung der Öffentlichkeit im Rahmen einer UVP ausschließlich auf die Einbringung der Umweltbelange beschränkt ist. Zur vergleichbaren Frage nach den Klagerechten von Umweltverbänden hat das BVerwG kürzlich eine Beschränkung auf Rechtsvorschriften festgestellt, „die dem Umweltschutz dienen", ohne die Problematik dem EuGH zur Vorabentscheidung vorzulegen.[92] Sofern man dem nicht folgt, wären grundsätzlich die SUP-Richtlinie gegenüber den Mitgliedstaaten und die sog. Aarhus-Verordnung (EG) Nr. 1367/2006[93] gegenüber der Kommission einschlägig. Allerdings greift die SUP-Richtlinie für nationale (regionale und lokale) Pläne[94], nicht aber ausdrücklich auch für Planungen im Rahmen einer grenzüberschreitenden regionalen Gruppe von Mitgliedstaa-

---

[87] Art. 3 Abs. 2 lit. a SUP-Richtlinie 2001/42/EG, ABl. 2001, L 197, S. 30 nennt den Bereich der Energie und verweist auf die Anhänge der UVP-Richtlinie (Fn. 85).

[88] Anhang II Ziff. 8 Protokoll über die strategische Umweltprüfung zum Übereinkommen über die Umweltverträglichkeitsprüfung im grenzüberschreitenden Rahmen.

[89] Art. 2 lit. a) SUP-Richtlinie (Fn. 87).

[90] Delegierte Verordnung (EU) Nr. 1391/2013, ABl. 2013, L 349, S. 28 zur Änderung des Anhangs VII der TEN-E-Verordnung.

[91] Art. 3 Abs. 2 lit. a) SUP-Richtlinie (Fn. 87).

[92] BVerwG, NVwZ 2014, 515, 516f.

[93] ABl. 2006, L 264, S. 13.

[94] Art. 2 lit. a SUP-Richtlinie (Fn. 87).

ten. Demgegenüber verlangt aber das SEA-Protokoll eine Umsetzung sowohl von der EU als auch von den Mitgliedstaaten, die das Protokoll ratifiziert haben.[95]

IV. Bewertung und Ausblick

Insgesamt zeugen die Vorschriften über die Öffentlichkeitsbeteiligung im Genehmigungsverfahren in der TEN-E-Verordnung davon, dass man aus den Schwächen der Vergangenheit Lehren gezogen hat und gewillt ist, eine effektive Beteiligung der Öffentlichkeit zu ermöglichen. Zu den bemerkenswerten Einzelheiten gehört zweifellos die Einbeziehung der Öffentlichkeit und der konkret betroffenen Personen in eine große Gruppe, die alle Stakeholder, sowohl staatliche als auch private umfasst. Zu beteiligen sind „relevante nationale, regionale und lokale Behörden, Grundbesitzer und Bürger, die in der Nähe des Vorhabens leben, die Öffentlichkeit und deren Verbände, Organisationen oder Gruppen".[96] Eine solch umfassende Beteiligung weist einige Vorteile auf. In der Schweiz sind mit einer vergleichbaren Beteiligung bei der Endlagersuche positive Erfahrungen gemacht worden.[97] Vor allem wirkt sie der Gefahr entgegen, dass Gruppen der Öffentlichkeit das Beteiligungsverfahren für ihre Gruppeninteressen missbrauchen oder insgesamt das Verfahren verhindern könnten.

Die oben erwähnte Präklusionsvorschrift dient der Erzeugung von Rechtssicherheit. Durch die Bündelung der Einwände und Stellungnahmen zu den einzelnen Themen, kann sichergestellt werden, dass ein Fortschritt erreicht wird, indem einzelne Verfahrensschritte abgeschichtet und jeweils Lösungen zugeführt werden, die später nicht wieder in Frage gestellt werden können. In der Konsequenz dieser Regelung müsste es den Mitgliedstaaten auch gestattet sein, eine materielle Präklusion vor Gericht vorzuschreiben. Es entspricht Subsidiaritätsüberlegungen und der Achtung der Verfahrensautonomie der Mitgliedstaaten, wenn die EU nicht selbst eine solche Präklusionswirkung im Verwaltungsprozess vorgibt.

Grundsätzlich wird das Instrument der Präklusion von den Antragstellern als sehr wichtig eingeschätzt, weil es Rechtssicherheit für die Planung und Erstellung des Vorhabens erzeugt.[98] Allerdings kann eine Präklusionsvorschrift mit ihren harten Auswirkungen für die Gegner des Projektes nur überzeugen, wenn die zu beteiligenden Akteure frühzeitig und umfassend über alle relevanten Aspekte informiert worden sind.

Nicht nur aus diesem Grund ist es zu begrüßen, dass in der TEN-E-Verordnung großer Wert auf eine frühe und möglichst umfassende Information der beteiligten

---

[95] Zum Stand der Ratifikationen s. https://treaties.un.org/Pages/ViewDetails.aspx?src=TREATY&mtdsg_no=XXVII-4-b&chapter=27&lang=en.

[96] Ziff. 3 a) Anhang VI TEN-E-Verordnung (Fn. 35).

[97] S. die Informationen des schweizerischen Bundesamtes für Energie, abrufbar unter http://www.bfe.admin.ch/radioaktiveabfaelle/01277/01309/01327/02621/index.html?lang=de.

[98] *Brandt,* Präklusion im Verwaltungsverfahren, NVwZ 1997, 233 ff.

Gruppen gelegt wird. Positiv hervorzuheben ist das Konzept eines (konkreten) Verfahrenshandbuchs, das die wichtigsten Meilensteine des Vorgehens und alle für eine effektive Kommunikation relevanten Daten enthält. Nur mit Hilfe ausreichender Information kann das Partizipationsdilemma überwunden, zumindest verringert werden. In der Bewertung des Informationsaspekts zeigt sich beispielhaft, wie stark sich eine moderne Konzeption der Öffentlichkeitsbeteiligung von der tradierten Sicht in Deutschland entfernt. Unter Letzterer war Information eine Aufgabe der zu Beteiligenden und sollte dazu dienen, die zuständige Behörde ausreichend mit Informationen zu versorgen. Dagegen wird in der modernen Konzeption eine ausreichende Information der zu Beteiligenden zu einem entscheidenden Element erfolgreicher Öffentlichkeitsbeteiligung. Dies soll eine umfassende inhaltliche Beteiligung generieren, so dass Information eine gegenseitig zu erfüllende Aufgabe wird.

Bedenken wirft hingegen die Konzeption der Aufstellung der Unionsliste auf. Im Grunde verfolgt die EU hier einen ähnlichen Ansatz wie bei der Aufstellung der FFH-Liste unter Richtlinie 92/43/EWG.[99] Während dort bei der Erstellung der FFH-Liste lediglich auf die naturschutzrechtliche Bewertung abgestellt wird und die Eigentümerinteressen erst sehr spät Berücksichtigung finden[100], lässt die TEN-E-Verordnung für die Erstellung der Unionsliste nur energiepolitische bzw. -technische Argumente zu und verschiebt die Berücksichtigung von Umweltauswirkungen auf den späteren Zeitpunkt der Genehmigung konkreter Stromtrassen. Selbst wenn der Beschluss über die Unionsliste nicht als Plan oder Programm UVP-pflichtig sein sollte, stellt sich die Frage, ob mit einer solchen Konstruktion nicht das Ziel einer frühen Öffentlichkeitsbeteiligung nach UVP- und der SUP-Richtlinie ausgehebelt wird.

Schließlich ist auf ein weiteres Dilemma hinzuweisen: Gerade politisch umstrittene Grundentscheidungen, wie die Bewertung der zukünftigen Höchstspannungsleitungen, wecken das besondere Interesse der Öffentlichkeit. In solchen Fällen kann es politisch verlockend erscheinen, mögliche Probleme nicht bereits von Seiten der Behörden zu thematisieren. Doch ist es im Hinblick auf das Ziel, mehr Akzeptanz zu generieren, überzeugender, wenn man für Stromtrassen eine öffentliche Diskussion darüber anregen würde, warum es derart hohe Leitungsträger und neue, besonders leistungsfähige Kabel braucht, und welche Auswirkungen dies auf Umwelt und Gesundheit haben kann. In dieser Hinsicht hat die TEN-E-Verordnung trotz einiger wichtiger Neuerungen keinen neuen Zugewinn gebracht. Vielmehr wird dort die Problematik in die nachfolgenden nationalen Planungs- und Genehmigungsverfahren verschoben. Das erscheint umso bedauerlicher, als es sich um ein EU-weites Thema handelt, das in allen Mitgliedstaaten auf Skepsis stoßen kann. Es ist dem EWSA positiv anzurechnen, dass er die Problematik der EU-weiten Debatte mit der Zivilgesellschaft und ihren Vertretern gesehen hat, doch erscheint sein Vorschlag

[99] Art. 3 ff. Richtlinie 92/43/EWG, ABl. 1992, L 206, S. 7, zuletzt geändert durch Richtlinie 2006/105/EG, ABl. 2006, L 363, S. 368; vgl. Art. 4 Abs. 7 Richtlinie 2000/60/EG.

[100] Kritisch dazu *Kerkmann*, Natura 2000: Verfahren und Rechtschutz im Rahmen der FFH-Richtlinie, 2004.

zur Errichtung eines europäischen Forums der Zivilgesellschaft für Energiefragen[101] noch nicht ganz überzeugend. Zum einen wird er zu wenig in der Öffentlichkeit wahrgenommen und hat mehr Erfahrung mit den organisierten Interessen in der Zivilgesellschaft als mit ad-hoc zusammentretenden Gruppen, wie Bürgerinitiativen. Zum anderen wird es die Kommission nur ungern sehen, wenn ihr in diesem beratenden Organ eine Konkurrenz erwüchse, die die Vertretung einer europäischen Zivilgesellschaft für sich reklamieren könnte. Der Schlüssel für eine erfolgreiche EU-weite Debatte über die Bedeutung und die Auswirkungen der neuen Höchstspannungsleitungen liegt bei der Kommission.

[101] EWSA, Ziff. 16 Gemeinsame Antworten auf die energiepolitischen Herausforderungen – eine Europäische Energiegemeinschaft, 2013, abrufbar unter http://www.eesc.europa.eu/resources/docs/qe-32–12–051-de-c–2.pdf.

Umweltrecht

Zur Geschichte des Umweltrechts

Von *Michael Kloepfer*[1]

Geburtstage laden zum Bilanzieren ein. Sie enthalten jedenfalls zum Anlass des Geburtstages des Jubilars auch das Moment des Zurückschauens. Unter diesem Aspekt seien im Folgenden einige Bemerkungen zur Entwicklung des Umweltrechts (vor allem nach 1970) gemacht. Auf die bundesdeutsche Umweltrechtsgeschichte gemünzt könnte unser Jubilar fast mit *Carl Zuckmayer* formulieren: „Als wär's ein Stück von mir".[2] Seine Bescheidenheit wird ihn allerdings davon abhalten. Die Gnade der relativ frühen Geburt hat es ihm aber ermöglicht, das Werden des bundesdeutschen Umweltrechts nach 1970 von Anfang an zu verfolgen und in gewisser Hinsicht auch wiederholt mitzugestalten. Die ehrenvollen Ämter des Vorsitzenden des Sachverständigenrates für Umweltfragen sowie des Vorsitzenden der Gesellschaft für Umweltrecht und seine zahlreichen gewichtigen Veröffentlichungen im Umweltrecht boten die Grundlage hierfür.

I. Frühes umweltrelevantes Recht

Schon im Altertum gab es umweltrelevantes Recht. Dieses war vorrangig zur Lösung von Nutzungskonflikten natürlicher Ressourcen geschaffen worden.[3] Insbesondere die Hochkulturen Mesopotamiens und Ägyptens, die als Schwemmkulturen wesentlich von der lebensspendenden Kraft großer Flüsse profitierten, hatten schon Regeln für die Bewirtschaftung von Gewässern aufgestellt. Insoweit könnte man von einem frühen Umweltnutzungs-(koordinierungs-)recht sprechen. Von Umweltschutz als vorbeugendem und vorsorgendem Schutz der Umwelt – ökozentrisch – um ihrer selbst Willen oder – anthropozentrisch – mittelbar zum Schutz der Menschen konnte im Altertum dagegen kaum die Rede sein. Zwar finden sich u. a. in der Geschichte des antiken Roms durchaus auch Beispiele dafür, dass durch umweltbezogene Regelungen versucht wurde, die von menschlichen Vorhaben und Tätigkeiten ausgehenden Gefahren für die menschliche Gesundheit zu verringern.[4] So wurde z. B. in Rom ein Kloakensystem zur Abwasserbeseitigung geschaffen. In römischen Verordnun-

---

[1] Der Beitrag wurde im Sommer 2013 fertiggestellt. Die Regierungsbildung nach der Bundestagswahl 2013 findet keine Berücksichtigung. Meinen Mitarbeitern *Rico David Neugärtner* sowie *Christoph Schmidt* danke ich für ihre Mitarbeit.

[2] *Zuckmayer*, Als wär's ein Stück von mir: Horen der Freundschaft, 2007.

[3] Vgl. *Kloepfer*, Umweltrecht, 3. Aufl. 2004, § 2 Rn. 4.

[4] Dazu *Kloepfer* (Fn. 3), § 2 Rn. 5, 6.

gen war zudem vorgesehen, dass emittierende Anlagen außerhalb des Siedlungsgebietes errichtet werden sollten. Hier – wie bei anderen frühen umweltrelevanten Regelungen – fällt jedoch der rein verlagernde Charakter dieser Regelungen auf.[5] So wurden die durch das antike römische Kloakensystem aufgefangenen Abwässer ohne vorherige Behandlung in den Tiber geleitet.

Im Mittelalter kam es im Zuge der beginnenden Verstädterung zu einer Verstärkung der Nutzungskonflikte; Wohn- und Gewerbebereich wurden zunehmend durchmischt.[6] Auch hier finden sich Regelungen zur Milderung der Folgen menschlicher Umweltnutzung, vorwiegend mit rein verlagerndem Charakter, etwa hinsichtlich der Beseitigung von Abwässern durch die Einleitung in natürliche Gewässer. Wasser- und Bodenrecht regelten vor allem Nutzungsrechte – primär mit eher zivilrechtlichen Strukturen.

Im Zuge der Industrialisierung kamen dann vermehrt umweltbezogene Regelungen auf. Zu denken ist insbesondere an die – vom französischen Vorbild geprägten – immissionsschutzrechtlichen Ansätze in der Preußischen Gewerbeordnung von 1845 sowie der Reichsgewerbeordnung von 1871.[7] Dort bildeten sich bereits Grundzüge der dogmatischen Strukturen des heutigen Immissionsschutzrechts heraus, wie zum Beispiel die Statuierung bestimmter genehmigungspflichtiger Anlagenkategorien, das Konzept der gebundenen Entscheidung oder die Verwendung unbestimmter Rechtsbegriffe.[8] Auch die für das heutige Umweltrecht typische Konkretisierung unbestimmter Rechtsbegriffe in untergesetzlichen Regelwerken erfolgte erstmals in nennenswertem Umfang durch Technische Anleitungen, in Preußen insbesondere die preußische Technische Anleitung von 1895.[9] Man kann angesichts dieser sich herausbildenden Strukturen von einem frühen Immissionsschutzrecht sprechen. In diesem wurden auch wasserrechtliche Kodifikationen vorbereitet und erste Strukturen für ein Naturschutzrecht geschaffen.

In der Nachkriegszeit wurde zunächst im Wesentlichen an die alten gewerbe-, wasser- und naturschutzrechtlichen Regelungen angeknüpft. 1959 kommt es schließlich zum neuen Atomgesetz.

Trotz der verschiedenen umweltrelevanten Vorschriften in der Antike, im Mittelalter, im Zeitalter der Industrialisierung und in der Nachkriegszeit wäre die Annahme unrichtig, ein Rechtsgebiet „Umweltrecht" habe in Deutschland schon vor 1970 bestanden. Es handelt sich bei diesem frühen Recht vielmehr überwiegend um umweltrelevantes, aber nicht umweltspezifisches Recht, das zwar Auswirkungen auf die Umwelt hat, aber nicht primär dem Umweltschutz, sondern anderen Zwecken

---

[5] *Kloepfer* (Fn. 3), § 2 Rn. 6.

[6] *Feldhaus*, in: Dolde (Hrsg.), Umweltrecht im Wandel, 2001, S. 15, 16.

[7] Zum Immissionsschutzrecht in der Frühindustrialisierung siehe *Kloepfer*, Zur Geschichte des deutschen Umweltrechts, 1994, S. 41 ff.

[8] Näheres bei *Feldhaus* (Fn. 6), S. 15, 19.

[9] *Feldhaus* (Fn. 6), S. 15, 20.

dient. Erst mit dem vor allem im ersten Drittel des 20. Jahrhunderts entstehenden Naturschutzrecht tritt umweltspezifisches Recht zu Tage.

Indessen ist zu beachten, dass das Vorliegen bloß punktueller umweltbezogener Regeln ohne verbindende Systematik nicht die Bezeichnung als *Rechtsgebiet* rechtfertigen kann. Unter welchen weiteren Voraussetzungen man eine Mehrheit von rechtlichen Regelungen als Rechtsgebiet bezeichnen kann, wird nicht einheitlich beantwortet. Letztlich muss es aber um das gebietsweite Vorhandensein ähnlicher Regelungsaufgaben, Prinzipien, Regelungstechniken und Instrumente sowie um deren normative Verknüpfung gehen.[10] Die frühen Regelungen umweltbezogener Probleme hatten lediglich fragmentarischen Charakter und blieben ohne verbindende Strukturen. Ein Rechtsgebiet Umweltrecht gab es damals noch nicht.

II. Entwicklung des modernen Umweltrechts in der Bundesrepublik Deutschland

Das ändert sich in Westdeutschland erst in den frühen 1970er-Jahren:

Erster formaler Schritt der bundesdeutschen Umweltgesetzgebung ist die Grundgesetzänderung von 1972, die mit Art. 74 Nr. 24 GG a.F. eine konkurrierende Bundesgesetzgebungskompetenz für „die Abfallbeseitigung, die Luftreinhaltung und die Lärmbekämpfung" begründete, obwohl es damals auf diesem Gebiet bereits durchaus gehaltvolle Länderregelungen gab (z. B. Landes-Immissionsschutzgesetze, etwa das von Nordrhein-Westfalen). Als erster bedeutender einfachgesetzlicher Gesetzgebungsakt des Bundes im modernen westdeutschen Umweltrecht kann dabei das Abfallbeseitigungsgesetz[11] von 1972 genannt werden. Als umweltrechtliches Modellgesetz[12] folgte 1974 das Bundes-Immissionsschutzgesetz.[13] Danach wurden insbesondere das Bundeswaldgesetz (1975), das Bundesnaturschutzgesetz (1976), die Novelle zum Wasserhaushaltsgesetz (1976), das Chemikaliengesetz (1980) und sehr viel später das Bundesbodenschutzgesetz (1998) erlassen.

Ausgangspunkt für diese und weitere gesetzgeberische Maßnahmen war letztlich ein von der Bundesregierung bzw. von der Ministerialbürokratie des Bundes ausgehender politischer Impuls,[14] wie er sich insbesondere im Sofortprogramm der Bundesregierung von 1970[15] sowie vor allem im Umweltprogramm der Bundesregierung

---

[10] Vgl. *Kloepfer* (Fn. 3), § 1 Rn. 62.

[11] Gesetz über die Beseitigung von Abfällen (Abfallbeseitigungsgesetz – AbfG) v. 7. Juni 1972, BGBl. I S. 593.

[12] Vgl. *Feldhaus* (Fn. 6), S. 15, 28.

[13] Gesetz zum Schutz vor schädlichen Umwelteinwirkungen durch Luftverunreinigungen, Geräusche, Erschütterungen und ähnliche Vorgänge (Bundes-Immissionsschutzgesetz – BImSchG) v. 15. März 1974, BGBl. I S. 3830.

[14] Hierzu *Vierhaus*, Umweltbewußtsein von oben, 1994, S. 181 f.: „frühe Umweltpolitik [als] ministerialbürokrativ-technokratische ‚Elitenpolitik'".

[15] BT-Drucks. 6/1519.

von 1971[16] niedergeschlagen hatte. Insoweit stellt sich die frühe Umweltpolitik der damaligen sozialliberalen Bundesregierung unter *Brandt/Scheel* als ein eindrucksvolles Beispiel für eine insgesamt gelungene politische Planung der Regierung und für die exekutiven Möglichkeiten politisch-rechtlicher Steuerung (auch der Gesetzgebung) dar.[17] Es war freilich am Anfang ein demokratieferner „Umweltschutz von oben". In diese exekutiv dominierte Politik passte auch die Gründung des Umweltbundesamts in Berlin im Jahr 1974, dessen wichtigste Teile nach der Wiedervereinigung nach Dessau abwandern sollten.

Das Umweltbewusstsein der Bevölkerung in Deutschland wuchs erst nach 1970/71 aufgrund der (bisweilen von der Bundesregierung inspirierten und sogar geförderten[18]) Bürgerinitiativen zum Umweltschutz und einer zunehmend ökologisch sensibilisierten öffentlichen Meinung. Die 1980 erfolgte Gründung der Partei der Grünen ist – entgegen einem verbreiteten Gründungsmythos – nicht die Ursache, sondern eine Folge dieses Bewusstseinswandels. Bedenkt man, dass vor 1969 der Begriff „Umweltschutz" in Deutschland noch *gänzlich* unbekannt war,[19] stellt der explosionsartige Anstieg der Umweltschutzidee in den siebziger Jahren eine außerordentlich schnelle historische Entwicklung dar. Solche Geschwindigkeiten des allgemeinen Bewusstseinswandels treten – historisch gesehen – eher selten auf.

Leicht zu erklären ist das schlagartige Auftreten des Umweltschutzes in der Bundesrepublik Deutschland um 1970 nicht. Der Bundestagswahlkampf 1961, den die SPD noch unter das Motto „Blauer Himmel über dem Ruhrgebiet"[20] stellte, ging für die damalige Opposition verloren. Die Explosion der Umweltschutzidee um 1970 ist in der Bundesrepublik Deutschland jedenfalls nicht durch Umweltkatastrophen verursacht worden. Zwar war die Umweltverschmutzung damals relativ hoch, die Umweltbelastung stieg aber zu dieser Zeit nicht mehr rasant an. Vielmehr ist das plötzlich aufkommende Umweltbewusstsein Ausdruck des allgemeinen Mentalitätswandels der Bevölkerung in den ausgehenden 1960er-Jahren. Die damals neue Idee des Schutzes der natürlichen Umwelt traf auf eine große allgemeine Reformbereitschaft in der Bevölkerung und der öffentlichen Meinung nicht nur in Westdeutschland, sondern z. B. auch in den USA. Dieses allgemeine Reformklima wurde vorbereitet u. a. durch die Studentenbewegung, die insbesondere gegen den Vietnam-Krieg und gegen erstarrte politische, wirtschaftliche, gesellschaftliche und akademische Strukturen kämpfte. Volkswirtschaftliche Schwierigkeiten, die aus heutiger Perspektive freilich eher überschaubar erscheinen, fachten die Auseinandersetzungen weiter an. Letztlich traf sich das Bewusstsein insbesondere der Endlichkeit natürlicher Res-

---

[16] BT-Drucks. 6/2710.

[17] *Kloepfer*, Zur Geschichte des deutschen Umweltrechts, 1994, S. 104.

[18] Dazu eingehend *Vierhaus* (Fn. 14), S. 166 ff.

[19] *v. Lersner*, Zur Entstehung von Begriffen des Umweltrechts, in: Franssen et al. (Hrsg.), FS Sendler, 1991, S. 259 ff. (263); *Vierhaus* (Fn. 14), S. 104 ff.

[20] „Der Himmel über dem Ruhrgebiet muss wieder blau werden!", *Willy Brandt* in seiner Rede am 28. April 1961 vor dem Parteitag der SPD zur Bundestagswahl 1961, Vorwärts Nr. 18 (3. Mai 1961), S. 20.

sourcen mit einem generellen Wertewandel und mit einer Grundskepsis an einer rein bzw. überwiegend ökonomischen Wertewelt. Das Ende des Wiederaufbaus führt in Westdeutschland zur Suche auch nach neuen, nicht materiellen Gesellschaftszielen. Man könnte also von einer Art „geistigem Klimawandel" bzw. einem neuen Zeitgeist sprechen. Gerade hier zeigt sich: Mehr noch als Ereignisse machen Ideen Geschichte.

Auf die Phase des legislativen Aufbaus des modernen bundesdeutschen Umweltrechts unter *Brandt/Scheel* folgt ab etwa Mitte der 1970er-Jahre unter *Schmidt* und danach anfangs auch unter *Kohl* eine Phase der Konsolidierung des Umweltrechts. Wesentliche gesetzliche Grundlagen des Umweltrechts waren nunmehr bereits geschaffen worden, sodass die legislativen Tätigkeiten im Umweltbereich zurückgingen und sich auf eher unwesentliche Novellierungen und auf untergesetzliches Recht beschränkten. Hingegen trat die Rolle von Rechtsprechung und Verwaltung in den Vordergrund.[21] Die neuen Umweltgesetze mussten erst einmal ausgelegt, konkretisiert und vollzogen werden. Der Gesetzgebung folgten also Auslegungs- und Vollzugsprobleme. In dieser Konsolidierungsphase kam dann auch die Debatte um das sog. Vollzugsdefizit des Umweltrechts[22] zur vollen Blüte, welche später insbesondere auch in die Diskussion um die Einführung neuer umweltrechtlicher Instrumente zur Bekämpfung dieses Vollzugsdefizits mündete. Schließlich war auch die Umweltrechtswissenschaft im Aufwind.[23] Umweltrechtslehrstühle und -institute entstanden, Fachvereinigungen wurden gegründet und Tagungen im Umweltrecht nahmen kontinuierlich zu. Umweltrechtliche Zeitschriften und Schriftenreihen wurden etabliert und eine Fülle umweltrechtlicher Publikationen erschien.

Nach dieser Phase der Konsolidierung zeichnete sich ab Mitte der 1980er-Jahre (wiederum unter *Kohl*) eine erste Phase der renovierenden Modernisierung des westdeutschen Umweltrechts ab. Insbesondere der verheerende Reaktorunfall von Tschernobyl vom 26. April 1986 hatte weitreichende, wenn auch nicht hinreichend konsequente Folgen für die westdeutsche Umweltpolitik.[24] Eine – freilich auch auf die damals anstehende Wahl in Hessen zielende – organisationsbezogene Reaktion *Kohls* bestand in der Einrichtung des Bundesministeriums für Umwelt, Naturschutz und Reaktorsicherheit am 6. Juni 1986, nachdem übrigens fast alle Länder längst eigene Umweltministerien hatten. *Wallmann* wurde erster Bundesumweltminister und dann später – gewissermaßen im Glanze dieses neuen Amtes – zum hessischen Ministerpräsident gewählt. Sein Nachfolger wurde der – stark von der Umweltschutzidee geprägte und (in der politischen Wirksamkeit) bisher unerreichte – Bundesumweltminister *Töpfer.*

---

[21] Vgl. *Kloepfer* (Fn. 17), S. 105 f.

[22] Vgl. z. B. *Sachverständigenrat für Umweltfragen*, Umweltgutachten 1974, BT-Drs. 7/2802, Tz. 660.

[23] Vgl. auch *Stolleis*, Geschichte des öffentlichen Rechts in Deutschland, Bd. 4, 2012, S. 524 ff.

[24] Dazu *Kloepfer* (Fn. 3), § 2 Rn. 92.

Die Unsichtbarkeit der Gefahren hochdosierter radioaktiver Strahlung für menschliche Augen führte nach Tschernobyl zu einem besonderen Informationsbedürfnis der Bevölkerung, welches durch die Mess- und Informationsmaßnahmen des Strahlenschutzvorsorgegesetzes[25] (1986) und durch die Gründung eines Bundesamtes für Strahlenschutz (1989) bedient werden sollte. Damit rückte erstmals der Aspekt verlässlicher, bundesweiter Umweltinformationen in den Fokus der öffentlichen Diskussion.

Zunehmend gewannen auch europarechtliche Vorgaben an Bedeutung, so insbesondere die EG-rechtliche Pflicht zur Einführung einer Umweltverträglichkeitsprüfung[26], welche durch das Gesetz über die Umweltverträglichkeitsprüfung von 1990 (UVP-Gesetz)[27] umgesetzt wurde. Vor allem auch durch solche europarechtliche Einflüsse kam die Diskussion über den umweltrechtlichen Instrumentenwandel weiter in Fahrt, die zu einem – rechtsdogmatisch bisher nur unzureichend bewältigten – Instrumentenmix ordnungsrechtlicher, informatorischer und ökonomischer Instrumente führen sollte.

In die Zeit der beschriebenen Modernisierungsphase fallen auch die „Wende", d. h. die friedliche Revolution in der ehemaligen DDR im Jahre 1989 und sodann die deutsche Wiedervereinigung 1990. Neben den gravierenden Unzulänglichkeiten im Bereich politischer und persönlicher Freiheiten sowie der prekären wirtschaftlichen Situation in der DDR war es gerade auch die katastrophale Umweltsituation[28], welche einen wichtigen Nährboden für die friedliche Revolution in Ostdeutschland lieferte. Im Einigungsvertrag[29] vom 31. August 1990 wurde ein umfassender umweltschutzbezogener Gesetzgebungsauftrag[30] vereinbart. Es sollten insbesondere einheitliche ökologische Verhältnisse im vereinigten Deutschland hergestellt werden (Art. 34 EV).

Die hierauf folgenden Bemühungen um die Herstellung einer ökologischen Einheitlichkeit im wiedervereinigten Deutschland stießen vor allem aufgrund der schwierigen ökonomischen Situation in Ostdeutschland auf erhebliche Schwierigkeiten.[31] Probleme ergaben sich unter anderem aus der zu Beginn der 1990er Jahre forcierten Beschleunigungsgesetzgebung im Infrastrukturrecht.[32] Immerhin

---

[25] Gesetz zum vorsorgenden Schutz der Bevölkerung gegen Strahlenbelastung (Strahlenschutzvorsorgegesetz) v. 19. Dezember 1986, BGBl. I 1986 S. 2610.

[26] Richtlinie 85/337/EWG des Rates v. 27. Juni 1985 über die Umweltverträglichkeitsprüfung bei bestimmten öffentlichen und privaten Projekten, ABl. L 175 v. 5. Juli 1985, S. 40.

[27] Gesetz über die Umweltverträglichkeitsprüfung (UVPG) v. 12. Februar 1990, BGBl. I S. 94.

[28] Zu den katastrophalen Umweltbedingungen, welche in vollem Umfang erst nach dem Ende der DDR offenbar wurden, vgl. *Institut für Umweltschutz* (Hrsg.), Umweltbericht der DDR, 1990; *Petschow/Meyerhoff/Thomasberger*, Umweltreport DDR, 1990.

[29] Einigungsvertrag (EV) v. 31. August 1990, BGBl. 1990 II S. 889.

[30] Vgl. Art. 34 Einigungsvertrag.

[31] *Kloepfer* (Fn. 3), § 2 Rn. 109.

[32] *Kloepfer* (Fn. 3), § 2 Rn. 110 ff.

kam es schließlich 1994 – auch als Spätfolge der Wende und als Vollzug des Art. 5 EV – zur Einfügung des Staatsziels Umweltschutz in das Grundgesetz (Art. 20a GG), das damit den Vorbildern in den Landesverfassungen mit jahrelanger Verspätung folgte. Insgesamt hatte die Wiedervereinigung aber relativ wenig Konsequenzen für die Gestalt des gesamtdeutschen Umweltrechts nach 1990, was auch mit der damals verbreiteten Beitrittsmentalität (Art. 23 GG a. F.) zu tun gehabt haben mag. Die historische Chance zur Entfeinerung und Entkomplizierung des alten bundesdeutschen Umweltrechts wurde bei der Wiedervereinigung jedenfalls vertan.

Interessante Ansätze des Umweltrechts der DDR[33] – z. B. das Landeskulturgesetz der DDR,[34] das Sero-System[35] etc. wurden nicht übernommen, u. a. weil die katastrophalen Umweltverhältnisse in der DDR grundlegende Zweifel an der Steuerungsfähigkeit des Umweltrechts der DDR nährten. Diese Zweifel waren schon deswegen berechtigt, weil die DDR kein Rechtsstaat war und eine Gesetzesbindung der Staatsorgane der DDR faktisch kaum vorhanden war, jedenfalls nicht erzwungen werden konnte. Heute erinnert an das DDR-Umweltrecht fast nur noch das Biosphärenreservat, das freilich letztlich internationalen Ursprungs ist. Nichtsdestoweniger ist das Biosphärenreservat so etwas wie der „Ampelmann" im deutschen Umweltrecht geworden. Immerhin wurde einige Zeit nach der Wiedervereinigung die junge ostdeutsche Politikerin *Merkel* Bundesumweltministerin, von der man später noch manches mehr hören sollte.

Die im Herbst 1998 gebildete rot-grüne Koalition (*Schröder/Fischer*), in der *Trittin* Bundesumweltminister wurde, hat einige wesentliche Kurskorrekturen eingeleitet (z. B. Atomausstieg mit Neubauverbot und Restlaufzeiten damals bis ca. 2023). Wichtige Ergebnisse der Arbeit der rot-grünen Bundesregierung im Umweltbereich sind ferner die verstärkte Förderung erneuerbarer Energien – auch wenn diese Entwicklung schon mit dem Einspeisungsgesetz von 1990 eingeleitet wurde – und die Neuausrichtung des Umweltinformationsrechts. Demgegenüber scheiterte in dieser Zeit eine Umweltrechtskodifikation im ersten Anlauf wegen angeblich fehlender Kompetenzen des Bundes hierfür.

Im Jahr 2005 kam es zur sog. Großen Koalition, d. h. zur schwarz-roten Bundesregierung unter *Merkel/Müntefering* (später *Merkel/Steinmeier*), bei der *Gabriel* Bundesumweltminister wurde. Der Koalitionsvertrag der Großen Koalition sah im Umweltbereich als Arbeitsschwerpunkte verstärkte internationale Bemühungen in den Bereichen Klimaschutz und Emissionshandel sowie um Nachhaltigkeitsstrategien vor.[36]

---

[33] Zu den Instrumenten des DDR-Umweltrechts vgl. *Kloepfer* (Hrsg.), Instrumente des Umweltrechts der frühen DDR, 1991.

[34] Gesetz über die planmäßige Gestaltung der sozialistischen Landeskultur in der Deutschen Demokratischen Republik (Landeskulturgesetz) v. 14.05.1970, GBl. I Nr. 12 S. 67.

[35] Sero stand für das VEB-Kombinat Sekundär-Rohstofferfassung.

[36] Vgl. „Mit Mut und Menschlichkeit", Koalitionsvertrag von CDU, CSU und SPD vom 11. November 2005, S. 64 ff.

Außerdem sollte ein neuer Anlauf im Hinblick auf eine einheitliche Kodifizierung des deutschen Umweltrechts in einem Umweltgesetzbuch (UGB)[37] u. a. mit integrierter Vorhabengenehmigung unternommen werden. Die Föderalismusreform I hatte vor allem deshalb nahezu unbegrenzte Gesetzgebungskompetenzen des Bundes für die umweltrechtlichen Teilgebiete geschaffen (wenn auch keine einheitliche Umweltschutzkompetenz) und insbesondere die bisherigen Rahmenkompetenzen des Bundes im Wasserhaushalts- und Naturschutzrecht in Vollkompetenzen des Bundes im Bereich der konkurrierenden Gesetzgebung umgewandelt. Die Kodifizierung des Umweltrechts scheiterte – gegen alle Vernunft – letztlich jedoch erneut, und zwar vor allem am – ersichtlich wahlkampforientierten – Widerstand Bayerns und der CSU. Der damalige Bundesumweltminister *Gabriel* (SPD) sollte vor der Bundestagswahl politisch keinen „Stich" bekommen. Aufgrund des durch Art. 125b Abs. 1 S. 3 GG zeitlich befristeten Regelungskorridors für eine abweichungsfeste Vollregelung durch den Bund bezüglich des Naturschutzrechts und des Wasserhaushaltsrechts wurde schließlich – quasi ersatzweise – eine dem damaligen UGB-Entwurf entsprechende Novellierung des BNatSchG und des WHG vorgenommen. An die Stelle der bisherigen Rahmenregelungen traten nun Vollregelungen des Bundes.

Die christlich-liberale Koalitionsregierung unter *Merkel/Westerwelle* (später: *Merkel/Rösler*) ab 2009, bei der *Röttgen* und danach *Altmaier* Umweltbundesminister wurden, sah sich laut Koalitionsvertrag vor allem dem Klimaschutz als umweltpolitische Zentralaufgabe verpflichtet. Ein dynamischer Energiemix sollte dabei die konventionellen Energieträger kontinuierlich durch alternative Energien ersetzen. Die Förderung der erneuerbaren Energien als wesentlicher Baustein der Energiewende sollte u. a. durch eine EEG-Novelle flankiert werden. In diesem Zusammenhang kam der Kernenergie nach Willen der Bundesregierung die Funktion einer „Brückentechnologie" zu, weshalb u. a. auf Betreiben der Wirtschaft mit dem 11. Änderungsgesetz zum AtomG (2010) eine Verlängerung der zeitlichen Brücke, d. h. eine Laufzeitverlängerung der bestehenden Kraftwerke um etwa 12 Jahre, beschlossen wurde. Besonderes Augenmerk wollte die schwarz-gelbe Bundesregierung im Übrigen auf den Gedanken des „Ressourcenschutzes" legen.[38]

Nach der Mehrfachkatastrophe von Fukushima (Erdbeben, Tsunami, Super-GAU) im März 2011 kam es in Deutschland wenige Monate später – allerdings auch im Hinblick auf die damals bevorstehende Landtagswahl in Baden-Württemberg – zu einer neuerlichen Kursumkehr der schwarz-gelben Koalition, der Atomwende 2011. Diese führte zur Sofortabschaltung der sieben (mit Krümmel: acht) ältesten Kernkraftwerke in der Bundesrepublik Deutschland. Das 13. Änderungsgesetz zum Atomgesetz von 2011 sah dann die gestaffelte Abschaltung der übrigen Kernkraftwerke bis spätestens 2022 vor. Im Wesentlichen wurde so die Rechtslage von

[37] Dazu *Kloepfer* (Fn. 3), § 1 Rn. 39, 47 ff.

[38] Vgl. dazu auch *Knopp/Piroch*, UPR 2010, 438 ff.

2002[39] wiederhergestellt, die allerdings durch die erwähnte Sofortabschaltung von acht Kernkraftwerken und durch die Vorgabe fester Ausstiegstermine[40] noch verschärft wurde.[41] Neben einer grundsätzlichen Skepsis gegenüber der nuklearen Energieerzeugung war diese Rückkehr zum Rechtszustand von 2002 dann wohl auch der entscheidende Grund für SPD und Grüne, den Plänen der schwarz-gelben Bundesregierung zuzustimmen. Über die verfassungsrechtliche Zulässigkeit dieser Maßnahmen und über etwaige Entschädigungszahlungen wird insbesondere das BVerfG noch zu entscheiden haben.[42]

Neben dem 13. Änderungsgesetz zum Atomgesetz wurden weitere Gesetze zur Energiewende erlassen, z.B. das Gesetz über Maßnahmen zur Beschleunigung des Netzausbaus der Elektrizitätsnetze (NABEG). Außerdem wurden Gesetze zur steuerlichen Förderung von energetischen Sanierungsmaßnahmen an Wohngebäuden, zur Stärkung der klimagerechten Entwicklung in den Städten und Gemeinden, zur Neuregelung des Rechtsrahmens für die Förderung der Stromerzeugung aus erneuerbaren Energien (EEG) und zur Neuregelung energiewirtschaftlicher Vorschriften (EnWGÄndG) verabschiedet.

Zu den letzten gesetzgeberischen Taten der schwarz-gelben Koalition auf dem Gebiet des Umweltrechts gehört die Schaffung des Kreislaufwirtschaftsgesetzes 2012.[43]

III. Schluss[44]

1. „Lehren" aus der Umweltrechtsgeschichte?

Es wäre vermessen, wollte man aus der Umweltrechtsgeschichte einfache „Lehren" im Sinne historisch erhärteter Verhaltensempfehlungen ableiten. Die prinzipielle Frage, ob man überhaupt aus der Geschichte und – hier – aus der Geschichte des Umweltrechts lernen kann, muss notwendigerweise an dieser Stelle offen bleiben.

Jedenfalls ist die Befassung mit der Umweltrechtsgeschichte unverzichtbar, will man das geltende Umweltrecht verstehen. Nur wer in den Rückspiegel schaut, kennt verlässlich die Situation, in der er sich befindet. Von daher ist bedauerlich, dass die

---

[39] Gesetz zur geordneten Beendigung der Kernenergienutzung zur gewerblichen Erzeugung von Energie vom 22.04.2002, BGBl. I, 1351.

[40] Spätestens mit Ablauf des 31. Dezember 2022 werden bei unveränderter Rechtslage die letzten Kernkraftwerke in Deutschland vom Netz gehen, vgl. § 7 Abs. 1a Nr. 6 AtG.

[41] Dazu ausführlich *Kloepfer*, DVBl. 2011, 1437.

[42] Die Energiekonzerne Eon, RWE und Vattenfall haben gegen das Atomausstiegsgesetz Verfassungsbeschwerde eingelegt, vgl. die Meldung auf ZEIT Online v. 12.07.2012, http://www.zeit.de/wirtschaft/unternehmen/2012-07/vattenfall-atomaustieg-klage (letzter Abruf am 06.12.12).

[43] Gesetz zur Förderung der Kreislaufwirtschaft und Sicherung der umweltverträglichen Bewirtschaftung von Abfällen (Kreislaufwirtschaftsgesetz – KrWG) v. 24. Februar 2012, BGBl. I S. 212; Inkrafttreten des Gesamtgesetzes am 01.06.2012.

[44] Zum Folgenden *Kloepfer* (Fn. 17), S. 145 ff.

meisten Lehrbücher des Umweltrechts bisher die Umweltrechtsgeschichte gar nicht oder allenfalls peripher behandeln. Hier fehlt dann schlicht eine Dimension der Darstellung.

Der Einfluss des Umweltrechts auf die Umweltsituation sollte einerseits zwar nicht unterschätzt werden, darf aber andererseits auf keinen Fall überschätzt werden. Ohne allgemeine effektive Rechtsbindung und ohne entsprechende gerichtliche Erzwingungsmechanismen nützen – wie das Beispiel der DDR lehrt – umweltrechtliche Normen nur wenig. Darüber hinaus darf nicht verkannt werden, dass für eine effektive Verbesserung des Umweltschutzes durch Umweltrecht gewisse grundsätzliche politische, ökonomische aber auch ökologische Grundvoraussetzungen gegeben sein müssen (etwa Umweltschutzakzeptanz, Finanzierbarkeit, Revidierbarkeit ökologischer Belastungen etc.). Der Erfolg von Umweltrecht hängt entscheidend vom politischen und ökonomischen Umfeld ab: Was nützen etwa immissionsschutzrechtliche oder naturschutzrechtliche Regelungen, wenn ein politisches Regime einen Krieg beginnt, in dem es u.a. auch zu schwerwiegenden Umweltverwüstungen kommt? Oder: Lassen sich z.B. Rodungsverbote in Notzeiten wirklich durchhalten, wenn bei Einhaltung solcher Regelungen Menschen erfrieren würden?

Entscheidend für den tatsächlichen Erfolg von Umweltrecht ist (wie für anderes Recht auch) seine inhaltliche Qualität. Gelingt es dem Gesetzgeber, gute, zeitlose Regelungen zu finden, können diese lange gelten und verschiedene politische Phasen überdauern, wie das in der preußischen GewO von 1845 gefundene Modell der Zulassungskontrolle für Anlagen zeigt, das – wenn auch modifiziert – der Sache nach noch immer das Herzstück des Bundes-Immissionsschutzgesetzes darstellt. Modernes Umweltrecht muss das Ziel verfolgen, einen Ausgleich zwischen Stabilität und Flexibilität zu suchen, damit einerseits gesetzliche Umweltschutzmaßnahmen hinreichend langfristig wirken, andererseits aber auch die gerade im Umweltschutz so wichtigen, fortlaufenden Veränderungen der einschlägigen naturwissenschaftlichen, insbesondere ökologischen Erkenntnisse sowie der technischen Möglichkeiten berücksichtigt werden können. Eine äußere und innere Übernormierung durch zu viele und zu detaillierte Gesetze ist auf jeden Fall zu vermeiden. Wie das bundesdeutsche Umweltrecht lehrt, ist es jedenfalls ein Irrtum, zu meinen, viele Umweltrechtsnormen bedeuteten stets auch viel Umweltschutz.

2. Entstehungsvoraussetzungen von Umweltrecht

Die Umweltrechtsgeschichte lehrt insbesondere, die grundsätzlichen Voraussetzungen zu erkennen, die für die Entstehung von Umweltrecht erforderlich sind. Erste Voraussetzung ist regelmäßig die überhöhte Inanspruchnahme von Umweltgütern durch den Staat, die Wirtschaft und die Bevölkerung. Als zweite Voraussetzung müssen hieraus Konflikte erwachsen. Solche können einmal zwischen konkurrierenden Umweltnutzern (z.B. im Wasserrecht) auftreten und zum anderen vor allem zwischen Umweltnutzern und Umweltbelasteten (z.B. Nachbarn). Diese zweite Fallgestaltung setzt freilich regelmäßig enge und nachvollziehbare Kausalitätsbeziehungen voraus. Für die modernen Umweltprobleme ist dies aber häufig nicht typisch. Breitflächige Umweltbelastungen (wie z. B. der Klimawandel) beruhen häufig auf einer unüberschaubaren Vielzahl von Ursachen mit teilweise komplizierten Wechselwirkungen zwischen den einzelnen Umweltmedien und müssen lange vor dem Eintritt einer Gefahr oder gar eines Schadens bekämpft werden. Potentiell Umweltbelastete ist praktisch die Allgemeinheit, die sich im Wesentlichen nur über die öffentliche Meinung artikulieren kann. Deshalb ist in diesen wichtigen Fällen für das Entstehen von Umweltrecht typischerweise die Erkenntnis von Umweltproblemen und vor allem ein entscheidendes Problembewusstsein wichtig. Von daher wird deutlich, welches Gewicht das Umweltbewusstsein für das Entstehen von Umweltrecht in einer Demokratie hat. Die historisch feststellbaren „Schübe" des Umweltbewusstseins (z. B. Naturschutzbewegungen im 19. Jahrhundert, die „Explosion" des Umweltbewusstseins in den 1970er-Jahren) haben deshalb ein eminentes Gewicht für das Entstehen umweltspezifischen bzw. umweltrelevanten Rechts. Damit wird freilich keineswegs eine Entwicklung gutgeheißen, die Umweltgesetze primär als Reaktionen auf Störfälle begreift, um durch die möglichst schnelle Schaffung von einschlägigen Rechtsnormen der sensibilisierten Bevölkerung darzulegen, jedenfalls von nun an reagiere der Staat, um die Wiederholung von solchen Störfällen zu verhindern. Soll Umweltrecht mit Zukunft geschaffen werden, muss es mehr sein als kurzatmiges Krisenreaktionsrecht.

3. Umweltrecht als junges Rechtsgebiet?

Das Umweltrecht bleibt ein faszinierendes Rechtsgebiet mit hoher Zukunftsrelevanz. Es bleibt wichtiges Innovationszentrum bzw. Laboratorium für die Gesamtrechtsordnung. Im Umweltrecht wurden z. B. Instrumente entwickelt, die dann auch in andere Rechtsgebiete eindrangen (z. B. Verbandsklagen, Auditverfahren etc.). Seine hohe Dynamik, Innovationskraft und Zukunftshaltigkeit lassen das Umweltrecht noch immer als junges Rechtsgebiet erscheinen. Trifft dies noch zu?

Immerhin ist das moderne bundesdeutsche Umweltrecht bereits über 40 Jahre alt. Nimmt man schließlich noch in den Blick, dass schon zeitlich weit vor dem Einsetzen des modernen Umweltschutzgedankens Ende der 1960er- bzw. Anfang der 1970er-Jahre in Deutschland durchaus Rechtsetzung und -anwendung im Bereich umweltrelevanter Sachgebiete stattgefunden hat, so können schon Zweifel an der Jugendlichkeit des Umweltrechts aufkommen. Mit der Jugend ist es so eine Sache: Irgendwann vergeht sie.

Gleichwohl: Gemessen an den klassischen Rechtsgebieten ist das Umweltrecht natürlich „jung", gemessen z. B. am Internet-Recht eher nicht. Absolute Zeitgrenzen für die Jugendlichkeit (bzw. für die Erwachsenheit) eines Rechtsgebiets sind schwer zu ziehen. Näheren Aufschluss gibt da schon eher ein materielles Verständnis des Jung-Seins. Jugend ist die Sehnsucht nach der Zukunft.[45] Diese essentielle Zukunfts-

[45] In Anlehnung an *Sartre:* „Die Jugend hat Heimweh nach der Zukunft."

bezogenheit ist dem Umweltrecht und übrigens auch vielen seiner (älter gewordenen) wissenschaftlichen Vertreter – einschließlich unseres Jubilars – geblieben. Umweltschutz bleibt notwendig eine Schicksalsaufgabe der Zukunft, weil es ohne Umweltschutz keine Zukunft geben wird.[46]

[46] *Kloepfer* (Fn. 3), § 1 Rn. 1.

Entwicklungen der UVP

Von *Alexander Schink*

I. Einleitung und Problemstellung

Die UVP hat sich inzwischen als das zentrale Element bei der Behandlung von Umweltauswirkungen von Vorhaben etabliert. Kerngedanke der UVP, die inzwischen in zwei EU-Richtlinien für verschiedene Rechtsakttypen geregelt ist,[1] ist es, vor Aufstellung von Plänen und Programmen und der Durchführung von potentiell umweltbelastenden Projekten deren jeweilige Umweltauswirkungen in einem rechtlich geordneten und transparenten Verfahren zu prüfen und bei der anschließenden Entscheidung zu berücksichtigen.[2] In einem standardisierten Prüfverfahren sollen die unmittelbaren und mittelbaren Auswirkungen eines Projekts bzw. Plans oder Programms auf die Faktoren Mensch, Fauna und Flora, Boden, Wasser, Luft, Klima und Landschaft, Sachgüter und kulturelles Erbes sowie die Wechselwirkungen zwischen diesen Faktoren geprüft und bei der Zulassungsentscheidung berücksichtigt werden. Dabei geht es nicht darum festzustellen, ob das Projekt umweltverträglich ist. Die UVP schließt die Zulassung nicht umweltverträglicher Projekte keineswegs aus. Zielsetzung der UVP ist es vielmehr, vor Zulassung eines Projekts bzw. Plans oder Programms Klarheit darüber zu gewinnen, inwieweit hierdurch die Umwelt beeinträchtigt werden kann, und zu prüfen, wie eine Minimierung der Umweltauswirkungen erfolgt und ob ein Projekt trotz der erkannten erheblichen Umweltauswirkungen zugelassen werden kann.[3] Die UVP bildet dabei in erster Linie formelles Umweltrecht; ihr Schwerpunkt liegt auf dem Verfahrensaspekt[4], mit der Folge, dass ihre materiellen Wirkungen, so sie überhaupt bestehen, eher gering sind und deshalb ernsthafte Zweifel daran vorgebracht worden ist, ob die UVP das vorhandene Schutzniveau bei der Zulassung von Vorhaben in Deutschland überhaupt verbessert oder

---

[1] Richtlinie des Rates vom 27. Juni 1985 über die Umweltverträglichkeitsprüfung bei bestimmten öffentlichen und privaten Projekten (RL 85/337/EWG), ABl. Nr. L175 v. 05.07. 1985, S. 40 bis 48, zuletzt geändert durch RL 2009/31/EG des Europäischen Parlaments und des Rates v. 23.04.2009, ABl. Nr. L140 vom 05.06.2009, S. 14; kodifizierte Fassung RL 2011/92/EU v. 28.01.2012, ABl. 26, S. 1; Richtlinie 2001/42/EG des Europäischen Parlaments und des Rates vom 27.06.2001 über die Prüfung der Umweltauswirkungen bestimmter Pläne und Programme, ABl. L197 v. 21.07.2001, S. 30.

[2] So die treffende Kennzeichnung bei *Meßerschmidt*, Europäisches Umweltrecht, 2011, § 8 Rn. 1.

[3] Dazu *Meßerschmidt*, Europäisches Umweltrecht, § 8 Rn. 6.

[4] Dazu *Schmidt-Preuß*, DVBl 1995, 485 ff.

nicht eher „in aufwändiger Form mit mitunter zweifelhaften Folgen umgestaltet".[5] Bei erstem Hinsehen ist die Bewertung der UVP deshalb ambivalent: Als systematisiertes und standardisiertes Verfahren zur Prüfung der Umweltauswirkungen von Vorhaben verbessert sie sicherlich die Kenntnisse hierüber bei der Zulassungsentscheidung und kann auf diese Weise dazu beitragen, dass diese Erkenntnisse in die Entscheidung eingehen und zu optimierten Ergebnissen in Bezug auf Umweltbelange führen. Darüber hinaus macht sie erhebliche Beeinträchtigungen von Umweltbelangen durch die gebotene Öffentlichkeitsbeteiligung transparent, ein Umstand, der über die mit der UVP verbundenen Klagerechte sicherlich auch zu einer Verbesserung der Berücksichtigung von Umweltbelangen in Zulassungsentscheidungen beiträgt. Andererseits ändert die UVP als Verfahrensinstrument an den materiellen Zulassungsvoraussetzungen von Vorhaben jedoch nichts. Diese richten sich vielmehr nach den einschlägigen materiell-rechtlichen Regelungen des Fachrechts und werden durch die UVP weder verändert noch im Sinne einer verbesserten Berücksichtigung von Umweltauswirkungen modifiziert. Die durch die UVP gewonnenen verbesserten Kenntnisse von erheblichen Umweltbelastungen von Projekten können deshalb nicht unbedingt zu einer verbesserten Berücksichtigung der Beeinträchtigung von Umweltbelangen in der Entscheidung führen. Dies ist vielmehr ausschließlich eine Frage des anzuwendenden materiellen Rechts. Die UVP bleibt deshalb – so könnte man schlussfolgern – auf halbem Wege stehen, indem sie zwar verbesserte Erkenntnisse gewinnt, jedoch nichts dazu beiträgt, dass diese stets auch entscheidungsrelevant sind.

Abgesehen von dieser Problematik, die die Frage nach der materiellen Wirkung der UVP aufwirft, stellen sich bei der Anwendung des UVP-Rechts weitere wichtige Fragestellungen: Welche Projekte sollen einer UVP unterworfen werden; in welchem Verfahren wird hierüber entschieden? Welche Aufgaben haben Vorhabenträger und Zulassungsbehörde in der UVP? Wie kann bei der vom Vorhabenträger durchzuführenden Umweltprüfung eine objektive Untersuchung der Umweltauswirkungen gewährleistet werden? Ist sichergestellt, dass die Ergebnisse der UVP stets in die Entscheidung eingehen? Welche Relevanz für den Rechtsschutz hat es, wenn eine UVP überhaupt nicht durchgeführt wurde oder den gesetzlichen Anforderungen nicht entsprach?

Im Folgenden soll zu diesen Grundfragen anhand der bisherigen Entwicklung der UVP und der auf der europäischen Ebene absehbaren Änderung der UVP-RL[6] Stellung genommen werden.

[5] *Böhm*, Jb. UTR 2001, 177, 182.

[6] Zum Inhalt der auf der EU-Ebene vorgesehenen Neuregelungen: *Hahn/Watson*, Novellierung der UVP-Richtlinie – Im Spannungsfeld zwischen Qualitätssicherung und Verfahrensvereinfachung, I+E 2013, 157 ff.; *Kenyeressy*, Kritische Analyse des Vorschlags zur Änderung der UVP-Richtlinie, UPR 2013, 139 ff.; *Schink*, Verstärkung der Öffentlichkeitsbeteiligung und neue UVP-Anforderungen für Unternehmen, DVBl 2013, 1347, 1352 ff.

II. Bloß formelle oder auch materielle Wirkung der UVP?

Gemäß § 12 UVPG ist die Genehmigungsbehörde verpflichtet, auf der Grundlage der zusammenfassenden Darstellung der Umweltauswirkungen des Vorhabens gemäß § 11 UVPG, in die die Ergebnisse der Umweltverträglichkeitsuntersuchung durch den Vorhabenträger sowie der Öffentlichkeits- und Behördenbeteiligung eingehen, die Umweltauswirkungen des Vorhabens zu bewerten und bei der Entscheidung zu berücksichtigen. Ausgelöst durch die offenkundig defizitären Genehmigungsanforderungen im Immissionsschutzrecht, wird darüber diskutiert, ob das Bewertungs- und Berücksichtigungsgebot des § 12 UVPG auch materielle Wirkungen haben kann. Das Immissionsschutzrecht enthält keine Regelung dazu, ob auch die Wechselwirkungen zwischen verschiedenen Umweltgütern bei der Zulassungsentscheidung zu berücksichtigen sind. § 5 Abs. 1 BImSchG sieht vielmehr lediglich vor, dass genehmigungsbedürftige Anlagen so zu errichten und zu betreiben sind, dass zur Gewährleistung eines hohen Schutzniveaus für die Umwelt insgesamt schädliche Umweltauswirkungen und sonstige Gefahren, erhebliche Nachteile und erhebliche Belästigungen für die Allgemeinheit und die Nachbarschaft nicht hervorgerufen werden können und Vorsorge gegen schädliche Umwelteinwirkungen insbesondere durch die dem Stand der Technik entsprechenden Maßnahmen getroffen werden muss. Wegen dieser Formulierung werden Zweifel daran geäußert, ob im Immissionsschutzrecht überhaupt eine medienübergreifende Prüfung der Umweltauswirkungen möglich ist, wie das UVP-Recht sie verlangt.[7] Hingewiesen wird dabei darauf, dass § 12 UVPG mit seiner Forderung nach einer vorsorgeorientierten Bewertung im Sinne des medienübergreifenden Prüfungsansatzes des § 2 Abs. 1 S. 2 UVPG die Funktion habe, die Auslegung der fachgesetzlichen Zulassungsvoraussetzungen quasi um den medienübergreifenden Prüfungsansatz anzureichern.[8]

Diese Auffassung hat sich – zu Recht – nicht durchgesetzt. Vielmehr ist heute ganz überwiegende Auffassung, dass die UVP rein verfahrensrechtlichen Charakter hat, die Zulassungsvoraussetzungen des Fachrechts jedoch nicht verändert.[9] Unge-

---

[7] *Bohne*, Optimale Umsetzung der UVP-EG-Richtlinie in deutsches Recht?, ZAU 1990, 341, 345 ff.; *Feldmann*, UVP-Gesetz und UVP-Verwaltungsvorschrift, UPR 1991, 127, 130; *Peters*, Rechtliche Maßstäbe des Bewertens in der gesetzlichen UVP und die Berücksichtigung in der Entscheidung, NuR 1990, 103, 105; *ders.*, Bewertung und Berücksichtigung der Umweltauswirkungen bei UVP-pflichtigen BImSchG-Anlagen, UPR 1994, 93 ff.; *ders.*, Der Vorsorgebegriff im UVP-Recht und seine Auswirkungen auf das Umweltverwaltungsrecht, UPR 1994, 281 ff.

[8] In diesem Sinne z. B. *Heitsch*, Durchsetzung der materiell-rechtlichen Anforderungen der UVP-Richtlinie im immissionsschutzrechtlichen Genehmigungsverfahren, NuR 1996, 453, 457.

[9] BVerwG, Urt. v. 25.01.1996, 4 C 9/95, NVwZ 1996, 788, 790. Ebenso: *Hien*, Die Umweltverträglichkeitsprüfung in der gerichtlichen Praxis, NVwZ 19976, 422, 425 ff.; *Beckmann*, in: Hoppe/Beckmann, Gesetz über die Umweltverträglichkeitsprüfung, UVPG, Kommentar, 4. Aufl. 2012, § 12 Rn. 123; *Gallas*, Die Umweltverträglichkeitsprüfung im immissionsschutzrechtlichen Genehmigungsverfahren, UPR 1991, 214, 218; *Lange*, Rechtsfolgen

achtet ihrer Vorsorgeorientiertheit, so das BVerwG, handelt es sich bei der UVP um ein bloßes Verfahrensinstrument.[10] Für diese Auffassung spricht schon, dass es unter dem Gesichtspunkt rechtsstaatlicher Bestimmtheit mehr als problematisch ist, Vorschriften eine unterschiedliche Auslegung zu geben, je nachdem, ob sie in einem UVP-pflichtigen oder nicht UVP-pflichtigen Verfahren zur Anwendung kommen. Aus Gründen der Rechtssicherheit und Rechtsklarheit ist eine Änderung der Zulassungsvoraussetzungen des materiellen Rechts notwendig, sollen sie UVP-konform angewendet werden. § 12 UVPG alleine kann diese Änderung nicht bewirken.[11]

Einschränkend ist allerdings hinzuzufügen, dass eine bloß formelle Wirkung der UVP nur dort besteht, wo die Zulassungsvoraussetzungen des materiellen Rechts nicht durch offene Tatbestände, sondern durch exakt definierte Modalitäten beschrieben werden. Werden Begriffe wie „Wohl der Allgemeinheit" verwendet, wie dies in der Planfeststellung häufig der Fall ist, kann deren Auslegung durch die UVP in der Weise gesteuert werden, dass sie offen dafür sind, als Aspekte des Wohls der Allgemeinheit eine erhebliche Beeinträchtigung aller Umweltrechtsgüter und deren Wechselwirkungen zu berücksichtigen. Die UVP steuert in diesen Fällen die Auslegung solcher offener Zulassungstatbestände.[12] Neu ist dies freilich für die Planfeststellung insbesondere bei Verkehrsanlagen nicht. Denn auch ohne UVP waren in der Planfeststellung schon immer alle von der Zulassung des Vorhabens berührten Belange und damit alle Umweltauswirkungen zu prüfen und in der Entscheidung über den Topos „Wohl der Allgemeinheit" zu berücksichtigen.[13]

Hinzuweisen ist überdies darauf, dass die UVP materielle Wirkung durchaus auch deshalb hat, weil das standardisierte Prüfverfahren einschließlich der Behörden- und Öffentlichkeitsbeteiligung dazu beiträgt, verbesserte Erkenntnisse über Umweltauswirkungen zu gewinnen. Diese erhalten über die UVP deshalb ggf. überhaupt erst die Möglichkeit, in der Entscheidung Berücksichtigung zu finden. Denn ganz generell gilt der Grundsatz, dass das, was die Behörde nicht kennt und nicht kennen muss, sie bei der Zulassungsentscheidung weder berücksichtigen kann noch berücksichtigen muss.[14] Die UVP hat deshalb erhebliche Bedeutung für die Richtigkeitsgewähr einer Entscheidung, gerade unter Umweltaspekten. Hierin mag man eine materielle Wirkung sehen, weil die UVP die Anwendung des materiellen Umweltrechts verbessert und auf diese Weise die Durchsetzung des Umweltrechts optimiert.

---

der Umweltverträglichkeitsprüfung für die Genehmigung oder Zulassung eines Projekts, DÖV 1992, 780, 784; *Schink*, Die Umweltverträglichkeitsprüfung – Eine Bilanz, NuR 1998, 173, 176 f.; *Wulfhorst*, in: Landmann/Rohmer, Umweltrecht, Stand: 2013, § 12 UVPG, Rn. 24.

[10] BVerwG, Urt. v. 25.01.1996, a.a.O.

[11] Vgl. dazu *Schink*, NuR 1998, 177.

[12] In diesem Sinne *Schink*, NuR 1998, 177.

[13] *Schink*, a.a.O., vgl. auch *Beckmann*, in: Hoppe/Beckmann, UVPG, § 12 Rn. 122, der darauf hinweist, dass die Diskussion um die materielle Wirkung der UVP „etwas praxisfern" sei und zu weit losgelöst vom Fachrecht geführt werde.

[14] Dazu für die Bauleitplanung: BVerwG, Urt. v. 09.11.1979, 4 N 1.78 u.a., E 59, 87, 103.

Ergänzend ist im Übrigen darauf hinzuweisen, dass auch das Immissionsschutzrecht in seinen in § 5 Abs. 1 Nr. 1, 2. Alt. ausgeprägten Anforderungen an die Zulassungsfähigkeit von Vorhaben UVP-rechtskonform ist. Durch die ausdrückliche Benennung von Boden, Wasser, Atmosphäre und Kulturgüter in § 1 BImSchG hat der Gesetzgeber verdeutlicht, dass der Schutz von Mensch und Umwelt Zweck des BImSchG ist. Der medienübergreifende Ansatz auch des Prüfprogramms für die Zulässigkeit von Vorhaben im BImSchG ist dadurch zum Ausdruck gebracht worden mit der Folge, dass das Gesetz dem Prüfprogramm auch des § 12 UVP entspricht.

Die bloß verfahrensrechtliche Bedeutung der UVP könnte freilich zukünftig der Vergangenheit angehören. Der Änderungsvorschlag der EU-Kommission zur Novellierung der UVP-RL[15] sieht eine Änderung des Art. 8 UVP-RL vor. Hiernach ist für den Fall, dass ein Projekt erhebliche nachteilige Umweltauswirkungen erwarten lässt, von der zuständigen Behörde in enger Zusammenarbeit mit den zu beteiligten Behörden und dem Vorhabenträger zu prüfen, ob der Umweltbericht überarbeitet und das Projekt geändert werden muss, um diese nachteiligen Auswirkungen zu vermeiden oder zu verringern und ob zusätzliche Schadensbegrenzungs- und Ausgleichsmaßnahmen erforderlich sind. Die Regelung ist mehr als problematisch. Das ist schon deshalb der Fall, weil sie der Zulassungsbehörde Einfluss auf die Ausgestaltung des Vorhabens einräumt. Das Projekt, einschließlich der Vorkehrungen festzulegen, die gegen erhebliche Umweltauswirkungen getroffen werden, ist jedoch Aufgabe des Vorhabenträgers.[16] Schwerer jedoch wiegt, dass diese Regelung der UVP eine materielle Wirkung beilegen soll. Reichen die Regelungen des Fachrechts nicht, um erheblichen Umweltauswirkungen entgegenzuwirken, sollen weitergehende Anforderungen für die Genehmigung des Projekts über Art. 8 UVP-RL gemacht werden können. Die UVP würde mit solchen Anforderungen von einem Verfahrensinstrument zu einer die materiell-rechtliche Zulässigkeit des Vorhabens bestimmende Regelung mutieren. Abzulehnen ist dies vor allem deshalb, weil Grenzen, Umfang und Maßstäbe der nach Art. 8 Abs. 2 UVP-RL-E möglichen Zulassungshindernisse für Vorhaben völlig unbestimmt bleiben. Unter rechtstaatlichen Aspekten betrachtet ist die in Art. 8 UVP-RL-E vorgesehene Bestimmung wegen fehlender Bestimmtheit und Vorhersehbarkeit deshalb unzulässig. Im Übrigen sollte nach wie vor der Grundsatz gelten, dass die Zulassungsvoraussetzungen für Vorhaben sich ausschließlich nach den materiell-rechtlichen Vorschriften des einschlägigen Fachrechts, nicht aber nach UVP-Recht bestimmen. Ansonsten wären die Zulassungsvoraussetzungen auch rechtstaatlich bedenklich, da sie nicht vorhersehbar wären.[17]

---

[15] Europäische Kommission, Vorschlag für eine Richtlinie des Europäischen Parlamentes und des Rates zur Änderung der Richtlinie 2011/92/EU über die Umweltverträglichkeitsprüfung bei bestimmten öffentlichen und privaten Projekten vom 26. 10. 2012, COM (2012) 628 final.

[16] So mit Recht: *Kenyeressy*, UPR 2013, 143. Auch: *Schink*, DVBl 2013, 1354.

[17] *Schink*, DVBl 2013, 1354. Vgl. auch *Kenyeressy*, UPR 2013, 143; *Hahn/Watson*, I+E 2013, 163 f.

Ob der Vorschlag der Europäischen Kommission zur materiellen Wirkung der UVP verwirklicht werden wird, ist derzeit noch nicht endgültig absehbar. Das Europäische Parlament hat durch Beschluss vom 09.10.2013 zum Kommissionsvorschlag[18] vorgeschlagen, die von der Kommission vorgeschlagene Regelung so zu fassen, dass von der zuständigen Behörde nach Abschluss der Behördenbeteiligung geprüft werden muss, ob die Genehmigung verweigert werden sollte und ob das Projekt geändert werden muss, um nachteilige Wirkungen zu vermeiden oder zu verringern und ob zusätzliche Schadensbegrenzungs- oder Ausgleichsmaßnahmen *auf der Grundlage der einschlägigen Rechtsvorschriften* erforderlich sind. Eine Verbesserung gegenüber dem Kommissionsvorschlag stellt dieser Beschluss des Europäischen Parlaments insoweit dar, als die Frage, ob und welche zusätzlichen Auflagen oder Änderungen des Projekts zur Vermeidung oder zum Ausgleich von Umweltauswirkungen gemacht werden können, sich hiernach nach den einschlägigen Vorschriften des materiellen Rechts bemisst. Materielle Wirkung soll der UVP damit nicht zukommen. Problematisch ist der Vorschlag aber nach wie vor deshalb, weil er eine Hinwirkungspflicht der Zulassungsbehörde auf eine Veränderung des Vorhabens enthält und damit die Sachherrschaft des Vorhabenträgers über sein Projekt durchbricht.

Im Trilogverfahren ist inzwischen eine Einigung über die EU-Änderungsrichtlinie zwischen Kommission, EP und Europäischem Rat erzielt worden. Art. 8 Abs. 2 UVP-RL-E ist hierin gestrichen worden; eine materielle Wirkung ist nicht mehr vorgesehen.

III. UVP-pflichtige Vorhaben

Zweck der UVP ist es, wie erwähnt, potentiell umweltbelastende Vorhaben einer Umweltverträglichkeitsprüfung mit dem Ziel zu unterwerfen, Umweltaspekte bei der Entscheidung bestmöglich berücksichtigen zu können. Von entscheidender Bedeutung für die Reichweite der UVP ist deshalb die Bestimmung der UVP-pflichtigen Projekte und damit der Anwendungsbereich der UVP. Das UVP-Recht bestimmt diesen zum einen durch den Projektbegriff des Art. 1 Abs. 2 UVP-RL/§ 2 Abs. 2 UVP und zum anderen durch eine Liste der UVP-pflichtigen Projekte.

1. Projektbegriff

Nach Art. 1 Abs. 2 UVP-RL sind unter Projekt die Errichtung von baulichen oder sonstigen Anlagen sowie sonstige Eingriffe in Natur und Landschaft einschließlich derjenigen zum Abbau von Bodenschätzen zu verstehen. § 2 Abs. 2 Nr. 1 UVPG entspricht dieser Regelung. Die Bestimmung hat konstitutiven Charakter: Handelt es sich um Tätigkeiten, die in Art. 2 Abs. 1 UVP-RL bzw. § 2 Abs. 2 UVPG nicht aufgeführt sind, kann eine UVP-Pflicht weder für die Errichtung oder den Betrieb von

[18] Verfahren 2012/0297 (COD), im Internet unter www.europarl.europa.eu.

Anlagen bestehen, die als UVP-pflichtig in der Anlage 1 UVPG aufgeführt sind, noch für deren Änderung oder Erweiterung.[19]

Bei genauer Betrachtung bestehen zwischen den Tätigkeitsmodalitäten, die eine UVP-Pflicht nach § 2 Abs. 2 UVPG auslösen können, bei der (erstmaligen) Zulassung von Vorhaben und Änderungs- bzw. Erweiterungsverfahren Unterschiede:

Während die Begriffe Errichtung und Betrieb für die erstmalige Zulassung in § 2 Abs. 2 Nr. 1 UVPG nicht kumulativ, sondern alternativ zu verstehen sind mit der Folge, dass auch das Erlöschen einer Betriebserlaubnis für eine bestehende Anlage bei ihrer Neuerteilung eine UVP-Pflicht auslösen kann[20], ist nur der Bau, nicht aber der Betrieb einer sonstigen, d. h. nicht technischen Anlage UVP-pflichtig. Änderungen allein des Betriebs ohne gleichzeitige Modifikation von Lage oder Beschaffenheit sonstiger Anlagen lösen deshalb keine UVP-Pflicht aus.[21]

2. *Bedeutung der Anlage 1 UVPG*

Immer muss es sich bei den Tätigkeiten, die in § 2 Abs. 2 UVPG aufgeführt sind, um solche handeln, die sich auf ein in der Anlage 1 UVPG aufgeführtes Projekt beziehen. Anlage 1 UVPG unterscheidet dabei – ebenso wie Anhang I und II UVP-RL zwischen zwingend UVP-pflichtigen Projekten und solchen, für die die UVP erst nach einer Vorprüfung besteht.

Die zwingend UVP-pflichtigen UVP-Vorhaben sind in Spalte 1 der Anlage UVPG verzeichnet und mit einem X gekennzeichnet. Eine UVP-Pflicht besteht für diese Vorhaben dann, wenn die in der Anlage 1 genannten Kriterien für die UVP-Pflichtigkeit erfüllt sind. Dabei unterscheidet Anlage 1 zwischen

- Vorhaben, die bestimmte Leistungsgrenzen überschreiten,
- solchen, die eine bestimmte Größenordnung erreichen oder überschreiten und
- Vorhaben mit einer bestimmten Durchsatzleistung.[22]

Darüber hinaus sind in der Anlage 1 Vorhaben aufgeführt, die stets, also ohne Rücksicht auf bestimmte Leistungsgrenzen oder eine bestimmte Größenordnung einer UVP-Pflicht unterliegen. Die UVP-Pflicht für solche Vorhaben, die in der Spalte 1 der Anlage 1 aufgeführt sind, bestimmt sich ausschließlich danach, ob die jewei-

---

[19] *Schink*, Der Vorhabenbegriff bei der Umweltverträglichkeitsprüfung, NuR 2012, 603, 606. Anders: *Appold*, in: Hoppe/Beckmann, UVPG, § 2 Rn. 75, wonach der Vorhabenbegriff des § 2 Abs. 2 UVPG lediglich den Charakter eines Orientierungsrahmens haben soll. Bei Änderungsvorhaben ist eine UVP allein für die Umweltauswirkungen des Änderungsvorhabens durchzuführen. BVerwG, Urt. v. 24. 10. 2013 – 7 C 36/11 – juris Rn. 30 ff.

[20] *Bunge*, in: Storm/Bunge, Handbuch der Umweltverträglichkeitsprüfung, Stand: 2013, § 2 UVPG Rn. 135; *Schink*, NuR 2012, 606.

[21] *Bunge*, § 2 UVPG Rn. 139; *Schink*, NuR 2012, 606.

[22] Beispiele dazu bei *Schink*, NuR 2012, 603.

ligen Merkmale der Spalte 1, also die Durchsatzleistung, die Größenordnung oder Leistungsgrenzen oder die Definition der Anlage erfüllt sind.

Komplexer ist die Feststellung der UVP-Pflichtigkeit bei solchen Vorhaben, die einer Vorprüfung unterzogen werden müssen. Die Regelung über das Screening in § 3 c UVPG ist Konsequenz der Rechtsprechung des EuGH. Exemplarisch hat dieser im Fall *Kraaijeveld*[23] die Ermessensgrenzen der Mitgliedstaaten, die diesen nach Art. 4 Abs. 2 UVP-RL bei der Auswahl UVP-pflichtiger Projekte zukommen, konkretisiert und klargestellt, dass ein Mitgliedstaat, der die Kriterien und/oder Schwellenwerte für ein Anhang-II-Projekt so festlegt, dass in der Praxis alle Projekte einer Klasse von vornherein von der Pflicht zur Untersuchung ihrer Umweltauswirkungen ausgenommen sind, den Ermessensspielraum des Art. 4 Abs. 2 UVP-RL überschreitet. Nur dann, wenn auf Grund einer pauschalen Beurteilung aller ausgenommenen Projekte davon ausgegangen werden kann, dass bei diesen mit erheblichen Umweltauswirkungen nicht gerechnet werden muss, kann nach der Rechtsprechung des EuGH eine generelle Ausnahme von der UVP-Pflichtigkeit gemacht werden.[24] Anlage 1 Spalte 2 UVPG führt die Vorhaben auf, bei denen erst eine Vorprüfung des Einzelfalls (Screening) ergibt, ob eine UVP-Pflicht besteht. Dabei wird zwischen zwei verschiedenen Arten des Screenings unterschieden, nämlich der allgemeinen Vorprüfung des Einzelfalls (§ 3 c S. 1 UVPG) und der standortbezogenen (§ 3 c S. 2 UVPG). Beide Arten unterscheiden sich dadurch, dass bei der allgemeinen Vorprüfung sämtliche Kriterien der Anlage 2 UVPG anzuwenden sind, während bei der standortbezogenen Vorprüfung die Prüfung lediglich unter Berücksichtigung besonderer örtlichen Gegebenheiten nach bestimmten Schutzkriterien vorzunehmen ist.[25] Welche Art von Screeningverfahren im Einzelfall durchzuführen ist, bestimmt sich nach der Kennzeichnung in der Spalte 2 der Anlage 1 UVPG.

3. Inhalt der Vorprüfung – Keine kleine UVP

Nach der Rechtsprechung des BVerwG beschränkt sich die Vorprüfung in ihrer Prüftiefe auf eine überschlägige Vorschau, die die eigentliche Umweltverträglichkeitsprüfung nicht vorweg nehmen darf.[26] Zur Begründung weist das BVerwG darauf hin, dass die eigentliche UVP in einem Verfahren mit einer obligatorischen Öffentlichkeitsbeteiligung durchgeführt werden muss, das eine besondere Richtigkeitsgewähr für die Prüfergebnisse sichert. Diese Sicherung würde ausgeschaltet, würde im Rahmen einer Vorprüfung mit einer der UVP vergleichbaren Prüftiefe „durchermit-

---

[23] EuGH, C-72/95, Slg. 1996, I-5403. Ebenso EuGH, C-133/94 – *Kommission gegen Belgien*, Slg. 1996, I-2323 Rn. 41 ff.; C-301/95 – *Kommission gegen Deutschland*, Slg. 1998, I-6135.

[24] Zum vorstehenden *Meßerschmidt*, Europäisches Umweltrecht, § 8 Rn. 56 ff.; *Wegener*, NVwZ 1997, 462 ff.

[25] *Feldmann*, DVBl 2001, 595; *Enders/Krings*, DVBl 2001, 1246.

[26] BVerwG, Urt. v. 20.08.2008 – 4 C 11.07, E 131, 352 Rn. 35; Urt. v. 20.12.2011 – 9 A 31.10, NuR 2012, 403 Rn. 25.

telt". Andererseits dürfe sich die Vorprüfung aber nicht in einer nur oberflächlichen Abschätzung spekulativen Charakters erschöpfen. Sie müsse auf der Grundlage geeigneter und ausreichender Informationen erfolgen.[27] Grundsätzlich kann die Behörde bei der UVP-Vorprüfung deshalb auf die vom Antragsteller hierzu eingereichten Unterlagen, eigene Kenntnisse und Konsultationen bei anderen Behörden zurückgreifen. Reichen diese Erkenntnisse nicht aus, können auch zusätzliche Erkundigen möglich sein. In diesem Rahmen kann es zulässig sein auch Sachverständigengutachten einzuholen.[28] Der Behörde steht dabei ein Einschätzungsspielraum zu, der von den Gerichten nur eingeschränkt überprüft werden kann.[29]

Diese Grundsätze über die Durchführung des Screenings werden zukünftig durch Änderung der UVP-RL erheblich modifiziert werden. Nach dem Vorschlag der Kommission soll der Projektträger gemäß Art. 4 Abs. 3 UVP-RL-E verpflichtet werden, im Rahmen des Screenings Informationen über die Merkmale des Projekts, dessen potentielle Auswirkungen auf die Umwelt und die geplanten Maßnahmen, mit denen erhebliche Auswirkungen vermieden und verringert werden soll, zu liefern. Die vom Projektträger beizubringenden Informationen sollen in einem Anhang II a zur UVP-RL detailliert vorgegeben werden. Dieser Anhang folgt in seiner Struktur dabei den Angaben, die nach Anhang IV UVP-RL im Umweltbericht enthalten sein müssen. Für das Screening wird auf diese Weise eine „kleine UVP" verlangt.[30] Die UVP wird quasi in die Vorprüfung vorverlagert, obwohl diese lediglich den Zweck hat, festzustellen, ob erhebliche Umweltauswirkungen möglich sind, die Anlass für eine UVP geben.

An diesem Vorschlag ist kritisiert worden, dass seine Umsetzung nicht nur einen erheblichen Mehraufwand zur Folge hätte, sondern dass er wegen der hiermit verbundenen partiellen Vorwegnahme der UVP auch unverhältnismäßig sei und die Beteiligungsrechte der Öffentlichkeit beschränke, da eine Öffentlichkeitsbeteiligung beim Screening nicht vorgesehen ist.[31] Ob der relativierende Vorschlag des Europäischen Parlaments aufgegriffen werden wird, der vorschlägt, Art. 4 Abs. 4 Nr. 3 UVP-RL-E einen Satz des Inhalts anzufügen, dass die Menge der Informationen, die vom Projektträger zu liefern sind, auf ein Minimum begrenzt und auf die wichtigsten Aspekte beschränkt wird, die es der zuständigen Behörde ermöglichen, ihre Entscheidung zu treffen, ist noch ungewiss. Der Vorschlag würde dem Anliegen, das Screening auf die wichtigsten Aspekte zu beschränken allerdings gerecht werden und dessen unverhältnismäßige Ausweitung entgegenwirken. Im Trilog ist er bestätigt worden.

---

[27] BVerwG, Urt. v. 20.12.2011 (Fn. 26), Rn. 403. Im Ergebnis ebenso *Sangnestedt*, in: Landmann/Rohmer, Umweltrecht, § 3 UVPG Rn. 11.

[28] BVerwG, Urt. v. 20.12.2011, (Fn. 26), Rn. 25.

[29] BVerwG, Urt. v. 20.12.2011, (Fn. 26), Rn. 26. Ebenso: Urt. v. 07.09.2006 – 4 C 16.04, E 127, 208 Rn. 49; Urt. v. 20.08.2008 – 4 C 11.07, NuR 2008, 857 Rn. 35.

[30] So: Bundesrat, Beschl. v. 14.12.2012, Nr. 23, BR-Drucks. 655/12, S. 9.

[31] *Schink*, DVBl 2013, 1353; vgl. auch *Hahn/Watson*, I+E 2013, 161.

Unterliegen Vorhaben einer Pflicht zur Vorprüfung, besteht eine UVP-Pflicht schon dann, wenn nach überschlägiger Prüfung erhebliche nachteilige Umweltauswirkungen möglich sind (vgl. § 3 c Abs. 1 S. 1, 2 UVPG). Zu berücksichtigen ist dabei, inwieweit Umweltauswirkungen durch Vermeidungs- oder Verminderungsmaßnahmen des Trägers des Vorhabens offensichtlich ausgeschlossen werden (§ 3 c S. 3 UVPG). Nach diesen Bestimmungen genügt es für die UVP-Pflichtigkeit eines nicht zwingend UVP-pflichtigen Vorhabens, dass die Möglichkeit besteht, dass erhebliche Umweltauswirkungen in Bezug auf ein Schutzgut der UVP eintreten können.[32] Vermeidungs- und Verminderungsmaßnahmen schließen Umweltauswirkungen nur dann offensichtlich aus, wenn bei überschlägiger Prüfung keine Zweifel an der Ausschlusswirkung bestehen; aufwändige Untersuchungen dürfen zu dieser Feststellung nicht erforderlich sein.[33]

4. Neue Funktionen der UVP-Pflichtigkeit von Vorhaben

Welche Projekte UVP-pflichtig sind, bestimmt sich im Übrigen nach der Auflistung im Anhang I, II zu Art. 4 UVP-RL bzw. in der Anlage 1 UVPG. Beachtlich ist dabei, dass diese Anhänge weder mit unter die IE-RL fallenden Projekten noch mit der Anlage 1 zur 4. BImSchV übereinstimmen. Insbesondere bei Vorhaben, die nur bei Überschreitungen bestimmter Durchsatzleistungen oder Größenordnungen UVP-pflichtig sind, gibt es insoweit Unterschiede zum Anlagenzulassungsrecht nach der IE-RL bzw. dem BImSchG.[34]

Tendenziell werden in den Anhängen I und II zu Art. 4 UVP-RL bzw. Anlage 1 UVPG alle potentiell umweltgefährdenden Vorhaben erfasst. Der Kommissionsvorschlag zur Änderung der UVP-RL enthält deshalb auch keine Vorschläge zur Ausweitung oder Einengung der Anhänge I und II zu Art. 4 UVP-RL. Angesichts der aktuellen Diskussion um die Zulässigkeit des Frackings hat das Europäische Parlament allerdings – insoweit übereinstimmend mit nationalen Vorschlägen in Deutschland[35] – beschlossen, das Fracken einer UVP-Pflicht zu unterwerfen.[36] Unabhängig von der geförderten Menge soll zukünftig Aufsuchen und Fördern von Erdgas aus Schiefergesteinsschichten oder anderen Felsablagerungen UVP-pflichtig werden.[37] Abgestellt werden soll damit nicht auf den Einsatz des Frackingverfahrens, sondern allein auf die Exploration bzw. Förderung aus bestimmten Gesteinsschichten und Lagerstätten. Angesichts der Ungewissheiten über die Umweltfolgen des Frackingver-

---

[32] *Bunge*, § 3 c UVPG Rn. 51; *Schink*, Die Vorprüfung in der Umweltverträglichkeitsprüfung nach § 3 c UVPG, NVwZ 2004, 1182, 1185; *ders.*, NuR 2012, 608 f.

[33] *Bunge*, § 3 c UVPG Rn. 77; *Sangenstaedt*, in: Landmann/Rohmer, Umweltrecht, § 3 c UVPG Rn. 20; *Schink*, NVwZ 2004, 1182; *ders.*, NuR 2012, 609.

[34] Vgl. beispielhaft dazu Nr. 1 Anlage 1 der 4. BImSchV und Nr. 1 Anlage 1 UVP für Energieerzeugungsanlagen.

[35] Dazu *Schink*, DVBl 2013, 1349 f.

[36] Dazu *Hahn/Watson*, I+E 2013, 158 f.

[37] Vorschlag für Nr. 14 a und 14 b zur Änderung des Anhangs I zur Art. 4 UVP-RL des IP.

fahrens[38] mag zwar eine UVP bei der Erteilung von Aufsuchungs- oder Gewinnungsgenehmigungen für Erdgas im Frackingverfahren durchaus hilfreich sein. Problematisch erscheint jedoch, dass die UVP beim Fracking auch eingesetzt werden soll, um überhaupt Erkenntnisse zu den Umweltauswirkungen des Frackingverfahrens zu gewinnen. Es soll (auch) dazu dienen, naturwissenschaftliche Wissensdefizite auszuräumen. Dies jedoch ist nicht Aufgabe der UVP. Die bestehenden Zweifel an der Genehmigungsfähigkeit des Frackingverfahrens, die letztlich Anlass für Vorstöße sind, dieses einer UVP-Pflicht zu unterwerfen,[39] müssen über die Genehmigungsvoraussetzungen des Fachrechts abgebildet werden. Angesichts der bloß verfahrensrechtlichen Wirkung der UVP[40] vermag der Einsatz der UVP die einschlägigen Genehmigungsvoraussetzungen des Fachrechts nicht in der Weise zu modifizieren, dass bei Zweifeln über das Entstehen bestimmter Umweltauswirkungen eine Genehmigung versagt werden muss. Eine solche Rechtsfolge kann nur durch das einschlägige materielle Zulassungsregime des Fachrechts ausgelöst werden.

Jedenfalls im nationalen Recht ist überdies eine Tendenz erkennbar, die UVP nicht nur als Verfahrensinstrument zur Ermittlung und Berücksichtigung von Umweltauswirkungen im Zulassungsverfahren einzusetzen, sondern ihr darüber hinaus auch eine das materielle Zulassungsrecht steuernde Funktion beizumessen. Paradigmatisch sind hierfür die Neuregelungen in § 35 Abs. 1 Nr. 4 BauGB. Nach der Neuregelung des § 35 Abs. 1 Nr. 4 BauGB durch das BauGB-Änderungsgesetz vom 11.06.2013[41] entfällt die baurechtliche Privilegierung für Tierhaltungsanlagen dann, wenn deren Zulassung UVP-pflichtig ist oder zumindest einer standortbezogenen oder allgemeinen UVP-Vorprüfungspflicht unterliegt.[42] Rechtssystematisch ist durch diese gesetzliche Regelung der UVP eine neue Funktion zugewiesen worden: Sie wird nicht mehr allein als Verfahrensinstrument zur Ermittlung, Bewertung und Verminderung von Umweltauswirkungen eines Vorhabens eingesetzt. Vielmehr wird an die UVP-Pflicht materiell die Zulassungsfähigkeit von Vorhaben – hier Tierhaltungsanlagen – gekoppelt. Die UVP erlangt deshalb im Rahmen des § 35 Abs. 1 Nr. 4 BauGB materiell-rechtliche Wirkung insofern, als hierüber eine Bestimmung über die materiell-rechtlichen Voraussetzungen für die Zulässigkeit von Tierhaltungsanlagen getroffen wird.[43]

---

[38] Vgl. dazu nur *Meiners* et al., Umweltauswirkungen von Fracking bei der Aufsuchung von Erdgas aus unkonventionellen Lagerstätten, August 2012, im Internet unter www.umweltbundesamt.de/uba-info-medien/4346html.

[39] Dazu *Schink*, DVBl 2013, 1349 mit Nachweisen zur politischen Diskussion.

[40] Dazu schon oben 2.

[41] BGBl. I 2013 S. 1548.

[42] Einzelheiten zur Neuregelung: *Krautzberger/Stuer*, Gesetz zur Stärkung der Innenentwicklung in den Städten und Gemeinden und weiteren Fortentwicklung des Städtebaurechts, DVBl 2013, 805, 812; *Schink*, Steuerung der Zulassung von Tierhaltungsanlagen – Zur Neufassung des § 35 Abs. 1 Nr. 4 BauGB, KommPSpezial 2013, 161 ff.

[43] Vgl. *Schink*, DVBl 2013, 1351.

IV. Prüfprogramm der UVP

Das Prüfprogramm der UVP wird in § 1 Nr. 1 UVPG dahin umrissen, dass zur wirksamen Umweltvorsorge die Auswirkungen von Projekten auf die Umwelt frühzeitig und umfassend nach einheitlichen Grundsätzen ermittelt, beschrieben und bewertet werden sollen. Die Ermittlung, Beschreibung und Bewertung erfasst dabei die unmittelbaren und mittelbaren Auswirkungen eines Vorhaben auf

- Menschen, einschließlich der menschlichen Gesundheit, Tiere, Pflanzen und die biologische Vielfalt,
- Boden, Wasser, Luft, Klima und Landschaft,
- Kulturgüter und sonstige Sachgüter sowie
- die Wechselwirkungen zwischen den vorgenannten Schutzgütern (§ 2 Abs. 1 S. 1 UVPG).

An diesen Schutzgütern der UVP hat sich bislang relativ wenig geändert. Sie zielen darauf ab, eine umfassende Prüfung hinsichtlich aller Umweltauswirkungen von Vorhaben nicht in einer sektoralen, sondern einer integrativen Betrachtung zu prüfen. Dieser integrative Prüfansatz ist das zentrale materielle Element der UVP.[44] Die gesetzlichen Vorgaben eröffnen Raum für eine im Ansatz umfassende Einbeziehung der Aus- und Einwirkungen von Vorhaben auf die Umwelt. Dies entspricht dem Vorsorgegrundsatz, hat jedoch auch zur Folge, dass die Zahl der in das UVP-Verfahren einzubeziehenden Auswirkungen potentiell unendlich ist.[45]

Diese Weite des Prüfprogramms der UVP bedarf einer Eingrenzung, um diese nicht zu einem Instrument zu machen, mit dem ohne Rücksicht auf das Vorhaben und das Entscheidungsprogramm für dessen Zulässigkeit nach materiellem Recht umweltrelevante Fragestellungen gleich welcher Art geklärt und in das Zulassungsverfahren einbezogen werden können. Vor diesem Hintergrund bedarf das Prüfprogramm der UVP einer Eingrenzung. In der Rechtsprechung des Bundesverwaltungsgerichts ist diese in zweifacher Weise erfolgt:

- Zum einen hat es die Anforderungen an die Ermittlungstiefe hinsichtlich der einzelnen Schutzgüter der UVP reduziert.
- Darüber hinausgehend hat es festgestellt, dass nur solche Umweltauswirkungen zu ermitteln sind, die auch entscheidungsrelevant sind.

Im Einzelnen:

---

[44] In diesem Sinne *Appold*, in: Hoppe/Beckmann, UVPG, § 2 Rn. 18; *Becker*, Überblick über die umfassende Änderung der Richtlinie über die Umweltverträglichkeitsprüfung, NVwZ 1997, 1167, 1170; *Erbguth*, Das Bundesverwaltungsgericht und die Umweltverträglichkeitsprüfung, NuR 1997, 261, 265; *Erbguth/Schink*, Gesetz über die Umweltverträglichkeitsprüfung, Kommentar, 2. Aufl. 1996, § 2 Rn. 27; *Schink*, Die Bedeutung des UVP-Gesetzes für die Kommunen, NVwZ 1991, 935.

[45] Dazu *Gusy*, UTR 1991, 3, 9; *Appold*, in: Hoppe/Beckmann, UVPG, § 2 Rn. 21, 23.

Nach der Rechtsprechung des BVerwG muss die UVP nur eine Grundlage schaffen für die Beurteilung der erheblichen Umweltauswirkungen des Vorhabens. Nur die Hauptwirkungen auf die Umwelt unter Berücksichtigung des allgemeinen Kenntnisstandes und der allgemeinen Prüfmethoden müssen herausgearbeitet werden.[46] So genügt es z. B. für die Ermittlung der Belange des Naturhaushaltes dass diese in dem Umfang erhoben werden, wie es für eine sachgerechte Planungsentscheidung erforderlich ist. Eine vollständige Erfassung der betroffenen Tier- und Pflanzenarten ist regelmäßig nicht erforderlich. Vielmehr reicht es regelmäßig aus, wenn für einen Untersuchungsraum Leitarten ermittelt und für die Bewertung von Eingriffen in Natur und Landschaft auf bestimmte Indikationsgruppen abgestellt wird.[47] Eine vollständige Ermittlung der berührten Umweltbelange unter Heranziehung auch neuester wissenschaftlicher Erkenntnisse muss damit in diesem wichtigen Bereich gerade nicht stattfinden. Es genügt vielmehr, wenn der Untersuchungsumfang in räumlicher und zeitlicher Hinsicht so begrenzt wird, dass sich die wesentlichen und erheblichen Umweltauswirkungen feststellen lassen. Auch das Verhältnismäßigkeitsprinzip begrenzt den Umfang der erforderlichen Untersuchungen.[48] Vor allem aber wird der Untersuchungsumfang dadurch eingeengt, dass nur das zu untersuchen ist, was entscheidungserheblich ist.[49] Die UVP muss folglich keinen vollständigen Erkenntnisgewinn bringen, sondern nur das ermitteln, was für die Entscheidung nach den einschlägigen materiell-rechtlichen Vorschriften erforderlich ist.

Ob diese Maßstäbe zukünftig weiter Geltung haben werden, erscheint nach dem Vorschlag der EU-Kommission für eine Änderung der UVP-RL durchaus zweifelhaft. Nach diesem Vorschlag wird im Anhang IV Nr. 3 UVP-RL-E die Entwicklung eines sog. Basisszenarios verlangt, das eine Beschreibung der relevanten Aspekte des aktuellen Umweltzustandes und seiner voraussichtlichen Entwicklung bei Nichtdurchführung des Projektes verlangt. Dieses Basisszenario soll dabei alle bestehenden Umweltprobleme abdecken, die für das Projekt von Bedeutung sind, und zwar insbesondere diejenigen, die Gebiete mit spezieller Umweltrelevanz und die Nutzung von natürlichen Ressourcen betreffen.

Die Regelung stellt eine Einladung zu einer uferlosen UVP dar, der in der Vergangenheit gerade durch den konkreten Projektbezug der UVP entgegengewirkt werden sollte.[50] Die Neufassung kann in der Tendenz dazu führen, uferlose Untersuchungen aller irgendwie relevanten Umweltaspekte in die UVP einzubringen. Es besteht die Gefahr, dass der konkrete Projektbezug der UVP verloren gehen kann. Denn nach

---

[46] BVerwG, Urt. v. 21.03.1996–4 C 19/94, NVwZ 1996, 1016. *Hien*, NVwZ 1997, 422, 426.

[47] BVerwG, Beschl. v. 14.06.1996–4 VR 2.96, juris; Beschl. v. 21.02.1997–4 B 177.96, NuR 1997, 353 f.

[48] *Appold*, in: Hoppe/Beckmann, UVPG, § 2 Rn. 51.

[49] BVerwG, Beschl. v. 25.01.1996–4 C5/95 –, BVerwGE 100, 238, 247; Beschl. v. 26.09. 2013–4 UR 1/13 –, OPR 2014, 106 = NuR 2013, 800, Rn. 67; *Appold*, in: Hoppe/Beckmann, UVPG, § 2 Rn. 50; *Erbguth/Schink*, UVPG, § 2 Rn. 9 e; *Schink*, NuR 1998, 178.

[50] So *Schink*, DVBl 2013, 1352.

dem Regelungsvorschlag bleibt unklar, welche Umweltaspekte konkret betrachtet werden sollen und über welchen Zeitraum und in welcher räumlichen Dimension eine Untersuchung durchgeführt werden muss.

Der Regelungsvorschlag des Europäischen Parlaments grenzt den der Kommission nicht wirklich ein. Das Basisszenario soll darauf beschränkt werden, die zukünftige Entwicklung der Umwelt bei Nichtdurchführung des Projekts im Hinblick auf die „nach vernünftigem Ermessen vorhersehbaren" natürlichen und sozialen Veränderungen zu beschränken. Abgesehen davon, dass durch Einbeziehung der sozialen Aspekte die UVP ihren eigentlichen Auftrag verlässt und zu einem Instrument zur Prüfung aller möglichen Auswirkungen des Projekts werden kann, stellt dieser Vorschlag keine wirkliche Begrenzung des Kommissionsvorschlags dar. Denn das Basisszenario wird weiter gefordert nur durch Aspekte der Vorhersehbarkeit und damit der Verhältnismäßigkeit eingeschränkt.

V. Verfahren der UVP

Wesentliche Elemente des UVP-Verfahrens sind das Scoping, die Öffentlichkeitsbeteiligung und die Bewertung und Berücksichtigung der Ergebnisse der UVP in der Entscheidung.

1. Scoping

Soll die UVP die entscheidungsrelevanten Umweltauswirkungen des Vorhabens erfassen, beschreiben und bewerten und Vorschläge zu ihrer Minimierung machen, muss sichergestellt werden, dass das Prüfprogramm der UVP im Einzelfall die Umweltauswirkungen vollständig abbildet und ein objektives Bild der Auswirkungen des Vorhabens zeichnet. Diesem Ziel dient zum einen der Katalog der vom Vorhabenträger beizubringenden Unterlagen in § 6 UVPG. Zum anderen soll dies durch ein der Antragstellung vorgelagertes Scopingverfahren sichergestellt werden, in dem die Behörde den Vorhabenträger frühzeitig über Inhalt und Umfang der voraussichtlich nach § 6 UVPG beizubringenden Unterlagen über die Umweltauswirkungen des Vorhabens unterrichtet. Zusammengenommen ergibt sich aus dem Scoping nach § 5 UVPG sowie dem nach § 6 UVPG abzuarbeitenden Prüfprogramm der UVP eine Gewähr dafür, dass diese umfassend und zugleich vorhabenbezogen ist. Es handelt sich deshalb um zentrale Bausteine des UVP-Verfahrens, da die Bestimmungen gewährleisten, dass tatsächlich ein medienübergreifender, alle Umweltauswirkungen und Vermeidungs- und Verminderungsmaßnahmen erfassender Prüfansatz umgesetzt wird.

Das Scopingverfahren ist dabei allerdings nach geltendem Recht nicht verpflichtend. Gemäß § 5 UVPG ist es nur durchzuführen, sofern der Träger des Vorhabens die zuständige Behörde vor Beginn des Zulassungsverfahrens darum ersucht. Der Vorhabenträger kann ein Scoping durchführen, er muss es jedoch nicht, und zwar selbst dann nicht, wenn die Zulassungsbehörde dies im Hinblick auf das Vorhaben für sinnvoll und angemessen erachtet.[51] Folge davon kann sein, dass die UVP defizitär bleibt und ihren eigentlichen Zweck, die Umweltauswirkungen eines Vorhabens umfassend zu erfassen, zu bewerten und in der Entscheidung zu berücksichtigen, nicht optimal Rechnung tragen kann.[52] Weitere Defizite des Scopings werden zum Teil darin gesehen, dass es nur zwischen der Zulassungsbehörde und dem Vorhabenträger stattfindet. Insbesondere die Umweltverbände, Gemeinden oder Betroffene müssen nicht in das Scoping einbezogen werden. Eine Öffentlichkeitsbeteiligung ist nicht zwingend vorgesehen[53], kann jedoch nach Ermessen der Zulassungsbehörde mit Zustimmung des Vorhabenträgers erfolgen.[54] Das Scopingverfahren muss nach der gesetzlichen Ausgangslage deshalb nicht unbedingt transparent sein mit der Folge, dass im Einzelfall ohnehin bestehende Vorbehalte von Einzelnen oder der Öffentlichkeit oder von Umweltverbänden gegen das Vorhaben wegen der Befürchtung, zwischen Zulassungsbehörde und Vorhabenträger werde beim Scoping die Genehmigung des Vorhabens schon vorweg genommen und abgestimmt, nicht unbedingt gemindert, sondern eher verstärkt werden.

Der Vorschlag der EU-Kommission zur Änderung der UVP-RL zielt darauf ab, die Funktion des Scopings in beiden vorgenannten relavanten Bereichen zu verbessern. Nach Art. 5 Abs. 2 des Vorschlags der Kommission soll das Scoping zukünftig obligatorisch werden. Eine zwingende Öffentlichkeitsbeteiligung ist allerdings nicht vorgesehen. Der Beschluss des Europäischen Parlaments und die Einigung im Trilog sehen demgegenüber keine Verpflichtung zur Durchführung des Scopings vor; dies soll vielmehr zukünftig weiterhin auf Antrag des Vorhabenträgers erfolgen.

Wünschenswert wäre, das Scoping verpflichtend vorzusehen und gleichzeitig hierbei auch eine Öffentlichkeitsbeteiligung zu installieren. Den Zielsetzungen, über die Öffentlichkeitsbeteiligung auch auf die Gestaltung von Projekten Einfluss zu nehmen, wie sie z. B. in § 25 Abs. 3 VwVfG ihren Niederschlag gefunden haben[55], könnte auf diese Weise ebenso Rechnung getragen werden wie durch ein verpflichtendes Scoping sichergestellt würde, dass eine projektbezogene vollständige Untersuchung der Umweltauswirkungen nach objektiven Maßstäben durchgeführt wird.

---

[51] *Kment*, in: Hoppe/Beckmann, UVPG, § 5 Rn. 13; *Erbguth/Schink*, UVPG, § 5 Rn. 7.

[52] Zu dieser Zielsetzung des Scopings *Erbguth/Schink*, UVPG, § 5 Rn. 1.

[53] Vgl. *Kment*, in: Hoppe/Beckmann, UVPG, § 5 Rn. 22.

[54] Dazu: *Bunge*, in: Storm/Bunge, § 5 UVPG Rn. 24; *Kment*, in: Hoppe/Beckmann, UVPG, § 5 Rn. 22; *Peters/Balla*, Gesetz über die Umweltverträglichkeitsprüfung, 3. Aufl. 2006, § 5 Rn. 15; *Erbguth/Schink*, UVPG, § 5 Rn. 13 a.

[55] Zur vorgezogenen Öffentlichkeitsbeteiligung nach § 25 Abs. 3 VwVfG: *Schmitz*, Reformvorhaben zur Bürgerbeteiligung bei Großvorhaben: Planungsvereinheitlichungsgesetz, BauR 2012, 1457, 1458 f.; *Krappel/Freiherr v. Süßkind-Schwendi*, Der Entwurf des „PlVereinhG“: Öffentlichkeitsbeteiligung, Verfahrensvereinheitlichung und Verfahrensbeschleunigung, UPR 2012, 255 ff.; *Schink*, DVBl 2013, 1354 f.; *Schmitz/Prell*, Planungsvereinheitlichungsgesetz, NVwZ 2013, 745 ff.; *Kopp/Ramsauer*, Verwaltungsverfahrensgesetz, Kommentar, 14. Aufl. 2013, § 35 Rn. 27 ff.; *Ziekow*, Neue Formen der Bürgerbeteiligung, Gutachten D zum 69. Deutschen Juristentag, 2012, S. D 101 ff.; *ders.*, Frühe Öffentlichkeitsbeteiligung, NVwZ 2013, 754 ff.

2. *Alternativenprüfung*

Bislang sieht die UVP eine Alternativenprüfung nicht vor. Vielmehr waren nach UVP-Recht nur vom Vorhabenträger geprüfte Alternativen mit der Folge zu berücksichtigen, dass eine Alternativenprüfung nur dann zwingend vorgegeben war, wenn dies nach den einschlägigen fachlichen Vorschriften gefordert wird.[56] Die Behauptung, die Alternativenprüfung stelle das Herzstück der UVP dar, trifft folglich bei näherer rechtlicher Analyse nicht zu. Das BVerwG hat vielmehr festgestellt, dass die Frage, ob Alternativen zu prüfen sind, sich nicht aus dem UVP-Recht, sondern aus dem jeweiligen Fachrecht ergibt.[57]

Darüber hinaus sind die Prüfungsmaßstäbe des BVerwG für eine Alternativenprüfung nicht besonders weitreichend. Es hat stets betont, dass Ergebnis der Alternativenprüfung nicht sein müsse, dass die Standort- oder Trassenvariante zugelassen werde, die eine optimale Lösung insbesondere unter Umweltgesichtspunkten darstellt. Die Grenzen der Gestaltungsfreiheit der Planfeststellungsbeshörde seien vielmehr nur dann überschritten, „wenn ein anderer als ein gewählter Standort eindeutig besser geeignet gewesen wäre" und sich geradezu aufdränge.[58] Weiter ist zu berücksichtigen, dass eine vollständige Umweltprüfung der vom Vorhabenträger in Betracht gezogenen Alternativen ebenfalls nicht verlangt wird. Die Planfeststellungsbehörde ist vielmehr nach der Rsp. des BVerwG berechtigt, Alternativen bereits in einem frühen Verfahrensstadium auszuscheiden, die sich nach den in diesem Stadium des Planungsprozesses angestellten Sachverhaltsermittlungen als weniger geeignet erweisen als andere Varianten. Zulässig ist dies bereits auf Grund einer Grobanalyse des Abwägungsmaterials; im weiteren Verfahren müssen nur diejenigen Trassenvarianten und Planungsvarianten weiter untersucht werden, durch die das Planungsziel in gleicher Weise erreicht werden kann und denen gegenüber auch nach einer Vorauswahl die in Aussicht genommene Planungsvariante nicht eindeutig vorzugswürdig ist.[59]

Nach diesen Vorgaben muss die Alternativenprüfung weder bei der UVP stattfinden noch insgesamt vollständig sein. Allerdings ist in der Planfeststellung auch die so genannte Nullvariante, also der Verzicht auf das Vorhaben einzubeziehen[60], die je-

---

[56] Vgl. *Kment*, in: Hoppe/Beckmann, UVPG, § 6 Rn. 21; *Beckmann*, das., § 12 Rn. 44, 45; *Schink*, NuR 1998, 177 f.

[57] BVerwG, Beschl. v. 16.08.1995–4 B 92/95, Buchholz, 407.4, § 17 FStrG Nr. 104; Urt. v. 25.01.1996–4 C 5/95, NVwZ 1996, 788; vgl. auch *Hien*, NVwZ, 1997, 427.

[58] BVerwG, Beschl. v. 20.07.1979–7 B 21/79, NJW 1980, 953, 954; Urt. v. 22.03.1985–4 C 15/83, E 71, 166, 177; Beschl. v. 20.12.1988–7 NB 2/88, E 81, 128, 136; Urt. v. 25.01.1996–4 C 5/95, NVwZ 1996, 788; Urt. v. 18.06.1997–11 A 65/95, UPR 1997, 470; Beschl. v. 09.11.1998–11 VR 6/98, juris; *Kopp/Ramsauer*, VwVfG, § 74 Rn. 121; *Steinberg/Wickel/Müller*, Fachplanung, 4. Aufl. 2012, § 3 Rn. 183 f.

[59] BVerwG, Beschl. v. 24.04.2009–9 B 10/09, NVwZ 2009, 936 Rn. 6. Dazu auch *Steinberg/Wickel/Müller*, Fachplanung, § 3 Rn. 180.

[60] BVerwG, Urt. v. 10.04.1997–4 C 5/96, BVerwGE 104, 236, 242 f.

doch bereits bei der Grobanalyse verworfen werden kann[61] – mit der Folge, dass auch die Nullvariante in die UVP nicht einbezogen werden muss.[62]

Verstärkt worden ist die Bedeutung der Alternativenprüfung allerdings durch das FFH- und das Artenschutzrecht. Ein Ausscheiden von Alternativen kommt hiernach nur dann in Betracht, wenn die Auswirkungen auf FFH-Gebiete bzw. Arten bei einer anderen Alternative erheblich größer als bei der in Aussicht genommenen sind.[63] Diese spezielle naturschutzrechtliche Ausprägung der Alternativenprüfung ändert indessen nichts daran, dass das UVP-Recht sie nicht vorsieht und dass auch im übrigen Fachrecht eine Alternativenprüfung hinsichtlich von Trassen-, Standort- und Ausführungsvarianten keinesfalls bewirkt, dass die unter Umweltaspekten optimale Alternative gewählt wird oder gar im Rahmen einer Nullalternative bei erheblichen Umweltauswirkungen auf das Projekt insgesamt verzichtet werden muss.[64]

Der Änderungsvorschlag der EU-Kommission zur UVP-RL zielt darauf ab, dieses Defizit zu bewältigen. Im Vorschlag wird an verschiedenen Stellen die Notwendigkeit von Alternativenprüfungen angesprochen. So soll die Behörde schon beim Scoping nach Art. 5 Abs. 2 UVP-RL-E die Alternativen festlegen, die vom Vorhabenträger zu untersuchen sind. Nach Art. 8 Abs. 1 UVP-RL-E trifft sie die Genehmigungsentscheidung über das Vorhaben unter Berücksichtigung der geprüften Alternativen. Diese Regelungen zielen insgesamt darauf ab, bei der UVP die Bedeutung der Alternativenprüfung zu verstärken. Ob sie allerdings schon eine Verpflichtung zur Alternativenprüfung in der UVP beinhalten, mag man bezweifeln.[65] Auch nach dem Beschluss des Europäsichen Parlaments zur Änderung der UVP-RL ist zweifelhaft, ob eine Verpflichtung zur Alternativenprüfung als Bestandteil der UVP eingeführt werden soll. Gefordert werden in Art. 5 Abs. 1 des Vorschlags des Europäischen Parlaments nämlich im Umweltbericht nur vernünftige Alternativen, die vom Projektträger geprüft wurden und für das vorgeschlagene Projekt relevant sind. Auch der Prüfkatalog des Art. 8 UVP-RL soll nach dem Vorschlag des EP lediglich eine Übersicht über die wichtigsten anderweitigen vom Projektträger geprüften Lösungsmöglichkeiten und Angabe der wesentlichen Auswahlgründe im Hinblick auf die Umweltauswirkungen enthalten. Eine Verpflichtung zur Alternativenprüfung stellt dies jedenfalls nicht dar. Die Einigung im Trilog hat hieran festgehalten.

---

[61] BVerwG, Urt. v. 10.04.1997, a.a.O.

[62] *Steinberg/Wickel/Müller*, Fachplanung, § 3 Rn. 181 mit Fn. 586.

[63] Zur FFH-Alternativenprüfung: BVerwGE 130, 299 Rn. 170; *Mitschang/Wagner*, FFH-Verträglichkeitsprüfung in der Bauleitplanung – Planerische und rechtliche Belange, DVBl 2010, 1257, 1267. Zur artenschutzrechtlichen Alternativenprüfung: *dies.*, Gemeinschaftsrechtlicher Artenschutz in der Bauleitplanung – planerische und rechtliche Belange, DVBl 2010, 1457 ff.

[64] Zu den unterschiedlichen Folgewirkungen einschlägiger Alternativenprüfungen: *Schink*, Umweltschutz durch Bauplanungsrecht, in: Hansmann/Sellner, Grundzüge des Umweltrechts, 4. Aufl. 2011, 5/112 ff.

[65] Dazu *Schink*, DVBl 2013, 1353; *Hahn/Watson,* I+E 2013, 162.

Bei Anwendung der Regelungen des nationalen Rechts über die Alternativenprüfung nach fachrechtlichen Regelungen bestehen Zweifel daran, ob die bislang vorgesehene Alternativenprüfung im Planfeststellungsverfahren wirklich die unter Umweltaspekten bestmögliche Lösung zu Tage fördert. Zu Bedenken ist freilich, dass die Rechtsprechung des BVerwG zur Kontrolle von Alternativenprüfungen letzlich den Grundsatz der Verhältnismäßigkeit verwirklicht und damit über die Alternativenprüfung den Vorhabenträger nur zur Durchführung solcher Alternativen verpflichtet, die eindeutig besser als die gewählte Ausführungsart oder der gewählte Standort geeignet und von erheblich geringerer Umweltrelevanz sind. Dem planerischen Abwägungsgebot und der hieraus folgenden Beschränkung der Kontrolldichte von Zulassungsentscheidungen wird diese Lösung sicherlich besser als eine Verpflichtung zur Wahl der unter Umweltaspekten besseren Lösung gerecht. Freilich kann die Entscheidung nur dann sachgerecht getroffen werden, wenn auch eine Alternativenprüfung tatsächlich stattfindet. Hierfür wäre es wünschenswert, die UVP-Pflicht zur Alternativenprüfung gesetzlich zu statuieren.

VI. Rechtsschutz

Es stellt sicherlich eine Binsenweisheit dar, dass die Durchsetzungskraft rechtlicher Regelungen umso stärker ist, je mehr sie gerichtlich durchgesetzt werden können. Schon die edukatorische Wirkung von Verwaltungsgerichtsentscheidungen sorgt dafür, dass die Regelungen ernst genommen und in der Folge bei behördlichen Entscheidungen auch umgesetzt und befolgt werden. Für die Wirkung der UVP und der damit verbundenen verfahrensrechtlichen Anforderungen an die Prüfung und Berücksichtigung von Umweltauswirkungen in Zulassungsentscheidungen ist deshalb von nicht zu unterschätzender Bedeutung, ob die UVP überhaupt rechtsschutzrelevant ist oder nicht.

In der Vergangenheit gab es insoweit ganz erhebliche Bedenken. In gleicher Weise wie bei der gerichtlichen Kontrolle anderer Verwaltungsverfahrensregelungen ist die Rechtsprechung auch bei der UVP verfahren. Als unselbständiger Teil des Verwaltungsverfahrens (vgl. § 2 Abs. 1 S. 1 UVPG) kam ihr nach der früheren Rechtsprechung des BVerwG lediglich eine verfahrensrechtliche, nicht aber eine materiell-rechtliche Bedeutung zu. Klagen mit der Begründung, eine UVP sei nicht oder in rechtswidriger Weise durchgeführt worden, konnten nach dieser Rechtsprechung nur dann Erfolg haben, wenn dieser Fehler zugleich auch inhaltliche Auswirkungen auf die Entscheidung gehabt haben konnte.[66]

Den Vorgaben des EU-Rechts genügte diese Rechtsprechung nicht. Die Trianel-Entscheidung des EuGH[67] stellt fest, dass eine Verbandsklage immer dann zulässig

---

[66] Zu dieser Kausalitätsrechtsprechung des BVerwG bei fehlender förmlicher UVP: BVerwG, Urt. v. 25.01.1996 4 C 5.95, E 100, 238; Urt. v. 18.11.2004–4 C 4.03, E 122, 207; *Schink*, NuR 1998, 179.

[67] EuGH, Urt. v. 12.05.2011 – Rs. C-115/09, Slg. 2011, I-3701 Rn. 37 ff.

und begründet ist, wenn eine UVP nicht durchgeführt worden ist. Die schutznormakzessorische Verbandsklage in § 2 Abs. 1 Nr. 1 UmwRG a.F., die die Rügebefugnis der Verbände auf solche Rechte begrenzte, die Rechte Einzelner begründen, die mithin als subjektive öffentliche Rechte anerkannt sind, hat der EuGH für nicht mit Art. 11 UVP-RL und Art. 25 Abs. 1 IE-RL[68] vereinbar erklärt.[69] Der Bundesgesetzgeber hat die Anforderungen, die sich aus der Trianel-Rechtsprechung des EuGH ergeben, inzwischen durch eine Novellierung des UmwRG umgesetzt. Die UVP hat er dabei als absolutes Verfahrensrecht ausgestaltet.[70] Nach § 4 Abs. 1 UmwRG n.F. kann die Aufhebung einer Entscheidung über die Zulässigkeit eines (möglicherweise) UVP-pflichtigen Vorhabens i. S. d. § 1 Abs. 1 S. 1 Nr. 1 UmwRG verlangt werden, wenn die erforderliche UVP oder die erforderliche Vorprüfung der UVP-Pflicht im Einzelfall nicht durchgeführt und – bezogen auf die Vorprüfung – auch nicht nachgeholt worden ist.

Folge dieser Regelung ist, dass es bei fehlender verpflichtender UVP oder UVP-Vorprüfung nicht (mehr) darauf ankommt, ob der formelle Fehler zugleich auch eine materielle Rechtsbeeinträchtigung zur Folge hat. Die Klage hat schon wegen der fehlenden UVP bzw. UVP-Vorprüfung Erfolg.[71]

Ungeklärt ist freilich bislang, ob die Kausalitätsrechtsprechung des BVerwG dann aufrechterhalten bleiben kann, wenn die UVP nicht insgesamt fehlt, sondern verfahrensfehlerhaft durchgeführt worden ist.

Auf den Vorlagebeschluss des BVerwG zu dieser Frage vom 10.01.2012[72] hin hat der EuGH im sog. Altip-Urteil vom 07.11.2013[73] entschieden, dass die Mitgliedstaa-

---

[68] Industrieemissionsrichtlinie, RL 2010/75/EU, ABl. EU 2010 Nr. L 334 S. 17.

[69] Zu dieser Entscheidung: *Appel*, Umweltverbände im Ferrari des deutschen Umweltschutzes, NuR 2011, 414 ff.; *Berkemann*, Die unionsrechtliche Umweltverbandsklage des EuGH, DVBl 2011, 1253 ff.; *Bunge*, Die Klagemöglichkeiten der Umweltverbände aufgrund des Umweltrechtsbehelfsgesetz nach der Trianel-Entscheidung des EuGH, NuR 2011, 605 ff.; *Fellenberg/Schiller*, Rechtsbehelfe von Umweltvereinigungen, UPR 2011, 231 ff.; *Frenz*, Individuelle Klagebefugnisse zwischen Bürgerprotest und Umweltverbandsklagen, DVBl 2012, 811 ff.; *Leidinger*, Europäisiertes Verbandsklagerecht und deutscher Individualrechtsschutz, NVwZ 2011, 1345 ff.; *Schink*, Neue rechtliche Anforderungen an Genehmigungen und den Betrieb von Anlagen in der Stahlindustrie, DVBl 2012, 197, 198 ff.; *Schoch*, Verwaltungsgerichtsbarkeit, quo vadis?, VBlBW 2013, 361, 367; *Wegener*, Die europäische Umweltverbandsklage, ZUR 2011, 363 ff. Entscheidungsanmerkungen auch von *Schlacke*, NVwZ 2011, 801; *Durner/Paus*, DVBl 2011, 757; *Greim*, UPR 2011, 268. Vgl. *Eckertz-Höfer*, BVBl 2013, 499, 502.

[70] Begründung des Regierungsentwurfs, BR-Drucks. 552/06, S. 25 f. *Steinberg/Wickel/Müller*, Fachplanung, § 6 Rn. 12.

[71] Zu prüfen ist dabei lediglich die Vereinbarkeit des Vorhabens mit umweltrechtlichen Vorschriften, BVerwG, Urt. v. 24.10.2013 – F C 36/11 – juris Rn. 23.

[72] BVerwG, Beschl. v. 10.01.2012 – 7 C 20.2012, NVwZ 2012, 448 = ZUR 2012, 248 = NuR 2012, 264 mit Anm. *Kment*, NVwZ 2012, 481 ff.; *Andrea Versteyl*, I+E 2012, 73 ff.

[73] EuGH, Urt. v. 07.11.2013 – Rs. C-72/12 – Altip, UPR 2014, 19 = NVerZ 2014, 49 = DVBl. 2013, 1597 = NuR 2013, 878. Zu dieser Entscheidung: *Heitz*, Urteilsanmerkung, ZUR 2014, 40 ff.; *Stüer/Stüer*, Urteilsanmerkung, DVBl. 2013, 1601 ff.; *Schlacke*, Zur fortschrei-

ten durch Art. 10 a UVP-Rl (RL 85/337 EG) daran gehindert sind, im nationalen Recht zu regeln, dass die Rechtmäßigkeit einer Entscheidung nur im Fall eines Unterbleibens der UVP angefochten werden kann. Auch Verfahrensfehler der UVP müssten zu einem Erfolg einer Klage führen können. Allerdings stehe Art. 10 a lit. b) UVP-RL (RL 85/337 EG) nationalen Regelungen nicht entgegen, die nicht jeder fehlerhaften UVP zum Erfolg einer Klage verhelfen, sondern diesen davon abhängig machen, dass nachgewiesen wird, dass die angefochtene Entscheidung ohne den Verfahrensfehler möglicherweise anders ausgefallen wäre. Die Darlegungs- und Beweislast dafür, dass dies nicht der Fall ist, trügen die Behörde und der Vorhabenträger. Im Übrigen müsse auch die Schwere des Verstoßes berücksichtigt werden, wobei insbesondere zu prüfen sei, ob der Fehler die Rechte der Öffentlichkeit in UVP-pflichtigen Verfahren verletzt habe.

Ob Art. 11 UVP-RL eine derart weitgehende Wirkung hat, ist zumindest zweifelhaft. Nimmt man Art. 11 UVP-RL wörtlich, ist dies freilich zu bejahen, da der betroffenen Öffentlichkeit hiernach Zugang zu einem gerichtlichen Überprüfungsverfahren gewährt werden muss, um die „verfahrensrechtliche Rechtmäßigkeit von Entscheidungen" anfechten zu können, für die die UVP-RL gilt. Wird dem Kläger die Beweislast dafür auferlegt, dass der Verfahrensfehler auch zu einer materiell rechtswidrigen Entscheidung geführt hat, kann er den UVP-Verfahrensfehler nicht erfolgreich geltend machen. Mit dem Wortlaut des Art. 11 UVP-RL ist dies voraussichtlich nicht vereinbar. Zu bedenken ist freilich, dass es bei Aufgabe der Kausalitätsrechtsprechung bei verfahrensfehlerhafter UVP erhebliche Rechtsunsicherheiten geben wird. Denn das UVP-Verfahren ist komplex mit der Folge, dass allein das Verfahren fehleranfällig ist. Für die Anwendung des EU-Rechts spielen solche Fragestellungen indessen erfahrungsgemäß keine Rolle.

Nach der Altrip-Entscheidung des EuGH vom 07.11.2013 ist die bisherige Kausalitätsrechtsprechung erheblich zu modifizieren: Zwar führt eine fehlerhaft durchgeführte UVP nicht stets zum Erfolg einer darauf gestützten Klage. Es gibt jedoch zum einen schwere Verfahrensfehler, die immer rechtsschutzrelevant sind. Der EuGH hat diese zwar nicht konkret benannt, sondern insoweit nur auf die Rechte der Öffentlichkeit in UVP-pflichtigen Verfahren verwiesen. Hieraus wird man jedoch immerhin so viel ableiten können, als dass ein UVP-Verfahrensfehler, der dazu führt, dass die Öffentlichkeitsbeteiligung gar nicht oder in einer Weise durchgeführt wurde, die deren Effektivität erheblich mindert, einer Klage zum Erfolg verhelfen muss.[74] Fehler bei der öffentlichen Bekanntmachung und Auslegung der

---

tenden Europäisierung des (Umwelt-)Rechtsschutzes, NVwZ 2014, 11, 14; *Gärditz*, Verwaltungsgerichtlicher Rechtsschutz im Umweltrecht, NVwZ 2014, 1, 7; *Ekardt*, Nach dem Altrip-Urteil: Von der Klagebefugnis zu Verfahrensfehlern, Abwägungsfehlern und Individualklage, NVwZ 2014, 393, 395 f.

[74] In der Tendenz ebenso: BVerwG, Urt. v. 21.11.2013 – 7 A 28/12 – juris, Rn. 34 f., das einen Verfahrensfehler bei öffentlicher Bekanntmachung in einem UVP-pflichtigen Verfahren nicht für beachtlich gehalten hat, weil die Öffentlichkeit sich aufgrund sonstiger Kenntnis gleichwohl am Verfahren beteiligt hat. Vgl. auch *Ekardt*, NVwZ 2014, 395: Verfahrensfehler

UVP-relevanten Unterlagen, die die Anstoßfunktion beeinträchtigen können, die hiervon ausgehen soll, sind deshalb stets beachtlich, während die Verletzung von Verfahrensregeln in der Erörterung, die lediglich den Ablauf des Erörterungstermins betreffen, für den Erfolg einer Klage nicht von Bedeutung sind. Bei anderen UVP-Verfahrensfehlern müssen Behörde und Vorhabenträger anhand der Verfahrensakten nachweisen, dass diese auf das Ergebnis der Entscheidung keinen Einfluss hatten; nur dann ist die Klage trotz des Verfahrensfehlers abzuweisen:

Die Europäische Kommission hat im Übrigen gegen Deutschland im Herbst 2013 ein Vertragsverletzungsverfahren eingeleitet, da Deutschland Art. 10 a UVP-RL durch § 4 UmwRG nur unzureichend umgesetzt habe; hiermit sei die Kausalitätsrechtsprechung bei verfahrensfehlerhafter UVP nicht vereinbar. Einen weiteren Verstoß sieht sie in den Präklusionsregelungen des Verwaltungsverfahrens- und des Fachrechts. Diese hat die Rechtsprechung für mit den Vorgaben der UVP-RL vereinbar gehalten.[75]

VII. Fazit

Die Bedeutung der UVP für umweltrelevante Zulassungsverfahren kann kaum hoch genug eingeschätzt werden. Als systematisches Prüfverfahren hat sie zur Folge, dass die Umweltauswirkungen von Projekten umfassend und medienübergreifend geprüft und in der Entscheidung berücksichtigt werden müssen. Defizite bestehen freilich immer noch bei der Auswahl von Alternativen und im Rechtsschutz. Der Änderungsvorschlag der EU zur Novellierung der UVP-RL enthält zwar zu weitgehende bürokratische Anforderungen.[76] Hinsichtlich der Aufwertung der UVP-Alternativenprüfung und des Einsatzes des Scoping zur Richtigkeitsgewähr der Umweltprüfung geht der Vorschlag jedoch einen richtigen Weg. Die UVP befindet sich seit langem in einer dynamischen Fortentwicklung. Ein Ende ihrer Bedeutung für Zulassungsentscheidungen und den Rechtsschutz ist derzeit noch nicht absehbar.

---

sind beachtlich, wenn hierdurch konkret denkbare Alternativentscheidungen unterbunden werden oder der Ausgleich von Belangen verkürzt wird.

[75] BVerwG, Urt. v. 14.04.2010 – 9 A 5.08, E 136, 291 Rn. 107; Urt. v. 29.11.2011 – 7 C 21.09, Buchholz 406.254 UmwRG Nr. 4; Beschl. v. 11.11.2009 – 4 B 57.09, Buchholz 406.254 UmwRG Rn. 1; Beschl. v. 26.09.2013 – 4 VR 1/13, juris Rn. 24.

[76] Dazu *Hahn/Watson*, I+E 2013, 157 ff.; *Schink*, DVBl 2013, 1352 ff.

Verbandsklagen im Umweltrecht

Von *Martin Gellermann*

I. Einführung

Die Mitwirkung anerkannter Umweltverbände an staatlichen Entscheidungsverfahren, in denen über die Zulassung umweltbedeutsamer Vorhaben befunden wird, trägt dazu bei, das behördliche Problembewusstsein zu schärfen und die Bereitschaft zu fördern, den Belangen des Umweltschutzes die ihnen gebührende Beachtung zu schenken. Das ändert allerdings nichts daran, dass das behördliche Entscheidungsverhalten zumal bei Infrastruktur- und Investitionsvorhaben, mit denen sich die Erwartung der Förderung des wirtschaftlichen Aufschwungs oder die Hoffnung auf neue Arbeitsplätze verbindet, nicht selten auch anderen Einflussfaktoren unterliegt, die in genau gegenläufiger Richtung auf einen „vorhabenfreundlichen" Umgang mit den Vorschriften des geltenden Umweltrechts drängen. Der verständlichen Neigung, den mitunter lautstark und öffentlichkeitswirksam, gelegentlich aber auch „auf kleinem Dienstweg" vorgetragenen Einflüsterungen nachzugeben und geltendes Umweltrecht in einer besonders „artifiziellen Weise" zu handhaben, lässt sich indes begegnen, wenn sich die entscheidenden Stellen des über ihren Häuptern schwebenden Damoklesschwertes der gerichtlichen Kontrolle bewusst sind.

Angesichts dessen pflegt die Umweltverbandsklage gemeinhin als ein Mittel betrachtet zu werden, das einen wichtigen Beitrag zur Bewältigung des im Umweltrecht viel beklagten Vollzugsdefizits erbringen kann. Während einschlägige Regelungen der Aarhus-Konvention (Art. 9 Abs. 2, 3 AK) sowie des daran anknüpfenden Unionsrechts (Art. 11 UVP-RL, Art. 25 IED) eine deutliche Tendenz zur Ausweitung der Klagerechte von Umweltverbänden erkennen lassen, wird der altruistischen Verbandsklage hierzulande eher mit deutlicher Zurückhaltung begegnet. Nachdem mit der Einführung der naturschutzrechtlichen Vereinsklage im Jahre 2002 auf der Bundesebene erste zaghafte Schritte unternommen worden waren, erließ der Bundesgesetzgeber in Umsetzung der Öffentlichkeitsbeteiligungs-Richtlinie 2003/35/EG mit rund anderthalbjähriger Verspätung das Umwelt-Rechtsbehelfsgesetz, dessen Regelungen im Schrifttum beinahe einhellig auf Kritik stießen.[1] In einem viel beachteten Beitrag zur „Verbandsklage im Umweltrecht" legte *Hans-Joachim*

---

[1] Vgl. nur *Berkemann*, Umwelt-Rechtsbehelfsgesetz (UmwRG) auf dem gemeinschaftsrechtlichen Prüfstand, NordÖR 2009, 336, 341 ff.; *Gellermann*, Europäisierter Rechtsschutz im Umweltrecht, in: Ipsen/Stüer (Hrsg.), FS Rengeling, S. 233, 239 ff.; *Kment*, Das neue Umwelt-Rechtsbehelfsgesetz und seine Bedeutung für das UVPG – Rechtsschutz des Vorhabenträgers, anerkannter Vereinigungen und Dritter, NVwZ 2007, 274, 277.

Koch als einer der Ersten dar, dass die gesetzliche Konzeption einer schutznormakzessorischen Verbandsklage weder den völkerrechtlichen Verpflichtungen der Aarhus-Konvention noch den Vorgaben der Öffentlichkeitsbeteiligungs-Richtlinie gerecht wird.[2] Auch wenn die von ihm vorgebrachten Argumente zunächst auf taube Ohren stießen, sah sich der Bundesgesetzgeber doch zum Handeln veranlasst, nachdem sich der Gerichtshof der Europäischen Union die Sichtweise des Jubilars in seinem Trianel-Urteil zu eigen machte und keinen Zweifel daran ließ, dass eine Rechtsbehelfsbefugnis, die sich in der Möglichkeit der Geltendmachung drittschützender Vorschriften des Umweltrechts erschöpft, den unionsrechtlichen Anforderungen nicht genügt.[3]

Diesem Mangel hat der Gesetzgeber mit dem Erlass des am 28.01.2013 in Kraft getretenen Gesetzes zur Änderung des Umweltrechtsbehelfsgesetzes abgeholfen.[4] Ob es damit sein Bewenden haben kann, ist allerdings noch nicht ausgemacht. In einem gegen die Bundesrepublik Deutschland geführten Vertragsverletzungsverfahren hat zumindest die Europäische Kommission erhebliche Bedenken angemeldet und in ihrer mit Gründen versehenen Stellungnahme vom 25.04.2013 auf weitere Unzulänglichkeiten des bundesdeutschen Rechts aufmerksam gemacht.[5] Zu Ehren des Jubilars soll daher im Folgenden der aktuelle Stand des Umwelt-Rechtsbehelfsgesetzes beleuchtet und eine Analyse der Schwachstellen vorgenommen werden, die der Gesetzgeber noch wird beheben müssen.

II. Rechtsbehelfsbefugnis anerkannter Umweltverbände

Zu den Kernelementen des Änderungsgesetzes gehört die unionsrechtlich erzwungene Abschaffung der von Hans-Joachim Koch bemängelten Schutznormakzessorietät der Verbandsklage. Während der sich auf die drittschützende Richtung der als verletzt gerügten umweltrechtlichen Vorschriften beziehende Satzteil gestrichen wurde, blieb § 2 Abs. 1 UmwRG im Übrigen weitgehend unverändert.

1. Verbandsklagefähige Entscheidungen

Obwohl im Verlauf des Gesetzgebungsverfahrens von einer „Ausweitung der Verbandsklagerechte“ die Rede war, können Umweltverbände auch weiterhin nur Ent-

[2] *Koch*, Die Verbandsklage im Umweltrecht, NVwZ 2007, 369, 378 f.

[3] EuGH, Urt. v. 12.05.2011, Rs. C-115/09 – *BUND / Bezirksregierung Arnsberg*, Slg. 2011, I-3673 Rn. 44 ff.; hierzu *Kleinschnittger*, Auswirkungen des EuGH-Urteils vom 12.5.2011 zum Verbandsklagerecht für Umweltverbände, I+E 2011, 280.

[4] Vgl. hierzu *Mainzer/Möbus*, Das Umwelt-Rechtsbehelfsgesetz – Erweiterte Klagemöglichkeiten versus Investitionssicherheit, I+E 2012, 213 ff.; *Michler*, (Nicht mehr als) Erste Überlegungen zum Entwurf eines Gesetzes zur Änderung des Umwelt-Rechtsbehelfsgesetzes, NuR 2013, 22.

[5] *Europäische Kommission*, Mit Gründen versehene Stellungnahme – Vertragsverletzung-Nr. 2007/4267 v. 26.04.2013, SG-Greffe(2013)D/5799.

scheidungen im Sinne des § 1 Abs. 1 S. 1 UmwRG sowie deren Unterlassung einer gerichtlichen Überprüfung zuführen.[6]

a) Ausweislich des § 1 Abs. 1 S. 1 Nr. 1 UmwRG gilt dies zunächst für Entscheidungen im Sinne des § 2 Abs. 3 UVPG über die Zulässigkeit von Vorhaben, für die nach dem Gesetz über die Umweltverträglichkeitsprüfung, der Verordnung über die Umweltverträglichkeitsprüfung bergbaulicher Vorhaben oder nach landesrechtlichen Bestimmungen eine Pflicht zur Durchführung einer Umweltverträglichkeitsprüfung bestehen „kann" (§ 1 Abs. 1 S. 1 Nr. 1 UmwRG). Behördliche Zulassungen, Entscheidungen in vorgelagerten Verfahren und Satzungen nach § 10 BauGB können daher unabhängig davon den Gegenstand einer Verbandsklage bilden, ob sie sich auf ein UVP-pflichtiges oder auf ein Vorhaben beziehen, das einer Pflicht zur allgemeinen oder standortbezogenen Vorprüfung unterliegt.[7] Daneben können Umweltverbände die in § 1 Abs. 1 S. 1 Nr. 2 UmwRG genannten Entscheidungen einer gerichtlichen Überprüfung zuführen. Dies betrifft in erster Linie Genehmigungen für Anlagen, die in der Spalte c des Anhangs 1 der 4. BImSchV mit dem Buchstaben G gekennzeichnet sind und als solche in einem Verfahren mit Öffentlichkeitsbeteiligung (§ 10 BImSchG) erteilt werden. Entsprechendes gilt für nachträgliche Anordnungen auf Grundlage des § 17 Abs. 1a BImSchG, wasserrechtliche Erlaubnisse, die mit Vorhaben im Sinne der Industrieemissions-Richtlinie 2010/75/EU (IE-RL) im Zusammenhang stehen und für Planfeststellungsbeschlüsse über Abfalldeponien (§ 35 Abs. 2 KrWG). Entscheidungen nach dem Umweltschadensgesetz können gleichfalls den Angriffsgegenstand einer Umweltverbandsklage bilden (§ 1 Abs. 1 S. 1 Nr. 3 UmwRG). Der Vollständigkeit halber sei schließlich an § 64 Abs. 1 BNatSchG erinnert, der anerkannten Naturschutzvereinigungen die Möglichkeit bietet, gegen naturschutzrechtliche Befreiungen und gegen Planfeststellungen mit Eingriffswirkung vorzugehen, soweit es sich dabei um Vorhaben handelt, die nicht bereits in § 1 Abs. 1 Nr. 1, 2 UmwRG aufgeführt sind.

b) Mag das Spektrum der verbandsklagefähigen Entscheidungen auch den zur Umsetzung des Art. 9 Abs. 2 AK bestimmten unionsrechtlichen Vorgaben (Art. 11 UVP-RL, Art. 25 IE-RL) genügen, ist doch nicht zu übersehen, dass Umweltverbände hierzulande noch immer nicht in den Stand versetzt wurden, die Aufstellung von Plänen oder Programmen des Wasser-, Abfall- und Immissionsschutzrechts zu erzwingen, sich der Erteilung biotop- oder artenschutzrechtlicher Ausnahmen zu erwehren oder die Aufhebung von Schutzgebietsverordnungen des Wasser- und Naturschutzrechts einer gerichtlichen Überprüfung zuzuführen.

---

[6] Eingehende Darstellung bei *Fellenberg/Schiller*, in: Landmann/Rohmer, Umweltrecht I, Stand: 67. Lfg. 2012, § 1 UmwRG Rn. 6 ff.

[7] Die Möglichkeit des Bestehens einer UVP-Pflicht genügt, vgl. nur OVG Magdeburg, Beschl. v. 17.09.2008, , NVwZ 2009, 340, 341; OVG Koblenz, Beschl. v. 06.02.2013, ZUR 2013, 293, 294; *Schieferdecker*, in: Hoppe/Beckmann (Hrsg.), Gesetz über die Umweltverträglichkeitsprüfung, Kommentar, 4. Aufl. 2012, § 1 UmwRG Rn. 20 ff.

Dies ist vor allem deshalb ein bemerkenswerter Befund, weil Art. 9 Abs. 3 AK gewährleistet wissen will, dass Mitgliedern der Öffentlichkeit der Zugang zu verwaltungsbehördlichen und gerichtlichen Verfahren eröffnet wird, um die von Privatpersonen und Behörden vorgenommenen Handlungen und Unterlassungen anzufechten, die gegen umweltbezogene Bestimmungen des innerstaatlichen Rechts verstoßen. Auch wenn es danach der Entscheidung der Vertragsparteien überantwortet bleibt, die Art des Überprüfungsverfahrens und den Kreis der Personen zu bestimmen, die auf die Durchführung eines solchen Verfahrens antragen können, lässt Art. 9 Abs. 3 AK doch keinen Zweifel daran, dass auch andere als die in Absatz 2 dieser Bestimmung genannten Entscheidungen einer behördlichen oder gerichtlichen Kontrolle zugänglich sein müssen, wenn sie dem innerstaatlichen Umweltrecht zuwiderlaufen. Die naheliegende Konsequenz, der völkerrechtlichen Verpflichtung im Zuge der Änderung des Umwelt-Rechtsbehelfsgesetzes durch eine Erweiterung des Kreises der verbandsklagefähigen Entscheidungen Rechnung zu tragen, hat der Gesetzgeber nicht gezogen.

c) Das muss indes noch nicht bedeuten, dass anerkannte Umweltverbände hierzulande rundheraus gehindert wären, andere als die in § 1 Abs. 1 S. 1 UmwRG und § 64 Abs. 1 BNatSchG bezeichneten Entscheidungen einer gerichtlichen Kontrolle zuzuführen. Immerhin sind mitgliedstaatliche Gerichte nach den Erkenntnissen des Europäischen Gerichtshofs verpflichtet, ihr nationales Recht im Interesse eines effektiven Schutzes der durch das Umweltrecht der Union begründeten Rechte so weit wie möglich im Einklang mit Art. 9 Abs. 3 AK auszulegen, um Umweltverbänden die gerichtliche Anfechtung der mit dem europäischen Umweltrecht unvereinbaren behördlichen Entscheidungen zu ermöglichen.[8] Es verwundert daher nicht, wenn einzelne Verwaltungsgerichte eingedenk des Grundsatzes der loyalen Zusammenarbeit (Art. 4 Abs. 3 EUV) nach Wegen suchen, anerkannten Umweltverbänden durch eine erweiternde Auslegung des § 42 Abs. 2 VwGO die Möglichkeit zu eröffnen, die Aufstellung unionsrechtlich gebotener Luftreinhaltepläne zu erzwingen[9] oder behördliche Entscheidungen anzugreifen, die mit dem EU-Artenschutzrecht unvereinbar sind.[10] Allerdings ist nicht zu übersehen, dass die innerstaatlich kraft des Zustimmungsgesetzes geltende Bestimmung des Art. 9 Abs. 3 AK keine klare und präzise Verpflichtung enthält und daher aus sich heraus nicht im Stande ist, den Umweltver-

---

[8] EuGH, Urt. v. 08.03.2011, Rs. C-240/09 – *Lesoochranárske zoskupenie VLK*, Slg. 2011, I-1255 Rn. 50 f.; hierzu *Epiney*, Zur Rechtsprechung des EuGH im Umweltrecht im Jahr 2011, EurUP 2012, 88, 89; *Schlacke*, Stärkung überindividuellen Rechtsschutzes zur Durchsetzung des Umweltrechts, ZUR 2011, 312.

[9] VG Wiesbaden, Urt. v. 10.10.2011, ZUR 2012, 113, 115; Urt. v. 16.08.2012, BeckRS 2012, 55841; ebenso VG München, Urt. v. 09.10.2012, ZUR 2012, 699, 700 mit Anmerkung *Klinger.*

[10] VGH Kassel, Beschl. v. 14.05.2012, NuR 2012, 493, 495; OVG Koblenz, Beschl. v. 06.02.2013, ZUR 2013, 293, 296; VG Augsburg, Beschl. v. 13.02.2013, NuR 2013, 284.

bänden eine Rechtsbehelfsbefugnis zu vermitteln.[11] Als „anderweitige gesetzliche Vorschrift“ im Sinne des § 42 Abs. 2 VwGO kann Art. 9 Abs. 3 AK daher schwerlich gelten.[12] Dennoch erweist sich die Befürchtung, die Grenzen richterlicher Rechtsfortbildung würden überschritten, wenn Umweltverbänden die Möglichkeit zur gerichtlichen Geltendmachung der Verletzung umweltrechtlicher Bestimmungen des Unionsrechts eröffnet wird, im Ergebnis als unbegründet.

Auch wenn der Gerichtshof – wohl nicht zuletzt der ihm unterbreiteten Vorlagefrage wegen – im Braunbären-Urteil zu einer den Vorgaben des Art. 9 Abs. 3 AK möglichst weitgehend gerecht werdenden Auslegung des nationalen Prozessrechts aufforderte, erscheint dies im Begründungszusammenhang der Entscheidung doch eher als „schmückendes Beiwerk“. Weitaus gewichtiger ist die Aussage, vermöge derer die in Rede stehenden Vorschriften des europäischen Naturschutzrechts – konkret die artenschutzrechtlichen Bestimmungen der Art. 12, 16 FFH-RL – Rechte Einzelner begründen,[13] deren Schutz den mitgliedstaatlichen Gerichten anvertraut ist. Der Begriff der Rechte wird erkennbar in einer Weise ausgelegt, dass dem Umweltschutz dienende Vorschriften des Unionsrechts von Einzelnen gerichtlich geltend gemacht werden können.[14] Sind einzelne Unionsbürger hierzu im Stande, ist der Weg zu einer entsprechenden Befugnis anerkannter Umweltverbände nicht weit, wenn man sich des Umstandes besinnt, dass zu den „Mitgliedern der Öffentlichkeit“ im Sinne des Art. 9 Abs. 3 AK neben natürlichen oder juristischen Personen eben auch „deren Vereinigungen, Organisationen oder Gruppen“ gehören (Art. 2 Nr. 4 AK). Dies spricht für eine „Parallelität“ der Rechte einzelner und ihrer Umweltverbände[15] und erklärt im Übrigen zwanglos, warum der Gerichtshof unter Einbezug des Art. 9 Abs. 3 AK zugleich betonte, dass die durch Normen des EU-Umweltrechts begründeten Rechte auch den Umweltverbänden zu Gebote stehen.[16] Derart unionsrechtlich begründete Rechtspositionen aber können zwanglos als Rechte im Sinne des § 42 Abs. 2 VwGO begriffen werden, ohne hierbei die der richterlichen Rechtsfortbildung gezogenen Grenzen zu überschreiten. Die Entscheidung des Bundesverwaltungsgerichts, nach der Umweltverbände die Einhaltung der unionsbasierten Vor-

---

[11] OVG Koblenz, Beschl. v. 27.02.2013, ZUR 2013, 291, 292 f.; OVG Lüneburg, Beschl. v. 30.07.2013, BeckRS 2013, 53932; *Berkemann*, Die unionsrechtliche Umweltverbandsklage des EuGH, DVBl. 2011, 1253, 1255.

[12] *Seibert*, Verbandsklagen im Umweltrecht, NVwZ 2013, 1040, 1043; a.A. *Klinger*, Der slowakische Braunbär im Dickicht des deutschen Verwaltungsprozessrechts, EurUP 2013, 95, 98.

[13] EuGH, Urt. v. 08.03.2011, Rs. C-240/09 – *Lesoochranárske zoskupenie VLK*, Slg. 2011, I-1255 Rn. 47.

[14] In dieser Hinsicht GA Cruz Villalón, SchlA v. 20.06.2013, Rs. C-72/12 – *Gemeinde Altrip u.a.*, Slg. 2013, I-0000 Rn. 100.

[15] Vgl. hierzu *Epiney*, Gemeinschaftsrecht und Verbandsklage, NVwZ 1999, 485, 490; *Gellermann*, Natura 2000, 2. Aufl. 2001, S. 264 m. w. N.

[16] EuGH, Urt. v. 08.03.2011, Rs. C-240/09 – *Lesoochranárske zoskupenie VLK*, Slg. 2011, I-1255 Rn. 51.

schriften über Luftreinhaltepläne gerichtlich durchsetzen können,[17] verdient daher volle Zustimmung und belehrt zugleich darüber, dass sich den Umweltverbänden auch jenseits der Regelungen des Umwelt-Rechtsbehelfsgesetzes die Gelegenheit bietet, zumindest den Normen des europäischen bzw. unionsbasierten Umweltrechts zur Durchsetzung zu verhelfen.

Das alles ändert freilich nichts daran, dass der Gesetzgeber aufgerufen bleibt, die Vorgaben des Art. 9 Abs. 3 AK in der gebotenen Weise umzusetzen. Die Erweiterung des Kreises der verbandsklagefähigen Entscheidungen sollte daher ernstlich in Erwägung gezogen werden.

2. Erweiterung des Kreises rügefähiger Rechtsvorschriften

Während sich der Gesetzgeber vorhalten lassen muss, den durch Art. 9 Abs. 3 AK begründeten völkerrechtlichen Verpflichtungen bislang nicht entsprochen zu haben, ist doch immerhin zu begrüßen, dass die Rechtsbehelfsbefugnis anerkannter Umweltverbände nach der Gesetz gewordenen Fassung des § 2 Abs. 1 Nr. 1 UmwRG nicht mehr von dem drittschützenden Charakter der als verletzt gerügten umweltrechtlichen Vorschriften abhängt. Der von interessierter Seite erhobenen Forderung, die Rügebefugnis auf unionsrechtliche bzw. unionsrechtlich radizierte Vorschriften zu beschränken, erteilte der Gesetzgeber eine klare Absage.[18] Abgesehen davon, dass dies schwierige Abgrenzungsprobleme zwischen dem unionsbasierten und dem rein nationalen Umweltrecht heraufbeschworen hätte, sähe sich eine derartige Beschränkung völkerrechtlicher Beanstandung ausgesetzt, weil Art. 9 Abs. 2 AK den Umweltverbänden die Möglichkeit der Inanspruchnahme gerichtlichen Rechtsschutzes auch dann eröffnet wissen will, wenn die Verletzung rein nationalen Umweltrechts in Rede steht.[19]

Gänzlich unproblematisch ist die neu gefasste Vorschrift des § 2 Abs. 1 Nr. 1 UmwRG dennoch nicht, erweckt die Formulierung doch den Eindruck, als könnten Umweltverbände lediglich die Verletzung jener Vorschriften geltend machen, die ausschließlich dem Schutz der Umwelt zu dienen bestimmt sind. Der Gesetzesbegründung lässt sich allerdings mit hinreichender Deutlichkeit entnehmen, dass auch solche Bestimmungen rügefähig sind, die den Umweltschutz lediglich als eines ihrer Ziele umfassen.[20] Umweltverbände können in Ansehung solcher Vorschriften daher zumindest die Verfehlung ihrer umweltbezogenen Komponente geltend machen.[21] Das Spektrum der umweltrechtlichen Vorschriften ist tendenziell

---

[17] BVerwG, Urt. v. 05.09.2013, 7 C 21.12, PM Nr. 60/2013.

[18] BT-Drs. 17/10957, S. 16.

[19] *Schlacke*, Die Novelle des Umwelt-Rechtsbehelfsgesetzes – EuGH ante portas?, ZUR 2013, 195, 198.

[20] OVG Münster, Urt. v. 12.06.2012, BeckRS 2012, 55735; *Kment*, in: Hoppe/Beckmann (Fn. 7), § 2 UmwRG Rn. 6 m. w. N.

[21] *Seibert* (Fn. 12), 1044.

breit. Da die Verbandsklageregelung in enger Verbindung mit dem UVP-Recht steht,[22] sind mit Rücksicht auf den weit gefassten Umweltbegriff des § 2 Abs. 1 UVPG sämtliche Bestimmungen als rügefähig zu erachten, die zumindest auch den Schutz des Menschen sowie der Umweltgüter Boden, Wasser, Luft, Tier- und Pflanzenwelt intendieren. Da der UVP-rechtliche Umweltbegriff daneben aber auch Kultur- und Sachgüter einschließt, sind anerkannte Umweltverbände auch im Stande, die Verletzung denkmalschutzrechtlicher Vorschriften geltend zu machen,[23] dies freilich nur, sofern der Kulturgüterschutz zu ihren satzungsgemäßen Zielen gehört (§ 2 Abs. 1 Nr. 2 UmwRG).

3. Mitwirkung am Verfahren

Über die erforderliche Rechtsbehelfsbefugnis verfügt eine Umweltvereinigung nach § 2 Abs. 1 Nr. 3 UmwRG nur, wenn sie zur Beteiligung in einem Verfahren berechtigt war und sich hierbei in der Sache geäußert hat oder ihr entgegen geltenden Rechtsvorschriften keine Gelegenheit zur Äußerung gegeben wurde. Steht die Entscheidung über die Zulassung eines Vorhabens in Rede, das nicht bereits kraft gesetzlicher Anordnung UVP-pflichtig, sondern einer allgemeinen oder standortbezogenen Vorprüfung (§ 3c UVPG) zu unterziehen ist, hängt das Bestehen des Beteiligungsrechts anerkannter Verbände nicht selten vom Ergebnis der behördlichen Einschätzung ab. Exemplarischen Beleg bieten dafür immissionsschutzrechtliche Genehmigungen für die in Spalte c des Anhangs I der 4. BImSchV mit einem V gekennzeichneten Anlagen. Sie werden nur dann in einem Verfahren mit Öffentlichkeitsbeteiligung (§ 10 Abs. 3 BImSchG), an dem Umweltverbände als Teil der Öffentlichkeit mitzuwirken berechtigt sind, erteilt, wenn nach Einschätzung der Behörde (§ 3a S. 4 UVPG) eine Pflicht zur Durchführung einer Umweltverträglichkeitsprüfung besteht (§ 2 Abs. 1 S. 1 Nr. 1 lit. c 4. BImSchV). Gelangt die Behörde zu der Auffassung, dass das jeweilige Vorhaben keine erheblich nachteiligen Umweltauswirkungen entfalten kann, die zur Durchführung einer Umweltverträglichkeitsprüfung nötigen (§ 3c S. 1 UmwRG), hat es mit dem vereinfachten Verfahren nach § 19 BImSchG sein Bewenden. Selbst in Fällen einer offensichtlich fehlerhaft durchgeführten Vorprüfung besteht daher kein Mitwirkungsrecht, weil die für die Art des Genehmigungsverfahrens entscheidende Notwendigkeit einer Umweltverträglichkeitsprüfung von der diesbezüglichen Einschätzung der zur Entscheidung berufenen Behörde abhängt.[24]

Mögen behördliche Beurteilungen auch für die Pflicht zur Durchführung einer Umweltverträglichkeitsprüfung und – hiermit zusammenhängend – das Bestehen

---

[22] Darauf abstellend BVerwG, Urt. v. 10.10.2012, NVwZ 2013, 642, Rn. 11 f.

[23] *Mast*, Denkmal- und Kulturgüterschutz als wehrfähige Rechtsposition bei der gerichtlichen Überprüfung von Großprojekten, NVwZ 2012, 472, 474; a.A. *Porsch*, Die Zulässigkeit und Begründetheit von Umweltverbandsklagen, NVwZ 2013, 1062, 1064.

[24] *Kment*, in: Hoppe/Beckmann (Fn. 7), § 4 UmwRG Rn. 13; *Sangenstedt*, in: Landmann/Rohmer (Fn. 6), § 3a UVPG Rn. 5; *Kment* (Fn. 1), 276.

des Mitwirkungsrechts eines Umweltverbandes maßgeblich sein, kann es darauf für die Erfüllung der Voraussetzung des § 2 Abs. 1 Nr. 3 UmwRG doch nicht ankommen, weil die Behörde es andernfalls in der Hand hätte, die Rechtsbehelfsbefugnis eines Umweltverbandes zu unterlaufen, indem das Erfordernis einer Umweltverträglichkeitsprüfung schlicht in Abrede gestellt wird. Daraus die Konsequenz zu ziehen, zur Feststellung des Bestehens des Beteiligungsrechts bereits im Rahmen der Zulässigkeitsprüfung einer Klage zu klären, ob die behördliche Vorprüfung rechtlicher Beanstandung unterliegt,[25] kann der Weisheit letzter Schluss indes nicht sein, weil auf diesem Wege die Rechtsbehelfsbefugnis des Verbandes vom Vorliegen eines die formelle Rechtmäßigkeit des angegriffenen Verwaltungsakts betreffenden Verfahrensmangels abhängig gemacht wird (§ 4 Abs. 1 S. 2 UmwRG). Zieht man überdies in Betracht, dass ausweislich des § 2 Abs. 5 S. 2 UmwRG die Begründetheit einer Verbandsklage, nicht aber schon deren Zulässigkeit vom tatsächlichen Bestehen einer UVP-Pflicht abhängt, kann es in Ansehung des § 2 Abs. 1 Nr. 3 UmwRG nicht entscheidend sein, ob die dies negierende behördliche Vorprüfung Anlass zur Beanstandung bietet. Zur Erfüllung der Voraussetzung des § 2 Abs. 1 Nr. 3 UmwRG muss es stattdessen – nicht anders als im Kontext des § 42 Abs. 2 VwGO – als genügend erachtet werden, wenn nach dem tatsächlichen Vorbringen des Umweltverbandes die Möglichkeit nicht ausgeschlossen werden kann, dass der Verband zur Beteiligung am Verfahren nach § 1 Abs. 1 S. 1 UmwRG berechtigt war und ihm entgegen geltenden Rechtvorschriften keine Gelegenheit zur Äußerung gegeben worden ist. Nur auf diesem Wege lässt sich vermeiden, dass die gerichtliche Kontrolle der angegriffenen Sachentscheidung bereits im Rahmen der Zulässigkeitsprüfung einer Verbandsklage vorgenommen wird.

III. Begründetheit einer Umweltverbandsklage

Der sich aus der Änderung des § 2 Abs. 1 Nr. 1 UmwRG ergebenden Erweiterungen der Rechtsbehelfsbefugnis korrespondieren verschiedene Vorschriften, die sich begrenzend auf die gerichtliche Kontrolle der angegriffenen Entscheidungen auswirken.

1. Der gerichtliche Kontrollmaßstab

Ins Blickfeld gelangt zunächst die Vorschrift des § 2 Abs. 5 UmwRG, die das gerichtliche Prüfungs- und Entscheidungsprogramm der §§ 113 Abs. 1, 47 Abs. 5 VwGO modifiziert und den genannten Vorschriften als *lex specialis* vorgeht.

a) Im Zuge der Änderung des Umwelt-Rechtsbehelfsgesetzes wurde das in der bisherigen Fassung des § 2 Abs. 5 S. 1 UmwRG geregelte Erfordernis der Verletzung drittschützender Vorschriften gestrichen, die Regelung aber im Übrigen unverändert

---

[25] In dieser Hinsicht aber OVG Lüneburg, Beschl. v. 29.08.2013, Umdruck, S. 9 ff. im Anschluss an *Fellenberg/Schiller*, in: Landmann/Rohmer (Fn. 6), § 2 UmwRG Rn. 38 m. w. N.

übernommen. Einer Verbandsklage wird daher auch weiterhin nur dann Erfolg beschieden sein, wenn die zur gerichtlichen Überprüfung gestellte Entscheidung gegen umweltrechtliche Rechtsvorschriften verstößt. Die Feststellung der Verletzung anderer Bestimmungen, die den erforderlichen Bezug zum Schutz der Umwelt vermissen lassen, gehört daher nicht zum gerichtlichen Prüfungsprogramm.

Von der Europäischen Kommission wird diese Begrenzung des richterlichen Prüfungs- und Kontrollprogramms kritisch beurteilt, weil Art. 11 UVP-RL und Art. 25 IE-RL übereinstimmend formulieren, dass es die „materiell-rechtliche und verfahrensrechtliche Rechtmäßigkeit" zu überprüfen gilt.[26] Die Notwendigkeit eines „Vollüberprüfungsanspruchs" lässt sich mit schlichten Hinweisen auf die Formulierung der Richtlinienbestimmungen allerdings kaum überzeugend begründen. Die Funktion der Verbandsklage besteht nicht darin, dem geltenden Recht in seiner gesamten Breite zur Durchsetzung zu verhelfen.[27] Stattdessen ist sie darauf gerichtet, den im Umweltrecht viel beklagten Vollzugsdefiziten abzuhelfen. Die eingeschränkte Zwecksetzung erfordert daher in Ansehung der völker- und unionsrechtlichen Vorgaben eine teleologische Reduktion.[28] Eine dem Primärrecht gebührend Rechnung tragende Interpretation der Richtlinienbestimmungen führt zu keinem anderen Ergebnis. Auf Basis der Ermächtigung des Art. 192 AEUV ist der Unionsgesetzgeber berechtigt, verfahrensrechtliche Bestimmungen zur effektiven Durchsetzung des europäischen Umweltrechts zu erlassen. Schon die Einführung einer Verbandsklage zur Durchsetzung rein nationalen Umweltrechts ist ihm dagegen aus kompetenzrechtlichen Gründen versagt.[29] Dann aber kann den Richtlinienbestimmungen im Wege der Auslegung keine Pflicht zur Einführung einer darüber sogar noch hinausgehenden objektiven Rechtskontrolle entnommen werden. Aus unionsrechtlicher Sicht unterliegt es daher keiner Beanstandung, wenn § 2 Abs. 5 S. 1 UmwRG die gerichtliche Kontrolle auf die Einhaltung umweltrechtlicher Vorschriften beschränkt.

---

[26] *Europäische Kommission*, Mit Gründen versehene Stellungnahme – Vertragsverletzung 2007/4267, S. 10; in dieser Hinsicht auch *Berkemann*, Die Umweltverbandsklage nach dem Urteil des EuGH vom 12. Mai 2011 – Die noch offenen Fragen, NuR 2011, 780, 785; *Bunge*, Die Klagemöglichkeiten anerkannter Umweltverbände aufgrund des Umwelt-Rechtsbehelfsgesetzes nach dem Trianel-Urteil des Europäischen Gerichtshofs, NuR 2011, 605, 612 f.; *Schlacke*, Rechtsschutz durch Verbandsklage, in: Erbguth (Hrsg.), Effektiver Rechtsschutz im Umweltrecht?, Rostocker Umweltrechtstag 2004, 2005, S. 119, 127; *Wegener*, Die europäische Umweltverbandsklage, ZUR 2011, 363, 366.

[27] Ebenfalls ablehnend BVerwG, Urt. v. 24.10.2013, Beck RS 2014, 47370 Rn. 23 ff.; *Porsch* (Fn. 23), 1062, 1065; *Schlacke* (Fn. 19), 195, 202; tendenziell auch BVerwG, Urt. v. 10.10.2012, NVwZ 2013, 642 Rn. 18.

[28] Eingehend *Fellenberg/Schiller*, in: Landmann/Rohmer (Fn. 6), § 2 UmwRG Rn. 76; *Seibert* (Fn. 12), 1044.

[29] *Epiney* (Fn. 8), 88, 91; *Schink*, Neue rechtliche Anforderungen an Genehmigung und Betrieb von Anlagen in der Stahlindustrie, DVBl. 2012, 197, 200; *Schwerdtfeger*, Erweiterte Klagerechte für Umweltverbände – Anmerkungen zum Urteil des EuGH v. 14.5.2011 in der Rechtssache Trianel, EuR 2012, 80, 85; a.A. *Wegener* (Fn. 26), 366.

b) Der richterliche Kontrollaufwand erfährt durch § 2 Abs. 5 S. 2 UmwRG eine weitere Begrenzung. Einer Verbandsklage, die sich gegen eine Entscheidung im Sinne des § 1 Abs. 1 S. 1 Nr. 1 UmwRG richtet, ist danach unbegründet, wenn das jeweilige Vorhaben keiner Umweltverträglichkeitsprüfung bedarf.[30]

Die normative Aussage ist schon ihrer Absolutheit wegen mit Vorsicht zu genießen, ergibt sich doch aus § 4 Abs. 1 S. 1 Nr. 2 UmwRG zwanglos, dass einer Verbandsklage, die sich gegen die Zulassung eines vorprüfungspflichtigen Vorhabens richtet, Erfolg beschieden ist, wenn die erforderliche Vorprüfung weder durchgeführt noch nachgeholt wurde. Ob das Vorhaben UVP-pflichtig ist oder nicht, spielt unter solchen Vorzeichen keine Rolle, weil der „absolute Verfahrensfehler" der unterlassenen Vorprüfung schon für sich betrachtet zur Aufhebung der angegriffenen Entscheidung nötigt.

Davon abgesehen kann § 2 Abs. 5 S. 2 UmwRG aus unionsrechtlicher Sicht nicht in jeder Hinsicht akzeptiert werden. Die Vorschrift erklärt das tatsächliche Bestehen einer UVP-Pflicht pauschal und ohne jede Differenzierung zur Bedingung für die Begründetheit einer Verbandsklage, die sich gegen Entscheidungen im Sinne des § 1 Abs. 1 Nr. 1 UmwRG richtet. Da diese Bestimmung Genehmigungen für vorprüfungspflichtige Anlagen umfasst, die als Anlagen gemäß Art. 10 IE-RL (IVU- bzw. IED-Anlagen) zugleich der Nr. 2 des § 1 Abs. 1 S. 1 UmwRG unterfallen, erweckt § 2 Abs. 5 S. 2 UmwRG bei einem sich am Wortlaut orientierenden Verständnis den Eindruck, als hinge auch der Erfolg jener Verbandsklage, die sich gegen die Zulassung einer IVU- bzw. IED-Anlage richtet, vom tatsächlichen Bestehen der UVP-Pflicht ab. Mit dem Unionsrecht wäre dies freilich nicht vereinbar, weil Genehmigungen für derartige Anlagen aus Gründen des Art. 25 IE-RL im Rahmen einer Verbandsklage stets und unabhängig davon auf ihre Vereinbarkeit mit dem Umweltrecht zu überprüfen sind, ob sie UVP-pflichtig sind. Bei unionsrechtskonformer Auslegung kommt § 2 Abs. 5 S. 2 UmwRG daher einzig bei vorprüfungspflichtigen Vorhaben zum Tragen, die ausschließlich in der Nummer 1 des § 1 Abs. 1 S. 1 UmwRG aufgeführt sind.

2. *UVP-rechtliche Verfahrensmängel*

In seiner bisherigen Fassung stellte § 4 Abs. 1 UmwRG klar, dass verbandsklagefähige Entscheidungen an einem „absoluten Verfahrensfehler" leiden, wenn im Zulassungsverfahren eine erforderliche Umweltverträglichkeitsprüfung oder eine notwendige Vorprüfung nicht durchgeführt worden ist. Obwohl diese Vorschrift vom 7. Senat des Bundesverwaltungsgerichts verdächtigt wurde, den Vorgaben des Unionsrechts nicht zu genügen,[31] sah der Gesetzgeber – trotz dahingehender Forderungen des Bundesrates[32] – von einer grundlegenden Neujustierung dieser Fehlerfolgenregelung ab. Stattdessen beließ er es bei der Klarstellung, dass neben einer unterblie-

[30] Hierzu *Fellenberg/Schiller*, in: Landmann/Rohmer (Fn. 6), § 2 UmwRG Rn. 81.

[31] BVerwG, Beschl. v. 10.01.2012, NVwZ 2012, 448 Rn. 33 ff.

[32] BT-Drs. 17/10957, S. 25 f.

benen auch die – gemessen am Maßstab des § 3a S. 4 UVPG – fehlerhaft durchgeführte Vorprüfung dem Kreis der absoluten und zur Aufhebung der Entscheidung nötigenden Verfahrensfehler zugehört, soweit sie nicht in beanstandungsfreier Weise nachgeholt wird.

a) Auch wenn die diesbezügliche Anordnung des § 4 Abs. 1 S. 2 UmwRG lediglich nachzeichnet, was bereits zuvor als allein sachgerechte Interpretation begriffen wurde,[33] ist die Klarstellung zu begrüßen. Zu Bedenken gibt aber Anlass, dass § 4 Abs. 1 S. 1 Nr. 1 UmwRG kraft der Anordnung des neuen Satzes 2 Geltung beanspruchen und damit die Möglichkeit eröffnet sein soll, den Mangel der Vorprüfung noch bis zum Abschluss der letzten Tatsacheninstanz im verwaltungsgerichtlichen Verfahren zu beheben. Die Nachholung einer gänzlich unterbliebenen Vorprüfung ist sicher vorstellbar. Wurde die Vorprüfung dagegen in fehlerhafter Weise ausgeführt, besteht nach den Erkenntnissen des Bundesverwaltungsgerichts eine Pflicht zur Durchführung einer Umweltverträglichkeitsprüfung.[34] Unter solchen Vorzeichen kann eine fehlerfrei nachgeholte behördliche Vorprüfung schwerlich zu einem abweichenden Ergebnis gelangen. § 4 Abs. 1 S. 2 UmwRG verheißt daher eine Heilungsoption, die der Sache nach nicht bestehen kann.

b)Mag dies auch noch als ein zu vernachlässigender Aspekt erscheinen, ist weitaus unerfreulicher, dass der Gesetzgeber die Gelegenheit ungenutzt verstreichen ließ, eine klare Regelung der Fehlerfolgen in jenen Fällen zu schaffen, in denen eine Umweltverträglichkeitsprüfung den daran zu stellenden Anforderungen nicht genügt. Die Beantwortung der Frage nach den rechtlichen Konsequenzen, die es vor dem Hintergrund des Unionsrechts aus Unzulänglichkeiten einer Umweltverträglichkeitsprüfung zu ziehen gilt, bleibt daher auch weiterhin den Verwaltungsgerichten überantwortet.

Aus unionsrechtlicher Perspektive liegt auf der Hand, dass Fehler einer Umweltverträglichkeitsprüfung nicht gänzlich folgenlos bleiben dürfen, weil die praktische Wirksamkeit des UVP-Rechts andernfalls in entscheidender Hinsicht geschwächt wäre. Der Vergleich mit dem Eigenverwaltungsrecht der EU belehrt zwar darüber, dass unwesentliche Mängel sanktionslos hingenommen werden dürfen,[35] bei schwerwiegenden Verfehlungen sind die mitgliedstaatlichen Gerichte aber aus Gründen der unionsrechtlichen Loyalitätspflicht (Art. 4 Abs. 3 EUV) gehalten, im Rahmen ihres nationalen Rechts die erforderlichen Schritte zu unternehmen, um die rechtswidrigen Folgen eines Verstoßes zu beheben.[36]

[33] Vgl. nur BVerwG, Urt. v. 20.12.2011, NuR 2012, 403 Rn. 33.

[34] Vgl. nur BVerwG, Urt. v. 20.12.2011, NuR 2012, 403 Rn. 33.

[35] Vgl. BVerwG, Urt. v. 24.11.2011, NVwZ 2012, 557 Rn. 18; *Schlacke* (Fn. 19), 199 m. w. N.; tendenziell in dieser Hinsicht auch GA Cruz Villalón, SchlA v. 20.06.2013, Rs. C-72/12 – *Gemeinde Altrip u. a.*, Slg. 2013, I-0000 Rn. 105 f. mit zahlreichen Nachweisen.

[36] Vgl. nur EuGH, Urt. v. 28.02.2012, Rs. C-41/11 – *Inter-Environnement Wallonie ASBL*, Slg. 2012, I-0000 Rn. 43 ff.; Urt. v. 18.04.2013, Rs. C-463/11– *L/M*, Slg. 2013, I-0000 Rn. 43.

Um diesen Vorgaben gerecht zu werden, wird im Schrifttum einer erweiternden Auslegung des § 4 Abs. 1 UmwRG zumal dann das Wort geredet, wenn die Öffentlichkeit nicht oder in nicht ordnungsgemäßer Weise beteiligt wurde.[37] Diesen Ansatz griff das VG Osnabrück unlängst auf und bewertete das Fehlen einer zusammenfassenden Darstellung der Umweltauswirkungen (§ 11 UVPG) als einen „absoluten Verfahrensfehler".[38] Die hierfür maßgebliche Erwägung, dass es widersprüchlich wäre, wenn § 2 Abs. 1 UmwRG die Möglichkeit zur Rüge der Verletzung UVP-rechtlicher Vorschriften umfassend eröffnete, sich die gerichtliche Kontrolle dann aber auf das gänzliche Fehlen einer Umweltverträglichkeitsprüfung zu beschränken hätte, ist fraglos plausibel. Dennoch kommt eine Erstreckung der Fehlerfolgenregel des § 4 Abs. 1 UmwRG auf unzureichende Umweltverträglichkeitsprüfungen nicht in Betracht, weil dies mit dem Wortlaut der Bestimmung nicht zu vereinbaren ist und dem im Verfahren zur Änderung des Umwelt-Rechtsbehelfsgesetzes zum Ausdruck gebrachten Willen des Gesetzgebers zuwiderläuft.[39]

Nicht die erweiternde Auslegung des § 4 Abs. 1 UmwRG, sondern eine unmittelbare Anwendung des Art. 11 UVP-RL scheint dagegen der Weg zu sein, den das OVG Lüneburg im Umgang mit fehlerhaft durchgeführten Umweltverträglichkeitsprüfungen bevorzugt.[40] Das verbietet sich allerdings schon deshalb, weil Art. 11 UVP-RL wohl die richterliche Kontrolle der verfahrensrechtlichen Rechtmäßigkeit angegriffener Entscheidungen einfordert, aber keine Aussage darüber trifft, welche Fehlerfolgen zum Tragen kommen, wenn eine Umweltverträglichkeitsprüfung Anlass zur Beanstandung bietet. Davon abgesehen kommt eine unmittelbare Anwendung des richtliniengestützten EU-Rechts allenfalls in Frage, wenn sich eine Konfliktlage im Wege der richtlinienkonformen Interpretation des nationalen Rechts nicht bewältigen lässt. Die Möglichkeit hierzu bietet nun allerdings die Vorschrift des § 46 VwVfG, die in Fällen einer fehlerhaften Umweltverträglichkeitsprüfung durchaus anwendbar ist.[41] § 4 Abs. 1 UmwRG schließt dies – entgegen der Auffassung des 7. Senats des Bundesverwaltungsgerichts – nicht aus. Stattdessen belehrt neben dem Wortlaut vor allem die Entstehungsgeschichte anschaulich darüber, dass es sich um eine spezielle Fehlerfolgenregelung handelt, die lediglich in ihrem auf das Unterlassen einer UVP beschränkten Anwendungsbereich den Rückgriff auf § 46 VwVfG sperrt, es aber im Übrigen bei der Anwendbarkeit der allgemeinen Vorschrift belässt.[42]

---

[37] Vgl. die Darstellung bei *Fellenberg/Schiller*, in: Landmann/Rohmer (Fn. 6), § 4 UmwRG Rn. 34 ff.

[38] VG Osnabrück, Beschl. v. 30.11.2012, 2 B 4/12, Umdruck, S. 14.

[39] OVG Lüneburg, Beschl. v. 06.03.2013, 13 ME 282/12, Umdruck, S. 7.

[40] OVG Lüneburg, Beschl. v. 06.03.2013, 13 ME 282/12, Umdruck, S. 7; ebenso VG Osnabrück, Beschl. v. 12.03.2013, 3 B 5/13, Umdruck, S. 44.

[41] BVerwG, Urt. v. 24.11.2011, NVwZ 2012, 557 Rn. 17; OVG Magdeburg, Beschl. v. 17.09.2008, NVwZ 2009, 340, 342; *Gellermann* (Fn. 1), S. 245 f.

[42] BT-Drs.Rs. 16/2495, S. 11.

Bei einer fehlerhaft durchgeführten Umweltverträglichkeitsprüfung muss § 46 VwVfG allerdings um der Vermeidung unionsrechtlicher Beanstandung willen restriktiv ausgelegt und angewendet werden. Dem wird die Kausalitätsrechtsprechung des Bundesverwaltungsgerichts,[43] die aus UVP-rechtlichen Mängeln nur dann Konsequenzen ziehen will, wenn sich der Fehler offensichtlich auf die Sachentscheidung ausgewirkt hat, nicht gerecht.[44] Stattdessen muss der Normtext des § 46 VwVfG ernst genommen werden und grundsätzlich jeder Verfahrensmangel die Aufhebung der Sachentscheidung zur Folge haben, es sei denn, es wäre offensichtlich, dass der Mangel keinen Einfluss auf das Ergebnis hatte. Stehen wesentliche Mängel der UVP in Rede, lässt sich dieser Nachweis bei Entscheidungen, bei denen die Behörde über einen planerischen Gestaltungsspielraum verfügt oder die in ihrem Ermessen stehen, kaum führen. Nichts anderes hat aber auch bei den gebundenen Entscheidungen namentlich des Immissionsschutzrechts zu gelten, zumal es sich auch dabei um einen schöpferischen Vorgang handelt, der es nicht ausgeschlossen erscheinen lässt, dass die Behörde bei ordnungsgemäßer Durchführung der Umweltverträglichkeitsprüfung zu einem abweichenden Ergebnis gelangt.[45]

Bietet daher schon das geltende nationale Recht hinreichend Gelegenheit, um auf Mängel einer Umweltverträglichkeitsprüfung in einer dem Unionsrecht entsprechenden Weise zu reagieren, bedarf es weder einer die Wortlautgrenzen des § 4 Abs. 1 UmwRG überschreitenden Auslegung noch kommt eine unmittelbare Anwendung des Art. 11 UVP-RL in Betracht.

3. Präklusion

Der Erfolg einer Verbandsklage hängt nicht selten davon ab, ob es dem um gerichtlichen Rechtsschutz nachsuchenden Verband gelingt, die „Präklusionshürden" zu überwinden. Hält das im jeweils zur Entscheidung gestellten Fall maßgebliche Fachrecht keine spezielleren Vorschriften bereit, beurteilt sich der Einwendungsausschluss anhand der Bestimmung des § 2 Abs. 3 UmwRG. Den Verbänden bleibt danach das rechtliche Gehör (Art. 103 Abs. 1 GG) im Hinblick auf alle Einwendungen versagt, die sie im verwaltungsbehördlichen Entscheidungsverfahren nicht oder nicht rechtzeitig erhoben haben, obwohl ihnen dies möglich gewesen wäre.

a) Mag heutzutage auch gesichert sein, dass sich Präklusionsregelungen keinen grundlegenden verfassungsrechtlichen Bedenken ausgesetzt sehen, hat es den Anschein, als hielten sie einer Überprüfung am Maßstab des Unionsrechts nicht stand. Während diesbezügliche Bedenken im Schrifttum frühzeitig angemeldet wurden,[46] hat nun auch die Europäische Kommission erhebliche Vorbehalte angemeldet

---

[43] Vgl. nur BVerwG, Urt. v. 29.10.2008, NVwZ 2009, 653 Rn. 42; Beschl. v. 06.05.2008, NVwZ 2008, 795 Rn. 7.

[44] In Hinsicht auch *Fellenberg/Schiller* (Fn. 6), § 4 UmwRG Rn. 38; ferner *Kopp/Ramsauer*, Verwaltungsverfahrensgesetz, Kommentar, 13. Aufl. 2012, § 73 Rn. 131.

[45] *Kopp/Ramsauer* (Fn. 44), § 46 Rn. 31.

[46] *Schlacke*, Das Umwelt-Rechtsbehelfsgesetz, NuR 2007, 8, 15.

und sich zu der Auffassung bekannt, dass § 2 Abs. 3 UmwRG mit Art. 11 UVP-RL und Art. 25 Industrieemissions-RL nicht vereinbar ist.[47]

Die besagten Richtlinienbestimmungen treffen allerdings aus sich heraus keine Aussage über die Zulässigkeit nationaler Präklusionsvorschriften. Da diese Vorschriften dem Äquivalenzgebot fraglos genügen, kann ihnen allenfalls mit Ablehnung begegnet werden, wenn sie der Durchsetzung des Unionsrechts Hindernisse bereiten, die dessen praktische Wirksamkeit in Frage stellen. Auch wenn schwerlich zu leugnen ist, dass sich Präklusionsvorschriften in dieser Hinsicht als hinderlich erweisen können, genügt dies für sich betrachtet nicht, um auf ihre Unionsrechtswidrigkeit zu erkennen. Nicht anders als Klage- oder Antragsfristen trägt auch ein Einwendungsausschluss zur Bestandskraft behördlicher Entscheidungen bei und legitimiert sich daher aus dem auch im Unionsrecht anerkannten Grundsatz der Rechtssicherheit. Aus diesem Grunde bekannte sich der Europäische Gerichtshof bereits im Urteil Lämmerzahl zu der Auffassung, dass nationale Ausschluss- bzw. Präklusionsfristen mit dem unionsrechtlichen Effektivitätsgebot grundsätzlich vereinbar sind.[48] Anlass zur Beanstandung bieten solche Regeln erst dann, wenn sie in ihrer konkreten Ausgestaltung oder der Art ihrer Anwendung die Ausübung unionsrechtlich begründeter Rechte bzw. die Geltendmachung der Verletzung des Unionsrechts praktisch unmöglich machen oder übermäßig erschweren.[49]

b) In dieser Hinsicht ist § 2 Abs. 3 UmwRG schon deshalb nicht bedenkenfrei, weil den Umweltverbänden sämtliche Einwendungen abgeschnitten werden, die sie nicht während der im maßgeblichen Fachrecht geregelten Äußerungsfristen erheben.[50] Die einschlägigen Vorschriften namentlich des Fachplanungs- und Immissionsschutzrechts sehen regelmäßig vor, dass Stellungnahmen innerhalb von zwei Wochen nach Ablauf der Auslegungsfrist abzugeben sind. Der zeitliche Rahmen ist reichlich eng bemessen, zumal Verbände über die Auslegung nicht individuell benachrichtigt werden, die Unterlagen innerhalb der einmonatigen Auslegungsfrist am jeweiligen Auslegungsort einsehen müssen und ihre Stellungnahme in den verbleibenden zwei Wochen abzugeben genötigt sind. Da Umweltverbände oftmals von ehrenamtlichem Engagement getragen sind, wird ein präklusionsvermeidendes Vorbringen hierzulande von Bedingungen abhängig gemacht, die mit dem Effektivitätsgebot schwerlich zu vereinbaren sind.[51]

---

[47] *Europäische Kommission*, Mit Gründen versehene Stellungnahme – Vertragsverletzung 2007/4267, S. 13 f.

[48] Vgl. nur EuGH, Urt. v. 11.10.2007, Rs. C-241/06 – *Lämmerzahl GmbH*, Slg. 2007, I-8415 Rn. 50 m. w. N.

[49] EuGH, Urt. v. 12.12.2002, Rs. C-470/99 – *Universale-Bau u. a.*, Slg. 2002, I-11617, Rn. 73; Urt. v. 27.03.2003, Rs. C-327/00 – *Santex*, Slg. 2003, I-1877 Rn. 50.

[50] A.A. BVerwG, Urt. v. 14.07.2011, NuR 2011, 866 Rn. 26; zustimmend *Fellenberg/ Schiller*, in: Landmann/Rohmer (Fn. 6), § 2 UmwRG Rn. 54.

[51] *Seibert* (Fn. 12), 1045.

c) Das eigentliche Problem des § 2 Abs. 3 UmwRG liegt aber weniger in der Ausgestaltung als vielmehr in der Art der Anwendung der Präklusionsvorschrift begründet. Ungeachtet der Erschwernisse, denen sich die Verbände bei Abgabe ihrer Stellungnahmen konfrontiert sehen, hält das Bundesverwaltungsgericht unverbrüchlich daran fest, dass an ein präklusionsvermeidendes Vorbringen hohe Anforderungen zu stellen sind.[52] Ihrer Funktion als Verwaltungshelfer werden die Verbände danach nur gerecht, wenn sie die betroffenen Schutzgüter konkret benennen, räumlich verorten und die ihnen drohenden Beeinträchtigungen spezifizieren. Damit nicht genug, wird ihnen auch noch eine kritische Auseinandersetzung mit den ausgelegten Unterlagen abverlangt, die umso detaillierter ausfallen muss, je umfangreicher und intensiver die vom Vorhabenträger geleisteten Begutachtungen und Bewertungen ausfallen.

Das ist schon bei kleineren Eingriffsvorhaben nur mit Mühe zu leisten. Handelt es sich dagegen um umfangreiche und komplexe Zulassungsverfahren (z. B. Kraftwerke, Fernstraßen, Stauseen), die eine Vielzahl unterschiedlichster Schutzgüter (Boden, Wasser, Luft, Tier- und Pflanzenwelt, menschliche Gesundheit) durch die verschiedensten Wirkfaktoren (z. B. Flächeninanspruchnahme, Einträge von Schadstoffen, Lärm und Erschütterung etc.) in Mitleidenschaft zu ziehen drohen, ist es innerhalb der üblichen Auslegungs- und Einwendungsfristen von rund sechs Wochen schlicht ausgeschlossen, die zumeist umfangreichen Unterlagen auszuwerten und zu sämtlichen Auswirkungen des Vorhabens mit dem geforderten Tiefgang Stellung zu beziehen. Die restriktive Handhabung der Präklusionsvorschriften bringt es in solchen Fällen mit sich, dass es den Vereinigungen praktisch unmöglich gemacht wird, im gerichtlichen Verfahren die Verletzung aller in Rede stehenden umweltrechtlichen Vorschriften des Unionsrechts geltend zu machen.[53]

Die sich daraus ergebenden Konflikte mit dem Effektivitätsgebot erfordern allerdings keine Änderung des § 2 Abs. 3 UmwRG. Stattdessen genügte es bereits, wenn die Rechtsprechung der normativen Aussage dieser Bestimmung den gebührenden Respekt erwiese. Die Vorschrift lässt keinen Zweifel daran, dass sie ausschließlich solche Einwendungen betrifft, die ein Verband im Verwaltungsverfahren nicht erhoben hat, obwohl er sie hätte geltend machen können. Letzteres entspricht der verfassungsgerichtlichen Erkenntnis, nach der das Präklusionsargument nur bemüht werden darf, wenn die betroffene Partei ausreichend Gelegenheit hatte, sich zu allen wichtigen Punkten zu äußern, dies aber aus von ihr zu vertretenden Gründen versäumt. Die Substantiierungslast muss daher stets mit Rücksicht darauf bestimmt werden, was einer anerkannten Umwelt- und Naturschutzvereinigung in Ansehung der Gegebenheiten des Einzelfalles und der ihn prägenden Umstände billigerweise an Sachvortrag im Verwaltungsverfahren abverlangt werden kann. Das wird es namentlich bei komplexen Großvorhaben mit sich bringen, dass es – unabhängig vom Um-

---

[52] Zusammenfassend BVerwG, Urt. v. 14.7.2011, NuR 2011, 866 Rn. 19 f.; ferner OVG Lüneburg, Urt. v. 20.5.2009, NuR 2009, 719, 720; Urt. v. 19.1.2011, NuR 2011, 650, 651; VGH München, Beschl. v. 19.4.2011, NuR 2011, 587, 588 f.

[53] In dieser Hinsicht auch *Europäische Kommission*, Aufforderungsschreiben – Vertragsverletzung Nr. 2007/4267 vom 1.10.2012, SG-Greffe(2012)D/15389, S. 11.

fang der ausgelegten Unterlagen und der vom Vorhabenträger beigebrachten Begutachtungen – als ausreichend zu erachten ist, wenn die befürchteten Beeinträchtigungen in einer Weise thematisiert werden, die erkennbar werden lässt, in welcher Hinsicht die Vereinigung aus ihrer fachlichen Sicht Bedenken hegt. Wird dies bedacht, wäre der sich vor allem an der restriktiven Rechtsprechung entzündenden Kritik der Europäischen Kommission bereits in wesentlicher Hinsicht die Grundlage entzogen.

4. Beurteilungsspielraum und Einschätzungsprärogative

Die Intensität der gerichtlichen Kontrolle verwaltungsbehördlicher Entscheidungen ist einer der wesentlichen Faktoren, die für den Erfolg umweltbezogener Verbandsklagen bedeutsam sind. Werden behördliche Beurteilungsspielräume bzw. Einschätzungsprärogativen anerkannt, die einer allenfalls begrenzten gerichtlichen Kontrolle unterliegen, kann der „blaue Himmel über den Häuptern der Verwaltung“ die Neigung befördern, das Entscheidungsverhalten weniger am Willen des Gesetzgebers als vielmehr an den Wünschen von Investoren auszurichten. Trotz dieser Erkenntnis gab der Gesetzgeber dem Drängen interessierter Kreise nach und schuf mit § 4a Abs. 2 UmwRG eine Regelung, die erstmals Kriterien festlegt, anhand derer die Gerichte behördliche Beurteilungsspielräume im Felde des Umweltrechts zu überprüfen haben.[54] Die Sinnhaftigkeit der Bestimmung leuchtet nicht unmittelbar ein, zumal sich in der Gesetzesbegründung die Aussage findet, hiermit würde festgeschrieben, was ohnehin dem Stand der Rechtsprechung entspricht.[55] Auch wenn es daher auf den ersten Blick den Anschein hat, als wäre allenfalls symbolische Gesetzgebung betrieben worden, nährt die deutliche Ablehnung, mit der gerade Verwaltungsrichter dieser Vorschrift begegnen,[56] doch den Verdacht, dass die Kennzeichnung als „Placebo-Regelung“ der Bedeutung des § 4a Abs. 2 UmwRG nicht gerecht wird.

a) Bevor darauf zurückzukommen ist, darf zunächst festgehalten werden, dass § 4a Abs. 2 UmwRG zumindest keine Konflikte mit dem Unionsrecht heraufbeschwört. In Ermangelung einer harmonisierenden Regelung bleibt die Festlegung der Intensität der gerichtlichen Kontrolle der mitgliedstaatlichen Entscheidung vorbehalten.[57] Auch wenn der Gerichtshof klargestellt hat, dass es mit einer reinen Willkürkontrolle sein Bewenden nicht haben kann, ist den unionsrechtlichen Anforderungen doch genügt, wenn die Kontrollintensität des nationalen Gerichts nicht hinter derjenigen zurückbleibt, die Unionsgerichte im Bereich der Eigenverwaltung prak-

---

[54] Hierzu *Michler* (Fn. 4), 23 f.

[55] BT-Drucks. 17/10957, S. 18.

[56] *Eckertz-Höfer*, Erneuter Reformbedarf beim Umwelt-Rechtsbehelfsgesetz?, DVBl. 2013, 499, 502 f.; *dies.*, Umweltrecht 2011–2012 in der Rechtsprechung des Bundesverwaltungsgerichts, DVBl. 2013, 333, 334; *Seibert* (Fn. 12), 1040, 1046.

[57] Vgl. nur GA Cruz Villalón, SchlA v. 20.06.2013, Rs. C-72/12 – *Gemeinde Altrip u. a.*, Slg. 2013, I-0000 Rn. 83.

tizieren.[58] Die unionsgerichtliche Kontrolle anerkannter Beurteilungs- und Entscheidungsfreiräume beschränkt sich im Wesentlichen auf die Prüfung, ob der Sachverhalt offensichtlich fehlerhaft gewürdigt wurde und ein Ermessensmissbrauch vorliegt.[59] Daran gemessen halten die Kontrollkriterien des § 4a Abs. 2 UmwRG einer Überprüfung sicherlich stand, zumal sie die gerichtliche Kontrolle nicht auf mehr oder weniger offensichtliche Fehlbeurteilungen beschränken.[60] Da es den Mitgliedstaaten im Übrigen unbenommen bleibt, eine intensivere Kontrolle des Verwaltungshandelns vorzusehen, sieht sich § 4a Abs. 2 UmwRG keiner unionsrechtlichen Beanstandung ausgesetzt.

b) Der eingangs formulierte Verdacht, dass § 4a Abs. 2 UmwRG mehr als ein Akt symbolischer Gesetzgebung sein könnte, findet sich bestätigt, wenn man sich der thematisch einschlägigen Judikatur zum Naturschutzrecht besinnt, die in den zurückliegenden Jahren doch eine zunehmende Neigung hat erkennen lassen, behördliche Einschätzungsprärogativen anzuerkennen.

aa) § 4a Abs. 2 UmwRG begründet keine behördlichen Beurteilungsspielräume, stellt aber klar, dass die dort normierten Kontrollkriterien nur zum Tragen kommen, „soweit der Verwaltungsbehörde bei der Anwendung umweltrechtlicher Vorschriften eine Beurteilungsermächtigung eingeräumt ist“. Kann einer umweltrechtlichen Bestimmung nicht zumindest im Wege der Auslegung entnommen werden, dass sie der Verwaltung eine gerichtlich nur in begrenztem Umfang überprüfbare Letztentscheidungsbefugnis einräumt, hat es daher mit der vollen gerichtlichen Überprüfung sein Bewenden. In dieser Hinsicht dürfte § 4a Abs. 2 UmwRG gerade im Naturschutzrecht eine disziplinierende Wirkung entfalten, sieht sich die Judikatur dort doch selbst in der Kontrolle der Anwendung solcher Vorschriften beschränkt, die für die Verwaltung keine Ermächtigungsfunktion haben können. Exemplarischen Beleg bieten dafür die Zugriffsverbote des besonderen Artenschutzrechts (§ 44 Abs. 1 BNatSchG). In Ansehung der Verbotstatbestände erkennt die verwaltungsgerichtliche Judikatur auf eine Einschätzungsprärogative der Verwaltung und fühlt sich mangels besserer ökologischer Erkenntnisse lediglich dazu berufen, die behördlichen Entscheidungen auf ihre Vertretbarkeit hin zu überprüfen.[61] Dabei bleibt unberücksichtigt, dass § 44 Abs. 1 BNatSchG keine Ermächtigungsfunktion hat, sondern Verbote begründet, die für Bürger und Behörden gleichermaßen verbindlich und zudem sanktionsbewehrt sind. Wäre die Vorschrift tatsächlich so unbestimmt, dass Richter selbst unter Heranziehung sachverständiger Unterstützung die Einschlägigkeit der Verbote nicht feststellen könnten, folgt daraus keine Einschätzungsprä-

---

[58] EuGH, Urt. v. 21.01.1999, Rs. C-120/97 – *Upjohn*, Slg. 1999, I-223 Rn. 34; Urt. v. 09.06.2005, verb. Rs. C-211/03, C-316–318/03 – *HLH und Orthica*, Slg. 2005, I-5141 Rn. 75 ff.; Urt. v. 24.04.2008, Rs. C-55/06 – *Arcor*, Slg. 2008, I-2931 Rn. 169 f.

[59] *von Danwitz*, Europäisches Verwaltungsrecht, 2008, S. 590.

[60] Zweifelnd allerdings *Schlacke* (Fn. 19), 202.

[61] Vgl. nur BVerwG, Urt. v. 14.04.2010, NVwZ 2010, 1225 Rn. 113; OVG Lüneburg, Beschl. v. 18.04.2011, NuR 2011, 431, 432; OVG Magdeburg, Urt. v. 26.10.2011, NuR 2012, 196, 200.

rogative der Verwaltung, sondern mit Rücksicht auf Art. 103 Abs. 2 GG die Verfassungswidrigkeit des Verbots.[62]

bb) Räumt eine umweltrechtliche Norm der Verwaltungsbehörde eine Beurteilungsermächtigung ein, hat das zur Entscheidung berufene Verwaltungsgericht kraft der Anordnung des § 4a Abs. 2 Nr. 1 UmwRG zu prüfen, ob der Sachverhalt vollständig und zutreffend erfasst wurde. Das ist keine grundstürzende Neuerung, indessen hat der Gesetzgeber nun ausdrücklich festgeschrieben, was zuvor vom Bundesverfassungsgericht im Wege der Interpretation aus Art. 19 Abs. 4 GG abgeleitet wurde.[63] Die einer Behörde gesetzlich zuerkannte Letztentscheidungsbefugnis bezieht sich daher nur auf die konkrete Rechtsanwendung, nicht aber auf die Feststellung der für die Entscheidung maßgeblichen Tatsachen. Die im Felde des Naturschutzrechts geläufige Kontrolle, bei der sich die Verwaltungsgerichte auf die Prüfung beschränken, ob die Behörde den Sachverhalt „in vertretbarer Weise" festgestellt hat,[64] ist mit § 4a Abs. 2 Nr. 1 UmwRG nicht zu vereinbaren.

cc) 4a Abs. 2 Nr. 2 UmwRG nimmt die Gerichte in die Pflicht, die Einhaltung der rechtlichen Bewertungsgrundsätze zu überprüfen. In dieser Hinsicht bietet das Habitatschutzrecht (§ 34 BNatSchG) anschaulichen Beleg dafür, dass die gerichtliche Praxis diesen Anforderungen nicht genügt. In Fällen einer projektbedingten Betroffenheit eines Gebietes des Netzes Natura 2000 gehört es zu den ehernen Bewertungsgrundsätzen, dass die im Rahmen der Verträglichkeitsprüfung vorzunehmenden naturschutzfachlichen Beurteilungen den „besten wissenschaftlichen Erkenntnisstand" berücksichtigen müssen.[65] Trotz des anspruchsvollen Standards belässt es die Rechtsprechung bei der Prüfung, ob Bewertungsmethoden herangezogen wurden, die in der Fachwissenschaft als überholt gelten.[66] Mit einer derart zurückhaltenden Kontrolle wird es im Anwendungsfeld des § 4a Abs. 2 Nr. 2 UmwRG sein Bewenden nicht mehr haben können, weil danach die Einhaltung der Grundsätze und nicht bloß deren grobe Verfehlung zu kontrollieren ist.

c) Die wenigen Beispiele veranschaulichen bereits in hinreichender Weise, dass § 4a Abs. 2 UmwRG über das Potenzial verfügt, die Intensität der gerichtlichen Kontrolle zu beeinflussen. Dem gelegentlich doch etwas vorschnell erscheinenden Rückgriff auf diese „Zauberformel richterlicher Selbstbeschränkung"[67] kann die Bestimmung in durchaus wirkungsvoller Weise begegnen.

---

[62] A. A. BVerwG, Urt. v. 21.11.2013, Umdruck Rn. 17.

[63] BVerfG, Beschl. v. 10.12.2009, NVwZ 2010, 435 Rn. 59.

[64] Vgl. BVerwG, Urt. v. 09.07.2008, NuR 2009, 112 Rn. 65; Beschl. v. 28.12.2009, NVwZ 2010, 380 Rn. 12; Urt. v. 03.05.2013, NVwZ 2013, 1209 Rn. 60.

[65] BVerwG, Urt. v. 14.04.2010, NVwZ 2010, 1225 Rn. 50 m. w. N.

[66] BVerwG, Urt. v. 12.03.2008, NuR 2008, 633 Rn. 73.

[67] *Storost*, Artenschutz in der Planfeststellung, DVBl. 2010, 737, 740.

5. *Sonstige Aspekte*

Im Übrigen sieht § 4a Abs. 1 S. 1 UmwRG für Verbandsklagen nunmehr eine Klagebegründungsfrist von sechs Wochen vor.[68] Die Bestimmung, die den ähnlich gelagerten Regelungen des Fachplanungsrechts (z. B. § 17e Abs. 5 FStrG, § 14e Abs. 5 WStrG, § 43e Abs. 3 EnWG) im Falle einer Verbandsklage als *lex specialis* vorgeht,[69] erweist sich aus unionsrechtlicher Sicht als unproblematisch. Namentlich die in § 4a Abs. 1 S. 3 UmwRG vorgesehene Möglichkeit einer Fristverlängerung durch den Vorsitzenden oder den Berichterstatter bietet ausreichende Gewähr dafür, dass die Geltendmachung der Verletzung unionsrechtlicher bzw. unionsbasierter Vorschriften des Umweltrechts weder unmöglich gemacht noch übermäßig erschwert wird.

Zu den prozessualen Neuerungen zählt daneben die Regelung des § 4 Abs. 3 UmwRG, vermöge derer das in der Hauptsache entscheidende Gericht in Verfahren des vorläufigen Rechtsschutzes die aufschiebende Wirkung ganz oder teilweise anordnen kann, wenn im Rahmen einer Gesamtabwägung ernstliche Zweifel an der Rechtmäßigkeit des Verwaltungsakts bestehen. Die hiermit einhergehende Modifizierung des Prüfungsmaßstabes betrifft nach den Erkenntnissen des Bundesverwaltungsgerichts allerdings nur die Erfolgsaussichten in der Hauptsache, während es dem zur Entscheidung berufenen Gericht unbenommen bleibt, im Rahmen der weiterhin erforderlichen Gesamtabwägung auch andere Gesichtspunkte einzubeziehen.[70]

IV. Fazit

Mit der Änderung des Umwelt-Rechtsbehelfsgesetzes unternahm der Gesetzgeber einen wichtigen Schritt in die richtige Richtung, indem er der nicht zuletzt von *Hans-Joachim Koch* geübten Kritik an der vormals schutznormakzessorischen Verbandsklage abhalf. Das letzte Kapitel in der „unendlichen Geschichte" der Umweltverbandsklage ist damit freilich noch nicht geschrieben. Vor dem Hintergrund des derzeit gegen die Bundesrepublik Deutschland geführten Vertragsverletzungsverfahrens darf die weitere Entwicklung jedenfalls mit Spannung erwartet werden.

---

[68] Kritisch demgegenüber *Schlacke* (Fn. 19), 200.

[69] *Seibert* (Fn. 12), 1046.

[70] BVerwG, Beschl. v. 13.06.2013, NVwZ 2013, 1019 Rn. 4.

40 Jahre Bundes-Immissionsschutzgesetz

Von *Klaus Hansmann*

Im Jahre 1994 veranstaltete die Forschungsstelle Umweltrecht in Hamburg unter der Leitung von Hans-Joachim Koch ein Symposium zum Thema „20 Jahre Bundes-Immissionsschutzgesetz".[1] Hans-Joachim Koch behandelte bei diesem Symposium den Bestandsschutz im Immissionsschutzrecht, ein nach wie vor aktuelles Thema. Die Bilanz der ersten 20 Jahre des Bundes-Immissionsschutzgesetzes wurde überwiegend positiv bewertet. Gerhard Feldhaus meinte sogar, die Erwartungen des Gesetzgebers, ein wirksames gesetzliches Instrument zur Umweltgestaltung und Umweltsanierung zu schaffen, seien zum Teil übertroffen worden.[2] Etwas skeptischer war der Verfasser des hier folgenden Beitrags: Die Novellierungen des Bundes-Immissionsschutzgesetzes, mit denen er sich in seinem Referat befasste, hat er zwar überwiegend positiv bewertet, aber auch auf die Gefahr hingewiesen, dass das Gesetz mit Anliegen außerhalb seiner eigentlichen Zweckbestimmung überfrachtet wird.[3]

Hans-Joachim Koch ist dem Bundes-Immissionsschutzgesetz und seiner Geschichte eng verbunden. Als Hochschullehrer, Kommentator und Vorsitzender bedeutender Gremien wie dem Sachverständigenrat für Umweltfragen und der Gesellschaft für Umweltrecht hat er viel zur Auslegung und Fortentwicklung des Immissionsschutzrechts beigetragen.[4] Im Jahr 2014, in dem er sein 70. Lebensjahr vollendet, besteht das Bundes-Immissionsschutzgesetz seit 40 Jahren. Hans-Joachim Koch hat das Gesetz damit mehr als die Hälfte seiner Lebenszeit fördernd und auch kritisch begleitet. Da mag auch für ihn von Interesse sein, ob die Bilanz der gesetzlichen Entwicklung ebenso positiv gesehen werden kann wie die seiner persönlichen Entwicklung.

I. Überblick über die Entwicklung des Bundes-Immissionsschutzgesetzes

Das am 1. April 1974 in Kraft getretene Bundes-Immissionsschutzgesetz umspannte einen weiten Regelungsbereich. Die ursprüngliche Fassung enthielt bereits anlagenbezogene Anforderungen (§§ 4 bis 31), stoffbezogene Verordnungsermäch-

---

[1] Die Referate sind dokumentiert in *Koch/Lechelt* (Hrsg.), Zwanzig Jahre Bundes-Immissionsschutzgesetz, Baden-Baden 1994.

[2] *Feldhaus*, in: Koch/Lechelt (Fn. 1), S. 18.

[3] *Hansmann*, in: Koch/Lcchelt (Fn. 1), S. 31.

[4] Vgl. dazu das umfangreiche Schriftenverzeichnis von Hans-Joachim Koch, in dem die Abhandlungen zum Immissionsschutzrecht einen wesentlichen Teil ausmachen.

tigungen (§§ 32 bis 37), verkehrsbezogene Regelungen (§§ 38 bis 43) und übergreifend für die verschiedenen Emittentengruppen Vorschriften zur Luftreinhalteplanung (§§ 44 bis 47) und für die flächenbezogene Planung (§ 50). Die Bestimmungen waren zwar in keinem der genannten Bereiche abschließend. Insbesondere war eine Konkretisierung weitgehend dem untergesetzlichen Regelwerk überlassen worden.[5] Gemeinsam mit den für den Immissionsschutz relevanten Bestimmungen

- des Landesrechts (insbesondere zum verhaltensbezogenen Immissionsschutz),
- des Abfallrechts, des Gaststättenrechts und anderer Spezialgesetze für bestimmte Anlagearten,
- des Verkehrsrechts mit seinen Anforderungen an die Beschaffenheit der Fahrzeuge, an den Verkehrswegebau und an das Verhalten im Verkehr und
- des Bauplanungsrechts mit seinen Regelungen zur Beachtung des Immissionsschutzes bei der raumbedeutsamen Planung

schuf das Bundes-Immissionsschutzgesetz von Anfang an eine umfassende, kohärente Grundlage für den Schutz vor Luftverunreinigungen, Geräuschen, Erschütterungen, Licht, Wärme, nicht ionisierenden Strahlen und ähnlichen Umwelteinwirkungen.

Wegen dieser grundlegenden Ausrichtung blieb das Bundes-Immissionsschutzgesetz in den 40 Jahren seines Bestehens in seiner Substanz erhalten. Gleichwohl ist es in dieser Zeit mehr als 60 Mal geändert worden.[6] Dabei fällt auf, dass nur elf Gesetze als Änderungsgesetze zum Bundes-Immissionsschutzgesetz bezeichnet worden sind. Eine ausdrückliche Nummerierung ist sogar nur beim 2., 3., 5. und 7. bis 11. Änderungsgesetz vorgenommen worden. Das 1. und das 4. Änderungsgesetz tragen keine Nummern; das 6. Änderungsgesetz ist als Artikel 1 des Gesetzes zur Sicherstellung der Nachsorgepflichten bei Abfalllagern vom 13. Juli 2001 (BGBl. I S. 1550) ebenfalls ohne Nummerierung verkündet worden.

Die wichtigsten Änderungen des Bundes-Immissionsschutzgesetzes sind nicht immer in den speziell als Änderungsgesetz ausgewiesenen Regelwerken enthalten. Häufig sind sie in sogenannten Artikelgesetzen zu finden, die einem umfassenderen Zweck wie der Investitionserleichterung[7], der Beschleunigung von Genehmigungsverfahren[8] oder der Umsetzung von EG-Recht[9] dienen. Die meisten Änderungen, die in vorrangig anderen Zwecken dienenden Gesetzen enthalten sind, haben allerdings keine substanzielle Bedeutung für den Immissionsschutz. Bei ihnen geht es häufig

[5] Vgl. *Hansmann*, Bundes-Immissionsschutzgesetz, 32. Auflage 2014, Einführung 3.3.

[6] S. *Feldhaus*, Bundes-Immissionsschutzrecht, Band 1 Teil I, B1; *Ule/Laubinger/Repkewitz*, Bundes-Immissionsschutzgesetz, Band 1 Teil 9: Entstehungs- und Entwicklungsgeschichte.

[7] Gesetz vom 22. April 1993 (BGBl. I S. 466).

[8] Gesetz vom 9. Oktober 1996 (BGBl. I S. 1498).

[9] Gesetze vom 27. Juli 2001 (BGBl. I S. 1950), vom 9. Dezember 2006 (BGBl. I S. 2819) und vom 8. April 2013 (BGBl. I S. 734).

um Folgeänderungen und um die Rechtsbereinigung. Auch derartige Änderungen sind aber für die Rechtspraxis von Bedeutung und können zu Schwierigkeiten bei der Gesetzesanwendung führen.

Im Laufe seiner Geschichte ist das Bundes-Immissionsschutzgesetz dreimal neu gefasst und in dieser Fassung bekannt gemacht worden (1990, 2002 und 2013). Dabei wurden jeweils Unstimmigkeiten des Textes beseitigt. Die Neufassungen haben nie über einen längeren Zeitraum unverändert bestanden. Auch die letzte Neufassung vom 17. Mai 2013 (BGBl. I S. 1274) ist inzwischen wieder geändert worden.

II. Fortentwicklung des Bundes-Immissionsschutzgesetzes zwischen 1974 und 1994

Die Änderungen in den ersten 20 Jahren nach Inkrafttreten des Bundes-Immissionsschutzgesetzes dienten der Lösung oder dem Versuch einer Lösung von inzwischen aufgetretenen tatsächlichen oder lediglich in die politische Diskussion geratenen Problemen. Dabei ging es nicht immer um Fragen des Immissionsschutzes, sondern mehrfach auch um solche der wirtschaftlichen Entwicklung.

Eindeutig der Verbesserung des Immissionsschutzes diente das 2. BImSchG-Änderungsgesetz vom 4. Oktober 1985 (BGBl. I S. 1950)[10]. Durch Streichung der wirtschaftlichen Vertretbarkeit als Voraussetzung für nachträgliche Anordnungen wurde die Sanierung bestehender Anlagen erleichtert. Außerdem wurden ein Abwärmenutzungsgebot und eine Reststoffvermeidungspflicht eingeführt.[11] Das 3. BImSchG-Änderungsgesetz vom 11. Mai 1990 (BGBl. I S. 870)[12] diente vorrangig dem Ausbau des Bundes-Immissionsschutzgesetzes zu einem Anlagensicherheitsgesetz, brachte darüber hinaus aber auch andere wichtige Änderungen wie die Einführung von Nachsorgepflichten, die Ermöglichung von Verkehrsbeschränkungen auch außerhalb von Smog-Situationen und neue Regelungen zur Luftreinhalte- und zur Lärmminderungsplanung. Im Interesse der Anlagenbetreiber wurden die Möglichkeit der Zulassung des vorzeitigen Beginns der Errichtung von Anlagen bei wesentlichen Änderungen und die Ermessenseinschränkung für nachträgliche Anordnungen bei Vorlage eines Kompensationsplans eingeführt.

Eine dritte wichtige Änderung des Bundes-Immissionsschutzgesetzes in den ersten 20 Jahren nach seinem Inkrafttreten wurde durch das Investitionserleichterungs- und Wohnbaulandgesetz vom 22. April 1993 (BGBl. I S. 466) herbeigeführt. Dabei verfolgte der Gesetzgeber das Ziel der Beschleunigung und Vereinfachung von immissionsschutzrechtlichen Genehmigungsverfahren. Die dazu geschaffenen Instrumente und Regelungen erreichten allerdings nicht immer ihr Ziel. So ist von der

[10] Vgl. dazu *Koch*, in: Koch/Pache/Scheuing, GK-BImSchG, § 17 Rdnrn. 13 ff.

[11] Vgl. zu den Änderungen näher *Hansmann*, in: Koch/Lechelt (Fn. 1), S. 24 ff.

[12] Vgl. dazu *Koch*, in: Koch/Pache/Scheuing, GK-BImSchG, § 17 Rdnrn. 21 ff.

Möglichkeit, bauartzugelassene Anlagen von der Genehmigungspflicht freizustellen, bis heute kein Gebrauch gemacht worden.[13]

Neben diesen drei herausragenden Änderungen ist das Bundes-Immissionsschutzgesetz bis Mitte 1994 weitere 17 Mal geändert worden. Dabei ging es um die Regelung von Einzelfragen[14], um die Anpassung an die Änderung anderer Gesetze[15], um die Rechtsbereinigung[16], um Zuständigkeitsfragen[17], um die Umsetzung von EG-rechtlichen Anforderungen [18] und um Regelungen aus Anlass der Herstellung der Einheit Deutschlands[19]. Auch diese Änderungen hatten und haben z. T. noch eine erhebliche Bedeutung. Sie sind für die Fortentwicklung des Bundes-Immissionsschutzgesetzes in den ersten 20 Jahren aber weniger signifikant.

III. Gesetzesänderungen bis Ende des Jahres 2000

Von Mitte 1994 bis Ende des Jahres 2000 ist das Bundes-Immissionsschutzgesetz weitere 11 Mal geändert worden. Davon sind zwei Gesetze ausdrücklich als Änderungsgesetze zum Bundes-Immissionsschutzgesetz bezeichnet worden. Durch das Gesetz vom 19. Juli 1995 (BGBl. I S. 930) wurden die §§ 40 a bis 40 e in das BImSchG eingefügt. Die Vorschriften dienten der Bekämpfung erhöhter Ozonkonzentrationen. Ihre Geltung war von vornherein bis zum 31. Dezember 1999 befristet. Tatsächlich haben sie auch wenig zur Verminderung der Ozonbelastung beigetragen. Die Bekämpfung der nachteiligen Folgen des bodennahen Ozons ist inzwischen in der 39. BImSchV[20] geregelt.

Das 5. BImSchG-Änderungsgesetz vom 19. Oktober 1998 (BGBl. I S. 3178) diente der Umsetzung der sog. Seveso-II-Richtlinie[21]. Dabei ging es nicht um Einzelheiten der Umsetzung. Diese wurden in die Neufassung der Störfall-Verordnung

---

[13] Kritisch zum Investitionserleichterungs- und Wohnbaulandgesetz *Hansmann*, in: Koch/Lechelt (Fn. 1), S. 29 ff.

[14] U. a. Gesetz vom 4. Mai 1976 (BGBl. I S. 1148) in Bezug auf die Genehmigungsfähigkeit des Kraftwerks Voerde; außerdem zu rechtlichen Einzelfragen: Gesetze vom 4. März 1982 (BGBl. I S. 281), vom 25. Juli 1986 (BGBl. I S. 1165), vom 25. September 1990 (BGBl. I S. 2106) und vom 26. Juni 1992 (BGBl. I S. 1161).

[15] Gesetze vom 25. Mai 1976 (BGBl. I S. 1253), vom 14. Dezember 1976 (BGBl. I S. 3341), vom 28. März 1980 (BGBl. I S. 373), vom 13. August 1980 (BGBl. I S. 1310, 1357), vom 10. Dezember 1990 (BGBl. I S. 2634) und vom 26. August 1992 (BGBl. I S. 1564).

[16] Gesetz vom 24. April 1986 (BGBl. I S. 560, 567).

[17] Verordnung vom 26. November 1986 (BGBl. I S. 2089).

[18] Gesetz vom 12. Februar 1990 (BGBl. I S. 205).

[19] Gesetz vom 23. September 1990 (BGBl. II S. 885, 1114).

[20] Verordnung über Luftqualitätsstandards und Emissionshöchstmengen vom 2. August 2010 (BGBl. I S. 1065).

[21] Richtlinie 96/82/EG vom 9. Dezember 1996 (ABl. EG 1997 Nr. L 10 S. 13).

vom 26. April 2000[22] aufgenommen. Die Änderungen des BImSchG betrafen im Wesentlichen den neu eingeführten Begriff des Betriebsbereichs (§ 3 Abs. 5 a), die Untersagungsermächtigungen nach § 20 Abs. 1 a und § 25 Abs. 1 a, die Erweiterung der Verordnungsermächtigung des § 23 Abs. 1 auf die Anlagensicherheit in Betriebsbereichen und die Ausdehnung des Planungsgrundsatzes des § 50 auf die von schweren Unfällen ausgehenden Auswirkungen.

Weitere wichtige Änderungen des Bundes-Immissionsschutzgesetzes wurden in der Periode von Mitte 1994 bis Ende 2000 durch das Gesetz zur Beschleunigung und Vereinfachung immissionsschutzrechtlicher Genehmigungsverfahren vom 9. Oktober 1996 (BGBl. I S. 1498) geschaffen. Durch dieses Gesetz wurden zahlreiche Regelungen in das Bundes-Immissionsschutzgesetz neu eingefügt,[23] geändert[24] oder aufgehoben[25]. Über die Zweckmäßigkeit der einzelnen Änderungen wurde im Vorfeld der Beratungen und zwischen Bundestag und Bundesrat heftig gestritten. An der Sinnhaftigkeit der getroffenen Regelungen bestehen teilweise auch erhebliche Zweifel. Die Neuordnung des Rechts der Anlagenänderung[26] hat jedenfalls weniger zur Vereinfachung als zur Komplizierung der Rechtsanwendung geführt. Einige neue Vorschriften haben sich auch als überflüssig erwiesen; sie spielen in der Rechtsanwendungspraxis keine Rolle.[27]

Die übrigen Gesetzesänderungen zwischen 1994 und Ende 2000 sind von geringerer Bedeutung für die Fortentwicklung des Bundes-Immissionsschutzgesetzes. Bei ihnen ging es im Wesentlichen um Folgeänderungen bei Schaffung oder Novellierung anderer Gesetze.

IV. Fortentwicklung des Bundes-Immissionsschutzgesetzes seit dem Jahre 2001

Das Jahr 2001 brachte eine gewisse Zäsur in der Fortentwicklung des Bundes-Immissionsschutzgesetzes. Ab diesem Zeitpunkt wird das Immissionsschutzrecht stärker als in dem davor liegenden Zeitraum durch die Vorgaben des Gemeinschaftsrechts bestimmt.

---

[22] Artikel 1 der Verordnung zur Umsetzung EG-rechtlicher Vorschriften betreffend die Beherrschung der Gefahren bei schweren Unfällen mit gefährlichen Stoffen vom 26. April 2000 (BGBl. I S. 603).

[23] § 6 Abs. 2, § 8a, § 12 Abs. 2a und 2b, § 14a, § 23 Abs. 1a und § 67 Abs. 8.

[24] § 7 Abs. 1, § 10 Abs. 10, §§ 15, 16, § 17 Abs. 1 und 4, § 19 Abs. 3, § 23 Abs. 1, § 26 Abs. 1, § 27 Abs. 1, § 28, § 29a Abs. 1 und 2, § 62 Abs. 1 und 2 sowie § 67 Abs. 5.

[25] § 15a und § 26 Abs. 2.

[26] §§ 15 und 16; vgl. dazu näher *Fluck*, VerwArch 88 (1997), S. 265.; *Hansmann*, DVBl. 1997 S. 142; *Jarass*, NJW 1998, 1097; *Kutscheidt*, NVwZ 1997, 111.

[27] Z. B. § 14a, § 23 Abs. 1 a.

1. Gemeinschaftsrechtlich veranlasste Änderungen

Mit der Richtlinie 96/61/EG über die integrierte Vermeidung und Verminderung der Umweltverschmutzung vom 24. September 1996 (ABl. EG Nr. L 257/26), der sog. IVU-Richtlinie, wurde im Gemeinschaftsrecht eine konzeptionelle Änderung vorgenommen: Statt eines medienspezifischen Ansatzes zur Bekämpfung der Umweltverschmutzung wird seitdem in einem integrierten Ansatz die Belastung der Umwelt in ihrer Gesamtheit in den Blick genommen.[28]

a) Die IVU-Richtlinie hätte spätestens drei Jahre nach ihrem Inkrafttreten in deutsches Recht umgesetzt werden müssen. Dazu war zunächst vorgesehen, die Umsetzung im Rahmen eines Ersten Buches zu einem neu zu schaffenden Umweltgesetzbuch vorzunehmen. Dieses Vorhaben verzögerte sich und ist später endgültig gescheitert. Da um die Jahrtausendwende mit der baldigen Schaffung eines Umweltgesetzbuchs nicht mehr zu rechnen war, legte die Bundesregierung im November 2000 den Entwurf eines sog. Artikelgesetzes zur Umsetzung der UVP-Änderungsrichtlinie, der IVU-Richtlinie und weiterer Richtlinien zum Umweltschutz[29] vor. Nach Abschluss der parlamentarischen Beratungen und eines Vermittlungsverfahrens wurde das Gesetz am 22. Juli 2001 ausgefertigt und am 2. August 2001 verkündet.[30] Die umfangreichen Änderungen des Bundes-Immissionsschutzgesetzes sind in Art. 2 dieses Gesetzes enthalten.

Die Änderungen des Bundes-Immissionsschutzgesetzes aus Anlass der Umsetzung der IVU-Richtlinie betrafen nicht weniger als 18 Gesetzesparagraphen und den Anhang zu § 3 Abs. 6. Von besonderer Bedeutung waren (und sind) dabei insbesondere folgende Änderungen:

- Der Integrationsgedanke wurde in der Zweckbestimmung (§ 1 Abs. 2) ausdrücklich herausgestellt.[31] Außerdem wurde an mehreren Stellen hervorgehoben, dass ein hohes Schutzniveau für die Umwelt insgesamt zu erreichen ist (§ 3 Abs. 6, § 5 Abs. 1, § 7 Abs. 1 Satz 2, § 48 Abs. 1 Satz 2). In Bezug auf die Konkretisierung der integrativen Anforderungen wurde klargestellt, dass mögliche Verlagerungen von einem Schutzgut auf ein anderes zu berücksichtigen sind (§ 7 Abs. 1 Satz 2, § 48 Abs. 1 Satz 2).[32]

---

[28] Dazu näher *Koch*, Die IPPC-Richtlinie: Umsturz im deutschen Anlagengenehmigungsrecht?, in UTR Bd. 40 (1997) S. 31 ff. mit weiteren Nachweisen; s. auch *Koch/Jankowski*, ZUR 1998, 57.

[29] BR-Drs. 674/00 und BT-Drs. 14/5204 i. V. m. BT-Drs. 14/4599.

[30] BGBl. I S. 1950; vgl. dazu *Koch/Siebel-Huffmann,* NVwZ 2001, 1081.

[31] Das Bundes-Immissionsschutzgesetz kannte auch schon vor dem Gesetz vom 22. Juli 2001 ein Integrationsgebot; vgl. dazu *Hansmann* in: Sonderheft zu NJW und NVwZ für Hermann Weber 2001, 26 f.

[32] Zum integrierten Umweltschutz durch untergesetzliche Normsetzung s. *Hansmann*, ZUR 2002, 19 ff. und *Koch*, UTR Bd. 40 (1997) S. 31, 51 f.

- Der Begriff des Standes der Technik (§ 3 Abs. 6 und Anhang zu § 3 Abs. 6) wurde inhaltlich an den gemeinschaftsrechtlichen Begriff der besten verfügbaren Techniken angeglichen und auf den Schutz von Wasser und Boden, auf die Anlagensicherheit, die umweltverträgliche Abfallentsorgung sowie auf die Vermeidung und die Verminderung sonstiger Umweltauswirkungen erweitert.[33]
- Die Vorsorgepflicht bei genehmigungsbedürftigen Anlagen wurde auf die nicht durch Immissionen im Sinne des § 3 Abs. 2 verursachten Umweltbeeinträchtigungen erstreckt (§ 5 Abs. 1 Nr. 2).
- Eine Grundpflicht zur sparsamen und effizienten Energienutzung wurde eingeführt (§ 5 Abs. 1 Nr. 4).
- In verfahrensrechtlicher Hinsicht wurde eine Koordinierungspflicht der Genehmigungsbehörde im Hinblick auf alle Zulassungsentscheidungen für ein Vorhaben eingeführt (§ 10 Abs. 5).[34]

b) Auf EG-rechtlichen Vorgaben beruht auch das 7. BImSchG-Änderungsgesetz vom 11. September 2002 (BGBl. I S. 3622).[35] Es diente der Umsetzung der Richtlinie 96/62/EG vom 27. September 1996 über die Beurteilung und die Kontrolle der Luftqualität (sog. Luftqualitäts-Rahmenrichtlinie)[36]. Durch das 7. BImSchG-Änderungsgesetz wurden insbesondere die Vorschriften über die Luftreinhalteplanung in §§ 44 bis 47 neu gefasst. Sie wurden an die EG-rechtlichen Vorgaben angepasst, ohne die Möglichkeit zur Aufstellung von Luftreinhalteplänen aus anderen Gründen aufzugeben.[37] Durch Änderung des § 40 Abs. 1 wurde eine Ermächtigung zur Beschränkung oder zum Verbot des Kraftfahrzeugverkehrs geschaffen, soweit ein Luftreinhalteplan oder ein Aktionsplan[38] nach § 47 Abs. 1 oder 2 dies vorsehen. In den Planungsgrundsatz des § 50 wurde das Gebot aufgenommen, bei Abwägung der betroffenen Belange die Erhaltung der bestmöglichen Luftqualität als Belang zu berücksichtigen.

c) EG-rechtlich bedingt war auch die Änderung des § 5 Abs. 1 BImSchG durch Art. 3 des Gesetzes zur Umsetzung der Richtlinie 2003/87/EG[39] über ein System für den Handel mit Treibhausgasemissionszertifikaten in der Gemeinschaft vom 8. Juli 2004 (BGBl. I S. 1578, 1590). Durch die in § 5 Abs. 1 angefügten Sätze[40] wurden die Grundpflichten nach § 5 Abs. 1 Nr. 2 und 4 für Anlagen, die dem Treibhausgas-Emissionshandelsgesetz unterliegen, modifiziert.

---

[33] Zu den besten verfügbaren Techniken i. S. der IVU-Richtlinie und zum Stand der Technik vgl. *Feldhaus*, NVwZ 2001, 1.

[34] Vgl. dazu *Jarass*, NVwZ 2009, 65.

[35] Vgl. dazu *Koch*,NVwZ 2002, 666, 669.

[36] ABl. EG L 196/255.

[37] Zur Entwicklung des Luftqualitätsrechts vgl. *Rehbinder*, NuR 2005, 493.

[38] Jetzt: Plan für kurzfristig zu ergreifende Maßnahmen; vgl. dazu IV 1 Buchst. g.

[39] ABl. EG L 275/32.

[40] Jetzt § 5 Abs. 2.

d) Eine weitere wichtige Änderung des Bundes-Immissionsschutzgesetzes brachte das Gesetz zur Umsetzung der EG-Richtlinie[41] über die Bewertung und Bekämpfung von Umgebungslärm vom 24. Juni 2005 (BGBl. I S. 1794)[42]. Durch diese Gesetz wurde ein neuer Sechster Teil (Lärmminderungsplanung) mit den §§ 47 a bis 47 f in das Gesetz eingefügt. Die neuen Vorschriften regeln insbesondere die Erstellung von Lärmkarten (§ 47 c) und die Aufstellung von Lärmaktionsplänen (§ 47 d).

e) Bereits einen Tag nach dem Gesetz zur Umsetzung der Umgebungslärm-Richtlinie wurde ein weiteres Gesetz zur Änderung des Bundes-Immissionsschutzgesetzes mit EG-rechtlichen Vorgaben ausgefertigt, das Gesetz zur Umsetzung der Richtlinie 2003/105/EG[43] mit Regelungen zur Anlagensicherheit. Dieses Gesetz vom 25. Juni 2005 (BGBl. I S. 1865) änderte den Begriff des Betriebsbereichs in § 3 Abs. 5 a und ergänzte den Planungsgrundsatz in § 50. Außerdem wurden der Technische Ausschuss für Anlagensicherheit (bis dahin § 31 a) und die Störfallkommission (bis dahin § 51 a) durch den neuen § 51 a zur Kommission für Anlagensicherheit zusammengefasst.

f) Das Öffentlichkeitsbeteiligungsgesetz vom 9. Dezember 2006[44] mit mehreren Änderungen des Bundes-Immissionsschutzgesetzes diente ebenfalls der Umsetzung EG-rechtlicher Vorgaben, nämlich der Anforderungen aus der EG-Richtlinie 2003/35/EG[45]. Durch das Gesetz wurde insbesondere

- die Regelung über die Bekanntgabe eines genehmigungsbedürftigen Vorhabens in § 10 Abs. 3 neu gefasst,
- in § 17 eine Pflicht zur öffentlichen Bekanntmachung des Entwurfs einer nachträglichen Anordnung mit neuen Emissionsbegrenzungen für bestimmte Anlagen begründet (Abs. 1 a) und
- in § 47 die Öffentlichkeitsbeteiligung bei der Aufstellung oder Änderung von Luftreinhalteplänen geregelt.

g) Das 8. BImSchG-Änderungsgesetz vom 31. Juli 2010 (BGBl. I S. 1059) ist durch die Richtlinie 2008/50/EG vom 21. Mai 2008 über Luftqualität und saubere Luft für Europa (ABl. L 152/1) veranlasst. Dabei wurden insbesondere folgende Anforderungen der Richtlinie umgesetzt:

---

[41] Richtlinie 2002/49/EG vom 25. Juni 2002 (ABl. EG L 189/12).

[42] Vgl. dazu näher *Feldmann,* ZUR 2005, 352.

[43] Richtlinie des Europäischen Parlaments und des Rates vom 16. Dezember 2003 zur Änderung der Richtlinie 96/82/EG des Rates zur Beherrschung der Gefahren bei schweren Unfällen mit gefährlichen Stoffen (ABl. EG L 345/97).

[44] Gesetz über die Öffentlichkeitsbeteiligung in Umweltangelegenheiten nach der EG-Richtlinie 2003/35/EG (Öffentlichkeitsbeteiligungsgesetz) vom 9. Dezember 2006 (BGBl. I S. 2819, 2821).

[45] Richtlinie 2003/35/EG des Europäischen Parlaments und des Rates vom 26. Mai 2003 (ABl. EG L 156/17).

- Information der Öffentlichkeit,
- Ablösung von Aktionsplänen zur Luftreinhaltung durch Pläne für kurzfristig zu ergreifende Maßnahmen und
- Pflicht zur Aufstellung von Luftreinhalteplänen bei Überschreitung von Zielwerten.[46]

h) Ebenfalls durch EU-rechtliche Vorgaben bedingt, aber von geringerer Bedeutung für die Fortentwicklung des Bundes-Immissionsschutzgesetzes sind drei weitere Änderungsgesetze, nämlich

- das Gesetz zur Umsetzung der Dienstleistungsrichtlinie[47] auf dem Gebiet des Umweltrechts sowie zur Änderung umweltrechtlicher Vorschriften vom11. August 2010 (BGBl. I S. 1163),
- das Neunte Gesetz zur Änderung des Bundes-Immissionsschutzgesetzes vom 26. November 2010 (BGBl. I S. 1728), das der Umsetzung der Richtlinie 2009/30/EG[48] dient, und
- das Gesetz zur Anpassung der Rechtsgrundlagen für die Fortentwicklung des Emissionshandelsrechts vom 21. Juli 2011 (BGBl. I S. 1475, 1498), mit dem der Richtlinie 2008/101/EG[49] Rechnung getragen wurde.

i) Erhebliche Bedeutung für die Fortentwicklung des Bundes-Immissionsschutzgesetzes hat das Gesetz zur Umsetzung der Richtlinie über Industrieemissionen (IE-RL)[50] vom 8. April 2013 (BGBl. I S. 734)[51]. Dabei waren mehrere neue gemeinschaftsrechtliche Vorgaben zu beachten. Die Industrieemissions-Richtlinie enthält insbesondere in folgenden Bereichen Änderungen gegenüber der IVU-Richtlinie aus dem Jahre 1996[52]:

---

[46] Vgl. das Vorblatt zum Entwurf der Bundesregierung (BR-Drs. 5/10 und BT-Drs. 17/800).

[47] Richtlinie 2006/123/EG vom 12. Dezember 2006 über Dienstleistungen im Binnenmarkt (ABl. L 376/36).

[48] Richtlinie des Europäischen Parlaments und des Rates vom 23. April 2009 zur Änderung der Richtlinie 98/70/EG im Hinblick auf die Spezifikationen für Otto-, Diesel- und Gasölkraftstoffe und die Einführung eines Systems zur Überwachung und Verringerung der Treibhausgasemissionen (ABl. L 140/88).

[49] Richtlinie des Europäischen Parlaments und des Rates vom 19. November 2008 zur Änderung der Richtlinie 2003/87/EG zwecks Einbeziehung des Luftverkehrs in das System für den Handel mit Treibhausgasemissionszertifikaten in der Gemeinschaft (ABl. 2009 L 8/3).

[50] Richtlinie des Europäischen Parlaments und des Rates vom 24. November 2010 über Industrieemissionen (integrierte Vermeidung und Verminderung der Umweltverschmutzung (Neufassung), ABl. L 334/17, berichtigt 2012 ABl. L 158/25.

[51] Vgl. dazu *Rebentisch*, Umsetzung der Industrieemissions-Richtlinie im Immissionsschutzrecht, 1. Auflage 2013.

[52] S. unter IV 1 Buchst. a.

- Festlegung der von der Richtlinie erfassten Anlagearten;
- Bedeutung der BVT-Schlussfolgerungen[53] für die Vorsorgeanforderungen;
- Pflicht zur Erstellung eines Ausgangszustandsberichts und Pflicht zur Rückführung in den Ausgangszustand;
- Berichtspflichten der Anlagenbetreiber;
- Anforderungen an die behördliche Überwachung.[54]

Die neuen Vorgaben der Industrieemissions-Richtlinie erforderten erhebliche Änderungen des Bundes-Immissionsschutzgesetzes.[55] Der Katalog der Begriffsbestimmungen in § 3 wurde erheblich erweitert.[56] Da die neuen Anforderungen nur für die von der IE-RL erfassten Anlagen gelten sollen, wurde in § 4 Abs. 1 ein Satz angefügt, nach dem diese Anlagen in der Verordnung über genehmigungsbedürftige Anlagen besonders zu kennzeichnen sind. Um sicherzustellen, dass die BVT-Schlussfolgerungen bei der Festlegung der Vorsorgeanforderungen beachtet werden, wurden §§ 7, 12, 17 und 48 geändert und ergänzt.[57] Die Erstellung eines Ausgangszustandsberichts wird nunmehr in § 10 Abs. 1 a gefordert; die entsprechende Rückführungspflicht wurde in § 5 Abs. 4 aufgenommen. Zur Umsetzung der neuen Berichtspflichten der Betreiber von Anlagen nach der IE-RL wurde § 31 neu gefasst. Schließlich wurden zur Normierung der behördlichen Überwachungspflichten § 52 geändert und eine neue Vorschrift zu den Überwachungsplänen und Überwachungsprogrammen für Anlagen nach der Industrieemissions-Richtlinie in § 52 a eingefügt. Weitere Änderungen betrafen die Bekanntgabe von Stellen i. S. von § 26 und von Sachverständigen (§ 29 b), die Erleichterungen für auditierte Unternehmensstandorte (§ 58 e), die Berichterstattung an die Europäische Kommission (§ 61) und die Anpassung von Vorschriften an das neue Recht.

2. Sonstige Änderungen seit 2001

Neben den gemeinschaftsrechtlich veranlassten Gesetzesänderungen fallen die übrigen Änderungen des Bundes-Immissionsschutzgesetzes seit 2001weniger ins Gewicht. Ihre Bedeutung für den Immissionsschutz in Deutschland ist auch von unterschiedlicher Bedeutung.

---

[53] BVT bedeutet „beste verfügbare Techniken" (Art. 3 Nr. 9 IE-RL); der Begriff „BVT-Schlussfolgerungen" ist in Art. 3 Nr. 11 IE-RL definiert.

[54] Vgl. dazu *Friedrich,* UPR 2013, 161, 162; *Jarass*, NVwZ 2013, 169, 171 f.; *Röckinghausen*, UPR 2012, 161, 162; *Wasielewski*, UPR 2012, 424, 425.

[55] Zur Umsetzung der IE-RL in deutsches Recht vgl. *Friedrich*, UPR 2013, 161 ff.; *Jarass*, NVwZ 2013, 169; *Röckinghausen*, UPR 2012, 161; *Wasielewski*, UPR 2012, 424; *Weidemann/Krappel/v. Süßkind-Schwendi,* DVBl 2012, 1457.

[56] Absätze 6a bis 6e und 8 bis 10; vgl. dazu *Rebentisch*, Umsetzung der Industrieemissions-Richtlinie im Immissionsschutzrecht, 1. Auflage 2013, S. 6 ff.

[57] Vgl. dazu näher *Hansmann*, in: Kirchhof/Paetow/Uechtritz, FS Dolde, 2014; *Rebentisch*, Umsetzung der Industrieemissions-Richtlinie im Immissionsschutzrecht, 1. Auflage 2013, S. 13 ff.

a) Das Gesetz vom 13. Juli 2001 (BGBl. I S. 1550)[58] schuf die Grundlage für die Forderung einer Sicherheitsleistung bei Abfallentsorgungsanlagen. Bei dem Gesetz vom 9. September 2001 (BGBl. 2331), der 7. Zuständigkeitsanpassungsverordnung vom 29. Oktober 2001 (BGBl. I S. 2785, 2795), bei dem Gesetz vom 21. August 2002 (BGBl. I S. 3322, 3341), bei der 8. Zuständigkeitsanpassungsverordnung vom 25. November 2003 (BGBl. I S. 2304, 2308), bei den Gesetzen vom 6. Januar 2004 (BGBl. I S. 2, 15) und 22. Dezember 2004 (BGBl. I S. 3704, 3708) sowie bei der 9. Zuständigkeitsanpassungsverordnung vom 31. Oktober 2006 (BGBl. I S. 2407, 2414) ging es lediglich um Gesetzesanpassungen.

b) Inhaltliche Bedeutung hatte das Biokraftstoffquotengesetz vom 18. Dezember 2006 (BGBl. I S. 3180)[59]. Hierdurch wurde ein eigener Abschnitt in den Dritten Teil des Gesetzes eingefügt (§§ 37 a bis 37 d). Durch das Gesetz vom 15. Juli 2009 (BGBl. I S. 1804) wurde dieser Abschnitt noch um die §§ 37 e und 37 f erweitert und durch die Gesetze vom 15. Juli 2009 (BGBl. I S. 1870, 1937), vom 16. Juli 2009 (BGBl. I S. 1954, 1955) und durch das Gesetz zur Umsetzung der Richtlinie über Industrieemissionen[60] geändert. Die Regelungen in §§ 37 a bis 37 f betreffen den Mindestanteil von Biokraftstoff an der gesamten in den Verkehr gebrachten Kraftstoffmenge. Sie dienen nicht dem Immissionsschutz, sondern der Förderung des Biokraftstoffs. Als solche sind sie ein Fremdkörper innerhalb des Bundes-Immissionsschutzgesetzes.

c) Für das Genehmigungsverfahren ist das Gesetz vom 23. Oktober 2007 (BGBl. I S. 2470)[61] von erheblicher praktischer Bedeutung. Durch dieses Gesetz wurde § 10 dahin geändert, dass nicht mehr in jedem förmlichen Genehmigungsverfahren ein Erörterungstermin durchzuführen ist, sondern dass die Genehmigungsbehörde nach ihrem Ermessen zu entscheiden hat, ob ein solcher Termin durchgeführt wird (§ 10 Abs. 6).[62]

d) Der Klärung einer Auslegungsfrage zum Bundes-Immissionsschutzgesetz diente das Zehnte Gesetz zur Änderung des Bundes-Immissionsschutzgesetzes – Privilegierung des von Kindertageseinrichtungen und Kinderspielplätzen ausgehenden Kinderlärms – vom 20. Juli 2011 (BGBl. I S. 1474). Durch dieses Gesetz wurde Absatz 1 a in § 22 eingefügt. Die dort getroffene Regelung betont, dass Kinderlärm nicht wie der von gewerblichen oder sonstigen Anlagen ausgehende Lärm beurteilt werden kann. Das entsprach schon vor der Gesetzesänderung der Verwaltungspraxis

---

[58] Gesetz zur Sicherstellung der Nachsorgepflichten bei Abfalllagern.

[59] Gesetz zur Einführung einer Biokraftstoffquote durch Änderung des Bundes-Immissionsschutzgesetzes und zur Änderung energie- und stromsteuerrechtlicher Vorschriften (Biokraftstoffquotengesetz – BioKraftQuG).

[60] S. IV 1 Buchst. i.

[61] Gesetz zur Reduzierung und Beschleunigung von immissionsschutzrechtlichen Genehmigungsverfahren.

[62] Bei ihrer Entscheidung hat die Genehmigungsbehörde den Zweck des Erörterungstermins zu berücksichtigen (§ 12 Abs. 1 Satz 2 der 9. BImSchV).

und der Rechtsprechung.[63] Auch der neuen Vorschrift ist nicht zu entnehmen, dass Kinderlärm in jedem Fall hinzunehmen ist.[64]

e) Auch das 11. BImSchG-Änderungsgesetz vom 2. Juli 2013 (BGBl. I S. 1943) diente der Regelung einer Einzelfrage. Durch die Neufassung des § 43 Abs. 1 Satz 2 wurde bestimmt, dass bei der Bewertung von Verkehrslärm der Schienenbonus, der aufgrund der alten Fassung des § 43 Abs. 1 Satz 2 gewährt werden konnte, bei künftigen Vorhaben ab dem 1. Januar 2015 bzw. 1. Januar 2019 nicht mehr anzuwenden ist.

V. Bewertung

Die Entwicklung des Bundes-Immissionsschutzgesetzes über einen Zeitraum von 40 Jahren zu bewerten, ist nicht einfach, da unterschiedliche Gesichtspunkte zu berücksichtigen sind. Sicher ist, dass eine einheitliche Bewertung der gesamten Entwicklung nicht möglich ist. Dafür hatten die einzelnen Entwicklungsschritte zu unterschiedliche Zweckbestimmungen und Wirkungen.

1. Verbesserung des Immissionsschutzes

In dem von Hans-Joachim Koch im Jahre 1994 veranstalteten Symposium[65] sind die ersten 20 Jahre des Bundes-Immissionsschutzgesetzes insgesamt positiv bewertet worden. Sendler sprach von dem „inzwischen so geliebten BImSchG".[66] Feldhaus sah die Erwartungen des Gesetzgebers übertroffen.[67] Kritik wurde insbesondere an den Regelungen zum Verkehrsimmissionsschutz[68] und an der Konkretisierung der Anforderungen durch das untergesetzliche Regelwerk geübt.[69]

Nach 40 Jahren lässt sich immer noch feststellen, dass das Bundes-Immissionsschutzgesetz trotz und zum Teil auch gerade wegen seiner zahlreichen Änderungen seinem Zweck, den Menschen und seine Umwelt vor schädlichen Umwelteinwirkungen zu schützen und dem Entstehen schädlicher Umwelteinwirkungen vorzubeugen (§ 1 Abs. 1 BImSchG), mit gutem bis zufriedenstellendem Erfolg gerecht geworden ist. Insbesondere die Emissionen aus Industrieanlagen sind auf ein vertretbares Maß gesenkt worden. Das wurde in erster Linie durch das untergesetzliche Regelwerk mit

---

[63] Vgl. dazu näher *Hansmann*, in: Appel/Hermes/Schönberger (Hrsg.), Öffentliches Recht im offenen Staat, Festschrift für Wahl, 2011, S. 495, 501 ff.

[64] Vgl. *Hansmann,* DVBl. 2011, 1400.; *Laubinger*, in: Hanschel et al. (Hrsg.), Mensch und Recht, Festschrift für Riedel, S. 535, 550, 552, 559.

[65] Vgl. Fn. 1.

[66] In *Koch/Lechelt* (Fn. 1) S. 225.

[67] Vgl. Fn. 2.

[68] *Schulze-Fielitz*, in: Koch/Lechelt (Fn. 1) S. 117 ff. und *Jarass*, in: Koch/Lechelt (Fn. 1) S. 145 ff.

[69] *Roßnagel*, in: Koch/Lechelt (Fn. 1) S. 60, 69 ff. und *Gusy*, in: Koch/Lechelt (Fn. 1) S. 185 ff.

seinen konkreten Anforderungen erreicht.[70] Der besondere Vorteil des Bundes-Immissionsschutzgesetzes liegt darin, dass es ein solches untergesetzliches Regelwerk zulässt und sogar fordert. Die dort getroffenen, oft technisch bedingten Details hätten in ein formelles Gesetz nicht in gleicher Weise aufgenommen werden können.

Was die Gesetzesänderungen in der zweiten Hälfte des Bestehens des Bundes-Immissionsschutzgesetzes betrifft, haben sie vorwiegend den Immissionsschutz in Deutschland gefördert. Die Fortschritte wie die Verstärkung des integrativen Ansatzes oder die Verschärfung der Anforderungen zur Anlagensicherheit und zur Verbesserung der Luftqualität beruhten allerdings weitgehend auf gemeinschaftsrechtlichen Vorgaben. Insoweit ist nur zu bedauern, dass der deutsche Gesetzgeber sich weitgehend auf eine sog. 1:1-Umsetzung beschränkt hat.[71] Beispielsweise hätte es der Verbesserung des Immissionsschutzes in Deutschland genutzt, wenn die Anforderungen der Industrieemissions-Richtlinie auf alle genehmigungsbedürftigen Anlagen, zumindest aber auf die im förmlichen Verfahren zu genehmigenden Anlagen erstreckt worden wären. Da die strengeren Anforderungen zur behördlichen Überwachung nach §§ 52 und 52 a auf die Anlagen nach der Industrieemissions-Richtlinie beschränkt wurden, besteht sogar die Gefahr, dass die Überwachung im Übrigen (wegen der begrenzten personellen Kapazitäten) zurückgenommen wird.[72] Das kann die Effektivität des Bundes-Immissionsschutzgesetzes insgesamt schwächen.

Soweit außerhalb gemeinschaftsrechtlicher Vorgaben Gesetzesänderungen vorgenommen worden sind, die über eine bloße Rechtsanpassung hinausgingen, haben sie keine wesentlichen Verbesserungen des Immissionsschutzes gebracht. Die Regelungen in §§ 37 a bis 37 f über den Mindestanteil von Biokraftstoff an der gesamten Kraftstoffmenge sind im Hinblick auf den Immissionsschutz nicht förderlich, da der Biokraftstoff jedenfalls kein besseres Emissionsverhalten hat als andere Kraftstoffe.

Die Einführung des fakultativen Erörterungstermins ist aus Immissionsschutzgesichtspunkten auch nicht unbedingt zu begrüßen. Auf diese Weise kann zwar das Genehmigungsverfahren vereinfacht und evtl. auch verkürzt werden. Das Absehen von einem Erörterungstermin kann aber die Akzeptanz eines Vorhabens beeinträchtigen und nach der Inbetriebnahme der Anlage zur Bindung behördlicher Kapazitäten durch Beschwerden aus der Bevölkerung führen.

Die Vorschrift über die Privilegierung von Kinderlärm aus bestimmten Anlagen (§ 22 Abs. 1 a) unterstreicht lediglich die bereits vorher bestehende Verwaltungspraxis und Rechtsprechung. Die Vorschrift ist im Übrigen so gefasst, dass sie zahlreiche

---

[70] Hier liegt die besondere Bedeutung der Durchführungsverordnungen zum BImSchG wie der 13., 17. und 31. BImSchV und der Verwaltungsvorschriften nach § 48 BImSchG wie der TA Luft und der TA Lärm.

[71] Zur Problematik einer 1:1-Umsetzung vgl. *Hansmann*, in: Dolde/Hansmann/Paetow/Schmidt-Assmann, Festschrift für Sellner, 2010, S. 107, 115 f.

[72] Ebenso *Friedrich*, UPR 2013,.161, 165; *Wasielewski*, UPR 2012, 424, 432.

neue Auslegungsfragen aufwirft.[73] Sie hebt zu Recht die Privilegierung von Kinderlärm in unserer Rechtsordnung hervor, enthält aber keine Verbesserung des Immissionsschutzes.

Was schließlich die Abschaffung des Schienenbonus bei der Bewertung des Verkehrslärms anbelangt, wäre es aus Immissionsschutzgründen wünschenswert gewesen, wenn die im 11. BImSchG-Änderungsgesetz vorgesehenen Fristen verkürzt worden wären.

Insgesamt ist festzustellen, dass die Struktur des Bundes-Immissionsschutzgesetzes sich über 40 Jahre als erstaunlich aufnahmefähig für Neuerungen erwiesen hat. Die gemeinschaftsrechtlichen Vorgaben haben sich in der Regel ohne Widersprüche oder Brüche in das Gesetz einfügen lassen. Das gilt teilweise auch für die Anpassung an die hergebrachte deutsche Terminologie. Der im deutschen Recht seit langem verwandte Begriff des Standes der Technik konnte jedenfalls ohne grundsätzliche Änderungen an den gemeinschaftsrechtlichen Begriff der besten verfügbaren Techniken angepasst werden. Leider ist in Bezug auf die neuen Legaldefinitionen in § 3 Abs. 6 a bis 6 e ein entsprechender Integrationsversuch unterblieben, was jetzt zu Widersprüchen zwischen verschiedenen Begriffsbestimmungen im Bundes-Immissionsschutzgesetz führt.[74]

2. *Förderung anderer Ziele des Gemeinwohls*

Mehrere Änderungen des Bundes- Immissionsschutzgesetzes sollten nach ihrer ausdrücklichen Zweckbestimmung der Beschleunigung und der Vereinfachung von Genehmigungsverfahren dienen.[75] Damit sollte insbesondere die wirtschaftliche Entwicklung gefördert werden. In den vergangenen 40 Jahren ist zwar eine erhebliche Verkürzung der Verfahrensdauer erreicht worden, allerdings dürfte das nur zu einem geringen Teil auf die Gesetzesänderungen zurückzuführen sein. Wesentlich wichtiger waren insoweit die organisatorischen und personellen Maßnahmen, die die Länder bei den zuständigen Genehmigungsbehörden getroffen haben.

Das Biokraftstoffquotengesetz das – wie dargelegt[76] – zum Immissionsschutz nicht beigetragen hat, diente der Förderung der Energiegewinnung aus Biomasse. Ob das uneingeschränkt dem Gemeinwohl nützt, wird auch angezweifelt, da die Erzeugung von Biomasse zur Herstellung von Kraftstoff zu Monokulturen und zur Verteuerung von Lebensmitteln führen kann.[77]

---

[73] Vgl. *Hansmann*, DVBl. 2011, 1400.

[74] Vgl. dazu ausführlich *Rebentisch*, Umsetzung der Industrieemissions-Richtlinie im Immissionsschutzrecht, 1. Auflage 2013, S. 6 ff. sowie unten unter V. 3.

[75] Gesetze vom 22. April 1993 (BGBl. I S. 466), vom 9. Oktober 1996 (BGBl. I S. 1498) und vom 23. Oktober 2007 (BGBl. I S. 2470).

[76] S. oben unter IV. 2. b) und V. 1. Abs. 4.

[77] Vgl. u. a. Frankfurter Allgemeine Zeitung vom 22. August 2013 S. 10.

3. Regelungstechnik

Im Hinblick auf die künftige Fortentwicklung des Bundes-Immissionsschutzgesetzes erscheinen einige regelungstechnische Vorschläge erwägenswert. Diese betreffen insbesondere die Vereinfachung der Vorschriften[78] durch Fortlassen überflüssiger Regelungen,[79] durch bessere Implementierung in das vorhandene Regelwerk,[80] durch vermehrte, möglichst dynamische Verweisung auf bereits bestehende Normen[81] und durch die Wahl der angemessenen Normungsebene.[82]

Durch das Umsetzungsgesetz zur Industrieemissions-Richtlinie sind z. B. die Begriffsbestimmungen in § 3 erheblich ausgeweitet worden. Hier wäre es einfacher gewesen, an den wenigen Gesetzesstellen, an denen die Begriffe verwandt werden, auf die gemeinschaftsrechtlichen Definitionen zu verweisen. Die neuen Begriffsbestimmungen im Bundes-Immissionsschutzgesetz haben sogar zu Widersprüchen mit den sonst angewandten immissionsschutzrechtlichen Begriffen geführt. So wird der Begriff der Emissionswerte in § 3 Abs. 6 a ff. in einen anderen Sinne verwandt als in § 12 Abs. 1 a, § 48 Abs. 1 Satz 1 Nr. 2 oder in der TA Luft.[83]

Nachdem das Immissionsschutzrecht weitgehend durch das Gemeinschaftsrecht bestimmt wird, sollte von der Verweisungstechnik künftig allgemein stärker Gebrauch gemacht werden. Die Texte des Gemeinschaftsrechts sind dem Bürger heute ebenso schnell und leicht zugänglich wie das deutsche Recht. Wie § 3 Abs. 5 a BImSchG zeigt, sind aus dem Gemeinschaftsrecht in das deutsche Recht übertragene Formulierungen nicht unbedingt leichter verständlich als die zugrunde liegenden Vorschriften der EU. Zur Auslegung und Anwendung des § 3 Abs. 5 a muss im Übrigen ohnehin auf die gemeinschaftsrechtlichen Texte zurückgegriffen werden.

---

[78] Vgl. dazu u. a. *Koch*, NVwZ 1996, 215 ff.; speziell zur Straffung und Vereinfachung des Immissionsschutzrechts: *Hansmann*, NVwZ 2005, 624.

[79] Beispiele aus dem Bundes-Immissionsschutzgesetz sind § 14 a und § 49 Abs. 2 nach Aufhebung der Smog-Verordnungen in allen Ländern.

[80] Die Regelungen zur Biokraftstoffquote in §§ 37 a bis 37 f gehören nicht in das Bundes-Immissionsschutzgesetz, sondern eher in das EEG. Die Regelung über die Zustellungsmöglichkeit in § 51 b betrifft ein allgemeines Problem und gehört eher in das Verwaltungszustellungsgesetz. Andererseits hätten die Vorschriften über den Handel mit Emissionsberechtigungen in das BImSchG integriert werden können; vgl. dazu *Hansmann*, NVwZ 2005, 624, 625.

[81] Eine derartige dynamische Verweisung enthält z.B. § 7 Abs. 3 des Bundes-Naturschutzgesetzes.

[82] Mathematische Formeln gehören in aller Regel nicht in ein formelles Gesetz; Weisungen an nachgeordnete Behörden gehören in Verwaltungsvorschriften und nicht in materielle Rechtssätze.

[83] Vgl. dazu ausführlich *Rebentisch*, Umsetzung der Industrieemissions-Richtlinie im Immissionsschutzrecht, 1. Auflage 2013, S. 6 ff.

VI. Fazit

Das Bundes-Immissionsschutzgesetz hat sich in seiner 40-jährigen Geschichte gegenüber zweckwidrigen Änderungen als erstaunlich robust erwiesen. Es kann noch heute als Kerngesetz des Umweltschutzes angesehen werden, auch wenn der Schutz vor Verkehrsimmissionen in ihm nach wie vor etwas stiefmütterlich behandelt wird. Vorteilhaft war und ist insbesondere, dass die Konkretisierung der Grundpflichten des Gesetzes dem untergesetzlichen Regelwerk überlassen worden ist. Es ist zu wünschen, dass das Bundes-Immissionsschutzgesetz noch lange die Funktion eines flexiblen Grundgesetzes des Immissionsschutzes in Deutschland wahrnimmt.

Der Geltungsbereich des Bundes-Immissionsschutzgesetzes

Von *Hans D. Jarass*

I. Einleitung

Am Anfang vieler neuerer Gesetze, insb. im Umweltrecht, findet sich eine Vorschrift mit der Überschrift „Geltungsbereich" oder „Anwendungsbereich". Der Begriff des *Geltungsbereichs* wird außer in der im Folgenden näher behandelten Regelung des § 2 BImSchG etwa in § 2 KrWG benutzt. Sehr viel häufiger kommt der Begriff des *Anwendungsbereichs* zum Einsatz: in § 3 BBodSchG, in § 2 WHG, in § 2 ElektroG, in § 1 BattG, in § 2 TEHG, in § 1 NiSG, in § 2 ChemG oder in § 2 GenTG. In der Sache geht es jeweils um die gleichen Probleme:[1] Zum einen wird der sachliche Gegenstand des Gesetzes näher umschrieben. Zum anderen wird die Anwendung des Gesetzes für bestimmte Bereiche ausgeschlossen. Es geht um eine „Schnittstellenregelung" zwischen dem Bereich des jeweiligen Gesetzes und anderen Gesetzen.[2]

Die zweite Funktion, die Einschränkung des Geltungs- oder Anwendungsbereichs im Interesse anderer Regelungen ist von besonderer Bedeutung. Hier schlagen sich häufig die Bemühungen konkurrierender Ressorts nieder, in den eigenen Bereichen nicht durch das Gesetz betroffen zu sein. Das gilt etwa für den Luftverkehr und die dahinter stehende Verkehrsverwaltung in der Regelung des § 2 Abs. 2 S. 1 BImSchG. Ähnlich kann auch die Konkurrenz der verschiedenen Teilgebiete des Umweltrechts zum Tragen kommen, mit der Folge, dass sich unter der Überschrift des Geltungs- oder Anwendungsbereiches Einschränkungen finden, die konkurrierende Teilbereiche des Umweltrechts „schützen". Im Falle des § 2 Abs. 2 Nr. 9 KrWG gilt das etwa für das Wasserrecht.[3]

Bei der Gesetzesanwendung kommt den Regelungen zum Geltungs- oder Anwendungsbereich große Bedeutung zu. Ist der Geltungs- oder Anwendungsbereich nicht eröffnet, erübrigt sich jede nähere Prüfung des Gesetzes. Das vermittelt den einzelnen Aussagen zum Geltungs- oder Anwendungsbereich erhebliches Gewicht. Dementsprechend ist die genaue Bedeutung dieser Aussagen vielfach umstritten. Den damit verbundenen Fragen soll im Folgenden für die Regelung des § 2 BImSchG

---

[1] Nicht alle Regelungen betreffen beide Aspekte.

[2] So zu § 2 KrWG *Schomerus*, in: Versteyl/Mann/Schomerus, KrWG, 2012, § 2 Rn. 8.

[3] Dazu *Schomerus*, in: Versteyl/Mann/Schomerus, KrWG, 2012, § 2 Rn. 30 ff.

nachgegangen werden. Der Jubilar hat sich gerade mit Fragen des Immissionsschutzrechts immer wieder beschäftigt. Daher besteht die Hoffnung, dass die Behandlung dieser Regelung für ihn von Interesse ist.[4]

II. Die positive Festlegung des Geltungsbereichs in § 2 Abs. 1 BImSchG

1. Bedeutung, Abgrenzung, quellenunabhängige Regelungen

a) Die Regelung des § 2 BImSchG zum Geltungsbereich trifft zunächst in Abs. 1 positive Aussagen zum Geltungs- bzw. Anwendungsbereich. Hier wird festgelegt, für *welche* (direkten oder indirekten) *Quellen* schädlicher Umwelteinwirkungen und anderer schädlicher Einwirkungen[5] das Bundes-Immissionsschutzgesetz zum Tragen kommt. Es geht um den sachlichen Geltungsbereich des Gesetzes. Genau genommen bilden nicht diese Quellen an sich den Gesetzesgegenstand, sondern bestimmte darauf bezogene *Handlungen,* etwa die Herstellung, das Inverkehrbringen, die Errichtung und der Betrieb. Dieser quellenbezogene Geltungsbereich wird durch die nur z. T. geglückte Vorschrift des § 2 BImSchG abschließend umschrieben. Vom Bundes-Immissionsschutzgesetz nicht erfasst werden etwa allein vom Menschen ausgehende Immissionen.[6] Allerdings können einzelne Vorschriften den Geltungsbereich auch weiter oder enger bestimmen. Für den 6. Teil des Gesetzes ist das sogar übergreifend in § 47a BImSchG geschehen.

Abs. 1 gibt in seinen Teilpunkten einen *Überblick* über die Gliederung des Bundes-Immissionsschutzgesetzes. Der Nr. 1 entspricht v. a. der zweite Teil des Gesetzes, der Nr. 2 der dritte Teil und den Nr. 3, 4 der vierte Teil. Die sonstigen Teile des Gesetzes haben grundsätzlich für alle Quellen Bedeutung; allerdings gibt es insb. für die Errichtung und den Betrieb von Anlagen zahlreiche Ausnahmen von dieser Systematik.

b) Abs. 1 spiegelt den traditionellen Ansatz des deutschen Immissionsschutzrechts an bestimmten Quellen.[7] Doch enthält das Bundes-Immissionsschutzgesetz auch Regelungen, die *nicht an bestimmten Quellen* ansetzen, auch wenn sie sich mittelbar auf den quellenbezogenen Schutz auswirken. Herkömmlich wird insoweit von *gebietsbezogenem Immissionsschutz* gesprochen,[8] weil die Regelungen meist auf bestimmte Gebiete bezogen sind. Man kann aber auch von *planerischem Immissionsschutz* sprechen, da es vielfach um den Erlass von Plänen geht. Schließlich kann man

---

[4] Der Beitrag stützt sich auf meine Kommentierung des § 2 BImSchG in Jarass, BImSchG, 9. Aufl. 2012 und die zwischenzeitliche Überarbeitung.

[5] *Dörr*, in: Ule/Laubinger, BImSchG, Stand 2012, § 2 Rn. B1.

[6] *Dörr* (Fn. 5), § 1 Rn. B3; näher zu diesen Immissionen *Jarass*, BImSchG, 9. Aufl.2012, § 22 Rn. 6–6b.

[7] *Jarass*, UPR 2000, 245.

[8] *Kloepfer*, Umweltrecht, 3. Aufl.2004, § 14 Rn. 192.

diesen Regelungsbereich als *quellenunabhängiges* oder *qualitätsbezogenes* Immissionsschutzrecht kennzeichnen. Regelungen dieser Art finden sich für die Luftreinhaltung in § 44–§ 47 BImSchG, für den Lärmschutz in § 47a–§ 47 f BImSchG und für die Luftreinhaltung wie den Störfallschutz in § 50 BImSchG.

Diese Regelungen lassen sich unter keine der Alternativen des Abs. 1 subsummieren. Auch Abs. 2 hilft insoweit nicht weiter, da diese Regelung keine positiven Aussagen zum Geltungsbereich enthält. Das führt zu dem Befund, dass § 2 Abs. 1 BImSchG und damit die positiven Aussagen zum Geltungsbereich nicht abschließend sind.[9] § 2 Abs. 1 betrifft allein den quellenbezogenen Immissionsschutz.[10] Der gebiets- und planungsbezogene Immissionsschutz bleibt außen vor. Folglich gelten etwa die in § 2 Abs. 1 Nr. 4 BImSchG enthaltenen Beschränkungen für öffentliche Verkehrswege nicht im Bereich der gebietsbezogenen Anforderungen.

2. *Anlagen, Stoffe, Produkte*

a) Klassischer und zugleich wichtigster Ansatzpunkt des Bundes-Immissionsschutzgesetzes ist die *Errichtung* und der *Betrieb von Anlagen* (Abs. 1 Nr. 1). Sachlich regelt das Gesetz den Standort und die Beschaffenheit der Anlagen sowie die Modalitäten der Errichtung und des Betriebs. Als Errichtung i.S.d. Abs. 1 Nr. 1 gilt auch eine wesentliche Änderung.[11]

Die in § 2 Abs. 1 Nr. 1 BImSchG angesprochenen anlagenbezogenen Vorschriften des Bundes-Immissionsschutzgesetzes sind zwei unterschiedlichen Bereichen zuzuordnen: Auf der einen Seite geht es um die *genehmigungsbedürftigen Anlagen*, für die das Gesetz nicht nur Regelungen zum Schutz vor Immissionen, sondern auch vor anderen Einwirkungen enthält. Die diesbezüglichen Regelungen finden sich nicht nur im 1. Abschnitt des 2. Teils (§§ 4–21 BImSchG), der den Titel „Genehmigungsbedürftige Anlagen" trägt. Auch die §§ 26–31a, § 52a, die §§ 53–58d und § 67 BImSchG betreffen im Wesentlichen die Errichtung und den Betrieb genehmigungsbedürftiger Anlagen.

Der zweite Bereich der anlagenbezogenen Regelungen gilt den *nicht genehmigungsbedürftigen Anlagen*, also allen Anlagen, die nicht von der 4. BImSchV erfasst werden. Angesichts des weiten Anlagenbegriffs, der nach § 3 Abs. 5 BImSchG neben Betriebsstätten und anderen ortsfesten Einrichtungen auch Maschinen, Geräte und sonstige ortsveränderliche technische Einrichtungen sowie bestimmte Grundstücke umfasst, ist der Geltungsbereich des Rechts der nicht genehmigungsbedürftigen

[9] *Grüner*, Planerischer Störfallschutz, 2010, 120.

[10] *Dietlein*, in: Landmann/Rohmer, Umweltrecht, Bd. III, Stand 2012, § 2 Rn. 1; *Führ*, in: Koch/Scheuing/Pache (Hrsg.), Gemeinschaftskommentar zum BImSchG, Stand 2012, § 2 Rn. 3.

[11] *Schulte*, in: Giesberts/Reinhardt, Umweltrecht, 2007, § 2 BImSchG Rn. 4.

Anlagen außerordentlich weit gespannt.[12] Die Vorschriften für die nicht genehmigungsbedürftigen Anlagen finden sich vor allem in den §§ 22–25 BImSchG.

b) § 2 Abs. 1 Nr. 2 BImSchG bezieht sich z. T. ebenfalls auf *Anlagen*. Doch ist der Ansatzpunkt des Bundes-Immissionsschutzgesetzes insoweit ein anderer: Es geht um das *Herstellen*, das *Inverkehrbringen* und die *Einfuhr*. Während Abs. 1 Nr. 1 erst bei der Errichtung der Anlage am Ort des Betriebs ansetzt, ermöglicht Abs. 1 Nr. 2 bereits eine Einflussnahme auf der Stufe der Herstellung und des Handels. Das ist für Anlagen bzw. Anlagenteile von Gewicht, die nicht erst am Betriebsort hergestellt werden, v. a. also für serienmäßig produzierte Anlagen. Der sachliche Inhalt der möglichen Regelungen ist enger als bei Abs. 1 Nr. 1: erfasst werden lediglich Regelungen der *Beschaffenheit* und gewisser Nebenpflichten. Neben der Herstellung und dem Handel mit Anlagen bringt Abs. 1 Nr. 2 auch die Herstellung und den Handel mit *Treib- und Brennstoffen*, (sonstigen) *Stoffen* und *Erzeugnissen aus Stoffen* in den Geltungsbereich des Bundes-Immissionsschutzgesetzes.

Weiter gilt das Bundes-Immissionsschutzgesetz gem. Abs. 1 Nr. 3 für *Kraftfahrzeuge* und ihre Anhänger, *Schienenfahrzeuge*, *Luftfahrzeuge* und *Wasserfahrzeuge* sowie Schwimmkörper und *schwimmende Anlagen*, allerdings nur nach Maßgabe der §§ 38–40 BImSchG, d. h. vor allem im Hinblick auf die durch den Verkehr erzeugten Emissionen. Im Übrigen fallen die Fahrzeuge unter Abs. 1 Nr. 1 und Abs. 1 Nr. 2. Der Ansatzpunkt der Regelung ist umfassend, betrifft sowohl Herstellung wie Inverkehrbringen, Einfuhr und Betrieb. Sachlich sind Regelungen der Beschaffenheit und der Betriebsmodalitäten möglich.

3. Verkehrswege

a) Gem. Abs. 1 Nr. 4 gilt das Bundes-Immissionsschutzgesetz auch für öffentliche Straßen und für öffentliche Schienenwege.[13] Das Gesetz erfasst damit wichtige sog. *„indirekte Quellen"*, da die Emissionen nicht direkt von den Verkehrswegen, sondern von den die Verkehrswege nutzenden Fahrzeugen ausgehen.[14] Dabei muss es sich um *öffentliche* Verkehrswege handeln, also um Verkehrswege, die dem allgemeinen Verkehr gewidmet sind.[15] Private Verkehrswege unterliegen dem anlagenbezogenen Immissionsschutzrecht.[16] Gleiches gilt für die Belastungen durch Baumaßnahmen.

Gem. § 2 Abs. 1 Nr. 4 BImSchG werden öffentliche Straßen und Schienenwege allerdings nur „nach Maßgabe der §§ 41–43" erfasst. Eine Anwendung der anlagenbezogenen Vorschriften des Bundes-Immissionsschutzgesetzes auf öffentliche Straßen und Schienenwege scheidet wegen § 3 Abs. 5 Nr. 3 BImSchG aus. Ansatzpunkt

[12] Vgl. die Beispiele in *Jarass*, BImSchG, 9. Aufl.2012, § 22 Rn. 9–11.

[13] Zur Anwendung auf hoheitliche Einrichtungen unten IV. 1.

[14] *Kotulla* KO § 2 Rn. 29.

[15] Dazu Jarass § 3 Rn. 78; *Kotulla*, in: Kotulla (Hrsg.), BImSchG, Stand 2012, § 3 Rn. 87.

[16] Bei Schienenwegen ist das umstritten; vgl. *Jarass*, BImSchG, 9. Aufl.2012, § 41 Rn. 11a, 15.

der Regelung in § 41-§ 43 BImSchG ist der *Bau* und die *wesentliche Änderung* von Verkehrswegen. Die Einschränkung ist in doppelter Hinsicht bedeutsam: einmal enthalten die § 41–§ 43 BImSchG, anders als die anlagenbezogenen Regelungen, nur Vorgaben zur Errichtung des Verkehrswegs, nicht zu dessen „Betrieb". Zum anderen sind die Vorschriften auf den Lärmschutz beschränkt, was angesichts der durch den Verkehr verursachten Luftverunreinigungen geradezu anachronistisch ist.

b) Die Einschränkung auf die Vorgaben der §§ 41 – 43 BImSchG gilt nicht für *Nebenanlagen* und *Nebeneinrichtungen* der Verkehrswege. Hier machen diese auf den Verkehrslärm bezogenen Vorschriften keinen Sinn und sind daher nicht anwendbar. Vielmehr kommen die anlagenbezogenen Vorschriften des Bundes-Immissionsschutzgesetzes zum Einsatz.[17] Dementsprechend ist etwa die Amtliche Begründung zum Entwurf des Bundes-Immissionsschutzgesetzes davon ausgegangen, dass selbst Bahnhöfe genehmigungsbedürftige Anlagen i.S.d. § 4 BImSchG sein können.[18] Bestätigt wird das durch den Umstand, dass in § 3 Abs. 5 BImSchG öffentliche Verkehrswege nur in der Nr. 3, nicht in der Nr. 1 ausgenommen werden. Die Anwendung der für Anlagen geltenden Vorschriften auf Nebenanlagen und Nebeneinrichtungen der Verkehrswege betrifft nicht nur die *materiellen* Anforderungen des Bundes-Immissionsschutzgesetzes, sondern auch die *Instrumentalnormen*, wie das immissionsschutzrechtliche Genehmigungsverfahren oder Anordnungsermächtigungen.[19] Allerdings schließen Planfeststellungsverfahren die immissionsschutzrechtliche Genehmigung ein.[20]

Weiter gehören zu den öffentlichen Verkehrswegen nicht alle Anlagen, die sich auf einer dem Verkehr gewidmeten Fläche befinden. Vielmehr gilt das nur für *Anlagen*, die einem Unternehmen o. Ä. dienen, das *Verkehrsbedürfnisse befriedigt*, etwa die Beförderung von Personen oder Sachen oder den Betrieb von Verkehrsinfrastruktur.[21] Daher rechnet etwa eine Gleisschotteraufbereitungsanlage auf einer eisenbahnrechtlich planfestgestellten Fläche nicht zum Verkehrsweg, sondern ist eine dem Immissionsschutzrecht unterliegende Anlage.[22]

c) Die Errichtung und der Betrieb von *Wasserstraßen* unterliegt gem. § 3 Abs. 5 Nr. 3 BImSchG nicht den anlagenbezogenen Vorschriften des Bundes-Immissionsschutzgesetzes, soweit es um öffentliche Verkehrswege geht. Das ist angesichts der hohen Luftverschmutzung durch Schiffe wenig verständlich. Nebenanlagen und Ne-

---

[17] *Dörr*, in: Ule/Laubinger, BImSchG, Stand 2012, § 2 Rn. C11; *Dietlein*, in: Landmann/Rohmer, Umweltrecht, Bd. III, Stand 2012, § 2 Rn. 12, 18; *Führ*, in: Koch/Scheuing/Pache (Hrsg.), Gemeinschaftskommentar zum BImSchG, Stand 2012, § 2 Rn. 23a.

[18] BT-Drs. 7/179, S. 31.

[19] Dazu unten IV. 1. c).

[20] Des Weiteren können fachgesetzliche Regelungen von der Genehmigungspflicht freistellen; zudem können fachgesetzliche Anordnungsermächtigungen den entsprechenden Ermächtigungen des BImSchG als Spezialnormen vorgehen.

[21] OVG NW, NVwZ-RR 2010, 476.

[22] OVG NW, NVwZ-RR 2010, 476.

beneinrichtungen unterliegen allerdings wie bei Straßen und Schienenwegen auch bei den Wasserstraßen den anlagenbezogenen Vorschriften. Zum Tragen kommen zudem die schiffsbezogenen Vorgaben der §§ 38 f BImSchG.

III. Die negative Festlegung des Geltungsbereichs (§ 2 Abs. 2, 3 BImSchG)

1. Einschränkungen für Flugplätze

In § 2 Abs. 2, 3 BImSchG finden sich Einschränkungen für die Anwendbarkeit des Bundes-Immissionsschutzgesetz sehr unterschiedlicher Art. Es geht um Einschränkungen für bestimmte Anlagen und Risiken, um Abgrenzungen zu benachbarten Rechtsgebieten und um Vorgaben zu den abfallbezogenen Regelungen. Betrachten wir zunächst die Regelung in Abs. 2 S. 1 zu den Flugplätzen, die, wie sich noch zeigen wird, alles andere als gelungen ist, nicht zuletzt deshalb, weil die Vorschrift mehrfach geändert und ergänzt wurde.

a) Gem. Abs. 2 S. 1 erfasst das Bundes-Immissionsschutzgesetz nicht die Errichtung und den Betrieb von Flugplätzen. Mit Flugplätzen sind in Anlehnung an § 6 Abs. 1 LuftVG *Flughäfen, Landeplätze* und *Segelfluggelände* gemeint,[23] also alle Einrichtungen, die dem Start und der Landung von Flugzeugen, einschließlich Segelflugzeugen und Motorseglern, dienen (§§ 38, 49, 54 LuftVZO). Die Ausnahme greift allerdings nur für Anlagen, die *unmittelbar der Durchführung des Flugbetriebs* dienen, da sie mit den Sondervorschriften des Luftverkehrsrechts zum Fluglärm begründet wird,[24] ähnlich wie die die allgemeinen Regelungen des Bundes-Immissionsschutzgesetzes verdrängende Sonderregelung des § 41 BImSchG nicht auf Nebenanlagen und Nebeneinrichtungen erstreckt wird.[25] Andere Anlagen auf einem Flughafengelände, wie ein Empfangsgebäude, eine Reparaturhalle oder ein Tanklager, unterliegen dem Bundes-Immissionsschutzgesetz.[26] Falls solche Anlagen genehmigungsbedürftig sind, kann allerdings die luftverkehrsrechtliche Planfeststellung die immissionsschutzrechtliche Genehmigung einschließen.

Darüber hinaus wird entsprechend der Entstehungsgeschichte und der Ausrichtung des Luftverkehrsgesetzes vertreten, dass die Ausnahme auf den *Fluglärm* be-

---

[23] Amtl. Begr., BT-Drs. 7/179, 29; *Dietlein*, in: Landmann/Rohmer, Umweltrecht, Bd. III, Stand 2012 § 2 Rn. 22.

[24] Amtl. Begr., BT-Drs. 7/179, S. 29; *Rebentisch*, in: Feldhaus (Hrsg.), Bundes-Immissionsschutzrecht, Stand 2012, § 2 Rn. 3; wohl auch OVG NW, 8 B 753/11 v. 3.8.2011, Rn. 9.

[25] *Jarass*, BImSchG, 9. Aufl.2012, § 41 Rn. 13, 16.

[26] *Führ*, in: Koch/Scheuing/Pache (Hrsg.), Gemeinschaftskommentar zum BImSchG, Stand 2012, § 2 Rn. 38; *Porger*, in: Kotulla (Hrsg.), BImSchG, Stand 2012, § 22 Rn. 22; a.A. *Kotulla*, in: ders. (Hrsg.), BImSchG, Stand 2012, § 2 Rn. 39.

schränkt ist.[27] Damit würden für durch den Flugbetrieb verursachte Luftverunreinigungen das Bundes-Immissionsschutzgesetz und die darauf gestützten Rechtsverordnungen gelten. In der Sache wäre das sicherlich sinnvoll. Seit der Einführung der Unterausnahme für die Lärmminderungsplanung, auf die sogleich einzugehen sein wird, ist das aber mit dem Wortlaut des Abs. 2 S. 1 nur mehr schwer zu vereinbaren. Hier hat die Einfügung der Unterausnahme die früher ganz herrschende und sachlich sinnvolle Auslegung der Regelung obsolet gemacht, ohne dass man sich dessen bei der Einfügung bewusst war.

Soweit das Immissionsschutzrecht gem. Abs. 2 S. 1 nicht anwendbar ist, sind die materiellen Regelungen des Bundes-Immissionsschutzgesetzes gleichwohl als Anhaltspunkte bei der Anwendung von § 6 Abs. 2, 3 LuftVG heranzuziehen,[28] sofern Vorgaben des Luftverkehrsrechts nicht entgegenstehen. Entsprechendes gilt für Rechtsverordnungen, wie die 16. BImSchV, oder Verwaltungsvorschriften, wie die TA Lärm.[29] Rechtspolitisch ist die Ausnahme des § 2 Abs. 2 S. 1 für Flugplätze unbefriedigend,[30] zumal das Luftverkehrsgesetz im Bereich der Luftverunreinigungen keine spezifischen Regelungen enthält.

b) Um die EU-rechtlichen Vorgaben für *schwere Unfälle* auch im Hinblick auf Flugplätze sicherzustellen, wurde 2009 durch die Änderung des § 2 Abs. 2 S. 1 BImSchG klargestellt, dass die Anforderungen des Bundes-Immissionsschutzgesetzes für Betriebsbereiche i.S.d. § 3 Abs. 5a BImSchG für Flugplätze uneingeschränkt gelten.[31] Im Einzelnen betrifft das die ausdrücklich auf Betriebsbereiche bezogenen Regelungen des § 20 Abs. 1a BImSchG, des § 25 Abs. 1a BImSchG und des § 50 BImSchG sowie die auf § 23 Abs. 1 BImSchG gestützten Rechtsverordnungen zu Betriebsbereichen.[32] Darüber hinaus sind Regelungen zu Betriebsbereichen in allgemeinen Regelungen enthalten, die auch Störfälle betreffen, insb. in § 5 Abs. 1 Nr. 1, 2 BImSchG sowie in auf § 7 BImSchG gestützten Rechtsverordnungen zu Betriebsbereichen, wie in der 12. BImSchV. Alle diese Vorschriften gelten für Flugplätze etc., soweit sie Anforderungen im Hinblick auf die Auswirkungen schwerer Unfälle enthalten.

c) Nach einer weiteren, 2002 eingefügten Unterausnahme gilt die Einschränkung des Abs. 2 S. 1 nicht im Bereich des „Sechsten Teils“, also bei den Vorschriften zur Lärmminderungsplanung in § 47a bis 47f BImSchG. Diese Vorschriften kommen somit auch bei Flugplätzen uneingeschränkt zur Anwendung. Mit dieser Unteraus-

---

[27] *Dietlein*, in: Landmann/Rohmer, Umweltrecht, Bd. III, Stand 2012 § 2 Rn. 23; *Führ*, in: Koch/Scheuing/Pache (Hrsg.), Gemeinschaftskommentar zum BImSchG, Stand 2012, § 2 Rn. 38; dagegen *Kotulla*, in: Kotulla (Hrsg.), BImSchG, Stand 2012, § 2 Rn. 39.

[28] BVerwGE 121, 152/165; BayVGH, ZUR 1998, 159; *Dietlein*, in: Landmann/Rohmer, Umweltrecht, Bd. III, Stand 2012 § 2 Rn. 22.

[29] BGHZ 161, 323/335 f.

[30] *Jarass*, in: Koch/Lechelt (Hrsg.), 20 Jahre BImSchG, 1994, 149.

[31] BT-Drs. 16/133901 zu Nr. 1.

[32] *Dietlein*, in: Landmann/Rohmer, Umweltrecht, Bd. III, Stand 2012 § 2 Rn. 23a.

nahme wurde den Vorgaben der Richtlinie 2002/49/EG über die Bewertung und Bekämpfung von Umgebungslärm Rechnung getragen.

Die Einfügung dieser Unterausnahme führt allerdings bei den sonstigen Vorschriften des (quellenunabhängigen) *gebietsbezogenen bzw. planerischen* Immissionsschutzes in Schwierigkeiten, was bei der Einfügung nicht hinreichend bedacht wurde. Die Regelungen zur Luftreinhalteplanung in § 47 BImSchG müssen auch für Flugplätze gelten, schon um einen Verstoße gegen die Richtlinie 2008/50/EG über Luftqualität und saubere Luft in Europa zu vermeiden. Die Richtlinie gilt flächendeckend und damit auch für Flugplätze. Die Beschränkung der Unterausnahmen in § 2 Abs. 2 S. 1 spricht aber eher dagegen. Man kann sich daher nur damit behelfen, dass man die Unterausnahmen im Bereich des gebietsbezogenen Immissionsschutzes als nicht abschließend einstuft. Dafür kann man zudem anführen, dass auch § 2 Abs. 1 BImSchG, wie dargelegt, insoweit nicht abschließend ist und § 2 Abs. 2 BImSchG als Einschränkung des § 2 Abs. 1 zu verstehen sein dürfte. Im Bereich des § 50 BImSchG hat die Problematik bereits das Bundesverwaltungsgericht beschäftigt. Während es früher die Regelung des § 50 BImSchG unproblematisch auf Flugplätze anwandte,[33] hat es nach der Novellierung des § 2 Abs. 2 S. 1 BImSchG entschieden, dass wegen dieser Regelung die Vorschrift des § 50 BImSchG auf Flugplätze allenfalls analog anwendbar sei.[34] In der gleichen Entscheidung wurde aber auch festgehalten, dass die Ausnahme für Flugplätze bei „allgemeinen, nicht auf die Errichtung und den Betrieb von Anlagen i.S.d. § 3 Abs. 5 BImSchG beschränkten Vorschriften" nicht zum Tragen komme.[35] Das ist aber bei der Planungsregelung des § 50 BImSchG der Fall.[36] Insgesamt ist die Rechtslage seit der Änderung des Abs. 2 S. 1 sehr unsicher geworden und sollte klargestellt werden, zumal § 2 Abs. 2 S. 1 BImSchG wegen dieser Unklarheit gegen die Luftqualitäts-Richtlinie verstößt.[37]

2. *Einschränkungen im Kernenergiebereich*

Die zweite Ausnahme des Abs. 2 S. 1 betrifft Anlagen und andere Objekte, die dem Atomgesetz oder den hiernach erlassenen Rechtsverordnungen unterliegen. Die Ausnahme reicht allerdings nur soweit, als es um den Schutz vor den durch ionisierende Strahlen verursachten spezifischen Gefahren der Kernenergie geht. Die sonstigen, von den fraglichen Objekten ausgehenden Gefahren unterliegen dem (materiellen) Regime des Bundes-Immissionsschutzgesetzes.[38] Im Ergebnis werden

---

[33] BVerwGE 75, 214/233.

[34] BVerwGE 125, 116/163 f.

[35] BVerwGE 125, 116 Rn. 425; *Dietlein*, in: Landmann/Rohmer, Umweltrecht, Bd. III, Stand 2012 § 2 Rn. 23c.

[36] Die Frage ist umstritten; vgl. *Jarass*, BImSchG, 9. Aufl.2012, § 50 Rn. 9.

[37] Der Umstand, dass eine (schwierige) EU-rechtskonforme Auslegung möglich ist, ändert daran nichts.

[38] *Dietlein*, in: Landmann/Rohmer, Umweltrecht, Bd. III, Stand 2012 § 2 Rn. 25; *Dörr*, in: Ule/Laubinger, BImSchG, Stand 2012, § 2 Rn. C18.

daher nicht bestimmte Objekte, sondern die nuklearen Risiken aus dem Geltungsbereich ausgenommen.[39] Dass die atomrechtliche Genehmigung nach § 7 AtomG gem. § 8 Abs. 2 S. 1 AtomG die Genehmigung nach § 4 BImSchG einschließt, ändert nichts an der Geltung der materiellen Vorschriften des Bundes-Immissionsschutzgesetzes. Vom Atomgesetz nicht erfasst wird die *natürliche* radioaktive Strahlung, etwa in bergrechtlichen Anlagen. Insoweit bleibt das Bundes-Immissionsschutzgesetz einschlägig.[40] Von der Ausnahme völlig unberührt bleibt die nichtionisierende Strahlung.

3. Verhältnis zum Wasserrecht und zum Düngemittel- und Pflanzenschutzrecht

a) Die Vorschrift des § 2 Abs. 2 S. 2 BImSchG hat mit dem Geltungsbereich des Bundes-Immissionsschutzgesetzes nichts zu tun, sondern regelt zum einen die mögliche Kollision zwischen Immissionsschutzrecht und *Wasserrecht*.[41] Die Vorschrift wurde 1990 eingefügt, als der Zweck des Bundes-Immissionsschutzgesetzes in § 1 auf den Schutz des Wassers erstreckt wurde. Die Regelung soll klarstellen, dass die Erweiterung der Schutzgüter in § 1 BImSchG die *materiellen* Anforderungen des Bundes- und des Landeswasserrechts nicht abschwächen sollte;[42] nicht erfasst werden hingegen die formellen Vorschriften des Wasserrechts, wie auch § 13 BImSchG zu entnehmen ist.[43] Die zwingenden materiellen Anforderungen des Wasserrechts zum Schutz von Gewässern können daher nicht unter Berufung auf den Schutz der Luft abgeschwächt werden,[44] wie das auch umgekehrt ausgeschlossen ist.

Im Bereich des Schutzes vor *Immissionen* ist eine Überschneidung mit dem Wasserrecht ohnehin selten, da das Wasserrecht die über die Luft vermittelten Wasserbelastungen kaum erfasst. Immerhin sind Wasserqualitätsvorgaben auch insoweit für das Immissionsschutzrecht beachtlich.[45] Mehr Gewicht könnte die Spezialität des Wasserrechts im Bereich der *sonstigen Einwirkungen*, insb. bei Abwasser, haben. Aber auch hier beschränkt sich der Vorrang auf die Sicherstellung der materiellen Anforderungen des Wasserrechts. Andernfalls hätte § 2 Abs. 2 BImSchG entgegen der gesetzgeberischen Absicht nicht nur klarstellenden Charakter. Unberührt bleiben schließlich alle anlagenbezogenen Anforderungen zum Schutz von Gewässern nach dem Immissionsschutzrecht, insb. zur Abwasservermeidung und zur Störfallvorsorge,[46] da das Wasserrecht insoweit keine Regelungen enthält.

---

[39] BVerwGE 72, 300/331.

[40] *Kotulla*, in: Kotulla (Hrsg.), BImSchG, Stand 2012, § 2 Rn. 44.

[41] *Kotulla*, in: Kotulla (Hrsg.), BImSchG, Stand 2012, § 2 Rn. 45.

[42] Amtl. Begr., BT-Drs. 11/6633, 43; *Fluck*, NVwZ 1992, 120.

[43] *Dörr*, in: Ule/Laubinger, BImSchG, Stand 2012, C21; *Dietlein*, in: Landmann/Rohmer, Umweltrecht, Bd. III, Stand 2012 § 2 Rn. 26.

[44] *Dietlein*, in: Landmann/Rohmer, Umweltrecht, Bd. III, Stand 2012 § 2 Rn. 26.

[45] *Kotulla*, in: Kotulla (Hrsg.), BImSchG, Stand 2012, § 2 Rn. 48.

[46] *Führ*, in: Koch/Scheuing/Pache (Hrsg.), Gemeinschaftskommentar zum BImSchG, Stand 2012, § 2 Rn. 47; *Frenz*, in: Kotulla (Hrsg.), BImSchG, Stand 2012, § 1 Rn. 43.

b) 2001 wurde § 2 Abs. 2 S. 2 BImSchG auf das Düngemittel- und Pflanzenschutzrecht ausgeweitet. Dies betrifft vor allem das Verhältnis zum Düngemittelgesetz, zur Düngeverordnung und zum Pflanzenschutzgesetz.[47] Die Amtliche Begründung führt dazu an, dass das Bundes-Immissionsschutzgesetz „nunmehr" auch „den Schutz von Boden und Wasser vor direkten Einwirkungen mit schädlichen Auswirkungen anspricht" und im Hinblick „auf das Ausbringen von Dünge- und Pflanzenschutzmitteln durch nicht genehmigungsbedürftige Anlagen Anwendung" findet.[48] Im Bereich der nicht genehmigungsbedürftigen Anlagen ist das aber nicht der Fall.[49] Zudem soll die Neuregelung nichts daran ändern, dass landwirtschaftlich genutzte Grundstücke, auf denen Dünger oder Pflanzenschutzmittel ordnungsgemäß ausgebracht werden, grundsätzlich keine Anlagen i.S.d. § 3 Abs. 5 Nr. 3 BImSchG sind.[50] Insgesamt könnte die Regelung gestrichen werden.

4. Geltungsbereich der abfallrechtlichen Vorgaben

Die 2012 eingefügte Regelung des § 2 Abs. 3 BImSchG bestätigt zunächst die Auffassung, dass der im Bundes-Immissionsschutzgesetz verwandte *Abfallbegriff* dem des Abfallrechts, heute also dem des § 3 Abs. 1 KrWG entspricht, dass aber andererseits die Einschränkungen des § 2 Abs. 2 KrWG nicht gelten. Da aber der Abfallbegriff des Kreislaufwirtschaftsgesetzes seit 2012, aufgrund EU-rechtlicher Vorgaben, grundsätzlich auch Abgase und verunreinigte Böden erfasst, andererseits diese Stoffe durch § 2 Abs. 2 Nr. 8, 10, 11 KrWG aus dem Geltungsbereich des Abfallrechts ausgenommen werden und im Bereich des Bundes-Immissionsschutzgesetzes insoweit nichts anderes gelten soll, wurde in § 2 Abs. 3 BImSchG eine entsprechende Regelung aufgenommen. Sie gilt für alle Regelungen des Bundes-Immissionsschutzgesetzes, die auf Abfälle anwendbar sind, insb. für § 5 Abs. 1 S. 1 Nr. 3 BImSchG, für § 5 Abs. 3 Nr. 2 BImSchG und für § 22 Abs. 1 S. 1 Nr. 3 BImSchG.[51]

Die speziell auf Abfälle bezogenen Vorgaben des Bundes-Immissionsschutzgesetzes gelten zunächst gem. Nr. 1 nicht für *Luftverunreinigungen.* Weiter werden gem. Nr. 2 *Böden* und dauerhaft mit dem Boden verbundene *Bauwerke* nicht erfasst. Der Bodenbegriff deckt sich mit dem des § 2 Abs. 1 BBodSchG.[52] Unter Nr. 2 fallen etwa auch Kabelschächte, Abwasserkanäle, Rohrleitungen und Fundamente.[53] Die Nr. 3 hat Bedeutung für die weitere bautechnische Verwendung von nicht kontami-

---

[47] *Kotulla*, in: Kotulla (Hrsg.), BImSchG, Stand 2012, § 2 Rn. 51.

[48] BT-Drs. 14/4599, 125.

[49] *Dietlein*, in: Landmann/Rohmer, Umweltrecht, Bd. III, Stand 2012 29; vgl. allerdings *Jarass*, BImSchG, 9. Aufl.2012, § 1 Rn. 12.

[50] BT-Drs. 14/4599, 125; *Dörr*, in: Ule/Laubinger, BImSchG, Stand 2012, § 2 Rn. C24; *Jarass*, BImSchG, 9. Aufl.2012, § 3 Rn. 77.

[51] BT-Drs. 17/6052, 108; *Rebentisch*, in: Feldhaus (Hrsg.), Bundes-Immissionsschutzrecht, Stand 2012, § 2 Rn. 4.

[52] BT-Drs. 17/6052, 70.

[53] BT-Drs. 17/6052, 70.

niertem *Bodenmaterial.*[54] Abs. 3 dient auch der Umsetzung von Art.2 Abs. 1 lit.a-c RL 2008/98.

IV. Weitere Fragen des Geltungsbereichs

1. Art der erfassten Tätigkeiten

a) Verschiedene Fragen des Geltungsbereichs werden in § 2 BImSchG nicht angesprochen. Die erste dieser Fragen betrifft die Art der Tätigkeiten, die vom Bundes-Immissionsschutzgesetz erfasst werden. Das Gesetz gilt nicht allein für wirtschaftliche Tätigkeiten, insb. für Tätigkeiten, die gewerblichen Zwecken dienen oder im Rahmen wirtschaftlicher Unternehmungen stattfinden. Die vom Gesetz angesprochenen Tätigkeiten werden generell erfasst, unabhängig davon, welche Zwecke damit verfolgt werden. Erfasst werden auch Anlagen der Urproduktion oder des Privatbereichs. Einige Vorschriften sind allerdings, wie sich aus deren Tatbestand ergibt, auf Tätigkeiten in wirtschaftlichen Unternehmungen beschränkt. Keine Rolle spielt zudem, ob der Handelnde Deutscher oder Ausländer, eine inländische oder ausländische juristische Person ist.[55] Erfasst werden etwa auch Schiffe unter fremder Flagge.

b) Das Bundes-Immissionsschutzgesetz gilt weiter für *hoheitliche Tätigkeiten.*[56] Andernfalls hätte die partielle Einschränkung der Regelungen des Gesetzes auf gewerbliche Anlagen bzw. Anlagen in wirtschaftlichen Unternehmungen, wie in § 4 Abs. 1 S. 2, § 20 Abs. 1a S. 1, § 22 Abs. 1 S. 3, § 23 S. 1, § 25 Abs. 1a S. 1 BImSchG, mit der v.a. hoheitliche Tätigkeiten ausgenommen werden, keinen Sinn. Auch wären die expliziten Sonderregelungen für die Landesverteidigung, wie sie das Bundes-Immissionsschutzgesetz in § 10 Abs. 11, §§ 59, 60 BImSchG vorsieht, nicht verständlich.[57] Dementsprechend gilt das Gesetz auch für eine hoheitlich betriebene Feuersirene oder für die Zulassung von Sendeanlagen.[58] Hoheitsträger sind uneingeschränkt an das Immissionsschutzrecht gebunden, soweit nicht gesetzliche Ausnahmen bestehen, wie etwa im Bereich der Landesverteidigung.

c) Auf hoheitliche Tätigkeiten anwendbar sind nicht nur die Regelungen des materiellen Immissionsschutzrechts, sondern auch die Regelungen für die *Instrumente des Vollzugs.*[59] Dementsprechend wurde in der Amtlichen Begründung festgehalten, dass „Anlagen der öffentlichen Hand ... sowohl in materieller als auch formeller Hin-

---

[54] BT-Drs. 17/6052, 70.

[55] *Führ*, in: Koch/Scheuing/Pache (Hrsg.), Gemeinschaftskommentar zum BImSchG, Stand 2012, 27.

[56] BVerwGE 79, 254/256 f.; 117, 1/3 ff.; VGH BW, NuR 2001, 465; *Dietlein*, in: Landmann/Rohmer, Umweltrecht, Bd. III, Stand 2012 § 2 Rn. 4.

[57] BVerwGE 117, 1/3 ff.; *Dörr*, in: Ule/Laubinger, BImSchG, Stand 2012, § 2 Rn. 28. Gleiches gilt für die Erstreckung des Geltungsbereichs durch Abs. 1 Nr. 4 auf den Bau öffentlicher Verkehrswege.

[58] Zu Ersterem BVerwGE 79, 254/258, zu Letzterem HessVGH, NVwZ 1993, 1119 f.

[59] BVerwGE 117, 1/2 ff.; VGH BW, NuR 2001, 465.

sicht den privaten Anlagen gleichgestellt werden, wenn von ihnen dieselben schädlichen Umwelteinwirkungen ausgehen".[60]

Dies gilt zunächst für das *Genehmigungsverfahren*, wie man im Umkehrschluss auch § 10 Abs. 11 BImSchG entnehmen kann.[61] Möglich ist aber, dass die Genehmigungspflicht bei hoheitlichen Anlagen restriktiver gefasst wird, wie das die Folge von § 1 Abs. 1 S. 3 der 4. BImSchV ist. Auch die Regelungen zu den *Anordnungen* gelten für hoheitliche Tätigkeiten.[62] So ist § 17 BImSchG, wie dargelegt, auch auf Anlagen der öffentlichen Hand anwendbar. Nicht anders stellt sich die Situation im Bereich der §§ 24 f BImSchG dar.[63] Die Pflicht des Hoheitsträgers, selbst für die Durchsetzung des materiellen Immissionsschutzrechts zu sorgen,[64] kann nicht genügen, da öffentlich-rechtliche Einrichtungen nicht weniger zu Umweltbelastungen neigen als Privateinrichtungen und daher in gleicher Weise der Kontrolle durch eine Immissionsschutzbehörde bedürfen.[65] Ausgeschlossen sind allerdings gem. § 17 VwVG Maßnahmen der Verwaltungsvollstreckung. Schließlich sind auch *Überwachungsmaßnahmen* nach § 52 Abs. 2–6 BImSchG gegenüber Hoheitsträgern möglich.

2. Räumlicher Anwendungsbereich und grenzüberschreitende Umwelteinwirkungen

Bei der Anwendung des Bundes-Immissionsschutzgesetzes auf grenzüberschreitende Immissionen ist zu differenzieren: Entsprechend dem Territorialitätsprinzip sind die im Bundes-Immissionsschutzgesetz niedergelegten Pflichten nur auf Handlungen in Deutschland, genauer im Geltungsbereich des Grundgesetzes anwendbar.[66] Vorschriften zur Errichtung und zum Betrieb von Anlagen gelten also nur für *im Inland gelegene Anlagen*.[67] Soweit eine Anlage auf der Grenze zu einem anderem Staat liegt, dürfte sich das Bundes-Immissionsschutzgesetz auf die im Inland befindlichen

[60] BT-Drs. 7/179, S. 58.

[61] BVerwGE 117, 1/3; HessVGH, NVwZ 1997, 305. Zudem ergibt sich das aus der Regelung des § 4 Abs. 1 S. 2, die die Genehmigungspflicht allein für Immissionen außerhalb von Luftverunreinigungen und Lärm auf gewerbliche Anlagen bzw. Anlagen in wirtschaftlichen Unternehmungen beschränkt und damit hoheitliche Tätigkeiten ausnimmt.

[62] BVerwGE 115, 1/3 ff.; VGH BW, NuR 2001, 465; *Führ*, in: Koch/Scheuing/Pache (Hrsg.), Gemeinschaftskommentar zum BImSchG, Stand 2012, § 2 Rn. 15; a.A. HessVGH, NVwZ 2002, 890 f.; *Dietlein*, in: Landmann/Rohmer, Umweltrecht, Bd. III, Stand 2012 § 2 Rn. 5.

[63] BVerwGE 117, 1/3 ff.; VGH BW, NuR 2001, 465.

[64] Darauf verweist HessVGH, NVwZ 1997, 305.

[65] Soweit dies im Bereich des allgemeinen Polizei- und Ordnungsrechts anders gesehen wird, lässt sich das nicht auf das BImSchG übertragen, weil es zum einen nicht als lex generalis einzustufen ist und andererseits die Frage der Behandlung von Hoheitsträgern ausdrücklich regelt.

[66] *Dörr*, in: Ule/Laubinger, BImSchG, Stand 2012, § 2 Rn. B2.

[67] *Führ*, in: Koch/Scheuing/Pache (Hrsg.), Gemeinschaftskommentar zum BImSchG, Stand 2012, § 2 Rn. 28.

Anlagenteile beschränken; allerdings sind bei deren Beurteilung die jenseits der Grenze liegenden Teile zu berücksichtigen. Zum Inland i.d.S. gehören auch die deutschen *Hoheits- bzw. Küstengewässer*.[68] Darüber hinaus ist das Bundes-Immissionsschutzgesetz in der deutschen Ausschließlichen Wirtschaftszone anwendbar,[69] soweit das völkerrechtlich zulässig ist, da das Bundes-Immissionsschutzgesetz im Geltungsbereich des Grundgesetzes anzuwenden ist. Dementsprechend erfassen § 8 Abs. 3 der 3. BImSchV und § 1 Nr. 6 der 39. BImSchV ausdrücklich auch Sachverhalte in der Ausschließlichen Wirtschaftszone.

Weiter werden Wirkungen inländischer Anlagen auf Güter im Ausland werden erfasst.[70] Dementsprechend können sich ausländische Nachbarn insoweit auf die Vorschriften des Bundes-Immissionsschutzgesetzes berufen.[71] § 11a der 9. BImSchV sieht daher eine grenzüberschreitende Behördenbeteiligung und eine grenzüberschreitende Öffentlichkeitsbeteiligung vor, insb. eine Bekanntgabe des Genehmigungsantrags im Ausland.

3. Verhältnis zum Bodenschutz-, Gentechnik- und Seeanlagenrecht

a) Was das Verhältnis zum *Bodenschutzrecht* angeht, so enthält das Bundes-Immissionsschutzgesetz keine Aussage. Hier findet sich die entscheidende Regelung in § 3 Abs. 3 S. 1 BBodSchG: „Im Hinblick auf das Schutzgut Boden gelten schädliche Bodenveränderungen im Sinne des § 2 Abs. 3 dieses Gesetzes der auf Grund dieses Gesetzes erlassenen Rechtsverordnungen, soweit sie durch Immissionen verursacht werden, als schädliche Umwelteinwirkungen nach § 3 Abs. 1 des Bundes-Immissionsschutzgesetzes, im Übrigen als sonstige Gefahren, erhebliche Nachteile oder erhebliche Belästigungen nach § 5 Abs. 1 Nr. 1 des Bundes-Immissionsschutzgesetzes." Wann daher Immissionen im Hinblick auf den Boden schädlich sind, hängt von den Vorgaben des Bundes-Bodenschutzgesetzes ab.[72] Ist das der Fall, kommen die Anforderungen des Bundes-Immissionsschutzgesetzes zum Tragen. Im Hinblick auf Vorsorgepflichten sind gem. § 3 Abs. 3 S. 2, 3 BBodSchG Vorsorgewerte und -untergrenzen in einer Rechtsverordnung nach § 8 Abs. 2 Bundes-Bodenschutzgesetz heranzuziehen.

b) *Gentechnische Vorhaben* unterliegen, auch soweit sie unter § 2 GenTG fallen, immissionsschutzrechtlichen Regelungen.[73] Soweit es jedoch um den Schutz vor den

---

[68] *Erbguth/Stollmann*, DVBl 1995, 1274.

[69] *Schulte*, in: Giesberts/Reinhardt, Umweltrecht, 2007, § 2 BImSchG Rn. 13; a.A. *Fest*, Die Errichtung von Windenergieanlagen, 2010, 386.

[70] *Schulte*, in: Giesberts/Reinhardt, Umweltrecht, 2007, § 2 BImSchG Rn. 13; a.A. *Kahle*, ZUR 2004, 86.

[71] Vgl. *Jarass*, BImSchG, 9. Aufl.2012, § 6 Rn. 69 und § 10 Rn. 71.

[72] *Kotulla*, in: Kotulla (Hrsg.), BImSchG, Stand 2012, § 2 Rn. 57; *Jarass*, BImSchG, 9. Aufl.2012, § 5 Rn. 44.

[73] *Kotulla*, in: Kotulla (Hrsg.), BImSchG, Stand 2012, § 2 Rn. 55.

spezifischen Gefahren der Gentechnik geht, ist gem. § 22 Abs. 2 GenTG allein das Gentechnikgesetz einschlägig.[74] Der Vorrang des Gentechnikgesetzes lässt sich auch § 67 Abs. 6 S. 1 BImSchG entnehmen. § 22 Abs. 2 GenTG erfasst allerdings seinem Wortlaut nach nur Fälle, die nach anderen Gesetzen, insb. nach dem Bundes-Immissionsschutzgesetz, zulassungspflichtig sind. Doch bestehen keine Bedenken, die Regelung analog auf nicht genehmigungsbedürftige Anlagen und Tätigkeiten anzuwenden. Voraussetzung ist allerdings, dass die Anlage dem Gentechnikgesetz unterliegt.

c) Unklar ist das Verhältnis des Bundes-Immissionsschutzgesetzes zur *Seeanlagenverordnung.* Die Verordnung betrifft Anlagen im Bereich der deutschen ausschließlichen Wirtschaftszone bzw. auf der Hohen See. Die Verordnung könnte, gestützt auf die Ermächtigung des § 9 Abs. 1 Nr. 4a i.V.m. § 1 Nr. 10a sowie § 9 Abs. 2 Nr. 2 Seeaufgabengesetz, die Vorgaben des Bundes-Immissionsschutzgesetzes als speziellere Regelung verdrängen.[75] Jedenfalls ersetzt die Planfeststellung nach der Seeanlagenverordnung gem. § 2 Abs. 3 SeeAnlV i.V.m. § 75 Abs. 1 VwVfG die immissionsrechtliche Genehmigung.

[74] *Führ,* in: Koch/Scheuing/Pache (Hrsg.), Gemeinschaftskommentar zum BImSchG, Stand 2012, § 2 Rn. 66a.

[75] Vgl. *Kahle,* ZUR 2004, 86.

Der Emissionshandel zwischen Marktvertrauen und staatlicher Verantwortung

Von *Eckard Rehbinder*

Einen der Schwerpunkte der wissenschaftlichen Arbeit des Jubilars bildet in neuerer Zeit das Klimaschutzrecht. Hierzu gehört auch das Recht des Emissionshandels. Hans Joachim Koch hat sich insoweit insbesondere zum Verhältnis zwischen Umweltordnungsrecht und Emissionshandel geäußert. Seine ursprünglich recht kritische Einstellung zum Emissionshandel hat sich in seiner Zeit als Vorsitzender des Sachverständigenrats für Umweltfragen zu einer grundsätzlichen Akzeptanz gewandelt. Der vorliegende Beitrag befasst sich mit dieser Thematik unter einer allerdings breiter angelegten Perspektive.

I. Einführung

Das überkommene ordnungsrechtliche Paradigma des Umweltrechts ist insbesondere in den 80er Jahren unter dem Slogan „Mehr Umweltschutz für weniger Geld" und „Mehr Markt im Umweltschutz" von Ökonomen, aber auch Juristen in Frage gestellt worden. Dahinter stand vor allem die Vorstellung, dass der ordnungsrechtliche Umweltschutz gesellschaftlich zu teuer, in der Sprache der Ökonomen: ineffizient, sei. Darüber hinaus wurde im Hinblick auf Vollzugsdefizite auch die Effektivität des Umweltordnungsrechts bezweifelt.[1] Die zum Teil erhobenen Forderungen nach einer radikalen Umorientierung der deutschen Umweltpolitik hinsichtlich der Instrumentenwahl in Richtung auf marktwirtschaftliche Lösungen, insbesondere durch Einführung von frei handelbaren Emissionsrechten,[2] hatten sich zunächst nicht durchsetzen können. Erst im Zuge der Forcierung der Klimaschutzpolitik ist ein Richtungswechsel im Bereich der Instrumentenwahl zugunsten marktwirtschaftlicher Instrumente erfolgt. Durch das Gesetz über den Handel mit Emissionsberechtigungen für Treib-

---

[1] Dazu etwa *Feldhaus*, DVBl. 1984, 552; *Zimmermann*, Ökonomische Anreizinstrumente in der Umweltpolitik, 1984; *Bonus*, Neue Wege in der Umweltpolitik, 1985; *Huckestein*, ZfU 1989, 1; *Wasmeier*, NuR 1992, 219; *Ewringmann/Gawel*, Kompensationen im Immissionsschutzrecht, 1994; *Rehbinder* in: Endres/Rehbinder/Schwarze, Umweltzertifikate und Kompensationslösungen aus ökonomischer und juristischer Sicht, 1994, S. 28 ff.; *Rentz*, Kompensationen im Klimaschutz, 1995.

[2] Dazu und zur Funktionsweise des Emissionshandels besonders *Bonus* (Fn. 1); *Endres*, Umweltökonomie, 4. Aufl. 2013, S. 132 ff., 340 ff.; *Cansier*, Umweltökonomie, 2. Aufl. 1996, S. 187 ff.; *Michaelis*, Ökonomische Instrumente in der Umweltpolitik, 1996, S. 31 ff.; *Maier-Rigaud*, Umweltpolitik mit Mengen und Märkten, 1994, S. 39 ff., 75 ff.

hausgase (Treibhausgas-Emissions-Handelsgesetz – TEHG) von 2004 ist in Deutschland mit Wirkung vom Jahresbeginn 2005 ein System des Emissionshandels (richtig: Emissionsrechtehandel) für Kohlendioxid (CO_2) eingeführt worden. Aufgrund der Novellierungen von 2005 und 2007 sowie des neuen Treibhausgas-Emissionshandelsgesetzes von 2009 ist es auf weitere Anlagen und Stoffe ausgedehnt worden. Allerdings beruht diese bedeutsame instrumentelle Innovation auf der Emissionshandelsrichtlinie der EG (EH-Richtlinie – RL 2003/87) und späteren Änderungsrichtlinien und stellt daher keine eigenständige deutsche Innovation dar. Trotz der im europäischen Vergleich ältesten und intensivsten Diskussion über marktwirtschaftliche Instrumente des Umweltschutzes hatte im Gegenteil Deutschland lange Zeit auf EU-Ebene versucht, das überkommene Instrumentarium des Klimaschutzes, das aus (schwachem) Ordnungsrecht, Ökosteuer und Selbstverpflichtungen bestand, zu retten. Durch den Übergang vom ursprünglichen dezentralen zu einem zentralen System der Verteilung von Emissionsberechtigungen aufgrund der Richtlinie 2009/29 ist die Dominanz des EU-Rechts noch stärker geworden.

Der mit der EH-Richtlinie und in dessen Umsetzung mit dem TEHG vollzogene Paradigmenwechsel vom Ordnungsrecht zu einem marktwirtschaftlichen oder doch marktnahen Instrument besitzt Symbolcharakter und kann als ein Durchbruch im Bereich der umweltpolitischen Instrumentenwahl bezeichnet werden. Andererseits muss die Frage nach dem Verhältnis zwischen Marktvertrauen und staatlicher Verantwortung im Klimaschutz gestellt werden. Inwieweit ist es vertretbar, den Klimaschutz in der Wirtschaft den Kräften des – zugegeben: regulierten – Marktes zu überlassen und welche residualen Eingriffsbefugnisse muss sich der Staat vorbehalten?

Wenn man von der Rolle des Staates beim Emissionshandel spricht, so muss man im europäischen Mehrebenensystem stets auch die Rolle der Europäischen Union (EU) mit bedenken. Die EU und Mitgliedstaaten waren an der Einführung des Emissionshandels für Treibhausgabe arbeitsteilig beteiligt und sind auch beide in einem komplexen Zusammenspiel für die Systemsteuerung und Verteilung der Rechte verantwortlich. Aus Gründen der Vereinfachung wird im Folgenden immer vom Staat gesprochen. Damit kann je nach Kontext auch die EU gemeint sein.

II. Wirkungsweise des Emissionshandels

Übertragbare Emissionsrechte setzen im Grundmodell die Festsetzung von Belastungsgrenzen (zulässige Gesamtmenge der Emissionen) und deren Verteilung in Form von Emissionsberechtigungen an die Verursacher, z. B. wie im europäischen Emissionshandel an die Emittenten, voraus. Grundlage des Emissionshandels ist dementsprechend die Festsetzung eines quantifizierten Mengenziels der im Emissionshandelssektor insgesamt zulässigen Emissionen. Aus diesem ergeben sich die in der Handelsperiode zuteilbaren Emissionsberechtigungen, die dann nach bestimmten Zuteilungsregeln zugeteilt werden. Das Mengenziel ist unter Berücksichtigung der in den anderen Sektoren der Volkswirtschaft zu vermindernden Emissionen festzusetzen (Makroverteilung). Ab 2013 wurden die Mengenziele aufgrund der novellierten EH-Richtlinie durch die Europäische Kommission EU-weit festgesetzt. Durch diese Mengensteuerung ist – ausreichende Überwachung vorausgesetzt – die ökologische Treffsicherheit grundsätzlich gewährleistet. Der Preis bildet sich frei auf dem Markt durch die Ausgabe von Emissionsberechtigungen auf dem Markt und den Sekundärhandel mit den Berechtigungen.

Die ökonomischen Wirkungen des Emissionshandels liegen in der Verschiebung des Preisgefüges durch Belastung CO_2-intensiver Anlagen oder allgemeiner formuliert in der Einsparung gesamtwirtschaftlicher Kosten aufgrund unterschiedlicher spezifischer (Grenz-)Vermeidungskosten einzelner Anlagen. Man geht davon aus, dass jeder Betreiber aufgrund der gegenwärtigen (Grenz-)Vermeidungskosten und der bei Anlagenmodernisierung oder Brennstoffwechsel zu erwartenden (Grenz-) Vermeidungskosten (einschließlich Investitionskosten) im Vergleich zum Marktpreis der Rechte entscheiden wird, inwieweit er die Emissionen weitergehend reduziert und die Rechte veräußert, sie in vollem Umfang nutzt oder Rechte zukauft. Durch den Emissionshandel werden mittelbar auch technische Innovationen gefördert. Dies beruht darauf, dass jeder Betreiber im Hinblick auf die Preisentwicklung auf dem Markt für Emissionsberechtigungen einen Anreiz hat, Kosten sparende Alternativen zu gegenwärtig genutzten Produktionstechnologien und Brennstoffen zu wählen und in solche zu investieren.

III. Die Institutionalisierung des Emissionshandels

Marktwirtschaftliche Instrumente des Umweltschutzes entstehen nicht eigenwüchsig auf dem Markt, da die Umwelt in ihrer Eigenschaft als Absorptionsmedium für Schadstoffe ein öffentliches Gut darstellt, das für sich nicht eigentumsfähig ist. Die Einführung marktwirtschaftlicher Instrumente allgemein und des Emissionshandels im Besonderen ist daher mit einem nicht unerheblichen regulatorischen Aufwand für die Institutionalisierung, Durchführung und Überwachung verbunden.[3] Gleichwohl bleibt es richtig, dass im Emissionshandelssystem das Verhalten der Emittenten primär durch die Kräfte des Marktes bestimmt wird. Nicht das Umweltrecht, sondern die (Grenz-)Vermeidungskosten und der Marktpreis der Berechtigungen bestimmen – allerdings im Rahmen des ordnungsrechtlich festgesetzten Gesamtbudgets der Emissionen – letztlich, was der einzelne Emittent emittiert oder an Emissionen vermeidet.

1. Staatliche Schutzpflicht und Rückzug des Staates aus der Regulierung

Zunächst stellt sich die Frage, ob der mit der Einführung marktwirtschaftlicher Instrumente wie des Emissionshandels verbundene Rückzug des Staates aus der Re-

[3] *Koenig*, DÖV 1996, 943, 947 ff.; *Breuer*, Rechtsschutz beim Handel mit Emissionszertifikaten, in: Emissionszertifikate und Umweltrecht, 2004, S. 145, 147.

gulierung verfassungsrechtlich zulässig ist. Damit ist primär die staatliche Verantwortung für den Schutz Dritter angesprochen. Fragen dieser Art sind bisher vor allem nach deutschem Verfassungsrecht diskutiert worden, sind aber auch für das europäische Recht relevant, das hinsichtlich der Initiierung des Systemwechsels zum Emissionshandel ausschließlich, bei Regelungsspielräumen der Mitgliedstaaten immerhin noch parallel anzuwenden ist.[4]

Allein aufgrund der Verfassungspflicht zum Umweltschutz (Art. 20a GG) ist der Staat nicht gehalten, alle Aufgaben des öffentlichen Umweltschutzes in eigener Verantwortung zu erfüllen. Vielmehr muss der Staat nur in einem Kernbereich im Sinne eines „ökologischen Minimums" unmittelbar tätig werden; im Übrigen besitzt er einen weiten Einschätzungsspielraum hinsichtlich der Art und Weise der Aufgabenerfüllung. Der Vorrang ordnungsrechtlicher Instrumente beschränkt sich daher grundsätzlich auf die Erfüllung „absoluter" Schutzpflichten aus Art. 2 Abs. 2, 14 und 20a GG und damit auf den Gefahrenbereich.[5] Bei der Vorsorge ist der Umweltschutz hinsichtlich seiner instrumentellen Ausgestaltung nicht auf das Ordnungsrecht fixiert. Die Instrumentenwahl richtet sich vielmehr nach politischem Ermessen unter Berücksichtigung der Anforderungen an die Wirksamkeit des Schutzes und unter der Kontrolle durch das Rechtsstaats- und Demokratieprinzip, das Übermaßverbot und den Gleichheitssatz.[6]

Nach europäischem Recht wird man dies nicht grundsätzlich anders sehen können. Zwar ist die Schutzdimension der Grundrechte auf Leben und Gesundheit (Art. 2, 3 GRCh) auch hier durchaus anerkannt[7] und die Union ist auf den Umweltschutz verpflichtet (Art. 37 GRCh). Jedoch besteht für die Organe der EU – wie auch hinsichtlich der Schutzpflichten nach der Europäischen Menschenrechtskonvention[8] – ein weites Ermessen bei der Ausgestaltung des Schutzes. Es gibt danach keinen allgemeinen Bestandsschutz für das Umweltordnungsrecht und schon gar nicht für dessen gegenwärtige Regelungsdichte.

---

[4] EuGH, Slg. 1989, 2609 Rn. 19 – *Wachauf*; Slg. 2003 I 7411 Rn. 88 ff. – *Booker Aquaculture*; EuGH, C-617/10, NVwZ 2013, 561 Tz. 19 ff. – *Åklagare/Hans Åhrberg Fransson*; *Thym*, NVwZ 2013, 889; *Nowak*, in: Heselhaus/Nowak, Handbuch der europäischen Grundrechte, 2006, § 6 Rn. 38 m.w.N. Letzteres wurde allerdings in der deutschen Rechtsprechung und Literatur zum Emissionshandelsrecht bisher durchweg anders gesehen; vgl. aber *Burgi*, in: Ruffert (Hrsg.) Festschrift M. Schröder, 2012, S. 497, 509.

[5] *Lange*, VerwA 82 (1991), 1, 11 f.; *Kloepfer*, in: Wagner (Hrsg.), Unternehmung und ökologische Umwelt, 1990, S. 241, 246 ff.; *Di Fabio*, NVwZ 1995, 1; weitergehend *Huber*, ZPR 1994, 396, 401 (auch Gefahren für Eigentum); insgesamt kritisch *Kirchhof*, NVwZ 1988, 97, 102; *Ladeur*, ZfU 1987, 1, 5 ff.

[6] Vgl. BVerfGE 40, 247, 247 ff.; 49, 89, 126; 88, 203, 254, 261.

[7] *Hatje*, in: Schwarze, EU-Kommentar, 3. Aufl. 2012, Art. 51 GRCh Rn. 25; *Höfling*, in: Tettinger/Stern, Kölner Kommentar zur Europäischen Grundrechte-Charta, 2006, Art. 3 Rn. 13 f.; *Suerbaum*, EuR 2003, 390 ff.

[8] EGMR, Slg. 2004-XIII Tz. 71, 90 (Öneryildiz/Türkei); 10. 1. 2012 – 30765, NVwZ 2013, 415 Tz. 105 f., 108 ff. (Di Sarno/Italien); 28. 2. 2012 – 17424/05 u. a., NVwZ 2013, 993 Tz. 157 – 161, 212 f. (Kolyadenko/Russland).

Der Staat muss allerdings den Grad der Zielerreichung ständig überprüfen und notfalls regulierend eingreifen. Er kann sich also im Anwendungsbereich marktwirtschaftlicher Instrumente nicht völlig zurückziehen, vielmehr obliegt ihm aufgrund des Demokratieprinzips, der objektiven Schutzpflichten und Art. 20a GG bzw. Art. 37 GrCh eine residuale Verantwortung und ein hieraus fließendes Wächteramt, die man als Gewährleistungsverantwortung bezeichnen kann.[9]

In der Literatur zum Emissionshandel wird in diesem Zusammenhang stattdessen oft der Topos „Systemadministration"[10] verwendet. Damit soll zum Ausdruck gebracht werden, dass im Gegensatz zur wasserrechtlichen Bewirtschaftung der Staat im Emissionshandel keine verteilungs- und industriepolitischen Ziele verfolgen darf. Dem ist entgegenzuhalten, dass das Emissionshandelssystem ein Bewirtschaftungssystem darstellt, dem notwendig Verteilungsvorstellungen zugrunde liegen. Denn einmal ist über die Makroverteilung der Reduzierungslasten auf den Emissionshandels- und die anderen Wirtschaftssektoren zu entscheiden, und zum anderen ist jedenfalls die administrative Zuteilung innerhalb des Emissionshandelssektors eindeutig eine Verteilung eines knappen (staatlich verknappten) Gutes. Im Übrigen wirft diese Begründung für den neuen Begriff der Systemadministration allerdings die Frage auf, wie im Bereich marktwirtschaftlicher Instrumente die Minimalbedingungen staatlicher Präsenz zu formulieren sind und welche Ziele legitimer Weise verfolgt werden können.

2. *Emissionshandel als Abdankung des Rechtsstaats?*

Zu fragen ist weiterhin, ob der Rückzug des Staates durch Einführung des Emissionshandels im Sinne einer guten Ordnung des Gemeinwesens unter rechtsstaatlichen sowie demokratietheoretischen Gesichtspunkten überhaupt vertretbar ist. Dies wird in einem Teil der Literatur[11] mit einer Reihe von Argumenten bestritten: Der Emissionshandel mache die Umwelt zu einer Ware und führe daher dazu, dass die Logik des Marktes und der ökonomischen Effizienz auf Kosten der Effektivität des Klimaschutzes überbewertet werde. Die ausgegebenen Berechtigungen stellten nicht lediglich Grenzen für die Emissionen auf, sondern seien voll ausnutzbare Rechte, ohne dass – im Gegensatz zur ordnungsrechtlichen Regulierung mittels des Vorsorgeprinzips – der Versuch gemacht werde, das Klima weitergehend zu schützen. Außerdem verstärke die Verwandlung der Umwelt in eine Ware den politischen Druck auf Absenkung des Anspruchsniveaus und eine günstige Verteilung der Be-

---

[9] *Schmidt-Preuß*, VVDStRL 56 (1997), S. 160, 172 ff., 260; *Voßkuhle*, VVDStRL 62 (2003), S. 266, 304 ff.; *Huber*, DVBl. 1999, 489, 494; *Volkmann*, JuS 2001, 521, 527 f.; *Schmidt-Aßmann*, in: Hoffmann-Riem/Schmidt-Aßmann/Schuppert (Hrsg.), Reform des Allgemeinen Verwaltungsrechts, 1993, S. 11, 44; *Burgi*, NJW 2003, 2486, 2491.

[10] *Burgi*, NJW 2003, 2486, 2490 f.; *ders.*, NVwZ 2004, 1162, 1164; *Breuer* (Fn. 3), S. 169 f.; *Kobes*, NVwZ 2004, 514 f.

[11] *Winter*, ZUR 2009, 289, 295 ff.; ferner *Beckmann/Fisahn*, ZUR 2009, 299, 301 f.; *Ginzky/Rechenberg*, ZUR 2010, 252 f.

rechtigungen, weil man mit nicht benötigten Berechtigungen Profite machen könne. Auch die Emissionsentwicklung zeige, dass der Emissionshandel letztlich gut für die Wirtschaft, nicht aber für die Umwelt sei.

Selbstverständlich verwandelt der Emissionshandel nicht die Umwelt in eine Ware, sondern stattet nur die vom Staat verliehenen Emissionsberechtigungen, wenn man so will, als Ware aus. Dies nimmt dem Emissionshandel das unterschwellige Odium der Verwerflichkeit, ist aber kein fundamentaler Einwand gegen die Kritik. Zunächst ist darauf hinzuweisen, dass im Emissionshandelssystem nicht der Markt die Umweltqualität bestimmt. Der Markt wird nur instrumentell als Mittel zur kostengünstigen Erreichung eines ordnungsrechtlich fixierten Umweltqualitätsziels eingesetzt. Der Emissionshandel stellt sich so als bloße „Marktenklave" in einem System administrativer Regulierung dar.[12] Wesentliches Element des Emissionshandels ist nicht eine – statische – quantitative Begrenzung des Budgets der Gesamtemissionen, sondern deren graduelle Reduzierung im Zeitablauf. Dieser dynamische Mechanismus, der ab 2013 immerhin jährlich 1,74 % beträgt, verwirklicht mit anderen Mitteln die Funktion, die die individuelle Dynamisierung des Vorsorgeprinzips nach dem Stand der Technik im Ordnungsrecht ausübt.[13] Die nur temporäre Zuweisung von Eigentumspositionen durch Zuteilung von Berechtigungen ist Ausdruck dieser inneren Logik des Emissionshandels.

Dass es möglich wäre, mit ordnungsrechtlichen Interventionen mehr oder genauso viel an Emissionsminderungen mit gleichen oder gar geringeren Kosten zu erreichen, erscheint zwar nicht völlig ausgeschlossen. Dafür könnte insbesondere sprechen, dass auch bei der administrativen Zuteilung von Berechtigungen an Technikstandards angeknüpft wird, sodass sich die Frage stellt, warum man diesen „Umweg" über den Emissionshandel gehen muss. Jedoch orientieren sich diese an den Spitzenreitern der technologischen Entwicklung, wobei die wirtschaftliche Vertretbarkeit für das durchschnittliche Unternehmen erst durch die Handelbarkeit der Rechte hergestellt wird. Trotz des suggestiven Klangs der „bestverfügbaren" Technik im Umweltordnungsrecht (etwa § 3 Abs. 6 BImSchG in Vbg. mit der Anlage) sind insoweit die Anforderungen des Umweltordnungsrechts erheblich weniger anspruchsvoll. Eine verlässliche Vorhersage der Klimaeffektivität potenziellen Klimaschutzordnungsrechts ist zudem schwer möglich. Insbesondere sind an der behaupteten Dynamik des Standes der Technik einige Zweifel anzumelden, da es im Ordnungsrecht an Anreizen für die technische Fortentwicklung fehlt und Emissionsstandards oft über lange Jahre unverändert bleiben.

---

[12] *Di Fabio*, JUTR 2006, 251, 255; *Magen*, Rechtliche und ökonomische Rationalität im Emissionshandel, in: Towfigh et al. (Hrsg.), Recht und Markt – Wechselbeziehungen zweier Ordnungen, 2009, S. 9, 13 ff.; in der Sache ebenso EuGH, C-366/10 – *Air Transport Association of America*, Slg. 2011, I-13755 Tz. 139; klassischer Aufsatz: *Dales*, Canadian Journal of Economics 1968, 791, 803 f.

[13] Vgl. BVerwGE 144, 248 Rn. 26.

Richtig ist, dass der europäische Emissionshandel durch eine Reihe von Ausgestaltungsmängeln und äußere Umstände in eine Krise geraten ist, die in extrem niedrigen Preisen für Emissionsberechtigungen und in deren Folge im weitgehenden Ausfall der Anreizfunktionen des Marktes zum Ausdruck kommt. Maßgebliche Ursachen waren bzw. sind insbesondere die Verwässerung des Marktpreises durch Gutschriften und Übertragung solcher Gutschriften aus projektbezogenen Maßnahmen, eine Überausstattung der Beitrittsstaaten, die „Flutung" des Marktes mit freien Rechten als Folge der wirtschaftlichen Depression in Ost- und Südeuropa und der Einsatz von Instrumenten im Bereich der erneuerbaren Energien (großzügige Zwangssubventionierung durch den Verbraucher), die mit dem Emissionshandel inkompatibel sind. Dies ist jedoch nicht wirklich ein strukturelles Problem, sondern ein Problem der Setzung richtiger Rahmenbedingungen für den Emissionshandel. Ein Reformbedarf ist insoweit unleugbar. Dass eine solche Reform unmöglich sein soll,[14] erscheint wenig plausibel.

Daneben wird auf die Unvereinbarkeit ökonomischer Rationalität und rechtlicher Rationalität, die statt an Effizienz an Rechtswerten wie Freiheit, gerechtem Interessenausgleich und Gemeinwohl ausgerichtet sei, hingewiesen.[15] Diesen Gegensatz sollte man im Bereich der Regulierung der Wirtschaft aber nicht überbewerten. Zum einen überwiegt im Wirtschaftsrecht seit jeher die instrumentelle Funktion des Rechts. Zum anderen gehört auch die kostengünstige Zielerreichung zum Gemeinwohl. Zu einem wirklichen Konflikt der unterschiedlichen „Kulturen" kann es allerdings in der Übergangsphase des Systemwechsels vom Ordnungsrecht zum Emissionshandel im Hinblick auf rechtliche Anforderungen gerechter Lastenverteilung sowie des Vertrauensschutzes kommen.

3. Verbleibende Bedeutung des Ordnungsrechts

Der Emissionshandel bleibt mit dem Umweltordnungsrecht verzahnt. Die Institutionalisierung des Emissionshandels erfolgt nicht in einem umweltrechtsfreien Raum, sondern im Schatten des Ordnungsrechts. Im Einzelnen stellen sich daher einige Abgrenzungsfragen.

Wenig bedeutsam ist bisher das Verhältnis zur Gefahrenabwehr. Beim Emissionshandel tritt an sich vielfach das Problem auf, dass durch Einsatz erworbener Rechte an einem Standort Belastungskumulationen bis hin zur Überschreitung der Immissionswerte (sog. hot spots) entstehen können. Dieses Problem besteht bei CO_2-Emissionen jedoch nicht, da diese sich ubiquitär verbreiten und nur aufgrund der globalen Menge umweltgefährlich sind. Das Problem kann aber bei einigen anderen Klimagasen relevant werden, die ab 2013 in den Emissionshandel einbezogen sind, wie Lachgas (N_2O) und Perfluorierte Kohlenwasserstoffe (PFC). Insoweit kann kein Zweifel daran bestehen, dass es weiterhin ordnungsrechtlicher Vorkehrungen zur Ge-

---

[14] So *Beckmann/Fisahn*, ZUR 2009, 299, 301 f.; vorsichtiger *Winter*, ZUR 2009, 289, 298.

[15] *Di Fabio*, JUTR 2006, 251, 257; vgl. *Magen* (Fn. 12), S. 11 ff.

fahrenabwehr bedarf.[16] Diese sind in Umsetzung von Art. 9 Abs. 1 der Richtlinie über Industrieemissionen (IE-Richtlinie – RL 2010/75) nunmehr in § 5 Abs. 2 BImSchG enthalten. Soweit Klimagase mit Gefahren für Gesundheit und Umwelt verbunden sind, ist in der Anlagengenehmigung der Einsatz von Emissionsrechten entsprechend zu begrenzen. Relevanter ist allerdings die Gefahrenabwehr beim Einsatz von Emissionsrechten durch Altanlagen. In erster Linie greift hier das Erfordernis einer Änderungsgenehmigung nach § 16 BImSchG ein, in den übrigen Fällen gilt § 17 Abs. 1 BImSchG. Obwohl es insoweit an einer ausdrücklichen Regelung fehlt, ergibt sich aus der Wertung des § 5 Abs. 2 BImSchG, dass nachträgliche Anordnungen nach § 17 Abs. 1 BImSchG auch mit dem Ziel erlassen werden können, zur Gefahrenabwehr den Einsatz von Emissionsrechten in solchen Anlagen zu begrenzen.[17]

In der Diskussion über die Einführung des Emissionshandels auf EU-Ebene hat allerdings das Verhältnis des Emissionshandels zum ordnungsrechtlichen Vorsorgeprinzip im Vordergrund gestanden. Hier bestehen gewisse Optionen des Staates, in denen sich das jeweilige Maß an Marktskepsis oder Marktvertrauen widerspiegelt. Zum Teil wurde – unter anderem auch vom Jubilar – gefordert, am technik- und anlagenbezogenen Vorsorge- und Energieeffizienzgebot (Art. 3 Buchst. a, d, Art. 9 Abs. 3 IVU-Richtlinie, § 5 Abs. 1 Nr. 2, 4 BImSchG a.F.) festzuhalten und den Emissionshandel nur als ergänzendes Instrument oberhalb des Standes der Technik einzusetzen.[18] Der Emissionshandel widerspricht jedoch nicht dem Vorsorgeprinzip, sondern verwirklicht es mit anderen Mitteln als das Ordnungsrecht.[19] Er beruht auf einem gesamthaften, anlagenübergreifenden Vorsorgekonzept nach Maßgabe risikobezogener Begrenzung der Emissionsmengen. Dieses Konzept setzt aus Gründen der ökonomischen Effizienz nicht an der Einzelanlage an, sondern versucht das gesamte System aus Anlagen zu optimieren und kommt folgerichtig ohne ordnungsrechtliche Anforderungen für die Einzelanlage aus. Das System selbst setzt ausreichende Anreize zur Emissionsminderung, aber auch zur Energieeinsparung, da letztere die hauptsächliche Quelle von Emissionsminderungen ist. Die Verwendung fortschrittlicher Technologie und die Zusammensetzung der Energieträger können im Übrigen auch durch die Zuteilungsregeln beeinflusst oder angeregt werden. Die Ausgestaltung des Emissionshandels als lediglich das Ordnungsrecht ergänzendes Instrument würde schließlich zu erheblichen Effizienzeinbußen führen. Deshalb sollte sich hier der Staat auf ein Minimum an Regulierung beschränken. Halbherzige Lösungen sind aus der ordnungsrechtlichen Tradition heraus verständlich, aber umweltpolitisch nicht sinnvoll.

[16] *Breuer* (Fn. 3), S. 160, 179 ff.; *Rehbinder/Schmalholz*, UPR 2002, 1, 7.

[17] Vgl. *Breuer* (Fn. 3), S. 183 f.

[18] *Koch/Wienecke*, DVBl. 2001, 1085, 1087 ff.; auch *Breuer* (Fn. 3), S. 180 f.

[19] *Rehbinder/Schmalholz*, UPR 2002, 1, 7; *Rehbinder*, in: Bonus (Hrsg.), Umweltzertifikate: Der steinige Weg zur Marktwirtschaft, ZAU Sonderheft 9/1998, 70, 71 ff.; *ders.* (Fn. 1), S. 109 ff.; *Mager*, DÖV 2004, 561, 565; so auch BVerwGE 144, 248 Rn. 26.

Die IE-Richtlinie (Art. 9 Abs. 1) erklärt das anlagenbezogene Vorsorgegebot in Bezug auf Treibhausgasemissionen, die dem Emissionshandel unterliegen, für unanwendbar. Dem entspricht § 5 Abs. 2 BImSchG n.F. Die Richtlinie gibt den Mitgliedstaaten ferner die Option, insoweit auch auf das Gebot der Energieeffizienz zu verzichten (Art. 9 Abs. 2). Von dieser Option hat der deutsche Gesetzgeber in § 5 Abs. 2 S. 2 BImSchG n.F. mit Recht Gebrauch gemacht.[20]

Schließlich gehört zu den unverzichtbaren staatlichen Funktionen im Bereich der Institutionalisierung des Emissionshandels die Sicherstellung einer ausreichenden Überwachung (vgl. §§ 5, 6, 15, 29–32 TEHG).

IV. Verteilung der Emissionsrechte

1. Grundlegende Alternativen

Ein neuralgischer Punkt eines jeden Emissionshandelssystems mit Mengenzielen ist die Verteilung der Emissionsberechtigungen auf die einzelnen Betreiber. Sie entscheidet mit der Zuweisung von „Eigentumsrechten" zugleich auch darüber, inwieweit sich der Marktmechanismus entfalten kann. Die Alternativen sind bekannt: eine kostenlose administrative Verteilung nach bestimmten Sachkriterien wie historischen Emissionen oder technischem Vermeidungspotential, eine kostenpflichtige Verteilung durch den Staat auf dem Markt durch Veräußerung der Rechte auf einem Handelsplatz oder eine Verteilung durch Versteigerung der Rechte. Ökonomen bevorzugen seit jeher die Versteigerung. Der Markt als unpolitisches Verteilungskriterium erkennt allein die Zahlungsbereitschaft und Zahlungsfähigkeit der Interessenten an. Damit wird die Idee eines freien Wettbewerbs auf dem Markt für Berechtigungen am besten verwirklicht. Der Staat kann sich unpolitisch zurücklehnen. Bei administrativer Verteilung der Emissionsrechte ist die Aufstellung von Zuteilungskriterien erforderlich. Die staatliche Verteilungslenkung eröffnet damit die Möglichkeit, unter dem Gesichtspunkt gerechter Lastenverteilung in den Markt einzugreifen. Darüber hinaus wachsen dem Staat auch umwelt-, industrie- und energiepolitische Steuerungsmöglichkeiten zu, die der Idee des Emissionshandels an sich fremd sind.

2. Angemessenheit von Lenkungselementen bei der Verteilung?

In dem Bestreben, den vielfältigen Konflikten zwischen Emissionsreduzierung und Innovationsförderung, Bestands- und Vertrauensschutz von Altanlagen und Marktzugang von Neuanlagen angemessen Rechnung zu tragen, energiepolitisch zu steuern und verfassungsrechtliche Probleme zu vermeiden, ging das Zuteilungsgesetz von 2007 (ZuG 2007) vom Grundsatz einer Zuteilung an Altanlagen nach his-

---

[20] Das Umweltordnungsrecht hat im Übrigen Vorrang vor dem Emissionshandel, soweit es zu einer Kollision mit der Regelung von Kuppelemissionen wie CO, SO_2 oder NOx kommt.

torischen Emissionen und an Neuanlagen nach Technikstandards aus, enthielt aber darüber hinaus eine kaum überschaubare Zahl von abweichenden Verteilungsregeln einschließlich Optionsmöglichkeiten und Härteklauseln. Durch das Zuteilungsgesetz 2012 wurden die Zuteilungsregeln vereinfacht und inhaltlich, insbesondere durch Ausdehnung der Zuteilung nach Technikstandards im Energiesektor sowie bei neueren Altanlagen, verändert und es wurde der Bestandsschutz deutlich abgebaut.[21] Von grundsätzlicher Bedeutung ist, dass das Gesetz ferner im Energiesektor erstmals eine Versteigerung der Rechte (in Höhe von 10 % der Zuteilungen) vorsah.

Kern der Reform des EU-Emissionshandelssystems durch die Richtlinie 2009/28 (Art. 10a und 10b EH-RL) ist – neben der weitgehenden Zentralisierung des Systems – die schrittweise Einführung der Versteigerung der Berechtigungen. Die Versteigerung der Berechtigungen in der Elektrizitätswirtschaft wird – mit gewissen Ausnahmen zugunsten der Beitrittsstaaten – grundsätzlich sofort eingeführt, während in der Industrie eine stufenweise Versteigerung von 20 % bis 70 % der Rechte vorgesehen ist. Hinzu kommen generelle Ausnahmen von der Versteigerungspflicht für Industriezweige, die im globalen Wettbewerb aufgrund der zusätzlichen Kostenbelastung nicht wettbewerbsfähig sind und von einer Abwanderung mit entsprechenden Verlagerungen der Emissionen (carbon leakage) bedroht wären. Soweit (noch) eine administrative Verteilung der Berechtigungen vorgesehen ist, erfolgt sie anhand produktbezogener Technikstandards (Benchmarks) auf der Grundlage der effizientesten praktizierten Techniken[22] und von Auslastungsdaten. Insgesamt bleibt die administrative Zuteilung noch auf lange Zeit von erheblicher Bedeutung.

Es ist zum einen die Frage zu stellen, ob das grundsätzliche Vertrauen der EH-Richtlinie in die Kräfte des Marktes, wie es in der Versteigerungslösung zum Ausdruck kommt, sachlich gerechtfertigt ist, zum anderen, wie die interventionistischen Elemente des neuen Systems zu bewerten sind. Dabei muss auch ein Auge auf die Sachgerechtigkeit des gemischten Instrumenteneinsatzes geworfen werden. Die nachfolgende Bewertung konzentriert sich zunächst auf Policy-Kriterien, die allgemein bei der Instrumentenwahl zugrunde gelegt werden.[23]

Die Wahl der Versteigerung als Zuteilungsform lässt sich durch Gesichtspunkte der Allokationseffizienz und die damit verbundenen Innovationsanreize für einen wirksamen Klimaschutz rechtfertigen.[24] Zwar kann man argumentieren, dass in einem Emissionshandelssystem mit Mengenbegrenzungen bereits diese für ausreichenden Umweltschutz sorgen und die Marktkräfte überdies der Anregung von In-

---

[21] Vgl. Begr. RegEntw. zur Änderung des TEHG, BT-Drucks. 16/5250.

[22] Siehe dazu Kommissions-Beschluss 2011/278 vom 27.4.2011, geändert durch Beschluss 2011/745 vom 11.11.2011 (Technikstandards für 50 Produktgruppen).

[23] Vgl. *Rehbinder*, Ziele, Grundsätze, Strategien, Instrumente, in: Hansmann/Sellner (Hrsg.), Grundzüge des Umweltrechts, 4. Aufl. 2012, Teil 3 Rn. 252 m.w.N.

[24] Ebenso in verfassungsrechtlicher Sicht BVerwGE 144, 248 Rn. 59; BVerfGE 118, 79, 105, 107; *Küll*, Grundrechtliche Probleme der Allokation von CO_2-Zertifikaten, 2009, S. 51 f., 243 f., 319 ff.; *Brattig*, Handel mit Treibhaus-Emissionszertifikaten in der EG, 2003, S. 358 ff.; skeptisch *Zimmer*, CO_2-Emissionsrechtehandel in der EU, 2004, S. 226 f., 268 f.

novationen dienen, die künftig eine schrittweise Verschärfung der Mengenbegrenzungen ermöglichten. Indessen bewirkt die Kostenpflichtigkeit der Emissionsrechte eine effiziente Verteilung der Rechte und zugleich einen Anreiz zu einer weitergehenden Vermeidung von Emissionen. Letzteres wird man auf dem Boden der klassischen Marktökonomie zwar bestreiten, weil auch die Schattenpreise kostenlos ausgegebener Rechte „eingepreist" würden und es daher auf die Unentgeltlichkeit oder Entgeltlichkeit des Erwerbs nicht ankomme.[25] Jedoch belegt die Verhaltensökonomie, dass ein möglicher Verlust in Form von Aufwendungen für ein Gut negativer bewertet wird als ein Verzicht auf einen möglichen Gewinn durch Verkauf eines kostenlos erworbenen Gutes.[26] Beim kostenpflichtigen Erwerb von Rechten würde danach tendenziell schärfer kalkuliert. Die Versteigerung entspricht daher am besten der inneren Logik eines marktwirtschaftlichen Instruments des Umweltschutzes.[27] Dieses Ziel kann der Gesetzgeber legitimer Weise auch im Rahmen eines Emissionshandelssystems mit Mengenbegrenzung verfolgen.

Die Versteigerungslösung ist allerdings im Hinblick auf die mögliche Beeinträchtigung der Planungssicherheit und die Gefahr prohibitiv hoher Preise für die Emissionsrechte nicht ganz unproblematisch.[28] Der gegenwärtige Tiefstand der Preise für Berechtigungen nimmt zwar Befürchtungen über unkontrollierbare Preisanstiege vordergründig den Wind aus den Segeln. Es steht gegenwärtig mehr in Frage, wie man durch Markteingriffe ein aus Sicht des Klimaschutzes angemessen hohes Preisniveau erreichen kann. Gleichwohl erscheinen effektive Befugnisse zur Einzelintervention in den Markt zur Verhütung und Korrektur spekulationsbedingten Marktverzerrungen erforderlich. Entsprechende Regelungen gibt es nunmehr in der VO 1031/2010 (vgl. schon § 21 Abs. 1 ZuG 2012). Ob sie ausreichen, wird die zukünftige Entwicklung zeigen, nachdem die gegenwärtige Krise auf dem Markt für Berechtigungen überwunden ist.

Ein weiteres Problem ist die Unterscheidung zwischen Energie erzeugenden Anlagen und Industrieanlagen und innerhalb der Industrie nach dem Maß der internationalen Wettbewerbsintensität. Eine sachliche Rechtfertigung für die Sonderbehandlung der Energieerzeuger dürfte darin liegen, dass diese im Gegensatz zur Industrie nur in geringem Maß internationalem Wettbewerb ausgesetzt sind und auf den nationalen Energiemärkten – trotz zunehmender Liberalisierung – ohne weiteres die Möglichkeit der Kostenüberwälzung besteht.[29] Daher erscheint es angemessen,

---

[25] *Böhringer/Lange*, European Economic Review 2005, 2041, 2042; *Rosendahl*, Journal of Environmental Economics and Management 2008, 69 f.; *Magen* (Fn. 12), S. 22 ff.

[26] Vgl. *Kahnemann/Twersky*, Econometrica 1979, 263 ff.; *ders.*, Choices, Values and Frames, in: ders. (Hrsg.), Choices, Values and Frames, 2000, S. 1 ff.; *Kahnemann/Knetsch/Thaler*, Journal of Economic Perspectives 1991, 193 ff.

[27] Vgl. BVerwGE 144, 248 Rn. 55, 59.

[28] Hierzu *Küll*, (Fn. 24), S. 244 f., 320 f.; *Zimmer*, (Fn. 24), S. 243 f., 268 f.

[29] BVerwGE 144, 248 Rn. 54; *Küll*, (Fn. 24), S. 251, 332 ff.; ablehnend *Sachverständigenrat für Umweltfragen*, Die nationale Umsetzung des europäischen Emissionshandels:

ihnen gegenüber bevorzugt das Instrument einzusetzen, das der inneren Logik des Emissionshandels am besten entspricht. Für die Industrie erscheint dagegen ein langfristiger Übergangspfad sinnvoll (obwohl er nicht so langfristig sein müsste, wie die Richtlinie dies vorsieht). Für den Schutz von Industriebranchen im Hinblick auf die internationale Wettbewerbsfähigkeit sprechen nicht nur industriepolitische Überlegungen. Dieser Schutz lässt sich auch damit rechtfertigen, dass ansonsten ein klimapolitisch sinnloses Opfer erbracht würde. Eine Verlagerung der Produktion ins Ausland, die durch die Zusatzkosten einer Einbeziehung in die Versteigerung ausgelöst wird, würde zu einem Anstieg der Treibhausgasemissionen führen und wäre daher kontraproduktiv.[30]

Diese Überlegungen können beinahe nahtlos auch in die verfassungsrechtliche Beurteilung übernommen werden, die hier nur skizziert werden kann. Über die Vereinbarkeit des Systemwechsels und der Zuteilungsregeln des Zuteilungsgesetzes 2007 mit dem Schutz wirtschaftlicher Grundrechte sowie dem Gleichheitssatz des Grundgesetzes hat es eine intensive Diskussion und eine Reihe verwaltungs- und verfassungsgerichtlicher Entscheidungen gegeben. Im Ergebnis wurde unter der Prämisse, dass die Neuordnung des Rechtsgebiets einschließlich der Anfangsverteilung einen Eingriff in das Eigentum (Art. 14 Abs. 1 GG) und die Berufsfreiheit (Art. 12 Abs. 1 GG) darstellt, die Verfassungsmäßigkeit der betreffenden Regelungen unter dem Gesichtspunkt der Erforderlichkeit und Angemessenheit sowie nach dem Gleichheitssatz (Art. 3 Abs. 1 GG) bejaht.[31] Nach dem Systemwechsel, d.h. ab der zweiten Zuteilungsperiode, stellt die Zuteilung wohl grundsätzlich eine bloße Begünstigung im Rahmen der öffentlich-rechtlichen Nutzungsordnung mit einem zugeordneten Teilhabeanspruch aus Art. 3 Abs. 1 in Vbg. mit Art. 12 GG dar.[32] Dagegen hat das Bundesverwaltungsgericht[33] auch das Zuteilungsgesetz 2012 als (neuen) Eingriff gewertet, aber die verringerte Zuteilung an die Energieerzeuger unter teilweisem Übergang zur Versteigerung als verhältnismäßige Inhaltsbestim-

---

Marktwirtschaftlicher Klimaschutz oder Fortsetzung der energiepolitischen Subventionspolitik mit anderen Mitteln, Stellungnahme April 2006, Tz. 28 f.

[30] Ebenso in der Sache BVerwGE 144, 248 Rn. 70 ff.; a.A.. *Greb* (Fn. 32), S. 194 f., 204.

[31] BVerwGE 124, 47, 61 f.; BVerfGE 118, 79, 99 und 102 f.; ferner BVerfG, NVwZ 2007, 942, 945; BVerfG, NVwZ 2010 Rn. 74; *Burgi*, RdE 2004, 29, 32 ff.; *Voßkuhle* (Fn. 9), S. 192 ff., 195 ff.; *Küll* (Fn. 24), S. 303 ff., 315 ff., 335 ff.; *Enders*, Die Inkorporation des Emissionshandels in das deutsche Luftreinhalterecht, in: Oldiges (Hrsg.), Immissionsschutz durch Emissionshandel – eine Zwischenbilanz, 2007, S. 73, 81 ff.; a.A. *Weidemann*, DVBl 2004, 727, 732 ff., 734.

[32] *Wollenschläger*, Verteilungsverfahren: Die staatliche Verteilung knapper Güter, 2010, S. 55 f., 66 ff.; *Greb*, Der Emissionshandel ab 2013: Die Versteigerung der Emissionszertifikate auf europäischer Ebene, 2011, S. 98, 118 ff.; 146 ff.; *Martini/Gebauer*, ZUR 2007, 225, 229 ff.; schon für die Anfangsverteilung *Sacksofsky*, in: Führ/von Wilmowsky (Hrsg.), FS Rehbinder, 2007, S. 591, 605 ff.; *dies.*, Rechtsprobleme der Versteigerung von Emissionsrechten, 2008, S. 64 ff.

[33] BVerwGE 144, 248 Rn. 46 ff.; ebenso in der Sache *Burgi*, in: Hendler/Marburger/Reinhardt/Schröder (Hrsg.), Energieversorgung und Umweltschutz, 2010, S. 183, 207; *Küll* (Fn. 24), S. 182.

mung des Eigentums und Beschränkung der Berufsfreiheit angesehen und auch einen Verstoß gegen den Gleichheitssatz verneint. Auch unter der Prämisse eines bloßen Teilhaberechts muss die Zuteilung als „Belastung in der Begünstigung" im Hinblick auf die Grundrechtsrelevanz des Zugangs zur Ressource die berührten Freiheitsgrundrechte, insbesondere Art. 14 und 12 GG, angemessen berücksichtigen. Dies gilt insbesondere bei der Verfolgung von Lenkungszwecken und Veränderungen des Zuteilungsregimes. Die Anwendung des Gleichheitssatzes lediglich in seiner Ausprägung als Willkürverbot würde daher zu kurz greifen.[34] Um einen klassischen Eingriff handelt es sich selbstverständlich, soweit befristet gewährte Zuteilungen oder Anwartschaften auf Zuteilung vor Ablauf der Frist entzogen werden.[35]

Für den europäischen Grundrechtsschutz, der für den Emissionshandel ab 2013 primär maßgeblich ist, gilt keine grundsätzlich abweichende Beurteilung. Im Vordergrund der Grundrechtsprüfung dürfte daher auch hier der Gleichheitssatz (Art. 20 GRCh) stehen, der durch das Grundrecht der unternehmerischen Freiheit (Art. 16 GRCh) und des Eigentums (Art. 17 GRCh) anzureichern ist. Grundrechtseingriffe bedürfen der Rechtfertigung durch Gründe des Gemeinwohls und dürfen nicht in einer Weise unverhältnismäßig und untragbar sei, die die Rechte in ihrem Wesensgehalt antastet; wesentliche Aspekte des Freiheitsrechts müssen unangetastet bleiben (Art. 52 Abs. 1 GRCh). Auch der Gleichheitssatz wird – jedenfalls im Bereich des Emissionshandels – nicht im Sinne eines bloßen Willkürverbots verstanden, vielmehr bedarf die Ungleichbehandlung einer sachlichen Rechtfertigung im Sinne eines angemessenen Verhältnisses zwischen den Zielen der Regelung und der Ungleichbehandlung.[36]

Auf der Grundlage der obigen Policy-Überlegungen ist diesen Anforderungen genügt. Die EU besitzt bei der Festlegung der rechtlichen Rahmenbedingungen für wirtschaftliches Handeln einen großen Gestaltungsspielraum. Ein „ewiger" Bestandsschutz ist nicht geboten. Die bisher gewährten Erleichterungen für Altanlagen mussten nicht auf Dauer gestellt, sondern konnten aufgrund der Erfahrungen mit dem neuen System reduziert oder ganz abgebaut werden.[37] Für die Einführung der Versteigerung von Berechtigungen bietet der Klimaschutz einen hinreichenden Gemeinwohlgrund und genügt im Hinblick auf seine Effizienz- und Anreizwirkungen auch

---

[34] A.M. BVerwGE 144, 248 Rn. 72; zum Wasserrecht BVerfGE 58, 300, 345 f.; vgl. aber BVerfGE 118, 79, 107; 33, 303, 330 zur Relevanz von Freiheitsrechten bei der Prüfung des Gleichheitssatzes.

[35] Vgl. BVerwGE 144, 248 Rn. 78 ff. (Entzug der 12-Jahres-Zuteilungsgarantie nach § 8 Abs. 1 S. 2 ZuG 2007 durch § 2 S. 3 ZuG 2012).

[36] EuGH, Slg. 2008, I-9921 Tz. 47 f., 57 ff. – *Arcelor Atlantique and Lorraine*; EuG, Urt. v. 7.3.2013, T-370/11 – *Polen/Kommission*, Tz. 31 ff.; *Greb* (Fn. 32), S. 112 ff.

[37] *Greb* (Fn. 32), S. 155 ff.; *Küll* (Fn. 24), S. 224 ff., 228, 249, 244 f.; *Zimmer* (Fn. 24), S. 242, 245, 269; zum deutschen Recht BVerwG, NVwZ 2009, 650 Rn. 27 (in BVerwGE 132, 224 nicht abgedruckt); BVerwGE 144, 248 Rn. 26.

den Anforderungen an die Verhältnismäßigkeit.[38] Es gibt keinen europarechtlichen Grundsatz, dass die Ressourcennutzung auf Dauer unentgeltlich sein muss.[39] Die vorgenommenen Differenzierungen zwischen Energieerzeugern und Industrie und innerhalb der Industrie sind sachlich begründet und im Verhältnis zu den Zielen der Regelung angemessen.[40] Insoweit ist darauf hinzuweisen, dass Maßnahmen der Verteilungslenkung verfassungsrechtlich nicht per se unzulässig sind.[41] Soweit es bei der administrativen Zuteilung von Berechtigungen bleibt, stellt die Anknüpfung an anspruchsvolle Technikstandards eine durch den Klimaschutz gebotene und im Hinblick auf den möglichen Erwerb von Berechtigungen auf dem Markt nicht übermäßig belastende Maßnahme dar.[42]

3. Nachträgliche Interventionen

Nachträgliche Interventionen in die Verteilung der Rechte einschließlich der Versteigerung von Rechten mögen zur Behebung von Fehlentwicklungen erwünscht erscheinen, sind jedoch problematisch, weil die Verlässlichkeit der Rahmenbedingungen eine Grundvoraussetzung für die Funktionsfähigkeit des Marktes für die Emissionsberechtigungen ist. Wenn der Staat den Markt wegen seiner Effizienz- und Innovationsvorteile als Instrument der Umweltpolitik einsetzt, muss er auch gewisse Nachteile durch Marktschwankungen in Kauf nehmen. Diese Einschätzung betrifft allerdings weniger das Problem der nachträglichen Kürzung von Zuteilungen zur Korrektur von (vertretbaren) Fehlprognosen über die Einhaltbarkeit des Emissionsbudgets bei der Zuteilung[43] sowie als Reaktion auf Stilllegungen. Letzteres läuft allerdings dem Interesse an frühzeitiger Modernisierung von Anlagen zuwider. Von grundsätzlicher Bedeutung ist jedoch die Frage, ob Interventionen in die Verteilung zulässig sind oder sein sollten, die auf die bloße Verfehlung von Innovationserwartungen reagieren, wie sie mit der wachsenden Anhäufung überschüssiger Berechti-

---

[38] *Greb* (Fn. 32), S. 146 ff.; ferner *Küll* (Fn. 24), S. 227 ff., 243, 251; zurückhaltend *Zimmer* (Fn. 24), S. 221 ff., 241, 268; zum deutschen Recht etwa BVerwGE 144, 248 Rn. 42 ff.; *Sacksofsky*, FS Rehbinder (Fn. 32), S. 605 f.; *dies.*, Probleme (Fn. 32), S. 70 f.

[39] *Greb* (Fn. 32), S. 146 ff.; zum deutschen Recht BVerwGE 124, 47, 62; *Sacksofsky*, FS Rehbinder (Fn. 32), S. 602 ff.; in der Sache auch *Enders* (Fn. 31), S. 80; a.M. offenbar *Breuer* (Fn. 3), S. 168 f.; *Burgi*, NVwZ 2004, 1162, 1164.

[40] Kritisch aber *Greb* (Fn. 32), S. 162 ff., 194 f., 204.

[41] So zum deutschen Recht BVerfGE 118, 79, 95 ff.; BVerwGE 144, 248 Rn. 54, 64 ff.; *Küll* (Fn. 24), S. 73; vgl. aber *Weidemann*, DVBl. 2004, 727, 729.

[42] Zur Zulässigkeit von Benchmarks für alle Verbrennungsanlagen auf der Grundlage von Erdgas siehe EuG, Urt. v. 7.3.2013, T-370/11 – *Polen/Kommission*, Tz. 31 ff.; zur Zulässigkeit der Benachteiligung von Braunkohle- gegenüber Steinkohleverstromung im ZuG 2012 ähnlich: BVerwGE 144, 248 Rn. 32, 78 ff.

[43] Dazu EuG, Slg. 2007, II-4431 Tz. 78 ff. – *Deutschland/Kommission*; BVerfG, NVwZ 2010, 435 Rn. 53–58, 65; BVerwGE 129, 329 Rn. 24 ff.; vgl. *Weishaar*, EurUP 2008, 148; zu Kapazitätsverringerungen und Stilllegungen vgl. Art. 21–23 Kommissionsbeschluss 389/2013, §§ 19–21 ZuV 2020.

gungen auf dem Markt und dem dadurch bedingten Preisverfall in den letzten Jahren verbunden sind.

Zum Teil wird insoweit eine erhebliche Erhöhung des bisherigen Reduzierungsfaktors von 1,74 % auf 2,6 % bis 3,9 % und die Einführung einer Ermächtigung an die Kommission gefordert, in Reaktion auf langfristige Veränderungen des Marktes das Emissionsbudget zu reduzieren.[44] In der Backloading-Entscheidung der EU[45] ist allerdings nunmehr lediglich festgelegt worden, dass 900 Mio. Emissionsberechtigungen durch Aufschub der Versteigerung zeitweilig aus dem Markt genommen werden. Diesem Akt des Krisenmanagements müssten weitergehende Überlegungen folgen. Dabei geht es einmal um die künftigen Ziele der EU-Klimapolitik über das 20 %-Reduzierungsziel hinaus, die eine Anpassung des Emissionshandels bedingen könnten. Ferner dürften die oben genannten Vorschläge zumindest teilweise aufgenommen werden. Zum anderen stellt sich die Frage, wie die Leistungsfähigkeit des Marktes für Emissionsberechtigungen im Hinblick auf den möglichen gesellschaftlichen Bedarf an radikalen Innovationen und rascher Erstellung von Leitungsinfrastruktur einzuschätzen ist und inwieweit im Hinblick auf derartige Zielsetzungen ein zusätzlicher Einsatz inkonsistenter Instrumente wie verbraucherfinanzierte Subventionen, die zwangsläufig mit Abstrichen an der Effizienz des Emissionshandels verbunden sind, sinnvoll ist. Auf jeden Fall hat es keinen Sinn, ein marktwirtschaftliches Instrument einzuführen, aber die Eigenlogik des Marktes nicht respektieren zu wollen. Kurzfristige, punktuelle Interventionen in den Marktmechanismus sollten daher vermieden werden.

V. Schlussbetrachtung

Selbst in einem System kostenpflichtiger Abgabe von Emissionsberechtigungen behält der Staat im Emissionshandel – über die Gewährleistung der Funktionsfähigkeit des Handels hinaus – eine gewichtige Rolle. Er entscheidet und sollte entscheiden, wie viel Markt politisch tatsächlich vertretbar ist. Im Ergebnis kann man auf verteilungs- und industriepolitische Einflussnahme und auf die Korrektur von Fehlentwicklungen auf dem Markt aufgrund unvorhergesehener Umstände wohl nicht ganz verzichten. Der Automatismus des Marktes mag im Normalfall besonders umweltwirksam und ökonomisch effizient, insbesondere dazu geeignet sein, einen klimapolitisch erwünschten Wandel der Wirtschaftsstruktur anzuregen. Jedenfalls solange er nicht weltweit gilt, erscheinen jedoch zur Vermeidung unerwünschter Verwerfungen gewisse staatliche Interventionen unverzichtbar. Gesichtspunkte der Versorgungssicherheit und eines Sicherheitspolsters durch ein Minimum an nationaler Autarkie kommen hinzu. Auch im Verhältnis zwischen den einzelnen Wirtschaftssektoren können gewisse Interventionen, die der Logik des Marktes zuwiderlaufen, nicht

---

[44] *Öko-Institut* (Herrmann/Matthes), Strengthening the European Union Emission Trading Scheme and Raising Climate Ambition, WWF/Greenpeace, 2012, www.greenpeace.de/; ferner *Winter*, ZUR 2009, 289, 298; vgl. auch die Darstellung der Optionen in: Kommission, Die Lage des CO_2-Marktes in der EU im Jahre 2012, KOM (2012) 652, S. 7 ff.

[45] Beschluss Nr. 2013/1359, ABl. 2013, L 343, S. 1.

von vornherein als politisch illegitim angesehen werden. Vor allem kann der Staat nicht blind auf den Marktautomatismus vertrauen, wenn dieser aufgrund unvorhergesehener Umstände die ihm zugedachten Funktionen nicht erfüllt. Allerdings dürfen solche Interventionen nicht aktionistisch erfolgen, sondern müssen die Langfristperspektive im Auge behalten.

Klimaschutzgesetze der Länder – symbolische Rechtsetzung oder Rechtsmodell?

Von *Sabine Schlacke*

Der Jubilar hat maßgeblich zur Entwicklung und Strukturierung des sich herausbildenden Rechtsgebiets „Klimaschutzrecht“ beigetragen,[1] indem er die Querschnittmaterie Klimaschutzrecht auf allen Ebenen und in unterschiedlichen sektoralen Bereichen skizzierte und bewertete.[2] Dieses klimaschutzrechtliche Mosaik ist nun jüngst um einen neuartigen Baustein ergänzt worden: durch Klimaschutzgesetze in Nordrhein-Westfalen und Baden-Württemberg. Ob eine Klimaschutzgesetzgebung auf Länderebene angesichts des geringen Beitrags, den Bundesländer faktisch zum globalen Klimawandel leisten können, sinnvoll ist, bedarf in erster Linie einer naturwissenschaftlichen und ggf. ökonomischen Bewertung. Aus rechtlicher Perspektive ist zu fragen, welche Handlungs- und Gestaltungsspielräume dem Landesgesetzgeber angesichts höherrangiger Rechtsetzung eröffnet sind. Darüber hinaus könnte die sich abzeichnende landesrechtliche Konzeptualisierung durch Klimaschutzziele und -pläne modellhaft für andere Rechtsebenen sein.

I. Einleitung

Nach dem fünften Sachstandsbericht des Weltklimarats besteht kein Zweifel mehr daran, dass der Klimawandel existiert: Beobachtungen von Atmosphäre, Ozean und Eis zeigen eine fortschreitende Erwärmung der Erde. Einige der beobachteten Änderungen sind in ihrem Umfang beispiellos in den vergangenen Dekaden und Jahr-

---

[1] Vgl. *Koch*, Klimaschutzrecht, NVwZ 2011, 641 ff.; *ders.*, Klimaschutzrecht – Ziele, Instrumente und Strukturen eines neuen Rechtsgebiets, in: Gesellschaft für Umweltrecht (Hrsg.), Dokumentation zur 34. wissenschaftlichen Fachtagung der Gesellschaft für Umweltrecht e.V. Leipzig 2010, 2011, S. 41 ff.

[2] *Koch/Mielke*, Globalisierung des Umweltrechts, ZUR 2009, 403 ff.; *Koch/Wieneke*, Klimaschutz durch Emissionshandel, DVBl. 2001, 1085 ff.; *Koch/Mengel*, Gemeindliche Kompetenzen für Maßnahmen des Klimaschutzes am Beispiel der KWK, DVBl. 2000, 953 ff.; *Koch/Verheyen*, Klimaschutz im deutschen Anlagengenehmigungsrecht – völkerrechtlicher Rahmen, europarechtliche Vorgaben, innerstaatlicher Anpassungsbedarf, NuR 1999, 1 ff.; *Koch/Schütte,* Zur Verfassungsmäßigkeit des Stromeinspeisungsgesetzes, ZNER 1998, 3 ff.; *Koch/Caspar* (Hrsg.), Klimaschutz im Recht, 1997; *Koch/Behrend*, Klimaschutz im geltenden Umweltrecht, NuR 1996, 433 ff.

hunderten.[3] Der anthropogene Klimawandel wird gravierende ökologische, soziale und wirtschaftliche Folgen weltweit nach sich ziehen.[4]

Der erneut wissenschaftlich konstatierte Klimawandel und seine Folgen sind eine in räumlicher und zeitlicher Hinsicht bislang kaum gekannte Herausforderung für Recht und Politik: Instrumente zur Eindämmung der globalen Klimaveränderung müssen geeignet sein, eine z. T. mit erheblicher Verzögerung wirkende, kaum reversible Erwärmung der Erdatmosphäre aufzuhalten. Aufgrund der in der Zukunft liegenden Auswirkungen gegenwärtigen klimaschädigenden Verhaltens sind vor allem Rechte und Interessen zukünftiger Generationen zu berücksichtigen.[5] Die erwärmende Wirkung der Emissionen von Treibhausgasen tritt zudem nicht lokal auf, sondern global, m.a.W. jenseits des lokalen Emissionsortes. Emissionen aus Industrieländern schädigten und schaden insbesondere Entwicklungs- und Schwellenländer, die mangels Industrialisierung selbst kaum Treibhausgase emittieren.[6] Neben intergenerationellen sind somit auch grenzüberschreitende Auswirkungen und daraus resultierende Konflikte zu berücksichtigen. Es geht daher um Verantwortung, Lastenverteilung und -ausgleich, kurz: um Gerechtigkeit.[7]

Auf internationaler Ebene dienen vor allem die Klimarahmenkonvention, das Kyoto-Protokoll[8] sowie der Kyoto-Folgeprozess, der in ein globales Abkommen zum Klimaschutz 2015 münden soll (sog. Pariser Abkommen), der Bekämpfung des Klimawandels.[9] Die Vertragsstaaten der Klimarahmenkonvention haben das Ziel, eine Klimaerwärmung um mehr als 2 Grad Celsius im Vergleich zum vorindus-

---

[3] *Intergovernmental Panel on Climate Change (IPCC)*, Summary for Policy Makers, in: Climate Change 2013: The Physical Science Basis. Contribution of Working Group I to the Fifth Assessment Report of the Intergovernmental Panel on Climate Change, 2013, S. 4, vollständiger Bericht und Zusammenfassung abrufbar unter: http://www.ipcc.ch/report/ar5/wg1/ (Stand: 1.4.2014).

[4] *Intergovernmental Panel on Climate Change (IPCC)*, Summary for Policy Makers, in: Climate Change 2014: Impacts, Adaptation and Vulnerability, WG II AR5, abrufbar unter: http://ipcc-wg2.gov/AR5/images/uploads/IPCC_WG2AR5_SPM_Approved.pdf (Stand: 1.4. 2014).

[5] Vgl. zur intergenerationellen Gerechtigkeit *Hiskes*, The human right to a green future – environmental rights and intergenerational justice, 2009; *Beaucamp*, Das Konzept der zukunftsfähigen Entwicklung im Recht, 2002.

[6] Vgl. zum globalen Emissionsgefälle *World Resources Institute*, Navigating the numbers – greenhouse gas data and international climate policy, 2005; *UNFCCC*, Climate change: impacts, vulnerability and adaptation in developing countries, 2007.

[7] Vgl. *Anand*, International environmental justice: a North-South dimension, 2004. Zur internationalen und intergenerationellen Gerechtigkeit auch *Vanderheiden*, Atmospheric justice – a political theory of climate change, 2008.

[8] Ratifiziert durch Gesetz vom 27.4.2002, BGBl. II, 966; Deutschland ist seiner Reduktionsverpflichtung im Rahmen des EU-internen burden-sharing von 21 % Treibhausgasemissionen im Zeitraum von 2008–2012 im Vergleich zu 1990 nachgekommen, vgl. *Koch*, NVwZ 2011, 641 m. w. N. in Fn. 4 und 5.

[9] Vgl. *Schlacke*, Nach Durban und vor Katar: Globaler Klimaschutz erneut in der Warteschleife, ZUR 2012, 69 f.

triellen Niveau zu stoppen, zwar anerkannt,[10] eine durchschlagende Wirkung für den Klimaschutz haben die völkervertragsrechtlichen Bemühungen bislang allerdings nicht gezeitigt.[11] Das Pariser Abkommen – falls es überhaupt 2015 zustande kommt – wird voraussichtlich keine verbindlichen Treibhausgasreduktionsziele und Instrumente zu ihrer Umsetzung enthalten, sondern das bereits begonnene, freiwillige Pledge-and-Review-Verfahren fortsetzen. Das Völkerrecht stößt im Hinblick auf eine effektive Bewältigung des Klimaproblems mit seinen üblichen Mechanismen (Völkervertragsrecht) an Grenzen.[12] Insoweit bedarf es wohl neuer, bi- und multilateraler Bemühungen jenseits der festgefahrenen Prozesse des bisherigen Klimaregimes, ggf. auch neuer Initiativen durch und in Nationalstaaten. Insofern dürften der Europäischen Union und ihren Mitgliedstaaten – wie etwa Deutschland – eine strategische Pionierfunktion beigemessen werden.[13] Möglicherweise können und sollten auch neue Akteure – wie etwa Städte – transnational Klimaschutz befördern und effektiver durchsetzen als Nationalstaaten oder die internationale Staatengemeinschaft.[14]

Auch der Unionsgesetzgeber setzte schon frühzeitig auf Ziele für den Klimaschutz. Außenpolitisch verpflichtete sich die Gemeinschaft,[15] die mitgliedsstaatlichen anthropogenen Treibhausgasemissionen, die im Anhang A des Kyoto-Protokolls aufgeführt sind, im Zeitraum von 2008 bis 2012 gegenüber dem Stand von 1990 um 8 % zu senken.[16] Primärrechtlich ist die „Bekämpfung des Klimawandels" als Teil der gemeinsamen Umweltpolitik in Art. 191 Abs. 1, 4. Spiegelstrich a.E. AEUV seit dem Vertrag von Lissabon explizit verankert – wenngleich zuvor der Klimaschutz ebenfalls als Zielsetzung von der umweltpolitischen Kompetenznorm erfasst wurde.[17] Auch der neu eingefügte Energiekompetenztitel (Art. 194 AEUV) be-

---

[10] Decision 1/CP. 16; Outcomes, Decision 1/CP. 17. Die Entscheidungen der Vertragsstaatenkonferenz sind unter https://unfccc.int/documentation/decisions/items/3597.php (Stand: 01.04.2014) zu finden.

[11] Vgl. *Wissenschaftlicher Beirat der Bundesregierung Globale Umweltveränderungen (WBGU),* Klimapolitik nach Kopenhagen – Auf drei Ebenen zum Erfolg, Politikpapier Nr. 6, 2010, S. 5; *Sachverständigenrat für Umweltfragen (SRU)*, Umweltgutachten 2008, Kapitel 3, Rn. 91; Mitteilung der Kommission vom 10.1.2007 „Begrenzung des globalen Klimawandels auf 2 Grad Celsius – Der Weg in die Zukunft bis 2020 und darüber hinaus", KOM (2007) 20 endg.

[12] Siehe insbesondere auch die Ergebnisse der UN-Klimakonferenz (COP17/CMP7) in Durban 2011, dazu *Schlacke*, ZUR 2012, 69 f.

[13] Vgl. *WBGU* (Fn. 11).

[14] Vgl. hierzu *Aust*, Auf dem Weg zu einem Recht der globalen Stadt? „C40" und der „Konvent der Bürgermeister" im globalen Klimaschutzregime, ZaöRV 2013, 673 ff.

[15] Genehmigung des Kyoto-Protokolls mit der Entscheidung 2002/358/EG vom 25.4. 2002, ABlEG L 130/1.

[16] Vgl. zum Kyoto-Protokoll und zur Reduktionsverpflichtung der EU unter: http://www.bmub.bund.de/themen/klima-energie/klimaschutz/internationale-klimapolitik/kyoto-protokoll/ (Stand: 01.04.2014).

[17] *Calliess*, in: Calliess/Ruffert, EUV/AEUV, 4. Aufl. 2011, Art. 191 AEUV Rn. 9.

zweckt Klimaschutz.[18] Sekundärrechtlich hat die Europäische Union zahlreiche Verordnungen, Richtlinien und Entscheidungen im Bereich des Klimaschutzrechts erlassen.[19] Die 20–20–20-Klimaschutzzieltrias der Europäischen Union, nach der bis 2020 der Treibhausgasausstoß um 20 % gegenüber 1990 vermindert, die Energieeffizienz um 20 % gesteigert und 20 % der Energieversorgung durch Energie aus erneuerbaren Quellen gedeckt werden soll,[20] wird voraussichtlich für die Periode von 2020–2030 nicht fortgeführt. Die EU-Kommission hat davon abgesehen, Ausbauziele für erneuerbare Energien und für Energieeffizienz zu formulieren, sondern schlägt ausschließlich ein – möglicherweise nicht ausreichend ambitioniertes – Emissionsreduktionsziel vor: Bis zum Jahr 2030 sollen die Treibhausgasemissionen um 40 % gegenüber 1990 reduziert werden.[21]

Auf Bundesebene findet sich eine Vielzahl rechtlicher Regelungen in den Bereichen des Emissionshandelsrechts, des Rechts der erneuerbaren Energien und der Energieeffizienz, die allesamt Klimaschutz bezwecken.[22] Die Bundesregierung hat vor allem in dem in Meseberg 2007 verabschiedeten Klimaschutzprogramm „Integrierte Energie- und Klimapolitik" Maßnahmen beschlossen.[23] Konkret-verbindliche Klimaschutzziele verfolgen sektorspezifische Gesetze, wie etwa § 1 Abs. 2 EEG[24] und § 1 Abs. 2 EEWärmeG[25]. Es fehlt indes bislang an einem sektorübergreifenden Klimaschutzgesetz auf Bundesebene, das Klimaschutzziele zusammenfasst und

---

[18] Zum Verhältnis von Art. 191, 192 AEUV zu Art. 194 AEUV vgl. *Schlacke*, EU-Umweltpolitik nach Lissabon: Grundlagen, Abgrenzungsfragen und Entwicklungsperspektiven, in: Nowak (Hrsg.), Konsolidierung des Europäischen Umweltrechts (i. E.).

[19] *Erbguth/Schlacke*, Umweltrecht, 5. Aufl. 2014, § 16 Rn. 12ff.

[20] Entscheidung Nr. 406/2009/EG des Europäischen Parlaments und des Rates v. 23.4. 2009, ABlEG L 140/136; *Groß*, Klimaschutzgesetze im europäischen Vergleich, ZUR 2011, 171, 176f., leitet aus dieser Entscheidung eine Verpflichtung zum Erlass eines Bundes-Klimaschutzgesetzes ab. Vgl. ferner Mitteilung der Kommission vom 10.1.2007 „Begrenzung des globalen Klimawandels auf 2 Grad Celsius – Der Weg in die Zukunft bis 2020 und darüber hinaus", KOM (2007) 20 endg.; Mitteilung der Kommission vom 23.1.2008 „20 und 20 bis 2020 – Chancen Europas im Klimawandel", KOM (2008) 30 endg.

[21] *European Commission*, 2030 climate and energy goals for a competitive, secure and low-carbon EU economy, Brussels, 20.1.2014; dazu und überzeugend für einen Mix von Zielen plädierend *Lehmann/Gawel/Strunz*, Abschied von europäischen Ausbauzielen für Erneuerbare? Eine fragwürdige Entscheidung, ZUR 2014, 193f.

[22] Vgl. im Einzelnen *Erbguth/Schlacke* (Fn. 19), § 16 Rn. 30ff.

[23] Vgl. Bundesregierung, Bericht zur Umsetzung der in der Kabinettsklausur am 23./24.08. 2007 in Meseberg beschlossenen Eckpunkte für ein Integriertes Energie- und Klimaprogramm, S. 2; abrufbar unter http://www.bmub.bund.de/fileadmin/bmu-import/files/pdfs/allgemein/application/pdf/gesamtbericht_iekp.pdf (Stand: 1.4.2014).

[24] § 1 Abs. 2 EEG sieht eine Erhöhung des Anteils erneuerbarer Energien an der Stromversorgung bis zum Jahr 2020 um 35 %, bis zum Jahr 2030 um 50 %, bis zum Jahr 2040 um 65 % und bis zum Jahr 2050 um 80 % vor.

[25] § 1 Abs. 2 EEWärmeG sieht vor, den Anteil erneuerbarer Energien am Endenergieverbrauch für Wärme und Kälte bis zum Jahr 2020 um 14 % zu erhöhen.

etwa in Form von Klimaschutzplänen operationalisiert.[26] Der Koalitionsvertrag der Bundesregierung der 18. Legislaturperiode sieht zwar vor, dass die Treibhausgas-Emissionen bis 2020 um mindestens 40 % gegenüber dem Stand von 1990 reduziert werden müssen und geht davon aus, dass in Deutschland die weiteren europäischen und internationalen Reduktionsschritte „in einem breiten Dialogprozess mit Maßnahmen [zu] unterlegen (Klimaschutzplan)" sind.[27] Ein Klimaschutzgesetz ist jedoch nicht vereinbart worden. Beispiele für nationale Klimaschutzgesetze finden sich bereits in der Schweiz, in Frankreich, Großbritannien und Österreich.[28]

Auf Länderebene ist frühzeitig Hamburg tätig geworden. Das Hamburgische Klimaschutzgesetz[29] enthält allerdings keine verbindlichen Klimaschutzziele oder die Verpflichtung zum Erlass eines Klimaschutzplans, vielmehr normiert es Maßnahmen zur sparsamen Verwendung von Energie[30], verpflichtet die Freie und Hansestadt Hamburg zur Energieeinsparung in öffentlichen Gebäuden und die Berücksichtigung des Energieverbrauchs von Anlagen und Geräten im Bereich der Beschaffung.[31] Die Länder Nordrhein-Westfalen und Baden-Württemberg haben insoweit 2013 Neuland betreten: Sie haben durch Erlass von Landes-Klimaschutzgesetzen erstmalig landesweit verbindliche Klimaschutzziele formuliert und Klimaschutzinstrumente verankert, insbesondere den Klimaschutzplan (KlimaSchG NRW), in Baden-Württemberg das sogenannte Integrierte Klima- und Energiekonzept (IEKK, KSG BW).[32]

II. Klimaschutzgesetzgebung der Länder

Der neuartigen Klimaschutzgesetzgebung auf Länderebene kommt eine Pionierfunktion zu. Wenngleich ein Landes-Klimaschutzgesetz nicht eine bundes- oder gar europaweite Reichweite entfalten kann, könnte es das Fundament für notwendige rechtliche und vollzugsorientierte Klimaschutzmaßnahmen auf Landesebene bilden,

[26] Zu möglichen Inhalten eines Bundes-Klimaschutzgesetzes vgl. *Sina/Rodi*, Das Klimaschutzrecht des Bundes – Analyse und Vorschläge zu seiner Weiterentwicklung, UBA-Texte 17/2011, S. 289 ff.

[27] Deutschlands Zukunft gestalten. Koalitionsvertrag zwischen CDU, CSU und SPD. 18. Legislaturperiode, abrufbar unter https://www.cdu.de/sites/default/files/media/dokumente/koalitionsvertrag.pdf (Stand: 15.3.2014). Auch die Bundesregierung der 17. Legislaturperiode hatte nicht vor, ein Klimaschutzgesetz zu erlassen, vgl. BT-Drs. 17/6819, S. 2.

[28] Österreichisches BGBl. I Nr. 106–2011, 21.11.2011, weitere Nachweise siehe: *Groß*, ZUR 2011, 171, 173 ff.; *Sina/Rodi* (Fn. 26), S. 293 ff.

[29] Hamburgisches Klimaschutzgesetz (HmbKliSchG) vom 25.06.1997, Hamb.GVBl. Nr. 28 vom 30.06.1997, S. 261.

[30] Wie etwa eine Beschränkung für den Neuanschluss elektrischer Heizungen, vgl. §§ 3–8 HmbKliSchG.

[31] §§ 9 f. HmbKliSchG.

[32] Koalitionsvereinbarungen in Bezug auf den Erlass von Klimaschutzgesetzen finden sich in Bremen, Niedersachsen, Rheinland-Pfalz und Schleswig-Holstein. Zu sonstigen unverbindlichen Klimaschutzzielen und -strategien der Länder vgl. *Biedermann*, Klimaschutzziele in den deutschen Bundesländern, UBA-Texte 15/2011, 2011, S. 37 ff.

wenn es über ausreichende Steuerungsmöglichkeiten verfügt. Insoweit ist im Hinblick auf die Klimaschutzgesetzgebung auf Länderebene (nachfolgend 1. und 2.) die Frage nach ihrer verfassungsrechtlich zulässigen Reichweite und Gestaltungsspielräumen aufgeworfen (III.). Daneben sind Rechtsnatur und Rechtswirkungen des zentralen Instruments der Landes-Klimaschutzgesetze, des Klimaschutzplans, ungeklärt (IV.). Kaum rechtswissenschaftliche Berücksichtigung hat überdies die Rolle und Funktion der Raumordnung für die Umsetzung der Klimaschutzziele und -planung erfahren (V.). Weiterungen, die die Klimaschutzplanung für die Bauleitplanung und Zulassungsebene sowie andere Rechtsebenen entfalten kann, werden nach einem Fazit perspektivisch in den Blick genommen (VI.).

1. Klimaschutzgesetzgebung in Nordrhein-Westfalen

Das nordrhein-westfälische Klimaschutzgesetz ist am 7. Februar 2013 in Kraft getreten.[33] Es ist das erste Klimaschutzgesetz auf Landesebene, das diese Bezeichnung verdient. Im Unterschied zum Hamburgischen Klimaschutzgesetz[34] konzentriert es sich nicht auf punktuelle Energieeffizienzmaßnahmen im Gebäudebereich, sondern verfolgt einen umfassenden, sektorübergreifenden Ansatz. Das KlimaSchG NRW legt erstmalig landesweite verbindliche Klimaschutzziele in Form von quantitativen Reduktionszielen fest (§ 3 Abs. 1 KlimaSchG NRW) und benennt verbindliche Maßnahmen zu ihrer Umsetzung (§§ 4 ff. KlimaSchG NRW), die insbesondere durch einen Klimaschutzplan (§ 6 KlimaSchG NRW) erfolgen soll.

a) Ziele und Instrumente des Klimaschutzgesetzes NRW

Das Klimaschutzgesetz NRW enthält neben Klimaschutzzielen rechtliche Grundlagen für die Erarbeitung, Umsetzung, Überprüfung und Berichterstattung über und Fortschreibung von Klimaschutz- und Klimaanpassungsmaßnahmen (§ 1 S. 1 KlimaSchG NRW). § 1 S. 2 KlimaSchG NRW konkretisiert diese Zwecksetzung durch eine Zieltrias in Form eines Optimierungs-, Minimierungs- und Unterstützungsziels: Der Klimaschutz in Nordrhein-Westfalen soll verbessert, die negativen Auswirkungen des Klimawandels sollen begrenzt werden und das Klimaschutzgesetz soll einen Beitrag zu nationalen und internationalen Klimaschutzanstrengungen leisten.

Kernelement des KlimaSchG NRW ist die Festlegung von zwei Klimaschutz-, besser: quantifizierten Treibhausgasemissions-Reduktionszielen.[35] Nach § 3

[33] Das Gesetz zur Förderung des Klimaschutzes in Nordrhein-Westfalen (GV. NRW. v. 6. 2. 2013, S. 29) ist ein Artikelgesetz: Artikel 1 beinhaltet das Klimaschutzgesetz Nordrhein-Westfalen (i. F. KlimaSchG NRW), Artikel 2 enthält Änderungen des nordrhein-westfälischen Landesplanungsgesetzes und Artikel 3 regelt das Inkrafttreten der Artikel 1 und 2.

[34] Siehe Fn. 29.

[35] So die Terminologie von *Wickel*, Mögliche Inhalte von Klimaschutzgesetzen auf Länderebene, DVBl. 2013, 77, 79.

Abs. 1 KlimaSchG NRW soll die Gesamtsumme der Treibhausgasemissionen in Nordrhein-Westfalen bis zum Jahr 2020 um mindestens 25 % und bis zum Jahr 2050 um mindestens 80 % im Vergleich zu den Gesamtemissionen des Jahres 1990 verringert werden. Das Gesetz folgt insoweit dem Vorbild von Klimaschutzgesetzen anderer Staaten – wie etwa Großbritannien.[36]

§ 4 Abs. 1 S. 1 KlimaSchG NRW ordnet eine explizite Verbindlichkeit der Klimaschutzziele für die Landesregierung an. Sie hat die in ihrer Kompetenz liegenden Maßnahmen an den Klimaschutzzielen zu orientieren; vor allem soll sie die Klimaschutzziele durch Erstellung eines Klimaschutzplans und durch die Raumordnung umsetzen (§ 4 Abs. 1 S. 2 KlimaSchG NRW). Handlungsfelder sind insoweit insbesondere der Ressourcenschutz, die Ressourceneffizienz, die Energieeinsparung und der Ausbau erneuerbarer Energien (§ 4 Abs. 1 S. 3 KlimaSchG NRW). Ausdrücklich wird die Landesregierung aufgefordert, Klimaschutz- und Klimaanpassungsmaßnahmen zu fördern (§ 4 Abs. 1 S. 4 KlimaSchG NRW).

Das KlimaSchG NRW enthält ein bundes- und landesrechtlich neuartiges Instrument: den Klimaschutzplan (§ 6 KlimaSchG NRW), der die notwendigen Maßnahmen zur Erreichung der Klimaschutzziele sowie zur Begrenzung der negativen Auswirkungen des Klimawandels nennen soll. Gem. § 6 Abs. 2 S. 2 KlimaSchG NRW sollte er im Jahr 2013 erstellt werden, dieses Ziel wurde nicht erreicht. Er ist alle fünf Jahre fortzuschreiben. Im Unterschied zu sonstigen Fachplanungen, wie etwa jener im Abfallbereich oder im Infrastrukturbereich (Eisenbahn, Fernstraßen etc.), wird der Klimaschutzplan nicht nur einen Sektor betreffen, sondern Klimaschutzziele für verschiedene Sektoren (Verkehr, Infrastruktur, Industrie, Haushalte etc.) festlegen (vgl. § 6 Abs. 4 Nr. 3, 4 und 6 KlimaSchG NRW). Neben sektorspezifischen Zielen sind Zwischenziele festzulegen: Das dürften in erster Linie zeitlich gestaffelte Zwischenziele für die Reduktion von Treibhausgasemissionen sein. Es sind auch die Wirkungsbeiträge und Wechselwirkungen von Maßnahmen des Bundes sowie der Europäischen Union auf Nordrhein-Westfalen einzubeziehen und darzustellen sowie Wirkungsbeiträge und Wechselwirkungen von Produktionsverlagerungen nach und aus Nordrhein-Westfalen bei der Berechnung der Gesamtemissionen in geeigneter Weise zu berücksichtigen (§ 6 Abs. 3 S. 1 und 2 KlimaSchG NRW). Eine nicht abschließende Liste („insbesondere") zentraler Elemente des Klimaschutzplans benennt § 6 Abs. 4 KlimaSchG NRW: Hierzu zählen etwa die Festlegung von Zwischenzielen für Treibhausgasreduktionen bis 2050 (Nr. 1), Ziele zum Ausbau der Erneuerbaren Energien, zur Energieeinsparung, zur Erhöhung der Ressourcen- und Energieeffizienz sowie des Ressourcenschutzes (Nr. 2) sowie diesbezügliche nachhaltige Strategien und Maßnahmen zu ihrer Erreichung (Nr. 4), die Ermittlung und Darstellung sektoraler Potenziale und Beiträge (Nr. 3) und sektorspezifische Strategien und Maßnahmen (Nr. 6), eine Ermittlung und Darstellung der Potenziale oder ein verbindliches Konzept für eine klimaneutrale Landesverwaltung (Nr. 5). Zuständig für die Erstellung des Klimaschutzplans ist die Landesregierung,

---

[36] Vgl. dazu *Groß*, ZUR 2011, 171, 174.

die diesen unter „umfassender Beteiligung von gesellschaftlichen Gruppen sowie der kommunalen Spitzenverbände" entwickeln soll; beschlossen wird der Klimaschutzplan vom Landtag (§ 6 Abs. 1, 2. Hs. KlimaSchG NRW). Durch Rechtsverordnung kann die Landesregierung Teile des Klimaschutzplans[37] für öffentliche Stellen verbindlich erklären (§ 6 Abs. 6 S. 1 KlimaSchG NRW).

Sonstige Maßnahmen betreffen die Verwirklichung einer klimaneutralen Landesverwaltung (§ 7 KlimaSchG NRW), das Monitoring (§ 8 KlimaSchG NRW) und die Einsetzung eines Sachverständigenrats Klimaschutz Nordrhein-Westfalen (§ 9 KlimaSchG NRW). Mit Hilfe eines wissenschaftlich fundierten Monitorings soll ermittelt und überprüft werden, ob die Klimaschutzziele durch die Umsetzung der Maßnahmen des Klimaschutzplans erreicht werden. Hierzu gehört eine Ermittlung des Ist-Zustands an Treibhausgasemissionen in Nordrhein-Westfalen, eine Prognose über deren Entwicklung sowie hieraus abgeleitete Empfehlungen für die Fortschreibung des Klimaschutzplans (§ 8 Abs. 2 KlimaSchG NRW). Der Sachverständigenrat Klimaschutz „achtet auf die Einhaltung der Klimaschutzziele und berät die Landesregierung bei der Erarbeitung und Fortentwicklung des Klimaschutzplans" (§ 9 Abs. 2 S. 1 KlimaSchG NRW). Die Landesregierung und der Landtag erhalten einen Bericht, zu dem die Landesregierung gegenüber dem Landtag Stellung nimmt (§ 9 Abs. 3 und 4 KlimaSchG NRW).

Adressiert ist das Gesetz an die in § 2 Abs. 2 KlimaSchG genannten öffentlichen Stellen. Nach § 1 Abs. 3 KlimaSchG NRW entfalten die Regelungen des KlimaSchG NRW – und folglich auch die in § 3 Abs. 1 KlimaSchG NRW normierten Klimaschutzziele – Bindungswirkung für die in § 2 Abs. 2 KlimaSchG NRW genannten öffentlichen Stellen. Öffentliche Stellen sind nach dem Wortlaut des § 2 Abs. 2 KlimaSchG NRW die Landesregierung, Behörden, Einrichtungen, Sondervermögen und sonstige Stellen des Landes, Gemeinden und Gemeindeverbände sowie sonstige der Aufsicht des Landes unterstehende juristische Personen des öffentlichen Rechts und deren Vereinigungen, soweit sie nicht der Selbstverwaltung der Wirtschaft oder beruflicher Angelegenheiten dienen oder es sich um einen kommunalen Zweckverband oder eine kommunale Anstalt handelt. Juristische Personen des Privatrechts zählen gem. § 2 Abs. 2 S. 2 KlimaSchG NRW dazu, soweit die Stellen nach S. 1 einen bestimmenden Einfluss auf sie ausüben. Nach § 5 Abs. 1 S. 1 KlimaSchG NRW kommt anderen öffentlichen Stellen i.S.v. § 2 Abs. 2 KlimaSchG NRW – mit Ausnahme von Gemeinden und Gemeindeverbänden sowie juristischen Personen des Privatrechts, auf die Gemeinden einen beherrschenden Einfluss ausüben – eine Vorbildfunktion beim Klimaschutz zu. Während S. 1 eine unverbindliche Appellfunktion beizumessen ist, verpflichtet § 5 Abs. 1 S. 2 KlimaSchG NRW die anderen öffentlichen Stellen zur Aufstellung von Klimaschutzkonzepten.

---

[37] § 6 Abs. 4 Nr. 2, 4 und 6 KlimaSchG NRW.

b) Änderung des Landesplanungsgesetzes

Besondere Bedeutung kommt den Änderungen des Landesplanungsgesetzes zu. Die in Artikel 2 des Gesetzes enthaltenen Änderungen des Landesplanungsgesetzes bezwecken die Umsetzung der Klimaschutzziele und -konzepte durch die Landesraumordnung. Die Neuformulierung von § 12 Abs. 3 LPlG NRW n. F. verpflichtet zur Berücksichtigung von Klimaschutzkonzepten bei der Aufstellung und Änderungen von Raumordnungsplänen.[38] Raumordnung bezweckt eine gesamträumliche Planung, die durch überörtliche und fachübergreifende Raumordnungspläne zum Ausdruck kommt (vgl. § 1 Abs. 1 S. 1 ROG). Eine Pflicht zur Berücksichtigung der Fachplanung im Rahmen der Raumordnung besteht grundsätzlich nicht, vielmehr hat umgekehrt die zuständige Behörde bei einem planfeststellungsbedürftigen, raumbedeutsamen Vorhaben die Belange der Raumordnung in der Abwägung zu berücksichtigen. Insoweit bedingt der neue § 12 Abs. 3 LPlG NRW eine Abkehr von dem Grundsatz, dass die Fachplanung die Raumordnung, nicht aber umgekehrt zu berücksichtigen hat.

Ein neuer Abs. 6 S. 2 des § 12 LPlG NRW verpflichtet zur raumordnerischen Umsetzung des § 3 KlimaSchG NRW und damit zur Umsetzung der Klimaschutzziele als raumbezogene Ziele und Grundsätze und/oder zur Erteilung von entsprechenden räumlichen Konkretisierungsaufträgen an nachgeordnete Planungsträger. § 12 Abs. 7 LPlG NRW verpflichtet darüber hinaus zur Umsetzung von Festlegungen des Klimaschutzplans NRW, falls gem. § 6 Abs. 6 S. 1 KlimaSchG NRW mittels Rechtsverordnung Teile des Klimaschutzplans für verbindlich erklärt worden sind und soweit sie durch Ziele oder Grundsätze der Raumordnung gesichert werden können.

2. Klimaschutzgesetzgebung in Baden-Württemberg

a) Ziele und Instrumente des Klimaschutzgesetzes Baden-Württemberg

Als zweites Bundesland nach Nordrhein-Westfalen ist in Baden-Württemberg am 31. Juli 2013 das Gesetz zur Förderung des Klimaschutzes (zum Teil) in Kraft getreten.[39] Das Artikelgesetz enthält in Art. 1 das Klimaschutzgesetz Baden-Württemberg (KSG BW), in Art. 2 Änderungen des § 11 LplG BW und in Art. 3 Regelungen zum Inkrafttreten.

Zweck des KSG BW ist, im Rahmen der internationalen, europäischen und nationalen Klimaschutzziele einen angemessenen Beitrag zum Klimaschutz durch Reduzierung der Treibhausgasemissionen zu leisten und zu einer nachhaltigen Energieversorgung beizutragen (§ 1 Abs. 1 KSG BW). Baden-Württemberg als moderne In-

[38] § 12 Abs. 3 LPlG NRW lautet: „Vorliegende Fachbeiträge und Konzepte (z.B. Klimaschutzkonzepte) sind bei der Erarbeitung von Raumordnungsplänen zu berücksichtigen."

[39] § 2 S. 2, § 5 und § 11 Abs. 3 KSG BW treten erst am 1. Januar 2014 in Kraft; vgl. Art. 3 des Gesetzes zur Förderung des Klimaschutzes.

dustrieregion möchte hiermit seiner Verantwortung für einen Anteil von 0,3 % an den weltweiten Treibhausgasemissionen Rechnung tragen und bettet insoweit landesrechtliche Klimaschutzbemühungen nach § 1 Abs. 1 KSG BW in Verbindung mit § 6 Abs. 2 S. 2 KSG BW in einen internationalen, europäischen und nationalen Kontext ein.

Das KSG BW folgt der Grundstruktur des KlimaSchG NRW. Es enthält als Kernelement – wie auch das KlimaSchG NRW – zwei Klimaschutzziele: eine Reduzierung der Gesamtsumme der Treibhausgase in Baden-Württemberg um 25 % bis zum Jahr 2020 und – ambitionierter als Nordrhein-Westfalen – um 90 % bis zum Jahr 2050 jeweils im Verhältnis zum Basisjahr 1990 (§ 4 Abs. 1 KSG BW). Sie sollen durch einen Klimaschutzgrundsatz (§ 5 KSG BW) und ein Integriertes Energie- und Klimaschutzkonzept (IEKK, [§ 6 KSG BW]) sowie die Regionalplanung verwirklicht werden.

Neben der Kodifizierung von Klimaschutzzielen sieht § 6 KSG BW vor, dass die Landesregierung nach Anhörung von Verbänden und Vereinigungen zur Gewährleistung einer größtmöglichen demokratischen Teilhabe und gesellschaftlichen Akzeptanz ein sogenanntes „Integriertes Energie- und Klimaschutzkonzept" (IEKK) beschließt, das wesentliche Sektorziele[40] und Ziele für Handlungsbereiche zur Erreichung der Sektorziele sowie Strategien und Maßnahmen zur Erreichung der Klimaschutzziele benennt. Das Integrierte Energie- und Klimaschutzkonzept liegt als vom Kabinett beschlossener Entwurf vor[41] und soll nach Abschluss weiterer Beteiligungsschritte im ersten Quartal 2014 vom Landtag beschlossen werden.

Deutlicher als das KlimaSchG NRW regelt das KSG BW den Anwendungsbereich des Gesetzes: Es findet keine Anwendung bei bundesrechtlichen Vorgaben zum Klimaschutz (§ 2 S. 1 KSG BW). Das ergibt sich freilich auch aus Art. 31 GG. Bedeutender ist insoweit § 2 S. 2 KSG BW, der am 1. Januar 2014 in Kraft getreten ist:[42] Er bestimmt, dass das KSG BW ergänzend Anwendung findet, wenn der Klimaschutz ausdrücklich oder im Rahmen öffentlicher Belange bei Entscheidungen der öffentlichen Hand zu berücksichtigen ist. Diese Norm legt fest, dass Ermittlung und Gewicht des Klimaschutzes in fachplanerischen oder sonstigen (Abwägungs-) Entscheidungen gem. den Zielen und Konkretisierungen des KSG BW zu erfolgen haben. Das Gesetz selbst enthält mit dem am 1. Januar 2014 in Kraft getretenen Klimaschutzgrundsatz in § 5 S. 1 KSG BW eine eigene Gewichtung, indem es der Energieeinsparung, der effizienten Bereitstellung, Umwandlung, Nutzung und Speicherung von Energie sowie dem Ausbau erneuerbarer Energien besondere Bedeutung bei der Verwirklichung der Klimaschutzziele beimisst. Diesbezüglich hebt das im

---

[40] Das sind gem. § 6 Abs. 2 S. 1 Nr. 1 KSG BW Minderungsziele für die Treibhausgasemissionen verschiedener Emittentengruppen.

[41] Beschluss vom 17.12.2013, abrufbar unter https://www.baden-wuerttemberg.de/de/service/presse/pressemitteilung/pid/integriertes-energie-und-klimaschutzkonzept-zur-anhoerung-freigegeben/ (Stand: 1.4.2014).

[42] Siehe Fn. 39.

Entwurf vorliegende IEKK vor allem den Ausbau der Windkraft als vorrangiges Ziel hervor. Bis zum Jahr 2020 soll der Anteil des aus Windkraft erzeugten Stroms 10 % an der Bruttostromerzeugung des Landes ausmachen, was die Errichtung und den Betrieb von ca. 1200 zusätzlichen Windkraftanlagen mit einer Leistung von je etwa 3 Megawatt (MW) erforderlich macht.[43]

Sonstige Maßnahmen betreffen die Verwirklichung einer klimaneutralen Landesverwaltung bis zum Jahr 2040 (§ 7 Abs. 2 KSG BW), eine allgemeine – im KlimaSchG NRW nicht enthaltene – Verpflichtung zum Klimaschutz für jedermann (§ 8 Abs. 1 KSG BW) sowie einen Bildungsförderauftrag in Sachen Klimaschutz (§ 8 Abs. 2 KSG BW), das Monitoring (§ 9 KSG BW) und die Einsetzung eines Beirats für Klimaschutz (§ 10 KSG BW). § 11 KSG BW regelt behördliche Aufgaben und Zuständigkeiten. Im Unterschied zum Monitoring nach § 8 KlimaSchG NRW wird der Monitoringbericht gem. § 9 Abs. 3 KSG BW nach einer Stellungnahme des Beirats für Klimaschutz von der Landesregierung beschlossen und dem Landtag zugeleitet. Außerdem weist § 11 Abs. 2 KSG BW den Ministerien die Zuständigkeit für das Monitoring zu, wobei die Federführung das Umweltministerium („Stabsstelle Klimaschutz") inne hat.

b) Änderungen des Landesplanungsgesetzes

Art. 2 des baden-württembergischen Gesetzes zur Förderung des Klimaschutzes vom 23. Juli 2013 enthält ebenfalls Änderungen des Landesplanungsgesetzes BW.[44] So sieht § 11 Abs. 1 S. 2 LplG BW n.F. vor, dass bei Festlegung von Grundsätzen der Raumordnung die Vorgaben des KSG BW ergänzend zu berücksichtigen sind. Nach § 11 Abs. 3 S. 2 LplG BW n.F. sind in Regionalplänen Gebiete für Standorte zur Nutzung erneuerbarer Energien, insbesondere Gebiete für Standorte regional bedeutsamer Windkraftanlagen (Nr. 11) und Standorte und Trassen für sonstige Infrastrukturvorhaben, einschließlich Energieversorgung und Energiespeicherung (Nr. 12) festzusetzen. § 11 Abs. 7 S. 1 Hs. 2 LplG BW n.F. stellt klar, dass die Träger der Regionalplanung Standorte für regionalbedeutsame Windenergieanlagen nur noch als Vorranggebiete festsetzen dürfen. Ausschlussgebiete für Windenergienutzung können demgegenüber – nicht mehr – festgelegt werden.[45]

Die Änderung des LplG BW 2013 soll vor allem den Ausbau der Windkraftnutzung mittels Regionalplanung befördern: Vorranggebiete schließen nur entgegenstehende raumbedeutsame Nutzungen innerhalb des Gebiets aus, eine darüber hinaus-

[43] Windenergieerlass BW vom 9.5.2012 (Az.: 64–4583/404), S. 5.

[44] GBl. BW S. 229, 232.

[45] Nach § 11 Abs. 3 S. 2 Nr. 11, Abs. 7 S. 1 Hs. 2 LplG BW in der Fassung vom 10.07. 2003 mussten Standorte für regionalbedeutsame Windenergieanlagen als Vorranggebiete und die übrigen Gebiete der Region als Ausschlussgebiete festgesetzt werden. Es bestand somit eine Pflicht zur Gesamtplanung in positiver oder negativer Hinsicht.

gehende Ausschlusswirkung kommt der Festsetzung nicht zu.[46] Dies hat vor allem Auswirkungen für die kommunale Flächennutzungsplanung: Die Steuerung der übrigen Gebietsbereiche ist damit weiterhin der kommunalen Flächennutzungsplanung zugänglich und kann ebenso dem Ausbau der Windenergienutzung vorbehalten werden. Der Planvorbehalt des § 35 Abs. 3 S. 3 BauGB ist lediglich dann erfüllt, wenn die raumplanerische Vorgabe die Entscheidung enthält, wo keine privilegierten Anlagen entstehen sollen. Das untersagt nunmehr § 11 Abs. 7 S. 1, 2. Hs. LplG BW für Regionalpläne. Um eine Überarbeitung und Neuausrichtung der planerischen – vor allem der kommunalen – Steuerung von Windenergieanlagen zu ermöglichen, wurden zudem bestehende Festlegungen sowohl von Ausschluss- als auch von Vorranggebieten zum 1. 1. 2013 gesetzlich aufgehoben.[47]

Ohne nennenswerte Auswirkung dürfte im Übrigen die der Raumordnungsplanung immanente Beschränkung der Steuerungsmöglichkeit von raumbedeutsamen Vorhaben sein. Raumbedeutsam ist entsprechend § 3 Nr. 6 ROG insbesondere ein Vorhaben, durch welches die räumliche Entwicklung oder Funktion eines Gebietes beeinflusst wird. Ob hieran gemessen eine Windkraftanlage raumbedeutsam ist, bedarf zwar einer Beurteilung im Einzelfall. Gleichwohl ist bereits die bloße Höhe eines Vorhabens von ca. 100 m ein starkes Indiz für seine Raumbedeutsamkeit. Die für das Erreichen der für Strom aus Windenergie vorgesehenen 10 Prozent-Quote hinsichtlich der gesamten Bruttostromerzeugung erforderlichen Windenergieanlagen dürften angesichts der Windhöffigkeit und des Bedarfs des Landes Baden-Württemberg[48] diese Höhen regelmäßig übersteigen.

III. Reichweite und Handlungsspielräume der Klimaschutzgesetzgebung und -planung der Länder

Die Klimaschutzgesetze Nordrhein-Westfalens und Baden-Württembergs sind Rahmengesetze, deren Wirkkraft erst durch Konkretisierung mittels der Klimaschutzpläne und der Landesraumordnung sowie nachgeordneten Ebenen wie etwa der Bauleitplanung und der Zulassungsebene erfolgen kann. Damit die Klimaschutzziele nicht leerlaufen und es sich bei den Landes-Klimaschutzgesetzen nicht lediglich um symbolische Gesetzgebung handelt, ist also die Frage nach den Handlungsspielräumen der Länder, insbesondere nach den verfassungsrechtlichen Grenzen, aufgeworfen.

---

[46] Vgl. § 8 Abs. 7 S. 1 Nr. 1 ROG.

[47] Flankierend sieht § 11 Abs. 2 S. 4 LplG BW nunmehr vor, dass die Aufgabe der Regionalpläne, namentlich die räumliche und sachliche Ausformung der Grundsätze und Ziele der Raumordnung des Landesentwicklungsplans und der fachlichen Entwicklungspläne, nicht (mehr) für das Ziel der Raumordnung nach Plansatz 4.2.7 (Windkraft) des Landesentwicklungsplans 2002 BW gilt.

[48] Vgl. insoweit *Schmidt/Staiß/Nitsch*, Gutachten zur Vorbereitung eines Klimaschutzgesetzes für Baden-Württemberg, 2012, S. 22 ff.

1. Vereinbarkeit der Landesklimaschutzgesetzgebung mit der Kompetenzordnung

Laut der Gesetzesbegründung ist das KlimaSchG NRW auf die Gesetzgebungskompetenz gem. Art. 70 GG gestützt.[49] Der Gesetzgeber des KSG BW zieht zusätzlich Art. 74 Abs. 1 Nr. 24 GG (Luftreinhaltung) heran.[50] Im Schrifttum wird verschiedentlich die Gesetzgebungskompetenz der Länder angezweifelt.[51]

Nach Art. 70 Abs. 1 GG haben die Länder das Recht der Gesetzgebung, soweit das Grundgesetz nicht dem Bund Gesetzgebungsbefugnisse verleiht. Grundsätzlich obliegt damit den Ländern die Gesetzgebungskompetenz, wenn dem Bund keine ausschließliche Gesetzgebungsbefugnis gem. Art. 71, 73 GG zukommt oder der Bund nicht von der konkurrierenden Gesetzgebungsbefugnis (Art. 72 Abs. 1 GG) Gebrauch gemacht hat. Das Grundgesetz enthält keine explizite Gesetzgebungsbefugnis für Klimaschutz.[52] Klimaschutz ist vielmehr eine Querschnittsaufgabe, die zahlreiche Sachbereiche berührt.[53] Bundesgesetze, wie das Erneuerbare-Energien-Gesetz (EEG) und das Erneuerbare-Energien-Wärmegesetz (EEWärmeG)[54], wurden auf Art. 74 Abs. 1 Nr. 24 GG gestützt,[55] da Hauptzweck des EEG und des EEWärmeG die Treibhausgaseinsparung, also der Klimaschutz ist, der zugleich der Luftreinhaltung dient.

Klimaschützende Teilregelungen von im Schwerpunkt andere Zwecke verfolgenden Gesetzen können gleichwohl auf andere Kompetenztitel wie des Rechts der Wirtschaft (Art. 74 Abs. 1 Nr. 11 GG), der Abfallwirtschaft (Art. 74 Abs. 1 Nr. 24 GG), dem Naturschutz (Art. 74 Abs. 1 Nr. 29 GG), der Raumordnung (Art. 74 Abs. 1 Nr. 31 GG) oder dem Wasserhaushalt (Art. 74 Abs. 1 Nr. 32 GG) oder einer Zusammenschau aus diesen gestützt werden.[56]

Das KlimaSchG NRW und das KSG BW legen im Schwerpunkt Klimaschutzziele für Nordrhein-Westfalen und Baden-Württemberg fest und schaffen einen rechtlichen Rahmen für die in einem Klimaschutzplan bzw. einem Integrierten Energie- und Klimaschutzkonzept festzulegenden Strategien und Maßnahmen, um diese Zielsetzungen zu erreichen.[57] Da die Klimaschutzziele als Reduktionsziele für Treib-

---

[49] LT-Drs. (NRW) 16/127, S. 16.

[50] LT-Drs. (BW) 15/3465, S. 13.

[51] *Schink*, Zum Entwurf eines nordrhein-westfälischen Klimaschutzgesetzes, NWVBl. 2012, 41, 43 ff.; *Beckmann*, Klimaschutz in Nordrhein-Westfalen. Zum Entwurf eines Klimaschutzgesetzes Nordrhein-Westfalen, I+E 2011, S. 67, 68 ff.

[52] LT-Drs. (BW) 15/3465, S. 13.

[53] *Wickel*, DVBl. 2013, 77, 82.

[54] BT-Drs. 16/8149, S. 12 f.

[55] BT-Drs. 17/6071, S. 44.

[56] *Sina/Rodi* (Fn. 26), S. 15. So ist etwa die Novelle des Treibhausgas-Emissionshandelsgesetzes (TEHG) 2012 auf Art. 74 Abs. 1 Nr. 24 und Nr. 11 GG gestützt, vgl. BT-Drs. 17/5296, S. 32.

[57] Vgl. Begründung, LT-Drs. (NRW) 15/2953, S. 16.

hausgasemissionen formuliert sind, bezweckt das Gesetz Treibhausgaseinsparung und folglich Luftreinhaltung. Der Bundesgesetzgeber hat bislang kein Klimaschutzgesetz verabschiedet, das ähnliche Ziele und Regelungsgehalte wie die Klimaschutzgesetze von Nordrhein-Westfalen und Baden-Württemberg in Form von bundesrechtlich verbindlichen Klimaschutzzielen und -plänen enthält. TEHG, ZUG und BImSchG enthalten ebenfalls keine Klimaschutzziele und keine Verpflichtung zum Erlass eines Klimaschutzplans. Soweit das TEHG Pflichten zur Reduzierung von Treibhausgasen festsetzt,[58] gelten diese lediglich für Einzelanlagen. Bezüglich der Festlegung von Klimaschutzzielen sowie von Strategien und Maßnahmen hat der Bundesgesetzgeber mithin bislang nicht von seiner Gesetzgebungsbefugnis nach Art. 74 Abs. 1 Nr. 24 GG Gebrauch gemacht. Die Gesetzgebungskompetenz der Länder folgt mithin aus dem Recht der Luftreinhaltung, gem. Art. 72 Abs. 1, 74 Abs. 1 Nr. 24 GG. Diese Sachkompetenz umfasst auch klimaschützende Regelungen.[59]

Die mit dem Erlass der Klimaschutzgesetze einhergehenden Änderungen der jeweiligen Landesplanungsgesetze ergeben sich aus der konkurrierenden Gesetzgebungskompetenz gem. Art. 72 Abs. 1 i.V.m. Art. 74 Abs. 1 Nr. 31 GG.[60] Diesbezüglich entgegenstehende, abschließende Regelungen im ROG finden sich nicht, so dass der Bundesgesetzgeber insoweit von seiner konkurrierenden Gesetzgebung nicht Gebrauch gemacht hat. Selbst wenn eine bundesrechtliche Regelung entgegenstünde, hätten die Länder auf dem Gebiet der Raumordnung gem. Art. 72 Abs. 3 S. 1 Nr. 4 GG das Recht zur Abweichungsgesetzgebung.

Die Klimaschutzgesetze Nordrhein-Westfalen und Baden-Württemberg unterliegen keinen kompetenzrechtlichen Zweifeln. Lediglich wenn der Bund gestützt auf Art. 74 Abs. 1 Nr. 24 GG – wofür laut Koalitionsvertrag der Bundesregierung keine Ansatzpunkte bestehen[61] – ein Bundes-Klimaschutzgesetz erlassen würde, entfiele die Länderzuständigkeit und es käme Art. 31 GG im Hinblick auf die Landes-Klimaschutzgesetze zum Tragen.

2. Vereinbarkeit der Klimaschutzgesetze mit dem Bestimmtheitsgrundsatz

Die in § 3 KlimaSchG NRW und § 4 Abs. 1 KSG BW genannten Klimaschutzziele bedürfen einer Konkretisierung und Ausgestaltung durch den Klimaschutzplan bzw. das Integrierte Energie- und Klimaschutzkonzept sowie durch die Landesraumordnung[62]. Insoweit ist die Frage aufgeworfen, ob diese sehr abstrakten Zielvorgaben

[58] Vgl. §§ 27 Abs. 4, 28 Abs. 1 Nr. 5e) TEHG i. V. m. Anhang 5 zum TEHG.

[59] BT-Drs. 16/2709, S. 15; *Jarass/Pieroth*, Grundgesetz, 12. Aufl. 2012, Art. 74 Rn. 69; *Kunig*, in: v. Münch/Kunig, Grundgesetz Kommentar II, 6. Aufl. 2012, Art. 74 Rn. 107.

[60] Vgl. LT-Drs. (BW) 15/3465, S. 13 f.

[61] Vgl. oben Fn. 27.

[62] Vgl. § 4 Abs. 1 S. 1 KlimaSchG NRW, § 11 Abs. 2 S. 2 LplG BW.

mit dem Bestimmtheitsgrundsatz vereinbar sind.[63] Der Bestimmtheitsgrundsatz verpflichtet den Gesetzgeber, Normen so zu fassen, dass das Gebotene für den Normadressaten im Interesse der Rechtssicherheit und der Willkürfreiheit staatlichen Handelns erkennbar ist.[64] Rechtsvorschriften sind danach so zu formulieren, wie dies nach Eigenart der zu ordnenden Lebenssachverhalte mit Rücksicht auf den Normzweck möglich ist.[65]

Das KlimaSchG NRW legt fest, dass im Vergleich zum Jahr 1990 die Treibhausgasemissionen in Nordrhein-Westfalen bis zum Jahr 2020 um 25 % und bis zum Jahr 2050 um 80 % sinken sollen; das KSG BW verpflichtet sogar zu einer Minderung um 90 % bis 2050. Die prozentualen Zielsetzungen können sehr konkret in Treibhausgasemissions-Budgets für Nordrhein-Westfalen und Baden-Württemberg übersetzt, m.a.W. heruntergebrochen werden, und damit in Tonnen Treibhausgase für einzelne Sektoren transformiert werden. Die Ziele können auch zeitlich gestaffelt festgelegt werden. Insgesamt sind die Klimaschutzziele somit zumindest bestimmbar. Hinsichtlich der Anforderungen an die Bestimmtheit ist ferner zu berücksichtigen, dass die Klimaschutzziele lediglich die Landesregierung[66] binden. In Nordrhein-Westfalen kann gem. § 1 S. 3 i.V.m. § 2 Abs. 2 KlimaSchG NRW darüber hinaus eine Bindungswirkung der Klimaschutzziele des § 3 KlimaSchG NRW gegenüber öffentlichen Stellen i.S.v. § 2 KlimaSchG NRW abgeleitet werden. Da die Klimaschutzziele lediglich gegenüber öffentlichen Stellen oder der Landesregierung, nicht aber gegenüber Privaten verbindlich sind, ist von einem unmittelbaren Eingriff in Grundrechte nicht auszugehen. Insofern sind keine hohen Anforderungen an die Bestimmtheit zu stellen, so dass die Klimaschutzgesetze der Länder Nordrhein-Westfalen und Baden-Württemberg mit dem verfassungsrechtlichen Bestimmtheitsgrundsatz vereinbar sein dürften.

Etwas anderes könnte indes für die Bestimmtheit des § 6 Abs. 6 S. 1 KlimaSchG NRW gelten, der die Landesregierung ermächtigt, durch Rechtsverordnung Vorgaben des Klimaschutzplans für öffentliche Stellen verbindlich zu erklären.[67] Prüfmaßstab für landesrechtliche Verordnungsermächtigungen ist insoweit Art. 70 LV NRW. Hinsichtlich der Bestimmtheit einer Rechtsverordnungsermächtigung unterscheidet sich Art. 70 S. 2 LV NRW – auch unter Bezugnahme der Rechtsprechung des Verfassungsgerichtshofs NRW – nicht von dem durch die Rechtsprechung des BVerfG

---

[63] Eine Unvereinbarkeit bejahen *Schink*, Der Entwurf des Klimaschutzgesetzes Nordrhein-Westfalen, I+E 2011, 52, 61; *Beckmann*, I+E 2011, 67, 75 ff.

[64] BVerfGE 56, 1, 12; 110, 33, 53 f.

[65] BVerfGE 93, 213, 238; 87, 234, 263; 102, 254, 337; 103, 332, 384.

[66] § 4 Abs. 1 S. 1 KlimaSchG NRW; § 4 Abs. 2 S. 2 KSG BW.

[67] Eine entsprechende Ermächtigung zum Erlass einer Rechtsverordnung zum Zwecke der Verbindlicherklärung von Teilen des IEKK enthält das KSG BW nicht. Das IEKK ergeht durch einfachen Beschluss der Landesregierung (Kabinettsbeschluss).

geprägten Bestimmtheitsgebot des Art. 80 Abs. 1 S. 2 GG.[68] Art. 70 LV NRW zielt darauf, zur Sicherung und Erhaltung sowohl rechtsstaatlicher Grundsätze als auch des Demokratiegebots der Verordnungsbefugnis eines Ermächtigungsadressaten formelle und materielle Grenzen zu setzen.[69] Das Parlament soll zwar entlastet werden, der Gesetzgeber hat aber weiterhin die Verantwortung für seine Gesetzgebung zu tragen.[70] Er muss selber durch das ermächtigende Gesetz vorgeben, welchem Ziel die Regelung dienen soll. Dem Ermächtigungsadressaten muss gewissermaßen ein „Programm" an die Hand gegeben werden.[71] An dieser Zielsetzung ist auch die Ermächtigungsgrundlage des § 6 Abs. 6 S. 1 KlimaSchG NRW zu messen.

Der § 6 Abs. 6 S. 1 KlimaSchG NRW regelt, dass die Landesregierung durch Rechtsverordnung Vorgaben des Klimaschutzplans nach § 6 Abs. 4 S. 1 Nr. 2, 4 und 6 KlimaSchG NRW für öffentliche Stellen für verbindlich erklären kann. Der Inhalt von § 6 Abs. 6 S. 1 KlimaSchG NRW erschließt sich mithin erst in der Zusammenschau mit § 6 Abs. 4 S. 1 Nr. 2, 4 und 6 KlimaSchG NRW, der auf spezifische Vorgaben des durch den Landtag gem. § 6 Abs. 1 KlimaSchG NRW zu beschließenden Klimaschutzplans verweist.

Ein Verweis der Ermächtigungsgrundlage auf eine andere konkretisierungsbedürftige Norm des KlimaSchG NRW ist grundsätzlich unschädlich, da es ausreicht, wenn sich die Grenzen der Verordnungsermächtigung entweder aus der Ermächtigungsgrundlage selbst oder jedenfalls dem Gesetzeszusammenhang der Regelung ergeben.[72] Ein Verweis auf den Klimaschutzplan könnte indes problematisch sein, wenn der Klimaschutzplan noch nicht erlassen ist und der Klimaschutzplan selbst kein formelles Gesetz ist. Ein noch nicht erfolgter Beschluss über den Klimaschutzplan hindert den Rechtsverordnungsgeber, Teile hiervon für verbindlich zu erklären. Eine inhaltliche Unbestimmtheit liegt insoweit indes nicht vor.

Der Klimaschutzplan wird gem. § 6 Abs. 1 KlimaSchG NRW durch den Landtag beschlossen. Zwar erfährt er durch diese parlamentarische Beschlussfassung nach § 6 Abs. 1 KlimaSchG NRW demokratische Legitimation, er ist selbst jedoch kein formelles Gesetz im Sinne des Art. 70 S. 1 LV NRW.[73] Auch das Aufstellungsverfah-

---

[68] So nimmt der VerfGH NRW selbst Bezug auf Art. 80 Abs. 1 S. 2 GG und die hierzu ergangene Rechtsprechung, vgl. VerfGH NRW, Urt. v. 24.8.1993, 13/92, S. 9. Vgl. ferner OVG NRW, Urt. v. 10.2.2011, 13 A 652/10, Rn. 61 f.

[69] *Mann*, in: Löwer/Tettinger, Kommentar zur Verfassung des Landes Nordrhein-Westfalen, 2002, Art. 70 Rn. 4.

[70] *Schönenbroicher*, in: Heusch/Schönenbroicher, Landesverfassung Nordrhein-Westfalen Kommentar, 2010, Art. 70 Rn. 2.

[71] *Schönenbroicher*, in: Heusch/Schönenbroicher (Fn. 70), Art. 70 Rn. 37; BVerfGE 2, 307, 334; 18, 52, 62; 51, 166, 174; 53, 135, 144.

[72] Das Bundesverfassungsgericht ist bei der Beurteilung des Gesamtzusammenhangs einer Regelung eher großzügig, vgl. BVerfGE 35, 179, 183; 58, 257, 277.

[73] *Heß/Kachel/Lange*, Das Klimaschutzgesetz Nordrhein-Westfalen, EnWZ 2013, 155, 159); a. A. *Ekardt*, Zur Vereinbarkeit eines Landesklimaschutzrechts mit dem Bundes-, Verfassungs- und Europarecht, UPR 2011, 371, 372.

ren, das die Einbeziehung gesellschaftlicher Gruppen und der kommunalen Spitzenverbände vorsieht (§ 6 Abs. 1 KlimaSchG NRW), spricht gegen den förmlichen Charakter. Schließlich bedürfte es nicht mehr einer Verbindlicherklärung durch Rechtsverordnung, wenn der Klimaschutzplan als formelles Gesetz ergeht.[74] Der Klimaschutzplan kann mithin keine eigenständige Ermächtigungsgrundlage für eine Rechtsverordnung sein. Dies ist unbeachtlich, solange der Inhalt einer Rechtsverordnung – trotz oder gerade aufgrund des Verweises auf § 6 Abs. 4 S. 1 Nr. 2, 4 und 6 KlimaSchG NRW – sicher bestimmbar ist. Dem Klimaschutzplan kommt nur in einem zweiten Schritt eine „ausgestaltende" Rolle zu; allerdings sind die Vorgaben des § 6 Abs. 4 S. 1 Nr. 2, 4 und 6 KlimaSchG NRW Gegenstand der Bestimmtheitsprüfung.

Während § 6 Abs. 4 S. 1 Nr. 2 KlimaSchG NRW hinsichtlich Inhalt, Zweck und Ausmaß hinreichend bestimmt ist, indem durch Verweis auf diese Vorschrift Ausbauziele im Hinblick auf vier konkret benannte Bereiche (Erneuerbare Energien, Energieeinsparung, Erhöhung der Ressourcen- und Energieeffizienz sowie Ressourcenschutz) identifizierbar sind, bestehen angesichts der Verwendung unbestimmter Rechtsbegriffe („Strategien" und „Maßnahmen") in § 6 Abs. 4 S. 1 Nr. 4[75] und Nr. 6[76] KlimaSchG NRW Zweifel an der Bestimmtheit. Nach ständiger Rechtsprechung des VerfGH NRW und des BVerfG schließt die Verwendung unbestimmter Rechtsbegriffe die inhaltliche Bestimmtheit einer Rechtsverordnungsermächtigung nicht aus, sofern diese in ihrem sachlichen Gehalt durch Auslegung mit Hilfe der allgemein gültigen Methoden konkretisierbar sind:[77] Die Gesetzesbegründung führt zu einer weitgehenden inhaltlichen Konkretisierung der Ermächtigungsgrundlage. Die unbestimmten Rechtsbegriffe „nachhaltige Strategien und Maßnahmen" sowie „nachhaltig" werden definiert. Es wird das Spektrum möglicher Maßnahmen auf unterschiedlichen Rechtsebenen aufgezeigt, die aber nur dann verbindlich erklärt werden können, wenn sie einen Beitrag zur Erreichung der übergreifenden Zielsetzung leisten.[78]

Gleichwohl hängen die konkreten nachhaltigen Strategien und Maßnahmen, die mittels einer Rechtsverordnung für verbindlich erklärt werden können, von dem noch zu erstellenden Klimaschutzplan ab und sind insoweit zum Zeitpunkt des Inkrafttretens des KlimaSchG NRW nicht bestimmbar. Es handelt sich insoweit um eine dynamische Verweisung auf Normen einer anderen Normsetzungsinstanz. Eine derar-

---

[74] *Wickel*, DVBl. 2013, 77, 79 f.

[75] § 6 Abs. 4 S. 1 Nr. 4 KlimaSchG NRW sieht vor, dass der Klimaschutzplan nachhaltige Strategien und Maßnahmen vorsehen kann, um die Klimaschutzziele des KSG NRW sowie die im Klimaschutzplan genannten Zwischenziele und sektoralen Zwischenziele zu erreichen.

[76] § 6 Abs. 4 S. 1 Nr. 6 KlimaSchG NRW sieht vor, sektorspezifische Strategien und Maßnahmen festzulegen, um die negativen Auswirkungen des Klimawandels zu begrenzen.

[77] VerfGH NRW, Urt. v. 24. 8. 1993, 13/92, S. 9; BVerfGE 58, 257, 277; *Uhle*, in: Epping/Hillgruber, Beck'scher Online-Kommentar zum GG, Stand: 1. 11. 2013, Art. 80, Rn. 21 m. w. N.

[78] Gesetzesbegründung, LT-Drs. (NRW) 16/127, S. 21.

tige Verweisung ist unter dem Gesichtspunkt der Rechtsklarheit unbedenklich, soweit sie sich nicht im Bereich einer Grundrechtsbeschränkung bewegt.[79] Durch die Verbindlicherklärung wird nicht unmittelbar in Rechte von Privatpersonen eingegriffen. Nach dem Wortlaut des § 6 Abs. 6 S. 1 KlimaSchG NRW können die Vorgaben des Klimaschutzplans nur für öffentliche Stellen verbindlich erklärt werden. Die Gesetzesbegründung stellt insoweit klar, dass durch den Klimaschutzplan nicht unmittelbar Rechtsverpflichtungen für nicht-öffentliche Stellen entstehen, „sondern erst nach entsprechenden Normsetzungen in dafür vorgesehenen, separaten Verfahren".[80] Dies spricht dafür, dass die Anforderungen an die Bestimmtheit der Verordnungsermächtigung nicht zu hoch anzusetzen sind.[81] Es ist allgemein anerkannt, dass an die Bestimmtheit einer Ermächtigung umso geringere Anforderungen zu stellen sind, je geringfügiger die Auswirkungen der gesetzgeberischen Delegation insbesondere im Hinblick auf Grundrechtseingriffe sind.[82] Mit der Verbindlicherklärung von nachhaltigen Strategien und Maßnahmen, die im Klimaschutzplan verankert werden, sind keine Eingriffe in Grundrechte Einzelner verbunden. Erst mit den auf der Grundlage der Strategien und Maßnahmen erlassenen Einzelakten können Grundrechtseingriffe verbunden sein. Diese benötigen freilich – dem Vorbehalt des Gesetzes Rechnung tragend – eine gesonderte gesetzliche Grundlage. Der Klimaschutzplan reicht insoweit als nicht förmliches Gesetz hierfür nicht aus.

Allenfalls die Gemeinden und Gemeindeverbände könnten durch die Verbindlicherklärung von Teilen des Klimaschutzplans in ihrem durch Art. 78 Abs. 1 LV NRW, Art. 28 Abs. 2 GG geschützten Recht auf Selbstverwaltung verletzt werden.[83] Nach der Legaldefinition in § 2 Abs. 2 S. 1 KlimaSchG NRW zählen sie ebenfalls zu den öffentlichen Stellen i.S.d. KlimaSchG NRW. In Betracht kommt etwa eine Betroffenheit der kommunalen Planungs- oder Finanzhoheit durch Verbindlicherklärung von nachhaltigen Strategien und Maßnahmen. Allerdings entscheidet sich erst auf der Ebene des Klimaschutzplans und der nachfolgenden Verbindlicherklärung durch Rechtsverordnung, ob Strategien und Maßnahmen überhaupt die kommunale Selbstverwaltung berühren oder gar in diese eingreifen. Überdies können mittels der Rechtsverordnungsermächtigung gem. § 6 Abs. 6 S. 1 KlimaSchG NRW nur Teile des Klimaschutzplans für verbindlich erklärt werden, und dies gilt auch wiederum nur für Teile der öffentlichen Stellen. Falls Zweifel an der Verfassungskonformität bestehen, so könnte die Verordnungsermächtigung jedenfalls verfassungskonform in der Weise ausgelegt werden, dass die Ermächtigung zur Verbindlicherklärung nicht Bestandteile eines Klimaschutzplans umfasst, der bei einer Verbindlicherklärung auch gegenüber den Kommunen zu einer Verletzung von Art. 28 Abs. 2 GG führen würde. Mit Blick auf die unter Umständen tangierte Finanzhoheit hat der Gesetz-

[79] BVerfGE 26, 338, 365 ff.; 47, 285, 311 ff.; 64, 208, 214 f.; 73, 261, 272 f.

[80] Gesetzesbegründung, LT-Drs. (NRW) 16/127, S. 21.

[81] VerfGH NRW, Urt. v. 24. 8. 1993, 13/92, S. 9.

[82] BVerfGE 76, 130, 143; s. auch BVerfGE 113, 167, 269.

[83] Diese Frage aufwerfend *Grotefels*, Stellungnahme LT-NRW 15/1284 v. 16. 1. 2012, S. 7.

geber zudem mit der Regelung des § 6 Abs. 6 S. 3 KlimaSchG NRW Vorsorge betrieben. Danach wird die Landesregierung verpflichtet, einen aus der Verbindlicherklärung resultierenden finanziellen Nachteil für Gemeinden und Gemeindeverbände auszugleichen und diesen Belastungsausgleich einschließlich eines Verteilungsschlüssels in die Rechtsverordnung aufzunehmen. Das Gesetz trägt damit § 3 Abs. 4 GO NRW Rechnung, der einen solchen Belastungsausgleich verlangt, wenn den Gemeinden neue Pflichten auferlegt werden. Im Umkehrschluss heißt dies, dass Gemeinden und Gemeindeverbänden gegenüber Teile des Klimaschutzplans nur für verbindlich erklärt werden können, wenn die hieraus entstehenden finanziellen Lasten vom Land kompensiert werden.

Insgesamt kann der Verordnungsermächtigung des § 6 Abs. 6 S. 1 KlimaSchG NRW trotz seines Verweises auf § 6 Abs. 4 S. 1 Nr. 2, 4 und 6 KlimaSchG NRW und den damit zusammenhängenden Teilen des Klimaschutzplans angesichts des hier anzuwendenden relativierten Prüfmaßstabs eine hinreichende Bestimmtheit i.S.v. Art. 70 LV NRW attestiert werden.

3. Vereinbarkeit der Klimaschutzgesetze mit Bundesrecht

Vor dem Hintergrund des Grundsatzes „Bundesrecht bricht Landesrecht" (Art. 31 GG) stellt sich freilich auch die Frage, ob die Landes-Klimaschutzgesetze mit dem Bundesrecht vereinbar sind und welcher Handlungsspielraum den Landesgesetzgebern insoweit noch verbleibt.

Um Konflikte mit dem Bundesrecht zu vermeiden, sieht § 2 S. 1 KSG BW vor, dass das KSG BW nicht zur Anwendung gelangt, wenn bundesrechtliche Vorgaben zum Klimaschutz abschließend sind. Der nordrhein-westfälische Gesetzgeber äußert sich zum Verhältnis des KlimaSchG NRW zum Bundesrecht lediglich in seiner Gesetzesbegründung, indem er explizit darauf hinweist, dass er als Landesgesetzgeber nicht über ordnungsrechtliche Kompetenzen verfügt.[84] Diese Einsicht und die Begrenzung des Anwendungsbereichs des KSG BW hindern im Einzelfall indes nicht das Eingreifen von Art. 31 GG.

a) Vereinbarkeit mit dem Emissionshandels- und Immissionsschutzrecht

Nach § 3 Abs. 2 KlimaSchG NRW soll die Reduzierung von Treibhausgasemissionen insbesondere durch eine Steigerung des Ressourcenschutzes, der Ressourcen- und Energieeffizienz, der Energieeinsparung und den Ausbau erneuerbarer Energien erreicht werden. Auch § 5 KSG BW (Klimaschutzgrundsatz) statuiert, dass bei der Verwirklichung der Klimaschutzziele nach § 4 Abs. 1 KSG BW der Energieeinsparung, der effizienten Bereitstellung, Umwandlung, Nutzung und Speicherung von Energie sowie dem Ausbau erneuerbarer Energien besondere Bedeutung zukomme.

[84] LT-Drs. (NRW) 16/127, S. 16.

Das gelte auch, wenn es sich im Einzelfall nur um geringe Beiträge zur Treibhausgasminderung handele.

Die Frage der Vereinbarkeit von Klimaschutzzielen mit dem Emissionshandels- und Immissionsschutzrecht stellt sich insbesondere für das KlimaSchG NRW: In Nordrhein-Westfalen unterliegen zwei Drittel der ausgestoßenen Treibhausgase dem Emissionshandel.[85] Insoweit muss vor allem der Industrieanlagensektor, der vom TEHG, ZUG und BImSchG erfasst wird, Gegenstand von Reduktions-, Effizienz- und Ressourcenschutzanstrengungen sein, um die Klimaschutzziele gem. § 3 KlimaSchG NRW zu erreichen. Insoweit wird angezweifelt, ob das KlimaSchG NRW mit dem bundesrechtlichen Emissionshandelsrecht vereinbar ist.[86]

Das europäische Emissionshandelsrecht, das durch die Emissionshandelsrichtlinie 2003/87/EG vom 13.10.2003[87] ein selbständiges europäisches System für den Handel mit Emissionsberechtigungen geschaffen hat, ist durch das BImSchG i. V. m. mit dem Treibhausgas-Emissionshandelsgesetz (TEHG) und den Zuteilungsgesetzen (ZUG) in deutsches Recht umgesetzt worden. In Deutschland sind derzeit rund 55 % der CO_2-Emissionen von diesem Handelssystem umfasst.[88] Der Konzeption nach wird den Unternehmen eine bestimmte Menge an Emissionszertifikaten zugeteilt, mit denen die Unternehmen „haushalten" müssen und dergestalt ihren Minderungsverpflichtungen nachkommen. Ziel ist es, dass die Unternehmen einerseits ihre Energieeffizienz steigern – insbesondere durch Einsatz neuer, innovativer Techniken – und zugleich ihre CO_2-Emissionen senken, um mit den zugeteilten Zertifikaten auszukommen. Ferner ist es ihnen gestattet, Zertifikate von anderen deutschen oder mitgliedstaatlichen Unternehmen hinzuzukaufen. Entscheidend dafür, ob sie zukaufen oder Emissionen an ihren eigenen Anlagen vermeiden, sind letztlich die individuellen Kosten: Ist die Vermeidung von Emissionen kostengünstiger als der Preis der Zertifikate, wird die eigene Anlage verbessert und umgekehrt. Das Emissionshandelssystem bezweckt mithin, den Ausstoß von Kohlendioxid dort zu reduzieren, wo es am kostengünstigsten ist und sich am wirtschaftlichsten realisieren lässt. In Folge der gezielten Begrenzung der Gesamtemissionsmenge und der Knappheit von Emissionsberechtigungen erhält die vermiedene Tonne CO_2 daher – erstmalig – einen Marktpreis. Der Ausstoß von Treibhausgasen ist damit ein wichtiger Kostenfaktor für Unternehmen, der einen wirtschaftlichen Anreiz schafft, durch Emissionseinsparungen künftig u. a. Einnahmen zu erzielen. Das ordnungsrechtlich ge-

---

[85] Vgl. Gesetzentwurf der Landesregierung vom 10.10.2011, LT-Drs. (NRW) 15/2953, S. 16.

[86] *Beckmann*, I+E 2011, 67, 69 ff.; *Schink*, NWVBl. 2012, S. 41, 43 ff.

[87] ABlEG L 275/32, geändert durch ABlEG 2009 L 140/63; vgl. ferner Mitteilung der Europäischen Kommission, Errichtung eines globalen Kohlenstoffmarkts – Bericht nach Maßgabe von Art. 30 der Richtlinie 2003/87/EG, KOM 2006 (676) endg.; weiterführend *Winter*, Das Klima ist keine Ware. Eine Zwischenbilanz des Emissionshandelssystems, ZUR 2009, 289 ff.

[88] Vgl. Nationaler Allokationsplan 2008–2012 für die Bundesrepublik Deutschland vom 28.06.2006, S. 4.

prägte Immissionsschutzrecht wird insoweit von dem ökonomisch geprägten Steuerungsmodell des TEHG flankiert und z. T. überformt.[89]

Die Landes-Klimaschutzziele Nordrhein-Westfalens könnten gegen das TEHG und ZUG sowie das BImSchG als höherrangiges Recht verstoßen, wenn hierdurch das Emittieren von Treibhausgasen an zusätzliche, über diese Gesetze hinausgehende Anforderungen geknüpft würde. § 3 Abs. 1 KlimaSchG NRW und § 4 Abs. 1 KSG BW beinhalten jedoch per se keine den Emissionshandel überschreitenden unmittelbaren Voraussetzungen für entsprechende Anlagen, weil ihnen schon eine Konkretisierung fehlt, die für das Festschreiben von Betreiberpflichten notwendig ist. Insofern handelt es sich bei den Klimaschutzzielen nicht um unmittelbar verbindliche Voraussetzungen für Anlagenbetreiber, um emittieren zu dürfen.[90]

Ferner ist fraglich, ob am Emissionshandel teilnehmende genehmigungsbedürftige Anlagen nach dem BImSchG grundsätzlich von den die Klimaschutzziele konkretisierenden Maßnahmen auszunehmen sind. Insoweit ist zunächst das Verhältnis zwischen TEHG und BImSchG zu klären. Nach § 5 Abs. 2 BImSchG sind Anforderungen zur Begrenzung von Emissionen von Treibhausgasen nur zulässig, um zur Erfüllung der Pflichten nach § 5 Abs. 1 Nr. 1 BImSchG sicherzustellen, dass im Einwirkungsbereich der Anlage keine schädlichen Umwelteinwirkungen entstehen. Das Emissionshandelssystem ist indes nicht dahingehend abschließend, dass keine flankierenden Vorschriften eingeführt werden dürften. Das TEHG und das ZUG sowie die europäische Emissionshandelsrichtlinie 2003/87/EG treffen hierzu explizit keine Aussagen. Auch aus Art. 9 Industrieemissionsrichtlinie 2010/75/EU (IE-Richtlinie)[91] lässt sich nicht ableiten, dass den Emissionshandel ergänzende Regelungen unzulässig sind.[92] Diese Vorschrift legt fest, dass für Anlagen, die dem Emissionshandel unterfallen, keine Emissionsgrenzwerte für direkte Emissionen dieses Gases in der Genehmigung enthalten sein dürfen, wenn dies nicht zur Verhinderung einer lokalen Umweltverschmutzung erforderlich ist. Art. 9 IE-Richtlinie ist eine anlagenbezogene Regelung. Flankierende Maßnahmen, die nicht in der Festsetzung von Grenzwerten liegen, sind mithin mit dem Unionsrecht vereinbar. So sieht Erwägungsgrund 10 der Richtlinie vor, dass Mitgliedstaaten im Einklang mit Art. 193 AEUV nicht daran gehindert sind, „verstärkte Schutzmaßnahmen" einzuführen. Der Begriff „Mitgliedstaat" umfasst dabei auch die Bundesländer, wenn die staatliche Kompetenzordnung dies vorschreibt.[93] Art. 9 IE-Richtlinie entfaltet damit keine Sperrwirkung für ergänzende Landesregelungen.[94] Ein Klimaschutzziel und die dieses Ziel konkretisierenden Maßnahmen etwa der Raumordnung sind nicht vom

[89] *Wickel,* DVBl. 2013, 77, 82.

[90] So auch *Ekardt,* UPR 2011, 371, 372 ff.; *Klinger/Wegener,* NVwZ 2011, 905 ff.; für die lediglich mittelbare Wirkung auch *Schink,* I+E 2011, 52, 55.

[91] Richtlinie 2010/75/EU v. 24. 11. 2010 über Industrieemissionen, ABlEG 2010 L 334/17.

[92] So *Schink,* Regelungsmöglichkeiten der Länder im Klimaschutz, UPR 2011, 91, 93 ff.

[93] Vgl. *Klinger/Wegener,* NVwZ 2011, S. 905, 908.

[94] *Ekardt,* UPR 2011, S. 371, 377.

Rechtsregime des europäischen Industrieanlagenrechts ausgeschlossen, sondern fügen sich vielmehr in dieses ein.

Der Wortlaut des § 5 Abs. 2 BImSchG ist jedoch weiter gefasst als jener des Art. 9 IE-Richtlinie. Statt lediglich Emissionsgrenzwerte für direkte Emissionen zu verbieten, untersagt § 5 Abs. 2 BImSchG generell Anforderungen zur Begrenzung von Emissionen von Treibhausgasen. Insofern dürfen keine über dieses Gesetz hinausgehenden Anforderungen zur Begrenzung von Emissionen an Anlagen, die dem TEHG unterfallen, gestellt werden.[95] M.a.W. weitergehende Treibhausgasgrenzwerte und andere konkret anlagenbezogene Regelungen sind verboten.[96] Die Klimaschutzziele selbst enthalten jedoch keine ordnungsrechtlichen Anforderungen an die Betreiber von Anlagen. Sie verändern die Voraussetzungen für die Genehmigungsfähigkeit solcher Betriebe nicht.[97] Es findet keine Festschreibung von verbindlichen, konkreten Anforderungen statt.[98] Die Klimaschutzziele, die sich i.Ü. nicht an die Betreiber von genehmigungsbedürftigen Anlagen nach dem BImSchG richten, sind als Qualitätsziele einzuordnen, die zu einer Beschränkung der Nutzung des öffentlichen Gutes „Klima" führen. Der systematische Zugriff ist damit ein völlig anderer als der anlagenbezogene Ansatz des Immissionsschutz- und Emissionshandelsrechts. Zwar zielt der Emissionshandel auf eine schrittweise Verknappung der Zertifikatemenge und reguliert insoweit – auch – den Zugriff auf das öffentliche Gut „Klima".[99] Die nordrhein-westfälischen Klimaschutzziele berühren indes allenfalls flankierend den Emissionsrechtehandel, ver- oder behindern aber nicht den Markt mit Emissionszertifikaten. Es handelt sich folglich nicht um eine unzulässige Ersetzung des einen durch den anderen Ansatz, sondern um eine bloße Ergänzung der marktwirtschaftlichen Steuerung, welche dieser einen neuen Rahmen gibt.[100]

Darüber hinaus können auch andere Vorgaben wie etwa jene der Bauleit- und der Raumordnungsplanung dazu führen, dass für nach dem BImSchG und TEHG genehmigungsbedürftige und -fähige Anlagen eine Zulassung zu versagen ist, weil die Anlage an dem Standort nicht errichtet und betrieben werden darf. Die Steuerung von Vorhaben in Bezug auf ihre Treibhausgasemissionen über die Landesplanung im Sinne einer Standortverknappung wird von § 5 BImSchG nicht erfasst.[101] Dieser soll die Handlungsspielräume der Behörden bei der Ausgestaltung der Vorsorgeanforderungen des BImSchG limitieren, kann aber nicht das Recht der Bauleitplanung

[95] Vgl. *Jarass*, BImSchG, Kommentar, 10. Aufl. 2013, § 5 Rn. 5a.

[96] Vgl. *Ekardt*, UPR 2011, S. 371, 377 f.

[97] Dies verkennt *Schink*, UPR 2011, 91, 95, der davon ausgeht, dass durch die Klimaschutzziele über das TEHG hinausgehende Maßnahmen von Anlagenbetreibern gefordert werden können.

[98] So auch *Ekardt*, UPR 2011, 371, 372; *Klinger/Wegener*, NVwZ 2011, 905, 909.

[99] Dies betont *Schink*, NWVBl. 2012, 41, 44, ohne zwischen einem finalen Marktzugriff und einer bloß reflexartigen Marktberührung zu differenzieren.

[100] A. A. *Schink*, UPR 2011, 91, 95.

[101] *Klinger/Wegener*, NVwZ 2011, 905, 907 ff.

oder Raumordnung gestalten.[102] So findet sich mit § 35 Abs. 3 S. 3 BauGB eine zulässige Regelung, wonach Vorrangstandorte mit Ausschlusswirkung für andere Flächen als Ziele der Raumordnung ausgewiesen werden dürfen, was zu einer Standortverschiebung von Anlagen führen kann. Über die Raumordnungsklausel des § 35 Abs. 3 S. 3 BauGB ist es möglich und zulässig, dass eine vorgelagerte raumordnerische Entscheidung bei der Anlagengenehmigung – nämlich im Rahmen von § 6 Abs. 1 BImSchG – zu berücksichtigen ist. Die Berücksichtigung der Klimaschutzziele führt somit, wenn überhaupt, nur zu einer mittelbaren anlagenbezogenen Steuerung, welche dem § 5 Abs. 2 BImSchG nicht zuwiderläuft. Solange sie sich auf die Wirkung einer faktischen vollständigen Verhinderung einer Anlagengenehmigung beschränkt, ist die konkrete Auswirkung auf die (Un-)zulässigkeit des Vorhabens ein bloßer Reflex der zulässigen Standortplanung der jeweils befassten Stelle.[103]

Gegen eine Sperrwirkung des § 5 Abs. 2 BImSchG spricht zuletzt, dass dem Bundesgesetzgeber wohl nicht unterstellt werden kann, dass er endgültig und auch für die Zukunft auf eine Energiebedarfsplanung gänzlich verzichten wollte.[104] Zwar stellt § 5 Abs. 2 BImSchG die Entscheidung gegen eine konkret anlagenbezogene Bedarfsplanung dar, wie sie in vielen anderen EU-Mitgliedstaaten üblich ist. Jedoch ist die Kodifizierung von Klimaschutzzielen durch das Land NRW nunmehr Teil einer abstrakten negativen Bedarfsplanung, welche sich nur mittelbar auf einzelne Anlagengenehmigungen auswirken kann.

Die Klimaschutzziele selbst enthalten keine verbindlichen Anforderungen an dem BImSchG und TEHG unterfallende Anlagen. Das Emissionshandels- und Immissionsschutzrecht ist darüber hinaus nicht dahingehend abschließend, dass keine flankierenden Vorschriften für nach dem TEHG und BImSchG genehmigungsbedürftige Industrieanlagen – etwa zum Zwecke der Umsetzung von Klimaschutzzielen – eingeführt werden dürften.

b) Vereinbarkeit mit dem Raumordnungsrecht des Bundes

Klimaschutz ist dem Raumordnungsgesetz des Bundes nicht fremd: § 2 Abs. 2 Nr. 6 S. 1 ROG benennt den Klimaschutz als Grundsatz der Raumordnung.[105] Nach § 2 Abs. 2 Nr. 6 S. 6 und 7 ROG ist

---

[102] Vgl. *Klinger/Wegener*, NVwZ 2011, 905, 910.

[103] In diesem Sinne auch *Wickel*, DVBl. 2013, 77, 82.

[104] Eine solche ist den Mitgliedstaaten durch Art. 6 Richtlinie über den Elektrizitätsbinnenmarkt (Richtlinie 2003/54/EG v. 26.6.2003, ABlEG 2003 L 176/37, über gemeinsame Vorschriften für den Elektrizitätsbinnenmarkt) explizit erlaubt.

[105] § 2 Abs. 2 Nr. 6 S. 1 ROG: „Der Raum ist in seiner Bedeutung für die Funktionsfähigkeit der Böden, des Wasserhaushalts, der Tier und Pflanzenwelt sowie des *Klimas* [Hervorhebung durch die Verf.] einschließlich der jeweiligen Wechselwirkungen zu entwickeln, zu sichern oder, soweit erforderlich, möglich und angemessen, wiederherzustellen."

„den räumlichen Erfordernissen des Klimaschutzes (...) Rechnung zu tragen, sowohl durch Maßnahmen, die dem Klimawandel entgegenwirken, als auch durch solche, die der Anpassung an den Klimawandel dienen. Dabei sind die räumlichen Voraussetzungen für den Ausbau der erneuerbaren Energien, für eine sparsame Energienutzung sowie für den Erhalt und die Entwicklung natürlicher Senken für klimaschädliche Stoffe und für die Einlagerung dieser Stoffe zu schaffen."

Auch bei der Umweltprüfung von Raumordnungsplänen sind deren Auswirkungen auf das Klima zu ermitteln und zu bewerten (§ 9 Abs. 1 S. 1 Nr. 2 ROG). Bundes- und Landesraumordnung haben mithin den gesetzlich erteilten Auftrag, Klimaschutz und Klimaanpassung[106] durch überörtliche und fachübergreifende Raumordnungspläne zu befördern, insbesondere durch den Ausbau von erneuerbaren Energien und Klimaanpassungsmaßnahmen, etwa auch durch Erhalt und Entwicklung von unterirdischen Räumen zur Speicherung von Treibhausgasen, und mit konfligierenden Raumnutzungen auszugleichen.

Nordrhein-Westfalen und Baden-Württemberg haben zeitgleich mit dem Erlass der entsprechenden Klimaschutzgesetze diesen bundesrechtlichen Auftrag ernst genommen und den Klimaschutz in ihren Landesplanungsgesetzen gestärkt: Während § 12 Abs. 6 S. 2 LPlG NRW n.F. verlangt, die Ziele des § 3 KlimaSchG NRW als raumbezogene Ziele und Grundsätze umzusetzen und/oder nachgeordneten Planungsebenen entsprechende räumliche Konkretisierungsaufträge zu erteilen, verpflichtet § 11 LplG BW lediglich zu einer Berücksichtigung der Klimaschutzziele (§ 4 Abs. 1 KSG BW) und des Klimaschutzgrundsatzes (§ 5 KSG BW) bei der räumlichen und sachlichen Ausgestaltung des Regionalplans,[107] hier indes lediglich bei der Formulierung von Grundsätzen. Baden-Württemberg fördert vor allem den Ausbau der Windenergienutzung, indem nach § 11 Abs. 7 S. 1 LplG BW nur noch Vorranggebiete ohne Ausschlusswirkung für Windenergieanlagenstandorte ausgewiesen werden können. Beide Gesetze bezwecken insoweit, Standorte für erneuerbare Energien, insbesondere für Windkraftnutzung, einer klimafreundlichen Freiraumkonzeption und der Verhinderung einer klimaschädlichen Zersiedlung durch raumordnungsrechtliche Festsetzungen Rechnung zu tragen.[108]

Die zum ursprünglichen Entwurf des KlimaSchG NRW geäußerten Zweifel[109] an der Vereinbarkeit des § 12 Abs. 6 LPlG-E[110] mit § 7 Abs. 2 ROG[111] haben sich in den

---

[106] Vgl. etwa § 8 Abs. 5 S. 1 Nr. 2 d) ROG im Hinblick auf Freiräume zur Gewährleistung des vorbeugenden Hochwasserschutzes.

[107] A. a. O.

[108] LT-Drs. (NRW) 16/127, S. 24; LT-Drs. (BW) 15/3465, S. 31.

[109] Vgl. dazu *Beckmann*, Klimaschutz durch Landesplanung – Anmerkungen zum Entwurf eines Klimaschutzgesetzes, NWVBl. 2011, 249 ff.; *Schink*, UPR 2011, 91 ff.; *ders.*, I+E 2011, 52, 63 ff.; a. A. *Klinger/Wegener*, NVwZ 2011, 905.

[110] LT-Drs. (NRW) 15/2953, S. 26.

[111] Nach § 7 Abs. 2 ROG sind „bei der Aufstellung der Raumordnungspläne die öffentlichen und privaten Belange, soweit sie auf der jeweiligen Planungsebene erkennbar und von

klimaschutzbedingten Änderungen des LPlG NRW oder des LplG BW nicht realisiert. Weder § 12 Abs. 6 LPlG NRW n.F. noch § 11 LplG BW verlangen von den Trägern der Raumordnung, dass die Klimaschutzziele – auch nicht solche des jeweiligen Klimaschutzplans, die ggf. verbindlich erklärt wurden –, ohne weitere Abwägung als Ziele oder Grundsätze der Raumordnung übernommen werden. Ferner verlangen die Landesplanungsgesetze auch nicht, dass nicht raumbedeutsame Ziele des Klimaschutzes berücksichtigungspflichtig sind. Überdies geht das KlimaSchG NRW davon aus, dass die Klimaschutzziele einer Abwägung mit dem Klimaschutz gegenläufigen Interessen zugänglich sind. Dies bestätigt auch die Formulierung des § 3 Abs. 1 KlimaSchG NRW als Soll-Vorschrift. Die Klimaschutzziele sind damit für die Raumordnung als zu berücksichtigender Belang verbindlich; eine Abweichung im Rahmen von Abwägungsentscheidungen ist jedoch möglich. So wird das bundesrechtlich festgelegte Prinzip, dass Ziele und Grundsätze der Raumordnung gem. § 7 Abs. 2 ROG und auf der Grundlage des Verhältnismäßigkeitsprinzips nur nach Abwägung mit anderen Belangen festgesetzt werden können, nicht berührt.

c) Vereinbarkeit mit dem Recht der Bauleitplanung

Mit Inkrafttreten des KlimaSchG NRW und des KSG BW sind die Klimaschutzziele des § 3 KlimaSchG NRW und des § 4 KSG BW geltendes Landesrecht geworden. Eine grundlegende Verbindlichkeit erlangen sie daher durch den rechtsstaatlichen Vorrang des Gesetzes (Art. 20 Abs. 3 GG), wonach die Verwaltung an Recht und Gesetz gebunden ist. Somit werden auch die Träger der Bauleitplanung durch die Klimaschutzziele gebunden.

Auch die Landes-Klimaschutzgesetze selbst gehen von einer Bindung der Gemeinden und Gemeindeverbände an die Klimaschutzziele aus. So beziehen § 2 Abs. 2 i. V. m. § 5 Abs. 1 S. 3 KlimaSchG NRW und § 7 Abs. 4 KSG BW diese ausdrücklich in den Kreis derjenigen Verpflichteten ein, denen nach § 5 Abs. 1 S. 1 KlimaSchG NRW und nach § 7 Abs. 1 KSG BW (sogar) eine Vorbildfunktion beim Klimaschutz zukommt. Darüber hinaus haben nach § 11 Abs. 3 KSG BW unter anderem Körperschaften des öffentlichen Rechts und damit auch die Kommunen als Gebietskörperschaften im Rahmen ihrer Zuständigkeit zur Verwirklichung der Klimaschutzziele beizutragen. In diesem Sinne ist auch § 2 S. 2 KSG BW zu verstehen, der erkennbar von einer unmittelbaren Beeinflussung bestehender gesetzlicher Systematiken ausgeht und dort, wo bereits Belange des Klimaschutzes zu berücksichtigen sind, den Klimaschutzzielen eine ergänzende Funktion zuweist. Für die Bauleitplanung folgt daraus, dass neben die klimaschutzrelevanten Abwägungsvorgaben der § 1 Abs. 6 Nr. 7 a) und Nr. 1 a V BauGB die Klimaschutzziele des KlimaSchG NRW und KSG BW und ihre Konkretisierungen treten.

Bedeutung sind, gegeneinander und untereinander abzuwägen; bei der Festlegung von Zielen der Raumordnung ist abschließend abzuwägen“.

Die Beeinflussung der Bauleitplanung begegnet insoweit keinen abstrakten verfassungsrechtlichen Bedenken, da zum einen die konkrete Art der Einwirkung mit diesem Befund noch nicht geklärt ist und die Planungshoheit an sich zwar verfassungsrechtlich gewährleistet ist, jedoch nach Art. 28 Abs. 2 S. 1 GG dem gesetzgeberischen Zugriff auch der Länder unterliegt. So ist beispielsweise die Beeinflussung der Abwägung nach § 1 Abs. 7 BauGB durch landesrechtlich determinierte Vorgaben kein Novum.[112] Die Planungsziele und -leitlinien des § 1 Abs. 5 und 6 BauGB bedürfen vielmehr der Ausfüllung durch weitere (Fach-)Gesetze, zu denen auch solche der Länder zählen können.[113] Ebenfalls besteht ein hinreichender Bezug der Klimaschutzziele zur Aufgabe der Bauleitplanung, so dass eine sinnvolle Berücksichtigung erfolgen kann.[114] Hierfür sprechen auch die Inhalte der letzten BauGB-Novellen, welche sich überwiegend Aspekten des Umweltschutzes[115] bzw. sogar explizit dem Klimaschutz widmeten.[116] Die Verwirklichung der Klimaschutzziele erfordert unbestritten den Ausbau der Windenergienutzung, was wiederum einen entsprechenden Flächenbedarf auslöst. Insoweit ist die vorbereitende Funktion der Bauleitplanung tangiert, welche die planerische Bereitstellung von Flächen für bestimmte Nutzungen durch entsprechende Darstellungen und Festsetzungen zum Inhalt hat. Der Bauleitplanung als Querschnittsplanung kommt damit ein die Klimaschutzplanung erfassender Gestaltungsauftrag mit Blick auf das übergeordnete Ziel der nachhaltigen städtebaulichen Entwicklung zu.[117]

Insgesamt kann festgehalten werden: Obschon bislang keine Regelung im KlimaSchG NRW oder im KSG BW derart konkret gefasst ist, dass sie eine Kollision mit bundesrechtlichen Vorschriften verursacht, wird bei jeder – etwa im Klimaschutzplan festzulegenden – Maßnahme zukünftig zu prüfen sein, ob sie mit höherrangigem Bundesrecht vereinbar ist. Eng verknüpft ist damit auch die Frage, ob die Landes-Klimaschutzgesetze und die sie konkretisierenden Maßnahmen und Strategien überhaupt einen relevanten eigenen Beitrag zur Erreichung der festgelegten Landes-Klimaschutzziele leisten können.

---

[112] *Erbguth*, Öffentliches Baurecht, 5. Aufl., 2009, § 5 Rn. 118.

[113] *Battis*, Öffentliches Baurecht und Raumordnungsrecht, 5. Auflage 2006, S. 92 ff.

[114] Zum erforderlichen Zusammenhang zwischen den Inhalten der Bauleitplanung und der städtebaulichen Entwicklung vgl. BVerwGE 45, 309.

[115] *Finkelnburg/Ortloff/Kment*, Öffentliches Baurecht Band I, 6. Auflage 2011, § 2 Rn. 11 ff. mit entsprechenden Nachweisen.

[116] So die Neufassung des § 5 Abs. 2 Nr. 2 b) BauGB durch das Gesetz zur Förderung des Klimaschutzes bei der Entwicklung in den Städten und Gemeinden vom 22.7.2011, BGBl. I, 1509. Vgl. ferner *Bönker*, in: Hoppe/Bönker/Grotefels, Öffentliches Baurecht, 4. Auflage 2010, § 5 Rn. 6.

[117] Vgl. *Erbguth* (Fn. 112), § 3 Rn. 17. Der Umweltschutzbezug des BauGB ist insoweit in Form der §§ 1 V, VI Nr. 7a, 1a, 2 IV BauGB deutlich gegeben. Zur Verantwortung für den Klimaschutz im Rahmen der Bauleitplanung *Schmidt*, Klimaschutz in der Bauleitplanung nach dem BauGB 2004, NVwZ 2006, 1354, 1355 ff.

IV. Klimaschutzplanung als Fachplanung sui generis

Die Klimaschutzgesetze der Länder Nordrhein-Westfalen und Baden-Württemberg weisen sehr ähnliche Regelungsstrukturen auf: Es werden für die öffentlichen Stellen und die Raumordnung verbindliche, quantifizierte, zeitlich gestaffelte Klimaschutzziele formuliert, die durch die jeweiligen Klimaschutzpläne und die Landesraumordnung umzusetzen sind.

Die Klimaschutzziele i. S. d. § 3 KlimaSchG NRW und § 4 Abs. 1 KSG BW können als der Abwägung zugängliche Qualitätsziele, möglicherweise auch als Optimierungsgebote[118] verstanden werden, die in die fachplanerische, raumordnerische und bauleitplanerische Abwägung erkennbar eingehen und mit dem ihnen zukommenden besonderen Gewicht Berücksichtigung finden sollen. Sie sind damit mehr als bloße Programmsätze. Sie besitzen zunächst keine „Raumkonkretheit", d.h. aus ihnen kann nicht abgeleitet werden, welche Fläche welcher Nutzung zuzuweisen ist und bezwecken keine unmittelbare Flächen- und Standortsicherung.[119]

Sollen die Klimaschutzziele nicht leerlaufen, so kommt es auf ihre Operationalisierung an. Zentrale Bedeutung hierfür entfaltet – sozusagen als erster Schritt – der Klimaschutzplan (in Baden-Württemberg das sog. IEKK). Der Klimaschutzplan ist ein Tribut an das Klimaschutzrecht in seiner Eigenschaft als Querschnittsmaterie[120] und soll eine konstruktive Verknüpfung und Verzahnung mit anderen Rechtsmaterien und Sektoren ermöglichen.

Die Rechtsnatur der Klimaschutzpläne ist unklar: Sie ergehen in Nordrhein-Westfalen als Landtags- oder in Baden-Württemberg als Kabinettsbeschluss, also nicht als Parlamentsgesetze. Teile des Klimaschutzplans in NRW können durch Rechtsverordnung für öffentliche Stellen verbindlich erklärt werden. Hieraus lässt sich schließen, dass sie – wenn überhaupt – eine Bindungswirkung nur innerhalb der Landesregierung und ihr nachgeordneter Landesverwaltungen entfalten. Eine Außenwirkung kommt Klimaschutzplänen nicht zu. Sie können als landesinterne Fachplanung eingeordnet werden, die die Besonderheit aufweist, dass sie sektorübergreifende und -spezifische sowie raumbedeutsame Zielsetzungen verfolgt. Insoweit handelt es sich um Fachpläne sui generis mit interner Bindungswirkung.

Die Überprüfung, Kontrolle und Fortschreibung der Klimaschutzpläne übernimmt das verbindlich festgelegte Monitoring. Es ist in beiden Landesgesetzen erkenntlich zurückgebunden an die wissenschaftlichen Erkenntnisse und wird begleitet durch ein Sachverständigengremium. Bezüglich Letzterem lassen die Gesetze Regelungen zur Gewährleistung der Unabhängigkeit der Sachverständigen, einer pluralen Besetzung und der fairen Entscheidungsfindung vermissen.

---

[118] Vgl. zu Optimierungsgeboten *Jarass*, BImSchG, 10. Aufl. 2013, § 50 Rn. 24.

[119] *Klinger/Wegener*, NVwZ 2011, 905, 906.

[120] *Gärditz*, Schwerpunktbereich – Einführung in das Klimaschutzrecht, JuS 2008, 324.

Beide Gesetze enthalten keinerlei Sanktionsregelungen für den Fall der Nichterreichung der gesetzlich normierten Klimaschutzziele, der Zwischenziele und sektorspezifischen Ziele der Klimaschutzpläne. Eine explizite Möglichkeit gerichtlicher Überprüfung der Zielsetzungen – etwa für nach § 3 UmwRG anerkannte Umweltverbände – wird ebenfalls gesetzlich nicht eröffnet.[121]

V. Landes-Klimaschutzplanung und Landes-Raumordnung

Sowohl der nordrhein-westfälische als auch der baden-württembergische Gesetzgeber sehen einen maßgeblichen Handlungsbedarf und -spielraum zur Umsetzung der Klimaschutzziele im Rahmen der Raumordnung. In beiden Ländern wurde zu diesem Zweck auch das jeweilige Landesplanungsgesetz geändert.[122] Aus den entsprechenden gesetzlichen Regelungen der Landesplanungsgesetze kann abgeleitet werden, dass die Landes-Raumordnung bzw. Regionalplanung seit Inkrafttreten der Landes-Klimaschutzgesetze an die Klimaschutzziele gebunden ist. Der Normbefehl des § 12 Abs. 6 S. 2 LPlG NRW richtet sich ausweislich des Wortlauts und der Systematik der Norm an die Landes- und Regionalplanung und bedingt insoweit eine parallele und gleichzeitige Berücksichtigungspflicht der Klimaschutzziele durch die Landes-Raumordnung.[123] § 11 LplG BW bindet indes nur die Regionalplanung an die Klimaschutzziele.

Die Klimaschutzziele benötigen in zeitlicher, räumlicher und in Bezug auf einzelne Handlungsfelder weiterer Konkretisierung. Insoweit bedürfen sie auch einer Konkretisierung durch die Regionalplanung und machen eine Abwägung mit widerstreitenden Belangen keinesfalls überflüssig[124].[125] Hierbei eröffnet sich der Regionalplanung ein raumordnerischer Gestaltungsspielraum. In § 12 Abs. 6 LPlG NRW kommt klar zum Ausdruck, dass die Klimaschutzziele selbst keine Ziele der Raumordnung sind.[126] Insoweit kommt den Klimaschutzzielen des § 3 Abs. 1 KlimaSchG NRW auch keine Beachtenspflicht i.S.v. § 4 ROG zu, sondern eine Berücksichtigungs- und Konkretisierungspflicht.[127] Die Gesetzesbegründung gibt allerdings zu verstehen, dass der Gesetzgeber vorrangig eine Umsetzung der Klimaschutzziele als

[121] Die Länder könnten derartige Verbandsklagebefugnisse gem. § 42 Abs. 2, 1. Hs. VwGO vorsehen.

[122] Siehe II. 1. b) (NRW); II. 2. b) (BW).

[123] Zutreffend *Grotefels* (Fn. 83), S. 8.

[124] So aber die *Befürchtung* von *Grotefels* (Fn. 83).

[125] Ob *Klimaschutzzielen* indes die Funktion eines Planungsleitsatzes zukommt, bedarf weiterer Diskussion; vgl. dazu *Steinberg/Wickel/Müller*, Fachplanung, 4. Aufl. 2012, § 3 Rn. 11 ff. Die Formulierung als *Soll*-Vorschrift spricht wohl eher für ein Optimierungsgebot. Zu den Unterschieden vgl. *Erbguth* (Fn. 112), § 5 Rn. 115 ff.

[126] Zum Streit, ob Ziele der Raumordnung überhaupt gesetzlich verankert werden können vgl. *Wickel*, DVBl. 2013, 77, 81 m. w. N. in Fn. 37.

[127] A. A. *Klinger/Wegener*, NVwZ 2011, 905, 906.

Ziele der Raumordnung beabsichtigt hat.[128] Der Gesetzeswortlaut des § 11 Abs. 6 S. 2 LPlG NRW stellt jedoch klar, dass beide Optionen – Festsetzungen der Klimaschutzziele als Ziele und Grundsätze – genutzt werden können. Ein Verstoß gegen § 12 Abs. 6 S. 2 LPlG NRW liegt dann vor, wenn weder von der einen noch von der anderen Option oder von Konkretisierungsaufträgen an weitere Planungsträger Gebrauch gemacht wird, mit anderen Worten die Regionalplanung die Klimaschutzziele gänzlich unberücksichtigt lässt. § 12 Abs. 6 S. 2 LPlG NRW und § 11 LplG BW erfordern von Seiten der Regionalplanung zumindest eine plausible Darlegung, dass die Klimaschutzziele des § 3 Abs. 1 KlimaSchG NRW und § 4 Abs. 1 KSG BW nicht gänzlich außer Acht gelassen wurden. Entgegenstehende Zielsetzungen – wie etwa Privilegierungen von Stein- oder Braunkohlenstandorten durch Festsetzung von Vorranggebieten – müssen begründet und mit den gegenläufigen Klimaschutzzielen abgewogen werden. Das Raumordnungsrecht stellt insoweit verschiedene Instrumente zur Förderung und Verwirklichung von Klimaschutzzielen und zur Verhinderung einer klimaschutzfeindlichen Vorwirkung von Festsetzungen zur Verfügung. Um Abwägungsfehler zu vermeiden, ist zu empfehlen, ein gesamträumliches schlüssiges Gesamtkonzept im Hinblick auf die Einhaltung und Berücksichtigung der Klimaschutzziele zu erarbeiten, das die Ermittlung der Treibhausgasemissionen (Status Quo), die Prognose und Bewertung der geplanten Festsetzungen und eine umfängliche Abwägung enthält. Eine Berücksichtigung von Klimaschutzbelangen durch eine (strategische) Umweltprüfung (§ 12 Abs. 4 LPlG NRW) wird der Verpflichtung aus § 12 Abs. 6 LPlG NRW demgemäß nicht ausreichend gerecht.

Ungeklärt ist derzeit das Verhältnis des Klimaschutzplans zu den Raumordnungsplänen insoweit, als dass der Klimaschutzplan auf bestehende Raumordnungspläne trifft und somit der zunächst gesamträumliche Ansatz des Klimaschutzplans in Bezug zu den gesamträumlichen überörtlichen Vorgaben der Raumordnung gestellt werden muss. Klärungsbedürftig ist insbesondere, inwieweit ohne eine ausdrückliche Normierung etwa eines Gegenstromprinzips (§ 1 Abs. 3 ROG) eine Wechselwirkung zu gestalten ist, aus der etwaige gegenseitige Anpassungspflichten resultieren. Eine besondere Herausforderung wird darin bestehen, die Raumordnung auf die weder allein der Raum- noch der Fachplanung zuzurechnende Klimaschutzplanung abzustimmen.

VI. Fazit und Ausblick

Angesichts der fehlenden ganzheitlichen, rechtsebenen- und sektorenübergreifenden internationalen, europäischen oder bundesweiten Strategie zur Bekämpfung des anthropogenen Klimawandels könnte die Klimaschutzgesetzgebung und -planung in den Ländern Modellcharakter entfalten. Zwar findet die Klimaschutzgesetzgebung der Länder Nordrhein-Westfalen und Baden-Württemberg auf einer Ebene statt, deren Reichweite und Gestaltungsspielraum durch höherrangiges Recht begrenzt wird. Dennoch darf das Potential nicht unterschätzt werden: Neben sektorspe-

[128] LT-Drs. (NRW) 16/127, S. 24.

zifischen, sektorübergreifenden und raumbedeutsamen Zielsetzungen und Zwischenzielfestsetzungen sowie zeitlich gestaffelten quantifizierten Reduktionszielen durch Klimaschutzpläne könnte sich insbesondere die gesamträumliche Landesplanung (Landesentwicklungs- und Regionalplanung) als vielversprechendes Steuerungsinstrument erweisen, um die Landes-Klimaschutzziele durch raumordnerische Ziele und Grundsätze effektiv umzusetzen.[129] Vor allem die Regionalplanung ist auf- und herausgefordert, ihre raumordnerischen Festsetzungen im Hinblick auf die Pflicht zur Berücksichtigung der Klimaschutzziele zu treffen und abzuwägen: Sie kann Aussagen dazu treffen, warum die Klimaschutzziele als Ziele der Raumordnung oder als Grundsätze der Raumordnung oder lediglich als Konkretisierungsaufträge an nachfolgende Planungsebenen umgesetzt werden.[130] Um dieses schlüssig darlegen zu können, sind insbesondere Aussagen über die vorhandenen Treibhausgasemissionen im Plangebiet, also den Status Quo, und die zu erwartenden Emissionen – zumindest bis 2020 – sowie deren Entwicklung zu treffen. Aus dem Gesagten lässt sich ableiten, dass die Landes-Raumordnung ein Konzept entwickeln sollte, um im Einzelfall zu fehlerfreien Festsetzungsentscheidungen zu gelangen. Ein ebensolches Konzept wird insbesondere für nachfolgende Ebenen, etwa für die Bauleitplanung oder die Zulassungsebene, erforderlich sein, vor allem wenn etwa – wie im Fall Baden-Württemberg – Klimaschutz durch Ausbau der Windenergie zuvörderst erreicht werden soll. Es gilt mithin, Planung und damit Steuerung auf verschiedenen Ebenen und mit unterschiedlicher Geschwindigkeit zu akzeptieren und zu verzahnen, ohne geltendem Recht zu widersprechen oder gegen höherrangiges Recht zu verstoßen. Der Klimaschutzgesetzgebung auf Länderebene kommt folglich eine weitaus größere Wirkung als eine rein symbolische zu.

---

[129] Auf Handlungsmöglichkeiten im Bereich der Wärmeversorgung weist *Maaß*, Landesgesetze zum Klimaschutz: Mehr Substanz, bitte!, ZUR 2012, 265, 266, zu Recht hin.

[130] So auch *Klinger/Wegener*, NVwZ 2011, 905, 910.

Sicherung von Umweltqualität durch Recht

Überlegungen am Beispiel der Luftqualitätsplanung

Von *Ivo Appel*

I. Einführung

Die Luftqualitätsplanung und ihre rechtliche Ausgestaltung haben in den vergangenen zwei Jahrzehnten einen immensen Bedeutungszuwachs erfahren. Während das Recht der Luftreinhalteplanung, wie es im deutschen Immissionsschutzrecht immer noch missverständlich genannt wird, in seinen frühen Jahren eher eine Randerscheinung war, ist es in den vergangenen Jahren rechtlich und praktisch zu einem zentralen Bestandteil des Immissionsschutzrechts ausgeformt worden.[1] Unter dem Einfluss der europäischen Luftqualitätsrahmenrichtlinie aus dem Jahr 1996,[2] der im Zeitraum von 1999 bis 2004 erlassenen vier Tochterrichtlinien[3] und der 2008 grundlegend novellierten Luftqualitätsrichtlinie[4] ist das Luftqualitätsrecht zu einem eigenständigen und ernstzunehmenden Teilgebiet des Immissionsschutzrechts herangewachsen.

Als wichtigstes Umsetzungsinstrument der europäischen Vorgaben für die Luftqualität kommt der Luftqualitätsplanung die Aufgabe zu, die Einhaltung der zum Schutz der menschlichen Gesundheit und der Umwelt festgelegten Luftqualitätsziele zu gewährleisten. Die mit der aufgewerteten Luftqualitätsplanung einhergehende

---

[1] Näher dazu *Koch*, in: ders. (Hrsg.), Umweltrecht, 4. Aufl. 2013, § 4 Rn. 20 ff.; *Sparwasser/Stammann*, Neue Anforderungen an die Planung durch Luftqualitätsvorgaben der EU?, ZUR 2006, 169 ff.; *Cancik*, Europäische Luftreinhalteplanung – zur zweiten Phase der Implementation, ZUR 2011, 283 ff.; *Köck/Lehmann*, Die Entwicklung des Luftqualitätsrechts, ZUR 2013, 67 ff.

[2] Richtlinie 96/62/EG des Rates vom 27. 9. 1996 über die Beurteilung und die Kontrolle der Luftqualität, ABlEG Nr. L 296/55 vom 21. 11. 1996.

[3] Richtlinie 1999/30/EG des Rates vom 22. 4. 1999 über Grenzwerte für Schwefeldioxid, Stickstoffdioxid und Stickstoffoxide, Partikel und Blei in der Luft; Richtlinie 2000/69/EG des Europäischen Parlaments und des Rates vom 16. 11. 2000 über Grenzwerte für Benzol und Kohlenmonoxid in der Luft; Richtlinie 2002/3/EG des Europäischen Parlaments und des Rates vom 12. 2. 2002 über den Ozongehalt in der Luft; Richtlinie 2004/107/EG des Europäischen Parlaments und des Rates vom 15. 12. 2004 über Arsen, Kadmium, Quecksilber, Nickel und polyzyklischen aromatischen Kohlenwasserstoffen.

[4] Richtlinie 2008/50/EG des Europäischen Parlaments und des Rates vom 21. 5. 2008 über Luftqualität und saubere Luft in Europa, ABlEU Nr. L 152/1 vom 11. 6. 2008.

Betonung der Immissionsseite der Luftreinhaltepolitik[5] ist jedoch mit erheblichen rechtlichen und sachlichen Problemen verbunden. Sie führen nicht nur dazu, dass die als Vorgaben für die Luftqualität sicherzustellenden Immissionsgrenzwerte in vielen Gebieten nicht eingehalten werden (können). Sie machen zugleich deutlich, wie schwierig und anspruchsvoll ein Konzept ist, das auf Gewährleistung von Umweltqualität durch Recht gerichtet ist. Und sie werfen nicht zuletzt die Frage auf, ob und inwieweit die Sicherung von Umweltqualität durch Recht, die als Aufgabe an die öffentliche Verwaltung herangetragen wird, unter den gegebenen Rahmenbedingungen überhaupt gelingen kann.

II. Einordnung der Luftreinhalteplanung in das Konzept nachhaltiger Entwicklung

Die Gründe für die in weitem Maße europarechtlich vorgezeichnete Karriere der Luftqualitätsplanung und die zunehmende Bedeutung des zugrunde liegenden rechtlichen Rahmens sind vielfältig. Neben den allgemeinen Wellenbewegungen, denen das Planungsrecht ausgesetzt war und ist, hat vor allem das Einfließen des Nachhaltigkeitsdenkens in das Recht zu einer ungeheuren Aufwertung der Qualitätsplanung geführt. Ein Charakteristikum des Nachhaltigkeitsmodells liegt in der Vorstellung und dem Anspruch, den Schutz der natürlichen Ressourcen einerseits und ihre unvermeidliche Nutzung andererseits so zu konzipieren, dass der Ressourcenbestand langfristig gesichert erscheint. Dafür ist entscheidend, dass ein inhaltlicher Maßstab für den jedenfalls zu sichernden Grad der Erhaltung und Bewahrung und damit stets mehr oder weniger konkrete Zielvorgaben formuliert werden. Der Sache nach geht es um die Lösung ressourcenrelevanter Nutzungskonflikte durch Zielvorgaben.[6] Da das Nachhaltigkeitskonzept selbst kein fertiges Handlungsprogramm enthält, wird es in seiner Auftragsdimension[7] erst handhabbar, wenn für die zu erhaltenden natürlichen Ressourcen konkretisierende Ziele festgelegt werden.[8] Diese Ziele können positiv im Sinne eines erwünschten Zustands oder negativ im Sinne eines zu verhindernden Zustands, qualitativ im Sinne einer bestimmten zu erreichenden Güte oder quantitativ im Sinne von bestimmten Mindest- oder Höchstmengen an Ressourcen oder (Schad-)Stoffen festgelegt werden. In der Regel wird auf der Grundlage von Qualitätskriterien eine Quantifizierung vorgenommen, die in Form von Höchst- oder Mindestgrenzen das Ausmaß angibt, in dem Emissionen reduziert, Immissionen begrenzt oder der Verbrauch bestimmter Ressourcen eingeschränkt werden muss, wenn

---

[5] *Köck/Lehmann*, Die Entwicklung des Luftqualitätsrechts, ZUR 2013, 67.

[6] *Appel*, Staatliche Zukunfts- und Entwicklungsvorsorge, 2004, S. 348 ff.

[7] Näher zur Unterscheidung zwischen der in erster Linie auf die weitere Rechtsetzung gerichteten Rechtfertigungsdimension und der regelmäßig auf konkrete Umsetzung gerichteten Auftragsdimension (bezogen auf das Vorsorgeprinzip) *Lübbe-Wolff*, Präventiver Umweltschutz, in: Bizer/Koch (Hrsg.), Sicherheit, Vielfalt, Solidarität, 1998, S. 47, 62 ff.

[8] Zusammenfassend zur Zielorientierung als maßgebendem Element des Nachhaltigkeitskonzepts und zum Folgenden bereits *Appel*, Staatliche Zukunfts- und Entwicklungsvorsorge, 2004, S. 348 ff.

das Qualitätsziel in einem bestimmten Zeitraum erreicht oder Fortschritte in Richtung auf das Ziel eintreten sollen.[9]

Die vom Nachhaltigkeitskonzept implizierte Zielsystematik legt für die Umsetzung in den meisten Fällen ein Nutzungs- oder Bewirtschaftungsregime nahe.[10] Denn steht durch die Vorgabe von Qualitätszielen fest, in welchem Zustand eine natürliche Ressource als Schutzobjekt gehalten werden soll, sind damit regelmäßig zugleich die Belastungsgrenzen benannt, die nicht überschritten werden dürfen, wenn die Qualität der Ressource nicht unter ein kritisches Niveau sinken soll. Von dieser maximalen Belastung oder, positiv ausgedrückt, der auf jeden Fall zu sichernden Qualität her müssen die Bedingungen bestimmt werden, unter denen Nutzungen zulässig sind. Je weiter die tatsächliche Situation die definierten Qualitäts- bzw. Belastungsgrenzen zu gefährden droht, umso eher entsteht ein Verteilungsproblem. Die Verteilung kann durch marktbezogene Instrumente erfolgen, die sich aus ökonomischer Sicht unterhalb der Ebene der festgelegten Ziele anbieten. Der Staat kann die Verteilungsbedingungen aber auch anders festlegen und beispielsweise ordnungsrechtlich regeln, wer unter welchen Voraussetzungen eine Ressource nutzen darf. Soll der Zweck des Nachhaltigkeitskonzepts erreicht werden, die Nutzung natürlicher Ressourcen dauerhaft zu ermöglichen, bedarf es aber jedenfalls eines längerfristig angelegten Konzepts,[11] in das alle Einflussfaktoren einschließlich aller Nutzungsinteressen einbezogen werden, die auf die Ressource einwirken. Dies zwingt nicht nur zu einer vergleichsweise umfassenden Perspektive im Hinblick auf die einschlägigen Nutzungs- und Belastungspfade, sondern legt auch längerfristig angelegte Strategien im Sinne von aufeinander abgestimmten Handlungsentwürfen nahe, die Ziele und Instrumente zur Zielerreichung auf einen gewissen Zeithorizont verpflichten und zusammenführen. Sachbereichs- und ressourcenspezifische Ausprägungen dieser Strategie sind Nutzungs- und Bewirtschaftungsregime in Form von Gebiets- und Bewirtschaftungsplänen sowie Aktions- und Maßnahmenprogramme, wie sie sich unter dem Einfluss des Nachhaltigkeitskonzepts immer stärker im europäischen und nachfolgend auch im deutschen Umweltrecht niedergeschlagen haben. Gefordert ist eine vorausschauende Planung und Bewirtschaftung der natürlichen Ressourcen, die die Ziele räumlich und ressourcenbezogen auf die verschiedenen Ebenen herunterbricht und damit dem übergreifenden Ziel dient, Übernutzungen rechtzeitig zu verhindern und die definierte Qualität der natürlichen Lebensgrundlagen zu gewährleisten.[12] Vor diesem Hintergrund war eine Renaissance des umweltspezifischen

---

[9] Vgl. nur *Rehbinder*, Festlegung von Umweltzielen, NuR 1997, 313, 315.

[10] Dazu und zum Folgenden näher *Appel*, Staatliche Zukunfts- und Entwicklungsvorsorge, 2004, S. 358 ff.

[11] *Schröder*, „Nachhaltigkeit" als Ziel und Maßstab des deutschen Umweltrechts, WiVerw 1995, 65, 67; *Streinz*, Auswirkungen des Rechts auf „Sustainable Development" – Stütze oder Hemmschuh?, Die Verwaltung 31 (1998), 449, 469 f.; *Frenz*, Deutsche Umweltgesetzgebung und Sustainable Development, ZG 1999, 143, 145.

[12] Bezogen auf das Europarecht *Frenz/Unnerstall*, Nachhaltige Entwicklung im Europarecht, 1999, S. 188 f.

Fachplanungsrechts, die das europäische Umweltrecht und nachfolgend das Umweltrecht der einzelnen Mitgliedstaaten seit zwei Jahrzehnten maßgebend prägt, in weitem Maße vorgezeichnet und in gewisser Weise alternativlos. Das Recht der Luftqualitätsplanung ist dafür ein hervorstechendes Beispiel.

III. Rechtliche Ausgestaltung der Luftqualitätsplanung

In der Sache ist die zentrale Stellung, die der Luftqualitätsplanung im System des Luftqualitätsrechts zukommt, vor allem der Erkenntnis geschuldet, dass die Einhaltung quantifizierter und rechtsverbindlicher Zielvorgaben für die Luftqualität komplex ist und von einer Vielzahl von Faktoren abhängt, die regelmäßig nur durch ein Konzept aufeinander abgestimmter Maßnahmen bewältigt werden können.[13] Denn allein mit der normativen Vorgabe von Qualität ist diese Qualität in der Sache noch keineswegs gewährleistet. Luftqualitätspläne – bzw. in deutscher Terminologie Luftreinhaltepläne – sind das maßgebende Instrument, das der Verwaltung vom Gesetzgeber an die Hand gegeben wird, um trotz der Komplexität der Problematik das Erreichen der vorgegebenen Luftqualität sicherzustellen. Gerade auch im europäischen Luftqualitätsrecht erweist sich die Luftqualitätsplanung als wichtigstes Umsetzungsinstrument, um die in Form von verbindlichen Immissionsgrenzwerten vorgegebenen quantifizierten Luftqualitätsziele zu gewährleisten.

Dementsprechend sieht das deutsche Immissionsschutzrecht vor, dass in Abhängigkeit von der Qualität der Luft die erforderlichen Maßnahmen zu ergreifen sind, um die Einhaltung der in der 39. BImSchV festgelegten Immissionswerte sicherzustellen, wozu insbesondere Luftqualitätspläne zählen sollen (§ 45 Abs. 1 BImSchG). § 47 BImSchG differenziert bei der Luftqualitätsplanung zwischen „Luftreinhalteplänen“ und „Plänen für kurzfristig zu ergreifende Maßnahmen“, den früheren „Aktionsplänen“. Während die Luftreinhaltepläne der längerfristigen Gewährleistung der Luftqualität dienen sollen, sind die Pläne für kurzfristig zu ergreifende Maßnahmen auf kurzfristige(re) Gefahrenabwehr ausgerichtet. Grundsätzlich wird der Verwaltung ein Spielraum zugestanden, über den Erlass eines Luftreinhalteplans nach pflichtgemäßem Ermessen zu entscheiden; ein solcher Plan muss jedoch für ein Gebiet aufgestellt werden, wenn einer oder mehrere der in der 39. BImSchV vorgegebenen Immissionswerte einschließlich etwaiger Toleranzmargen überschritten werden. Der Erlass von Plänen für kurzfristig zu ergreifende Maßnahmen steht im Ermessen der Behörde, sofern eine überwiegende Wahrscheinlichkeit für das Verfehlen eines festgelegten Immissionswertes oder Zielwertes spricht und damit das Risiko einer Überschreitung dieser Werte besteht. Demgegenüber müssen Pläne für kurzfristig zu ergreifende Maßnahmen aufgestellt werden, wenn in einem Gebiet oder Ballungsraum die Gefahr besteht, dass die höher angesetzten Alarmschwellen überschritten werden[14] und damit in der Lesart des (europäischen) Gesetzgebers eine er-

---

[13] *Köck/Lehmann*, Die Entwicklung des Luftqualitätsrechts, ZUR 2013, 67, 69.

[14] Landmann/Rohmer/*Röckinghaus*, § 47 BImSchG, Rn. 13.

höhte Gefährdungslage für die menschliche Gesundheit und die Umwelt vorhanden ist. Insoweit kommt der zuständigen Behörde kein Entschließungsermessen mehr zu. Entscheidend ist in allen Konstellationen, dass die europaweit verbindlich vorgegebenen Immissionswerte unionsweit überall einzuhalten sind. Im Gesamtgebiet eines jeden Mitgliedstaates ist die Luftqualität unter Kontrolle zu halten.[15]

IV. Anspruch auf Luftqualität durch Anspruch auf Planerstellung

Nach mittlerweile einhelliger Ansicht[16] dienen Luftqualitätswerte der menschlichen Gesundheit und sind daher nicht nur durchschnittlich in einem Gesamtraum, sondern grundstückbezogen einzuhalten. Die verbindlichen Luftqualitätsziele des europäischen Rechts – die Immissionswerte mit einer festgelegten Anzahl an zulässigen Überschreitungen sowie die Alarmschwellen – sind danach nicht nur überall und zu jeder Zeit sicherzustellen; ihre Einhaltung kann auch von allen beansprucht werden, die sich nicht nur vorübergehend in einem bestimmten Raum aufhalten.

In der Konsequenz eines verbindlich vorgegebenen Umweltqualitätsmodells, das einerseits mit dem übergreifenden Ziel der Wahrung der menschlichen Gesundheit verknüpft wird, andererseits den Erlass von Luftqualitätsplänen als wichtigstes Instrument für die Erreichung dieses Ziels vorsieht, liegt die Versubjektivierung auch der Rechtspflicht zum Erlass der betreffenden Pläne. Werden bei Luftreinhalteplänen die auf europäischer Ebene festgelegten Immissionswerte bzw. bei Plänen für kurzfristig zu ergreifende Maßnahmen die vorgesehenen Alarmschwellen nicht eingehalten, ist der Erlass des jeweiligen Plans nicht nur eine objektive Rechtspflicht, sondern kann von einzelnen Bürgern beansprucht werden, sofern sie sich nicht nur vorübergehend im Überschreitungsgebiet aufhalten.[17] Obwohl sich das Urteil des EuGH auf die Luftqualitätsrahmenrichtlinie von 1996 bezog, gilt die Kernaussage nach wie vor sowohl für Luftreinhaltepläne als auch für Pläne für kurzfristig zu ergreifende Maßnahmen, auch wenn die Reichweite von Ansprüchen bei den zuletzt genannten Plänen durch Art. 24 Luftqualitätsrichtlinie 2008 partiell eingeschränkt worden ist. In der Sache ist der Anspruch auf Einhaltung des materiell-rechtlichen Schutzniveaus gerichtet, das sich aus den europarechtlich verbindlich vorgegebenen, in Form von Immissionsgrenzwerten an die Luftqualitätsplanung herangetragenen Anforderungen des Luftqualitätsrechts ergibt. Angesichts des planerischen Gestaltungsspielraums soll es allerdings grundsätzlich keinen Anspruch auf Aufnahme konkreter Maßnahmen in einen Plan geben können. Die Zusammenstellung der einzelnen Planmaßnahmen und die damit verbundenen Prognoseentscheidungen sollen der Verwaltung überlassen bleiben.

---

[15] Vgl. Art. 4 Luftqualitätsrichtlinie (2008) sowie § 11 der 39. BImSchV.

[16] Früh entschieden durch das Bundesverwaltungsgericht, BVerwGE 121, 57 ff.

[17] EuGH, Urt. v. 25.7.2008, C-237/07, NVwZ 2008, 984, 985 Rn. 93; zusammenfassend *Köck/Lehmann*, Die Entwicklung des Luftqualitätsrechts, ZUR 2013, 67, 72.

V. Wissenserzeugung als Voraussetzung der Luftqualitätsplanung

Eine zielbezogene Strategie wie die Luftqualitätsplanung setzt ersichtlich voraus, dass Kenntnisse über den Bestand und die Entwicklung des Mediums Luft vorhanden sind und fortlaufend oder doch in regelmäßigen Abständen aktualisiert werden. Kennzeichnend für das Recht der Luftqualitätsplanung wie für Umweltqualitätsplanungen insgesamt ist dementsprechend die starke Abhängigkeit von belastbaren Daten und damit von zuverlässigen Messungen und Beurteilungen der tatsächlichen Situation. Nicht von ungefähr hat die Luftqualitätsplanung erst in dem Zeitpunkt einen erheblichen Aufwind erfahren, in dem die Überwachung und Beurteilung der Luftqualität auf der Grundlage eines flächendeckenden Netzes an Messstellen und daraus hervorgehenden Untersuchungsergebnissen die nötigen Informationen liefern konnten, die für einen Vollzug nötig waren. Auch das Wissen um die Schädlichkeit einzelner Stoffe und die Effektivität einzelner Messmethoden sind sukzessive gewachsen. Gleichwohl bestehen nach wie vor erhebliche Unsicherheiten und Defizite bei der Organisation und der Generierung der nötigen Information, zumal die in einem bestimmten Zeitpunkt verfügbaren Daten laufenden Veränderungen unterliegen. Das europäische Luftqualitätsrecht hat auf die nach wie vor bestehenden Probleme insofern reagiert, als es den Versuch unternommen hat, die Art und Weise der Informationsgenerierung durch weitreichende Vorgaben beispielsweise zu den Messstellen und den Modellrechnungen zu regulieren und zu präzisieren. Neben dem erkennbaren Ziel, die Datenqualität europaweit zu harmonisieren, ist das Bestreben erkennbar, die Beurteilung der Datenqualität insgesamt zu verbessern. Zu diesem Zweck werden nun in Anlage 1 zur 39. BImSchV „Datenqualitätsziele" für die Luftqualitätsbeurteilung vorgegeben, die von der Mindestmessdauer und Mindestdatenerfassung über Stichproben bis hin zum Umgang mit Schätzungen reichen.

Dennoch verbleibt eine erhebliche Diskrepanz zwischen der vergleichsweise starken Präsenz und Verfügbarkeit der Daten als Grundlage für weitreichende Prognosen auf der einen und den Unsicherheiten bei der Erfassung der relevanten Daten auf der anderen Seite. Ein maßgebender Grund dafür dürfte neben den Schwierigkeiten kontinuierlich belastbarer Informationsgenerierung nicht zuletzt auch fehlendes Erfahrungswissen über die Wirkungsbeziehungen zwischen bestimmten Planmaßnahmen und den angestrebten Schadstoffreduktionen sein. Die klassische Ausweichstrategie des Rechts und der Rechtsprechung lautet in diesen Fällen der verbleibenden Unsicherheit auf Einräumung von mehr oder weniger weitreichenden Prognose-, Einschätzungs-, Beurteilungs- und/oder Experimentierspielräumen, die der planenden Verwaltung zur Bewältigung der Problematik eingeräumt und deren Ergebnisse von den Gerichten durch eine nur eingeschränkte Kontrolle in aller Regel gehalten werden. Diese Spielräume verdecken jedoch mehr schlecht als recht den Befund, dass es an einer ausreichend sicheren Wissensgrundlage zur Beurteilung der tatsächlichen Situation fehlt, gleichwohl aber Entscheidungsbefugnisse unter Unsicherheitsbedingungen verteilt und damit verbundene Freiheitseinschränkungen ermöglicht werden. Dies ist vor allem in den Fällen problematisch, in denen sich die im Plan getroffenen Maßnahmen im Nachhinein als ungeeignet erweisen, der tatsächlichen Situation effektiv zu begegnen, so dass die europarechtlich vorgegebenen Immissionswerte und/oder Alarmschwellen (weiterhin) nicht eingehalten werden (können).

VI. Probleme der Implementation

Trotz aller Anstrengungen, die mit der Luftqualitätsplanung verbunden sind, werden einzelne Immissionsgrenzwerte in einer Vielzahl von Plangebieten regelmäßig nicht eingehalten. Dies gilt insbesondere für Stickstoffdioxid (NOx), Stickstoffoxide (NO2), Feinstaub PM10 und Ozon. Ein maßgebender Grund hierfür liegt darin, dass diese stofflichen Belastungen nicht allein durch Regulierung vergleichsweise großer und gut greifbarer Punktquellen wie immissionsschutzrechtlich genehmigungsbedürftiger Anlagen gesteuert werden können, sondern auf eine Vielzahl diffuser und nur schwer zu fassender Quellen zurückzuführen sind, die vom Straßenverkehr über Verbrennungs- und Heizungsanlagen bis zur Landwirtschaft und anderen großräumigen Hintergrundbelastungen reichen.[18] Gerade das Problem, wie eine Vielzahl diffuser Quellen erfasst und mit planerischen Mitteln gesteuert werden kann, offenbart eine der offenen Flanken der Umweltqualitäts- und damit auch der Luftqualitätsplanung. Die Luftqualitätsplanung folgt einem lokalen Ansatz, der beim Umgang mit großräumiger Luftverschmutzung ansatzbedingt rasch an Grenzen stößt und nur begrenzt durch die in § 47 Abs. 4 Satz 4 BImSchG enthaltene Verpflichtung aufgefangen werden kann, auch in benachbarten Gebieten Pläne aufzustellen, wenn die dortigen Emissionsbeiträge für die Überschreitung von Immissionswerten im jeweiligen Plangebiet mitursächlich sind.[19] Denn nicht selten hängt eine erfolgreiche Planung von Faktoren ab, die außerhalb des Kompetenzbereichs der planenden Verwaltung liegen und von ihr daher gar nicht in Betracht gezogen werden können.

Von der fehlenden Zuständigkeit der planenden Verwaltung für einzelne Quellen abgesehen lässt sich das Problem der Luftqualität nur in den Griff bekommen, wenn der Gesetzgeber die verschiedenen Faktoren auf allen Regelungsebenen in den Blick nimmt und die Luftqualitätsplanung in den größeren Zusammenhang einer vorbereitenden politischen Planung gestellt wird. Eine übergreifende Gesetzgebung und politische Planung, die umfassend auf die Bewältigung von Luftqualitätsproblemen gerichtet ist, ist in Deutschland jedoch bislang nur rudimentär vorhanden.[20] Luftqualitätsplanung kann fehlende Gesetzgebung und politische Planung aber nicht ersetzen,

---

[18] *Köck/Lehmann*, Die Entwicklung des Luftqualitätsrechts, ZUR 2013, 67, 72; näher dazu *Rat von Sachverständigen für Umweltfragen*, Umweltgutachten 2008, Tz. 253 ff.

[19] *Köck/Lehmann*, Die Entwicklung des Luftqualitätsrechts, ZUR 2013, 67, 69.

[20] Eine politische Planung der Luftreinhaltung enthält beispielsweise das nationale Programm zur Verminderung der Ozonkonzentrationen und zur Einhaltung der Emissionshöchstmengen, das aber nur bestimmte Stoffe erfasst und andere wichtige wie beispielsweise Feinstäube ausspart. § 35 der 39. BImSchVO sieht nun immerhin die Erarbeitung bestimmter weiterer Programme für den Fall von Zielverfehlungen vor.

wie dies die sehr späte Festlegung von leistungsfähigen Emissionsanforderungen für Kraftfahrzeuge auf europäischer Ebene beispielhaft gezeigt hat. Ein qualitätsbezogener Ansatz, der von einer Vielzahl nur schwer überschaubarer Faktoren abhängt, bedarf eines Gesamtkonzepts, das skalen- und sektorübergreifend ansetzt[21] und alle relevanten Quellen und Ebenen in die Betrachtung einbezieht – gerade auch jene, die durch Luftqualitätspläne nicht oder nicht ausreichend effektiv erfasst werden können. In einem solchen Rahmen kann die Luftqualitätsplanung dann eine maßgebende Rolle spielen, nicht aber als Alleinakteurin zur Gewährleistung der rechtlich geforderten Luftqualität.

VII. Mehrebenenverfangenheit der Luftqualitätsplanung

Die Schwierigkeiten einer effektiven Qualitätsplanung werden durch die „Mehrebenenverfangenheit"[22] der Luftqualitätsplanung dimensional gesteigert. Setzt die Luftqualitätsplanung auf lokaler Ebene an, werden die maßgebenden Qualitätszielfestlegungen aber auf europäischer Ebene getroffen, ist die verbindliche Zielumsetzung im europäischen Mehrebenensystem ebenso voraussetzungsvoll wie praktisch schwer zu gewährleisten. Werden die Ziele auf europäischer Ebene zu anspruchsvoll gesetzt, besteht die Gefahr der chronischen Nichterfüllung, wie die hohe Zahl an Vertragsverletzungsverfahren gerade im Bereich der Luftreinhalteplanung zeigt. Kann die Umsetzung dauerhaft nicht sichergestellt werden, wirkt das auf die normative Kraft des gesetzten Rechts zurück und nährt Zweifel an den festgelegten Qualitätszielen. Hier zeigen sich Steuerungsprobleme eines auf Einhaltung konkreter Ziele bezogenen Qualitätskonzepts im Verhältnis von europäischer Gesetzgebung, nationaler Gesetzgebung und lokaler Luftreinhalteplanung. Abgesehen vom Kompetenzgerangel zwischen den einzelnen Ebenen[23] besteht ein Grundproblem der Luftqualitätsplanung in der lokalen Aufgabenübertragung bei begrenzter Handlungsfähigkeit und Kompetenz der lokalen Ebene für das Ergreifen geeigneter Maßnahmen. Die Notwendigkeit der Abstimmung und Rückkopplung der einzelnen Ebenen durch Lerneffekte liegt auf der Hand. Eine Nachsteuerung gerade auf der maßgebenden europäischen Ebene ist jedoch langwierig und führt nicht selten zu Abstrichen beim angestrebten Qualitätsniveau. Dass für den Fall der Nichterreichung bestimmter Luftqualitätsziele angesichts offensichtlicher struktureller Probleme der Mitgliedstaaten die Fristen für die Einhaltung der Ziele nunmehr auf europäischer

---

[21] *Köck/Lehmann*, Die Entwicklung des Luftqualitätsrechts, ZUR 2013, 67, 72; vgl. auch *Cancik*, Europäische Luftreinhalteplanung – zur zweiten Phase der Implementation, ZUR 2011, 283.

[22] *Cancik*, Europäische Luftreinhalteplanung – zur zweiten Phase der Implementation, ZUR 2011, 283.

[23] Anschaulich zeigt dies das zwischenzeitlich schwierige Verhältnis zwischen dem Umweltministerium des Landes Niedersachen auf Länderebene und der Stadt Hannover auf kommunaler Ebene. Näher dazu *Cancik*, Europäische Luftreinhalteplanung – zur zweiten Phase der Implementation, ZUR 2011, 283, 290 ff.

Ebene verlängert wurden,[24] ist als nachsteuernde Regelung für die betroffenen Verwaltungen zwar kurzfristig von Vorteil. Bei allem Pragmatismus erscheint ein solches Zugeständnis bei den Fristen in der Sache aber eher als Verlegenheitslösung.

VIII. Rechtfertigungslast und Spielräume der Verwaltung

Mit Blick auf die materielle Rechtmäßigkeit der Luftqualitätsplanung gilt die Aufmerksamkeit sowohl der allgemeinen Rechtfertigung des Planerlasses als auch der Verhältnismäßigkeit einzelner im Plan vorgesehener Maßnahmen. Sowohl die Planrechtfertigung als auch die Rechtfertigung einzelner Planmaßnahmen ist schwierig, da sie auf eine von vielen Faktoren abhängige tatsächliche Situation trifft, die sich zudem über die Zeit hinweg erheblich verändern kann. Hinzu kommt, dass nicht immer gesicherte bzw. ausreichende Erfahrungen über die Wirkungszusammenhänge einzelner Planmaßnahmen und der angestrebten Schadstoffreduktion bestehen und sich Erkenntnisse über negative oder geringfügige Wirkungen mitunter erst zu einem späteren Zeitpunkt einstellen. Vor diesem Hintergrund drängt sich die Frage auf, ob und inwieweit sich die Einschätzung der tatsächlichen Situation einschließlich kontinuierlicher Veränderungen sowie fehlende oder sich wandelnde Erkenntnisse über Wirkungszusammenhänge auf die Planrechtfertigung und die Verhältnismäßigkeit einzelner Planmaßnahmen auswirken.

Die Rechtsprechung hat auf die schwierige Einschätzung der tatsächlichen Verhältnisse und der Wirkungszusammenhänge zwischen Planmaßnahmen und Verbesserung der Luftqualität zunächst mit vergleichsweise klassischen Strategien geantwortet. Ausgehend vom Zeitpunkt der Planerstellung als maßgebendem Beurteilungszeitpunkt[25] haben die Gerichte der Verwaltung weitgehende Prognose-, Einschätzungs- und Gestaltungsspielräume zugestanden, die den gesamten Bereich der Luftqualitätsplanung in weitem Maße prägen.[26] Darüber hinaus billigt die Rechtsprechung der planenden Verwaltung auch eine Experimentierphase zu,[27] solange die Wirkungsbeziehungen zwischen einer Planmaßnahme und der angestrebten Schadstoffreduktion noch nicht eindeutig bekannt sind. Gekoppelt werden diese Prognose- und Experimentierspielräume allerdings mit einer dynamischen Pflicht zur stetigen

---

[24] Mitteilung der Kommission über die Mitteilung einer Verlängerung der Fristen für die Erfüllung der Vorschriften und Ausnahmen von der vorgeschriebenen Anwendung bestimmter Grenzwerte gemäß Art. 22 der Richtlinie 2008/50/EG über Luftqualität und saubere Luft in Europa, KOM (2008) 403 endgültig; näher dazu *Klinger*, Die neue Luftqualitätsrichtlinie der EU und ihre Umsetzung in deutsches Recht, ZUR 2009, 16, 17; *Köck/Lehmann*, Die Entwicklung des Luftqualitätsrechts, ZUR 2013, 67, 73 f.

[25] OVG Münster, ZUR 2011, 199, 199 f.

[26] Vgl. exemplarisch VG Berlin, ZUR 2010, 155, 157, das mit Blick auf die festgelegten Planmaßnahmen von einem „gerichtlich nur eingeschränkt überprüfbaren Gestaltungsspielraum" spricht.

[27] OVG Münster, ZUR 2011, 199, 199 f.

Beobachtung der weiteren Entwicklung. Sofern Erfahrungswissen gewonnen wird, sich auf dieser Grundlage die Einschätzung der tatsächlichen Situation ändert und/oder einzelne Planmaßnahmen anders zu bewerten sind als zuvor, steht eine Pflicht zur Planergänzung oder Planänderung im Raum.[28] Die Einschätzung der tatsächlichen Situation und ihrer Veränderungen sowie der Umgang mit fortschreitenden Erkenntnissen über die Wirkungsbeziehung von Planmaßnahmen und Schadstoffreduktion bleiben daher über die Zeit hinweg von maßgebender Bedeutung.

IX. Einengung der Spielräume der Verwaltung

Anspruch und Konzept einer verbindlichen, an quantifizierten Immissionsgrenzwerten ausgerichteten Luftreinhalteplanung wären jedoch nur unzureichend verwirklicht, wenn sie regelmäßig in Prognose-, Einschätzungs-, Experimentier- und Gestaltungsspielräumen der planenden Verwaltung enden würden, die von den Gerichten nur an den äußersten Enden kontrolliert werden. Der Gesetzgeber und die Rechtsprechung haben darauf reagiert, indem die Gestaltungsspielräume der Verwaltung im Bereich der Luftqualitätsplanung an den Rändern sukzessive eingeengt werden. Regelungstechnisch wird dieses Ziel dadurch umgesetzt, dass die materiell-rechtlichen Vorgaben für Planerlass und Planmaßnahmen partiell enger gefasst werden als in anderen Bereichen. Dies gilt namentlich für die Steuerung der Verursacherauswahl (§ 47 Abs. 4 Satz 1 BImSchG) sowie die konkretisierende Forderung nach Geeignetheit der Planmaßnahmen (§ 47 Abs. 1 Satz 3, Abs. 2 Satz 3 BImSchG). Dabei fällt auf, dass sich die Gerichte bei der Präzisierung dieser materiell-rechtlichen Vorgaben trotz verbal hochgehaltener Gestaltungsspielräume teilweise sehr weitgehend an die Stelle der planenden Verwaltung setzen.[29]

1. Verursacheranalyse und Verursacherauswahl

Je weiter die tatsächliche Situation und die definierten Qualitätsvorgaben auseinanderklaffen und die vorgegebenen Belastungsgrenzen überreizt werden bzw. ausgeschöpft zu werden drohen, umso eher müssen einschränkende Maßnahmen ergriffen werden und umso eher entsteht auch ein Verteilungsproblem.[30] In diesen Fällen müssen Entscheidungen darüber getroffen werden, wie die einzelnen Verursachungsquellen zu gewichten sind, auf welche Verursachergruppen wie stark zurückgegriffen

---

[28] VG Hannover, ZUR 2009, 105, 107; VG Hannover, ZUR 2010, 208, 213.

[29] So auch die Einschätzung von *Cancik*, Europäische Luftreinhalteplanung – zur zweiten Phase der Implementation, ZUR 2011, 283, 289.

[30] Näher zur Problematik der unterschiedlichen Einbeziehung von Verursachergruppen bereits *Salzwedel*, Vorsorge- und Bewirtschaftungskonzepte als Entscheidungsmaßstab für den wasserrechtlichen Vollzug – Prioritäten und Verhältnismäßigkeitsprinzip, in: Das Recht der Wasserwirtschaft 23 (1988), S. 11, 15 f.; *Rat von Sachverständigen für Umweltfragen*, Umweltgutachten 1994, S. 28 f., Tz. 78 f.; *Wahl/Appel*, Prävention und Vorsorge, 1995, S. 203 ff., 205 ff.; *Rehbinder*, Festlegung von Umweltzielen, NuR 1997, 313, 326.

wird und wem gegenüber in welchem Umfang vorgegangen wird. Wie die Gewichtung und Verteilung im Einzelnen vorgenommen wird, ist primär eine politische Frage, die dem Gestaltungsspielraum der planenden Verwaltung zuzuordnen ist. Ist eine Vielzahl von Verursachern der Regelfall, obliegt es im Planungsrecht grundsätzlich der Einschätzung der planenden Verwaltung, gegenüber welchen Verursachern mit welchen Maßnahmen vorgegangen wird und ob beispielsweise nach Effizienzkriterien (nur) auf einige Hauptverursacher zurückgegriffen wird.

Das Recht der Luftqualitätsplanung fordert demgegenüber als rechtliches Gebot die Heranziehung aller Verursacher nach Verursacheranteil (§ 47 Abs. 4 S. 1 BImSchG). Luftreinhaltepläne sollen so konzipiert werden, dass sie die Erfassung aller Quellen gewährleisten und deren jeweiligen Anteil an der Gesamtbelastung in Rechnung stellen.[31] Damit ist es der planenden Verwaltung nicht mehr ohne weiteres überlassen, ob alle einzelnen Verursacher einzubeziehen sind, oder vorrangig gegenüber (bestimmten) Hauptverursachern vorgegangen werden kann, wenn Maßnahmen (auch) gegenüber den anderen Verursachern nicht in gleicher Weise erfolgversprechend erscheinen. Das gesetzlich vorgegebene Kriterium der Verursachergerechtigkeit erfordert in einem ersten Schritt jedenfalls eine fundierte, in der Sache nachvollziehbare und sachgerechte Ursachenanalyse.[32] Erforderlich ist dafür die Ermittlung und Einbeziehung aller Verursacheranteile, die auch Verursacher außerhalb des Plangebiets und die Hintergrundbelastung in die Betrachtung einbezieht.

Allerdings ist die planende Verwaltung neben dem Verursacherprinzip in § 47 Abs. 4 Satz 1 BImSchG auch in diesem Zusammenhang auf den Verhältnismäßigkeitsgrundsatz verpflichtet worden.[33] Danach sind im Ausgangspunkt zwar alle Verursacher entsprechend ihrem Verursacheranteil in die Planung einzubeziehen; ein Ausweichen auf einzelne Verursacher und ein damit verbundenes verstärktes Vorgehen sind jedoch nicht ausgeschlossen, wenn mit Blick auf andere Verursacher keine geeigneten Maßnahmen der Verbesserung der Luftqualität oder nur solche ersichtlich sind, die – auch im Verhältnis zum möglichen Minderungspotential – mit einer unangemessenen Belastung verbunden wären.[34] Unter dem Einfluss des Verhältnismäßigkeitsprinzips können Planmaßnahmen danach durchaus unterschiedlich wirken und müssen auch nicht zeitgleich durchgesetzt werden.[35] Da die damit ver-

---

[31] VG Wiesbaden, Urt. v. 10.10.2011, 4 K 757/11.WI, juris, Rn. 21; *Sparwasser/Stammann*, Neue Anforderungen an die Planung durch Luftqualitätsvorgaben der EU?, ZUR 2006, 169, 171; *Jarass*, BImSchG, § 47 Rn. 18 a.

[32] BVerwGE 128, 278; VG Düsseldorf, Urt. v. 8.12.2009, 3 K 3720/09 – juris, Rn. 47; zusammenfassend *Cancik*, Europäische Luftreinhalteplanung – zur zweiten Phase der Implementation, ZUR 2011, 283, 288.

[33] Näher dazu OVG Münster, ZUR 2011, 199, 200 f.; *Streppel*, Subjektive Rechte im Luftqualitätsrecht – Grundsatzentscheidungen des BVerwG, ZUR 2008, 23, 27; *Köck/Lehmann*, Die Entwicklung des Luftqualitätsrechts, ZUR 2013, 67, 71.

[34] OVG Münster, ZUR 2011, 199, 200 f.

[35] OVG Münster, ZUR 2011, 199, 200 f.; *Cancik*, Europäische Luftreinhalteplanung – zur zweiten Phase der Implementation, ZUR 2011, 283, 288.

bundenen Prognosen und Beurteilungen im Einzelfall schwierig sein können, ergibt sich letzten Endes auch hier ein gewisser Beurteilungsspielraum der Verwaltung, der jedoch als Ausnahme von der geforderten Regel der anteilsabhängigen Heranziehung aller Verursacher besonders gerechtfertigt werden muss.

2. Geeignetheit von Planmaßnahmen

Noch weitergehender für den Gestaltungsspielraum der Verwaltung sind die Folgen, die sich aus der Forderung nach Geeignetheit der Planmaßnahmen ergeben. Denn der Gesetzgeber stellt explizit sowohl für Luftreinhaltepläne als auch für Pläne für kurzfristig zu ergreifende Maßnahmen Anforderungen an die Qualität der darin vorgesehenen Maßnahmen: Diese müssen geeignet sein, den Zeitraum einer Überschreitung von bereits einzuhaltenden Immissionsgrenzwerten so kurz wie möglich zu halten (§ 47 Abs. 1 Satz 3 BImSchG) bzw. die Gefahr der Überschreitung der Werte zu verringern oder den Zeitraum, während dessen die Werte überschritten werden, zu verkürzen (§ 47 Abs. 2 Satz 3 BImSchG). Das im Grundsatz nach wie vor bestehende Gestaltungsermessen des Plangebers wird auf diese Weise unter Umständen erheblich eingeschränkt. Erforderlich sind in einem ersten Schritt jedenfalls Eignungsprognosen, die sich gegebenenfalls auch auf Modellberechnungen oder messbare Erfahrungen stützen müssen. Die im Rahmen eines Prognosespielraums[36] festzulegenden Maßnahmen müssen auf eine fachgerechte Prognose gestützt und in der Folge auch ergriffen werden, wenn die Luftqualität nicht auf andere Weise gewährleistet wird und die Maßnahmen verhältnismäßig sind.[37] Zwar gesteht die Rechtsprechung der planenden Verwaltung bei unsicheren Wirkungszusammenhängen zwischen Planmaßnahmen und erwarteter Schadstoffreduktion für eine Übergangszeit einen gewissen Experimentierspielraum zu.[38] Dieser Spielraum, der eine gesteigerte Beobachtungspflicht nach sich zieht, verringert sich aber mit der Generierung einschlägigen Erfahrungswissens.

In einer übergreifenden Perspektive ist bemerkenswert, dass sich die Problematik zunehmend von der Frage, ob überhaupt ein Plan zu erstellen ist, hin zu der Frage verlagert, welche Inhalte ein solcher Plan hat und welche einzelnen Maßnahmen Aufnahme in den Plan finden.[39] Auch wenn der Grundsatz nach wie vor hoch gehalten wird, dass ein Anspruch auf Aufnahme konkreter Maßnahmen in einen Plan angesichts des weiten planerischen Ermessens der Verwaltung nicht gegeben sei, werden einzelne Planmaßnahmen doch immer deutlicher auf ihre Eignung zur Zielerreichung hin überprüft. Besonders anschaulich zeigt sich dies in Fällen, in denen ein erster Luftreinhalteplan bzw. Plan für kurzfristig zu ergreifende Maßnahmen mit

---

[36] OVG Münster, ZUR 2011, 199, 199 f.; OVG Berlin-Brandenburg, Urt. v. 20.10.2011, BeckRS 55249, S. 7.

[37] Vgl. VG Wiesbaden, ZUR 2012, 113.

[38] OVG Münster, ZUR 2011, 199, 199 f.

[39] Diese Entwicklung findet sich nachgezeichnet bei *Cancik*, Europäische Luftreinhalteplanung – zur zweiten Phase der Implementation, ZUR 2011, 283, 288.

den darin enthaltenen Planmaßnahmen nicht die erhofften Wirkungen erzielt hat.[40] Wird nun ein ergänzter oder geänderter (zweiter) Plan beansprucht, stellt sich zwangsläufig die Frage, ob und inwieweit das Spektrum der möglichen Planmaßnahmen und damit das planerische Ermessen der Verwaltung angesichts der negativen Erfahrungen mit dem ersten Plan und den darin festgelegten Planmaßnahmen eingeengt ist. Dabei verdichtet sich die Problematik vor allem bei den Plänen für kurzfristig zu ergreifende Maßnahmen (den früheren Aktionsplänen), deren Maßnahmen in Abgrenzung zu den allgemeinen Luftreinhalteplänen kurzfristig sein, d. h. schnell ergriffen werden und auch rasch wirksam sein müssen. Enthält ein solcher Plan für kurzfristig zu ergreifende Maßnahmen keine solchen einschlägigen Maßnahmen zur unmittelbaren Gefahrenabwehr, liegt eine detaillierte(re) Prüfung der möglichen geeigneten Planmaßnahmen nahe.[41] Ist eine bestimmte Maßnahme – wie das Vorsehen einer Umweltzone – mangels vergleichbar effektiver, kurzfristig greifender anderer Maßnahmen erforderlich, um schnellstmöglich die Einhaltung der vorgegebenen Luftqualitätswerte zu gewährleisten, kann das Auswahlermessen der planenden Behörde sogar so weit reduziert sein, dass diese eine Maßnahme in den Plan aufzunehmen hat.[42] Bei allen Feinheiten im Detail, denen hier nicht im Einzelnen nachgegangen werden kann, zeigt sich die deutliche Tendenz zu einer partiellen, über eine Verhältnismäßigkeitsprüfung hinausgehenden Inhaltskontrolle der betreffenden Pläne.[43] Ist das Auswahlermessen entsprechend reduziert, können Ansprüche auf Planfortschreibung bzw. Planänderung unter Aufnahme konkreter geeigneter Maßnahmen in den Plan geltend gemacht werden.

X. Luftqualität und Luftqualitätsmanagement

Die Einengung der Spielräume der planenden Verwaltung ist dem Versuch geschuldet, das Spannungsverhältnis von gestalterischem Spielraum der planenden Verwaltung und partieller Inhaltskontrolle der Pläne so aufzulösen, dass sowohl der Dynamik und den Veränderungen einer komplexen tatsächlichen Situation als auch dem wachsenden Erfahrungswissen über die Wirkungsmechanismen der Luftreinhaltung durch geeignete Maßnahmen Rechnung getragen wird. Die maßgebende Herausforderung für die Verwaltung besteht darin, die Anforderungen an die Planrechtfertigung und die Geeignetheit der Planmaßnahmen über die Zeit hinweg so zu erfüllen, dass Veränderungen der tatsächlichen Situation berücksichtigt werden, die

---

[40] Vgl. zu dieser Fallkonstellation VG Stuttgart, Beschl. v. 14. 8. 2009, 13 K 511/09, juris = ZUR 2009, 557 ff. (Leitsatz und Gründe).

[41] Vgl. VG Stuttgart, Beschl. v. 14. 8. 2009, 13 K 511/09, juris = ZUR 2009, 557 ff. (Leitsatz und Gründe); VG Wiesbaden, ZUR 2011, 113, 116 f.

[42] VG Wiesbaden, ZUR 2011, 113, 116 f.; *Köck/Lehmann*, Die Entwicklung des Luftqualitätsrechts, ZUR 2013, 67, 71; krit. *Röckinghausen*, Luftqualitätsplanung: Stand – Erfahrungen, Probleme, I + E 2012, 188, 190.

[43] *Cancik*, Europäische Luftreinhalteplanung – zur zweiten Phase der Implementation, ZUR 2011, 283, 288.

Einbeziehung aller Verursacher nach ggf. sich veränderndem Verursacheranteil gewährleistet wird und die Geeignetheit der festgelegten Planmaßnahmen bei ggf. sich ändernden Einschätzungen der Wirkungsprognosen sichergestellt ist. Dabei liegt auf der Hand, dass es keine salvatorische Wirkung eines einmal erlassenen Plans geben kann, sondern der Plan und seine Fortschreibung als Daueraufgabe begriffen werden müssen.

Vor diesem Hintergrund ist absehbar, dass sich die Herangehensweise der Verwaltung an den Erlass und die Fortschreibung von Luftqualitätsplänen auf Dauer professionalisieren und prozeduralisieren wird. In der Sache wird die Luftqualitätsplanung Anleihen bei Qualitätsmanagementkonzepten machen können[44] und zu ihrer Absicherung gegenüber den auf eine partielle Inhaltskontrolle ausgerichteten Gerichten bis zu einem gewissen Grad auch machen müssen. Dabei wird es nicht darum gehen, bestimmte Qualitätsmanagementmodelle bis in ihre Einzelheiten hinein zu verrechtlichen, sondern als planende Verwaltung nach außen hin zu dokumentieren, dass im Hinblick auf die geforderte Verursachergerechtigkeit sowie die Geeignetheit der Planmaßnahmen überhaupt Qualitätssicherung als Qualitätsvoraussetzungssicherung betrieben wird.[45] Zum Lernen aus Qualitätsmanagementmodellen sollte zählen, dass als Grundlage für die zu treffenden Prognosen jedenfalls eine fundierte Folgenermittlung und Folgenabschätzung vorgenommen wird. Hinzu kommt, dass die Umsetzung der Luftqualitätsziele durch Planerlass von der planenden Verwaltung in gewisser Weise als Dienstleistung zu begreifen wäre. Qualitätssicherung in der Luftqualitätsplanung könnte dann als Versuch der Prozeduralisierung von Qualität begriffen werden, die zugleich auf bestehende Informations- und Erkenntnisdefizite reagiert. Nicht zuletzt könnte sich die Luftreinhalteplanung auch eine Reihe von Leitgedanken zunutze machen, die mittlerweile zum Grundarsenal des Qualitätsmanagements zählen:[46] Adressatenorientierung, Fehlervermeidung, kontinuierliche Verbesserung, Prozessorientierung, Ausweitung der Qualitätsverantwortung sowie permanente Rückkopplung im Sinne eines „Plan – Do – Check – Act". Dementsprechend müsste die Luftqualitätsplanung durch ein kontinuierliches Controlling der Pläne und ihrer Wirkungen flankiert werden,[47] da nur auf diese Weise den umfang-

---

[44] Vgl. dazu nur *Reimer*, Qualitätssicherung, 2007, S. 115 ff.; *ders.*, Qualitätssicherung als Verwaltungsaufgabe, in: Bundestagung des Deutschen Sozialrechtsverbandes e.V. (Hrsg.), Qualitätssicherung im Sozialrecht, 2011, S. 9 ff.; *Hill* (Hrsg.), Wege zum Qualitätsmanagement, 2010; *Ensthaler/Gesmann-Nuissl/Müller*, Technikrecht: rechtliche Grundlagen des Technologiemanagements, 2012, S. 117 ff. (Qualitätsmanagement und Recht).

[45] Zur Qualitätssicherung als Qualitätsvoraussetzungssicherung *Reimer*, Qualitätssicherung, 2007, S. 413 ff.

[46] Dazu nur *Reimer*, Qualitätssicherung, 2007, S. 118 ff., 135 ff.; *ders.*, Qualitätssicherung als Verwaltungsaufgabe, in: Bundestagung des Deutschen Sozialrechtsverbandes e.V. (Hrsg.), Qualitätssicherung im Sozialrecht, 2011, S. 9, 12 ff.

[47] OVG Münster, ZUR 2011, 199, 202 zur Planfortschreibung.

reichen Planungs- und Monitoringpflichten angemessen Rechnung getragen werden kann.[48]

XI. Luftqualitätsmanagement und Luftqualitätsplanfehlerlehre

Der Rückgriff auf Erfahrungen aus Qualitätsmanagementmodellen liegt auch insofern nahe, als die Entwicklung namentlich in der Rechtsprechung erste Ansätze einer Luftqualitätsplanfehlerlehre erkennen lässt.[49] Die Anforderungen an das Verfahren, die Planrechtfertigung, die Einbeziehung aller Verursacher, die Geeignetheit der Planmaßnahmen sowie die über die Zeit hinweg erforderlichen Planergänzungen und Planfortschreibungen legen es nahe, sich Gedanken über die Rechtswirkungen von Einzelfehlern im Luftqualitätsplanungsrecht zu machen und diese in einer Fehlerlehre für Luftqualitätspläne zu bündeln. Die Ausformung einer solchen Fehlerlehre könnte auch einen erheblichen Beitrag dazu leisten, das prekäre Verhältnis von planerischem Gestaltungsspielraum einerseits und partieller Inhaltskontrolle der Pläne andererseits zu präzisieren und handhabbare Abgrenzungen zu formulieren. Dabei könnte eine solche Luftqualitätsplanfehlerlehre aus Erkenntnissen und einzelnen Elementen des Qualitätsmanagements lernen – nicht im Sinne einer unmittelbaren Übernahme, sondern als Begründungshilfe(n) bei der maßvollen Fortentwicklung der allgemeinen Fehlerlehre für den spezifischen Bereich der Luftqualitätsplanung. Ein Rückgriff auf Argumentationsmuster des Qualitätsmanagements liegt sowohl aus Sicht der Verwaltung als auch der Gerichte nahe, wenn es letzten Endes um die Beurteilung geht, ob die Anforderungen zur Wahrung der geforderten Luftqualität eingehalten werden.

XII. Fazit

Die neueren Entwicklungen im Recht der Luftqualitätsplanung zeigen, wie anspruchsvoll ein Konzept ist, das Umweltqualität durch Recht gewährleisten soll. Neben der Abhängigkeit von der Qualität der Wissenserzeugung zeigt sich die Notwendigkeit der Einbindung der Luftqualitätsplanung in ein politisches Gesamtkonzept. Hinzu kommt, dass die gestuften Vorgaben im europäischen Mehrebenenverhältnis zu ihrer Optimierung gezielter Rückkopplungen bedürfen, um Lerneffekte und daran anknüpfende Anpassungen zu ermöglichen. Die konkretisierenden gesetzlichen Vorgaben zur Verursachergerechtigkeit und zur Geeignetheit von Planmaßnahmen führen zu einem gesteigerten Spannungsverhältnis von planerischem Gestaltungsspielraum und partieller Inhaltskontrolle bei der Planrechtfertigung sowie der Überprüfung einzelner Planmaßnahmen. Zur Konkretisierung dieses Verhältnisses können sowohl die Verwaltung als auch die Gerichte Anleihen bei einzelnen Ele-

---

[48] *Cancik*, Europäische Luftreinhalteplanung – zur zweiten Phase der Implementation, ZUR 2011, 283, 295.

[49] Zu Idee und Begründung einer Umweltqualitätsplanfehlerlehre *Cancik*, Europäische Luftreinhalteplanung – zur zweiten Phase der Implementation, ZUR 2011, 283.

menten des Qualitätsmanagements nehmen. Die dort gemachten Erfahrungen und entwickelten Begründungsmuster könnten in Teilen auch für die absehbare Ausformung einer Luftqualitätsplanfehlerlehre fruchtbar gemacht werden.

Neue Impulse zum Verkehrslärmschutz an Straßen und Schienenwegen

Von *Helmuth Schulze-Fielitz*

I. Verkehrslärm als immissionsschutzrechtliches Problem

Für den Schutz vor Lärm, speziell vor Verkehrslärm als immissionsschutzrechtliches Problem hat kaum jemand die scientific community der deutschen Umweltrechtler mehr sensibilisiert als *Hans-Joachim Koch:* Das gilt nicht nur im Kontext des Bauplanungsrechts[1] oder immissionsschutzrechtlicher Genehmigungen[2], sondern auch als vielschichtige Lärmprobleme zusammenführender Referent[3], als (mit-)verantwortlicher Vorsitzender des Sachverständigenrates für Umweltfragen und dessen Gutachten[4] und als Impulse gebender und aufnehmender Vorsitzender der Gesellschaft für Umweltrecht[5].

Sein Engagement in diesen Fragen wird mit der Resonanz bei den normsetzenden Instanzen im Laufe der Jahrzehnte nicht zufrieden sein können, denn bei der Lärmbekämpfung erweist sich der Fortschritt in besonders signifikanter Weise als Schnecke. Dennoch scheinen einige neuere Entwicklungen Hoffnung wecken zu können (III.) als Versuch, die herkömmlichen Probleme und Defizite (II.) partiell hinter sich zu lassen.

---

[1] *Koch,* Immissionsschutz durch Baurecht, 1991.

[2] *Koch,* in: ders./Scheuing/Pache (Hrsg.), GK-BImSchG, § 3 Rn. 19 ff., 220 ff. (Erstbearbeitung 1994), ebenso die Zweitbearbeitung (zusammen mit *E. Hofmann*, September 2013).

[3] *Koch,* Aktuelle Probleme des Lärmschutzes, NVwZ 2000, S. 490 ff.

[4] *Rat von Sachverständigen für Umweltfragen (SRU),* Umweltgutachten 2004, 2004, Rn. 627 ff.; *ders.*, Umwelt und Verkehr. Sondergutachten, 2005, Rn. 23 ff., 159, 254 ff., 538; *ders.*, Umweltgutachten 2008, 2008, Rn. 805 ff.

[5] S. zuletzt als Vorsitzender des Arbeitskreises zu aktuellen Fragen des Lärmschutzes in: GfU (Hrsg.), Dokumentation zur 33. wissenschaftlichen Fachtagung der Gesellschaft für Umweltrecht e.V. Berlin 2009, 2010, S. 153 ff.

II. Inkonsistente Heterogenitäten des gewachsenen Lärmschutzrechts

1. Orientierung an Lärmquellen statt an der Lärmsummation

Grundsätzlich scheint Immissionsschutzrecht akzeptororientiert an den Belastungen der Betroffenen durch Immissionen orientiert zu sein[6]. Indessen gilt auch im Verkehrsimmissionsschutz des BImSchG, dass die Immissionsbelastungen nur im Blick auf die jeweilige Lärmquelle – isoliert von anderen Lärmarten und ihren Lärmquellen – betrachtet werden. Der Verkehrslärmschutz orientiert sich in analytischer Bestandsaufnahme und praktischen Abwehrmaßnahmen daher segmentiert nur an Verkehrslärm von einzelnen Straßen oder von einzelnen Schienenwegen oder von Flugrouten, nicht aber an den summierten Lärmbelastungen durch alle diese Lärmarten, geschweige einschließlich zusätzlichen Gewerbe- und/oder Freizeitlärms im Sinne einer Gesamtbelastung[7]. Das widerspricht der Grundidee des Immissionsschutzrechts, sich an der Belastungssituation des einzelnen von schädlichen Umwelteinwirkungen Betroffenen zu orientieren, wird aber oft damit begründet, dass sich die unterschiedlichen Lärmarten nicht verrechnen lassen sollen. Die Folge ist, dass Analysen und Abwehrmaßnahmen wegen dieser isolierten Sicht oft an unrealistischen, eher rechnerisch „geschönten" Lärmbelastungssituationen orientiert sind – zulasten eines wirksamen Verkehrsimmissionsschutzes.

2. Orientierung an Lärmbelastungen im Medium baulicher Notwendigkeiten

Eng mit der Lärmquellenorientierung verbindet sich die Eigenart, dass Maßnahmen zur Verkehrslärmminderung sich primär am Neubau von Straßen und Schienenwegen oder an deren wesentlicher, verkehrserhöhender baulicher Veränderung orientieren (§§ 2 Abs. 1 Nr. 4, 41 Abs. 1 BImSchG), nicht aber am tatsächlichen Wachstum von Verkehr und Verkehrslärm allein aufgrund eines höheren Verkehrsaufkommens. Insoweit müssen nach den baulichen Veränderungen der Verkehrswege bestimmte Lärmschutzmaßnahmen getroffen werden, um in den vom Verkehrslärm auf diesen Verkehrswegen betroffenen benachbarten Wohngebieten abschnittsbezogen eine Überschreitung bestimmter Dauerschallpegel zu unterbinden, nur soweit sie

---

[6] *Koch,* Die rechtliche Beurteilung der Lärmsummation nach BImSchG und TA Lärm 1998, in: Czajka/Hansmann/Rebentisch (Hrsg.), Immissionsschutzrecht in der Bewährung, FS Feldhaus, 1999, S. 215, 218 ff.; *ders.* (Fn. 2), § 3 Rn. 30 ff.; ausf. *Moradi Karkaj*, Die Gesamtlärmbewertung im Immissionsschutzrecht, 2008, S. 78 ff.

[7] Gebilligt von BVerwG Urt. v. 21.03.1996 – 4 C 9/95 – E 101, 1 (7 ff.); ebenso zuletzt *Halama*, Lärmschutz bei der Straßenplanung, in: Krautzberger/Rengeling/Saerbeck (Hrsg.), Bau- und Fachplanungsrecht, FS Stüer, S. 413, 414 ff.; krit. *Koch*, Probleme (Fn. 3), S. 492; *ders.*, Beurteilung (Fn. 6), S. 225 ff.; *Jarass*, Neues von den Schwierigkeiten des Verkehrsimmissionsschutzes, in: FS Feldhaus (Fn. 6), S. 235, 242 f.

von dem baulich geänderten Verkehrsweg ausgehen (§§ 41 Abs. 1 BImSchG i.V.m. § 2 Abs. 1 Nr. 4 der 16. BImSchV). Diese Orientierung allein an baubedingten statt an verkehrsbedingten Verkehrslärmbelastungen führt einerseits zu einem klaren formalen Anknüpfungspunkt für Lärmminderungsmaßnahmen durch die Baulastträger, andererseits zu einem sehr selektiven Lärmschutz, der sich nicht primär am Ausmaß der Lärmbelastungen betroffener Wohngebiete orientiert. Die nicht von Baumaßnahmen, sondern vom gestiegenen Verkehrsaufkommen als solchem stärker verlärmten Bereiche bleiben nahezu schutzlos, weil deren Lärmsituation – auch wegen unklarer finanzieller Folgewirkungen für den Fiskus – gesetzlich gar nicht geregelt ist.

3. Starrheit der Grenzwerteorientierung statt relativer Lärmbewertung

Das herkömmliche immissionsschutzrechtliche Lärmschutzregime orientiert sich an einem ordnungsrechtlichen Ansatz, der bei (berechenbarer) Überschreitung von bestimmten Pegelhöhen Handlungspflichten zum Lärmschutz begründet. Verkehrslärmschutz ist insoweit strikt an Auslösewerten orientiert, ob bei baulichen Maßnahmen an die Vorsorgewerte von § 2 Abs. 1 der 16. BImSchV oder bei (gesetzlich nicht geregelten) Maßnahmen zum Gesundheitsschutz, wenn die Grenzen zur signifikanten Gesundheitsgefährdung eindeutig überschritten werden. Diese letzte Grenze begründet keinen gesetzlichen Rechtsanspruch; ein solcher ist auch noch nicht durch eine Klage unter verfassungsunmittelbarem Rückgriff auf Art. 2 Abs. 2 GG erfolgreich geltend gemacht worden. Die Orientierung an Grenzwerten gilt auch im Falle einer freiwilligen Lärmsanierung (s.u.); auch bei straßenverkehrsrechtlichem Immissionsschutz (§ 45 StVO) wirken sie als „Richtwerte“ mit Indizfunktion für die Ermessensausübung[8]. Unabhängig und unterhalb von solchen Auslösewerten und ihren gesetzlichen Voraussetzungen sieht das Gesetzesrecht keine Verpflichtung zu Maßnahmen der Prävention bei einer relativen Verschlechterung der Lärmsituation vor, sondern toleriert zunehmende Verkehrslärmbelastungen.

4. Ineffizienz der Mittelverwendung bei suboptimaler Kosten-Nutzen-Relation

Der immissionsschutzgesetzliche Rahmen des Verkehrslärmschutzes orientiert sich an einzelnen baulichen Veränderungen der Verkehrswege und den dadurch verursachten Lärmbelastungen weithin unabhängig davon, wie viele Menschen davon betroffen sind. Die kostenintensiven Maßnahmen des aktiven Lärmschutzes (z. B. Lärmschutzwälle) betreffen bis zur Grenze der Unverhältnismäßigkeit (§ 41 Abs. 2 BImSchG) mitunter nur eine kleine Anzahl von Betroffenen. Anders als in der Schweiz erfolgt der Mitteleinsatz nicht nach Maßgabe einer möglichst hohen Zahl von Lärmbetroffenen, die von den Schutzmaßnahmen profitieren, sondern

---

[8] S. *Strick*, Lärmschutz an Straßen, 2. Aufl. 2006, Rn. 143.

nach der zufälligen Anzahl der durch bauliche Maßnahmen an den Verkehrswegen Betroffenen. Erst bei der Bestimmung der Unverhältnismäßigkeit aktiver Lärmschutzmaßnahmen kann eine (zu) geringe Zahl von Lärmbetroffenen eine maßgebliche Rolle spielen[9]. Dieser Einsatz finanzieller Mittel ist gleichermaßen ineffizient oder ineffektiv, weil es weithin an übergreifenden Kosten-Nutzen-Analysen fehlt.

5. *Vielfalt von Kompetenzträgern*

Die sektorale Betrachtung des Verkehrslärms im Blick auf die Verursacher des Lärms führt zu einer Vielfalt von Kompetenzträgern, die je für sich agieren, ohne ihre Maßnahmen ggf. mit- oder aufeinander abzustimmen. Die Lärmentwicklung der Verkehrsfahrzeuge als Produkte etwa wird in Verordnungen der EU-Kommission geregelt, der Lärmschutz beim Straßenbau durch den Träger der Straßenbaulast, beim Schienenwegebau durch die Deutsche Bahn / das Eisenbahnbundesamt, bei Flughäfen durch die Flughafenbetreiber, bei gewerblichem Lärm durch Gewerbeaufsichtsämter. Gesetzliche Kompetenzen sind auf zahlreiche unterschiedliche Fachgesetze und zugleich eine Vielfalt von Bundes-, Landes- und kommunalen Behörden verteilt, die ihre Kompetenzen wahrnehmen, ohne dass es bislang zu einer abgestimmten Bündelung von Lärmschutzmaßnahmen kommt.

6. *Finanzielle Folgekonflikte*

Mit der Kompetenzenvielfalt verbindet sich auch eine fiskalische Aufsplitterung. Jeder Kompetenzträger finanziert nur die ihm gesetzlich aufgegebenen Maßnahmen mit der Folge, dass andere, gesetzlich nicht leistungspflichtige Kompetenzträger keinen Beitrag leisten, obwohl nur oder gerade erst ein gemeinsames Zusammenwirken die Immissionsbelastungen optimal senken könnte. Kumulieren sich Lärmbelastungen von Bundes-, Landes- und Gemeindestraßen mit solchen von Schienenwegen oder gewerblichem Lärm, fehlt es jenseits von Einzelbaumaßnahmen an gesetzlichen Regeln, wie die Kosten etwaiger Lärmminderungsmaßnahmen zwischen ihnen aufzuteilen sind. Lärmschutz als Kostenfaktor unterliegt insoweit der Sparsamkeitslogik jedes einzelnen Teilhaushalts; Regeln zur Kostenteilung sind ein Desiderat[10].

7. *Verkehrslärmsanierung als unerfüllter Sozialstaatsauftrag*

Lärmsanierung bezieht sich begrifflich primär auf Lärmschutzmaßnahmen für bestehende Wohngebiete, deren Verkehrslärmbelastungen überaus hoch (geworden) sind – und zwar oft so hoch, dass die in Rechtsprechung und Lärmwirkungsforschung weithin konsentierten Grenzen zur signifikanten Gesundheitsgefährdung eindeutig überschritten werden, d. h. Mittelungspegel von 70 bis 75 dB(A) / 60 bis 65 dB(A)

---

[9] Übersichtlich: *Schulze-Fielitz*, in: GK-BImSchG (Fn. 2), § 41 Rn. 72 ff.

[10] Vgl. auch *Springe*, in: Kodal, Straßenrecht, 7. Aufl. 2010, Kap. 33 Rn. 8.23.

tags/nachts[11]; das Bundesverwaltungsgericht spricht neuerdings eindeutiger von 70 dB(A) tags / 60 dB(A) nachts als „grundrechtlicher Zumutbarkeitsschwelle“[12]. Wenn die Belastungen aber nur infolge einer Zunahme des Verkehrs ohne bauliche Veränderung an den Straßen- und Schienenwegen erfolgt ist, etwa durch höheres Kfz-Aufkommen oder enger getaktete Zugfolgen, sieht das deutsche Immissionsschutzrecht nahezu keine Regelungsmöglichkeiten vor, weder in baulicher noch in verkehrsregelnder Hinsicht. Einzig die straßenverkehrsrechtliche Ermächtigung zu verkehrslenkenden oder verkehrsbeschränkenden Maßnahmen nach § 45 StVO spielt hier eine praktisch nennenswerte Rolle[13].

Die Brisanz dieses Sachverhalts wird deutlich, wenn man ihn unter dem Gesichtspunkt der sozialen Segregation betrachtet. In solchen verkehrslärmbelasteten Wohnungen leben zuvörderst Bevölkerungsgruppen, die auf dieses Mietpreisniveau angewiesen sind, während alle wirtschaftlich „besser“ Gestellten deutlich leichter in ruhigere Wohngebiete auszuweichen in der Lage sind[14]. Die Sanierung betrifft daher in erster Linie sozial schwächere Bevölkerungsgruppen – eine Lärmsanierungspolitik ist daher eine genuin sozialstaatliche Aufgabe, hinter deren Verfolgung aber nicht gerade die sozialstrukturell stärksten Interessengruppen stehen. Auch deshalb gibt es kein Recht der Verkehrslärmsanierung, werden bauliche Lärmschutzmaßnahmen an bestehenden Straßen[15] und Schienenwegen[16] allein auf freiwilliger Basis durch Leistungen nach Maßgabe haushaltsrechtlicher Mittelbewilligung gewährt[17]; vorausgesetzt wird die Überschreitung von bestimmten Auslösewerten.

Der Bund geht beim Straßenverkehr seit 2010 von um 3 dB(A) abgesenkten Sanierungs-Auslösungswerten knapp unterhalb gesundheitsgefährdender Belastungsschwellen in den besonders schutzbedürftigen Wohngebieten aus: von 67 dB(A)/ 57 dB(A) tags/nachts an Krankenhäusern, Schulen, Kurheimen und in reinen und allgemeinen Wohngebieten sowie Kleinsiedlungsgebieten, von 69 dB(A)/59 dB(A)

---

[11] Vgl. nur BGH Urt. v. 25.03.1993 – III ZR 60/91 – BGHZ 122, 76, 81; BGH, Urt. v. 16.03.1995 – III ZR 166/93 – BGHZ 129, 124, 127; BVerwG, Urt. v. 18.03.1998 – 11 A 55/96 – BVerwGE 106, 241, 247; BVerwG v. 12.04.2000 – 11 A 18/98 – BVerwGE 111, 108, 122; BVerwG v. 16.03.2006 – 4 A 1075/04 – BVerwGE 125, 116, Rn. 376; *Koch*, Probleme (Fn. 3), S. 491; *Storost*, Lärmschutz in der Verkehrswegeplanung, DVBl. 2013, S. 281, 285.

[12] So BVerwG v. 15.12.2011 – 7 A 11/10 – NVwZ 2012, 1120, Rn. 30.

[13] Vgl. *Koch*, Probleme (Fn. 3), S. 496; *Koch/Mengel*, Örtliche Verkehrsregelungen und Verkehrsbeschränkungen, in: Koch (Hrsg.), Rechtliche Instrumente einer dauerhaft umweltgerechten Verkehrspolitik, 2000, S. 245, 253 ff.

[14] Siehe schon *Schulze-Fielitz*, Aktuelle Grundprobleme des Verkehrsimmissionsschutzes, Die Verwaltung 26 (1993), S. 515, 531 f.

[15] Vgl. Abschnitt D der Richtlinien für den Verkehrslärmschutz an Bundesfernstraßen des Bundes – VLärmSchR 97 – v. 27.05.1997, VkBl. 1997, S. 434; s. näher *Strick*, Lärmschutz (Fn. 8), Rn. 129 ff.

[16] Neu gefasst mit Wirkung vom 01.01.2013: Richtlinie für die Förderung von Maßnahmen zur Lärmsanierung an bestehenden Schienenwegen der Eisenbahnen des Bundes vom 22.11.2012, VkBl. 2012, S. 923.

[17] Vgl. zur Kritik *Schulze-Fielitz* (Fn. 9), § 41 Rn. 107.

tags/nachts in Kern-, Dorf- und Mischgebieten sowie von 72 dB(A)/62 dB(A) tags/nachts in Gewerbegebieten[18]; Nordrhein-Westfalen legt einheitlich in allen Gebieten Grenzwerte von 70 dB(A)/60 dB(A) tags/nachts zugrunde[19], dafür auch in Kern-, Dorf-, Misch- und Gewerbegebieten. Die Kosten der Sanierung an allen Bundesfernstraßen in der Baulast des Bundes wurden 2006 – noch auf Basis der nicht um 3 dB (A) abgesenkten Auslösewerte – auf über 1 Mrd. € geschätzt[20]; im Bundeshaushalt sind für die Lärmsanierung jährlich 50 Mill. € vorgesehen[21]. Diese Lärmsanierungspolitik geht also von mindestens zwei Jahrzehnten Dauer aus. Die Gesamtkosten für die Lärmsanierung an Straßen nach Stufe 1 der Umgebungslärmrichtlinie werden bei Sanierungswerten von 66 dB(A)/56 dB(A) tags/nachts auf 2,667 Mrd. € geschätzt, wovon 78 % auf die Gemeindestraßen und 3,6 % auf Landesstraßen entfallen sollen[22]. Doch scheinen verschiedene Länder gar keine entsprechenden Haushaltsmittel bereitzustellen[23]; das gilt erst recht für Kreis- und Gemeindestraßen.

Beim Schienenverkehr werden von 33.000 km Gesamtnetz 3.700 km als sanierungsbedürftig mit geschätzten Kosten in Höhe von 2,8 Mrd. € eingestuft[24]; diese sollen durch jährlich 100 Mill. € freiwillige Lärmschutzmaßnahmen allmählich an den Neubauschutzstandard herangeführt werden, also in einem Zeitraum von mindestens 26 Jahren: Insgesamt gibt es mithin weit mehr solcher Gebiete, die wegen unzumutbarer Lärmbelastungen sanierungsbedürftig sind, als Haushaltsmittel für eine Lärmsanierung zur Verfügung stehen. Die Lärmschutzpolitik namentlich in den Bereichen des Schienenverkehrs nimmt so gesundheitsgefährdende Belastungen für Hunderttausende von Menschen in Kauf. Das steht nur deshalb nicht als sozialstaatliches Skandalon im Mittelpunkt öffentlicher Debatten[25], weil die Gesundheitsgefahren durch Lärm sich nur schleichend aktualisieren, ohne den Lärm als Stressfaktor für Herz- und Kreislauferkrankungen als unmittelbaren Kausalfaktor sichtbar werden zu lassen.

---

[18] *Springe* (Fn. 10), Rn. 8.40; vgl. BT-Drs. 17/5077. – Diese Werte sind z.T. von den Ländern übernommen worden, z.B. seit 2011 in Baden-Württemberg.

[19] *Strick*, Lärmschutz (Fn. 8), Rn. 131.

[20] Antwort der Bundesregierung auf die Kleine Anfrage der Abgeordneten Rößner u.a., BT-Drs. 17/13600, S. 2.

[21] Vgl. *Springe* (Fn. 10), Rn. 8.40.

[22] Antwort (Fn. 20), S. 2 f.

[23] Vgl. (für 2005) *Strick*, Lärmschutz (Fn. 8), Rn. 22.

[24] BT-Drs. 17/13360, S. 16 f.

[25] S. aber jetzt *Bartsch*, Schrei nach Stille, Der Spiegel Nr. 40/2013 v. 30.09.2013, S. 47 ff.

III. Aktuelle Veränderungsimpulse für das Recht des Verkehrslärmschutzes

1. Aktualisierungen des Verursacherprinzips bei Güterzügen

Es gehört zu den allgemeinen Einsichten der Umweltrechtswissenschaft, dass eine Beachtung des Verursacherprinzips einen besonders wirksamen Umweltschutz gewährleisten kann. Für den Verkehrslärmschutz bedeutet das, dass lärmemissionsbegrenzende Maßnahmen unmittelbar an den Lärmquellen (z. B. Motoren- und Wagengeräusche) besonders wirksam sind[26]. Insoweit liegt die Rechtsetzungsmacht überwiegend bei der EU, die seit Jahrzehnten die Grenzwerte für Emissionen von Kraftfahrzeugen Stufe um Stufe gesenkt hat[27], nicht aber bei Schienenverkehr hinsichtlich Antriebselementen, Bremsen oder Gleisbett[28]. Die EU-Kommission hat im Zuge ihrer Bemühungen um die Interoperationalität des konventionellen Eisenbahnsystems[29] erstmals mit ihrem Beschluss 2011/229/EU vom 4. April 2011 Lärmgrenzwerte für neu zuzulassende Eisenbahnfahrzeuge vorgegeben[30].

Aber auch unterhalb der Grenzwerte solcher Produktrichtlinien lassen sich neuere Entwicklungen auf nationaler Ebene feststellen, um insbesondere den Lärm von Güterzügen zu mindern[31]. Seit dem 1. Juni 2013 praktiziert die Deutsche Bahn Netz AG – EU-weit wohl erstmals und von der EU-Kommission notifiziert – ein lärmabhängiges Trassenpreissystem, bei dem bei lauten Güterzügen ein Preiszuschlag von 1,0 %, ab 1. Juni 2014 von 1,5 % auf den Trassenpreis erhoben wird. Die Wagenhalter sollen so einen Anreiz bekommen, ihre Wagen von „Grauguss"-Klotzbremsen, die die Waggonräder lärmsteigernd aufrauen, auf andere Bremssysteme in Form von lärmmindernden Verbundstoff-Klotzbremens (K-Sohle oder LL-Sohle)[32] umzurüsten. Durch diese Maßnahmen sollen leise Züge, d. h. solche, die zunächst zu 80 %, ab 2017 zu 100 % aus leisen Wagen bestehen, privilegiert werden. Daneben werden Umrüstmehrkosten der Wagen (durchschnittlich 4.500 € bei der LL-Sohle) bis zu

[26] *Koch*, Probleme (Fn. 3), S. 492 f.

[27] Übersichtlich *Koch*, Verkehrslärm, in: Rengeling (Hrsg.), Handbuch zum europäischen und deutschen Umweltrecht, 2. Aufl. 2003, Band II/1, § 55 Rn. 15 ff.; *Knauff*, in: GK-BImSchG (Fn. 2), § 38 Rn. 20 ff.

[28] Krit. *Koch*, Probleme (Fn. 3), S. 496; *Schulte*, Schienenverkehrslärm, ZUR 2002, S. 195, 199.

[29] S. näher *Knauff* (Fn. 27), § 38 Rn. 36; *Krappel*, Lärmschutz in der eisenbahnrechtlichen Planfeststellung, 2011, S. 185 ff.

[30] S. näher *Berka*, Aktuelle Fragen zum Schienenverkehrslärmschutz, in: FS Stüer (Fn. 7), S. 331, 332 ff.

[31] Vgl. ausf. (auch zum folgenden Text): Antwort der Bundesregierung auf die Kleine Anfrage der Abgeordneten Herzog u. a., BT-Drs. 17/13360, S. 10 ff.

[32] Zu den technischen Hintergründen *Berka*, Aktuelle Fragen zum Schienenverkehrslärmschutz – Technische und rechtliche Entwicklungen, in: Ziekow (Hrsg.), Aktuelle Probleme des Luftverkehrs-, Planfeststellungs- und Umweltrecht 2012, 2013, S. 163, 165 ff.

50 % aus dem Haushaltstitel für die Schienenverkehrslärmsanierung bezuschusst. Nach einer Umrüstung aller etwa 183.000 Güterwagen soll beim Schienengüterverkehr eine Lärmminderung von etwa 10 dB(A) eintreten[33]; die Bundesregierung geht davon aus, dass bis 2020 mindestens 80 % aller Güterwagen umgerüstet sein werden. Auch wenn man wegen der hohen Umrüstmehrkosten und der geringen Anreizwirkung des Preissystems daran zweifeln kann, so ist damit doch ein ganz neuartiger erster Schritt getan, um eine Hauptursache des Schienenverkehrslärms an der Quelle zu bekämpfen. Es handelt sich bei dem Preissystem um ein Instrument, das – einmal eingeführt – bei Erfolgsarmut auch schnell und einfach neu justiert werden kann.

2. Abschaffung des „Schienenbonus" als herkömmlicher Reformschritt

Auch das gewachsene Verkehrslärmschutzrecht ist in Bewegung geraten. Ein erster bemerkenswerter Reformschritt hält sich noch ganz im Rahmen des Herkömmlichen: Er verbindet sich mit einer Entscheidung des Bundesgesetzgebers im Jahre 2013, mit Wirkung vom 1. Januar 2015 den sog. Schienenbonus abzuschaffen. Hinter diesem Begriff verbirgt sich eine Berechnungsweise des Beurteilungspegels von Schienenlärm. Dabei wird ein in das Rechenwerk der Anlage 2 zur 16. BImSchV integrierter Korrekturabschlag von 5 dB(A) berechnet, so dass zwar die dB(A)-Werte von § 2 Abs. 1 der 16. BImSchV für Straßen und Schienenwege in gleicher Weise gelten können, bei Schienenverkehrslärm aber rechnerisch implizit 5 dB(A) mehr für zumutbar erachtet werden. Grund für diese Privilegierung durch den Verordnungsgeber waren Untersuchungen aus den Jahren 1978 bis 1986, denen zufolge Schienenverkehrslärm bei gleicher Pegelhöhe als nicht so belästigend empfunden werde, weil der Gewöhnungseffekt durch regelmäßige Wiederholungen mit längeren Lärmpausen und geringerem Informationsgehalt der Geräusche, aber auch die besondere gesamtgesellschaftliche Bedeutung des abgasarmen und sicheren Schienenverkehrs sich auf die subjektive Wahrnehmung der Sozialadäquanz des Lärms auswirke[34]. Vor dem Hintergrund tatsächlicher Änderungen des Schienenverkehrs mit längeren Zügen, höheren Geschwindigkeiten und vor allem einer deutlich höheren Zugfolge und kürzeren Lärmpausen ist jene Privilegierung in der Literatur seit langem kritisiert worden[35], fand aber bis zuletzt die Billigung auch der neuesten höchstrichterlichen Rechtsprechung im Blick auf das Normsetzungsermessen von Gesetz- und Verordnungsgeber[36]. Der Gesetzgeber hat nun durch eine Änderung von § 43 Abs. 1 S. 2 BImSchG reagiert und dadurch den Schienenbonus abgeschafft.

---

[33] S. auch *Berka*, Fragen (Fn. 30), S. 333.

[34] Vgl. *Schulze-Fielitz* (Fn. 9), § 41 Rn. 45 m. w. N.

[35] Vgl. etwa *Ennuschat*, Bahnstrecken für Hochgeschwindigkeitsverkehr, 2011, S. 80 ff.; *Sparwasser/Rombach*, Reformbedarf beim „Schienenbonus", NVwZ 2007, S. 1135 ff.; *Steinberg/Wickel/Müller*, Fachplanung, 4. Aufl. 2012, § 4 Rn. 46.

[36] BVerwG v. 18.03.1998 – 11 A 55/96 – BVerwGE 106, 241, 247 ff., BVerwG v. 11.02.2003 – 9 B 49/02 – juris, Rn. 18; BVerwG v. 21.12.2010 – 7 A 14/09 – NVwZ 2011, 676,

Diese bedeutsame Entscheidung ist auf den ersten Blick einleuchtend und scheint auch nach dem Selbstverständnis der Fachpolitiker[37] eine überfällige Verbesserung des Schutzes vor Schienenverkehrslärm anzuzeigen. Auf den Wegen einer herkömmlichen Reformpolitik werden handlungsauslösende ordnungsrechtliche Grenzwerte rechnerisch gesenkt. Auf den zweiten Blick zeigt sich als Kehrseite ein sozialstaatlicher Verteilungskonflikt. Die Abschaffung des Schienenbonus schon zum 1. Januar 2015 (mit einer Übergangsfrist für Stadt- und Straßenbahnen) statt – wie zunächst vom Bundestag beschlossen – erst ab Inkrafttreten einer noch ungewissen Änderung des Bundesschienenwegeausbaugesetzes nach 2016 ist das Resultat eines Kompromisses im Vermittlungsausschuss[38]; hinter der umstrittenen Frist verbergen sich Konflikte primär hinsichtlich der dadurch erhöhten Kosten für Lärmschutzmaßnahmen beim Schienenneubau, die auf die Deutsche Bahn Netz AG oder den Bundeshaushalt zukommen könnten. Der Etat für die Deutsche Bahn Netz AG wird nämlich nicht für entsprechend verschärfte Lärmschutzmaßnahmen erhöht, sondern die Investitionsmittel müssen jetzt zeitlich gestreckt werden[39], was ohne eine Aufstockung der der Mittel zulasten der Streckensanierung und – bei Budgetumschichtung – von Neubaumaßnahmen geht. Das Motiv der – namentlich im Oberrheintal besonders herausgeforderten – Akzeptanzsteigerung in der Bevölkerung für neue Infrastrukturprojekte der Deutschen Bahn bestätigt so die unveränderte soziale Asymmetrie des herkömmlichen Lärmschutzrechts: Nicht die Situation der am stärksten – gesundheitsgefährdend – von Schienenverkehrslärm Betroffenen, sondern der von Neu- oder Ausbaustrecken Betroffenen wird verbessert. Der neue § 43 Abs. 1 Satz 3 BImSchG verschärft das noch, indem schon vor dem 1. Januar 2015 ein Verzicht auf die Anwendung des Schienenbonus praktiziert werden darf, wenn die damit verbundenen Mehrkosten vom Vorhabenträger oder vom Bund getragen werden können. Damit wird das Ergebnis von „Verhandlungen“ in Abhängigkeit von der Lautstärke der lokalen Gegner des Ausbaus der Eisenbahninfrastruktur gesetzlich ermöglicht. Die dem Lärmschutzrecht eigentümliche Heterogenität wird fortgeschrieben, die Ungleichbehandlung der Lärmbetroffenen wird entgegen den Maßstäben der Judikatur[40] durch kollektive Privilegierung bestimmter Betroffenengruppen verschärft, letztlich die Positivität des Gesetzesrechts um der Hoffnung auf Akzeptanz willen geschwächt.

Rn. 52; BayVGH v. 12.04.2002–20 A 01/40016 – DVBl. 2002, 1140, 1141; BayVGH v. 24.07.2008–22 ZB 07/1938 – NVwZ-RR 2009, 16, 18.

[37] Vgl. die (zu Protokoll genommenen) Reden auf der 250. Sitzung des Deutschen Bundestages am 27.06.2013, Plenarprotokoll 17/250, S. 32172 ff.

[38] Vgl. Unterrichtung durch den Bundesrat, BT-Drs. 17/12284.

[39] So die Gesetzesbegründung: BT-Drs. 17/10771, S. 1, 4.

[40] Vgl. etwa BVerwG v. 13.05.2009–9 A 72/07 – BVerwGE 134, 45, Rn. 64; BVerwG v. 20.01.2010–9 A 22/08 – NVwZ 2010, 1151, Rn. 48, 54; zuletzt BVerwG v. 18.07.2013–7 A 9/12 – juris, Rn. 24.

3. Pflicht zur Lärmaktionsplanung als Innovationsimpuls

Praktisch alle Gemeinden in Ballungsräumen sowie mit Hauptverkehrsstraßen und Haupteisenbahnstrecken sind bis zum 18. Juli 2013 zur Erstellung von Lärmaktionsplänen gesetzlich verpflichtet (§ 47d Abs. 1 und 2 BImSchG). Diese Verpflichtung folgt aus der hier gesetzlich umgesetzten Umgebungslärm-Richtlinie der EU vom 25. Juni 2002. Der größte Teil der Gemeinden hat diese gesetzliche Pflicht zwar nicht fristgerecht eingehalten; selbst die zeitlich notwendig vorausgehende Lärmkartierung der Haupteisenbahnstrecken durch das Eisenbahn-Bundesamt lag Ende 2013 noch nicht vor. Dennoch zwingt der vom deutschen Verkehrslärmschutzrecht abweichende Ansatz der Umgebungslärm-Richtlinie „mit voller Wucht“[41] zu einer ganz neuen planerischen Sichtweise gerade auch des Verkehrslärmschutzes, steht doch der Verkehrslärm ganz im Mittelpunkt der Umgebungslärm-Richtlinie bzw. der Lärmaktionspläne, wie jetzt bei deren Erarbeitung deutlich wird.

Die aktuellen Prozesse der Erarbeitung von konkreten Lärmaktionsplänen in Deutschland führen der Planungspraxis erst jetzt die Neuartigkeit der Lärmminderungsplanung plastisch vor Augen. Neu ist (1.), dass bei Lärmaktionsplänen nicht mehr nur eine Überschreitung von Grenzwerten durch spezifische Lärmquellen handlungsauslösend sein dürfen, sondern im Sinne einer Gesamtlärmbelastung auf die summierten Immissionen verschiedener Lärmarten und Lärmquellen abzustellen ist. Neu ist (2.), dass die jeweilige Gesamtlärmbelastung unabhängig von baulichen Veränderungen rein tatsächlich zu betrachten ist. Neu ist (3.), dass nicht die Überschreitung starrer Grenzwerte handlungsauslösend ist, sondern auch schon relative Veränderungen der Lärmbelastungssituation – bis hin zum Schutz bestehender ruhiger Gebiete. Neu ist (4.), dass die Verwendung der finanziellen Lärmschutzmittel nicht vom Zufall baulicher Veränderungen abhängig sein soll, sondern von einem Mitteleinsatz, der möglichst viele Betroffene vor Verkehrslärm schützen soll. Neu ist (5.), dass nicht nur die Träger der Baulast je für ihre Verkehrswege, sondern im Rahmen der Lärmaktionspläne eine Vielfalt von Kompetenzträgern zusammenwirken müssen, um die Verkehrslärmbekämpfung zu optimieren. Neu ist (6.), dass der Gesundheitsschutz durch die Umgebungslärmrichtlinie schon unterhalb der bisherigen Auslösewerte beginnen sollte, um Lärmbelastungsfolgen präventiv zu bekämpfen, und auch eine Lärmsanierung unabhängig von baulichen Veränderungen ins Auge gefasst werden muss. Neu ist schließlich (7.), dass die Aktionsplanung sich von einer fachlichen Aufgabe für die Träger der Baulast für die Verkehrswege hin zu einer politisierten Verwaltungsaufgabe des Verkehrslärmschutzes unter Mitwirkung der betroffenen Bevölkerung und der Öffentlichkeit verändern sollte und verändert.

---

[41] *Kupfer*, Die Aufstellung von Lärmaktionsplänen in interkommunaler Zusammenarbeit, VBlBW 2011, S. 128, 130.

4. Standards für die Gesamtlärmbetrachtung: Die VDI Richtlinie 3722 Blatt 2

Gegen die von der Umgebungslärm-Richtlinie intendierte Gesamtlärmbetrachtung, die auf die Summation verschiedener Lärmarten abstellt, wird seit Jahrzehnten geltend gemacht, dass sich die verschiedenen Lärmarten und ihre Pegelwerte wegen der unterschiedlichen Lärmcharakteristik nicht miteinander zu einheitlichen Summenpegeln verrechnen lassen[42], so dass Grenzwertüberschreitungen stets nur im Blick auf eine Lärmart quantifizierend festgestellt werden könnten. Das gilt namentlich für Gesamtlärmbelastungen unterhalb der Schwelle zur Gesundheitsgefährdung, weil bei ihnen die subjektiven Empfindungen eine größere Rolle spielen als wenn es wie bei Gesundheitsgefährdungen mehr auf die Lautstarke ankommt[43]. Dennoch ist unbestreitbar, dass der Lärm etwa von Straßen- und von Schienenwegen in der Summe zu stärkeren Lärmbelastungen führen kann. Deshalb wird für die Lärmaktionspläne i. S. eines „pragmatischen" Vorgehens[44] eine verbalisierte Gesamtbewertung der Lärmsituation ohne Quantifizierung empfohlen[45].

Hier scheinen sich wesentliche Änderungen anzubahnen. Experten eines Arbeitsausschusses im Normenausschuss Akustik, Lärmminderung und Schwingungstechnik im DIN und VDI haben eine 2013 neu erschienene Technische Regel VDI 3722 Blatt 2 erarbeitet („Wirkung von Verkehrsgeräuschen – Blatt 2: Kenngrößen beim Einwirken mehrerer Quellenarten"). Diese Richtlinie fasst die für Straßen-, Schienen- und Flugverkehrslärm derzeit bekannten wissenschaftlichen Aussagen zusammen und stellt erstmals auch Verfahren für die Ermittlung von Kenngrößen und Kennwerten zur Verfügung, um bei Einwirkung unterschiedlicher Geräuschquellenarten eine Bewertung von Lärmbelästigungen und Schlafstörungen vornehmen und vergleichen zu können[46]. Sie kann erstmals eine praktikable Grundlage auch für eine realistische Lärmaktionsplanung bilden. Solche technischen Regelwerke von VDI und DIN i. S. einer technischen Selbstregulierung bilden seit langem, auch für die städtebauliche Gesamtplanung wie für Fachplanungen, eine wesentliche fachgutachtenähnliche Hilfe bei der Konkretisierung von unbestimmten Rechtsbegriffen im Ge-

---

[42] *SRU*, Umweltgutachten 2004 (Fn. 4), Rn. 644 ff.; *ders.*, Umweltgutachten 1996, 1996, Rn. 501; Gesetzesbegründung, BT-Drs. 15/3782, 27; ausf. *Michler*, Lärmsummation als Anforderung der Umweltprüfung, in: Mitschang (Hrsg.), Aktuelle Fach- und Rechtsfragen des Lärmschutzes, 2010, S. 185, 213 ff.; *ders.*, Lärmsummationen, VBlBW 2004, S. 361, 366 ff.; *Dolde*, Immissionsschutzrechtliche Probleme der Gesamtlärmbewertung, in: ders. (Hrsg.), Umweltrecht im Wandel, 2001, S. 451 ff.

[43] *Michler* (Fn. 42), S. 367 f.

[44] *Michler* (Fn. 42), S. 217 f.; *Wysk*, in: Giesberts/Reinhardt (Hrsg.), Umweltrecht. Beck-Online-Kommentar, 2006 ff., § 47d Rn. 23; *Feldmann*, Wandel im Lärmschutz: Die Umgebungslärmrichtlinie und ihre Umsetzung in deutsches Recht, ZUR 2005, S. 352, 357.

[45] Vgl. *Schulze-Fielitz*, in: GK-BImSchG (Fn. 2), § 47d Rn. 43; zu „Modellen" der Gesamtlärmbewertung *Moradi Karkaj* (Fn. 6), S. 308 ff.

[46] *Zymnossek*, Wirkung von Verkehrsgeräuschen verschiedener Quellenarten, Lärmbekämpfung 2013, S. 181.

setzesrecht[47] und werden insoweit zumindest in ihrer indiziellen Bedeutung grundsätzlich von der Verwaltungsrechtsprechung anerkannt[48]. Mit solchen Regeln zur Gesamtlärmbetrachtung von Verkehrslärm scheint sich eine neue praktikable und potentiell breitenwirksame Dimension bei der Bekämpfung des Verkehrslärms zu eröffnen.

5. Neues zur Verkehrslärmsanierung aus Baden-Württemberg

Eine Gesamtlärmbetrachtung des Straßen- und Schienenverkehrs ist auch der Ausgangspunkt neuer konzeptioneller Überlegungen zur Lärmsanierung bei Mehrfachbelastungen durch Straßen und Schienenwege, die das Ministerium für Verkehr und Infrastruktur Baden-Württemberg im Juni 2013 vorgelegt hat[49]. Der Status dieses Konzepts ist unklar, weil es neue lärmfachliche Vorschläge zur Berechnung von Lärmverursachungsanteilen, rechtspolitische Absichtserklärungen im Blick auf den Landes- wie den Bundesgesetzgeber, zudem Handlungsempfehlungen an die Kommunen für die Praktizierung des geltenden oder „auszubauenden" Rechts der Lärmaktionsplanung und schließlich kompetenzüberschreitend Regeln der Verteilung von Lärmsanierungskosten auf die Baulastträger der Verkehrswege miteinander vermengt. Die dort identifizierten Eckpunkte des Konzepts lassen sich aber je für sich als neue Impulse zum Verkehrslärmschutz würdigen, ohne dass ihre Realisierung voneinander abhängig wäre. Insoweit lassen sich (a) rechtspolitische Absichten von (b) wichtigen Impulsen für die bundesweit aktuellen Prozesse der Lärmaktionsplanung unterscheiden

a) Rechtspolitische Wunschvorstellungen

Die rechtspolitischen Absichtserklärungen zielen auf einen verbindlichen gesetzlichen Rechtsanspruch auf Lärmsanierung und eine gesetzliche Ermächtigung einer „höheren Behörde" als Lärmsanierungsbehörde, bei Uneinigkeit der zuständigen Verfahrensbeteiligten an deren Stelle Maßnahmen zur Lärmsanierung in den Lärmsanierungsprogrammen und ihre Umsetzung zu beschließen und ihnen verbindlich vorzugeben[50]. Beide rechtspolitischen Absichten lassen sich praktisch oder rechtlich nicht umsetzen.

Ein Rechtsanspruch auf Verkehrslärmsanierung fällt in die immissionsschutzrechtliche Gesetzgebungskompetenz des Bundesgesetzgebers, der seit Jahrzehnten

---

[47] Vgl. nur *Kloepfer*, Instrumente des Technikrechts, und *Schulze-Fielitz*, Technik und Umweltrecht, beide in: Schulte/Schröder (Hrsg.), Handbuch des Technikrechts, 2. Aufl. 2011, S. 151, 178 ff., 184 ff. bzw. S. 455, 464 ff., 473 f., 499 ff.

[48] Übersichtlich *Schulze-Fielitz*, Technik (Fn. 47), S. 455, 490 ff.

[49] *Ministerium für Verkehr und Infrastruktur Baden-Württemberg* (Hrsg.), Konzept für eine ruhigere Umwelt. Lärmsanierung bei Mehrfachbelastungen durch Straßen und Schienenwege, 2013 (Verfasser: *Popp, Kupfer, Hornfischer, Weese*).

[50] Vgl. *MVI,* Konzept (Fn. 49), S. 3, 9, 10.

vor einer solchen gesetzlichen Regelung zurückscheut – zuletzt, zeitlich parallel zum Vorschlag des MVI, unter Zurückweisung eines Antrags der Fraktion der Grünen im Deutschen Bundestag am 27. Juni 2013[51]; dieser Antrag vom 12. Juni 2013[52] hat eine gesetzliche Regelung mit einem Schutzanspruch bei Lärmbelastungen ab 65 dB(A)/ 55 dB(A) tags/nachts gefordert[53]. Die Zurückhaltung des Bundesgesetzgebers gründet in der unübersehbaren Kostenfrage, die schon zur Bindung des Verkehrslärmschutzes (nur) an neue bauliche Notwendigkeiten (s. o. II.2.) geführt hatte; denn allein schon ein gesetzlicher Sanierungsanspruch auf Basis der – an sich auch verfassungsrechtlich geforderten[54] – Sanierungswerte von 70 dB(A)/60 dB(A) tags/nachts würde allein für den Bund Ansprüche auf Lärmschutzmaßnahmen in Höhe von mindestens 3,8 Mrd. € begründen (s. o. II.7.). Die unabschätzbaren Folgen auch für die Haushalte der Länder und Gemeinden, erst recht bei den angestrebten um 5 dB(A) abgesenkten Sanierungswerten, lassen die gesetzliche Verankerung eines solchen Anspruchs als aktuell unrealistisch erscheinen.

Auch der zweite Vorschlag zur Kompetenz einer „höheren Behörde" des Landes als verbindlich entscheidender Lärmsanierungsbehörde in Schiedsrichterfunktion ist kaum praktikabel. Wenn es um eine Kompetenzregelung im Rahmen der Lärmaktionsplanung gehen sollte, so werden die für die Lärmaktionspläne zuständigen Gemeinden (oder nach Landesrecht zuständigen Behörden) von der Entscheidung einer „höheren Behörde" abhängig gemacht. Das ist schon verfassungsrechtlich zweifelhaft, weil die Lärmminderungsplanung nicht als staatliche Aufgabe im übertragenen Wirkungskreis anzusehen ist[55], sondern als Teil der örtlichen Planung und damit der den Gemeinden in Art. 28 Abs. 2 GG gewährleisteten Planungshoheit[56], so dass sie insoweit nur einer Rechtsaufsicht unterliegen können[57]. Verfassungsrechtlich nicht minder zweifelhaft wäre es, wenn die verbindliche Festlegung einer „höheren Behörde" des Landes alle Verfahrensbeteiligten auch durch Eingriffe in deren spezifische Befugnisse und Kompetenzen soll verpflichten können. Es sprengt die Kompetenz des Landesgesetzgebers, durch seine Behörden je nach den geplanten Maßnahmen etwa in die Kompetenzen der Deutschen Bahn AG, der Deutschen Bahn Netz AG oder des Eisenbahn-Bundesamtes einzugreifen, aber auch den für die Fachplanungen des Landes zuständigen Behörden eine Lärmsanierungsbehörde

---

[51] Plenarprotokoll (Fn. 37), S. 32178.

[52] Die zeitliche Nähe zum Ende der Wahlperiode in Zeiten des Vorwahlkampfs verweist auf eine eher symbolische Absicht.

[53] BT-Drs. 17/13915, S. 1 ff.

[54] Vgl. BVerwGE 101, 1, 10 f.; zuletzt BVerwG, NVwZ 2012, 1120, Rn. 30.

[55] Anders wohl die Praxis in Niedersachsen, vgl. *Cancik*, Lärmaktionsplanung in Niedersachsen, NdsVBl. 2013, S. 329, 334.

[56] *Schulze-Fielitz*, in: GK-BImSchG (Fn. 2), § 47e Rn. 4 f.; ähnlich *Kupfer* (Fn. 41), S. 128; *Engel*, Aktuelle Fragen des Lärmschutzes: Lärmaktionsplanung, NVwZ 2010, S. 1191, 1198 f.

[57] Zur Sachgerechtigkeit dieser Lösung *J. Richard*, Hinweise zur Aufstellung von Lärmaktionsplänen außerhalb von Ballungsräumen, Lärmbekämpfung 2013, S. 186.

vorzuordnen. Eine solche Regelung unterläuft letztlich die Entscheidung des § 47d Abs. 6 i. V. m. § 47 Abs. 6 BImSchG, den Lärmaktionsplan nicht als Befugnisgrundlage auszugestalten, sondern als Innenrechtsplan, der – obwohl verbindlich – die gesetzlichen Kompetenzen der anderen Verwaltungsbehörden wahrt. Auch dieser Regelungsvorschlag dürfte sich deshalb als wenig zukunftsfähig erweisen.

b) Impulse zur Optimierung der Lärmaktionsplanung

Weiterführend erscheinen demgegenüber die weiteren Anregungen, wenn man sie – entgegen dem Selbstverständnis der Autoren – nicht als ein neues paralleles Lärmsanierungsverfahren neben der Lärmaktionsplanung, sondern richtigerweise vor allem als Impulse zur Optimierung der aktuellen Prozesse der Lärmaktionsplanung im Rahmen des geltenden Rechts der Lärmminderungsplanung versteht. Ein neues Verfahren der Ermittlung von energetischen Verursachungsbeiträgen zur flächenbezogenen Gesamtlärmbelastung vor allem von Wohnbereichen soll es ermöglichen, durch Kooperationen der Verkehrswegebaulastträger die effizientesten Lärmschutzmaßnahmen zu bestimmen und nachträglich die vorhandenen Lärmsanierungsmittel in Bund, Ländern und Gemeinden entsprechend ihrer Lärmverursachungsanteile aufzuteilen.

Rechtlich unproblematisch erscheint das lärmfachliche Verfahren der Ermittlung von energetischen Verursachungsbeiträgen, das vom Lärmkontor Hamburg entwickelt wurde[58]. Es zieht Folgerungen aus dem Umstand, dass Lärmsanierungsgebiete vor allem durch Straßen- und Schienenverkehrslärm belastet sind, bei dem sich die Lärmbelastungen aus verschiedenen Quellen (Bahn, Autobahnen und Bundesstraßen sowie Landes-, Kreis- und Gemeindestraßen) im Gebiet summieren, für die dann bis zu fünf verschiedene Träger der Verkehrswegebaulast zuständig sein können. Ein energetischer Ansatz kann den prozentualen Anteil der einzelnen Lärmquellen an der ermittelten Gesamtlärmbelastung für einen beliebigen Punkt im Gebiet oder für ein bestimmtes Gebiet errechnen und dabei die Punkte in dem Gebiet ermitteln, die über einem bestimmten Schwellenwert (Auslösewert, Sanierungswert) liegen, und den prozentualen Anteil der unterschiedlichen Quellen bzw. Baulast- oder Verkehrsträger daran. Auch wenn ein solches Verfahren sicher auch außerhalb der rechtlichen Pflicht zur Lärmaktionsplanung erfolgen kann, so kann es doch vor allem in Anknüpfung an die Resultate der Lärmkartierung nach § 47c BImSchG im Rahmen der Lärmaktionspläne Bedeutung gewinnen: bei der Identifizierung der vorrangig zu sanierenden „Lärmsanierungsgebiete" nach den Gesamtlärmbelastungsspitzen und der Zahl der Betroffenen ebenso wie bei dem optimalen Einsatz von Lärmminderungsmaßnahmen. Zugleich stellt es rationale Kriterien und Motivationskräfte für die Handlungs- oder Mitwirkungspflichten der Träger der Baulast bereit, auf deren Mitwirkung im Rahmen ihrer Kompetenzen die Gemeinden als Träger der

---

[58] Vgl. *MVI*, Konzept (Fn. 49), S. 5 ff.

Lärmaktionsplanung angewiesen sind: Jene können die auf sie zukommenden Kostenbelastungen kalkulieren.

Rechtlich unproblematisch erscheint auch das dadurch angestrebte Zusammenwirken der Kommunen mit „Baulastträgern, Verkehrsbehörden und übrigen zuständigen Behörden in einem förmlichen Verhandlungsverfahren“ als „Raum für kreative und intelligente Ansätze zur Lärmsanierung“[59]. Dieses Bestreben folgt aus der rechtlichen Schwäche des Lärmaktionsplans als eines verwaltungsintern verbindlichen Umweltschutzplans. Er bindet zwar andere Verwaltungsbehörden unmittelbar[60], kann aber die eigenständigen Ermessens-, Planungs-, Abwägungs- und Durchführungskompetenzen der gebundenen Behörden, Maßnahmen- und Planungsträger nicht beseitigen – mit der Folge, dass sie sich nur durch ihre Mitwirkung bei der Planerstellung punktgenau selbst binden können[61]. Eine genaue Kostenkalkulation erleichtert diese Mitwirkung, zusätzlich zur – vielleicht politisierenden – Transparenz durch Beteiligung der Öffentlichkeit (§ 47a Abs. 3 BImSchG).

Dieser flächenbezogene Ansatz, die Gesamtlärmbetrachtung, das Verhandlungsverfahren und die Kostenteilung nach Maßgabe der energetischen Verursachungsanteile sollen im Jahre 2014 in einem Modellprojekt in drei Kommunen in Baden-Württemberg im Rahmen der Lärmaktionsplanung praktisch erprobt und das noch nicht vollständig ausgearbeitete Konzept erfahrungsabhängig verfeinert werden. Dessen Probleme gründen zunächst in den Schwächen der Lärmaktionsplanung allgemein. Diese vertraut vor allem auf politischen Druck „von unten“ i. S. einer Politisierung der Verwaltungsaufgabe Verkehrslärmschutz durch Betroffenenpartizipation, doch kann diese aus Gründen der sozialen Struktur der Lärmbetroffenen nur geringe Kraft entwickeln. Die Vorschläge führen zwar zur Optimierung des Mitteleinsatzes, doch bleibt die Höhe der eingesetzten finanziellen Sanierungsmittel unverändert von politischen Entscheidungen der Haushaltsgesetzgeber abhängig. Auch darf eine Kostenverteilung nur zwischen den Baulastträgern nicht zum Hindernis dafür werden, andere Maßnahmen und Finanzierungsquellen (z. B. für die Luftreinhaltung oder die Stadtentwicklungsplanung) im Interesse von Synergieeffekten zu integrieren[62]. Schließlich zeigen die Ergebnisse der Lärmkartierung nach § 47c BImSchG, dass der weit überwiegende Teil von Straßenlärmbetroffenen an Straßen in der Baulast der Kommunen lebt[63]; gerade deren fiskalisch prekäre Situation veranlasst diese, mangels gesonderter Fördermittel die Kosten für Lärmsanierungen durch möglichst hohe Auslösewerte für Sanierungsmaßnahmen zu minimieren. Die sozialstaatliche Asymmetrie bei der Lärmsanierung (s. II. 7.) bleibt letztlich unverändert ein zentrales strukturelles Hindernis für eine breit angelegte Lärmschutzpolitik. Trotz solcher

---

[59] *MVI*, Konzept (Fn. 49), S. 10.

[60] *Schulze-Fielitz* (Fn. 45), § 47d Rn. 89.

[61] *Schulze-Fielitz* (Fn. 45), § 47d Rn. 92, 96 f.

[62] *Richard* (Fn. 57), S. 189.

[63] Vgl. Nw. in Fn. 22.

Probleme möchte man diesen Ansätzen auch im Rahmen knapper Ressourcen praktischen Erfolg wünschen.

6. *Lärmschutzpolitische Absichten der Bundesregierung*

Zuletzt lassen sich vorsichtige programmatische Impulse im Koalitionsvertrag vom 25. November 2013 nennen, den die Regierungsparteien der Großen Koalition als Aufgabenstellung für die Regierungsarbeit der 18. Legislaturperiode abgeschlossen haben[64]. Im Kapitel 1.3. („In Deutschlands Zukunft investieren: Infrastruktur") findet sich – insoweit erstmals in einer Koalitionsvereinbarung auf Bundesebene – auch ein längerer Abschnitt zum Lärmschutz. Das dort formulierte Leitmotiv für die Lärmreduzierung ist nicht der Gesundheitsschutz, der nicht erwähnt wird, sondern schon im ersten Satz „die Akzeptanz für Mobilität und die weitere Modernisierung der Infrastruktur". Vage soll („muss") zukünftig der „Gesamtlärm von Straße und Schiene als Grundlage für Lärmschutzmaßnahmen herangezogen werden". Neben dem „Ausbau" der freiwilligen Lärmsanierungsprogramme und einer Erhöhung der „Mittel für Lärmschutzprogramme im Bereich Straße und Schiene" steht konkreter im Mittelpunkt die Umrüstung der lauten Güterwagen. Das seit 1. Juni 2013 praktizierte lärmabhängige Trassenpreissystem (s. o. III. 1.) soll „durch eine stärkere Spreizung der Trassenpreise wirksamer" gestaltet werden. Die Bezuschussung der Umrüstung der Güterwagen soll fortgesetzt werden, der Stand der Umrüstung 2016 evaluiert und dann gegebenenfalls mit ordnungsrechtlichen Maßnahmen (z. B. Nachtfahrverbote) so beschleunigt werden, dass ab dem Jahr 2020 ein EU-weites Einsatzverbot für laute Güterwagen möglich und damit durch die dann hundertprozentige Umrüstung der Schienenlärm deutschlandweit halbiert sein wird. Es wird sich zeigen, ob solche nur europaweit einheitlich möglichen Anstrengungen durchsetzbar sind, namentlich ein angestrebtes EU-Programm zur Förderung der Umrüstung lauter Güterwagen aufgelegt wird. Positiv zu würdigen ist aber, dass Lärmschutz gegen Schienenverkehrslärm (vielleicht) mehr Aufmerksamkeit gewinnt und die Orientierung an den Güterwaggons verursacherbezogen an einer zentralen Schwachstelle des herkömmlichen Verkehrslärmschutzes ansetzt. Die inkonsistenten Heterogenitäten des gewachsenen Lärmschutzrechts (s. o. II.), die auch in Regelungskompromissen als oft verspäteten Antworten auf je besonders dringliche Lärmprobleme gründen[65], werden allerdings pfadabhängig fortgeschrieben.

IV. Bilanz

Jeder der unterschiedlichen vorstehend diskutierten neuartigen Impulse zum Verkehrslärmschutz mag daher für sich selbst unzureichend sein. Alle zusammen verdeutlichen die Problemvielfalt des Verkehrslärmschutzes, der nur auf vielen kleinen

---

[64] Abrufbar unter www.cdu.de oder www.spd.de.

[65] *Koch*, Probleme (Fn. 3), S. 492; *Moradi Karkaj* (Fn. 6), S. 304 ff.

und sehr unterschiedlichen „Baustellen“ fortschreitend verbessert werden kann. In ihrer Gesamtheit lassen sie sich aber auch als ein sichtbarer erfreulicher Fortschritt in kleinen Schritten würdigen, die auf das gewachsene Problembewusstsein für Verkehrslärmbelastungen positiv reagieren. *Hans-Joachim Koch* hat zum Niveau dieses Problembewusstseins in Deutschland wesentlich beigetragen.

Fluglärm in der Nacht – von den Tücken der Behebung von Fehlern von Planfeststellungsbeschlüssen

Von *Jan Ziekow*

In einer Hans-Joachim Koch gewidmeten Festschrift darauf hinzuweisen, dass der Schutz von Menschen und Umwelt vor gesundheitsschädlichen Immissionen eines der Kernanliegen des Jubilars ist, mutet durchaus entbehrlich an. Zu offensichtlich ist der Bezug eines diesbezüglichen Themas zum Œuvre des Geehrten, als dass der Autor einer solchen Selbstvergewisserung bedürfte. Vielmehr möge die Themenwahl als Zeichen der Verbundenheit des Verfassers mit Hans-Joachim Koch angesehen werden.

In der Sache geht es um die Lärmeinwirkungen, die von großen Verkehrsinfrastrukturvorhaben wie Flughäfen ausgehen und die anhaltend zu erbitterten Auseinandersetzungen führen. Ein Großvorhaben, wie es der Frankfurter Flughafen ist, hat alle Aussichten, hier wie auch in anderen Bereichen über viele Jahre zur Weiterentwicklung des öffentlichen Rechts beizutragen. Aus der nicht unbeträchtlichen Zahl der diesbezüglich in Betracht kommenden Fragen sei im Folgenden nur eine herausgegriffen: der Umgang mit den zur „Reparatur" von Planungsfehlern in Betracht kommenden Instrumenten. Zur Verdeutlichung wird dabei auf die Reaktion der zuständigen Planfeststellungsbehörde auf die Beanstandung des Planfeststellungsbeschlusses zum Ausbau des Verkehrsflughafens Frankfurt Main vom 18. Dez. 2007 rekurriert.

I. Ausgangslage

In seinem Urteil vom 4.4.2012 hat das BVerwG das Land Hessen verpflichtet, über die Zulassung planmäßiger Flugbewegungen zwischen 23.00 und 5.00 Uhr sowie über die Zulassung planmäßiger Flugbewegungen zwischen 22.00 und 6.00 Uhr, soweit diese durchschnittlich 133 je Nacht, bezogen auf das Kalenderjahr, übersteigen, unter Beachtung der Rechtsauffassung des Gerichts neu zu entscheiden, und den Planfeststellungsbeschluss insoweit aufgehoben wie er diesen Verpflichtungen entgegensteht.[1]

In Reaktion auf dieses Urteil hat das Hessische Ministerium für Wirtschaft, Verkehr und Landesentwicklung am 29. Mai 2012 eine „Änderung der Flugbetriebsbe-

---

[1] BVerwGE 142, S. 234 = NVwZ 2012, S. 1314.

schränkungen des Planfeststellungsbeschlusses zum Ausbau des Verkehrsflughafens Frankfurt Main vom 18. Dezember 2007 zur Anpassung an das Urteil des Bundesverwaltungsgerichts vom 4. April 2012" (Az.: VI 4–66p 01.03.04/24) in der Form einer Teilrücknahme vorgenommen. Hierdurch wurde der Planfeststellungsbeschluss vom 18. 12. 2007 dahingehend geändert, dass „für die beiden Nachtrandstunden von 22:00 bis 23:00 und von 05:00 bis 06:00 Uhr … auf dem Flughafen Frankfurt Main nach Maßgabe der folgenden Bestimmungen insgesamt durchschnittlich 133 planmäßige Flugbewegungen pro Jahr zulässig (sind). Der Durchschnittswert darf jeweils bezogen auf das Kalenderjahr nicht überschritten werden; der Flughafenkoordinator darf kalenderjährlich nicht mehr als 48.545 Zeitnischen (Slots) für Flugbewegungen zwischen 22:00 bis 23:00 sowie 05:00 bis 06:00 Uhr zuweisen." Vollständig aufgehoben wurde der Starts und Landungen zwischen 23.00 und 5.00 Uhr betreffende Teil A II 4.1.2 des Planfeststellungsbeschlusses.

Ausweislich der Begründung des Bescheids sei eine (Teil-)Rücknahme des Planfeststellungsbeschlusses zur Vornahme der genannten Änderungen „ausschließlich in verfahrensrechtlicher Hinsicht" ausreichend. Eines Planänderungsverfahrens habe es nicht bedurft, bleibe doch die dem Planfeststellungsbeschluss zugrunde liegende und vom Bundesverwaltungsgericht nicht beanstandete Abwägung unberührt und werde das in dem Planfeststellungsbeschluss verfolgte Lärmschutzkonzept verstärkt.

Gleichfalls entbehrlich sei die Durchführung eines Planergänzungsverfahrens. Ausweislich des Urteils des Bundesverwaltungsgerichts müsse ein Planergänzungsverfahren nur dann durchgeführt werden, wenn das Land Hessen beabsichtige, planmäßige Flugbewegungen in der Zeit von 23.00 bis 5.00 Uhr oder mehr als jahresdurchschnittlich 133 planmäßige Flugbewegungen in der Zeit zwischen 22.00 und 6.00 Uhr zuzulassen, was jedoch nicht der Fall sei.

Im Folgenden soll analysiert werden, ob sich dieses Vorgehen als zulässiges Instrument zur Umsetzung der aus dem Urteil des BVerwG zu ziehenden Konsequenzen darstellt. Hieraus können allgemeine Lehren für die Abgrenzung der für die Behebung von Planungsfehlern in Betracht kommenden Instrumente gezogen werden.

II. (Teil-)Rücknahme oder ergänzendes Verfahren?

1. Anforderungen

Die Zulassung von 17 planmäßigen Flügen in der sog. Mediationsnacht, d. h. zwischen 23.00 und 5.00 Uhr, ist vom BVerwG als abwägungsfehlerhaft beanstandet worden. Nach der Bewertung des Gerichts ergibt sich der Abwägungsfehler aus einer Verkennung der sich aus § 29 b Abs. 1 S. 2 LuftVG an den Schutz vor Fluglärm in der Nacht ergebenden Anforderungen.[2] Diese Vorschrift statuiert die Verpflich-

[2] BVerwGE 142, 234 Rn. 267 ff.

tung, beim Betrieb von Luftfahrzeugen in besonderem Maße auf die Nachtruhe der Bevölkerung Rücksicht zu nehmen.

Ohne Nachweis des Bestehens eines *spezifischen* Nachtflugbedarfs wird den Anforderungen der Gewichtungsvorgabe des § 29 b Abs. 1 S. 2 LuftVG nicht genügt. Ein solcher Nachtflugbedarf ergibt sich nicht bereits aus der Stellung des Flughafens Frankfurt als internationaler Großflughafen mit Drehkreuzfunktion. In Bestätigung seiner Abkehr von seiner im Urteil zum Flughafen München II angestellten Überlegung, ein völliges Nachtflugverbot könne möglicherweise mit der Widmung eines internationalen Großflughafens unvereinbar sein,[3] sieht das BVerwG den ohne Beantragung der Zulassung von Nachtflügen in der Mediationsnacht gestellten Planfeststellungsantrag als Beleg dafür an, dass der Flughafenbetreiber selbst von der Vereinbarkeit der Funktion des Flughafens mit einem Flugverbot in der Mediationsnacht ausgeht.[4]

Allerdings ergibt sich aus dieser Bewertung des Antragstellers umgekehrt nicht, dass *kein* standortspezifischer Nachtflugbedarf besteht. Vielmehr ist die durch den Antragsteller vorgenommene Bewertung in die Abwägung der Planfeststellungsbehörde zur Zulassung von Nachtflügen einzustellen,[5] die jedoch zunächst die tatbestandliche Feststellung eines Nachtflugbedarfs voraussetzt.

Diesbezüglich ist zu unterscheiden zwischen dem Bestehen eines standortspezifischen Nachtflugbedarfs für Frachtflüge – weiter differenziert in Expressfracht und konventionelle Fracht – und einem solchen für Passagierflüge. Denn ein Bedarf kann immer nur konkret auf das jeweilige Transportsegment (Expressfracht etc.) festgestellt werden. Daher kann ein für ein bestimmtes Transportsegment festgestellter Nachtflugbedarf nicht für Flüge eines anderen Transportsegments genutzt werden.[6]

a) Frachtflüge

Nach der in dem Urteil des BVerwG zum Flughafen Leipzig/Halle[7] entwickelten Grundsätzen ist für die Prüfung, inwieweit die Zulassung von Flügen zur Beförderung von Frachtgut in der sog. Kernnacht, d. h. zwischen 0.00 und 5.00 Uhr, den Anforderungen des § 29 b Abs. 1 S. 2 LuftVG gerecht wird, zwischen Flügen zum Transport von Expressfracht und solchen zum Transport sonstiger, sog. konventioneller Fracht zu differenzieren.

Maßgeblich für das Gelingen des Nachweises eines standortspezifischen Nachtflugbedarfs ist das Bestehen eines Bedarfs für Expressfrachtflüge in der Nacht an

[3] Vgl. BVerwGE 87, 332.

[4] BVerwGE 142, 234 Rn. 314 ff.

[5] BVerwGE 142, 234 Rn. 315.

[6] BVerwGE 142, 234 Rn. 288.

[7] BVerwGE 131, 316 Rn. 57 ff.

dem betreffenden Flughafen. Zum Bestehen eines solchen Bedarfs hat das Gericht in seinem Urteil zum Flughafen Leipzig/Halle ausgeführt:

> „Expressfracht ist dadurch gekennzeichnet, dass sie … an dem auf die Absendung folgenden Tag dem Empfänger ausgeliefert werden soll; sie ist auf den sog. Nachtsprung angewiesen. Nachtflüge, die dem Transport von Expressfracht dienen, müssen nicht nur in den mit einem Sicherheitszuschlag versehenen Spitzenzeiten zwischen 0:00 Uhr und 2:00 Uhr sowie 4:00 Uhr und 6:00 Uhr, sondern auch in der übrigen Nachtzeit, in denen … ebenfalls mit derartigen Flügen zu rechnen ist, durchgeführt werden können.“[8]

Ein solcher Bedarf für Expressfrachtflüge ist in der Begründung des Planfeststellungsbeschlusses in hinreichendem Maße dargelegt worden.[9] Allerdings beschränkt sich der Planfeststellungsbeschluss nicht auf die Zulassung von Expressfrachtflügen in der Mediationsnacht, sondern bezieht in die 17 in diesem Zeitraum zugelassenen Nachtflüge auch konventionelle Frachtflüge ein. Nach der Rechtsprechung des BVerwG können konventionelle Frachtflüge als solche einen Nachtflugbedarf nicht rechtfertigen, sondern lediglich von einem festgestellten Bedarf für nächtliche Expressfrachtflüge „mitgezogen“ werden.[10] Ein solches „Mitziehen“ ist allerdings kein Automatismus, sondern setzt die Erfüllung zweier zusätzlicher Voraussetzungen voraus, nämlich erstens, dass innerhalb der Flugbewegungen im nächtlichen Frachtverkehr die dem Transport von Expressfracht dienenden Flüge in einer das Frachtdrehkreuz prägenden Weise bei weitem überwiegen, und zweitens, dass der jeweilige Flug logistisch in das Luftfrachtzentrum eingebunden ist.[11]

Die Erfüllung der Voraussetzung des deutlichen Überwiegens des Express- gegenüber dem konventionellen Frachtflugverkehr in der Mediationsnacht ist nach Auffassung des Bundesverwaltungsgerichts in dem Planfeststellungsbeschluss nicht in der durch § 29 b Abs. 1 S. 2 LuftVG gebotenen Konkretisierung dargelegt worden. Hieraus ergibt sich ein Fehler der Planfeststellungsbehörde hinsichtlich der vollständigen Ermittlung und Bewertung der abwägungserheblichen Belange.[12]

b) Passagierflüge

Vor dem Hintergrund der Anforderungen des § 29 b Abs. 1 S. 2 LuftVG hält das Bundesverwaltungsgericht in den Nachtkernstunden einen Passagierflugbetrieb nicht bereits bei Vorliegen eines allgemeinen Verkehrsbedürfnisses, sondern erst bei Vorliegen eines Unterschiedes zur Mehrzahl der anderen deutschen Flughäfen begründenden standortspezifischen Nachtflugbedarfs für möglich.[13] Das Bestehen von Nachtflugbeschränkungen auf den meisten deutschen Flughäfen wertet das Ge-

---

[8] BVerwGE 127, 95 Rn. 54.

[9] BVerwGE 142, 234 Rn. 274.

[10] BVerwGE 131, 316 Rn. 61.

[11] BVerwGE 142, 234 Rn. 273.

[12] BVerwGE 142, 234 Rn. 279.

[13] BVerwGE 142, 234 Rn. 284.

richt als Indikator dafür, „dass der Linien-, der Charter- und der Touristikverkehr sich durchweg ohne existenzgefährdende Einbußen jedenfalls außerhalb der Kernzeit der Nacht abwickeln lässt“.[14]

Derartige Spezifika für einen Passagierflugbetrieb in den Nachtkernstunden am Flughafen Frankfurt sah das BVerwG nicht dargelegt. Der zur Begründung erfolgende Rekurs der Planfeststellungsbehörde auf die Bedeutung des Touristikflugbetriebs für den Flughafen Frankfurt beziehe sich nur auf ein allgemeines, nicht auf ein standortspezifisches Verkehrsbedürfnis. Ebenso wenig sei der Passagierflugverkehr in einen Bezug zu dem in den Nachtkernstunden zulässigen Expressfrachtverkehr gesetzt worden.[15] Aus diesem Ansatz wird man schließen müssen, dass es das BVerwG für möglich hält, dass der – festgestellte – standortspezifische Nachtflugbedarf für den Expressfrachtflugverkehr auch den Einsatz von Passagierflugzeugen umfasst, die Expressfracht transportieren. Allerdings wird man es hierfür nicht als ausreichend ansehen können, dass Passagierflugzeuge gleichsam „gelegentlich“ eines Passagierfluges auch Expressfracht laden. Denn dies würde zu einer Entleerung des durch § 29 b Abs. 1 S. 2 LuftVG geforderten Kriteriums des standortspezifischen (und segmentspezifischen) Nachtflugbedarfs führen. Man wird das Gericht daher so verstehen müssen, dass der Einsatz von Passagierflugzeugen zum Transport von Expressfracht nur dann vom dem sich auf die Expressfrachtbeförderung beziehenden Nachtflugbedarf erfasst ist, wenn dies zur Gewährleistung der Funktionsfähigkeit des Expressfrachtstandortes *erforderlich* ist.[16] Nur in diesem Fall kann davon gesprochen werden, dass Passagierverkehre vom Bedarf für Expressfrachtflüge „mitgezogen“ werden können.

c) Abwägung der Zulassung von Nachtflügen

Aus dem Nachweis eines standortspezifischen Nachtflugbedarfs im Sinne der Anforderungen des § 29 b Abs. 1 S. 2 LuftVG folgt allerdings noch nicht die Zulässigkeit der betreffenden Nachtflüge. Vielmehr ist der festgestellte Nachtflugbedarf gegen die Interessen der, durch die von den Flügen ausgehenden Lärmimmissionen Betroffenen abzuwägen.[17]

2. Folgerungen und verfahrensrechtliche Umsetzung

Das BVerwG hat den Planfeststellungsbeschluss trotz des Vorliegens von Abwägungsfehlern nicht gänzlich aufgehoben, sondern lediglich die Planfeststellungsbehörde zur erneuten Entscheidung über die Zulassung von Flugbewegungen in der Mediationsnacht und über die Zulassung von mehr als 133 Flugbewegungen zwi-

---

[14] BVerwGE 125, 116 Rn. 281.

[15] BVerwGE 142, 234 Rn. 286 f.

[16] BVerwGE 142, 234 Rn. 287.

[17] BVerwGE 142, 234 Rn. 310.

schen 22.00 und 6.00 Uhr unter Beachtung der Rechtsauffassung des Gerichts verpflichtet. Gestützt ist diese Entscheidung auf § 10 Abs. 8 S. 2 LuftVG, wonach erhebliche Mängel bei der Abwägung nur dann zur Aufhebung des Planfeststellungsbeschlusses führen, wenn sie nicht durch Planergänzung oder ergänzendes Verfahren behoben werden können.

Hierzu weist das Gericht ausdrücklich darauf hin, dass ein – wenn auch geringer – Spielraum der Planfeststellungsbehörde besteht, in einem ergänzenden Verfahren in beschränktem Umfang Frachtflüge in der Mediationsnacht zuzulassen.[18] Zur Zulassung von Flügen in den Nachtrandstunden weist das Gericht darauf hin, dass die Planfeststellungsbehörde hierüber im Rahmen eines ergänzenden Verfahrens nach § 10 Abs. 8 S. 2 LuftVG neu zu entscheiden hat, „soweit das Kontingent für die Gesamtnacht durchschnittlich 133 planmäßige Flüge überschreitet und deshalb abwägungsfehlerhaft festgesetzt wurde".[19] Auch diesbezüglich verdeutlicht das Gericht, dass eine Erhöhung der Zahl von durchschnittlich 133 Flügen in der Gesamtnacht in einer fehlerfreien Abwägung, die das Konzept des An- und Abschwellens des Flugverkehrs in den Nachtrandstunden weiterführt, möglich ist.[20]

Obwohl das BVerwG das Land Hessen ausdrücklich zur Durchführung eines *ergänzenden Verfahrens* verpflichtet hat, hat das Hessische Ministerium durch Bescheid vom 29. Mai 2012 eine Teilrücknahme des Planfeststellungsbeschlusses durchgeführt. Auf welche Rechtsgrundlage diese Regelung gestützt worden ist, geht aus dem Bescheid explizit nicht hervor. Aus der Verwendung des Terminus „Rücknahme" in Verbindung mit dem Hinweis, es handele sich um eine Entscheidung „ausschließlich in verfahrensrechtlicher Hinsicht",[21] kann die Vermutung abgeleitet werden, dass es sich um eine auf § 48 HVwVfG gestützte Rücknahme handeln soll.

Insoweit ist allerdings zu beachten, dass der „Rücknahme"-Bescheid bemerkenswerte Unsicherheiten im Umgang mit der rechtlichen Terminologie offenbart. So ist der gesamte Teil III des Bescheids der Frage gewidmet, weshalb zur Durchführung der vom BVerwG angeordneten „Planergänzung" keine Notwendigkeit bestehe. Dabei handelt es sich um keinen einmaligen terminologischen Fehlgriff, wird der Begriff der „Planergänzung" doch durchgehend verwendet. Dies überrascht, ergibt sich doch aus § 10 Abs. 8 S. 2 LuftVG ohne Weiteres, dass es sich bei einer „Planergänzung" und dem vom BVerwG vorgesehenen „ergänzenden Verfahren" um unterschiedliche Verfahren handelt.

---

[18] BVerwGE 142, 234 Rn. 338.

[19] BVerwGE 142, 234 Rn. 377.

[20] BVerwGE 142, 234 Rn. 378.

[21] Hessisches Ministerium für Wirtschaft, Änderung der Flugbetriebsbeschränkungen des Planfeststellungsbeschlusses zum Ausbau des Verkehrsflughafens Frankfurt Main vom 18. Dezember 2007 zur Anpassung an das Urteil des Bundesverwaltungsgerichts vom 4. April 2012, Az.: VI 4–66p 01.03.04/24, vom 29.5.2012, sub II.

Dies macht es erforderlich, im Folgenden zunächst auf die Grundlagen und Unterschiede der genannten beiden Verfahren einzugehen.

a) „Fehlerreparatur" bei Planfeststellungsbeschlüssen: Allgemeine Grundsätze

§ 10 Abs. 8 LuftVG dient dazu, die Bestandskraft von Planfeststellungsbeschlüssen dadurch zu verstärken, dass nachträglich behebbare Abwägungsmängel sowie beseitigbare Verfahrens- und Formfehler nicht zur Aufhebung des Planfeststellungsbeschlusses führen. Mängel, die nach § 10 Abs. 8 S. 1 LuftVG eigentlich beachtlich wären, führen wegen § 10 Abs. 8 S. 2 LuftVG nicht zur Aufhebung des Planfeststellungsbeschlusses, wenn sie im Wege der Planergänzung oder durch ein ergänzendes Verfahren behoben werden können.

Die durch die Vorschrift vorgesehenen Möglichkeiten der Fehlerreparatur beruhen auf dem Grundsatz der Planerhaltung: Auch ein erheblicher Fehler soll nur in Ausnahmefällen zu einer Aufhebung des Plans führen können. Nach der Rechtsprechung des BVerwG handelt es sich bei diesem Grundsatz um ein offenes Prinzip, das von der Rechtsprechung weiterentwickelt werden kann. Eine erweiternde Auslegung auf der Grundlage dieser Offenheit scheidet nur dann aus, wenn eine der Planerhaltung dienende Vorschrift eine abschließende Regelung des betreffenden Bereichs enthält und bestimmte Mängel einer Heilungsmöglichkeit entzieht.[22]

Nach dem Wortlaut des § 10 Abs. 8 S. 2 LuftVG dienen die Instrumente der Planergänzung und des ergänzenden Verfahrens dem Zweck, eine *Aufhebung* des Planfeststellungsbeschlusses zu verhindern. Die Vorschrift ist also in erster Linie an die Verwaltungsgerichte adressiert, die den Planfeststellungsbeschluss nicht aufheben können, wenn eine Fehlerbehebung durch Planergänzung oder ergänzendes Verfahren möglich ist. Vielmehr stellt das Gericht nur die Rechtswidrigkeit und Nichtvollziehbarkeit des Planfeststellungsbeschlusses bis zur Behebung des Mangels fest.[23]

b) Planergänzung

Der Kern der Planergänzung besteht darin, dass der Planfeststellungsbeschluss inhaltlich ergänzt wird, indem die Planfeststellungsbehörde in Bezug auf die fehlerhaften Punkte des Planfeststellungsbeschlusses einen insoweit abändernden Verwaltungsakt erlässt. Dies betrifft häufig den Fall, dass an sich gebotene Schutzvorkehrungen nicht angeordnet wurden. Da die Planergänzung nur die Hinzufügung von Maßnahmen ermöglicht, ohne dass planerisch relevante Belange nachteilig betroffen

[22] BVerwGE 128, 76.

[23] BVerwGE 100, 370; BVerwG NVwZ 1998, 1070.

werden[24] – was hier schon mit Blick auf die Interessen der Luftfahrtunternehmen jedoch der Fall ist –, kommt eine Planergänzung zur Änderung der betrieblichen Regelungen nicht in Betracht.[25]

c) Ergänzendes Verfahren

Im Unterschied zur Planergänzung handelt es sich beim ergänzenden Verfahren um die Beseitigung eines Fehlers der Planfeststellungsbehörde, der nicht zu einer inhaltlichen Änderung des Plans führen *muss*, wohl aber eine Änderung der Abwägungsentscheidung erforderlich machen *kann*. Ein ergänzendes Verfahren kommt in der Regel in Betracht, wenn formelle oder materielle Mängel zu Abwägungsfehlern geführt haben. Eine der wichtigsten Konstellationen ist die unzureichende Ermittlung oder Gewichtung von abwägungserheblichen Belangen. In diesen Fällen ist das Verfahren gleichsam bis zu dem erfolgten Fehler „zurückzudrehen" und ab dort fehlerfrei zu wiederholen, indem die zur Mangelhaftigkeit führenden Fehler durch Nachholung der fehlerfreien Verfahrensschritte behoben werden.[26] Auf dieser Grundlage hat die Behörde ergebnisoffen zu prüfen, ob die getroffene Abwägungsentscheidung Bestand haben kann oder geändert werden muss.[27]

Wird der Fehler – wie vorliegend – in einer fehlerhaften Ermittlung und/oder Bewertung von durch die Durchführung von Nachtflügen betroffenen Belangen gesehen, so ist das ggf. bestehende Ermittlungsdefizit auszugleichen bzw. eine neue Bewertung der betreffenden Belange durchzuführen. Anschließend ist zunächst zu überprüfen, welche Auswirkungen diese Nachermittlung bzw. -bewertung auf die getroffene Abwägung hat. Ergibt sich daraus, dass der dem Planfeststellungsbeschluss zugrunde gelegte Ausgleich der verschiedenen Belange nicht mehr aufrechterhalten werden kann, so ist erneut in die Abwägung einzutreten. Stellt die Planfeststellungsbehörde als Ergebnis des ergänzenden Verfahrens einen Änderungsbedarf fest, so fasst sie diesen in die Form eines Ergänzungsbeschlusses,[28] der den ursprünglichen Planfeststellungsbeschluss inhaltlich ändert.[29]

---

[24] *Fischer*, Rechtswirkungen und Folgen von Fehlern des Planfeststellungsbeschlusses, in: Ziekow, Praxis des Fachplanungsrechts, 2004, Rn. 477; *Hofmann/Grabherr*, Luftverkehrsgesetz, Stand: Nov. 2007, § 10 Rn. 49.

[25] Die Frage, ob die Planergänzung eine Planänderung im Sinne von § 76 VwVfG darstellt, verneinend BVerwGE 102, 358. A.M. BVerwGE 125, S. 116; 127, 95; *Fischer* (Fn. 24) Rn. 478; *Jarass*, Grundfragen des ergänzenden Verfahrens und der Planänderung bei Planfeststellungen, in: Ennuschat et al. (Hrsg.), GS Tettinger, 2007, S. 465, 469.

[26] Vgl. BVerwGE 102, 358.

[27] BVerwGE 102, 358.

[28] BVerwGE 102, 358.

[29] *Jarass* (Fn. 25), S. 465, 474.

Ob die Planfeststellungsbehörde von den Möglichkeiten eines ergänzenden Verfahrens Gebrauch macht oder nicht, liegt in ihrem Ermessen; sie kann stattdessen auch die Planung aufgeben oder ein neues Planfeststellungsverfahren veranlassen.[30]

Dahinter steht der Gedanke, dass das Gericht der Planfeststellungsbehörde nicht vorschreiben kann, welche Folgerungen sie aus der Feststellung eines Abwägungsmangels zieht, der der Beseitigung in einem ergänzenden Verfahren zugänglich ist. Allein der Umstand, dass das Gericht durch § 10 Abs. 8 S. 2 LuftVG daran gehindert ist, den Planfeststellungsbeschluss aufzuheben, zwingt die Planfeststellungsbehörde nicht, diese Planung zu Ende zu führen.[31] Es ist ihr unbenommen, die Planung ganz aufzugeben oder sie neu zu beginnen. § 10 Abs. 8 S. 2 LuftVG eröffnet ihr aus Gründen der Verfahrensökonomie[32] lediglich die zusätzliche Möglichkeit, die rechtlich einwandfreien Teile des bereits durchgeführten Planfeststellungsverfahrens zu nutzen und zu einer insgesamt fehlerfreien Planungsentscheidung zu vervollständigen. Der in der Entscheidungsbegründung mit dem Hinweis auf das ergänzende Verfahren erfolgende verwaltungsgerichtliche Verpflichtungsausspruch, die Behörde müsse über bestimmte der als abwägungsfehlerhaft beanstandeten Fragen erneut entscheiden, zeitigt mithin nicht die Konsequenz, dass die Planfeststellungsbehörde zwingend ein ergänzendes Verfahren durchführen muss.

Hieraus wird sich allerdings nicht der Schluss ziehen lassen, es stehe im Ermessen der Planfeststellungsbehörde, das Verfahren zur Beseitigung des gerichtlich festgestellten Abwägungsfehlers frei zu wählen. Kommt das Gericht zu dem Ergebnis, dass zwar ein Abwägungsfehler vorliegt, dieser aber nicht so schwer wiegt, dass er der Beseitigung in einem ergänzenden Verfahren nicht zugänglich wäre, so macht dies deutlich, dass sich die Planfeststellungsbehörde mit dem Abwägungsfehler und seinen Auswirkungen auf die Abwägung befassen *muss*.

Denn das ergänzende Verfahren ist maximal vierstufig strukturiert:

- Besteht wie vorliegend der Abwägungsfehler zentral in einem Ermittlungsdefizit, indem die Voraussetzungen des Vorliegens eines standortspezifischen Nachtflugbedarfs nicht vollständig ermittelt und dargelegt worden sind, so hat die Planfeststellungsbehörde auf der ersten Stufe zunächst das Ermittlungsdefizit zu beseitigen. Dabei handelt es sich um die Erfüllung der der Planfeststellungsbehörde obliegenden Pflicht zur Amtsermittlung aller abwägungsrelevanten Belange. Ihr kann sich die Behörde für das mit einem Abwägungsfehler belastete Planfeststellungsverfahren nur dann entziehen, wenn sie das zugrundeliegende Verwaltungsverfahren beendet bzw. eine neue Abwägung über eine andere Variante eröffnet, in der dann allerdings ihre Pflicht zur vollständigen Ermittlung aller Belange erneut eingreift. Macht sie von diesen Optionen keinen Gebrauch, so ist sie zur Beseiti-

[30] BVerwGE 100, 370; OVG Koblenz NuR 2003, 441; OVG Lüneburg NVwZ-RR 2001, 362.

[31] *Bonk/Neumann* in: Stelkens/Bonk/Sachs, Verwaltungsverfahrensgesetz, 7. Aufl. 2008, § 75 Rn. 57.

[32] *Bonk/Neumann* (Fn. 31).

gung des Ermittlungsdefizits verpflichtet. Dies ergibt sich schon daraus, dass das Gericht nur unter der Voraussetzung von der Aufhebung des abwägungsfehlerhaften Planfeststellungsbeschlusses abgesehen hat, dass der Abwägungsfehler beseitigt wird. Dies aber setzt zwingend die ergänzenden Ermittlungen durch die Planfeststellungsbehörde voraus. Denn nur auf deren Grundlage kann die Behörde entscheiden, ob die beanstandete Abwägung aufrechterhalten werden kann oder nicht.

- Die in dieser Weise neu ermittelten Belange sind auf der zweiten Stufe zu bewerten. Besteht der vom Gericht festgestellte Abwägungsfehler in einer fehlerhaften Bewertung vollständig ermittelter Belange, so setzt das ergänzende Verfahren erst auf dieser Stufe ein.
- Auf der dritten Stufe hat die Planfeststellungsbehörde die Auswirkungen dieser Neuermittlung bzw. -bewertung auf die vorgenommene Abwägung zu überprüfen und – wenn die seinerzeit vorgenommene Abwägung nicht unberührt bleibt – erneut in die Abwägung einzutreten. Das Ergebnis dieser Abwägung kann sowohl in einer Bestätigung des bisherigen Abwägungsergebnisses als auch in seiner Änderung bestehen.
- Stellt die Behörde einen Änderungsbedarf fest, so hat sie den Planfeststellungsbeschluss durch einen Ergänzungsbeschluss entsprechend zu ändern.

Diesen Anforderungen ist das Hessische Ministerium für Wirtschaft in seinem Bescheid vom 29. 5. 2012 nicht gerecht geworden, hat es doch weder eine Nachermittlung noch eine Neubewertung noch gar eine ergänzende Abwägung vorgenommen. Nach Auffassung der Behörde „bedarf es keiner Neuentscheidung über die Zulassung von Flugbetrieb in der Mediationsnacht bzw. der Nachtrandzeit im Wege eines Planergänzungsverfahrens (gemeint wohl: ergänzenden Verfahrens), da schon kein Zulassungsgegenstand vorliegt, über den auf der Grundlage erneuter Abwägung zu entscheiden wäre“.[33] Was unter dem „Zulassungsgegenstand“ zu verstehen ist, dessen Fehlen die ergänzende Abwägung entbehrlich machen soll, wird nicht recht deutlich. Aus dem Kontext dürfte damit wohl gemeint sein, dass „das vom Bundesverwaltungsgericht zugelassene und abwägungsfehlerfrei erklärte Kontingent“[34] durch das Ministerium nicht verändert werde.

Offenbar geht das hessische Wirtschaftsministerium davon aus, dass eine ergänzende Abwägung nur dann erforderlich wird, wenn eine Änderung des Planfeststellungsbeschlusses erfolgen soll. Dass dieses Verständnis Ursache und Wirkung verwechselt, ist offensichtlich. Denn wie dargestellt kann die Entscheidung darüber, ob eine Änderung des Planfeststellungsbeschlusses erfolgen soll, erst getroffen wer-

[33] Hessisches Ministerium für Wirtschaft, Änderung der Flugbetriebsbeschränkungen des Planfeststellungsbeschlusses zum Ausbau des Verkehrsflughafens Frankfurt Main vom 18. Dezember 2007 zur Anpassung an das Urteil des Bundesverwaltungsgerichts vom 4. April 2012, Az.: VI 4–66p 01.03.04/24, vom 29. 5. 2012, sub III.

[34] Fn. 33. A.a.O.

den, wenn eine Nachermittlung und eine Neubewertung von Belangen stattgefunden hat sowie die Auswirkungen dieser Schritte auf die seinerzeit getroffene Abwägung überprüft worden sind. Diese Schritte hat die Planfeststellungsbehörde jedoch gerade unterlassen.

Der Durchführung dieser Schritte eines ergänzenden Verfahrens kann sich die Planfeststellungsbehörde auch nicht unter Hinweis darauf entziehen, das BVerwG habe ein Kontingent von Nachtflügen „zugelassen". Die Zulassung von Nachtflügen erfolgt nicht durch das zur Überprüfung des Planfeststellungsbeschlusses angerufene Gericht, sondern durch die Planfeststellungsbehörde. Welche Konsequenzen aus der unterschiedlichen Beurteilung der Abwägungsfehlerfreiheit der Zulassung von Nachtflügen in verschiedenen Zeitsegmenten durch das Gericht zu ziehen sind, ist von der Planfeststellungsbehörde – nicht vom Gericht – zu klären.

Eine nähere Analyse der Folgen der Entscheidung des BVerwG für die dem vorliegenden Planfeststellungsbeschluss zugrunde liegende Abwägung macht diese Notwendigkeit deutlich:

Die die Flugbetriebsbeschränkungen betreffenden Regelungen des Planfeststellungsbeschlusses vom 18. 12. 2007 beruhen auf einer Abwägung folgender Belange:[35]

Private Belange

- der vom Fluglärm betroffenen Bevölkerung
- der den Flughafen anfliegenden Luftverkehrsgesellschaften
- der sonstigen Luftfahrzeughalter
- der Vorhabensträgerin

Öffentliche Belange

- Fluglärmschutz
- Verkehrsfunktion des Flughafens
- bedarfsgerechter Ausbau der Luftverkehrsinfrastruktur.

Jeder der genannten, in die Abwägung eingestellten Belange ist von der Planfeststellungsbehörde ausführlich beschrieben und gewichtet worden. Es handelt sich um ein komplexes Abwägungssystem, das die betroffenen Belange gewichtet und zu einem Ausgleich bringt. Die Änderung der Gewichtung eines Belangs führt zumindest dazu, dass alle anderen Belange in ihrer Relation zu diesem Belang neu zu bewerten sind. Werden beispielsweise die nächtlichen Flugbetriebsbeschränkungen weiter ausgedehnt, so werden u. a. sowohl die Interessen angesiedelter Flugunternehmen an der Aufrechterhaltung ihrer flugbetrieblichen Entfaltungsmöglichkeiten in

[35] Vgl. Planfeststellungsbeschluss des Hessischen Ministeriums für Wirtschaft, Verkehr und Landesentwicklung zum Ausbau des Verkehrsflughafens Frankfurt Main vom 18. Dez. 2007 (PF-66 p – V –), S. 1078.

unterschiedlicher Intensität betroffen als auch die Verkehrsfunktion des Flughafens Frankfurt/Main als Passagier- und Frachthub unter Umständen verändert.

Weiterhin hebt die Begründung des Planfeststellungsbeschlusses ausdrücklich hervor, dass ein effektiver Schutz der Nachtruhe vor unzumutbaren Lärmemissionen nur – aber auch gerade – durch die Zusammenschau aller Betriebsregelungen geleistet wird und mit Eingriffen in die Verkehrsfunktion des Flughafens oder die Rechte der den Flughafen nutzenden Luftfahrzeugbetreiber verbundene weitergehende Regelungen ausscheiden.[36] Die Begründung setzt sich ausführlich mit verschiedenen Varianten einer Ausdehnung des Nachtflugverbots auseinander und bezeichnet sie sämtlich als mit dem Gewicht gegenläufiger Belange nicht vereinbar.[37] Eine Änderung von in dem Planfeststellungsbeschluss vom 18. 12. 2007 getroffenen Flugbetriebsregelungen, ohne dass die diesbezügliche Abwägung berührt ist, dürfte in Anbetracht dessen nicht möglich sein.

So kann sich die Planfeststellungsbehörde nicht darauf zurückziehen, dass das BVerwG die Zulassung von Flügen in der Mediationsnacht als abwägungsfehlerhaft bezeichnet hat, und daraus ohne die Durchführung des ergänzenden Verfahrens mit Überprüfung der Abwägung den Schluss ziehen, planmäßige Flugbewegungen in diesem Zeitraum gänzlich auszuschließen. Wie das BVerwG ausgeführt hat, ist der standortspezifische Nachtflugbedarf für Expressfrachtflüge in einer den Anforderungen des § 29 b Abs. 1 S. 2 LuftVG genügenden Weise dargelegt worden (oben I. 1. a). Eine Herausnahme der Expressfrachtflüge aus der Beanstandung des Planfeststellungsbeschlusses war dem Gericht allerdings nicht möglich, weil die Zulassung von Flügen in der Mediationsnacht nicht zwischen Express- und konventionellen Frachtflügen unterscheidet. In Anbetracht dessen, dass der Vorhabensträger nach Auffassung des BVerwG seinen Planfeststellungsantrag konkludent dahingehend geändert hat, dass er nunmehr die Zulassung dieser Nachtflüge beantragte, muss die Planfeststellungsbehörde abwägungsfehlerfrei über den Antrag des Vorhabensträgers in einem ergänzenden Verfahren entscheiden.[38] Die bewusste Nichtabwägung der Belange des Vorhabensträgers mit den übrigen Belangen wird dieser Pflicht der Behörde nicht gerecht.

Besteht hinsichtlich der Expressfrachtflüge die Nachermittlungspflicht der Planfeststellungsbehörde darin, ihre Zahl in Abgrenzung von den konventionellen Frachtflüge zu ermitteln und isoliert einer Abwägung zugänglich zu machen, so muss bezüglich der konventionellen Frachtflüge seitens der Planfeststellungsbehörde geklärt werden, ob diese von dem – nach Auffassung des Bundesverwaltungsgerichts feststehenden – Bedarf an nächtlichen Expressfrachtflügen mitgezogen werden. Hierfür bedarf es der Nachermittlung, ob innerhalb der Flugbewegungen im nächtlichen Frachtverkehr die dem Transport von Expressfracht dienenden Flüge

[36] Fn. 35, S. 1193.

[37] Fn. 35, S. 1206 ff.

[38] Zu dieser Pflicht der Planfeststellungsbehörde im ergänzenden Verfahren *Bonk/Neumann* (Fn. 31), § 75 Rn. 56.

in einer das Frachtdrehkreuz prägenden Weise bei weitem überwiegen und ob die Flüge logistisch in das Luftfrachtzentrum eingebunden sind (oben I. 1. a)). Das BVerwG hält es keineswegs für ausgeschlossen, auch konventionelle Frachtflüge in der Mediationsnacht zuzulassen, doch kann die entsprechende Abwägung auf der Grundlage einer *vollständigen* Ermittlung aller relevanten Belange eben nur von der Planfeststellungsbehörde vorgenommen werden. Auf zurückgenommener Linie gilt dies auch für die Frage der Zulassung von Passagierflügen in der Mediationsnacht (oben I. 1. b)).

Ebenso ist bezüglich der Zahl der in den Nachtrandstunden zulässigen Flüge die Durchführung eines ergänzenden Verfahrens geboten, soweit abwägungsfehlerfrei nur die Zulassung von 133 Flügen in den Nachtrandstunden erfolgte, die überschießende Zahl von weiteren 17 planmäßigen Flugbewegungen, die der Mediationsnacht zugeordnet wurden, aber in der Zahl von 150 Flugbewegungen für die Gesamtnacht enthalten war[39]. Hinsichtlich dieser 17 Flüge bedarf es schon deshalb der Durchführung eines ergänzenden Verfahrens, weil die Planfeststellungsbehörde ja von einem Bedarf von 150 Flügen in der Gesamtnacht ausging und nicht nunmehr ohne Überprüfung der dieser Bedarfsfeststellung zugrunde liegenden Prognose von einer Reduzierung auf 133 planmäßige Flüge in der Gesamtnacht ausgehen kann.

Insoweit muss abwägend ein Ausgleich unter den Vorzeichen einer geänderten Bewertung einzelner Belange gesucht werden. Dies zu leisten ist nicht Aufgabe des den Planfeststellungsbeschluss überprüfenden Gerichts, sondern des ergänzenden Verfahrens. Im Ergebnis kann diese Abwägung durchaus dazu führen, dass der Teilrücknahmebescheid vom 29. 5. 2012 inhaltlich bestätigt wird. Denkbar ist aber ebenso, dass die Abwägung die Zulassung von mehr oder weniger planmäßigen Flügen in der Mediationsnacht und den Nachtrandstunden ergibt. Dieses nunmehr abwägungsfehlerfrei festzustellen, ist Funktion des ergänzenden Verfahrens. Der Umstand, dass sich die Planfeststellungsbehörde an der Durchführung eines ergänzenden Verfahrens mangels eines „Zulassungsgegenstands" gehindert sah, führte zum vollständigen Unterbleiben der erforderlichen Ermittlung, Bewertung und Überprüfung der Auswirkungen auf die Abwägung. Durch einen – in der Begrifflichkeit der Abwägungsfehlerlehre formuliert – Abwägungsausfall aber können die vom BVerwG konstatierten Abwägungsfehler nicht beseitigt werden.

III. Schlussbetrachtung

Die kurze Studie mag verdeutlicht haben, dass die Planfeststellungsbehörde aus den verschiedenen Instrumenten, die zur Korrektur von Fehlern von Planfeststellungsbeschlüssen im Allgemeinen in Betracht kommen, nicht unter ihren eigenen Opportunitätserwägungen auswählen darf. Maßgebend ist vielmehr, welches der Instrumente den Anforderungen an die Behebung des Fehlers im Einzelfall gerecht wird.

---

[39] BVerwGE 142, 234 Rn. 377.

Fluglärmschutz durch Verfahrensbeteiligung des UBA? – Zu Aufgaben und Möglichkeiten des UBA bei der Festlegung von Flugrouten

Von *Eckhard Pache*

Hans-Joachim Koch hat sich, wie allgemein bekannt ist, in seiner bisherigen wissenschaftlichen Tätigkeit nicht nur mit beinahe allen grundlegenden Fragen der Rechtstheorie und der juristischen Begründungslehre, der normativen Steuerung administrativen Verhaltens und ihrer judikativen Kontrolle, des allgemeinen Verwaltungsrechts und zahlreicher Bereiche des besonderen Verwaltungsrechts auseinandergesetzt, sondern spezifisch und vor allem im Umweltrecht nahezu alle bedeutsamen, dogmatisch interessanten und rechtspolitisch bearbeitungsbedürftigen Rechtsgebiete behandelt.

So nimmt es nicht wunder, dass der Schutz vor Lärm, eine der großen aktuellen umweltpolitischen Herausforderungen, Hans-Joachim Koch ebenso bereits vor langer Zeit beschäftigt hat[1] wie die Umweltprobleme des Luftverkehrs[2]. Unter dem Vorsitz von Hans-Joachim Koch hat der Rat von Sachverständigen für Umweltfragen in seinem Umweltgutachten 2004 zum Fluglärm ausgeführt: „Insgesamt ist die Regelungssituation im Bereich des Schutzes vor Fluglärm ausgesprochen defizitär: Ein lückenhaftes Flughafenplanungsrecht ohne klare Regelungen über das anzustrebende Schutzniveau (...), ein in seinen Maßstäben gänzlich überholtes, hinsichtlich der notwendigen Siedlungsbeschränkungen ungeeignetes Fluglärmschutzgesetz (...) sowie eine unzureichende internationale Durchsetzung des Standes der Lärmminderungstechnik am Fluggerät (...) sind maßgeblich mitursächlich dafür, dass die Bevölkerung die Beeinträchtigung durch den Fluglärm als erhebliches Umweltproblem einstuft und ihr den zweiten ‚Rang' hinter den Belastungen durch den Straßenverkehr zuweist."[3]

Vor diesem Hintergrund erscheint es nicht fernliegend und den Interessen des Jubilars durchaus entsprechend, nachfolgend einige Überlegungen zu einem speziellen Aspekt des Fluglärmschutzes anzustellen, nämlich zu der Frage der Rolle des Um-

---

[1] Vgl. hierzu nur *Koch* (Hrsg.), Schutz vor Lärm, Baden-Baden 1990.

[2] *Koch/Wieneke*, Umweltprobleme des Luftverkehrs, NVwZ 2003, 1153 ff.

[3] *SRU*, Umweltgutachten 2004, Umweltpolitische Handlungsfähigkeit sichern, Baden-Baden 2004, Rn. 659 m.w.N.

weltbundesamtes im Verfahren der Festlegung der Flugrouten für Verkehrsflughäfen.[4]

I. Einleitung – Hintergrund

Die Rolle des Umweltbundesamtes im Verfahren der Festlegung der Flugrouten für Verkehrsflughäfen ist zuletzt intensiv im Zusammenhang mit den Vorbereitungen auf die damals noch für den Sommer 2012 geplante Inbetriebnahme des künftigen Hauptstadtflughafens Berlin-Brandenburg-International diskutiert worden. In diesem Zusammenhang ist wieder einmal die grundlegende Bedeutung der Festlegung der Flugrouten von und zu einem großen Verkehrsflughafen für den Lärmschutz der Bevölkerung ebenso wie für die Flughafenkapazität und die Intensität der Flughafennutzung in den Fokus der Öffentlichkeit gerückt. Während die Planfeststellung der Flughafenanlagen regelmäßig viele Jahre vor der Inbetriebnahme eines Flughafens erfolgt, jedoch die einzuhaltenden Flugrouten nicht umfasst, konkretisiert deren Festlegung die räumliche und zeitliche Verteilung und die Art und Weise der Flugbewegungen am Flughafen und bestimmt damit zentral die vom Luftverkehr ausgehenden Lärmbelastungen.

Große Erwartungen verbinden Lärmbetroffene häufig mit der seit 2008 vorgesehenen Beteiligung des Umweltbundesamtes (UBA) am Verfahren der Festlegung von Flugrouten. Dessen Aufgaben und Möglichkeiten sind mit Blick auf den Flughafen Berlin-Brandenburg-International vielfach diskutiert worden. Auffallend ist dabei die Wahrnehmung des UBA in der Öffentlichkeit, die es als kompetente Lärmschutzbehörde mit weitreichenden Kompetenzen und der Position einer Kontrollinstanz wahrnimmt, die die Entscheidungen des Bundesaufsichtsamts für Flugsicherung zu überprüfen befugt ist.[5] Dieser Eindruck eines bestimmenden Einflusses des UBA ist noch unterstrichen worden durch die ausführliche „Lärmfachliche Bewertung der Flugrouten für den Verkehrsflughafen Berlin Brandenburg" des Umweltbundesamtes vom 24. 1. 2012, die die erste lärmfachliche Bewertung eines komplexen Flugroutensystems für einen Flughafen darstellt, die je in Deutschland und vermutlich auch darüber hinaus durchgeführt worden ist.[6] Jedoch wurde bei näherer Betrachtung auch ersichtlich, dass letztlich das „Entscheidungsmonopol" bezüglich der

---

[4] Die nachfolgenden Überlegungen und Ausführungen beruhen im Wesentlichen auf dem vom Verfasser im Auftrag des Umweltbundesamtes erstellten Rechtsgutachten „Prüfung von formell- und materiellrechtlichen Aspekten bei der Benehmensregelung zur Festlegung von Flugrouten nach § 32 LuftVG zwischen UBA und BAF", verfügbar unter http://www.uba.de/uba-info-medien/4244.html.

[5] Vgl. Berliner Zeitung vom 9. 1. 2012, *Jürgen Schwenkenbecher*, Bundesumweltamt will keine Nachtflüge.

[6] Vgl. hierzu *UBA* (Hrsg.), Lärmfachliche Bewertung der Flugrouten für den Verkehrsflughafen Berlin Brandenburg (BER), Januar 2012, S. 1, abrufbar unter http://www.umweltbundesamt.de/sites/default/files/medien/publikation/add/4209–0.pdf; hierzu auch Deutsche Logistik-Zeitung vom 11. 1. 2012, *Bernd Röder/Burkhard Fraune*, Umweltamt fordert mehr Lärmschutz am neuen Flughafen.

Wahl der Flugrouten beim Bundesaufsichtamt für Flugsicherung liegt und das UBA hinsichtlich der Festlegung lediglich eine „Empfehlung“ abgeben kann.[7]

Vor diesem Hintergrund gehen die nachfolgenden Überlegungen der Frage nach, welche Aufgabe und welche Befugnisse dem Umweltbundesamt im Verfahren der Festlegung von Flugrouten zukommen und inwieweit das UBA nach der aktuellen Rechtslage tatsächlich einen Beitrag zum Schutz der Bevölkerung gegen Fluglärm leisten kann.

II. Was sind Flugrouten?

Zunächst bedarf der Klärung, was überhaupt Flugrouten sind, da dieser Begriff in keinem der einschlägigen normativen Regelwerke, also weder im Luftverkehrsgesetz (nachfolgend LuftVG) noch in der Luftverkehrsordnung (LuftVO), definiert wird oder auch nur Verwendung findet.

Normativ ist stattdessen regelmäßig von sogenannten „Flugverfahren“ die Rede. So regelt § 27 a Abs. 1 LuftVO, dass „der Luftfahrzeugführer bei Flügen innerhalb von Kontrollzonen, bei An- und Abflügen zu und von Flugplätzen mit Flugverkehrskontrollstelle und bei Flügen nach Instrumentenflugregeln die vorgeschriebenen Flugverfahren zu befolgen“ hat.

Damit sind im Rechtssinne für den An- und Abflug zu Flugplätzen mit Flugverkehrskontrollstelle die vorgeschriebenen Flugverfahren maßgeblich. Der Begriff der Flugroute wird allerdings in einem untechnischen Sinne als Synonym für diese vorgeschriebenen Flugverfahren verwendet, die vorgeschriebenen Flugverfahren werden also allgemein als Flugrouten oder Flugstrecken bezeichnet.[8]

Obwohl damit der Begriff der Flugroute keinen Rechtsbegriff im technischen Sinne darstellt, ist er auch im Rahmen von rechtlichen Erörterungen als gebräuchliche Kurzformel für alle festgelegten Flugverfahren, Flughöhen und Meldepunkte anerkannt. Aus diesem Grunde wird mit dem Begriff der Flugroute nicht lediglich die räumliche Verteilung des Flugverkehrs bezeichnet, sondern auch die Art und Weise vorgegeben, in der jeweils zu fliegen ist.[9]

Dem verantwortlichen Luftfahrzeugführer werden durch diese Flugrouten verbindliche dreidimensionale Vorgaben gemacht, die er auf seiner Flugstrecke einzuhalten hat, indem Steuerkurse, Flughöhen und Peilungen vorgeschrieben werden.[10] Es können etwa Vorgaben gemacht werden, wie das Flugzeug beim Abflug zu steu-

---

[7] Vgl. Berliner Zeitung vom 9. 1. 2012, *Jürgen Schwenkenbecher*, Bundesumweltamt will keine Nachtflüge; Märkische Allgemeine vom 19. 1. 2012, „Wir können nicht zaubern“ UBA-Präsident *Jochen Flasbarth* über Flugrouten, verlorenes Vertrauen und die Grenzen des Lärmschutzes.

[8] *Stoermer*, Der Schutz vor Fluglärm, Berlin 2005, S. 166.

[9] *Wysk*, Ausgewählte Probleme zum Rechtsschutz gegen Fluglärm (II), ZLW 1998, 285 ff.

[10] *Lübben*, in: Hobe/von Ruckteschell (Hrsg.), Kölner Kompendium Luftrecht, Band 2 Luftverkehr, Köln 2009, Teil I, E. Luftverkehrsregeln, S. 811 Rn. 75.

ern ist, bis das Flugzeug die Höhe der Flugverkehrstrecken erreicht hat.[11] Auch werden die Flugzeugführer durch die Flugrouten beim Abflug angewiesen, sowohl nach dem Abheben als auch bei dem Ende des flugbetrieblich notwendigen Geradeausfluges besondere Meldepunkte an- und Kurse zu erfliegen, bis zu einer weiteren Freigabe auf eine Mindesthöhe zu steigen und Kontakt zu einer Flugkontrollstation auf einer vorbestimmten Funkfrequenz zu halten.[12] Daher handelt es sich bei diesen Flugrouten grundsätzlich um Verkehrsregeln, die an den Luftfahrzeugführer gerichtet sind.[13]

Die Flugrouten dienen dem Zweck, der Verkehrsluftfahrt eine sichere, geordnete sowie flüssige Abwicklung des Luftverkehrs zu ermöglichen.[14] Gemäß § 27 a LuftVO sollen sie die öffentliche Sicherheit, die öffentliche Ordnung und vor allem die Sicherheit des Luftverkehrs aufrechterhalten.[15] Zudem können sie die Kapazität der Luftbewegungen beeinflussen, bspw. durch zeitliche Staffelungen von Abflügen. Auch wird durch die festgelegten Routen eine Konzentration des Flugverkehrs auf einen bestimmten Luftkorridor vorgenommen. Dies hat zur Folge, dass Gebiete unterhalb der festgelegten Flugroute, insbesondere in der Nähe eines Flughafens, erhöhtem Fluglärm ausgesetzt sind. Daher entscheidet die Festlegung der Flugrouten maßgeblich über die Verteilung des Fluglärms[16] und zählt deshalb zu den Maßnahmen des aktiven Lärmschutzes, da sie eine tragende Rolle bei der Verteilung des Fluglärms spielt.[17]

Aus diesen Aspekten ergibt sich, dass Flugrouten eben nicht nur Verkehrsregeln für den Luftfahrzeugführer darstellen, sondern dass sie auch der rechtsstaatlichen Planung dienen, der die Aufgabe zukommt, die unterschiedlichen Interessenkonflikte, die überwiegend in der Umgebung von Flughäfen auftreten, in einem geordneten Verfahren adäquat zu bewältigen.[18]

Hierzu erfolgt die Festlegung von Flugrouten, insbesondere der lärmrelevanten An- und Abflugstrecken zu Flughäfen, auf der Grundlage des § 32 LuftVG i.V.m. § 27 a LuftVO durch Rechtsverordnung.[19] Dabei ist nach § 27 a Abs. 2 S. 1 LuftVO

---

[11] *Stoermer*, Der Schutz vor Fluglärm, Berlin 2005, S. 166.

[12] *Wysk*, Ausgewählte Probleme zum Rechtsschutz gegen Fluglärm (II), ZLW 1998, 285, 286.

[13] *Lübben* (Fn. 10).

[14] *Lübben* (Fn. 10), Rn. 76; *Stoermer* (Fn. 11), S. 168.

[15] *Giemulla,* in: Giemulla/Schmid (Hrsg.), Frankfurter Kommentar zum Luftverkehrsrecht, Band 2 Luftverkehrsverordnungen, Loseblatt, Neuwied Stand: August 2011, § 27 a LuftVO Rn. 1.

[16] So deutlich *Lübben* (Fn. 10), S. 811 Rn. 76.

[17] *Wysk* (Fn. 9), 286.

[18] BVerwG, Urt. v. 28.6.2000, 11 C 13/99 = NJW 2000, 3584, 3585; BVerwG, Urt. v. 24.06.2004, 4 C 11/03, Rn. 23.

[19] BVerwG, Urt. v. 28.6.2000, 11 C 13/99 = NJW 2000, 3584, 3585; *Giemulla* (Fn. 15), § 27 a LuftVO Rn. 1; *Repkewitz*, Festlegung von Flugrouten – Materielle und formelle Anforderungen, Rechtsschutz, VBlBW 2005, 1; *Kukk*, Rechtsschutz von Flughafenanwohnern

das Bundesaufsichtsamt für Flugsicherung (BAF) ermächtigt, die Flugverfahren einschließlich der Flugwege, Flughöhen und Meldepunkte durch Rechtsverordnung festzulegen. Die Verpflichtung zur Einhaltung der festgelegten Flugverfahren folgt nicht unmittelbar aus diesen Rechtsverordnungen des BAF, sondern aus § 27 a Abs. 1 LuftVO selbst.[20] Dieser § 27 a LuftVO stellt im Verhältnis zu § 32 LuftVG die Subdelegationsnorm dar.[21]

III. Welche Rechtsstellung kommt dem UBA bei der Festlegung von Flugrouten zu?

§ 32 Abs. 4 c S. 2 LuftVG sieht bei dem Erlass von Verordnungen nach § 32 Abs. 4 Nr. 8 LuftVG, die von besonderer Bedeutung für den Schutz der Bevölkerung vor Fluglärm sind, vor, dass diese im Benehmen mit dem Umweltbundesamt erlassen werden. Unter § 32 Abs. 4 Nr. 8 LuftVG fallen Rechtsverordnungen über die Festlegung von Flugverfahren für Flüge innerhalb von Kontrollzonen, für An- und Abflüge zu und von den Flugplätzen mit Flugverkehrskontrollstelle und für Flüge nach Instrumentenflugregeln, einschließlich der Flugwege, Flughöhen und Meldepunkte.

1. Anwendungsbereich der Benehmensregelung

Die gesetzliche Normierung des Benehmens des UBA in § 32 Abs. 4 c S. 2 LuftVG wirft die Frage auf, ob das Benehmen des UBA für jede nach § 32 Abs. 4 Nr. 8 LuftVG erlassene Rechtsverordnung erforderlich ist oder nur für diejenigen Verordnungen, die von besonderer Bedeutung für den Schutz der Bevölkerung vor Fluglärm sind. Entscheidend für die Beantwortung dieser Frage ist, ob dem Halbsatz „die von besonderer Bedeutung für den Schutz der Bevölkerung vor Fluglärm sind“ deklaratorische oder konstitutive Bedeutung zukommt.

Einerseits kann davon ausgegangen werden, dass eine Eingrenzung auf lärmrelevante Verordnungen erreicht werden soll. Andererseits stellt sich die Frage, ob es überhaupt Flugverfahren innerhalb der Kontrollzonen gibt, die nicht besonders bedeutsam für den Schutz der Bevölkerung vor Fluglärm sind. Denkbar wären allenfalls Flugverfahren abseits einer von Lärm betroffenen Bevölkerung, also An- und Abflugrouten von nicht bevölkerungsnahen Flughäfen, so dass eine besondere Bedeutung für den Schutz der Bevölkerung vor Fluglärm nicht erforderlich wäre. Diesem Fall kommt jedoch in einem dicht besiedelten Land wie Deutschland keine praktische Relevanz zu, so dass im Anwendungsbereich des LuftVG jeder Rechtsverordnung nach § 32 Abs. 4 Nr. 8 LuftVG besondere Bedeutung für den Schutz der Bevölkerung vor Fluglärm zukommt, das UBA demnach grundsätzlich beteiligt ist.

---

gegen die Festlegung von Flugrouten – Zwei Schritte vor, ein Schritt zurück, NVwZ 2001, 408 f.

[20] *Giemulla* (Fn. 15), § 27 a LuftVO Rn. 1.

[21] *Lübben* (Fn. 10), S. 811 Rn. 77.

2. *Inhaltliche Ausgestaltung des Benehmens*

Ist somit für die Festlegung einer Flugroute auf der Grundlage der §§ 32 Abs. 4 Nr. 8, Abs. 4 c LuftVG grundsätzlich das Benehmen des UBA erforderlich, stellt sich die Frage, wie dieses Benehmen rechtlich einzuordnen ist, insbesondere welche Anforderungen an den Verfahrensablauf zu stellen sind und welche Bedeutung das Benehmen des UBA rechtlich besitzt.

Ausdrückliche rechtliche Vorgaben hierzu können das LuftVG, die LuftVO, sonstiges Fachrecht oder eine allgemeine verfahrensrechtliche Regelung zur Ausgestaltung von Benehmensentscheidungen enthalten. Derartige konkrete normative Vorgaben sind aber, wie nachfolgend ausgeführt wird, nicht vorhanden.

Damit stellt sich die Frage, ob sich konkrete rechtliche Vorgaben für das Benehmen des UBA im Wege der Auslegung aus dem LuftVG, der LuftVO, anderen einschlägigen Vorschriften oder aus allgemeinen Grundsätzen des Verwaltungsrechts oder des Verfassungsrechts herleiten lassen. Auch dies ist nur begrenzt der Fall, wie zu zeigen sein wird.

a) Luftverkehrsrecht

§ 32 LuftVG normiert lediglich das Benehmen des UBA als Voraussetzung für die Festlegung eines Flugverfahrens, trifft jedoch keine konkreten Aussagen über die Ausgestaltung des Verfahrens, den Zeitpunkt und die Rechtsverbindlichkeit des Benehmens des UBA. Um die rechtliche Relevanz des Benehmens des UBA einordnen und beurteilen zu können, bedarf es einer näheren inhaltlichen Bestimmung des Gehaltes der Benehmensregelung.

Hierzu bietet es sich zunächst an, vergleichend weitere im LuftVG geregelte Benehmensregelungen wie §§ 8 Abs. 2 Nr. 2, 10 Abs. 3, 12 Abs. 2 S. 3, 29 Abs. 1 S. 3, 32 Abs. 4 b S. 1 LuftVG heranzuziehen. Jedoch werden auch im Rahmen der dort geregelten Verfahrensbeteiligungen konkrete Vorgaben für die Rechtsqualität und den Verfahrensablauf der jeweiligen Benehmensregelung nicht gemacht. Ebenso befinden sich in der LuftVO keine Hinweise oder rechtliche Konkretisierungen im Hinblick auf das Benehmen. Die normativen Vorgaben des Luftverkehrsrechts konkretisieren mithin nicht näher, welche verfahrensrechtlichen oder materiellrechtlichen Vorgaben für die Erteilung des Benehmens maßgeblich sein sollen.

b) Sonstiges Fachrecht und allgemeines Verwaltungsrecht

Da die relevanten Luftverkehrsgesetze keinen Aufschluss über das nähere Verfahren einer Benehmensregelung oder deren Rechtsverbindlichkeit erteilen, stellt sich die Frage, ob auf gesetzliche Normierungen des Benehmens im allgemeinen Verwaltungsrecht oder im sonstigen Fachrecht zurückgegriffen werden kann, um aus diesen rechtliche Vorgaben für das Verfahren der Benehmenserteilung, die Verfahrensrechte der Benehmensbehörde oder die rechtliche Bedeutung des Benehmens herzuleiten.

Zwar ist das Benehmen sowohl im VwVfG als auch in weiteren Fachgesetzen[22] als Form der Verfahrensmitwirkung vorgesehen, doch enthalten auch diese Gesetze keine näheren Vorgaben zu Inhalt und Reichweite einer Benehmensregelung, so dass auch aus dem Wortlaut anderer Gesetze keine Rückschlüsse auf die Bedeutung des Benehmenserfordernisses des LuftVG gezogen werden können.

c) Historische Auslegung

Ansatzpunkte für eine nähere Bestimmung des Verfahrensablaufs und der rechtlichen Einordnung der Benehmensregelung des LuftVG für das UBA kann hingegen eine historische Auslegung geben, bei welcher die Entstehungsgeschichte der Benehmensregelung genauer betrachtet wird.

Das UBA ist seit 2007 an der Festlegung von Flugrouten beteiligt, indem Verordnungen, die von besonderer Bedeutung für den Schutz der Bevölkerung vor Fluglärm sind, im Benehmen mit dem Umweltbundesamt erlassen werden müssen, § 32 Abs. 3 S. 4 LuftVG. Diese Regelung wurde mit dem Gesetz zur Verbesserung des Schutzes vor Fluglärm in der Umgebung von Flugplätzen[23] in das LuftVG eingefügt.

Hintergrund der Neuregelung war die Tatsache, dass das Fluglärmgesetz veraltet war und nicht mehr den aktuellen Erkenntnissen der Lärmwirkungsforschung entsprach.[24] Daher war es erforderlich, dieses und auch die entsprechenden Vorschriften des LuftVG anzupassen,[25] um eine Berücksichtigung von Lärmschutzbelangen bei fluglärmrelevanten Entscheidungen zu erreichen.[26]

Die Gesetzesbegründung lautet dabei, dass durch die Ergänzung des § 32 Abs. 3 LuftVG „eine stärkere Berücksichtigung der Lärmschutzbelange bei der Festlegung der Flugstrecken und -verfahren erreicht (wird). Dazu wird festgelegt, dass diesbezügliche Rechtsverordnungen, die von besonderer Bedeutung für den Schutz der Bevölkerung vor Fluglärm sind, im Benehmen mit dem Umweltbundesamt erlassen werden." Weitere Hinweise darüber, wie durch das Benehmen des UBA die Lärmschutzbelange berücksichtigt werden sollen, finden sich in den Gesetzgebungsmaterialien nicht.

Aus der Gesetzesbegründung und dem Kontext seiner Entstehung lässt sich demnach nur ableiten, dass § 32 Abs. 3 LuftVG so zu verstehen ist, dass durch das Benehmen des UBA eine stärkere Berücksichtigung der Lärmschutzbelange erreicht werden soll.

---

[22] So sieht beispielsweise das BNatSchG in §§ 17 Abs. 1 und 2, 18 Abs. 3 und 4, 22 Abs. 5, 32 Abs. 1, 57 Abs. 1, 58 Abs. 1 eine Benehmensregelung vor; ebenso § 58 Abs. 1 OWiG, § 31 Abs. 2 SGB VI, § 29 Abs. 6 KrW-/AbfG.

[23] Vom 1.6.2007, BGBl. I, S. 986.

[24] BT-Drs. 16/3813, S. 1.

[25] BT-Drs. 16/3813, S. 2.

[26] BT-Drs. 16/508, S. 2, 14.

2009 wurden die Regelungen des LuftVG erneut im Hinblick auf die Festlegung von Flugrouten modifiziert. Grund waren europarechtliche Vorgaben, die eine Trennung zwischen Aufsichts- und Durchführungsaufgaben vorsahen. Aufgrund dieser wurde das BAF, das den Aufgabenbereich der Flugaufsicht vom Luftfahrtbundesamt übernommen hat, neu gegründet.[27] Infolge dieser Aufgabendelegation wurde zudem § 32 Abs. 4 S. 1 Nr. 8 LuftVG eingeführt, der eine spezielle Rechtsgrundlage für die Festlegung von Flugverfahren regelt.[28]

Dieser Änderung der Rechtslage entsprechend wurde eine speziell auf die Festlegung von Flugrouten bezogene Benehmensregelung in § 32 Abs. 4 c S. 2 LuftVG eingefügt, die anordnet, „Verordnungen nach Abs. 4 Satz 1 Nummer 8, die von besonderer Bedeutung für den Schutz der Bevölkerung vor Fluglärm sind, werden im Benehmen mit dem Umweltbundesamt" erlassen.[29]

Auch diesem Gesetzgebungsverfahren und dieser Gesetzgebungsbegründung lassen sich keine konkreten Aussagen zur Ausgestaltung der Benehmensregelung entnehmen. Bezüglich des Kontextes der neu eingeführten Regelungen des § 32 Abs. 4 S. 1 Nr. 8, Abs. 4 c S. 2 LuftVG wird darauf verwiesen, dass durch diese eine Aufgabenübertragung auf das BAF möglich sei.[30] Konkret auf das Benehmen des UBA bezogen, wird in der Gesetzesbegründung lediglich darauf hingewiesen, dass die Einführung dieser Regelung keine Änderung der Rechtslage mit sich bringe, da das Benehmen des UBA sich zuvor aus § 32 Abs. 3 S. 4 LuftVG ergeben habe.[31]

Vor diesem Hintergrund, insbesondere vor der Tatsache, dass die Gesetzesbegründung selbst auf die vorherige Rechtslage verweist, stellt sich die Frage, ob allein durch die Verfahrensbeteiligung des BAF anstelle des LBA unterschiedliche Maßstäbe für die Bedeutung des Benehmens des UBA anzuwenden sind. Da das BAF jedoch die Aufgaben des LBA bei der Festlegung der Flugverfahren übernimmt,[32] bestehen dafür keinerlei Anhaltspunkte.

Mangels näherer Ausführungen kann allenfalls auf den Gesamtkontext des Gesetzgebungsverfahrens abgestellt werden, um die Bedeutung und Stellung des UBA bei dem Erlass von Flugrouten zu ermitteln. Aufgrund des Stellenwertes des Lärmschutzes, der in der Gesetzesbegründung deutlich wird, ist davon auszugehen, dass dem Benehmen des UBA keine nur untergeordnete Bedeutung zukommt. Dies wird auch aus dem Gesamtkontext sowohl des Gesetzgebungsverfahrens 2007, als auch des Gesetzgebungsverfahrens 2009 ersichtlich. Bei beiden Verfahren ist eindeutige Zielsetzung der bessere Schutz der Bevölkerung vor Fluglärm.

---

[27] *Giemulla* (Fn. 15), 27 a LuftVO Rn. 1; BT-Drs. 16/11608, S. 13.

[28] BT-Drs. 16/11608, S. 7.

[29] BT-Drs. 16/11608, S. 8.

[30] BT-Drs. 16/11608, S. 18.

[31] BT-Drs. 16/11608, S. 18.

[32] BT-Drs. 16/11608, S. 1.

Wenn nun das UBA diejenige Stelle ist, die im Verfahren zur Festlegung von Flugrouten gerade dazu da ist, den Schutz der Bevölkerung vor Fluglärm zu sichern, kann davon ausgegangen werden, dass derjenigen Instanz, die gerade diesem Schutz gerecht werden soll, auch die entsprechenden Beteiligungsrechte einzuräumen sind. Nur so kann eine ausreichende Interessensvertretung gewährleistet werden. Gleichzeitig ist zu beachten, dass der Gesetzgeber, wenn er denn dem UBA eine umfassend zu verteidigende Rechtsposition hätte einräumen wollen, für dieses nicht nur ein Benehmens-, sondern auch ein Einvernehmenserfordernis hätte normieren können.

Insofern kann dem Regelungszusammenhang, in dem das Benehmen des UBA eingeführt wurde, nicht eindeutig entnommen werden, wie groß der Einfluss des UBA bei der Festlegung von Flugrouten sein soll. Eine Betrachtung der Gesetzgebungshistorie und des Gesetzgebungsverfahrens ist demnach nicht ausreichend, um die Benehmensregelung im Wege historischer Auslegung inhaltlich eindeutig ausgestalten zu können.

d) Literatur und Rechtsprechung

Aufgrund der unzureichenden Hinweise über Bedeutung, Intensität und Reichweite des Benehmens des UBA im Luftverkehrsrecht, sonstigen Fachrecht und den Gesetzgebungsmaterialien ist darauf abzustellen, inwieweit Literatur und Rechtsprechung Hinweise auf die Verfahrensbeteiligung des Benehmens geben können. Dabei kann und muss nicht nur auf Literatur und Rechtsprechung zum LuftVG, sondern ebenso zum allgemeinen und besonderen Verwaltungsrecht zurückgegriffen werden.

aa) Allgemeines

Den Erlass einer Maßnahme im Benehmen mit einer anderen Behörde bzw. Stelle sehen verschiedene Gesetze vor. Die entsprechende Literatur und Rechtsprechung differenzieren bei der Auslegung des Benehmens nicht nach den einzelnen Rechtsgebieten oder legen diese verschieden aus. Vielmehr verweisen sowohl Literatur als auch Rechtsprechung eines Fachgebiets auf Auslegung und Interpretation anderer Fachgebiete. Infolgedessen ist eine fachgebietsspezifische Auslegung des Benehmens weder zweckdienlich noch möglich, sondern es muss eine allgemeine Annäherung an den Begriff des Benehmens erfolgen.

Benehmen wird gemeinhin als Gelegenheit zur Stellungnahme einer betroffenen Behörde gegenüber der für ein Verfahren zuständigen Behörde verstanden.[33] Es ist als reines Verwaltungsinternum einzuordnen.[34] Eine klagefähige Rechtsposition be-

[33] *Kopp/Ramsauer*, Verwaltungsverfahrensgesetz Kommentar, 11. Aufl., München 2010, § 74 Rn. 166.

[34] Dies ergibt sich aus der Tatsache, dass auch das Einvernehmen als stärkere Beteiligungsform als reines Verwaltungsinterna einzuordnen ist, vgl. *Meiß et al.* (Hrsg.), Praxis der Kommunalverwaltung, Loseblatt, Wiesbaden Stand: April 2006, § 4 HWG L 11 4.1.

gründet Benehmen nur, wenn dies ausdrücklich in dem entsprechenden Gesetz normiert ist.[35]

Einigkeit besteht in Literatur und Rechtsprechung darüber, dass das Benehmen eine schwächere Beteiligungsform als ein Einvernehmen darstellt.[36] Denn wesentlich an der Regelung des Benehmens ist, dass im Gegensatz zu einem Einvernehmen einer Behörde keine Willensübereinstimmung der beteiligten Behörden erforderlich ist.[37]

Differenzierter sind die Auffassungen, inwieweit Benehmen sich von einem reinen Anhörungserfordernis unterscheidet. Teilweise wird vertreten, es sei zumindest mit der Anhörung gleichzustellen[38] und begründe ein Vortragsrecht für die betreffende Stelle.[39] Demnach wäre das Benehmen nicht von der Anhörung zu unterscheiden und würde auch keine weiteren Rechte begründen. An anderer Stelle wird betont, Benehmen stelle gerade mehr als ein bloßes Anhören oder in Erwägung ziehen dar.[40] Dieser Auffassung ähnlich wird Benehmen als Gelegenheit zur Stellungnahme mit dem Ziel der Verständigung ausgelegt.[41] Demnach ist dem Benehmen eine verbindlichere Stellung einzuräumen als einem reinen Anhörungserfordernis, da die Verständigung zumindest auf einen Dialog der anzuhörenden und der entscheidenden Behörde ausgerichtet ist.

Ebenfalls wird zur Auslegung des Benehmens ausgeführt, dass es neben einer Anhörung die Prüfung von Einwänden beinhalte, und diese gegebenenfalls bei der Entscheidungsfindung berücksichtig werden sollen.[42] Es bedeute, dass eine gesteigerte Berücksichtigungspflicht daraus ableitbar sei[43] und die entscheidende Behörde sich über begründete Bedenken der Benehmensbehörde nicht willkürlich hinwegsetzen darf und sich um Übereinstimmung bemühen muss.

---

[35] BVerwG, Urt. v. 29.4.1993, 7 A 2/92, Rn. 22.

[36] *Theobald/Werk*, in: Danner/Theobald (Hrsg.), Energierecht, Loseblatt, München Stand: September 2011, § 60 a EnWG Rn. 25; *Attendorn*, in: Geppert et al. (Hrsg.), Beck'scher TKG-Kommentar, 3. Aufl., München 2006, § 132 TKG Rn. 14; VG Gelsenkirchen, Beschl. v. 31.07.2008, 4 L 764/08 = BeckRS 2008, 39443.

[37] BVerwG, Urt. v. 31.10.2000, 11 VR 12.00 = NVwZ 2001, 90, 91.

[38] VG Gelsenkirchen, Beschl. v. 31.07.2008, 4 L 764/08 = BeckRS 2008, 39443.

[39] *Knopp*, in: Sieder/Zeitler/Dahme/Knopp, Wasserhaushaltsgesetz und Abwasserabgabengesetz, Loseblatt, München Stand: August 2011, § 1 b a.F. WHG Rn. 14; *Kropp*, in: Giesberts/Reinhardt (Hrsg.), Beck'scher Online-Kommentar Umweltrecht, Stand: 1.7.2011, § 29 KrW-/AbfG Rn. 59.

[40] *Fluck*, KrW-/AbfG, AbfVerbrG, EG-AbfVerbrVO, BBodSchG, Kommentar, Loseblatt, Heidelberg Stand: August 2011, § 29 KrW-/AbfG Rn. 456.

[41] *Attendorn*, in: Geppert et al. (Hrsg.), Beck'scher TKG-Kommentar, 3. Aufl., München 2006, § 132 TKG Rn. 14.

[42] *Knittel*, in: Wagner/Knittel (Hrsg.), Soziale Krankenversicherung, Pflegeversicherung, Loseblatt, München Stand: Juli 2011, § 110 SGB V Rn. 8; *Hansmann*, in: Landmann/Rohmer, Umweltrecht, Loseblatt, München Stand: Juli 2011, 12. BImSchV § 6 Rn. 15.

[43] *Theobald/Werk*, in: Danner/Theobald, Energierecht, Loseblatt, München Stand: Mai 2011, EnWG § 60 a Rn. 25.

Diese verschiedenen in Literatur und Rechtsprechung vertretenen Ansichten deuten darauf hin, dass Benehmen der Benehmensbehörde grundsätzlich eine stärkere Position einräumt als ein reines Anhörungsrecht. Es zeichnet sich ein weitgehender Konsens in Literatur und Rechtsprechung darüber ab, dass im Falle des Benehmens dieses Benehmen der Benehmensbehörde die Möglichkeit zur Abgabe einer Stellungnahme eröffnet, mit der sich die entscheidende Behörde auseinandersetzen muss und die nach Möglichkeit berücksichtigt werden soll.

bb) Partielle Beteiligtenstellung oder Anhörungsberechtigung

Weiteren Aufschluss über die Stellung des UBA bei der Festsetzung von Flugverfahren könnte darüber hinaus eine Berücksichtigung der Grundsätze des Verwaltungsverfahrensgesetzes bieten. Dieses unterscheidet, ob einer Behörde in einem konkreten Verwaltungsverfahren eine partielle Beteiligtenstellung zukommt oder ob sie nur anhörungsberechtigt ist.[44] Während Anhörungsberechtigten eher eine geringe Rechtsposition im Verwaltungsverfahren zukommt, stehen Beteiligten mit einer partiellen Beteiligtenstellung Rechte wie Akteneinsicht etc. eindeutig zu.

§ 13 VwVfG bestimmt die Beteiligten eines Verwaltungsverfahrens und bietet die Grundlage zur Abgrenzung derjenigen Stellen, denen lediglich ein Anhörungsrecht zu Teil wird. Von einer Beteiligtenstellung ist auszugehen, wenn die Beteiligung der Durchsetzung eigener Interessen bzw. eines eigenen Aufgabenbereichs dient, von einer reinen Anhörungsbefugnis ist auszugehen, wenn die Anhörung einer Behörde nur bezweckt, die erforderliche Sachkenntnis und somit eine breite Entscheidungsbasis für die letztendlich entscheidende Behörde zu schaffen.[45]

Betrachtet man die Beteiligung des UBA, so ist zu berücksichtigen, dass der Lärmschutz Teil des Fachgebietes gesundheitliche Belange des Umweltschutzes ist, welcher nach § 2 des Gesetzes über die Errichtung eines Umweltbundesamtes originäre Aufgabe des UBA ist. Wenn der Zweck der Benehmensregelung bei der Festlegung von Flugrouten sein soll, die Bevölkerung vor Fluglärm zu schützen, stellt sich die Frage, ob das Benehmen nicht als Durchsetzung eines eigenen Aufgabenbereichs zu verstehen ist und dem UBA bei der Festlegung von Flugrouten zumindest ein partieller Beteiligtenstatus eingeräumt wird.

Andererseits ist es fraglich, ob Lärmschutz gerade eine originäre Aufgabe des UBA ist, so dass diesem eine Beteiligtenstellung einzuräumen ist, oder ob es vielmehr darum geht, lediglich die Fachkenntnis des UBA in das Verfahren zum Erlass von Flugrouten einzubeziehen. Bei Betrachtung der höchstrichterlichen Rechtsprechung zeigt sich, dass das BVerwG das Benehmen als eine Form der Verfahrensbeteiligung einordnet und Sinn und Zweck des Benehmens sei, dem Ziel des Verfahrens

[44] Siehe dazu *Kopp/Ramsauer* (Fn 34), § 13 Rn. 55 f.

[45] *Ritgen*, in: Knack/Henneke (Hrsg.), VwVfG, Kommentar, 9. Aufl. Köln 2010, § 13 Rn. 24; siehe dazu *Kopp/Ramsauer* (Fn. 34), § 13 Rn. 55.

zu dienen.[46] Entsprechend der Rechtsprechung soll demnach durch das Benehmen gerade nicht eine eigene Rechtsposition durchgesetzt werden.

Darüber hinaus ist in dem konkreten Fall des Erlasses von Flugrouten zu beachten, dass das UBA sein Benehmen vor Erlass einer Rechtsverordnung abgibt. Nach § 9 VwVfG sind Verwaltungsverfahren jedoch nur diejenigen Verfahren, die auf die Prüfung, die Vorbereitung und den Erlass eines Verwaltungsaktes oder auf den Abschluss eines öffentlich-rechtlichen Vertrages gerichtet sind. Die Festlegung von Flugverfahren ist demnach kein Verwaltungsverfahren im Sinne des § 9 VwVfG. Insofern ist § 13 VwVfG nicht auf den vorliegen Fall anzuwenden und eine Ermittlung einer partiellen Beteiligtenstellung nach § 13 VwVfG kann im vorliegenden Fall keinen Aufschluss über die Rechte der Benehmensbehörde geben. Allenfalls wäre denkbar, die Grundsätze zum Verwaltungsverfahren entsprechend auf die Stellung des UBA anzuwenden. Doch kann, wie dargelegt, nicht von einer partiellen Beteiligtenstellung des UBA im Sinne des § 13 VwVfG ausgegangen werden, so dass auch bei entsprechender Anwendung aus der Vorschrift gerade keine besonderen Beteiligtenrechte abgeleitet werden können.

e) Teleologische und systematische Auslegung

Aufgrund der fehlenden normativen Ausgestaltung des Benehmenserfordernisses im Luftverkehrsrecht und anderen Gesetzen, der mangelnden Klarheit des Begriffes in der Literatur zum allgemeinen Verwaltungsrecht und Fachrecht sowie der nicht zufrieden stellenden historischen Auslegung ist es erforderlich, Sinn und Zweck der Beteiligung des UBA bei der Festlegung von Flugrouten näher zu untersuchen und aus diesen weitere Vorgaben für die Ausgestaltung der Benehmensregelung des LuftVG herzuleiten.

Die Tatsache, dass innerhalb der Norm des § 32 LuftVG auch ein Einvernehmenserfordernis beispielsweise in Abs. 1 mit dem Bundesministerium der Finanzen geregelt ist, zeigt, dass das Benehmen gerade nicht auf einen Konsens zwischen den verschiedenen Behörden gerichtet ist. Vielmehr geht aus der Differenzierung hervor, dass die Beteiligung des UBA durch das Benehmenserfordernis keine starke Beteiligungsform darstellen soll, insbesondere dass das UBA nicht die Möglichkeit haben soll, die Festlegung einer Flugroute zu verhindern. Ansonsten ist nicht ersichtlich, warum der Gesetzgeber ein Benehmen und nicht ein Einvernehmen normiert hat.

Für die Reichweite des Benehmens kann somit geschlussfolgert werden, dass der Gesetzgeber dem UBA und somit der Berücksichtigung des Lärmschutzes bei der Festlegung von Flugrouten keine Position einräumen wollte, vermittels derer das UBA seine Position gegenüber dem BAF zwingend durchsetzen könnte.

[46] BVerwG, Urt. v. 29.4.1993, 7 A 2/92, Rn. 22.

3. *Verfahrensrechte*

Es stellt sich die Frage, welche Verfahrensrechte sich aus der Position des UBA bei dem Erlass von Flugverfahren ableiten lassen. Relevant ist dabei insbesondere, ob das UBA einen Anspruch hat, zu einem bestimmten Zeitpunkt an dem Verfahren beteiligt zu werden, zu welchen Aspekten es befugt ist, Stellung zu nehmen, ob es ein Recht hat, keine Stellungnahme abzugeben und ob das Benehmen sonstigen Formvorschriften unterliegt.

a) Zeitpunkt der Beteiligung des UBA

Ob dem UBA ein Recht zukommt, zu einem bestimmten Zeitpunkt des Verfahrens zur Festlegung von Flugrouten beteiligt zu werden, ist mangels expliziter Regelung nicht eindeutig feststellbar. Unstreitig ist, dass das Benehmen spätestens im Zeitpunkt des Erlasses der Flugrouten vorliegen muss.[47] Dies gibt jedoch nur Aufschlüsse darüber, wann spätestens das Benehmen des UBA vorliegen muss, und regelt nicht, wann genau die Beteiligung stattfinden muss. Das Vorliegen des Benehmens spätestens im Zeitpunkt des Erlasses ist denklogisch erforderlich, da nur so die Flugroute im Benehmen erlassen werden kann und das Beteiligungsrecht ansonsten vollständig ausgehöhlt würde.

Damit das BAF bei seiner Entscheidung allerdings die Stellungnahme des UBA noch hinreichend würdigen kann, sich mit ihr inhaltlich auseinandersetzen, eventuell aufgrund der Stellungnahme des UBA erforderliche weitere Ermittlungen, Berechnungen und Prüfungen noch vornehmen und damit seine rechtliche Verpflichtung zur ernsthaften Auseinandersetzung mit den vom UBA vorgetragenen Aspekten erfüllen kann, ist rechtlich zwingend geboten, das UBA weit vor dem Zeitpunkt der Entscheidung des BAF an dem Verfahren zu beteiligen.

Diese Auslegung der Beteiligung des UBA begründet jedoch nicht das Recht, zu einem bestimmten vorgelagerten Zeitpunkt bereits in das Verfahren eingebunden zu werden. Vielmehr ist zu berücksichtigen, dass das Benehmen eine Stellungnahme sein soll, die sich auf die beabsichtigten Maßnahmen bezieht.[48] Daher ist es erforderlich, dass bereits feststeht, welche Maßnahme erlassen werden soll. Im konkreten Fall sollten demnach zumindest die in Frage kommenden Flugrouten bereits erarbeitet sein, damit sich das Benehmen des UBA auf diese beziehen kann. Dies bedeutet, dass eine Beteiligung des UBA vor Bestehen des Entwurfs nicht vorgesehen ist.

---

[47] OVG Lüneburg, Beschl. v. 24. 9. 2002, 7 MS 180/02 = NVwZ-RR 2003, 478, 479; *Bonk/Neumann*, in: Stelkens/Bonk/Sachs (Hrsg.), Verwaltungsverfahrensgesetz, 7. Aufl., München 2008, § 74 Rn. 243.

[48] *Hansmann*, in: Landmann/Rohmer, Umweltrecht, Loseblatt, München Stand: Juli 2011, 12. BImSchV § 6 Rn. 15.

b) Inhaltliche Reichweite des Benehmens

Wesentlich im Bereich der Verfahrensrechte des UBA ist, ob sich das UBA generell zu allen mit den Flugrouten in Verbindung stehenden Aspekten, wie Lärm, Sicherheit und Flüssigkeit des Flugverkehrs und Wirtschaftlichkeit äußern darf, oder ob das UBA auf bestimmte Gesichtspunkte bei seiner Stellungnahme beschränkt ist.

Der Wortlaut des § 32 Abs. 4 c LuftVG führt bezüglich für den Lärmschutz relevanter Gesichtspunkte zu einer unstreitigen Auslegung. § 32 Abs. 4 c S. 2 LuftVG sieht ausdrücklich bei der Festlegung einer Flugroute nach § 32 Abs. 4 S. 1 Nr. 8 LuftVG, die besondere Bedeutung für den Lärmschutz der Bevölkerung hat, ein Benehmen mit dem UBA vor. Damit legt schon der Wortlaut der Vorschrift fest, dass die Berücksichtigung des Schutzes der Bevölkerung vor Fluglärm zentrale und wesentliche eigene Aufgabe des UBA ist. Hieraus folgt eine Berechtigung des UBA, zu allen Aspekten des Schutzes der Bevölkerung vor Fluglärm, die aus einer beabsichtigten Flugroutenfestlegung folgen, seine Stellungnahme abzugeben, die berücksichtigt werden muss.

Weniger deutlich ist der Wortlaut bezüglich sonstiger Aspekte. Diese werden – im Gegensatz zum Lärmschutz der Bevölkerung – nicht entsprechend geregelt. Das UBA ist jedoch auch diesbezüglich zu einer Stellungnahme berechtigt. § 32 Abs. 4 c S. 2 LuftVG sieht vor, dass die Verordnungen nach § 32 Abs. 4 S. 1 Nr. 8 LuftVG insgesamt im Benehmen mit dem UBA erlassen werden. Das Benehmen wird vom Wortlaut nicht auf bestimmte Aspekte begrenzt. Aus diesem umfassenden Bezug des Benehmens erfolgt die Berechtigung des UBA, zu allen Gesichtspunkten Stellung zu nehmen, die für die Entscheidung über den Erlass der Flugverfahren relevant sind.

Stellt man auf Sinn und Zweck des Benehmens ab, führt dies ebenfalls zu keiner Einschränkung des Benehmens. Sinn und Zweck der Beteiligung des UBA ist es, die Bevölkerung vor Fluglärm zu schützen. Daher ist es zwingend erforderlich, dass das UBA zu allen für die Abwägung erforderlichen Aspekten Stellung nehmen kann. Dabei kann es auch erforderlich sein, auf in die Abwägung einzustellende Optimierungsgebote oder zwingendes Recht aufmerksam zu machen, die neben Lärmaspekten berücksichtigt werden müssen. Denn gegebenenfalls kann nur durch eine Bewertung auch sonstiger Abläufe bei der Festlegung von Flugverfahren eine vollumfassende Berücksichtigung des Lärmschutzes erreicht werden.

Das UBA kann sich demnach auf Umstände beziehen, die für die Abwägung erheblich sind, zudem kann durch das Benehmen auf zwingende Gebote oder Verbote des materiellen Rechts hingewiesen werden.[49]

Als Grundlage für die Stellungnahme des UBA bedarf es zudem einer umfänglichen Information des UBA durch das BAF bzw. die DFS. Dazu müssen vor der Stel-

---

[49] OVG Lüneburg, Beschl. v. 24.9.2002, 7 MS 180/02 = NVwZ-RR 2003, 478, 479; *Bonk/ Neumann* (Fn. 49), § 74 VwVfG Rn. 242.

lungnahme der Benehmensbehörde dieser die beabsichtigen Maßnahmen mitgeteilt werden.[50] Es müssen dem UBA alle entscheidungsrelevanten Daten, Unterlagen und Verfahrensakten zur Verfügung gestellt werden und ihm diese bei Unklarheiten, Widersprüchen oder Aufklärungsdefiziten entweder erläutert oder – auch zur Erfüllung der originär eigenen Aufgabe des BAF zur vollständigen Sachverhaltsaufklärung und Ermittlung der abwägungsrelevanten Umstände – eine in der Sache gebotene weitere Aufklärung geleistet werden.

Aufgrund der Tatsache, dass das Benehmen des UBA sich allerdings auf die geplante Rechtsverordnung beziehen soll, haben BAF und DFS keine über die Informationspflicht hinausgehenden Pflichten. Alle vom UBA angeforderten Informationen und Daten müssen sich zumindest mittelbar auf die geplante Maßnahme beziehen. Das UBA kann nicht fordern, dass bestimmte neue Flugrouten ausgearbeitet werden. Dies würde über die Informationspflicht, die gegenüber der Benehmensbehörde besteht, hinausgehen.

Aus dem Beteiligungsrecht des UBA, insbesondere aus der Bezogenheit der Stellungnahme auf die erlassene Maßnahme, folgt, dass eine erneute Beteiligung des UBA erforderlich ist, wenn die vorgesehene Rechtsverordnung vor Erlass wesentlich verändert wird. Denn der Wortlaut erfordert den Erlass der Rechtsverordnung im Benehmen mit dem UBA. Liegen jedoch wesentliche Änderungen nach Beteiligung des UBA als Benehmensbehörde vor, so ist die konkret erlassene Rechtsverordnung nicht mehr von dem ursprünglichen Benehmen gedeckt, es sei denn die wesentlichen Änderungen sind in Übereinstimmung mit dem Benehmen erfolgt. Kleinere Änderungen begründen hingegen kein erneutes Beteiligungsrecht des UBA.

Bezüglich der gerichtlichen Durchsetzung des Beteiligungsrechts des UBA ist zu beachten, dass höchstrichterliche Rechtsprechung vorliegt, die Benehmen generell als ein Verfahrensrecht einordnet, dem nur eingeschränkt materielle Rechte korrespondieren und das keine klagefähige Rechtsposition begründe, es sei denn dies sei ausdrücklich in dem entsprechenden Gesetz normiert.[51] Eine solche klagefähige Rechtsposition ist für das UBA im LuftVG nicht vorgesehen, so dass ein gerichtliches Vorgehen des UBA in Hinblick auf bestimmte Verfahrensunterlagen bzw. -vorgänge gegen das BAF oder die DFS ausscheidet.

c) Verweigerungsrecht des UBA

Ein Recht des UBA, als Benehmensbehörde keine Stellungnahme abzugeben und dadurch das Verfahren zu blockieren, besteht nicht.

Bei Betrachtung der in Literatur und Rechtsprechung entwickelten allgemeinen Definition des Benehmens als Möglichkeit zur Stellungnahme ist ein solches

---

[50] *Hansmann*, in: Landmann/Rohmer, Umweltrecht, Loseblatt, München Stand: Juli 2011, 12. BImSchV § 6 Rn. 15.

[51] BVerwG, Urt. v. 29.4.1993, 7 A 2/92, Rn. 22.

Recht abzulehnen. Die Verwendung des Begriffes Möglichkeit zeigt, dass dem UBA lediglich die Gelegenheit zur Stellungnahme einzuräumen ist. Eine Pflicht des BAF, so lange mit dem Erlass der Flugrouten zu warten, bis das UBA sein Benehmen erteilt hat, besteht nicht. Die Stellungnahme der Benehmensbehörde muss innerhalb einer angemessenen Frist erfolgen.[52] Diese muss dem UBA ausreichend Möglichkeit einräumen, sich mit dem konkreten Verfahren auseinanderzusetzen und die für seine Stellungnahme erforderliche Abwägung durchzuführen. Wie bereits dargelegt, gibt das LuftVG keinen Aufschluss darüber, was eine angemessene Frist ist. Sachgerecht erscheint, auf die Komplexität der Abwägungsentscheidung, zu der das UBA sein Benehmen erteilen soll, abzustellen und jeweils eine komplexitätsangemessene Frist für die Stellungnahme vorzusehen.

Sollte das UBA sich innerhalb dieser Frist nicht geäußert haben, ergibt die Tatsache, dass Benehmen lediglich eine Möglichkeit zur Stellungnahme einräumt, eine Berechtigung des BAF, die Flugroutenvorschläge dennoch zu erlassen. Ebenso wird auch in anderen Fachgesetzen das Benehmen nicht als Position, das Verfahren zu blockieren, gesehen.

Dem UBA steht somit ein Recht zu, eine angemessene Frist für seine Stellungnahmen in Anspruch zu nehmen. Gibt das UBA jedoch keine Stellungnahme ab, so kann das BAF das Verfahren fortsetzen.

d) Sonstige Formvorschriften

Bezüglich der Form des Benehmens besteht kein bestimmtes Formerfordernis, das eingehalten werden muss. In der Regel wird die Stellungnahme schriftlich erfolgen, kann jedoch, sofern die geltend gemachten Belange ausreichend deutlich werden, auch in sonstiger Form abgegeben werden.[53]

Für eine sinnvolle Auseinandersetzung ist jedoch eine schriftliche Stellungnahme zu empfehlen. Bei einer schriftlichen Stellungnahme kann sichergestellt werden, dass das BAF, welches sich mit den einzelnen Gesichtspunkten auseinandersetzen muss, diese auch vollständig zur Kenntnis nimmt und keine für die Abwägung relevanten Aspekte übersehen werden. Zudem erleichtert eine schriftliche Stellungnahme die Beweislast, falls Divergenzen bezüglich angesprochener Probleme auftreten.

4. Bindungswirkung der Entscheidung

Wesentlich an der Regelung des Benehmens ist, dass im Gegensatz zu einem Einvernehmen das BAF nicht an die Stellungnahme des UBA gebunden ist.[54] Gleichzeitig kann jedoch auch nicht davon ausgegangen werden, dass das BAF sich in jedem

---

[52] OVG Lüneburg, Beschl. v. 24.9.2002, 7 MS 180/02 = NVwZ-RR 2003, 478, 479.

[53] *Bonk/Neumann* (Fn. 49), § 74 VwVfG Rn. 241.

[54] BVerwG, Beschl. v. 31.10.2000, 11 VR 12/00 = NVwZ 2001, 90, 91.

Fall über das Benehmen des UBA hinwegsetzen kann. Denn eine solche Auslegung des Benehmens würde unweigerlich dazu führen, dass der Unterschied zwischen einem Benehmens- und einem Anhörungserfordernis verschwimmen würde.

Vielmehr ist die Bindungswirkung des Benehmens so zu verstehen, dass die entscheidende Stelle sich bemühen muss, die Einwendungen und Stellungnahmen des Benehmens zu berücksichtigen.[55] Diese müssen in hervorgehobener Weise beachtet werden.[56] Aus sachlichen Gründen kann jedoch gegen das Vorbringen der Benehmensbehörde entschieden werden.[57]

Diese begrenzte Bindungswirkung kann allerdings nicht für alle im Rahmen des Benehmens geltend gemachten Aspekte angeführt werden. Vielmehr ist nach der Rechtsprechung zu unterscheiden, ob hinter den geltend gemachten Belangen zwingende Gebote oder Verbote des materiellen Rechts oder nur Optimierungsgebote stehen.[58] Während die erläuterte nur eingeschränkte Bindungswirkung des Benehmens für Optimierungsgebote gilt, müssen Ge- und Verbote des zwingenden Rechts, die von der Benehmensbehörde geltend gemacht werden, unstreitig von der entscheidenden Behörde beachtet werden.

Diese Differenzierung ist zwingend. Jedoch ergibt sich die Bindungswirkung an die im Benehmen geltend gemachten Verstöße gegen zwingendes Recht nicht aus der Stellung der Benehmensbehörde bzw. der Rechtsnatur des Benehmens, sondern direkt aus dem zwingenden Recht.

Bei Anwendung dieser Gesichtspunkte auf das Benehmen des UBA in der konkreten Rechtsbeziehung zwischen UBA und BAF lässt sich für die Bindungswirkung des Benehmens des UBA schlussfolgern, dass das BAF nicht an die im Benehmen des UBA geäußerten Aspekte gebunden ist. Das BAF steht jedoch in der Pflicht, die in der Stellungnahme geltend gemachten Kritikpunkte insoweit zu beachten, als es sich mit diesen vor Erlass der Flugverfahren auseinander setzen muss und sich über die geäußerte Kritik nicht ohne sachlichen Grund hinwegsetzen darf.

Dieses Ergebnis ist auch nach Sinn und Zweck der Beteiligung des UBA zwingend geboten. Das UBA soll in dem Verfahren zur Festlegung von Flugrouten die Berücksichtigung des Lärmschutzes der Bevölkerung sicherstellen. Ein vergleichender Blick in § 32 Abs. 1 LuftVG zeigt dabei jedoch, dass der Gesetzgeber dem UBA gerade nicht die deutlich stärkere Position des Einvernehmens einräumen wollte und von der Norm eindeutig zwischen Einvernehmen und Benehmen unterschieden wird. Das UBA soll somit zwar unstreitig an dem Verfahren beteiligt werden, ihm soll je-

---

[55] Vgl. *Stüer*, in: ders., Bau- und Fachplanungsrecht, 4. Aufl., München 2009, E. Fachplanung Rn. 3354.

[56] *Paetow*, in: Kunig/Paetow/Versteyl (Hrsg.), KrW-/AbfG Kommentar, 2. Aufl., München 2003, § 29 Rn. 57.

[57] *Kropp*, in: Giesberts/Reinhardt, Beck OK Umweltrecht, Stand: 1.7.2011, § 29 KrW-/AbfG Rn. 59, m.w.N.

[58] OVG Lüneburg, Beschl. v. 24.9.2002, 7 MS 180/02 = NVwZ-RR 2003, 478, 479.

doch nicht die Position eingeräumt werden, den Erlass der Flugverfahren verhindern zu können. Gleichzeitig kann das UBA jedoch mit dem Benehmen sicherstellen, dass zwingendes Recht eingehalten wird, da das BAF sich, vorausgesetzt das UBA weist auf einen solchen Verstoß hin, nicht über zwingende Ge- und Verbote hinwegsetzen darf.

IV. Zusammenfassung/Ausblick

Die soeben dargelegten Überlegungen zeigen die aus der fehlenden gesetzlichen Normierung resultierenden Probleme bezüglich des Benehmens des Umweltbundesamtes bei der Festlegung von Flugrouten auf. Zwar kann durch die teleologische Auslegung des § 32 Abs. 4 c S. 2 LuftVG i.V.m. § 32 Abs. 4 Nr. 8 LuftVG die Rechtstellung des Umweltbundesamtes ungefähr bestimmt und eingegrenzt werden, doch ergeben sich aus dieser Auslegung keine klar bestimmbaren Verfahrensabläufe, insbesondere lässt sich keine eindeutige Rechtsposition des Umweltbundesamtes herleiten.

Deutlich geht aus der momentanen gesetzlichen Ausgestaltung die begrenzte Möglichkeit der Einflussnahme des Umweltbundesamtes bei der Festlegung von Flugrouten hervor. Diese ist vergleichbar mit einer gutachterlichen Stellungnahme zum Schutz der Bevölkerung vor Fluglärm und räumt dem Umweltbundesamt dementsprechend kaum Verfahrensrechte ein. Ein effektiver Lärmschutz der Bevölkerung ist daher gegenwärtig durch das UBA nicht gewährleistet. In Hinblick auf die Schutzpflicht des Staates und die zunehmende Bedeutung des Lärmes als gesundheitsschädigender Faktor scheint eine gesetzliche Neuerung erforderlich, um die Position des Umweltbundesamtes zu stärken und somit gleichzeitig die effizientere Durchsetzung von Lärmschutzinteressen bei der Festlegung von Flugrouten zu gewährleisten. Sinnvoll ist eine klare gesetzliche Bestimmung in Hinblick auf den Zeitpunkt der Beteiligung und die Rechte des Umweltbundesamtes, Unterlagen von den beteiligten Stellen einzufordern sowie Untersuchungen einzuleiten. Ob eine gesetzliche Neugestaltung auch dahin führen sollte, künftig statt des aktuell vorgesehenen Benehmens des Umweltbundesamtes sein Einvernehmen vorzusehen, erscheint vor dem Hintergrund der staatlichen Schutzpflicht für Leben und Gesundheit der Bevölkerung, der zunehmenden Erkenntnisse der Lärmwirkungsforschung und der ganz erheblichen Gesundheitsgefahren des Fluglärms auch als verstärkte Verwirklichung von Grundrechtsschutz durch Verfahrensgestaltung jedenfalls nicht fernliegend.

Die Reduktion von Abgasen und Treibhausgasemissionen in der Seeschifffahrt

Von *Doris König*

Mit Hans-Joachim Koch verbindet mich insbesondere die gemeinsame wissenschaftliche Leitung der beiden Internationalen Umweltrechtstage 2011[1] und 2013 in Hamburg. Auf beiden Konferenzen ging es sowohl um Klimaschutz als auch um den Schutz der Meere. Die Zusammenarbeit mit dem Jubilar war hervorragend und ich habe sehr viel von ihm gelernt, wofür ich ihm mit diesem kleinen Beitrag noch einmal danken möchte. Das Thema meines Beitrags verbindet die Belange des Klimaschutzes mit dem Meeresschutz und geht der Frage nach, ob nach jahrelangen Diskussionen im Rahmen der Internationalen Seeschifffahrtsorganisation (IMO) und in der Europäischen Union in absehbarer Zeit neue Regelungen zur Reduktion des Treibhausgasausstoßes durch die Seeschifffahrt zu erwarten sind.

I. Klimaschutz und Meeresschutz – zwei Seiten einer Medaille

Bisher gibt es weder auf internationaler noch auf europäischer Ebene eine Regelung, die – über technische und betriebliche Maßnahmen hinausgehend – auf wirtschaftliche Anreize für eine spürbare Verringerung der Treibhausgasemissionen (im Folgenden: THG-Emissionen) durch Seeschiffe setzt. Dabei geht es vorrangig um den Ausstoß von CO_2-Emissionen, die nach nunmehr gesicherter wissenschaftlicher Erkenntnis maßgeblich zur Erderwärmung und dem damit verbundenen Klimawandel beitragen.[2] In dem im Herbst 2013 veröffentlichten Fünften Sachstandsbericht des *International Panel on Climate Change* (IPCC) ist festgestellt worden, dass die atmosphärischen CO_2-Konzentrationen seit der vorindustriellen Zeit, also seit 1750, um 40 % angestiegen sind und dass darin der größte Beitrag zum gesamten anthropogenen Strahlungsantrieb liegt.[3] Bei fast ungebremsten Emissionen ist ein Temperaturanstieg von bis zu 4,8 °C bis zum Ende dieses Jahrhunderts zu befürch-

[1] Die Tagungsbeiträge sind veröffentlicht in H.-J. Koch/D. König/J. Sanden/R. Verheyen (Hrsg.), Climate Change and Environmental Hazards Related to Shipping, 2013.

[2] Vgl. *Messner* et al., The Budget Approach – A Framework for a Global Transformation towards a Low Carbon Economy, 13, 14 f. m.w.N.

[3] IPCC, Approved Summary for Policymakers, 36th Session, Stockholm, 26. Sept. 2013, IPCC-XXXVI/Doc. 3, S. 7 f.

ten.[4] Eine fortschreitende Erderwärmung führt bekanntermaßen zu einer ganzen Reihe negativer Konsequenzen, die in dem IPCC-Bericht näher dargestellt werden. So werden beispielsweise sowohl Wetterextreme wie Hitzewellen, Starkniederschläge und Stürme zunehmen als auch Gletscher, insbesondere die Eiskappen der Pole, abschmelzen, was einen erheblichen Anstieg des Meeresspiegels zur Folge haben wird. Die Ozeane werden sich weiter erwärmen, was zu einer Veränderung der Wasserzirkulation führt, die wiederum das Klima maßgeblich beeinflusst. Zudem werden die Ozeane zusätzliches CO_2 speichern, wodurch die Versauerung des Meerwassers weiter zunimmt. Damit verbunden sind negative Folgen für die Lebewesen im Meer, insbesondere für Korallen.[5] Schon dieser kurze Überblick zeigt, wie eng Klima- und Meeresschutz miteinander verflochten sind, und dass es zu zahlreichen Wechselwirkungen kommt.[6]

Der IPCC-Bericht kommt zu dem Ergebnis, dass nur noch mit sehr weitreichenden Klimaschutzmaßnahmen die Möglichkeit besteht, das von den Vertragsstaaten der UN-Klimaschutzkonvention (im Folgenden UNFCCC) auf ihrer Konferenz in Cancún beschlossene Ziel[7] zu erreichen, die globale Erwärmung unterhalb von 2 °C gegenüber dem vorindustriellen Niveau zu begrenzen.[8] Auch wenn der politische Wille zur Erreichung dieses Ziels nicht (mehr) vorhanden sein sollte, ist klar, dass die Folgen des Klimawandels zumindest so weit wie möglich abzumildern und deshalb substantielle und nachhaltige Maßnahmen zur Reduktion von THG-Emissionen unerlässlich sind.[9] Dies gilt auch für die Seeschifffahrt, selbst wenn sie – ebenso wie der Luftverkehr – nicht in das Kyoto-Protokoll von 1997 einbezogen worden ist. Vielmehr ist das Aushandeln von Reduktionsmaßnahmen für den Luftverkehr der Internationalen Zivilen Luftfahrtorganisation (ICAO) und für den Seeverkehr der Internationalen Seeschifffahrtsorganisation (IMO) überantwortet worden.[10]

---

[4] A.a.O., S. 15, 25.

[5] Einen guten Überblick gibt die Zusammenfassung der Kernbotschaften des Fünften IPCC-Sachstandsberichts, herausgegeben vom Bundesministerium für Umwelt, Naturschutz und Reaktorsicherheit, dem Bundesministerium für Bildung und Forschung, dem Umweltbundesamt und der Deutschen IPCC-Koordinierungsstelle, abrufbar unter: http://www.de-ipcc.de/_media/IPCC_AR5_WGI_Kernbotschaften_20131008.pdf (alle Webnachweise zuletzt aufgerufen am 15.04.2014).

[6] Vgl. dazu *Latif*, The Impact of Global Warming on the Oceans, in: Koch et al. (Hrsg.), Climate Change and Environmental Hazards Related to Shipping, (Fn. 1), S. 179 ff., und *Flasbarth*, Use and Protection of the Seas in Times of Climate Change, S. 193 ff.

[7] Report of the Conference of the Parties on its sixteenth session, Decision 1/CP 16, UN Doc. FCCC/CP/2010/7/Add.1 vom 15. März 2011, I. 4., S. 3.

[8] A.a.O., S. 1.

[9] IPCC, AR5 (Fn. 3), S. 14.

[10] In Art. 2 Abs. 2 des Kyoto-Protokolls heißt es: „... the Parties included in Annex I [die zur Reduktion verpflichteten Industriestaaten, die Verf.] shall pursue limitation or reduction of emissions of greenhouse gases ... from aviation and marine bunker fuels, working through the International Civil Aviation Organization and the International Maritime Organization, respectively.“

II. Ein erster Schritt: Regelungen zur Bekämpfung der Luftverschmutzung durch Schiffsabgase

Im Rahmen der IMO wird – wie auch in der Europäischen Union – zwischen Regelungen zur Bekämpfung der Luftverschmutzung durch Schiffe und Regelungen zur Reduktion von THG-Emissionen unterschieden. Allerdings machen wissenschaftliche Studien deutlich, dass es eine Wechselwirkung zwischen Luftschadstoffen, die zu einem Abkühlungseffekt führen, und THG-Emissionen gibt, was für die Zukunft eine integrierte Herangehensweise am erfolgversprechendsten erscheinen lässt, um einen Zielkonflikt zu vermeiden.[11]

In Bezug auf die Bekämpfung der Luftverschmutzung durch Schiffsabgase hat die IMO in den letzten 15 Jahren bereits eine Reihe substantieller Regelungen erlassen. Nach kontroversen Verhandlungen gelang es 1997, in der neuen Anlage VI zum Internationalen Übereinkommen zur Verhütung der Meeresverschmutzung durch Schiffe von 1973/78 (MARPOL)[12] Vorschriften zur Verringerung des Ausstoßes schädlicher Gase bzw. Stoffe zu verabschieden. Als die Luftverschmutzungsanlage im Mai 2005 endlich in Kraft trat[13], waren ihre Regelungen wegen des zwischenzeitlichen technologischen Fortschritts teilweise schon wieder veraltet. Deshalb wurden im Meeresumweltschutzausschuss der IMO (Marine Environment Protection Committee – MEPC) neue und strengere Vorschriften ausgearbeitet, die im Oktober 2008 verabschiedet und im Wege des vereinfachten Vertragsänderungsverfahrens bereits am 1. Juli 2010 für alle Vertragsstaaten der Anlage VI in Kraft getreten sind.[14]

Die Regelungen der Anlage VI MARPOL beziehen sich auf ozonschädliche Stoffe (Regel 12), die insbesondere in Klima- und Kühlanlagen sowie Feuerlöschausrüstungen vorkommen; Stickoxide (Regel 13), die bei dem Betrieb von Schiffsmotoren ausgestoßen werden; Schwefeloxide und Feinstaub (Regel 14), die bei der Verbrennung von Treibstoff, insbesondere Schweröl, entstehen; flüchtige Kohlenwasserstoffe (volatile organic compounds – VOCs; Regel 15), die beim Be- und Entladen von Öltankern entstehen, und Emissionen, die bei der Verbrennung von Abfällen an Bord freigesetzt werden (Regel 16). Zudem wird die Kontrolle der Qualität von Schiffstreibstoffen detailliert geregelt (Regel 18). Die für die Schifffahrtsindustrie wohl einschneidendsten dieser Regelungen betreffen die Verringerung des Ausstoßes von Stickoxiden (NOx) und Schwefeloxiden (SOx). In einem Drei-Stufen-System, das

---

[11] Vgl. European Environment Agency, EEA Technical Report 4/2013, The impact of international shipping on European air quality and climate forcing, insb. Kap. 6, S. 50 ff., abrufbar unter: http://www.eea.europa.eu/publications/the-impact-of-international-shipping.

[12] BGBl. 1982 II S. 4.

[13] Um in Kraft treten zu können, bedurfte es der Ratifikation durch 15 Staaten, deren Handelsflotten zusammengenommen nicht weniger als 50 % der Welthandelsflottentonnage auf sich vereinigen, Art. 16 Abs. 5 i. V. m. Art. 15 Abs. 2 MARPOL. Zurzeit ist Anlage VI für 75 Staaten rechtsverbindlich, die über 94 % der weltweiten Schiffstonnage verkörpern (Stand 07. 04. 2014).

[14] Art. 16 Abs. 2 lit. f) (ii) und (iii) MARPOL.

nach dem Zeitpunkt des Einbaus der Maschine (Stufe I: 2000–2010; Stufe II: 2011–2015; Stufe III: nach dem 1. Januar 2016[15]) gestaffelt ist, soll unter anderem durch Veränderungen der Schiffsmotoren und weitere technologische Neuerungen der Ausstoß von Stickoxiden erheblich reduziert werden.[16] Die Verringerung des Ausstoßes von Schwefeloxiden hängt von der Qualität des Schiffstreibstoffs ab. Seit dem 1. Januar 2012 darf der Schwefelgehalt des Schiffsdiesels (heavy fuel oil) 3,5 % (vorher: 4,5 %) nicht übersteigen (Regel 14.1.2.). Dies stellt für die Schifffahrtsindustrie noch kein Problem dar, weil der durchschnittliche Schwefelgehalt zurzeit ohnehin nur ca. 2,7 % beträgt.[17] Bis zum 1. Januar 2020 muss der Schwefelgehalt allerdings erheblich, nämlich auf 0,5 %, reduziert werden. Sollte sich bis Ende 2018 herausstellen, dass auf dem Markt noch nicht genügend schwefelarmer Treibstoff zur Verfügung steht, kann dieser Zeitpunkt allerdings um weitere 5 Jahre hinausgeschoben werden (Regel 14.10).

Zudem ist die Einrichtung regionaler Emissionskontrollgebiete (Emission Control Areas – ECAs) vorgesehen, in denen der Schwefelgehalt bereits heute substantiell niedriger sein muss. Seit dem 1. Januar 2010 darf er dort nur noch 1 % (vorher: 1,5 %) betragen und muss bis zum 1. Januar 2015 nochmals auf 0,1 % reduziert werden (Regel 14.4.). Diese Reduktionen lassen sich nur erreichen, wenn entweder in Abgasreinigungsanlagen investiert oder teurer schwefelarmer Treibstoff (distillate fuels) oder Flüssigerdgas (Liquefied Natural Gas – LNG) verwendet wird.[18] Zurzeit sind weltweit vier Emissionskontrollgebiete ausgewiesen: die Ostsee (seit 2006), die Nordsee und der Englische Kanal (seit 2007), das Nordamerikanische Emissionskontrollgebiet, das die 200-Seemeilen-Zonen der USA und Kanadas umfasst (seit 2012), und das „U.S. Caribbean Sea ECA" (seit dem 1. Januar 2014).[19] Damit sind bereits heute wichtige internationale Handelsschifffahrtsrouten erfasst, was zur Folge hat,

---

[15] Die Anforderungen der Stufe III beziehen sich nur auf NOx-Emissionskontrollgebiete. Auf der 65. Sitzung des MEPC im Mai 2013 wurde zwar mit einfacher Mehrheit beschlossen, den Beginn um 5 Jahre auf 2021 zu verschieben, auf der 66. Sitzung des MEPC im Frühjahr 2014 aber nur für Yachten bis 500 t übernommen, siehe Lloyd's Register Briefing Note – MEPC Summary Report, April 2014, S. 4.

[16] *Proelß/O'Brien*, Völker- und Europarechtliche Anforderungen an Abgasemissionen von Seeschiffen, NordÖR 2011, 97 ff., 101 f.: Verglichen mit Stufe I zielt Stufe III auf eine Reduzierung um 80 % ab.

[17] IMO, Second IMO GHG Study 2009, Ziff. 1.23, abrufbar unter: http://www.imo.org/blast/blastDataHelper.asp?data_id=27795&filename=GHGStudyFINAL.pdf. Zur Umsetzung dieser Regel gab MEPC 66 eine Studie zur Verfügbarkeit von schwefelarmem Treibstoff in Auftrag, siehe Lloyd's Register (Fn. 15), S. 5.

[18] Vgl. dazu Commission Staff Working Paper „Pollutant Emission Reduction from Maritime Transport and the Sustainable Waterborne Transport Toolbox", SEC(2011) 1052 final, vom 16.9.2011, S. 2 f.

[19] Siehe zu ausgewiesenen Gebieten unter MARPOL http://www.imo.org/OurWork/Environment/PollutionPrevention/SpecialAreasUnderMARPOL/Pages/Default.aspx. Speziell zu den nordamerikanischen ECA siehe auch *Hildreth/Trobitt*, International Treaties and U.S. Laws as Tools to Regulate the Greenhouse Gas Emissions from Ships and Ports, in: van Dyke et al. (Hrsg.), Governing Ocean Resources, 2013, S. 461, 476 ff.

dass alle Handelsschiffe, die Häfen in diesen Gebieten anlaufen bzw. diese Gebiete durchfahren, den strengen Anforderungen an den Schwefeloxidausstoß entsprechen müssen. Dies wird zu einer vor allem in den betroffenen Küstengebieten und Häfen spürbaren Verbesserung der Luftqualität beitragen.

Die Europäische Union hat die im Rahmen der IMO beschlossenen Regelungen zur Bekämpfung der Luftverschmutzung durch Schiffsabgase im Wesentlichen in drei Richtlinien umgesetzt: den Richtlinien 1999/32 EG[20], 2005/33/EG[21] und 2012/33/EU[22]. Durch die beiden erstgenannten Richtlinien sind alle Mitgliedstaaten verpflichtet worden, Anlage VI MARPOL – unabhängig davon, ob sie diese bereits ratifiziert hatten oder nicht – in nationales Recht umzusetzen. Außerdem wurde festgelegt, dass alle Schiffe, die Häfen der EU anlaufen, während der Liegezeit nur Treibstoffe mit einem Schwefelgehalt von weniger als 0,1 % verwenden dürfen.[23] Diese Regelung trat bereits am 1. Januar 2010 in Kraft. Mit der Richtlinie 2012/33/EU werden die im Jahr 2008 von der IMO beschlossenen Änderungen der Anlage VI MARPOL in das Unionsrecht übernommen. Zusätzlich müssen die Mitgliedstaaten sicherstellen, dass regelmäßig in ihren Häfen verkehrende Fähren selbst dann, wenn der Mindestgehalt von 3,5 % Schwefelgehalt nach der in Anlage VI vorgesehenen Überprüfungsklausel noch bis 2025 beibehalten werden sollte, ab dem 1. Januar 2020 nur noch Schiffskraftstoffe mit einem Schwefelgehalt von 1,5 % verwenden dürfen.[24] Außerdem können die Mitgliedstaaten Versuche mit neuen emissionsmindernden Techniken genehmigen[25] und die landseitige Stromversorgung der Schiffe in den Häfen fördern und ausbauen.[26] Zudem dürfen sie die von der Richtlinie betroffenen Wirtschaftsteilnehmer subventionieren.[27] Die Mitgliedstaaten sind verpflichtet, diese Richtlinie bis zum 18. Juni 2014 umzusetzen. Damit steht das Unionsrecht wieder im Einklang mit den MARPOL-Regelungen und geht in Bezug auf den Schwefelausstoß während der Liegezeit in EU-Häfen und auf Fähren im Linienverkehr sogar darüber hinaus. Positiv hervorzuheben ist, dass in der EU die Entwicklung und Erprobung neuer emissionsmindernder Technologien und die landseitige Strom-

---

[20] Richtlinie 1999/32/EG des Rates vom 26. April 1999 über eine Verringerung des Schwefelgehalts bestimmter flüssiger Kraft- oder Brennstoffe und zur Änderung der Richtlinie 93/12/EWG, ABl. L 121 vom 11.5.1999, S. 13.

[21] Richtlinie 2005/33/EG des Europäischen Parlaments und des Rates vom 6. Juli 2005 zur Änderung der Richtlinie 1999/32/EG hinsichtlich des Schwefelgehalts von Schiffskraftstoffen, ABl. L 191 vom 22.7.2005, S. 59.

[22] Richtlinie 2012/33/EU des Europäischen Parlaments und des Rates vom 21. November 2012 zur Änderung der Richtlinie 1999/32/EG des Rates hinsichtlich des Schwefelgehalts von Schiffskraftstoffen, ABl. L 327 vom 27.11.2012, S. 1.

[23] Art. 4 b RL 1999/32/EG in der Fassung der RL 2005/33/EG.

[24] Art. 4 a Abs. 4 RL 2012/33/EU.

[25] Art. 4 e RL 2012/33/EU.

[26] Art. 4 c Abs. 2a RL 2012/33/EU.

[27] Art. 4 f RL 2012/33/EU.

versorgung in Häfen finanziell gefördert und administrativ unterstützt werden sollen.[28]

III. Der zweite Schritt – Regelungen zur Verminderung von Treibhausgasemissionen

Die Ausarbeitung von Regelungen zur Absenkung der THG-Emissionen in der Seeschifffahrt gestaltet sich ungleich schwieriger als diejenige in Bezug auf Luftschadstoffe. Hierfür lassen sich verschiedene Gründe anführen: Erstens war und ist es nicht einfach, die notwendigen technischen Maßstäbe zu entwickeln, um die Energieeffizienz von Schiffen unterschiedlichster Art zu berechnen und miteinander zu vergleichen. Zweitens ist die Herausforderung, neue Technologien für Antriebe zu finden, die keine oder nur geringe CO_2-Emissionen verursachen, groß, weil deren Einsatz mit einer Umstellung von kohlenstoffhaltigen Schiffskraftstoffen auf alternative Energieträger einhergehen muss. Dies wird erhebliche Veränderungen für die gesamte Schifffahrtsindustrie mit sich bringen und vermutlich zu steigenden Kosten bei Schiffseignern und -betreibern führen (die allerdings angesichts steigender Preise für Schiffskraftstoffe langfristig zumindest zum Teil wieder ausgeglichen werden könnten). Drittens gestaltet sich die Suche nach wirksamen Regelungen schwierig, weil neben technischen Lösungen auch flankierende marktbasierte Maßnahmen (market based measures – MBMs) vereinbart werden sollen, die den Verbrauch von Energie nochmals verteuern. Viertens schließlich handelt es sich um einen politisch sensiblen Bereich, weil die Aktivitäten auf der Ebene von IMO und EU durch wechselseitige Auswirkungen eng mit den globalen Klimaschutzverhandlungen im Rahmen der UNFCCC verbunden sind. Auch wenn die Vertragsstaaten der UNFCCC die Regelung von THG-Emissionen aus der Seeschifffahrt der IMO zugewiesen haben, so besteht dennoch die Erwartung, dass die mittels marktbasierter Maßnahmen aus dem Luft- und Seeverkehr erzielten Einnahmen für die Finanzierung von Vermeidungs- und Anpassungsmaßnahmen in den Entwicklungsländern herangezogen werden können.[29]

1. Maßnahmen im Rahmen der IMO

Im Rahmen der IMO werden bereits seit 1997 Verhandlungen zur Reduktion von Treibhausgasen aus der Schifffahrt geführt. In der zweiten von der IMO durchgeführten Studie zu THG-Emissionen aus dem Jahr 2009, die demnächst aktualisiert werden soll, ist der Anteil der Seeschifffahrt am globalen Gesamtausstoß von CO_2-Emissionen im Jahr 2007 auf 2,7 % geschätzt worden.[30] Im Hinblick auf Reduktionsmaß-

---

[28] Ziff. 24 ff. der Präambel.

[29] Dazu näher *König*, Global and Regional Approaches to Ship Air Emissions Regulation: The International Maritime Organization and the European Union, in: Scheiber/Paik (Hrsg.), Regions, Institutions, and Law of the Sea, 2013, S. 317 ff., 322 f., m.w.N.

[30] IMO, GHG Study 2009 (Fn. 18), Ziff. 1.10 und Graphik 1.1; neuere Schätzungen zeigen allerdings einen Emissionsanstieg um 9 % zwischen 2009 und 2010, vgl. *Kalli* et al., Atmospheric emissions of European SECA shipping: long-term projections, WMU Journal of

nahmen sieht die Studie drei nebeneinander anwendbare Optionen vor: (1) technische Maßnahmen, die sich primär auf Design und Konstruktion der Schiffe beziehen, (2) betriebliche Maßnahmen wie beispielsweise Verbesserungen in der Logistikkette, beim Schiffsmanagement und beim Kraftstoffverbrauch etwa durch „slow steaming", sowie (3) marktbasierte Maßnahmen wie die Errichtung eines Emissionshandelssystems oder eines internationalen Emissionsfonds.[31] Nach langen, schwierigen Diskussionen ist es 2011 gelungen, eine technische Maßnahme, den Energieeffizienzdesign-Index (Energy Efficiency Design Index – EEDI) für neue Schiffe über 400 Bruttoregistertonnen, und eine betriebliche Maßnahme, den schiffsspezifischen Energieeffizienz-Managementplan (Ship Energy Efficiency Management Plan – SEEMP) für alle bereits vorhandenen Schiffe über 400 Bruttoregistertonnen, zu verabschieden.[32] Beide Maßnahmen sind in einem neuen Kapitel 4 in Anlage VI MARPOL inkorporiert worden und am 1. Januar 2013 in Kraft getreten. Zurzeit werden Schiffstypen wie z. B. Öl- und Gastanker sowie Fracht- und Containerschiffe erfasst, die für ca. 70 % des Treibhausgasausstoßes der Welthandelsflotte verantwortlich sind.[33] Grundlage der Berechnung des EEDI für jedes von Kapitel 4 erfasste Schiff, das nach dem o. a. Datum gebaut bzw. nach dem 1. Juli 2015 übergeben wird, ist die Energie (die Kraftstoffmenge), die aufgebracht werden muss, um eine Tonne Fracht eine Seemeile weit zu transportieren. Vorgegeben wird ein bestimmter Energieeffizienzindex, den das neugebaute Schiff einhalten muss. Erreicht werden kann dies durch die Nutzung bereits vorhandener energieeffizienter Technologien. Ab dem 1. Januar 2015 erhöht sich der Reduktionsfaktor für den Index in drei Fünfjahresschritten von 10 % auf 30 % (ab dem 1. Januar 2025).[34] Es handelt sich um einen ergebnisorientierten Index, d. h., es bleibt den Reedern bzw. den Schiffskonstrukteuren überlassen, durch welche Maßnahmen sie die Einhaltung des EEDI erreichen wollen. Ziel des EEDI ist es, durch die schrittweise Erhöhung des Reduktionsfaktors technologische Innovationen zu initiieren, um so den Energieverbrauch der Schiffe kontinuierlich zu senken und auf diese Weise nicht nur die CO_2-Emissionen zu verringern, sondern auch Treibstoffkosten einzusparen. Auf der 65. Sitzung des MEPC im Mai 2013 ist beschlossen worden, den EEDI-Mechanismus auf weitere Schiffstypen wie

---

Maritime Affairs 12 (2013), 129 ff., 143. Eine aktualisierte Studie erwartet die IMO zur 67. Sitzung des MEPC im Herbst 2014.

[31] IMO, GHG Study 2009 (Fn. 17), Kap. 6, S. 60 ff.

[32] Resolution MEPC.203(62) vom 15. 7. 2011. Zur Erleichterung der Umsetzung von EEDI und SEEMP sind zwischenzeitlich 4 Guidelines verabschiedet worden: Resolution MEPC.212 (63) – 2012 Guidelines on the method of calculation of the attained Energy Efficiency Design Index (EEDI) for new ships; Resolution MEPC.213(63) – 2012 Guidelines for the development of a Ship Energy Efficiency Management Plan (SEEMP); Resolution MEPC.214(63) – 2012 Guidelines on survey and certification of the Energy Efficiency Design Index (EEDI); und Resolution MEPC.231(65) – 2013 Guidelines for calculation of reference lines for use with the Energy Efficiency Design Index (EEDI).

[33] IMO, Technical and Operational Measures, abrufbar unter: http://www.imo.org/OurWork/Environment/PollutionPrevention/AirPollution/Pages/Technical-and-Operational-Measures.aspx.

[34] Resolution MEPC.203(62) vom 15. 7. 2011, Regel 20 und 21.

Roro-Fähren, LNG-Tanker und bestimmte Arten von Kreuzfahrtschiffen auszudehnen.[35] Flankiert wird der EEDI durch eine operationelle Maßnahme, nämlich das Erfordernis für jedes einzelne Schiff, durch einen entsprechenden Managementplan, den SEEMP[36], die Abläufe an Bord und die Reiseplanung mit Blick auf ihre Energieeffizienz zu optimieren und so den Treibstoffverbrauch zu senken. Die letztgenannte Maßnahme liegt im ureigenen Interesse der Schiffsbetreiber: Da die Treibstoffkosten bereits jetzt mehr als 50 % der Kosten des Schiffsbetriebs ausmachen, ist davon auszugehen, dass diese sie ohne weiteres umsetzen werden.[37]

Sehr viel größere Schwierigkeiten bereitet es, sich im Rahmen der IMO auf eine marktbasierte Maßnahme zu verständigen. Ziel einer solchen Maßnahme ist es, die Kosten des Treibstoffverbrauchs und damit die Kosten für den Ausstoß von CO_2-Emissionen zu erhöhen, um so einen zusätzlichen ökonomischen Anreiz zur Verringerung des Treibstoffverbrauchs zu setzen. Bei einem Treffen der zuständigen Arbeitsgruppe im Frühjahr 2011 lagen insgesamt sieben Vorschläge von Regierungen vor, die von der Erhebung einer Abgabe auf CO_2-Emissionen entweder von allen Schiffen oder nur von solchen, die die Vorgaben von EEDI und SEEMP nicht einhalten, über die Errichtung eines Emissionshandelssystems bis hin zu verschiedenen Anreiz- und Belohnungssystemen reichten, die auf der tatsächlich erreichten Energieeffizienz jedes einzelnen Schiffs basieren.[38] Die beiden vielversprechendsten Vorschläge beziehen sich auf den Aufbau eines globalen Emissionshandelssystems (Emissions Trading System – ETS)[39] einerseits und die Errichtung eines internatio-

---

[35] IMO, MEPC 65th sessions pushes forward with energy-efficiency implementation, abrufbar unter: http://www.imo.org/MediaCentre/PressBriefings/Pages/18-MEPC65ENDS.aspx. Auf der 66. Sitzung im April 2014 wurden die dazu erforderlichen Richtlinien und Änderungen von MARPOL Annex VI beschlossen, siehe Lloyd's Register (Fn. 15), S. 3.

[36] Resolution MEPC.203(62) vom 15.7.2011, Regel 22.

[37] Vgl. zu den Einzelheiten *Hughes*, A new chapter for MARPOL Annex VI – requirements for technical and operational measures to improve energy efficiency of international shipping, abrufbar unter: http://www.imo.org/KnowledgeCentre/PapersAndArticlesByIMOStaff/Documents/A%20new%20chapter%20for%20MARPOL%20Annex%20VI%20-%20E%20Hughes.pdf.

Kritisch zu den Erfolgsaussichten des SEEMP *Johnson et al.*, Will the ship energy efficiency management plan reduce CO_2 emissions? A comparison with ISO 50001 and the ISM code, Maritime Policy & Management 40 (2013), 177 ff.

[38] Dazu im Einzelnen IMO, Reduction of GHG emissions from ships – Report of the Third Intersessional Meeting of the working group on greenhouse gas emissions from ships, MEPC 62/5/1 vom 8. April 2011, S. 10 ff., abrufbar unter: http://www.imo.org/OurWork/Environment/PollutionPrevention/AirPollution/Documents/Third%20Intersessional/1-Report%20of%20GHG-WG%203.pdf.

[39] The Global Emissions Trading System (ETS), MEPC 60/4/22; 60/4/26; 60/4/41 und 60/4/54, vorgelegt von Norwegen, Großbritannien, Frankreich und Deutschland. Eine kurze Beschreibung findet sich im Bericht des Third Intersessional Meeting (Fn. 38), Annex 2, S. 4 f. Vgl. auch die Studie von CE Delft u. a., A Global Maritime Emissions Trading System, Design and Impacts on the Shipping Sector, Countries and Regions, January 2010, abrufbar unter: http://www.bmu.de/fileadmin/bmu-import/files/english/pdf/application/pdf/study_global_maritime_emissions_bf.pdf.

nalen Treibhausgasfonds (GHG Fund)[40] andererseits. Während bei einem ETS Emissionszertifikate erworben werden müssten, soll sich der GHG-Fund aus einer Abgabe/Steuer speisen, die auf jede Tonne Schiffskraftstoff erhoben würde. Der Hauptunterschied zwischen beiden Optionen besteht darin, dass in einem ETS mit festgelegter Obergrenze für CO_2-Emissionen aus der Seeschifffahrt, je nach Ausgestaltung, bei einem Zuwachs von CO_2-Emissionen einiger Marktteilnehmer diese Menge entweder durch andere Marktteilnehmer im Schifffahrtssektor selbst – bei einem auf diesen Sektor begrenzten System (in-sector) – oder von Marktteilnehmern in anderen Sektoren (out-of-sector) eingespart werden muss. Die einmal festgelegte Menge von CO_2-Emissionen insgesamt erhöht sich also nicht. Demgegenüber hängt bei einem Abgabensystem die Konstanz oder gar Reduktion des jetzigen CO_2-Ausstoßes von dem, teilweise stark schwankenden, Kraftstoffpreis und der Höhe der Abgabe ab.[41] Beide Optionen sehen vor, mit einem Teil der Einnahmen Vermeidungs- und Anpassungsmaßnahmen in Entwicklungsländern zu finanzieren. Die Vorschläge der Arbeitsgruppe wurden auf der 63. Sitzung des MEPC im Frühjahr 2012 kontrovers diskutiert; es wurde in Aussicht genommen, zunächst eine Folgenabschätzung für die einzelnen Maßnahmen vorzunehmen und die Diskussion auf den folgenden Sitzungen fortzuführen.[42]

Seither ist es still geworden um mögliche marktbasierte Maßnahmen. Dies ist vor allem darauf zurückzuführen, dass es mit Blick auf die Klimaverhandlungen im Rahmen des UNFCCC zu einer politischen Kontroverse zwischen den Entwicklungs- und Schwellenländern auf der einen Seite und den Industriestaaten auf der anderen Seite gekommen ist, die den Fortgang der Verhandlungen in der IMO lähmt. Dabei geht es um die Frage, ob und – wenn ja – wie das der Klimarahmenkonvention und dem Kyoto-Protokoll zugrunde liegende Prinzip der gemeinsamen, aber unterschiedlichen Verantwortlichkeiten in Bezug auf marktbasierte Maßnahmen angewendet werden muss. Die Anwendung dieses Prinzips hat im Kyoto-Protokoll dazu geführt, dass sich nur die in Annex I aufgeführten Industriestaaten als Hauptverursacher der bisherigen Emissionen zu einer Reduktion von THG-Emissionen verpflichtet haben. Demgegenüber beruhen die IMO-Konventionen auf dem Prinzip der Nichtdiskriminierung (no more favourable treatment), d. h. die in ihnen eingegangenen Verpflich-

---

[40] International Greenhouse Gas Fund (GHG Fund), MEPC 60/4/8, vorgelegt von Zypern, Dänemark, den Marshall Islands, Nigeria und der International Parcel Tankers Association. Einen guten Überblick gibt der Bericht des Third Intersessional Meeting (Fn. 38), Annex 2, S. 17 ff.

[41] Siehe zu einem Vergleich der beiden Vorschläge *Graichen/Cames*, Comparison of a GHG contribution for a climate fund and an Emissions Trading Scheme in the shipping sector, Diskussionspapier für das Umweltbundesamt vom 26. September 2013, abrufbar unter: http://www.oeko.de/oekodoc/1815/2013–487-en.pdf. Die Autoren sprechen sich im Ergebnis für ein ETS aus, weil es eine stärkere Anreizwirkung entfalte und auch höhere Einnahmen generiere, die für Klimaschutzzwecke verwendet werden könnten.

[42] Marine Environment Protection Committee, 63rd session, 27 February to 2 March, abrufbar unter: http://www.imo.org/MediaCentre/MeetingSummaries/MEPC/Pages/MEPC-63rd-session.aspx.

tungen gelten in der Regel unterschiedslos für Schiffe unter der Flagge aller Vertragsstaaten. Wegen der inhaltlichen Überschneidung marktbasierter Maßnahmen mit den Verhandlungsgegenständen im Rahmen der UNFCCC sind die meisten Entwicklungs- und Schwellenländer, allen voran China und Indien, der Auffassung, dass auch die IMO-Maßnahmen das Prinzip der gemeinsamen, aber unterschiedlichen Verantwortlichkeiten zugrunde legen müssten. Dies würde bedeuten, dass nur die sog. Annex-I-Staaten verpflichtet werden dürften, marktbasierte Maßnahmen gegenüber den Schiffen unter ihrer Flagge durchzusetzen, während solche Maßnahmen auf Schiffe unter der Flagge aller anderen Staaten nicht anwendbar wären. Eine solche Regelung wiederum stünde jedoch nicht nur im Widerspruch zu dem in der IMO geltenden Nichtdiskriminierungsprinzip[43], sondern würde den marktbasierten Maßnahmen auch ihre Wirksamkeit nehmen. Denn bereits heute fahren rund Dreiviertel der Welthandelsflotte unter der Flagge von sog. Nicht-Annex-I-Staaten.[44] Zudem wäre eine weitere Ausflaggung zu erwarten, um die mit marktbasierten Maßnahmen verbundenen zusätzlichen Kosten in den Industrieländern zu vermeiden. Kompromissvorschläge, die darauf abzielen, beide Prinzipien miteinander in Einklang zu bringen[45] – so etwa der Vorschlag, einen Fonds zu errichten, in den die mit marktbasierten Maßnahmen generierten Einnahmen flössen, mit denen dann Vermeidungs- und Anpassungsmaßnahmen in Entwicklungsländern finanziert werden könnten[46] – konnten sich bisher nicht durchsetzen. Angesichts des politischen Stillstands in den Verhandlungen ist nicht zu erwarten, dass die IMO in absehbarer Zukunft marktbasierte Maßnahmen beschließen wird. Dies erklärt vielleicht, warum sich das MEPC auf seiner 65. Sitzung im Mai 2013 auf die Umsetzung der bereits in Kraft getretenen technischen und betrieblichen Maßnahmen konzentriert und beschlossen hat, im Frühjahr 2014 eine Arbeitsgruppe einzusetzen, die weitere Maßnahmen in diesen beiden Bereichen erarbeiten soll.[47] Auf der Sitzung wurde zudem die Präferenz erkennbar, die Umsetzung technischer und betrieblicher Maßnahmen schrittweise anzugehen und

---

[43] Vgl. dazu den Expertenbericht der IMO, Reduction of GHG emissions from ships – Full report of the work undertaken by the Expert Group on Feasibility Study and Impact Assessment of possible Market-based Measures, MEPC 61/INF.2 vom 13. August 2010, S. 36 ff., abrufbar unter: http://www.imo.org/OurWork/Environment/PollutionPrevention/AirPollution/Documents/INF-2.pdf. Der Expertengruppe lagen insgesamt 10 Vorschläge für MBMs zur Evaluation vor.

[44] *König*, Approaches to Ship Air Emissions Regulation (Fn. 29), 324 m.w.N.

[45] Dazu ausf. die Studie von *Kågeson*, Applying the Principle of Common but Differentiated Responsibility to the Mitigation of Greenhouse Gases from International Shipping, Centre for Transport Studies, Stockholm, CTS Working Paper 2011:5, S. 29 ff., abrufbar unter: http://swopec.hhs.se/ctswps/abs/ctswps2011_005.htm.

[46] Expertenbericht der IMO (Fn. 43), S. 37, 39 ff. Vgl. auch die Diskussion während des Third Intersessional Meeting (Fn. 38), S. 6 ff.

[47] IMO, MEPC 65th sessions pushes forward with energy-efficiency implementation (Fn. 35). Außerdem verabschiedete das MEPC die „Resolution on Promotion of Technical Cooperation and Transfer of Technology relating to the Improvement of Energy Efficiency of Ships", Resolution MEPC.229(65) vom 17. Mai 2013, um den Entwicklungsländern die Umsetzung von MARPOL Annex VI, Kap. 4 zu erleichtern.

dafür zunächst die notwendigen Daten zur Energieeffizienz von Schiffen und deren CO_2-Ausstoß zu erheben.[48]

2. *Von der EU geplante Maßnahmen*

Angesichts der langwierigen Verhandlungen in der IMO hat die Europäische Union, die nach dem IMO-Statut selbst nicht Mitglied werden kann, die Strategie verfolgt, durch die Ankündigung einer eigenen regionalen Regelung politischen Druck auf die IMO und deren Mitgliedstaaten auszuüben. Rat und Parlament hatten bereits im April 2009 angekündigt, die Kommission werde für den Fall, dass die IMO bis zum 31. Dezember 2011 keine internationale Übereinkunft zur Reduktion der Emissionen aus dem internationalen Seeverkehr erzielen sollte, einen entsprechenden Vorschlag für einen Rechtsakt vorlegen, der möglichst bis 2013 in Kraft treten solle.[49] Auch wenn diese Ankündigung noch kein bestimmtes Handlungsinstrument nannte[50], drängte sich angesichts der Tatsache, dass sie auch Eingang in die Erwägungsgründe der Emissionshandelsrichtlinie von 2009 gefunden hatte[51], der Schluss auf, die Union würde sich für eine Einbeziehung in das Europäische Emissionshandelssystem entscheiden. Für diese nahe liegende Vermutung sprach auch, dass die Union bzw. die Gemeinschaft schon 2008 die Emissionen aus dem Luftverkehr mit Wirkung vom 1. Januar 2012 in ihr Emissionshandelssystem einbezogen hatte.[52] Auf die ökonomischen Risiken und rechtlichen Unwägbarkeiten eines solchen Schrittes wurde bereits an anderer Stelle hingewiesen.[53] Inzwischen hat sich

[48] Note by the International Maritime Organization to the thirty-ninth session of the Subsidiary Body for Scientific and Technological Advice (SBSTA 39), Warsaw, Poland, 11 to 16 November 2013, abrufbar unter: http://unfccc.int/files/documentation/submissions_from_observers/application/pdf/imo_submission_sbsta_39_final_rev1.pdf, S. 4. MEPC 66 beschloss im April 2014, zu diesem Zweck ein „data collection system" zu entwickeln, siehe Lloyd's Register (Fn. 15), S. 3.

[49] Erwägungsgrund 2 der Entscheidung Nr. 406/2009/EG, ABl. L 140 vom 5.6.2009, S. 136.

[50] Vgl. für die verschiedenen Optionen die von der Kommission in Auftrag gegebene Studie von CE Delft u. a., Technical support for European action to reducing Greenhouse Gas Emissions from international maritime transport, December 2009, abrufbar unter: http://ec.europa.eu/clima/policies/transport/shipping/docs/ghg_ships_report_en.pdf.

[51] Erwägungsgrund 3 der Richtlinie 2009/29/EG (Emissionshandelsrichtlinie), ABl. L 140 vom 5.6.2009, S. 63.

[52] Richtlinie 2008/101/EG, Abl. L 8 vom 13.1.2009, S. 3. Kritisch zur Vereinbarkeit dieser Regelung mit dem Völkerrecht *Bartlik*, Die Einbeziehung des Luftverkehrs in das EU-Emissionshandelssystem, EuR 2011, 196, 205 ff.

[53] *König*, Approaches to Ship Air Emissions Regulation (Fn. 29), 330 ff.; *dies./Morgenstern*, CO_2-Emissionen aus dem Schiffsverkehr – Internationale Lösungen oder unilaterales Handeln?, NordÖR 12 (2009), 181 ff.; für völkerrechtskonform halten eine solche Regelung z. B. *Bäuerle*, Integrating Shipping into the EU Emissions Trading Scheme?, in: Koch et al. (Hrsg.), Climate Change and Environmental Hazards Related to Shipping, (Fn. 1), S. 109 ff., und *Ringbom*, Global Problem – Regional Solution? International Law Reflections on an EU CO_2 Emissions Trading Scheme for Ships, The International Journal of Marine and Coastal

die Kommission allerdings dafür entschieden, von einer solchen Regelung zunächst einmal Abstand zu nehmen und stattdessen – wie auch in der IMO diskutiert – schrittweise vorzugehen. Zu diesem Sinneswandel mögen die politischen Spannungen mit Drittstaaten beigetragen haben, die aus der Einbeziehung des Luftverkehrs in das europäische ETS erwachsen sind. Obwohl der EuGH die von einigen amerikanischen Fluglinien angegriffene Richtlinie in einem Urteil aus dem Jahr 2011 unter Verweis auf das Territorialitäts- und das Wirkungsprinzip für völkerrechtskonform gehalten hat[54], hat die Kommission im Oktober 2013 vorgeschlagen, die Emissionen, die bei Flügen von und nach Europa außerhalb des Luftraumes der Staaten des Europäischen Wirtschaftsraums (EWR) anfallen, bis 2020 nicht mehr in die Regelung einzubeziehen.[55] Dies läuft in der Sache auf ein Moratorium aus politischen Gründen hinaus.

Im Sommer 2013 hat die Kommission beschlossen, nunmehr den Seeverkehr in die THG-Reduktionsmaßnahmen der EU einzubeziehen. Sie geht davon aus, dass nach den Wachstumsprognosen für den Welthandel die Emissionen aus dem Seeverkehr der EU trotz der bereits in Kraft getretenen IMO-Maßnahmen (EEDI und SEEMP) bis 2050 gegenüber 2010 um weitere 51 % zunehmen werden.[56] Demgegenüber sieht das Weißbuch der Kommission zum Verkehr vor, dass die CO_2-Emissionen aus dem Seeverkehr bis 2050 gegenüber 2005 um mindestens 40 % verringert werden sollten.[57] Als ersten – angesichts dieses ehrgeizigen Zieles eher bescheidenen – Schritt hat sie nach Durchführung eines Konsultationsverfahrens den Vorschlag einer Verordnung vorgelegt, mit der europaweit ein sog. MRV (Monitoring, Reporting, Verification)-System eingeführt worden soll.[58] Als nächste Schritte denkt die Kommission an eine verbindliche Festlegung von Reduktionszielen für den Seeverkehrssektor und schließlich an die Einführung einer marktbasierten Maßnahme,[59]

Law 26 (2011), 613 ff. Vgl. auch die vom Umweltbundesamt veröffentlichte Studie von *Bäuerle* et al., Integration of Marine Transport into the European Emissions Trading System, May 2010, abrufbar unter: http://www.umweltbundesamt.de/publikationen/integration-of-marine-transport-into-european.

[54] EuGH, Rs. C-366/10 (Air Transport Association of America u.a. gegen Secretary of State for Energy and Climate Change), Urt. v. 21.12.2011, Rn. 123 ff.

[55] KOM(2013) 722 endg. vom 16.10.2013. Die Ausnahme bis 2020 erklärt sich dadurch, dass die ICAO auf ihrer 38. Vollversammlung 2013 beschlossen hat, bis 2016 einen globalen marktbasierten Mechanismus für den Luftverkehr vorzulegen, der bis 2020 umgesetzt werden soll.

[56] KOM(2013) 479 endg. vom 28.6.2013, Mitteilung der Kommission an das Europäische Parlament, den Rat, den Europäischen Wirtschafts- und Sozialausschuss und den Ausschuss der Regionen über die Einbeziehung der Seeverkehrsemissionen in die Maßnahmen der EU zur Verringerung der Treibhausgasemissionen, S. 1 f., m.w.N.

[57] KOM(2011) 144 endg. vom 28.3.2011, S. 10.

[58] KOM(2013) 480 endg. vom 28.6.2013, Vorschlag für eine Verordnung des Europäischen Parlaments und des Rates über die Überwachung von, Berichterstattung über und Prüfung von Kohlendioxidemissionen aus dem Seeverkehr und zur Änderung der Verordnung (EU) Nr. 525/2013.

[59] Ausdrücklich genannt werden drei Optionen, nämlich ein beitragsfinanzierter Kompensationsfonds, ein zielgerichteter Kompensationsfonds und ein Emissionshandelssystem,

wobei sie das MRV-System sozusagen als Basismaßnahme ansieht, auf deren Daten zu Kraftstoffverbrauch, Energieeffizienz, Emissionsquellen und Reduktionspotential sie bei der Ausarbeitung weiterer Maßnahmen aufbauen kann.[60] Sie macht deutlich, dass sie mit der Einrichtung eines europaweiten MRV-Systems ein Modell für ein globales MRV-System schaffen möchte, das von der IMO beschlossen werden müsste. Um den Gleichlauf internationaler und europäischer Vorschriften zu gewährleisten, soll die Verordnung, sobald ein globales MRV-System errichtet worden ist, an die IMO-Vorschriften angeglichen werden.[61] Die Ausgestaltung der Neuregelung als Verordnung statt als Richtlinie hat – vorausgesetzt, dass das Subsidiaritätsprinzip (Art. 5 Abs. 3 EUV) und der Verhältnismäßigkeitsgrundsatz (Art. 5 Abs. 4 EUV) eingehalten worden sind – den Vorteil, dass die Bestimmungen vom Augenblick des Inkrafttretens an einheitlich in allen Mitgliedstaaten gelten.[62] Die Verordnung konzentriert sich auf CO_2-Emissionen, die ohnehin rund 98 % der THG-Emissionen aus dem Seeverkehr ausmachen, und auf Großemittenten, d.h. Schiffe über 5000 BRZ (Bruttoraumzahl), die für etwa 90 % der Emissionen verantwortlich sind.[63] Die CO_2-Emissionen werden auf der Grundlage des Kraftstoffverbrauchs ermittelt, wobei sich die Verordnung größtenteils auf Daten aus Logbüchern, sog. Mittagsmitteilungen und Bunkerlieferbescheinigungen stützt, die bereits heute an Bord vorhanden sind. Erfasst werden – wie bei der o.a. Luftverkehrsrichtlinie – Emissionen, die von Schiffen aller Flaggenstaaten während Fahrten innerhalb der EU, Fahrten vom letzten außereuropäischen Anlaufhafen zum nächsten EU-Hafen (Eingangsverkehr) oder umgekehrt von einem EU-Hafen zum nächsten außereuropäischen Anlaufhafen (Ausgangsverkehr) sowie beim Aufenthalt in einem EU-Hafen freigesetzt werden.[64] Es bleibt abzuwarten, ob es hier ebenfalls zu Widerständen von Seiten betroffener Drittstaaten kommen wird. Die finanziellen Auswirkungen des MRV-Systems auf den Seetransport dürften jedenfalls geringer sein als diejenigen auf den Luftverkehr bei dessen umstrittener Einbeziehung in das europäische ETS.

Die Hauptverantwortung für eine ordnungsgemäße Überwachung und Berichterstattung tragen die Schifffahrtsunternehmen, die für jedes von der Verordnung erfasste Schiff ein Monitoringkonzept erstellen und einmal jährlich einen Emissionsbericht

Kommissionsmitteilung (Fn. 56), S. 7 f. Vgl. zu einer kurzen Evaluation der verschiedenen Optionen das „Commission Staff Working Document – Executive Summary on the Impact Assessment", SWD(2013) 236 final vom 28.6.2013, S. 3 ff.

[60] A.a.O., S. 5 f. und Erwägungsgrund 7 des Verordnungsvorschlags (Fn. 58), S. 12.

[61] A.a.O., S. 4, und Erwägungsgrund 24, S. 15.

[62] Die EEA hatte in ihrem Bericht (Fn. 11), Kap. 4, darauf hingewiesen, dass angesichts der unterschiedlichsten Erhebungsmethoden eine Harmonisierung in Bezug auf die Erhebung der Daten in den Mitgliedstaaten der EU erforderlich sei.

[63] KOM(2013) 480 endg. vom 28.6.2013 (Fn. 58), S. 9, und Erwägungsgründe 12 und 13, S. 13. Demgegenüber hatte die EEA in ihrem Bericht (Fn. 11), Kap. 7, empfohlen, einen integrierten Ansatz zu wählen und Luftschadstoffe in das MRV-System mit einzubeziehen.

[64] Art. 2 Abs. 1 VO-E.

vorlegen müssen.[65] Sowohl das Monitoringkonzept als auch der Emissionsbericht werden von einer akkreditierten Prüfstelle – z. B. einer Klassifikationsgesellschaft – auf ihre Übereinstimmung mit den Anforderungen der Verordnung überprüft, was mit einer Konformitätsbescheinigung nachgewiesen wird, die ständig an Bord mitzuführen ist.[66] Es ist Aufgabe der EU-Flaggen- bzw. -Hafenstaaten, die Einhaltung der Verordnung zu kontrollieren und Verstöße angemessen zu sanktionieren.[67] Bei wiederholten Verstößen kann der betreffende Hafenstaat eine Ausweisungsanordnung erlassen, die zur Folge hat, dass das Schiff keinen EU-Hafen mehr anlaufen darf, bis die Mängel behoben worden sind.[68] Die Verordnung soll nach jetziger Planung am 1. Juli 2015 in Kraft treten, der erste Berichtszeitraum soll am 1. Januar 2018 beginnen. Insgesamt sind die geplanten Regelungen ein Beleg dafür, dass sich die EU angesichts des Verhandlungsstillstands in der IMO, der Uneinigkeit ihrer Mitgliedstaaten in Bezug auf marktbasierte Maßnahmen und der negativen Erfahrungen mit der Einbeziehung des Luftverkehrs in das europäische ETS entschlossen hat, nicht mit einem gewagten großen Sprung voranzupreschen – einer Taktik, die in anderen Bereichen durchaus erfolgreich war[69] –, sondern stattdessen in kleineren Schritten vorzugehen und die IMO möglichst „nachzuziehen".

IV. Zusammenfassung und Ausblick

Der kurze Blick auf die nun seit gut 15 Jahren andauernden Aktivitäten in der IMO und der EU in Sachen Schadstoff- und THG-Emissionen im Seeverkehr führt zu einem ambivalenten Ergebnis. Was die Bekämpfung der Luftverschmutzung betrifft, ist es den Mitgliedstaaten der IMO im Jahr 2008 gelungen, weitreichende Regelungen insbesondere für Emissionskontrollgebiete ([S]ECAs), aber auch – zumindest ab 2020 oder spätestens ab 2025 – für den normalen Seeverkehr außerhalb dieser Gebiete zu verabschieden. Es ist damit zu rechnen, dass sich sowohl die Schifffahrtsunternehmen als auch die Mineralölindustrie auf die damit verbundenen Änderungen einstellen werden; insbesondere da angemessene Übergangsfristen vorgesehen worden sind. Die EU hat die international vereinbarten Regelungen in europäisches Recht übernommen und damit für alle Mitgliedstaaten verbindlich gemacht. Der Vorteil dieser Übernahme in das EU-Recht liegt vor allem darin begründet, dass die Kommission als „Hüterin der Verträge" die fristgerechte und ordnungsgemäße Umsetzung der EU-Richtlinien in das nationale Recht der Mitgliedstaaten überwachen

[65] Zum Monitoringplan siehe Art. 6 f. VO-E, zur Berichtspflicht Art. 11 f. VO-E.

[66] Art. 13–18 VO-E.

[67] Art. 20 VO-E.

[68] Siehe Art. 20 Abs. 3 VO-E. Einen guten Überblick über die geplanten Regelungen gibt *Engel*, Treibhausgasemissionsbezogene Maßnahmen in der Seeschifffahrt, NVwZ 2013, 1384, 1386 ff.

[69] Dazu *Proelß*, The ‚Erika III' Package: Progress or Breach of International Law?, in: Koch et al. (Hrsg.), Climate Change and Environmental Hazards Related to Shipping, (Fn. 1), S. 129, 153 f.

und ggf. ein Vertragsverletzungsverfahren vor dem EuGH anstrengen kann. Insofern ist die Bilanz in Bezug auf die Bekämpfung der Luftverschmutzung durch Schiffsabgase im Großen und Ganzen positiv.

Anders sieht die Gesamtbilanz in Bezug auf eine effektive Reduktion von THG- bzw. CO_2-Emissionen aus. Positiv ist zwar zu bewerten, dass es den Mitgliedstaaten der IMO nach langen, schwierigen Verhandlungen gelungen ist, sich im Jahr 2011 auf technische und betriebliche Maßnahmen zu verständigen. In Bezug auf den EEDI lagen und liegen die Schwierigkeiten vor allem in der Komplexität der Regelungsmaterie begründet. Weniger problematisch dürfte die Umsetzung des SEEMP sein, weil die Verringerung des Kraftstoffverbrauchs durch eine intelligente Veränderung betrieblicher Abläufe im ureigenen Interesse der Schifffahrtsunternehmen liegt und möglicherweise entstehende Mehrkosten durch Einsparungen beim Kraftstoff aufgewogen werden dürften. Es ist davon auszugehen, dass die IMO in den nächsten Jahren die technischen und betrieblichen Maßnahmen weiterentwickeln und den Anwendungsbereich des EEDI auf weitere Schiffstypen und ggf. zumindest teilweise auch auf die bereits vorhandene Flotte ausdehnen wird.

Negativ ist hingegen zu vermerken, dass die Verhandlungen zu marktbasierten Maßnahmen offenbar zu einem Stillstand gekommen sind. Dies lässt sich zum Teil darauf zurückführen, dass es sich um ein politisch und wirtschaftlich ungleich sensibleres Thema handelt, bei dem sich in der IMO keine Staatengruppe mit Blick auf die andauernden Verhandlungen im Rahmen der UNFCCC vorzeitig politisch festlegen will. Obwohl es an Studien zu den wirtschaftlichen Auswirkungen der unterschiedlichen Vorschläge und deren Vereinbarkeit mit einschlägigen internationalen Übereinkommen nicht fehlt und Kompromissvorschläge vorliegen, die den berechtigten Forderungen der Entwicklungsländer nach finanzieller Unterstützung bei Vermeidungs- und Anpassungsmaßnahmen entgegenkommen, ist eine Einigung in weite Ferne gerückt. In dieser verfahrenen Situation hat sich die EU entschlossen, voranzugehen und in einem ersten Schritt ein MRV-System einzuführen, um eine rechtliche Grundlage für die Erhebung verlässlicher Daten zu CO_2-Emissionen aus dem Seeverkehr zu schaffen. Sie tut dies in der Hoffnung, ein Beispiel für eine entsprechende IMO-Regelung zu setzen. Hervorzuheben ist, dass die EU von ihrem Maximalvorhaben, einseitig eine marktbasierte Maßnahme für den Seeverkehr einzuführen, abgerückt ist. Auch wenn Klima- und Umweltschützer diesen Sinneswandel bedauern mögen, zeugt er doch von einer realistischen Einschätzung des zurzeit politisch Machbaren. Diese Politik der kleinen Schritte korrespondiert mit den minimalen Fortschritten, die auf dem letzten Vertragsstaatentreffen der UNFCCC (COP 19) in Warschau erzielt werden konnten.[70] Angesichts der Erkenntnisse, die das IPCC in seinem neuesten Sachstandsbericht vorgelegt hat, wünschte man sich allerdings, dass *Vaclav Havel* Recht haben möge. Er soll einmal gesagt haben:

[70] Siehe zu den Abschlussdokumenten die offizielle Seite der UNFCCC, http://unfccc.int/meetings/warsaw_nov_2013/meeting/7649.php.

„Aus meiner Erfahrung kann ich nur sagen: Politik ist nicht die Kunst des Möglichen, sondern des Unmöglichen.“[71]

[71] Zitiert nach http://www.zitate-welt.com/zitat/2798.html.

Schutz und Vorsorge gegenüber elektromagnetischen Feldern bei Niederfrequenzanlagen nach der neuen 26. BImSchV

Eine kritische Analyse

Von *Manfred Rebentisch*

Hans-Joachim Koch steht seit Jahrzehnten in der vordersten Reihe der Rechtswissenschaftler, die sich in Forschung und Lehre in herausragender Weise mit dem Umwelt- und Planungsrecht befasst haben. Erfreulicherweise galt und gilt dabei bis heute sein besonderes Interesse dem Immissionsschutzrecht.[1] Er hat sich durch unzählige Beiträge für dessen fortschrittliche und effektive Ausgestaltung eingesetzt, nicht zuletzt auf dem Gebiet des Lärmschutzes. Das im folgenden Beitrag zu beleuchtende Recht der elektromagnetischen Felder, bei dem es sich zweifelsohne nur um ein Randgebiet des Immissionsschutzrechts handelt, hat, soweit ersichtlich, bislang allerdings noch nicht das wissenschaftliche Interesse von Hans-Joachim Koch gefunden. Das mag vielleicht daran gelegen haben, dass die im Jahre 1997 in Kraft getretene 26. BImSchV in rechtswissenschaftlicher Hinsicht wenig Projektionsfläche bot und wohl auch deshalb die höchstrichterliche Kontrolle bis hin zum Bundesverfassungsgericht unbeschadet überstanden hat.[2] Es spricht jedoch, wie noch zu zeigen sein wird, einiges dafür, dass sich das mit der nunmehr verabschiedeten Novellierung der Verordnung durchaus anders verhalten und diese den rechtswissenschaftlichen Lackmustest durch Hans-Joachim Koch eher nicht bestehen könnte. Der Verfasser würde sich jedenfalls freuen, wenn er mit den nachfolgenden Ausführungen das kritische Interesse des Jubilars an dieser Thematik wecken könnte.

I. Einleitung

Am 22. August 2013 ist die „Verordnung zur Änderung der Vorschriften über elektromagnetische Felder und das telekommunikationsrechtliche Nachweisverfahren"[3] in Kraft getreten, die in Art. 1 die Änderung der Verordnung über elektroma-

---

[1] *Koch*, Umweltrecht, 3. Aufl., § 4.; *Koch/Pache/Scheuing*, GK-BImSchG.

[2] Vgl. u. a. BVerfGE 56, 54; 77, 381; 79, 174; 85, 191; 92, 26; NVwZ 2007, 313; BVerwG, NVwZ 2004, 613; NVwZ 2010, 1486; BauR 2011, 1150.

[3] Vom 14. August 2013, BGBl. I S. 3259.

gnetische Felder zum Gegenstand hat. Am selben Tag wurde deren Neufassung bekannt gemacht.[4] Sie dient wie schon die am 1. 1. 1997 in Kraft getretene Vorläuferregelung[5] dem Schutz der Allgemeinheit und der Nachbarschaft vor schädlichen Umwelteinwirkungen und der Vorsorge gegen schädliche Umwelteinwirkungen durch elektromagnetische Felder, zu deren Begrenzung sie Anforderungen an die Errichtung und den Betrieb von Hochfrequenzanlagen, Niederfrequenzanlagen und – erstmals auch – von Gleichstromanlagen enthält. Die Änderung der Verordnung wurde im Unterschied zur Vorgängerregelung aus 1996 nicht von aufschreckenden Schlagzeilen wie z. B. „Leukämie durch Hochspannungsleitungen“ oder „Gehirntumor durch Handy“ angeheizt, mit denen die elektromagnetischen Felder ins Gerede gekommen und mit dem Schlagwort vom „Elektrosmog“ skandalisiert worden sind. Die Novellierung verlief weitgehend im Stillen und erfuhr auch auf der politischen Bühne keine Beachtung.

Die Bundesregierung hielt indessen eine Anpassung an wissenschaftliche, technische und gesellschaftliche Entwicklungen für erforderlich und identifizierte als Gründe für die Überarbeitung eine seit Jahren zunehmende Exposition durch elektrische, magnetische und elektromagnetische Felder in der heutigen Umwelt infolge der Nutzung moderner Technologien, dem Ausbau des Hochspannungsnetzes und der technischen Weiterentwicklung.[6] Sie behielt aber die Grenzwertfestlegungen, abgesehen von geringfügigen Anpassungen an die Empfehlung ICNIRP 2010, weitgehend bei, da sie, jedenfalls für den bisherigen Anwendungsbereich der Verordnung, der EU-Ratsempfehlung 1999/519/EG[7] für elektrische, magnetische und elektromagnetische Felder entsprachen, die auf den Empfehlungen der Internationalen Kommission zum Schutz vor nichtionisierender Strahlung (ICNIRP), der Strahlenschutzkommission (SSK) sowie der WHO aus dem Jahre 1998 basieren. Erweitert wurde jedoch der Anwendungsbereich, insbesondere durch die Einbeziehung der Hochspannungs-Gleichstrom-Übertragung (HGÜ), der als neue Übertragungstechnologie beim Ausbau der Stromnetze künftig große praktische Bedeutung zukommen dürfte.

Demgegenüber waren in jüngster Zeit vereinzelt auch kritische Stimmen zu vernehmen, die unter Berufung auf vermeintlich valide wissenschaftliche Studien insbesondere Gesundheitsgefahren durch athermische Wirkungen von hochfrequenten Mobilfunkstrahlen konstatieren wollen und deshalb die Novelle der 26. BImSchV wegen der Aufrechterhaltung der bisherigen Grenzwerte scharf kritisieren.[8] Sie verkennen jedoch weitgehend die notwendige Grenzziehung zwischen einer als schädliche Umwelteinwirkung anzusehenden Gefahr und einem der Risikovorsorge zuzu-

---

[4] BGBl. I S. 3267.

[5] Vom 16. 12. 1996 (BGBl. I S. 1966); vgl. *Büdenbender/Heintschel von Heinegg/Rosin*, Energierecht I, 1999, Rn. 1500 ff.; *Kutscheidt*, Die Verordnung über elektromagnetische Felder, NJW 1997, 2481; *Peinsipp*, Immissionsschutz 1997, 95.

[6] Vgl. die Ausführungen in der Begründung (BR-Drs. 209/13, S. 16).

[7] ABl. L 199/59.

[8] Vgl. die Hinweise bei *Buchner/Schwab*, ZUR 2013, 212; ebenso *Budzinski*, NVwZ 2013, 404.

ordnenden bloßen Gefahrenverdacht.[9] Sie vermögen daher insgesamt nicht zu überzeugen. Darauf muss hier aber auch schon deshalb nicht näher eingegangen werden, da ihr Fokus auf Hochfrequenzanlagen gerichtet ist, während sich die nachfolgenden Ausführungen allein mit solchen Rechtsänderungen befassen sollen, die sich auf Niederfrequenz- und Gleichstromanlagen beziehen.

II. Neuerungen für Niederfrequenzanlagen

Von den zehn Nummern der Änderungsverordnung[10] betreffen immerhin acht den Bereich der Niederfrequenz- oder Gleichstromanlagen. Da sie nicht alle gleichermaßen von rechtlichem Interesse sind, wird im Folgenden, nicht zuletzt auch aus Platzgründen, nur auf die Wichtigsten eingegangen.

1. Anwendungsbereich

Neben der Ausdehnung des Anwendungsbereichs der Verordnung auf Gleichstromanlagen (§ 1 Abs. 2 Nr. 3) fällt gegenüber der bisherigen Fassung des § 1 Abs. 1 Satz 1 zunächst der Wegfall der Beschränkung auf Anlagen auf, „die gewerblichen Zwecken dienen oder im Rahmen wirtschaftlicher Unternehmungen Verwendung finden und nicht einer Genehmigung nach § 4 des Bundes-Immissionsschutzgesetzes bedürfen".

a) Beschränkung auf nicht genehmigungsbedürftige Anlagen

Soweit es dabei um den gestrichenen Hinweis auf § 4 BImSchG geht, ist dies zwar unschädlich, weil der Anwendungsbereich einer auf § 23 Abs. 1 BImSchG gestützten Rechtsverordnung ohnedies auf nicht genehmigungsbedürftige Anlagen im Sinne des § 22 Abs. 1 Satz 1 BImSchG beschränkt ist. Es entspricht aber der im Rahmen des immissionsschutzrechtlichen Anlagenrechts bewährten Regelungstechnik, bei Rechtsverordnungen klarstellend anzugeben, ob sich ihr Anwendungsbereich auf genehmigungsbedürftige oder nicht genehmigungsbedürftige Anlagen bezieht. Insoweit sei beispielhaft verwiesen auf § 1 Abs. 1 der 1. BImSchV, § 1 Satz 2 der 7. BImSchV, § 1 Satz 1 der 11. BImSchV, § 1 Abs. 1 der 17. BImSchV, § 1 Abs. 1 der 18. BImSchV, § 1 der 21. BImSchV und § 1 Abs. 1 der 30. BImSchV. Da mit der Anwendung des untergesetzlichen Regelwerks des Immissionsschutzrechts in der Praxis meist keine Juristen befasst sind, sondern Techniker und Naturwissenschaftler, hat sich der klarstellende Hinweis als sehr hilfreich und sinnvoll erwiesen. Es ist daher kein sachlicher Grund ersichtlich, warum im Zusammenhang mit der 26. BImSchV der im bisherigen Wortlaut des § 1 Abs. 1 enthaltene Hinweis gestrichen

---

[9] Vgl. dazu BVerwGE 69, 37; 72, 300; BVerwG, DVBl. 2004, 638.

[10] Vgl. Art. 1 der Artikelverordnung vom 14.08.2013, BGBl. I S. 3259.

wurde. Ein Beitrag zur Rechtsvereinfachung und Normenklarheit ist dies jedenfalls nicht.

b) Beschränkung auf gewerbliche Anlagen, wirtschaftliche Unternehmungen und Funkanlagen

Zum Wegfall der Beschränkung auf Anlagen, die gewerblichen Zwecken dienen oder im Rahmen wirtschaftlicher Unternehmungen Verwendung finden, führt die Bundesregierung in der Begründung aus, dass dadurch insbesondere auch Anlagen vom Anwendungsbereich der Verordnung erfasst würden, die ausschließlich der Wahrnehmung hoheitlicher Aufgaben dienen, insbesondere Anlagen der Behörden und Organisationen mit Sicherheitsaufgaben, Funkanlagen der Bundespolizei, der Bundeswehr oder der Wasser- und Schifffahrtsverwaltung des Bundes, Radaranlagen sowie privat betriebene Amateurfunkanlagen. Ebenfalls erfasst seien Hochfrequenzanlagen der öffentlich-rechtlichen Rundfunkanstalten.[11]

Dem kann nur zum Teil gefolgt werden. Soweit es die von Funkanlagen ausgehenden elektrischen, magnetischen und elektromagnetischen Felder betrifft, findet die Verordnung in der Tat unabhängig davon Anwendung, ob es sich um privat oder zur Wahrnehmung hoheitlicher Aufgaben betriebene Funkanlagen handelt. Das beruht auf der durch Art. 2 des Gesetzes zum Schutz vor nichtionisierender Strahlung bei der Anwendung am Menschen (NiSG)[12] erfolgten Erweiterung des Anwendungsbereichs des § 22 Abs. 1 Satz 1 BImSchG in § 22 Abs. 1 Satz 3, die sich auf die ausschließliche Gesetzgebungskompetenz des Bundes aus Art. 71, 73 Abs. 1 Nr. 7, 2. Alt. GG (Telekommunikation) stützt. In der Begründung des Gesetzentwurfs wurde auf die Bedeutung der Änderung für den künftigen Regelungsrahmen der 26. BImSchV ausdrücklich hingewiesen und ausgeführt, dass der „Anwendungsbereich der 26. BImSchV zukünftig auch auf private oder hoheitliche Funkanlagen erstreckt werden (soll)“. Um dies zu ermöglichen, werde die Verpflichtung in § 22 Abs. 1 Satz 3 BImSchG entsprechend erweitert.[13] Demzufolge erstrecken sich die Grundpflichten nach § 22 Abs. 1 Satz 1 unabhängig davon, ob Anlagen gewerblichen Zwecken dienen bzw. im Rahmen wirtschaftlicher Unternehmungen Verwendung finden, nur insoweit auf nicht genehmigungsbedürftige Anlagen, als es um die Verhinderung oder Beschränkung schädlicher Umwelteinwirkungen durch Luftverunreinigungen, Geräusche oder von Funkanlagen ausgehende nichtionisierende Strahlen geht.[14] Im Hinblick auf die Vermeidung und Verminderung schädlicher Umwelteinwirkungen, die durch elektrische, magnetische und elektromagnetische Felder verursacht werden, greifen die Pflichten nach § 22 Abs. 1 BImSchG außerhalb des Bereichs der Funkanlagen also nach wie vor nur, soweit es sich bei deren Emitten-

[11] Vgl. BR-Drs. 209/13, S. 22.

[12] Vom 29. Juli 2009, BGBl. I S. 2433.

[13] BR-Drs. 279/09, S. 20f., 46; vgl. dazu auch *Kloepfer/Jablonski*, UPR 2009, 418, 421.

[14] Vgl. *Czajka*, in: Feldhaus, BImSchR, Band 1 Teil II, § 22 Rn. 70; § 23 Rn. 26a; *Hansmann*, in: Landmann/Rohmer, UmweltR III, § 22 Rn. 8b; *Jarass*, (Fn. 16) § 22 Rn. 24; *Roßnagel/Hentschel*, in: Koch/Pache/Scheuing (Hrsg.) GK-BImSchG, § 22 Rn. 103 a.

ten um Anlagen handelt, die gewerblichen Zwecken dienen oder im Rahmen wirtschaftlicher Unternehmungen Verwendung finden.

Zur Vermeidung des Missverständnisses über den Anwendungsbereich der Verordnung, dem ausweislich der Ausführungen in der Begründung[15], wonach die Beschränkung des Anwendungsbereichs der 26. BImSchV auf gewerblich betriebene Anlagen entfällt, auch die Bundesregierung erlegen ist, wäre es nach alledem besser gewesen, § 1 Abs. 1 Satz 1 der 26. BImSchV in Anlehnung an die frühere Fassung klarstellend wie folgt zu fassen:

„(1) Diese Verordnung gilt für die Errichtung und den Betrieb von Hochfrequenzanlagen, Niederfrequenzanlagen und Gleichstromanlagen nach Absatz 2, die gewerblichen Zwecken dienen oder im Rahmen wirtschaftlicher Unternehmungen Verwendung finden und keiner Genehmigung nach § 4 des Bundes-Immissionsschutzgesetzes bedürfen, sowie für Funkanlagen."

2. *Anforderungen zum Schutz vor schädlichen Umwelteinwirkungen*

§ 3 der Verordnung unterscheidet bei den zum Schutz vor schädlichen Umwelteinwirkungen durch elektrische Feldstärken und magnetische Flussdichten von Niederfrequenzanlagen einzuhaltenden Immissionsgrenzwerten zwischen Alt- und Neuanlagen. Als Altanlagen (sog. Bestandsanlagen) gelten nach § 3 Abs. 1 Satz 1 diejenigen Niederfrequenzanlagen, die vor dem 22. August 2013, d.h. vor dem Zeitpunkt des Inkrafttretens der Änderungsverordnung,[16] errichtet worden sind; Neuanlagen nach § 3 Abs. 2 sind solche, die nach dem 22. August errichtet werden.[17] Altanlagen sind nach § 3 Abs. 1 Satz 1 so zu betreiben, dass sie in ihrem Einwirkungsbereich an Orten, die zum nicht nur vorübergehenden Aufenthalt von Menschen bestimmt sind, bei höchster betrieblicher Auslastung die in Anhang 1a genannten Immissionsgrenzwerte der elektrischen Feldstärke und der magnetischen Flussdichte nicht überschreiten, wobei die im Bereich der Elektrizitätsversorgung besonders relevanten Niederfrequenzanlagen mit einer Frequenz von 50 Herz die Hälfte des in Anhang 1a genannten Grenzwertes, d. h. 100 μT, nicht überschreiten dürfen. Als Einwirkungsbereich einer Anlage ist in Übereinstimmung mit dem sonstigen Immissionsschutzrecht der Bereich anzusehen, in dem die von ihr ausgehenden Emissionen, hier also die nichtionisierenden Strahlen, noch einen relevanten individualisierbaren

---

[15] BR-Drs. 209/13, S. 17.

[16] Vgl. Art. 4 der Verordnung zur Änderung der Vorschriften über elektromagnetische Felder und das telekommunikationsrechtliche Nachweisverfahren vom 14. August 2013, BGBl. I S. 3259.

[17] Genau genommen hätte in § 3 Abs. 2 auf die Anlagen abgestellt werden müssen, die „ab dem 22. 8. 2013" errichtet werden, da nach der jetzigen Fassung für die Anlagen, die am 22. 08. 2013 „errichtet" wurden, keine Schutzanforderungen gelten. Im Übrigen ist unklar, ob im Falle des § 3 Abs. 1 die Errichtung vor dem genannten Stichtag abgeschlossen sein muss oder es ausreicht, wofür unter dem Gesichtspunkt des Rückwirkungsverbots mehr spricht, dass mit der Errichtung begonnen worden ist; auch im Falle des § 3 Abs. 2 dürfte es entscheidend darauf ankommen, dass mit der Errichtung am Stichtag begonnen worden ist.

Immissionsbeitrag leisten.[18] Innerhalb dieses Bereichs müssen die Grenzwerte an Orten eingehalten werden, die nicht nur zum vorübergehenden Aufenthalt von Menschen bestimmt sind. In Übereinstimmung mit dem bauordnungsrechtlichen Begriff des Aufenthaltsraums[19] sind mit dieser Umschreibung auch hier nur Orte gemeint, an denen Menschen regelmäßig länger, d. h. über mehrere Stunden, verweilen.[20] Dieses Abschneidekriterium ist sachnotwendig, um die unsinnige Forderung nach ubiquitärer Einhaltung der Grenzwerte zu vermeiden. Die Einbeziehung von Orten, an denen sich Menschen vorübergehend aufhalten, würde in Wahrheit verlangen, dass die Grenzwerte überall eingehalten werden, denn es gibt praktisch keinen Ort, an dem sich Menschen nicht wenigstens vorübergehend aufhalten können. Deshalb ist die von der Bundesregierung in der Begründung des Novellierungsentwurfs vertretene Auffassung unhaltbar, ein vorübergehender Aufenthalt setze „eine gewisse Verweildauer von mehr als wenigen Sekunden voraus".[21]

a) Immissionsgrenzwerte bei Altanlagen

Nach Satz 2 Nr. 1 des § 3 Abs. 1 bleiben, wie schon in der bisher geltenden 26. BImSchV,[22] gemäß Nr. 1 kurzzeitige Überschreitungen der Grenzwerte um nicht mehr als das Doppelte über einen Zeitraum von 72 Minuten[23] bei der Ermittlung der Immissionssituation ebenso außer Betracht wie gemäß Nr. 2 kleinräumige Überschreitungen der Grenzwerte der elektrischen Feldstärke um nicht mehr als das Doppelte außerhalb von Gebäuden. Diesbezüglich hat die Bundesregierung in der Begründung zur Verordnung von 1996 zutreffend darauf hingewiesen, dass den normativ übernommenen Grenzwertempfehlungen der ICNIRP und der SSK die Annahme einer Dauerexposition zugrunde liegt, weshalb vorübergehende Feldstärke- und Flussdichtespitzen, wie sie insbesondere bei Schaltvorgängen oder im Bahnverkehr auftreten können, von den Expertenkommissionen ausdrücklich als unbedenklich angesehen werden.[24] Das Gleiche gilt für kleinräumig auftretende Feldstärkepiks, die etwa bei großer Hitze infolge durchhängender Hochspannungsfreileitungen auf freiem Feld vorkommen können. Sie sind unbedenklich, weil sich dort kaum jemand mehrere Stunden aufhält.[25] Von daher gesehen erscheint der in Satz 2 verwendete Begriff der Überschreitung eher missverständlich. Die kurzzeitigen oder kleinräumigen Belastungsspitzen bewirken gerade keine Grenzwertüberschreitung und

[18] *Kutscheidt* (Fn. 5), S. 2484; Nr. 2.2 TA Lärm; Nr. 6.1.2 Buchst. a TA Luft.

[19] Vgl. § 2 Abs. 5 der Musterbauordnung (MBO) 2012.

[20] So zutreffend *Kutscheidt* (Fn. 5), S. 2484; ebenso die LAI-Hinweise zur 26. BImSchV i.d.F. 15.3.2004, II.2.2., *Feldhaus*, BImSchR, Band 4, C 4.10 (LAI).

[21] BR-Drs. 209/13, S. 23.

[22] Vgl. § 3 Satz 2 der 26. BImSchV 1996.

[23] § 3 Abs.1 Satz 2 Nr. 1 spricht von „5 Prozent eines Beurteilungszeitraums von einem Tag".

[24] Vgl. BR-Drs. 393/96 zu § 3; zutreffend *Peinsipp*, Immissionsschutz 1997, 95, 97.

[25] *Kutscheidt* (Fn. 5), S. 2485.

führen folglich nicht zu einer schädlichen Umwelteinwirkung. Sie finden vielmehr bei der Ermittlung der mit dem jeweiligen Grenzwert zu vergleichenden tatsächlichen Belastung keine Berücksichtigung, sind also nur für das in einem funktionalen Zusammenhang mit den Grenzwerten stehende Ermittlungsverfahren von Bedeutung. Deshalb handelt es sich bei den Regelungen in Satz 2 auch nicht um eine Ausnahmeregelung. Von der gesetzlichen Pflicht gemäß § 22 Abs. 1 Satz 1 Nr. 1 BImSchG zur Vermeidung schädlicher Umwelteinwirkungen gibt es grundsätzlich keine Ausnahme. Das wird in der auf die Zulassung von Ausnahmen bezogenen Regelung in § 8 der 26. BImSchV zutreffend klargestellt. Danach können Ausnahmen von Anforderungen der Verordnung nur in atypischen Fällen und unter der Voraussetzung zugelassen werden, dass keine schädlichen Umwelteinwirkungen zu besorgen sind. Nach alledem wäre es besser gewesen, auf den Begriff der (Grenzwert-)Überschreitung zu verzichten.

Den Regelungszusammenhang zwischen den in Satz 1 in Bezug genommenen Grenzwerten und den Vorgaben in Satz 2 für die Ermittlung der konkreten Belastung scheint die Bundesregierung in der Begründung der Änderungsverordnung zu verkennen, wenn sie unter Bezug auf die nach der Anlage zu § 3 Abs. 6 Satz 2 BImSchG bei der Bestimmung des Standes der Technik zu berücksichtigenden Kriterien ausführt, dass die bisherige Rechtslage, wonach kurzzeitige und kleinräumige Überschreitungen unberücksichtigt bleiben, bei Bestandsanlagen aus Verhältnismäßigkeitsgründen fortgelte.[26] Es geht im vorliegenden Zusammenhang nicht um die auch unter Verhältnismäßigkeitsgesichtspunkten zu beurteilende Frage, ob die vom Betreiber einer nicht genehmigungsbedürftigen Anlage zur Vermeidung schädlicher Umwelteinwirkungen eingesetzten Verfahren, Einrichtungen oder Betriebsweisen gemäß § 22 Abs. 1 Satz 1 Nr. 1 BImSchG dem Stand der Technik entsprechen. Im Raum steht allein die Frage, bei welcher Exposition an nichtionisierenden Strahlen nach Maßgabe der konkretisierenden Grenzwerte eine schädliche Umwelteinwirkung vorliegt.

b) Immissionsgrenzwerte bei Neuanlagen

Vor diesem Hintergrund erscheint insbesondere die auf Neuanlagen bezogene Regelung in Absatz 2 verfehlt. Danach sind Neuanlagen, also Anlagen, die nach dem 22. August 2013 errichtet werden, so zu errichten und zu betreiben, dass die in Anhang 1a genannten Immissionsgrenzwerte auch kurzzeitig und kleinräumig an Orten nicht überschritten werden, die nicht nur zum vorübergehenden Aufenthalt von Menschen bestimmt sind. Hinzu kommt in rechtgrundsätzlicher Hinsicht, dass damit unterschiedliche Immissionsgrenzwerte für Altanlagen einerseits und Neuanlagen andererseits festgelegt werden. Das widerspricht in systemwidriger Weise dem in § 3 Abs. 1 i. V. m. Absatz 2 BImSchG ausschließlich akzeptorbezogen, nicht quellenbezogen definierten Begriff der schädlichen Umwelteinwirkung.[27]

---

[26] Vgl. BR-Drs. 209/13, S. 24.

[27] *Jarass* (Fn. 16), § 3 Rn. 16; *Kutscheidt* (Fn. 5), § 3 Rn. 20 c.

c) Immissionsgrenzwerte bei Gleichstromanlagen

Als verfehlt anzusehen ist schließlich auch die Regelung des § 3a, die dem Schutz vor schädlichen Umwelteinwirkungen durch die von Gleichstromanlagen ausgehenden magnetischen Felder dient, worauf der Vollständigkeit halber kurz eingegangen werden soll. Danach sind Gleichstromanlagen insbesondere so zu errichten und zu betreiben, dass in ihrem Einwirkungsbereich an Orten, die „zum dauerhaften oder vorübergehenden Aufenthalt von Menschen bestimmt sind" der Grenzwert der magnetischen Flussdichte von 500 μT nicht überschritten wird. Wie bereits oben ausgeführt, bedeutet diese Erstreckung keine räumliche Beschränkung, da es keinen Ort gibt, an dem sich Menschen nicht zumindest vorübergehend aufhalten. Wer mit dem Fahrrad im freien Gelände unter oder entlang einer HGÜ-Leitung fährt, hält sich dort vorübergehend auf und hätte daher nach der drittschützenden Vorschrift des § 3a einen einklagbaren Anspruch auf flächendeckende Einhaltung des Grenzwertes der magnetischen Flussdichte, obgleich er angesichts der auf eine Dauerexposition ausgerichteten Grenzwertempfehlung der ICNIRP und der SSK nicht überall und jederzeit einer Gesundheitsgefahr ausgesetzt ist.

Im Übrigen erscheint es reichlich sinnfrei, neben den Orten des vorübergehenden Aufenthalts alternativ auch noch Orte einzubeziehen, die zum dauerhaften Aufenthalt von Menschen bestimmt sind.

3. Anforderungen zur Vorsorge gegen schädliche Umwelteinwirkungen

Nach ganz überwiegender Auffassung verlangt § 22 Abs. 1 Satz 1 BImSchG vom Betreiber einer nicht genehmigungsbedürftigen Anlage im Unterschied zu dem für genehmigungsbedürftige Anlagen geltenden Vorsorgegebot des § 5 Abs. 1 Nr. 2 BImSchG unmittelbar keine Vorsorgeanforderungen.[28] Stattdessen ermächtigt § 23 Abs. 1 BImSchG ausdrücklich, im Rahmen einer Rechtsverordnung Anforderungen zur Vorsorge gegen schädliche Umwelteinwirkungen zu stellen. Davon hat die Bundesregierung schon in § 4 der 26. BImSchV aus 1996 Gebrauch gemacht und zur Begründung zutreffend ausgeführt, dass damit wissenschaftlichen Befunden entsprochen werde, die auf die Existenz möglicherweise nicht unbedenklicher biologischer Wirkungen elektromagnetischer Felder auch unterhalb der festgesetzten Immissionsgrenzwerte hinwiesen. ICNIRP und SSK hätten insoweit zwar keine Empfehlungen ausgesprochen, da der Nachweis einer pathogenen Rolle der geschilderten Effekte fehle, gleichwohl aber technische Möglichkeiten zur weiteren Feldstärkeverminderung im Niederfrequenzbereich aufgezeigt, um Befürchtungen entgegenzukommen, dass durch spätere Forschungsergebnisse bei kleinen Feldstärken auftretende Bioeffekte, die bislang als gesundheitlich unbedenklich angesehen wurden, doch größere Bedeutung erlangen könnten. Diese Ungewissheiten der wissenschaftlichen Erkenntnisse, die die Möglichkeit der Verursachung schädlicher Umweltein-

[28] *Czajka.* (Fn. 16), § 22 Rn. 23; *Jarass* (Fn. 16), § 22 Rn. 22; *Koch* (Fn. 1), § 4 Rn. 220 f.; *Roßnagel/Hentschel*, (Fn. 16), § 22 Rn. 127 ff.; a.A. *Hansmann* (Fn. 16), § 22 Rn. 14 ff.

wirkungen nicht völlig ausschließen lassen, bestehen auch heute noch und rechtfertigen in den Grenzen der Verhältnismäßigkeit nach wie vor lediglich Vorsorgemaßnahmen. Die hierzu in der novellierten Fassung des § 4 getroffenen Regelungen vermögen jedoch im Unterschied zur Ursprungsfassung weder materiell und noch konzeptionell zu überzeugen.

a) Vorsorgegrenzwerte

Nach § 4 Abs. 1 Satz 1 müssen bei einer wesentlichen[29] Änderung von Niederfrequenzanlagen die maximalen Effektivwerte der elektrischen Feldstärke und magnetischen Flussdichte des Anhangs 1a in der Nähe bestimmter Schutzorte, z. B. Wohnungen, Krankenhäuser, Schulen, Spielplätze usw., eingehalten werden. Diese Regelung deckt sich ihrem Wortlaut nach zum Teil und in materieller Hinsicht ganz mit der Vorsorgeregelung des § 4 a. F. Abgesehen davon, dass § 4 a. F. auch für die Neuerrichtung von Niederfrequenzanlagen galt, konkretisierten die effektiven Immissionsgrenzwerte allein die Vorsorgeanforderungen und unterschieden sich somit von den die kurzzeitigen und kleinräumigen „Überschreitungen" einbeziehenden und damit weniger strengen Schutzwerte. Nunmehr decken sich also die der Vorsorge bei wesentlichen Änderungen bestehender Anlagen dienenden Grenzwerte mit den nach § 3 Abs. 2 für (nach dem 22. 8. 2013 errichtete) Neuanlagen geltenden Schutzwerten. Deshalb werden für Neuanlagen gar keine Vorsorgeanforderungen gestellt. Das widerspricht in eklatanter Weise dem tradierten Vorsorgeprinzip des BImSchG, das gerade im Bereich von Neuanlagen regelmäßig seine stärksten Realisierungspotentiale vorfindet und dort ihrer Umsetzung unter dem Gesichtspunkt der Verhältnismäßigkeit die vergleichsweise wenigsten Schranken entgegenstehen.[30]

Gänzlich unverständlich ist allerdings der auf nordrhein-westfälische Initiative vom Bundesrat in Absatz 1 angefügte Satz 2. Danach gelten für Niederfrequenzanlagen, die „nach dem 16. Dezember 1996" errichtet oder wesentlich geändert wurden, die Vorsorgeanforderungen aus der Verordnung vom 16. Dezember 1996 „weiter fort".[31] Damit sollte ausweislich der Begründung sichergestellt werden, dass die geänderte Verordnung nicht hinter den Anforderungen in der Fassung vom 16. Dezember 1996 zurückbleibt, nach der kurzzeitige oder kleinräumige Überschreitungen bereits unzulässig gewesen seien.

In rechtstechnischer Hinsicht ist dabei zunächst darauf hinzuweisen, dass der für die Errichtung oder wesentliche Änderung „nach dem 16. 12. 1996" festgelegte Zeitpunkt falsch ist, denn die am 16. 12. 1996 ausgefertigte Verordnung ist nach Maßgabe des § 11 am ersten Tage des auf die Verkündung (BGBl. I S. 1966 vom 20. 12. 1996) folgenden Kalendermonats in Kraft getreten, also erst am 1. 1. 1997. Als maßgeblicher Stichtag käme demzufolge, wenn überhaupt, allenfalls der Zeitpunkt nach dem 31. 12. 1996 in Betracht. Die Vorschrift ist aber insgesamt unsinnig, so dass es auf den

---

[29] Vgl. zu dem im vorliegenden Zusammenhang unpassenden Begriff *Kutscheidt* (Fn.5).

[30] *Jarass* (Fn. 16), § 5 Rn. 61 m. w. N.

[31] Vgl. BR-Drs. 209/13 (Beschluss), Nr. 3.

falschen Stichtag, der die dem Bundesrat anzulastende mangelnde Sorgfalt bei der Rechtssetzung dokumentiert, letztlich gar nicht ankommt. Sie leidet nämlich an einem weiteren rechtstechnischen Fehlgriff, aufgrund dessen ihr ein eigenständiger Regelungsgehalt gänzlich fehlt.

§ 4 Abs. 1 Satz 2 ordnet für nach dem 16.12.1996 errichtete oder wesentlich geänderte Niederfrequenzanlagen die Fortgeltung der bisherigen Vorsorgeregelung des § 4 a. F. an. Das könnte im Hinblick auf den nach § 1 Abs. 2 Nr. 2 der Änderungsverordnung erweiterten Anwendungsbereich, der gegenüber früher nicht nur den Frequenzbereich von 50 Hz erfasst, sondern auch Anlagen im Bereich von 1 Hz bis 9 kHz, zu der Annahme verleiten, dass bei Niederfrequenzanlagen mit niedrigerer oder höherer Frequenz als 50 Hz nicht der neue Grenzwert der magnetischen Flussdichte von 200 μT gilt (§ 3 Abs. 1 Satz 1), sondern der schärfere Immissionsgrenzwert von 100 μT (§ 3 Satz 1 a. F.). Dabei würde jedoch übersehen, dass § 4 Abs. 1 Satz 2 nicht etwa eine Rechtsfolgenverweisung enthält, sondern lediglich die Fortgeltung alten Rechts anordnet. Es versteht sich von selbst, dass dies nur in der Reichweite seines Anwendungsbereichs gelten kann. Die Vorsorgeanforderungen des früheren § 4 galten aber nur für Anlagen mit einer Frequenz von 50 Hz. Anlagen mit niedrigerer oder höherer Frequenz fielen überhaupt nicht in den Anwendungsbereich der Verordnung, so dass für sie die damaligen Vorsorgeanforderungen logischerweise nicht fortgelten können. Nach alledem wäre es besser gewesen, wenn die Ergänzung des § 4 Abs. 1 durch den Bundesrat unterblieben wäre.

b) Minimierungsgebot

Die wohl problematischste Vorschrift stellt der ebenfalls als Vorsorgeregelung gedachte § 4 Abs. 2 dar. Nach Satz 1 sind bei Errichtung und wesentlicher Änderung von Niederfrequenzanlagen und Gleichstromanlagen die Möglichkeiten auszuschöpfen, die von der jeweiligen Anlage ausgehenden elektrischen, magnetischen und elektromagnetischen Felder nach dem Stand der Technik unter Berücksichtigung der Gegebenheiten im Einwirkungsbereich zu minimieren.[32] Das Nähere regelt nach Satz 2 eine Verwaltungsvorschrift gemäß § 48 BImSchG.

Zur Begründung führt die Bundesregierung aus, die Vorschrift verlange, „dass der Strahlenschutzgrundsatz der Optimierung“ bei Errichtung und wesentlicher Änderung beachtet wird. Konkrete Maßstäbe, Minderungsziel und Festlegungen der technischen Parameter würden im Rahmen einer allgemeinen Verwaltungsvorschrift spezifiziert.[33] Des Weiteren versteigt sie sich im Rahmen ihrer Ausführungen zum Erfül-

---

[32] Der Bundesrat war allen Ernstes der Meinung, das Wort „vermindern“ im Regierungsentwurf durch das Wort „minimieren“ ersetzen zu müssen [vgl. BR-Drs. 209/13 (Beschluss)]; das ist albern.

[33] Vgl. BR-Drs. 209/13, S. 26.

lungsaufwand[34] für die Wirtschaft zu der in rechtlicher Hinsicht höchst erstaunlichen und wohl als Beruhigung gemeinten Aussage, dass die in § 4 Abs. 2 festgeschriebene Minderungspflicht erst nach Inkrafttreten einer konkretisierenden Verwaltungsvorschrift der Bundesregierung gelte.[35]

Satz 1 ist mit der Ermächtigungsgrundlage des § 23 Abs. 1 BImSchG nicht vereinbar. Danach wird die Bundesregierung ermächtigt, durch Rechtsverordnung auch vorzuschreiben, dass die Errichtung, die Beschaffenheit und der Betrieb nicht genehmigungsbedürftiger Anlagen bestimmten Anforderungen zur Vorsorge gegen schädliche Umwelteinwirkungen genügen müssen, insbesondere dass die Anlagen bestimmten technischen Anforderungen entsprechen müssen (Satz Nr. 1) und die von Anlagen ausgehenden Emissionen bestimmte Grenzwerte nicht überschreiten dürfen (Satz 1 Nr. 2).

Im Unterschied zu § 4 Abs. 1, wo zum Zwecke der Vorsorge zumindest für die wesentliche Änderung von Niederfrequenzanlagen – zulässigerweise[36] – Immissionsgrenzwerte und damit konkrete Anforderungen gestellt werden, enthält § 4 Abs. 2 Satz 1 entgegen der gesetzlichen Ermächtigung in § 23 Abs. 1 BImSchG ein abstraktes Minimierungsgebot, dessen Reichweite lediglich durch den Maßstab des Standes der Technik begrenzt wird. Damit wird jedoch dem gesetzlichen Konkretisierungsgebot gemäß § 23 Abs. 1 BImSchG keineswegs entsprochen. Für Neuanlagen und Gleichstromanlagen enthält § 4 Abs. 1 ja überhaupt keine Vorsorgeanforderungen. Insoweit belässt es die Verordnung vielmehr bei einer im Hinblick auf § 23 Abs. 1 rechtswidrigen Nebelkerze. Dabei begegnet darüber hinaus auch die geforderte Berücksichtigung „von Gegebenheiten im Einwirkungsbereich" rechtgrundsätzlichen Bedenken. Die immissionsschutzrechtliche Vorsorge ist genuin unabhängig von Standort- und Immissionsbedingungen im Einwirkungsbereich.[37] Es wäre geradezu systemwidrig, die quellenbezogene Vorsorge davon abhängig zu machen, in welchem Gebiet die von einer Anlage ausgehenden elektromagnetischen Felder zu einer Verschlechterung der Immissionsverhältnisse führen.

Soweit in der Begründung auf die Beachtung des Strahlenschutzgrundsatzes der Optimierung abgestellt wird, ist schon in rechtgrundsätzlicher Hinsicht darauf hinzuweisen, dass es sich bei der 26. BImSchV um eine immissionsschutzrechtliche Materie handelt, und nicht um eine strahlenschutzrechtliche. Das Strahlenminimierungsgebot des § 6 Abs. 1 StrlSchV[38] findet daher von vornherein hier keine Anwendung.

---

[34] Im Sinne des § 2 Abs. 1 des Gesetzes zur Einsetzung eines Nationalen Normenkontrollrates vom 14. 8. 2006 BGBl. I S. 1866.

[35] Vgl. BR-Drs. 209/13, S. 19.

[36] *Czajka*, (Fn.16), § 23 Rn. 64; *Hansmann*, a.a.O. (Fn.14), § 23 Rn. 26; *Jarass* (Fn. 16), § 23 Rn. 9.

[37] BVerwGE 69, 37; *Dolde*, NVwZ 1997, 313; *Feldhaus*, DVBl. 1980, 133; *Hansmann*, NVwZ 1991, 829.

[38] Vgl. dazu *Sellner/Hennenhöfer*, in: Hansmann/Sellner, Grundzüge des Umweltrechts § 12 Rn. 107, 182.

Im Übrigen konditioniert § 4 Abs. 2 die Reichweite der geforderten Vorsorge ausdrücklich durch den Maßstab des Standes der Technik und gerade nicht durch das Prinzip, die Strahlenbelastung „so gering wie möglich" zu halten, wenngleich auch insoweit durch den Bezug auf den Stand von Wissenschaft und Technik der Uferlosigkeit des strahlenschutzrechtlichen Minimierungsgebots Einhalt geboten wird.[39]

Schließlich bleibt völlig im Dunkeln, wie die individuellen Gegebenheiten des jeweiligen Einwirkungsbereichs in einer allgemeinen Verwaltungsvorschrift antizipiert werden sollen. Situative Besonderheiten können nur im Rahmen administrativer Einzelfallentscheidungen berücksichtigt werden, nicht in generalisierenden Verwaltungsvorschriften.

Die vorgesehene Verschiebung der gemäß § 23 Abs. 1 BImSchG geforderten verordnungsrechtlichen Konkretisierung der Vorsorgeanforderungen auf die Ebene der allgemeinen Verwaltungsvorschrift nach § 48 BImSchG ist nicht zulässig. § 23 Abs. 1 BImSchG verlangt in Bezug auf die zur Vorsorge bei nicht genehmigungsbedürftigen Anlagen zu stellenden Anforderungen eine unmittelbare Konkretisierung durch Rechtsverordnung. Der bloße Hinweis auf den abstrakten Maßstab des Standes der Technik, mit dem lediglich die Reichweite der Vorsorge durch den hochkomplexen und unbestimmten Rechtsbegriff des Standes der Technik umschrieben wird, genügt dem in § 23 Abs. 1 Satz 1 BImSchG vorgegebenen Bestimmtheitsgebot („bestimmte Anforderungen") nicht. Insoweit gilt für den Bereich der nicht genehmigungsbedürftigen Anlagen nichts anderes als für die Bestimmtheit von Anforderungen in einer Rechtsverordnung nach § 7 Abs. 1 BImSchG für genehmigungsbedürftige Anlagen. An die Bestimmtheit der verordnungsrechtlichen Regelungen sind im Rahmen des § 23 BImSchG im Hinblick darauf eher noch strengere Anforderungen zu stellen, dass die Ermächtigung des § 23 nicht den tatbestandlichen Beschränkungen der Grundpflichten des § 22 Abs. 1 BImSchG unterliegt.[40] Der Anlagenbetreiber muss einer solchen Rechtsverordnung, an die er unmittelbar gebunden ist, in hinreichend klarer Weise entnehmen können, welche materiellen Anforderungen er zu erfüllen hat. Anders gewendet ist zu fragen, ob die Überwachungsbehörde die verordnungsrechtliche Regelung unmittelbar ihren Vollzugsmaßnahmen zugrunde legen könnte.[41] Es müssen daher in der Verordnung durch konkrete Grenzwerte wenigstens die Mindestanforderungen festgelegt werden. Im Übrigen kann dann unter gewissen Voraussetzungen durch eine Dynamisierungsklausel angeordnet werden, dass die Emissionen durch dem Stand der Technik entsprechende Maßnahmen weiter zu vermindern sind.

Solche Dynamisierungsklauseln sind im Immissionsschutzrecht durchaus geläufig, sie weisen aber einen gänzlich anderen Regelungszusammenhang auf, als dies

---

[39] Vgl. *Marburger*, Atomrechtliche Schadensvorsorge, 1983, S. 79 f.

[40] *Czajka*, (Fn. 16), § 22 Rn. 4; *Jarass* (Fn. 16), § 23 Rn. 5.

[41] *Dietlein*, in: Landmann/Rohmer, UmweltR III, § 7 Rn. 22 f.; *Scheidler*, in: Feldhaus, BImSchR, Band 1 Teil I, § 7 Rn. 26.

bei § 4 Abs. 2 der 26. BImSchV der Fall ist. So sind z. B. nach Nr. 5.2.8 Abs. 3 TA Luft in Bezug auf geruchsintensive Stoffe, soweit in der Umgebung einer Anlage Geruchseinwirkungen zu erwarten sind, die Möglichkeiten, die Emissionen durch dem Stand der Technik entsprechende Maßnahmen weiter zu vermindern, auszuschöpfen. Diese Klausel leitet ihre rechtliche Zulässigkeit aus dem für genehmigungsbedürftige Anlagen einzuhaltenden Vorsorgegebot des § 5 Abs. 1 Nr. 2 BImSchG. An die Stelle der ansonsten vorzunehmenden Konkretisierung der dem Stand der Technik entsprechenden Verfahren, Einrichtungen und Betriebsweisen tritt die abstrakte Dynamisierungsklausel, die dem Umstand Rechnung trägt, dass der Stand der Technik im Bereich der Verminderung geruchsintensiver Emissionen ständig fortschreitet und der Vorschriftengeber der TA Luft nicht abwarten wollte, bis er insoweit eine generelle Neubewertung des Standes der Technik treffen kann.

Eine weitere Dynamisierungsklausel findet sich in Nr. 5.4.2.3 Abs. 4 Satz 2 der TA Luft in Bezug auf die Emissionsbegrenzung von Stickoxiden bei Zementöfen. Danach sind die Möglichkeiten, den in Satz 1 der Regelung festgelegten Mindestemissionswert von 0,50 g NO_x/m^3 durch feuerungstechnische und andere dem Stand der Technik entsprechende Maßnahmen weiter zu vermindern, auszuschöpfen. Auch diese Klausel basiert auf dem gesetzlichen Vorsorgegebot des § 5 Abs. 1 Nr. 2 BImSchG und signalisiert, dass hier die technische Entwicklung zur Stickoxid-Emissionsbegrenzung noch im Fluss ist.

Alle diese Voraussetzungen fehlen im vorliegenden Regelungszusammenhang. Da es hier zum einen kein gesetzliches Vorsorgegebot gibt, kann eine Konkretisierung mittels einer auf den Stand der Technik rekurrierenden Dynamisierungsklausel nicht in Betracht kommen. Zum anderen ist nicht ersichtlich, welche technische Entwicklung zur Emissionsbegrenzung elektromagnetischer Felder gegenwärtig im Fluss ist, die durch eine abschließende Festlegung inhibiert werden könnte.

Als rechtlich abwegig erscheint indessen die Auffassung der Bundesregierung, das Minimierungsgebot des § 4 Abs. 2 Satz 1 gelte erst nach Inkrafttreten der konkretisierenden Verwaltungsvorschrift nach § 48 BImSchG. Im Unterschied zur konstitutiv wirkenden Rechtsverordnung,[42] bei der der Ermächtigungsadressat nach dem Wortlaut der gesetzlichen Ermächtigung („hat … zu erlassen“, „bestimmt … durch Rechtsverordnung“) oder deshalb zur verordnungsrechtlichen Rechtssetzung verpflichtet ist, weil die gesetzliche Regelung im Hinblick auf ihre Anwendbarkeit oder Praktikabilität einer Rechtsverordnung bedarf,[43] existiert die Rechtsfigur der konstitutiven Verwaltungsvorschrift nicht. Eine Verwaltungsvorschrift kann – wenngleich nur unter engen Voraussetzungen – normkonkretisierend,[44] in der Regel lediglich norminterpretierend oder ermessenslenkend wirken, in keinem Fall aber normhemmend. Fast könnte man geneigt sein zu fragen, ob hier wie schon bei der geschei-

---

[42] *Mann*, in: Sachs, GG, 6. Aufl., 2011, Art. 80 Rn. 5.

[43] Um eine konstitutive Rechtsverordnung handelt es sich z. B. gemäß § 4 Abs. 1 Satz 3 BImSchG bei der Verordnung über genehmigungsbedürftige Anlagen (4. BImSchV).

[44] Vgl. dazu BVerwGE 72, 300; 110, 216; *Sendler*, UPR 1993, 321.

terten Stilllegungsaktion gegenüber den acht Kernkraftwerken wieder ein Moratorium helfen soll.[45] Auch der Umstand, dass der Normbefehl kaum vollziehbar ist, wie dies bei § 4 Abs. 2 Satz 1 in der Tat der Fall ist, steht seiner unmittelbaren Geltung jedenfalls nicht entgegen.

Die Vorschrift des § 4 Abs. 2 erweist sich nach alledem insgesamt als verfehlt.

III. Fazit

Vor dem Hintergrund der vorstehenden Analyse fällt die resümierende Beurteilung der Änderungsverordnung eher bescheiden aus. Sicherlich ist die Einbeziehung der Gleichstromanlagen in den Anwendungsbereich der Verordnung sinnvoll. Das hätte aber mit einem wesentlich geringen redaktionellen Aufwand bewerkstelligt werden können. Die Sinnhaftigkeit und Geeignetheit der übrigen Änderungen erschließt sich bei kritischer Betrachtung unter dem Gesichtspunkt der Normenklarheit und Vollzugstauglichkeit zumindest im Bereich der Niederfrequenzanlagen überwiegend nicht. Insoweit war die bisher geltende Verordnung aus 1996 deutlich besser. Damit soll und kann dem Urteil des Jubilars natürlich nicht vorgegriffen werden. Die Prognose über seine rechtswissenschaftliche Bewertung lässt aber nach Einschätzung des Verfassers nicht allzu viel Gutes erwarten.

---

[45] Vgl. dazu *Rebentisch*, NVwZ 2011, 533, sowie VGH Kassel, DVBl. 2013, 726, und BVerwG, DVBl. 2014, 303 ff.

Die rechtliche Bewertung unkonventioneller Erdgasgewinnung durch Fracking in Deutschland – rechtliche Beiträge zur Konfliktbewältigung

Von *Alexander Roßnagel*

I. Konflikte um die unkonventionelle Erdgasgewinnung

In Deutschland sind Konflikte um die Erdgasgewinnung aus unkonventionellen Lagerstätten entstanden, weil einerseits mehrere Unternehmen Anträge auf Erkundung in unterschiedlichen Regionen Deutschlands gestellt haben. Erschreckt über Berichte aus den USA, die eine unkontrollierte Ausbreitung von Erdgasbohrungen sowie damit verbundene Umweltprobleme aufzeigen, haben andererseits viele Unternehmen der Wasserwirtschaft, betroffene Gemeinden und besorgte Bürgergruppen Protest und Widerstand gegen diese Form der Erdgasgewinnung angemeldet.

Der Beitrag untersucht, wie die deutsche Rechtsordnung Risiken und negative Auswirkungen der Erdgasgewinnung aus unkonventionellen Lagerstätten beschränken und gestalten kann, um die Interessenkonflikte möglichst weitgehend zu reduzieren. Politische Entscheidungen werden dadurch aber nicht überflüssig werden. Nach einer kurzen Erläuterung der Risiken und Auswirkungen solcher Vorhaben (II.) werden die Regelungen und die durch sie eröffneten Steuerungsmöglichkeiten für die kumulierten Auswirkungen einer großflächigen Gewinnung mit vielen Bohrplätzen vorgestellt. Sie ergeben sich durch die künftigen Raum- und Bauplanungen sowie durch die durch sie vorgegebene planerische Zulässigkeit einzelner Vorhaben (III.). Hinsichtlich der Risiken, die mit einem einzelnen Fördervorhaben verbunden sind, wird der Rechtsrahmen für deren Bewertung und Zulassung (IV.) erläutert. Abschließend werden Vorschläge vorgestellt, wie der Rechtsrahmen verbessert werden könnte (V.).

II. Risiken und Auswirkungen

Vorhaben zur unkonventionellen Erdgasgewinnung mittels Fracking können die Schutzgüter Grund- und Trinkwasser, Natur und Landschaft sowie Leben, Gesundheit und Eigentum betreffen. Sie könnten Vorteile für die Klima- und Energiepolitik bieten.[1]

[1] Kritik hierzu *Sachverständigenrat für Umweltfragen*, Fracking zur Schiefergasgewinnung, 2013, 10 ff.

Risiken für diese Schutzgüter können durch Fracking ober- und unterirdisch entstehen.[2] Oberirdisch kann Frack-Fluid beim Anliefern, Mischen und Einpressen ins Bohrloch sowie beim Aufnehmen und Abtransportieren nach dem Rückspülen ins Erdreich eindringen und das Grund- und Trinkwasser gefährden. Unterirdisch kann Frack-Flüssigkeit beim Fracking-Prozess unmittelbar ins Grundwasser gelangen, wenn die unterirdischen Rohrleitungen versagen. Mittelbar kann ein Risiko entstehen, wenn die Frack-Flüssigkeit mittel- oder langfristig durch undichte Gesteinsschichten ins Grundwasser gelangt. Weitere Risiken ergeben sich aus der Rückführung der Frack-Flüssigkeit, die mit Lagerstättenwasser, Gas, Schwermetallen und radioaktiven Stoffen aus dem Untergrund („Flowback") angereichert sein kann und mittels Verpressen im Untergrund entsorgt wird.[3]

Die Risiken können reduziert werden, wenn nur solche Substanzen in der Frack-Flüssigkeit verwendet werden, die das Grund- und Trinkwasser nicht gefährden können, oder wenn das Grund- und Trinkwasser durch ausreichende Vorkehrungen vor einer Beeinträchtigung durch die Frack-Flüssigkeit geschützt wird. Solche Schutzvorkehrungen können ausreichend dichte Deckgebirge oder technische Barrieren sein wie die Versiegelung des Bohrplatzes mit Rückhaltemöglichkeiten und die Abdichtung des Bohrlochs. Schutzvorkehrungen können auch Prozesse der Überprüfung und Kontrolle darstellen, wie die Überprüfung auf Dichtigkeit des Systems, die Simulierung der Rissausbreitung (Frack-Design) und die Kontrolle der Rissausbreitung über den Druckverlauf beim Pumpen eines Fracks.

Negative *Auswirkungen* auf die regionale Entwicklung, das Landschaftsbild und die Natur können durch die großflächige Gewinnung von Erdgas durch viele Bohrplätze und die mit ihnen verbundene Infrastruktur entstehen. Sie können durch frühzeitige Planungen auf unterschiedlichen Ebenen verhindert oder vermindert werden. Dies setzt eine politische Prioritätensetzung der Planungsträger voraus und erfordert eine daraus abgeleitete Zuordnung des Raums zu konkurrierenden Nutzungszwecken. Hierfür müssen Gebiete, in denen eine unkonventionelle Gasgewinnung ermöglicht oder verhindert werden soll, in der Landes-, Regional- und Bauleitplanung ausgewiesen werden.[4]

---

[2] Siehe hierzu näher *Neutraler Expertenkreis*, Risikostudie Fracking – Übersichtsfassung der Studie „Sicherheit und Umweltverträglichkeit der Fracking-Technologie für die Erdgasgewinnung aus unkonventionellen Quellen", 2012; *Meiners u. a.*, Umweltauswirkungen von Fracking bei der Aufsuchung und Gewinnung von Erdgas aus unkonventionellen Lagerstätten – Risikobewertung, Handlungsempfehlungen und Evaluierung bestehender rechtlicher Regelungen und Verwaltungsstrukturen, Gutachten im Auftrag des Umweltbundesamts, 2012; *Sachverständigenrat für Umweltfragen* (Fn. 1), 2013.

[3] Transportrisiken werden nicht betrachtet.

[4] Siehe *Schneble* u. a., Fachbeitrag zum Themenkreis Landschaft Flächeninanspruchnahme, (oberirdische) Infrastruktur, Betrieb, 2012; *Meiners u. a.*, Fracking in unkonventionellen Erdgaslagerstätten in NRW, Kurzfassung zum Gutachten im Auftrag des Ministeriums für Klimaschutz, Umwelt, Landwirtschaft, Natur- und Verbraucherschutz des Landes NRW, 2012, 9 ff.

III. Planung

In diesem Kapitel sind nicht die Risiken einer einzelnen Förderbohrung Untersuchungsgegenstand, sondern die Auswirkungen, die mit einer großflächigen Gewinnung von Erdgas mittels Fracking verbunden sein können. Untersucht werden die rechtlichen Regelungen, die eine Planung der Nutzung des Raums ermöglichen, um großflächige räumliche Veränderungen zu steuern.

1. Räumliche Auswirkungen

Die raumbedeutsamen Auswirkungen der unkonventionellen Erdgasgewinnung betreffen zum einen den Flächenverbrauch und zum anderen die Veränderungen von Natur und Landschaft. Für beide Auswirkungen ist zwischen der Explorations- und Bohrphase mit Fracking und dem Förderbetrieb zu unterscheiden.[5]

Auswirkungen auf die Fläche ergeben sich während der Explorations- und Bohrphase durch die Bohrplätze für die Gasgewinnung und durch die Bohrplätze für das Verpressen des Flowbacks sowie durch die für beide Bohrplatztypen benötigte Infrastruktur.[6] Ein Bohrplatz umfasst Flächen für Lagertanks, Abwasserbecken, Regenauffangbecken, Lagerplätze für die Bohrausrüstung, Stromgeneratoren, Stellplätze für Lastkraftwagen sowie für Büro- und Wohncontainer. Für den Bohrplatz sind ca. 1 ha asphaltierte Fläche und stabile Betonfundamente für den Bohrturm erforderlich. Als Infrastruktur werden Zufahrtswege, Pipelines für das geförderte Gas und Abwässer sowie zentrale Einrichtungen benötigt, in denen das geförderte Gas gesammelt, getrocknet, gereinigt, aufbereitet und verdichtet wird. Während der 15- bis 30-jährigen Förderphase bleibt die Flächeninanspruchnahme durch den Bohrplatz sowie die Pipelines bestehen. Danach wird der Bohrplatz wieder zurückgebaut. Vor allem durch eine Vielzahl von Bohrplätzen und die hierfür benötigten Infrastruktureinrichtungen kommt es zur Kumulation, Überlagerung und Verstärkung der Flächenauswirkungen.

Die Auswirkungen auf das Landschaftsbild werden während der Explorations- und Bohrphase durch den Bohrturm geprägt. Dieser hat in der Regel eine Höhe von 27 bis 39 m. Sonstige weitere Einrichtungen erreichen eine Höhe von bis zu 10 m. Aus Sicherheitsgründen werden die Betriebsflächen mit einer 2 bis 2,5 m hohen Zaunanlage versehen. Der Bohrturm steht auf dem Bohrplatz bis zu zwei Jahre und wird nach Abschluss der Bohrungen auf dem nächsten Bohrplatz errichtet. Durch die Kumulation von Bohrtürmen kann es zu einer Zerschneidung des Landschaftsbildes und einer technische Überfremdung der Landschaft kommen. Der räumliche Einwirkungsbereich eines Bohrturms liegt bei ca. 400 bis 600 m.

---

[5] Siehe zum Folgenden *Schneble u. a.* (Fn. 4), 13 ff.; *UBA*, Einschätzung der Schiefergasförderung in Deutschland, 2011, 15.

[6] Zur Raumbedeutsamkeit s. auch *Meiners u. a.* (Fn. 4), 9 ff.

Eine planerische Steuerung der unkonventionellen Erdgasgewinnung hat es bisher nicht gegeben. Auf Grund der räumlichen Auswirkungen erscheint diese jedoch erforderlich. Nachfolgend wird versucht, aufzuzeigen, wie eine Steuerung dieser Nutzungsform, die negative Einflüsse auf die regionale Entwicklung, Natur und Landschaft ausschließen will, durch verschiedene Planungsinstrumente möglich wäre. Dabei werden neben der Raumplanung auf überörtlicher Ebene, die Bauleitplanung auf Gemeindeebene und die Ausweisung besonderer Schutzgebiete dargestellt.

2. *Raumplanung*

Aufgabe der Raumordnung ist es, den Gesamtraum und seine Teilräume durch Raumordnungspläne zu entwickeln, zu ordnen und zu sichern. Zum Zweck der nachhaltigen Raumentwicklung müssen im Plan Entscheidungen darüber getroffen werden, welche Interessen an der Nutzung der Gasvorräte andere wirtschaftliche Interessen (z.B. Wasserwirtschaft, Landwirtschaft, Tourismus), Interessen der Allgemeinheit (z.B. Trinkwasservorräte, Landschaftsbild), andere Nutzungsinteressen (z.B. ungestörtes Wohnen, Erholung) oder die Interessen der Ökologie überwiegen sollen. Aufgabe der Raumplanung ist es daher, die Nutzungskonflikte abzumildern, neue Raumnutzungsstrukturen zu definieren und dabei eine Entscheidung über die Flächennutzung zu treffen.

Die Länder sind verpflichtet, einen übergeordneten Plan für das gesamte Landesgebiet und für einzelne Regionen oder Themen Regionalpläne aufzustellen. An der Erstellung dieser Pläne sind berührte Verwaltungsbehörden und die Öffentlichkeit zu beteiligen.[7]

a) Raumbedeutsame Vorhaben

Die Raumordnung darf nur raumbedeutsame Planungen und Maßnahmen von überörtlicher Bedeutung erfassen. Dies ist für Vorhaben nur der Fall, wenn sie viel Raum beanspruchen oder die räumliche Entwicklung und Funktion eines Gebiets beeinflussen. Ob die unkonventionelle Erdgasgewinnung raumbedeutsam ist, hängt letztlich von ihrer Ausgestaltung ab. Dies soll an zwei Szenarien deutlich gemacht werden:

Im Szenario (1) werden viele Bohrplätze auf großer Fläche in kurzer Zeit errichtet. Bei einem Gewinnungsgebiet von angenommen etwa 400 km^2 (20 x 20 km) würden bei einem Abstand von etwa 2 km 100 Bohrplätze gemeinsam auf den Raum einwirken. Diese Bohrplätze müssen mit Straßen und Pipelines verbunden sein und durch mehrere zentrale Anlagen unterstützt werden. Dieses Gitternetz an Förder- und Bohrplätzen würde insgesamt einen bedeutsamen Raum in Anspruch nehmen und den Raum intensiv strukturieren und prägen.

---

[7] Siehe zum Folgenden *Roßnagel/Hentschel/Polzer*, Rechtliche Rahmenbedingungen der unkonventionellen Erdgasförderung mittels Fracking, 2012, 83 ff. m.w.N.

Im Szenario (2) werden wenige Bohrplätze auf großer Fläche in längeren Zeiträumen und mit angepassten Techniken errichtet und betrieben. Es werden Bohrtürme mit einer Höhe bis zu 20 m eingesetzt. Emissionen von Licht und Schall werden deutlich reduziert, weil die Bohrstelle tiefer gelegt und die Bohrmaschinen eingehaust werden. In dem Gewinnungsgebiet von etwa 400 km^2 (20 x 20 km) entstehen nur 25 Bohrplätze mit einem Abstand von 4 km. Zur gleichen Zeit sind nur fünf Bohrtürme im Einsatz. Würde nach der Bohrphase die Asphaltierung des Bohrplatzes zurückgebaut, die Umzäunung beseitigt und die Förderstelle in einen unterirdischen Bunker unter Flur gelegt, wäre nach der zweijährigen Bohrphase von der Gasgewinnungsanlage kaum noch etwas zu sehen.

Szenario (1) wäre raumbedeutsam, Szenario (2) nicht. Soweit eine Entwicklung in Richtung des Szenario (1) nicht ausgeschlossen werden kann, muss eine Raumordnung vorsorglich erfolgen, um Konflikte in der Raumnutzung zu vermeiden. Sie kann nicht abwarten, bis vollendete Tatsachen geschaffen worden sind, sondern muss eine Ordnung des Raums durchführen, um die gewünschten Entwicklungen zu erreichen und unerwünschte Entwicklungen zu verhindern.

b) Festlegungen in Raumordnungsplänen

In den Landes- und Regionalplänen kann die Raumentwicklung durch Ziele oder Grundsätze gesteuert werden. Beide müssen von den Gemeinden bei ihrer Bauleitplanung und von den Verwaltungsbehörden bei der Zulassung einzelner Vorhaben beachtet werden. Ziele der Raumordnung sind ohne Ermessens- oder Abwägungsspielraum zu befolgen. Grundsätze sind dagegen nur in der Abwägung oder bei der Ermessensausübung zu berücksichtigen.

Als *Grundsätze* der Raumordnung sind für die Steuerung der unkonventionellen Erdgasgewinnung Abwägungsbelange zu formulieren. Hierfür sind die gesetzlichen Vorgaben zu einer Vorsorge für die Rohstoffgewinnung, zu einer ausgeglichenen sozialen, infrastrukturellen, wirtschaftlichen, ökologischen und kulturellen Entwicklung und zu einer Sicherung der Funktionsfähigkeit der Böden, des Wasserhaushalts, der Tier- und Pflanzenwelt sowie des Klimas in den Plänen durch räumlicher und textlicher Festlegungen zu konkretisieren. Grundsätze stehen nebeneinander und sind im Einzelfall gegeneinander abzuwägen.

Mit *Zielen* der Raumordnung trifft dagegen der Plangeber verbindliche Vorgaben in Form von räumlich und sachlich bestimmten, abschließend abgewogenen textlichen oder zeichnerischen Festlegungen zur Ordnung des Raums.

Konkret wird die Raumnutzung dadurch gesteuert, dass in den Plänen bestimmte Gebiete festgelegt werden, in denen Nutzungen möglich oder ausgeschlossen sind.

Für die unkonventionelle Erdgasgewinnung kann ein *Vorranggebiet* ausgewiesen werden. Durch diese Festlegung wird ein Gebiet für diese Nutzung vorrangig vorgesehen und werden andere Nutzungen in diesem Gebiet strikt ausgeschlossen, soweit sie mit den vorrangigen Nutzungen nicht vereinbar sind. Vorranggebiete werden als Ziel der Raumplanung festgelegt.

Die Ausweisung von *Vorbehaltsgebieten* kann einer bestimmten Nutzung bei der Abwägung mit konkurrierenden Nutzungen besonderes Gewicht beimessen. Diese flexiblen planerischen Festlegungen stellen Grundsätze der Raumplanung dar.

Eignungsgebiete weisen Nutzungen aus, die in diesem Gebiet geeignet und in allen anderen Gebieten des Planungsraums nicht geeignet sind. Dadurch wird eine Konzentration der Nutzung auf einer Teilfläche des Planungsraums festgelegt. Die Ausweisung eines Eignungsgebiets legt für eine bestimmte Nutzung in dem Gebiet einen positiven Grundsatz fest und trifft für das Verbot der Nutzung außerhalb des Gebiets eine Zielfestlegung.

Das Raumordnungsrecht bietet für den Plangeber auch die Möglichkeit, Vorranggebiete und Eignungsgebiete zu verbinden. Dadurch kann das Ziel eines Vorrangs in einem Gebiet mit dem Ziel eines Ausschlusses in allen anderen Gebieten verbunden werden. Durch diese Kombination könnte die unkonventionelle Erdgasgewinnung raumplanerisch gezielt und verbindlich gesteuert werden. In der Praxis kann für die Steuerung der unkonventionellen Erdgasgewinnung jedoch auch die Ausweisung von Vorrang- und Vorbehaltsgebieten genügen.

c) Strategische Umweltprüfung

Um über die Umweltauswirkungen der Planung ausreichendes Wissen zu generieren, muss bei jeder Aufstellung oder wesentlichen Änderung von Raumordnungsplänen eine Strategische Umweltprüfung durchgeführt werden. In dieser sind die voraussichtlichen Auswirkungen des Plans auf Menschen, Tiere, Pflanzen und die biologische Vielfalt, Boden, Wasser, Luft, Klima und Landschaft, Kulturgüter und sonstige Sachgüter sowie die Wechselwirkung zwischen diesen Schutzgütern zu untersuchen. Untersuchungsgegenstand ist der gesamte Inhalt des Regionalplans, also auch alle Ziele und Grundsätze. Zu prüfen sind zum Beispiel Standortausweisungen für raumbedeutsame Vorhaben sowie die Festsetzung von Vorrang-, Vorbehalts- und Eignungsgebieten.

d) Abwägung

Die Zielfestlegungen in Landes- und Regionalplänen sind nur dann rechtmäßig, wenn sie Ergebnis einer fehlerfreien Abwägung aller relevanten öffentlichen und privaten Belange sind. Zu einer ordnungsgemäßen Abwägung gehört in Bezug auf die Rohstoffvorsorge eine sorgfältige Ermittlung der im Plangebiet vorhandenen standortgebundenen Rohstofflager sowie der mittel- und langfristig Bedarfsannahmen, die der Förderung von Erdgas zugrunde gelegt werden sollen. Allerdings kann vom Träger der Planung nicht verlangt werden, dass er selbst oder mit eigenen Finanzmitteln umfangreiche Untersuchungen anstellt. Insoweit können auch Schätzungen und Ableitungen aus Erfahrungssätzen genügen. Der Planungsträger kann mit anderen Verwaltungsbehörden, Unternehmen und NGO's zusammenzuarbeiten und deren Kenntnisse berücksichtigen.

Sind die möglichen Abbaugebiete bekannt, sind im gesamten Planungsgebiet zunächst die Flächen zu ermitteln, die für die unkonventionelle Erdgasgewinnung nicht in Betracht kommen. Diese können sich zum einen aus raumordnerischen Gründen ergeben, weil sie einer gewünschten Raumentwicklung entgegenstehen. Sie können sich aber auch aus fachlichen Gründen aufdrängen, weil sie mit bereits bestehenden Planungen z. B. zur Sicherung der Wasserwirtschaft, der Bauentwicklung oder der Naherholung, nicht zu vereinbaren sind, und diese Planungen ein höheres Gewicht haben als die Erdgasgewinnung. Als Tabugebiete sind solche Gebiete zu fassen, in denen positive Zielaussagen für andere Nutzungen bestehen, mit denen die unkonventionelle Erdgasgewinnung nicht zu vereinbaren und somit von vornherein ausgeschlossen ist.[8] Nach dem Ausschluss dieser Tabuzonen sind in einem weiteren Schritt Kriterien zu definieren, die potenziell dazu geeignet sind, mit der Erdgasgewinnung in Konflikt zu geraten.

3. Bauleitplanung

Die Raumplanung wird durch die Bauleitplanung der Gemeinden konkretisiert und ausgebaut. Die Aufgabe der Bauleitplanung ist es, die bauliche und sonstige Nutzung der Grundstücke in der Gemeinde vorzubereiten und zu leiten. Sie gliedert sich in die Flächennutzungsplanung und die Bebauungsplanung.

Im *Flächennutzungsplan* müssen die Gemeinden die Festlegungen des Landes- oder Regionalplans übernehmen und konkretisieren. Gibt es keine Planung in Bezug auf die unkonventionelle Erdgasgewinnung durch einen Landes- oder Regionalplan, kann die Gemeinde eine Steuerung durch den Flächennutzungsplan vornehmen. Hierfür kann sie Flächen für die Gewinnung von Bodenschätzen ausweisen, die eine unkonventionelle Erdgasgewinnung ermöglichen, oder eine Nutzung darstellen, die ihr unmittelbar widerspricht. Allerdings vermag nur eine konkrete anderweitige Nutzungsausweisung, wie zum Beispiel die Darstellung von Wohnbauflächen, einen Widerspruch zwischen beantragter Erdgasgewinnung und Flächennutzungsplan zu begründen. Können beide Nutzungen nebeneinander stattfinden, widersprechen sie sich nicht. Die Genehmigungsbehörden sind bei der Aufstellung des Plans zu beteiligen. Die Gemeinde kann außerdem die Erdgasgewinnung ausdrücklich fördernde Darstellungen treffen, für alle anderen Flächen aber eine solche Nutzung ausschließen. Diese Darstellung von Konzentrationszonen kommt vor allem dann in Betracht, wenn auf der übergeordneten Ebene der Landes- und Regionalplanung keine Aussagen zur Erdgasgewinnung bestehen.

Um privilegierte Vorhaben im Außenbereich zu steuern, kann die Gemeinde auch einen *Bebauungsplan* aufstellen. In ihm kann die Gemeinde Flächen für die Gewinnung von Bodenschätzen festsetzen. Dadurch kann sie entsprechende Standorte si-

[8] Nach *Meiners u. a.* (Fn. 4), 9 ff. sind dies 48 % des Landesgebiets von Nordrhein-Westfalen.

chern und für sie die planungsrechtliche Zulässigkeit des späteren Bergbauvorhabens gewährleisten.

4. Festlegungen von Schutzgebieten

Die Ausweisung von Schutzgebieten steuert die unkonventionelle Erdgasgewinnung nur mittelbar. Sie ist in erster Linie darauf gerichtet, Gebiete aus besonderen Gründen unter Schutz zu stellen. Dies kann für die unkonventionelle Erdgasgewinnung zu einer Beschränkung oder zum Ausschluss in diesen Gebieten führen.

a) Gewässerschutz

Bisher haben die Länder bereits viele Wasserschutzgebiete, im Durchschnitt etwa 10 % der Landesfläche, hauptsächlich zum Schutz des Trinkwassers ausgewiesen. In der Verordnung, die das Schutzgebiet festlegt, können bestimmte Handlungen verboten oder nur eingeschränkt zugelassen werden. Bisher enthält jedoch noch keine Schutzgebietsverordnung Aussagen zur unkonventionellen Erdgasgewinnung. Jedoch enthalten sie vielfach Verbote für das Einbringen von wassergefährdenden Stoffen und Abwasser in den Untergrund. Dadurch sind Fracking-Maßnahmen grundsätzlich ausgeschlossen, können aber nach § 52 Abs. 1 Satz 2 WHG von den Behörden in Form einer Befreiung im Einzelfall zugelassen werden. Diese wäre allerdings rechtlich nur möglich, wenn Risiken für das Grundwasser mit Sicherheit ausgeschlossen werden könnten.[9] Können bei einer Maßnahme Risiken für das Grund- und Trinkwasser nicht ausgeschlossen werden, so kann die Behörde diese durch Einzelverfügung verbieten, auch wenn diese außerhalb des Schutzgebiets stattfindet. Das kann vor allem für Bohrmaßnahmen relevant werden, die zwar außerhalb des Wasserschutzgebiets stattfinden, jedoch mittels horizontaler Bohrung unter dieses führen.

b) Naturschutz

Zum Schutz von besonders schutzwürdigen Teilen von Natur und Landschaft wurden in der Vergangenheit bereits viele Gebiete, im Durchschnitt etwa 10 % der Landesfläche, als Naturschutzgebiete und noch erheblich mehr Gebiete als Landschaftsschutzgebiete ausgewiesen. Bisher enthält noch keine Schutzgebietsfestlegung Aussagen zur unkonventionellen Erdgasgewinnung. Den strengsten Schutz kann die Ausweisung von Naturschutzgebieten sowie von Naturparks vermitteln. In diesen sind alle Handlungen, die zu einer Zerstörung, Beschädigung oder Veränderung oder zu einer nachhaltigen Störung führen können, verboten. Dies sollte für die unkonventionelle Erdgasgewinnung konkretisiert werden. Letztlich ist bei allen Schutzgebietsausweisungen zu beachten, dass – egal wie streng der Schutz über eine Verordnung ausgestaltet wird – immer auch eine Befreiung von den Schutzbe-

---

[9] Siehe *Reinhardt*, Wasserrechtliche Vorgaben für die Gasgewinnung durch Fracking-Bohrungen, NVwZ 2012, 1369; *Sachverständigenrat für Umweltfragen* (Fn. 1), 42.

stimmungen möglich ist, wenn dies aus Gründen des überwiegenden öffentlichen Interesses notwendig ist oder im Einzelfall zu einer unzumutbaren Belastung führen würde und die Abweichung mit dem Schutzziel vereinbar ist.

5. Konfliktbewältigung durch Planung

Eine breite und intensive unkonventionellen Erdgasgewinnung hätte raumbedeutsame Auswirkungen auf Wirtschafts- und Siedlungsstruktur, Landschaftsbild sowie Natur- und Gewässerschutz und würde in diesen Interessenbereichen große Konflikte verursachen. Die Zuordnung konkurrierender Nutzungsformen des Raumes und die Vermeidung von Nutzungskonflikten erfordert eine geordnete Entwicklung durch Planung. Die Steuerung der Auswirkungen der unkonventionellen Erdgasgewinnung kann durch die Raum- und Fachplanung erfolgen sowie durch die Festlegung von Schutzgebieten für Landschaft, Natur und Gewässer. Vor der Zulassung einer breiten unkonventionellen Förderung von Erdgas sollten – z. B. im Rahmen eines eigenen Fachplans – nach politischen Prioritäten bestimmte für die Förderung geeignete Gebiete vorgesehen und bestimmte ungeeignete Gebiete ausgeschlossen werden. Zwar bietet auch die Flächennutzungsplanung den Gemeinde die Möglichkeit, die unkonventionelle Erdgasgewinnung zu steuern, doch sollte dies auf Grund der nicht nur rein gemeindebezogenen Auswirkungen eher auf der Ebene der Region oder des Landes erfolgen. In den Zulassungsverfahren sind dann einzelne Vorhaben daraufhin zu überprüfen, ob sie in diesen Rahmen geordneter Raumentwicklung passen. Die Länder, die eine unkonventionelle Gewinnung von Erdgas zur Energieversorgung zulassen wollen, müssen daher die Instrumente der Raumordnung konsequent nutzen, um dadurch potenzielle negative Auswirkungen für andere Belange zu vermeiden oder zu begrenzen.

IV. Zulassung

Die Risiken, die sich aus dem unkonventionellen Gewinnen von Erdgas mittels Fracking ergeben, können ober- und unterirdisch entstehen. Die Risiken werden durch unterschiedliche Rechtsbereiche bewertet und durch Anforderungen an Schutzvorkehrungen zu reduzieren versucht. Ob diese Anforderungen erfüllt sind, wird für jedes Gewinnungsvorhaben durch ein Zulassungsverfahren überprüft. Im Folgenden werden für unterirdische und oberirdische Risiken getrennt die Kriterien für die Risikobewertung und -steuerung und die Verfahren der Zulassung vorgestellt.

1. Unterirdische Risiken

Die unterirdischen Risiken bestehen vor allem im Versagen des technischen Systems des Bohrlochs, der Rohrtour im Bohrloch und des Fracking-Prozesses[10] oder im

[10] Siehe näher *Uth*, Technische Sicherheit von Anlagen und Verfahren zur Erkundung und Förderung von Erdgas aus nichtkonventionellen Lagerstätten, 2012, 48 ff.

Versagen des geologischen Systems der Barrieren durch das Deckgebirge.[11] Außerdem ergeben sich Risiken aus der Entsorgung der anfallenden Flüssigkeiten mittels Verpressen in den Untergrund.[12] Die unterirdischen Risiken müssen so reduziert sein, dass sie die Anforderungen des Bergrechts erfüllen. Soweit die Risiken aber auch das Grundwasser und eventuell sogar Trinkwasser betreffen können, müssen auch die Bewertungskriterien und Anforderungen des Wasserrechts erfüllt werden.[13]

a) Kriterien und Anforderungen des Bergrechts

Nach §§ 55 und 48 Abs. 2 BBergG müssen mindestens vier Anforderungen erfüllt sein:

(1) ist die erforderliche Vorsorge gegen Gefahren für Leben, Gesundheit und zum Schutz von Sachgütern zu gewährleisten. Hierfür sind insbesondere Maßnahmen zu ergreifen, die den allgemein anerkannten Regeln der Sicherheitstechnik entsprechen. Diese sind meist in wissenschaftlich-technischen Regelwerken oder in Verwaltungsvorschriften der zuständigen Bergämter zusammengefasst.

(2) dürfen keine Schäden für das Allgemeinwohl zu erwarten sein. Solche Schäden wären auch nachteilige Veränderungen des Grundwassers. Gemeinwohlbeeinträchtigungen sind dann zu erwarten, wenn sie bei normalem Geschehensablauf nach allgemeiner Lebenserfahrung wahrscheinlich und ihrer Natur nach vorhersehbar sind.

(3) dürfen der Bergbaumaßnahme keine „überwiegenden öffentlichen Interessen entgegenstehen" – insbesondere umweltrechtliche Belange oder Planfestsetzungen.

(4) müssen „die anfallenden Abfälle ordnungsgemäß verwendet oder beseitigt" werden. Kein Abfall ist jedoch das Flowback (Frack-Fluid und Lagerstättenwasser), das als Abwasser dem Wasserhaushaltsgesetz unterliegt und so zu beseitigen ist, dass das Wohl der Allgemeinheit nicht beeinträchtigt wird.

Festzuhalten ist, dass sowohl das Kriterium „Schäden für das Allgemeinwohl" (2) als auch das Kriterium „Entgegenstehen überwiegender öffentlicher Interessen" (3) und das Kriterium der ordnungsgemäßen Abfallverwendung und -beseitigung (4) auf die Wertungen anderer Rechtsgebiete verweisen, im Fall möglicher Grundwasserbeeinträchtigungen auf das Wasserrecht.

---

[11] Siehe näher *Sauter/Helmig* u. a., Abschätzung der Auswirkungen von Fracking-Maßnahmen auf das oberflächennahe Grundwasser – Generische Charakterisierung und Modellierung, 2012, 68 ff.

[12] Siehe näher *Rosenwinkel/Weichgrebe/Olsson*, Stand der Technik und fortschrittliche Ansätze in der Entsorgung des Flowback, 2012, www.dialog-erdgasundfrac.de/sites/dialog-erdgasundfrac.de/files/FrackingDialog_Stand_Technik_fortschrittliche_Ansaetze_Entsorgung_Flowback_Rosenwinkel.pdf, 57 ff., 64, 67 f.

[13] Siehe zum Folgenden *Roßnagel/Hentschel/Polzer* (Fn. 7), 7 ff. m.w.N.

b) Kriterien und Anforderungen des Gewässerschutzrechts

Das Gewässerschutzrecht schützt die Gewässer als Bestandteil des Naturhaushalts. Die Gewässerbewirtschaftung soll so erfolgen, dass den Grundsätzen der Vorsorge und der Nachhaltigkeit folgend die „Lebensgrundlage Wasser" erhalten und gesichert wird.[14]

Das Gewässerschutzrecht schützt auch das Grundwasser. Dieses ist rechtlich gesehen das „unterirdische Wasser in der Sättigungszone, das in unmittelbarer Berührung mit dem Boden oder dem Untergrund steht". Unerheblich ist, in welchem Horizont und in welcher Tiefe das Grundwasser sich befindet. Allerdings kann sich die wirtschaftliche Bedeutung des Grundwassers mit der Tiefe seines Vorkommens verändern. Kein Schutzbedarf besteht, wenn ausgeschlossen ist, dass das tiefe Grundwasser mit oberflächennahem Grundwasser oder Trinkwasser in Berührung kommen kann. Dies ist in der Regel für das Grundwasser der Fall, das in Poren des Gesteins eingeschlossen oder durch Kapillareffekte gebunden ist. Notwendige Voraussetzung für die Bewirtschaftungsbedürftigkeit des Grundwassers ist, dass es am Wasserkreis lauf teilnimmt.

Für den Schutz des Grundwassers gilt nach § 12 Abs. 1 WHG, dass es durch ein Vorhaben nicht zu „schädlichen Gewässerveränderungen" kommen darf, die auch nicht durch Nebenbestimmungen vermieden oder ausgeglichen werden können. Dies wäre insbesondere der Fall, wenn die öffentliche Wasserversorgung beeinträchtigt würde. Dieser Maßstab wird für den Grundwasserschutz für bestimmte Schadstoffe oder Schadstoffgruppen durch die Grundwasserverordnung und die Trinkwasserverordnung konkretisiert. Ersatzweise kann eine Orientierung an den Guide Values der Weltgesundheitsorganisation „Guidelines for Drinking Water Quality (4. Edition, 2011)" erfolgen. Wenn für einen Stoff kein Wert zur Verfügung steht, können die vom Umweltbundesamt empfohlenen gesundheitlichen Orientierungswerte für nicht bewertbare Stoffe im Trinkwasser herangezogen werden.[15] Dieser Maßstab ist durch die unbestimmten Rechtsbegriffe der „Schäden für das Allgemeinwohl" und der „überwiegenden öffentlichen Interessen" auch für den Bergbau relevant und damit auch für Fracking anzuwenden.

Soweit Abwässer aus der Erdgasgewinnung in Hohlräume im Untergrund verpresst werden sollen, gelten hierfür die bereits dargestellten Anforderungen des Bergrechts und des Gewässerschutzrechts. Abwasser ist das durch seinen „Gebrauch in seinen Eigenschaften veränderte Wasser". Danach ist das unveränderte Lagerstättenwasser kein Abwasser, wohl aber das Lagerstättenwasser oder das eingepumpte Wasser, das mit Frack-Fluid vermischt nach dem Fracken wieder zurückkommt. Allein Bergrecht gilt, wenn die Verpressung in keine grundwasserführende Schicht erfolgt und ausgeschlossen werden kann, dass bewirtschaftungsbedürftiges Grundwasser oder Oberflächenwasser mit den eingepressten Flüssigkeiten in Berührung kom-

[14] Siehe zum Folgenden *Roßnagel/Hentschel/Polzer* (Fn. 7), 12 ff.

[15] *UBA*, Bundesgesundheitsblatt 2003, 249 ff.

men kann. Kann dagegen verpresstes Abwasser mit Grundwasser in Berührung kommen, ist das Verpressen nach § 57 Abs. 1 WHG nur zulässig, wenn das Abwasser zuvor in Abwasseranlagen so behandelt worden ist, dass Menge und Schädlichkeit des Abwassers so gering wie möglich gehalten werden und die Einleitung mit den Anforderungen an die Gewässereigenschaften vereinbar ist.

c) Rechtliche Risikobewertung

Die beschriebenen Anforderungen zur Risikobewältigung im Bergrecht (Maßnahmen nach den allgemein anerkannten Regeln der Sicherheitstechnik, keine Schäden für die Allgemeinheit, keine entgegenstehenden überwiegenden öffentlichen Interessen) und im Gewässerschutzrecht (keine schädlichen Gewässerveränderungen, insbesondere keine Beeinträchtigung der öffentlichen Wasserversorgung, keine Beeinträchtigung des Wohls der Allgemeinheit) sind unbestimmte Rechtsbegriffe. Sie bringen zum Ausdruck, dass nicht alle Risiken ausgeschlossen werden müssen, sondern nur diejenigen jenseits einer bestimmten Schwelle. Diese Schwelle bestimmen jedoch weder das Bundesberggesetz noch das Wasserhaushaltsgesetz in Form technischer Vorgaben. Auch geben sie kein Verfahren vor, wie die Risiken zu ermitteln und zu bewerten sind.[16] Vielmehr benutzt der Gesetzgeber ausschließlich sprachliche Mittel, um die vorgegebene Sicherheit zu beschreiben. Die Anforderungen können daher nicht unmittelbar für die geforderte Sicherheitsbewertung genutzt werden. Um als Prüfmaßstab für Vorhaben der unkonventionellen Erdgasgewinnung dienen zu können, müssen sie in die Sprache der Sicherheitstechnik übertragen werden.[17]

In beiden Rechtsbereichen haben mangels präziser gesetzlicher Vorgaben letztlich die Verwaltung und ganz zum Schluss die Verwaltungsgerichte zu entscheiden, welches Vorgehen sie für die Sicherheitsgewährleistung für geeignet und erforderlich halten. Wie diese bestimmen, ob alle Anforderungen an die Schadensvorsorge und die Gefahrenabwehr erfüllt sind, hängt ab von der Methode, mit der sie das Risiko einer Anlage feststellen und bewerten. Die Art und Weise der Risikodefinition, -ermittlung und -bewertung ist die Sicherheitskonzeption der Verwaltungsbehörde. Diese Sicherheitskonzeption ist nicht in den rechtlichen Anforderungen enthalten. Zur Vollendung des Regelungsprogramms dieser Vorschriften ist sie aber unverzichtbar. Sie ist das Bindeglied zwischen den rechtlichen Bewertungskriterien und den technisch formulierten Sicherheitsanforderungen. In einer Sicherheitskonzeption wird festgelegt, welche Schutzziele für welche Schutzobjekte mit welchen Schutzmaßnahmen erreicht werden sollen.

Eine probabilistische Sicherheitskonzeption, die Wahrscheinlichkeiten von Störfallverläufen und Ausmaße möglicher Schäden untersucht und an Risikogrenzwerten oder -kurven bewertet, scheidet hier aus. Für die unkonventionelle Gewinnung von Erdgas mittels Fracking fehlt es hierfür sowohl an den statistischen und modelltech-

---

[16] Im Wasserrecht helfen die Schwellenwerte der Grundwasserverordnung.

[17] Siehe zum Folgenden *Roßnagel/Hentschel/Polzer* (Fn. 7), 19 ff. m.w.N.

nischen Grundlagen als auch an einem normativen Risikowert. Somit bleibt nur eine deterministische Sicherheitskonzeption. Nach dieser werden bestimmte Störfallabläufe unterstellt und es wird geprüft, ob die Anlage sie sicher zu beherrschen vermag. Als „erforderlich“ gelten die Maßnahmen, die notwendig sind, um die unterstellten „Auslegungsstörfälle“ zu beherrschen. Der Auswahl der Auslegungsstörfälle und der Wahl der Sicherheitstechnik liegen keine expliziten Ermittlungen und Bewertungen des potenziellen Schadensausmaßes und seiner Wahrscheinlichkeit zugrunde. Sie gründen vielmehr auf der Erfahrung, die Experten aus technischen Unfällen gewonnen haben. Die nicht berücksichtigten Störfallabläufe und die Möglichkeit eines Versagens der Sicherheitstechnik gelten als Restrisiko. Die berücksichtigten Störfälle liefern die Randbedingungen für die Auslegung der Sicherheitssysteme. Bei deren Konstruktion sind die Kriterien der Zuverlässigkeitstechnik als qualitative Beurteilungskriterien zu berücksichtigen. Die Auslegungsgrundsätze verlangen, dass die Funktion der Schutz- und Sicherheitssysteme auch bei Ausfall einzelner Komponenten erhalten bleibt.

Der Sicherheitsnachweis erfolgt durch die Darstellung, dass die definierten Schutzmaßnahmen gegen die definierten Störfälle ergriffen wurden. Kann dies bestätigt werden, gilt die Anlage als sicher. Wird aber ein definierter Störfall nicht berücksichtigt oder eine definierte Schutzmaßnahme nicht ergriffen, so fehlt es an der erforderlichen Vorsorge. Umgekehrt gilt die Anlage als sicher, wenn nachgewiesen ist, dass gegen alle Auslegungsstörfälle die vorgesehenen Sicherheitssysteme genutzt werden. Der Vorteil der deterministischen Sicherheitsdefinition besteht darin, dass die Anforderungen klar sind und ihre Erfüllung überprüft werden kann.

Die deterministische Sicherheitsdefinition hat Grenzen, die im Wesentlichen darauf beruhen, dass die zu unterstellenden Störfälle und die gegen sie zu ergreifenden Sicherheitsmaßnahmen aus Statistiken und der Erfahrung von Ingenieuren abgeleitet werden. Dies funktioniert bei Risiken, mit denen in der Vergangenheit ausreichende Erfahrungen gewonnen werden konnten, erfordert aber bei neuen Risiken zusätzliche Vorsorgemaßnahmen. Außerhalb der deterministischen Sicherheitskonzeption gibt es jedoch kein anderes Verfahren, um die Einhaltung der unbestimmten Rechtsbegriffe des Berg- und Wasserrechts zur geforderten Sicherheit rational zu überprüfen.

Für die rechtliche Bewertung kann daher im Rahmen der deterministischen Sicherheitskonzeption auf die im Neutralen Expertenkreis[18] erarbeiteten Risikoszenarien[19] als Auslegungsstörfälle zurückgegriffen und mit deren Hilfe überprüft werden, ob für betroffene Rechtsgüter eine ausreichende Sicherheit besteht. Ausreichend sind Schutzvorkehrungen, wenn sie nach der Erfahrung der Sicherheitsingenieure eine ausreichende Gewähr dafür bieten, dass Schäden nicht eintreten können. Diese Sicherheit darf dann angenommen werden, wenn ein gestaffeltes Sicherheitssystem in redundanter Weise verhindert, dass eine Ereigniskette von einem Störfall bis zu einem Schadenseintritt entstehen kann. Dieses muss verhindern, dass der Störfall

[18] Siehe *Neutraler Expertenkreis* (Fn. 2).

[19] Siehe ausführlich *Uth* (Fn. 10), 40 ff.

überhaupt entstehen kann, sicherstellen, dass der Störfall rechtzeitig entdeckt wird, gewährleisten, dass der entdeckte Störfall beherrscht wird, bewirken, dass seine Schadenswirkungen begrenzt sind, und ermöglichen, dass bei einem eingetretenen Schaden dessen Auswirkungen ausgeglichen werden können.

Für die Risiken im geologischen und hydrologischen System ist sicherzustellen, dass

- möglichst keine oder nur schwach wassergefährdende Stoffe eingesetzt werden,
- keine Bohrungen in Trinkwasserschutzgebieten erfolgen,
- der Frack so vorbereitet und überwacht wird, dass nur eine geringe Ausbreitung der schädlichen Stoffe zu erwarten ist und diese nicht in nutzbare tiefe Grundwasser gelangen,
- Fracks nur durchgeführt werden, wenn das Deckgebirge ausreichend dick (ca. 1000 m), undurchlässig und ohne Wegsamkeiten ist und keine tektonisch kritisch gespannten Störungen oder tektonisch starke Zerrüttungen aufweist,
- nur ein geringer Druckgradient besteht und vor allem das gleichzeitige Auftreten von artesisch gespanntem Tiefenwasser und durchgängigen Transportwegen ausgeschlossen ist,
- Wechselwirkungen mit alten Förderbohrungen oder Brunnen im Umfeld der Bohrung ausgeschlossen sind.

Für die Risiken im technischen System ist sicherzustellen, dass

- die Standfestigkeit und Dichtigkeit des gesamten Bohrlochs gewährleistet ist und
- die Dichtigkeit des Bohrlochs während eines Fracks und während der Rückspülung überwacht wird.

Für die dauernde Gewährleistung ausreichender Sicherheit sind wiederkehrende Kontrollen des Betriebs des Bohrlochs sowie ein ständiges Monitoring der Auswirkungen auf die Umwelt notwendig, die in ein Sicherheitsmanagement eingebunden sind.

d) Zulassungsverfahren und Zuständigkeiten

Diese Kriterien kommen allerdings nur unter bestimmten Voraussetzungen und in bestimmten Verfahren zur Anwendung. Diese sind für die Wirksamkeit der Kriterien von entscheidender Bedeutung.[20]

Das Aufsuchen und Gewinnen von Bodenschätzen setzt zwei unabhängig voneinander durchzuführende Zulassungsverfahren des *Bergrechts* voraus.

(1) Einerseits bedarf es nach §§ 6 ff. BBergG – quasi als Ersatz für das Grundeigentum, das bei Bodenschätzen wie Erdgas fehlt – einer Bergbauberechtigung, die dem Bergbauunternehmer prinzipiell das Recht gewährt, in einem definierten Feld

[20] Siehe zum Folgenden *Roßnagel/Hentschel/Polzer* (Fn. 7), 27 ff. m.w.N.

Bodenschätze aufzusuchen und zu gewinnen. Diese wird nur auf Antrag erteilt. Sie ist unter anderem zu versagen, wenn sie in einem Gebiet erfolgen soll, in dem diese Nutzung planerisch ausgeschlossen ist. Dies ist insbesondere Gebieten der Fall, in denen das Gewässer und die Natur unter besonderen Schutz gestellt sind. Da jedoch in der Regel Befreiungsmöglichkeiten vorgesehen sind, ist im Einzelfall zu prüfen, ob eine Befreiung erteilt werden kann. Dieser Teil des bergrechtlichen Genehmigungsverfahrens sieht keine Öffentlichkeitsbeteiligung und keine Umweltverträglichkeitsprüfung vor.

(2) Andererseits bedarf die Aufnahme der eigentlichen bergbaulichen Tätigkeiten unter Tage nach §§ 51 ff. BBergG – quasi als „Baugenehmigung" – jeweils der behördlich Zulassung eines Betriebsplans. Diese Regelung dient der präventiven Kontrolle. In der Regel ist für das Bergbauvorhaben ein Rahmenbetriebsplan aufzustellen, der allgemeine Angaben über das gesamte Vorhaben, dessen technische Durchführung und den voraussichtlichen zeitlichen Ablauf enthält. Er hat nur feststellende Wirkung, begründet aber eine Festlegung der Bergbehörde. Für die Errichtung und den Betrieb des Bergbaubetriebs ist ein Hauptbetriebsplan für jeweils zwei Jahre aufzustellen. Nur dieser hat die Wirkung, die Bergbautätigkeit zu gestatten. Für bestimmte Teile oder Maßnahmen des Betriebs können Sonderbetriebspläne aufgestellt werden. Im Rahmen der Erdgasgewinnung werden solche Sonderbetriebspläne von den Bergbehörden in der Regel für spezielle Arbeiten wie Bohren, Fracken und Verpressen gefordert. Für die Zulassung dieser Betriebspläne sind nach §§ 55 und 48 Abs. 2 BBergG die vier beschriebenen bergrechtlichen Kriterien entscheidend. Zur Überprüfung der ordnungsgemäßen Abfallbeseitigung muss der Unternehmer einen Abfallbewirtschaftungsplan vorlegen.

Eine Umweltverträglichkeitsprüfung und damit auch eine Öffentlichkeitsbeteiligung sind nach § 1 Nr. 2a UVP-V Bergbau nur dann durchzuführen, wenn pro Vorhaben täglich mehr als 500 000 m^3 Erdgas gefördert werden sollen. Diese Schwelle wird für einen Bohrplatz für die unkonventionelle Gewinnung von Erdgas bei weitem nicht erreicht. Daher findet eine Umweltverträglichkeitsprüfung in der Regel nicht statt.

Ein besonderes Zulassungsverfahren des *Gewässerschutzrechts* ist für die Benutzung eines Gewässers vorgesehen. Jede Benutzung bedarf nach § 8 Abs. 1 WHG einer vorherigen Erlaubnis. Als Gewässerbenutzung gilt nach § 9 Abs. 2 Nr. 2 WHG auch jede Handlung, die geeignet ist, dauernd oder in einem nicht nur unerheblichen Ausmaß nachteilige Veränderungen der Wasserbeschaffenheit herbeizuführen. Der Zweck der Vorschrift ist, schon im Voraus zu überprüfen, ob sich aus einem Vorhaben Gefahren für den Wasserhaushalt ergeben können, auch wenn dies nicht beabsichtigt ist. Soweit eine nachteilige Veränderung der Wasserbeschaffenheit nicht ausgeschlossen werden kann, ist eine Erlaubnis erforderlich. Danach gelten das Bohren durch die grundwasserführende Schicht, das Fracking, das Rückführen des Flowback aus Frack-Fluid und Lagerstättenwasser und dessen Verpressen im Untergrund jeweils als Benutzung von Grundwasser, für die eine Erlaubnis erforderlich ist.

Die *Zuständigkeit* für die beiden bergrechtlichen Verfahren liegt bei der Bergbehörde. Die bergrechtlichen Verfahren schließen die nach anderen Gesetzen erforderlichen Zulassungen nicht ein. Vielmehr müssen die weiteren erforderlichen behördlichen Entscheidungen grundsätzlich gesondert erteilt werden. Allerdings findet für viele erforderliche Verfahren insofern eine formelle Konzentration statt, als die Bergbehörde auch für die Erteilung dieser Zulassungen zuständig ist. Die Bergbehörde erteilt nach § 19 WHG auch die wasserrechtliche Erlaubnis. In diesem Fall ergeht die Entscheidung allerdings im Einvernehmen mit der Wasserbehörde. Das heißt, dass die Bergbehörde nicht allein, sondern nur im Zusammenwirken mit der Wasserbehörde über die Erlaubnis entscheiden kann. Die Fachbehörden und nicht die Bergbehörde entscheiden über eine Befreiung von Vorgaben für Schutzgebiete nach Wasser- und Naturschutzrecht.

2. Oberirdische Risiken

Die oberirdischen Risiken bestehen vor allem im Versagen der technischen Systeme auf dem Bohrplatz. Es könnten Behälter mit Frack-Flüssigkeit vor oder nach dem Frack-Prozess auslaufen oder Undichtigkeiten in Rohrleitungen auftreten. Dadurch könnten Schadstoffe ins Erdreich eindringen und so den Boden, Oberflächengewässer oder Grundwasser verunreinigen. Aber auch beim Frack-Prozess selbst könnten Störfälle zu einer Freisetzung von Frack-Flüssigkeit führen.[21]

Die Risiken auf dem Bohrplatz werden durch unterschiedliche Rechtsbereiche bewertet und durch Anforderungen an Schutzvorkehrungen zu reduzieren versucht. Hierbei gibt es Anforderungen, die auf die Zwecksetzung bezogen sind (Bergrecht), die Tätigkeiten regeln (Immissionsschutzrecht) und die die Schutzgüter Wasser (Gewässerschutzrecht) und Natur (Naturschutzrecht) schützen.[22]

a) Kriterien und Anforderungen des Bergrechts

Das Bergrecht erfasst sämtliche mit der Aufsuchung, Gewinnung und auch Aufbereitung von Bodenschätzen zusammenhängende Tätigkeiten sowie die dazu eingesetzten Betriebseinrichtungen. Deshalb unterliegen auch der Bohrplatz, die Anlagen auf dem Bohrplatz und auch die Maschinen und Geräte, die nur zeitweilig beim Fracking eingesetzt werden, den vier – bereits für die untertägigen Risiken erörterten[23] – Anforderungen. Außerdem müssen die planungsrechtlichen Festsetzungen beachtet werden.

[21] Die Anforderungen an Pipelines und deren Zulassungen werden nicht behandelt.

[22] Siehe zum Folgenden *Roßnagel/Hentschel/Polzer* (Fn. 7), 46 ff. m.w.N.

[23] Siehe IV. 1. a).

b) Kriterien und Anforderungen des Gewässerschutzrechts

Bezogen auf die oberirdischen Risiken ist hinsichtlich des Gewässerschutzes der Besorgnisgrundsatz zu beachten. Nach diesem dürfen gemäß § 48 Abs. 2 WHG Stoffe nur so gelagert und gehandhabt werden, dass eine nachteilige Veränderung der Grundwasserbeschaffenheit nicht zu besorgen ist. Entsprechend dem Vorsorgeprinzip fordert er, jede Art von Schäden und Risiken für das Grundwasser in Erwägung zu ziehen. Die mögliche Beeinträchtigung des Grundwassers muss so gering wie möglich sein, und zwar umso geringer, je schwerwiegender sie ihrer Art und ihren Folgen nach sein kann. Diese Forderung gilt auch für den Fall, dass mit nachteiligen Veränderungen des Grundwassers erst in ferner Zukunft zu rechnen ist.

c) Kriterien und Anforderungen des Immissionsschutzrechts

Obertägige Anlagen des Bergbaus auch die temporär auf dem Bohrplatz befindlichen Maschinen und Geräte, sind nicht nur nach Bergrecht, sondern auch nach Immissionsschutzrecht zu bewerten. Nach § 22 BImSchG sind sämtliche Anlagen so zu errichten und zu betreiben, dass nach dem Stand der Technik vermeidbare schädliche Umwelteinwirkungen verhindert oder aber unvermeidbare Umwelteinwirkungen wenigstens auf ein Mindestmaß beschränkt werden. Für den Bohrplatz ist diese Regelung vor allem in Bezug auf Unfälle, Geräusche und Luftverunreinigungen zu beachten.

d) Kriterien und Anforderungen des Naturschutzrechts

Erfolgt durch die oberirdischen Anlagen im Einzelfall ein Eingriff in Natur und Landschaft,[24] sind nach § 15 BNatSchG vermeidbare Beeinträchtigungen zu unterlassen. Sind nachteilige Einwirkungen nicht zu vermeiden, sind Ausgleichs- und Ersatzmaßnahmen zu erbringen. Sind diese nicht möglich und sind die zugunsten des Eingriffsvorhabens streitenden Belange den Interessen des Naturschutzes zumindest gleichwertig, ist eine Kompensation in Geld zu erbringen. Ansonsten ist der Eingriff nicht zulässig. Anlagen zur unkonventionellen Gewinnung von Erdgas sind dann ein Eingriff in Natur und Landschaft, wenn sie negative Veränderungen der Gestalt oder der Nutzung von Grundflächen oder des Grundwassers verursachen, die die Leistungs- und Funktionsfähigkeit des Naturhaushalts oder das Landschaftsbild erheblich beeinträchtigen können.[25]

e) Rechtliche Risikobewertung

Alle diese Anforderungen sind unbestimmte Rechtsbegriffe, die einer Konkretisierung hinsichtlich der geforderten Sicherheit bedürfen. Sie benötigen technische

---

[24] Zur vorsorgenden Planung, um solche Eingriffe zu vermeiden, s. III. 4. b).

[25] Siehe III. 4. b).

Vorgaben, wie die Risiken zu ermitteln und zu bewerten sind. Zu diesem Zweck kann die deterministische Sicherheitskonzeption zur Anwendung gelangen.[26] Auch für die oberirdischen Risiken kann auf die im Neutralen Expertenkreis erarbeiteten Risikoszenarien[27] als Auslegungsstörfälle zurückgegriffen werden, die als „Umhüllende" das gesamte Spektrum möglicher oberirdischer Störfälle erfassen.

Die geforderte Sicherheit kann grundsätzlich durch ausreichende Sicherheitsmaßnahmen, die Schäden minimieren oder Eintrittswahrscheinlichkeiten reduzieren, erreicht werden. Die Schutzvorkehrungen können dann als ausreichend gelten, wenn sie die bereits für unterirdische Risiken dargestellten Schutzfunktionen erfüllen.[28]

Um ein ausreichendes Sicherheitssystem gegen die Risiken oberirdischer Anlagen aufzubauen, müssen die Risiken und die Schutzmaßnahmen im Einzelfall systematisch erfasst und bewertet werden. Hierfür ist ein Sicherheitsmanagementsystem mit ausreichenden Kontrollmaßnahmen erforderlich. Klare Vorgaben zur Verantwortlichkeit, Schulungen der Mitarbeiter und Übungen für die verschiedenen Störfälle müssen dieses sinnvoll ergänzen.[29]

Im Rahmen dieses Sicherheitskonzepts ist sicherzustellen, dass unter anderem

- ein Gasausbruch durch Vorhalten eines Blow Out Preventers verhindert wird,
- die Dichtigkeit der Rohrleitungen gegeben ist und, sofern diese abreißen sollten, durch eine Absperreinrichtung die Freisetzung beachtlicher Mengen von Frack-Fluid oder Lagerstättenwasser verhindert wird,
- der Abstand zur nächsten Wohnbebauung so bemessen ist, dass bei einem unkontrollierten Gasausbruch keine wesentlichen Schäden entstehen können,
- die passiven Sicherheitseinrichtungen so ausgelegt sind, dass diese die möglicherweise freigesetzten Flüssigkeitsmengen aufnehmen können.

f) Zulassungsverfahren und Zuständigkeiten

Für Arbeiten im Rahmen der Erdgasförderung wie Errichtung des Bohrplatzes oder einzelne Bohrarbeiten werden im Rahmen des *Bergrechts* Sonderbetriebspläne gefordert. Das bergrechtliche Betriebsplanverfahren erstreckt sich auch auf Betriebsanlagen und Betriebseinrichtungen, die dem Bergbaubetrieb dienen. Sofern Anlagen vom Betriebsplan erfasst werden, bedürfen sie keiner eigenen Baugenehmigung. Im Rahmen der behördlichen Zulassung des Betriebsplans sind auch die Anforderungen des *Immissionsschutzrechts* zu beachten. Die Errichtung der Anlagen ist unzulässig, wenn sie mit den *Planungen* des Landes oder der Gemeinde nicht vereinbar sind.

---

[26] Siehe IV. 1. c).

[27] Siehe näher *Uth* (Fn. 10), 40 ff.

[28] Siehe IV. 1. c).

[29] Siehe *Uth* (Fn. 10), 72 ff., 105.

Da die Errichtung des Bohrplatzes und die Tätigkeiten auf ihm nach *Gewässerschutzrecht* in der Regel als Gewässernutzung zu bewerten sind,[30] ist die Einhaltung der genannten Kriterien in einem wasserrechtlichen Erlaubnisverfahren zu prüfen.

Im Rahmen des *Naturschutzrechts* wird die Frage, ob ein Eingriff in Natur und Landschaft zulässig ist und welche Ausgleichsmaßnahme zu ergreifen ist, nicht in einem selbständigen Verfahren, sondern im Rahmen des jeweiligen Betriebsplanverfahrens entschieden. Wenn die Beeinträchtigungen nicht zu vermeiden oder nicht in angemessener Frist auszugleichen oder zu ersetzen sind, hat eine umfassende Abwägung stattzufinden, ob die Belange des Naturschutzes und der Landschaftspflege oder die Belange des Vorhabens überwiegen. Wegen der Notwendigkeit der Interessenabwägung kann es sein, dass der Eingriff zuzulassen ist, obwohl er nicht vermeidbar oder nicht auszugleichen oder zu ersetzen ist. In diesem Fall hat die Behörde nach § 15 Abs. 6 BNatSchG festzusetzen, welchen Ersatz der Verursacher in Geld zu leisten hat.

Für das Betriebsplanverfahren ist die Bergbehörde zuständig. Sie prüft auch die immissionsschutzrechtlichen Anforderungen. Die Bergbehörde ist ebenfalls zuständig für die Erteilung der wasserrechtlichen Erlaubnis. In diesem Fall kann die Bergbehörde die Erlaubnis allerdings nur im Einvernehmen mit der Wasserbehörde erteilen. Die Bergbehörde prüft auch, ob durch das Behandeln oder Lagern wassergefährdender Stoffe der Besorgnisgrundsatz verletzt ist. Die naturschutzrechtliche Eingriffsregelung schließlich ist von der Bergbehörde im Benehmen mit der Naturschutzbehörde zu prüfen und zu entscheiden. Letztlich kann also die Bergbehörde auch gegen den fachlichen Rat der Naturschutzbehörde entscheiden.

V. Rechtspolitische Empfehlungen

Die meisten Risiken und Auswirkungen der unkonventionellen Ergasförderung unter Einsatz von Fracking können durch eine konsequente und den neuen Risiko- und Folgendimensionen angemessene Anwendung des geltenden Planungs- und Zulassungsrechts gesteuert werden. Wie die einschlägigen gesetzlichen Regelungen angewendet werden sollten, wurde in den Kapiteln 3 und 4 dargestellt. Im Folgenden werden daher nur vier wesentliche Ergänzungen des geltenden Rechts vorgeschlagen, um die rechtlichen Instrumente zur Konfliktbewältigung noch zu verbessern:[31]

(1) Für den einzelnen Bohrplatz sollte in jedem Zulassungsverfahren eine *standortbezogene Risikoanalyse* erfolgen, die die über- und unterirdischen Risiken des konkreten Vorhabens untersucht. Diese Risikoanalyse sollte der Bergbauunternehmer als Voraussetzung eines Betriebsplans vorlegen müssen. Insofern sollten die Zulassungsvoraussetzungen für einen Betriebsplan um eine weitere Voraussetzung er-

---

[30] Siehe IV. 1. d).

[31] Siehe zu weiteren Vorschlägen *Roßnagel/Hentschel/Polzer* (Fn. 7), 158 ff. m.w.N

gänzt werden, die ausdrücklich mit einer Dynamisierungsanforderung („nach dem jeweiligen Stand von Wissenschaft und Technik") versehen wird.

(2) In diese Risikoanalyse sollte bei Bedarf eine *standortspezifische Umweltverträglichkeitsprüfung* mit *Öffentlichkeitsbeteiligung* einbezogen werden. Ein solcher Bedarf ist dann gegeben, wenn eine Vorprüfung des Einzelfalls feststellt, dass weitere Umweltinformationen erforderlich werden, als bei der Strategischen Umweltprüfung im Rahmen der Planaufstellung erarbeitet worden sind. Dies dürfte immer dann der Fall sein, wenn erwartet werden kann, dass ortspezifische Risiken, Folgen oder Gegebenheiten zu beachten sein werden. Ansonsten sind die allgemeinen Ergebnisse der Strategischen Umweltprüfung der Risikoanalyse zugrunde zu legen. In jedem Fall aber sind der Zulassung die aus der Strategischen Umweltprüfung und eventuell zusätzlich die aus der örtlichen Umweltverträglichkeitsprüfung gewonnenen Informationen zugrunde zu legen.[32]

Die Ermittlung und Bewertung der Informationen zu den Auswirkungen und Risiken für die Umwelt durch die unkonventionelle Gewinnung von Erdgas erfolgt immer mit *Öffentlichkeitsbeteiligung.* Diese findet in dem hier vorgeschlagenen zweistufigen Verfahren in vielen Fällen sogar zwei Mal statt. Das erste Mal im Rahmen der Strategischen Umweltprüfung im Rahmen der Raumordnungsplanung und das zweite Mal im Rahmen der auf das Einzelvorhaben bezogenen Umweltverträglichkeitsprüfung. Diese zweifache Prüfung der Umweltauswirkungen und -risiken ist auch sinnvoll und notwendig, weil allein die Umweltverträglichkeitsprüfung für das Vorhaben für viele Fragestellungen oft zu spät wäre. In dem hier vorgeschlagenen Verfahren einer kombinierten Prüfung können die Umweltauswirkungen und -risiken für viele Vorhaben, die ganze Regionen betreffen, bereits im Rahmen der Raumordnungsplanung thematisiert und öffentlich erörtert werden und dann später im Zulassungsverfahren bezogen das einzelne Vorhaben erneut, wenn sich ein spezifischer Informations- und Erörterungsbedarf ergibt.

(3) Die Zulassung von bergrechtlichen Vorhaben erfolgt in einem gestuften Verfahren von der Erteilung der Bergbauberechtigung über den Rahmenbetriebsplan, die Hauptbetriebspläne und Sonderbetriebspläne. Die kritischen Maßnahmen wie Fracking oder Verpressen werden in der Regel erst am Ende dieses gestuften Verfahrens im Rahmen von Sonderbetriebsplänen zugelassen. Dieses Vorgehen beinhaltet das Risiko von positiven Vorfestlegungen und getätigten Investitionen, die dann bei der Prüfung der kritischen Maßnahmen einen Druck auf die Behörden ausüben, den letzten Schritt auch noch zuzulassen. Um solche vollendeten Tatsachen und deren Verfahrensbeeinflussung durch Pfadabhängigkeiten zu vermeiden, sollte auf jeder Stufe des Zulassungsverfahrens eine *„vorläufige positive Gesamteinschätzung"* getroffen werden müssen. Danach ist bereits bei der ersten Grundsatzentscheidung festzustellen, dass gegen keine der vorgesehenen Maßnahmen grundsätzliche

[32] Eine obligatorische Umweltverträglichkeitsprüfung haben das *BMWi* und das *BMU* auch in einem Gesetzentwurf vom Mai 2013 vorgeschlagen; s. auch *Bundesrat*, BR-Drs. 388/11 und 754/12; s. auch *Sachverständigenrat für Umweltfragen* (Fn. 1), 43.

Einwände bestehen. Diese vorläufige Gesamteinschätzung ist in jeder Prüfungsstufe erneut zu treffen und erstarkt von Teilschritt zu Teilschritt bis hin zur letzten Zulassungsentscheidung.

(4) In Wasserschutzgebieten und Trinkwassereinzugsgebieten sollte das Einbringen von riskanten Chemikalien ausnahmslos verboten werden. Dies fordert die Vorsorge für den Trinkwasserschutz.[33]

[33] Siehe auch *BMWi* und das *BMU* (Fn. 32); *Sachverständigenrat für Umweltfragen* (Fn. 1), 42.

Lizenz zum Fracken? Bergrechtliche Voraussetzungen für die Erschließung unkonventioneller Erdgasvorkommen

Von *Monika Böhm*

I. Einleitung

Unter Fracking versteht man die Förderung von Erdgas aus sog. unkonventionellen Lagerstätten mittels Hydraulic Fracturing-Verfahrens. Während in den USA die Methode bereits in großem Umfang angewendet wird, ist ihr Einsatz in vielen anderen Ländern umstritten. U.a. in Frankreich, Bulgarien, den Niederlanden und in Südafrika wurden Fracking-Verbote ausgesprochen oder zumindest präventiv Moratorien erlassen.[1]

Mittlerweile werden deutschlandweit mögliche Gefahren des Fracking diskutiert. Im Februar 2013 hat der Bundesrat in einer Entschließung u. a. festgestellt, dass es auf Grund der aktuellen wissenschaftlichen Datenlage nicht verantwortbar sei, zu diesem Zeitpunkt Vorhaben zur Aufsuchung und Gewinnung von Erdgas aus unkonventionellen Lagerstätten mit dem Einsatz der Fracking-Technologie mit umwelttoxischen Chemikalien zu genehmigen.[2]

Auch einige Änderungsvorschläge zum BBergG sind in der Diskussion.[3] Bundesumwelt- und Bundeswirtschaftsministerium haben Ende Februar 2013 einen gemeinsamen Regelungsentwurf vorgelegt.[4] Danach soll eine Umweltverträglichkeitsprüfung (UVP-Pflicht) eingeführt, Erkundungs- und Gewinnungsmaßnahmen in Wasserschutzgebieten sollen ausgeschlossen werden. Änderungen sind frühestens 2014 zu erwarten.[5]

---

[1] Siehe nur *Bundesanstalt für Geowissenschaften und Rohstoff* (BGR), Abschätzung des Erdgaspotenzials aus dichten Tongesteinen (Schiefergas) in Deutschland, 2012, S. 33.

[2] BR-Drs. 754/12, S. 1 f.; siehe auch Ergebnisprotokoll der 79. Umweltministerkonferenz am 15. und 16. November 2012 in Kiel, TOP 41–43, S. 61 ff.

[3] Vgl. nur BR-Drs. 754/12; aus der Literatur *Frenz* (Hrsg.), Bergrechtsreform und Fracking, 2013, darin insbes. *Grigo*, Reform des Bergrechts angesichts aktueller Entwicklungen (Fracking); *Frenz*, Einbindung einer Bergrechtsreform und des Fracking in europarechtliche Entwicklungen, S. 97 ff.; *Teßmer*, Vorschläge zur Novellierung des deutschen Bergrechts, S. 25 ff.; siehe auch *Frenz*, Moratorium für Fracking?, ZNER 2013, 344 ff.

[4] Abrufbar unter http://www.bmu.de/fileadmin/Daten_BMU/Download_PDF/Wasser_Abfall_Boden/vorschlag_bmu_bmwi_fracking_bf.pdf (Stand 19. 03. 2013).

[5] Vor der Wahl im September 2013 wurden die Änderungsvorschläge nicht weiter verfolgt.

Im Rahmen dieses Beitrags werden zunächst kurz die Gewinnungschancen und -risiken von Fracking dargestellt. Es schließt sich eine Erläuterung des mehrstufigen Systems der bergrechtlichen Erlaubnisse an. Näher eingegangen wird auf dieser Grundlage auf die Konzessionserlaubnis und etwaige Gründe für Ihre Versagung. In der Praxis stellt sich nämlich die Frage, unter welchen Voraussetzungen angesichts der bestehenden Risiken schon die Erteilung dieser Berechtigung abgelehnt werden kann. Am Ende stehen eine kurze Zusammenfassung und ein Ausblick.

II. Gewinnungschancen und Risiken

Mit den Auswirkungen von Fracking auf Umwelt und Menschen haben sich im Jahr 2012 drei große deutsche Studien befasst.[6] Eine Erlaubnisfähigkeit des Fracking wird dabei zwar nicht ausgeschlossen, es werden aber umfassende Risiken aufgezeigt. Dies gilt insbesondere für die bei der Gewinnung des Erdgases eingesetzten Frac-Fluide, die eine Vielzahl als gefährlich eingestufter Stoffe enthalten. Die Fluide verbleiben zum Teil im Untergrund und müssen im Übrigen zusammen mit weiteren Rückständen des Gewinnungsprozesses, dem sog. Flowback, entsorgt werden. Umweltauswirkungen und Risiken hat im Mai 2013 auch der Sachverständigenrat für Umweltfragen ausführlich beschrieben.[7]

Dazu kommt, dass sich die Gewinnungsaussichten für Fracking Gas in Deutschland deutlich von denjenigen in den USA unterscheiden, insbesondere wegen großer Unterschiede der geologisch/hydrogeologischen Erdstrukturen. Nur für bestimmte Teile Deutschlands bestehen nach einer Studie der *Bundesanstalt für Geowissenschaften und Rohstoffe* (BGR) überhaupt Potentiale.[8] Nicht alle dieser Gebiete sind für eine Gewinnung geeignet, insbesondere weil zum Teil ausreichende Schutzbarrieren für überlagernde Grundwasserhorizonte fehlen.[9]

---

[6] *Bundesministerium für Umwelt, Naturschutz und Reaktorsicherheit/Umweltbundesamt* (Hrsg.), Umweltauswirkungen von Fracking bei der Aufsuchung und Gewinnung von Erdgas aus unkonventionellen Lagerstätten – Risikobewertung, Handlungsempfehlungen und Evaluierung bestehender rechtlicher Regelungen und Verwaltungsstrukturen, 2012; *Ministerium für Klimaschutz, Landwirtschaft, Natur- und Verbraucherschutz des Landes Nordrhein-Westfalen* (Hrsg.), Fracking in unkonventionellen Erdgas-Lagerstätten in Nordrhein-Westfalen, 2012; vgl. auch *Frenz/Kukla/Preuße* (Hrsg.), Unkonventionelle Gasgewinnung in NRW, 2012; *Ewen/Borchardt/Richter/Hammerbacher*, Risikostudie Fracking, 2012; die Studie wurde von ExxonMobil finanziert und von einem neutralen Expertenkreis erstellt. Aus ihr ist auch die Veröffentlichung von *Roßnagel/Hentschel/Polzer*, Rechtliche Rahmenbedingungen der unkonventionellen Erdgasförderung mittels Fracking, 2012, hervorgegangen. Behandelt wurden insbesondere die Auswirkungen der bei Fracking eingesetzten Stoffe.

[7] *SRU*, Fracking zur Schiefergasgewinnung, Stellungnahme abrufbar unter www.umweltrat.de.

[8] Siehe nur *Bundesanstalt für Geowissenschaften und Rohstoff* (BGR), Abschätzung des Erdgaspotenzials aus dichten Tongesteinen (Schiefergas) in Deutschland, 2012, insbes. S. 11.

[9] Vgl. exemplarisch insoweit die Stellungnahme der Hessischen Landesanstalt für Umwelt und Geologie zu vorliegenden Gutachten zum Fracking in Deutschland im Zusammenhang

Auch ob wirtschaftliche Gewinnaussichten bestehen, unterliegt grundsätzlichen Zweifeln. Nach einer vom Zentrum für Europäische Wirtschaftsforschung Mannheim vorgelegten Studie zu den Aussichten für die Förderung konventioneller Gase in Europa ist bei der Ausbeutung von Schiefergas mit der Frackingmethode nach den vorhandenen Gegebenheiten und nach dem jetzigen Erkenntnisstand in Deutschland nicht mit einer wirtschaftlichen Gewinnung zu rechnen.[10] Anders als in den USA würde sich danach in der EU das Fracking bei den aktuellen Gaspreisen überhaupt nicht lohnen. Erst wenn der Gaspreis für konventionell gefördertes Erdgas von derzeit 27 Euro/Megawattstunde auf 40–50 Euro/Megawattstunden steigen würde, rechnen 30 % von rund 200 befragten Fachleuten aus der Energiewirtschaft damit, dass sich die Ausbeutung unkonventioneller Gasvorkommen in der EU rechnen würde. 34 % der Befragten gingen von einem Preis von 50–60 Euro/Megawattstunde aus, damit sich die Ausbeutung in größerem Stil rentieren würde. Im Ergebnis wird angenommen, dass die Förderung von unkonventionellem Erdgas in der EU auf absehbare Zeit unwirtschaftlich ist.

III. Das System bergrechtlicher Gestattungen

Das BBergG unterscheidet zwischen Erlaubnis, Bewilligung und Bergwerkseigentum einerseits sowie Betriebsplänen andererseits.[11] Nach § 6 S. 1 BBergG bedarf der Erlaubnis, wer bergfreie Bodenschätze aufsuchen will und der Bewilligung oder des Bergwerkseigentums, wer bergfreie Bodenschätze gewinnen will.

Im Gegensatz zu grundeigenen Bodenschätzen, die im Eigentum des Grundeigentümers stehen, erstreckt sich das Eigentum an einem Grundstück nach § 3 Abs. 2 BBergG nämlich nicht auf die enumerativ in § 3 Abs. 3 BBergG aufgeführten und damit bergfreien Bodenschätze. Dazu gehört auch das Erdgas als Kohlenwasserstoff.[12]

Grundsätzlich wird in § 1 Nr. 1 BBergG die Sicherung der Rohstoffversorgung als vorrangiges Ziel festgeschrieben. Das Gesetz geht von einem Allgemeininteresse an der Aufsuchung, Gewinnung und Aufbereitung von Bodenschätzen aus.[13] Ein absoluter Vorrang der Rohstoffsicherung vor allen anderen Belangen besteht aber nicht.[14]

---

mit dem Aufsuchungsantrag der BNK Deutschland GmbH auf Kohlenwasserstoffe im Erlaubnisfeld „Adler South", Kurzfassung vom März 2012.

[10] Abrufbar unter http://ftp.zew.de/pub/zew-docs/zn/schwerpunkte/energiemarkt/Energiemarkt0213.pdf (Stand 19.03.2013).

[11] *Erbguth*, VerwArch 87 (1996), 258, 262 ff.; siehe auch *Seeliger*, Wasser und Abfall 2012, S. 29 ff.

[12] Erdgas unterfällt dem Begriff des Kohlenwasserstoffs, der wegen seiner deutlicheren Abgrenzbarkeit für die zuvor uneinheitlich verwendeten Begriffe „Bitumen, Erdöl, Erdgas oder Erdwachs" gewählt wurde, siehe *Piens/Schulte/Graf Vitzthum*, BBergG, 2. Aufl. 2013, § 3 Rn. 37; siehe auch *Elgeti/Dietrich*, NuR 2012, 232, 234.

[13] Vgl. dazu auch BT-Drs. 8/1315, S. 67; zur Sicherstellung der Energieversorgung siehe schon BVerfGE 30, 292, 323 f.

Um dieses Ziel zu erreichen, muss zunächst einmal die Aussicht bestehen, dass eine Gewinnung überhaupt möglich ist. Dabei sind auch Fragen der Wirtschaftlichkeit einzubeziehen. Grundsätzlich gehört die Frage der wirtschaftlichen Gewinnung eines Bodenschatzes zwar zum Risikobereich der Antragsteller. Allerdings kann bei fehlenden Gewinnaussichten die vom BBergG bezweckte Rohstoffförderung nicht erreicht werden. Im Rahmen des bergrechtlichen Gestattungsverfahrens ist dies zu berücksichtigen.

Die eigentliche Aufsuchungs- und Gewinnungstätigkeit setzt neben der Erlaubnis und der Bewilligung jeweils die Durchführung von Betriebsplanverfahren nach §§ 51 ff. BBergG voraus. Ggfs. sind weitere Parallelgenehmigungen erforderlich, beispielsweise nach dem Wasserhaushaltsgesetz (WHG).[15] Den bergrechtlichen Gestattungen kommt nämlich grundsätzlich keine Konzentrationswirkung zu.[16] Das bergrechtliche Verfahren stellt sich also insgesamt als mehrfach gestuftes Gestattungssystem dar.

Bevor mit der Erkundung von Bodenschätzen begonnen werden darf, muss zunächst eine Bergbauberechtigung erlangt werden. Diese Aufgabe erfüllt die (Aufsuchungs-)Erlaubnis nach § 7 BBergG. Mit ihr erhält der Vorhabenträger eine Rechtsposition, die ihn grundsätzlich vor konkurrierenden Anträgen für das von der Erlaubnis umfasste Erkundungs- und Gewinnungsfeld schützt.[17]

Dem Zulassungsverfahren zur eigentlichen Bergbautätigkeit ist also ein Verfahren vorgeschaltet, durch welches die Voraussetzungen für den Erwerb einer Bergbauberechtigung geschaffen werden. Man bezeichnet die Erlaubnis nach § 7 BBergG insoweit auch als Konzession.[18]

Zur Zwecksetzung hat das BVerwG ausgeführt:

> „Die Trennung des Grundeigentums von diesen Bodenschätzen setzt ein Rechtsinstitut voraus, das eine Aufsuchung und Gewinnung unabhängig vom Willen der jeweiligen Grundeigentümer und ohne Rücksicht auf Eigentumsgrenzen gewährleistet."[19]

Die in der Erlaubnis enthaltene Bergbauberechtigung sagt aber noch nichts darüber aus, in welchem Umfang Bodenschätze aufgesucht und u. U. auch schon gewonnen werden dürfen und welche öffentlich-rechtlichen Vorschriften dabei einzuhalten

---

[14] OVG Magdeburg, Urt. v. 21.11.2003 – 2 K 341/00, juris Rn. 58 ff.

[15] Siehe nur *Ludwig*, ZUR 2012, 150, 152.

[16] Zu den von der Konzentrationswirkung des § 13 BImSchG erfassten Entscheidungen *Jarass*, BImSchG, Kommentar, 10. Auflage 2013, § 13 Rn. 4 ff. Zur Reichweite der Konzentrationswirkung einer bergrechtlichen Planfeststellung BVerwG, Urt. v. 15.12.2006, ZUR 2007, 198.

[17] *Elgeti/Dietrich*, NuR 2012, 232, 234 m.w.N.

[18] BT-Drs. 8/1315, S. 2, 70 ff.; BVerwG, Beschl. v. 15.10.1998,UPR 1999, 75, 76; *Ludwig*, ZUR 2012, 150 ff.

[19] BVerwG, Beschl. v. 15.10.1998, UPR 1999, 75, 76.

sind.[20] Dafür ist ein Betriebsplanverfahren nach §§ 51 ff. BBergG durchzuführen. An und für sich sind der Betriebsplan und ggfs. erforderliche Parallelgenehmigungen auch der Ort zur Berücksichtigung von Umweltbelangen.[21] Bei Vorliegen konkreter Anhaltspunkte sind derartige Belange aber bereits vor Erteilung der Aufsuchungserlaubnis zu untersuchen, wie unten im Einzelnen dargestellt wird.

Für die eigentliche Gewinnung bedarf es der Bewilligung nach § 8 BBergG oder des Bergwerkseigentums nach § 9 BBergG sowie wiederum der Durchführung eines Betriebsplanverfahrens.

IV. Insbesondere: Die Konzessionserlaubnis

1. Ausgestaltung und Reichweite der Erlaubnis

Grundsätzlich schafft die Erlaubnis nur einen Rechtstitel, der zur Aufsuchung von Bodenschätzen berechtigt. Dem Erlaubnisinhaber wird nach § 7 S. 1 BBergG die Befugnis eingeräumt, nach den Vorschriften dieses Gesetzes in einem bestimmten Bereich jede mittelbar oder unmittelbar auf die Entdeckung und Erkundung von Bodenschätzen gerichtete Tätigkeit auszuüben.[22] Ihre Reichweite ist damit begrenzt.

Das Recht aus der Erlaubnis ist als „ausschließliches" Recht ausgestaltet. D.h., dass das Erlaubnisfeld und die dort vorhandenen Bodenschätze nicht mehr Gegenstand eines Aufsuchungsrechtes von Dritten sein kann.[23] Die Erlaubnis beinhaltet außerdem das Recht zur ungehinderten Durchführung von Aufsuchungsarbeiten unter Abwehr von Beeinträchtigungen durch Dritte. Nach § 7 Abs. 1 BBergG wird auch das Recht umfasst,

- bei planmäßiger Aufsuchung notwendigerweise zu lösende oder freizusetzende Bodenschätze zu gewinnen und das Eigentum daran zu erwerben,
- sowie die Einrichtungen zu errichten und zu betreiben, die zur Aufsuchung und zu den damit im Zusammenhang stehenden Tätigkeiten erforderlich sind.

Damit erhält der Konzessionsinhaber letztlich ein begrenztes Gewinnungsrecht. Die Ausübung unterliegt einer Reihe von in den §§ 48 und 49 BBergG festgelegten Verboten und Beschränkungen. Die Errichtung und Aufnahme des Aufsuchungsbetriebes unterliegt der Betriebsplanpflicht nach § 51 BBergG, insbesondere der Betriebsplanzulassung nach § 55 BBergG. Daneben sind alle Gesetze zu beachten, deren Anwendungsbereich berührt ist. Bei Bohrungen ist beispielsweise dem Grund-

---

[20] BVerwG, Beschl. v. 15.10.1998, UPR 1999, 75, 76; OVG Koblenz, Urt. v. 09.10. 2008–1 A 10231/08, juris Rn. 40.

[21] Dazu *Ludwig*, ZUR 2012, 150, 152f. Zur Stellung des Betriebsplans im Rahmen des bergrechtlichen Zulassungssystems *Franke*, in: Esser et al. (Hrsg.) Festschrift Kühne, 2009, S. 521ff.

[22] *Boldt/Weller*, Bundesberggesetz, 1984, § 7 Rn. 1.

[23] *Piens/Schulte/Graf Vitzthum*, BBergG, § 7 Rn. 4 ff.

wasserschutz nach Maßgabe des WHG Rechnung zu tragen. Zusammenfassend lässt sich also festhalten, dass die Erlaubnis ein begrenztes (Aufsuchungs-)Recht gewährt, das allerdings nur nach den weiteren Vorgaben des BBergG sowie wegen des Fehlens einer Konzentrationswirkung der bergrechtlichen Gestattungen auch nur nach Maßgabe aller im Übrigen betroffenen Gesetze ausgeübt werden darf.

2. Rechtsanspruch des Antragstellers oder Entscheidungsspielraum der zuständigen Behörde?

In § 7 BBergG wird zwar der Inhalt einer Erlaubnis zur Aufsuchung von Bodenschätzen beschrieben. Voraussetzungen ihrer Erteilung werden aber nicht festgelegt. Versagungsgründe enthält jedoch § 11 BBergG, u. a. bei unzureichenden Antragsunterlagen nach Nr. 3 und fehlender Zuverlässigkeit des Antragstellers nach Nr. 6 der Regelung. Besondere Bedeutung kommt § 11 Nr. 10 BBergG zu. Danach ist die Erlaubnis zu versagen, wenn überwiegende öffentliche Interessen die Aufsuchung im gesamten zuzuteilenden Feld ausschließen.

Von der Struktur her ähneln die Regelungen den §§ 8 und 12 WHG, in denen ebenfalls Vorgaben für den Inhalt von Erlaubnis (und Bewilligung) kombiniert mit Versagungsgründen festgelegt werden. Anders als das Bergrecht räumt das Wasserrecht den Behörden allerdings ausdrücklich ein sog. Bewirtschaftungsermessen ein. Nach § 12 Abs. 2 WHG steht nämlich die Erteilung der Erlaubnis und der Bewilligung im Übrigen, also auch bei Nichtvorliegen von Versagungsgründen, im pflichtgemäßen Ermessen der zuständigen Behörde. Ein Genehmigungsanspruch besteht im Wasserrecht insoweit nicht.[24]

Eine entsprechende Regelung gibt es im BBergG nicht. Nach den Gesetzesmaterialien sollte von der Grundstruktur her eine gebundene Erlaubnis geschaffen werden. Nur bei Vorliegen eines der in § 11 BBergG erschöpfend aufgezählten Gründe sollte eine Versagung möglich sein. Ausdrücklich wurde festgestellt:

> „Liegt keiner der vorgenannten Versagungsgründe vor, besteht ein Rechtsanspruch auf die Erlaubnis. Dagegen muss versagt werden, wenn auch nur einer dieser Gründe gegeben ist."[25]

Grundsätzlich sollte damit also ein Rechtsanspruch auf Erteilung einer Erlaubnis festgeschrieben werden.[26] Dieser ist aber ebenso wie ein etwaiger Anspruch auf Erteilung einer Bewilligung nicht durch Art. 14 GG geschützt.[27] Aus der Gesetzesbegründung ergibt sich außerdem, dass durch die Festlegung einzelner Tatbestandsmerkmale des § 11 BBergG Abwägungen ermöglicht und damit durchaus Entscheidungsspielräume der zuständigen Behörden geschaffen werden sollten.[28] Zutreffend

---

[24] Siehe schon BVerfG, NJW 1982, 745 ff., zur inhaltsgleichen Vorgängerregelung.

[25] BT-Drs. 8/1315, S. 86 f.

[26] Vgl. dazu auch *Piens/Schulte/Graf Vitzthum*, BBergG, § 11 Rn. 2 m.w.N.

[27] Vgl. BVerfG, Beschl. v. 13.04.2007 – 1 BvR 284/05, juris Rn. 4.

[28] BT-Drs. 8/1315, S. 87.

spricht man insoweit auch von einer rechtsdogmatisch wenig fassbaren dritten Möglichkeit zwischen Rechtsanspruch und Ermessensentscheidung.[29] Besonders deutlich wird dies bezüglich § 11 Nr. 10 BBergG. Letztlich besteht ein Rechtsanspruch auf Erteilung einer Erlaubnis insoweit nämlich nur mit der Einschränkung, dass die im Rahmen von Fachgesetzen, die die in der Vorschrift maßgeblichen öffentlichen Interessen konkretisieren, enthaltenen behördlichen Entscheidungsspielräume gewahrt bleiben. Dies gilt z. B. für das schon erwähnte wasserrechtliche Bewirtschaftungsermessen.

Aber auch durch die Verwendung unbestimmter Rechtsbegriffe können Entscheidungsspielräume in den Fachgesetzen eröffnet sein.

Grundsätzlich sind unbestimmte Rechtsbegriffe nach der herrschenden Auffassung in Literatur und Rechtsprechung zwar gerichtlich voll überprüfbar, in vielen Fällen wird der Verwaltung aber eine Einschätzungsprärogative eingeräumt. Bei den im Umweltrecht vorzunehmenden Risikobewertungen und zu treffenden Prognoseentscheidungen ist in der Konsequenz die gerichtliche Nachprüfbarkeit der Behördenentscheidung begrenzt.[30] In der Rechtsprechung wird davon ausgegangen, dass der Spielraum jedenfalls bei § 11 Nr. 10 BBergG den jeweils zuständigen Behörden zusteht, an deren Auslegung die Bergbehörde dann gebunden ist.[31]

Der Bergbehörde soll dagegen bei der im Rahmen von § 11 Nr. 10 BBergG vorzunehmenden Interessenabwägung ein Beurteilungsspielraum nicht zustehen, weil sie selbst keine eigenen planerischen Befugnisse und Aufgaben haben.[32]

Selbst wenn man aber mit der Rechtsprechung insoweit von einer gebundenen Entscheidung der Bergbehörde ausgeht, so ist doch zu beachten, dass die Bindung nicht weiter reichen kann als die Entscheidungszuständigkeit der Bergbehörde. Diese aber ist letztlich auf die bergrechtlichen Anforderungen beschränkt. Im Rahmen von § 11 Nr. 10 BBergG ist deshalb zu differenzieren. Soweit die Bergbehörde für die Abwägung der Interessen an der Aufsuchungserlaubnis und den vorhandenen öffentlichen Interessen zuständig ist, wäre die zu treffende Entscheidung unter Zugrundelegung der Rechtsprechung als gebundene Entscheidung anzusehen. Soweit allerdings sowohl in § 11 Nr. 9 als auch in Nr. 10 BBergG Bezug auf den Schutz öffentlicher Interessen Bezug genommen wird, eröffnet das Gesetz Spielräume. Auch in der Gesetzesbegründung wird davon ausgegangen, dass Abwägungs- und Einschätzungsspielräume bestehen.[33] Diese kommen allerdings nicht der Bergbehörde, sondern der für die jeweiligen Interessen zuständigen Behörde zu. Auf diese Weise wird das Vorhandensein eines Erlaubnisanspruchs im Ergebnis ganz erheblich rela-

---

[29] *Schulte*, NJW 1981, 88, 91.

[30] Grundlegend BVerwGE 72, 300, 316 f.; 81, 185, 190 ff.; *Maurer*, Allgemeines Verwaltungsrecht, 18. Aufl. 2011, § 7 Rn. 26 m.w.N.

[31] VGH Mannheim, Urt. v. 09.06.1988, ZfB 1989, 57, 67.

[32] VGH Mannheim, Urt. v. 09.06.1988, ZfB 1989, 57, 66 f.; OVG Magdeburg, Urt. v. 04.11.1999, – A 1/4 S 170/97, juris Rn. 26.

[33] BT-Drs. 8/1315, S. 87; zu undifferenziert *Karkaj*, NuR 2014, 164, 165.

tiviert. Um die Erkenntnisse der für öffentliche Interessen zuständigen Behörden einzubeziehen, sieht das BBergG ihre frühzeitige Beteiligung vor.

3. Beteiligung anderer Behörden nach § 15 BBergG

Nach § 15 BBergG hat die zuständige Behörde vor der Entscheidung über den Antrag auf Erteilung einer Aufsuchungserlaubnis den Behörden Gelegenheit zur Stellungnahme zu geben, zu deren Aufgaben die Wahrnehmung öffentlicher Interessen im Sinne des § 11 Nr. 10 BBergG gehört.

In den Gesetzesmaterialien heißt es dazu:

> „Im Interesse einer möglichst umfassenden und lückenlosen Berücksichtigung aller öffentlichen Belange durch die zuständige Behörde ist in § 15 die Anhörung aller übrigen beteiligten Behörden vorgesehen."[34]

Der Begriff der zu beteiligenden Behörde wird dabei in einem funktionalen Sinne verstanden. Behörden sind deshalb nach der Rechtsprechung des BVerwG alle Stellen, die öffentliche Interessen der in § 11 Nr. 10 BBergG bezeichneten Art wahrnehmen. Dazu rechnet das BVerwG neben Fachbehörden auch betroffene Kommunen.[35]

In der Literatur wird diese Rechtsprechung teilweise nicht zur Kenntnis genommen. So wird beispielswiese von *Weller/Kullmann* lediglich auf die Vorinstanz[36] verwiesen[37], die vom Behördenbegriff des § 15 BBergG nur Fachbehörden, nicht aber auch Kommunen umfasst angesehen hat. Keine Erwähnung findet dagegen der diese Entscheidung insoweit aufhebende Beschluss des BVerwG.

Unzutreffend und zudem widersprüchlich ist es auch, wenn *Attendorn* zwar zunächst betont, dass die Beteiligung „niederschwellig" anzusetzen sei, dann aber davon ausgeht, eine Kommune sei nur dann zu beteiligen, wenn sie öffentliche Interessen im gesamten zuzuteilenden Feld vertrete.[38] Dies entspricht weder dem Wortlaut noch der Zwecksetzung des § 15 BBergG und steht zudem im Widerspruch zur Rechtsprechung des BVerwG, die *Attendorf* unerwähnt lässt.

Wenn § 15 BBergG festlegt, dass die zuständige Behörde vor der Entscheidung über den Antrag allen Behörden Gelegenheit zur Stellungnahme zu geben hat, zu deren Aufgaben die Wahrnehmung öffentlicher Interessen i.S.d. § 11 Nr. 10 BBergG gehört, so kann daraus nicht abgeleitet werden, dass das kommunale Interesse sich auf das gesamte Aufsuchungsgebiet beziehen muss. Zwar darf eine Erlaubnis nach dieser Regelung nur versagt werden, wenn öffentliche Interessen die Aufsuchung im gesamten Feld ausschließen. Die Norm spricht aber gerade nicht von einem öffent-

---

[34] BT-Drs. 8/1315, S. 87.

[35] BVerwG, Beschl. v. 15.10.1998, UPR 1999, 75f.

[36] OVG Bautzen, Urt. v. 10.06.1998, ZfB 1998, 205 ff., zit. nach juris-Orientierungssatz 1.

[37] *Weller/Kullmann*, in: Kullmann, BBergG, 2012, § 15 Rn. 1.

[38] *Attendorn*, ZUR 2011, 565, 567.

lichen Interesse. Der Begriff wird vielmehr in der Mehrzahl verwendet. Die für die Erlaubniserteilung zuständige Bergbehörde hat deshalb eine Gesamtschau vorzunehmen. Zwar könnte im Einzelfall die tatsächliche Situation so aussehen, dass ein einziges öffentliches Interesse betroffen ist, das sich über das gesamte Feld erstreckt. Ein solcher Fall dürfte allerdings eher theoretisch denkbar sein. Regelmäßig werden unterschiedliche öffentliche Interessen betroffen sein, so dass die Bergbehörde letztlich eine Art Kartierung vornehmen muss, um feststellen zu können, wie umfangreich insgesamt die Flächen sind, in denen öffentliche Interessen eine Aufsuchung ausschließen. Gerade für diese Feststellungen ist es aber erforderlich, alle betroffenen Interessen zu erfassen.

Eben diesem Zweck dient – wie dies auch das BVerwG zu Recht betont – die Beteiligungsvorschrift des § 15 BBergG: Alle ggfs. betroffenen Behörden sollen dazu beitragen, etwa berührte Interessen möglichst früh zusammen zu tragen. Ausdrücklich hebt es dabei hervor, dass Gemeinden u. a. deshalb Gelegenheit zur Stellungnahme zu geben ist, damit sie Belange des Städtebaus geltend machen können.[39] Gerade diese aber sind notwendig örtlich begrenzt und könnten sich regelmäßig gar nicht auf das gesamte Aufsuchungsfeld auswirken.

4. Rechtsstellung der zu beteiligenden Behörden

Die Beteiligung nach § 15 BBergG dient also zunächst einmal der Schaffung einer breiten Informationsbasis für die Erlaubnisbehörde.[40] Alle öffentlichen Interessen, die relevant sein könnten, sollen in den Entscheidungsprozess einfließen können.

Fraglich ist, ob aus § 15 BBergG auch subjektive Rechte hergeleitet werden können. Das BVerwG geht insoweit davon aus, dass eine Gemeinde, die zu Unrecht nicht beteiligt wurde, nicht allein wegen dieses Verfahrensfehlers eine Aufhebung der Sachentscheidung verlangen kann.[41] Soweit allerdings sonstige Rechte wie etwa die durch Art. 28 Abs. 2 Satz 1 GG geschützte kommunale Planungshoheit betroffen sind, kommt eine Geltendmachung grundsätzlich in Betracht.[42] Durch die Beteiligung nach § 15 BBergG werden aber die insoweit vorhandenen Rechtspositionen nicht erweitert,[43] die Regelungen stellen vielmehr nur sicher, dass diese auch im bergrechtlichen Erlaubnisverfahren Beachtung finden.

---

[39] BVerwG, Beschl. v. 15. 10. 1998, UPR 1999, 75 f.

[40] BVerwG, Beschl. v. 15. 10. 1998, UPR 1999, 75 f.

[41] BVerwG, Beschl. v. 15. 10. 1998, UPR 1999, 75, 76; siehe auch VG Leipzig, Urt. v. 19. 05. 1993, ZfB 1994, 149, 151 f. und VG Greifswald, Bescheid vom 12. 06. 1996, ZfB 1997, 198, 201.

[42] BVerwG, Beschl. v. 15. 10. 1998, UPR 1999, 75, 76.

[43] Siehe auch VG Weimar, Urt. v. 11. 11. 1998, ZfB 1999, 144, 149.

5. *Maßgeblichkeit der Einwendungen im gestuften Gestattungssystem*

Auch wenn etwaige Einwendungen nach § 15 BBergG im Rahmen des Erlaubnisverfahrens keinen Rechtsanspruch auf Berücksichtigung begründen, besteht dem Zweck der Vorschrift entsprechend eine objektive Berücksichtigungspflicht der zuständigen Behörde. Die Regelung flankiert § 11 Nr. 10 BBergG verfahrensmäßig.[44]

Die Einführung beider Vorschriften war im Gesetzgebungsprozess umstritten. Der Wirtschaftsausschuss hatte ihre Streichung gefordert und hielt eine allgemeine Regelung in § 48 Abs. 2 BBergG für ausreichend.[45] Nach dieser Norm kann die für die Zulassung von Betriebsplänen zuständige Behörde eine Aufsuchung oder Gewinnung beschränken oder untersagen, soweit ihr überwiegende öffentliche Interessen entgegenstehen.

Der Bundesrat hielt dies nicht für ausreichend und setzte im Vermittlungsausschuss die Beibehaltung von § 11 Nr. 10 und § 15 BBergG durch. Er hob dabei darauf ab, dass nur so den überwiegenden öffentlichen Interessen Rechnung getragen werde.[46] Damit wird deutlich, dass man der Berücksichtigung öffentlicher Interessen bereits im Stadium der Aufsuchung eine besondere Bedeutung beimaß, die sowohl inhaltlich als auch verfahrensmäßig abgesichert wurde.

V. Versagungsgründe nach § 11 Nr. 10 BBergG

1. *Zwecksetzung*

Durch den Versagungsgrund soll schon die Aufsuchung von Bergschätzen versagt werden, wenn absehbar ist, dass in späteren Verfahrensschritten ablehnende Behördenentscheidungen zu erwarten sind. In den Gesetzmaterialien zu § 11 Nr. 10 BBergG wird dies zum Ausdruck gebracht. Dort heißt es:

> „Mit dem Versagungsgrund … wird ein gegenüber dem geltenden Recht neuer Weg beschritten, weil damit bereits im Verfahren der Erteilung von Erlaubnissen und Bewilligungen eine Abwägung zwischen volkswirtschaftlich-bergbaulichen Belangen und anderen öffentlichen Interessen vorzunehmen ist, obwohl eine echte Kollision mit anderen öffentlichen Interessen nicht schon durch das mit der Erteilung der Erlaubnis entstehende Recht, sondern erst durch dessen Ausübung eintreten könnte.“[47]

Ausdrücklich wird darauf hingewiesen, dass sich die bergrechtliche Erlaubnis insoweit wesentlich von anderen öffentlich-rechtlichen Erlaubnissen und Genehmigungen unterscheidet, die entweder nur oder gleichzeitig mit der Einräumung der erforderlichen Befugnis auch deren Ausübung zum Gegenstand haben.

---

[44] BT-Drs. 8/1315, S. 89; *Boldt/Weller*, Bundesberggesetz, § 15 Rn. 1.

[45] BT-Drs. 8/3965, S. 134; *Boldt/Weller*, Bundesberggesetz, § 15 Rn. 1, § 48 Rn. 8.

[46] BT-Drs. 8/4420, S. 1.

[47] BT-Drs. 8/1315, S. 87.

2. *Prüftiefe: Detail- versus Globalprüfung*

Grundsätzlich soll zwar die Erteilung von Bergbauberechtigungen nicht mit Prüfungsgesichtspunkten befrachtet werden, die erst auf einer späteren Entscheidungsstufe bedeutsam werden. Die Aufsuchungserlaubnis ist zunächst einmal rohstoffwirtschaftlich ausgerichtet, sie dient als Abgrenzungsinstrument für private Verfügungsrechte und bestimmt insoweit zunächst einmal das Prüfungsprogramm der zuständigen Bergbehörde.

Das BBergG will allerdings auch sicherstellen, dass tatsächlich vorhandene Erkenntnisse von betroffenen öffentlichen Interessen so früh wie möglich einbezogen und berücksichtigt werden können und enthält gerade deshalb den Versagungsgrund des § 11 Nr. 10 BBergG. Der Gesetzgeber wollte insoweit einen neuen Weg beschreiten und schon im Verfahren der Erlaubnis „eine Abwägung zwischen volkswirtschaftlich-bergbaulichen Belangen und anderen öffentlichen Interessen" vorschreiben, „obwohl eine echte Kollision mit anderen öffentlichen Interessen nicht schon durch das mit der Erteilung der Erlaubnis entstehende Recht, sondern erst durch dessen Ausübung eintreten kann".[48]

Wenn von Anfang an davon auszugehen ist, dass nicht überwindbare öffentliche Interessen einer Aufsuchung entgegenstehen, ergibt es keinen Sinn, auch noch ein gestuftes Verfahren durchzuführen. Die Reichweite der Erlaubnisentscheidung ist damit zu unterscheiden von der Frage des Prüfungsumfangs und der Prüfungstiefe.

Sind hinreichende tatsächliche Anhaltspunkte für das Betroffensein öffentlicher Interessen vorhanden bzw. werden solche im Rahmen der Behördenbeteiligung vorgetragen, genügt deshalb eine kursorische Prüfung im Rahmen eines Erlaubnisverfahrens nicht. Vielmehr hat die zuständige Behörde in eine Detailprüfung einzutreten. Auch *Piens/Schulte/Graf Vitzthum* gehen in diesem Sinn davon aus, dass das Erlaubnisverfahren zu Ergebnissen führen muss, „die dem Unternehmer in Folgeverfahren – auch solchen anderer Spezialgesetze – die erneute Abwägung seiner Rechtsposition mit entgegenstehenden öffentlichen Interessen erspart".[49]

Auch in der Rechtsprechung wird davon ausgegangen, dass bei Vorliegen entsprechender Anhaltspunkte die Erlaubnisbehörde bereits im Rahmen der Aufsuchungserlaubnis die öffentlichen Belange zu berücksichtigen hat, die einer späteren Gewinnung entgegenstehen. Schon auf dieser Stufe ist danach eine Prüfung vorzunehmen, die in Prüfungsintensität und im Prüfungsumfang der Prüfung auf einer späteren Stufe entspricht.[50] Das BVerwG hat zutreffend darauf hingewiesen, dass keine Bergbauberechtigungen verliehen werden sollen, „die nicht die Erwartung rechtfertigen, jemals ausgeübt werden zu können"; verhindert werden soll, „dass eine Berechtigung

[48] BT-Drs. 8/1315, S. 87.

[49] *Piens/Schulte/Graf Vitzthum*, BBergG, § 11 Rn. 25 ff.; zu eng *Karkaj*, NuR 2014, 164, 167.

[50] VG Leipzig, Urt. v. 19.01.1995, ZfB 1995, 48, 54; von einer Vorverlagerung spricht auch das VG Weimar, Urt. v. 09.01.1995 – K 714/93.We, juris Rn. 44.

begründet wird, die sich im Nachhinein als substanzlos erweist".[51] Schon bei der Erlaubniserteilung hat deshalb ggfs. eine umfassende Würdigung des Vorhabens im Verhältnis zu den betroffenen öffentlichen Belangen zu erfolgen. Bei Vorliegen entsprechender Anzeichen ist daher nicht nur zu prüfen, ob ein Aufsuchungsbetriebsplan zugelassen werden kann. Ist nämlich erkennbar, dass auch eine Gewinnung nicht in Betracht kommt, so ergibt es ebenfalls keinen Sinn, in die dorthin führenden Verfahrensschritte einzusteigen. Nur so kann auch dem Grundsatz der Verfahrensökonomie Rechnung getragen werden. Soweit schon auf der ersten Verfahrensstufe erkennbar ist, dass sich eine spätere Gewinnung nicht realisieren lässt, müssen keine weiteren zeitraubenden und kostspieligen Verfahrensschritte durchgeführt werden.[52]

Die Literatur nimmt außerdem an, dass es dabei letztlich um das Fehlen des Bescheidungsinteresses geht.[53] Zutreffend wird darauf abgestellt, dass der Antragssteller kein berechtigtes Interesse an der Erteilung einer Bergbauberechtigung hat, von der feststeht, dass sie insgesamt nicht ausgeübt werden könnte.

3. Öffentliche Interessen im Einzelnen

a) Gesetzliche Vorgaben und vorhandene Nutzungen

Nach alledem eröffnet also § 11 Nr. 10 BBergG grundsätzlich Entscheidungsspielräume. Nachfolgend ist nunmehr darauf einzugehen, welche öffentlichen Interessen im Einzelnen betroffen sein können und wie weit die jeweiligen Entscheidungsspielräume reichen. Hierbei wird nochmals deutlich, dass die Prüfung nicht auf Versagungsgründe beschränkt ist, die sich unmittelbar aus der Aufsuchung ergeben.[54]

In der Gesetzesbegründung heißt es:

> „Je nach Lage des Einzelfalles ist beispielhaft zu verweisen etwa auf Erfordernisse des Naturschutzes und der Landschaftspflege, der Raumordnung und Landesplanung, des Verkehrs und des Gewässerschutzes."[55]

Zu berücksichtigen sind demnach also insbesondere das Bundesnaturschutzgesetz (BNatschG), das WHG, aber auch die Raumordnungs- und Planungsgesetze von Bund und Ländern. Insoweit sind jeweils eigenständige Anforderungen festgelegt, die im Rahmen von Verfahren nach Maßgabe des BBergG zu berücksichtigen sind.

---

[51] BVerwG, Beschl. v. 15. 10. 1998, UPR 1999, 75 f.

[52] VG Leipzig, Urt. v. 19. 01. 1995, ZfB 1995, 48, 55.

[53] *Franke*, in: Esser et al. (Hrsg.) Festschrift Kühne, 2009, S. 525.

[54] *Karrenstein*, ZfB 2012, 227, 231 ff., der vom Gegenteil ausgeht, setzt sich allerdings weder mit dem Wortlaut der Regelung noch mit den Gesetzgebungsmaterialien auseinander und bezieht insoweit auch die Rechtsprechung des BVerwG nicht ein.

[55] BT-Drs. 8/1315, S. 87.

Daneben wird durch die Nennung des Verkehrs in der Gesetzesbegründung zum BBergG deutlich, dass auch die tatsächlichen Verhältnisse in einem Aufsuchungsgebiet einbezogen werden müssen. Zu berücksichtigen sind etwaige Nutzungen, jedenfalls soweit sie rechtlichem Schutz unterstellt sind. Es wird davon ausgegangen, dass dabei grundsätzlich alle von der Rechtsordnung anerkannten öffentlichen Interessen in Betracht kommen.[56] Das bedeutet letztlich, dass als öffentliche Interessen i.S.v. § 11 Nr. 10 BBergG alle in der Verfassung, in Gesetzen, Rechtsverordnungen, Satzungen, Gebietsentwicklungs- und Raumordnungsplänen etc. zum Ausdruck gebrachten und festgelegten öffentlichen Interessen zu verstehen sind.[57] Ob insoweit eigenständige förmliche Verfahren zur Berücksichtigung dieser Interessen durchzuführen sind, ist dagegen unerheblich. Gestützt und verstärkt wird dieses Ergebnis auch durch die in Art. 20a GG enthaltene Staatszielbestimmung Umweltschutz.[58]

b) Rechtsprechung und Literatur zum bergrechtlichen Begriff der öffentlichen Interessen

Neben Belangen der Raumordnung und der Landesplanung[59] werden auch der Fremdenverkehr, der Gewässerschutz,[60] der Straßenverkehr, der Natur- und Landschaftsschutz,[61] der Lagerstättenschutz, der Strahlenschutz, die Außenbereichsbebauung sowie die Rohstoff- und Energiepolitik genannt.[62] Mögliche Waldschäden sind ebenfalls zu berücksichtigen wie etwaige Auswirkungen des Transports der gewonnenen Bodenschätze,[63] außerdem das FFH-Recht[64] sowie das Chemikalienrecht.[65]

---

[56] VGH Mannheim, Urt. v. 09.06.1988, ZfB 1989, 57, 66; VG Weimar, Urt. v. 09.01.1995 – 7 K 714/93.We, juris Rn. 37; so auch *Karkaj*, NuR 2014, 164, 165.

[57] *Dapprich/Römermann*, Bundesberggesetz, § 11 Rn. 10.

[58] Siehe dazu nur *Jarass*, in: Jarass/Pieroth, Grundgesetz, Kommentar, 11. Aufl. 2011, Art. 20 a, insbesondere Rn. 3 ff.

[59] Ausführlich dazu *Erbguth*, VerwArch 87 (1996), 258, 264 ff.

[60] Zur wasserrechtlichen Zulässigkeit siehe *Seeliger*, Wasser und Abfall 2012, 29, 30 ff., zu zwingenden Versagungsgründen aus Sicht des Wasserrechts. Nach § 50 Abs. 2 WHG ist eine ortsnahe Versorgung sicherzustellen.

[61] Zu naturschutzrechtlichen Abbauverboten *Kolonko*, ZUR 1995, 126, 127 ff. m.w.N.

[62] BVerwG, Beschl. v. 15.10.1998, UPR 1999, 75 f.; siehe auch VG Weimar, Urt. v. 09.01.1995 – 7 K 714/93.We, juris Rn. 33 ff.; zur Berücksichtigung von bergbaulichen Nutzungs- und Gewinnungsinteressen im Rahmen des Umwelt- und Planungsrechts *Franke*, in: Esser et al. (Hrsg.) Festschrift Kühne, 2009, S. 519 ff.

[63] VGH Mannheim, Urt. v. 09.06.1988, ZfB 1989, 57, 79.

[64] Zum insoweit gleichlautenden Begriff in § 48 Abs. 2 BBergG BVerwG, Beschl. v. 06.06.2012 – 7 B 68/11, juris Rn. 6; *Ludwig*, ZUR 2012, 150, 152 f. m.w.N.; *Caspar*, Gutachten des Wissenschaftlichen Dienstes des Landtages Schleswig-Holstein zur Zulässigkeit von Explorationsbohrungen im Wattenmeer sowie zu den Voraussetzungen einer Erlaubnis zur Aufsuchung von Kohlenwasserstoffen (Erlaubnisfeld Eiderstedt) im Wattenmeer, 2008, S. 26 ff.; Schleswig-Holsteinischer Landtag, Umdruck 16/3396, abrufbar unter: www.landtag.ltsh.de/infothek/wahl16/umdrucke/3300/umdruck-16–3396.pdf (Stand 12.07.2013).

In der Rechtsprechung und Literatur zum BBergG werden im Einzelnen außerdem folgende öffentliche Interessen i.S.d. § 11 Nr. 10 BBergG angesprochen:

- Vorhandensein eines militärischen Schutzbereichs,[66]
- Vorhandensein eines Naturschutzgebiets,[67]
- Vorhandensein eines Wasserschutzgebiets.[68]

Der Kreis in Betracht kommender Interessen ist damit weit gefasst. Das heißt aber noch nicht, dass sich auch jede der genannten Interessen im Rahmen des Erlaubnisverfahrens durchzusetzen und eine Aufsuchungsberechtigung damit auszuschließen vermag. Dies ist vielmehr erst der Fall, wenn die öffentlichen Interessen als solche überwiegender Art die Aufsuchung im gesamten zuzuteilenden Feld ausschließen.

In den bislang erschienen Risikostudien und Gutachten zum Fracking werden die gesamten Interessen angesprochen.[69] Außerdem u. a. noch das Chemikalien- und Gefahrstoffrecht sowie das Wald- und Bodenschutzrecht.

4. Überwiegender Art

a) Begriff

In der Verwendung des Begriffs „überwiegender Art" kommt zum Ausdruck, dass eine Abwägung der an der Aufsuchung von Bodenschätzen bestehenden öffentlichen Interessen und der sonstigen betroffenen öffentlichen Interessen zu erfolgen hat.[70] Wie dargestellt, wird in § 1 Nr. 1 BBergG die Sicherung der Rohstoffversorgung als vorrangiges Ziel festgeschrieben. Das Gesetz geht von einem Allgemeininteresse an der Aufsuchung, Gewinnung und Aufbereitung von Bodenschätzen aus.[71] Ein absoluter Vorrang der Rohstoffsicherung vor allen anderen Belangen besteht aber

---

[65] Vgl. dazu *Merenyi/Führ*, Fracking im Regulierungsbeitrag des Strafrechts (REACH/CLB) 2012.

[66] *Piens/Schulte/Graf Vitzthum*, BBergG, § 11 Rn. 21.

[67] *Piens/Schulte/Graf Vitzthum*, BBergG, § 11 Rn. 21.

[68] *Piens/Schulte/Graf Vitzthum*, BBergG, § 11 Rn. 21.

[69] *Bundesministerium für Umwelt, Naturschutz und Reaktorsicherheit/Umweltbundesamt* (Hrsg.), Umweltauswirkungen von Fracking bei der Aufsuchung und Gewinnung von Erdgas aus unkonventionellen Lagerstätten, 2012; *Ministerium für Klimaschutz, Landwirtschaft, Natur- und Verbraucherschutz des Landes Nordrhein-Westfalen* (Hrsg.), Fracking in unkonventionellen Erdgas-Lagerstätten in Nordrhein-Westfalen, 2012; vgl. auch *Frenz/Kukla/Preuße* (Hrsg.), Unkonventionelle Gasgewinnung in NRW, 2012; *Ewen/Borchardt/Richter/Hammerbacher*, Risikostudie Fracking, 2012.

[70] *Dapprich/Römermann*, Bundesberggesetz, § 11 Rn. 10.

[71] Vgl. dazu auch BT-Drs. 8/1315, S. 67.

nicht.[72] Bei der Abwägung sind die bestehenden Gewinnungsmöglichkeiten zu berücksichtigen.

In der Rechtsprechung wird davon ausgegangen, dass ein öffentliches Interesse an der Rohstoffversorgung nicht erst vorliegt, wenn ein Versorgungsengpass entstanden ist. Dieser Zweck sei auch bei der Auslegung der einzelnen Regelungen des BBergG zu berücksichtigen.[73] Abgeleitet wird deshalb beispielsweise aus § 11 Nr. 3 BBergG auch die Pflicht des Antragstellers, ein Arbeitsprogramm vorzulegen, in dem dargelegt ist, dass die vorgesehenen Aufsuchungsarbeiten hinsichtlich Art, Umfang und Zweck ausreichend sind und in einem angemessenen Zeitraum erfolgen.[74] Erfordernissen der Raumordnung und Landesplanung ist nur Rechnung zu tragen, soweit diese hinreichend konkretisiert sind.[75]

b) Summierungseffekt

Die in Frage kommenden öffentlichen Interessen sind nicht jeweils gesondert, sondern insgesamt daraufhin zu betrachten, ob sie einen Anspruch im gesamten Feld ausschließen. Gesprochen wird insoweit zu Recht auch von einem „Summierungseffekt".[76] Die Regelung des § 11 Nr. 10 BBergG verwendet den Begriff in der Mehrzahl. Nur dies entspricht auch dem Sinn und Zweck der Regelung, wie er in der oben beschriebenen Entstehungsgeschichte des Gesetzes und der dort vorgenommenen Interessenbeschreibung zum Ausdruck kommt.

5. Ausschluss

Das Vorhandensein öffentlicher Interessen im Aufsuchungsgebiet begründet allein noch keine Erlaubnisversagung. Erforderlich ist vielmehr, dass öffentliche Interessen die Aufsuchung ausschließen. Davon wird beispielsweise bei Vorliegen absoluter Veränderungssperren ausgegangen.[77] Etwaige Befreiungstatbestände sollen ggfs. zu berücksichtigen und insofern grundsätzlich jeweils eine Einzelfallprüfung

---

[72] OVG Magdeburg, Urt. v. 21.11.2003 – 2 K 341/00, juris Rn. 58 ff. Das Bundesverfassungsgericht hat in diesem Sinne in seiner Garzweilerentscheidung darauf hingewiesen, dass Bund und Ländern in allen energiepolitischen Entscheidungen ein weiter Gestaltungs- und Einschätzungsspielraum zusteht, s. BVerfG, Urteil vom 17.12.2013, Az. 1 BvR 3139/08 und 3386/08, insbes. Rz. 286 ff. Etwa betroffene Rechte müssen nach der Entscheidung möglichst frühzeitig in die erforderliche Gesamtabwägung einbezogen werden, s. Rz. 191 ff.

[73] Vgl. VGH Mannheim, Urt. v. 15.05.2010, ZNER 2010, 499, 500 m.w.N.

[74] VGH Mannheim, Urt. v. 15.05.2010, ZNER 2010, 499, 500 m.w.N.; siehe dazu schon unter III.1.

[75] VG Weimar, Beschl. v. 12.07.1994, ZfB 1995, 69 ff. und das Urt. v. 09.01.1995 – 7 K 714.93.We, juris Rn. 26.

[76] VG Leipzig, Urt. v. 19.01.1995, ZfB 1995, 48, 55.

[77] *Boldt/Weller*, Bundesberggesetz, § 11 Rn. 14; *Piens/Schulte/Graf Vitzthum*, BBergG, § 11 Rn. 21.

erforderlich sein.[78] Lägen diese vor, würden die dem Bergbau entgegenstehenden öffentlichen Interessen ihren Vorrang verlieren.[79] Dagegen wird zu Recht eingewandt, dass nicht allein das Vorhandensein einer abstrakten gesetzlichen Befreiungsmöglichkeit das Vorliegen eines öffentlichen Interesses i.S. des § 11 Nr. 10 BBergG auszuschließen vermag.[80] Liegen konkrete Anhaltspunkte dafür vor, dass die Erteilung einer Ausnahmegenehmigung oder Befreiung nicht in Betracht kommt, ist auch eine Aufsuchung insoweit ausgeschlossen. Ein solcher Fall liegt insbesondere vor, wenn die für den jeweiligen Belang zuständige Fachbehörde entsprechende Einwände vorträgt. Genau zu diesem Zweck wurde, wie aufgezeigt, die Anhörung in § 15 BBergG verankert. Es wäre widersinnig, die Fachbehörden zwar anzuhören, die vorgetragenen Bedenken dann aber bei der Entscheidung über die Aufsuchungserlaubnis nicht zu berücksichtigen. Dies gilt insbesondere für die Interessen des Gewässerschutzes.

Zwar sind in Trinkwasser- und Heilquellenschutzgebieten nach §§ 52 Abs. 1 S. 2, 53 Abs. 5 WHG Befreiungen grundsätzlich möglich. Dies setzt aber voraus, dass der Schutzzweck nicht gefährdet wird oder überwiegende Gründe des Wohles der Allgemeinheit dies erfordern. Insoweit wird in der Literatur davon ausgegangen, dass Frackingmaßnahmen jedenfalls in den Zonen I und II in bestehenden Wasserschutzgebieten nicht in Betracht kommen und in Zone III allenfalls ausnahmsweise.[81]

Aber auch in den anderen Zonen sowie in Vorranggebieten ist die Zulässigkeit von Ausnahmen und Befreiungen für Frackingmaßnahmen fraglich. Auf die überragende Bedeutung des Grundwasserschutzes hat das BVerfG wiederholt hingewiesen.[82] Bezogen auf den Betrieb einer Erdwärmesonde in der Zone III A eines Wasserschutzgebietes hat der VGH Kassel die damit unter besonderen staatlichen Schutz gestellte sichere Gewährleistung der öffentlichen Wasserversorgung dahingehend konkretisiert, dass dem Schutz des Grundwassers vor Verunreinigungen eine alle anderen Belange überragende Bedeutung zukomme.[83] An die Eintrittswahrscheinlichkeit eines Schadens in einem Trinkwasserschutzgebiet werden deshalb nur geringe Anforderungen gestellt. Als entscheidend gilt, dass von der zuständigen Fachbehörde Gefahren für das Trinkwasser nicht ausgeräumt werden können. Im konkreten Fall war dies jedenfalls nicht durch mit vertretbarem Aufwand durchgeführte Kontrollen möglich.

---

[78] OVG Magdeburg, Urt. v. 21. 11. 2003 – 2 J 341/00, juris-Rn. 58 ff.; vgl. auch VG Gera 1. Kammer, Urt. v. 24. 01. 1996 – 1 K 132/95.Ge; *Piens/Schulte/Graf Vitzthum*, BBergG, § 11 Rn. 21.

[79] VG Weimar, Urt. v. 09. 01. 1995 – 7 K 714/93.We, juris Rn. 44 m.w.N.; VGH Mannheim, Urt. v. 09. 06. 1988, ZfB 1989, 57, 70; VG Freiburg, Urt. v. 10. 10. 1984 – 1 K 335/83.

[80] *Kolonko*, ZUR 1995, 126, 128, bezogen auf § 53 NdsNatG; a. A. *Hoppe*, Nationalpark-Verordnung „Niedersächsisches Wattenmeer“ und bergbauliche Berechtigungen, 1987, S. 45, der einen derartigen charakterisierten Verbotstatbestand dann allerdings wegen Verstoßes gegen das Verhältnismäßigkeitsprinzip als verfassungsrechtlich bedenklich ansieht.

[81] *Roßnagel/Hentschel/Polzer*, Rechtliche Rahmenbedingungen der unkonventionellen Erdgasförderung mittels Fracking, 2012, S. 91.

[82] Grundlegend BVerfG, Beschl. v. 15. 07. 1981 – 1 BvL 77/78, juris-Rn. 152 ff.

[83] VGH Kassel, Beschl. v. 17. 08. 2011 – 2 B 1484/11, juris-Rn. 14 ff.

Eine wasserrechtliche Erlaubnis war deshalb zu versagen. Diese Rechtsprechung ist auch beim Fracking zu beachten.

Auf Grund der aktuellen wissenschaftlichen Datenlage wird es derzeit als nicht verantwortbar angesehen, Vorhaben zur Aufsuchung und Gewinnung von Erdgas mittels Fracking zu genehmigen. In dem UBA-Gutachten zum Fracking wird gefordert, einen Einsatz der Technik jedenfalls in Trinkwasser- und Heilquellenschutzgebieten grundsätzlich auszuschließen.[84] Der Bundesratsbeschluss vom 01.02.2013 sieht einen Ausschluss in Trinkwasserschutzgebieten, Gebieten für die Gewinnung von Trinkwasser oder Mineralwasser, Heilquellenschutzgebieten sowie in Gebieten mit ungünstigen geologisch-hydrogeologischen Verhältnisse als erforderlich an.[85]

Der vom *Bundesumwelt-* und *Bundeswirtschaftsministerium* vorgelegte Gesetzentwurf[86] enthält in §§ 52 Abs. 1, 53 Abs. 5 WGH ein ausdrückliches Verbot von Fracking-Tiefbohrungen und begründet dies mit den besonderen Gefahren für Trinkwasser- und Heilquellenschutzgebieten; ausdrückliche Regelungen in einzelnen Schutzgebietsverordnungen sind damit entbehrlich. Unmittelbar angewendet werden kann der Entwurf zwar nicht. Er bezieht sich aber ausdrücklich auf den Stand der gegenwärtigen Erkenntnisse und kann insoweit bei der Bewertung einfließen, ob auf Grundlage des (noch) geltenden Rechts Ausnahme- bzw. Befreiungsregelungen überhaupt in Betracht kommen. Ihm wird insoweit vom zuständigen Ministerium im Wesentlichen klarstellender Charakter zugeschrieben.[87] Dies gilt im Übrigen auch für Frackingmaßnahmen, die von außen in ein Schutz- oder Vorranggebiet hinein geführt werden. Andernfalls könnte nämlich die Zielsetzung der unter besonderen Schutz gestellten Gebiete nicht gewahrt werden.[88] Der Gesetzentwurf sieht deshalb auch in § 52 Abs. 4 S. 2 WHG eine ausdrücklich als Klarstellung bezeichnete Ergänzung vor, dass Bohrungen mit Fracking auch außerhalb von Wasserschutzgebieten beschränkt werden können, da Gefahren für das Trinkwasser auch entstehen können, wenn Bohrungen neue Verbindungen zwischen verschiedenen Erdschichten herstellen und so ermöglichen, dass gefährliche Stoffe in Wasserschutzgebiete gelangen. In

---

[84] *Bundesministerium für Umwelt, Naturschutz und Reaktorsicherheit/Umweltbundesamt* (Hrsg.), Umweltauswirkungen von Fracking bei der Aufsuchung und Gewinnung von Erdgas aus unkonventionellen Lagerstätten, 2012, D 16; vgl. auch *Roßnagel/Hentschel/Polzer*, Rechtliche Rahmenbedingungen der unkonventionellen Erdgasförderung mittels Fracking, 2012, S. 25.

[85] BR-Drs. 754/12, Anlage S. 1.

[86] Abrufbar unter http://www.bmu.de/fileadmin/Daten_BMU/Download_PDF/Wasser_Abfall_Boden/vorschlag_bmu_bmwi_fracking_bf.pdf (Stand 06.03.2013); zum Reformbedarf s. auch *SRU* (Fn. 7), S. 41 ff.

[87] Begleitschreiben Rösler/Altmaier vom 19.03.2013.

[88] In diesem Sinne auch *Caspar*, Gutachten des Wissenschaftlichen Dienstes des Landtages Schleswig-Holstein zur Zulässigkeit von Explorationsbohrungen im Wattenmeer sowie zu den Voraussetzungen einer Erlaubnis zur Aufsuchung von Kohlenwasserstoffen (Erlaubnisfeld Eiderstedt) im Wattenmeer, 2008, S. 8 f. (s. oben Fn. 64).

der Praxis werden deshalb regelmäßig Abstandsflächen zu geschützten Gebieten einzuhalten sein.[89]

Im Übrigen wird insbesondere die Entsorgung des sog. „Flowbacks" als problematisch angesehen. Jedenfalls eine Versenkung sei unzulässig, weil eine Verschlechterung des Grundwassers sich insoweit nicht ausschließen ließe. Eine solche würde vielmehr zielgerichtet herbeigeführt werden und damit nicht mit § 47 Abs. 1 WHG vereinbar sein.[90]

6. Im gesamten Feld

Wegen des Tatbestandsmerkmals „im gesamten Feld" wird davon ausgegangen, dass die öffentlichen Interessen raumbezogener Art sein müssen.[91]

Dies heißt aber nicht, dass Ausschlussgründe das Antragsfeld in vollem Umfang betreffen müssen. Nach der Rechtsprechung soll es genügen, wenn 80 % des gesamten Feldes beispielsweise in einem Naturschutzgebiet liegen.[92] Auch wenn etwa 20 % des angestrebten Aufsuchungsfeldes außerhalb eines geschützten Gebietes liegen, kann danach eine Gewinnung im gesamten Feld ausgeschlossen sein. Abgestellt wird insoweit auf Wortlaut, Entstehungsgeschichte und Sinn und Zweck des § 11 Nr. 10 BBergG.

Der VGH Mannheim hat insoweit zutreffend darauf hingewiesen, dass der Gesetzeswortlaut nur dann zwingend ein Betroffensein des gesamten Aufsuchungsfeldes voraussetzen würde, wenn die Versagung ausdrücklich daran anknüpfen würde, dass „im gesamten zuzuteilenden Feld öffentliche Interessen die Gewinnung ausschließen".[93] Genau diese im ursprünglichen Referentenentwurf zu § 11 Nr. 10 BBergG enthaltene Formulierung sei aber nicht Gesetz geworden. Dieses stellt vielmehr darauf ab, dass die Erlaubnis zu versagen ist, wenn überwiegende öffentliche Interessen die Aufsuchung im gesamten zuzuteilenden Feld ausschließen.

Das Gericht schloss daraus, dass eine Erlaubnis schon dann zu versagen ist, wenn öffentliche Interessen so überwiegen, dass sie eine Gewinnung im gesamten Feld ausschließen. In der Konsequenz greift danach § 11 Nr. 10 BBergG auch dann, wenn ein Teilfeld übrig bleiben würde, mit dem der Antragsteller allein nichts anfangen kann. Nur auf diese Weise könne auch der Zweck der Regelung gewahrt und verhindert werden, dass das Aufsuchungsfeld räumlich vom Antragsteller so festgelegt wird, dass es auch außerhalb etwaig zu schützender Flächen liegt. Der VGH Mannheim bezog insoweit ein, dass die Erlaubnisbehörde eine Begrenzung des beantragten Feldes nur nach Maßgabe von § 16 Abs. 2 BBergG verlangen kann und damit nur,

---

[89] *HLUG*, a.a.O., Langfassung, S. 113.

[90] *Schink*, in: Frenz (Hrsg.), Bergrechtsreform und Fracking, 2013, S. 87 ff.

[91] VGH Mannheim, Urt. v. 09.06.1988, ZfB 1989, 57, 66.

[92] VGH Mannheim, Urt. v. 09.06.1988, ZfB 1989, 57, 67 ff.; enger wohl *Boldt/Weller*, BBergG, § 11 Rn. 14, die sich allerdings nicht näher mit der Problematik auseinandersetzen.

[93] VGH Mannheim, Urt. v. 09.06.1988, ZfB 1989, 57, 69 m.w.N.

soweit dies erforderlich ist, um eine Gefährdung der Wettbewerbslage der Bodenschätze aufsuchenden Unternehmen abzuwehren oder die Aufsuchung von Lagerstätten zu verbessern.[94]

Die vom VGH Mannheim genannten 80 % sind damit keine feststehende Größe. Zu untersuchen ist vielmehr im Einzelfall, ob ggfs. im Restfeld eine Aufsuchung überhaupt noch in Betracht kommt. Von den konkreten Umständen hängt es ab, wieweit die Differenz gehen darf.[95]

Caspar dagegen will eine Abwägung ausschließen, wenn nicht das gesamte Feld betroffen ist.[96] Er bezieht sich dabei im Wesentlichen auf die Zweistufigkeit des Verfahrens. Damit wird aber der Rechtsprechung des BVerwG nicht Rechnung getragen, die bei Vorliegen entsprechender Anhaltspunkte, wie dargelegt, eine umfassende Prüfung als erforderlich ansieht, um zu verhindern, dass Erlaubnisse erteilt werden, die nie ausgenutzt werden können.[97]

Auch *Erbguth* ist, bezogen auf raumordnerische Gesichtspunkte, der Auffassung, dass kein sachlicher Grund ersichtlich ist, warum ein nur teilweiser Feldbezug zu einem völligen Wegfall der Berücksichtigungsfähigkeit führen soll.[98] In der Konsequenz hält er eine Berücksichtigung im Rahmen der einzelfallbezogenen Abwägung der bergbaulichen und der ihnen gegenläufigen Interessen für naheliegender und überzeugender. Er begründet dies zu Recht damit, dass andernfalls die allgemeine Öffnung des Bergrechts zugunsten außerbergrechtlicher Belange gleichsam durch die Hintertür weitgehend wieder eingeschränkt würde.

VI. Zusammenfassung und Ausblick

Das Bergrecht enthält umfassende und grundsätzlich in einem mehrstufigen Verfahren zu prüfende Voraussetzungen für die Gewinnung von Bodenschätzen und damit auch für Frackingmaßnahmen. Zeigt sich schon im Verfahren der Aufsuchungserlaubnis, mit der zunächst einmal „nur" eine Konzession für etwaige spätere Nutzung verliehen wird, dass öffentliche Interessen dem entgegenstehen, so kann die Erlaubnis nicht erteilt werden. Auf eine „Lizenz zum Fracken" besteht deshalb bei Vorliegen entsprechender Anzeichen kein Anspruch.

---

[94] VGH Mannheim, Urt. v. 09.06.1988, ZfB 1989, 57, 69.

[95] VG Leipzig, Urt. v. 19.01.1995, ZfB 1995, 48, 53.

[96] *Caspar*, Gutachten des Wissenschaftlichen Dienstes des Landtages Schleswig-Holstein zur Zulässigkeit von Explorationsbohrungen im Wattenmeer sowie zu den Voraussetzungen einer Erlaubnis zur Aufsuchung von Kohlenwasserstoffen (Erlaubnisfeld Eiderstedt) im Wattenmeer, 2008, S. 18 ff. (s. oben Fn. 64).

[97] BVerwG, Beschl. v. 15.10.1998, UPR 1999, 75, 76.

[98] *Erbguth*, VerwArch 87 (1996), 258, 278.

Zur Reichweite der Ausnahme des Art. 4 Abs. 7 WRRL

Gleichzeitig Besprechung von EuGH, Rs. C-43/10 – *Nomarchiaki*

Von *Astrid Epiney*

I. Einleitung

Gemäß Art. 4 Abs. 1 RL 2000/60 (Wasserrahmenrichtlinie)[1] haben die Mitgliedstaaten sog. „Umweltziele"[2] zu verwirklichen, wobei diese Verpflichtung als Kernelement der Wasserrahmenrichtlinie angesehen werden kann.[3] Denn erst die Einhaltung der Umweltziele dürfte tatsächlich einen nachhaltigen Gewässerschutz sicherstellen können, sind ihnen doch echte und in Verbindung mit den Anhängen auch relativ präzise Qualitätsziele zu entnehmen.

Damit erschließt sich auch die Bedeutung der in der Richtlinie ebenfalls vorgesehenen möglichen Ausnahmen zu den Umweltzielen: So sehen Art. 4 Abs. 4–8 RL 2000/60 Ausnahmebestimmungen unterschiedlichen Charakters von den Vorgaben des Art. 4 Abs. 1 RL 2000/60 vor, die es den Mitgliedstaaten ermöglichen, entweder dauerhaft oder zeitlich begrenzt weniger strenge Umweltziele anzustreben bzw. einzuhalten. Dabei kann zwischen Fristverlängerungen (Art. 4 Abs. 4 RL 2000/60) und Ausnahmen in Bezug auf Umweltziele (Art. 4 Abs. 5–7 RL 2000/60) selbst unterschieden werden.[4] Die Tragweite dieser Ausnahmen – insbesondere soweit sie dauerhafte Abweichungen von den Umweltzielen zu begründen vermögen – entscheiden vor diesem Hintergrund über die effektive Verpflichtung zur Erreichung der Umweltziele, so dass ihre Auslegung von großer Bedeutung ist.

Bei allen Ausnahmebestimmungen sowie bei der Bezeichnung von Oberflächenwasserkörpern als künstlich oder erheblich verändert (Art. 4 Abs. 3 RL 2000/60)

---

[1] RL 2000/60 zur Schaffung eines Ordnungsrahmens für Maßnahmen der Union im Bereich der Wasserpolitik, ABl. L 327/2000, 1.

[2] Vgl. die Definition in Art. 2 Nr. 34 RL 2000/60.

[3] Vgl. ausführlich zu Inhalt und Tragweite der Verpflichtung, die Umweltziele zu verwirklichen, *Epiney*, Umweltrecht der EU, 2013, 7. Kap. A. I. 2. c).

[4] Vgl. auch die Darstellung der Ausnahmen bei *Grimeaud*, Reforming EU Water Law: Towards Sustainability?, EELR 2001, 41 ff., 88 ff., 92 ff., 125 ff., *Ginzky,* Ausnahmen zu den Bewirtschaftungszielen im Wasserrecht. Voraussetzungen, Zuständigkeiten, offene Anwendungsfragen, ZUR 2005, 515 (letzterer ausgehend von der Umsetzung in Deutschland).

haben die Mitgliedstaaten dafür Sorge zu tragen, dass die Verwirklichung der Ziele der Richtlinie in anderen Wasserkörpern innerhalb derselben Flussgebietseinheit nicht dauerhaft ausgeschlossen oder gefährdet wird; im Übrigen sind die (sonstigen) Umweltschutzvorschriften der Union zu beachten (Art. 4 Abs. 8 RL 2000/60), und es sind „Schritte zu unternehmen“ um sicherzustellen, dass die Anwendung des Art. 4 RL 2000/60 (einschließlich der Ausnahmebestimmungen) zumindest das gleiche Schutzniveau wie die bestehenden unionsrechtlichen Vorgaben gewährleistet (Art. 4 Abs. 9 RL 2000/60).[5]

Jüngst hatte sich der Gerichtshof zur Tragweite der Ausnahme des Art. 4 Abs. 7 RL 2000/60 auszusprechen,[6] die insbesondere deshalb von großer Bedeutung ist, weil sie – unter bestimmten Voraussetzungen – allgemein u. a. im Falle einer „neuen nachhaltigen Entwicklungstätigkeit des Menschen“ ein Abweichen von den Umweltzielen erlaubt. Dies soll zum Anlass genommen werden, diese Bestimmung und das Urteil des EuGH – soweit die Auslegung der RL 2000/60 betroffen ist – im Folgenden einer näheren Betrachtung zu unterziehen. Auszugehen ist dabei von einer kurzen Darstellung der tatbestandlichen Voraussetzungen der Bestimmung (II.), bevor das erwähnte Urteil des EuGH skizziert wird (III.)[7] und auf dieser Grundlage eine Präzisierung der tatbestandlichen Voraussetzungen des Art. 4 Abs. 7 RL 2000/60 versucht wird (IV.). Der Beitrag schließt mit einer kurzen Schlussbetrachtung (V.).

II. Art. 4 Abs. 7 RL 2000/60: Hintergrund und Voraussetzungen

Die Ausnahmebestimmung des Art. 4 Abs. 7 RL 2000/60 trägt dem Umstand Rechnung, dass gewisse Änderungen der Umstände eine Verschlechterung des Zustandes von Gewässern zur Folge haben können, ohne dass dies vernünftigerweise zu

---

[5] Dies stellt letztlich wohl ein Korrektiv in Bezug auf die materiell sehr weitgehenden Ausnahmetatbestände der Art. 4 Abs. 3–7 RL 2000/60 dar (vgl. *Albrecht*, Umweltqualitätsziele im Gewässerschutzrecht. Eine europa-, verfassungs- und verwaltungsrechtliche Untersuchung zur Umsetzung der Wasserrahmenrichtlinie am Beispiel des Freistaates Sachsen, 2007, 378), wobei dieses Korrektiv jedoch normativ so unbestimmt formuliert ist, dass es seine Rolle wohl kaum spielen können wird. S. in diesem Zusammenhang aber auch den Ansatz von *Ginzky*, Die Pflicht zur Minderung von Schadstoffeinträgen in Oberflächengewässer, ZUR 2009, 242, 245, der davon ausgeht, dass zumindest die Minderungspflicht nach Art. 4 Abs. 1 lit. a) iv) RL 2000/60 keiner Ausnahme zugänglich sei. Angesichts des ausdrücklichen Verweises der Ausnahmebestimmungen auf den gesamten Abs. 1 überzeugt dies jedoch nicht. Allerdings haben die Mitgliedstaaten jedenfalls die sich aus den einschlägigen Unionsrichtlinien ergebenden Emissionsbeschränkungen einzuhalten, so dass in diesem Falls die Ausnahmebestimmungen schon deshalb nicht zum Zuge kommen, weil die entsprechenden Vorgaben in anderen Richtlinien enthalten sind, auf die sich die Ausnahmen der Art. 4 Abs. 4 ff. RL 2000/60 nicht beziehen.

[6] EuGH, Urt. v. 11.9.2012, Rs. C-43/10 – *Nomarchiaki Aftodioikisi Aitoloakarnanias.*

[7] Dies, soweit die RL 2000/60 betroffen ist. Das Urteil betraf darüber hinaus auch gewisse Aspekte der sog. Habitatrichtlinie (RL 92/43), auf die in diesem Beitrag jedoch nicht eingegangen wird.

verhindern oder ökologisch notwendigerweise negativ zu bewerten ist, so dass es hier um allgemeine Ausnahmen aufgrund veränderter Umstände geht. Art. 4 Abs. 7 RL 2000/60 erlaubt aber nicht allgemein, bei veränderten Umständen von den Umweltzielen abzuweichen, sondern stellt eine Reihe eingrenzender und kumulativ zu verstehender, allerdings teilweise sehr offen formulierter[8] Voraussetzungen auf, wobei die maßgeblichen Umstände im Bewirtschaftungsplan für das Einzugsgebiet im Einzelnen darzulegen sind:

- Nur bestimmte veränderte Umstände erlauben Abweichungen von den Umweltzielen, wobei zwei Gruppen zu unterscheiden sind:
  - Eine Verschlechterung des Zustandes von Oberflächen- oder Grundwasserkörpern sowie das Nichterreichen eines guten ökologischen Zustands bzw. ökologischen Potentials steht dann mit den Zielen der Richtlinie in Einklang, wenn die Ursachen in Änderungen der physischen Eigenschaften eines Oberflächenwasserkörpers oder in Änderungen des Pegels von Grundwasserkörpern zu suchen sind.
  - Hingegen können neue „nachhaltige Entwicklungstätigkeiten" des Menschen nur das Nichtverhindern einer Verschlechterung von einem sehr guten zu einem guten Zustand eines Oberflächenwasserkörpers rechtfertigen.
- Es sind alle praktikablen Vorkehrungen zu treffen, um die negativen Auswirkungen auf den Zustand des Wasserkörpers zu mindern.
- Die Gründe für die erwähnten Änderungen der Oberflächenwasserkörper oder des Grundwasserpegels sind von übergeordnetem öffentlichem Interesse bzw. der Nutzen, den die Verwirklichung der an sich maßgebenden Umweltziele für Umwelt und Gesellschaft hätte, wird durch den Nutzen der neuen Änderungen für die menschliche Gesundheit, die Erhaltung der Sicherheit der Menschen oder die nachhaltige Entwicklung übertroffen.
- Die Ziele, denen die Änderungen des Wasserkörpers dienen sollen, können nicht durch andere Mittel, die eine wesentlich bessere Umweltoption darstellen, erreicht werden, dies aus Gründen der technischen Durchführbarkeit oder im Gefolge unverhältnismäßiger Kosten.[9]

Deutlich wird schon durch diese Skizzierung der Voraussetzungen für die Einschlägigkeit des Art. 4 Abs. 7 RL 2000/60, dass hier zahlreiche unbestimmte Rechtsbegriffe verwandt werden, so dass sich nicht nur die Frage stellt, ob und inwieweit diese präzisiert werden können, sondern auch (und damit im Zusammenhang stehend), wie weit der Gestaltungsspielraum der Mitgliedstaaten hier zu ziehen ist.

---

[8] S. in diesem Zusammenhang *Hasche*, Das neue Bewirtschaftungsermessen im Wasserrecht. Die Auswirkungen der Wasserrahmenrichtlinie und der IVU-Richtlinie, 2005, 175 ff., der davon ausgeht, dass Art. 4 Abs. 7 RL 2000/60 jedem Mitgliedstaat weite Spielräume bei der Festlegung der letztlich einzuhaltenden und zu erreichenden Umweltqualitätsstandards einräumt.

[9] Ausführlich zu dieser Voraussetzung *Ginzky* (Fn. 4), 519 f.

III. Zum Urteil des EuGH in der Rs. C-43/10

In der Rs. C-43/10[10] – in dem die Reichweite bzw. die Auslegung des Art. 4 Abs. 7 RL 2000/60 eine der zentralen Fragen darstellte – hielt der Gerichtshof zunächst fest, die Vorgaben des Art. 4 Abs. 7 RL 2000/60 seien vor dem Hintergrund der Vorwirkung von Richtlinien auch vor Ablauf der Frist des Art. 13 Abs. 6 RL 2000/60 im Ergebnis bzw. in entsprechender Anwendung dieser Bestimmung zu beachten. Zwar sei Art. 4 RL 2000/60 in Bezug auf das in Frage stehende Vorhaben nicht direkt maßgeblich, da die Frist für die Veröffentlichung der Bewirtschaftungspläne – in deren Rahmen die zur Verwirklichung der Ziele des Art. 4 RL 2000/60 notwendigen Maßnahmen aufzuführen sind – noch nicht abgelaufen war. Jedoch dürften die Mitgliedstaaten während der Umsetzungsfrist keine Vorschriften erlassen, die geeignet sind, die Erreichung der Richtlinienziele zu gefährden.[11] Diese Pflicht gelte auch während eines Übergangszeitraums (von denen es in der RL 2000/60 viele gibt), während dessen die Mitgliedstaaten ihre nationalen Regelungen weiter anwenden dürfen, obwohl diese nicht in Einklang mit der betreffenden Richtlinie stehen. Daher dürften die Mitgliedstaaten auch vor dem Ablauf der Frist für die Erstellung der Bewirtschaftungspläne keine Maßnahmen erlassen, die die Einhaltung der Umweltziele (die spätestens 15 Jahre nach Inkrafttreten der Richtlinie sicherzustellen sei, vorbehaltlich der in der Richtlinie selbst vorgesehenen Ausnahmen) gefährden. Daher sei auch Art. 4 Abs. 7 RL 2000/60 sinngemäß vor Ablauf der genannten Frist zu beachten.

Daran anschließend prüfte der Gerichtshof, ob die im nationalen Ausgangsverfahren zur Debatte stehende Umleitung des Oberlaufs eines Flusses in ein anderes Einzugsgebiet mit dem Zweck der Verbesserung der Wasserversorgung und der Stromerzeugung aufgrund des Art. 4 Abs. 7 RL 2000/60 zulässig sein kann, so dass mit dieser Umleitung eine Abweichung von den Umweltzielen einhergehen darf. Ausgehend von der Überlegung, dass sowohl die Wasserversorgung als auch die Stromversorgung und die Bewässerung öffentlichen Interessen dienten, erachtete der Gerichtshof Art. 4 Abs. 7 RL 2000/60 in Bezug auf das in Frage stehende Projekt als grundsätzlich einschlägig, wobei eine Genehmigung eines solchen Projekts jedoch – in Anknüpfung an die dargelegten Voraussetzungen des Art. 4 Abs. 7 RL 2000/60[12] – nur unter folgenden Voraussetzungen mit der RL 2000/60 in Einklang stehe:

- Es wurden alle praktikablen Vorkehrungen getroffen, um die negativen Auswirkungen des Vorhabens auf den Zustand des Wasserkörpers zu mindern.
- Die Gründe für die Verwirklichung eines solchen Vorhabens wurden im Einzelnen dargelegt.

---

[10] EuGH, Urt. v. 11.9.2012, Rs. C-43/10 – *Nomarchiaki Aftodioikisi Aitoloakarnanias.*

[11] Wobei der Gerichtshof hier auf seine bisherige Rechtsprechung verweist, s. z. B. EuGH, Urt. v. 26.5.2011, verb. Rs. C-165–167/09 – *Stichting Natuur en Likieu u. a.*

[12] Oben II.

- Das betreffende Vorhaben muss im öffentlichen Interesse liegen und / oder der Nutzen des Vorhabens muss den Nutzen der Einhaltung der Umweltziele übertreffen.
- Die nutzbringenden Ziele des Vorhabens hätten aus Gründen der technischen Durchführbarkeit oder aufgrund unverhältnismäßiger Kosten nicht durch andere Mittel, die eine wesentlich bessere Umweltoption darstellen, erreicht werden können.

Nicht zwingend erforderlich sei es hingegen, dass das aufnehmende Einzugsgebiet nicht in der Lage ist, den bestehenden Bedarf auf dem Gebiet der Wasserversorgung, der Stromerzeugung oder der Bewässerung aus den eigenen Wasserressourcen zu befriedigen, könnten doch die genannten Voraussetzungen auch ansonsten erfüllt sein. Nicht zu verkennen ist in diesem Zusammenhang, dass durch die Aufstellung dieser Voraussetzungen Wasserumleitungen sehr häufig zulässig sein werden mit der Folge, dass die Umweltziele nicht eingehalten werden müssen, da die erwähnten Voraussetzungen denkbar offen und präzisierungsbedürftig formuliert sind und der Gerichtshof auf das Kriterium der Möglichkeit der Versorgung durch das aufnehmende Einzugsgebiet – das hinreichend klar ist bzw. gewesen wäre – verzichtet. Zwar wird man dem Gerichtshof insoweit zustimmen müssen, als die genannten Kriterien tatsächlich auch im Falle der fehlenden „mengenmäßigen Notwendigkeit" der Umleitung erfüllt sein können; nichtsdestotrotz sei die Frage erlaubt, ob sich hier nicht ein anderer Ansatz hätte aufdrängen können. Hierauf wird zurückzukommen sein.

IV. Zur Reichweite des Art. 4 Abs. 7 RL 2000/60 – Versuch einer Präzisierung

Jede Annäherung an die rechtliche Tragweite des Art. 4 Abs. 7 RL 2000/60 und seine Bedeutung im Rahmen der innerstaatlichen Umsetzung und der Anwendung der Umsetzungsgesetzgebung muss zunächst nach den bei der hierfür notwendigen Auslegung der Bestimmung maßgeblichen Kriterien fragen. M.E. sind hier in erster Linie vier Gesichtspunkte relevant, die allesamt grundsätzlich für eine enge Auslegung des Art. 4 Abs. 7 RL 2000/60 sprechen:[13]

- Erstens ist an den auch vom Gerichtshof immer wieder betonten Grundsatz der engen Auslegung von Ausnahmetatbeständen zu erinnern: Die Einhaltung der Umweltziele nach Art. 4 Abs. 1 RL 2000/60 stellt in unserem Zusammenhang zweifellos die Regel dar, während die in Art. 4 Abs. 3–7 figurierenden Konstellationen unter bestimmten Voraussetzungen Ausnahmen von dieser Regel formulieren. Daher sind diese Ausnahmebestimmungen grundsätzlich eng auszulegen. Dafür, dass diese „Grundregel" im Zusammenhang mit Art. 4 RL 2000/60 nicht zum Zuge kommen soll, fehlen in der Richtlinie jegliche Anhaltspunkte.

---

[13] Ausdrücklich für eine enge Auslegung des Art. 4 Abs. 7 RL 2000/60 auch *Laskowski*, Kohlekraftwerke im Lichte der EU-Wasserrahmenrichtlinie, ZUR 2013, 131, 140.

- Zweitens spricht auch der Grundsatz des hohen Schutzniveaus (Art. 191 Abs. 2 S. 1 AEUV) für eine solche enge Auslegung, dienen die Umweltziele doch gerade einem hohen Schutzniveau, so dass eine Abweichung von selbigen grundsätzlich eine Relativierung dieses Schutzniveaus nach sich zieht.
- Drittens sind bei der Auslegung des Art. 4 Abs. 7 RL 2000/60 die Umweltprinzipien (Art. 191 Abs. 2 S. 2 AEUV) zu beachten,[14] wobei dem Vorsorgeprinzip zweifellos besondere Bedeutung zukommt. Auch diese Grundsätze legen grundsätzlich eine enge Auslegung der Ausnahmetatbestände nahe.[15]
- Schließlich sind auch im Rahmen der Umsetzung und Anwendung dieser Bestimmung durch die nationalen Organe die Umweltprinzipien zu beachten, binden diese doch auch die Mitgliedstaaten insoweit, als sie Unionsrecht umsetzen, durchführen oder anwenden.[16]

Vor diesem Hintergrund können denn auch die tatbestandlichen Voraussetzungen des Art. 4 Abs. 7 RL 2000/60 präzisiert werden, wobei hier nur auf die Konstellation eingegangen werden soll, in der eine neue nachhaltige Entwicklungstätigkeit des Menschen die Nichteinhaltung der Umweltziele nach sich zieht.

1. Neue nachhaltige Entwicklungstätigkeit des Menschen

Der Grund für die Nichteinhaltung der Umweltziele muss nach Art. 4 Abs. 7 RL 2000/60 in einer „neuen nachhaltigen Entwicklungstätigkeit des Menschen" zu sehen sein. Angesichts des systematischen Zusammenhangs dieser Voraussetzung mit den anderen, in der Bestimmung formulierten Bedingungen spricht vieles dafür,

[14] So zieht der Gerichtshof bei der Auslegung von Sekundärrecht regelmäßig die Umweltprinzipien heran, vgl. z. B. EuGH, verb. Rs. C-418, 419/97 – *ARCO*, Slg. 2000, I-4475, Rn. 39 f., wo der EuGH die in diesem Urteil vertretene weite Auslegung des Abfallbegriffs der RL 75/440 u. a. mit der Verpflichtung der Union auf ein hohes Schutzniveau und dem Vorsorgeprinzip begründet. S. auch EuGH, Urt. v. 05. 05. 1998, Rs. C-180/96 – *Großbritannien/Kommission*, Slg. 1998, I-2265, Rn. 100; EuGH, verb. Rs. C-175, 177/98 – *Lirussi*, Slg. 1999, I-6881, Rn. 50 ff.

[15] S. in diesem Zusammenhang etwa EuGH, verb. Rs. C-14/06, C-295/06 – *EP, Dänemark/Kommission*, Slg. 2008, I-1649, wo der Gerichtshof (im Zusammenhang mit der Prüfung, ob sich die Kommission in einer Durchführungsentscheidung an die in der einschlägigen Richtlinie aufgeführten Voraussetzungen gehalten hat, was im Ergebnis verneint wird) festhielt, dass das in Art. 191 Abs. 2 AEUV verankerte Ziel eines hohen Schutzniveaus und das Vorsorgeprinzip eine enge Auslegung von in einer Richtlinie vorgesehenen Freistellungsmöglichkeiten für bestimmte, grundsätzlich als gefährlich eingestufte Stoffe impliziere.

[16] Ausführlich hierzu, m. w. N., *Epiney*, Zur Bindungswirkung der gemeinschaftsrechtlichen „Umweltprinzipien" für die Mitgliedstaaten, in: Gaitanides, Iglesias, Kadelbach (Hrsg.) FS Zuleeg, 633 ff.; so auch EuGH, Rs. C-378/08 – *Raffinerie Mediterranee*, Slg. 2010, I-1919, wo der Gerichtshof festhält, bei der Umsetzung der Umwelthaftungsrichtlinie hätten die Mitgliedstaaten bei der Festlegung der Voraussetzungen der Kausalität von Verschmutzungen das Verursacherprinzip zu beachten. Ähnlich EuGH, verb. Rs. C-379/08, C-380/08 – *Raffinerie Mediterranee*, Slg. 2010, I-2007. In diese Richtung auch schon EuGH, Rs. C-293/97 – *Standley*, Slg. 1999, I-2603.

davon auszugehen, dass eine „nachhaltige Entwicklungstätigkeit“ nicht nur eine Tätigkeit ist, die dem Umweltschutz dient, sondern grundsätzlich letztlich alle Tätigkeiten erfasst sein können, die im öffentlichen Interesse sind. Hierfür sprechen insbesondere Art. 4 Abs. 7 lit. c), d) RL 2000/60, die von einem „übergeordneten öffentlichen Interesse“, vom „Nutzen für die menschliche Gesundheit, die Erhaltung der Sicherheit der Menschen oder die nachhaltige Entwicklung“ sowie von den „nutzbringenden Zielen“ sprechen, woraus sich erschließt, dass die Tätigkeiten auch und gerade andere Ziele als denjenigen des Umweltschutzes verfolgen können und in der Regel auch werden. Auch der EuGH geht in der Rs. C-43/10 von dieser Sicht aus, erachtete er doch eine Wasserumleitung, die im Hinblick auf die Wasser- und Stromversorgung und die Bewässerung (womit somit gerade keine umweltpolitischen Zielsetzungen verbunden waren) erfolgte, als unter Art. 4 Abs. 7 RL 2000/60 fallend.

Noch nicht beantwortet ist damit aber die Frage, ob eine nachhaltige Entwicklungstätigkeit im Sinne des Art. 4 Abs. 7 RL 2000/60 jegliche Tätigkeit umfasst, die (irgendwelchen) öffentlichen Interessen dient oder ob hier nicht eine Eingrenzung vorzunehmen ist. M.E. sprechen die besseren Gründe für den zuletzt genannten Ansatz: Neben dem bereits erwähnten Grundsatz der engen Auslegung (auch) dieses Ausnahmetatbestands kann hierfür insbesondere angeführt werden, dass ansonsten nicht von einer nachhaltigen Entwicklungstätigkeit hätte gesprochen werden müssen, sondern ein allgemeiner Hinweis auf öffentliche Interessen genügt hätte. Weiter erschiene es auch im Hinblick auf das Ziel eines hohen Umweltschutzniveaus wenig überzeugend, Abweichungen von den Umweltzielen aufgrund „irgendwelcher“ öffentlichen Interessen zuzulassen.

Bei der sich anschließend stellenden Frage, auf welche Weise der Kreis der in Betracht kommenden öffentlichen Interessen, die einer nachhaltigen Entwicklungstätigkeit zugrunde liegen, umschrieben bzw. präzisiert werden kann, ist einerseits an die Begrifflichkeit („nachhaltige Entwicklungstätigkeit“), andererseits an den Zusammenhang mit Art. 4 Abs. 7 lit. c), d) RL 2000/60 anzuknüpfen: So dürften grundsätzlich all diejenigen Tätigkeiten erfasst werden, die der Entwicklung in dem betreffenden Gebiet – sei diese nun sozialer oder wirtschaftlicher Natur – dienen, wobei immer auch Umweltanliegen zu berücksichtigen sind. Angeknüpft wird damit an ein Verständnis des Begriffs der Nachhaltigen Entwicklung, der neben Umweltanliegen auch solche sozialer und wirtschaftlicher Natur erfasst: Auch wenn gute Gründe gegen einen solchen weiten Begriff angeführt werden können und etwa Art. 11 AEUV aufgrund des engen Zusammenhangs mit den in dieser Bestimmung zentralen umweltpolitischen Zielsetzungen einen anderen Ansatz (nämlich denjenigen, dass mit dem Begriff der Nachhaltigkeit auf eine dauerhaft umweltgerechte Entwicklung Bezug genommen wird, so dass umweltpolitische Zielsetzungen im Vordergrund stehen) nahelegt,[17] dürfte Art. 4 Abs. 7 RL 2000/60 doch ersichtlich von einem weiteren

---

[17] Vgl. zusammenfassend, m. w. N., *Epiney* (Fn. 3), 5. Kap. A. I. 5.

Verständnis ausgehen, da er auch Tätigkeiten, die gerade keine umweltpolitischen Zielsetzungen verfolgen, einschließt.

Allerdings impliziert dieser Ansatz auch, dass von vornherein nur solche Tätigkeiten erfasst werden können, bei deren Realisierung ein vertretbares Gleichgewicht zwischen den Belangen des Umweltschutzes sowie der wirtschaftlichen und sozialen Entwicklung besteht, eine Voraussetzung, die nach der hier vertretbaren Ansicht zusätzlich bzw. im Vorfeld der sowieso vorzunehmenden Interessenabwägung[18] zu prüfen ist. Im Ergebnis kann daher nur dann von einer nachhaltigen Entwicklungstätigkeit des Menschen ausgegangen werden, wenn folgende Voraussetzungen (kumulativ) vorliegen:

- Es geht um eine Tätigkeit bzw. ein Vorhaben, das umwelt-, sozial- oder wirtschaftlichen Zielsetzungen dient.
- Das Projekt bzw. die Tätigkeit stellt einen vertretbaren Ausgleich zwischen diesen Zielsetzungen dar, so dass z. B. umweltpolitischen Anliegen angemessen Rechnung getragen wird.
- Angesichts der engen Auslegung der Ausnahmebestimmung spricht darüber hinaus Vieles dafür, dass die mit dem Projekt bzw. dem Vorhaben verfolgten Zielsetzungen ein gewisses Gewicht aufweisen müssen.
- Schließlich muss es sich wohl um eine klar umrissene und damit präzise (Einzel-) Tätigkeit handeln, so dass z. B. nicht auf die Ansiedlung von Betrieben in einer bestimmten Region, die deren wirtschaftlicher Entwicklung diene, hingewiesen werden kann. Nur dieser Ansatz dürfte dem Ausnahmecharakter der Bestimmung sowie ihrer Systematik – die ersichtlich auf ein bestimmtes Projekt abstellt (insbesondere bei den vorzunehmenden Abwägungen) – Rechnung tragen.

Obwohl somit eine gewisse Präzisierung der in Betracht kommenden Tätigkeiten geleistet werden konnte, ist doch nicht zu verkennen, dass auch auf dieser Grundlage weite Gestaltungsspielräume eröffnet werden und es schwer vorstellbar ist, dass ein Vorhaben von vornherein nicht vom Begriff der nachhaltigen Entwicklungstätigkeit erfasst werden kann.

2. *Treffen aller praktikablen Vorkehrungen*

Nach Art. 4 Abs. 7 lit. a) RL 2000/60 sind alle praktikablen Vorkehrungen zu treffen, um die negativen Auswirkungen auf den Zustand des Wasserkörpers zu mindern. Man wird diese Bedingung so auslegen können, dass im Zuge der Verwirklichung des Projekts alle technisch möglichen und wirtschaftlich vertretbaren Maßnahmen zu ergreifen sind, damit die Umweltziele möglichst wenig beeinträchtigt werden bzw. der Zustand des Wasserkörpers möglichst geschützt bzw. geschont wird. Dies dürfte auch z. B. die Verpflichtung implizieren, das in Aussicht genommene Projekt anzu-

---

[18] Hierzu sogleich unten IV. 3., 4.

passen, zusätzliche Schutzmaßnahmen zu ergreifen oder aber Ausgleichsmaßnahmen vorzusehen. Letztlich werden hier die Umstände des Einzelfalls entscheidend sein.

Prozedural impliziert diese Pflicht zum Ergreifen aller praktikablen Vorkehrungen, dass entsprechende umfassende Abklärungen vorgenommen werden und insbesondere die in Betracht kommenden Maßnahmen eingehend und in geeigneter Weise geprüft werden.

3. Übergeordnete Interessen

Art. 4 Abs. 7 lit. c) RL 2000/60 schreibt letztlich eine umfassende Güterabwägung vor: Es müssen entweder „übergeordnete Interessen" für das betreffende Projekt geltend gemacht werden können und / oder der Nutzen, desselben für die menschliche Gesundheit, die Erhaltung der Sicherheit der Menschen oder die nachhaltige Entwicklung muss den „Umweltnutzen" der Einhaltung der Umweltziele übertreffen. Die Verknüpfung der beiden Satzteile mit „und / oder" verdeutlicht, dass beide Voraussetzungen kumulativ vorliegen können, aber nicht müssen.

Jedenfalls wird man unter übergeordneten Interessen nur solche des Schutzes der menschlichen Gesundheit und der Sicherheit verstehen können, ist es doch lediglich bei solchen Interessen denkbar, auf eine eigentliche konkrete Interessenabwägung zu verzichten; vielmehr erfolgt diese abstrakt in Bezug auf die relevanten Zielsetzungen. Soziale und wirtschaftliche Belange können damit nicht als solche übergeordneten Interessen angesehen werden. Für diesen Ansatz spricht auch die Rechtsprechung des Gerichtshofs im Zusammenhang mit der Vogelschutzrichtlinie (RL 2009/147): Hier stellte der EuGH im Zusammenhang mit der Ausweisung und Verkleinerung von Schutzgebieten darauf ab, dass von vornherein nur außerordentliche Gemeinwohlbelange, denen ein größeres Gewicht als den ökologischen Gesichtspunkten zukommt (wozu im Wesentlichen der Schutz von Leben und Gesundheit von Menschen zählen), in Betracht gezogen werden dürfen.[19] Der Gerichtshof begründete diesen Ansatz im Wesentlichen damit, dass der Unionsgesetzgeber durch die besondere Schutzverpflichtung in Art. 4 Abs. 1 RL 2009/147 schon selbst eine Abwägung getroffen habe, eine Erwägung, die auch im Rahmen des Art. 4 Abs. 7 RL 2000/60 fruchtbar gemacht werden kann.

Liegen keine derartigen übergeordneten Interessen vor, so muss eine konkrete und umfassende Güterabwägung zu dem Schluss führen, dass der Nutzen des Projekts für die menschliche Gesundheit, die Erhaltung der Sicherheit der Menschen oder die nachhaltige Entwicklung den Nutzen der Einhaltung der Umweltziele „übertrifft". Letztlich geht es hier also um eine unter Berücksichtigung aller Umstände vorzunehmende Prüfung im Einzelfall. Bei dieser haben die Mitgliedstaaten aber auch die Umweltprinzipien zu beachten, so dass bei der Abwägung z. B. auch Risiken Rechnung zu tragen ist, die im Falle der Nichteinhaltung der Umweltziele zu gewärtigen

[19] EuGH, Rs. C-57/89 – *Leybucht*, Slg. 1991, I-883; EuGH, Rs. C-355/90 – *Santona*, Slg. 1993, I-4221.

sind. Aufgrund der jedoch jedenfalls maßgeblichen Umstände des Einzelfalls wird man den Mitgliedstaaten aber auch hier einen gewissen Gestaltungsspielraum einräumen müssen.

Prozedural impliziert Art. 4 Abs. 7 lit. c) RL 2000/60, dass die in Frage stehenden Interessen benannt und „bewertet" werden, wobei insbesondere auch der „Umweltnutzen" der Verwirklichung des Umweltziele im Einzelnen darzulegen ist.

4. Fehlende Alternative

Schließlich dürfen die mit dem Projekt verfolgten Ziele aus Gründen der technischen Durchführbarkeit oder aufgrund unverhältnismäßiger Kosten nicht durch andere Mittel, die eine wesentlich bessere Umweltoption darstellen, erreicht werden können. Letztlich impliziert diese Bedingung also eine umfassende Pflicht zur Prüfung möglicher Alternativen, und eine Alternativlösung, die eine „wesentlich bessere Umweltoption" darstellte, darf nicht ersichtlich sein. Daher stellt bereits die Unterlassung der Prüfung von Alternativen einen Verstoß gegen diese Bestimmung dar, und die Mitgliedstaaten haben nachzuweisen, dass Alternativlösungen fehlen.[20] Dieses Erfordernis dürfte (auch) implizieren, dass ein entsprechendes, nachvollziehbares und im Hinblick auf die Fragestellung überzeugendes Argumentarium vorliegen muss, aufgrund dessen der Nachweis gelingt, dass eine Alternativlösung eben gerade nicht in Betracht kommt.[21]

Auch hier hat daher eine umfassende Güterabwägung unter Berücksichtigung aller Umstände des Einzelfalls zu erfolgen, wobei den Mitgliedstaaten ein gewisser, durchaus ins Gewicht fallender Gestaltungsspielraum zusteht.

In der Rs. C-43/10 dürfte der Gerichtshof diesen Gestaltungsspielraum jedoch zu weit ziehen, wenn er betont, eine Wasserumleitung in ein anderes Einzugsgebiet könne mit diesen Anforderungen in Einklang stehen, auch falls das aufnehmende Einzugsgebiet durchaus in der Lage gewesen wäre, den bestehenden Bedarf auf dem Gebiet der Wasserversorgung, der Stromerzeugung und / oder der Bewässerung aus den eigenen Wasserressourcen zu befriedigen: Zwar dürfte es auch bei einem solchen Projekt nicht völlig ausgeschlossen sein, dass die in Art. 4 Abs. 7 RL 2000/60 formulierten Bedingungen vorliegen; jedoch fragt es sich, ob nicht die Heranziehung des Vorsorgeprinzips – implizierten Wasserumleitungen doch oft schwer vorhersehbare Umweltbeeinträchtigungen – dafür sprechen könnte, dass die Nutzung der vorhandenen Wasserressourcen in aller Regel die wesentlich bessere Umweltoption darstellen würde, die wohl auch regelmäßig sowohl technisch durchführbar als auch nicht mit unverhältnismäßigen Kosten verbunden wäre. Insoweit hätte man zumindest erwarten können, dass der Gerichtshof diesbezüglich eine Art Regelvermutung,

[20] Vgl. in Bezug auf eine ähnlich gelagerte Vorgabe in Art. 6 Abs. 4 RL 92/43 (Habitatrichtlinie) EuGH, Rs. C-239/04 – *Castro Verde*, Slg. 2006, I-10183.

[21] In diese Richtung wohl auch EuGH, Rs. C-239/04 – *Castro Verde*, Slg. 2006, I-10183, Rn. 39, in Bezug auf Art. 6 Abs. 4 RL 92/43.

verbunden mit der Notwendigkeit besonderer Umstände, falls die Regelvermutung nicht zum Tragen kommen soll, formuliert hätte.

Ganz allgemein ist wohl immer dann von einer „wesentlich besseren Umweltoption" auszugehen, wenn die entsprechende Maßnahme den Umweltprinzipien (besser) gerecht wird, wobei aber jeweils die Durchführbarkeit und die Kosten zu berücksichtigen sind.

V. Schluss

Obwohl Art. 4 Abs. 7 RL 2000/60 somit einer gewissen Präzisierung zugänglich ist, haben die Ausführungen doch auch gezeigt, dass kein Weg an der Erkenntnis vorbeiführt, dass die Bestimmung den Mitgliedstaaten weitreichende Abweichungsbefugnisse einräumt, deren Schranken durch unbestimmte Rechtsbegriffe und weite Gestaltungsspielräume nur schwer gezogen werden können, zumal auch der Gerichtshof die sich ihm hier gebotene Gelegenheit zu einer klar engen Auslegung nicht wirklich ergriffen hat. Daher stößt diese Ausnahmebestimmung auf erhebliche Bedenken. Diese beruhen in erster Linie darauf, dass die Voraussetzungen für das Eingreifen dieser „Sonderlösungen" zwar in den einschlägigen Bestimmungen abschließend formuliert sind, aber weitgehend sehr offen und wenig präzise gefasst sind und daher eine sehr geringe normative Dichte aufweisen. Dies gilt insbesondere für die Formulierungen in Art. 4 Abs. 7 RL 2000/60 („nachhaltige Entwicklungstätigkeiten", Vorliegen eines „übergeordneten öffentlichen Interesses").[22] Vor diesem Hintergrund dürfte den Mitgliedstaaten bei dem hier erörterten Ausnahmetatbestand (aber auch bei anderen in Art. 4 RL 2000/60 vorgesehenen Ausnahmen) ein weiter Gestaltungsspielraum zustehen, dessen mögliche Gefahren – Unterlaufen der Verwirklichung des an sich grundsätzlich maßgeblichen Ziels eines guten Zustands der Gewässer – auch nicht durch ein Genehmigungsverfahren abgeschwächt werden. In der Sache wird den Mitgliedstaaten eine Vielzahl von Optionen geboten, um die an sich maßgeblichen Umweltziele dann doch nicht einzuhalten. Insgesamt ist daher die Befürchtung nicht ganz von der Hand zu weisen, die Richtlinie ermögliche letztlich das Bilden einer Art „Flickenteppich"[23] in Bezug auf die Einhaltung der in Art. 4 Abs. 1 RL 2000/60 grundsätzlich vorgesehenen Umweltziele.

---

[22] S. in diesem Zusammenhang auch *Schmalholz*, Die EU-Wasserrahmenrichtlinie – Der „Schweizer Käse" im europäischen Gewässerschutz?, ZfW 2001, 69, 83 f., der hier gar den Ausdruck „kabarettistisch" verwendet. Auf den hier sehr weiten und wohl nur begrenzt justiziablen Gestaltungsspielraum der Mitgliedstaaten hinweisend auch *Meinken*, Emissions- versus Immissionsorientierung. Rechts- und Effizienzfragen einer umweltpolitischen Grundsatzdebatte am Beispiel des Anlagengenehmigungsrechts, 2001, 165; *Hasche* (Fn. 8), 146 ff.; s. auch *Ekardt/Weyland/Schenderlein*, Verschlechterungsverbot zwischen WRRL, neuem WHG und scheiterndem UGB, NuR 2009, 388, 394, die davon sprechen, dass die Ziel- und Ausnahmetatbestände angesichts der zahlreichen unbestimmten Rechtsbegriffe und generalklauselartiger Formulierungen wenig „operabel" seien.

[23] Vgl. den Ausdruck in diesem Zusammenhang bei *Seidel*, Gewässerschutz durch europäisches Gemeinschaftsrecht, 2000, 172, in Bezug auf die Fristen. Kritisch zu den Ausnahmen auch *Kappet*, Qualitätsorientierter Gewässerschutz in Deutschland, 2006, 188 f.

Öffentliche Abwasserentsorgung und Herausforderungen des Umweltwandels – Spielräume für innovative Konzepte im WHG und sächsischen Landesrecht

Von *Silke Ruth Laskowski*

I. Einleitung

Die Wasserwirtschaft steht vor großen Herausforderungen. Denn der Klimawandel wirkt sich auf die Quantität und Qualität der Gewässer aus: Erwärmung, verringerter Sauerstoffgehalt, verstärkte Eutrophierung, Trockenheit im Sommer und extreme Niedrigwasserperioden führen zu erhöhten Schadstoffkonzentrationen, die Zunahme von Niederschlägen erhöht die Hochwassergefahr. Die Niederschlagsverteilung wird sich vor allem auf die Wintermonate konzentrieren. In den Sommermonaten sind Dürreperioden mit Wasserknappheitsproblemen zu erwarten.[1] Die Prognosen gelten auch für das Land Sachsen und rufen auch hier nicht nur für die Schifffahrt und Flusskraftwerke[2] Probleme hervor, sondern auch für die öffentliche Abwasserentsorgung.[3]

Hinzu treten demographische Veränderungen. Aktuelle Schätzungen gehen davon aus, dass die Bevölkerung in Deutschland von aktuell 83 Mio. auf 67 Mio. im Jahre 2050 zurückgehen wird. Bevölkerungsrückgang und innerdeutsche Binnenwanderungen zugunsten städtischer Zentren führen schon heute zur teilräumlichen Entleerung von peripheren, strukturschwachen, ländlichen Gebieten. Auf gleicher Fläche leben außerhalb der Ballungsräume immer weniger Menschen, denen alle kommunalen Infrastrukturen einschließlich der Abwasserentsorgung zur Verfügung gestellt werden müssen.[4] Eine flächendeckende Entsorgung in gering besiedelten Räumen und verstreuten Siedlungsstrukturen ist für Kommunen bzw. deren Bevölkerung aber nur unter hohen finanziellen Anstrengungen möglich. Die abnehmende Bevölkerungszahl führt zudem zu einer Überdimensionierung bestehender Abwas-

---

[1] Vgl. auch zum hessischen Landesrecht *Laskowski*, Flexibilisierung der kommunalen Abwasserentsorgung in Zeiten des klimatischen und demographischen Wandels, ZUR 2012, 597.

[2] Vgl. BMU/UBA, Wasserwirtschaft in Deutschland, Teil 1, 2010, S. 19 ff.

[3] Ebenda.

[4] *Holländer* u. a., Demographischer Wandel als Herausforderung für die Sicherung und Entwicklung einer kosten- und ressourceneffizienten Abwasserinfrastruktur, UBA-Texte 36/2010, S. 8 ff.

serkanäle und Abwasserbehandlungsanlagen, bei sinkenden Abwassermengen. Zu befürchten ist daher eine künftige Zunahme von Ablagerungen im Kanalsystem, so dass größere Durchspülfrequenzen und ein erhöhter Betriebsaufwand für Abwasserableitung und -behandlung erforderlich werden.

Es wird deutlich: Regionale Klimawandelfolgen und demographische Veränderungen zwingen schon jetzt zu einer örtlich differenzierten, langfristig angelegten, vorsorgenden wasserwirtschaftlichen Planung und Infrastrukturanpassung. Angesichts der sich wandelnden Umweltbedingungen und des damit verbundenen hohen Nutzungsdrucks auf die Wasserressourcen, aber auch angesichts der Komplexität von Abwasserinfrastrukturen erscheint eine zukunftsgerichtete Neubewertung der etablierten zentralen Entsorgungsmodelle geboten. Gefragt sind innovative, flexiblere Modelle, die (abwassertechnisch auf hohem Niveau längst mögliche)[5] dezentrale Entsorgungslösungen konzeptionell einbinden.[6] Nur so lässt sich langfristig eine an den regionalen Bedürfnissen orientierte, ökologisch-nachhaltige, kostendeckende und gleichzeitig für die Gesamtbevölkerung erschwingliche Abwasserentsorgung sichern. Im Folgenden sollen die rechtlichen Spielräume für innovative, flexiblere Abwasserkonzepte der Kommunen unter Einbezug des sächsischen Landesrechts untersucht werden.

II. Öffentliche Abwasserentsorgung

Die öffentliche Abwasserversorgung zählt als Angelegenheit der örtlichen Gemeinschaft zum Aufgabenbereich der kommunalen Daseinsvorsorge i.S.v. Art. 84 Abs. 1 SächsVerf, Art. 28 Abs. 2 GG.[7] Gleichzeitig fällt sie in den umweltrechtlich geprägten Bereich der Wasserwirtschaft, die sich in erster Linie an den Vorgaben des Wasserhaushaltsrechts orientiert. Hier kommt es zu einer Überschneidung des bundesrechtlichen Wasserhaushaltsgesetzes, (ergänzenden) Landeswasserrechts und des Art. 28 Abs. 2 GG konkretisierenden Kommunalrechts. Daher bedarf es einer „kohärenten Lesart“ dieser unterschiedlichen Regelungsregime, die zum Teil unterschiedlichen Rationalitäten folgen.

Mit Blick auf mögliche Flexibilisierungsoptionen interessiert vor allem die Frage, ob den Kommunen nach geltendem Recht – in kohärenter Interpretation – auch dezentrale sanitäre „Insellösungen“ möglich sind. Dabei geht es aus Sicht der Gemeinden (und der Kommunalaufsicht als Rechtsaufsichtsbehörde) darum, ob und inwieweit bislang etablierte zentrale Entsorgungskonzepte zugunsten flexibler Konzeptio-

---

[5] Vgl. dazu z.B. Sächsisches Bildungs- und Demonstrationszentrum für dezentrale Abwasserbehandlung – BDZ e.V., http://www.bdz-abwasser.de/de/forschung-und-entwicklung.

[6] Dazu bereits *Laskowski*, Kommunale Daseinsvorsorge vs. nachhaltige Abwasserentsorgung in Brandenburg?, ZUR 2008, S. 527.

[7] Vgl. auch BVerwGE 98, 273, 275 („Energieversorgung“); BVerwGE 122, 350, 354 f. („Wasserversorgung“); *Jarass/Pieroth*, GG, 12. Aufl. 2012, Art. 28 Rn. 11, 13 a; vgl. auch *Brehme*, Privatisierung und Regulierung der öffentlichen Wasserversorgung, 2010, S. 146 ff.

nen aufgegeben oder zumindest abgeändert werden dürfen. Aus Sicht der betroffenen Bevölkerung wird relevant, ob sie von der Gemeinde die Beibehaltung etablierter zentraler Entsorgungsstrukturen verlangen – oder umgekehrt – sogar ein gewisses Maß an dezentraler Entsorgung unter Befreiung vom Anschluss- und Benutzungszwang einfordern kann.

Im Vordergrund stehen hier neben den Formen der herkömmlichen zentralen Abwasserbeseitigung – d. h. Entsorgung über ein zentrales Netzsystem: Schmutzwasser wird in der Ortskanalisation gesammelt und i. d. R. einer kommunalen Abwasserbehandlungsanlage zugeführt; bei Trennkanalisation wird das Regenwasser gesondert, aber zentral abgeleitet – zwei dezentrale Modelle.[8] Dazu zählt das sog. semi-zentrale Modell: Die Abwasserbehandlung erfolgt für benachbarte Grundstücke oder ein kleinräumiges Siedlungsgebiet in einer Orts- oder Gemeinschaftskläranlage, ggf. auch durch mehrere Kleinkläranlagen, die über ein Leitungsnetz verbunden sind. Darüber hinaus ist das sog. dezentrale Modell zu nennen: Das gesamte Schmutzwasser wird grundstücksbezogen in Einzelanlagen gereinigt; Niederschlagswasser wird vor Ort zurückgehalten, versickert oder abgeleitet.

III. Wasserhaushaltsrechtlicher und Kommunalrechtlicher Rahmen

Unklar ist, welchen Spielraum das geltende Recht den Kommunen für die Entwicklung flexibler Entsorgungskonzepte mit dezentralen Komponenten eröffnet. Anknüpfungspunkte sind zunächst § 56 WHG und § 50 Abs. 1 SächsWG, die den Gemeinden die öffentliche Abwasserentsorgung für ihr Gebiet als kommunale Pflichtaufgabe im Rahmen der örtlichen Daseinsvorsorge zuweisen. Die Verschränkung zwischen ökologischer Wasserwirtschaft und kommunaler Abwasserdaseinsvorsorge kommt in § 56 WHG deutlich zum Ausdruck (ähnlich zuvor § 18a WHG a.F.) Danach ist „Abwasser (…) von den juristischen Personen des öffentlichen Rechts zu beseitigen, die nach Landesrecht dazu verpflichtet sind (Abwasserbeseitigungspflichtige)". § 50 Abs. 1 SächsWG greift diese Regelung landesrechtlich auf und bestätigt die öffentliche Abwasserentsorgung in Sachsen als kommunale Pflichtaufgabe. Beide Regelungen weisen letztlich dem Staat die Verantwortung für die ordnungsgemäße Aufgabenerfüllung zu.[9] Weitere Vorgaben zur Aufgabendurchführung finden sich in den §§ 54 ff. WHG, die vor allem unterschiedliche Beseitigungskonzeptionen für die Entsorgung von Schmutzwasser und Niederschlagswasser vorsehen. Gerade für das Niederschlagswasser sollen künftig dezentrale Entsorgungsmo-

---

[8] Vgl. *Hahne/Laskowski*, Dezentralisierung und Flexibilisierung der Systeme für Wasserver- und Abwasserentsorgung im Werra-Meißner Kreis, 2012, S. 39.

[9] Ebenso *Czychowski/Reinhardt*, WHG, 10. Aufl. 2010, § 56 Rn. 29 („hoheitlicher Natur") m.w.N.

delle Anwendung finden, vgl. § 55 Abs. 1 WHG. Ergänzende Regelungen treffen die §§ 48 ff. SächsWG und die SächsGemO[10].

1. Wasserrechtliche Erlaubnis für die Abwassereinleitung und „Erforderlichkeit" der Anlage, §§ 12, 57 Abs. 1 Nr. 3 WHG

Ein Anknüpfungspunkt für eine Flexibilisierung der Abwasserentsorgung findet sich zunächst in § 57 Abs. 1 Nr. 3 WHG. Danach „darf" eine Erlaubnis für das (direkte) Einleiten von Abwasser gem. § 12 WHG „nur" dann erteilt werden, wenn sie dazu dient (gerade solche) Abwasseranlagen oder sonstige Einrichtungen zu errichten und zu betreiben, die „erforderlich" sind, um die Einhaltung der Anforderungen nach § 57 Abs. 1 Nr. 1 und 2 sicherzustellen. Während § 57 Abs. 1 Nr. 1 WHG fordert, Menge und Schädlichkeit des Abwassers so gering zu halten, wie es verfahrenstechnisch nach dem „Stand der Technik" möglich ist, fordert § 57 Abs. 1 Nr. 2 WHG, dass Abwassereinleitungen „mit den Anforderungen an die Gewässereigenschaften und sonstigen rechtlichen Anforderungen" vereinbar sein müssen. Demnach dürfen Abwassereinleitungen, die mit den Zielsetzungen der Gewässerbewirtschaftung nach Maßgabe der §§ 27, 44, 47 WHG i.V.m. den Vorgaben der Bewirtschaftungspläne und Maßnahmenprogramme gem. §§ 83, 82 WHG nicht zu vereinbaren sind, gar nicht erlaubt werden. (Zentrale) Abwasseranlagen, die solche Einleitungen ermöglichen, sind daher nicht im Sinne von § 57 Abs. 1 Nr. 3 WHG „erforderlich". Dementsprechend müssen kommunale Entsorgungskonzepte auf Errichtung und Betrieb solch nicht erforderlicher Abwasseranlagen, über die die Direkteinleitung des (vorgereinigten) Abwassers in die Gewässer erfolgt[11], verzichten und auf andere Anlagen bzw. Entsorgungsmodelle zurückgreifen.

2. Kommunale Pflicht zur öffentlichen Abwasserentsorgung

In Sachsen obliegt die Abwasserbeseitigung den Gemeinden, in denen das Abwasser anfällt, als kommunale Pflichtaufgabe, soweit die Aufgabe nicht anderen öffentlich-rechtlichen Körperschaften übertragen wurde, § 50 Abs. 1 SächsWG, § 2 Abs. 2 SächsGemO (§ 56 WHG). Die jeweilige Aufgabenträgerin muss gem. § 50 Abs. 1 SächsWG unter Beachtung der gewässerschützenden Vorgaben von WHG und SächsWG in ihrem Gebiet die sanitäre Entsorgung für die örtliche Bevölkerung bereitstellen.[12] Einzelheiten zur Durchführung der Abwasserbeseitigung finden sich in den Satzungen der Gemeinden bzw. öffentlich-rechtlichen Körperschaften, z. B.

---

[10] Sächsische Gemeindeordnung i.d.F. d. Bek. v. 18.03.2003, SächsGVBl. 2003, S. 55, 159.

[11] Vgl. *Czychowski/Reinhardt* (Fn. 9), § 57 Rn. 26.

[12] Kommunale öffentliche Einrichtungen sind solche, die Gemeinden im öffentlichen Interesse unterhalten und durch einen Widmungsakt (z. B. Satzung, Verwaltungsakt, std. Praxis, konkludent) ihren Einwohnerinnen und Einwohnern zugänglich machen, vgl. VG Arnsberg v. 22.6.2010, Az. 8 K 201/09.

Art, Umfang und Ausgestaltung der Abwasserbeseitigungsanlage, auch Umfang des Anschluss- und Benutzungszwangs (s. u.).[13] Betrachtet man das Modell der zentralen öffentlichen Abwasserbeseitigung i.S.v. § 56 WHG, § 50 Abs. 1 SächsWG, so zählen dazu regelmäßig Kanalisation und zentrale Kläranlagen, unabhängig von der jeweiligen (privatrechtlichen oder öffentlich-rechtlichen) Organisations- und Handlungsform, flankiert durch einen entsprechenden Anschluss- und Benutzungszwang der Gemeindeangehörigen.

3. Kommunale Gestaltungsfreiheit

Im Rahmen ihrer Gestaltungsfreiheit können die Gemeinden mittels satzungsrechtlichen Anschluss- und Benutzungszwangs (ABZ) die kommunalen Entsorgungsstrukturen flankieren und sichern. § 14 Abs. 1 SächsGemO eröffnet Gemeinden die Möglichkeit („kann"), im Rahmen der ihnen zustehenden Gestaltungsfreiheit per Satzung für die Grundstücke in ihrem Gemeindegebiet einen Anschluss- und Benutzungszwang (ABZ) verhängen. Dadurch werden die Grundstückseigentümerinnen und -eigentümer zum Anschluss an die öffentliche Kanalisation und zur Benutzung der kommunalen Entsorgungseinrichtung verpflichtet. Angesichts der damit verbundenen Eingriffe in die Grundrechte der Einwohnerinnen und Einwohner (Art. 14 GG „Eigentum"; Art. 2 Abs. 1 GG „allgemeine Handlungsfreiheit") bedarf es dafür jedoch ausdrücklich eines rechtfertigenden „öffentlichen Bedürfnisses", § 14 Abs. 1 SächsGemO. Dieses wird angenommen, wenn durch den ABZ nach objektiven Maßstäben das Wohl der örtlichen Bevölkerung gefördert wird. Eine solche Gemeinwohlförderung lässt sich etwa bejahen, wenn die betreffende Einrichtung darauf gerichtet ist, den örtlichen Gewässerschutz, die Volksgesundheit (durch den Schutz der Gewässer), die Entsorgungssicherheit oder die örtliche Umweltsituation zu verbessern.[14] Allerdings ist die Gemeinde nach dem Wortlaut auch dann nicht gezwungen, den ABZ zu verhängen; fehlt jedoch ein „öffentliches Bedürfnis", so kommt der satzungsrechtliche ABZ mangels Rechtfertigung nicht in Betracht.

Im Hinblick auf die hier unter dem Aspekt der „Flexibilisierung" interessierenden dezentralen Entsorgungsmodelle folgt daraus: Wenn das Wohl der Bevölkerung gerade nicht durch den Anschluss an zentrale Entsorgungseinrichtungen und die Benutzung von zentralen Entsorgungsleistungen gefördert wird – etwa weil dies im Hinblick auf die genutzte Schwemmwasserkanalisation zu einer Überbeanspruchung der ortsnahen Wasserressourcen (§ 50 Abs. 2 WHG) und zu örtlichen Gewässerbelastungen mit drohender Zielvereitelung der §§ 27, 44, 47 WHG oder der Maßnahmenprogramme, § 82 WHG, und/oder zu einer Überlastung der örtlichen Kanalisation führen würde –, sondern vielmehr durch dezentrale oder semi-zentrale Entsorgungsstrukturen, so darf in solchen Fällen kein (uneingeschränkter) ABZ an zentrale Ent-

[13] Vgl. *Czychowski/Reinhardt* (Fn. 9), § 56 Rn. 13.

[14] BVerwGE 125, 68 ff. („Anschluss- und Benutzungszwang aus Gründen des Klimaschutzes"); VGH Mannheim, NuR 2004, 668.

sorgungsanlagen verhängt werden. Denn insoweit fehlt es gerade an einem „öffentlichen Bedürfnis“.

4. Wasserrechtliche Ausnahmen von der Entsorgungspflicht, § 50 SächsWG

Die Entsorgungspflicht gem. § 50 Abs. 1 SächsWG besteht im Übrigen nicht uneingeschränkt. Sie entfällt beispielweise gem. § 50 Abs. 3 SächsWG für Niederschlagswasser, das auf dem Grundstück, auf dem es anfällt, „verwertet oder versickert werden kann“ (Nr. 2) sowie für „Abwasser, dessen Einleitung in ein Gewässer wasserrechtlich erlaubt ist, im Umfang der Erlaubnis“ (Nr. 4). In den in § 50 Abs. 3 Nr. 1 – 5 SächsWG genannten Fällen bleiben diejenigen, auf deren Grundstück das Abwasser anfällt, selbst zur Beseitigung verpflichtet, § 50 Abs. 6 SächsWG. Darüber hinaus kann die Entsorgungspflicht gem. § 50 Abs. 5 SächsWG auf Antrag der Abwasserbeseitigungs- oder Überlassungspflichtigen durch Entscheidung der zuständigen Wasserbehörde in bestimmten, umweltrechtlich unbedenklichen Fällen entfallen.[15]

5. Wasserrechtliche Abwasserbeseitigungskonzepte, § 51 SächsWG

Weitere Anknüpfungspunkte finden sich in § 51 Abs. 1 und Abs. 2 SächsWG. Danach müssen Gemeinden als Abwasserbeseitigungspflichtige für ihre Entsorgungsgebiete Abwasserbeseitigungskonzepte aufstellen, die mit den Vorgaben des WHG und EU-Rechts in Einklang stehen. Im Vordergrund stehen hier die Bewirtschaftungspläne und Maßnahmenprogramme gem. §§ 83, 82 WHG, die Grundsätze der Abwasserbeseitigung gem. § 49 Abs. 2 SächsWG[16] und die übrigen Grundsätze des Gewässerschutzes. § 51 Abs. 1 S. 4 SächsWG nennt die Mindestvorgaben, die das kommunale Entsorgungskonzept enthalten muss. Danach sind u. a. vorhandene und geplante Anlagen der öffentlichen Abwasserentsorgung zu benennen, diejenigen Teile des Entsorgungsgebiets, die „über öffentliche Anlagen“ entsorgt werden sowie diejenigen, die über „nicht öffentliche Anlagen, Kleinkläranlagen und abflusslose Gruben“ entsorgt werden. Auch Angaben zum bereits angeordneten und geplanten ABZ und zur Niederschlagswasserbeseitigung muss das Abwasserbeseitigungskonzept enthalten. Es ist schließlich der zuständigen Wasserbehörden gem. § 51 Abs. 2 S. 1 SächsWG zur Prüfung vorzulegen.

---

[15] Dies gilt für „Schlamm aus Kleinkläranlagen, der unter Beachtung der dünge-, abfall- und bodenschutzrechtlichen Bestimmungen weiter verwendet werden soll“ (Nr. 1) oder aber „wenn eine anderweitige Beseitigung des Abwassers, des Schlamms aus Kleinkläranlagen oder des Inhalts abflussloser Gruben aus Gründen des Gewässerschutzes oder wegen eines ansonsten unvertretbar hohen Aufwands zweckmäßig ist“ (Nr. 2).

[16] S. dazu die vom Sächsischen Staatsministerium für Umwelt und Landwirtschaft als oberster Wasserbehörde gem. § 49 Abs. 2 SächsWG erlassene Verwaltungsvorschrift über die Grundsätze für die Abwasserbeseitigung im Freistaat Sachsen 2007 – 2015 v. 05. 12. 2013, die am 01. 01. 2014 in Kraft trat, SächsGVBl. 2013, S. 503.

Aus § 51 Abs. 1 S. 4 SächsWG lässt sich schließen, dass kommunale Abwasserentsorgungskonzepte in Sachsen dezentrale Elemente enthalten dürfen und den Kommunen Spielraum für die Etablierung flexibler Entsorgungslösungen lassen. Zudem bemerkenswert: Die Entsorgungskonzepte müssen ausdrücklich die demografische Entwicklung sowie eine Kostenbegrenzung für die Abwassererzeugerinnen und -erzeuger berücksichtigen. Diese Kombination aus Gewässerschutz, Anpassung an den umweltbezogenen und demografischen Wandel sowie finanziellem Schutz der Bevölkerung bietet den Rahmen für regional angepasste, ökologisch-soziale Entsorgungskonzepte. Auf diese Weise wird dem Allgemeinwohlinteresse an einer ökologisch verträglichen Abwasserentsorgung und dem individuellen Interesse der Gemeindemitglieder an einer umweltgerechten Entsorgung zu erschwinglichen Preisen gleichermaßen Rechnung getragen.

6. Kleinkläranlagen, § 52 SächsWG

Ergänzend ist auf die Regelung über dezentrale Kleinkläranlagen in § 52 SächsWG hinzuweisen.[17] Nach der in § 52 Abs. 2 SächsWG vorgesehene Erlaubnisfiktion (§§ 8, 57 WHG) gilt die Erlaubnis für 15 Jahre als erteilt, sofern die im Gesetz genannten Voraussetzungen erfüllt sind. Maßgeblich ist u. a., dass der Betrieb der Kleinkläranlagen in das gemeindliche Abwasserkonzept integriert ist und mit diesem übereinstimmt. Nur wenn die weiterhin abwasserbeseitigungspflichtige öffentlich-rechtliche Körperschaft i.S.v. § 50 Abs. 1 SächsWG dies bescheinigt, ist diese Voraussetzung gem. § 52 Abs. 2 Nr. 4 SächsWG erfüllt. Die Erlaubnis wird nach § 52 Abs. 3 SächsWG auflösend bedingt erteilt. Im Übrigen gilt § 10 S. 1 SächsWG, wonach die Erlaubnis für die Einleitung von Abwasser aus Kleinkläranlagen, die nicht den Anforderungen der Abwasserverordnung[18] entsprechen, mit Ablauf des 31. 12. 2015 erlöschen.

Das Entsorgungsmodell „Kleinkläranlage" stellt also nach dem SächsWG keine separierte „Insellösung" einzelner Gemeindemitglieder dar, sondern eine konzeptionell integrierte, dezentrale Ergänzung des (zentralen) Abwasserbeseitigungskonzepts der Gemeinde, das mit den wasserhaushaltsrechtlichen Vorgaben des § 51 SächsWG übereinstimmen muss. Anderenfalls dürfte die entsorgungspflichtige Körperschaft die Bescheinigung nach § 52 Abs. 2 Nr. 4 SächsWG nicht ausstellen.

Festhalten lässt sich an dieser Stelle, dass das sächsische Wasserrecht verschiedene Anknüpfungspunkte für dezentrale Entsorgungsmodelle enthält, mit deren Hilfe eine Flexibilisierung zentraler kommunaler Entsorgungskonzepte ermöglicht wird, sofern die Vereinbarkeit mit dem Gewässerschutzrecht gegeben ist.

---

[17] Vgl. auch Verordnung des Sächsischen Staatsministeriums für Umwelt und Landwirtschaft zu den Anforderungen an Kleinkläranlagen und abflusslose Gruben, über deren Selbstüberwachung und Wartung sowie deren Überwachung, SächsGVBl. 2007, S. 281.

[18] AbwV i. d. F. d. B. v. 17.06.2004, BGBl. 2004 I, S. 1108, zul. geän. d. G. v. 24.02.2012, BGBl. 2012 I, S. 212, 249.

IV. Normatives Leitbild der ökologisch-nachhaltigen Abwasserentsorgung

Der oben skizzierte landesrechtliche Rahmen folgt dem normativen Leitbild der ökologisch-nachhaltigen Abwasserentsorgung, das durch die wasserhaushaltsrechtlichen Vorgaben der EU und des Bundes vorgegeben wird. In diesen rechtlichen Kontext ist die kommunale Abwasserentsorgung eingebunden. Maßgeblich sind die Vorgaben des 2010 als bundesrechtliche Vollregelung (Art. 74 Abs. 1 Nr. 32 GG) in Kraft getretenen WHG.[19] Es zielt auf eine „ökologisch-nachhaltige Wasserwirtschaft" i.S.v. § 1 WHG, um die wasserhaushaltsrechtlichen Ziele zu erreichen, die durch die EU-Wasserrahmenrichtlinie 2000/60/EG (EU-WRRL) vorgegeben werden (s. u.). Nach § 1 WHG sind alle Gewässer mit Blick auf bestehende und künftige Nutzungsinteressen durch eine „nachhaltige Gewässerbewirtschaftung (...) als Bestandteil des Naturhaushalts, als Lebensgrundlage des Menschen, als Lebensraum für Tiere und Pflanzen sowie als nutzbares Gut zu schützen".[20] Dabei stellt die nachhaltige Sicherung der Abwasserentsorgung einen hervorgehobenen Belang des wasserrechtlichen Allgemeinwohls[21] dar, vgl. § 6 Abs. 1 Nr. 1, Nr. 2, Nr. 4, Nr. 5, Nr. 6, §§ 54 ff. WHG.

1. EU-Recht

Durch Implementierung der EU-WRRL haben nachhaltige Ressourcenschonung und langfristig vorsorgende wasserwirtschaftliche Planung mittels Bewirtschaftungs- und Maßnahmenprogrammen (§§ 82, 83 WHG; § 87 SächsWG i.V.m. dem Maßnahmenprogramm Sachsen 2009–2015[22]), die der Verwirklichung eines guten Gewässerzustands dienen (vgl. Art. 4 EU-WRRL; §§ 27, 44, 47 WHG), an Gewicht gewonnen. Gewässerbenutzungen, zu denen nach Art. 2 EU-WRRL ausdrücklich auch Wasserdienstleistungen wie die Abwasserentsorgung (und die Wasserversorgung) zählen, müssen in diesen Planungsrahmen integriert werden. Hinzu treten die Vorgaben der (älteren) Kommunalabwasser-Richtlinie 91/271/EWG. Sie dient dem Schutz der Umwelt vor schädlichen Auswirkungen kommunalen Abwassers (Sammeln, Behandeln, Einleiten) und industriellen Abwassers bestimmter Branchen (Behandeln, Einleiten), vgl. Art. 1, Art. 2 RL. Die Mitgliedstaaten sind gehalten, insbesondere die Wiederverwendung gereinigten Abwassers in ihre Entsorgungskonzepte zu integrieren, vgl. Art. 12 Abs. 1 RL („soll"). Unter dem Aspekt der „Dezen-

---

[19] Artikel 1 Gesetz zur Neuregelung des Wasserrechts, BGBL 2009 I, S. 2585.

[20] Näher *Laskowski/Ziehm*, in: Koch (Hrsg.), Umweltrecht, 4. Aufl. 2014, § 5 Rn. 57 ff.; vgl. auch *Laskowski*, Nachhaltige Wasserwirtschaft einschließlich der Naturschutzaspekte, in: Czybulka (Hrsg.), Das neue Naturschutzrecht des Bundes, 9. Warnemünder Naturschutzrechtstag 2010, 2011, 277.

[21] Dazu *Laskowski*, Neue Anforderungen an das Allgemeinwohlerfordernis im Wasserrecht, insb. Verschlechterungsverbot, in: Köck (Hrsg.), Implementation der Wasserrahmenrichtlinie in Deutschland – Erfahrungen und Perspektiven, 15. Leipziger Umweltrechts-Symposion 2010, 2011, S. 57 ff.

[22] Abrufbar unter http://www.umwelt.sachsen.de/umwelt/wasser/5790.htm.

tralisierung" erlangt Art. 3 RL Bedeutung. Denn die danach grundsätzlich bestehende Verpflichtung der Mitgliedstaaten zur Ausstattung der Gemeinden mit einer Kanalisation gem. Art. 3 Abs. 1 RL (bis 31.12.2000: Gemeinden mit mehr als 15.000 EW, bis 31.12.2005: Gemeinden von 2.000–15.000 EW), besteht erst ab Einwohnerwerten von 2.000 EW. Zudem sieht Art. 3 RL selbst eine Ausnahme vor, wenn die „Einrichtung einer Kanalisation nicht gerechtfertigt (ist), weil sie entweder keinen Nutzen für die Umwelt mit sich bringen würde oder mit übermäßigen Kosten verbunden wäre". In solchen Fällen sind gerade aus Gründen des Umweltschutzes „individuelle Systeme oder andere geeignete Maßnahmen *erforderlich*, die das gleiche Umweltschutzniveau gewährleisten".

2. *WHG*

Betrachtet man vor diesem Hintergrund das 2010 novellierte WHG, so fällt das gesteigerte Bewusstsein für den anhaltenden Klimawandel und dessen negative Folgen für die Umwelt- und Lebensbedingungen auf. Hervorzuheben ist § 6 Abs. 1 Nr. 5 WHG, der solche Umweltveränderungen in die wasserwirtschaftliche Planung einbezieht und die Klimawandelfolgen klar im Blick hat. Auch demographische Entwicklungen können als Folge des Klimawandels berücksichtigt werden.[23]

Die allgemeinen und besonderen Bewirtschaftungsziele und -grundsätze in den §§ 6, 27, 44, 47 WHG, vor allem das Verschlechterungsverbot, leiten das wasserbehördliche Bewirtschaftungsermessen in Bezug auf die Frage, ob eine bestimmte Gewässerbenutzung i.S.v. § 9 WHG gem. §§ 12, 8 WHG gestattet wird – etwa die für die öffentliche Abwasserentsorgung notwendige Erlaubnis zur Einleitung gereinigten Abwassers in Oberflächengewässer gem. §§ 12, 57 WHG. Gewässerbenutzungen unterliegen hier einem zwingenden Gestattungserfordernis („repressives Verbot mit Befreiungsvorbehalt").[24] Sofern keine Versagungsgründe gem. § 12 WHG Abs. 1 i.V.m. § 57 WHG greifen, entscheidet die Wasserbehörde im Rahmen des ihr eröffneten Ermessens, § 12 Abs. 2 WHG.

Dabei hat sie die speziellen Vorgaben der Abwasserbeseitigung in den §§ 54 ff. WHG zu beachten, insb. die Grundsätze gem. § 55 WHG und die Anforderungen an das Einleiten von Abwasser gem. § 57 Abs. 1 bis 3 WHG. Hervorzuheben ist dabei die Dezentralisierungsoption in § 55 Abs. 1 S. 2 WHG. Es gilt der Grundsatz der schadlosen Niederschlagswasserentsorgung gem. § 55 Abs. 2 WHG und § 57 Abs. 1 Nr. 3 WHG, welcher ausdrücklich nur „erforderliche" Abwasseranlagen oder sonstige Einrichtungen voraussetzt. Hier finden sich die maßgeblichen Anknüpfungspunkte für dezentrale nachhaltige Entsorgungsmodelle:

§ 55 WHG regelt die Grundsätze der Abwasserbeseitigung. Nach § 55 Abs. 1 S. 1 WHG gilt der allgemeine Grundsatz Abwasser so zu beseitigen, dass das Allgemeinwohl nicht beeinträchtigt wird. Dazu heißt es ergänzend in § 55 Abs. 1 S. 2 WHG,

---

[23] Zum Stand der Maßnahmenumsetzung vgl. Landesamt für Umwelt, Landwirtschaft und Geologie Sachsen, Maßnahmenumsetzung zur WRRL in Sachsen, Zwischenbericht, 2012.

[24] Vgl. BVerfGE 93, 319, 349; 58, 300, 344; 10, 89, 113.

auch die „Beseitigung von häuslichem Abwasser durch dezentrale Anlagen“ könne dem Allgemeinwohl entsprechen. Eine wichtige Regelung für das Niederschlagswasser findet sich in § 55 Abs. 2 WHG. Der dort normierte neue Grundsatz der schadlosen Beseitigung von Niederschlagswasser war vor der WHG-Novelle 2010 bundesrechtlich nicht geregelt.[25] Nunmehr „soll“ Niederschlagswasser ortsnah versickern, verrieseln oder direkt oder über eine Kanalisation ohne Vermischung mit Schmutzwasser in ein Gewässer eingeleitet werden, sofern keine wasserrechtlichen, sonstigen öffentlich-rechtlichen Vorschriften oder wasserwirtschaftlichen Belange entgegenstehen. Wird demnach eine gewässerschutzverträgliche Rückführung des Niederschlagswassers gewährleistet, so ist im Regelfall Niederschlagswasser in einer der vier in § 55 Abs. 2 WHG genannten Varianten zu beseitigen; davon darf nur in atypischen Fällen abgewichen werden. § 55 Abs. 2 WHG klärt damit bundesweit, dass auch eine von der kommunalen Zentralkanalisation unabhängige Beseitigung des Niederschlagswassers zulässig ist, sofern dessen umweltverträgliche Beseitigung außerhalb der gemeindlichen Anlagen möglich ist.[26]

Auf diese Weise trägt die dezentrale Beseitigung des nur gering verschmutzten Niederschlagswassers neuen ökologischen Erkenntnissen Rechnung. So kann z. B. durch Versickerung in das Grundwasser der Abfluss in Oberflächengewässer im Interesse des vorbeugenden Hochwasserschutzes verringert werden. Gleichzeitig werden zentrale kommunale Entsorgungssysteme entlastet. Eine Einleitung in die Kanalisation kommt nur noch dann in Betracht (vierte Variante), wenn die Beseitigung des Niederschlagswassers im sog. Trennsystem erfolgt, d. h. über eine Abwasseranlage, die nicht zugleich der Schmutzwasserbeseitigung i.S.v. § 54 Abs. 1 Nr. 1 WHG dient; eine Beseitigung in Mischkanälen scheidet nach dem klaren Wortlaut des § 55 Abs. 2 WHG hingegen aus.[27]

Diese bundesrechtlichen Vorgaben des WHG werden durch die §§ 49 ff. des 2013 novellierten SächsWG[28] effektiv ergänzt (s. C.). Hinzu treten die Regelungen der sächsischen KommunalabwasserVO[29], die die Kommunalabwasser-RL 91/271/EWG umgesetzt hat.

V. Erfordernis einer bundesweiten Flexibilisierung der ökologisch-nachhaltigen Abwasserentsorgung

Vor diesem Hintergrund wird deutlich: Kommunale Abwasserentsorgungskonzepte müssen langfristig auf „ökologisch-nachhaltige“ Abwasserentsorgungsleistungen ausgerichtet sein, die in den oben skizzierten wasserhaushaltsrechtlichen Rah-

---

[25] Näher dazu *Czychowski/Reinhardt* (Fn. 9), § 55 Rn. 16.

[26] *Czychowski/Reinhardt* (Fn. 9), § 55 Rn. 17.

[27] *Czychowski/Reinhardt* (Fn. 9), § 55 Rn. 22.

[28] Sächsisches Wassergesetz vom 12. Juli 2013, Sächs GVBl. 2013, S. 503.

[29] Verordnung des Sächsischen Staatsministeriums für Umwelt und Landesentwicklung zur Umsetzung der Richtlinie 91/271/EWG über die Behandlung von kommunalem Abwasser (Sächsische Kommunalabwasserverordnung – SächsKomAbwVO), SächsGVBl. 1996, S. 180.

men passen. Dies erfordert kommunale Konzepte, die insbesondere klimabezogene Umweltveränderungen und (damit verbundene) demographische Entwicklungen vorausschauend einbeziehen. Gemeinden, die im Hinblick auf die ortsnahen Wasserressourcen künftig mit einem klimabedingten Rückgang des Wasserspiegels und einer entsprechend eingeschränkten Nutzung des örtlichen Wasserdargebots rechnen müssen oder aber mit starken Niederschlägen und einer Überbeanspruchung der Kanalisation – solche Szenarien können spezielle Gebiete in Sachsen, aber z. B. auch in Hessen[30], betreffen –, müssen diese Veränderungen vorausschauend in ihre Entsorgungskonzepte einbeziehen. Je nach regionalem Szenario muss sich die jeweilige Entsorgungseinrichtung z. B. darauf einstellen, dass die erforderliche wasserrechtliche Erlaubnis für die Einleitung von Abwasser künftig aus Gründen des Ressourcenschutzes nur noch in beschränktem Umfang erteilt wird, §§ 12, 57 WHG (so führt z. B. der Rückgang der Wasserstände von Oberflächengewässern zu einer erhöhten Konzentration des eingeleiteten Schmutzwassers, wenn die eingeleitete Menge und Schädlichkeit gleich bleibend hoch ist). Bereits erteilte Einleitungserlaubnisse können nachträglich hinsichtlich der Einleitungsmenge beschränkt werden, § 13 WHG. Um gleichwohl eine angemessene kommunale Entsorgung sicherzustellen, sind alternative Entsorgungsoptionen zu prüfen, die sich auch auf bestimmte Ortsteile beschränken können. Ergänzend lassen sich demographische und ökonomische Aspekte in die Alternativenprüfung einbeziehen (vgl. § 51 Abs. 1 S. 2 SächsWG).

Lässt sich erkennen oder prognostizieren, dass die herkömmlichen Konzepte der zentralen Abwasserentsorgung mit den gewandelten Umweltbedingungen (künftig) kollidieren – z. B. Gefahr der Übernutzung örtlicher Wasserressourcen durch die verbreitete, Frischwasser nutzende Schwemmwasserkanalisation und dadurch (drohender) Verstoß gegen das Verschlechterungsverbot gem. §§ 27, 47 WHG –, so besteht die Notwendigkeit, das überkommene zentrale Entsorgungskonzept aus Gründen des Umwelt- bzw. Gewässer- und Ressourcenschutzes zu modifizieren und an die veränderten Umweltbedingungen anzupassen. Ein am Leitbild der ökologisch-nachhaltigen Abwasserentsorgung (s. o. D.) orientiertes Entsorgungskonzept, das auch für den demographischen Wandel offen ist – insofern vorbildlich § 51 Abs. 1 SächsWG („demographische Entwicklung") –, kann eine Änderung der herkömmlichen zentralen Entsorgung erfordern. Dementsprechend bedarf es einer konzeptionellen Öffnung insb. für (semi-)dezentrale Entsorgungslösungen und einer entsprechenden Ergänzung des kommunalen Entsorgungsmodells.

VI. Aktuelle Versuche und Probleme der Flexibilisierung kommunaler Entsorgungskonzepte

Nachhaltige dezentrale Entsorgungslösungen kommen nur dann in Betracht, wenn das kommunale Abwasserbeseitigungskonzept den Einbezug privater Selbstentsorgungsmodelle zulässt und in die kommunale Aufgabenerfüllung integriert.

---

[30] Vgl. *Hahne/Laskowski* (Fn. 8), S. 13 f.

Dies ist Gemeinden im Rahmen der sog. funktionalen Privatisierung ohne Verlust der ihnen zufallenden materiellen Verantwortung für die umweltgerechte Abwasserentsorgung möglich. Sie können gem. § 56 S. 3 WHG unter Beibehaltung ihrer Entsorgungspflicht private Dritte in die Durchführung der Entsorgung einbeziehen und sich ihrer zur Erfüllung ihrer Aufgaben bedienen („funktionale Privatisierung").[31] Im Rahmen der funktionalen Privatisierung ist es durchaus möglich, nicht nur private Entsorgungsunternehmen in die Aufgabendurchführung einzubeziehen, sondern auch einzelne Gemeindemitglieder und deren individuelle Entsorgungsmodelle („Kleinkläranlage").[32] Hier kommen prinzipiell ganz unterschiedliche rechtliche Konstruktionen der „Indienstnahme Dritter" (Verwaltungshilfe, Mandat, Konzession) in Betracht.[33]

Notwendig erscheint ein kommunales Entsorgungskonzept, das private Eigenentsorgung in die „öffentliche Einrichtung" der Abwasserentsorgung einbezieht, z. B. per Widmung mit Zustimmung des betroffenen Gemeindemitglieds auf vertraglicher Grundlage. Allerdings müsste, so das SächsOVG (2004), „die Möglichkeit jederzeitiger Einwirkung durch Erlass von Weisungen an den Dritten und dessen Kontrolle" möglich sein, denn nur dann liege eine „öffentliche Einrichtung der Gemeinde" vor.[34]

Derartige Konzeptionen werden aktuell vor allem in kleineren Kommunen diskutiert, die vor der Frage stehen, ob sie ihre zentrale Entsorgungsinfrastruktur sanieren oder – angesichts der gewandelten Umweltbedingungen – besser neu konzipieren sollen. Neue Konzepte der kommunalen Abwasserentsorgung stoßen jedoch in der Rechtsprechung bislang eher auf Skepsis und im Ergebnis auf Ablehnung, wie das aktuelle Urteil des OVG NRW vom 12. März 2013 deutlich macht.[35] Gegenstand des Rechtsstreits war ein neues Abwasserbeseitigungskonzept der Gemeinde Welver, die insgesamt 13.500 Einwohnerinnen und Einwohner zählt – im Zentralort: 5.500, in den übrigen 20 Ortsteilen: 8.000. Das Abwasserkonzept sah für vier Ortsteile mit jeweils 290, 200, 300 und 250 Einwohnerinnen und Einwohnern aus demographischen, ökologischen und ökonomischen Gründen eine dezentrale Abwasserbeseitigung vor („Sonderentwässerungsgebiete"). Die Beseitigung des Schmutzwassers sollte dort vollständig dezentral erfolgen, ohne äußere Erschließung der Ortsteile, aber mit differenzierter Regenwasserbeseitigung. Geplant war, das häusliche und gewerbliche Schmutzwasser vor allem durch geeignete Kleinkläranlagen – z. T. auch durch abflusslose Gruben – für ein oder mehrere Grundstücke zu entsorgen. Die

[31] Näher dazu *Czychowski/Reinhardt* (Fn. 9), § 56 Rn. 3 f.; *Laskowski*, Das Menschenrecht auf Wasser, 2010, S. 378 ff.

[32] Zu den technisch möglichen dezentralen Entsorgungsmodellen vgl. *Hahne/Laskowski* (Fn. 8), S. 13 ff.; vgl. auch *Holländer* et al. (Fn. 4), S. 189 ff.

[33] Vgl. SächsOVG, Urt. v. 24. 9. 2004, ZNER 2004, 379.

[34] Vgl. SächsOVG, Urt. v. 24. 9. 2004, ZNER 2004, 379 („öffentliche Einrichtung Wasserversorgung").

[35] OVG NRW, Urt. v. 12. 03. 2013, ZUR 2013, 547 ff.; Bestätigung von VG Arnsberg, Urt. v. 22. 6. 2010 – 8 K 201/09 (gescheitertes, dezentral modifiziertes kommunales Abwasserkonzept).

Kleinkläranlagen waren als Einzelanlagen auf Privatgrund zur Entsorgung jeweils eines Grundstücks, als Gruppenanlagen auf Privatgrund (Entsorgung von zwei bis fünf Grundstücken) oder als Gemeinschaftsanlagen auf Privatgrund (Entsorgung von vier bis 11 Grundstücken) vorgesehen. Eine (materielle) Übertragung der gemeindlichen Beseitigungspflicht war nicht beabsichtigt. Die Kleinkläranlagen bzw. abflusslosen Grundstücke sollten vielmehr „öffentliche Abwasserbehandlungsanlagen" darstellen und so in die kommunale „öffentliche Abwasserentsorgung" integriert werden. Beabsichtigt war eine privatrechtliche Integration der privaten Grundstücke in die öffentliche Abwasserentsorgung mittels vertraglicher Vereinbarung mit den Grundstückseigentümerinnen und -eigentümern sowie einer zusätzlichen Eintragung von Grunddienstbarkeiten zugunsten der Gemeinde, durch die auch umfassende Zugriffsmöglichkeiten der (weiterhin entsorgungspflichtigen) Gemeinde auf die betroffenen Grundstücke gesichert werden sollten. Zudem wurde ein Abwasserverein (e. V.) für die Durchführung der Abwasserentsorgung gegründet. Allerdings problematisch: nicht alle Grundstückseigentümerinnen und -eigentümer unterzeichneten diese Vereinbarung.

Die Rechtsaufsichtsbehörde verweigerte daher dem neuen „dezentralen" Abwasserbeseitigungskonzept letztlich die notwendige Zustimmung. Denn sie sah den für eine öffentliche Einrichtung erforderlichen umfassenden Zugriff der Gemeinde („umfassende Sach- und Rechtsherrschaft") auf die privaten Grundstücke flächendeckend und dauerhaft nicht gesichert. Spätestens im Rahmen der Rechtsnachfolge im Grundeigentum sah sie Probleme mit Blick auf die vertragliche Lösung.[36] Das VG Arnsberg bestätigte diese Auffassung und sah insbesondere die ordnungsgemäße Abwasserbeseitigung mit Blick auf die Zukunft durch das gemeindliche Abwasserbeseitigungskonzept nicht gewährleistet. Allerdings wäre ein konzeptioneller Einbezug dezentraler privater Entsorgungsmodelle auf privatem Grund in die öffentliche Abwasserentsorgung durchaus denkbar, sofern alle betroffenen Grundstückseigentümerinnen und -eigentümer einer entsprechenden Widmung ihres Eigentums zustimmen.[37]

---

[36] Zudem überzeugte die Wirtschaftlichkeitsberechnung der dezentralen Entsorgung nicht. Danach war mit der dezentralen Lösung ein Kosteneinsparpotenzial von etwa 10 % gegenüber einer zentralen Lösung (Ausstattung der vier Ortschaften mit einer Kanalisation) verbunden.

[37] Auch rechtliche Bedenken hinsichtlich der Rechtsnachfolge müssten dann nicht entgegenstehen. Denn die Widmung konstituiert grundsätzlich ohne zeitliche Beschränkung in Bezug auf alle der Einrichtung zuzurechnenden Anlagen im Rahmen des Einrichtungszwecks öffentlich-rechtliche Nutzungs- und Zulassungsrechte, so dass ein etwaiger Eigentumswechsel daran nichts ändern würde, sofern die Voreigentümerin oder der Voreigentümer dem Widmungsakt zuvor zugestimmt hätte. Denn sie oder er könnte das Eigentum anschließend nur als öffentlich-rechtlich beschränktes Eigentum übertragen. Da in dem vom VG Arnsberg entschiedenen Fall jedoch nicht alle betroffenen Personen der Widmung ihres Eigentums zugestimmt hatten, war auch keine wirksame Widmung erfolgt. Daran musste das dezentrale Entsorgungskonzept der klagenden Gemeinde letztlich scheitern, vgl. SächsOVG, ZNER 2004, 379 m.w.N.

Das OVG NRW bestätigt das erstinstanzliche Urteil im Ergebnis, es befasst sich aber vor allem mit der umweltrechtlichen Vereinbarkeit der beabsichtigten dezentralen Entsorgungskomponenten. Daran scheitert das Entsorgungskonzept letztlich. Gleichwohl zeigt das OVG-Urteil bei genauerer Betrachtung eine neue Offenheit für flexiblere, ökologisch motivierte kommunale Abwasserentsorgungskonzepte (i.S.v. § 53 NRW WG). Dabei hält es zwar im Grundsatz an der gefestigten Rechtsprechung fest, wonach „eine Kanalisation mit Anschluss an eine zentrale Kläranlage (…) im Verhältnis zu Kleinkläranlagen und abflusslosen Gruben das im Allgemeinen bessere und vorzugswürdigere System zur anforderungsgerechten Beseitigung von kommunalem Abwasser“ sei.[38] Allerdings räumt es die Möglichkeit atypischer Konstellationen durchaus ein und erkennt an, dass nach der bundesrechtlichen Regelung in § 55 Abs. 1 S. 2 WHG dem Allgemeinwohl durchaus „auch (durch) die Beseitigung von häuslichem Abwasser durch dezentrale Anlagen“ entsprochen werden kann. Zudem sieht es, dass § 55 Abs. 1 S. 2 WHG insoweit ausschließlich den Zweck verfolgt, „den Gemeinden einen größeren Spielraum für die Optimierung ihrer Entsorgungskonzepte zu eröffnen“.[39] Allerdings stellt es klar, dass die umweltrechtlichen Anforderungen „identische Beachtung“ finden.[40] Zu Recht fordert es daher in diesem umweltrechtlichen Kontext von der Kommune „wirkungsvolle Maßnahmen“ zur Erfüllung ihrer Abwasserbeseitigungspflicht zu ergreifen, die danach vor allem dem Gewässerschutz Rechnung tragen müssen.[41] Nach Ansicht des OVG blieben die von der Gemeinde geplanten dezentralen Anlagen jedoch ebenso wie die vorgesehenen Kleinkläranlagen „was ihr Umweltschutzniveau anbelangt, deutlich hinter demjenigen einer Kanalisation“ zurück, es würde nicht einmal ein „einer Kanalisation gleichwertiges Umweltschutzniveau“ erreicht. Das Konzept scheiterte letztlich aus Gründen des Gewässerschutzes.

Das aber heißt im Umkehrschluss: Wenn ein kommunales Abwasserentsorgungskonzept mit dezentralen Elementen angesichts der spezifischen örtlichen Gegebenheiten nachweisbar einem zentralen Entsorgungskonzept mittels Kanalisation in umweltrechtlicher Hinsicht zumindest gleichwertig ist und zusätzliche – demographische und/oder finanzielle – Gründe gegen ein rein zentrales Entsorgungskonzept sprechen, wird sich das semi-zentrale bzw. dezentrale Konzept gegenüber dem zentralen Konzept durchsetzen. Nichts anderes gilt, wenn solche flexiblen semi-zentralen oder dezentralen Konzepte einem rein zentralen Entsorgungskonzept aus Gründen des Umweltschutzes sogar überlegen sind.

[38] OVG NRW, ZUR 2013, 547, 549 (Rn. 57).

[39] OVG NRW, ZUR 2013, 547, 551; vgl. auch BVerwG, Beschluss v. 14.1.2009 – 8 B 37.08, juris, und v. 19.12.1997, NVwZ 1998, 1080.

[40] OVG NRW, ZUR 2013, 547, 550.

[41] OVG NRW, ZUR 2013, 547, 551.

VII. Einwohnerperspektive

Ändert die Gemeinde ihr Entsorgungskonzept und beabsichtigt, zumindest in bestimmten Gemeindeteilen die bisherige zentrale Entsorgung zugunsten einer semizentralen oder dezentralen Entsorgung (insb. für Niederschlagswasser) einzustellen, ergeben sich für die Einwohnerinnen und Einwohner Veränderungen.

1. Änderung des Entsorgungskonzepts und (teilweiser) Wegfall zentraler Entsorgung

Die ökologisch und oder demographisch motivierte Änderung eines Entsorgungskonzepts steht nicht im Widerspruch zu den Regelungen der §§ 14, 10 SächsGemO. Denn bereits ein Anspruch auf Aufrechterhaltung (oder Erweiterung) einer bestehenden öffentlichen Einrichtung lässt sich daraus regelmäßig nicht herleiten.[42] Zwar könnte sich die Frage stellen, ob durch eine jahrelange etablierte zentrale Entsorgung im Rahmen eines gemeindlichen Anschluss- und Benutzungszwangs nicht eine Art „Bestandsschutz" der betroffenen Grundstückseigentümerinnen und -eigentümer i.S.v. Art. 14 GG („Eigentumsfreiheit") geschaffen wird, der den späteren „Entzug" der zentralen Versorgung als unverhältnismäßigen Eingriff in Art. 14 GG erscheinen lassen könnte.[43]

Dagegen spricht jedoch bereits, dass der Bestandsschutz in verschiedenen Rechtsgebieten unterschiedlich ausfällt und gerade im Hinblick auf den Umweltschutz in der Regel solchen gesetzlichen Vorschriften nicht entgegen steht, „die die Umwelt belastende Nutzung von Eigentum verbieten oder beschränken".[44] Daher muss ein dem Baurecht vergleichbarer passiver Bestandsschutz weder im Immissionsschutzrecht[45] noch im hier interessierenden Wasserrecht[46] gewährt werden. Im Übrigen spricht dagegen, dass der Anschluss- und Benutzungszwang selbst einen rechtfertigungsbedürftigen Grundrechtseingriff in Art. 14 GG darstellt („Inhalts- und Schrankenbestimmung"). Dieser findet mit Blick auf die öffentliche Abwasserentsorgung regelmäßig seine Rechtfertigung in den verfassungsrechtlich geschützten Interessen Entsorgungssicherheit, Gewässerschutz, Trinkwasserschutz („Volksgesundheit"), Umweltschutz (Art. 20a GG) und entsprechenden Schutzpflichten des Staates aus Art. 2 Abs. 2 GG i. V. m. Art. 1 Abs. 1 GG („körperliche Unversehrtheit", „Leben", „existentielle sanitäre Grundversorgung" i.S.d. Grund- und Menschenrechts auf Wasser[47]). Gerade darin liegt neben dem Interesse an einer solidarischen Finanzierung der Infrastruktur als Ausfluss der Bindung des Eigentums gem. Art. 14

[42] Vgl. VG Gießen v. 26. 8. 2008, – 8 L 1642/08.GI, Juris Rn. 23.

[43] Zum Bestandsschutz vgl. *Jarass/Pieroth* (Fn. 7), Art. 14 Rn. 59 m.w.N.

[44] BGHZ 99, 262, 269; *Jarass/Pieroth* (Fn. 7), Art. 14 Rn. 61.

[45] BVerwGE 65, 313, 317; BGHZ 99, 262, 268.

[46] BGHZ 140, 291 f.; BVerwG, NJW 1978, 2311 f.; *Jarass/Pieroth* (Fn. 7), Art. 14 Rn. 61.

[47] *Laskowski*, Das Menschenrecht auf Wasser, 2010, S. 540 f., 835 f.

Abs. 2 GG das nach § 14 Abs. 1 SächsGemO erforderliche „öffentliche Bedürfnis", das den Anschluss- und Benutzungszwang überhaupt ermöglicht.

Entfällt jedoch die Rechtfertigung für den Anschluss- und Benutzungszwang und für den damit einhergehenden Grundrechtseingriff in Art. 14 GG, so ist der Eingriff zu unterlassen, der Anschluss- und Benutzungszwang folglich aufzuheben. Angesichts der dann eintretenden Änderung der Eigentumsnutzung durch die Umstellung auf ein neues Selbstentsorgungsmodell entfallen die Benutzungsgebühren für die zentrale Abwasserentsorgung des Grundstücks, so dass insoweit eine finanzielle Entlastung eintritt. Das neue Modell ist jedoch mit anderen (finanziellen) Belastungen für die Betroffenen verbunden, so dass die Umgestaltung unter sorgfältiger Beachtung des Grundsatzes der Verhältnismäßigkeit erfolgen muss.

Bei einer Umgestaltung der Versorgungsstrukturen erscheint es daher ratsam, aus Gründen der Verhältnismäßigkeit für die betroffenen Einwohnerinnen und Einwohner schonende Übergangsregelungen zu treffen.[48] Ob darüber hinaus auch Ausgleichszahlungen erforderlich werden, bleibt der Einzelfallprüfung vorbehalten.[49]

2. *Befreiung vom Anschluss- und Benutzungszwang*

Anders gelagert sind diejenigen Sachverhalte, in denen die Einwohnerinnen und Einwohner gegenüber der Gemeinde eine Befreiung vom Anschluss- und Benutzungszwang zugunsten einer individuellen (dezentralen) Entsorgungslösung – aus ökologischen und/oder wirtschaftlichen Gründen – begehren. Betrachtet man dazu die einschlägigen Judikate, so zeigt sich die Rechtsprechung bislang eher restriktiv. Befreiungsansprüche werden häufig aus Gründen des Umwelt- und Gesundheitsschutzes („Volksgesundheit") und zwecks Sicherung einer solidarischen Kostenverteilung verneint.[50] Danach können Gemeinden, die sich für ein zentrales Abwasserbeseitigungskonzept entschieden haben, einen Anschluss- und Benutzungszwang für Anlagen zur Ableitung und Reinigung von Abwasser grundsätzlich auch für solche Grundstücke vorschreiben, die über eine Kleinkläranlage verfügen.[51] Dies soll selbst dann gelten, wenn landesrechtliche Regelungen die Gemeinden von der Abwasserbeseitigungspflicht befreien (s. o. zu § 50 Abs. 3–5 SächsWG), da darin keine die Bürgerinnen und Bürger schützenden („drittschützenden") Bestimmungen gesehen werden.[52] Dies soll nach der Rechtsprechung auch in Hinblick auf die Ausnahmere-

[48] Vgl. BVerfGE 58, 300, 351; 71, 137, 144; BVerwGE 81, 49, 55.

[49] Schonende Übergangsregelungen können in bestimmten Fällen selbst gravierende Eigentumsbeschränkungen ohne finanziellen Ausgleich rechtfertigen, vgl. *Jarass/Pieroth* (Fn. 7), Art. 14 Rn. 46, 47.

[50] BVerwG v. 19.12.1997, ZfW 1998, S. 494, 495; SächsOVG, NJ 2008, S. 187, 188; SächsOVG v. 8.8.2007 – 4 B 321/05.

[51] BVerwG, NVwZ 1998, 1080; SächsOVG, NJ 2008, 187, 188; SächsOVG v. 8.8.2007 – 4 B 321/05.

[52] Vgl. VG Köln v. 23.9.2008 – 14 K 2393/06, Juris Rn. 23 („dezentrale Kanalisation durch Einzelklärgruben").

gelung in Art. 3 der Kommunalabwasser-Richtlinie 91/271/EWG gelten[53], und auch unter Beachtung des Art. 20a GG.[54]

Zu beachten ist jedoch, dass es sich bei dem Instrument des Anschluss- und Benutzungszwangs um einen belastenden Verwaltungsakt mit Dauerwirkung handelt, dessen tatbestandliche Voraussetzungen grundsätzlich sowohl bei seinem Erlass als auch in der Folgezeit vorliegen müssen. Daher müssen auch Änderungen der Sach- und Rechtslage berücksichtigt werden, weil sich Dauerverwaltungsakte nicht auf ein einmaliges Handlungsgebot beschränken („fortwährender Regelungsgehalt").[55] Entfallen die tatbestandlichen Voraussetzungen und wird der den Anschluss- und Benutzungszwang anordnende Verwaltungsakt später rechtswidrig, so ist er aufzuheben. Allerdings führt nach der Rechtsprechung ein Mangel des Abwasserbeseitigungskonzepts nicht zur Rechtswidrigkeit von Satzungsregelungen, die den Anschluss- und Benutzungszwang für Anlagen zur Ableitung und Reinigung von Abwasser vorschreiben.[56]

Neuere Entwicklungen in der Rechtsprechung lassen jedoch inzwischen erkennen, dass eine ökologisch-nachhaltige Perspektive im Bereich der Abwasserentsorgung langsam an Gewicht gewinnt.[57] So können nach einer Entscheidung des SächsOVG aus dem Jahre 2007 die Umweltstandards einer dezentralen Anlage durchaus zur Annahme eines atypischen Falls und damit zur Befreiung vom Anschluss- und Benutzungszwang führen, wenn der Umweltstandard der dezentralen Anlage über dem der zentralen Anlage liegt.[58] Dabei soll es darauf ankommen, dass die dezentrale Anlage bereits vorhanden war, bevor eine zentrale öffentliche Abwasserentsorgungseinrichtung errichtet wurde. Nicht ausreichen soll jedoch der Einwand, das kommunale Abwasserbeseitigungskonzept sei ökologisch verfehlt und eine dezentrale Konzeption ökologisch geeigneter.[59]

Diese Rechtsprechung zielt bereits auf eine ökologisch-nachhaltige Abwasserbeseitigung, sie bleibt jedoch angesichts der weitgehenden Einschränkungen (noch) hinter dem normativen Konzept der ökologisch-nachhaltigen Abwasserbeseitigung (s. o. D.) zurück. Es ist aber zu erwarten, dass die Rechtsprechung künftig dem nachhaltigen Umwelt- und Ressourcenschutz auch im Rahmen der Abwasserentsorgungskonzepte stärkeres Gewicht einräumen wird.[60]

---

[53] Vgl. VG Köln v. 23.9.2008 – 14 K 2393/06, Juris Rn. 25.

[54] Vgl. BVerwG, NVwZ 1998, 1080.

[55] BverwG, NJW 1988, 2056; NdsOVG, NVwZ 1993, 1017; OVG NRW, NVwZ-RR 1994, 174; *Kopp/Schenke*, VwGO, 18. Aufl. 2012, § 113 Rn. 43.

[56] SächsOVG v. 18.12.2007 – 4 B 541/05, Juris Rn. 28.

[57] Vgl. auch OVG NRW, ZUR 2013, 547, 551.

[58] SächsOVG v. 8.8.2007 – 4 B 321/05, Juris Rn. 7.

[59] SächsOVG v. 8.8.2007 – 4 B 321/05, Juris Rn. 7; OVG Bbg v. 31.7.2003 – 2 A 316/02; vgl. auch *Laskowski*, ZUR 2008, S. 527 ff.

[60] Vgl. *Laskowski/Ziehm* (Fn. 20), § 5 Rn. 83 ff.; s. auch *Scheidler*, BayVBl. 2008, BayVBl. 2008, 166 ff.

VIII. Ökologisch-nachhaltige Abwasserentsorgung und Trinkwasserschutz

Eine ökologisch-nachhaltige Abwasserentsorgung wirkt sich schließlich auch auf die Trinkwasserversorgung aus. Denn sie dient dazu, die menschliche Gesundheit vor den nachteiligen Einflüssen, die sich aus der Verunreinigung von Wasser ergeben, das für den menschlichen Gebrauch bestimmt ist, zu schützen und entspricht damit der Zielsetzung des § 1 TrinkwasserVO. Die TrinkwasserVO zielt darauf, die öffentliche Trinkwasserversorgung möglichst ohne den Einsatz von Aufbereitungsstoffen und Desinfektionsverfahren (§§ 11, 12 i. V. m. Anlage 6) zu sichern. Dies erfordert vor allem einen nachhaltigen Schutz der Grund- und Oberflächengewässer vor Verunreinigung durch Schmutzwasser.

IX. Gemeindliche Erschließungslast

Die gemeindliche Erschließungslast gem. § 123 BauGB steht dezentralen Entsorgungskonzepten nicht entgegen. Inhalt und Umfang der gemeindlichen Erschließungspflicht nach § 123 Abs. 2 BauGB sind eng mit dem näher zu definierenden Begriff der Erschließungsanlage verbunden. Der Begriff „Erschließung", der alle im Erschließungsgebiet liegenden Grundstücke erfasst, wird vom BauGB nicht definiert. Allerdings ergibt sich aus § 127 Abs. 4 BauGB, dass Anlagen zur Abwasserentsorgung den in § 127 Abs. 1 BauGB genannten Anlagen gleich gesetzt werden. Sie sind folglich dem Begriff der Erschließungsanlagen zuzurechnen. Eine weitere Konkretisierung ist damit jedoch nicht verbunden,[61] so dass der Begriff prinzipiell auch für Erschließungskonzepte mit dezentralen Erschließungsmodellen offen ist.

Da die Erschließungsanlagen gem. § 123 Abs. 2 BauGB ausdrücklich „kostengünstig" erstellt werden sollen, um eine aus Sicht der Gemeinde möglichst wirtschaftliche Erschließung zu gewährleisten[62], ließe sich hier ein weiterer Anknüpfungspunkt für Erschließungskonzepte mit dezentralen Elementen finden, sofern die Wirtschaftlichkeit der Erschließung gerade durch eine solche Konzeption gesichert wird. Im Übrigen ermöglicht § 124 BauGB, im Rahmen eines Erschließungsvertrages privaten Dritten die Erschließung zu übertragen. Durch diesen öffentlich-rechtlichen Vertrag entfällt die gemeindliche Erschließungslast gem. § 123 Abs. 1 BauGB jedoch nicht[63] – also keine Form der „materiellen Privatisierung". Durch den Einbezug Privater in die Durchführung der Erschließung – eine Form der „funktionalen Privatisierung" – trifft sie eine „Regimeentscheidung", indem sie sich gegen

---

[61] Ausgenommen werden jedoch – mit Blick auf Erschließungsanlagen zur Abwasserentsorgung – Kläranlagen, die allein der Beseitigung von Niederschlagswasser dienen, vgl. BVerwG, NVwZ 1987, 143.

[62] Rechtsansprüche Dritter gegenüber der Gemeinde auf eine möglichst kostengünstige Erschließung lassen sich daraus indes nicht herleiten, vgl. *Jaeger*, in: Spannowsky/Uetritz, BauGB, 2. Aufl. 2013, § 123 Rn. 16.

[63] Vgl. BVerwG, NJW 1976 S. 819; *Jaeger* (Fn. 62), § 124 Rn. 1.

die öffentlich-rechtliche Refinanzierung der Kosten für die Herstellung einer Erschließungsanlage durch Erhebung von Erschließungsbeiträgen nach den §§ 127 ff. BauGB entscheidet. Denn durch die Übertragung der Erschließung entfallen sowohl die Vorfinanzierung durch die Gemeinde als auch die Nachfinanzierung über die klassische Form der Erhebung von Beiträgen, da der Gemeinde kein Erschließungsaufwand entsteht. Als Vertragspartnerinnen und Vertragspartner der Gemeinde kommen neben privaten Unternehmen als Erschließungsträger auch die Eigentümerinnen und Eigentümer der zu erschließenden Grundstücke in Betracht. Folglich steht die kommunale Erschließungspflicht gem. § 123 Abs. 1 BauGB flexiblen wasserwirtschaftlichen Entsorgungskonzepten nicht entgegen; es bedarf jedoch einer Abstimmung der Konzepte.

X. Fazit und rechtspolitischer Ausblick

Das 2010 novellierte WHG und das 2013 novellierte SächsWG enthalten bereits verschiedene Anknüpfungspunkte für flexiblere kommunale Abwasserbeseitigungskonzepte, die es ermöglichen, umweltrechtskonform und zukunftsorientiert auf den anhaltenden Umweltwandel zu reagieren. Bemerkenswert – das SächsWG bezieht den demographischen Wandel bereits in die gewässerschützenden Regelungen ein und betont zudem die nur begrenzte finanzielle Belastbarkeit der Bevölkerung durch die Abwasserentsorgung.

Diese auf eine ökologisch-nachhaltige Abwasserentsorgung gerichteten wasserrechtlichen Vorgaben sind bei der Erfüllung der gemeindlichen Daseinsvorsorgeaufgabe „Abwasserentsorgung" im Rahmen des Kommunalrechts zu beachten. Im Verhältnis zwischen Bundes- und Landesrecht setzt sich letztlich eine bundesrechtskonforme Auslegung durch, es sei denn, die Landesgesetzgebung weicht im Rahmen ihrer neuen Abweichungskompetenzen (für das Wasserhaushaltsrecht, Art. 72, Art. 74 Abs. 1 Nr. 32 GG) von den bundesrechtlichen Regelungen ab. Dabei ist der EU-rechtliche Hintergrund der bundes- und landesrechtlichen Regelungen zu beachten, der letztlich immer zu einer EU-rechtskonformen Auslegung des nationalen Rechts zwingt.

Zur Etablierung flexibler kommunaler Entsorgungskonzepte, die angemessen auf ökologische und demographische Veränderungen reagieren können, aber auch zur Stärkung des eigenverantwortlichen Engagements der Einwohnerinnen und Einwohner, bedarf es zudem einer Anpassung der satzungsrechtlichen Regelungen über den Anschluss- und Benutzungszwang. Erforderlich wird eine Erweiterung der Befreiungsmöglichkeiten, die auch vollständige Befreiungen aus Gründen des Umwelt- und Ressourcenschutzes unter Berücksichtigung des demographischen Wandels ermöglichen („ökologisch-nachhaltige Abwasserentsorgung").

Zielführend erscheinen auch klarstellende landesgesetzliche Regelungen in den Gemeindeordnungen,[64] z. B. in Form einer Ergänzung des § 14 Abs. 1 SächsGemO. Möglich wäre eine Regelung, wonach ein „öffentliches Bedürfnis“ i.S.v. § 14 Abs. 1 SächsGemO dann „nicht besteht, wenn Belange des Umwelt- und Ressourcenschutzes entgegenstehen“. Zudem könnte eine daran anknüpfende Regelung ergänzen, „dass Ausnahmen vom Anschluss- und Benutzungszwang insbesondere aus Gründen des Umwelt- und Ressourcenschutzes zulässig sind“.

Darüber hinaus ließe sich zur Stärkung der demokratischen Partizipation der Gemeindebevölkerung an landesgesetzliche Regelungen denken, die es Einzelnen ermöglichen, ökologisch-nachhaltige Entsorgungskonzepte gegenüber der Gemeindeverwaltung anzustoßen und einzufordern („water governance“); auch die Regelung eines Anspruchs auf (Teil-)Befreiung vom Anschluss- und Benutzungszwang aus Gründen des Umwelt- und Ressourcenschutzes erscheint bedenkenswert.

[64] Hervorzuheben ist die Formulierung in § 14 Abs 1 SächsGemO, „insbesondere dem Umweltschutz dienende Einrichtungen“.

Das 7. Umweltaktionsprogramm – ein Interimsprogramm[1]

Von *Christian Hey*

„Für einen überzeugten Europäer“

I. Einleitung

„Gut leben, innerhalb der Belastbarkeitsgrenzen unseres Planeten“ heißt das anspruchsvolle Leitmotiv eines allgemeinen Umweltprogramms der EU für die Zeit bis 2020.[2] Mit einem faktischen Zeithorizont von 6–7 Jahren nach Entscheidung von Rat und Parlament wird es für sein weitreichendes Leitmotiv eine erstaunlich kurze Laufzeit haben. In der Tat ist das Umweltprogramm primär eine Gesamtschau der an anderer Stelle beschlossenen Vorschläge, Programme und Strategien. Der erwartete Impuls für eine Wiederaufwertung der europäischen Umweltpolitik wird von diesem Umweltprogramm eher nicht ausgehen, auch wenn es eine sehr anspruchsvolle Langfristvision enthält und den Anstoß für viele, auch ambitionierte Vorhaben geben könnte. Der folgende Beitrag versucht aus politikwissenschaftlicher Perspektive zu erklären, warum das 7. Umweltaktionsprogramm hinter dem Potential von Umweltaktionsprogrammen zurückfällt. Hierbei entwickelt der Beitrag eine im Umweltgutachten 2012 des Sachverständigenrates für Umweltfragen angelegte Argumentation weiter.

II. Funktionen eines Umweltaktionsprogramms

Die Umweltaktionsprogramme (UAP) der EU haben nach Art. 192 AEUV eine generelle Orientierungsfunktion, indem sie die allgemeinen Ziele und Grundlinien

[1] Bei Miriam Dross, SRU möchte ich mich herzlich für die kritische Durchsicht des Textes und Übertragung der Zitate in das Format dieses Buches bedanken, bei Dr. Axel Volkery (ehem. IEEP, nun: Europäische Kommission) für viele grundlegende Anmerkungen an einem frühen Manuskript. Für den Inhalt ist ausschließlich der Autor verantwortlich.

[2] Beschluss Nr. 1386/2013/EU des Europäischen Parlaments und des Rates vom 20. November 2013 über ein allgemeines Umweltaktionsprogramm der Union für die Zeit bis 2020 „Gut leben innerhalb der Belastbarkeitsgrenzen unseres Planeten“, Abl. L354/171 v. 28.12. 2013.

der Umweltpolitik abstecken.[3] Während frühere Umweltaktionsprogramme alle fünf Jahre neu aufgelegt wurden, hatten das 5. und das 6. UAP jeweils eine Laufzeit von zehn Jahren (zuletzt: 2002 bis 2012). Umweltaktionsprogramme formulierten bereits in der Vergangenheit den grundlegenden umweltpolitischen Ansatz ihrer jeweiligen Periode[4] und boten Gelegenheit für eine bilanzierende Gesamtschau bisheriger Erfolge und Misserfolge.[5] Auch wenn ihre unmittelbare Steuerungskraft zum Teil skeptisch eingeschätzt wird,[6] haben seit dem Amsterdamer Vertrag UAP im Vergleich zu einfachen Kommissionsmitteilungen eine deutlich höhere Legitimität. Sie werden wie im ordentlichen Gesetzgebungsverfahren durch das Europäische Parlament und den Rat beschlossen[7] und können damit auch zu einer verbreiterten Identifikation in den Mitgliedsstaaten beitragen.[8]

Grundsätzlich kann ein Umweltaktionsprogramm die folgenden Funktionen erfüllen:[9]

– Die umweltpolitische Orientierungsfunktion: Es kann einen übergeordneten Begründungsrahmen für verschiedene umweltpolitische Initiativen und Strategien liefern und damit zu deren Kohärenz beitragen, die Kommunikation und Vermittlung einzelner Ziele und Maßnahmen erleichtern und übergeordnete Ziele, wie sie in der europäischen Nachhaltigkeitsstrategie formuliert worden sind, durch instrumentelle Vorschläge konkretisieren.

---

[3] *Calliess*, in: Calliess/Ruffert, EUV/AEUV, 4. Aufl. 2011, Art. 192 AEUV, Rn. 33; *Knill*, Europäische Umweltpolitik, 2003, 48 f.

[4] *Hey*, EU environmental policies: A short history of the policy strategies, in: EEB (Hrsg.), EU environmental policy handbook, 2005, 17; *Homeyer*, The Evolution of EU Environmental Governance, in: Scott (Hrsg.), Environmental Protection, 2009, 1.

[5] *Europäische Kommission*, Sechstes Umweltaktionsprogramm der Europäischen Gemeinschaft, Abschliessende Bewertung, KOM(2011) 531 endg.

[6] *Homeyer*, Emerging Experimentalism in EU Environmental Governance, in: Sabel et al. (Hrsg.), Experimentalist Governance in the EU: Towards a New Architecture?, 2010, 121; *Homeyer/Withana*, Final Report for the Assessment of the 6th Environment Action Programme, 2011, DG ENV.1/SER/2009/0044.

[7] Vgl. auch *Calliess*, in: Calliess/Ruffert, EUV/AEUV, 4. Aufl. 2011, Art. 192 AEUV, Rn. 34.

[8] *Europäische Kommission*, Sechstes Umweltaktionsprogramm der Europäischen Gemeinschaft, Abschließende Bewertung, KOM(2011) 531 endg.; *Rat der Europäischen Union*, Assessment of the sixth community enviornment action programme and the way forward: Towards a 7th EU environment action programme. Council Conclusions, 3118th Environment Council Meeting, 10 October 2011.

[9] Vgl. auch *Rat der Europäischen Union*, Improving environmental policy instruments, Council Conclusions. 3061st Environment Council meeting. Brussels, 20 December 2010; *Rat der Europäischen Union*, Assessment of the sixth community enviornment action programme and the way forward: Towards a 7th EU environment action programme. Council Conclusions. 3118th Environment Council Meeting, Luxembourg, 10 October 2011; *Europäische Kommission*, Sechstes Umweltaktionsprogramm der Europäischen Gemeinschaft, Abschließende Bewertung, KOM(2011) 531 endg.; *Homeyer/Withana*, Final Report for the Assessment of the 6th Environment Action Programme, 2011, DG ENV.1/SER/2009/0044, S. X und 21.

- Der Beitrag zur Umweltpolitikintegration in andere Sektoren: Umweltpolitische Erfordernisse entsprechend den Vorgaben von Art. 11 AEUV müssen frühzeitig in die Strategie- und Programmentwicklung anderer Politiken integriert werden.[10] Prioritär gehören hierzu solche Politikbereiche mit besonderes großem Umweltentlastungspotential, insbesondere die Energie-, Verkehrs- und Agrarpolitik.[11] Die Umweltpolitik kann schwerlich die Aufgaben dieser anderen Ressorts übernehmen, aber sie kann eindeutig den umweltpolitisch erforderlichen Handlungsbedarf in Form von Handlungszielen definieren und für die bessere Institutionalisierung der Querschnittsaufgabe Umweltpolitik sorgen.[12]
- Die Sicherung der Kohärenz einzelner umweltpolitischer Maßnahmen: Als weiteres prioritäres Handlungsfeld kommt die Lösung von Zielkonflikten innerhalb der Umweltpolitik selbst und insbesondere auch die Vermeidung von Problemverlagerungen hinzu. Dieses Problem ist mit den verfehlten Ausbauprogrammen für Agrokraftstoffe[13] oder mit den erneuerbaren Energien insgesamt[14] deutlich in das Blickfeld der Umweltpolitik gerückt, lässt sich aber durchaus als ein zentrales Dauerproblem der Umweltpolitik insgesamt identifizieren.[15] Durch Schwerpunktsetzungen, prioritäre Zielvorgaben und Verfahren der Abwägung lassen sich hier Zielkonflikte identifizieren, bei Bedarf entscheiden oder abmildern.
- Impulse für die nationale Umweltpolitik: Die europäische Umweltpolitik hat mittlerweile weitgehend auch die Agenda-Setting Rolle für die Mitgliedsstaaten übernommen. Konnte man in den 1980er und 1990er Jahren noch von einem regulativen Wettbewerb ausgehen,[16] durch den wesentliche Impulse der europäischen Umweltpolitik aus sogenannten Vorreiterländern stammten, die ein wesentliches Interesse an einer Europäisierung ihrer Innovationen formulierten, so sind diese

---

[10] *Calliess*, in: Calliess/Ruffert, EUV/AEUV, 4. Aufl. 2011, Art. 11 AEUV, Rn. 6; *Käller*, in: Schwarze (Hrsg.), EU-Kommentar. 2. Aufl. 2009, Artikel 6 EGV, Rn. 13.

[11] *Lenschow* (Hrsg.), Environmental policy integration, Greening sectoral policies in Europe, 2002; *Jordan/Lenschow*, Innovation in environmental policy? Integrating the environment for sustainability, 2008; *Kraack et al.*, Umweltintegration in der Europäischen Union, Das umweltpolitische Profil der EU im Politikfeldvergleich, 2001.

[12] *Hey et al.*, Neue umweltpolitische Steuerungskonzepte in der Europäischen Union. ZfU 2005, 1; *Hertin/Berkhout*, Environmental Policy Integration for Sustainable Technologies: Rationale and Practical Experiences at EU Level, in: Lyall/Tait (Hrsg.):, New Modes of Governance, Developing an Integrated Policy Approach to Science, Technology, Risk and the Environment, 2005, 139; *Jänicke*, „Umweltstaat" – eine neue Basisfunktion des Regierens, in: Jacob et al. (Hrsg.), Politik und Umwelt, 342; *Jordan/Lenschow*, Innovation in environmental policy? Integrating the environment for sustainability, 2008.

[13] *SRU*, Klimaschutz durch Biomasse, 2007.

[14] *SRU*, Wege zur 100 % erneuerbaren Stromversorgung, 2011.

[15] *Epiney*, NuR 2006, 403.

[16] *Héritier*, New Modes of Governance in Europe: Policy-Making without Legislating?, in: ders. (Hrsg.), Common Goods, 2002, 185; *Héritier et al.*, Die Veränderung von Staatlichkeit in Europa. Ein regulativer Wettbewerb: Deutschland, Großbritannien und Frankreich in der Europäischen Union, 1994; *Andersen/Liefferink*, European Environmental Policy, The Pioneers, 1997; *Knill et al.*, Really a front-runner, really a straggler? Energy Policy 2012, 36.

Impulse in der letzten Dekade zunehmend von der europäischen Kommission selbst ausgegangen.

- Beitrag zur umweltpolitischen Schwerpunktsetzung: Die internationale Umweltdiskussion befasst sich in letzter Zeit intensiver mit ökologischen Belastungsgrenzen für verschiedene natürliche Erdsysteme, deren Überschreiten zu einem krisenhaften Umkippen natürlicher Gleichgewichte oder schleichenden, irreversiblen ökosystemaren Funktionsstörungen führen kann.[17] Von besonderer Bedeutung ist ein vorsorglich zu bestimmender Sicherheitsabstand vor solchen unerwünschten Effekten. Viele globale Systeme stehen mittlerweile in engen Wechselbeziehungen zueinander, so Klimawandel, Landnutzungskonflikte, Wasser und Ressourcenknappheit.[18] Der Klimawandel ist in diesem Zusammenhang das bekannteste, aber nicht das einzige Phänomen solcher anthropogenen globalen Grenzüberschreitungen. Der sich dramatisch beschleunigende, jenseits natürlicher Veränderungsraten voranschreitende Verlust an biologischer Vielfalt ist das zweite große Thema. Damit verkoppelt sind die großen Treiber – die Überfrachtung mit Nährstoffen, die Landnutzungsänderungen, die Wasserknappheit und auch der Klimawandel. Insgesamt wurden neun Erdsysteme identifiziert, die durch menschliche Einwirkung bereits in ihrer Funktionsfähigkeit gravierend gestört sind oder aber unmittelbar gefährdet sind.[19] Das 7. UAP könnte im Rahmen einer umweltpolitischen Schwerpunktsetzung die politische Aufmerksamkeit auf die Bewältigung dieser Umweltthemen legen.
- Der potentielle Beitrag zur politischen Sichtbarkeit und zur symbolischen Aufwertung der europäischen Umweltpolitik: Ein UAP erfährt dank der gemeinsamen Annahme durch Rat und Parlament eine deutlich höhere Legitimität als eine reine Kommissionsmitteilung. Als das zentrale Referenzdokument der europäischen und auch nationalen Umweltpolitik kann es die Bedeutung der Umweltpolitik insgesamt für übergeordnete Handlungsziele der EU und der Mitgliedsstaaten vermitteln und damit auch einen angemessenen Stellenwert unter den großen Themen beanspruchen.
- Nicht zuletzt ist das Fehlen vergleichbarer Umweltstrategien in vielen Mitgliedstaaten, so auch in Deutschland ein wichtiges Argument für ein 7. UAP als allgemeinem Orientierungsrahmen. Damit diese Funktionen auch erfüllt werden, ist es aber notwendig, dem Programm ein klares Profil mit einem übergeordneten Ansatz zu geben und erkennbare Schwerpunkte zu setzen.[20]

[17] *Rockström et al.*, A safe operating space for humanity, Nature 2009, 472.

[18] *Andrews-Speed et al.*, The Global Resource Nexus, 2012.

[19] *Rockström et al.*, A safe operating space for humanity, Nature 2009, 472.

[20] *Volkery et al.*, Towards a 7th Environment Action Programme: Potential Options and Priorities, Policy Paper for IEEP, 2011.

Programmatisch hat der Umweltministerrat bereits im Dezember 2010 Anforderungen und Erwartungen an ein 7. UAP formuliert,[21] die diesen Funktionen zum großen Teil gerecht werden:

- eine ehrgeizige Vision für die Umweltpolitik bis 2050 mit Prioritäten und realistischen Zielen für 2020: Ziele auch über 2020 hinaus spielen eine wichtige Rolle für die Orientierungs-, Integrations- und Aufwertungsfunktionen sowie für die Schwerpunktbildung,
- die Verbesserung der Kohärenz, der Komplementarität und der Synergien mit anderen EU-Strategien und die bessere Integration der Umweltdimension in andere Gemeinschaftspolitiken,
- die Berücksichtigung der globalen Umweltauswirkungen, die von ökonomischem und politischem Handeln in der EU ausgehen und
- Anreize zu einer absoluten Entkopplung von Wirtschaftswachstum und Umweltschädigung: diese Ansätze verorten den strategischen Stellenwert der Umweltpolitik im Konzert der anderen europäischen Politiken.

Der SRU hat in seinem Umweltgutachten 2012 hervorgehoben, dass sich das 7. Umweltaktionsprogramm insbesondere auf die Einhaltung ökologischer Grenzen ausrichten sollte.[22] An ökologischen Grenzen orientierte Umweltstrategien sollten ein umfassendes Set ökologischer Leitplanken für die Inanspruchnahme natürlicher Ressourcen und Senken festlegen und diese dynamisch fortschreiben. Bei der Zielformulierung sind nicht nur nationale Schutzgüter, sondern prioritär auch globale Gemeinschaftsgüter und deren faire Inanspruchnahme durch Deutschland und die EU zu berücksichtigen. Die Zielvorgaben sollten sowohl auf die Vermeidung kritischer Umkipp- und Schwellenwerte ausgerichtet sein als auch technisch-ökonomische Vermeidungskapazitäten und deren Kosten auf den verschiedenen Wirkungsebenen der Umweltpolitik berücksichtigen. Dies erfordert einen breiten und wissensintensiven Vorbereitungsprozess.[23]

In Kontinuität zu früheren Gutachten seit 1994 hat er zudem die Bedeutung von Umweltaktionsprogrammen für die Entwicklung einer zielorientierten Umweltpolitik hervorgehoben. Eine zielorientierte Umweltpolitik setzt bei wichtigen Schutzgütern an und versucht gleichermaßen an ökologischen Belastungsgrenzen, Vorsorgewerten zum Erhalt der menschlichen Gesundheit oder dem Funktionserhalt wichtiger Ökosysteme und an ökonomisch-technische Handlungskapazitäten ausgerichtete Umweltqualitäts- und Umwelthandlungsziele für einen gesetzten Zeitraum zu formulieren.

---

[21] *Rat der Europäischen Union*, Improving environmental policy instruments, Council Conclusions. 3061st Environment Council meeting. Brussels, 20 December 2010.

[22] *SRU*, Umweltgutachten 2012, Verantwortung in einer begrenzten Welt, 356 f.

[23] *SRU*, Umweltgutachten 2012, Verantwortung in einer begrenzten Welt, 356 f.

Solchen im Vorfeld der Erarbeitung formulierten Ansprüchen wird das 7. Umweltaktionsprogramm bestenfalls in Ansätzen gerecht.

III. Das 7. Umweltaktionsprogramm

Der Titel des 7. Umweltaktionsprogrammes spielt auf die oben skizzierte wissenschaftliche Debatte um die ökologischen Grenzen an.[24] So entwickelt es insbesondere eine Vision für 2050, in der eine „innovative Kreislaufwirtschaft, bei der nichts vergeudet wird und natürliche Ressourcen nachhaltig bewirtschaftet werden“ und in der „unser CO_2 armes Wirtschaftswachstum längst von der Ressourcennutzung abgekoppelt ist“, als „Schrittmacher für eine sichere und nachhaltige globale Gesellschaft“ angestrebt wird.[25] Wie eine solche Vision für ein gutes Leben innerhalb der sicheren Belastungsgrenzen des Planeten aber erreicht werden kann, wird allerdings nur angedeutet, nicht aber durch den Nachweis eines Handlungsprogramms angemessen unterlegt. Das 7. Umweltaktionsprogramm ist bis zum Juni 2013 relativ geräuschlos zwischen Rat und Europäischem Parlament verhandelt und teilweise nachgebessert worden. Eine politische Einigung im Trialog fand im Juni 2013 statt, die offizielle Annahme erfolgte am 20. November 2013.

Das 7. Umweltaktionsprogramm formuliert insgesamt neun Schwerpunkte, davon drei prioritäre Themenfelder (Erhalt des Naturkapitals, ressourceneffiziente und klimaschonende Ökonomie, Gesundheit und Lebensqualität), vier horizontale, eher instrumentell ausgerichtete Handlungsfelder (Vollzug, Verbesserung der Wissensbasis, Umweltinvestitionen und Umweltpolitikintegration) und zwei, die sich mit der Mehreebenenproblematik von Umweltpolitik befassen, einerseits mit der globalen Verantwortung der EU andererseits mit der zentralen Rolle der kommunalen Handlungsebene. Durch die thematische Bündelung erfolgt zwar eine Schwerpunktsetzung, insgesamt deckt es aber die Handlungsfelder der europäischen Umweltpolitik umfassend ab.[26]

Das Programm erwähnt im Wesentlichen Eckpunkte und Ziele des vorhandenen europäischen Umweltrechts, die wichtigsten laufenden umweltrelevanten Reformvorhaben (z. B. Reform der gemeinsamen Agrar- und Fischereipolitik)[27] und die einschlägigen Strategiedokumente der Europäischen Kommission, so insbesondere die Fahrpläne für eine klimaschonende Ökonomie,[28] für Ressourceneffizenz[29] oder die

---

[24] Abl. 354/176.

[25] Abl. 354/176, Tz. 1.

[26] *Hoffmann*, NVwZ 2013, 534; *Wimmers*, UPR 2013, 286.

[27] *SRU*, Fischbestände nachhaltig bewirtschaften, Zur Reform der Gemeinsamen Fischereipolitik, 2011; *SRU*, Die Reform der europäischen Agrarpolitik: Chancen für eine Neuausrichtung nutzen, 2013.

[28] *Europäische Kommission*, Fahrplan für den Übergang zu einer wettbewerbsfähigen CO_2-armen Wirtschaft bis 2050, KOM(2011) 112 endg.

Biodiversitätsstrategie,[30] die alle im Kontext der Europa 2020-Strategie für ein inklusives, intelligentes und nachhaltiges Wachstum in Europa entstanden sind.[31] Neue Ziele werden dabei nicht vorgeschlagen. Für wichtige Bereiche regt das Umweltaktionsprogramm aber einen Zielbildungsprozess für 2030 an, so insbesondere für den Klimaschutz[32], die Ressourceneeffizienz[33], die Luftreinhaltung, die Nährstoffproblematik, die effiziente Wasserentnahme oder die Flächenschonung und den Bodenschutz[34]. Hieraus kann die Europäische Kommission ein Mandat für die Erarbeitung eines ehrgeizigen Zielsystems für 2030, d. h. möglicherweise für die Laufzeit eines nächsten Umweltaktionsprogrammes, ableiten. Zu bedenken ist hierbei aber, dass auch schon das letzte Umweltaktionsprogramm im Kontext der thematischen Strategien Zielbildungsprozesse vorgesehen hatte, die nicht flächendeckend erfolgreich waren.[35]

Die wissenschaftlichen Grundlagen für diesen Zielbildungsprozess können auch im Rahmen des horizontalen Schwerpunktbereichs Verbesserung der Wissensgrundlage weiterentwickelt werden. Ein zentraler im Umweltaktionsprogramm explizit erwähnter Forschungsbereich ist die Ermittlung von ökologischen Grenzen, Umkippeffekten und der synergistischen Wirkung komplexer planetarer Umweltprobleme.[36]

Das UAP enthält eine umfassende, in einer eher ausgewogenen Tonlage verfasste Bestandsaufnahme der ungelösten Umweltprobleme und betont die unbefriedigende Zielerreichung verschiedener existierender Rechtswerke. Es finden sich aber auch einige neue Themenfelder oder Instrumente. Als Erfolg des 7. Umweltaktionsprogramms wird insbesondere der Neuanfang für einen europäischen Ansatz im Bereich des Bodenschutzes gewertet.[37] Nachdem Deutschland mehrfach eine Blockademin-

---

[29] *Europäische Kommission*, Fahrplan für ein ressourcenschonendes Europa. KOM(2011) 571 endg.

[30] *Europäische Kommission*, Lebensversicherung und Naturkaptial: Eine Biodiversitätsstrategie der EU für das Jahr 2020. KOM(2011) 244 endg.

[31] *Europäische Kommission*, Europa 2020. Eine Strategie für intelligentes, nachhaltiges und integratives Wachstum. KOM(2010) 2020 endg.

[32] Beschluss Nr. 1386/2013/EU des Europäischen Parlaments und des Rates vom 20. November 2013 über ein allgemeinesUmweltaktionsprogramm der Union für die Zeit bis 2020 „Gut leben innerhalb der Belastbarkeitsgrenzen unseres Planeten", Abl. L354/171 v. 28.12. 2013, Tz. 43.

[33] Ebd., Tz. 43.

[34] Ebd., Tz. 28.

[35] Vgl. *Homeyer/Withana*, Final Report for the Assessment of the 6th Environment Action Programme, 2011, DG ENV.1/SER/2009/0044.

[36] Vgl. Beschluss Nr. 1386/2013/EU des Europäischen Parlaments und des Rates vom 20. November 2013 über ein allgemeines Umweltaktionsprogramm der Union für die Zeit bis 2020 „Gut leben innerhalb der Belastbarkeitsgrenzen unseres Planeten", Abl. L354/171 v. 28.12.2013, Tz. 71.

[37] *SRU*, Umweltgutachten 2008, 284; *Hey/Baron*, Bodenschutz aus politikwissenschaftlicher Perspektive, in: Brückmann/Lee (Hrsg.): Europäischer Bodenschutz. Schlüsselfragen des nachhaltigen Bodenschutzes, 2010, 275; *DNR*, Pressemeldung, 7. Umweltaktionsprogramm

derheit gegen eine europäische Bodenschutzrahmenrichtlinie aktiv mit organisiert hatte, sind nunmehr mehrere Mitgliedsstaaten aus dieser Koalition ausgebrochen und haben einem neuen Anlauf zugestimmt. Auch die Nährstoffproblematik, die neben dem Klimaschutz und dem Verlust der biologischen Vielfalt als das dritte große Thema gilt, bei dem bereits die Überschreitung globaler ökologischer Tragfähigkeitsgrenzen diagnostiziert wird[38] und die als einer der persistent ungelösten Umweltprobleme gewertet werden muss, findet prominent Erwähnung und eine deutliche Akzentuierung. Schließlich finden sich auch Referenzen für eine gezielte Regulierung von Nanomaterialien, die nur teilweise im Netz der geltenden Chemikalienregulierung erfasst werden.[39]

In ihrer Kommunikation zum Umweltprogramm hebt die europäische Kommission immer wieder die Bedeutung des Vollzugs des vorhandenen umfassenden Umweltrechts hervor. Die Konsolidierung des Aquis ist damit die „oberste Priorität"[40]. Im Zentrum der Maßnahmen steht ein verbessertes Berichtswesen über den Vollzug und die erreichte Umweltverbesserung, die Weiterentwicklung der Verbandsklage als wichtigem indirektem Vollzugsinstrument, die Stärkung der Qualitätsanforderungen an die Inspektion und Überwachung und ein bürgerfreundlicheres Beschwerdeverfahren. Die Europäische Kommission greift hier die programmatischen Aussagen einer Mitteilung zum besseren Vollzug aus dem Jahre 2012 auf.[41] Hinsichtlich der Verbandsklage plante die Europäische Kommission ursprünglich einen Vorschlag von 2003 wieder zu beleben, der den Geltungsbereich der Richtlinie erheblich über die UVP-Richtlinie und die IED-Richtlinie auf die gesamte Umweltpolitik hinaus erweitert. Das 7. Umweltaktionsprogramm fordert in etwas allgemeinerer Form die Konsistenz mit der Aarhus Konvention und den Entscheidungen des europäischen Gerichtshofes.[42] Dies könnte und sollte so ausgelegt werden, dass Umweltverbände auch ohne Geltendmachung individueller Rechte die Einhaltung umweltrechtlicher Vorschriften einklagen können und der Geltungsbereich der Verbandsklage

kommt mit Bodenschutz und Klimazielen, 20. 6. 2013, http://www.eu-koordination.de/umwelt news/news/politik-recht/2161 – 7-umweltaktionsprogramm-kommt-mit-bodenschutz-und-klima zielen (13. 03. 2014).

[38] *Rockström et al.*, A safe operating space for humanity, Nature 2009, 472; *Sutton et al.*, The European Nitrogen Assessment. Sources, Effects and Policy Perspectives, 2011.

[39] Dazu *SRU*, Vorsorgestrategien für Nanomaterialien, 2011; *Calliess/Stockhaus*, Regulierung von Nanomaterialien – reicht REACH? DVBl 2011, 921.

[40] Beschluss Nr. 1386/2013/EU des Europäischen Parlaments und des Rates vom 20. November 2013 über ein allgemeines Umweltaktionsprogramm der Union für die Zeit bis 2020 „Gut leben innerhalb der Belastbarkeitsgrenzen unseres Planeten", Abl. L354/171 v. 28. 12. 2013, Tz. 57.

[41] *Europäische Kommission*, Konkretere Vorteile aus den Umweltmaßnahmen der EU: Schaffung von Vertrauen durch mehr Information und größere Reaktionsbereitschaft der Behörden. COM(2012) 95 final.

[42] Beschluss Nr. 1386/2013/EU des Europäischen Parlaments und des Rates vom 20. November 2013 über ein allgemeines Umweltaktionsprogramm der Union für die Zeit bis 2020 „Gut leben innerhalb der Belastbarkeitsgrenzen unseres Planeten", Abl. L354/171 v. 28. 12. 2013, Tz. 62 und 65.

wesentlich erweitert wird.[43] Hinsichtlich der Inspektionen geht es um die Erweiterung der Kompetenzen der Europäischen Kommission bei der Überwachung der Praxis der Mitgliedsstaaten, die Erweiterung des Geltungsbereichs über die Anlagengenehmigung hinaus und um die Rechtsverbindlichkeit der Vorschriften.[44] In der letzten Dekade ist eine Verbesserung und Nachschärfung dieser beiden Vollzugshilfsinstrumente am Widerstand der Mitgliedsstaaten gescheitert.[45] Insoweit kommt diesem Anlauf eine besondere Rolle für die Stärkung des geltenden EU-Umweltrechts zu.

Im Schwerpunktbereich Investitionen für Umwelt und Klimaschutz akzentuiert das 7. Umweltaktionsprogramm insbesondere das bereits im Fahrplan zur Ressourceneffizienz formulierte Ziel umweltschädliche Subventionen schrittweise abzuschaffen und einen entsprechenden Fahrplan zu entwickeln, sowie ein allgemeines Bekenntnis zu einer ökologischen Steuerreform, die die Steuerbasis von direkten einkommensbezogenen auf umweltbezogene Elemente verschiebt. Auch dieses potentiell sehr weitreichende Grundsatzbekenntnis zu einer stärker marktwirtschaftlich ausgerichteten Umweltpolitik steht noch weit vor einer erkennbaren, die institutionellen Restriktionen der EU in der Fiskalpolitik berücksichtigenden, und damit auch politisch überzeugenden Handlungsstrategie.

Insgesamt konnten das Europäische Parlament und der Rat in einem vage und unverbindlich formulierten Programmentwurf wichtige Nachbesserungen durchzusetzen. Die Wortwahl zum Anspruchsniveau der verschiedenen Ziele und Zielentwicklungsprozesse für die Zeit nach 2020 sind zum Teil verbindlicher und präziser geworden. Mit dem Bodenschutz ist auch ein neues umweltpolitisches Handlungsfeld prominent identifiziert worden. Mit der Akzentuierung der Nährstoffproblematik erfährt auch ein persistentes Umweltproblem, das in Jahrzehnten europäischer Umweltpolitik noch nicht befriedigend gelöst wurde, eine Aufwertung. Hoffnungen bestehen auch für eine Nachbesserung der Chemikalienregulierung im Hinblick auf Nanomaterialien. Die Europäische Kommission hat damit ein Mandat wichtige offene Flanken des bestehenden europäischen Umweltrechts nachzubessern und ein anspruchsvolleres Programm für die Dekade nach 2020 vorzubereiten.

In diesem Sinne ist es durchaus angebracht, das 7. Umweltaktionsprogramm als ein Übergangsprogramm zu bezeichnen. In der kurzen Laufzeit sind kaum direkte neue Impulse für die Umweltpolitik zu erwarten, die nicht bereits in anderen Programmen und Strategien angelegt worden sind.

---

[43] Vgl. dazu schon: *Koch*, NVwZ 2007, 369.

[44] *Mudgal et al.*, Study on possible options for strengthening the EU level role in environmental inspections and strengthening the Commisions's capacity to undertake effective investigations of alleged breaches in EU environment law, 2013.

[45] *Schenderlein*, Rechtsschutz und Partizipation im Umweltrecht. Europa- und völkerrechtliche Bürgerfreundlichkeit versus nationale Verfahrensbeschleunigung – insbesondere zur Aarhus-Konvention, 2013.

IV. Handlungsbedingungen der europäischen Umweltpolitik

Zu Beginn der zweiten Dekade des 21. Jahrhunderts steht die europäische Umweltpolitik vor außerordentlich schwierigen Handlungsbedingungen. Ein Programm, das substantiell über die Konsolidierung und inkrementelle Nachbesserungen des Acquis hinausreicht, stößt damit auf Akzeptanzschwierigkeiten in den Mitgliedsstaaten, im Europäischen Parlament und sogar in der Europäischen Kommission selbst. Man kann hier externe, primär ökonomische, eher institutionelle und auch immanente, im Entwicklungsstand der europäischen Umweltpolitik selbst liegende Ursachen identifizieren.

V. Ökonomische Rahmenbedingungen

Die seit Mitte 2008 in unterschiedlichen Erscheinungsformen schwelende Wirtschafts- und Finanzkrise hat die europäischen Staaten in ganz unterschiedlicher Weise getroffen. Alle Länder beteiligten sich in den Folgejahren an einer koordinierten schuldenbasierten staatlichen Konjunkturpolitik, einige Länder haben aufwendige Bankenrettungsaktionen vorgenommen, die letztlich private Risiken aufgefangen haben. Damit fand ein Umschlag einer primär durch private Überschuldung und starke weltwirtschaftliche Ungleichgewichte ausgelösten Finanzmarkt- und Konjunkturkrise in eine Staatsschuldenkrise statt.

Deutschland konnte die Krise dank einiger Besonderheiten relativ gut bewältigen. Dies wird vor allem auf die deutlich gestärkte Wettbewerbsposition der deutschen Wirtschaft, dank tiefgreifender Sozialreformen und einer zurückhaltenden Lohnpolitik in dem Jahrzehnt vor der Wirtschaftskrise, auf die Spezialisierung deutscher Industrieprodukte auf den Bedarf der trotz Krise dynamisch wachsenden Schwellenländer und auf ein kluges Krisenmanagement (Kurzarbeitergeld) zurückgeführt.[46] Damit konnte Deutschland in den letzten Jahren besonders vom Euro profitieren, weil innerhalb und außerhalb der Eurozone die monetären Austauschrelationen nicht der starken deutschen Wettbewerbsposition entsprachen. In einem System flexibler Wechselkurse hätte die Aufwertung der D-Mark wieder zum Ausgleich der Handelsbilanz und zur Angleichung der Wettbewerbspositionen innerhalb der Länder der Eurozone geführt. Die einheitliche Währung versperrt diesen Mechanismus der Marktanpassung, nötigt die Euroländer zu Anpassungen hinsichtlich Produktionskosten oder Produktivität und trägt damit, zumindest solange die wirtschafts- und sozialpolitische Koordination schwach bleibt, zu einem intensivierten Standortwettbewerb bei.

---

[46] *Bofinger*, Zurück zur D-Mark. Deutschland braucht den Euro, 2013; *Scharpf*, Monetary Union, Fiscal Crisis and the Preemption of Democracy. MPIfG Discussion Paper 11/11, 2013; *Streeck*, Gekaufte Zeit, Die vertagte Krise des demokratischen Kapitalismus, 2013.

Spiegelbildlich hierzu hat sich eine tiefe Wirtschafts- und Finanzkrise in anderen Ländern, insbesondere in der Peripherie des Euroraumes entfaltet.[47] Sie haben zur realökonomischen Stabilisierung und zur Bankenrettung Kredite aufgenommen, ohne dass die Neuverschuldung das Wachstum signifikant wiederbelebt hätte. Hohe Schulden bei sinkender Zahlungs- und Wettbewerbsfähigkeit haben das Vertrauen internationaler Kreditgeber so stark beeinträchtigt, dass die Zinssätze zur Refinanzierung der Staatsschulden zeitweilig so in die Höhe geschossen sind, dass tatsächlich die Zahlungsfähigkeit der betroffenen Länder gefährdet war. Zudem leiden diese Länder unter der überlegenen Wettbewerbsfähigkeit Deutschlands im Hochtechnologiesegment auf der einen und der verschärften Kostenkonkurrenz der aufstrebenden Schwellenländer auf der anderen Seite[48] und werden damit zu drastischen Anpassungsmaßnahmen genötigt. Das relativ kurzatmige Krisenmanagement der EU, das vor allem dem Leitmotiv einer Disziplinierung scheinbar exzessiver staatlicher Ausgabenpolitik folgt, enthält im Wesentlichen den Tausch einiger Solidaritätselemente (wie die Refinanzierung nationaler Verbindlichkeiten durch Gemeinschaftskredite und partielles Streichen von Verbindlichkeiten in Griechenland) gegen ein strenges, im Fiskalpakt verankertes Regime zur nationalen fiskalischen Haushaltskonsolidierung. Haushaltkonsolidierung wird dabei einseitig als Ausgabenkürzung, kaum als Einnahmeerhöhung durch systematische Steuererhebung und Erhöhung für die obersten Einkommens- und Vermögensgruppen verstanden.[49]

Dieses Regime hat wiederum in unterschiedlichem Ausmaß die realwirtschaftliche Krise in vielen Ländern verschärft, zu einer deutlichen Senkung der Staatsausgaben, einer drastischen Erhöhung der Arbeitslosigkeit, zu einem Funktionsverfall der Sozialsysteme und einer wirtschaftlichen Rezession geführt. Paradoxerweise kann unter solchen realökonomischen Bedingungen keine Haushaltskonsolidierung gelingen, die Rezession senkt die Steuereinnahmen und erhöht kompensatorische staatliche Ausgaben. Dieses Regime ist wesentlich von den wirtschafts- und finanzpolitischen Vorstellungen Deutschlands geprägt. Die zunehmende Außensteuerung der nationalen Wirtschafts- und Fiskalpolitiken führt zudem zu einer Erosion des Vertrauens in demokratische Institutionen, die keine effektiven Alternativen mehr jenseits des durch den europäischen Fiskalpakt umgesetzten Diktats der Finanzmärkte anbieten.[50] Rechtspopulismus oder resignative Wahlenthaltung sind die beobachtbaren Folgen.

Eine europäische Umweltpolitik, die entweder neue staatliche Vollzugsaufgaben und -ausgaben nach sich zieht[51] oder aber mit erhöhten Kosten für Industrie und letzt-

---

[47] *Monastiriotis* et al., Intereconomics 2013, 3; *Dullien*, Wirtschaftsdienst 2013, 354.

[48] Vgl. *Elsenhans*, Kapitalismus global, Aufstieg-Grenzen-Risiken, 2012, 201.

[49] Kritisch: *Streeck*, Gekaufte Zeit, Die vertagte Krise des demokratischen Kapitalismus, 2013, 106 f.

[50] *Streeck*, Gekaufte Zeit, Die vertagte Krise des demokratischen Kapitalismus, 2013; *Habermas*, Zur Verfassung Europas, 2011.

[51] *SRU*, Umweltverwaltungen und Reformdruck, 2007.

lich Verbraucher verbunden ist, stößt in dieser ökonomischen Notlage sehr schnell an Akzeptanzgrenzen. Auch wenn nachgewiesen werden kann, dass kluge Umweltpolitik in einem umfassenden und langfristigen Sinne mehr wirtschaftlichen Nutzen als Kosten hat,[52] haben solche Argumente in einer Situation akuten Notstandsmanagements relativ geringe politische und gesellschaftliche Resonanzchancen. In der Wirtschaftskrise wird Umweltpolitik wieder verstärkt als Kostenfaktor wahrgenommen, der die Wettbewerbsfähigkeit schädigt und nicht als Modernisierungs- und Innovationsmotor, der zudem sichert, dass Wachstum auch zu Wohlfahrtsgewinnen führt. Das erschwert die Durchsetzungsfähigkeit und erhöht den Begründungsaufwand der Umweltpolitik gegen andere Interessen erheblich. Es findet also in der Wirtschaftskrise faktisch eine Machtverlagerung weg von langfristorientierten Allgemeininteressen hin zu kurzfristigen Partikularinteressen statt. Insofern sind rein quantitative Analysen des gesetzgeberischen Outputs kein überzeugender Beleg dafür, dass es keinen direkten Zusammenhang zwischen Wirtschaftskrise und Umweltpolitik gebe.[53] Die Beobachtung der Debatten im Vorfeld des 7. Umweltaktionsprogramms, in denen diese aktuelle Wirtschaftssituation als bedeutende Handlungsrestriktion thematisiert wurde, legt eine andere Schlussfolgerung nahe. Das 7. Umweltaktionsprogramm hat folglich eine starke ökonomische Begründung und eine insgesamt defensive Ausrichtung. Es vertagt kostspielige Initiativen, hält aber zugleich die Debatte um den grundsätzlichen Handlungsbedarf wach.

Deutschland gehört zweifelsohne zu den wenigen europäischen Ländern, die sich wegen seiner sehr starken industriellen Wettbewerbsposition und seiner relativen Begünstigung durch den schwachen Euro neue umweltpolitische Impulse in der aktuellen Krisensituation wirtschaftspolitisch leisten könnten. Aktuell geschieht dies im Kontext der Energiewende. Mit der Förderung der erneuerbaren Energien entstehen, teilweise und abgepuffert auch für die deutsche Industrie, Kosten, die einerseits wesentlich dazu beigetragen haben, dass Wind- und Sonnenenergieanlagen durch Massenfertigung immer günstiger geworden sind,[54] andererseits aber wird damit auch ein gewisser, wenn auch sehr begrenzter Beitrag zur Wettbewerbsfähigkeitsangleichung geleistet. Dieser steht aber mit der sehr heftigen Debatte um die Kosten der Energiewende und verschiedenen Vorschlägen den Ausbau der erneuerbaren Energien faktisch einzufrieren aktuell zur Disposition.[55] Jenseits der Energiewende ist allerdings

---

[52] *Jänicke*, Megatrend Umweltinnovation. Zur ökologischen Modernisierung von Wirtschaft und Staat. 2. Aufl. 2012; *Jaeger et al.*, A New Growth Path for Europe. Generating Prosperity and Jobs in the Low-Carbon Economy, 2011; *Spencer et al.*, Green investments in a European Growth Package. IDDRI Working Paper 11/12, 2012; *Rifkin*, Die dritte industrielle Revolution. Die Zukunft der Wirtschaft nach dem Atomzeitalter, 2011.

[53] *Böcher/Töller*, Umweltpolitik in Deutschland. Eine politikfeldanalytische Einführung, 2012, 37.

[54] Vgl. *SRU*, Wege zur 100 % erneuerbaren Stromversorgung, 2011.

[55] *Acatech* (Hrsg.), Die Energiewende finanzierbar gestalten. Effiziente Ordnungspolitik für das Energiesystem der Zukunft, 2012; *Faulstich/Holm-Müller*, Wirtschaftsdienst 2013, 12; *Bertsch et al.*, Trendstudie Strom 2022. Belastungstest für die Energiewende, 2013. www.energiewende-richtig.de/download/file/fid/294 (21.03.2013).

von einer deutschen Vorreiterrolle in der europäischen Umweltpolitik wenig zu spüren. Seit der Debatte um das Umweltgesetzbuch gilt faktisch das 1:1 Prinzip, das einen Verzicht auf eine Vorreiter- und Impulsgeberrolle Deutschlands in der europäischen Umweltpolitik nahelegt.[56] Dies ist für die europäische Umweltpolitik schwerwiegend, da mit dem Wegfall nationaler Vorreiterpositionen die Funktion, umweltpolitische Impulse zu setzen, vorrangig auf die europäische Kommission zurückfällt, die ohne aktive ideelle und politische Unterstützung durch einzelne Vorreiterstaaten mit dieser Funktion überfordert ist. Wie Analysen zu den Erfolgsbedingungen der europäischen Umweltpolitik immer wieder belegt haben, sind wesentliche Fortschritte der europäischen Umweltpolitik dem Export guter Umweltpolitik aus einzelnen Mitgliedsstaaten zu verdanken.[57] Dieser Motor der europäischen Umweltpolitik ist allerdings in den letzten Jahren ins Stocken geraten.

VI. Institutionelle Faktoren

Von mindestens so großer Bedeutung für die Schwächen des 7. Umweltaktionsprogrammes sind aber institutionelle Gründe. Der Widerstand der Europäischen Kommission ein 7. Umweltaktionsprogramm vorzubereiten war im Vorfeld lange Zeit groß und musste erst durch massiven Druck von Rat und Parlament gebrochen werden. Innerhalb der Europäischen Kommission gab es zunächst Skepsis gegen ein bindendes Handlungsprogramm, das eines der wichtigsten institutionellen Privilegien der Europäischen Kommission, das Initiativmonopol, faktisch aushöhlen könnte. Rat und Parlament können im Entscheidungsverfahren Zusatzwünsche in das Programm einfügen und im Folgenden die Europäische Kommission mit Verweis auf das Umweltaktionsprogramm auch dann zu Vorschlägen auffordern, wenn die Europäische Kommission dies nicht als opportun betrachtet. Umgekehrt besteht gerade in der aktuellen Situation immer auch die Gefahr, dass Rat und Parlament weitreichende Ideen der Europäischen Kommission im Entscheidungsverfahren abschwächen. Wegen dieses möglichen Kontrollverlustes hat die Kommission ein Interesse daran, präzise und verbindliche neue Handlungsanforderungen im Programm soweit möglich zu vermeiden.

Zudem gab es durchaus begründete Zweifel an einem Mehrwert eines weiteren Umweltaktionsprogrammes angesichts der Tatsache, dass die Europäische Kommission im Zusammenhang mit der Europa 2020-Strategie verschiedene, zum Teil sehr weitreichende und ehrgeizige Strategiedokumente vorgelegt hat, die viele Themen und Handlungsfelder eines Umweltaktionsprogrammes schon vorwegnehmen. So kann man insbesondere mit der Europa 2020-Strategie einen Bedeutungsgewinn hin-

---

[56] Kritisch: *Koch*, Das Subsidiaritätsprinzip im europäischen Umweltrecht, 2004; *SRU*, Umweltgutachten 2004, 537 ff.

[57] *Héritier et al.*, Die Veränderung von Staatlichkeit in Europa. Ein regulativer Wettbewerb: Deutschland, Großbritannien und Frankreich in der Europäischen Union, 1994; *Andersen/Liefferink*, European Environmental Policy. The Pioneers, 1997; *Hey*, Die europäische Umweltpolitik im Europa der 25, in: Altner et al., (Hrsg.): Jahrbuch Ökologie 2005, 11.

sichtlich der Integration von Umweltaspekten in andere europäische Politiken, insbesondere die Energie-, Agrar-, Verkehrs- oder Fischereipolitik beobachten, die auch ohne Umweltaktionsprogramm schon weitereichende Veränderungen vorsahen.

Die Europa 2020-Strategie der Europäischen Kommission kann als das umfassende Referenzdokument ihrer Wirtschaftsstrategie bewertet werden.[58] Mit dem Anspruch, intelligent, inklusiv und nachhaltig zu sein, versucht sie allen Dimensionen der Nachhaltigkeit gerecht zu werden. Von herausragender institutioneller Bedeutung ist, dass dieses Referenzdokument auch zum zentralen internen Steuerungsmittel des Generalsekretariats der Kommission geworden ist: alle sozioökonomischen Initiativen der Europäischen Kommission mussten sich durch ihren Beitrag zur Europa 2020-Strategie legitimieren. Bereits in dieser Rahmenstrategie wurden zahlreiche umweltrelevante Strategien, so insbesondere der Fahrplan für eine klimaschonende Ökonomie bis 2050, der Ressourceneffizienzfahrplan und die erneuerte Biodiversitätsstrategie angekündigt. Diese Strategien wurden im Laufe der Jahre 2011 und 2012 vorgelegt und enthalten Vorschläge für grundlegende Strukturveränderungen.

Hervorzuheben sind insbesondere die verschiedenen Szenarien für die Transformation der Energieversorgung, die zum Ergebnis führen, dass der Energiemix keine entscheidende Rolle für die Kosten einer weitgehend klimaneutralen Energieversorgung spielt. Kostenseitig werden der Ausbau der erneuerbaren Energien, die Atomenergie und CCS als gleichwertige Optionen betrachtet. Dennoch werden sich die Klimaziele nicht erreichen lassen, wenn der Anteil der erneuerbaren Energien an der Stromversorgung in der EU wesentlich unter 60 % liegt.[59] Die Szenarien der Europäischen Kommission legen damit eine deutliche weitere Aufwertung der Politik für erneuerbare Energien über das Jahr 2020 hinaus nahe.[60]

Auch der Ressourceneffizienzfahrplan enthält weitreichende umweltpolitische Schlussfolgerungen. Ressourceneffizienz versteht die Europäische Kommission sehr weit, als die Inanspruchnahme von Naturkapital, Luft, Wasser und Boden, sowie die indirekten Folgen der Rohstoffnutzung für den Wirtschaftsprozess. Mit dem Ressourceneffizenzfahrplan besteht faktisch bereits ein Begründungsrahmen für die europäische Umweltpolitik, der einen weiteren, sogar möglicherweise konkurrierenden Rahmen aus Sicht der Europäischen Kommission überflüssig macht, zumal dieser die Handlungspriorität des Umweltkommissars Potocnik war und ist: Der Ressourceneffizienzfahrplan begründet Umweltpolitik primär ökonomisch, als Beitrag volkswirtschaftliche Kosten zu senken.[61] Er schlägt damit einen Ansatz für eine aktive Umweltpolitik auch in der Wirtschaftskrise vor. Zudem enthält der

---

[58] *Europäische Kommission*, Mitteilung der Kommission. Europa 2020. Eine Strategie für intelligentes, nachhaltiges und integratives Wachstum. KOM(2010) 2020 endg.

[59] *Europäische Kommission*, Energiefahrplan 2050. KOM (2011) 885/2 endg.

[60] *Hey*, GAIA 2012, 43, *Matthes*, ET 2012, 50.

[61] *Europäische Kommission*, Fahrplan für ein ressourcenschonendes Europa. KOM(2011) 571 endg.

Fahrplan außerordentlich weitreichende Zielvorstellungen, so z. B. die Abschaffung umweltschädlicher Subventionen oder den Stopp des Flächenverbrauchs (no net land-loss). Angesichts solch weit reichender ausformulierter Vorstellungen hatte die Europäische Kommission von Anfang an den politischen Mehrwert eines 7. Umweltaktionsprogramms gegenüber den vorhandenen Strategie- und Reformprozessen bezweifelt. Darüber hinaus bestand immer auch das Risiko, dass Rat und Parlament die weitreichenden Vorstellungen der europäischen Kommission aus ihren Mitteilungen im Mitentscheidungsverfahren zum 7. UAP verwässern könnten.

Weitere wichtige Vorhaben mit einer bedeutenden Umweltkomponente, auf die auch das 7. UAP verweist, sind die Reform der Gemeinsamen Agrarpolitik, insbesondere mit dem Vorschlag, die Ausweisung obligatorischer ökologischer Vorrangflächen zur Voraussetzung der Direktzahlungen an die Landwirte zu machen,[62] die Reform der europäischen Fischereipolitik mit der Orientierung der Fangquoten am Leitbild des „Maximum Sustainable Yield“[63] oder die Festlegung eines Mindestanteils von klimabezogenen Investitionen im der europäischen Strukturpolitik.

Insofern wundert es nicht, dass die Europäische Kommission das 7. Umweltaktionsprogramm eher als eine von außen aufgezwungene Pflichtübung, die den eigenen Prioritäten nicht entsprach, denn als eine große Chance für eine Wiederaufwertung der Umweltpolitik wahrgenommen hat. Entsprechend mangelhaft und spät waren die Vorbereitungen für die Ausarbeitung eigenständiger Zielsetzungen und zielführender Handlungskonzepte. Somit war eine qualifizierte, mehr als symbolische Umsetzung des programmatischen Anspruches, eines „guten Lebens innerhalb der Belastungsgrenzen des Planeten“ gar nicht mehr möglich. Es hätte einen mehrjährigen wissenschaftlichen und politischen Diskussionsprozess vorausgesetzt, die Rolle der EU für die Einhaltung globaler Belastungsgrenzen zu bestimmen und zu belastbaren und konkreten Ergebnissen zu kommen.[64] Das 7. Umweltaktionsprogramm konnte daher nur ein Übergangsprogramm sein, das eine Legitimation dafür bietet, diesen notwendigen Diskussionsprozess qualifiziert anzustoßen.

VII. Kompetenzschranken und Wirkungsgrenzen der europäischen Umweltpolitik

Nicht zuletzt sind auch die immanenten Gründe nicht zu vernachlässigen. Die Methode einer Umweltpolitik durch Setzen von Gemeinschaftsrecht ist insoweit an ihre Grenzen gestoßen, als dass fast alle wesentlichen umweltpolitischen Hand-

---

[62] Vgl. *SRU*, Die Reform der europäischen Agrarpolitik: Chancen für eine Neuausrichtung nutzen, 2013.

[63] Vgl. *SRU*, Fischbestände nachhaltig bewirtschaften. Zur Reform der Gemeinsamen Fischereipolitik, 2011.

[64] *Hey*, Safe Planetary Boundaries – a new Environmental Policy Frame?, Key Note Speech, Berlin Conference 2012 on the Human Dimensions of Global Environmental Change: Evidence for Sustainable Development (abrufbar unter www.umweltrat.de/SharedDocs/Downloads/EN/06_Background_Information/2012_10_BerlinConference.pdf).

lungsfelder mittlerweile abgedeckt sind. Die europäische Umweltpolitik muss als ein gereiftes Handlungsfeld angesehen werden,[65] in dem zwar permanent Nachbesserungen und Revisionen erforderlich und möglich sind, aber in denen die wesentlichen Strukturen gesetzt sind. Bis auf den Bodenschutz, sind die wesentlichen Umweltmedien und wesentliche Quellen umweltrechtlich abgedeckt. Hiermit soll nicht der These gefolgt werden, dass das Umweltrecht prinzipiell an seine Grenzen gestoßen ist. Dies ist überzeugend theoretisch und empirisch wiederlegt worden.[66] Es geht um letztlich politisch gesetzte, gemeinschaftsrechtliche Kompetenzschranken, die die Bearbeitung weitergehender Themen (z. B. Landnutzungsfragen) oder den Einsatz marktwirtschaftlicher Instrumente (z. B. Ökosteuern) auf der europäischen Ebene verhindern. So wurde es schon lange als Paradox festgestellt, dass die europäische Umweltpolitik weitgehend auf preisliche, marktkorrigierende Steuerungsinstrumente verzichten muss, obwohl die europäische Integration primär und zuvorderst als Marktintegration vorangetrieben wurde.[67] Steuer- und Fiskalpolitik bleibt weitgehend unter nationaler Kontrolle.[68] Insofern kann man die Schlussfolgerung ziehen: das unter den gegebenen politischen und institutionellen Bedingungen Erreichbare hat die europäische Umweltpolitik durch Umweltrecht bereits erreicht, auch wenn man zugleich feststellen muss, dass damit wesentliche Umweltprobleme nicht gelöst werden und werden können.

Die Umweltpolitik durch Umweltrecht stößt hierfür an räumliche und sektorale Wirkungsgrenzen. Räumlich wird zunehmend klar, dass eine territorial gebundene Umweltpolitik in globalisierten Wertschöpfungsketten und Wirkungszusammenhängen notwendiger weise unzureichend sein muss,[69] weil Ausweich- und Verlagerungsreaktionen der Akteure nicht vermeidbar sind. Das Problem indirekter Landnutzungsänderungen bei Agrokraftstoffen mag hier zu Illustration stellvertretend für viele andere solche Problemtypen ausreichen.[70] Umweltpolitik durch Umweltrecht kann auch nur in begrenzten Maße die sektoralen politischen und marktwirtschaft-

---

[65] *Jacob/Jörgens*, Wohin geht die Umweltpolitikanalyse? Eine Forschungsagenda für ein erwachsen gewordenes Politikfeld. Berlin: Forschungszentrum für Umweltpolitik. FFU-Report 01–2011, 6.

[66] *Töller*, Warum kooperiert der Staat. Kooperative Umweltpolitik im Schatten der Hierarchie, 2012.

[67] *Weale*, European Environmental Policy by Stealth: The Dysfunctionality of Functionalism?, in: Jordan. (Hrsg.), Environmental Policy in the European Union. Actors, Institutions, and Processes. 2. Auflage 2005, 336.

[68] *Jordan/ Rayner*, The evoloution of climate policy in the European Union: An historical overview, in: Jordan et al., (Hrsg.), Climate Change Policy in the European Union. Confronting the Dilemmas of Mitigation and Adaptation, 2010, 52; *Asselt*, H. v. (2010): Emissions trading: the enthusiastic adoption of an „alien“, in: Jordan et al, Climate Change Plicy in the European Union. 125.

[69] *SRU*, Umweltgutachten 2012, Tz.13 f.

[70] *Deutsche Akademie der Naturforscher Leopoldina*, Bioenergie: Möglichkeiten und Grenzen. Kurzfassung und Empfehlungen. Erg. Fass. vom 10. Oktober 2012; *Jering et al.*, Globale Landflächen und Biomasse nachhaltig und ressourcenschonend nutzen. UBA-Positionspapier, 2012.

lichen Wachstumstreiber korrigieren oder kompensieren, die insbesondere in der Landwirtschaft, dem Verkehr und der Energieversorgung wesentliche Probleme erst verursachen. Schließlich gelang es zwar Großemittenten und institutionelle Akteure an umweltrechtliche Vorgaben zu binden, ungleich schwieriger ist aber die Korrektur von Konsummustern, die durch Lebensstile und Konsumbiographien wesentlich geprägt sind. Dies wird als Eingriff in Freiheiten wahrgenommen, der dem Staat nicht zusteht.[71]

Angesichts dieser strukturellen Barrieren lassen sich grundlegend neue Ansätze, Handlungs- und Themenfelder der Umweltpolitik realpolitisch schwer erschließen. Alleine schon die Konsolidierung des bestehenden Rechts durch besseren Vollzug erweist sich als eine anspruchsvolle Aufgabe. Hinzu kommt die erschwerte politische Konstellation und die durch die EU Erweiterungen der letzten Jahre bedingte Vielfalt an nationalen Sonderbedingungen und Interessen. Es liegt – angesichts dieser real existierenden Hürden nahe, dass sich die Europäische Kommission vor allem auf das Themenfeld konzentriert, das noch erhebliche Verbesserungspotentiale verspricht, ohne vorab in einen aufwendigen Einigungsprozess einsteigen zu müssen, und bei dem die Kommission eine institutionell starke Stellung als „Hüterin der Verträge" und des europäischen Sekundärrechts hat: beim Vollzug. Der verbesserte Vollzug des bestehenden Rechts anstelle grundlegend neuer Iniativen gehört zudem seit langem zu den programmatischen umweltpolitischen Kernaussagen der derzeit größten Fraktion im Europäischen Parlament.

Diese Schwerpunktsetzung bietet sich auch deshalb an, weil die europäische Umweltpolitik seit Anfang der 1990er Jahre außerordentlich vollzugslastig geworden ist.[72] Dies ergibt sich alleine schon aus der zunehmenden Prozeduralisierung des europäischen Umweltrechts.[73] Europäische Richtlinien stoßen nationale Programmierungsprozesse an, die zwar hinsichtlich der Verfahrensschritte und Zeitpläne klar vorstrukturiert sind, aber gerade hinsichtlich ihrer Festlegung von Qualitätswerten den Mitgliedsstaaten gelegentlich großen Gestaltungsfreiraum lassen. Die Maßnahmen- und Bewirtschaftungsplanung im Kontext der Wasserrahmenrichtlinie oder der Meeresstrategie-Rahmenrichtlinie sind oft zitierte Beispiele hierfür.[74] Aber auch andere EU-Vorschriften, die UVP-Rl und die SUVP-Rl, das Akteneinsichtsrecht, die Verbandsklage oder Mindestvorgaben der Öffentlichkeitsbeteiligung im Genehmi-

---

[71] *Jänicke/Volkery*, Natur und Kultur 2001, 45; *Jacob/Jörgens*, Wohin geht die Umweltpolitikanalyse? Eine Forschungsagenda für ein erwachsen gewordenes Politikfeld. Berlin: Forschungszentrum für Umweltpolitik. FFU-Report 01–2011.

[72] *SRU*, Umweltverwaltungen unter Reformdruck, 2007.

[73] *Schenderlein*, Rechtsschutz und Partizipation im Umweltrecht. Europa- und völkerrechtliche Bürgerfreundlichkeit versus nationale Verfahrensbeschleunigung – insbesondere zur Aarhus-Konvention, 2013; *Knill/Lenschow*, Modes of governance in the European Union. Towards a comprehensive evaluation, in: Jordana/Levi-Faur (Hrsg.), The Politics of Regualtion. Institutions and Regulatory Reforms for the Age of Governance, 2004, 218; *Hey et al.*, Neue umweltpolitische Steuerungskonzepte in der Europäischen Union. ZfU 2005, 1.

[74] *Durner/Ludwig*, NuR 2008, 457.

gungsrecht sind Beispiele für die Prozeduralisierung des europäischen Umweltrechts. Die Prozeduralisierung des Umweltrechts strukturiert und verlagert Entscheidungen und Verantwortlichkeiten auf die für den Vollzug zuständigen unteren Verwaltungsebenen und stärkt die Rolle zivilgesellschaftlicher Akteure bei der Qualitätssicherung. Ein solcher Ansatz impliziert eine faktische Dezentralisierung der Entscheidungsverantwortung und damit auch die Möglichkeit einer sehr großen faktischen Heterogenität, der jeweiligen Entscheidungen. Insofern ergibt sich in der Tat durch eine starke Betonung des Vollzugs ein wesentliches Verbesserungspotential, das allerdings einer inkrementellen Logik folgt und damit notwendigerweise nicht auf der Höhe der umweltpolitischen Problemlagen sein kann.

VIII. Bewertung und Ausblick

Das 7. Umweltaktionsprogramm ist ein Übergangsprogramm, das seinen Schwerpunkt auf den besseren Vollzug und eine inkrementelle Nachbesserung der umweltpolitischen Praxis legt. Es enthält Mandate, die der europäischen Kommission in den nächsten Jahren die Entwicklung eines anspruchsvollen umweltpolitischen Zielsystems für die Zeit nach 2020 ermöglichen. Neue Impulse sind insbesondere für die Weiterentwicklung der Verbandsklage, eine Stärkung der Vollzugskontrolle durch Inspektionen, den Bodenschutz oder die Regelung von Nanomaterialien zu erwarten. All dies fällt aber deutlich hinter das zurück, was angesichts der in den letzten Jahren stark intensivierten Debatte um die planetaren Grenzen der Naturinanspruchnahme erforderlich wäre.

Das 7. Umweltaktionsprogramm ist in einer umweltpolitisch außerordentlich ungünstigen Konstellation vorgeschlagen und entschieden worden. Die aktuelle Wirtschafts- und Finanzkrise verschiebt politische Prioritäten, Macht- und Einflusspotentiale. Vor allem in den Ländern der europäischen Peripherie nötigt sie zu akuten Kriseninterventionen. Aber auch in ehemaligen Vorreiterländern der Umweltpolitik wie Deutschland, ist eine Verschärfung der Standortrhetorik zu beobachten. Neue, kosten- oder vollzugsintensive umweltpolitische Vorgaben stoßen damit auf deutlichen Widerstand. Vorreiterländer als Motoren der europäischen Umweltpolitik sind als politische Akteure, die ihre eigenen Innovationen europäisieren wollen, nicht mehr aktiv, so auch Deutschland in letzter Zeit nicht mehr. Die Europäische Kommission hat sich mit den Initiativen unter der Europa 2020-Strategie andere programmatische Schwerpunkte in der Umweltpolitik gesetzt und nimmt die Beteiligung der Mitgliedsstaaten und des Europäischen Parlaments bei der Erarbeitung von Umweltaktionsprogrammen als Aushöhlung des Initiativmonopols und als Kontrollverlust war. Schließlich erscheint auch die europäische Umweltpolitik innerhalb der aktuellen Kompetenzschranken des Lissabon-Vertrages darin erschöpft zu sein, die großen Herausforderungen des Klimaschutzes, des Erhalts der biologischen Vielfalt, der Überfrachtung mit Nährstoffen oder des Flächenverbrauchs so zu bewältigen, so dass Lösungen innerhalb ökologischer Tragfähigkeitsgrenzen gefunden werden können. Mehr denn je muss die Umweltpolitik versuchen, das Zielsystem der wichtigen umweltbelastenden Sektoren und Sektorpolitiken zu beeinflussen, um weiterhin einen Problemlösungsbeitrag leisten zu können.

Auswege aus dieser Situation sind nicht leicht. Zunächst erscheint eine Entschärfung der wirtschaftlichen Krisensituation der europäischen Peripherie von herausragender Bedeutung, um die politische Akzeptanz von Umweltpolitik wieder zu stärken. Antworten auf die multiplen Krisen sollten aber auch der Vernetzung ökologischer, wirtschaftlicher und integrationspolitischer Themen gerecht werden. Eine rein wirtschaftspolitische Krisenantwort ist nicht mehr zeitgemäß, weil ökologische Grenzüberschreitungen sich auch wirtschaftlich und politisch niederschlagen werden.[75]

Von unmittelbarer Bedeutung ist aber auch eine Neubestimmung der Rolle Deutschlands in der EU. Deutschland hat mittlerweile eine zentrale Rolle als der faktische ökonomische Hegemon Europas. Hegemonialmächte haben eine besondere Verantwortung. Sie können grundsätzlich kurzfristige Eigeninteressen verfolgen, damit aber die Stabilität in ihrem Einflussbereich gefährden – oder diese in einem übergeordneten strategischen Interesse zurückstellen. Die USA haben in der Nachkriegszeit zeitweilig Wettbewerbsnachteile und Handelsdefizite gegenüber Westeuropa hingenommen, um das westliche Bündnis im kalten Krieg zu stabilisieren.[76] In diesem Sinne ist die wachsende Verantwortung Deutschlands in Europa innenpolitisch noch kaum begriffen worden. Wenn die These stimmt, dass die überlegene Wettbewerbsfähigkeit Deutschlands im Euroraum auch eine Folge aggressiver Standortpolitik ist, dann werden auch die dadurch entstehenden Folgeprobleme nur durch eine Korrektur des staatlich gestützten Standortwettbewerbs zu lösen sein. Die wirtschaftliche und politische Krise der Peripherie im Euroraum kann durchaus Folgewirkungen haben, die vitale ökonomische und politische Interessen Deutschlands berühren, hierzu gehört auch eine anspruchsvolle Klima- und Umweltpolitik. Insofern wäre die aufgeklärte Hegemonalpolitik, die kurzfristige Eigeninteressen gegenüber einem Interesse an der wirtschaftlichen und politischen Stabilität des Euroraumes zurückstellt, angebracht. In diesem Sinne könnte auch eine aktivere nationale Umwelt- und Klimapolitik ein Beitrag Deutschlands dazu sein, die wirtschaftlichen Ungleichgewichte zwischen den europäischen Staaten etwas auszugleichen. Das im Koalitionsvertrag zwischen SPD, CDU und CSU vereinbarte Umweltprogramm oder eine konsequente Weiterführung der Energiewende könnten hierfür wichtige Grundlagen liefern. Zugleich sollten dann von Deutschland auch neue Impulse für die anschließende Europäisierung durch eine aktive Energiewende- und Umweltaußenpolitik geschaffen werden.[77]

[75] *Hey*, Nobelpreis für die EU: Mahnung für mehr Nachhaltigkeit, in: Leitschuh et al., (Hrsg.): Jahrbuch Ökologie 2014, Mut zu Visionen. Brücken in die Zukunft, 2013, 24.

[76] Vgl. *Elsenhans*, Kapitalismus global, Aufstieg-Grenzen-Risiken, 2012, 178.

[77] *Prittwitz*, Umweltaußenpolitik: Grenzüberschreitende Luftverschmutzung in Europa, 1984.

Genügsam leben: Überlegungen zur Suffizienz im rechtlichen Kontext

Von *Michaela Ecker* und *Franz Ecker*

Mit dem Jubilar verbindet mich, Michaela Ecker, eine lange, schöne, gemeinsame Zeit im Vorstand der Gesellschaft für Umweltrecht (GfU), deren Vorsitz er innehat. In dem von mir initiierten GfU-Forum hat *Dr. Thorsten Müller* im November 2007 einen Vortrag zum Thema „Klimawandel als Herausforderung der Rechtsordnung" gehalten. Neben der Substitution fossiler Energieträger und der Erhöhung der Energieeffizienz behandelte er damals auch die Suffizienz als notwendige Ergänzung von Substitutions- und Effizienzrecht.[1] Als *Prof. Hans-Joachim Koch* drei Jahre später den Hauptvortrag der Jahrestagung 2010 zum Thema „Klimaschutzrecht – Ziele, Instrumente und Strukturen eines neuen Rechtsgebietes" vorbereitete und seine Ideen in der Vorstandssitzung vorstellte, bat ich ihn, sich auch des Themas „Suffizienz" anzunehmen. Schon im Jahre 2007 hatte er indessen meine Begeisterung für dieses Thema mit einem Schmunzeln quittiert. Nun möchte ich die Gelegenheit nutzen, mit Unterstützung meines Sohnes Franz, der an der Universität Oldenburg den Masterstudiengang „Sustainability Economics & Management" belegt, die Frage zu untersuchen, weshalb es so schwierig ist, Menschen für dieses Thema und ein entsprechendes Handeln zu begeistern. Zunächst werden wir den klassischen Dreiklang der Nachhaltigkeit vorstellen, sodann die Notwendigkeit der Suffizienzstrategie als Ergänzung der Effizienz- und Konsistenzstrategie herausarbeiten, um anschließend aufzuzeigen, welche Widerstände die Suffizienzstrategie in unserer westlich geprägten Gesellschaft zu überwinden hat. Sodann werden rechtliche Instrumente zur Durchsetzung der Suffizienzstrategie untersucht sowie die Notwendigkeit einer Änderung der westlichen Denkmuster zur Durchsetzung dieser rechtlichen Instrumente in den Blick genommen. Dass gesellschaftliche Anschauungen einem fortwährenden Wandel ausgesetzt sind, beleuchtet die Geschichte des Automobils. Daran anschließend setzen wir uns mit der Frage auseinander, ob ein Wandel der gesellschaftlichen Leitkultur bereits in Ansätzen erkennbar ist. Zum Schluss diskutieren wir, ob eine berechtigte Hoffnung begründbar ist, dass sich die Suffizienzstrategie langfristig durchsetzen könnte.

---

[1] *GfU*, Dokumentation zur 31. wissenschaftlichen Fachtagung der Gesellschaft für Umweltrecht e. V, Berlin 2007, S. 191, S. 216 ff.

I. Der klassische Dreiklang der Nachhaltigkeit: Effizienz, Konsistenz und Suffizienz

Innerhalb der seit Jahrzehnten andauernden Nachhaltigkeitsdebatte wird klassischerweise zwischen drei Nachhaltigkeitsstrategien unterschieden. Der Dreiklang aus Effizienz-, Konsistenz- und Suffizienzstrategien ermöglicht auf diese Weise die systematische Ausarbeitung umfassender Maßnahmen zur Minderung des negativen Einflusses menschlichen Handelns auf die Umwelt. Egal ob es sich um die Konzeptionierung von Politikmaßnahmen oder um die konkrete Ausgestaltung unternehmerischer Aktivitäten handelt, stets lassen sich die Ansätze mindestens einer dieser drei Strategien zuordnen.

1. Effizienz, die wohl bekannteste und populärste Strategie, konzentriert sich auf die optimale Nutzung vorhandener Ressourcen. Ziel ist es dabei, sämtliche Materialien und andere Produktionsinputs wie Energie und Arbeit möglichst ergiebig einzusetzen. 2. Konsistenzstrategien hingegen fokussieren sich auf den Einsatz von naturverträglichen Technologien, welche die dauerhafte Vereinbarkeit von Natur und technischer Entwicklung versprechen. Neben dem Einsatz naturverträglicher Technologien stehen jedoch auch organisatorische Änderungen im Fokus der Betrachtung, die sich das Schließen sämtlicher Stoff- und Energiekreisläufe zum Ziel gesetzt haben. 3. Komplementiert werden diese beiden erstgenannten Strategien von der Suffizienzstrategie, welche darauf abzielt, den Ressourcenverbrauch durch eine geringere Nachfrage zu reduzieren. Mit der Zielsetzung, das Nutzungsverhalten bzw. die Bedürfnisse der Nutzer (direkt) zu ändern, ist die Suffizienzstrategie zweifellos die unbequemste innerhalb des Dreigespanns.[2]

Sowohl die Effizienz- als auch die Konsistenzstrategie setzen primär auf die Entwicklung von technischen Innovationen, wohingegen die Suffizienzstrategie vorrangig am Verhalten der Konsumenten ansetzt.[3] Es ist folglich nicht verwunderlich, dass innerhalb des Nachhaltigkeitsdiskurses wie auch in der Praxis Suffizienzstrategien stets einen schweren Stand hatten und innerhalb des klassischen Dreigespanns aus Effizienz, Konsistenz und Suffizienz häufig eine untergeordnete und zum Teil nicht beachtete Rolle spielten. Maßnahmen zur Effizienzsteigerung, wie der verminderte Ressourcen- und Energieeinsatz, lassen sich wunderbar in die herrschenden Vorstellungen von Wirtschaft und Politik integrieren. Ähnlich verhält es sich mit Konsistenzstrategien, die sich auf Stoffkreisläufe und den Einsatz naturverträglicher Technologien fokussieren, eine dauerhafte Vereinbarkeit von Natur und Technik versprechen und sich sogar mit materiellen Wohlstandssteigerungen verknüpfen lassen.[4] Ansätze hingegen, die Forderungen nach dem richtigen Maßhalten aufstellen und sich auf Genügsamkeit und Bescheidenheit der Konsum- und Lebensstile fokussie-

---

[2] *Linz*, Weder Mangel noch Übermaß. Wuppertal Papers Nr. 145, 2004, S. 7 ff.

[3] *Stengel*, Suffizienz. Die Konsumgesellschaft in der Krise. Wuppertaler Schriften zur Forschung für eine nachhaltige Entwicklung, Band 1, 2011, S. 129 ff.

[4] Vgl. dazu *Linz* (Fn. 2), S. 9.

ren, werden häufig ignoriert. Eine im Jahr 2008 präsentierte Studie des Umweltbundesamtes und des Bundesumweltministeriums bescheinigt den Deutschen zwar ein hohes Bewusstsein für Umweltprobleme[5], allerdings hat sich dieses Umweltbewusstsein noch nicht nennenswert in Handlungen niedergeschlagen. Auch wenn die Deutschen vorbildlich den Müll trennen und bemüht sind, Wasser zu sparen, sind erwähnenswerte Verzichtshandlungen zugunsten künftiger Verbräuche und Generationen nicht erkennbar.[6]

II. Unzulänglichkeit der Effizienz- und Konsistenzstrategie

Es dürfte ersichtlich geworden sein, dass sich Suffizienzstrategien nur sehr schwierig mit den herrschenden Vorstellungen von Wirtschaften vereinbaren lassen. Effizienz- und Konsistenzstrategien hingegen stehen in keinem Widerspruch zu den bekannten Forderungen nach Wirtschaftswachstum, effizientem Wirtschaften und dem Wunsch, den technischen Fortschritt voranzutreiben. Insbesondere in der industrialisierten Welt setzen Politik und Wirtschaft vorrangig auf technische Ansätze, um künftigen Ressourcen- und Klimaproblemen zu begegnen. Eine „dritte Industrielle Revolution“[7], bestehend aus dem Ausbau der Erneuerbaren Energien und Maßnahmen zu Ressourcen- und Energieeffizienz, soll die ökologische Krise überwinden, welche die ersten beiden industriellen Revolutionen erst verursacht haben. Angesichts des fortschreitenden Klimawandels, keiner erkennbaren Reduktion der globalen CO2-Emissionen, gepaart mit einer stetig wachsenden Weltbevölkerung ist es allerdings mehr als fraglich, ob sich durch eine alleinige Fokussierung auf Effizienz- und Konsistenzmaßnahmen eine absolute Minderung der Umweltschädigung erreichen lässt. Einer der Hauptkritikpunkte an der Effizienzstrategie ist, dass durch sie zwar die Umweltbelastung reduziert wird, aber dass die Natur nach wie vor geschädigt wird, nur eben langsamer. Vertreter der Konsistenzstrategie plädieren deshalb für technische Lösungen, welche die Natur nicht nur weniger oder langsamer, sondern überhaupt nicht beeinträchtigen. Ziel ist es hier Produkte und Materialien zu entwickeln, welche sich in die Stoffkreisläufe der Natur re-integrieren lassen. Angelehnt an das Vorbild Natur werden Abfälle oder Überschüsse nicht als solche betrachtet, sondern als mögliche neue Ressourcen und Materialien, welche in neuen Produktionsprozessen Verwendung finden. Zwar gibt es vereinzelt Erfolge auf diesem Forschungsgebiet, allerdings sind viele der Ideen mehr ein Hoffen in die Zukunft als dass sie bereits heute oder in naher Zukunft zum Einsatz kommen könnten. Selbst mit optimistischen Annahmen zur technischen Innovationsfähigkeit benötigt die Entwicklung solcher ambitionierten technischen Lösungen viel Zeit, die uns nicht zur Verfügung steht. Zwar können Effizienzmaßnahmen den zeitlichen Druck etwas abmil-

[5] *UBA*, Presseinformation Nr. 85/2008. Gemeinsame Presseinformation mit dem Bundesumweltministerium. Umweltbewusstsein der Deutschen auf hohem Niveau. Umweltbundesamt, Dessau-Roßlau, 10. 12. 2008.

[6] Vgl. dazu *Stengel* (Fn. 3), S. 127 ff.

[7] Vgl. dazu *Stengel* (Fn. 3), S. 131.

dern, jedoch ist es fraglich, ob dies ausreicht. Ganz abgesehen davon, dass es sich bei den meisten Entwicklungen noch um Basis-Innovationen handelt, deren erfolgreiche Umsetzung von vielerlei Unsicherheitsfaktoren begleitet wird. Eine zu starke Technikgläubigkeit verstellt den Blick auf die wirklich wichtigen Entscheidungen und Maßnahmen, welche die Menschheit heute treffen muss.[8] Dass es notwendig sein wird, das Nutzen- und Konsumverhalten der Individuen zu verändern, wird zunehmend zur Gewissheit. Insbesondere die in den letzten Jahren immer wieder zu beobachtenden Rebound-Effekte zeigen die Ambivalenz des technischen Fortschrittes. Rebound- oder Bumerang-Effekte treten beispielsweise dann auf, wenn sich durch die Umsetzung von Effizienzmaßnahmen die Produktionskosten verringern und die Unternehmen ihre Produkte günstiger anbieten können. Die verbilligten Waren führen dann dazu, dass sich die Konsumenten ermuntert fühlen, mehr zu konsumieren. Rebound-Effekte können in allen Bereichen auftreten und sorgen häufig dafür, dass trotz effizienterer Verfahren die Belastung der Umwelt insgesamt zunimmt. Ein bekanntes, häufig genanntes Beispiel ist der Kauf von Kühlschränken oder anderen Elektronikartikeln. Die neuen Geräte sind zwar energieeffizienter, dafür aber in den meisten Fällen größer und damit ressourcenintensiver als das Altgerät, sodass die zuvor erzielten Einspareffekte verpuffen. Wenn noch zusätzlich das ausrangierte Gerät als Reserve in den Kellern oder anderswo genutzt wird, dreht sich der Effekt vollends um.[9]

III. Steht der Suffizienz unsere westliche Leitkultur im Wege?

In diesem Kapitel möchten wir sie mit einigen Gedanken vertraut machen, die wir einem 2012 erschienenen bemerkenswerten Buch von *Oliver Stengel* entnommen haben. Er untersucht, weshalb die Suffizienz unserer westlichen Leitkultur, unserer westlich geprägten kulturellen Anerkennungsstruktur, wie er es nennt, im Wege steht.[10]

In den vergangenen Jahrhunderten war Verzicht auf materielle Güter den Menschen aufgezwungen und ein Zeichen von Armut. Erst in der zweiten Hälfte des 20. Jahrhunderts begann im Zeichen des Wirtschaftswunders ein Prozess, in dessen Folge eine größer werdende Zahl von Menschen sich immer mehr leisten konnte, seien es Fernreisen, immer größer werdende Autos, große Wohnungen oder ein gutes Essen. Unsere westliche Kultur reagierte darauf, indem sich der Status all dieser an materiellen ressourcenintensiven Nutzungen orientierter Menschen erhöhte.[11] Der Verzicht auf diese Güter ist daher mit einem Statusverlust verknüpft. Die Menschen reagieren mit Widerwillen auf staatlich verordnete Maßnahmen, die einen Ver-

[8] Vgl. dazu *Stengel* (Fn. 3), S. 131 ff.

[9] Vgl. dazu *Linz* (Fn. 2), S. 19; *Stengel* (Fn. 3), S. 134 ff.

[10] Vgl. dazu *Stengel* (Fn. 3).

[11] Vgl. dazu *Stengel* (Fn. 3), S. 181 ff.

zicht mittels ordnungsrechtlicher Instrumente durchsetzen oder mittels ökonomischer Anreize fördern wollen.[12]

In früheren Zeiten, als die Menschen in vielen Bereichen nach dem Allmendeprinzip lebten, konnte der Einzelne noch nachvollziehen, wie er zu handeln hatte, damit die Güter der Gemeinschaft nicht übernutzt wurden. Auch wurde derjenige, der sich nicht an die Regeln hielt, sofort abgestraft, trat sein schädigendes Verhalten doch klar zu Tage. In unserer westlichen Industriegesellschaft ist es für den Einzelnen schon nicht mehr in allen Bereichen sofort erkennbar, dass er sich umweltschädigend verhält.[13] Hinzu kommt, dass trotz gestiegenen Umweltbewusstseins die Menschen nicht bereit sind, umweltgerecht zu handeln. Sie schieben die Verantwortung auf die Politik ab. Die da oben sollen es richten. Die politischen Entscheidungsträger sind jedoch ebenso an unser westliches Leitbild gekoppelt, das uns suggeriert, wir bräuchten immer mehr Wachstum, damit unsere Gesellschaften gut funktionieren. Wollen die Politiker wieder gewählt werden, tun sie gut daran, sich danach zu richten. Überdies ist auch das Wirtschaftsgefüge auf Wachstum ausgerichtet, sodass die politischen Entscheidungsträger einen Anstieg der Arbeitslosenzahlen befürchten müssen. Die Wirtschaft ist ohnehin der internationalen Konkurrenz ausgesetzt, wodurch auch dort die Handlungsspielräume eingeengt sind.[14]

Will man sich also umweltgerecht verhalten, muss man bereit sein, zum einen höhere Kosten für umweltgerecht produzierte und fair gehandelte Güter zu bezahlen, Zum anderen muss man – so sich unsere Anerkennungsstruktur nicht wandelt – auch einen Statusverlust in Kauf nehmen, der damit verbunden ist, dass man auf Fernreisen, große Wohnungen oder prestigeträchtige benzinfressende Automobile verzichtet. Für einkommensschwache Menschen spielt indessen der statusorientierte Konsum eine wichtige Rolle.[15] Viel leichter fällt es dagegen Menschen, die es nicht nötig haben, ihren Status nach außen zu demonstrieren, einen bescheidenen Lebenswandel zu führen, weil außer Frage steht, dass sie sich energie- und ressourcenintensiven Konsum leisten könnten, wenn sie nur wollten.

Wir vertreten die These, dass sich umweltfreundliches Handeln bzw. ein suffizienter Lebensstil dann durchsetzt, wenn der Nutzen für das Individuum darin liegt, dass eine solche Handlungsweise von der Gesellschaft, gegebenenfalls auch nur von seiner unmittelbaren Umgebung, seinem Freundeskreis, als positiv quittiert und anerkannt wird.

---

[12] Vgl. dazu *Linz* (Fn. 2), S. 10 f.; dazu *Stengel* (Fn. 3), S. 214.

[13] Vgl. dazu *Stengel* (Fn. 3), S. 196 ff.

[14] Vgl. dazu *Stengel* (Fn. 3), S. 184, 225 ff.

[15] Vgl. dazu *Stengel* (Fn. 3), S. 193 ff., 263 ff.

IV. Rechtsprechung des Bundesverfassungsgerichts

An Hand der Rechtsprechung des Bundesverfassungsgerichts soll im Folgenden aufgezeigt werden, dass für den Gesetzgeber durchaus rechtliche Möglichkeiten eröffnet sind, der Suffizienzstrategie durch gesetzliche Ge- und Verbote sowie durch steuerliche Anreize zum Durchbruch zu verhelfen. Auch wenn damit letztlich nur Selbstverständliches aufgezeigt wird, lohnt es doch, sich die Worte des Bundesverfassungsgerichts auf der Zunge zergehen zu lassen.

Werden mit Ge- und Verboten überragend wichtige Gemeinwohlbelange verfolgt, sind Eingriffe u.a. in die allgemeine Handlungsfreiheit gerechtfertigt. Ein solch wichtiger Gemeinwohlbelang stellt unzweifelhaft der „Schutz der Gesundheit der Bevölkerung“ dar, „dem in der Werteordnung des Grundgesetzes ein hohes Gewicht zukommt. ... Die Verfassung begründet auch insoweit eine Schutzpflicht des Staates, die es ihm gebietet, sich schützend und fördernd vor das Leben jedes Einzelnen zu stellen. ... Es ist Sache des Gesetzgebers, in Bezug auf den jeweiligen Lebensbereich darüber zu entscheiden, ob, mit welchem Schutzniveau und auf welche Weise Situationen entgegengewirkt werden soll, die nach seiner Einschätzung zu Schäden führen können. Hierbei kommt ihm grundsätzlich ein Einschätzungs-, Wertungs- und Gestaltungsspielraum zu. ... Soweit sich nicht in seltenen Ausnahmefällen der Verfassung eine konkrete Schutzpflicht entnehmen lässt, die zu einem bestimmten Tätigwerden zwingt, bleibt die Aufstellung und normative Umsetzung eines Schutzkonzepts dem Gesetzgeber als dem dafür zuständigen staatlichen Organ überlassen.“[16] In der Entscheidung bezüglich des Rauchverbots in Gaststätten hat das Bundesverfassungsgericht ausgeführt, dass der Gesetzgeber nicht gehindert wäre, auf der Grundlage der ihm zuzubilligenden Spielräume, dem Gesundheitsschutz gegenüber den dadurch beeinträchtigten Freiheitsrechten, insbesondere der Berufsfreiheit der Gastwirte und der Verhaltensfreiheit der Raucher, den Vorrang einzuräumen und ein striktes Rauchverbot in Gaststätten zu verhängen[17]. In diesem Falle wurde dem Gesundheitsschutz der heute lebenden Nichtraucher der Vorrang gegenüber der Berufsfreiheit der Gastwirte und der Verhaltensfreiheit der Raucher eingeräumt. Zu rechtfertigen wären sicherlich auch gesetzliche Ge- und Verbote, die dem Recht auf Leben und Gesundheit künftiger Generationen oder der Menschen in den durch die Klimaveränderungen bereits heute oder jedenfalls in naher Zukunft massiv bedrohten Regionen der Erde den Vorrang einräumen.

Nichts anderes hatte das Bundesverfassungsgericht in einer anderen Entscheidung bereits formuliert. In dem Urteil vom 20. April 2004 zur Ökosteuer heißt es, der Gesetzgeber dürfe seine Steuergesetzgebungskompetenz grundsätzlich auch ausüben, um Lenkungswirkungen zu erzielen. Er könne nicht nur durch Ge- und Verbote, sondern ebenso durch mittelbare Verhaltenssteuerung auf Wirtschaft und Gesell-

---

[16] BVerfGE 121, 317, 356 f.

[17] BVerfG, Einstweilige Anordnung v. 02.08.2010, 1 BvQ 23.10 juris, RN 7 = NVwZ 2011, 294 f.

schaft gestaltend Einfluss nehmen. Der Gesetzgeber verpflichte dann den Bürger nicht rechtsverbindlich zu einem bestimmten Verhalten, sondern gebe ihm durch Sonderbelastung eines unerwünschten oder durch steuerliche Verschonung eines erwünschten Verhaltens ein finanzwirtschaftliches Motiv, sich für ein bestimmtes Tun oder Unterlassen zu entscheiden. Standortvorteile, die z. B. auf einem ökologisch bedenklichen Umgang mit Gütern der Allgemeinheit beruhen, müssten nicht etwa auf Dauer erhalten bleiben. Der Gesetzgeber habe eine große Gestaltungsfreiheit, wenn er ein bestimmtes Verhalten der Bürger fördern will, das ihm z. B. aus umweltpolitischen Gründen erwünscht ist.[18] Der Umstand, dass der Gesetzgeber mit der Einführung der Stromsteuer und der Erhöhung der Mineralölsteuer auch Lenkungsziele verfolge, begegne keinen verfassungsrechtlichen Bedenken. Die gezielte steuerliche Höherbelastung bestimmter Verbrauchstatbestände könne insbesondere auch durch umweltpolitische Zwecke gerechtfertigt werden. Als zulässig werde ein ökologisch motivierter Lenkungszweck angesehen, nämlich über eine Verteuerung des Energieverbrauchs Anreize zur Energieeinsparung zu bieten und damit günstige Umwelteffekte zu erzielen sowie die Inanspruchnahme von Umweltgütern teurer zu machen und den Faktor Arbeit zu entlasten. Die Verfolgung dieser Zwecke sei legitim. Sie halte sich innerhalb der umwelt- und arbeitsmarktpolitischen Entschließungsfreiheit des Gesetzgebers.[19]

Natürlich beinhalten diese Entscheidungen nichts Neues, vielmehr ist es mittlerweile selbstverständlich, dass der Gesetzgeber ökologische Zielsetzungen bei seiner Ordnungs- und Steuerpolitik berücksichtigen darf. Rechtlich wäre es absolut zulässig, wenn sich der Gesetzgeber aus ökologischen und verkehrspolitischen Gründen für ein bundesweites Tempolimit entscheiden würde, so er es will. Ein solches ordnungspolitisches Instrument wäre auch unproblematisch zu kontrollieren. Aber nicht einmal ein solches Vorgehen ist derzeit politisch durchsetzbar. Problematischer sieht es ohnehin bei ordnungspolitischen Maßnahmen aus, welche den persönlichen Lebensstil der Bürger betreffen. Kann man solche Ge- oder Verbote noch als rechtlich zulässig erachten, ergeben sich bereits Probleme, wie deren Einhaltung kontrolliert werden soll. Ganz zu schweigen davon, dass sie politisch nicht durchsetzbar sind, solange unsere Gesellschaft einen suffizienten Lebensstil nicht befürwortet. Allein der Vorschlag, in öffentlichen Kantinen an einem Tag in der Woche keine Fleischgerichte anzubieten, hat in der Öffentlichkeit einen Aufschrei bewirkt, obwohl niemand gezwungen wäre, an einem solchen Tag die öffentliche Kantine aufzusuchen. Diese Aufregung ist kaum verständlich angesichts des Umstandes, dass über Jahrhunderte hinweg z. B. das Freitagsgebot der katholischen Kirche von den Gläubigen ohne Murren befolgt wurde. Davon abgesehen, dass der Genuss von Fleisch ohnehin nur den privilegierten Schichten vorbehalten war. Im Folgenden soll daher untersucht werden, ob überhaupt Chancen bestehen, dass die Suffizienzstrategie ins Bewusstsein einer gesellschaftlichen Mehrheit gelangt.

---

[18] BVerfGE 110, 274, 292 f.

[19] BVerfGE 110, 274, 296 f.

V. Weshalb ist eine Änderung der Leitkultur erforderlich?

Ohne eine Änderung der westlichen Leitkultur sind weder ordnungsrechtliche Instrumente durchsetzbar noch solche, die Anreize für eine suffiziente Lebensweise setzen. Generell ist es so, dass sich die Bürger nicht gerne vom Staat Vorschriften machen lassen, wie sie sich verhalten sollen. Dies gilt im Besonderen, wenn es um die private Lebensführung und das Konsumverhalten sowie Essgewohnheiten geht. In diesen Bereichen stellt sich – wie bereits erwähnt – ohnehin die Frage, wie etwaige Ge- und Verbote kontrolliert werden sollen. Weder sind politische Entscheidungsträger in der Lage, den Bürgern vorzuschreiben, wie sie leben sollen, dürfen sie doch den Blick auf die nächsten Wahlen nicht verlieren, noch sind dies wirtschaftliche Akteure, denn diese sind der Konkurrenz anderer Akteure ausgesetzt.[20]

Ordnungspolitische Maßnahmen waren immer dann durchsetzbar bzw. wurden von den politischen Entscheidungsträgern in Angriff genommen, wenn erkennbar wurde, dass von dem schädigenden Verhalten auch unbeteiligte Dritte betroffen waren. So wurde das oben bereits angesprochene Rauchverbot in öffentlichen Räumen normiert, nachdem wissenschaftliche Erkenntnisse belegt hatten, dass auch Nichtraucher der Gefahr gesundheitlicher Schäden ausgesetzt sind.[21]

Die Bereitschaft, selbst etwas zur Bewältigung des Umweltproblems beizutragen, sei es auf umweltschädliches Verhalten zu verzichten, sei es höhere Preise für ökologisch einwandfreie Produkte zu bezahlen, wird wohl erst dann steigen, wenn infolge von Naturkatastrophen die Rückwirkungen einer übernutzten Natur auf die Gesellschaft extremer werden. So wird die Auffassung vertreten, dass sich nur etwa ein bis zweimal pro Jahrhundert ein Gelegenheitsfenster öffnet, das einen solchen Bewusstseinswandel möglich erscheinen lässt. Die Atomkatastrophe von Fukushima war wohl ein solch anomisches Ereignis. In einer solchen anomischen Phase steigt kurzfristig auch die Akzeptanz für harte Instrumente.[22]

Dadurch, dass unsere Kultur definiert, wie ein gutes Leben zu führen und eine gelungene Identität zu realisieren ist, kann sie den Naturverbrauch fördern oder reduzieren. Das heißt, auf der kulturellen Ebene müssen Veränderungen erfolgen, damit auf der individuellen Ebene suffizienter Lebensstil möglich wird. Nicht nur einige wenige Avantgardisten, in der Umweltschutzbewegung oder in kirchlichen Kreisen engagierte oder grün angehauchte Menschen, müssen diesen Stil praktizieren, vielmehr muss der Mainstream eine Änderung erfahren. Das kulturelle Regelwerk muss diskutiert und geändert werden. Es muss nicht nur anders, sondern weniger konsumiert werden.[23]

---

[20] Vgl. dazu *Stengel* (Fn. 3), S. 239 ff.

[21] Vgl. dazu *Stengel* (Fn. 3), S. 327.

[22] Vgl. dazu *Stengel* (Fn. 3), S. 239, 258.

[23] Vgl. dazu *Stengel* (Fn. 3), S. 220.

VI. Wandel der Leitkultur am Beispiel des Automobils

Bevor das Automobil erfunden wurde, gehörte die Straße der Allgemeinheit. Jeder durfte sie nutzen, wenn er nur auf die anderen Nutzer Rücksicht nahm. Kinder durften dort spielen, Fußgänger sich tummeln, Nachbarn konnten ein Schwätzchen halten, nur Pferdefuhrwerke waren zu beachten. Mit dem Siegeszug des Automobils änderte sich dies. Zunächst war man diesen rücksichtslosen, gefährlichen und stinkenden Fahrzeugen gegenüber feindselig eingestellt. Aber ganz allmählich eroberten sie sich den Straßenraum, die Fußgänger wurden auf schmale Seitenstreifen, die Gehwege, verbannt. Wer sich nicht an die Nutzungsordnung hielt, lief Gefahr, überfahren zu werden. Auf der Fahrbahn hatten Fußgänger nichts mehr zu suchen.[24]

Betrachten wir nun diesen Vorgang im Hinblick auf das Grundrecht aus Art. 2 Abs. 1 GG. Dort heißt es, „Jeder hat das Recht auf die freie Entfaltung seiner Persönlichkeit, soweit er nicht die Rechte anderer verletzt und nicht gegen die verfassungsmäßige Ordnung oder das Sittengesetz verstößt."

Hier wird deutlich, dass unsere Rechtsordnung einem ständigen Wandel unterworfen ist. Ganz offensichtlich hat sich die Einschätzung einer Mehrheit unserer Gesellschaft im Laufe der Jahre dahingehend geändert, dass man nun dem Automobil gegenüber positiv eingestellt war und es deshalb hingenommen hat, die freie Entfaltung der Personen, die zuvor die Straße für sich hatten, einzuschränken. Diese waren nun in ihrer Freiheit auf unbegrenzte Nutzung der Straße beschränkt worden.

Mit der Einrichtung von Fußgängerzonen Mitte der 70er Jahre wandelte sich die unbegrenzte Freiheit für die Automobilität wieder. Zumindest in den Fußgängerzonen der größeren Städte wollte eine Mehrheit der Gesellschaft wieder dem nichtmotorisierten Verkehr mehr Rechte einräumen, was wiederum Auswirkungen auf die Freiheitsrechte der Kraftfahrzeuginhaber hatte. Hiermit musste sich auch die Rechtsprechung befassen. Diskutiert wurde, inwiefern der Gemeingebrauch an Straßen dem einzelnen Autofahrer ein materielles Recht auf Nutzung der vorhandenen öffentlichen Straße vermittelt, gestützt auf die allgemeine Handlungsfreiheit des Art. 2 Abs. 1 GG. Dieser Auffassung hat die Rechtsprechung eine Abfuhr erteilt. Einen Anspruch auf Herstellung und Widmung gibt es nicht. Der schlichte Gemeingebrauch, der im Gegensatz zum Anliegergebrauch nicht durch die Eigentumsgarantie des Art. 14 Abs. 1 GG, sondern nur durch Art. 2 Abs. 1 GG geschützt ist, endet als Recht dort, wo es für seine Ausübung an einem Substrat fehlt. Insoweit gilt, dass sich der Rechtsinhaber „mit dem abfinden" muss, „was – und wie lange es – geboten wird".[25] Die allgemeine Handlungsfreiheit und damit auch das Recht, sich auf der öffentlichen Straße frei zu bewegen, ist ohnehin nur im Rahmen der verfassungsmäßigen Ordnung gesichert, zu der auch die Regeln über Einziehungen von Straßen, wodurch sie nicht mehr für den Gemeingebrauch gewidmet sind, sowie sonstige Nut-

[24] Vgl. dazu *Stengel* (Fn. 3), S. 307 ff.

[25] BVerwG, Urt. v. 25.06.1969, IV C 77.67; BVerfG NVwZ 2009, 1426.

zungsbeschränkungen gehören.[26] Kann daraus gefolgert werden, dass weitergehende Beschränkungen des Kraftfahrzeugverkehrs möglich sind und nicht gegen die allgemeine Handlungsfreiheit verstoßen, wenn nur die gesellschaftlichen Anschauungen sich ändern? Gilt dann nicht mehr „Freie Fahrt für freie Bürger"?

Schon heute hat das Auto für die Jugend in den Städten nicht mehr den Stellenwert wie noch vor einigen Jahren. Dass man sich die Frage stellt, ob man überhaupt noch den Führerschein macht, war vor einigen Jahren undenkbar. Aber in größeren Städten mit einem gut funktionierenden öffentlichen Verkehrssystem legen immer mehr junge Menschen keinen Wert auf den Besitz eines eigenen Fahrzeugs. Das Auto ist kein Statussymbol mehr. Wichtig ist für diese Generation, dass sie ihr Bedürfnis nach Mobilität befriedigen kann, was dort aber hinreichend durch ÖPNV, Car-Sharing-Angebote oder Fahrrad gewährleistet ist. Dies bedeutet natürlich nicht unbedingt, dass sich diese jungen Leute allesamt in allen Lebensbereichen ökologisch vorbildlich verhalten. Auf der einen Seite wird zwar im Bio-Supermarkt um die Ecke eingekauft, aber auf der anderen Seite sind die meisten nicht bereit, auf ihre Selbstverwirklichungsreisen nach Südamerika oder Asien zu verzichten.

Dennoch hat der Statusverlust des Autos Auswirkungen. Wenn der „Verzicht" auf ein eigenes Auto nicht mit Statusverlust verbunden ist, weil sich die Überzeugungen des jeweiligen persönlichen Umfeldes gewandelt haben, dann ist der Verzicht auf ein umweltschädigendes Handeln und die Zuwendung zu einer suffizienten umweltschonenden Handlungsweise möglich. Dann können auch die politischen Entscheidungsträger entsprechende generelle Regeln erlassen oder ökonomische Instrumente ergreifen, die ein solches suffizientes Handeln einfordern oder fördern.

VII. Gibt es bereits einen Wandel der Leitkultur?

Zeichnet sich möglicherweise bereits ein Wandel in den dominierenden Anschauungen westlicher Gesellschaften ab? So hat – wie bereits erwähnt – der Besitz eines Autos bei vielen jungen Stadtbewohnern keine Bedeutung mehr. Sie verzichten auf ein eigenes Auto und legen nur Wert darauf, dass ihre Mobilität gewährleistet ist.

Mittlerweile hat auch die Autoindustrie erkannt, dass sich in der Bundesrepublik Deutschland ein Wandel anzubahnen scheint. So ist es bezeichnend, dass Porsche sein neuestes SUV Modell, ein Benzin fressendes Geländefahrzeug, nicht auf der Frankfurter Automobilmesse, sondern in den USA vorgestellt hat, während man bei der Frankfurter Automobilmesse versucht hat, mit umweltfreundlichen Elektroautos und Kleinwagen zu glänzen. Auch die Berichterstattung in der Presse über den Dienstwagen-Check der deutschen Umwelthilfe spricht für sich. „So umweltschädlich sind die Bischofs-Dienstwagen"[27] titelt die WELT oder „Dreckschleuder Dienst-

[26] Vgl. *Schnebelt/Kromer*, Straßenrecht, 3. Auflage 2013, Rn 100.

[27] DIE WELT, 05.12.2013: So umweltschädlich sind die Bischofs-Dienstwagen.

wagen: Die Autos der Bischöfe im Vergleich"[28] heißt es in der Stuttgarter Zeitung. Zeichnet sich hier ein Wandel der Anerkennungsstruktur ab, weg vom „immer mehr und immer größer" hin zu einer genügsameren Lebensweise? Dass nicht nur in kirchlichen Kreisen über kleinere, umweltschonendere Fahrzeuge nachgedacht wird, zeigt die Diskussion um die Fahrbereitschaft des Deutschen Bundestages. „Grüne fordern Kleinwagen statt Luxuslimousinen", berichtet SPIEGEL ONLINE.[29]

Eine entscheidende Bedeutung kommt der veröffentlichten Meinung in den Medien zu. Zwar ist die Werbung noch immer darauf ausgerichtet, den Menschen ein Konsumstreben nach immer neuen, größeren und Status erhöhenden Produkten zu vermitteln. Es häufen sich indessen Berichte, die eine Änderung möglich erscheinen lassen. So war in der Frauenzeitschrift *freundin* im Juli 2013 ein Artikel erschienen mit der Überschrift: „Was teilen Sie mit anderen? Nicht alles muss man besitzen oder kaufen. Tauschen, teilen, leihen – das ist gerade Trend".[30] Es wurden sechs fröhliche, gut aussehende, junge Leute vorgestellt, die u. a. Car-Sharing praktizieren, unter Freunden diverse Gegenstände teilen, ihre Privatwohnung Fremden für deren Urlaub zur Verfügung stellen oder Baby-Sitter-Dienste als Gegenleistung für Reparaturen im Haushalt anbieten.

Nicht zu unterschätzen ist auch die Vorbildwirkung, die von Persönlichkeiten des öffentlichen Lebens ausgeht. So proklamiert und praktiziert *Papst Franziskus* eine bescheidene Lebensweise. Wohingegen der verschwenderische Lebensstil eines *Franz-Peter Tebartz-van Elst* auf allgemeine Ablehnung stößt.[31] Eine Chance hin zu einer Veränderung der Lebensweise besteht in kirchlich engagierten Kreisen in der Bundesrepublik Deutschland, deren Mitglieder ihr Handeln an moralischen Vorstellungen ausrichten. Hier dürfte das Vorbild des neuen *Papstes Franziskus* nicht ohne Wirkung sein. Zu dieser Gruppe gehören auch die Menschen, die sich im Hinblick auf die Gräuel der Massentierhaltung, wie sie durch entsprechende Fernsehberichte dokumentiert werden, vegetarisch ernähren.

Eine weitere Chance besteht auf der Persönlichkeitsebene darin, dass eine immer größer werdende Gruppe sich einer Bewegung anschließt, die ökologisch korrekte Güter und fair gehandelte Produkte bevorzugt, so dass es dem Einzelnen leicht fällt, sich innerhalb dieser Gruppe konform und damit umweltfreundlich zu verhalten. Wie oben bereits erwähnt, setzt sich umweltfreundliches Handeln bzw. ein suffizienter Lebensstil dann durch, wenn der Nutzen für das Individuum darin liegt, dass eine solche Handlungsweise von der Gesellschaft, gegebenenfalls auch nur von seiner unmittelbaren Umgebung, seinem Freundeskreis als positiv quittiert und aner-

---

[28] Stuttgarter Nachrichten, 05.12.2013: Dreckschleuder Dienstwagen: Die Autos der Bischöfe im Vergleich.

[29] SPIEGEL ONLINE – Wirtschaft – 04.12.2013: Abgeordneten-Fuhrpark: Grüne fordern Kleinwagen statt Luxuslimousinen.

[30] *freundin*, Heft 16/2013 vom 17. Juli 2013, S. 82.

[31] SPIEGEL, Nr. 42/14.10.2013, S. 64, Titelgeschichte: Der Papst der Armen und sein verschwenderischer Bischof.

kannt wird. Charakteristisch für diese Menschen ist, dass es für die Durchsetzung eines Verzichts auf umweltschädigendes Handeln keiner staatlichen Instrumente bedarf. Vielmehr entscheiden sich die Gruppenmitglieder im Sinne einer freiwilligen Selbstverpflichtung ohne Zwang für einen suffizienten Lebensstil. Dieser Lebensstil wird positiv erlebt und deshalb gerne praktiziert.

Eine wichtige Rolle für einen Wandel der kulturellen Anerkennungsstruktur spielen, wie bereits erwähnt, Presse, Funk und Fernsehen sowie die Art und Weise, wie dort über Umweltprobleme berichtet wird. Im Zusammenhang mit den in der letzten Zeit aufgetretenen extremen Wetterereignissen wird immer die Frage aufgeworfen, ob z. B. der Taifun Haiyan auf den Philippinen im November 2013 mit Tausenden von Toten oder die beiden im Herbst 2013 über Norddeutschland hinwegfegenden Orkane Christian und Xaver auf die Klimaerwärmung zurückzuführen sind. Von der Wissenschaft wird jeweils bezüglich des Einzelereignisses die Kausalität verneint. Aber eines ist sicher, dass derartige Wetterereignisse künftig häufiger auftreten und extremer ausfallen werden. Es wird deutlich, dass die Klimaerwärmung nicht nur kommende Generationen oder Menschen in weit entfernten Regionen betrifft, vielmehr spüren die Menschen die Auswirkungen bereits unmittelbar am eigenen Leib. Wird also den westlichen Industrienationen schon heute vor Augen geführt, welche Folgen ein „weiter so" haben wird, wohin ein unbegrenztes Wirtschaftswachstum verbunden mit einem umweltschädlichen ressourcenintensiven Lebensstil führen wird, dürfte die Bereitschaft steigen, sich auf Änderungen einzulassen. Werden diese Themen in den Medien nicht nur für kurze Zeit anlässlich eines solchen Extremwetterereignisses aufgegriffen, sondern finden sie Eingang in die laufende Berichterstattung, besteht eine geringe Chance auf Veränderung, denn der Mensch lernt bekanntlich nur durch Wiederholungen.

VIII. Ausblick

Das Wesen des Menschen, die conditio humana, ist der springende Punkt in der Beurteilung der künftigen Entwicklung. Die Philosophen haben sich kluge Gedanken gemacht über Grundprinzipien menschlichen Handelns, die Handlungsmaximen.

Immanuel Kants kategorischer Imperativ ist weithin bekannt als die gute Handlungsmaxime schlechthin: „Handle nur nach derjenigen Maxime, von der du zugleich wollen kannst, dass sie ein allgemeines Gesetz werde." *Hans Jonas* hat 1979 in seinem bekannten Buch „Das Prinzip Verantwortung" diesen Satz als Vorlage benutzt für seinen Verantwortungsimperativ, der da heißt: „Handle so, dass die Wirkungen Deiner Handlungen verträglich sind mit der Permanenz echten menschlichen Lebens auf Erden."[32] Beide Imperative stellen Handlungsgrundsätze dar, die man nur unterstützen kann. Leider sind beide Maximen nicht aus sich heraus begründbar, sie bedürfen vielmehr der Zutat, dass das von den Autoren erstrebte

[32] Vgl. *Jonas*,. Das Prinzip Verantwortung. Versuch einer Ethik für die technologische Zivilisation. 3. Auflage. Suhrkamp, Frankfurt am Main. 1993. S. 36.

Ziel auch von den Adressaten für erstrebenswert gehalten wird. Und diese Zutat ist keineswegs selbstverständlich, wie die allgegenwärtige Zerstörung künftiger Lebensgrundlagen zugunsten sofortigen Nutzens täglich beweist. Sie sind Apelle, mehr nicht. *Hans Jonas* hat diese Schwachstelle erkannt und nach dem Strohhalm der Hoffnung gegriffen. Da er den Ausweg aus der künftigen Krise nicht wirklich sieht, klammert er sich an die prinzipielle Unberechenbarkeit des Menschen, die seiner Hoffnung nach sogar ermöglicht, dass sich der Mensch aus reiner Einsicht die beiden Imperative zu eigen macht. Damit sind wir beim Prinzip Hoffnung des Philosophen *Ernst Bloch*[33], das *Hans Jonas* eben durch sein Prinzip Verantwortung ersetzen wollte.[34]

Was folgt daraus für unsere Untersuchung? Finden wir in der Philosophie eine Antwort auf die Frage, wie der Suffizienzstrategie zum Durchbruch verholfen werden kann? Die drohende Krise kann von Philosophen nur beschrieben, nicht gelöst werden. Es gibt jedoch eine andere Disziplin, die sehr wohl zur Lösung beitragen kann: die Psychologie als die Wissenschaft des menschlichen Erlebens und Verhaltens. Eine Fülle von Erkenntnissen zeigt gangbare Wege, verwirft sinnlose Anstrengungen zur Änderung menschlicher Handlungsweisen. Die Psychologie geht vom realen Menschen aus, sucht Illusionen zu vermeiden und legt eine Politik der kleinen Schritte nahe. Nur im Gehen kleiner Schritte kann die Lösung liegen. Ob die Ideallösung erreicht werden kann, bleibt dennoch ungewiss. Aber der Mensch ist ja laut *Hans Jonas* prinzipiell unberechenbar – auch das Positive ist nicht auszuschließen.

Die Frage nach einem guten Leben beschäftigt also nicht nur die Philosophie. Die Psychologie zeigt gangbare Wege auf, das gesellschaftliche Leitbild zu verändern. Auch die Juristen sollten sich nicht scheuen, einen interdisziplinären Ansatz zu wählen. Es ist an der Zeit, dass sich die Rechtswissenschaft die Erkenntnisse der Philosophie und Psychologie zunutze macht. Vermehrt muss in einem interdisziplinären Suchlauf nach rechtlichen Instrumenten gesucht werden, um die Suffizienzstrategie aus ihrem juristischen Schlummerdasein zu befreien. Vielleicht stößt dann die Begeisterung für einen suffizienten Lebensstil, das Plädoyer für eine neue Genügsamkeit, nicht mehr nur auf ein Lächeln.

---

[33] Vgl. *Bloch*, Werkausgabe: Band 5: Das Prinzip Hoffnung. Suhrkamp, Frankfurt am Main. 1985.

[34] Vgl. dazu *Jonas* (Fn. 32).

Ein Randproblem der Energiewende – Wieviel Lärm durch Windkraftanlagen darf der Bevölkerung nach der Rechtsprechung zugemutet werden?

Von *Gerhard Feldhaus*

Viele haben sie täglich vor Augen, kaum einer mag sie, die ständig zahlreicher und insbesondere im Rahmen des Repowering[1] höher und leistungsfähiger werdenden Windkraftanlagen[2], welche die deutschen Landschaften in wenigen Jahren nachhaltig verändert und oft verunstaltet haben[3]. Windkraftanlagen sind neben den Sonnenkollektoren die wichtigsten Quellen erneuerbarer Energie, aus denen sich die Energiewende speisen soll, und deshalb sind auch sie Teil der zahlreichen Probleme, welche uns die überhastet eingeleitete und über weite Strecken planlos exekutierte Energiewende beschert hat.

Im Verhältnis zu den gravierenden Problemen gefährdeter Versorgungssicherheit und ständig steigender Strompreise halten sich die durch Windkraftanlagen hervorgerufenen Umweltbelastungen in einem vergleichsweise vertretbaren Rahmen, wenngleich sie für sich betrachtet durchaus erheblich sind. Zu nennen sind neben der Verunstaltung der Landschaft insbesondere natur- und artenschutzrechtliche Eingriffe, Eiswurf, Schattenwurf und Lärmeinwirkungen[4].

---

[1] Der in der Regel nach mindestens 10 Jahren vorgenommene Austausch älterer Windkraftanlagen durch modernere, leistungsstärkere, die sich insbesondere durch größere Bauhöhe und Rotoren auszeichnen; § 30 EEG.

[2] Im Auftrag des Bundesverbandes Windenergie und des VDMA wurden 23.312 *Onshore*-Anlagen mit einer installierten Gesamtleistung von 32.036,43 MW ermittelt (Stichtag 30.6. 2013); der Ausbau konnte im 1. Halbjahr 2013 gegenüber dem 1. Halbjahr 2012 weiter gesteigert werden; www.windkraftanlagen.de/nc/news/detailseite/datum/steigende-zahl-an-windkraftangen-in-deutschland.

[3] Deutlicher bei *Oscar Lafontaine:* „Unter dem Vorwand, die Umwelt zu schützen, wird die Landschaft zerstört" und *Botho Strauß:* „Eine brutalere Zerstörung der Landschaft, als sie mit Windkrafträdern zu spicken und zu verriegeln, hat zuvor keine Phase der Industrialisierung verursacht. Es ist die Auslöschung aller Dichter-Blicke der deutschen Literatur von Hölderlin bis Bobrowski. Eine schonungslosere Ausbeutung der Natur lässt sich kaum denken, sie vernichtet nicht nur Lebens-, sondern auch tiefreichende Erinnerungsräume", FAZ 12.12. 2013.

[4] Vgl. hierzu im Einzelnen *Hinsch*, Schallimmissionsschutz bei der Zulassung von Windenergieanlagen, ZUR 2008, 567; *Scheidler*, Errichtung und Betrieb von Windkraftanlagen aus öffentlich-rechtlicher Sicht, WiVerw 2011, 117; *Schink*, Immissionsschutzrechtliche Anforderungen bei der Errichtung und dem Repowering von Windenergieanlagen, I + E 2012, 194.

Nimmt man die öffentliche Diskussion zum Maßstab, scheinen die durch den Betrieb von Windenergieanlagen verursachten Lärmbeeinträchtigungen der Umgebung keine besonderen Probleme zu bereiten. Dieser Befund erscheint einigermaßen erstaunlich, denn einerseits sind die von Windenergieanlagen ausgehenden Geräuschemissionen nicht gering[5], andererseits fehlt es, wie noch zu zeigen sein wird, für die wichtigsten Einwirkungsbereiche an einem verbindlichen, normierten Zumutbarkeitsmaßstab.

Windenergieanlagen sind Anlagen im Sinne des § 3 Abs. 5 Nr. 1 BImSchG. Ob die Beschaffenheit oder der Betrieb der Anlagen in besonderem Maße geeignet ist, schädliche Umwelteinwirkungen hervorzurufen, mit der Folge, dass sie dem Genehmigungsvorbehalt des § 4 Abs. 1 Satz 1 BImSchG zu unterstellen sind, wurde in den zurück liegenden 30 Jahren immer wieder unterschiedlich beurteilt, was auf eine beträchtliche Unsicherheit in der Bewertung des Störpotenzials schließen lässt.

Bejaht wurde die Frage durch die Bundesregierung erstmalig im Jahr 1985, als Windkraftanlagen mit einer Leistung ab 300 kW durch Nr. 1.6 des Anhangs der Verordnung über genehmigungsbedürftige Anlagen (4. BImSchV) in den Kreis der genehmigungsbedürftigen Anlagen aufgenommen wurden[6], weil sie – so die amtliche Begründung[7] – zu erheblichen Umwelteinwirkungen durch Lärm führen können; zugeordnet wurden sie entsprechend der damaligen Struktur der 4. BImSchV der Spalte 2, so dass sie im vereinfachten Verfahren nach § 19 BImSchG ohne Öffentlichkeitsbeteiligung zu genehmigen waren.

Acht Jahre später wurden Windkraftanlagen wieder vom Genehmigungsvorbehalt befreit[8], mit der Begründung, dass Windkraftanlagen infolge fortgeschrittener Anlagentechnik nicht mehr in besonderem Maße geeignet seien, schädliche Umwelteinwirkungen hervorzurufen[9]. Dies sah man 2001 erneut anders; durch das sog. Artikelgesetz von 2001[10] wurden größere Anlagenkomplexe mit wenigstens 3 Windkraftanlagen (Windfarmen) wiederum aus Gründen des Lärmschutzes dem Genehmigungsvorbehalt unterstellt, wobei Windfarmen mit 3 bis 5 Windkraftanlagen dem vereinfachten, und größere mit 6 oder mehr Anlagen dem förmlichen Genehmigungsverfahren mit Öffentlichkeitsbeteiligung zugeordnet wurden. Auslöser für die abermalige Richtungsänderung war, dass die Anlagen der UVP-Pflicht unterstellt worden waren. Auch diese Regelung hatte nicht lange Bestand. Durch Änderungsverordnung vom 20. 6. 2005 (BGBl. I S. 1687) sah man wieder von einer gesonderten Regelung für Windfarmen ab und ordnete Windkraftanlagen mit einer Gesamthöhe von mehr

---

[5] Windenergieanlagen erzeugen typischerweise einen Schallleistungspegel von ca. 103 dB (A); vgl. dazu im Einzelnen Materialien Nr. 63 des LANUV NRW, Nr. 1.3.

[6] Verordnung über genehmigungsbedürftige Anlagen vom 27. 7. 1985 (BGBl. I S. 1586).

[7] BR-Drucks. 226/85.

[8] Änderungsverordnung vom 24. 3. 1993 (BGBl. I S. 383).

[9] BR-Drucks. 879/92.

[10] Gesetz zur Umsetzung der UVP-Änderungsrichtlinie, der IVU-Richtlinie und weiterer EG-Richtlinien vom 27. 7. 2001 (BGBl. I S. 1950).

als 50 m der Spalte 2 zu. Der derzeit gültige Genehmigungsstatus geht auf Artikel 1 der 1. Artikelverordnung vom 2.5.2013 (BGBl. I S. 973) zurück. Nach Anhang 1 Nr. 1.6 sind Windenergieanlagen mit einer Gesamthöhe von mehr als 50 m genehmigungsbedürftig, und zwar mit 20 oder mehr Windkraftanlagen im förmlichen Verfahren (Nr. 1.6.1), mit weniger als 20 Windkraftanlagen im vereinfachten Verfahren (Nr. 1.6.2).

Die Zumutbarkeit der von diesen Windkraftanlagen hervorgerufenen Lärmbeeinträchtigungen ist nach der TA Lärm zu beurteilen. Im Regelfall ist nach Nr. 3.2.1 TA Lärm der Schutz vor schädlichen Umwelteinwirkungen durch Geräusche sichergestellt, wenn die Gesamtbelastung am maßgeblichen Immissionsort (Nr. 2.3 TA Lärm) die Immissionsrichtwerte nach Nr. 6.1 TA Lärm nicht überschreitet. Die in Nr. 6.1 Abs. 1 Satz 1 TA Lärm festgesetzten Immissionsrichtwerte stufen das maßgebliche Schutzniveau der Einwirkungsbereiche entsprechend den durch die Baunutzungsverordnung vorgegebenen und in den Bebauungsplänen festgelegten Gebietskategorien ab: Industriegebiete, Gewerbegebiete, Kern-, Dorf- und Mischgebiete, allgemeine Wohngebiete, Kleinsiedlungsgebiete, reine Wohngebiete, Kurgebiete sowie die Bereiche von Krankenhäusern und Pflegeanstalten.

Der Einwirkungsbereich von Windkraftanlagen erstreckt sich jedoch nicht oder nur zu einem Teil auf die in Nr. 6.1 Abs.1 Satz 1 TA Lärm aufgeführten Gebiete, denn Windkraftanlagen sind nach § 35 Abs. 1 Nr. 5 BauGB wegen ihres erheblichen Belastungspotenzials nur im Außenbereich zulässig, und auch nur dann, wenn öffentliche Belange nicht entgegenstehen, was u.a. nach § 35 Abs. 3 Satz 1 Nr. 3 BauGB bedeutet, dass keine schädlichen Umwelteinwirkungen hervorgerufen werden dürfen. Somit stellt sich die Frage, wieviel durch Windkraftanlagen erzeugter Lärm der Bevölkerung zugemutet werden darf, in doppelter Hinsicht und damit in besonderer Dringlichkeit: aus der Sicht der betroffenen Nachbarn ebenso wie aus der Sicht des Investors, der die bauplanungsrechtliche Zulässigkeit der Anlage nachweisen muss.

Für den gewissermaßen idealtypischen Fall, dass die Lärmeinwirkungen der Windkraftanlage nicht über den Außenbereich hinaus reichen, ist die Antwort so eindeutig wie unbefriedigend: Die TA Lärm hat für den Außenbereich keine Immissionsrichtwerte festgesetzt und überlässt damit die Immissionsbewertung im Außenbereich den Behörden und Gerichten. Die Gründe für die Regelungsabstinenz liegen auf der Hand. Die nach § 35 Abs. 1 BauGB privilegierten Vorhaben sind so unterschiedlich, dass der ausschließlich für sie reservierte Außenbereich keinen homogenen Gebietscharakter aufweist, der die Zuweisung eines einheitlichen, durch standardisierte Immissionsrichtwerte zu sichernden Schutzniveaus ermöglichen würde. Umso dringlicher stellt sich die Frage nach dem Zumutbarkeitsmaßstab für Windkraftanlagen, denn von ihrer Beantwortung hängt im Einzelfall der Zutritt zum Außenbereich (§ 35 Abs. 3 Satz 1 Nr. 2 BauGB) und damit auch der weitere Ausbau erneuerbarer Energie ab. Mangels normativer Konkretisierung liegt die Sicherstellung eines angemessenen Lärmschutzes auf diesem besonders schwierigen Gelände wie schon so oft in den vergangenen Jahren in den Händen der Gerichte.

Das Urteil des BVerwG vom 22.5.1987[11] und insbesondere der Beschluss des BVerfG vom 30.11.1988[12] gaben den Anstoß, die seit Erlass des Bundes-Immissionsschutzgesetzes im Jahre 1974 ungeregelt gebliebene Frage, wann konkret beim Bau oder der wesentlichen Änderung öffentlicher Straßen und Schienenwege der Schutz der Nachbarschaft vor unzumutbaren Lärmbeeinträchtigungen sichergestellt sei, normativ zu klären. Durch § 2 der Verkehrslärmschutzverordnung[13] wurden die in der Praxis dringend benötigten Immissionsgrenzwerte festgesetzt. Das Tegelsbargurteil[14] gab die Vorlage für die Sportanlagenlärmschutzverordnung[15] mit ihren Immissionsrichtwerten in § 2. Im Tunnelofenurteil[16] mit seinen rechtsgrundätzlichen Feststellungen zum Gebot der gegenseitigen Rücksichtnahme im Nachbarschaftsverhältnis wurde die Grundlage gelegt für die spätere Regelung in Nr. 6.7 (Gemengelage) der TA Lärm 1998[17], der, wie noch zu zeigen sein wird, eine Schlüsselrolle auch zur Lösung des hier behandelten Problems zukommt.

Auf der Suche nach einem geeigneten Zumutbarkeitsmaßstab innerhalb des Außenbereichs ist zunächst festzuhalten, dass dort Wohnende in keinem Fall einen Lärmschutz beanspruchen können, wie er nach Nr. 6.1 Abs. 1 Buchst. d) und e) TA Lärm für reine und allgemeine Wohngebiete und Kleinsiedlungsgebiete festgesetzt worden ist. Das versteht sich nach dem Wortlaut der TA Lärm von selbst, aber auch eine entsprechende Anwendung der Immissionsrichtwerte ist im Hinblick auf die Konzeption der baugebietsbezogenen Festlegung der Schutzwürdigkeit ausgeschlossen. Der Außenbereich ist kein Baugebiet, sondern soll tendenziell von Bebauung freigehalten werden[18].

Auf der anderen Seite ist das Wohnen im Außenbereich auch nicht ausgeschlossen und in vielen Fällen notwendig, z.B. in Wohngebäuden, die mit einem land- oder forstwirtschaftlichen Betrieb oder einem Gartenbaubetrieb verbunden sind. Deshalb dürfen die dort Wohnenden wenigstens darauf vertrauen, dass in ihrer Umgebung

---

[11] BVerwGE 77, 295.

[12] UPR 1989, 143.

[13] Sechszehnte Verordnung zur Durchführung des Bundes-Immissionsschutzgesetzes (Verkehrslärmschutzverordnung – 16. BImSchV) vom 12.6. 1990 (BGBl. I S. 1036).

[14] BVerwG, Urt. v. 19.1.1989, E 81, 197.

[15] Achtzehnte Verordnung zur Durchführung des Bundes-Immissionsschutzgesetzes (Sportanlagenlärmschutzverordnung – 18. BImSchV) vom 18.7.1991, BGBl. I S. 1588, 1790.

[16] BVerwG Urt. v. 12.12.1975 mit Anm. Kutscheidt, DVBl. 1976, 214.

[17] Sechste Allgemeine Verwaltungsvorschrift zum Bundes-Immissionsschutzgesetz (Technische Anleitung zum Schutz gegen Lärm – TA Lärm – vom 26.8.1998 (GMBl. S. 503).

[18] BVerwG, Beschl. v. 28.7.1999, 4 B 38.99; OVG NRW Urt. v. 18.11.2002, NVwZ 2003, 75.

keine Nutzung zugelassen wird, welche die Wohnnutzung unzumutbar beeinträchtigt[19]. Dauerhaft gesundes Wohnen muss auch im Außenbereich möglich sein.

Die Gerichte haben sich bei der Beurteilung der Zumutbarkeit von Lärmeinwirkungen innerhalb des Außenbereichs an den Immissionsrichtwerten für Kern-, Dorf- und Mischgebiete nach Nr. 6.1 Buchst. c) TA Lärm (tagsüber 60 dB(A) und nachts 45 dB(A)) orientiert. Diese inzwischen ständige Rechtsprechung[20] ist sowohl von der Begründung als auch vom Ergebnis her konsequent. Die Konfliktsituationen sind in beiden Bereichen miteinander vergleichbar. Hier wie dort verschränken sich die störenden Nutzungen und die schutzwürdige Wohnbebauung relativ ungeordnet. Vor allem aber spricht für die Heranziehung der Immissionsrichtwerte nach Nr. 6.1 Buchst. c), dass sich die TA Lärm in einer Sollvorschrift dieser noch vertretbaren Zumutbarkeitsbegrenzung für gesundes Wohnen an anderer Stelle selbst bedient, und zwar zur „Deckelung" der Zwischenwertbildung in Gemengelagen (Nr. 6.7 Abs. 1 Satz 2 TA Lärm). Die Höhe des geeigneten Zwischenwertes ist in Gemengelagen zwar nach der konkreten Schutzwürdigkeit des betroffenen Gebiets durch Abwägung unter Heranziehung der Kriterien von Nr. 6.7 Abs. 2 Satz 2 TA Lärm zu bestimmen, aber die TA Lärm gibt für diesen Zwischenwert eine Grenze vor. Nach Nr. 6.7 Abs. 1 Satz 2 TA Lärm sollen die Immissionsrichtwerte für Kern-, Dorf- und Mischgebiete nicht überschritten werden. Die Begründung für die Wahl gerade dieser äußersten Zumutbarkeitsgrenze ergibt sich aus der Entstehungsgeschichte der Regelung. Nr. 6.1 Abs. 1 Satz 2 TA Lärm wurde auf Vorschlag des Bundesrates eingefügt, und zwar mit der Begründung, dass bei höherer Lärmbelastung als 60/45 dB(A) dauerhaft gesunde Wohnverhältnisse ohne besonderen passiven Schallschutz nicht gewährleistet seien[21]. Weil diese auch im Außenbereich gewährleistet sein müssen, ist die entsprechende Anwendung der Belastungshöchstgrenze von Nr. 6.7 Abs. 1 Satz 2 auf das Wohnen im Außenbereich konsequent, wenngleich damit der Schutzanspruch stringenter wird als im Gewerbegebiet, in dem Wohnungen – zumindest ausnahmsweise – ebenfalls zulässig sind. Besonderheiten der örtlichen Situation kann, da es sich um eine Sollvorschrift handelt, Rechnung getragen werden.

Mit dieser Rechtsprechung ist allerdings nur ein Teil, wahrscheinlich sogar nur der kleinere Teil der beim Bau von Windkraftanlagen entstehenden Probleme gelöst, denn in vielen Fällen beschränken sich die Lärmeinwirkungen von Windkraftanlagen nicht auf den Außenbereich, sondern wirken in angrenzende ausgewiesene Baugebiete hinein. Die Situation ähnelt der in Nr. 6.7 TA Lärm geregelten Gemengelage, bei der gewerbliche, industrielle oder hinsichtlich ihrer Geräuscheinwirkungen ver-

---

[19] OVG NRW Beschl. v. 3.9.1999, 10 B 1283/99; OVG NRW Urt. v. 18.11.2002, 7 A 2127/00.

[20] BVerwG Urt. v. 12.8.2009–9 A 64.07, Rn. 132; NiedersOVG Beschl. v. 18.12.1998, NVwZ 1999, 444; OVG Greifswald Beschl. v. 8.3.1999, NVwZ 1999, 1238; OVG NRW Beschl. v. 3.9.1999, NVwZ 1999, 1360; OVG NRW Beschl. v. 11.3.2005–10 B 2462; OVG NRW Beschl. v. 3.5.2012–11 B 1458.

[21] BR-Drucks. 254/98 (Beschluss), BR-Drucks. 254/1/98 Nr. 34.

gleichbare Nutzungen und zum Wohnen dienende Gebiete aneinander grenzen. Doch kann diese Vorschrift nicht unmittelbar auf Windkraftanlagen im Randbereich zu Baugebieten angewandt werden. Aus dem Gesamtzusammenhang der Regelung in Nr. 6.7 ist zu entnehmen, dass es sich um aneinander grenzende bauplanungsrechtlich ausgewiesene Gebietskategorien handeln muss, für die nach Nr. 6.1 Abs. 1 TA Lärm Immissionsrichtwerte festgesetzt worden sind. Eine solche Gebietskategorie stellt der Außenbereich gerade nicht dar.

In der Sache entspricht die Konfliktsituation in den an einen Außenbereich angrenzenden Randgebieten derjenigen einer Gemengelage nach Nr. 6.7 TA Lärm. Für diese unechten Gemengelagen müssen deshalb auch die vom BVerwG im Tunnelofen-Urteil[22] entwickelten Grundsätze zum Gebot der gegenseitigen Rücksichtnahme gelten. Danach ist in den Bereichen, in denen Gebiete von unterschiedlicher Qualität und unterschiedlicher Schutzwürdigkeit zusammen treffen, die Grundstücksnutzung mit einer spezifischen gegenseitigen Pflicht zur Rücksichtnahme belastet. Dies führt nicht nur zur Pflichtigkeit des Störers, sondern auch zu einer die Tatsachen respektierende Duldungspflicht der sich am Rande zum Außenbereich Ansiedelnden.

Nach seit langem ständiger Rechtsprechung ist anerkannt, dass der Schutzanspruch des am Rande zum Außenbereich Wohnenden generell vermindert ist[23]. In der Nachbarschaft zum Außenbereich muss der Lärmbetroffene insbesondere damit rechnen, dass privilegierte Vorhaben i. S. von § 35 Abs. 1 BauGB errichtet und betrieben werden, z. B. Betriebe der Intensivtierhaltung (evtl. im Verbund mit Biogasanlagen) und Windkraftanlagen, da diese Anlagen wegen ihrer Nachbarschaftbeeinträchtigungen in beplanten Bereichen nicht hingenommen werden können und deshalb in den Außenbereich verwiesen werden müssen. Mit der Privilegierung in § 35 Abs. 1 BauGB hat der Gesetzgeber eine planende Entscheidung zugunsten dieser Anlagen getroffen[24]. Diese hat der am Rande zum Außenbereich Wohnende zu respektieren, so dass er dort eine höhere Lärmbelastung hinzunehmen hat als das ihm nach der Gebietskategorie durch die Immissionsrichtwerte gem. Nr. 6.1 Abs. 1 TA Lärm zugestandene Schutzniveau.

Die sich aus der Randlage von Wohngrundstücken aus dem Gebot gegenseitiger Rücksichtnahme ergebenden Verschiebungen der typisierten Zumutbarkeitsgrenzen

---

[22] BVerwG Urt. v. 12. 12. 1975, DÖV 1976, 387, 663 mit. Anm. von Kutscheidt. Der BGH hat diese Grundsätze übernommen, BGH Urt. v. 14. 10.1994, V ZR 76/93, DVBl. 1995, 111.

[23] BVerwG Urt. v. 22. 3. 1985, DVBl. 1985, 896; BVerwG, Urt. v. 19. 1. 1989 – *Tegelsbarg*, BVerwGE 81,197; BVerwG, Beschl. v. 18. 12. 1990–4 N 6.88; VGH Baden-Württemberg, Urt. v. 23. 4. 2002–10 S 1502/01; OVG NRW, BRS 49,205; HessVGH Beschl. v. 30. 10. 2009–6 B 2668,09; BayVGH, Beschl. v. 25. 10. 2010, UPR 2011, 118.

[24] *Battis/Krautzberger/Löhr*, BauGB, 12. Aufl. § 35 Rn. 4, unter Verweis auf BVerwG, Urt. v. 25. 10. 1967 - IV C 667, BVerwGE 28, 148, 150.

können in entsprechender Anwendung von Nr. 6.7 ebenfalls typisierend durch Abstufungen konkretisiert werden[25].

Nach Nr. 6.7 TA Lärm sind folgende Bewertungskriterien zu berücksichtigen:

- Aus der Natur eines *Zwischen*wertes folgt, dass dieser innerhalb der Spanne liegen muss, die sich aus den für die konfligierenden Nutzungsgebiete festgelegten Zumutbarkeitsschwellen ergibt. Dies sind einerseits die für den Lärmbetroffenen maßgeblichen Immissionsrichtwerte – in der Regel die für reine oder allgemeine Wohngebiete – und andererseits die von der Rechtsprechung entwickelten, in der Regel an den Immissionsrichtwerten für Mischgebiete orientierten Zumutbarkeitsgrenzen.
- Für den Zwischenwert soll nach Nr. 6.7 Abs. 1 Satz 2 TA Lärm der Immissionsrichtwert für Mischgebiete als äußerste Grenze nicht überschritten werden.
- Vorausgesetzt wird nach Nr. 6.7 Abs. 1 Satz 3 TA Lärm, dass in Bezug auf die Störquelle der Stand der Technik zur Lärmminderung eingehalten wird.

Für die weiteren Überlegungen ist wichtig zu betonen, dass anhand dieser Bewertungskriterien nicht der für die konkrete Gemengelage maßgebende Zwischenwert selbst ermittelt wird, sondern lediglich der *Rahmen*, innerhalb dessen der Zwischenwert festzusetzen ist. Dies folgt schon daraus, dass gebietsbezogene Immissionsrichtwerte auf abstrakt-generellen Abwägungen beruhen und die Zumutbarkeitsschwelle typisierend nach dem abstrakten Maßstab der allgemeinen Zweckbestimmung der nach der Baunutzungsverordnung normierten Baugebiete bestimmen[26].

Der „geeignete Zwischenwert“ selbst bestimmt sich gemäß Nr. 6.7 Abs. 2 TA Lärm nach der *konkreten Schutzwürdigkeit* des lärmbetroffenen Grundstücks. Damit knüpft die Regelung an den im Tunnelofenurteil des BVerwG verankerten Grundsatz an, dass die aus dem Gebot der gegenseitigen Rücksichtnahme folgende Pflichtigkeit „nicht abstrahiert und damit von den jeweiligen tatsächlichen Gegebenheiten abgelöst werden“ darf; letztlich entscheidend sind für den Zwischenwert die jeweiligen Umständen des Einzelfalls[27]; die Zwischenwerte müssen die Einzelheiten der von den Lärmeinwirkungen betroffenen Grundstückssituation berücksichtigen, sowohl in Bezug auf das Wohngrundstück wie auch die besondere Funktion des Außenbereichs, insbesondere die vorrangige Aufnahme besonders störender Grund-

[25] BVerwG, Beschl. v. 28.9.1993, – 4 B 151,93; OVG NRW, Urt. v. 13.11.2009 – 7 A 146/08.

[26] VGH Baden-Württemberg, Urt. v. 3.7.2012, VBlBW 2013, 97.

[27] BVerwG, Urt. v. 12.12.1975, vgl. oben Fn. 22; BVerwG, Urt. v. 29.10.1993, NVwZ 1994, 686; im Hinblick auf die seinerzeit noch fehlenden Immissionsgrenzwerte für den Bau und den Betrieb von Straßen betont BVerwGE 77, 295, dass solange gebietsbezogene Grenzwerte nicht normativ festgelegt worden sind, die zu beachtende Zumutbarkeitsgrenze von den Behörden und den Gerichten stets anhand einer umfassenden Würdigung aller Umstände des Einzelfalls zu bestimmen ist; vgl. ferner OVG NRW v. 13.11.2009 – 7 A 146/08; HessVGH 30.10.2009 – 6 B 2668.09; VGH Baden-Württemberg 3.7.2012 – 3 S 321/11 (Sportanlagenlärmschutzverordnung).

stücksnutzungen nach § 35 Abs. 1 BauGB[28]. Der Windenergie-Erlass NRW betont ausdrücklich: „Dieser Zwischenwert ist in jedem Einzelfall unter Beachtung der konkreten Sachverhaltsumstände zu bilden.“[29]

Die konkrete Schutzwürdigkeit hängt nach Nr. 6.7 Abs. 2 Satz 2 TA Lärm im Einzelfall u. a. ab von der

- Prägung des Einwirkungsgebiets durch
  - den Umfang der Wohnbebauung und
  - die (privilegierten) Windkraftanlagen im Außenbereich,
- Ortsüblichkeit der Windkraftanlagen und
- die Frage, welche der unverträglichen Nutzungen zuerst verwirklicht wurde (Grundsatz der Priorität).

Betrachtet man unter diesen Gesichtspunkten die bisher zu den Lärmauswirkungen von Windkraftanlagen ergangene Rechtsprechung, zeigt sich ein diffuses Bild, das zu möglicherweise erheblichen umweltrechtlichen Bedenken Anlass geben kann. Das Bundesverwaltungsgericht hatte offensichtlich noch keine Gelegenheit, dringend notwendige Klärungen herbeizuführen[30].Auch in der Rechtsprechung der Obergerichte sind bisher, soweit ersichtlich, noch keine substanziellen Klärungen erkennbar, sondern lediglich allgemeine Feststellungen zum Zumutbarkeitsmaßstab. Danach ist bei Lärmeinwirkungen auf Wohngrundstücke am Rande zum Außenbereich von Immissionsrichtwerten für allgemeine Wohngebiete und bei Wohngrundstücken innerhalb des Außenbereichs allenfalls von Immissionsrichtwerten für Mischgebiete auszugehen[31]. Im Übrigen wird übereinstimmend betont, dass diese Werte keine verbindliche, stereotyp anzuwendende Richtschnur seien[32]. Was im Einzelfall konkret zumutbar sei, bestimme sich nach den spezifischen örtlichen Gegebenheiten[33]. Ob und wie die Abwägung unter Berücksichtigung der Besonderheiten des entschiedenen Einzelfalls vorgenommen worden ist, lassen die Entscheidungen nicht erkennen. Möglicherweise gaben die zur Entscheidung anstehenden Fälle keinen Anlass hierfür.

[28] BGH 14. 10. 1994, DVBl. 1995, 111.

[29] Erlass für die Planung und Genehmigung von Windenergieanlagen und Hinweise für die Zielsetzung und Anwendung (Windenergie-Erlass) vom 11. 7. 2011 (MBl. S. 321).

[30] In zwei Entscheidungen wird unter Bezugnahme auf die bisherige Rechtsprechung lediglich darauf hingewiesen, dass bei der Bildung des Zwischenwertes (Mittelwertes) die besonderen Umstände des Einzelfalls, u. a. die Ortsüblichkeit, zu berücksichtigen sind, BVerwG 28. 9. 1993 – 4 B 151.93, BRS 55 Nr. 165; BVerwG 6. 11. 2008 – 4 B 58.08.

[31] OVG NRW, Urt. v. 9. 9. 1998 – 7 B 1591/98; OVG NRW, Beschl. v. 3. 9. 1999 – 10 B 1283/99; HessVGH, Beschl. v. 30. 10. 2009 – 6 B 2668.09; HessVGH, Beschl. v. 21. 1. 2010 – 9 B 2936.09.

[32] HessVGH, Beschl. v. 30. 10. 2009 (Fn. 31).

[33] HessVGH, Beschl. v. 30. 10. 2009 (Fn. 31), unter Verweis auf das *Tunnelofen*-Urteil des BVerwG vom 12. 12. 1975 (Fn. 16); eingehend VGH Baden-Württemberg, Urt. v. 3. 7. 2012 – 3 S 321/11 – *Sportanlage*.

Durchweg bedenklich erscheint dagegen die Rechtsprechung der erstinstanzlichen Gerichte. Soweit ersichtlich, entscheiden diese allein aufgrund der vom BVerwG und den Obergerichten in ständiger Rechtsprechung für reine und allgemeine Wohngrundstücke am Rande zum Außenbereich um eine Gebietskategorie reduzierten Immissionsrichtwerte, ohne die nach den örtlichen Besonderheiten notwendige Abwägung vorzunehmen[34].

Die konkrete Schutzwürdigkeit der durch Windkraftanlagen betroffenen Wohngrundstücke kann nach Nr. 6.7 Abs. 2 TA Lärm in besonders gelagerten – krassen, aber denkbaren – Fällen von der Prägung des Gebiets als ausgedehntes Wohngebiet abhängen, wie umgekehrt der Außenbereich durch Windparks geprägt sein kann. Die Frage der Ortsüblichkeit und vor allem der Priorität wird in den meisten Fällen zugunsten der Wohngrundstücke ins Gewicht fallen. Liegt das Wohngrundstück – wie oft – nur in einer Richtung zur Windkraftanlage, kommt es nach Nr. 6.7 Satz 3 TA Lärm darauf an, inwieweit dem Lärmschutz durch die Anordnung der Windkraftanlage und durch die Nutzung von – bei Windkraftanlagen allerdings eher selten gegebenen – Abschirmmöglichkeiten Rechnung getragen werden kann. Auf der anderen Seite kommt auch der Lage der Windkraftanlage in dem u. a. für sie vorrangig reservierten Außenbereich oder auch den mit der Energiewende verfolgten Zielen des Gemeinwohls erhebliches Gewicht zu. Doch darf diesen Belangen nicht ein alle anderen Schutzgüter erdrückendes Gewicht zugemessen werden, wie dies im Ergebnis bei einem Verzicht auf die Berücksichtigung der konkreten Schutzwürdigkeit von Wohngrundstücken der Fall sein würde. Dies käme der Einräumung eines umweltrechtlichen Sonderstatus von Windkraftanlagen gleich, der mit dem geltenden, in § 5 Abs. 1 Nr. 1 BImSchG und Nr. 6.7 TA Lärm verankerten Recht unvereinbar wäre.

Abschließend ist der Hoffnung Ausdruck zu geben, dass diese Gefahr im Verlaufe der weiteren Rechtsprechung erkannt wird, damit der überhastet eingeleiteten und insgesamt planlos vollzogenen Energiewende nicht auch noch der im Hinblick auf das Repowering und den zu erwartenden Ausbau des Bestandes an Windkraftanlagen immer dringender werdende Lärmschutz zum Opfer fällt.

---

[34] VG Düsseldorf, Urt. v. 28.9.2010 – 17 K 3996/09 – und v. 28.10.2010 – 11 K 2863/09; VG Saarland v. 27.8.1998 – 5 K 5/08 – und v. 22.2.2010 – 5 L 9/10; VG Arnsberg, Urt. v. 17.6.2010 – 7 K 1932/08; VG Gießen Beschl. v. 25.3.2011 – 8 L 50/11; VG Darmstadt, Beschl. v. 27.6.2011 – 6 L 425/11.DA.

Baurecht

Die Bedeutung der TA Lärm für die Bauleitplanung

Von *Klaus-Peter Dolde*

Hans-Joachim Koch hat sich in zahlreichen Veröffentlichungen über Jahrzehnte mit Fragen des (Gewerbe-)Lärms, der städtebaulichen Planung und der Berücksichtigung des Lärms in der Bauleitplanung befasst[1]. Die Konfliktsituationen zwischen gewerblicher Wirtschaft und Wohnen sind ein Dauerproblem des Städtebaurechts[2], mit dem sich zahlreiche Gerichtsentscheidungen und Abhandlungen in der Literatur befassen. Konflikte treten auf, wenn an Gewerbebetriebe heranrückende Wohnbebauung (z. B. Konversionsvorhaben, Revitalisierung von Gewerbebrachen) oder an Wohngebiete heranrückende gewerbliche Nutzung geplant wird. Nach § 1 Abs. 5 Satz 3 BauGB[3] „soll die städtebauliche Entwicklung vorrangig durch Maßnahmen der Innenentwicklung" erfolgen. Dieser Grundsatz ist geeignet, die Konfliktsituationen zu vermehren. Die Fortsetzung der Jahrzehnte dauernden Diskussion ist gesichert. Ein Meilenstein in dieser Diskussion ist das Urteil des Bundesverwaltungsgerichts vom 29. 11. 2012[4] zur Bedeutung der TA Lärm für die architektonische Selbsthilfe bei Anwendung von § 15 BauNVO, das einige Fragen klärt und neue Fragen aufwirft.

I. TA Lärm

1. Anwendungsbereich

Die TA Lärm definiert in Nr. 1 ihren Anwendungsbereich. Sie dient dem Schutz der Allgemeinheit und der Nachbarschaft vor schädlichen Umwelteinwirkungen durch Geräusche sowie der Vorsorge gegen schädliche Umwelteinwirkungen durch Geräusche. Sie gilt für Anlagen, die als genehmigungsbedürftige oder nicht

---

[1] Zum Beispiel Immissionsschutz durch Baurecht, 1991; Der Schutz der Umwelt in der Rechtsprechung zum Bauplanungsrecht, VerW 31 (1998), 505; Immissionsschutz in der Bauleitplanung, in: Erbguth et al. (Hrsg.), FS Hoppe, 2000, S. 549 ff.; *Koch/Hendler*, Baurecht, Raumordnungs- und Landesplanungsrecht, 5. Aufl. 2009, § 13 Rn. 12; § 14 Rn. 32 ff.

[2] *Dolde*, DVBl. 1983, 732.

[3] Eingefügt durch das „Gesetz zur Stärkung der Innenentwicklung in den Städten und Gemeinden und weiteren Stärkung und Fortentwicklung des Städtebaurechts" vom 11.06. 2013, BGBl. I S. 1448.

[4] BVerwGE 145, 145 = NVwZ 2013, 372 mit Anm. *Dolde*, DVBl. 2013, 373 mit Anm. *David.* Dazu *Fricke*, ZfBR 2013, 627; *Oerder/Bentling*, BauR 2013, 1196; *Rappen/Küas*, BauR 2013, 874; *Reidt*, UPR 2013, 144; *Gatz*, juris PR-BVerwG 3/2013 Anm. 4.

genehmigungsbedürftige Anlagen den Anforderungen des Bundes-Immissionsschutzgesetzes unterliegen, mit Ausnahme der in Nr. 1 Abs. 2 Buchst. a bis h genannten Anlagen. Die TA Lärm konkretisiert die Genehmigungsvoraussetzungen für genehmigungsbedürftige Anlagen (§ 5 Abs. 1 Nr. 1, 2 BImSchG) bzw. die Anforderungen an nicht genehmigungsbedürftige Anlagen (§ 22 Abs. 1 BImSchG), soweit diese nicht ausdrücklich vom Anwendungsbereich der TA Lärm ausgenommen sind.

Die TA Lärm bestimmt u. a. in Nr. 6 die maßgebenden Immissionsrichtwerte. Im Anhang ist die Ermittlung von Geräuschimmissionen geregelt.

2. Rechtliche Bindung

Nach gefestigter Rechtsprechung ist die TA Lärm u.a. im Hinblick auf die Ermächtigungsgrundlage des § 48 BImSchG eine normkonkretisierende Verwaltungsvorschrift, die die Verwaltung und die Gerichte bindet. Für eine „einzelfallbezogene Beurteilung der Schädlichkeitsgrenze aufgrund tatrichterlicher Würdigung lässt das normkonkretisierende Regelungskonzept der TA Lärm nur insoweit Raum, als es insbesondere durch Kann-Vorschriften (z. B. Nr. 6.5 Satz 3 und Nr. 7) und Bewertungsspannen (z. B. A. 2.5.3) Spielräume eröffnet“[5]. Zur verbindlichen Regelung der TA Lärm gehört auch die Bildung von Mittelwerten in Gemengelagen nach Nr. 6.7. Diese Regelung enthält eine auf die Gemengelage zugeschnittene Lösung, die Vorbelastung, Prioritätsprinzip, konkrete Schutzwürdigung und Gebietsprägung berücksichtigt[6].

II. Bedeutung für die baurechtliche Zulässigkeit von Vorhaben

1. § 22 BImSchG

Nicht genehmigungsbedürftige Anlagen im Sinne von § 22 BImSchG unterliegen den Anforderungen der Bauordnungen der Länder. Sie sind baurechtlich nur genehmigungsfähig, wenn sie die Anforderungen des § 22 BImSchG und der TA Lärm erfüllen. Bedürfen die Vorhaben keiner Baugenehmigung, muss § 22 Abs. 1 BImSchG gleichwohl erfüllt werden[7].

2. Baurechtliche Normen

a) Neben § 22 BImSchG enthalten baurechtliche Normen, insbesondere das in § 15 Abs. 1 BauNVO, §§ 34 Abs. 1, 35 Abs. 3 Nr. 3 BauGB verankerte Gebot der

---

[5] BVerwGE 145, 145 Rn. 18; 129, 209 Rn. 12; *Jarass*, BImSchG, 10. Aufl. 2013, § 48 Rn. 42 ff.; noch problematisierend *Koch*, in: GK-BImSchG, § 48 Rn. 68 ff. in der Erstkommentierung 1994.

[6] BVerwGE 145, 145 Rn. 23.

[7] *Koch/Hendler* (Fn. 1), § 23 Rn. 18 f. mit Nachweisen zu den Landesbauordnungen; BVerwGE 109, 314, 319 f.

Rücksichtnahme sowie Vorschriften des Bauordnungsrechts, Anforderungen zur Bewältigung von Lärm-Immissionskonflikten. Nach gefestigter Rechtsprechung des Bundesverwaltungsgerichts[8] folgen die baurechtlichen Anforderungen dem Immissionsschutzrecht. Was immissionsschutzrechtlich zumutbar ist, erfüllt das baurechtliche Gebot der Rücksichtnahme und die bauordnungsrechtlichen Anforderungen zum Lärmschutz. Maßgebend ist auch insoweit die TA Lärm. Ihre rechtliche Bindung besteht danach nicht nur für die Anwendung des Immissionsschutzrechts, sondern auch für die Bestimmung der Zumutbarkeitsgrenze in baurechtlichen Nachbarschaftskonflikten, wie sie z. B. das Gebot der Rücksichtnahme fordert. Zwar gilt die TA Lärm nach ihrer Nr. 1 nicht unmittelbar für das Baurecht. Sie legt jedoch die Grenze der Zumutbarkeit von Lärmimmissionen auch für den Bereich des Baurechts allgemein fest. Sie ist sowohl für den emittierenden Betrieb als auch für die heranrückende Wohnbebauung verbindlich[9]. Das Bundesverwaltungsgericht hat ausdrücklich die Auffassung des VGH Mannheim und des OVG Münster als Vorinstanz[10] verworfen, die eine Bindungswirkung der TA Lärm für die baurechtliche Genehmigung einer heranrückenden Wohnbebauung verneinten und im Rahmen einer Einzelfallprüfung andere als in der TA Lärm vorgesehene Mittel zur Konfliktlösung, z. B. die Gewährleistung eines ausreichenden Innenpegels durch Maßnahmen des passiven Schallschutzes, für möglich hielten[11].

b) Die Verbindlichkeit der TA Lärm für die Genehmigung heranrückender Wohnbebauung bedeutet nach Auffassung des Bundesverwaltungsgerichts nicht, dass jedes Wohnbauvorhaben, das sich über die Richtwerte der TA Lärm hinausgehenden Immissionen aussetzt, nicht genehmigungsfähig ist. Das Bundesverwaltungsgericht betont, dass beide Parteien des Konflikts, also auch der emittierende Betrieb, dem Gebot der Rücksichtnahme unterliegen. Die dem Betrieb zumutbaren Maßnahmen bestimmen sich nach § 22 Abs. 1 Satz 1 BImSchG. Der Betrieb muss demnach ggf. zumutbare Maßnahmen zur Lärmminderung durchführen. Auf seine bestandskräftige Genehmigung kann er sich gegenüber seinen dynamisch angelegten Grundpflichten aus § 22 Abs. 1 Satz 1 BImSchG nicht berufen. Diese Pflichten sind nicht auf die Lärmminderungsmaßnahmen beschränkt, zu denen der Betrieb bereits gegenüber einer vorhandenen Wohnbebauung verpflichtet ist[12]. Die Klage des Betreibers der emittierenden Anlage gegen die Genehmigung der heranrückenden Wohnbebau-

---

[8] BVerwGE 98, 235, 243; 109, 314, 318 f.; 145, 145 Rn. 16; zur älteren Rechtsprechung s. *Dolde/Menke*, NJW 1999, 1070, 1071.

[9] So ausdrücklich BVerwGE 145, 145 Rn. 19 = NVwZ 2013, 372 mit Anm. *Dolde*. Dies soll nach Auffassung des VGH Mannheim nicht für die Lärmbelastung von (notwendigen) Stellplätzen gelten, B. v. 11. 12. 2013 – 3 S 1964/13 – juris Rn. 15.

[10] VGH Mannheim, NVwZ-RR 2007, 168, 169; OVG Münster, BauR 2012, 476.

[11] Für die Genehmigung einer an eine Sportstätte heranrückenden Wohnbebauung verneint BVerwGE 109, 314, 321 f. eine Bindung an die 18. BImSchV; es sei möglich, die Immissionsrichtwerte der 18. BImSchV durch „situationsbezogene Zumutbarkeitskriterien zu ergänzen“.

[12] BVerwGE 145, 145 Rn. 27; 98, 235, 246 f.; 109, 314, 324 f. für Sportanlagen.

ung kann deshalb als Bumerang enden[13], nämlich mit der Verpflichtung des Betreibers, die Lärmschutzmaßnahmen durchzuführen, die notwendig sind, um für die heranrückende Wohnbebauung die Anforderungen der TA Lärm zu erfüllen.

Dabei hat die Baugenehmigungsbehörde davon auszugehen, dass der Betreiber der emittierenden Anlage seine Pflichten aus § 22 Abs. 1 Satz 1 BImSchG erfüllt[14]. Es wäre nach Auffassung des Bundesverwaltungsgerichts nicht gerechtfertigt, demjenigen, der sein Grundstück in baurechtlich zulässiger Weise bebauen will, die Baugenehmigung nur deshalb vorzuenthalten, weil der Betreiber der emittierenden Anlage die ihm gesetzlich obliegenden Pflichten nicht erfüllt und die Behörde nichts tut, ihn dazu anzuhalten. Möglicherweise sei das Ermessen der Behörde, gegen den Emittenten nach § 24 BImSchG einzuschreiten, „gegen Null reduziert". Es werde jedenfalls „umso mehr eingeschränkt, je mehr die den bauwilligen Nachbarn treffenden Immissionen sich der Grenze nähern, die zur Wohnunverträglichkeit führen würden und damit das Wohnbauvorhaben zum Scheitern bringen müssten"[15]. Die Formulierung des Bundesverwaltungsgerichts geht davon aus, dass die Behörde Anlass zum Einschreiten gegen den Betreiber der emittierenden Anlage bereits dann hat, wenn der Immissionsrichtwert der TA Lärm noch nicht erreicht ist, und dass ihr Ermessen auf Null reduziert ist, wenn der Immissionsrichtwert überschritten ist.

Im Hinblick auf die ggf. fehlende Bereitschaft der für eine Entscheidung nach § 24 BImSchG zuständigen Behörde zum Erlass entsprechender Anordnungen und im Hinblick auf die Rechtsschutzmöglichkeiten des Betreibers der emittierenden Anlage kann dadurch für längere Zeit eine Immissionssituation entstehen, die den Vorgaben der TA Lärm widerspricht.

III. Konsequenzen für die Bauleitplanung

1. Erforderlichkeit (§ 1 Abs. 3 BauGB)

a) Ein Bebauungsplan darf nach § 1 Abs. 3 Satz 1 BauGB nur aufgestellt werden, sobald und soweit er für die städtebauliche Entwicklung und Ordnung erforderlich ist. Daran fehlt es nach gefestigter Rechtsprechung, wenn der Verwirklichung des Bebauungsplans unüberwindbare rechtliche Hindernisse entgegenstehen. Dies ist z. B. der Fall, wenn ein Bebauungsplan aus Gründen des Lärmschutzes nicht verwirklicht werden kann[16].

---

[13] *Gatz*, juris PR-BVerwG 3/2013 Anm. 4; *Fricke*, ZfBR 2013, 627, 631; *Reidt*, UPR 2013, 166, 169.

[14] BVerwGE 145, 145 Rn. 19, 27; 98, 235, 246; ebenso für an Sportanlagen heranrückende Wohnbebauung BVerwGE 109, 314, 324 f.; *Reidt*, UPR 2013, 166, 168 bezeichnet diese Fragen zu Unrecht als offen, das BVerwG hat sie beantwortet.

[15] BVerwGE 98, 235, 248.

[16] Zum Beispiel BVerwGE 109, 246, 249 f. zur Vollzugsunfähigkeit im Hinblick auf die Anforderungen der 18. BImSchV. Zur fehlenden Erforderlichkeit wegen dauerhafter rechtlicher oder tatsächlicher Vollzugshindernisse BVerwGE 120, 239, 240 f.; 145, 231 Rn. 12.

b) Die Erfüllung der Anforderungen der TA Lärm ist Voraussetzung sowohl für die immissionsschutzrechtliche als auch für die baurechtliche Rechtmäßigkeit eines Vorhabens. Die Erforderlichkeit eines Bebauungsplans setzt deshalb voraus, dass seine Verwirklichung unter Beachtung der Anforderungen der TA Lärm möglich ist. Plant die Gemeinde eine an Gewerbebetriebe heranrückende Wohnbebauung, muss diese nach Maßgabe der Ausführungen unter II. 2. genehmigungsfähig sein, und zwar unter Berücksichtigung der Möglichkeiten der architektonischen Selbsthilfe für die Wohnbebauung und unter Berücksichtigung der nach § 22 Abs. 1 Satz 1 BImSchG für den Betreiber der emittierenden Anlage gebotenen Maßnahmen zur Emissionsreduzierung. Die Planung einer gewerblichen Nutzung in der Nähe einer bestehenden Wohnbebauung ist nicht erforderlich, wenn die gewerbliche Nutzung die für sie maßgebenden Anforderungen der TA Lärm nicht erfüllen kann[17].

Die früher, auch vom Jubilar, vertretene Auffassung[18], die Immissionsrichtwerte der TA Lärm seien anlagenbezogen und deshalb für die gebietsbezogene Bauleitplanung nicht verbindlich, sondern dafür nur eine Orientierungshilfe, ist damit überholt.

2. *Verbindlichkeit der TA Lärm*

a) Der Ermittlung und Bewertung von Lärmimmissionen ist elementarer Bestandteil des Abwägungsgebotes (§ 1 Abs. 6 Nr. 1, Abs. 7, § 2 Abs. 3, 4, § 2 a Satz 1 Nr. 2 BauGB). Dazu enthält die in der Praxis häufig herangezogene DIN 18005 „Orientierungswerte" für Schallimmissionen und Berechnungsregeln. Die Orientierungswerte sind nach dem Inhalt der DIN 18005 und wegen der fehlenden Verbindlichkeit der als privates Regelwerk verabschiedeten DIN 18005 nicht rechtsverbindlich[19], können jedoch zur Bestimmung der zumutbaren Lärmbelastung als Orientierungshilfe herangezogen werden[20]. Je weiter die Orientierungswerte der DIN 18005 überschritten sind, desto gewichtiger müssen nach Auffassung des Bundesverwaltungsgerichts die für die Planung sprechenden städtebaulichen Belange sein und umso mehr hat die Gemeinde die baulichen und technischen Möglichkeiten auszuschöpfen, die ihr zu Gebote stehen, um diese Auswirkungen zu verhindern[21]. Überschreitungen der Orientierungswerte der DIN 18005 um 5 dB(A) bis 10 dB(A) hielt das Bundesverwaltungsgericht bei Vorliegen besonderer Gründe für möglich; dabei ist sicher-

---

[17] *Söfker*, in: Ernst/Zinkahn/Bielenberg/Krautzberger, BauGB, Stand September 2013, § 1 Rn. 235 a; *Uechtritz*, in: Erbguth et al. (Hrsg.), FS Hoppe, 2000, S. 567, 585; bereits früher *Menke*, Bauleitplanung in städtebaulichen Gemengelagen – Geltendes Recht und Novellierungsvorschläge, 1984, S. 76 ff.

[18] *Koch*, Immissionsschutz durch Baurecht, 1991, S. 23, 27 ff., 43 ff., 53 ff.; *Uechtritz* (Fn. 17), S. 584 f.; *Söfker*, (Fn. 17), § 1 Rn. 225.

[19] So schon *Koch*, Immissionsschutz durch Baurecht, 1991, S. 35.

[20] BVerwG, BauR 2010, 1180 im Anschluss an BVerwGE 128, 238 Rn. 15.

[21] BVerwG, BauR 2010, 1180, 1181 im Anschluss an BVerwGE 128, 238 Rn. 15.

zustellen, dass ausreichend geschützte Außenwohnbereiche geschaffen werden können[22].

b) Diese Rechtsprechung dürfte überholt sein. Das Bundesverwaltungsgericht hat im Urteil vom 29. 11. 2012 für das Gebot der Rücksichtnahme und die architektonische Selbsthilfe im Rahmen von § 15 Abs. 1 Satz 2 2. Alternative BauNVO entschieden, das Bundes-Immissionsschutzrecht und die TA Lärm legten die Grenze der Zumutbarkeit von Umwelteinwirkungen für den Nachbarn und damit das Maß der gebotenen Rücksichtnahme mit Wirkung auch für das Baurecht im Umfang ihres Regelungsbereichs grundsätzlich allgemein fest.

Diese Aussage gilt gleichermaßen für das im Rahmen der bauleitplanerischen Abwägung maßgebende Gebot der Rücksichtnahme. Es ist ebenfalls an die bundesrechtliche Bestimmung der Zumutbarkeitsgrenze gebunden[23]. Im Ergebnis sind das Bundes-Immissionsschutzgesetz und die TA Lärm zwingende normative Vorgaben für die Bauleitplanung, die nicht durch Abwägung überwunden werden können.

Dieses Ergebnis dient der Rechtsklarheit. In der Praxis wurden bei der Planung einer heranrückenden Wohnbebauung der Wohnbebauung in der Abwägung häufig Lärmimmissionen zugemutet, die die Richtwerte der TA Lärm überschreiten. In diesen Fällen stellte sich die Frage, ob die für den Vollzug des Immissionsschutzrechts zuständige Behörde diese höhere Zumutbarkeitsschwelle zugrunde legen darf oder muss oder ob sie ungeachtet des Lärmschutzkonzepts des Bebauungsplans die TA Lärm anzuwenden hat. Dies ist nunmehr im Sinne der strikten Verbindlichkeit der TA Lärm sowohl für die Bauleitplanung als auch für die zuständige Immissionsschutzbehörde geklärt. Es ist danach nicht mehr möglich, in der Bauleitplanung im Einzelfall von der TA Lärm abweichende Schutzziele zu verfolgen, z. B. die Einhaltung eines Immissionswertes von 30 dB(A) im Innenraum „am Ohr des Schläfers" während der Nacht[24]. Die Bindung des Bundes-Immissionsschutzgesetzes und der TA Lärm für das durch die Bauleitplanung zu gewährleistende Schutzniveau wird verkannt, wenn geltend gemacht wird, § 9 Abs. 1 Nr. 24 BauGB lasse von der TA Lärm abweichende Festsetzungen zum Schutz vor schädlichen Umwelteinwirkungen zu; wenn der Plangeber von dieser Möglichkeit zur speziellen Lösung eines Lärmkonflikts Gebrauch gemacht habe, sei bei der Genehmigung eines Wohnbau-

---

[22] BVerwGE 128, 238 Rn. 15.

[23] *Fricke*, ZfBR 2013, 627, 629, 630; *Oerder/Bentling*, BauR 2013, 1196, 1205 f.; wohl auch *Rappen/Küas*, BauR 2013, 874, 880 f.

[24] So aber die Handlungsempfehlung Schallschutz für neue Wohn- und Mischgebiete in der Nachbarschaft von bestehenden Industrie- und Gewerbegebieten, Hessisches Ministerium für Umwelt, Energie, Landwirtschaft und Verbraucherschutz und Hessisches Ministerium für Wirtschaft, Verkehr und Landesentwicklung, November 2012, unter 2.2 (S. 8). Siehe auch Hamburger Leitfaden Lärm in der Bauleitplanung 2010, Behörde für Stadtentwicklung und Umwelt, Amt für Landes- und Landschaftsplanung, S. 21 ff. zur Herleitung von Innenraumpegeln für Gewerbelärm.

vorhabens nicht mehr auf die TA Lärm zurückzugreifen[25]. § 9 Abs. 1 Nr. 24 BauGB beschreibt die in einem Bebauungsplan möglichen Festsetzungen. Sie sind nur rechtmäßig, wenn ihnen eine fehlerfreie Abwägung zugrunde liegt. Schließt die TA Lärm passiven Lärmschutz aus und ist dies eine für die Bauleitplanung verbindliche Regelung, kann von der in § 9 Abs. 1 Nr. 24 BauGB vorgesehenen Möglichkeit, passiven Lärmschutz festzusetzen, kein Gebrauch gemacht werden. Eine dennoch getroffene Festsetzung ist rechtswidrig. Davon ging auch das Bundesverwaltungsgericht im Beschluss vom 07.06.2012 aus[26].

c) Die unter a) wiedergegebene frühere Rechtsprechung des Bundesverwaltungsgerichts zur möglichen Überschreitung der Orientierungswerte der DIN 18005 ist für den vom Anwendungsbereich der TA Lärm erfassten Gewerbelärm überholt. Die Orientierungswerte der DIN 18005 sind weitgehend identisch mit den Immissionsrichtwerten der TA Lärm. Diese sind für die Bauleitplanung verbindlich. Für eine einzelfallbezogene Beurteilung der Schädlichkeitsgrenze ist nur Raum, soweit die TA Lärm dafür durch Kann-Vorschriften oder Bewertungsspannen Spielräume eröffnet. Im Ergebnis müssen die Abwägung und die Festsetzungen des Bebauungsplans „TA Lärm-konform“ sein.

3. Trennungsgrundsatz

a) Bei raumbedeutsamen Planungen sind nach § 50 BImSchG die für eine bestimmte Nutzung vorgesehenen Flächen einander so zuzuordnen, dass schädliche Umwelteinwirkungen u. a. auf die ausschließlich oder überwiegend dem Wohnen dienenden Gebiete so weit wie möglich vermieden werden. Dieser dem Vorrang der Innenentwicklung und der städtebaulich beabsichtigten Nachverdichtung widersprechende Trennungsgrundsatz ist nach der Rechtsprechung[27] kein zwingendes Gebot, sondern eine Abwägungsdirektive. Er gestattet Ausnahmen, wenn sichergestellt werden kann, dass von der projektierten Nutzung im Plangebiet nur unerhebliche Immissionen ausgehen und wenn im Einzelfall besondere städtebauliche Gründe von besonderem Gewicht hinzutreten, die es rechtfertigen, eine planerische Vorsorge durch räumliche Trennung zurücktreten zu lassen. Solche Belange sind z. B. das städtebauliche Interesse, einen Ortsteil zu erweitern, seine Infrastruktur zu nutzen, das Gebot kostensparenden Bauens, städtebauliche Nachverdichtung, Verhinderung der Abwanderung der Bevölkerung, Interesse der Gemeinde, ihre Grundstücke zu verwerten[28]. In diesem Fall ist durch geeignete bauliche und technische Vorkeh-

---

[25] So *Reidt*, UPR 2013, 166, 169; ähnlich *Kümmel*, NZBau 2013, 220. Dabei wird verkannt, dass es in diesem Fall nicht um die Anwendung der TA Lärm bei der Genehmigung eines Wohnbauvorhabens geht, sondern um die (zu verneinende) Wirksamkeit der auf § 9 Abs. 1 Nr. 24 BauGB gestützten Festsetzung. Wie hier *Fricke*, ZfBR 2013, 627, 630 f.

[26] BauR 2012, 1611.

[27] BVerwG, BauR 2013, 1072; BVerwGE 143, 24 Rn. 29; 128, 238 Rn. 14. Zur „Ambivalenz des Trennungsgrundsatzes“ *Koch*, in: FS Hoppe (Fn. 1), S. 549, 555 f.; *Koch*, Immissionsschutz durch Baurecht, 1991, S. 81 ff.

[28] BVerwGE 128, 238 Rn. 14.

rungen dafür zu sorgen, dass keine ungesunden Wohnverhältnisse entstehen. Die Bewältigung des Konflikts kann auch durch eine Kombination von passivem Schallschutz, Stellung und Gestaltung von Gebäuden sowie Anordnung der Wohn- und Schlafräume erfolgen[29].

b) Auch diese Rechtsprechung ist durch das Urteil des Bundesverwaltungsgerichts vom 29.11.2012 und die sich daraus ergebende Verbindlichkeit der TA Lärm für die Bauleitplanung für den von der TA Lärm erfassten Gewerbelärm überholt. Abweichungen von der TA Lärm sind nicht möglich. Nur soweit sie eine einzelfallbezogene Beurteilung der Schädlichkeitsgrenze vorsieht, ist für Erwägungen im Sinne der oben wiedergegebenen Rechtsprechung Raum. Die Planung hat sicherzustellen, dass die Anforderungen der TA Lärm erfüllt werden. Eine Überschreitung der nach der TA Lärm maßgebenden Immissionsrichtwerte um 5 bis 10 dB(A) ist ausgeschlossen.

4. Zusammenstellung des Abwägungsmaterials

a) Da die TA Lärm auch für die Bauleitplanung die Zumutbarkeit von Lärmimmissionen verbindlich bestimmt, muss die für die Zusammenstellung des Abwägungsmaterials erforderliche Lärmimmissionsprognose die Vorgaben der TA Lärm für das Mess- und Beurteilungsverfahren beachten[30]. Soweit die TA Lärm keine abschließende Regelung enthält, können ergänzend die DIN 18005 oder branchenspezifische und abgesicherte Erfahrungswerte herangezogen werden.

b) Bei der Planung eines Gewerbegebiets sind die im Einwirkungsbereich des Gebiets bestehende Vorbelastung und die durch das Gewerbegebiet zu erwartende Zusatzbelastung zu ermitteln. Die aus der Vorbelastung und der Zusatzbelastung resultierende Gesamtbelastung ist mit den Immissionsrichtwerten der TA Lärm zu vergleichen. Zur Ermittlung der Vorbelastung sind entsprechend den Vorgaben der TA Lärm[31] Messungen zweckmäßig und geboten. Die Prognose der Zusatzbelastung kann auf einer vorgesehenen Emissionskontingentierung nach DIN 45691, der beabsichtigten Festsetzung immissionswirksamer flächenbezogener Schallleistungspegel (IFSP), auf in der DIN 18005 genannten Erfahrungswerten oder auf anderen Erkenntnissen über branchenspezifische Emissionen aufbauen.

c) Bei der Planung an bestehende Gewerbebetriebe heranrückender Wohnbebauung sind die durch die bestehenden Betriebe im Plangebiet verursachten Lärmimmissionen zu ermitteln. Dies geschieht im ersten Schritt durch Messungen nach Maßgabe der TA Lärm[32]. Ist dies wegen des großen Anteils von Quellen, die nicht unter den Anwendungsbereich der TA Lärm fallen (z.B. Verkehr), nicht möglich, kommen Emissionsmessungen an den Hauptemittenten und darauf aufbauende Immissionsbe-

---

[29] BVerwGE 128, 238; BVerwG, BauR 2012, 1611.

[30] Dies gilt insbesondere für den Anhang zur TA Lärm „Ermittlung der Geräuschimmissionen".

[31] Anhang A. 1.2 i.V.m. A. 3.

[32] Anhang A. 3. OVG Hamburg, Urt. v. 10.04.2013 – 2 E 14/11 N – juris Rn. 86.

rechnungen sowie die Heranziehung von branchenspezifischen Erfahrungswerten in Betracht. Dabei ist darauf zu achten, dass repräsentative Betriebszustände erfasst werden, insbesondere im Hinblick auf Ferienzeiten, Kurzarbeit, nur teilweise Auslastung der Anlagen. Im Zuge eines länger dauernden Planungsverfahrens können mehrere Messungen zu unterschiedlichen Jahreszeiten zweckmäßig sein.

d) Messungen erfassen den Ist-Zustand, nicht den rechtlich möglichen Zustand. Es ist denkbar, dass die Betreiber mehr emittieren, als in der ihnen erteilten Genehmigung erlaubt wurde. Gleichermaßen ist denkbar, dass ihre Emissionen hinter der Genehmigung zurückbleiben oder dass die Genehmigung keine Regelungen über die zulässigen Emissionen und Immissionen enthält.

Die Rechtsprechung fordert, das relevante Emissionspotenzial vollständig zu ermitteln. Notwendig sei eine Analyse des gesamten rechtlich zulässigen Emissionsgeschehens. Maßgebend seien die nach den vorliegenden Genehmigungen zulässigen Nutzungsmöglichkeiten der Betriebe[33]. Das Emissionspotenzial sei anhand der erteilten Genehmigungen zu ermitteln. Der VGH Mannheim[34] hielt es für ausreichend, dass die Gemeinde „den aktuellen Betriebslärm (Bestandslärm) und dessen Auswirkungen auf das Plangebiet umfassend ermittelt" und dass zusätzlich ein „Vorhaltemaß" von 1 dB(A) vorgesehen wird. Dagegen meinte der VGH Kassel[35] für die Planung von Wohnnutzung im möglichen Einwirkungsbereich von ca. 380 Gewerbebetrieben, Immissionsmessungen in drei verschiedenen Jahren über jeweils ca. eine Woche seien für die Feststellung der tatsächlichen Immissionssituation nicht ausreichend. Es könne nicht ausgeschlossen werden, dass es bei Ausschöpfung der den Betrieben erteilten Genehmigungen zu höheren Lärmwerten kommt als bei den Messungen festgestellt, da die Messungen nicht zwangsläufig die Lärmwerte zutage förderten, die den erteilten Genehmigungen zufolge zulässigerweise entstehen könnten. Allerdings könne nicht ausgeschlossen werden, dass die Zugrundelegung der Genehmigungslage und der danach zulässigen Nutzungen sowie die Berechnung der hieraus resultierenden Lärmimmissionen einen unverhältnismäßigen Aufwand verursachen kann. Für diesen Fall könnten den Prognoserechnungen branchenspezifische flächenbezogene Schallleistungspegel zugrunde gelegt werden, die Ergebnisse könnten durch im Rahmen von Genehmigungsverfahren durchgeführte detaillierte Immissionsprognosen für einzelne Unternehmen sowie durch Immissionsmessungen verifiziert werden.

---

[33] OVG Hamburg, Urt. v. 10.04.2013 – 2 E 14.11 N – juris Rn. 86; OVG Berlin-Brandenburg, Urt. v. 21.03.2013 – 10 A 1.10 – juris Rn. 90; Urt. v. 25.05.2012 – 2 A 11.10 – juris Rn. 31 f.; Urt. v. 10.09.2009 – 2 A 2.06 – juris Rn. 40; OVG Münster, B. v. 06.05.2005 – 10 W 2567/04.NE – juris Rn. 11, 13; BRS 71 Nr. 21.

[34] Urt. v. 09.06.2009 – 3 S 1108/07 – juris Rn. 48.

[35] Urt. v. 22.04.2010 – 4 C 306/09.N – juris Rn. 84, insoweit in ZfBR 2010, 588 nicht abgedruckt. Das Urteil wurde nach Rücknahme des Normenkontrollantrags vom Bundesverwaltungsgericht für unwirksam erklärt. Das OVG Saarlouis hält eine 24 h-Messung für ausreichend, B. v. 5.2.2014 – 2 B 468/13 – juris Rn. 17.

Dies halte ich für verfehlt. So weitgehende Anforderungen an die Zusammenstellung des Abwägungsmaterials werden in der Rechtsprechung – soweit ersichtlich – nur bei der Ausweisung von Wohnbebauung in der Nähe von Gewerbebetrieben gestellt, nicht jedoch bei der Ausweisung von Gewerbegebieten in der Nähe von Wohnbebauung, obwohl sich auch hier die Frage stellt, ob bei maximaler Ausschöpfung der für bestehende Betriebe erteilten Genehmigungen bei Verwirklichung des geplanten zusätzlichen Gewerbegebiets gesunde Wohnverhältnisse gewahrt sind. Würde die Ausschöpfung aller erteilten Genehmigungen dazu führen, dass die Immissionsrichtwerte der TA Lärm überschritten sind, wäre die Ausweisung eines neuen Gewerbegebiets nicht möglich. Bei der Beurteilung der Genehmigungsfähigkeit einer Anlage nach Maßgabe der TA Lärm wird auf die tatsächlich bestehende Vorbelastung abgestellt, nicht jedoch auf die Vorbelastung, die entstünde, wenn alle erteilten Genehmigungen im Hinblick auf Lärmemissionen und -immissionen voll ausgeschöpft würden[36]. Im Hinblick auf die vom Bundesverwaltungsgericht bejahte Verbindlichkeit der TA Lärm auch für das bauplanungsrechtliche Gebot der Rücksichtnahme liegt es nahe, als Vorbelastung, die bei der Zusammenstellung des Abwägungsmaterials zu ermitteln ist, nur die tatsächliche Vorbelastung zugrunde zu legen, nicht jedoch die maximale Ausnutzung aller bereits erteilten Genehmigungen. Das Abwägungsgebot fordert nicht, stets den z. B. bei einer großen Zahl von Emittenten praktisch ausgeschlossenen und in der Realität kaum feststellbaren Worst Case zugrunde zu legen, nämlich die gleichzeitige maximale Ausnutzung aller erteilten Genehmigungen. Soweit die Genehmigungen entsprechend der TA Lärm[37] die Lärmimmissionen für die lauteste Nachtstunde begrenzen, erscheint es ausgeschlossen, dass alle Betriebe zur gleichen Nachtstunde ihr zulässiges Immissionsmaximum ausschöpfen.

Auch die Anforderungen an die Zusammenstellung des Abwägungsmaterials sind durch den Grundsatz der Verhältnismäßigkeit begrenzt. Maßgebend ist, was in der konkreten Situation in angemessener Weise verlangt werden kann[38]. Bei einer überschaubaren Zahl von Emittenten ist es in der Regel möglich und der Gemeinde zumutbar, den Inhalt der erteilten Genehmigungen zu ermitteln. Enthalten die Genehmigungen keine Regelungen zu den zulässigen Lärmimmissionen und zu den immis-

[36] Nr. 2.4 TA Lärm definiert die Vorbelastung als Belastung mit Geräuschimmissionen von allen Anlagen, für die die TA Lärm gilt, ohne den Immissionsbeitrag der zu beurteilenden Anlage. Maßgebend sind nur die tatsächlich bestehenden Geräusche. Geräuschimmissionen durch geplante Vorhaben sind der Vorbelastung hinzuzurechnen, wenn die Planung ausreichend konkret ist, *Hansmann*, in: Landmann/Rohmer, Umweltrecht, Stand 01.04.2013, Nr. 2 TA Lärm Rn. 32; *Feldhaus/Tegeder*, in: Feldhaus, Bundesimmissionsschutzrecht, Stand November 2013, Nr. 2 TA Lärm Rn. 49. Dies betrifft Anlagen, die bis zur Inbetriebnahme der zur Genehmigung stehenden Anlage hinzukommen, nicht jedoch eine über den Ist-Zustand hinausgehende Ausnutzung bereits erteilter Genehmigungen.

[37] Nr. 6.4 Abs. 3 Satz 2 TA Lärm.

[38] *Söfker*, in: Ernst/Zinkahn/Bielenberg/Krautzberger, BauGB, Stand September 2013, § 2 Rn. 147; *Uechtritz*, in: Spannowsky/Uechtritz, BauGB, 2. Aufl. 2014, § 2 Rn. 63. Maßgebend sind die Umstände des Einzelfalls, BVerwG, B. v. 08.03.2010 – 4 B 76.09 – juris Rn. 7.

sionsrelevanten Betriebstätigkeiten, kann die Gemeinde die durch den gewöhnlichen bestimmungsgemäßen Betrieb tatsächlich verursachten Immissionen zugrunde legen. Überschreitet der Betrieb die festgelegten Emissions- bzw. Immissionsbegrenzungen, liegt eine rechtswidrige Betriebsweise vor, an deren Fortführung kein legitimes Bestandsinteresse besteht[39]. Da die Planung gesunde Wohnverhältnisse sicherstellen muss, kann die Gemeinde geringere, der Genehmigung entsprechende Emissionen bzw. Immissionen allerdings nur dann der Abwägung zugrunde legen, wenn hinreichend wahrscheinlich ist, dass (ggf. aufgrund behördlichen Einschreitens) eine Reduzierung der Immissionen auf das rechtlich zulässige Maß erfolgt. Die oben wiedergegebene Überlegung des Bundesverwaltungsgerichts[40], einem Bauherrn könne die Baugenehmigung für sein Wohnungsbauvorhaben nicht deshalb verweigert werden, weil der emittierende Betrieb sich nicht rechtmäßig verhält, greift hier nicht, da noch kein Baurecht besteht, dieses soll durch die Planung erst geschaffen werden, und da die Planung nach § 1 Abs. 6 Nr. 1 BauGB gesunde Wohnverhältnisse gewährleisten muss. Das für die Bauleitplanung verbindliche Schutzniveau der TA Lärm würde nicht erreicht, wenn die neu geplante Wohnbebauung wegen des rechtswidrigen Betriebs der emittierenden Anlage Immissionen ausgesetzt würde, die über die nach der TA Lärm zulässigen Immissionen hinausgehen und wenn es den künftigen Bewohnern des Wohngebiets überlassen bliebe, die zuständige Behörde ggf. durch entsprechende Klagen zum Einschreiten gegen den rechtswidrigen Betrieb der Anlage zu zwingen.

Schöpft das tatsächliche Emissionsverhalten des Betriebs das genehmigte Emissionsverhalten nicht aus, ist im Rahmen der Abwägung zu ermitteln und zu bewerten, inwieweit die Planung der Wohnbebauung das Emissionspotenzial des Betriebes beschränkt und welche Folgen dies für die Entwicklung des Betriebes haben kann. Erweiterungsabsichten eines Betriebes, die über eine normale Betriebsentwicklung hinausgehen, sind nach der Rechtsprechung[41] nur abwägungserheblich, soweit sie beim Satzungsbeschluss hinreichend konkretisiert sind. Dies dürfte für eine künftige Intensivierung einer genehmigten Nutzung bis zur Grenze der Genehmigung kaum gelten, darin dürfte eine abwägungserhebliche normale Entwicklung des Betriebes liegen.

Wirkt eine große Zahl von Emittenten auf die geplante Wohnbebauung ein, ist die Ermittlung der Genehmigungslage schwierig, häufig unmöglich und ohne inhaltlichen Ertrag. Bei einer größeren Zahl von Emittenten ist der Beitrag des einzelnen Betriebes zur Belastung am Immissionsort begrenzt. In diesen Fällen ist es deshalb ausreichend, den Immissionsbeitrag der Hauptemittenten konkret zu ermitteln und im Übrigen branchentypische Erfahrungswerte zugrunde zu legen.

---

[39] OVG Hamburg, Urt. v. 10.04.2013 – 2 E 14/11 N – juris Rn. 86.

[40] Siehe oben II. 2. b).

[41] BVerwG, NVwZ-RR 2001, 82 f.; OVG Berlin-Brandenburg, Urt. v. 21.03.2013 – 10 A 1.10 – juris Rn. 108; VGH München, Urt. v. 14.10.2005 – 26 N 03.2404 – juris Rn. 38.

e) Die Verbindlichkeit der TA Lärm für die Bauleitplanung beschränkt sich auf die Anlagen, die unter den Anwendungsbereich der TA Lärm fallen. Da der Bebauungsplan gesunde Wohnverhältnisse insgesamt zu gewährleisten hat, sind in der Abwägung auch andere Quellen zu berücksichtigen, die nicht von der TA Lärm erfasst werden. Dies gilt insbesondere für die in Nr. 1 Abs. 2 TA Lärm genannten Anlagen, jedoch auch für Verkehrslärm. Die Abwägung wäre defizitär, wenn sie nur Immissionen der Anlagen berücksichtigen würde, die in den Anwendungsbereich der TA Lärm fallen[42]. Ob bei der Zusammenstellung des Abwägungsmaterials eine Gesamtlärmermittlung und -beurteilung erforderlich ist, hat das Bundesverwaltungsgericht im Beschluss vom 15.07.2010[43] offen gelassen, dabei handele es sich um eine Frage des Einzelfalls. Im Beschluss vom 25.06.2013[44] hielt das Bundesverwaltungsgericht die Frage ebenfalls für nicht klärungsbedürftig. Das Bundesverwaltungsgericht akzeptiere es, wenn Regelwerke keine summierende Gesamtbetrachtung der Lärmquellen vorsehen, diese sei allenfalls dann geboten, wenn wegen der in Rede stehenden Planung insgesamt eine Lärmbelastung zu erwarten ist, die mit Gesundheitsgefahren oder einem Eingriff in die Substanz des Eigentums verbunden ist. Ob dies der zutreffende Maßstab für die Zusammenstellung des Abwägungsmaterials und für die Gewichtung der Lärmschutzbelange im Rahmen der bauleitplanerischen Abwägung ist, erscheint fraglich. Wenn eine Gesamtlärmbeurteilung durchgeführt wird, ist Maßstab für die Zumutbarkeit des Gesamtlärms nicht die nur für bestimmte Quellen geltende TA Lärm. Ein Maßstab für die Beurteilung der Gesamtlärmbelastung muss gesondert definiert werden[45].

5. Gewichtung

a) Die Verbindlichkeit der TA Lärm hat zur Folge, dass für den Plangeber Gewichtungsmöglichkeiten im Hinblick auf die Schutzwürdigkeit der Wohnbebauung nur insoweit bestehen, als diese mit der TA Lärm in Einklang stehen. Lärmbelastungen, die unterhalb der Zumutbarkeitsgrenze der TA Lärm bleiben, sind abwägungserheblich und einer Gewichtung zugänglich[46].

b) Für die Gewichtung der Bestands- und Erweiterungsinteressen bestehender Gewerbebetriebe im Rahmen des Gebotes der Rücksichtnahme hat das Bundesverwaltungsgericht im Urteil vom 29.11.2012[47] erneut klargestellt, dass emittierende Gewerbebetriebe eine heranrückende Wohnbebauung nicht schon unter Hinweis auf die ihnen bestandskräftig erteilte Genehmigung abwehren können. Aus dem Gebot der

---

[42] *Uechtritz* (Fn. 17), S. 567, 577, 586.

[43] 4 BN 25/10 – juris Rn. 6.

[44] 4 BN 21.13 – juris Rn. 3; im Anschluss an BVerwGE 101, 1; ebenso als Vorinstanz VGH München, Urt. v. 21.02.2013 – 2 N 11.1018 – juris Rn. 45.

[45] Zur Gesamtlärmbelastung vgl. *Dolde*, in: Dolde, Umweltrecht im Wandel, 2001, S. 451 ff.

[46] BVerwG, Urt. v. 17.12.2013 – 4 A 1.13.

[47] BVerwG 145, 145 Rn. 19, 27; im Anschluss an BVerwGE 98, 235, 246 f.; 109, 314, 324 f.

Rücksichtnahme kann sich für den Betreiber die Pflicht ergeben, Maßnahmen zur Emissionsreduzierung zu ergreifen, soweit diese technisch möglich und wirtschaftlich zumutbar sind, und zwar auch dann, wenn die Maßnahmen über das hinausgehen, was zum Schutz der bereits bestehenden Wohnbebauung notwendig ist. Insoweit kann das Bestandsinteresse im Rahmen der Abwägung zurückgestellt werden. Es ist deshalb zu prüfen und ggf. zu berücksichtigen, ob und welche Lärmminderungsmaßnahmen den emittierenden Betrieben zumutbar sind. Der Abwägung können solche Emissionsreduzierungen jedoch nur dann zugrunde gelegt werden, wenn ihr Eintritt bis zur Aufnahme der Wohnnutzung hinreichend wahrscheinlich ist, nur dann sind gesunde Wohnverhältnisse hinreichend sichergestellt[48].

Da nicht einmal das Bestandsinteresse „abwägungsfest" ist, gilt dies erst recht für das Entwicklungsinteresse, bisher genehmigte, jedoch noch nicht ausgenutzte Emissionsmöglichkeiten oder Erweiterungsmöglichkeiten ausnutzen zu können. Das Gewicht dieser Interessen hängt von der wirtschaftlichen Bedeutung des Entwicklungsinteresses für den emittierenden Betrieb ab.

6. Festsetzungen zum passiven Schallschutz

Die Planung in Gemengelagen hat häufig Lärmimmissionen zu bewältigen, die über die Immissionsrichtwerte der TA Lärm hinausgehen. Deshalb stellt sich die Frage, ob die Festsetzung von Maßnahmen des passiven Schallschutzes[49] geeignet ist, den Konflikt zu lösen.

a) Im Urteil vom 22.03.2007 formulierte das Bundesverwaltungsgericht, es könne abwägungsfehlerfrei sein, „eine Minderung der Immissionen durch eine Kombination von passivem Schallschutz, Stellung und Gestaltung von Gebäuden sowie Anordnung der Wohn- und Schlafräume zu erreichen"[50]. Im Beschluss vom 07.06.2012[51] stellte es fest, dies gelte auch für die Bewältigung des Konflikts zwischen Gewerbe und Wohnen.

b) Nach dem Leitsatz des Urteils vom 29.11.2012[52] eröffnet das Rücksichtnahmegebot im Rahmen des § 15 BauNVO „im Anwendungsbereich der TA Lärm nicht die Möglichkeit, der durch einen Gewerbebetrieb verursachten Überschreitung der Außen-Immissionsrichtwerte bei einem Wohnbauvorhaben durch Anordnung

---

[48] Aus den oben III. 4. d) dargestellten Gründen greift auch in diesem Zusammenhang die Überlegung des Bundesverwaltungsgerichts (s. o. zu Fn. 14) nicht, einem Bauherrn könne die Wohnbaugenehmigung nicht deshalb verweigert werden, weil der emittierende Betrieb sich nicht rechtmäßig verhält.

[49] Auf der Grundlage von § 9 Abs. 1 Nr. 24 BauGB.

[50] BVerwGE 128, 238, Leitsatz.

[51] BauR 2012, 1611; ebenso OVG Münster, BauR 2012, 476; 2007, 65, 66; VGH Mannheim, NVwZ-RR 2007, 168, 169 f.; U. v. 19.10.2011 – 3 S 942/10 – juris Rn. 33 ff.; OVG Bremen, NordÖR 2002, 116; vgl. zusammenfassend *Heilshorn*, NVwZ 2009, 137.

[52] BVerwGE 145, 145.

von passivem Lärmschutz zu begegnen". Die Formulierung weicht von den früheren Formulierungen ab. Sie geht jedoch über die Gründe des Urteils vom 29.11.2012 hinaus, in der Sache setzen diese die bisherige Rechtsprechung fort[53]:

Aus der abschließenden normativen Konkretisierung des gesetzlichen Maßstabs für die Schädlichkeit von Geräuschen durch die TA Lärm schließt das Bundesverwaltungsgericht, dass für eine einzelfallbezogene Beurteilung der Schädlichkeitsgrenze nur insoweit Raum ist, als die TA Lärm durch Kann-Vorschriften oder Bewertungsspannen dafür Spielräume eröffnet[54]. Die TA Lärm sehe passive Lärmschutzmaßnahmen als Mittel der Konfliktlösung zwischen Gewerbe und Wohnen nicht vor. Nach ihrer Nr. 6.1 seien für die Beurteilung der Zumutbarkeit der Lärmbeeinträchtigung außerhalb der betroffenen Gebäude gelegene Immissionsorte maßgeblich. Sie könnten durch passive Schallschutzmaßnahmen nicht beeinflusst werden. Die von der TA Lärm belassenen Spielräume eröffneten nicht die Möglichkeit, der Überschreitung der Außen-Immissionsrichtwerte durch Anordnung von passivem Lärmschutz zu begegnen. Dies sei auch nicht über eine Sonderfallprüfung nach Nr. 3.2.2 TA Lärm möglich, weil die Gesichtspunkte Gemengelage, Vorbelastung, Prioritätsprinzip, konkrete Schutzwürdigkeit und Gebietsprägung bereits Gegenstand der Regelung in Nr. 6.7 TA Lärm seien, die mit der Zwischenwertbildung eine auf die Gemengelagesituation und die genannten Umstände zugeschnittene Lösung enthalte. Es liege fern, dass die TA Lärm aus denselben Gesichtspunkten einen zusätzlichen Spielraum für eine Lösung eröffne, die die Rechtsordnung nur in gesetzlich ausdrücklich normierten Fällen unter strengen Voraussetzungen vorsehe[55].

Die Möglichkeit, einer Überschreitung der maßgeblichen Immissionsrichtwerte mit passivem Lärmschutz zu begegnen, würde das Schutzziel der TA Lärm verfehlen. Anders als die 16. und 24. BImSchV wolle die TA Lärm den Lärmkonflikt zwischen Gewerbe und schutzwürdiger (insbesondere Wohn-)Nutzung bereits an deren Außenwand und damit unabhängig von der Möglichkeit und Notwendigkeit von Schutzmaßnahmen gelöst wissen. Die TA Lärm sichere einen Mindestwohnkomfort, der darin bestehe, Fenster trotz der vorhandenen Lärmquellen öffnen zu können und eine natürliche Belüftung sowie einen erweiterten Sichtkontakt nach außen zu ermöglichen, ohne dass die Kommunikationssituation im Innern oder das Ruhebedürfnis und der Schlaf nachhaltig gestört werden können. Soweit die 16. und 24. BImSchV passiven Lärmschutz zur Lösung des Nutzungskonflikts zulassen und damit einen geringeren Mindestwohnkomfort als Schutzziel zugrundelegten, beruhe dies auf dem öffentlichen Interesse, das an den von diesen Regelungen erfassten (Verkehrs-)Anlagen bestehe und weiterreichende Beschränkungen des Eigentumsinhalts der von diesen Anlagen betroffenen Anlieger rechtfertige[56].

---

[53] Wie hier *Rappen/Küas*, BauR 2013, 874, 878 f.

[54] BVerwGE 145, 145 Rn. 18; ebenso schon BVerwGE 129, 209 Rn. 12.

[55] A.a.O., Rn. 20 ff.

[56] A.a.O., Rn. 24.

Nur mit der TA Lärm vereinbare Gestaltungsmittel oder bauliche Vorkehrungen seien zur Konfliktlösung geeignet. Dies schließe immissionsreduzierende Maßnahmen wie Veränderungen der Stellung der Gebäude, des äußeren Zuschnitts des Hauses oder der Anordnung der Wohnräume und der notwendigen Fenster ohne Weiteres mit ein. Dasselbe gelte für den Einbau nicht zu öffnender Fenster, die keine relevanten Messpunkte im Sinne von Nr. 2.3 der TA Lärm i.V.m. Nr. A. 1.3 des Anhangs darstellten[57].

Nach den ausdrücklichen Feststellungen des Bundesverwaltungsgerichts sind somit nach wie vor möglich Festsetzungen über die Stellung der Gebäude, die Anordnung bestimmter Grundrisse und die Festsetzung, dass auf bestimmten Gebäudeseiten nur nicht öffenbare Fenster zulässig sind. Diese Festsetzung hat zur Folge, dass vor diesen Fenstern kein maßgeblicher Immissionsort im Sinne von Nr. 2.3 i.V.m. Nr. A. 1.3 des Anhangs zur TA Lärm besteht. Vor solchen Fenstern müssen die Immissionsrichtwerte der TA Lärm nicht eingehalten werden. Die Festsetzung nicht öffenbarer Fenster mit künstlicher Belüftung bezeichnete das Bundesverwaltungsgericht im Beschluss vom 07. 06. 2012 als (zulässige) Maßnahme des passiven Schallschutzes[58]. Entscheidend ist somit nicht, ob Maßnahmen des passiven Lärmschutzes festgesetzt werden können, weil der Begriff unklar ist. Entscheidend ist vielmehr, ob die Festsetzung sich innerhalb des Regelungsspielraums hält, den die TA Lärm vorgibt.

c) Verbreitet ist die Festsetzung, dass durch bauliche Schallschutzmaßnahmen, z. B. hinterlüftete Glasfassaden, sicherzustellen ist, dass vor dem Fenster des dahinter liegenden Aufenthaltsraums die Immissionsrichtwerte der TA Lärm eingehalten werden („Prallscheibe"). Vor diesem geöffneten Fenster werden die Immissionsrichtwerte der TA Lärm eingehalten.

Eine solche Festsetzung ist TA Lärm-konform, es bedarf keiner ergänzenden Prüfung im Sonderfall nach Nr. 3.2.2 TA Lärm: Die Festsetzung stellt sicher, dass der nach der TA Lärm maßgebende Immissionsrichtwert vor dem geöffneten Fenster eingehalten wird. Der maßgebende Außen-Immissionsrichtwert ist eingehalten. Das Schutzziel der TA Lärm, nämlich die Möglichkeit, Fenster trotz der vorhandenen Lärmquellen öffnen zu können und eine natürliche Belüftung sowie einen erweiterten Sichtkontakt nach außen zu ermöglichen, ohne dass die Kommunikationssituation im Innern oder das Ruhebedürfnis und der Schlaf nachhaltig gestört werden können, ist erfüllt.

Ist der Abstand zwischen Prallscheibe und geöffnetem Fenster geringer als 0,5 m, ist die Messvorschrift in A. 1.3 des Anhangs zur TA Lärm nicht eingehalten, die Messung muss auf andere, geeignete Weise erfolgen. Die Festsetzung ist gleichwohl TA Lärm-konform. Entscheidend für das Schutzziel der TA Lärm ist die Einhaltung des Außen-Immissionsrichtwerts vor dem Eintritt des Schalls in den schutzwürdigen

---

[57] A.a.O., Rn. 26; ebenso BVerwGE 109, 314, 323; BVerwG, BauR 2012, 1611.

[58] BauR 2012, 1611 Rn. 7.

Raum. Dass der maßgebliche Immissionsort 0,5 m vor der Mitte des geöffneten Fensters liegt, ist nicht Teil des Schutzziels, sondern dient dazu, einen einheitlichen Messort zu definieren, der die messtechnische Erfassung der für den schutzbedürftigen Raum repräsentativen Geräuschbelastung, insbesondere unter Vermeidung von Reflexionen, sicherstellt. Das Schutzziel, nämlich Einhaltung der Außen-Immissionsrichtwerte vor geöffnetem Fenster vor Eintritt in den schutzwürdigen Raum, wird auch bei einer Prallscheibe mit einem Abstand von weniger als 0,5 m und einem von der TA Lärm abweichenden Messort gewährleistet[59].

d) Seit Jahren wird der Einsatz des „Hamburger Fensters" diskutiert. Dabei handelt es sich um eine besondere Fensterkonstruktion, die bei gekipptem Fenster eine größere Pegeldifferenz außen/innen (> 23 dB(A)) gewährleistet als herkömmliche Fenster (ca. 15 dB(A)). Dies bedeutet, dass bei einem um 8 dB(A) höheren Außenpegel der gleiche Innenraumpegel wie bei einem herkömmlichen Fenster erreicht wird[60]. Das Hamburger Fenster gewährleistet, dass der der TA Lärm zugrunde liegende Innenraumpegel von 30 dB(A) nicht nur bei einem Außenpegel von 45 dB(A), sondern auch bei einem Außenpegel von 53 dB(A) eingehalten wird, und zwar bei teilgeöffnetem Fenster mit ausreichender Belüftung.

Die „Hafen-City-Klausel" in Bebauungsplänen bestimmt, dass durch besondere Fensterkonstruktionen während der Nacht ein Innenpegel von 30 dB(A) einzuhalten ist, und zwar bei teilgeöffneten Fenstern. Die Regelung kommt nur bei Einhaltung des Tagwertes und Überschreitung des Nachwertes in Betracht, da das Hamburger Fenster nicht zum Schutz der Außenwohnbereiche geeignet ist. Die Hafen-City-Klausel erfüllt nicht die Anforderungen der TA Lärm an den Außen-Immissionsrichtwert, da sie auf die Einhaltung des Innenpegels abstellt. Die Festsetzung wird außerdem für Gebiete getroffen, in denen der nach der TA Lärm für das Wohnen als Obergrenze vorgesehene Außenpegel von 45 dB(A) während der Nacht[61] überschritten wird. Bei einer Pegeldifferenz außen/innen von 23 dB(A) wird ein Innenpegel von 30 dB(A) auch dann erreicht, wenn der Außenpegel 45 dB(A) überschreitet, jedoch nicht höher ist als 53 dB(A).

Das Hamburger Fenster kann durch Sonderfallprüfung nach Nr. 3.2.2 TA Lärm zugelassen werden[62]: Die Hafen-City-Klausel erfüllt das Schutzziel der TA Lärm.

---

[59] Die Handlungsempfehlung der Hessischen Ministerien (s. o. Fn. 24) sieht auf S. 2 und in Anhang I eine solche Festsetzungsmöglichkeit vor, auch als Doppelfassade.

[60] Dazu und zur Herleitung des Innenraumziels ausführlich Hamburger Leitfaden Lärm in der Bauleitplanung 2010 (Fn. 24), insbesondere S. 21 ff.; zur Begründung eines Innenraumschutzziels von 30 dB(A) am Ohr des Schläfers ebenso Handlungsempfehlung der Hessischen Ministerien (Fn. 24), S. 8 f.

[61] Vgl. Nr. 6.1, 6.7 Abs. 1 TA Lärm.

[62] Wie hier *Rappen/Küas*, BauR 2013, 874, 880, *Fricke*, ZfBR 2013, 627, 629 f., allerdings – nicht überzeugend – nur für den Fall einer heranrückenden Wohnbebauung, nicht für den heranrückenden Gewerbebetrieb. Eine unmittelbare Anwendung von Nr. 3.2.2 TA Lärm scheidet ebenso aus wie eine unmittelbare Anwendung der TA Lärm auf die Bauleitplanung. Entscheidend ist, ob die Voraussetzungen von Nr. 3.2.2 TA Lärm für eine abweichende Re-

Sie erreicht den der TA Lärm zugrundeliegenden Innenpegel von 30 dB(A), der bei einem Außenpegel von 45 dB(A) und einer Pegeldifferenz außen/innen von 15 dB (A) eintritt. Die Hafen-City-Klausel erreicht auch das vom Bundesverwaltungsgericht formulierte Schutzziel: Die Fenster können trotz vorhandener Lärmquellen geöffnet werden. Eine natürliche Belüftung sowie ein erweiterter Sichtkontakt nach außen bleiben möglich, ohne dass die Kommunikationssituation im Innern oder das Ruhebedürfnis und der Schlaf nachhaltig gestört werden können. Die Verwendung des Hamburger Fensters ist deshalb ein atypischer Sachverhalt, der mit anderen Mitteln das Schutzziel der TA Lärm erreicht und der es deshalb rechtfertigt, im Rahmen einer Sonderfallprüfung nach Nr. 3.2.2 TA Lärm am maßgeblichen Immissionsort einen höheren Außenpegel zuzulassen[63]. Eine Formulierung der Hafen-City-Klausel dahingehend, dass auf den Außenpegel abgestellt wird und nicht auf den Innenraumpegel, läge „näher" bei der TA Lärm als der bisherige Festsetzungsvorschlag und erscheint deshalb zweckmäßig.

e) Verbreitet ist die Festsetzung öffenbarer verglaster Balkone oder Loggien (Winterbalkone), die dafür sorgen, dass vor dem dahinter liegenden geöffneten Wohnraumfenster die Immissionsrichtwerte der TA Lärm eingehalten werden[64].

Die Festsetzung begegnet in zweierlei Hinsicht Bedenken: Zum einen ist zweifelhaft, ob es sich um einen Außenpegel im Sinne der TA Lärm handelt, wenn auf den Außenpegel vor dem geöffneten Fenster des hinter der Loggia bzw. hinter dem Wintergarten liegenden Wohnraums abgestellt wird. Zum anderen könnten Loggia und Wintergarten selbst schutzbedürftige Aufenthaltsräume sein, für die die TA Lärm die Einhaltung der Außenwerte vor dem geöffneten Fenster verlangt[65].

---

gelung vorliegen. Ist dies der Fall, ist die Festsetzung des Bebauungsplans TA Lärm-konform und rechtmäßig.

[63] Die Bedenken im Rundschreiben Nr. 1/2012 vom 12.06.2012 der Senatsverwaltung für Stadtentwicklung und Umwelt Berlin zur Anwendung der Hafen-City-Klausel für Gewerbelärm greifen deshalb nicht durch. Es stellt darauf ab, dass die TA Lärm keine passiven Schallschutzmaßnahmen vorsieht. Ob das Hamburger Fenster eine Maßnahme des passiven Schallschutzes ist, erscheint fraglich und ist letztlich nicht maßgebend. Das Rundschreiben stellt weiter darauf ab, dass sich in der TA Lärm der Wert aus der Einhaltung der maßgeblichen Richtwerte außerhalb der Gebäude zum Schutz des Gebäudeinnern ergibt, wobei von der typischen Pegeldifferenz zwischen Innen- und Außenraum bei gekipptem Fensters von ca. 15 dB(A) ausgegangen wird. Dies spricht nicht gegen, sondern für die Zulässigkeit der Hafen-City-Klausel.

[64] Vgl. Handlungsempfehlung der Hessischen Ministerien (Fn. 24), S. 7 i.V.m. Anhang I; Hamburger Leitfaden Lärm in der Bauleitplanung 2010 (Fn. 24), S. 61, Abb. 10 „Festsetzungsbaukasten", Vorschlag Nr. 1. Diese Festsetzungsmöglichkeit bejahend *Rappen/Küas*, BauR 2013, 874, 880, *Fricke*, ZfBR 2013, 627, 629 f., allerdings – nicht überzeugend – nur für die heranrückende Wohnbebauung, nicht für die Lösung des Konflikts bei Planung eines Gewerbegebietes.

[65] Die Einstufung als Aufenthaltsraum verneint der Hamburger Leitfaden (Fn. 24), S. 89 f.; ebenso *Rappen/Küas*, BauR 2013, 874, 877, tendenziell bejahend VGH Kassel, ZfBR 2010, 588, 593.

IV. Bewertung

Das Urteil des Bundesverwaltungsgerichts vom 29. 11. 2012 ist insofern zu begrüßen, als durch die strikte Verbindlichkeit der TA Lärm auch für die Baurechtsbehörden und die Bauleitplanung Rechtsklarheit geschaffen wird. Entgegen dem Leitsatz des Bundesverwaltungsgerichts sind Maßnahmen des passiven Schallschutzes zur Konfliktlösung nicht generell ausgeschlossen, sondern nur insoweit, als sie der TA Lärm widersprechen. Das Bundesverwaltungsgericht unterscheidet allerdings nicht zwischen immissionsschutzrechtlich genehmigungsbedürftigen und immissionsschutzrechtlich nicht genehmigungsbedürftigen Anlagen. Für Letztere enthält die TA Lärm in Nr. 4 besondere Vorschriften. Es stellt sich deshalb die Frage, ob für die nicht genehmigungsbedürftigen Anlagen passiver Schallschutz in größerem Umfang mit der TA Lärm vereinbar ist, als das Bundesverwaltungsgericht angenommen hat[66].

Es entspricht dem Wortlaut der TA Lärm, öffenbare Schallschutzfenster, kombiniert mit fensterunabhängiger Lüftung, als Mittel der Konfliktlösung zu verwerfen. Auch wenn der Schutz, den die TA Lärm sicherstellen will, nach Auffassung des Bundesverwaltungsgerichts nicht verzichtbar ist[67], erscheint es gleichwohl nicht ausgeschlossen, dem Betroffenen die Entscheidung zu überlassen, ob er – insbesondere während der lärmschwächeren Zeiten – das Schallschutzfenster öffnet, als ihn zu zwingen, nicht öffenbare (Schallschutz-)Fenster einzubauen. Der Betroffene könnte jederzeit den Schutz in Anspruch nehmen, den die TA Lärm gewährleistet[68].

Zur Bewältigung des Verkehrslärms sind Maßnahmen des passiven Schallschutzes durch öffenbare Fenster mit fensterunabhängiger Lüftung möglich und ggf. geboten. Sie bewirken auch den Schutz vor Gewerbelärm. Nach dem Urteil des Bundesverwaltungsgerichts vom 29. 11. 2012 darf diese Schutzwirkung bei der Beurteilung des Gewerbelärms am Maßstab der TA Lärm nicht berücksichtigt werden. Dies ist vor allem dann unbefriedigend, wenn der Verkehr die dominierende Lärmquelle ist. Ist der Betroffene auf den passiven Lärmschutz zum Schutz vor Verkehrslärm angewiesen, macht es wenig Sinn, den gleichzeitig am gleichen Immissionsort einwirkenden Gewerbelärm nur nach Maßgabe der TA Lärm ohne Berücksichtigung des passiven Schallschutzes zu beurteilen.

Das Urteil des Bundesverwaltungsgerichts erschwert die Innenentwicklung, insbesondere durch Konversionsprojekte[69]. Dem könnte durch eine behutsame Modifizierung der TA Lärm Rechnung getragen werden.

---

[66] Für § 22 BImSchG bejahend OVG Bremen, NordÖR 2002, 116.

[67] BVerwGE 145, 145 Rn. 25.

[68] Ähnlich *Reidt*, UPR 2013, 166, 169.

[69] Ebenso *Reidt*, UPR 2013, 166, 169; *Rappen/Küas*, BauR 2013, 874, 878.

Zur Abgrenzung von städtebaulicher Rechtfertigung und Abwägung im Bauplanungsrecht

Von *Rüdiger Rubel*

Hans-Joachim Koch hat seine wissenschaftliche Laufbahn auf dem Gebiet der Rechtstheorie und der Rechtsphilosophie begonnen und sich vor allem mit methodischen und normtheoretischen Fragen beschäftigt. Seine dabei gewonnenen Erkenntnisse sind nicht nur seinen Schülern der damaligen Zeit (vgl. auch den Beitrag von Darnstädt) zugutegekommen, sondern haben auch seine Denk- und Arbeitsweise als späterer Umwelt- und Baurechtler geprägt. Wenn er auf methodische Probleme oder Unstimmigkeiten in diesen Bereichen hinweist, ist höchste Aufmerksamkeit geboten. Solche Hinweise sind deswegen auch in der höchstrichterlichen Rechtsprechung nicht ohne Auswirkungen geblieben.

I. Das Themenfeld: Einzelhandelssteuerung zum Schutz zentraler Versorgungsbereiche

Der Einzelhandel unterliegt seit geraumer Zeit einer besonderen Entwicklungsdynamik: Die Verkaufsflächen nehmen zu, so dass der Raumbedarf in den angestammten, wohnungsnahen Standorten nicht mehr gedeckt werden kann. Nicht integrierte Lagen am Gemeinde- oder Stadtrand locken, zumal dort eine gute Erreichbarkeit mit dem Pkw sichergestellt werden kann. Die Attraktivität solcher Standorte kann durch eine Ausweitung des Warenangebots erhöht werden. Deswegen ergänzen Einzelhandelsbetriebe ihr Hauptsortiment zunehmend durch branchenferne Randsortimente.

Die Kehrseite dieser Entwicklung besteht in der geringeren Attraktivität und Rentabilität zentraler Geschäftslagen. Kaufkraftabfluss und Geschäftsschließungen führen zur Verödung der Innenstädte und gefährden die verbrauchernahe Versorgung. Zu ihrer Sicherstellung hat der Gesetzgeber deswegen in jüngerer Zeit einige Regelungen zur Erhaltung und Entwicklung zentraler Versorgungsbereiche ins Baugesetzbuch (§ 1 Abs. 6 Nr. 4, § 2 Abs. 2, § 5 Abs. 2 Nr. 2 d, § 9 Abs. 2 a BauGB) sowie ins Raumordnungsgesetz (§ 2 Abs. 2 Nr. 3 Satz 3 ROG) aufgenommen. Sie sind Teil der Realisierung des städtebaulichen Leitbildes der Innenentwicklung, das Beiträge zur Bewältigung der Probleme des demografischen Wandels (Überalterung,

Bevölkerungsrückgang), zur Flächenschonung und zum Klimaschutz leisten soll.[1] Die Vorschriften eröffnen den regionalen und kommunalen Planungsträgern Möglichkeiten der Einzelhandelssteuerung (z. B durch raumplanerische Vorgaben, Einzelhandelsausschlüsse oder Sortimentsbeschränkungen im Bebauungsplan, Unzulässigkeit von Vorhaben im unbeplanten Innenbereich im Falle schädlicher Auswirkungen auf zentrale Versorgungsbereiche), die jedoch beim betroffenen Einzelhandel vielfach auf Widerstand stoßen und als Markteingriff und Überregulierung kritisiert werden.[2]

Mittlerweile existiert eine beachtliche Zahl höchstrichterlicher Entscheidungen zu den Möglichkeiten und Grenzen planerischer Einzelhandelssteuerung. Die Judikate des zuständigen 4. Senats des Bundesverwaltungsgerichts reichen von begrifflichen Klärungen des „zentralen Versorgungsbereichs" über die Voraussetzungen des bauleitplanerischen Ausschlusses von Einzelhandel oder bestimmten, insbesondere zentrenrelevanten Warensortimenten außerhalb zentraler Versorgungsbereiche, der Nichtzulassung zentrenschädlicher Vorhaben im unbeplanten Innenbereich und der raumplanerischen Vorgaben der Einzelhandelssteuerung bis hin zu den unionsrechtlichen Grenzen, die sich aus der Niederlassungsfreiheit und speziell aus der Dienstleistungsrichtlinie[3] für derartige nationale Steuerungsinstrumente ergeben können.

Der Senat war und ist in seiner Rechtsprechung bemüht, dem Anliegen des Gesetzgebers, mit den genannten Vorschriften ein praktikables Instrumentarium zur Stärkung der Innenentwicklung und der Urbanität der Städte und zur Sicherstellung einer wohnortnahen Versorgung zu schaffen,[4] hinreichend Rechnung zu tragen. So hat er etwa entschieden, dass auch Grund- und Nahversorgungszentren zentrale Versorgungsbereiche sein können,[5] dass der Einzelhandelsausschluss in dezentralen Lagen durch Bebauungsplan nicht nur zum Schutz, sondern auch zur Stärkung zentraler Versorgungsbereiche zulässig ist,[6] und dass zur Beurteilung schädlicher Auswirkungen von Vorhaben auf zentrale Versorgungsbereiche im Rahmen von § 34 Abs. 3 BauGB auch Vorbelastungen durch bereits vorhandenen Einzelhandel berücksichtigt werden können.[7] Andererseits hat der Senat der gemeindlichen Planung auch Grenzen der Einzelhandelssteuerung aufgezeigt, die etwa dann überschritten sind, wenn sich der Einzelhandelsausschluss in dezentralen Lagen auch auf solche

[1] Dazu etwa *Spangenberger*, Zukunftsaufgabe Innenentwicklung – Umsetzung in der Planungspraxis, UPR 2009, 217.

[2] Vgl. zuletzt *Schlesinger*, Aktuelle Fach- und Rechtsfragen zur Einzelhandelsentwicklung in den Gemeinden, NVwZ 2013, 628.

[3] Richtlinie 2006/123/EG des Europäischen Parlaments und des Rates vom 12. Dezember 2006 über Dienstleistungen im Binnenmarkt – Dienstleistungs-Richtlinie (DL-RL) – ABl EG Nr. L 376 S. 36.

[4] Gesetzesbegründung BT-Drucks. 16/2496, S. 10.

[5] BVerwG, Urt. v. 17.12.2009, E 136, 18 Rn. 28.

[6] BVerwG, Urt. v. 26.3.2009, E 133, 310 Rn. 29.

[7] BVerwG, Urt. v. 17.12.2009, E 136, 10 Rn. 16.

Einzelhandelsbetriebe erstreckt, die nach Art und Umfang des Betriebes oder wegen Besonderheiten des Zentrums für eine Ansiedlung im Zentrum von vornherein nicht in Betracht kommen.[8] Dass planungsrechtlich, aus Gründen der Stadtentwicklung und des Verbraucherschutzes bewirkte Beschränkungen der Standorte von Einzelhandelsbetrieben im Widerspruch zu Unionsrecht stehen, hat der Senat grundsätzlich verneint.[9]

Hans-Joachim Koch hat diese Rechtsprechung kürzlich einer eingehenden Analyse unterzogen.[10] Zur Erleichterung der Mitglieder des 4. Senats ist sie sehr wohlwollend ausgefallen. Im Zusammenhang mit der Erörterung der Rechtmäßigkeitsanforderungen an einen Ausschluss von Einzelhandelsbetrieben bzw. zentrenrelevanten Warensortimenten außerhalb zentraler Versorgungsbereiche wirft Koch allerdings eine Frage auf, die zu grundlegenden Überlegungen Anlass gibt: Wie lassen sich, wenn eine solche Festsetzungen durch Bebauungsplan getroffen werden soll, die städtebauliche Erforderlichkeit nach § 1 Abs. 3 S. 1 BauGB und die Anforderungen des Abwägungsgebots nach § 1 Abs. 7 BauGB voneinander abgrenzen?[11]

Durch Bebauungsplan kann eine Einzelhandelssteuerung außerhalb zentraler Versorgungsbereiche in zweierlei Weise erfolgen: entweder durch den Ausschluss von Einzelhandelsbetrieben oder bestimmten zentrenrelevanten Warensortimenten in einem Baugebiet nach § 1 Abs. 5 und Abs. 9 BauNVO[12] oder durch entsprechende Festsetzungen in einem Bebauungsplan für ein im Zusammenhang bebautes Gebiet (§ 34 BauGB) gemäß § 9 Abs. 2 a BauGB. Dass in beiden Fällen die Maßstäbe des § 1 Abs. 3 S. 1 BauGB und des § 1 Abs. 7 BauGB anzulegen und deswegen auch voneinander zu unterscheiden sind, ist keine Besonderheit. Besondere praktische Schwierigkeiten treten bei diesen Konstellationen aber aus zwei Gründen auf: Zum einen hat der Senat – für beide Fälle – eine spezielle Rechtmäßigkeitsformel entwickelt, deren Elemente sich den genannten Normen und Maßstäben nicht ohne weiteres zuordnen lassen: Danach bedarf es für einen Einzelhandelsausschluss einer städtebaulichen Begründung, die sich aus der jeweiligen konkreten Planungssituation ergibt und den Ausschluss durch hinreichend gewichtige städtebauliche Allgemeinwohlbelange in nachvollziehbarer Weise rechtfertigt.[13] Zum anderen bestimmt sich die städtebauliche Rechtfertigung nach der planerischen Konzeption der Gemeinde, wie sie sich insbesondere aus einem zentrale Versorgungsbereiche festlegenden Einzelhandelskonzept ergeben kann. Ein solches Planungskonzept ist allerdings im Rahmen der Abwägung nur zu „berücksichtigen" (vgl. § 1 Abs. 6 Nr. 11 BauGB). Deswegen kann der örtliche Planungsträger jedenfalls nicht verpflichtet

[8] BVerwG, Urt. v. 26.3.2009, E 133, 310 Rn. 20.

[9] BVerwG, Beschl. v. 30.5.2013 – 4 B 3.13 – juris Rn. 4.

[10] *Koch*, Erhaltung und Entwicklung „zentraler Versorgungsbereiche" in der jüngeren Rechtsprechung des Bundesverwaltungsgerichts, Verw 2012, 233.

[11] A.a.O., 233, 238.

[12] Vgl. dazu BVerwG, Urt. v. 26.3.2009, E 133, 310 Rn. 13.

[13] BVerwG, Beschl. v. 6.8.2013, 4 BN 8 und 9.13 – juris Rn. 6 m. w. N.

sein, diese Planung ohne Abstriche umzusetzen.[14] Die genauen rechtlichen Auswirkungen einer unvollständigen Umsetzung eines solchen Konzepts im Hinblick auf die Erfüllung der Anforderungen von § 1 Abs. 3 S. 1 BauGB einerseits und § 1 Abs. 7 BauGB andererseits bleiben indes unklar.

II. Relevanz der Abgrenzung

Man könnte geneigt sein, die Abgrenzung von städtebaulicher Rechtfertigung im Sinne von § 1 Abs. 3 S. 1 BauGB und Abwägungsgebot nach § 1 Abs. 7 BauGB für ein theoretisches Problem zu halten, dessen Lösung ästhetische oder bestenfalls methodische Ansprüche erfüllt, aber der praktischen Auswirkung ermangelt. Das mag zutreffen, wenn der fragliche Bebauungsplan keinerlei Fehler aufweist oder solche Mängel enthält, die nach beiden genannten Vorschriften zu seiner Unwirksamkeit führen. Diese Konstellationen geben keinen Anlass zu einer Differenzierung zwischen den genannten Vorschriften und lagen erkennbar der oben[15] wiedergegebenen – nicht differenzierenden – „speziellen Rechtmäßigkeitsformel" des Senats für den Ausschluss von Einzelhandel zugrunde. Ansonsten kommt der Zuordnung eines Mangels zu § 1 Abs. 3 S. 1 BauGB bzw. § 1 Abs. 7 BauGB aber im Hinblick auf folgende Umstände Entscheidungsrelevanz für die verwaltungsgerichtliche Kontrolle zu:

- Während das Gericht die Frage nach der planerischen Rechtfertigung auf der Grundlage der Planbegründung zu entscheiden hat, muss es im Rahmen der Abwägungskontrolle bei der Überprüfung der Vollständigkeit des Abwägungsmaterials den Inhalt der gesamten Planaufstellungsakten zugrunde legen.[16]
- Die Entscheidung über die städtebauliche Rechtfertigung ist – ungeachtet aller Freiräume, die der Gemeinde bei der Ausgestaltung der von ihr verfolgten planerischen Konzeption zustehen – eine solche gebundener Art, die jedenfalls im Hinblick darauf, ob die Planung zur Ordnung der städtebaulichen Entwicklung, wie sie sich aus den entsprechenden Vorgaben des BauGB ergibt, in Beziehung steht, der vollen gerichtlichen Kontrolle unterliegt.[17] Demgegenüber besteht im Falle des § 1 Abs. 7 BauGB nur eine gerichtliche Abwägungskontrolle.[18]
- Ein Verstoß gegen § 1 Abs. 3 S. 1 BauGB führt unweigerlich zur Unwirksamkeit des Bebauungsplans. Bei Verstößen gegen das Abwägungsgebot greifen dagegen die Planerhaltungsvorschriften der §§ 214 f. BauGB.

---

[14] Dazu BVerwG, Urt. v. 29. 1. 2009, E 133, 98 Rn. 25 f.

[15] Vor Fn. 13.

[16] BVerwG, Beschl. v. 20. 1. 1995, NVwZ 1995, 692 – juris Rn. 9.

[17] Vgl. BVerwG, Urt. v. 5. 7. 1974, E 45, 309, 312; vgl. auch *Merkel*, Die Gerichtskontrolle der Abwägung im Bauplanungsrecht, insbesondere nach der Neuregelung der §§ 2 III und 214 BauGB durch das EAG-Bau, 2012, S. 103.

[18] BVerwG, Urt. v. 5. 7. 1974, E 45, 309, 314 ff.

Nicht nur der letztgenannte Gesichtspunkt ist von erheblicher Bedeutung. Sieht man in der erwähnten „speziellen Rechtmäßigkeitsformel" des 4. Senats eine – ausschließliche – Umschreibung der Anforderungen des § 1 Abs. 3 S. 1 BauGB, gewinnt man einen strengen, wenn nicht rigorosen Prüfungsmaßstab für die Überprüfung entsprechender Satzungen: Jede aus der Planbegründung hergeleitete Unstimmigkeit in der planerischen Konzeption kann das Gericht auf dieser Grundlage letztlich zum Anlass nehmen, den Bebauungsplan für unwirksam zu erklären. Ein Beispiel aus der obergerichtlichen Rechtsprechung[19] zeigt, dass dieser Weg in der Praxis durchaus beschritten wird.

III. § 1 Abs. 3 S. 1 BauGB und gemeindliches Einzelhandelskonzept: Alles-oder-nichts-Prinzip?

Die Klägerin begehrte die Erteilung eines bauplanungsrechtlichen Vorbescheides zur Errichtung einer Verkaufsstätte überwiegend für Lebensmittel. Ihr Grundstück lag im Plangebiet eines Bebauungsplanes der beklagten Stadt, der für den hier maßgeblichen Bereich ein Gewerbegebiet festsetzt. In diesem Bereich fand sich überwiegend gewerbliche Nutzung. Nach den textlichen Festsetzungen des Bebauungsplans waren im Gewerbegebiet u. a. Einzelhandelsbetriebe mit im Einzelnen aufgeführten zentrenrelevanten Hauptsortimenten, darunter Nahrungs- und Genussmittel, ausgeschlossen. Ausnahmsweise zulässig waren neben Tankstellenshops und Kiosken Verkaufsstellen in unmittelbarem räumlichen und betrieblichen Zusammenhang mit Handwerks- und Gewerbebetrieben. In der Planbegründung hieß es zu „Anlass, Erfordernis und Zielsetzung der Planung": Beabsichtigt sei insbesondere die Lenkung von Einzelhandelsnutzungen unter anderem durch den Ausschluss von Einzelhandelsbetrieben mit zentren- oder nahversorgungsrelevanten Sortimenten. Der Standort befinde sich außerhalb eines circa 800 m entfernten, zu stärkenden Zentrenbereichs. Einzelhandel mit zentren- oder nahversorgungsrelevanten Sortimenten widerspreche den Einzelhandelskonzepten der Beklagten, insbesondere dem Masterplan Einzelhandel. Negative städtebauliche Auswirkungen auf die wohnungsnahe Grundversorgung und das Zentrengefüge sollten vermieden werden. Es gehöre zu den strategischen Zielen des Masterplans, zentrenrelevante Sortimente ausschließlich auf die räumlich abgegrenzten zentralen Versorgungsbereiche zu lenken. Die Bauvoranfrage der Klägerin zur Errichtung einer Verkaufsstätte mit 699 m^2 Verkaufsfläche lehnte die Beklagte ab. Widerspruch und Klage vor dem Verwaltungsgericht blieben ohne Erfolg.

Das Oberverwaltungsgericht änderte das angefochtene Urteil des Verwaltungsgerichts und verpflichtete die Beklagte, der Klägerin den beantragten Bauvorbescheid zu erteilen. Der Bebauungsplan stehe dem Vorhaben nicht entgegen, weil der für den Bereich des Gewerbegebietes festgesetzte Ausschluss von Einzelhandel weder unter

[19] OVG Münster, Urt. v. 7. 12. 2010, 10 A 332/08.

dem Gesichtspunkt der Zentrenstärkung noch unter dem Gesichtspunkt des Zentrenschutzes städtebaulich gerechtfertigt und damit unwirksam sei.

Die getroffenen Festsetzungen könnten die ihnen zugedachte Funktion, den Einzelhandel im Plangebiet zum Zwecke der Zentrenstärkung weitgehend auszuschließen, nicht erfüllen und seien daher städtebaulich nicht gerechtfertigt, weil sie ohne nachvollziehbare Begründung die in dem vom Rat beschlossenen Masterplan zur zukünftigen räumlichen Steuerung und Entwicklung des Einzelhandels und der Zentren aufgestellten Grundsätze nicht vollständig umsetzten und somit ein schlüssiges Planungskonzept auf der Ebene der Bauleitplanung nicht erkennbar sei. Entgegen dem Grundsatz 4 des Masterplans, wonach Neuansiedlungen mit nicht zentrenrelevanten Kernsortimenten nur an bestehenden Einzelhandelsstandorten erfolgen sollen, gestatte der Bebauungsplan im Gewerbegebiet unbeschränkt den Einzelhandel mit nicht zentrenrelevanten Sortimenten. Damit habe sich der Rat der Beklagten in der Planbegründung nicht auseinandergesetzt. Auch soweit die Planbegründung ausführe, mit der Zulassung nicht zentrenrelevanter Sortimente würden eine Kfz-Werkstatt mit Ersatzteilverkauf und ein Elektrogeräte-Depotverkauf entsprechend dem Ziel gesichert, nicht in bestehende gewerbliche Nutzungen einzugreifen, werde dies dem genannten Grundsatz nicht gerecht. Es sei nicht nachvollziehbar, weshalb die Bestandssicherung zweier Einzelhandelsbetriebe der hier in Rede stehenden Größenordnung, die auch durch Festsetzungen nach § 1 Abs. 10 BauNVO möglich gewesen wäre, ein Abweichen von dem beschlossenen Einzelhandelskonzept zu rechtfertigen vermöge. Darüber hinaus habe sich der Rat nicht mit der im Grundsatz 4 ausdrücklich hervorgehobenen besonderen Bedeutung der Problematik von zentrenrelevanten Randsortimenten beschäftigt und sie nach Art oder Umfang nicht weiter eingeschränkt. Damit ermögliche der Bebauungsplan entgegen dem zur städtebaulichen Rechtfertigung seiner Konzeption herangezogenen Masterplan zentrenrelevanten Einzelhandel in nicht unerheblichem Umfang und stelle somit nicht sicher, dass entsprechender Einzelhandel im Plangebiet nur eine mit der Zentrenstärkung vereinbare deutlich untergeordnete städtebauliche Bedeutung haben werde. Der Rat der Beklagten sei aber zur Umsetzung sämtlicher Grundsätze des Masterplans verpflichtet gewesen. Wenn nämlich – wie hier – im Bebauungsplan Festsetzungen zur Steuerung des Einzelhandels getroffen würden, deren städtebauliche Erforderlichkeit losgelöst von konkreten Untersuchungen allein damit begründet werde, dass das beschlossene Einzelhandelskonzept umgesetzt werden solle, müsse sich der Rat grundsätzlich an dieses Konzept halten oder aber nachvollziehbar städtebaulich begründen, weshalb etwaige Abweichungen von diesem Konzept im Einzelfall den Zielen der gewollten Einzelhandelssteuerung insgesamt nicht schadeten oder jedenfalls hinzunehmen seien.

Auch das Ziel des Schutzes der Versorgungszentren könne die maßgeblichen Festsetzungen städtebaulich nicht rechtfertigen. Der Rat hätte insoweit Angaben dazu machen müssen, weshalb jegliche Form von Einzelhandel der besagten Art, würde er im Plangebiet angesiedelt, die gewachsenen Einzelhandelsstrukturen in den Zentren unabhängig von der Art und dem Umfang des jeweiligen Warenangebotes schädigen würde. Dies sei nicht geschehen und auch aus den Umständen nicht ohne Weiteres ablesbar. Die wegen Verstoßes gegen das Erforderlichkeitsprinzip des § 1 Abs. 3 Satz 1 BauGB gegebene Unwirksamkeit des im Vordergrund der Planung stehenden Einzelhandelsausschlusses führe jedenfalls zur teilweisen Unwirksamkeit des Bebauungsplans, soweit dieser ein Gewerbegebiet festsetze. Bei einer Beurteilung nach § 29 Abs. 1 in Verbindung mit § 34 BauGB sei das geplante Vorhaben seiner Art nach zulässig.[20]

Es liegt nahe, dass die beklagte Stadt mit der Entscheidung unzufrieden war und die vom Bundesverwaltungsgericht zugelassene Revision eingelegte. Aufgrund der strengen Maßstäbe des Oberverwaltungsgerichts sah sich die Stadt in ihren Möglichkeiten der Einzelhandelssteuerung erheblich eingeengt. Dem Berufungsgericht war es demgegenüber erkennbar ein Dorn im Auge, dass sich die Gemeinde zur Begründung des Einzelhandelsausschlusses auf ihr Einzelhandelskonzept beruft, dies jedoch nicht vollständig umsetzt. Ein solcher „offener Umgang" mit dem Planungskonzept ergab für das Oberverwaltungsgericht keine tragfähige Grundlage für eine wirksame Einzelhandelssteuerung. Dass die Stadt – was sich schon aus § 1 Abs. 6 Nr. 11 BauGB ergibt – an ihr Einzelhandelskonzept nicht sklavisch gebunden ist, erkannte das Oberverwaltungsgericht zwar an.[21] Die Zulässigkeit von Abweichungen machte das Oberverwaltungsgericht aber im Rahmen der Prüfung der städtebaulichen Rechtfertigung der Sache nach von einer ins Einzelne gehenden, praktisch vollständigen Abwägungskontrolle abhängig.[22] § 1 Abs. 3 S. 1 BauGB wird somit zum zentralen Prüfungsmaßstab, der für eine nachfolgende Abwägungskontrolle nach § 1 Abs. 7 BauGB letztlich keinen Raum mehr lässt.

IV. § 1 Abs. 3 S. 1 BauGB und Planrechtfertigung

Der vom OVG Münster im geschilderten Fall zugrunde gelegte Maßstab für die Prüfung der städtebaulichen Rechtfertigung im Sinne von § 1 Abs. 3 S. 1 BauGB hat den 4. Senat des Bundesverwaltungsgerichts im Revisionsverfahren nicht überzeugt.[23] Dieser Maßstab lässt sich mit der hierzu vorhandenen Rechtsprechung des Bundesverwaltungsgerichts, die in der Literatur kaum in Frage gestellt wird, nicht vereinbaren. Danach handelt es sich bei diesem Prüfungspunkt um einen ersten Filter, der lediglich grobe und einigermaßen offensichtliche Missgriffe ausschließt.[24] Das betrifft etwa Pläne, die einer positiven Planungskonzeption entbehren und ersichtlich der Förderung von Zielen dienen, für deren Verwirklichung die Planungsinstrumente des Baugesetzbuches nicht bestimmt sind, oder solche, die aus tatsächlichen oder Rechtsgründen auf Dauer oder auf unabsehbare Zeit nicht vollzugsfähig

---

[20] Sachverhalt nach BVerwG, Urt. v. 27.3.2013, 4 C 13.11.

[21] OVG Münster, Urt. v. 7.12.2010, 10 A 332/08, juris Rn 56.

[22] A.a.O. Rn 57.

[23] BVerwG, Urt. v. 27.3.2013, 4 C 13.11.

[24] Vgl. schon BVerwG, Urt. v. 3.6.1971, E 38, 152, 157.

sind und deswegen die Aufgabe der verbindlichen Bauleitplanung nicht erfüllen können.[25] § 1 Abs. 3 S. 1 BauGB betrifft mithin die generelle Erforderlichkeit der Planung, nicht die Einzelheiten einer konkreten planerischen Lösung, für die das Abwägungsgebot maßgeblich ist.[26]

Eine solche Auslegung mag zwar unter dem Prüfungsgesichtspunkt des § 1 Abs. 3 S. 1 BauGB nur selten Anlass zu Beanstandungen von Bebauungsplänen geben. Sie entspricht aber der Funktion des Kriteriums der städtebaulichen Rechtfertigung. Das Bundesverwaltungsgericht hat schon in seiner älteren Rechtsprechung darauf hingewiesen, dass diesem Kriterium dieselbe Funktion zukommt wie demjenigen der Planrechtfertigung im Planfeststellungsrecht, nämlich die Planung, die ihre Rechtfertigung nicht in sich selbst trägt, im Hinblick auf die mit ihr verbundenen Einwirkungen auf Rechte Dritter in Einklang mit den gesetzlich zulässigen Planungszielen zu bringen und auf diese Weise grundsätzlich zu rechtfertigen.[27] Dabei dürfte der Zusammenhang mit den Einwirkungen auf die Rechte Dritter nur ein mittelbarer sein. Entscheidend ist vielmehr der Gesichtspunkt der Gesetzmäßigkeit, zu dessen Erfüllung es gehört, dass die planerische Entscheidung jedenfalls auch den Zielen des Planungsgesetzes entspricht. Es gilt insofern nichts anderes als beim normalen Verwaltungsermessen[28], das nach § 40 VwVfG entsprechend dem Zweck der Ermächtigung auszuüben ist. Für die städtebauliche Rechtfertigung bedarf es daher (nur) eines Bezugs der Planung zur städtebaulichen Entwicklung und Ordnung, wie sie sich aus den Vorgaben des BauGB und insbesondere aus den in § 1 Abs. 5 BauGB geregelten Zielen ergibt. Lediglich im Falle offensichtlich untauglicher oder unzulässiger Zweck-Mittel-Relationen scheitert die Planung an § 1 Abs. 3 S. 1 BauGB. Das ist nicht gleichbedeutend mit dem Fehlen eines „schlüssigen Gesamtkonzepts".[29]

V. § 1 Abs. 3 S. 1 BauGB und § 1 Abs. 9 BauNVO

Ein rechtlicher Anknüpfungspunkt für den strengeren Maßstab des OVG Münster ergibt sich auch nicht daraus, dass nach der Senatsrechtsprechung die städtebauliche Rechtfertigung nicht lediglich für die Planung insgesamt, sondern auch für jede Einzelfestsetzung und mithin auch für den hier im Bebauungsplan geregelten Einzelhandelsausschluss gegeben sein muss.[30] Rechtsgrundlage für eine solche Festsetzung ist § 1 Abs. 9 BauNVO, der hierfür *besondere* städtebauliche Gründe verlangt. Das geht

[25] BVerwG, Urt. v. 21.3.2002, E 116, 144, 146 f. m. w. N.

[26] A.a.O, 144, 147.

[27] BVerwG, Urt. v. 14.2.1975, E 48, 56, 60 m. w. N.

[28] Auch insoweit zeigt sich, dass in norm- und begründungsstruktureller Hinsicht zwischen Verwaltungs- und Planungsermessensnormen keine qualitativen Unterschiede bestehen. Darauf hat Koch stets hingewiesen: *Koch/Hendler*, Baurecht, Raumordnungs- und Landesplanungsrecht, 5. Aufl. 2009, § 17 Rn. 4 ff.; *Koch/Rubel/Heselhaus,* Allgemeines Verwaltungsrecht, 3. Auflage 2003, § 5 Rn. 107 ff.; dazu ausführlich *Rubel*, Planungsermessen, 1983.

[29] So aber *Kuschnerus*, Der standortgerechte Einzelhandel, 2007, Rn. 455.

[30] So bereits BVerwG, Urt. v. 26.3.2009, E 133, 310 Rn. 11.

zwar über die Anforderungen des § 1 Abs. 3 S. 1 BauGB hinaus, eröffnet aber nicht den vom OVG Münster beschrittenen Weg in die Abwägung.[31] Inhaltlich geht es insoweit, wie der Senat stets betont hat, nicht um besonders *gewichtige*, sondern um die auf § 1 Abs. 9 BauNVO gestützte *Feindifferenzierung rechtfertigende* Gründe.[32] Rechtlich handelt es sich, auch wenn die Fragen zulässiger Feindifferenzierung in der Senatsrechtsprechung bisweilen etwas undifferenziert unter der „Überschrift" des § 1 Abs. 3 S. 1 BauGB geprüft wurden,[33] um spezielle Anforderungen des Festsetzungsinstrumentariums, die einen selbständigen Prüfungspunkt zwischen der städtebaulichen Rechtfertigung und der Abwägungskontrolle bilden und letztere weder vorwegnehmen noch ersetzen können. Auch insoweit sind Parallelen zum Planfeststellungsrecht,[34] nämlich zu der von der Rechtsprechung allgemein praktizierten Differenzierung der Prüfungspunkte Planrechtfertigung – (weitere) zwingende Rechtmäßigkeitsanforderungen – Abwägungskontrolle erkennbar.

VI. Relevanz gemeindlicher Planungskonzepte

Ungeachtet der bisherigen Überlegungen könnte man geneigt sein, im Hinblick auf eine Besonderheit des Falles Verständnis für die strenge Handhabung des § 1 Abs. 3 S. 1 BauGB durch das OVG Münster aufzubringen: Die Stadt beruft sich zur städtebaulichen Rechtfertigung des Einzelhandelsausschluss auf ihr Einzelhandelskonzept, das sie aber nur unvollständig umsetzt. Bringt die Stadt mit ihrem Konzept nicht eine bestimmte planerische Konzeption zum Ausdruck, die eine unvollständige Umsetzung, jedenfalls dann, wenn sie ohne hinreichende Begründung erfolgt, als widersprüchlich und mithin selbst unter Zugrundelegung des vom 4. Senat für zutreffend erachteten Maßstabs des § 1 Abs. 3 S. 1 BauGB als nicht geeignet erscheinen lässt, die städtebauliche Rechtfertigung zu begründen?

Der 4. Senat hat dieses Verständnis nicht aufgebracht[35]. Es wäre mit der Vorschrift des § 1 Abs. 6 Nr. 11 BauGB nicht zu vereinbaren. Danach sind die Ergebnisse eines von der Gemeinde beschlossenen städtebaulichen Entwicklungskonzeptes oder einer von ihr beschlossenen sonstigen städtebaulichen Planung bei der Abwägung (nur) zu *berücksichtigen*. Das Konzept geht somit als Abwägungsbelang in die Abwägungsentscheidung ein, kann aber aufgrund anderer Abwägungselemente – ganz oder teilweise – weggewogen werden.[36] Es kann nach ordnungsgemäßer Abwägung sogar zwingend geboten sein, das Konzept nur mit Abstrichen zu verfolgen. Auf dieser Grundlage kann die städtebauliche Rechtfertigung weder von der vollständigen Um-

[31] So BVerwG, Urt. v. 27.3.2013–4 C 13.11 – juris Rn. 10.

[32] Vgl. etwa BVerwG, Urt. v. 29.1.2009, E 133, 98 Rn. 13 m. w. N.

[33] So etwa im BVerwG, Urt. v. 26.3.2009, E 133, 310 Rn. 16 ff.

[34] Vgl. dazu etwa *Steinberg/Wickel/Müller*, Fachplanung, 4. Aufl. 2012, § 3 I. m. w. N.

[35] BVerwG, Urt. v. 27.3.2013 – BVerwG 4 C 13.11 – juris Rn. 11.

[36] So bereits BVerwG, Urt. v. 29.1.2009, E 133, 98 Rn. 25 ff.

setzung[37] noch von einer im Falle unvollständiger Umsetzung hinreichend begründeten Abweichung abhängig sein.

Ein in dieser Weise „durchlöchertes" gemeindliches Entwicklungskonzept wird nicht ohne weiteres hinfällig. Seine steuernde Kraft kann sich aber reduzieren oder gar verlieren: Je häufiger und umfangreicher das Konzept durchbrochen wird, desto geringer ist sein Gewicht in der Abwägung.[38] Die Folgen unvollständiger Umsetzung treten somit grundsätzlich erst auf der Abwägungsebene ein. Das schließt aber nicht aus, dass sich der Planungsträger die rechtfertigende Wirkung eines wenn auch nicht vollständig umgesetzten Planungskonzeptes – gleichsam als Argumentationshilfe[39] – zunutze macht. Dabei muss aber zur Vermeidung offensichtlich untauglicher oder unzulässiger Zweck-Mittel-Relationen (vgl. oben IV.) sichergestellt werden, dass die Festsetzungen des Bebauungsplans jedenfalls *geeignet* sind, einen Beitrag zur Förderung des Planungskonzeptes zu leisten. Das ist nicht mehr der Fall, wenn die realistische Gefahr besteht, dass eine nur teilweise Umsetzung das Planungskonzept konterkariert. Dann bedarf es anderer städtebaulicher Ziele, um die Festsetzungen städtebaulich zu rechtfertigen.[40]

VII. Schutz und Stärkung gemeindlicher Versorgungszentren

Als städtebauliches Ziel, das den Ausschluss von Einzelhandelsbetrieben in nicht zentralen Lagen rechtfertigen kann, kommt nach der Rechtsprechung des Bundesverwaltungsgerichts nicht lediglich der Schutz eines zentralen Versorgungsbereichs in Betracht, der sich darauf beschränkt, Einzelhandelsnutzungen, die in den Zentren bereits in nennenswertem Umfang ausgeübt werden, in anderen Gemeindegebieten zu unterbinden. Insbesondere aus der Planungsleitlinie des § 1 Abs. 6 Nr. 4 BauGB („Erhaltung und *Entwicklung* zentraler Versorgungsbereiche") hat der Senat abgeleitet, dass der Einzelhandelsausschluss auch durch das Ziel der Stärkung der Zentren gerechtfertigt sein kann, wodurch auch solche Einzelhandelsbetriebe ausgeschlossen

[37] Dass der 4. Senat mit der in seinem Urteil vom 26.3.2009, BVerwGE 133, 310 Rn. 20 enthaltenen Formulierung, „dass Festsetzungen, die nicht oder *nicht vollständig* der Realisierung der mit der Planung verfolgten städtebaulichen Zielsetzung dienen, deshalb auch nicht erforderlich sind", nicht einem Alles-oder-nichts-Prinzip das Wort reden und nicht solchen Festsetzungen die planerische Rechtfertigung absprechen wollte, die das von einem Entwicklungskonzept verfolgte Ziel zu fördern geeignet sind, jedoch die Leitvorstellungen des Konzepts nicht in allen Punkten verwirklichen, hat der Senat in seinem Urteil vom 27.3.2013 – BVerwG 4 C 13.11 – juris Rn. 12 klargestellt und ergibt sich aus dem Gesamtzusammenhang jener Formulierung: Es ging insoweit um den Ausschluss bestimmter Einzelhandelsbetriebe mit dem vom Planungskonzept verfolgten Ziel der Zentrenstärkung, obwohl dieses Ziel von vornherein nicht erreicht werden konnte, weil die ausgeschlossenen Betriebe aus tatsächlichen Gründen im Zentrum nicht angesiedelt werden konnten.

[38] BVerwG, Urt. v. 29.1.2009, E 133, 98 Rn. 28.

[39] BVerwG, Urt. v. 27.3.2013 – 4 C 13.11, juris Rn. 16.

[40] BVerwG, Urt. v. 27.3.2013 – 4 C 13.11, juris Rn. 12.

werden können, die in den Zentren bisher nicht vertreten sind, aber ausschließlich dort angesiedelt werden sollen, um deren Attraktivität zu steigern oder zu erhalten.[41] Im Ausgangsfall hat das OVG Münster[42] angenommen, dass die Stadt mit dem Einzelhandelsausschluss beide Ziele verfolgen wollte. Aufgrund seines zu strengen Maßstabes ließ das Gericht diese Ziele jedoch als städtebauliche Rechtfertigung des Einzelhandelsausschlusses nicht ausreichen.

Hinsichtlich des Ziels der *Zentrenstärkung* genügte dem Oberverwaltungsgericht die bloße Bezugnahme auf den Masterplan der Stadt nicht, weil dessen Ziele nicht vollständig verwirklicht würden und die Festsetzungen einen „weitgehenden" Ausschluss des zentrenrelevanten Einzelhandels nicht sicherstellten. Damit wertet das OVG die Bezugnahme auf den Masterplan nicht als bloße „Argumentationshilfe" für die Stadt. Das Gericht verlangt zur Erfüllung der Anforderungen des § 1 Abs. 3 S. 1 BauGB vielmehr der Sache nach eine vollständige Erfüllung der Ziele des Masterplans oder eine Begründung für Abweichungen, die eine vorweggenommene Abwägungsprüfung voraussetzen. Ein so verstandenes „schlüssiges Gesamtkonzept" verfehlt aber die dargelegten bundesrechtlichen Maßstäbe. Das wird besonders augenfällig, soweit der Masterplan neben der Zentrenstärkung weitere selbständige Ziele vorgibt, die mit jenem Ziel in keinem Zusammenhang stehen: Der Grundsatz 4 des Masterplans, dessen Nichtumsetzung das OVG beanstandet, dient allein der Sicherung der Hauptfunktion von Gewerbegebieten gegenüber sie beeinträchtigenden Einzelhandel und kann zur Zentrenstärkung nichts beitragen. Zu weit gehen die Anforderungen des OVG aber auch, soweit das Ziel der Zentrenstärkung nicht in dem Umfang verwirklicht wird, wie es die Grundsätze des Masterplans vorgeben. Das betrifft die Außerachtlassung der Empfehlung des Masterplans, in nicht zentralen Lagen neben zentrenrelevanten Hauptsortimenten auch zentrenrelevante Randsortimente auszuschließen, und wäre nach den Maßstäben des 4. Senats – als offensichtlich untaugliche Zweck-Mittel-Relationen – nur zu beanstanden, wenn ein auf zentrenrelevante Hauptsortimente beschränkter Einzelhandelsausschluss nicht geeignet wäre, das Ziel der Zentrenstärkung zu fördern oder dieses Ziel sogar konterkarierte. Der Sicherstellung eines „weitgehenden" Ausschlusses des zentrenrelevanten Einzelhandels, wie ihn das OVG gefordert hat, bedarf es nicht.[43]

Auch im Hinblick auf das Ziel des *Zentrenschutzes* stellte das Oberverwaltungsgericht – in Fortführung seiner ständigen Rechtsprechung – zu strenge Anforderungen für die städtebauliche Rechtfertigung auf, indem es Angaben des Plangebers für erforderlich hielt, weshalb *jegliche* Form von Einzelhandel der ausgeschlossenen Art, würde er im Plangebiet angesiedelt, die gewachsenen Einzelhandelsstrukturen in den geschützten Zentren unabhängig von der Art und dem Umfang des jeweiligen Warenangebots schädigen würde. Mit diesem Kriterium wird eine in der Praxis kaum zu überwindende Hürde errichtet, die den Kommunen das Instrument der Aus-

[41] Vgl. bereits BVerwG, Beschl. v. 10.11.2004 – 4 BN 33.04, juris Rn. 4.

[42] OVG Münster, Urt. v. 7.12.2010 – 10 A 332/08.

[43] Vgl. BVerwG, Urt. v. 27.3.2013 – 4 C 13.11, juris Rn. 16.

schlussplanung faktisch aus der Hand schlägt.[44] Der 4. Senat[45] hat demgegenüber darauf hingewiesen, dass aus seiner Rechtsprechung ein solches Erfordernis nicht abgeleitet werden kann. Bei einem nur zum Schutz eines Zentrums erfolgten Einzelhandelsausschluss verlangt er – lediglich – die Ermittlung der konkret zentrenschädlichen Sortimente.[46] Sie erfolgt aus dem Blickwinkel des geschützten Versorgungszentrums. Ein zur städtebaulichen Rechtfertigung ausreichender Beitrag zur Förderung des Ziels des Zentrenschutzes wird bereits grundsätzlich dann geleistet, wenn in einem Zentrenkonzept die für die Funktionsfähigkeit der jeweiligen Zentren entscheidenden und mithin zentrenbildenden Sortimente festgelegt werden und diese Sortimente in einem Bebauungsplan für ein Gebiet außerhalb der Zentren ausgeschlossen werden. Es ist zu bedenken, dass es auch beim Zentrenschutz um planerische Lenkung und nicht um Gefahrenabwehr geht, für die strengere Anforderungen gelten („Gefahrenschwelle" statt „Planungsschwelle").[47] Solche strengeren, hier aber nicht einschlägigen Anforderungen hat das OVG der Sache nach für maßgeblich angesehen.

VIII. Beitrag zur Förderung des Planungskonzepts

Die Reduzierung des Kriteriums der städtebaulichen Rechtfertigung auf eine erste Schranke der Bauleitplanung, die lediglich grobe und einigermaßen offensichtliche Missgriffe ausschließt,[48] rückt die Frage in den Mittelpunkt, ob ein Einzelhandelsausschluss, der Ziele des Entwicklungskonzeptes nur unvollständig umsetzt, zumindest einen Beitrag zur Förderung dieses Konzepts leistet. Auch insoweit ist darauf zu achten, dass die Anforderungen nicht überspannt werden. Die Bemühungen des 4. Senats um den richtigen Maßstab der städtebaulichen Rechtfertigung würden leerlaufen, wenn durch die Hintertür der tatsächlichen Feststellungen letztlich doch wieder der Sache nach eine Prüfung des „schlüssigen Gesamtkonzepts" vorgenommen würde.

Deswegen hat der Senat darauf hingewiesen, dass bei der Frage, ob der Einzelhandelsausschluss das Ziel der Stärkung oder des Schutzes der Versorgungszentren tatsächlich „fördert", von einem realitätsnahen Maßstab auszugehen ist, der nicht nach theoretischen Möglichkeiten fragt, sondern die konkreten Gegebenheiten im Plangebiet zugrunde legt und auf dieser Grundlage die realistischerweise zu erwartenden Entwicklungen in den Blick nimmt.[49] Das schließt es aus, im Ausgangsfall wie das Oberverwaltungsgericht zur Beantwortung der Frage, ob die genannten Ziele

---

[44] Vgl. auch *Janning,* Ausschluss des zentrenrelevanten Einzelhandels außerhalb der Zentren und Empfehlungen für die kommunale Planungspraxis, ZfBR 2009, 437.

[45] BVerwG, Urt. v. 27.3.2013 – 4 C 13.11, juris Rn. 19.

[46] Seit dem BVerwG, Urt. v. 26.3.2009, E 133, 310 Rn. 19.

[47] BVerwG, Urt. v. 27.3.2013 – 4 C 13.11, juris Rn. 19, unter Hinweis auf BVerwG, Urt. v. 30.8.2012, BauR 2013, 191 Rn. 16 ff.

[48] BVerwG, Urt. v. 27.3.2013 – 4 C 13.11, juris Ls 1.

[49] BVerwG, Urt. v. 27.3.2013 – 4 C 13.11, juris Rn. 21; vgl. zu diesem Maßstab auch *Kuschnerus* (Fn. 29), Rn. 459.

bei einem auf zentrenrelevante *Haupt*sortimente begrenzten Einzelhandelsausschluss erreicht werden können, vom „worst case" auszugehen, ohne zu prüfen, mit welcher Wahrscheinlichkeit und in welchem Umfang sich Betriebe mit zentrenrelevanten Randsortimenten ansiedeln werden.

Eine weitere Konsequenz muss sich für die Auslegung der Begriffe Haupt- und Randsortiment ergeben.[50] Auch insoweit ist das Oberverwaltungsgericht von einem „worst case" ausgegangen, nämlich von einer maximal geweiteten Definition des Begriffs des Randsortiments, nach der im Baugebiet ein nicht wirksam begrenztes zentrenrelevantes Warenangebot zulässig wäre. Die Möglichkeit, dass die Ziele des Planungskonzepts auf dieser Grundlage noch gefördert werden könnten, wäre dann in der Tat nur schwer erkennbar. Eine solche Auslegung war aber keineswegs zwingend. Das OVG war nicht gehindert, dem Begriff des Randsortiments einen – in dem Begriff bereits angelegten – hinreichend begrenzten Inhalt zu geben, der geeignet ist, negativen Auswirkungen zentrenschädlicher Sortimente auf die Zentren effektiv vorzubeugen.

IX. Inzidenzprüfung des Planungskonzepts

Eine offene Flanke für die vom 4. Senat vertretene Position von § 1 Abs. 3 S. 1 BauGB als einer ersten Schranke der Bauleitplanung besteht in der Frage, in welcher Intensität das zur Begründung des Einzelhandelsausschlusses in Bezug genommene gemeindliche Planungskonzept („Masterplan") seinerseits rechtlich zu überprüfen ist. Hans-Joachim Koch hat diese Frage klar gestellt: Müsste nicht die die Feststellung der Nachvollziehbarkeit und Widerspruchsfreiheit des Zentrenkonzepts daraufhin überprüft werden, ob das Abwägungsgebot rechtsfehlerfrei zur Anwendung gekommen ist?[51]

Die Gefahr einer solchen weitgehenden Inzidentprüfung besteht darin, dass die städtebauliche Rechtfertigung wiederum von vorweggenommenen Abwägungsüberlegungen abhängig gemacht wird. Das OVG Münster lässt in seiner Entscheidung diese Gefahr erkennen, weil es für sich erkennbar in Anspruch nimmt, das gemeindliche Planungskonzept im Rahmen der städtebaulichen Rechtfertigungsprüfung auf seine Nachvollziehbarkeit und Widerspruchsfreiheit hin zu überprüfen.[52]

Aus der Sicht des 4. Senats ist die von Koch aufgeworfene Frage zu verneinen: Dient die Bezugnahme auf das gemeindliche Planungskonzept im Rahmen der städtebaulichen Rechtfertigung als „Argumentationshilfe" für die Stadt als Planungsträger, sind Abwägungsfragen noch nicht aufgerufen. Deswegen hat der Senat ausdrücklich klargestellt, dass bei der (Inzident-)Prüfung, ob die in Bezug genommenen

---

[50] Dazu BVerwG, Urt. v. 27.3.2013 – 4 C 13.11, juris Rn. 21.

[51] *Koch* (Fn. 10), 238.

[52] Mangels Entscheidungserheblichkeit hat das OVG offen gelassen, ob die von ihm benannten Voraussetzungen erfüllt sind: OVG Münster, Urt. v. 7.12.2010 – 10 A 332/08 – juris Rn. 46.

gemeindlichen Konzepte ihrerseits den Anforderungen des § 1 Abs. 3 S. 1 BauGB entsprechen, derselbe Maßstab gilt, den der Senat für die Prüfung der städtebaulichen Rechtfertigung des Einzelhandelsausschlusses für maßgeblich ansieht.[53] Die Tragfähigkeit des städtebaulichen Konzepts im Einzelnen ist erst im Rahmen der auf den Einzelhandelsausschluss bezogenen Abwägungsprüfung zu untersuchen.

X. Fazit

Lohnen sich die von Hans-Joachim Koch eingeforderten Bemühungen des 4. Senats, die Kategorien der städtebaulichen Rechtfertigung und der Abwägung wieder stärker voneinander abzugrenzen und auf eine genaue Zuordnung von Planungsmängeln zu achten, so dass die Prüfung von § 1 Abs. 3 S. 1 BauGB nur grobe und einigermaßen offensichtliche Missgriffe erfasst, während Einzelheiten einer konkreten planerischen Lösung im Rahmen der Abwägungsprüfung untersucht werden? Handelt es sich nicht lediglich um kosmetische Operationen am bereits toten Patienten, die den Tatsachengerichten nur die Arbeit erschweren?

In der Tat ist nicht auszuschließen, dass das OVG Münster, an das der 4. Senat im Ausgangsfall die Sache zurückverwiesen hat, nach der Neuauflage des Berufungsverfahrens zwar die städtebauliche Rechtfertigung bejaht, nun aber die Abgewogenheit des Einzelhandelsausschlusses verneint und somit wiederum zum Ergebnis der Unwirksamkeit des Bebauungsplans (und mithin der Zulässigkeit des Vorhabens auf der dann einschlägigen Grundlage des § 34 BauGB) kommt. Sicher ist dies aber nicht. Denn für die Abwägungskontrolle gelten im Hinblick auf die verfügbaren Erkenntnisquellen, die Kontrolldichte und die Fehlerfolgen andere – aus Sicht des Planungsträgers mildere – Maßstäbe, die dazu führen können, dass der Bebauungsplan letztlich doch Bestand hat.

Die vom Bundesverwaltungsgericht beanstandete Rechtsauffassung des OVG Münster ist möglicherweise durch die vom 4. Senat für Einzelhandelsausschlüsse geprägte „spezielle Rechtmäßigkeitsformel"[54] veranlasst worden. Im Planungsrecht liegt es nahe, die abstrakten Prüfschritte planerische Rechtfertigung – (weitere) zwingende Rechtmäßigkeitsanforderungen – Abwägungskontrolle durch bereichsspezifische Formeln zu konkretisieren, um eine bessere inhaltliche Orientierung für die Abwägung zu gewinnen. Solche Formeln ersetzen aber nicht die genannten Prüfschritte, sondern sind vielmehr unter Zugrundelegung dieser Prüfschritte abzuarbeiten.[55] So dürfen die Anforderungen der „speziellen Rechtmäßigkeitsformel" für

[53] BVerwG, Urt. v. 27.3.2013–4 C 13.11, juris Rn. 22.

[54] Siehe oben I.

[55] Die richtige Zuordnung der einzelnen Elemente einer „speziellen Rechtmäßigkeitsformel" zu den Prüfschritten für Planungsentscheidungen spielte auch im Senatsurteil vom 13.12.2012, NVwZ 2013, 519 eine Rolle, in dem es um die Anforderungen an ein der Windenergienutzung substanziell Raum gebendes „schlüssiges Gesamtkonzept" der Gemeinde geht, das bei einem Flächennutzungsplan die Ausschlusswirkung des § 35 Abs. 3 Satz 3 BauGB herbeiführen kann.

den Einzelhandelsausschluss, die Elemente aller Prüfungsschritte umfasst, nicht – wie es das OVG Münster unternommen hat – einseitig dem Prüfungsschritt „städtebauliche Rechtfertigung" zugeschlagen werden. Andernfalls verschwimmen die Grenzen zwischen den planungsrechtlichen Prüfungsschritten und verändert sich das Verhältnis zwischen gestaltendem Planungsträger und kontrollierender Verwaltungsgerichtsbarkeit.

Durch die Korrektur des rigorosen Kontrollmaßstabs des OVG Münster kann die an gemeindlichen Entwicklungskonzepten orientierte Einzelhandelssteuerung wieder zu einem effektiveren Gestaltungsmittel der Gemeinden werden. Dem vom OVG befürchteten „offenen Umgang" des Planungsträgers mit seinen Entwicklungskonzepten lässt sich auf der Ebene der Abwägungskontrolle hinreichend begegnen. Die Struktur des gerichtlichen Kontrollsystems für planerische Entscheidungen muss deswegen nicht verändert werden. Hans-Joachim Kochs Fragestellung ist nicht ohne Antwort geblieben.

Vermeidbare Fallstricke im Recht der städtebaulichen Verträge

Von *Wolfgang Ewer*

I. Einleitung

Als der Bundesgesetzgeber 1960 das ehemalige Bundesbaugesetz erließ, ging er ersichtlich von der Vorstellung aus, dass die Gemeinden über kurz oder lang alle wesentlichen für bauliche Nutzungen geeigneten Flächen einer Bauleitplanung unterziehen würden. Diese Erwartung hat sich nicht erfüllt. Vielmehr hat insbesondere die zunehmende Ebbe in den kommunalen Kassen dazu geführt, dass die Angebotsplanung inzwischen eine eher seltene Ausnahme darstellt und dass Bebauungspläne bis auf wenige Ausnahmen nur noch durch konkrete Vorhaben veranlasst aufgestellt werden. Da aus gemeindlicher Sicht nicht einzusehen war, warum die Kosten für Planungen, die zwar den städtebaulichen Vorstellungen der Kommune entsprechen, aber im Wesentlichen Privaten wirtschaftlichen Nutzen bringen, aus den kommunalen Haushalten aufgebracht werden sollten, gingen die Gemeinden seit Anfang der 90er Jahre zunehmend dazu über, in derartigen Fällen die mit den entsprechenden Planungen einhergehenden Lasten vertraglich auf die Planbegünstigten abzuwälzen. Dies gab auch dem Gesetzgeber Anlass zu weiterem Handeln. Ein Markstein dieser Entwicklung war seine Entscheidung, die zunächst nur befristet in §§ 6 und 7 BauGB-MaßnG geregelten Rechtsinstitute des städtebaulichen Vertrags und des Vorhaben- und Erschließungsplans im Rahmen der Novellierung des Städtebaurechts durch das Bau- und Raumordnungsgesetz 1998[1] als Dauerrecht §§ 11 und 12 BauGB aufzunehmen. Hierin fand ein tiefgreifender Wandel der gesellschaftspolitischen Auffassung von der Gestaltungszuständigkeit und Rechtsform für die städtebauliche Entwicklung Ausdruck,[2] der sich schlagwortartig durch eine Abwendung vom ausschließlich subordinativen Handeln der Gemeinden und einer gleichzeitigen verstärkten Hinwendung zu kooperativen Handlungsformen kennzeichnen lässt.[3] In der Folgezeit kam es zu weiteren Änderungen des Rechts der städtebaulichen Verträge. So sind etwa durch das Europarechtsanpassungsgesetz Bau[4] die Vorschriften

---

[1] Bau- und Raumordnungsgesetz 1998 (BauROG) v. 18.08.1997, BGBl. I S. 2081.

[2] Vgl. *Stich*, Die heutige Bedeutung vertraglicher Regelungen zwischen Gemeinden und Investoren für die städtebauliche Entwicklung, DVBl. 1997, S. 317.

[3] *Krautzberger*, Zum Stellenwert von städtebaulichen Verträgen im heutigen Städtebau, UPR 2006, S. 1.

[4] Gesetz zur Anpassung des Baugesetzbuches an EU-Richtlinien – Europarechtsanpassungsgesetz Bau (EAG-Bau) BGBl. I 2004, S. 1359.

über städtebauliche Verträge über den Vorhaben- und Erschließungsplan erweitert und im Hinblick auf die Umweltverträglichkeitsprüfung modifiziert worden. Im Jahre 2006 wurde zudem in § 12 BauGB ein Abs. 3a eingefügt, nach dessen Satz 1 bei Zulassung einer allgemeinen baulichen oder sonstigen Nutzung in entsprechender Anwendung des § 9 Abs. 2 BauGB n.F. festzusetzen ist, dass im Rahmen der festgesetzten Nutzung nur solche Vorhaben zulässig sind, zu deren Durchführung sich der Vorhabenträger im Durchführungsvertrag verpflichtet.[5] Diese Änderung war durch vorangegangene Entscheidungen des Bundesverwaltungsgerichts veranlasst worden, welche nach zuvor bestandener Rechtslage die Festsetzung allgemeiner baulicher Nutzungsmöglichkeiten im Rahmen eines vorhabenbezogenen Bebauungsplans für unwirksam erklärt hatten.[6] Eine ähnliche „Initialzündung" hatte ein Urteil des Bundesverwaltungsgerichts aus dem Jahre 2010, durch das festgestellt worden war, dass die Regelung über den Erschließungsvertrag in § 124 BauGB (a.F.) gegenüber derjenigen über die Zulässigkeit und den Gegenstand städtebaulicher Verträge in § 11 BauGB die speziellere Norm war und dass eine von der Gemeinde (ganz oder mehrheitlich) beherrschte Gesellschaft nicht als Dritter i.S.v. § 124 Abs. 1 BauGB (a.F.) anzusehen war, so dass die Gemeinde nicht befugt war, auf eine derartige Gesellschaft die Erschließung durch Vertrag zu übertragen.[7] Der Gesetzgeber reagierte hierauf durch eine strukturelle Umgestaltung des Rechts der städtebaulichen Verträge. Diese bestand maßgeblich darin, dass er mit dem BauGB-Änderungsgesetz vom 11. Juni 2013 den bislang gesondert in § 124 BauGB normierten Erschließungsvertrag dadurch in § 11 BauGB überführte, dass in dessen Abs. 1 Satz 2 Nr. 1 die Worte „die Erschließung durch nach Bundes- oder Landesrecht beitragsfähige sowie nicht beitragsfähige Erschließungsanlagen" eingefügt wurden, hierdurch zugleich der Begriff des „Dritten" entfiel und dadurch zugleich der zitierten Entscheidung des Bundesverwaltungsgerichts die Grundlage entzogen wurde, mit der vom Gesetzgeber ausdrücklich angestrebten Folge,[8] dass Gemeinden nunmehr Verträge über Erschließungsmaßnahmen auch mit gemeindlichen Eigengesellschaften oder von der Gemeinde beherrschten gemischtwirtschaftlichen Gesellschaften abschließen können.

Bereits diese Eckpunkte der legislativen Entwicklung spiegeln wider, welch hohe Bedeutung der Einsatz städtebaulicher Verträge in der städtebaulichen Praxis erlangt hat. Dabei darf allerdings nicht verkannt werden, dass es bei Aushandlung und Abschluss derartiger Verträge auch zahlreiche Fallstricke gibt, die nicht selten zur Unwirksamkeit von Verträgen mit teilweise gravierenden Folgen für die Beteiligten –

---

[5] Diese Ergänzung erfolgt durch Art. 1 Nr. 6 des Gesetzes zur Erleichterung von Planungsvorhaben für die Innenentwicklung der Städte vom 21. 12. 2006, BGBl. I S. 3316.

[6] BVerwG, Urt. v. 18. 09. 2003 – 4 CN 3.02, Buchholz 406.11 § 12 BauGB Nr. 26; Beschl. v. 10. 08. 2004 – 4 BN 29/04, BRS 67 Nr. 42.

[7] BVerwG, Urt. v. 01. 12. 2010 – 9 C 8/09, Buchholz 406.11 § 124 BauGB Nr. 10.

[8] Siehe Gesetzentwurf der Bundesregierung für ein Gesetz zur Stärkung der Innenentwicklung in den Städten und Gemeinden und weiteren Fortentwicklung des Städtebaurechts vom 14. 11. 2012, BT-Drs. 17/11468, S. 10.

vor allem die Gemeinden – führen. Mit diesem Beitrag soll der Versuch unternommen werden, durch Darstellung einiger typischer Fehlerquellen den Blick für derartige Risiken zu schärfen.

II. Leitungsgebundene Erschließungsanlagen und Doppelbelastungs-Problematik

Nach § 11 Abs. 1 Satz 2 Nr. 1 BauGB kann Gegenstand eines städtebaulichen Vertrags u. a. sein „die Erschließung durch nach Bundes- oder nach Landesrecht beitragsfähige sowie nicht beitragsfähige Erschließungsanlagen". Dass dies die Planstraße A im neu festzusetzenden Wohngebiet betrifft, liegt auf der Hand. Gilt Gleiches aber auch für die Schmutzwasser-Hauptleitung in der Planstraße A? Schon dies könnte fraglich sein, bedenkt man, dass es sich bei der Planstraße A um eine eigenständig benutzbare Erschließungsanlage, bei der in dieser verlegten Schmutzwasser-Hauptleitung hingegen um einen nicht eigenständig benutzbaren bloßen Anlagenteil der Einrichtung öffentlicher Abwasserbeseitigung handelt. Selbst wenn man aber auch einen solchen bloßen Anlagenteil als vom Erschließungsanlagen-Begriff des § 11 Abs. 1 Satz 2 Nr. 1 erfasst ansieht,[9] stellt sich hingegen ein anderes Problem: Während in Bezug auf Straßen und andere Erschließungsanlagen i.S.v. § 127 BauGB die in Erschließungsverträgen übliche Formulierung „Die Gemeinde verpflichtet sich, keine Erschließungsbeiträge zu erheben." eigentlich überflüssig, jedenfalls aber rein deklaratorischer Natur ist, weil bei der Errichtung derartiger Anlagen auf Kosten des Erschließungsunternehmers der Gemeinde gar kein beitragsfähiger Aufwand entsteht, gilt für Teile leitungsgebundener Anlagen anderes. Sofern die Gemeinde in derartigen Fällen durch das jeweilige Kommunalabgabengesetz und die Anschlussbeitragssatzung zur Refinanzierung durch Erhebung von Anschlussbeiträgen verpflichtet ist, stellt der zu erhebende Beitrag gerade kein Korrelat für die in der betreffenden Anliegerstraße durchgeführten Maßnahmen dar, insbesondere steht er in keinerlei Verhältnis zur Höhe der Kosten für die Verletzung der Hauptleitung in dieser Straße und ähnliche Maßnahmen. Stattdessen muss sich der Beitragspflichtige mit dem zu entrichtenden Beitrag an dem Investitionsaufwand für die Gesamtanlage, die z. B. bei der Abwasserbeseitigung aus dem Zentralklärwerk, den Transportleitungen, evtl. Hebewerken, den Hauptsammlern und – soweit Teil der öffentlichen Einrichtung – den Grundstücksanschlüssen besteht, nach den Verteilungsmaßstäben der Satzung beteiligen.[10] Dies wiederum hat zur Folge, dass die Beitragserhebungspflicht der Gemeinde auch dann nicht entfällt, wenn der Erschließungsunternehmer die im Baugebiet zu schaffenden Teile der Entwässerungsanlagen

---

[9] So zu § 124 BauGB a.F. *Driehaus*, Erschließungs- und Ausbaubeiträge, 9. Auflage, Rn. 28 in der seit der 5. Auflage des Werks (§ 6, Rn. 19) im Gegensatz zu der zuvor (4. Auflage, § 6, Rn. 14) vertretenen Auffassung; dass bloße Leitungen einen zulässigen Gegenstand eines Erschließungsvertrags darstellen können, hat auch das VG Schleswig im Urt. v. 19.08. 2003 – 9 A 254/00, angenommen.

[10] *Blomenkamp*, in: Driehaus (Hrsg.), Kommunalabgabenrecht, Kommentar, Stand: 49. Erg.Lfg. (September 2013), § 8 Rn. 1070.

auf eigene Kosten errichtet und der Gemeinde unentgeltlich zu Eigentum überträgt, mit der Folge, dass die Gemeinde auch in diesem Falle aufgrund der ihr obliegenden Beitragserhebungspflicht verpflichtet ist, Anschlussbeitragsbescheide zu erlassen, da die Beitragserhebungspflicht nach höchstrichterlicher Rechtsprechung „nicht nur ein Recht, sondern eine Pflicht der Gemeinde (...) und zwar im Interesse nicht nur der öffentlichen Haushalte, sondern auch der Beitragsgerechtigkeit“[11] ist. Wird aber dem Erschließungsunternehmer einerseits durch den Erschließungsvertrag die Verpflichtung auferlegt, die entsprechenden Anlagenteile auf seine Kosten zu erstellen und der Gemeinde unentgeltlich zu übertragen und wird andererseits er oder sein dinglicher Rechtsnachfolger am Grundstück zu einem Anschlussbeitrag herangezogen, der kalkulatorisch auch die Kosten für eben diese Anlagenteile mit einbezieht, so stellt sich die Frage, ob die damit objektiv gegebene Doppelbelastung rechtlich akzeptabel ist oder gegen das Angemessenheitsgebot aus § 11 Abs. 2 Satz 1 BauGB verstößt. In der Literatur empfehlen selbst diejenigen Autoren, die annehmen, dass das Bundesrecht im Grundsatz eine derartige Doppelbelastung toleriert, eine Lösung anzustreben, „die der Gemeinde ihren Beitragsanspruch belässt, den Dritten wirtschaftlich aber von *der* zusätzlichen Belastung mit Beiträgen bewahrt“.[12] Noch deutlicher geht etwa *Driehaus* davon aus, dass „eine uneingeschränkte Überbürdung der Herstellungskosten für das Leitungsnetz auf den Erschließungsunternehmer zu dessen der Sache nach schlechthin unangemessener Doppelbelastung“ führt.[13] Erstaunlicherweise gibt es zu dieser Frage bis heute kaum Rechtsprechung, jedenfalls keine obergerichtlicher oder gar höchstrichterlicher Provenienz. In einem der wenigen diesen Themenkreis berührenden erstinstanzlichen Judikate, einer Entscheidung des VG Greifswald aus dem Jahre 2001, heißt es aber:

> „Wenn auch aus dem Angemessenheitserfordernis kein Gleichstellungsgebot folgt, so darf dennoch nicht verkannt werden, dass die Mehrbelastung des Erschließungsträgers bzw. seiner Rechtsnachfolger ab einer bestimmten Höhe möglicherweise nicht mehr mit dem allgemeinen Gleichheitssatz des Art. 3 Grundgesetz vereinbar ist, so etwa, wenn durch die (gegenüber einer von der Gemeinde durchgeführten Maßnahme) ‚schnellere‘ Erschließung gerechtfertigten Mehrkosten in keinem vertretbaren Verhältnis zu dem durch die Anlage gebotenen Vorteil stehen.“

Dies macht deutlich, dass Vorsicht geboten ist und dass insbesondere auch die Argumentation, dass die „schnellere“ Erschließung durch den Erschließungsträger für diesen einen Vorteil darstelle, welcher die Doppelbelastung rechtfertige, jedenfalls ab einer bestimmten Höhe rechtlich fragwürdig erscheint. Von daher erscheint es empfehlenswert, eine rechtskonforme Lösung dadurch anzustreben,

---

[11] So am Beispiel der Pflicht zur Erhebung von Erschließungsbeiträgen das BVerwG, Urt. v. 18.11.1977 – IV C 104.74, Buchholz 406.11 § 135 BauGB Nr. 10.

[12] *Blomenkamp* (Fn. 10).

[13] *Driehaus*, in: Schlichter/Stich/Driehaus/Paetow, Berliner Kommentar zum Baugesetzbuch, 3. Auflage, § 124 Rn. 24.

- dass eine Ablösungsvereinbarung auf Grundlage der in der Satzung vorhandenen Ablösungsbestimmungen getroffen wird,
- dass ein Vorfinanzierungsvertrag abgeschlossen wird, nach welchem der Erschließungsunternehmer die entsprechenden Arbeiten durchführt und erst einmal vorfinanziert,

  und

- dass schließlich eine Verrechnungsvereinbarung erfolgt, wonach ein evtl. positiver oder negativer Saldo dem Erschließungsunternehmer zu erstatten bzw. von diesem auszugleichen ist.

Bei dieser abgabenrechtlich rechtssichersten Lösung ist allerdings zu bedenken, dass der Abschluss des Vorfinanzierungsvertrags regelmäßig vergaberechtliche Probleme aufwirft und dass die Gemeinde bei einem solchen Vorgehen den ihr satzungsmäßig zugewiesenen Eigenanteil selbst tragen muss, da die Ablösung in Höhe der voraussichtlich anfallenden Beiträge erfolgen muss. Aber Rechtssicherheit hat nun einmal ihren Preis.

III. Rechtliche Zulässigkeit reiner Erschließungskosten-Vereinbarungen?

Für den Erschließungsvertrag aus § 124 BauGB a.F. war anerkannt, dass dessen Wesen - an die gesetzlich begründete Erschließungslast der Gemeinde anknüpfend – darin bestand, dass die technische Durchführung sowie kostenmäßige Abwicklung bestimmter Erschließungsmaßnahmen von der Gemeinde auf einen Dritten, den sogenannten Erschließungsträger, übertragen wird.[14] Schon aus diesem Grunde war – vor dem Hintergrund der bereits erwähnten Beitragserhebungspflicht – allgemein anerkannt,

- dass durch einen Erschließungsvertrag nach § 124 BauGB a.F. der Erschließungsträger nur dazu verpflichtet werden konnte, die Erschließungsanlagen auf seine Kosten herzustellen und der Gemeinde unentgeltlich zu übereignen,

  und

- dass eine Vertragsgestaltung rechtlich unzulässig war, nach welcher die Gemeinde die Herstellung der Erschließungsanlagen in eigener Regie vornimmt und sich die Verpflichtung des Erschließungsträgers darauf beschränkt, der Gemeinde die ihr insoweit entstandenen Kosten zu erstatten.

Das Verbot derartiger Kostenerstattungsvereinbarungen für gemeindlicherseits durchgeführte Erschließungsmaßnahmen hatte das Bundesverwaltungsgericht damit begründet, dass die Gemeinden aufgrund der ihnen

---

[14] So ausdrücklich OVG Saarlouis, Urt. v. 09.06.1994 – 1 R 20/92, NVwZ-RR 1995, S. 222.

„… gemäß § 127 Abs. 1 BauGB auferlegten Beitragserhebungspflicht … gehalten sind, jenseits ihres Eigenanteils (§ 129 Abs. 1 Satz 3 BauGB) den anderweitig nicht gedeckten Erschließungsaufwand auf die durch die hergestellte Erschließungsanlage erschlossenen Grundstücke umzulegen“.[15]

In einer späteren Entscheidung hat das Bundesverwaltungsgericht noch deutlicher formuliert, dass die Gemeinde eine Regimeentscheidung treffen und hierbei

„… wählen (muss), ob sie die Erschließung in ‚Eigenregie‘ durchführt mit der Folge, dass sie den ihr entstandenen Aufwand (nur) in dem von den §§ 127 ff. BauGB bestimmten Umfang durch Erhebung von Erschließungsbeiträgen auf die Grundstückseigentümer umlegen kann (und muss), oder ob sie die Erschließung auf einen Dritten überträgt, der sie in ‚Fremdregie‘ durchführt und sich wegen der von ihm übernommenen Erschließungskosten – mit der in § 124 Abs. 2 und 3 BauGB geregelten Befreiung von Begrenzungen des Beitragsrechts – privatrechtlich durch mit den Grundstückseigentümern/-käufern vertraglich vereinbarte Kostenerstattung refinanziert (vgl. Driehaus, Erschließungs- und Ausbaubeiträge, 8. Aufl. 2007, § 6 Rn. 10 ff.). Hiernach ist es der Gemeinde verboten, die Erschließung selbst durchzuführen und die entstehenden Kosten sodann auf vertraglicher Grundlage auf die Grundstückseigentümer umzulegen (Urteil vom 22. August 1975 – BVerwG 4 C 7.73 – BVerwGE 49, 125 <127 f.>; Ruff, KStZ 2002, 21 <23>; Vogel, in: Brügelmann, BauGB, Stand 1998, § 124 Rn. 9). Führt sie die Erschließung in Eigenregie selbst durch, muss sie den Weg des Beitragsrechts gehen; der Weg der vertraglichen Refinanzierung ist nur einem Dritten nach Übertragung der Erschließung auf ihn eröffnet.“[16]

Aus dem Umstand, dass es in der Begründung des Entwurfs für das eingangs erwähnte Gesetz zur Stärkung der Innenentwicklung in den Städten und Gemeinden und weiteren Fortentwicklung des Städtebaurechts u. a. heißt, dass mit der

„… der vorgeschlagenen Änderung in § 11 Absatz 1 Satz 2 Nummer 1 … zugleich klargestellt (wird), dass auch Folgekostenverträge (§ 11 Absatz 1 Satz 2 Nummer 3) über die Erschließung geschlossen werden können, da der Begriff der städtebaulichen Maßnahmen in beiden Regelungen im gleichen Sinne zu verstehen ist“,

wird von einzelnen Autoren gefolgert, dass es in Fällen, in denen „die Gemeinde bei einer ‚Investorenplanung‘ die Erschließung selbst durchführen will“ nunmehr möglich sei, dass „der Investor sich vertraglich verpflichtet, die der Gemeinde hierfür entstandenen Kosten zu übernehmen“.[17] Zwar spricht viel dafür, dass der Gesetzgeber ausweislich der zitierten Begründung den Weg für derartige vertragliche Vereinbarungen freimachen wollte. Indessen ist es im Ergebnis hierzu nicht gekommen. Dies folgt schon daraus, dass das Verbot der Vereinbarung von Kostenerstattungsregelungen hinsichtlich von in Regie der Gemeinde durchgeführten Erschließungsmaßnahmen

[15] BVerwG, Urt. v. 03.06.2010 – 9 C 3/09, Buchholz 406.11 § 131 BauGB Nr. 121.

[16] BVerwG, Urt. v. 01.12.2010 – 9 C 8/09, Buchholz 406.11 § 124 BauGB Nr. 10.

[17] *Bunzel*, Mehr Klarheit und Handlungsfreiheit beim Erschließungsvertrag, Die Gemeinde 2013, S. 182 f.

- nicht aus dem durch Gesetz zur Stärkung der Innenentwicklung in den Städten und Gemeinden und weiteren Fortentwicklung des Städtebaurechts vom 11. Juni 2013 fast vollständig aufgehobenen § 124 BauGB a.F. folgte,

sondern

- seine Grundlage in der die Beitragserhebungspflicht statuierenden Vorschrift des § 127 BauGB hatte und hat.

Dies hat das Bundesverwaltungsgericht nicht nur in der zuletzt zitierten Entscheidung bekräftigt; vielmehr entspricht diese Erkenntnis der in Jahrzehnten gefestigten höchstrichterlichen Spruchpraxis. So findet sich bereits in einem Judikat des Gerichts aus dem Jahre 1975 die Feststellung:

> „Aus § 127 Abs. 1 in Verbindung mit § 132 BBauG hat der Senat abgeleitet, dass die Gemeinden zur Erhebung von Erschließungsbeiträgen verpflichtet sind; er hat darüber hinaus diesen Vorschriften entnommen, dass ‚die Gemeinden ihnen entstandene Erschließungskosten nicht durch vertragliche Vereinbarungen mit den Anliegern auf diese abwälzen dürfen', sondern dass sie gehalten sind, die Kosten durch ‚Beiträge auf Grund einer Ortssatzung abzudecken' (Urteil vom 23.04.1969 - IV C 15.67 – Buchholz 406.11 § 132 BBauG Nr. 4 [S. 2/3]).“[18]

Folgt aber das Verbot von Erstattungsvereinbarungen hinsichtlich der Kosten gemeindlicherseits durchgeführter Erschließungsmaßnahmen nicht aus § 124, sondern aus § 127 BauGB, so kann sich an deren Bestand schon deshalb nichts durch das Gesetz zur Stärkung der Innenentwicklung in den Städten und Gemeinden und weiteren Fortentwicklung des Städtebaurechts geändert haben, weil dieses § 127 BauGB – im Gegensatz zu § 124 BauGB – weder geändert hat, noch wirksam hätte ändern können, da die Gesetzgebungskompetenz auf dem Gebiet des Erschließungsbeitragsrechts seit der Föderalismusreform nach Art. 74 Abs. 1 Nr. 18 GG ausschließlich den Ländern zusteht. Wenn aber der Bundesgesetzgeber kompetenziell nicht einmal in der Lage gewesen wäre, eine entsprechende Einschränkung des Anwendungsbereichs des § 127 Abs. 1 BauGB vorzunehmen, so ist es damit zugleich ausgeschlossen, in der von ihm vorgenommenen Änderung der § 124 und 11 BauGB zugleich eine ungeschriebene Änderung des § 127 Abs. 1 BauGB zu erblicken.[19] Als Ergebnis ist festzuhalten, dass auch nach der „Umgemeindung“ des Erschließungsvertrags von § 124 BauGB a.F. in § 11 BauGB daran festzuhalten ist, dass statthafter Gegenstand eines Vertrags über Erschließungsanlagen allein die Verpflichtung zur Herstellung und Übereignung derartiger Anlagen durch den Erschließungsunternehmer sein kann, nicht aber die bloße Erstattung der Kosten von durch die Gemeinde erstellten

[18] BVerwG Urt. v. 22.08.1975, E 49, S. 125, 127 f. Zur Pflicht, Kosten gemeindlicher Erschließungsmaßnahmen im Wege der Beitragserhebung durch Verwaltungsakt festzusetzen vgl. auch BVerwG, Urt. v. 18.11.1977 – IV C 104.74, Buchholz 406.11 § 135 BauGB Nr. 10.

[19] *Ewer*, Rechtliche Zulässigkeit von reinen Erschließungskosten-Vereinbarungen in städtebaulichen Verträgen?, NVwZ 2013, S. 1318 ff:, *ders.*, Abschluss von Kostenerstattungsvereinbarungen über gemeindlicherseits durchgeführte beitragspflichtige Erschließungsmaßnahmen weiterhin unzulässig, Die Gemeinde 2013, S. 250 ff.

Erschließungsanlagen, der nach wie vor das aus der – bundesgesetzlich nicht abänderbaren – Beitragserhebungspflicht des § 127 BauGB folgende Vertragsverbot entgegensteht.

IV. Besonderheiten beim Folgekostenvertrag

Dass Folgekostenverträge zulässig sind, war schon lange vor Einführung des heutigen § 11 BauGB anerkannt. Unter Folgekosten sind dabei diejenigen Aufwendungen zu verstehen,

- die den Gemeinden als Folge neuer Ansiedlungen für Anlagen und Einrichtungen des Gemeinbedarfs entstehen,
- die nicht beitragsfähig oder in sonstiger Weise abgabenrechtlich erhebbar sind,[20]
- die den Gemeinden bei Abschluss eines städtebaulichen Vertrages bekannt waren und die bei der Bauleitplanung im Abwägungsvorgang Berücksichtigung gefunden haben,[21]

  und

- bei denen keine endgültige Zuordnung zu den gemeindlichen Lasten durch Gesetz vorgeschrieben ist.[22]

Bereits lange vor der ausdrücklichen gesetzlichen Normierung des Folgekostenvertrags war höchstrichterlich festgestellt worden, dass der Zulässigkeit entsprechender Folgekostenverträge eine „Schranke" durch das „Erfordernis der Ursächlichkeit" gesetzt ist und dass daher „Folgekostenverträge … nur das erfassen (dürfen), was von einem bestimmten Vorhaben an Folgen ausgelöst wird".[23]

Hieraus folgt zunächst, dass es rechtlich unzulässig ist, mit der Erwägung, dass etwa die planerische Festsetzung eines Wohngebiets mit 200 Wohneinheiten in Bezug auf Kindergarten- und Grundschulplätze über gemeindliche Sportanlagen bis hin zu Einrichtungen der Altenpflege zweifellos eine Vielzahl gemeindlicher Infrastrukturinvestitionen erforderlich machen wird, dem Investor die Zahlung eines nicht näher spezifizierten „Infrastrukturausgleichsbetrages" vertraglich anzusinnen. So ist insbesondere nicht ausreichend die allgemeine Angabe, dass die beabsichtigte Baugebietsausweisung die Finanzierungskraft der Gemeinde übersteigt und die von den Baubewerbern gezahlten Beträge zum Ausgleich von Finanzierungslücken des Kommunalhaushalts verwandt werden[24].

---

[20] OVG Schleswig, Urt. v. 13.01.2011, – 2 LB 17/10, NordÖR 2011, S. 237.

[21] VG Hannover, Urt. v. 15.09.2011, – 9 A 90/11 (juris).

[22] *Schmidt-Aßmann/Krebs*, Rechtsfragen städtebaulicher Verträge, 2. Auflage, S. 79.

[23] BVerwG, Urt. v. 06.07.1973, E 42, 331, 338; ebenso BVerwG, Urt. v. 14.08.1992, E 90, S. 310, 311, 313; dazu auch *Bunzel*, Finanzierung städtebaulicher Folgeinvestitionen, DVBl. 2011, S. 796, 797.

[24] *Krautzberger*, in: Ernst/Zinkahn/Bielenberg/Krautzberger, BauGB, Stand: 102. Lfg., § 11, Rn. 164.

Vielmehr würde eine wirksame Folgekostenvereinbarung, um beim Beispiel von Kindertageseinrichtungen zu bleiben, voraussetzen, dass die Gemeinde ermittelt,

- welcher zusätzliche Bedarf durch das Wohnbauvorhaben in dem maßgeblichen zukünftigen Zeitraum ausgelöst werden wird,
- ob und ggf. in welchem Umfang dieser Bedarf durch bereits vorhandene KiTa-Plätze der verschiedenen Träger (Gemeinde, Kirche, freie Wohlfahrtsträger, Elterninitiativen u. ä.) gedeckt werden kann,
- in welchem Maße die Mittel zur Schaffung der danach zusätzlich erforderlichen KiTa-Plätze auf sonstige Weise (z. B. Landeszuschüsse, Investitionsmittel der künftigen Träger, Elternbeiträge u. ä.) beschafft werden können,

  und

- welcher Restbetrag danach aus dem Gemeindehaushalt aufgebracht werden müsste.

Nur dieser konkrete Betrag dürfte dann dem Investor vertraglich als Folgelast auferlegt werden.

Das Beispiel macht deutlich, dass das von der höchstrichterlichen Rechtsprechung aufgestellte „Erfordernis der Ursächlichkeit“ unbedingt ernstgenommen werden muss. Geschieht dies nicht – und sei es auch unter noch so wohlklingenden Namen wie „Münchener Modell der sozialgerechten Bodennutzung“ –, so wird der schmale Grat zwischen einer gesetzlich zulässigen vertraglichen Abwälzung konkreter Folgelasten und einer gesetzlich nicht gestatteten Abschöpfung des planungsbedingten Bodenmehrwertes überschritten, mit der Folge, dass sich der betreffende Vertrag regelmäßig als nichtig erweisen wird.

Allerdings hat das Bundesverwaltungsgericht hinsichtlich der Ausgestaltung des Kausalitätserfordernisses vor wenigen Jahren eine deutliche Erleichterung zugelassen: Hatte es noch 2005 ausgesprochen, dass „die Verwaltungsleistung, für die der Aufwendungsersatz vereinbart wird, … nicht aus irgendeiner ‚Gesamtplanung‘ (besteht), die möglicherweise sogar das Bebauungsplangebiet überschreitet, sondern aus dem einzelnen Bebauungsplan bzw. der im Einzelfall erteilten Befreiung, die ihrerseits die bauplanungsrechtliche Zulässigkeit des Vorhabens begründet“[25], so ist es in einem Urteil aus dem Jahre 2009 zu der Feststellung gelangt, dass

> „auch die Gesamtkonzeption einer Gemeinde … geeignet sein (kann) zu belegen, dass eine städtebauliche Maßnahme die Folge mehrerer neu ausgewiesener Baugebiete ist“,

wobei ein derartiges, notwendigerweise vom Rat der Gemeinde beschlossenes und damit von seiner planerischen und gestaltenden Willensbildung gedecktes Gesamtkonzept

---

[25] BVerwG, Beschl. v. 21.06.2005 – 4 B 32/05, Buchholz 406.11 § 11 BauGB Nr. 9.

„… nur dann die gesetzlichen Anforderungen (erfüllt), wenn die Gemeinde transparent, nachvollziehbar und damit kontrollierbar belegen kann, dass die von ihr in einem überschaubaren zeitlichen Zusammenhang zu beschließenden und realistischerweise verwirklichungsfähigen Bebauungspläne einen (weiteren) Bedarf an öffentlichen Einrichtungen hervorrufen.“[26]

In einer weiteren Entscheidung hat das Bundesverwaltungsgericht festgestellt, dass dann, wenn eine unteilbare städtebauliche Maßnahme durch mehrere Vorhaben veranlasst ist, jedes Vorhaben für die Kosten der Maßnahme kausal ist.[27]

Im Übrigen sind Folgekostenverträge nicht nur mit dem Träger eines größeren Vorhabens im Rahmen einer vorhabengezogenen oder jedenfalls vorhabenveranlassten Bauleitplanung zulässig, sondern auch mit den – ggf. zahlreichen – einzelnen Grundstückseigentümern eines Plangebiets im Rahmen einer „Angebotsplanung“ der Gemeinde.[28] Allerdings wird auch dies nur bei einem insgesamt größeren Ansiedlungsprojekt gelten können, da im allgemeinen nur Vorhaben die zu einem sprunghaften Ansteigen der Bevölkerung und erheblichen infrastrukturellen Auswirkungen auf die gemeindlichen Verhältnisse führen, entsprechende Folgelasten auszulösen geeignet sind.[29]

Bei Erfüllung der Voraussetzungen des Erfordernisses der Ursächlichkeit kann Gegenstand entsprechender Folgekostenverträge die Übernahme von Kosten für verschiedenste, durch das Vorhaben ausgelöste Maßnahmen sein, wie etwa die durch die Schaffung eines Wohngebiets erforderliche Erweiterung des Kindergartens oder der Schule[30], einzelne durch eine entsprechende Ansiedlung notwendig gewordene Bau- oder Ausbaumaßnahmen im Bereich des Feuerwehrgerätehauses oder der kommunalen Kläranlage[31] oder der durch die beabsichtigte Ansiedlung eines SB-Marktes erforderlich werdende Ausbau einer Kreuzung[32]. Während unter den dargestellten Voraussetzungen Vereinbarungen über die Übernahmen von Kosten für derartige investive Maßnahmen zulässig sind, sollen Betriebs- und Unterhaltungskosten der durch ein Vorhaben veranlassten Infrastruktureinrichtungen nicht als Folgekosten umlegbar sein.[33]

Angesichts der hohen Folgekosten, die vor allem größere Wohnbauvorhaben durch die damit einhergehenden Anforderungen an die Infrastruktur auslösen, wer-

---

[26] BVerwG, Urt. v. 29.01.2009–4 C 15/07, Buchholz 406.11 § 11 BauGB Nr. 11.

[27] BVerwG, Urt. v. 24.03.2011–4 C 11/10, Buchholz 406.11 § 11 BauGB Nr. 14.

[28] VGH Mannheim, Urt. v. 02.02.2005–5 S 639/02, BRS 69 Nr. 213.

[29] Vgl. VGH Mannheim, Urt. v. 17.07.2003–2 S 36/03, VBlBW 2004, S. 52 ff. und KG Berlin, Urt. v. 22.12.1998–21 U 1671/98, BRS 63 Nr. 236.

[30] Vgl. etwa das Urteil des OVG Münster vom 06.10.1977 – III A 793/75, DVBl. 1978, S. 305; VGH Baden-Württemberg, Urt. v. 02.02.2005–5 S 639/02 (juris); vgl. Urteil des VG Oldenburg vom 25.04.2006–1 A 4995/04 (juris).

[31] Urteil des VGH München vom 25.11.1981–183 IV 78, BayVBl. 1982, S. 177.

[32] Urteil des VGH Mannheim vom 05.08.1996–8 S 380/96, UPR 1997, S. 78.

[33] So das OLG Hamm im Urt. v. 12.12.2002–22 U 81/02 (juris).

den Gemeinden häufig nur bei Abschluss entsprechender Folgekostenvereinbarungen bereit sein, ein entsprechendes Bauleitplanverfahren in die Wege zu leiten. Umso wichtiger ist es aber gerade aus gemeindlicher Sicht, dass Folgekostenvereinbarungen durch strenge Orientierung an den von der höchstrichterlichen Rechtsprechung entwickelten Anforderungen „wasserdicht" gemacht werden. Geschähe dies nicht, so würde nämlich die Gemeinde einem Rückabwicklungsverlangen des Vertragspartners nicht schon den Umstand entgegenhalten können, dass die Leistung der Gemeinde – Schaffung des Baurechts – ihrerseits nicht mehr rückgängig gemacht werden kann; vielmehr würde nach der Rechtsprechung der Grundsatz von Treu und Glauben einer Rückabwicklung allenfalls dann entgegenstehen, wenn besondere, in der Person oder im Verhalten des Erstattung begehrenden Vertragspartners liegende Umstände vorhanden wären, die das Rückforderungsbegehren im konkreten Fall als treuwidrig erscheinen ließen.[34]

V. Grenzen vertraglicher Regelungen über die „Grundstücksnutzung"

Nach § 11 Abs. 1 Satz 2 BauGB kann Gegenstand eines städtebaulichen Vertrags u. a. auch die „Grundstücksnutzung" sein. Diese Formulierung wirft die Frage auf, was im Bebauungsplan festgesetzt werden muss und was der Regelung durch Vertrag vorbehalten werden darf. Geht man davon aus,

- dass der Gesetzgeber mit den §§ 1a bis 10n BauGB ein ergebnisoffenes Planaufstellungsverfahren normiert hat, dessen Kernstücke darin bestehen, durch Beteiligung der Öffentlichkeit und der zuständigen Träger öffentlicher Gewalt sämtliche abwägungserheblichen öffentlichen und privaten Belange zu ermitteln und einer umfassenden wechselseitigen Abwägung zuzuführen, um auf dieser Grundlage die abschließende Planungsentscheidung zu treffen,

  und

- dass dieses Konzept beliebig umgangen werden könnte, wenn es die Gemeinde in der Hand hätte, grundlegende Entscheidungen über die bauplanungsrechtliche Zulassung bestimmter baulicher Nutzungen stattdessen bilateral und unter Ausschluss der Öffentlichkeit im Rahmen städtebaulicher Verträge zu treffen,

so spricht Überwiegendes dafür, davon auszugehen, dass im Grundsatz solche Regelungen, die im Bebauungsplan als Festsetzungen erlassen werden könnten, einer Vereinbarung durch städtebaulichen Vertrag entzogen sind. Damit im Ergebnis übereinstimmend – wenn auch etwas „weicher" formuliert – hat etwa das OVG Schleswig festgestellt, dass es „die Verlagerung so substantieller Planungsinhalte und Planungsabsichten – wie sie die Höhenabstufung, die Entscheidung, auf dem Hügel von den im SO-Gebiet F 2 zulässigen Nutzungen im Wesentlichen nur das Ferienwohnen in Ferienhäusern zuzulassen, sowie (hier) die Art und der Umfang der Begrünung dar-

---

[34] BVerwG, Urt. v. 29.01.2009 – 4 C 15/07, Buchholz 406.11 § 11 BauGB Nr. 11; anders noch Urteil des VGH Mannheim vom 12.09.1985 – 2 S 1962/83 (juris).

stellen – (festsetzungsersetzend) in städtebauliche Verträge für unzulässig" hält.[35] Bereits zuvor war vom OVG Berlin-Brandenburg festgestellt worden, dass es „… ungeachtet der durch § 11 BauGB eröffneten Möglichkeit der Gemeinde, städtebauliche Verträge zu schließen, … der Grundsatz der Planmäßigkeit ‚nach Maßgabe dieses Gesetzbuchs' (vgl. § 1 Abs. 1 BauGB) nicht zu(lässt), die bauliche und sonstige Nutzung der Grundstücke durch andere Mittel als die der Bauleitplanung vorzubereiten und zu leiten. Vertragliche Gestaltungen dürfen nicht an die Stelle der Entwicklungs- und Ordnungsfunktion der Bauleitplanung treten."[36] Schließlich hat es auch das OVG Lüneburg in einer kürzlich ergangenen Entscheidung für rechtswidrig gehalten, wenn eine Gemeinde „… ihre Entwicklungs- und Ordnungsvorstellungen für das betreffende Gebiet anstelle eines Bebauungsplans allein mit vertraglichen Mitteln zu erfüllen versucht" und sich hierdurch „… den in einem Planungsverfahren bestehenden Anforderungen entzogen" hat.[37] Als Grundsatz sollte daher davon ausgegangen werden, dass nur solche Regelungen über die bauliche oder sonstige Nutzung der Grundstücke wirksam durch städtebaulichen Vertrag vereinbart werden können, die ihrerseits einer Festsetzung im Bebauungsplan entzogen sind, sei es, weil sie im Rahmen eines regulären Bebauungsplans weder aufgrund von § 9 BauGB noch den Bestimmungen der BauNVO festgesetzt werden können oder weil sie – etwa in den Fällen eines sonstigen Sondergebiets oder eines vorhabenbezogenen Bebauungsplans, in denen keine Bindung an den Numerus clausus der gesetzlichen Festsetzungsmöglichkeiten besteht – deshalb nicht festsetzungsfähig sind, weil es sich nicht um bodenrechtliche Regelungsgegenstände handelt, wie dies etwa bei Betriebszeiten der Fall ist.

VI. Spezifische Probleme beim Durchführungsvertrag

Nach § 12 Abs. 1 Satz 1 BauGB setzt der Erlass eines vorhabenbezogenen Bebauungsplans voraus, dass der Vorhabenträger auf der Grundlage eines mit der Gemeinde abgestimmten Vorhaben- und Erschließungsplans zur Durchführung der Vorhaben und der Erschließungsmaßnahmen bereit und in der Lage ist und sich zur Durchführung innerhalb einer bestimmten Frist und zur Tragung der Planungs- und Erschließungskosten ganz oder teilweise vor dem Satzungsbeschluss verpflichtet. Diese auf den ersten Blick so einfach zu lesende Vorschrift hat es rechtlich durchaus in sich.

Das beginnt schon beim Begriff des „Vorhabenträgers". Im Verständnis des § 12 Abs. 1 Satz 1 BauGB ist dieser allgemein eine natürliche oder gegebenenfalls eine juristische Person, deren „Vorhaben" Anlass für und Zweck des Erlasses des „vorhabenbezogenen" Bebauungsplans ist. Von diesem Ansatz her soll es schon nach der Formulierung im Außenverhältnis zur planaufstellenden Gemeinde nur *einen* zur Realisierung des einer von der Konzeption her einheitlichen Planung zugrunde lie-

---

[35] OVG Schleswig, Urt. v. 12.03.2009 – 1 KN 12/08, Rn. 76 (juris).

[36] OVG Berlin-Brandenburg, Urt. v. 18.12.2007 – 2 A 3.07, BRS 71 Nr. 24.

[37] OVG Lüneburg, Urt. v. 08.03.2012 – 12 LB 244/10, BRS 79 Nr. 229.

genden Vorhabens rechtlich verpflichteten „Vorhabenträger" geben.[38] Mehrere Personen können daher allenfalls indirekt, etwa in Form einer Projektträgergesellschaft als „Vorhabenträger" im Sinne von § 12 BauGB in Betracht kommen,[39] wobei die Herstellungsverpflichtung gesamtschuldnerisch bezogen auf das „Vorhaben" in seiner Gesamtheit übernommen werden muss.[40] Denn Vorhabenträger kann nach der gesetzlichen Vorgabe in § 12 Abs. 1 Satz 1 BauGB nur derjenige sein, der das Vorhaben insgesamt und nicht nur zu einem Teil selbst verwirklicht.[41] Dass darüber hinausgehend entsprechend der Meinung der Fachkommission Städtebau der ARGE-BAU[42] Personenmehrheiten in Form von Gesellschaften des bürgerlichen Rechts nur dann Vorhabenträger im Sinne des § 12 BauGB sein können, wenn über die gesamtschuldnerische Verpflichtung hinaus jeder Gesellschafter „bereit und in der Lage" ist, „das Vorhaben und die Erschließung insgesamt durchzuführen", hält der Verfasser demgegenüber nicht für zwingend, da es etwa durchaus ausreicht, wenn einer der sich gesamtschuldnerisch Verpflichtenden Eigentümer des Vorhabensgrundstücks ist und dieses für das Vorhaben zur Verfügung stellt.

Weiter geht es mit der Frage, ob sich die Gemeinde im konkreten Fall für einen vorhabenbezogenen Bebauungsplan nebst Durchführungsvertrag oder stattdessen für die Kombination von einem regulären qualifizierten Bebauungsplan nebst städtebaulichem Vertrag i.S.v. § 11 BauGB (einschließlich erschließungsvertraglicher Regelungen) entscheiden sollte. Nicht selten fällt die Entscheidung für die erste Alternative, obwohl Vertragspartner erkennbar ein Projektentwickler ist, der lediglich die Baureife des Vorhabens erreichen will, um dieses dann an einen Investor weiterzuveräußern. In derartigen Fällen ist für die erstere Alternative regelmäßig schon deshalb kein Raum, weil die Formulierung „in der Lage" in § 12 Abs. 1 Satz 2 nicht nur die Fähigkeit zur Entwicklung, sondern auch zur Realisierung des Vorhabens voraussetzt. Genauer gesagt ist es vor Erlass des Satzungsbeschlusses – und damit auch vor Abschluss des Durchführungsvertrags – erforderlich, dass die zur Vorhabensverwirklichung erforderliche Leistungsfähigkeit des Vorhabenträgers nicht nur objektiv vorliegt, sondern auch von der Gemeinde zu deren Gewissheit festgestellt worden ist; dabei muss die Leistungsfähigkeit das Vorhaben selbst umfassen; die Finanzierungsfähigkeit nur der Erschließungskosten ist nicht ausreichend.[43]

Über die zur Realisierung der Erschließungsmaßnahmen und des Vorhabens erforderlichen Investitionsmittel hinaus setzt die Fähigkeit zur Durchführung des Vorhabens zwar nicht notwendig das Eigentum des Vorhabenträgers an den Flächen im

---

[38] OVG Saarlouis, Urt. v. 05.09.2013 – 2 C 190/12, Rn. 40 (juris).

[39] Vgl. etwa *Quaas/Kukk*, in: Schrödter, BauGB, 7. Auflage 2006, § 12 Rn. 12.

[40] *Busse*, in: Spannowsky/Uechtritz, BauGB, 2. Auflage 2014, § 12 Rn. 20; *Jäde*, in: Jäde/Dirnberger/Weiß, BauGB, 6. Auflage 2010, § 12 Rn. 16.

[41] Vgl. *Bank*, in: Brügelmann, BauGB, Loseblatt, Band 2, § 12 Rn. 40–42.

[42] Vgl. Nr. 7.5 des Mustereinführungserlasses der Fachkommission Städtebau der ARGE-BAU zum Bau- und Raumordnungsgesetz 1998 vom 9.9.1997, abgedruckt bei Krautzberger, in: Ernst/Zinkahn/Bielenberg/Krautzberger, BauGB, Stand: 102 Lfg., § 12 zu Rn. 56.

[43] OVG Greifswald, Urt. v. 30.09.2005 – 3 K 35/04, NJW-RR 2006, S. 673.

Plangebiet voraus. Notwendig soll aber zumindest eine privatrechtlich gesicherte Befugnis des Vorhabenträgers sein, aufgrund derer er gegenüber dem Eigentümer zur Bebauung der Grundstücke entsprechend des Vorhaben- und Erschließungsplanes berechtigt ist.[44] Dies dürfte im Regelfall eine eigentumsbezogene dingliche Rechtsposition, etwa in Gestaltung eines durch Auflassungsvormerkung gesicherten Erwerbsrechts[45] oder eines Erbbaurechts, erfordern. Bedenkt man indessen, dass § 9 Abs. 2 BauGB die Schaffung bauplanungsrechtlichen Baurechts für einen befristeten Zeitraum zulässt und dass schon aus diesem Grunde auf entsprechenden Festsetzungen beruhenden Baugenehmigungen Befristungen beigefügt werden dürfen, so erscheint es fraglich, ob auch in derartigen Fällen das Vorhandensein und der Nachweis von Eigentum am Vorhabengrundstück oder einer eigentumsähnlichen dinglich gesicherten Rechtsstellung an diesem verlangt werden darf. Vielmehr dürfte schon unter Verhältnismäßigkeitsgesichtspunkten viel dafür sprechen, dass bei derartigen Konstellationen dinglich gesicherte schuldrechtliche Befugnisse – also etwa durch Dienstbarkeit gesicherte pachtrechtliche Berechtigungen zur vorübergehenden baulichen Nutzung des Grundstücks ausreichen, um davon ausgehen zu können, dass der Vorhabenträger zur Durchführung eines derartigen Vorhabens insoweit in der Lage ist.

Unter keinen Umstände vergessen werden darf schließlich die Aufnahme einer vertraglichen Verpflichtung des Vorhabenträgers, innerhalb einer konkret zu bestimmenden Frist nicht nur die Erschließungsmaßnahmen, sondern auch das Vorhaben selbst durchzuführen. Denn das Fehlen einer derartigen Regelung führt zur Unwirksamkeit des Durchführungsvertrags.[46] Zu beachten ist noch, dass insoweit die Aufnahme einer bloßen Verpflichtung zur Stellung eines Bauantrags nicht ausreicht, sondern zudem auch die Pflicht, das Vorhaben tatsächlich zu realisieren, in den Durchführungsvertrag aufgenommen werden muss.[47]

Bereits vor vielen Jahren ist der zunächst von der Rechtsprechung entwickelte Grundsatz, dass der Durchführungsvertrag vor Erlass des Satzungsbeschlusses wirksam abgeschlossen sein muss,[48] ausdrücklich in § 12 Abs. 1 Satz 1 BauGB normiert worden. Gleichwohl findet sich nicht selten am Ende von Durchführungsverträgen die Klausel „Dieser Vertrag steht unter der aufschiebenden Bedingung des Inkrafttretens des vorhabenbezogenen Bebauungsplans“. Dass diese den gesetzlich vorgeschriebenen Abschluss des Durchführungsvertrags *vor* dem Satzungsbeschluss gerade ausschließt, wird immer wieder übersehen.

---

[44] OVG Koblenz, Urt. v. 17.04.2013 – 8 C 10859/12, BauR 2013, S. 1406 f.; OVG Bautzen, Beschl. v. 09.04.2008 – 1 BS 448/07, Rn. 5 (juris).

[45] VGH Mannheim, Beschl. v. 25.11.1996 – 8 S 1151/96, BRS 58 Nr. 248.

[46] OVG Bautzen, Urt. v. 08.12.1993 – 1 S 81/93, LKV 1995, S. 84; VG Greifswald vom 23.06.2004 – 3 K 31/03, NordÖR 2005, S. 216 ff. und OVG Berlin-Brandenburg, Urt. v. 10.12.2008 – 2 A 10/07, LKV 2009, S. 175.

[47] Siehe OVG Münster, Urt. v. 06.04.2001 – 7a D 143/00.NE, BRS 64 Nr. 227.

[48] Hierzu etwa VGH Mannheim, Beschl. v. 25.11.1996 – 8 S 1151/96, BRS 58 Nr. 248.

Macht die Gemeinde von der durch § 12 Abs. 3a BauGB eröffneten Möglichkeit Gebrauch, durch Festsetzung eines Baugebiets auf Grundlage der BauNVO oder auf sonstige Weise eine bauliche oder sonstige Nutzung allgemein festzusetzen und zugleich entsprechend § 9 Abs. 2 BauGB die Festsetzung zu treffen, dass im Rahmen der festgesetzten Nutzungen nur solche Vorhaben zulässig sind, zu deren Durchführung sich der Vorhabenträger im Durchführungsvertrag verpflichtet hat, so ergeben sich hieraus sowohl für die Abwägung als auch für den Inhalt des Durchführungsvertrags besondere Anforderungen. Im Rahmen der Abwägung muss in Bezug auf die tangierten abwägungserheblichen Belange das durch die allgemeine Festsetzung der baulichen oder sonstigen Nutzung in Betracht kommende worst-case-Szenario zugrunde gelegt werden, da ja eine Modifizierung des konkret zulässigen Vorhabens nach § 12 Abs. 3 a Satz 2 BauGB durch schlichte Änderung des Durchführungsvertrags erfolgen kann, ohne dass es einer Satzungsänderung und damit einer nochmaligen Abwägung bedarf. Hinsichtlich der Bezeichnung des Vorhabens im Durchführungsvertrag sind angesichts dessen, dass diese aufschiebende Bedingung für die Entstehung des satzungsrechtlich begründeten Baurechts ist,[49] die ansonsten für das Satzungsrecht geltenden Bestimmtheitserfordernisse zu beachten.[50]

Festzuhalten ist schließlich noch, dass das Baugesetzbuch weder in § 214 BauGB noch an sonstiger Stelle für Verstöße gegen die sich aus § 12 BauGB ergebenden speziellen Anforderungen irgendwelche gesonderten Unbeachtlichkeitsregelungen enthält.[51]

Nicht zuletzt vor diesem Hintergrund kommt der rechtssicheren Ausgestaltung des Durchführungsvertrags als spezifischer Unterform des städtebaulichen Vertrags deshalb besondere Bedeutung zu, weil seine Rechtswirksamkeit Voraussetzung auch für die Gültigkeit der Satzung über den vorhabenbezogenen Bebauungsplan ist,[52] und eine Nichtigkeit des Durchführungsvertrags daher stets die Unwirksamkeit des vorhabenbezogenen Bebauungsplans nach sich zieht.[53]

VII. Formellrechtliche Anforderungen

Mitunter scheitern städtebauliche Verträge auch an einer Nichteinhaltung zwingender formellrechtlicher Wirksamkeitsvoraussetzungen. Dabei kommt im Rahmen der gesetzlichen Formerfordernisse neben der Wahrung der verwaltungsverfahrens-

---

[49] So ausdrücklich der Gesetzentwurf der Bundesregierung für ein Gesetz zur Erleichterung von Planungsvorhaben für die Innenentwicklung der Städte vom 11.08.2006, BR-Drs. 558/06, S. 15 f. und 21.

[50] Vgl. zu diesen etwa OVG Lüneburg, Urt. v. 08.07.2004 – 1 KN 184/02, BRS 67 Nr. 44.

[51] OVG Bautzen, Urt. v. 13.10.2011 – 1 C 9/09, BRS 78 Nr. 60 Rn. 29; *Gatz*, in: Schlichter/Stich/Driehaus/Paetow, Berliner Kommentar zum BauGB, 3. Aufl., § 12 Rn. 13, 19.

[52] Grundlegend Urteil des OVG Bautzen vom 14.07.1994 – 1 S 142/93, BRS 56 Nr. 244.

[53] VGH München, Urteile vom 17.12.2003 – 26 N 03.428 (juris), und vom 24.07.2001 – 1 N 00.1574, UPR 2002, S. 38 f.

rechtlichen Schriftform bei öffentlich-rechtlichen Verträgen gem. § 57 VwVfG auch der Einhaltung der notariellen Form des § 311 b Abs. 1 S. 1 BGB besondere Bedeutung zu. Dies betrifft insbesondere Verträge, durch welche sich der private Vertragspartner der Gemeinde u. a. zur Übertragung des Eigentums an den für die Aufnahme der Erschließungsanlagen vorgesehenen Flächen verpflichtet. Dass derartige Verträge beurkundet werden müssen, ist von der Rechtsprechung sowohl der Gerichte der ordentlichen Gerichtsbarkeit[54] als auch der Verwaltungsgerichtsbarkeit[55] anerkannt. Dabei kann das Fehlen einer notwendigen Beurkundung eines Erschließungsvertrags ungeachtet einer salvatorischen Klausel dann zu dessen vollständiger und nicht nur teilweiser Nichtigkeit führen, wenn dieser ohne die Übertragung der Grundstücke, auf denen sich die Straßen und Wege befinden, keinen Sinn macht.[56] Allerdings kommt eine Gültigkeit eines nicht beurkundeten Erschließungsvertrages dann in Betracht, wenn dieser keine ausdrückliche Verpflichtung zur Übereignung der Erschließungsflächen enthält, sondern nur eine solche, die zur Durchführung der betreffenden Erschließungsmaßnahme notwendige Fläche unentgeltlich zur Verfügung zu stellen. Dies folgt daraus, dass es hierfür auch ausreichen würde, wenn der Eigentümer die Inanspruchnahme der Fläche duldet und die straßenrechtlich erforderliche Zustimmung zur Widmung erteilt.[57]

Mitunter verlangen Erschließungsträger aus Kostengründen, die Beurkundung auf die – wertmäßig meist deutlich geringere – Verpflichtung zur Übertragung des Eigentums an den für die Aufnahme der Erschließungsanlagen bestimmten Flächen zu beschränken und die Verpflichtung zur Herstellung der Erschließungsanlagen zum Gegenstand eines gesonderten lediglich die Schriftform wahrenden Vertrags zu machen. Das ist riskant, da bei Unterlassung der Beurkundung auch einer solchen – zwar nicht unmittelbar zur Eigentumsübertragungspflicht gehörenden, aber mit dieser jedenfalls mittelbar in Zusammenhang stehenden – Vereinbarung sowohl diese als auch der notarielle Vertrag über die Eigentumsübertragung der Nichtigkeit verfallen können, wenn die im Streitfalle zuständigen Gerichte zu der Feststellung gelangen sollten, dass die nicht eigenständig beurkundungspflichtige Verpflichtung mit dem Grundstücksgeschäft eine rechtliche Einheit bildet.[58] Da indes die Verpflichtung zur Herstellung der Erschließungsanlagen und diejenige zur Übertragung der entsprechenden Grundflächen miteinander „stehen und fallen" und somit nicht isoliert voneinander gesehen werden können, ist für entsprechende Erschließungs- und

[54] Vgl. BGH, Urt. v. 05.05.1972 – V ZR 63/70, DÖV 1972, S. 858, 859 und LG Dresden, Urt. v. 16.07.2004–3 O 289/04 (juris).

[55] Vgl. etwa OVG Schleswig, Urt. v. 12.09.2007–2 LA 107/06 (juris) und VG Gera, Urt. v. 14.01.2004–2 K 1853/98 (juris).

[56] LG Dresden, Urt. v. 16.07.2004–3 O 289/04 (juris); ähnlich VGH Mannheim, Urt. v. 10.06.1994–8 S 2376/93, BRS 56 Nr. 243.

[57] VGH Mannheim, Beschl. v. 25.11.1996–8 S 1151/96, BRS 58 Nr. 248.

[58] BGH, Urt. v. 14.10.1988 V ZR 73/87, LM Nr. 124 zu § 313 BGB.

städtebauliche Verträge allgemein anerkannt, dass diese insgesamt der notariellen Beurkundung bedürfen.[59]

VIII. Abschlussbemerkung

Aus Platzgründen musste sich der Verfasser in diesem Beitrag auf die exemplarische Darstellung einer vergleichsweise kleinen Anzahl typischer Fehlerquellen beim Abschluss städtebaulicher Verträge beschränken. Schon diese zeigen aber, dass der Einsatz dieser Instrumente zwar einerseits höchst sinnvoll, andererseits aber mit zahlreichen Risiken und Unsicherheiten verbunden ist. Diese gebieten es vor allem, die Verwendung von Formularmustern zu vermeiden, da diese mitunter nicht nur ihrerseits bestimmte Fehler vorprogrammieren, sondern vor allem den konkreten Einzelheiten des jeweiligen Sachverhaltes naturgemäß nicht gerecht werden können. Schließlich macht der Beitrag deutlich, dass eine rechtssichere Anwendung der §§ 11 und 12 BauGB die ständige Verfolgung und Auswertung der hierzu ergehenden gerichtlichen Entscheidungen unverzichtbar macht, haben diese doch teilweise nicht nur bestimmte Kehrtwendungen vollzogen, sondern sogar den Gesetzgeber zu durchaus erheblichen Rechtsänderungen veranlasst.

[59] Vgl. BGH, Urt. v. 05.05.1972 – V ZR 63/70, DÖV 1972, S. 858, 859 f.; BVerwG, Urt. v. 09.11.1984–8 C 77/83, Buchholz 406.11 § 129 BBauG Nr. 19; OVG Münster, Urt. v. 08.02. 1979 – III A 132/77, ZKF 1981, S. 233.

Sagt uns das noch etwas: Nemo auditur propriam turpitudinem allegans oder doch nur noch Varianten eines tu quoque im Öffentlichen Baurecht?*

Von *Jörg Berkemann*

I.

Ein allgemeines Verbot des Rechtsmissbrauchs oder der unzulässigen Rechtsausübung, vergleichbar § 242 BGB, ist den römischen Juristen der klassischen Zeit noch fremd. Es entsteht eine auch sprachlich gefasste Typologie, wie sie die heutige Kommentarliteratur zu § 242 BGB (*bona fides*) entwickelt hat. Die Arbeit der römischen Juristen soll hier mit der differenzierenden Judikatur zum öffentlichen Baurecht verglichen werden. Dabei steht im Mittelpunkt der Untersuchung das öffentlich-rechtliche Abstandsflächenrecht. Für Zwecke des Vergleichs ist dies ein besonders dankbares Analysefeld.[1] Dieses ist es, weil eine Verschränkung zwischen individuellen Belangen und gemeinwohlbezogenen Forderungen nach öffentlicher Ordnung besteht.

Die materiell-rechtliche Ausgangslage ist bei einem Rechtsvergleich im Ausgangspunkt zunächst ähnlich. Es fehlt jeweils an einer umfassenden lex scripta. Und doch stimmt dies nicht ganz. Zum einen repetiert und fixiert der Corpus Juris die Rechtslage, wie sie Justinian sammelnd und novellierend zum Ausgangspunkt wählt. Es ist weitgehend normiertes Fallrecht, wenngleich aus Lehrbüchern und Voten rezipiert. Zum anderen normieren die derzeitigen Landesbauordnungen das Abstandsflächenrecht sehr genau, zum Teil ungemein differenzierend. Die Ministerialbürokratie scheint hier ein ihr verbleibendes Spielfeld legislatorischer Tätigkeit gefunden zu haben. Obwohl dies als öffentliches Recht mit dem Anspruch einer Gemeinwohlregelung geschieht, entwickelt sich gerade hier und auf breiter Front ein öffentlich-rechtliches Nachbarrecht, das die individuelle Interessenlage nicht verleugnen kann. Man kann in praxi von einer Überlagerung des öffentlichen Rechts durch private Belange sprechen. Längst ist dem öffentlich-rechtlichen Abstandsflä-

---

* Für die kritische unterstützende Hilfe danke ich Rechtsanwältin Dr. Irene Strenge (Hamburg) und Bundesrichter Dr. Ulrich Maidowski (Leipzig).

[1] Dem Beitrag liegt eine Auswertung von 75 OVG-Entscheidungen zugrunde, und zwar nach Maßgabe der Rechtsprechungsdatenbank juris. Das Ergebnis dürfte trotz der begrenzten Rückwärtsdokumentation hinreichend repräsentativ sein. Auf die Analyse der erstinstanzlichen Entscheidungen musste verzichtet werden. Das Bild dürfte kaum anders sein.

chenrecht eine auch an den individuellen Interessen ausgerichtete zweite Ebene zugeordnet worden, ohne dass die lex scripta hierfür eine Ermächtigung angedeutet hätte. *Ita lex scripta est* [So ist das Gesetz geschrieben] gilt hier offenkundig nur eingeschränkt. Natürlich ist es richtig, wenn gesagt wird, auch im öffentlichen Recht herrsche der Grundsatz von Treu und Glauben als ein allgemeines Rechtsprinzip.[2] Eine derartige Redeweise richtet sich im Allgemeinen gegen den Staat und seine hoheitliche Verwaltung selbst. Es ist die Forderung nach einer Verhaltensweise der öffentlichen Hand.

Betrachtet werden soll hier etwas anderes, das man funktional als eine partielle Privatisierung des öffentlich-rechtlichen Abstandsflächenrechts bezeichnen kann. Instrumente, diese Entwicklung voranzutreiben, sind genau jene Überzeugungen, die auch schon die römischen Juristen im Austarieren von Konfliktlagen bewegte und denen sie im Laufe einiger Jahrhunderte vielfach typologisch wirksame Zuordnungen und Bezeichnungen gaben. Die Glossatoren brachten manches auf einen Nenner, in des Wortes eigener Bedeutung. Und genau darin besteht ein bemerkenswerter Unterschied. Die Rechtsprechung der Verwaltungsgerichte hat unter dem sehr allgemeinen Konstrukt der unzulässigen Rechtsausübung im Abstandsflächenrecht eine „privatisierende" Kasuistik entwickelt. Das gelingt ihr umso besser, seitdem subjektive Rechte auch im öffentlichen Recht neben der Gemeinformel praeter legem zum zweiten Regulativ geworden ist. Das ist als solches nicht zu beklagen. Aber die Rechtsprechung verzichtet auf eine namensgebende Typologie. Dies ist bemerkenswert, weil es durchaus klassische Formeln gibt, die auch in anderen Bereichen noch im methodischen Bewusstsein der Rechtsanwender sind. Also pandektarischer Verlust oder gar Niedergang im öffentlichen Baurecht? Halten wir uns zunächst an die Befunde. Dann möge der Leser werten.[3]

II.

1. Niemand wird vor Gericht gehört, der seine Schandtat vorträgt, so lässt sich der römische Rechtssatz *nemo auditur propriam turpitudinem allegans* etwas unscharf übersetzen. Rechtlichen Nutzen aus eigener übler Tat soll es nicht geben. Diesen römischen Rechtsgedanken hat der Codex Justinian aufgenommen. Man schreibt ihn

---

[2] Vgl. etwa BVerwG, Beschl. v. 28.12.1994–8 B 201.94, Buchholz 406.11 § 127 BauGB Nr. 78 Rn. 3; OVG Münster, Urt. v. 14.11.2012, NWVBl 2013, 137 Rn. 43; OVG Münster, Beschl. v. 17.10.2000–10 B 1053/00, BRS 63 Nr. 198 (2000) Rn. 22; OVG Münster, Urt. v. 7.8.1997–7 A 150/96, BRS 59 Nr. 193 Rn. 8; BSG, Urt. v. 27.1.1970–9 RV 44/68, juris Rn. 15.

[3] Zum Sinn rechtshistorischer Reflexion vgl. *Luig*, ZEuP 1997, 698–705; *Ranieri*, Europäische Rechtsgeschichte zwischen Rechtsvergleichung und Rechtsdogmatik, zugleich eine Reflexion über den Weg zu einem Europäischen Zivilrecht, ZEuP 2011, 564–576; *Vec*, Flaggschiffe oder Stiefkinder – Rechtsgeschichte als historische Kommentierung des geltenden Rechts, ZEuP 2011, 547–563.

Kaiser Alexander Severus zu.[4] Aber das ist unsicher.[5] Naheliegend ist, dass die Glossatoren ihn aus mehreren Textstellen gebildet haben.[6] Ohne Frage favorisierten Justinian und sein quaestor sacri palatii Tribonianus diesen Gedanken des Missbrauchs bei Schändlichkeit. Aus eigener *turpitudo* soll niemand für sich Rechte ableiten können. Man könnte daran denken, dass der genannte Rechtssatz ein Unterfall des Satzes vom *venire contra factum proprium* [sich gegen eine selbst geschaffene Tatsache in Widerspruch setzen] ist.[7] Dies wird vertreten, trifft indes nicht zu, wie noch zu erläutern sein wird. Nur der registrierte Widerspruch ist das Gemeinsame. Anklänge an den Ausgangsrechtssatz erkennt man auch in *nullus commodum capere potest ex sua iniuria propria* [niemand kann einen Vorteil aus seinem eigenen Unrecht ziehen]

---

[4] Einzelfälle auch in Dig. 12, 5 (De condictione ob turpem vel iniustam causam [Über die Rückforderung aus verwerflichem oder ungerechtem Grund]) zur turpitudo utriusque [Verwerflichkeit eines anderen]. Vgl. auch *Niederländer*, Nemo Turpitudinem Suam Allegans Auditur. Ein Rechtsvergleichender Versuch, in: Institut für Ausländisches und Internationales Privat- und Wirtschaftsrecht der Universität Heidelberg (Hrsg.), Jus et Lex. FS Max Gutzwiller, Basel, 1959, Heidelberg, 1970, S. 621–638; *Kolb*, Les maximes juridiques en droit international public: Questions historiques et théoretiques, Revue Belge de Droit International, 1999/2 S. 408, 409 f., 431 mit Fn. 159; *Sturm*, Aperçu sur l'origine du brocard nemo auditur propriam turpitudinem allegans, Mémoires de la Société pour l'histoire du droit et des institutions des anciens pays bourguignons, comptois et romands, Vol. 30 (1970/1), S. 289–324; *Feenstra*, Nemo auditur propriam turpitudinem allegans, in: Brocardica in honorem G. C. J. van den Bergh, Deventer 1987, S. 31–36; *Tzarano*, Etude sur la règle: Nemo auditur propriam turpitudinem allegans, Paris, 1926; *Jonkers*, The nemo auditur in the European law, Groningen, 2008 (Abstract); *Cardahi*, L'exécution des conventions immorales et illicites, Revue internationale de droit compare, 1951, 385–411 (zu Art. 1131 und 1133 CC); *Guiraudet*, Essai sur la maxime Nemo auditur propriam turpitudinem allegans, 1913; *Secrétan*, La règle „Nemo auditur propriam turpitudinem allegans" en droit Suisse..., 1952. Vgl. auch *Liebs*, Lateinische Rechtsregeln, 6. Aufl. 1998, N 32. Die Formel findet sich auch als „allegans contraria non est audiendus" [wer Gegenteiliges vorträgt, soll nicht gehört werden]; auch diese ist nicht klassisch; ähnlich „contraria allegans non audietur" oder „nemo ex propria turpitudine commodum capere potest" [niemand darf aus eigener Schandtat Vorteil ziehen].

[5] Die Regel dürfte sich als glossatorische Bearbeitung aus mehreren Textstellen gebildet haben, vgl. u.a. Dig. 17.2.63.7 (Ulpian), Cod. Just. 7.8.5 (Alexander Severus) und Cod. Just. 8.55.4 (Diokletian). Anklänge auch „nullus commodum capere potest de [ex] sua iniuria propria" [niemand kann einen Vorteil erlangen von [aus] eigenem Unrecht], vgl. dazu *Bing Cheng*, General Principles of Law as Applied by International Courts an Tribunals, London, 1953, S. 149 ff., auch „commodum ex iniuria sua nemo habere debet" [einen Vorteil aus eigenem Unrecht darf niemand haben], ferner „ex turpi causa non oritur actio" [ein Klagegrund aus sittenwidrigem Grund entsteht nicht], ähnlich Cod. Just. 4.7.5 [Diokletian], Bezüge auch in Dig. 12.5.8 [Paulus] und Dig. 12.7.5 pr. [Papinian]. Die Latinität Justinians ist wohl nicht hinreichend gesichert, vgl. *Gruppe*, ZRG 14 (1893), 224–236, ZRG 15 (1894), 327–342.

[6] Dazu ausführlich *Feenstra* (Fn. 4), S. 32, 33.

[7] Auch vervollständigt als „venire contra factum proprium nemini licet" [niemandem ist erlaubt, in Widerspruch gegen selbst geschaffene Tatsachen vorzugehen] oder als „venire contra factum proprium non valet" [gegen selbst geschaffene Tatsachen vorzugehen nützt nichts], vgl. Dig. 1.7.25 pr. [Ulpian], auch „venire contra factum proprium (nulli conceditur)" [gegen eine selbst geschaffene Tatsache vorzugehen, (ist niemandem erlaubt)].

oder in *ex iniuria ius non oritur* [aus Unrecht entsteht kein Recht)].[8] § 817 Satz 2 BGB erfasst als Kondiktionssperre die Variante *in pari turpitudine melior est causa possidentis* [bei gleicher Sittenwidrigkeit ist der Grund des Besitzes besser] (Dig. 3.6.5 § 1 [Ulpian], aber auch als *condictio ob turpem (vel iniustam) causam* [Herausgabeverlangen aus sittenwidrigem (oder ungerechtem) Grund] (Dig. 12.5.pr. [Paul.], vgl. auch Cod. Just. 4.7: *de condictione ob turpem causam* [über das Herausgabeverlangen aus sittenwidrigem Grund]. Der Ausschluss der Rückforderung perpetuiert den verbotswidrigen Zustand. Das ist gewollt. Thematisch ist auch *nemo ex suo delicto meliorem suam conditionem facere potest* [niemand kann seine Rechtsstellung auf Grund eigenen Delikts verbessern] (Dig. 50.17.134 § 1). Die Reihe ließe sich fortsetzen.[9] Manches darunter ist nicht gerade klassisch im Sinne römischer Rechtsgeschichte, wie etwa das gebräuchliche *tu quoque.* Es ist eigentlich die rhetorische Variante des Argumentum *ad hominem.* Die Anziehungskraft des *tu quoque* scheint unwiderstehlich zu sein. In rechtlicher Hinsicht ist zumeist die geforderte Reziprozität der als identisch angesehenen Rechtslage gemeint. In klassischer Zeit wird eine Rechtsregel *tu quoque* nicht ausgebildet. Am ehesten lässt sich noch auf Dig 43.8.2.§ 15 [Ulpian] verweisen: *Idem ait, si in publico aedificem, deinde hoc aedificium ei obstet, quod tu in publico aedificaveras, cessare hoc interdictum, cum tu quoque illicite aedificaveris, nisi forte tu iure tibi concesso aedificaveras.* [derselbe sagte, wenn ich öffentlich (= in aller Öffentlichkeit, vor aller Augen) baue und würde dieses Gebäude dann demjenigen entgegen, das du öffentlich gebaut hast, so entfällt ein Verbot, sofern du ebenfalls regelwidrig gebaut hast, es sei denn, du hättest kraft einer dir nach übergeordnetem Recht erteilten Erlaubnis gebaut]. Auch *in pari causa turpitudinis cessat repetitio* [bei gleicher Sittenwidrigkeit unterbleibt eine Wiederholung] kann man in den Blick nehmen.

2. In der Spruchpraxis der deutschen Zivilgerichte findet man den Rechtsgedanken *nemo auditur propriam turpitudinem allegans* in sprachlicher Form äußerst selten.[10] Hier ist der allgemeine Gedanke beherrschend, dass den gesetz- und sittenwidrigen Geschäften, mit denen sich die Beteiligten außerhalb der Rechtsordnung stellen, der Rechtsschutz vor den Zivilgerichten zu versagen ist. In der „unzulässigen Rechtsausübung" sieht man das erforderliche Regulativ. Sie liegt vor, wenn die Berufung eines Beteiligten auf eine bestimmte Rechtsposition zwar nach der lex scripta an sich formalrechtlich eröffnet ist, aber nach den gesamten Umständen des jeweiligen Einzelfalles als Verstoß gegen Treu und Glauben erscheint und aus diesem Grunde die rechtliche Maßgeblichkeit zu versagen ist. Immerhin: Das Vertragsrechtsschrifttum und die Kommentarliteratur kennen nemo auditur propriam turpitu-

---

[8] Vgl. dazu *Bing Cheng*, General Principles of Law as Applied by International Courts an Tribunals, London, 1953, S. 149–158.

[9] Vgl. *Feenstra* (Fn. 4), S. 33.

[10] LG Bochum, Urt. v. 27.11.2012–17 O 100/10, AbfallR 2013, 88 (L) = juris Rn. 62 („Rechtsgedanke"); LG Bielefeld, Urt.v. 9.3.2011–5 O 383/09, juris Rn. 86 („alter Rechtsgrundsatz"); zum BAG vgl. Fußn. 28.

dinem allegans.[11] Das ist nicht überraschend, den Satz gerade in dieser Umgebung zu finden. In seiner prozessualen Fassung trifft er eine zweiseitige, dialogische Problemlage vor dem iudex.

3. Im öffentlichen Recht scheint *nemo auditur propriam turpitudinem allegans* zunächst im zweiseitigen Konfliktrecht des Völkerrechts Wurzeln geschlagen zu haben.[12] Die juristische Parömie gilt wohl hier als Ausdruck vor allem kontinentaleuropäischen Rechts.[13] Man kann sie auch als Ausprägung der clean hands-doctrine des Common Law verstehen: He who comes into equity must come there with clean hands. Umstritten bleibt, ob man die Klausel eher materiell-rechtlich, prozessual oder „nur" argumentativ verstehen sollte. Im Unionsrecht der EU wird die Rechtsregel verhältnismäßig häufig zitiert. Nach Meinung von Antoine Masson, zeitweise Referent am EuGH, soll er der vom EuGH und seinen Generalanwälten am häufigsten zitierte Rechtslehrsatz sein.[14] Das stimmt nur zum Teil. In der Tat zitieren ihn zwar die Generalanwälte nicht eben selten.[15] Der Satz gehört offensichtlich zu

---

[11] Vgl. etwa ausführlich *Teubner*, Gegenseitige Vertragsuntreue. Rechtsprechung und Dogmatik zum Ausschluß von Rechten nach eigenem Vertragsbruch, 1975, S. 1–4 (zur tu-quoque-Formel, vgl. etwa auch RGZ 67, 313); vgl. ferner *Medicus*, Bürgerliches Recht, 21. Aufl., 2007, Rn. 697; *Martinek*, Schenkkreise und Kondiktionssperre, in: FS Reuter, 2010, S. 171, 183; *Prütting*, BGB, 8. Aufl. 2013, § 242 Rn. 26; *Schlechtriem*, Restitution und Bereicherungsausgleich in Europa 1, 200, S. 648; *Zimmermann*, The Law of Obligations: Roman Foundations of the Civilian Tradition, Oxford 1996; S. 685; *Meier*, Gesamtschulden: Entstehung und Regress in historischer und vergleichender Perspektive, Tübingen, 2010, S. 572 mit Fn. 95.

[12] Vgl. zu den Grundprinzipien allg. *Lauterpacht*, The Development of International Law by the International Court, London, 1958; *Schwarzenberger*, The Fundamental Principles of International Law, R.C.A.D.I. Vol. 87 (1955-I), S. 195 ff.; *Cheng*, General Principles of Law as Applied by International Courts an Tribunals, London, 1953; bereits *Spiropoulos*, Die allgemeinen Rechtsgrundsätze im Völkerrecht, 1928; ferner *Ziegler*, Die römischen Grundlagen des europäischen Völkerrechts, in: Ius Commune, Teil IV, Frankfurt/Main, 1972, S. 1; *ders.*, Das Völkerrecht der römischen Republik, in: ANRW I 2, Berlin 1972, S. 68–114; *Müller/Wildhaber/Kolb*, Praxis des Völkerrechts, 2001, S. 49.

[13] Vgl. etwa *Winckler*, Remedies Available under French Law in the Application in EC Competition Rules, in: Ehlermann/Antanasiu, European Competition Law Annual 2001, 2003 S. 119, 126; *von Bar/Swann*, Principles of European law: Unjustified enrichment, 2010, S. 513.

[14] *Masson*, Usages et réflexivité du latin à la Cour de justice des Communautés européennes, Revue trimestrielle de droit européen, 2007, Nr. 4, S. 609.

[15] Die Rechtsdatenbank juris weist Zitate in folgenden Schlussanträgen auf: GA Jääskinen, C-3/12 Rn. 53 mit Fn. 37; GA Mengozzi, C-334/12 Rn. 49 mit Fn. 25; GAin Trstenjak, C-14/07 Rn. 88 mit Fn. 53; GA Tizzano, C-42/01 Rn. 52 mit Fn. 25; GA Mischo, C-179/00 Rn. 66; GA Mischo, C-453/99 Rn. 68, auch Rn. 71: „in pari delicto" [Dig. 50.17.154 § 1 – Ulpian]; GA Mischo, C-403/98 Rn. 50 (nicht umgesetzte Richtlinie); GA Cosmas, C-177/99 Rn. 69 (dort als „allgemeiner Rechtsgrundsatz" bezeichnet); GA Cosmas, C-83/98 P Rn. 71; GA Fennelly, C-158/98 Rn. 30 („Es ist ein anerkanntes Prinzip fast aller Rechtssysteme, dass es den Parteien nicht gestattet ist, zu ihren Gunsten ihre eigene kriminelle Handlungsweise ins Feld zu führen"); GA Léger, C-3/97 Rn. 18 (dort als „Grundsatz" bezeichnet); GA Cosmas, C-235/95 Rn. 38 (ein vom Gerichtshof in ständiger Rechtsprechung anerkanntem Grundsatz); GA Cosmas, C-329/93 Rn. 10 (Grundsatz); GA Mischo, C-368/89 Rn. 46; GA Van Gerven, C-

ihrem argumentativen Standardrepertoire. Auch die Kommission verwendet ihn gelegentlich.[16] Aber der EuGH selbst benutzt ihn – so scheint es – jedenfalls nicht explizit.[17] GA Cosmas meinte 1996 dazu: „Wenn der Gerichtshof auch nicht ausdrücklich auf diesen allgemeinen Grundsatz verweist, der den Grundsatz des Vertrauensschutzes ergänzt, so beachtet er ihn doch getreulich und genau, insbesondere dann, wenn er formelle oder materielle Fehler der Mitgliedstaaten bei der Umsetzung einer Richtlinie feststellt."[18]

Auch anderenorts kann man entsprechende Zitate finden. Die Entscheidungen der Eingangsstelle, der Prüfungsabteilungen, der Einspruchsabteilungen und der Rechtsabteilung sind nach dem Übereinkommen über die Erteilung europäischer Patente mit der Beschwerde anfechtbar (Art. 106 EPO). Die Beschwerdekammer bezieht sich auf *nemo auditur propriam turpitudinem allegans.*[19] So darf entsprechend dieses Rechtssatzes einer Partei aus eigenem Versäumnis kein Vorteil erwachsen, da dies gegenüber der gegnerischen Partei unbillig wäre. Auch der EGMR erwähnt die Regel, ohne dass dem hier systematisch nachgegangen werden kann.[20] Nach dieser gewiss kursorischen Befundaufnahme ist man geneigt, den Satz *nemo auditur propriam turpitudinem allegans* zu den allgemeinen Rechtsgrundsätzen zu rechnen, die

---

188/89 Rn. 5 (Grundlage für die vertikale unmittelbare Wirkung von Richtlinienbestimmungen); GA Van Gerven, C-262/88 Rn. 52 (zur vertikalen Wirkung der Richtlinie); GA Mischo, C-267/88 Rn. 30; GA Darmon, 190/87 Rn. 27 (Rechtsregel); GA Darmon, 159/86 Rn. 6; GA Mischo, 80/86 Rn. 7 mit Bezug auf Pescatore; GA Reischl, 151/80; GA Mayras, 59/77 („Maximem ‚nemo auditur turpitudinem suam allegans …' oder ‚nemo contra factum suam venire potest' …"). Vgl. auch GAin Kokott, C-275/10 Rn. 80 mit Fn. 53; GA Jääskinen, C-89/10 Rn. 4 (dort als „Rechtslehrsatz" bezeichnet, auch Rn. 87), vgl. auch *Göz*, DZWiR 1995, 256, 258 mit Fn. 33. Die Einführung von *nemo auditur turpitudinem suam allegans* oder auch „the state cannot plead its own wrong" lässt sich hier auch als Akt der Rechtsfortbildung qualifizieren.

[16] Entscheidung der Kommission vom 11. 12. 2002 (AmtsBl. 2003 L 132/1) Rn. 214, auch Parteivortrag vor dem EuGH, vgl. etwa referierend Schlussanträge GA Cosmas, C-274/98 Rn. 17, GA Van Gerven, C-52/93 Rn. 5. Im Schrifttum erwähnend *Kreße*, Das Spannungsfeld zwischen Wettbewerbsprinzip und Nemo-auditur-Grundsatz bei vertraglichen Beihilfen, ZWeR 2008, 271; *Wöhlermann*, Die richtlinienkonforme Auslegung im Europäischen Arbeitsrecht, 1998, S. 100 ff. (betr. vertikale Direktgeltung).

[17] Vereinzelt, soweit ermittelbar, die Rechtsprechung des EuG, vgl. Urt. vom 10. 4. 2013 – T-671/11, juris Rn. 34; Urt. v. 11. 12. 1996, T-177/95 Rn. 55 „Rechtsgrundsatz"; Urt. v. 25. 3. 1999 – T-102/96, juris Rn. 65; Urt. v. 11. 3. 1999 – T-141/94, juris Rn. 460.

[18] GA Cosmas, Schlussanträge vom 21. 11. 1996, C-235/95, Rn. 38 Fn. 23. Belegt wird dies mit folgenden Judikaten: C-168/95 – *Arcaro,* Rn. 36; C-192/94 – *El Corte Inglés*, Rn. 16; C-91/92 – *Faccini Dori*, Rn. 23; C-103/*88* – *Fratelli Costanzo*, Rn. 31; C-8/81 – *Becker*, Rn. 24: Der Mitgliedstaat solle aus der unterlassenen Umsetzung einer Richtlinie für sich keinen Vorteil erreichen. Vgl. auch entsprechende Rechtsgedanken in C-151/80 Rn. 19 – *de Hoe* (vgl. dazu GA Reischl, EuGHE 1981, 3185, 3186); C-316/82 – *Kohler,* Rn. 13; C-152/84 – *Marshall,* Rn. 49 ; C-489/07 – *Messner,* Rn. 26.

[19] Vgl. etwa Nachweis bei „Schlüssel zum Europäischen Übereinkommen". Editon 2012, Sechster Teil zu Art. 106; zum EGMR kritisch *Herberger*, Wie man beim EGMR über die Logik spricht, in: Lerch (Hrsg.), Die Sprache des Rechts, Berlin, 2005, S. 135, 241 mit Fn. 10.

[20] EGMR, Urt. v. 1. 7. 1961, Nr. 332/57 – Lawless vs. Irland.

den Rechtsordnungen der Mitgliedstaaten der EU gemeinsam sind (vgl. etwa Art. 340 Abs. 2 AEUV).[21] Dann würde er folgerichtig auch im deutschen öffentlichen Recht, also auch im Baurecht, zu gelten haben.

III.

Dass dies so nicht ist, weiß jeder. Die allgemeinen oder besonderen Verwaltungsgerichte benutzen die Regel *nemo auditur propriam turpitudinem allegans* nicht.[22] Wenn der Rechtssatz im Unionsrecht keineswegs sporadisch benutzt wird und im zivilistischen Schrifttum immerhin noch bekannt ist, darf man wohl nach den Gründen dieser „Zurückhaltung" fragen. Drei Gründe scheinen denkbar.

1. Ein erster Grund könnte sein, dass das öffentliche Recht keine adäquaten Fallbereiche (Anwendungsfälle) kennt, für die man die Regel sinnvoll anwenden könnte.[23] Dies zu entscheiden, setzt deren inhaltliche Präzisierung voraus.[24] Bereits das bereitet einige semantische Schwierigkeiten. Es geht also um die geeigneten, semantisch sicheren „Kandidaten".[25] Das SG Dresden hat einmal gemeint, der Kläger müsse sich wegen des auch im öffentlichen Recht geltenden Prinzips von Treu und Glauben (§ 242 BGB) an den von ihm eingereichten Honorarabrechnungen festhalten lassen.[26] Das Gericht hat dazu auch auf den Rechtsgrundsatz *nemo auditur, turpitudinem suam allegans* hingewiesen. Das wirkt gegenüber einem klagenden Arzt recht gebildet. Denn man stritt um die Höhe der Vergütung für vertragsärztliche Leistungen. Der Sachverhalt führt allerdings nicht gerade ins Zentrum hoheitlicher Tätigkeit. Zivilgerichte würden inhaltlich wohl kaum anders judizieren. Viel näher hätte es übrigens gelegen, auf die Regel *venire contra factum proprium* zu verweisen. Das wird noch zu erläutern sein. Ein anderer Grund ließe sich vielleicht darin finden, dass man den Inhalt der römisch-rechtlichen Regel für falsch, für inadäquat oder als

---

[21] Vgl. *Wolff/Bachof/Stober*, Verwaltungsrecht,, 10. Aufl., 1994, S. 263 f., definieren: „Rechtsgrundsätze sind fundamentale Rechtsnormen, die sich ergeben aus der Anwendung des Prinzips der Gerechtigkeit (…). Sie sind wegen ihres allgemeinen Charakters mit objektiver Erkenntnisgewissheit aus dem Rechtsprinzip ableitbar". Vgl. auch *Alexy*, Rechtsregeln und Rechtsprinzipien, in: ARSP Suppl. Nr. 25 (1985), S. 13, 22.

[22] Es gibt eine jüngste Ausnahme; sie entstand während der Bearbeitung dieses Beitrages. BVerwG, Urt. v. 19.11.2013 – 10 C 27.12, juris Rn. 21 stützt seine Auffassung, dass ein sittenwidriger Missbrauch der auf einem Urteil beruhenden Flüchtlingsanerkennung jedenfalls dann vorliege, wenn das Gericht über den Kern des Verfolgungsschicksals gezielt getäuscht wurde, und dies zur Rücknahme auch nach Ablauf der Restitutionsfrist berechtige, ausdrücklich auf *nemo auditur turpitudinem suam allegans.*

[23] Vgl. *Esser*, Grundsatz und Norm in der richterlichen Fortbildung des Privatrechts, Tübingen, 1990, S. 55; *Larenz*, Richtiges Recht, München, 1979, S. 23.

[24] Vertiefend vgl. *Cairns/du Plessis* (Hrsg.), The Creation of the Ius Commune. From Casus to regula, Edinburgh 2010 (Reprint 2012).

[25] Vgl. *Hans-Joachim Koch,* Unbestimmte Rechtsbegriffe, 1979, S. 33 ff.; *ders./Rüßmann*, Juristische Begründungslehre, München, 1982, S. 195 ff.

[26] SG Dresden, Urt. v. 18.11.2010 – S 18 KA 526/08, juris Rn. 57

unseren heutigen Gerechtigkeitsvorstellungen nicht mehr angemessen beurteilt. Dafür könnte einiges sprechen, wie noch zu untersuchen sein wird. Verfolgt man diese Überlegung als Arbeitshypothese etwas weiter, dann müsste man wohl erklären, worin denn die inhaltliche Unangemessenheit liegen könnte. Immerhin gibt es seit eh und je eine Auseinandersetzung über die rechtspolitische Zielsetzung des § 817 Satz 2 BGB.[27] Indes, es fehlt in der Rechtsprechung der Verwaltungsgerichte jede Auseinandersetzung. Von einem „beredten" Schweigen wird man schwerlich ausgehen können. Und zudem: Die Generalanwälte des EuGH finden die Sentenz keineswegs unangemessen.

2. Eine dritte Überlegung – sie klang bereits zuvor an – ist für den Befund, weshalb man sich von ehrwürdigen römisch-rechtlichen Parömien fernhält, die Annahme schlichter Unkenntnis. Dafür spricht vieles, wenn nicht sogar fast alles. Immerhin hatte das Reichsgericht, solange es das gemeine Recht anzuwenden hatte, noch eine gewisse Nähe zum römischen Rechtskreis.[28] Das ist entfallen. Befragt man gezielt die Entscheidungsbegründungen der fünf obersten Bundesgerichte – soweit dies mit einem elektronisch geführten Suchprogramm handhabbar ist –, so ist das Ergebnis negativ. Nur das BAG zitiert in einer Entscheidung (2003) den Satz in einer prozessualen Frage und versteht ihn hier auch als Rechtsregel.[29] Die Bundesrichter kennen die Regel also nicht, jedenfalls praktizieren sie diese nicht. Oder liegt in dieser Zurückhaltung nur der Wunsch, der „einfache" Kläger möge die Entscheidungsgründe verstehen? Wohl schwerlich, denn um dieses Ziel kümmert man sich als profes-

[27] Vgl. etwa *Bufe*, § 817 Satz 2 BGB, AcP 157 (1958/59)], S. 215, 245; *Wazlawik*, § 817 Satz 2 – Eine systemwidrige Vorschrift?, ZGS 2007, 336 ff.; *Seiler*, § 817, S. 2 BGB und das römische Recht, in: Mélanges W. Felgenträger, Göttingen, 1969, S. 379–392; *Honsell*, § 817 Satz 2 – eine „Drehkrankheit des Rechtsempfindens", in: R. Zimmermann (Hrsg.), Rechtsgeschichte und Privatrechtsdogmatik, Heidelberg, 1999, S. 472–483; *ders.*, Die Rückabwicklung sittenwidriger oder verbotener Geschäfte, München, 1974 S. 93–95: Der BGH plagt sich damit seit eh und je, vgl. etwa BGH JZ 1951, 716; BGHZ 41, 341; JZ 1964, 558; BGHZ 19, 205; NJW 1992, 310; NJW 1995, 1152; NJW 2006, 45; NJW 2008, 1942.

[28] Vgl. *C. Möller*, Das römische Recht in der Rechtsprechung des Reichsgerichts – geltendes Recht und ratio scripta, in: Kern/Buschmann (Hrsg.), 125 Jahre Reichsgericht, Berlin, 2006, S. 109–124; *Rainer*, Zur Rechtsprechung des Reichsgerichts bis zum Inkrafttreten des BGB – Ein Modellfall für den Europäischen Gerichtshof?, ZEuP 1997, 751–761. Vgl. weiterführend *Koschaker*, Europa und das römische Recht. 4. Auflage. München 1966. S. 89 ff.; *Repgen*, Ius Commune, in: Haferkamp/Repgen (Hrsg.), Usus modernus pandectarum. Römisches Recht, Deutsches Recht und Naturrecht in der Frühen Neuzeit, Köln 2007. S. 157–173; *Feenstra*, (Fn. 4), S. 34, meint, der Satz „Nemo auditor propriam turpitudinem allegans" sei in Deutschland immerhin noch bekannter und häufiger angewandt worden als in den Niederlanden.

[29] BAG, Urt. v. 20. 3. 2003 – 8 AZR 77/02, AP Nr. 23 zu § 565 ZPO Rn. 44: Niemand dürfe zu seinen Gunsten auf eigenes unrechtmäßiges Vorverhalten berufen (turpitudinem suam allegans nemo auditur). „Dieser Gedanke folgt direkt aus dem auch dem Prozessrecht immanenten Grundsatz von Treu und Glauben (§ 242 BGB)". Die Anwendung des Satzes war übrigens fehlerhaft. Nach dem Sachverhalt lag ein unrechtmäßiges *Vorverhalten* (turpitudinem) gerade nicht vor.

sionalisiertes „Fachgericht" im Allgemeinen ohnehin nicht.[30] Oder meinen die Bundesgerichte, andere Formen forensischer Beredsamkeit seien effektiver?

Indes gibt es für die These der Unkenntnis handfeste Indizien. Wenn man sich über den gegenwärtigen Wissensstand im öffentlichen Recht informieren möchte, kann man die Lehrbücher zum Allgemeinen Verwaltungsrecht zu Rate ziehen. Was dort nicht näher berichtet wird, von dem darf man annehmen, dass es auch im akademischen Lehrstoff keine Bedeutung haben wird. Das Ergebnis ist, kaum überraschend, negativ, auch wenn der Autor dieses Beitrages nur stichprobenweise vorgegangen ist. Die drei belesenen „Altmeister", nämlich Forsthoff (1950), W. Jellinek (1948) und Bachof (1963, 1967) erwähnen die Regel *nemo auditur turpitudinem suam allegans* in ihren Standardwerken jedenfalls nicht.[31] Ob sie es an entlegener Stelle tun, steht dahin. Auch das untersuchte neuere Lehrbuchangebot erwähnt die Regel nicht.[32] Verändert man allerdings das Nachfrageprofil und fragt nach der Benutzung der Nachbarregel *venire contra factum proprium*, so ist die Lage eine etwas andere. Forsthoff und Bachof erwähnen sie, der letztere im Bericht aus der Judikatur des BVerwG.[33] In der Tat: Diese Regel hat in der verwaltungsgerichtlichen Judikatur einen hinreichenden Bekanntheitsgrad, um rhetorisch eingesetzt zu werden. Das zeigt eine Suche wiederum in der Datenbank juris deutlich, vgl. den in der Fußnote mitgeteilten Befund.[34] Es ist offenkundig: Die Regel *venire contra factum proprium* gehört derzeit noch zum bewussten Methodenarsenal der deutschen Richter, die Regel *nemo auditur propriam turpitudinem allegans* hingegen nicht. Hat sich damit auch in der Sache etwas geändert? Das wird am Beispiel des öffentlichen Baurechts etwas aufzuklären sein.

---

[30] Vgl. *Christensen*, Die Verständlichkeit des Rechts ergibt sich aus der gut begründeten Entscheidung, in: Lerch (Hrsg.), Recht verstehen, Berlin 2004, S. 21–32; *Simonnæs*, Fachkommunikation im Recht unter Berücksichtigung der Mehrfachadressierung, in: Lerch (Hrsg.), Recht vermitteln, Berlin 2005, S. 377–397.

[31] *Forsthoff*, Lehrbuch des Verwaltungsrechts, 1. Aufl. 1950; *Jellinek*, Verwaltungsrecht, 3. Aufl. 1948; *Bachof*, Verfassungsrecht, Verwaltungsrecht, Verfahrensrecht in der Rechtsprechung des Bundesverwaltungsgerichts, Bd. 1 (1. Aufl. 1963), Bd. 2 (1967).

[32] Geprüft u. a. *Maurer*, Allg. Verwaltungsrecht, 18. Aufl., München 2011; *Peine*, Allg. Verwaltungsrecht, 7. Aufl., Heidelberg 2004; *Detterbeck*, Allg. Verwaltungsrecht mit Verwaltungsprozessrecht, 11. Aufl., München 2013; *Battis*, Allg. Verwaltungsrecht, 3. Aufl. 2002; *Bull/Mehde*, Allg. Verwaltungsecht, 8. Aufl. 2009; *Erbguth*, Allg. Verwaltungsrecht, 3. Aufl. 2009; *Erichsen/Ehlers* (Hrgs.), Allg. Verwaltungsrecht, 14. Aufl. 2010; *Faber*, Verwaltungsrecht, 4. Aufl., 1995; *Ipsen*, Allg. Verwaltungsrecht, 6. Aufl. 2009; *Koch/Rubel/Heselhaus*, Allg. Verwaltungsrecht, 3. Aufl., 2003; *Wallerath*, Allg. Verwaltungsrecht, 6. Aufl. 2009; *Wolff/Bachof/Stober/Kluth*, Verwaltungsrecht I, 12. Aufl. 2007.

[33] *Forsthoff* (Fn. 30), S. 137, 168 als eigenes widerspruchsvolles Verhalten (zu Pr. OVGE 97, 189); *Bachof*, Bd. I (Fn. 30), S. 263 Rn. 36 zu BVerwGE 9, 155, 160.

[34] Bei Suchbegriff *venire contra factum proprium* qualifizierten sich: BVerwG 46, OVG 133, VG 199; BSG 79, LSG 119, SG 29; BFH 65, FG 101; ordentliche Gerichtsbarkeit BGH 107, OLG 280, LG 82, AG 45. Literatur: 292 Treffer (Abfrage: 1. 9. 2013).

Auch die Judikatur des EuGH besitzt diesen unterschiedlichen Zugriff. Der Gerichtshof zitiert die Regel *venire contra factum proprium* einige Male.[35] Zitierfreudiger sind auch hier die Schlussanträge der Generalanwälte des EuGH.[36] GAin Trstenjak meinte 2008, vor allem in den romanischen Rechtsordnungen benutze man lieber den Ausdruck *nemo auditur suam propriam turpitudinem allegans* statt des *venire contra factum proprium.*[37] Sollte diese Beobachtung zutreffen, dann gäbe die damit angenommene inhaltliche Austauschbarkeit doch zu denken. Auch die zitierten Entscheidungen des SG Dresden und des BAG leiden, wie erwähnt, unter Anwendungsunsicherheit.[38] Der Grundsatz des *venire contra factum proprium* spiegelt die (folgerichtige) Verantwortlichkeit des Ego für eigenes Handeln wider. Der Rechtsinhaber verhält sich in der Ausübung seines Rechtes widersprüchlich, es gilt also entsprechend *adversus factum suum movere controversiam prohibetur* [wer sich gegen selbst geschaffene Tatsachen wendet, (dem) ist der Rechtsstreit verboten] (vgl. Dig. 1.7.25 pr.). Gedanklich werden zwei eigene Verhaltensweisen derselben Person mit einander verglichen. Widersprüchliches Verhalten, das Treu und Glauben verletzt, führt deshalb zur Feststellung unzulässiger Rechtsausübung, weil sich ein anderer auf das zuerst gezeigte Verhalten verlassen wollte.[39] Dieses Risiko wird ihm mit *venire contra factum proprium* genommen. Das zuerst nach außen gezeigte Verhalten wird dem Handelnden als bindend zugewiesen.[40] Maßgebend ist die im Rechtsverkehr als geboten bewertete Verlässlichkeit. Es ist nicht überraschend, dass das *venire contra factum proprium* gerade im Wettbewerbsrecht eine erhebliche Bedeutung gewonnen hat.

Die Regel *nemo auditur propriam turpitudinem allegans* hat einen deutlich anderen Akzent. Hier stellt das eigene Verhalten eine „Schlechtigkeit" (turpitudo) dar, die

---

[35] C-552/09 P – *Ferrero,* Rn. 23; C-117/09 P Rn. 44; Rs. 14/61 Rn. 7; C-117/09 – *Kronoply,* Rn. 44. Berichtend C-189/02 – *Dansk Rørindustri* Rn. 82.

[36] Vgl. GAin Kokott C-275/10 – *Residex Capital IV,* Rn. 80; GAin Trstenjak C-482/09 – *Budějovický Budvar,* Rn. 60; GA Ruiz-Jarabo Colomer, C-440/08 – *Gielen,* Rn. 52; GAin Trstenjak C-14/07 – *Weiss,* Rn. 88 mit Fn. 53; GAin Trstenjak C-319/06 Fn. 24 zu Rn. 45; GA Ruiz-Jarabo Colomer C-259/04 – *Emanuel,* Rn. 39; GAin Kokott C-540/03 Rn. 40; GAin Kokott C-117/03 – *Dragaggi,* Rn. 23, 29; GA Ruiz-Jarabo Colomer C-387/97 Rn. 100; GA Alber C-179/95 Rn. 50; GA Van Gerven C-57/93 – *Vroege,* Rn. 31 ; GA Lenz Rs. C-91/92 – *Faccini Dori,* Fn. 44 zu Rn. 55 ; GA Lenz C-416/92 Rn. 41.

[37] GAin Trstenjak, C-14/07 – *Weiss,* Rn. 88 mit Fn. 53; so in der Tat bei GA Van Gerven Rs. C-57/93 – *Vroege,* Rn. 31 ; GA Lenz, C-91/92 – *Faccini Dori,* Fn. 44 zu Rn. 55; gleichsetzend auch GA Darmon, C-190/87 Rn. 27; GA Mayras, C-59/77 (dort gleichsetzend mit der Estoppel-Doktrin des englischen Rechts).

[38] Vgl. Fn. 25, 28.

[39] Vgl. näher *Singer,* Das Verbot widersprüchlichen Verhaltens, München 1993; *Dette,* Venire contra factum proprium nulli conceditur. Zur Konkretisierung eines Rechtssprichworts, Berlin 1985; *Griesbeck,* Venire contra factum proprium, Versuch einer systematischen und theoretischen Erfassung. iur. Diss. Würzburg 1978; klassisch *Riezler,* Venire contra factum proprium, Studien im römischen, englischen und deutschen Civilrecht, Leipzig 1912.

[40] Vgl. *Wieling,* Venire contra factum proprium und Verschulden gegen sich selbst, AcP 176 (1976) S. 334–355.

dem Ego eine vorteilhafte Lage verschafft. Zugleich kann die Rechtsordnung verletzt sein. Das ist die Ausgangslage, die zu beurteilen ist. Der Rechtsbruch wäre an sich durch Beseitigung im Sinne der Wiederherstellung des status quo ante zu sanktionieren. Ob dies möglich oder geboten ist, steht dahin. Dazu äußert sich die Regel *nemo auditur propriam turpitudinem allegans* nicht. Es bleibt offen, ob ein anderer hätte einschreiten können. Die der Regel zugeordnete Rechtsfolge ist eine andere. Verhindert werden soll, dass sich der eingetretene rechtswidrige Zustand jedenfalls dadurch verfestigt, dass man ihn zur Grundlage weiterer Ansprüche – gegen wen auch immer – einsetzen kann. Die Sichtweise ähnelt etwas dem „aktiven“ Bestandsschutz, der sich den hingenommenen „passiven“ zunutze machen will.

3. Es bedarf noch dreier Abgrenzungen: Der Satz „Keine Gleichheit im Unrecht“ ist nur ähnlich, meint aber etwas anderes: Jemand verlangt unter Berufung auf den Grundsatz der Gleichheit, genauso behandelt zu werden wie jemand anderer, dem zu Unrecht eine Vergünstigung eingeräumt wurde. Die Gleichbehandlung wird ihm mit dem angeführten „Rechtssatz“ versagt. In aller Regel ist Adressat ein Dritter, der über das Potential der Gleichbehandlung verfügt, vielfach der Staat, aber auch ein Arbeitgeber. Die Sichtweise des Satzes ist mithin die desjenigen, der eine Vergünstigung erst erhalten will, die ein anderer, wenngleich zu Unrecht, bereits besitzt.

Die zweite Abgrenzung betrifft die Verwirkung. Sie betrifft den Rechtsverlust. Das Gemeinsame mit *nemo auditur propriam turpitudinem allegans* liegt in der Vorstellung einer unzulässigen Rechtsausübung, hier indes von einem ehemals Berechtigten. *Longi temporis vel longae possessionis praescriptio* [Einrede der langen Zeitdauer oder des langdauernden Besitzes]. Zur Regel *nemo auditur propriam turpitudinem allegans* besteht eine gewisse Spiegelbildlichkeit. Dennoch ist die Sichtweise der Beteiligten unterschiedlich. Wer „böse“ ist, soll nicht berechtigt verlangen dürfen, dass einem anderen derselbe Vorteil, den er selbst hat, vorenthalten bleibt. Der *possessor malae fidei* darf sich also nicht zum Ombudsmann der Wahrung der Rechtsordnung aufschwingen. Er ist diskreditiert, weil er „schmutzige Hände“ hat. Dagegen betrifft der Satz „Keine Gleichheit im Unrecht“ die Sichtweise desjenigen, der einen Vorteil, den ein anderer bereits hat, auch für sich beansprucht. Dies zu fordern, wird ihm mit „Keine Gleichheit im Unrecht“ verwehrt. In gewisser Weise wird damit die Reichweite des *venire contra factum proprium* begrenzt. Der Staat kann sich von seinem früheren rechtswidrigen Verhalten lösen, ohne dass ihm widersprüchliches Verhalten vorgeworfen wird. Er wird also nicht zur Fortsetzung eines rechtswidrigen Verhaltens oder Zustandes verpflichtet. Das soll nur dort nicht gelten, wo willkürlich eine Person herausgegriffen und durch Maßnahmen zur Einhaltung rechtlicher Vorgaben angehalten werden soll.

Ein Drittes ist der römisch-rechtliche Rechtssatz *dolo agit, qui petit, quod [statim] redditurus est* [arglistig handelt, wer fordert, was [sogleich] zurückzugeben ist] – Dig. 50.17.173 § 3 [Paulus]; 44.4.8 pr. [Paulus]. Dieser Satz hat sich im Bewusstsein der gegenwärtigen Juristen erhalten. Er wird gerne zitiert. Auch er ist dialogisch formuliert und gilt heute als ein Fall der unzulässigen Rechtsausübung. Das öffentliche

Baurecht hat ihn übernommen, ohne ihn allerdings ausdrücklich anzuführen. In der Regel müssen im Rahmen einer Nachbarklage zwischenzeitlich ergangene Rechtsänderungen zugunsten des Bauherrn berücksichtigt werden. Es gilt als zweckwidrig, eine bei ihrem Erlass fehlerhafte Baugenehmigung aufzuheben, obwohl sie sogleich nach der Aufhebung aufgrund geänderter Rechtslage wieder erteilt werden müsste.[41]

IV.

Wenn die Verwaltungsgerichte die Regel *nemo auditur propriam turpitudinem allegans* nicht zitieren, bedeutet dies noch nicht, dass sie den Inhalt dieser Regel nicht befolgen. Das ist näher zu prüfen. Der nachfolgende Befund gibt eine Rekonstruktion einer Rechtsprechung der Obergerichte der Verwaltungsgerichtsbarkeit aus dem letzten Jahrzehnt wieder. Im Mittelpunkt steht das bauordnungsrechtliche Abstandsflächenrecht. Der Kreis der analysierten Rechtsprechung wird durch die Aufnahme in der Rechtsprechungsdatenbank juris qualifiziert. Zu unterscheiden sind der Inhalt der gefundenen Rechtsregel und deren Begründung. Das soll auch hier geschehen.

1. Bauordnungsrechtliches Abstandsflächenrecht – Begründungsansätze

a) Die Begründungen sind unterschiedlich. Drei Gruppierungen lassen sich unterscheiden. Eine erste Gruppe verzichtet auf eine (nähere) Begründung. So wird etwa nur auf ein „allgemeines Rechtsverständnis" verwiesen.[42] Eine Zuordnung zu einem differenzierenden Topos fehlt. Das OVG Berlin hat gemeint, die abstandsflächenrechtlichen Vorschriften normierten ein „grenznachbarliches Gemeinschafts- und Austauschverhältnis".[43] Das sind Sichtweisen, die dem römischen Recht natürlich vollkommen fremd sind. Ein öffentliches Baurecht ordnet Nutzungsräume, um soziale und zumutbare Verträglichkeiten zu ermöglichen. Das Bundesverwaltungsgericht wählte anfangs für Konfliktlagen die Formel: „schwer und unerträglich".[44] Inzwischen hält man es etwas schlichter.

b) Eine größere Gruppe von Judikaten aktiviert – im weitesten Sinne – den Grundgedanken des § 242 BGB. Prämisse der gewählten Konstruktionen ist durchgehend, dass das öffentlich-rechtliche Abstandsflächenrecht subjektive Rechte des Nachbarn begründet. Man hält es für „rechtsmissbräuchlich", wenn ein Nachbar unter Beru-

---

[41] Vgl. BVerwG, Urt. v. 5. 10. 19654 – C 3.65, E 22, 129; BVerwG, Beschl. v. 22. 4. 1996 – 4 B 54.96, NVwZ-RR 1996, 628.

[42] OVG Berlin-Brandenburg, Beschl. v. 19. 12. 2012 – 2 S 44.12, NVwZ-RR 2013, 400 Rn. 11; OVG Berlin-Brandenburg, Beschl. v. 11. 8. 2010 – 10 N 17.07, juris Rn. 13; OVG Münster, Beschl. v. 12. 2. 2010 – 7 B 1840/09, juris Rn. 8. Vgl. auch schon OVG Berlin, Urt. v. 22. 5. 1992 – 2 B 22.90, DVBl 1993, 120 Rn. 41.

[43] OVG Berlin, Urt. v. 22. 5. 1992 – 2 B 22.90, DVBl 1993, 120 Rn. 36.

[44] BVerwG, Urt. v. 13. 6. 1969 – IV C 234.65, E 32, 173 Rn. 18, 19 („schwer und unerträglich").

fung auf seine eigene rechtswidrige Grundstücksnutzung eine zulässige Nutzung des Nachbarn verhindern will.[45] „Rechtsmissbrauch" liegt vor, wenn sich der Nachbar aus einer möglicherweise rechtswidrigen Grundstücksnutzung einen Vorteil zu Lasten des sich rechtmäßig verhaltenden Bauherrn verschaffen würde.[46] Das wäre der klassische Fall des *nemo auditur propriam turpitudinem allegans.* Vielfach wird nur ganz allgemein auf „Treu und Glauben" verwiesen.[47] Ein „treuwidriges" Verhalten kann gegeben sein.[48] Auch auf die fehlende „Rechtstreue" wird verwiesen.[49] Es wird als eine „unzulässige Rechtsausübung" bewertet, wenn der Nachbar vom Bauherrn die Beachtung einer Vorschrift einfordert, die er selbst zu Lasten des Bauherrn

[45] OVG Berlin, Urt. v. 11.2.2003–2 B 16.99, BauR 2003, 770 Rn. 29; OVG Berlin, Urt. v. 22.5.1992–2 B 22.90, DVBl 1993, 120 Rn. 41; OVG Greifswald, Beschl. v. 14.7.2004–3 M 152/04, juris Rn. 8; OVG Koblenz, Beschl. v. 29.10.1981–1 B 59/81, BRS 39 Nr. 185.

[46] OVG Magdeburg, Beschl. v. 30.11.2000, 2 M 319/00, juris Rn. 10.

[47] OVG Münster, Beschl. v. 29.10.2012–2 A 723/11, Rn. 90; OVG Münster, Beschl. v. 10.10.2012–2 B 1090/12, juris Rn. 23; OVG Münster, Beschl. v. 30.8.2012–2 B 983/12, juris Rn. 14; OVG Magdeburg, Beschl. v. 26.3.2012–2 M 223/11, juris Rn. 4; OVG Magdeburg, Beschl. v. 19.10.2012–2 L 149/11, NVwZ-RR 2013, 87 Rn. 33; OVG Magdeburg, Beschl. v. 24.1.2012–2 M 157/11, juris Rn. 9; VGH München, Beschl. v. 26.7.2011–14 CS 11.576, juris Rn. 36; VGH München, Beschl. v. 5.7.2011–14 CS 11.814, juris Rn. 24; VGH München, Beschl. v. 15.2.2011–14 ZB 10.726, juris Rn. 36;VGH München, Urt. v. 4.2. 2011–1 BV 08.131, NJW-Spezial 2011, 269 Rn. 37; VGH Mannheim, 25.2.2010–8 S 2822/09, ESVGH 60, 200 Rn. 10; OVG Münster, Beschl. v. 13.3.2009–10 A 1118/08, juris Rn. 14; OVG Berlin, Urt. v. 11.2.2003–2 B 16.99, BauR 2003, 770 Rn. 29; OVG Münster, Beschl. v. 15.12.2008–10 B 1020/08, juris Rn. 7; VGH Mannheim, Urt. v. 15.4.2008–8 S 12/07, VBlBW 2009, 184, Rn. 38; VGH Mannheim, Urt. v. 6.6.2008–8 S 18/07, VBlBW 2008, 483 Rn. 44; OVG Münster, Urt. v. 22.8.2005–10 A 3611/03, BRS 69 Nr. 91 (2005) Rn. 91; VGH Mannheim, Beschl. v. 4.1.2007–8 S 1802/06, BRS 71 Nr. 181 Rn. 4; VGH Mannheim, 16.11.2004–3 S 1898/04, ÖffBauR 2005, 10 Rn. 4 (Maßstab auch: unzulässige Rechtsausübung, im konkreten Fall verneinend); VGH Mannheim, Urt. v. 18.11.2002–3 S 882/02, BRS 65 Nr. 193 Rn. 24; OVG Münster, Urt. v. 24.4.2001–10 A 1402/98, BauR 2002, 295 Rn. 10; OVG Berlin, Beschl. v. 6.9.1994–2 S 14.94, BRS 56 Nr. 173 Rn. 9; OVG Berlin, Urt. v. 22.5. 1992–2 B 22.90, DVBl 1993, 120 Rn. 41; OVG Saarland, Urt. v. 23.6.1992–2 R 50/91, BRS 54 Nr. 186 Rn. 34; OVG Greifswald, Beschl. v. 14.07.2005–3 M 69/05, NordÖR 2005, 424 Rn. 34; OVG Greifswald, Beschl. v. 14.7.2004–3 M 152/04, juris Rn. 8; OVG Greifswald, Beschl. v. 10.7.1997–3 M 82/97, NVwZ-RR 1998, 269 Rn. 34; 190; OVG Hamburg, Beschl. v. 7.9.2012–2 Bs 165/12, NordÖR 2013, 106 Rn. 31; OVG Lüneburg, Beschl. v. 28.1. 2010–1 LA 284/07, NVwZ-RR 2010, 423 Rn. 11; OVG Koblenz, Beschl. v. 29.10.1981–1 B 59/81, BRS 39 Nr. 185; OVG Münster, Urt. v. 7.8.1997–7 A 150/96, BRS 59 Nr. 193 Rn. 6.

[48] OVG Münster, Beschl. v. 29.10.2012–2 A 723/11, Rn. 93; OVG Magdeburg, Beschl. v. 26.3.2012–2 M 223/11, juris Rn. 4; OVG Berlin-Brandenburg, Beschl. v. 11.8.2010 – OVG 10 N 17.07, juris Rn. 11; OVG Münster, Beschl. v. 13.3.2009–10 A 1118/08, juris Rn. 14; OVG Greifswald, Beschl. v. 14.07.2005–3 M 69/05, NordÖR 2005, 424 Rn. 34; OVG Lüneburg, Beschl. v. 30.03.1999–1 M 897/99, NVwZ-RR 1999, 716 Rn. 43; OVG Magdeburg, Beschl. v. 26.3.2012–2 M 223/11, juris Rn. 8; OVG Münster, Urt. v. 7.8.1997–7 A 150/96, BRS 59 Nr. 193 Rn.; vgl. auch OVG Lüneburg, Beschl. v. 28.1.2010–1 LA 284/07, NVwZ-RR 2010, 423 Rn. 11: „Rechtstreue".

[49] OVG Lüneburg, Beschl. v. 28.1.2010–1 LA 284/07, NVwZ-RR 2010, 423 Rn. 11.

nicht einhält.[50] Derjenige, der selbst mit seinem Gebäude den erforderlichen Grenzabstand nicht einhält, kann „billigerweise" nicht verlangen, dass sein Nachbar die Abstandsfläche freihält.[51] Es wird als unbillig gewertet, einen Nachbarn den von den grenznahen baulichen Anlagen des anderen Nachbarn ausgehenden Nachteilen auszusetzen, ihm selbst aber eine Ausnutzung seines Grundstücks im Grenzbereich zu verwehren.[52] Auf ehemals fraudulöses Verhalten kommt es hierbei wohl nicht an. Jedenfalls bleibt die Entstehungsgeschichte des Konfliktes unerörtert. *Lex uno ore omnes alloquitur* [Das Gesetz spricht mit einem einzigen Mund alle an]. Das ist mithin eher ein objektiver Standpunkt, der auf den Befund eines „treuwidrigen" Verhaltens, und damit auf eine subjektive Komponente, verzichtet. Auch das Verbot eigenen widersprüchlichen Verhaltens wird als Begründung angeführt.[53] Das trifft – wie erörtert – die Sache nicht genau, jedenfalls nicht im Sinne des *venire contra factum proprium.*

c) Für viele Gerichte ist das nachbarliche Gemeinschaftsverhältnis konstruktive Grundlage.[54] Das ist modern. Das nachbarliche Gemeinschaftsverhältnis stellt ein

---

[50] OVG Berlin-Brandenburg, Beschl. v. 11.8.2010 – OVG 10 N 17.07, juris Rn. 11; OVG Münster, Beschl. v. 12.2.2010 – 7 B 1840/09, juris Rn. 7; OVG Greifswald, Beschl. v. 14.7. 2004 – 3 M 152/04, juris Rn. 7; VGH Mannheim, Urt. v.18.11.2002 – 3 S 882/02, BRS 65 Nr. 193 Rn. 24; OVG Greifswald, Beschl. v. 7.5.2001 – 3 M 27/01, NordÖR 2001, 482 Rn. 7; OVG Münster, Beschl. v. 17.10.2000 – 10 B 1053/00, BRS 63 Nr. 198 (2000) Rn. 21; OVG Greifswald, Beschl. v. 10.7.1997 – 3 M 82/97, NVwZ-RR 1998, 269 Rn. 33; OVG Lüneburg, Beschl. v. 30.3.1999 – 1 M 897/99, NVwZ-RR 1999, 716 Rn. 43; OVG Lüneburg, Beschl. v. 26.5.1983 – 6 B 47/83, BRS 40 Nr. 113; OVG Münster, Urt. v. 7.8.1997 – 7 A 150/96, BRS 59 Nr. 193 Rn. 6.

[51] VGH Mannheim, Urt. v. 6.6.2008 – 8 S 18/07, VBlBW 2008, 483 Rn. 44; OVG Greifswald, Beschl. v. 14.7.2004 – 3 M 152/04, juris Rn. 7; OVG Greifswald, Beschl. v. 7.5. 2001 – 3 M 27/01, NordÖR 2001, 482 Rn. 7; OVG Lüneburg, Beschl. v. 9.9.2004 – 1 ME 194/ 04, NVwZ-RR 2005, 17 Rn. 15; ähnl. OVG Greifswald, Beschl. v. 14.07.2005 – 3 M 69/05, NordÖR 2005, 424 Rn. 34; OVG Weimar, Beschl. v. 5.10.1999 – 1 EO 698/99, NVwZ-RR 2000, 350 Rn. 11; OVG Weimar, 18.10.1996 – 1 EO 262/96, UPR 1997, 156 Rn. 5 (ohne Bezug auf Treu und Glauben); ähnl. auch VGH Mannheim, Urt. v. 18.11.2002 – 3 S 882/02, BRS 65 Nr. 193 Rn. 24.

[52] OVG Greifswald, Beschl. v. 14.7.2004 – 3 M 152/04, juris Rn. 7; OVG Greifswald, Beschl. v. 7.5.2001 – 3 M 27/01, NordÖR 2001, 482 Rn. 7.

[53] OVG Greifswald, Beschl. v. 14.07.2005 – 3 M 69/05, NordÖR 2005, 424 Rn. 34; OVG Münster, Beschl. v. 10.6.2005 – 10 A 3664/03, NVwZ-RR 2006, 236 Rn. 7 (billigend); OVG Greifswald, Beschl. v. 14.7.2004 – 3 M 152/04, juris Rn. 7; OVG Greifswald, Beschl. v. 10.7. 1997 – 3 M 82/97, NVwZ-RR 1998, 269 = BRS 59 Nr. 190; OVG Greifswald, Beschl. v. 7.5. 2001 – 3 M 27/01, NordÖR 2001, 482; vgl. zu alledem auch VGH Mannheim, Beschl. v. 19.7. 2001 – 3 S 319/01; OVG Weimar, Beschl. v. 5.10.1999 – 1 EO 698/99, BauR 2000, 869; OVG Lüneburg, Urt. v. 30.3.1999 – 1 M 897/99, BauR 1999, 1163; OVG Münster, Urt. v. 7.8. 1997 – 7 A 150/96, BRS 59 Nr. 193 Rn. 10; OVG Berlin, Beschl. v. 6.9.1994 – 2 S 14.94, BRS 56 Nr. 173; auch VGH Mannheim, Urt. v. 18.11.2002 – 3 S 882/02, BauR 2003, 1203 Rn. 25; OVG Berlin, Urt. v. 11.02.2003 – 2 B 16.99, BauR 2003, 770.

[54] OVG Berlin-Brandenburg, Beschl. v. 19.12.2012 – OVG 2 S 44.12, NVwZ-RR 2013, 400 Rn. 11; OVG Münster, Beschl. v. 13.3.2009 – 10 A 1118/08, juris Rn. 14; VGH Mannheim, Urt. v. 6.6.2008 – 8 S 18/07, VBlBW 2008, 483 Rn. 44; OVG Berlin, Beschl. v. 6.9.

System nachbarlicher Ausgleichs- und Rücksichtnahmepflichten dar.[55] Es verpflichtet den Nachbarn zu „treuem", das heißt fairem Verhalten.[56]

Aus dem System nachbarlicher Ausgleichs- und Rücksichtnahmepflichten folge, dass derjenige, der mit der Bebauung seines Grundstücks Abstandsflächen in Anspruch nehme, welche den bauordnungsrechtlichen Bestimmungen über die einzuhaltenden Abstände widersprechen, nicht beanspruchen könne, dass der Eigentümer eines gegenüberliegenden Grundstücks diese Vorschriften seinerseits in vollem Umfang achte und die nach dem geltenden Recht an sich erforderlichen Abstandflächen wahre.[57] Das Rücksichtnahmegebot greift insbesondere nicht zugunsten eines Nachbarn ein, dessen bauliche Anlage baurechtlich illegal und nicht bestandsgeschützt ist.[58]

d) Das OVG Berlin-Brandenburg will die Frage einer früheren dolosen Verhaltensweise hintanstellen. Es gehe nicht um Sanktion für ein Verhalten des Nachbarn in der Vergangenheit, sondern um die Beurteilung der gegenwärtigen Situation auf den benachbarten Grundstücken. Daher komme es auch auf die Frage der formellen oder materiellen Legalität des Gebäudes des Nachbarn und eines etwaigen Bestandsschutzes nicht an.[59] Die Sichtweise bleibt zwar etwas kryptisch. Der VGH Mannheim, der VGH München und das OVG Münster sehen dies ähnlich. Der Vorwurf treuwidrigen Verhaltens entfalle nicht dadurch, dass das Gebäude des sich wehren-

1994–2 S 14.94, BRS 56 Nr. 173 Rn. 10; OVG Greifswald, Beschl. v. 7.5.2001–3 M 27/01, NordÖR 2001, 482 Rn. 7; OVG Lüneburg, Beschl. v. 30.3.1999–1 M 897/99, NVwZ-RR 1999, 716 Rn. 43; VGH Kassel, Beschl. v. 17.3.2010–3 B 201/10, DÖV 2010, 569 (L) = juris Rn. 3. Die Rechtsprechung der Obergerichte übernimmt hier Strukturen aus dem neueren planungsrechtlichen Nachbarschutz, vgl. BVerwG, Urt. v. 16.9.1993–4 C 28.91, E 94, 151 Rn. 12 („rechtliche Schicksalsgemeinschaft"); BVerwG, v. 23.8.1996 – , 4 C 13.94, E 101, 364 Rn. 48 („Austauschverhältnis"): Weil und soweit der einzelne Eigentümer gemeinsam mit anderen – benachbarten – Eigentümern in der Ausnutzung seines Grundstücks öffentlichrechtlichen Beschränkungen unterworfen ist, kann er grundsätzlich deren Beachtung auch im Verhältnis zu den anderen Eigentümern verlangen.

[55] OVG Berlin-Brandenburg, Beschl. v. 19.12.2012 – OVG 2 S 44.12, NVwZ-RR 2013, 400 Rn. 11.

[56] VGH Mannheim, Urt. v. 18.11.2002–3 S 882/02, BRS 65 Nr. 193 Rn. 24; OVG Lüneburg, Beschl. v. 30.3.1999–1 M 897/99, NVwZ-RR 1999, 716 Rn. 43.

[57] VGH Mannheim, Urt. v. 6.6.2008–8 S 18/07, VBlBW 2008, 483 Rn. 44; OVG Berlin, Urt. v. 11.2.2003–2 B 16.99, BauR 2003, 770 Rn. 29; OVG Berlin, Beschl. v. 6.9.1994–2 S 14.94, BRS 56 Nr. 173 Rn. 10 mit Bezugnahme u.a. auf vgl. etwa OVG Lüneburg, Beschl. v. 12.9.1984–6 A 49/83, BRS 42 Nr. 196, OVG Münster, Beschl. v. 22.7.1991–7 B 1226/91, NVwZ 1991, 1003; OVG Saarland, Urt. v. 23.6.1992–2 R 50/91,BRS 54 Nr. 186, ähnl. OVG Hamburg, 26.9.2007–2 Bs 188/07, ZfBR 2008, 283 Rn. 12.

[58] OVG Greifswald, Beschl. v. 4.4.2013–3 M 183/12, juris Rn. 6.

[59] OVG Berlin-Brandenburg, Beschl. v. 11.8.2010 – OVG 10 N 17.07, juris Rn. 15. Das Gericht verweist zur Begründung auf VGH Mannheim, Urt. v. 18.11.2002–3 S 882/02, BRS 65 Nr. 193. Das ist handwerklich unzutreffend, da in dieser Entscheidung der Verstoß gegen Treu und Glauben der maßgebende Gesichtspunkt ist. Vgl. auch bereits OVG Berlin, Beschl. v. 6.9.1994–2 S 14.94, BRS 56 Nr. 173 Rn. 11, danach sei es unerheblich, dass das Gebäude seinerzeit in Übereinstimmung mit den geltenden Bauvorschriften errichtet wurde.

den Nachbarn in Einklang mit früher geltendem Baurecht errichtet worden sei. Maßgebend sei allein, dass der Nachbar mit seinem Gebäude den (derzeit) erforderlichen Grenzabstand nicht einhalte.[60] Deutlich ist, dass beide Gericht die Intention des *nemo auditur propriam turpitudinem allegans* nicht (mehr) für erheblich ansehen. Die frühere Rechtslage wird als unerheblich gewertet. Eine derartige Verschiebung des maßgeblichen Zeitpunktes lässt sich für das römische Recht wohl nicht nachzeichnen. Immerhin wäre hier eine *exceptio doli* denkbar.

2. *Bauordnungsrechtliches Abstandsflächenrecht – Inhalte*

a) Das OVG Bautzen stellte 2009 fest: Es gibt im Bauordnungsrecht keine Vorschrift, nach der von der Einhaltung der Abstandsflächen abzusehen ist, wenn der Nachbar diese selbst nicht eingehalten hat.[61] Das war und ist aus der Sicht der *lex scripta* eine zutreffende Befundaufnahme. Die meisten Oberverwaltungsgerichte gehen indes darüber hinweg: Niemand könne mit Erfolg die Nichteinhaltung des Grenzabstandes rügen, den dieser selbst verletze.[62] Das ist ein einfaches Argument des *tu quoque*. Näheres wird vielfach nicht gesagt.[63] Es wirkt wie eine Emanation des Rechts. Das OVG Magdeburg bezeichnet dies als eine „mittlerweile gefestigte obergerichtliche Rechtsprechung".[64] Wie beim Fallrecht nicht anders zu erwarten, sind die näheren Voraussetzungen und Rechtsfolgen unscharf.

b) Als Grundregel gilt: Auf Abwehrrechte kann sich nur derjenige berufen, dessen eigene Nutzung formell und materiell legal ist. Die Beweislast für die formelle Legalität trifft im formalisierten Bauordnungsrecht den Bauherrn.[65] Das klingt plausibel und erinnert bereits ein wenig an *nemo auditur propriam turpitudinem allegans.*

---

[60] VGH München, Beschl. v. 26.7.2011 – 14 CS 11.576, juris Rn. 36; VGH München, Beschl. v. 15.2.2011 – 14 ZB 10.726, juris Rn. 36; VGH Mannheim, Beschl. v. 18.11.2002 – 3 S 882/02, VBlBW 2003, 235 Rn. 25; relativierend OVG Münster, Urt. v. 24.4.2001 – 10 A 1402/98, BauR 2002, 295 Rn 11; vgl. auch OVG Münster, Beschl. v. 15.2.1996 – 7 B 3431/95, BRS 58 Nr. 106 (1996). Tatsächlich handelt es sich um ein Übergangsproblem, das der Gesetzgeber nicht gelöst hat, vgl. dazu BVerwG, Urt. v. 16.5.1991 – 4 C 17.90 – E 88, 191; hier wird mit einer verfassungskonformen Auslegung „geholfen".

[61] OVG Bautzen, Beschl. v. 17.11.2009 – 1 A 122/09, juris 10; OVG Berlin, Urt. v. 11.2.2003 – 2 B 16.99, BauR 2003, 770 Rn. 29; beiläufig erwähnend OVG Greifswald, Beschl. v. 14.07.2004 – 3 M 152/04, juris Rn. 8.

[62] OVG Lüneburg, Beschl. v. 19.12.2006 – 1 ME 207/06, NdsVBl 2007, 102 Rn. 17; OVG Lüneburg, Beschl. v. 9.9.2004 – 1 ME 194/04, NVwZ-RR 2005, 17 Rn. 15; OVG Lüneburg, Beschl. v. 26.5.1983 – 6 B 47/83, BRS 40 Nr. 113; OVG Lüneburg, Urt. v. 12.9.1984 – 6 A 49/83, BRS 42 Nr. 196; OVG Lüneburg, Beschl. v. 30.03.1999 – 1 M 897/99, NVwZ-RR 1999, 716.

[63] OVG Greifswald, Beschl. v. 14.7.2004 – 3 M 152/04, juris Rn. 7; OVG Greifswald, Beschl. v. 7.5.2001 – 3 M 27/01, NordÖR 2001, 482 Rn. 7.

[64] OVG Magdeburg, Beschl. v. 24.1.2012 – 2 M 157/11, juris Rn. 9.

[65] OVG Münster, Beschl. v. 24.6.2010 – 8 A 2764/09, BRS 76 Nr. 184 (2010) Rn. 52; OVG Münster, Beschl. v. 17.3.2008 – 8 A 929/07, DÖV 2008, 730 Rn. 7; vgl. auch BVerwG, Urt. v. 24.9.1992, – 7 C 6.92 –, E 91, 92.

Dagegen: Ein Grundstückseigentümer kann keine Abwehrmaßnahmen gegen eine durch einen Nachbarn hervorgerufene Beeinträchtigung ergreifen und zugleich diesem Nachbarn quasi spiegelbildlich dieselbe Beeinträchtigung zumuten.[66] Eine derartige Sentenz verweist dagegen eher auf ein *tu quoque*. Derjenige, der selbst an der Grundstücksgrenze baut, muss auch einen Anbau des Nachbarn an der Grundstücksgrenze hinnehmen.[67] Ein nachbarlicher Abwehranspruch gegen eine Verletzung des Bauwichs besteht daher dann nicht, wenn der Nachbar den Bauwich selbst in vergleichbarer Weise in Anspruch nimmt.[68] Vorausgesetzt ist dabei, dass dies etwa in demselben Umfang geschieht wie durch das angegriffene Vorhaben.[69] Wer selbst mit seinem Gebäude die erforderliche Mindestabstandsfläche nicht in vollem Umfang einhält, kann dies auch von seinem Nachbarn nicht verlangen.[70] Auch diese Beurteilung enthält das schlichte Argument des *tu quoque*.

c) Zahlreiche Obergerichte relativieren die Grundregel mittels einer Äquivalenzüberlegung. Sie votieren für eine Begrenzung. Danach ist eine wertende Betrachtung anzustellen.[71] Die Verletzungen der Grenzabstandsvorschriften müssen einander bei wertender Betrachtung entsprechen.[72] Eine derartige abwägende, den Einzelfall reflektierende Lösung ist dem römischen Recht im Grundsatz fremd.

aa) Der Nachbar, dessen eigenes Grundstück unter Verletzung von Vorschriften über die Abstandflächen bebaut ist, hat eine Beeinträchtigung durch Bebauung hin-

---

[66] OVG Magdeburg, Beschl. v. 24.1.2012–2 M 157/11, juris Rn. 9; OVG Berlin-Brandenburg, Beschl. v. 19.12.2012 – OVG 2 S 44.12, NVwZ-RR 2013, 400 Rn. 11; OVG Münster, Beschl. v. 12.2.2010–7 B 1840/09, juris Rn. 8; OVG Münster, Beschl. v. 13.3. 2009–10 A 1118/08, juris Rn. 14; OVG Greifswald, Beschl. v. 14.07.2004–3 M 152/04, juris Rn. 8; ähnl. bereits OVG Berlin, Beschl. v. 6.9.1994 – OVG 2 S 14.94, BRS 56 Nr. 173 Rn. 10.

[67] OVG Hamburg, Beschl. v. 10.1.2000–2 Bs 3/00, juris Rn. 3; OVG Hamburg, Beschl. v. 23.2. 1995 – Bs II 42/95, juris Rn. 22; OVG Hamburg, Beschl. v. 22.8. 1995 – Bs II 283/95, juris Rn. 15.

[68] OVG Lüneburg, Beschl. v. 9.9.2004–1 ME 194/04, NVwZ-RR 2005, 17 Rn. 15; OVG Lüneburg, Beschl. v. 30.03.1999–1 M 897/99, NVwZ-RR 1999, 716 Rn. 43; OVG Lüneburg, Urt. v. 12.9.1984–6 A 49/83, BRS 4, Nr. 196 = juris (L); etwas anders OVG Lüneburg, Beschl. v. 26.5.1983–6 B 47/83, BRS 40 Nr. 113: Wer früher *rechtmäßig* im heutigen Bauwichbereich gebaut hat, kann grundsätzlich nur verlangen, dass das Nachbargrundstück nicht mit einem geringeren Grenzabstand bebaut wird, als er ihn selbst in Anspruch genommen hat. Ferner OVG Lüneburg, Beschl. v. 28.1.2010–1 LA 284/07, NVwZ-RR 2010, 423 Rn. 19; OVG Lüneburg, Beschl. v. 30.03.1999–1 M 897/99, NVwZ-RR 1999, 716 Rn.

[69] OVG Lüneburg, Beschl. v. 30.3.1999–1 M 897/99, NVwZ-RR 1999, 716 Rn. 43.

[70] VGH Kassel, Beschl. v. 17.3.2010–3 B 201/10, DÖV 2010, 569 (L) = juris Rn. 3 (ohne weitere Begründung).

[71] OVG Lüneburg, Beschl. v. 9.9.2004–1 ME 194/04, NVwZ-RR 2005, 17 Rn. 15; OVG Lüneburg, Beschl. v. 19.12.2006–1 ME 207/06, NdsVBl 2007, 102 Rn. 17; OVG Lüneburg, Beschl. v. 30.3.1999–1 M 897/99, NVwZ-RR 1999, 716 Rn. 43.

[72] VGH München, Urt. v. 4.2.2011–1 BV 08.131, NJW-Spezial 2011, 269 Rn. 37; OVG Berlin, Urt. v. 11.2.2003–2 B 16.99, BauR 2003, 770 Rn. 30; OVG Lüneburg, Beschl. v. 19.12.2006–1 ME 207/06, NdsVBl 2007, 102 Rn. 17; OVG Schleswig, Beschl. v. 15.12. 1992–1 L 118/91, juris Rn. 37.

zunehmen, die nicht über diejenige hinausgeht, die er selbst zufügt.[73] Gegen die Verletzung abstandsflächenrechtlicher Vorschriften kann ein Grundstücksnachbar Abwehrrechte grundsätzlich insoweit nicht geltend machen, als die Bebauung auf seinem Grundstück gegenüber dem Nachbargrundstück in vergleichbarem Umfang (Gewicht) die nach dem geltenden Recht erforderlichen Abstandsflächen nicht einhält.[74] Das ist (auch) anhand der konkreten Auswirkungen zu beurteilen.[75] Dabei ist nach Ansicht etwa des OVG Berlin-Brandenburg eine quantitativ und qualitativ wertende Betrachtung der mit der Verletzung der Abstandsflächenvorschriften einhergehenden Beeinträchtigungen vorzunehmen.[76] Was dies konkret bedeutet, bleibt unscharf. Offenbar wollen sich die Gerichte einen Vorbehalt der konkretisierenden Betrachtung sichern. Jedenfalls kommt es bei Verstößen gegen Grenzabstandsvorschriften nicht auf eine zentimetergenaue Entsprechung an.[77] *Tu quoque* also in Maßen. Die

[73] OVG Münster, Beschl. v. 12.2.2010–7 B 1840/09, juris Rn. 12; OVG Greifswald, Beschl. v. 10.7.1997–3 M 82/97, NVwZ-RR 1998, 269 Rn. 33 f.; OVG Lüneburg, Urt. v. 12.9.1984–6 A 49/83, BRS 42 Nr. 19.

[74] OVG Berlin-Brandenburg, Beschl. v. 19.12.2012 – OVG 2 S 44.12, NVwZ-RR 2013, 400 Rn. 11; OVG Münster, Beschl. v. 29.10.2012–2 A 723/11, Rn. 91 (Doppelhaushälfte); OVG Magdeburg, Beschl. v. 19.10.2012–2 L 149/11, NVwZ-RR 2013, 87 Rn. 33; OVG Münster, Beschl. v. 30.8.2012–2 B 983/12, juris Rn. 14; OVG Magdeburg, Beschl. v. 24.1.2012–2 M 157/11, juris Rn. 9; OVG Münster, Beschl. v. 15.12.2008–10 B 1020/08, juris Rn. 7; OVG Lüneburg, Beschl. v. 19.12.2006–1 ME 207/06, NdsVBl 2007, 102 Rn. 17; OVG Greifswald, Beschl. v. 14.07.2005–3 M 69/05, NordÖR 2005, 424 Rn. 36; OVG Münster, Urt. v. 22.8.2005–10 A 3611/03, BRS 69 Nr. 91 (2005) Rn. 92; OVG Berlin, Urt. v. 11.2.2003–2 B 16.99, BauR 2003, 770 Rn. 29; VGH Mannheim, Urt. v. 18.11.2002–3 S 882/02, BRS 65 Nr. 193 Rn. 24, 26; OVG Münster, Urt. v. 24.4.2001–10 A 1402/98, BauR 2002, 295 Rn. 19; OVG Greifswald, Beschl. v. 10.7.1997–3 M 82/97, NVwZ-RR 1998, 269 Rn. 33; OVG Lüneburg, Beschl. v. 9.9.2004–1 ME 194/04, NVwZ-RR 2005, 17 Rn. 15; OVG Münster, Urt. v. 24.4.2001–10 A 1402/98, BauR 2002, 295 Rn. 19; OVG Lüneburg, Beschl. v. 30.3.1999–1 M 897/99, NVwZ-RR 1999, 716 Rn. 43: OVG Berlin, Beschl. v. 6.9.1994–2 S 14.94, BRS 56 Nr. 173 Rn. 10; OVG Schleswig, Beschl. v. 15.12.1992–1 L 118/91, juris. 37; ähnl. OVG Berlin, Beschl. v. 6.9.1994–2 S 14.94, BRS 56 Nr. 173 Rn. 10 mit Bezugnahme u.a. auf vgl. etwa OVG Lüneburg, Beschl. v. 12.9.1984–6 A 49/83, BRS 42 Nr. 196; OVG Münster, Beschl. v. 22.7.1991–7 B 1226/91, NVwZ 1991, 1003; OVG Saarland, Urt. v. 23.6.1992–2 R 50/91, BRS 54 Nr. 186.

[75] OVG Lüneburg, Beschl. v. 9.9.2004–1 ME 194/04, NVwZ-RR 2005, 17 Rn. 15; OVG Münster, Urt. v. 24.4.2001–10 A 1402/98, BauR 2002, 295 Rn. 19 (wesentliche Bedeutung: Länge und Höhe des Gebäudes, Nutzung, Himmelsrichtung); ähnl. OVG Münster, Beschl. v. 15.2.1996–7 B 3431/95, BRS 58 Nr. 106 (1996).

[76] OVG Berlin-Brandenburg, Beschl. v. 19.12.2012 – OVG 2 S 44.12, NVwZ-RR 2013, 400 Rn. 11; vgl. OVG Berlin, Urt. v. 11.2.2003 – OVG 2 B 16.99, juris Rn. 29 f. unter Bezugnahme auf VGH Mannheim, Beschl. v. 4.1.2007–8 S 1802/06, BRS 71 Nr. 181 Rn. 4; ähnlich OVG Münster, Beschl. v. 13.3.2009–10 A 1118/08, juris Rn. 14.

[77] OVG Lüneburg, Beschl. v. 19.12.2006–1 ME 207/06, NdsVBl 2007, 102 Rn. 17; OVG Berlin, Urt. v. 11.2.2003–2 B 16.99, BauR 2003, 770 Rn. 29; OVG Münster, Beschl. v. 15.12.2008–10 B 1020/08, juris Rn. 7; OVG Lüneburg, Beschl. v. 19.12.2006–1 ME 207/06, NdsVBl 2007, 102; Urt. v. 24.4.2001–10 A 1402/98, BauR 2002, 295 Rn. 19; OVG Lüneburg, Beschl. v. 30.3.1999–1 M 897/99, NVwZ-RR 1999, 716 Rn. 43.

wechselseitige Beeinträchtigung muss nur etwa „gleichgewichtig“ sein.[78] Das OVG Saarland formuliert es plastisch: Das Austauschverhältnis wird insoweit gewissermaßen auf „niedrigerer Ebene“ wiederhergestellt.[79] Das ist ein synallagmatischer Grundgedanke. Der Nachbar, dessen eigenes Grundstück unter Verletzung von Vorschriften über die Abstandsflächen bebaut ist, hat eine Beeinträchtigung durch Bebauung des anderen Grundstücks nur insoweit hinzunehmen, als diese nicht über diejenige hinausgeht, die er selbst zufügt.[80] Das gilt erst recht, wenn die Nichteinhaltung der nachbarschützenden Abstandsflächenvorschriften durch den klagenden Grundeigentümer „erheblich schwerer wiegt“ als die durch das umstrittene neue Bauvorhaben.[81] Aus dem Grundsatz von Treu und Glauben ist also abzuleiten, dass solche Verstöße abgewehrt werden können, die den Eigentümer stärker beeinträchtigen als sein eigener Rechtsverstoß.[82] Derartige Überlegungen sind Restbestände des *nemo auditur propriam turpitudinem allegans.* Sie dienen hier dazu, die zugrunde gelegte grobe, weil formale Regel *tu quoque* inhaltlich zu relativieren.

bb) Indes lässt sich nicht von vornherein sagen, dass aus Billigkeitsgründen der Nachbar, dem ein Rechtsverstoß zugutekommt, generell einen andersartigen Rechtsverstoß durch den Eigentümer eines angrenzenden Grundstücks hinzunehmen hat.[83] Hier soll also gewertet werden. Das nachbarschaftliche Gemeinschaftsverhältnis ist dann gestört, wenn die Verletzung nachbarschützender Abstandsregelungen durch das angegriffene Vorhaben „schwerer wiegt als die Inanspruchnahme des Bauwiches durch den sich wehrenden Nachbarn“.[84] Wenn die durch das (neue) Vorhaben hervorgerufenen Abstandsrechtsverstöße „ungleich schwerer wiegen“ als die auf dem

---

[78] OVG Magdeburg, Beschl. v. 26.3.2012–2 M 223/11, juris Rn. 4; VGH München, Beschl. v. 26.7.2011–14 CS 11.576, juris Rn. 36; VGH München, Beschl. v. 15.2.2011–14 ZB 10.726, juris Rn. 36; VGH München, Urt. v. 4.2.2011–1 BV 08.131, NJW-Spezial 2011, 269 Rn. 37; OVG Greifswald, Beschl. v. 14.7.2004–3 M 152/04, juris Rn. 10; OVG Münster, Beschl. v. 15.2.1996–7 B 3431/95, BRS 58 Nr. 106 (1996).

[79] OVG Saarland, Urt. v. 23.6.1992–2 R 50/91, BRS 54 Nr. 186 Rn. 35.

[80] OVG Greifswald, Beschl. v. 10.07.1997–3 M 82/97, NVwZ-RR 1998, 269 Rn. 33 (wechselseitige Abstandsflächenverletzung).

[81] So bereits OVG Münster, Beschl. v. 2.3.1990–7 B 3427/89, juris (L); ferner VGH München, Beschl. v. 26.7.201114 CS 11.576 juris Rn. 36; VGH München, Beschl. v. 5.7. 2011–14 CS 11.814, juris Rn. 24; OVG Münster, Beschl. v. 22.7.1991–7 B 1226/91, NVwZ 1991, 1003 (Schmalseitenprivileg).

[82] OVG Münster, Beschl. v. 29.10.2012–2 A 723/11, juris Rn. 91; OVG Münster, Beschl. v. 15.12.2008–10 B 1020/08, juris Rn. 7; OVG Münster, Urt. v. 22.8.2005–10 A 3611/03, BRS 69 Nr. 91 (2005) Rn. 92; OVG Münster, Urt. v. 24.4.2001–10 A 1402/98, BRS 64 Nr. 188 (2001) Rn. 19; ähnlich OVG Magdeburg, Beschl. v. 26.3.2012–2 M 223/11, juris Rn. 4, 8; OVG Magdeburg, Beschl. v. 24.1.2012–2 M 157/11, juris Rn. 9.

[83] OVG Greifswald, Beschl. v. 14.7.2004–3 M 152/04, juris Rn. 9.

[84] VGH München, Beschl. v. 15.2.2011–14 ZB 10.726, juris Rn. 36; VGH Mannheim, Urt. v. 15.4.2008–8 S 12/07, VBlBW 2009, 184, Rn. 38; VGH Mannheim, Urt. v. 18.11. 2002–3 S 882/02, BRS 65 Nr. 193 Rn. 25; OVG Lüneburg, Beschl. v. 30.3.1999–1 M 897/ 99, NVwZ-RR 1999, 716 Rn. 43.

Grundstück des abwehrenden Nachbarn, dann setzt sich dessen Verlangen durch.[85] *Nemo auditur propriam turpitudinem allegans* ist für den anderen kein Freibrief. Die Regel wendet sich gegen ihn (*patere legem quam ipse fecisti* – [Das Gesetz zu spüren bekommen, das du selbst gemacht hast]). Vielleicht würde hier der römische Jurist mit der *exceptio doli generalis* antworten, um doch der *aequitas* zu genügen. Aber quellenmäßige Befunde gibt es dazu nur in geringem Maße (vgl. Dig. 44.4.4.33 [Ulpian]).

d) Das Abstandsflächenrecht bleibt öffentliches Recht. *Publicum ius est quod ad statum rei Romanae spectat, privatum quod ad singulorum utilitatem* [öffentliches Recht ist, was sich auf den Zustand des Römischen Reiches bezieht, privates, was den einzelnen dient] – Dig. 1.1.1.2 [Ulpian]. Ordnungsvorstellungen des staatlichen Rechts bleiben latent. Sie können daher begrenzend wirken. Die dialogische Dispositionsstruktur des bauordnungsrechtlichen Abstandsflächenrechts soll aus Gründen des Gemeinwohls Grenzen haben. Das ist ein Gesichtspunkt, den *nemo auditur propriam turpitudinem allegans* bereits konstruktiv nicht kennen kann.

Die gänzliche oder teilweise Versagung des Nachbarrechtsschutzes unter Berufung auf den Grundsatz von Treu und Glauben darf nach OVG Greifswald nicht dazu führen, dass der Nachbar Beeinträchtigungen hinzunehmen hätte, die so schwerwiegend sind, dass sie als mit Grundvorstellungen des geltenden Bauordnungsrechts schlechthin nicht mehr vereinbar angesehen werden müssen.[86] Eine Einschränkung besteht auch, wenn anderenfalls in gefahrenrechtlicher Hinsicht völlig untragbare Zustände entstünden.[87] Ein Missstand dürfe nicht entstehen. Das ist der Gedanke der polizeilichen Generalklausel. Die „Privatisierung“ des Abstandsflächenrechts durch einseitiges Handeln des einen Teils geht nicht soweit, dass der

---

[85] Vgl. OVG Münster, Beschl. v. 30.8.2012–2 B 983/12, juris Rn. 14; VGH Mannheim, Beschl. v. 4.1.2007–8 S 1802/06, BRS 71 Nr. 181 Rn. 4; OVG Münster, Beschl. v. 22.7. 1991–7 B 1226/91, NVwZ 1991, 1003 (Schmalseitenprivileg).

[86] OVG Greifswald, Beschl. v. 14.07.2004–3 M 152/04, juris Rn. 8; OVG Greifswald, Beschl. v. 10.7.1997–3 M 82/97, NVwZ-RR 1998, 269 Rn. 34.

[87] OVG Magdeburg, Beschl. v. 26.3.2012–2 M 223/11, juris Rn. 4; OVG Magdeburg, Beschl. v. 24.1.2012–2 M 157/11, juris Rn. 9; VGH München, Beschl. v. 26.7.2011–14 CS 11.576, juris Rn. 36; VGH München, Beschl. v. 15.2.2011–14 ZB 10.726, juris Rn. 36; VGH München, Urt. v. 4.2.2011–1 BV 08.131, NJW-Spezial 2011, 269 Rn. 37, 47; VGH Mannheim, Urt. v. 15.4.2008–8 S 12/07, VBlBW 2009, 184, Rn. 38; VGH Mannheim, Beschl. v. 4.1.2007–8 S 1802/06, VBlBW 2007, 224 Rn. 4; OVG Greifswald, Beschl. v. 14.7.2004–3 M 152/04, juris Rn. 7; OVG Greifswald, Beschl. v. 10.7.19973 M 82/97, NVwZ-RR 1998, 269 = BRS 59 Nr. 190; OVG Greifswald, Beschl. v. 7.5.2001–3 M 27/01, NordÖR 2001, 482; vgl. zu alledem auch VGH Mannheim, Beschl. v. 19.7.2001–3 S 319/01, n.v.; OVG Weimar, Beschluss vom 5.10.1999–1 EO 698/99, BauR 2000, 869; OVG Lüneburg, Urt. v. 30.3.1999–1 M 897/99, BauR 1999, 1163; OVG Münster, Urt. v. 7.8.1997–7 A 150/96, BRS 59, Nr. 193; OVG Berlin, Beschl. v. 6.9.1994–2 S 14.94, BRS 56 Nr. 173; OVG Schleswig, Urt. v. 15.12.1992–1 L 118/91; auch VGH Mannheim, Urt. v. 18.11.2002–3 S 882/02, BauR 2003, 1203 Rn. 25; OVG Berlin, Urt. v. 11.2.2003–2 B 16.99, BauR 2003, 770; OVG Münster, Urt. v. 7.8.1997–7 A 150/96, BRS 59 Nr. 193 Rn. 21.

Blick auf untragbare Zustände inhibiert wird. Das gilt etwa für Brandschutzfragen.[88] Das „dialogische“ Abstandsflächenrecht kann auch durch anderes öffentliches Recht verdrängt werden. Wurde dem Bauherrn aus Gründen des Denkmalschutzes aufgegeben, sein Haus auf der Grenze zu errichten, so ist es ihm unter dem Gesichtspunkt der unzulässigen Rechtsausübung nicht verwehrt, gegenüber einem Vorhaben auf dem Nachbargrundstück die Einhaltung nachbarschützender Abstandsflächennormen zu verlangen.[89] Dass die Behörde zu einer derartigen Anordnung befugt ist, wird vorausgesetzt.

e) Einige Gerichte prüfen, ob eine nachträgliche Legalisierung in Betracht kommt. Wird dies verneint, sind Belange eines Betroffenen, die (zunächst) unter Missachtung der Rechtsordnung entstanden sind, als unbeachtlich einzustufen. Sie scheiden im Rahmen einer „Abwägung“ aus.[90]

3. Bauplanungsrechtliches Abstandsflächenrecht – Begründungsansätze

Nicht wenige Obergerichte haben inzwischen ihre Judikatur zum bauordnungsrechtlichen Abstandsflächenrecht auf bauplanungsrechtliche Nachbarstrukturen übertragen.[91] Sehr systematisch und dogmatisch reflektierend ist dies allerdings bislang nicht geschehen. Die Begründungsstrukturen ähneln jenen zum Abstandsflächenrecht. Es wird auf Treu und Glauben verwiesen.[92] Bei einer Überschreitung einer planerisch festgesetzten Baugrenze genügt dem VGH Mannheim ein schlichtes *tu quoque*, ohne dass dieser Ausdruck allerdings fällt.[93] Auch auf das im Rücksicht-

---

[88] Zurückhaltend OVG Münster, Urt. v. 7.8.1997–7 A 150/96, BRS 59 Nr. 193 Rn. 17: Erst bei einer konkreten Gefahrensituation gehe der Nachbar seines Anspruchs auf ordnungsbehördliches Einschreiten nicht wegen eines Verstoßes gegen Treu und Glauben verlustig.

[89] VGH Mannheim, Beschl. v. 16.11.2004–3 S 1898/04, ÖffBauR 2005, 10 Rn. 4, vgl. dazu kritisch *Kuchler*, Zum Prüfungsmaßstab bei Nachbarklagen gegen Abweichungen von den Abstandsflächenvorschriften, BayVBl 2009, 517 ff.

[90] OVG Greifswald, Beschl. v. 4.4.2013–3 M 183/12, juris Rn. 6 unter Bezugnahme auf BVerwG, Beschl. v. 22.10.2002–9 VR 13.02, juris Rn. 6, dort unter Hinweis auf BVerwG, Urt. v. 24.9.1992–7 C 6.92, E 91, 92 Rn. 14; BVerwG, Urt. v. 25.2.1992–1 C 7.90, E 90, 53 Rn. 16; ebenso VGH Mannheim, Urt. v. 20.8.1993–10 S 2022/92, NuR 1994, 142 Rn. 39.

[91] VGH Mannheim, Beschl. v. 29.9.2010–3 S 1752/10, NVwZ-RR 2011, 4 Rn. 5; OVG Münster, Urt. v. 30.10.2009–7 A 2658/07, BRS 74 Nr. 189 (2009) Rn. 41; OVG Saarland, Beschl. v. 22.11.1996–2 W 33/96, juris Rn. 11; OVG Weimar, 18.10.1996–1 EO 262/96, UPR 1997, 156 Rn. 5.

[92] OVG Hamburg, Beschl. v. 7.9.2012–2 Bs 165/12, NordÖR 2013, 106 Rn. 31; VGH Mannheim, Beschl. v. 29.9.2010–3 S 1752/10, NVwZ-RR 2011, 4 Rn. 5; OVG Münster, Beschl. v. 15.4.2011–7 B 1263/10, juris Rn. 41; OVG Münster, Beschl. v. 19.2.2009–7 B 1899/08, juris Rn. 9 (Baulinie); OVG Saarland, Beschl. v. 22.11.1996–2 W 33/96, juris Rn. 5.

[93] VGH Mannheim, Beschl. v. 9.5.2006–3 S 906/06, VBlBW 2006, 352 Rn. 4.

nahmegebot angelegte Prinzip der Gegenseitigkeit wird verwiesen.[94] Diese vom Bundesverwaltungsgericht dem Nachbarrecht seit 1993 zugrunde gelegte synallagmatische Beziehung[95] hat funktional eine erstaunliche Nähe zum gegenseitigen Vertrag, also ein *quid pro quo*, nur dass hier die Beziehungen nicht ausgehandelt, sondern festgesetzt werden. Auch das Argument des widersprüchlichen Verhaltens wird benutzt.

4. Bauplanungsrechtliches Abstandsflächenrecht – Inhalte

a) Der von planerischen Festsetzungen „abweichende" Nachbar hat durch eigenes rechtswidriges Handeln die Schutzwürdigkeit seines eigenen Grundstückes selbst teilweise oder ganz aufgegeben.[96] Damit hat er gleichsam die Geschäftsgrundlage der bauplanerischen Wechselbezüglichkeit aufgekündigt. Diese Folgerung wird jedenfalls gegenüber dem unmittelbaren Nachbarn (Grenznachbarn) nur eingeschränkt gezogen. Ein Eigentümer, der seinerseits die Festsetzungen des Bebauungsplans nicht einhält, soll sich gegen eine den Festsetzungen des Bebauungsplans nicht entsprechende Nutzung seines Nachbarn nur dann wehren können, wenn der eigene Verstoß gegen den Bebauungsplan nicht so schwer wiegt wie der gerügte.[97]

Die vor etwa 20 Jahren einsetzende Judikatur hat wohl noch nicht erkannt, dass Konstrukte wie *tu quoque*, aber auch *nemo auditur propriam turpitudinem allegans,* zum Abstandsflächenrecht streng zweiseitig, also dialogisch-individuell konzipiert sind. Die Judikatur billigt indes jedem im Bauplangebiet nutzenden Eigentümer einen Gebietsgewährleistungsanspruch zu, und zwar unabhängig von seiner faktischen Betroffenheit.[98] Jeder Dritte, wenn er Eigentümer im Plangebiet ist, kann rechtsschutzbezogen geltend machen, dass ein Vorhaben hinsichtlich der Art der Nutzung planwidrig ist. Das führt zu dem erklärungsbedürftigen Ergebnis, dass dem Grenznachbarn selbst – folgt man dem Modell *tu quoque* – eine Remonstration versagt wird, einem Dritten jedoch nicht. Die Rechtsprechung geht über derartige

---

[94] Vgl. VGH München, Beschl. v. 8.6.2010 – 2 ZB 09.2987, juris Rn. 11 unter Bezug auf BVerwG, Urt. v. 23.9.1999 – 4 C 6.98, E 109, 314 Rn. 28; vgl. auch BVerwG, Urt. v. 24.4.1991 – 7 C 12.90, E 88, 143 Rn. 15.

[95] Vgl. BVerwG, Urt. v. 16.9.1993 – 4 C 28.91, E 94, 151.

[96] VGH München, Beschl. v. 8.6.2010 – 2 ZB 09.2987, juris Rn. 11 (immissionsschutzrechtliche Pflichten).

[97] OVG Münster, Beschl. v. 22.6.2010 – 7 B 479/10, juris Rn. 9, 15; so erwägend auch VGH München, Beschl. v. 15.2.2011 – 14 ZB 10.726, juris Rn. 8. Die dortige Bezugnahme auf VGH Mannheim, Beschl. v. 29.9.2010 – 3 S 1752/10, NVwZ-RR 2011, 4, ist zweifelhaft, da sich diese Entscheidung auf Abstandsflächenrecht bezieht, dem eine grundstücksübergreifende Wechselbezüglichkeit oder gebietsbezogene Austauschbeziehung gerade fehlt. Vgl. Erörterung im Text.

[98] Vgl. etwa BVerwG, Urt. v. 16.9.1993 – 4 C 28.91, E 94, 151; BVerwG, Urt. v. 23.8.1996 – 4 C 13.94, E 101, 364; BVerwG, Beschl. v. 18.12.2007 – 4 B 55.07, NVwZ 2008, 427; BVerwG, Beschl. v. 13.5.2002 – 4 B 86.01, NVwZ 2002, 1384; OVG Münster, Beschl. v. 12.2.2010 – 7 B 1840/09, juris Rn. 8.

Bedenken hinweg.[99] Das planerisch gemeinte Austauschverhältnis wird gleichsam auf den dolosen Nachbarn „heruntergebrochen". Das ist eigentlich recht römischrechtlich gedacht: *Ex dolo malo non oritur actio* [aus böser Absicht entsteht kein Anspruch]; vgl. Dig. 50.17.49 [Ulpian]: *Alterius circumventio alii non praebet actionem* [Die Verführung eines anderen ergibt für den anderen keine Klage]. Das OVG Münster rechtfertigt das mit folgender gestufter Erwägung:[100] Eine ungenehmigte Nutzung, die bauplanungsrechtlich unzulässig und auch nicht durch Bestandsschutz gedeckt ist, könne kein Schutzobjekt eines nachbarrechtlichen Abwehrrechts sein. Es fehle für das eigene Grundstück an der „Schutzwürdigkeit".[101] Dies ist die Ausgangsprämisse. Ein derartiger Eigentümer könne dementsprechend auch nicht schutzwürdig von seinen Nachbarn – unter Berufung auf sein Interesse an der Erhaltung des gegebenen Gebietscharakters – die Einhaltung gegebener Nutzungsbeschränkungen verlangen, die er selbst nicht einhalte.[102] Das (allgemeine) Interesse, eine Gebietsverfremdung abzuwehren, biete keinen tragfähigen Grund, die Schutzwürdigkeit der Interessenlage streitender Nachbarn anders zu beurteilen. Insoweit herrscht danach dann doch *nemo auditur propriam turpitudinem allegans*. Das wird man wohl dahin verstehen müssen, dass eine Konnexität mit dem jeweiligen Rechtsverstoß als gegeben vorausgesetzt werden soll.[103] Oder gilt *in odium spoliatoris omnia praesumuntur?* [zu Ungunsten eines eigenmächtigen Besitzers wird alles vermutet]. Das OVG Münster zögert. Wesentlich „gewichtigere Rechtsverstöße" des Nachbarn müssten nicht geduldet werden.[104] Dies würde den mit dem Gebietsgewährleistungsanspruch bezweckten Ausgleich vereiteln. Stimmt das? Kommt es auf die Intensität an, mit welcher der jeweilige Verstoß den zu schützenden Gebietscharakter in Frage stellt? Nehmen wir an: A errichtet in einem reinen Wohngebiet (WR) ohne Genehmigung eine Spielhalle. Das ist formell und materiell illegal. Sein Grundstücksnachbar B zieht nach und errichtet ohne Baugenehmigung ein Bistro nebst einem Pizza-Service. Auch dies ist im reinen Wohngebiet formell und materiell illegal. Hat A einen Anspruch, dass die Behörde gegen B vorgeht? Das OVG Münster stellt sich offenbar Sachverhalte vor, in denen dies anzunehmen ist.

b) Das *tu quoque* bedarf nach der bislang, allerdings nur zögernd entstandenen Judikatur auch im Bauplanungsrecht der Begrenzung. In einer nach ihrem Gewicht „überschießenden" Rechtsverletzung des Nachbarn kann das – auf fairen Ausgleich

---

[99] Zögernd jüngst OVG Hamburg, 17.6.2013 – 2 Bs 151/13, juris Rn. 22.

[100] OVG Münster, Beschl. v. 19.3.2012 – 2 A 2753/11, juris Rn. 9; OVG Münster, Beschl. v. 15.4.2011 – 7 B 1263/10, juris Rn. 41; OVG Münster, Urt. v. 30.10.2009 – 7 A 2658/07, BRS 74 Nr. 189 (2009) Rn. 39 ff.

[101] Vgl.u. a. BVerwG, Urt. v. 25.2.1992 – 1 C 7.90 E 90, 53; OVG Saarland, Beschl. v. 22.11.1996 – 2 W 33/96, juris Rn. 11; OVG Weimar, 18.10.1996 – 1 EO 262/96, UPR 1997, 156 Rn. 5.

[102] OVG Münster, Urt. v. 30.10.2009 – 7 A 2658/07, BRS 74 Nr. 189 (2009) Rn. 39ff.

[103] OVG Münster, Beschl. v. 19.3.2012 – 2 A 2753/11, juris Rn. 11.

[104] OVG Münster, Beschl. v. 19.3.2012 – 2 A 2753/11, juris Rn. 11; ähnlich OVG Münster, Beschl. v. 22.6.2010 – 7 B 479/10, juris Rn. 9.

angelegte – nachbarliche Gemeinschaftsverhältnis zu dessen Lasten gestört sein.[105] Das Abwehrrecht des Nachbarn besteht, wenn die Verletzung nachbarschützender Abstandsregelungen durch das angegriffene (neue) Vorhaben „schwerer wiegt" als der eigene Verstoß.[106] Es besteht ferner, wenn in gefahrenrechtlicher Hinsicht völlig untragbare Zustände entstehen könnten.[107] Eine weitere Begrenzung des *tu quoque* dürfte bei Verstößen gegen drittschützende Vorschriften des Bauplanungsrechts gelten, seien es Verstöße gegen Festsetzungen in Bebauungsplänen oder seien es Zuwiderhandlungen gegen das Gebot der Rücksichtnahme.[108]

c) Einige Beispiele können unseren Gerechtigkeitsvorstellungen dienen: Ein Grundstücksnachbar, der entgegen dem Planungsrecht selbst in zweiter Baureihe an die Grundstücksgrenze gebaut hat, hat dem Grundsatz von Treu und Glauben folgend hinzunehmen, dass der Nachbar dort anbaut.[109] Ein Nachbar, der selbst eine satzungsrechtliche Bestimmung missachtet hat, kann vom Bauherrn nicht deren vollständige Beachtung verlangen.[110] Wer durch den Ausbau seiner Doppelhaushälfte einseitig über den Rahmen des § 22 Abs. 2 Satz 1 BauNVO hinausgegangen ist und dadurch gegen das Gebot der Rücksichtnahme verstoßen hat, kann einen späteren entsprechenden Ausbau der Nachbardoppelhaushälfte grundsätzlich nicht mit dem Argument abwehren, dieser sei rücksichtslos.[111] Das OVG Münster sieht die Treuwidrigkeit des Rechtsinhabers darin, dass sich dieser zu seinem eigenen vorausgegangenen Verhalten in Widerspruch setzt.[112] Das wäre der Sache nach also ein *venire contra factum proprium.* Das Gericht benutzt den Ausdruck freilich nicht. Ein Nachbar kann nach dem Grundsatz von Treu und Glauben nicht mit Erfolg vorbringen, die Zulassung eines Wohngebäudes mit fünf Wohnungen weiche von der mit der Ausweisung des Baugebietes als „überwiegend für die Bebauung mit Familienheimen vorgesehene Fläche" erfolgten Begrenzung der Wohnungszahl auf zwei je Wohngebäude ab, wenn sich in seinem eigenen Wohnhaus drei Wohnungen befinden.[113]

---

[105] Vgl. VGH Mannheim, Beschl. v. 29.9.2010–3 S 1752/10, NVwZ-RR 2011, 4 Rn. 5.

[106] VGH Mannheim, Beschl. v. 29.9.2010–3 S 1752/10, NVwZ-RR 2011, 4 Rn. 5.

[107] VGH Mannheim, Beschl. v. 29.9.2010–3 S 1752/10, NVwZ-RR 2011, 4 Rn. 5.

[108] Vgl. VGH Mannheim, Beschl. v. 29.9.2010–3 S 1752/10, NVwZ-RR 2011, 4 Rn. 5.

[109] OVG Hamburg, Beschl. v. 7.9.2012–2 Bs 165/12, NordÖR 2013, 106 Rn. 31.

[110] VGH Mannheim, Beschl. v. 24.1.2006–8 S 638/05, VBlBW 2006, 279 Rn. 6 (zu örtlichen Bauvorschriften). Das Gericht verzichtet auf jede genaue dogmatische Ableitung. Seiner Begründung ist die Vorstellung eines *venire contra factum proprium* einerseits und *nemo auditur propriam turpitudinem allegans* andererseits zu entnehmen. Nicht einmal zum Verdikt der „unzulässigen Rechtsausübung" kann sich das Gericht bekennen.

[111] OVG Münster, Urt. v. 29.10.2012–2 A 723/11, juris Rn. 28 ff., 93 f.

[112] OVG Münster, Urt. v. 29.10.2012–2 A 723/11, juris Rn. 28.

[113] OVG Saarland, Beschl. v. 22.11.1996–2 W 33/96, juris Rn. 5; vgl. auch OVG Saarland, Urt. v. 23.6.1992–2 R 50/91, BRS 54 Nr. 186.

V.

Kann ein Nachbar eine Verletzung von nachbarschützenden Vorschriften nach Treu und Glauben gegenüber dem Bauherrn nicht geltend machen, bedeutet dies noch nicht, dass die zuständige Behörde ein Vorhaben, das dem geltenden Abstandsflächenrecht oder Bauplanungsrecht widerspricht, genehmigen muss.[114] Sie ist nicht gehindert, im Ermessenswege einzuschreiten.[115] Allerdings: Ein Anspruch auf Einschreiten fehlt bei eigener formeller und materieller Illegalität der Nutzung, für die jetzt Schutz begehrt wird.[116] Also fast Erfordernis eines *iustum initium possessonis?* [Rechtmäßigen Besitzes von Anfang an] Der Satz *nemo auditur propriam turpitudinem allegans* hat sich an einer unerwarteten Stelle sein Überleben gesichert – allerdings mit geringerer Intensität. Die Frage nach einer *iusta causa* bleibt zwar im tradierten Rechtsbewusstsein. Aber auch das *tu quoque* ist nunmehr „relativ".

---

[114] OVG Magdeburg, Beschl. v. 19. 10. 2012 – 2 L 149/11, NVwZ-RR 2013, 87 Rn. 33.

[115] OVG Münster, Beschl. v. 10. 10. 2012 – 2 B 1090/12, juris Rn. 23.

[116] Vgl. BVerwG, Urt. v. 25. 2. 1992 – 1 C 7.90, E 90, 53 Rn. 16; BVerwG, Urt. v. 24. 9. 1992 – 7 C 6.92, E 91, 92 Rn. 14; OVG Münster, Beschl. v. 17. 3. 2008 – 8 A 929/07, DÖV 2008, 730 Rn. 7.

Schriftenverzeichnis

I. Monographien, Lehrbücher, Kommentare

1. Zur Analyse richterlicher Entscheidungen, Diss. Frankfurt/Main 1971
2. Unbestimmte Rechtsbegriffe und Ermessensermächtigungen im Verwaltungsrecht, 1979 (Frankfurter Habilitationsschrift)
3. Juristische Begründungslehre, 1982 (zusammen mit *H. Rüßmann*)
4. Bodensanierung nach dem Verursacherprinzip, 1985
5. Grenzen der Rechtsverbindlichkeit technischer Regeln im öffentlichen Baurecht, 1986
6. Immissionsschutz durch Baurecht, 1991
7. Die Überwachung umweltgefährdender Anlagen, 1999 (zusammen mit *S. Borchardt, F. Haag, S. Laskowski*)
8. Gemeindeverkehrsplanungsgesetz – Konzept, Entwurf mit Begründung, 2002 (zusammen mit *E. Hofmann* und *M. Reese*)
9. Getrennthaltung und Überlassung von Abfällen zur Beseitigung aus Gewerbebetrieben, 2002 (zusammen mit *M. Reese*)
10. Allgemeines Verwaltungsrecht, 3. Aufl. 2003 (zusammen mit *R. Rubel* und *S. Heselhaus*)
11. Elemente einer Juristischen Begründungslehre, 2003 (zusammen mit *R. Alexy, L. Kuhlen, H. Rüßmann*)
12. Das Subsidiaritätsprinzip im europäischen Umweltrecht, 2005
13. Novellierung der EU-Abfallrahmenrichtlinie, 2006 (zusammen mit *M. Reese*)
14. Hamburgisches Staates- und Verwaltungsrecht (hrsg. zusammen mit *W. Hoffmann-Riem*), 3. Aufl. 2006
15. Baurecht, Raumordnungs- und Landesplanungsrecht (zusammen mit *R. Hendler*) 5. Auflage 2009 (6. Auflage i.V. 2014)
16. Methoden zum Recht, 2010 (Hrsg. *U. Ramsauer* u. a.)
17. GK-BImSchG, Kommentar, Hrsg. *Koch/Scheuing/Pache/Führ*, Stand Dez. 2013
18. Umweltrecht, 4. Aufl. 2014 (Hrsg. und Beiträger)

II. Sammelbände (Herausgeber und Beiträger)

1. Juristische Methodenlehre und analytische Philosophie, 1976
2. Die juristische Methode im Staatsrecht, 1977
3. Schutz vor Lärm, 1990
4. Umweltschutz in der Europäischen Gemeinschaft, 1991 (zus. mit *P. Behrens*)

5. Auf dem Weg zum Umweltgesetzbuch, 1992
6. Theorien der Gerechtigkeit (zus. mit *Köhler* und *Seelmann*), 1994
7. Zwanzig Jahre Bundes-Immissionsschutzgesetz (zus. mit *R. Lechelt*), 1994
8. Praktische Vernunft und Rechtsanwendung (zus. mit *U. Neumann*), 1994
9. Meeresumweltschutz für Nord- und Ostsee, 1996 (zus. mit *R. Lagoni*)
10. Klimaschutz im Recht (zus. mit *J. Caspar*), 1997
11. Schiffsentsorgung in europäischen Häfen (zusammen mit *R. Lagoni*), 1998
12. Tierschutz für Versuchstiere – Ein Widerspruch in sich? (zus. mit *J. Caspar*), 1998
13. Sicherheit, Vielfalt, Solidarität – Symposium zum 65. Geburtstag von E. Denninger, 1998 (zus. mit *Bizer*)
14. Aktuelle Probleme des Immissionsschutzrechts, 1998
15. Rechtliche Instrumente dauerhaft umweltgerechter Verkehrspolitik, 2000
16. 10. Deutsches Atomrechtssymposium, 2000 (zus. mit *A. Roßnagel*)
17. Integrierte Gewässerpolitik in Europa, 2001 (zus. mit *T. Bruha*)
18. 11. Deutsches Atomrechtssymposium, 2002 (zus. mit *A. Roßnagel*)
19. Terrorismus – Rechtsfragen der äußeren und inneren Sicherheit, 2002
20. Umweltprobleme des Luftverkehrs, 2003
21. 12. Deutsches Atomrechtssymposium, 2004 (zus. mit *A. Roßnagel*)
22. Das EG-Umweltrecht und seine Umsetzung in Deutschland und Polen, 2005 (zus. mit *J. Schürmann*)
23. 13. Deutsches Atomrechtssymposium, 2008 (zus. mit *A. Roßnagel*)
24. Zwischen Wissenschaft und Politik – 35 Jahre Gutachten des SRU, 2009 (zus. mit *Chr. Hey*)
25. Climate Change and Environmental Hazards Related to Shipping, 2013 (zus. mit *D. König*, *R. Verheyen* und *J. Sanden*)

III. Beiträge in Zeitschriften und Büchern

1. Zur Rationalität richterlichen Handelns. *J. Essers* „Vorverständnis und Methodenwahl in der Rechtsfindung", Rechtstheorie 1973, S. 183–206
2. Das Postulat der Gesetzesbindung im Lichte sprachphilosophischer Überlegungen, ARSP 1975, S. 27–41
3. Ansätze einer juristischen Argumentationstheorie? ARSP 1977, S. 355–377
4. Zur Einführung: Juristische Methodenlehre und Sprachphilosophie, JuS 1978, S. 810–817 (zusammen mit *M. Herberger*)
5. Nochmals: Sachprobleme und Sprachprobleme, JuS 1979, S. 475–477 (zusammen mit *M. Herberger*)
6. Das Frankfurter Projekt zur juristischen Argumentation: Zur Rehabilitation des deduktiven Begründens juristischer Entscheidungen, in: Argumentation und Recht (ARSP Beiheft Nr. 14), 1980, S. 59–86

7. Richterliche Innovation – Begriff und Begründbarkeit, in: Harenburg u. a. (Hrsg.), Rechtlicher Wandel durch richterliche Entscheidung, 1980, S. 83–121 (zusammen mit *R. Trapp*)

8. Die wirtschaftliche Vertretbarkeit nachträglicher Anordnungen, WiVerw 1983, S. 158–173

9. Das Abwägungsgebot im Planungsrecht, DVBl 1983, S. 1125–1133

10. Die Begründung von Grundrechtsinterpretationen, EuGRZ 1986, S. 345–361

11. Verrechtlichung der Bauleitplanung? Zur Rolle der Verwaltungsgerichtsbarkeit, in: DASL (Hrsg.), Verrechtlichung der Planung, 1987

12. Altlasten – eine umweltpolitische Herausforderung, in: Brandt (Hrsg.), Altlasten, 3. Aufl. 1992

13. Abwägungsvorgang und Abwägungsergebnis als Gegenstände gerichtlicher Plankontrolle, DVBl. 1989, S. 399–405

14. „Schädliche Umwelteinwirkungen" – ein mehrdeutiger Begriff? in: Jahrbuch für Umwelt- und Technikrecht, Bd. 9, 1989, S. 205–215

15. Zur Methodenlehre des Rechtspositivismus, in: Dreier (Hrsg.), Rechtspositivismus und Wertbezug des Rechts, 1990, S. 152

16. Deduktive Entscheidungsbegründung, in: Behrends u. a. (Hrsg.), Rechtsdogmatik und praktische Vernunft (FS Wieacker), 1990, S. 69

17. Juristische Methodenlehre und analytische Philosophie, in: Alexy u. a. (Hrsg.), Rechts- und Sozialphilosophie in Deutschland heute, 1991, S. 186 (zusammen mit *H. Rüßmann*)

18. Auf dem Weg zum Umweltgesetzbuch, NVwZ 1991, S. 953

19. Neues aus der Müller-Schule, in: ARSP 1991, S. 547

20. TA Luft unzureichend, WUR 1991, S. 350

21. Luftreinhalterecht in der europäischen Gemeinschaft, DVBl. 1992, S. 124

22. Die Auslegungslehre der Reinen Rechtslehre im Lichte der jüngeren sprachanalytischen Forschung, in: Zeitschrift für Verwaltung, 1992, S. 1

23. Kostentragung nach öffentlichem Recht für Umweltschäden bei der Gefahrgutbeförderung, in: Beförderung gefährlicher Güter, 1992 (Schriftenreihe der Deutschen verkehrswissenschaftlichen Gesellschaft)

24. „Rauchen verkürzt das Leben", JA 1992, Übungsblätter S. 73 (zusammen mit *K. Meyer*)

25. Die gerichtliche Kontrolle technischer Regelwerke im Umweltrecht, ZUR 1993, S. 103

26. Rechtsfragen der Steuerung des motorisierten Individualverkehrs in Ballungsgebieten, Band 7 der Diskussionsbeiträge der Forschungsstelle Umweltrecht, 1993, S. 1

27. Sprachphilosophische Grundlagen der juristischen Methodenlehre, in: FS zum 75-jährigen Bestehen der Universität Hamburg, 1994

28. Verfassungsrechtlicher Bestandsschutz als Grenze der Deregulierung und umweltpolitischen Steuerung im Bereich der Elektrizitätswirtschaft, DVBl. 1994, S. 840

29. Bestandsschutz, in: Koch/Lechelt (Hrsg.), Zwanzig Jahre BImSchG, 1994, S. 33

30. Gibt es ein Grundrecht auf Mobilität? Zeitschrift für Verwaltung, 1994, S. 545

31. Der Baurechtskompromiß im Meinungsstreit, in: Ramsauer (Hrsg.), Die naturschutzrechtliche Eingriffsregelung in der Bauleitplanung, 1995, S. 199

32. Zur Konkurrenz zwischen Fachplanung und Bauleitplanung, in: Gaentzsch u. a. (Hrsg.), FS für Otto Schlichter, 1995, S. 461

33. Probleme des Verkehrsimmissionsschutzes, ZUR 1995, S. 190

34. (Verfahrens-)Privatisierung im öffentlichen Baurecht, in: Hoffmann-Riem/Schneider (Hrsg.), Verfahrensprivatisierung im Umweltrecht, 1996, S. 170

35. Vereinfachung des materiellen Umweltrechts, NVwZ 1996, S. 215

36. Die normtheoretische Basis der Abwägung, in: Rengeling u. a. (Hrsg.), Abwägung im Recht, 1996, S. 9

37. Das nationale Umweltrecht und die landseitige Meeresverschmutzung, ZUR 1996, S. 113 (zusammen mit *J. Caspar*)

38. Klimaschutz im geltenden Umweltrecht, NuR 1996, S. 433 (zusammen mit *C. Behrend*)

39. Rechtsgrundlagen für das Aufstellen und Betreiben von Altglascontainern, NuR 1996, S. 276

40. Beschleunigung, Deregulierung, Privatisierung – Modernisierung des Umweltrechts oder symbolische Sttandortpolitik, in: S. Schlacke, Neue Konzepte im Umweltrecht, 1996; überarbeitet in ZAU 1997, S. 45 ff., 210 ff.

41. Der Schutz von Nord- und Ostsee vor Schadstoffeinträgen aus der Luft, in: Koch/Lagoni (Hrsg.), Meeresumweltschutz für Nord- und Ostsee, 1996, S. 241

42. CO_2-Minderungspotentiale im Bereich der Industrie(-anlagen) und das Instrumentarium des BImSchG (zusammen mit *C. Behrend*), in: Koch/Caspar (Hrsg.), Klimaschutz im Recht, 1997

43. Altlasten und Bodenschutz in der Bauleitplanung, in: Erbguth (Hrsg.), Altlasten und Bodenschutz, 1997; überarbeitet in DVBl. 1997, S. 1415 (zusammen mit *P. Schütte*)

44. Zur Verfassungsmäßigkeit des „Solidarfonds Abfallrückführung“ (zusammen mit *M. Reese*), DVBl. 1997, S. 85

45. Winterdienst auf öffentlichen Straßen, Die Verwaltung 1997, S. 1

46. Verfassungsrechtliche Grenzen einer Privatisierung der Anlagenüberwachung, ZUR 1997, S. 182 (zusammen mit *S. Laskowski*)

47. Die IVU-Richtlinie: Umsturz im deutschen Anlagengenehmigungsrecht? in: UTR Jahrbuch 1997, S. 31; überarbeitet mit *K. Jankowski* in: ZUR 1998, S. 57

48. Neue Entwicklung im Verkehrsimmissionsschutzrecht, in: MURL (Hrsg.), Neue Entwicklung im Umweltrecht, 1996, S.109; überarbeitet in: NuR 1997, S. 365 (zusammen mit *K. Jankowski*)

49. Innovationssteuerung im Umweltrecht, in: W. Hoffmann-Riem/J.-P. Schneider (Hrsg.), Rechtswissenschaftliche Innovationsforschung, Baden-Baden 1998, S. 273–290

50. Zur Verfassungsmäßigkeit des Stromeinspeisungsgesetzes, in: ZNER, 1998, S. 3 (zusammen mit *P. Schütte*)

51. Die neue VerpackVO, NVwZ 1998, S. 1155

52. Der Schutz der Umwelt in der Rechtsprechung zum Bauplanungsrecht, Die Verw. 1998, S. 505

53. Stichworte „Emissionen“, „Immissionsschutz“, „Lärmschutz“, in: Korff/Beck/Mikat (Hrsg.), Lexikon der Bioethik, 1998, 3 Bände

54. Stellungnahme zur Verfassungsbeschwerde der PreussenElektra AG gegen das Stromeinspeisungsgesetz, Neue Energie 1/1999, Sonderbeilage

55. Klimaschutz im Recht, Völkerrechtlicher Rahmen, europarechtliche Vorgaben, nationaler Umsetzungsbedarf, NuR 1999, S. 1 (zus. mit *R. Verheyen*)

56. Die rechtliche Beurteilung der Lärmsummation nach dem BImSchG und der TA Lärm 1998, in: FS Feldhaus zum 70. Geburtstag, 1999, S. 215

57. BVerfG und Fachgerichtsbarkeit, in: Gedächtnisschrift für B. Jeand'Heur, 1999, S. 135

58. Rechtsfortbildung im Hamburgischen Bauplanungsrecht – Rechtlicher Wandel durch richterliche Innovation, NordÖR 1999, S. 343

59. Örtliche Verkehrsregelungen und Verkehrsbeschränkungen, NuR 2000, S. 1(zusammen mit *C. Mengel*)

60. Neue Energiepolitik und Ausstieg aus der Kernenergie, NVwZ 2000, S. 1 (zusammen mit *A. Roßnagel*)

61. Die rechtlichen Grundlagen zur Bewältigung von Freizeitlärmkonflikten, NuR 2000, S. 69 (zusammen mit *Ch. Maaß*)

62. Abfallrechtliche Regulierung der Verwertung – Chancen und Grenzen, DVBl. 2000, 300 (zus. mit *M. Reese*)

63. Aktuelle Probleme des Lärmschutzes, NVwZ 2000, S. 490

64. Der Atomausstieg und der verfassungsrechtliche Schutz des Eigentums, NJW 2000, S. 1529

65. Gemeindliche Kompetenzen für Maßnahmen des Klimaschutzes am Beispiel der KWK, DVBl. 2000, S. 953 (zusammen mit *C. Mengel*)

66. Rechtsprinzipien im Bauplanungsrecht – Zur normtheoretischen Basis der planerischen Abwägung, in: Schilcher/Koller/Funk (Hrsg.), Regeln, Prinzipien und Elemente im System des Rechts, 2000, S. 245

67. Immissionsschutz in der Bauleitplanung, FS Hoppe, 2000, S. 549

68. Die staatsrechtliche Methode im Streit um die Zwei-Seiten-Theorie des Staates (Jellinek, Kelsen, Heller), in: Paulson/Schulte (Hrsg.), Georg Jellinek – Beiträge zu Leben und Werk, 2000, S. 371

69. Die Entwicklung des öffentlichen Baurechts in den norddeutschen Küstenländern, NordÖR 2000, S. 393

70. Klimaschutz durch Treibhausgashandel (zusammen mit *A. Wieneke*), DVBl. 2001, S. 1085

71. Das Kooperationsprinzip im Umweltrecht – ein Mißverständnis?, NuR 2001, S. 541

72. Das Artikelgesetz (zusammen mit *H. Siebel*), NVwZ 2001, 1081

73. Wege zu einer umweltverträglichen Mobilität: Entwicklungslinien des Verkehrsumweltrechts, in: Dolde (Hrsg.), Umweltrecht im Wandel, 2001, S. 873

74. Neue Entwicklungen im Immissionsschutzrecht, NVwZ 2002, S. 666 (zusammen mit *U. Prall*)

75. Fünfzig Jahre Lärmschutzrecht, ZfL 2002, S. 235

76. Atomrechtliche Fragen der Sicherheit und Sicherung von Kernkraftwerken nach den Terroranschlägen vom 11.9.2001 in den USA, DVBl. 2002, S. 1578 (zusammen mit *M. John*)

77. Fehlt dem Dosenpfand die Ermächtigungsgrundlage?, NVwZ 2002, S. 1420 (zusammen mit *M. Reese*)

78. Flughafenplanung und Städtebau: Die Zukunft des Fluglärmgesetzes, in: Koch (Hrsg.), Umweltprobleme des Luftverkehrs, 2003, S. 243 = NuR 2003, S. 72 (zusammen mit *A. Wieneke*)

79. Die Verfassungsentwicklung in Hamburg, Jahrbuch des öffentlichen Rechts, Band 51, 2003, S. 251

80. Umweltprobleme des Luftverkehrs, NVwZ 2003, S. 1153 (zus. mit *A. Wieneke*)

81. Windenergienutzung in der AWZ, ZUR 2003, S. 350 (zus. mit *T. Wiesenthal*)

82. § 47 (Grundlagen, Schutz der Wälder), § 55 (Verkehrslärm), § 56 (Lärmschutz, sonstige Bereiche), in: Rengeling (Hrsg.), Handbuch zum europäischen und deutschen Umweltrecht, Bd. II, 2. Aufl. 2003

83. Aktuelle Stellungnahmen und Kommentare als Beratungsinstrumente des Umweltrates, NJW 2003, S. 2718

84. Naturschutz und Landschaftspflege in der Reform der bundesstaatlichen Ordnung, NuR 2004, S. 277 (zus. mit *F. Mechel*)

85. Umweltabgaben in der Rechtsprechung des Bundesverfassungsgerichts, FS P. Selmer zum 70. Geburtstag, 2004, S. 769

86. Meeresumweltschutz für Nord- und Ostsee, NordÖR 2004, S. 221

87. Der „städtebauliche Grund" (§ 9, Abs. 1 BauGB) als Schranke planerischer Gestaltungsfreiheit, Die Verwaltung, 2004, S. 537

88. Schiffssicherheit und Meeresumweltschutz, ZUR 2005, S. 16 (zus. mit *C. Ziehm*) = Marine Safety and Protection of the Marine Environment, in: Macrory (ed.), Reflections on 30 Years EU Environmental Law, 2006, S. 309

89. Das deutsche Lärmschutzrecht im Überblick, Umweltmedizin in Forschung Praxis, 2005, S. 112

90. Sondergutachten „Umwelt und Straßenverkehr", ZUR 2005, S. 406 (zus. mit *C. Ziehm*)

91. Solidarfonds „Abfallrückführung" verfassungswidrig, NVwZ 2005, S. 1153

92. Revising the Waste Framework Directive, JEEPL 2005, S. 441 (zus. mit *M. Reese*)

93. Die neue Hamburgische Bauordnung, NordÖR 2006, S. 56

94. Aktuelle Probleme des Luftreinhalterechts in Deutschland und in der EU, FS Bartelsperger, 2006, S. 497

95. Stichworte „Nachhaltigkeit" und „Umweltschutz", in: Heun u. a. (Hrsg.), Evangelisches Staatslexikon, 2006

96. Wissenschaftliche Ideengeber der Umweltpolitik, in: Die Umweltmacher, 2006, S. 399

97. Klausur Öffentliches Recht: „Schwebstaub", JA 2006, S. 360 (zus. mit *J.-H. Dietrich*)

98. Aktuelle Entwicklungen im Immissionsschutzrecht (2002–2006), NVwZ 2006, S. 1006 (zus. mit *Ch. Kahle*)

99. Aktuelle Entwicklungen in der Rechtsprechung zum Immissionsschutzrecht, NVwZ 2006, S. 1124 (zus. mit *Ch. Kahle*)

100. Umwelt in schlechter Verfassung?, NuR 2006, S. 673 (zusammen mit *S. Krohn*)

101. Die Verbandsklage im Umweltrecht, NVwZ 2007, S. 369

102. Rechtliche Vorgaben für ein Umweltgesetzbuch. Verfassungsrecht, in: Klöpfer (Hrsg.), Das kommende Umweltgesetzbuch, 2007, S. 21–31

103. Das Naturschutzrecht im Umweltgesetzbuch – Den Auftrag der Föderalismusreform erfüllen, „Forum Umweltgesetzbuch", 2008, Heft 7 (zusammen mit *S. Krohn*)

104. Globalisierung des Umweltrechts, ZUR 2009, S. 403 (zusammen mit *Ch. Mielke*) = Globalisation of Environmental Law, JEEPL 8.3 (2011), pp 273 ff.

105. Das neue Fluglärmschutzgesetz und seine untergesetzliche Konkretisierung, in: FS Sellner, 2010, S. 277

106. Climate Change and the Law, in: Basedow u. a. (Hrsg.), German National Reports to the 18th International Congress of Comparativ Law, 2010, S. 205 = JEEPL Vol. 7.4 (2010), pp 411 ff.

107. Die naturschutzrechtliche Eingriffsregelung, in: Kerkmann (Hrsg.), Naturschutzrecht in der Praxis, 2. Auflage 2010, S.119

108. Aktuelle Entwicklungen des Immissionsschutzrechts, NVwZ 2010, S. 1199 u. S. 1271 (zusammen mit *A. Braun*)

109. Abfallwirtschaftliche Daseinsvorsorge im Europäischen Binnenmarkt, in: DVBl. 2010, S. 1393 (zusammen mit *M. Reese*)

110. Klimaschutzrecht – Ziele, Instrumente und Strukturen eines neuen Rechtsgebiets, NVwZ 2011, S. 641 = Climate Change Law: Objectives, Instruments and Structures of a New Area of Law, in: Ruppel/Roschmann/Ruppel-Schlichting (Hrsg.), Climate Change: International Law and Global Governance, Vol. 1 (2013)

111. Public Waste Management Services in the International Market, and the Interpretation of Article 106 TEU, in JEEPL, Vol. 8.1 (2011), pp 23 ff. (zusammen mit *M. Reese*)

112. Die Beiträge Horst Sendlers zum Umweltrecht, in: Eckertz-Höfer/Sellner (Hrsg.), Gedächtnisschrift für Horst Sendler, 2011, S. 79 ff.

113. Klimaschutzrecht – Ziele, Instrumente und Strukturen eines neuen Rechtsgebiets, in: GfU (Hrsg.), Dokumentation der 34. wissenschaftlichen Fachtagung der GfU 2010, 2011, S. 41

114. Bürgerentscheide und Bebauungsplanverfahren, in: Mehde u. a. (Hrsg.), Staat, Verwaltung und Information, FS Bull, 2011, S. 203 ff.

115. Erhaltung und Entwicklung „zentraler Versorgungsbereiche" in der jüngeren Rechtsprechung des Bundeverwaltungsgerichts, Die Verwaltung, Bd. 45 (2012), S. 233

116. Das Abwägungsgebot in der Rechtsprechung des Bundesverwaltungsgerichts, FS Dolde 2014, S. 401

IV. Rezensionen

1. *W. Kilian*, Juristische Entscheidung und elektronische Datenverarbeitung, 1974 (ARSP 1975, S. 145–147)

2. Dogmatik und Methode, FS für J. Esser, 1975 (ARSP 1976, S. 571–576)

3. *M. Rehbinder*, Rechtssoziologie, 1977 (Informationsbrief für Rechtssoziologie, 1979, S. 107–112)

4. *W. Schreckenberger*, Rhetorische Semiotik, 1978 (NJW 1980, S. 167)

5. *R. Hegenbarth*, Juristische Hermeneutik und linguistische Pragmatik, 1982 (Zeitschrift für Rechtssoziologie, 1983, S. 334–341)

6. *Neumann/Rahlfs/Savigny*, Juristische Dogmatik und Wissenschaftstheorie, 1976 (ARSP 1977, S. 355–377)
7. *Brodersen/Selmer/Nicolaysen*, Straßenbenutzungsabgaben für den Schwerverkehr, 1989 (AöR 1990, S. 181 f.)
8. *S. Schwarzer*, Die Genehmigung von Betriebsanlagen, 1992 (DVBl. 1996, S. 452)

V. Herausgeberschaft von Schriftenreihen

1. Forum Umweltrecht, Nomos-Verlag, Baden-Baden (zusammen mit *W. Hoffmann-Riem* und *U. Ramsauer*), bislang 63 Bände
2. Forum Energierecht, Nomos-Verlag, Baden-Baden, Hrsg. *Koch/Roßnagel/Schneider/Wieland*, bislang 19 Bände

VI. Redaktionsbeirat

1. Zeitschrift für Neues Energierecht
2. Recht der Abfallwirtschaft
3. Zeitschrift für Europäisches Umwelt- und Planungsrecht
4. Zeitschrift für Immissionsschutzrecht und Emissionshandel

Autorinnen und Autoren

Prof. Dr. *Robert Alexy*, Christian-Albrechts-Universität zu Kiel
Prof. Dr. *Ivo Appel*, Universität Hamburg
Prof. Dr. Dr. *Jörg Berkemann*, Universität Hamburg, Bucerius Law School
Prof. Dr. *Monika Böhm*, Philipps-Universität Marburg
Prof. Dr. *Hans Peter Bull*, Universität Hamburg
Dr. *Thomas Darnstädt*, Der Spiegel, Hamburg
Prof. Dr. *Klaus-Peter Dolde*, Rechtsanwalt, Dolde Mayen & Partner, Stuttgart
Franz Ecker, Student der Universität Oldenburg
Michaela Ecker, Vorsitzende Richterin am Verwaltungsgericht, Freiburg
Prof. Dr. *Astrid Epiney*, Universität Freiburg/Schweiz
Prof. Dr. *Wolfgang Ewer*, Rechtsanwalt, Weissleder Ewer Rechtsanwälte, Kiel
Dr. *Gerhard Feldhaus*, Rechtsanwalt, Luther Rechtsanwälte, Köln
Prof. Dr. *Martin Führ*, Hochschule Darmstadt
Prof. Dr. *Martin Gellermann*, Rechtsanwalt, Osnabrück
Prof. Dr. *Klaus Hansmann*, Mettmann
Prof. Dr. *Reinhard Hendler*, Universität Trier
Prof. Dr. *Georg Hermes*, Goethe-Universität Frankfurt a. M.
Prof. Dr. *Sebastian Heselhaus* MA, Universität Luzern
Dr. *Christian Hey*, Sachverständigenrat für Umweltfragen, Berlin
Prof. Dr. *Wolfgang Hoffmann-Riem*, Universität Hamburg, Bucerius Law School
Prof. Dr. *Ekkehard Hofmann*, Universität Trier
Prof. Dr. *Hans D. Jarass* LL.M, Universität Münster
Prof. Dr. *Michael Kloepfer*, Humboldt-Universität zu Berlin
Prof. Dr. *Doris König*, Richterin des Bundesverfassungsgerichts, Karlsruhe
Prof. Dr. *Silke Ruth Laskowski*, Universität Kassel
Prof. Dr. *Thomas Mayen*, Rechtsanwalt, Dolde Mayen, Bonn
Prof. Dr. *Eckhard Pache*, Universität Würzburg
Prof. Dr. *Ulrich Ramsauer*, Rechtsanwalt, Görg Rechtsanwälte, Hamburg
Dr. *Manfred Rebentisch*, Rechtsanwalt, Clifford Chance, Düsseldorf
Dr. *Moritz Reese*, Helmholtz Zentrum für Umweltforschung, Leipzig
Prof. Dr. *Eckard Rehbinder*, Goethe-Universität Frankfurt
Prof. Dr. *Alexander Roßnagel*, Universität Kassel
Prof. Dr. *Rüdiger Rubel*, Vorsitzender Richter am Bundesverwaltungsgericht, Leipzig
Prof. Dr. *Helmut Rüßmann*, Universität des Saarlandes, Saarbrücken

Prof. Dr. *Alexander Schink*, Rechtsanwalt, Redeker Sellner Dahs, Bonn
Prof. Dr. *Sabine Schlacke*, Universität Münster
Prof. Dr. *Helmuth Schulze-Fielitz*, Universität Würzburg
Prof. Dr. *Rudolf Steinberg*, Universität Frankfurt
Prof. Dr. Dr. h.c. mult. *Rolf Stober*, Deutsche Universität für Weiterbildung (DUW), Berlin
Dr. *Ulrich Storost*, Berlin
Prof. Dr. *Jan Ziekow*. Deutsche Universität für Verwaltungswissenschaften Speyer